Estatística aplicada a administração e economia

Edição completa
Tradução da 8ª edição norte-americana

Dados Internacionais de Catalogação na Publicação (CIP)
(Câmara Brasileira do Livro, SP, Brasil)

Estatística aplicada a administração e economia /
David R. Anderson...[et al.] ; tradução Solange
Aparecida Visconte ; revisão técnica Daniel
Kashiwamura Scheffer, Thiago Antonio Grandi de
Tolosa, Nobuiuki Costa Ito. -- 5. ed. --
São Paulo : Cengage Learning, 2021.

Outros autores: Dennis J. Sweeney, Thomas
A.Williams, Jeffrey D. Camm, James J. Cochran
Título original: Essentials of statistics for
business and economics. ed. norte-americana.

Bibliografia.
ISBN 978-65-55583-24-3

1. Administração - Métodos estatísticos
2. Economia - Métodos estatísticos 3. Estatística
4. Estatística comercial I. Anderson, David R.
II. Sweeney, Dennis J. III. Williams, Thomas A.
IV. Camm, Jeffrey D. V. Cochran, James J.
VI. Scheffer, Daniel Kashiwamura. VII. Tolosa, Thiago
Antonio Grandi de. VIII. Ito, Nobuiuki Costa.

20-52655   CDD-519.5

Índice para catálogo sistemático:
1. Estatística aplicada 519.5
2. Estatística matemática 519.5
Cibele Maria Dias - Bibliotecária - CRB-8/9427

Estatística aplicada a administração e economia

Edição completa
Tradução da 8ª edição norte-americana

David R. Anderson
University of Cincinnati

Dennis J. Sweeney
University of Cincinnati

Thomas A. Williams
Rochester Institute of Technology

Jeffrey D. Camm
Wake Forest University

James J. Cochran
University of Alabama

Tradução
Solange Aparecida Visconte
(Capítulos 1 a 9 e 14)

Priscilla Lopes
(Capítulos 10 a 13 e 15)

Revisão técnica
Daniel Kashiwamura Scheffer

Thiago Antonio Grandi de Tolosa
(Capítulos 1 a 9 e 14)

Nobuiuki Costa Ito
(Capítulos 10 a 13 e 15)

Austrália • Brasil • México • Cingapura • Reino Unido • Estados Unidos

Estatística aplicada a administração e economia –
Edição completa – Tradução da 8ª edição norte-americana
5ª edição brasileira

David R. Anderson; Dennis J. Sweeney; Thomas A. Williams; Jeffrey D. Camm; James J. Cochran

Gerente editorial: Noelma Brocanelli

Editora de desenvolvimento: Gisela Carnicelli

Supervisora de produção gráfica: Fabiana Alencar Albuquerque

Título original: Essentials of Statistics for Business and Economics, 8ª edition
ISBN 13: 978-1-337-11417-2

Tradução: Solange Aparecida Visconte (Capítulos 1 a 9 e 14)
Priscilla Lopes (Capítulos 10 a 13 e 15)

Revisão técnica: Daniel Kashiwamura Scheffer e Thiago Antonio Grandi de Tolosa (Capítulos 1 a 9 e 14); Nobuiuki Costa Ito (Capítulos 10 a 13 e 15)

Revisão: Luicy Caetano de Oliveira, Mônica Aguiar, Beatriz Simões e Fábio Gonçalves

Diagramação: PC Editorial Ltda.

Indexação: Fábio Gonçalves

Capa: Raquel Braik Pedreira

Imagem da capa: Metamorworks/Shutterstock

© 2018 South Western, parte da Cengage Learning
© 2021 Cengage Learning Edições Ltda.

Todos os direitos reservados. Nenhuma parte deste livro poderá ser reproduzida, sejam quais forem os meios empregados, sem a permissão, por escrito, da Editora. Aos infratores aplicam-se as sanções previstas nos artigos 102, 104, 106 e 107 da Lei nº 9.610, de 19 de fevereiro de 1998.

Esta editora empenhou-se em contatar os responsáveis pelos direitos autorais de todas as imagens e de outros materiais utilizados neste livro. Se porventura for constatada a omissão involuntária na identificação de algum deles, dispomo-nos a efetuar, futuramente, os possíveis acertos.

A Editora não se responsabiliza pelo funcionamento dos sites contidos neste livro que possam estar suspensos.

Para informações sobre nossos produtos, entre em contato pelo telefone 0800 11 19 39

Para permissão de uso de material desta obra, envie seu pedido para direitosautorais@cengage.com

© 2021 Cengage Learning. Todos os direitos reservados.

ISBN-13: 978-65-55583-24-3
ISBN-10: 65-55583-24-X

Cengage Learning
Condomínio E-Business Park
Rua Werner Siemens, 111 – Prédio 11 – Torre A – Conjunto 12
Lapa de Baixo – CEP 05069-900 – São Paulo – SP
Tel.: (11) 3665-9900 – Fax: (11) 3665-9901
SAC: 0800 11 19 39

Para suas soluções de curso e aprendizado, visite www.cengage.com.br

Impresso no Brasil.
Printed in Brazil.
1ª impressão – 2021

*Dedicado a
Marcia, Cherri, Robbie,
Karen e Teresa*

Sumário

Prefácio xv
Sobre os autores xix

CAPÍTULO 1 Dados e estatística 1

Estatística na prática: *Bloomberg Businessweek* 2

1.1 Aplicações em administração e economia 3
Contabilidade 3
Finanças 3
Marketing 4
Produção 4
Economia 4
Sistemas de informação 4

1.2 Dados 5
Elementos, variáveis e observações 5
Escalas de medição 5
Dados categorizados e quantitativos 7
Dados de seção transversal e de série temporal 7

1.3 Fontes de dados 8
Fontes existentes 8
Estudo observacional 11
Experimento 11
Questões referentes a tempo e a custos 12
Erros na obtenção de dados 12

1.4 Estatística descritiva 12

1.5 Inferência estatística 13

1.6 *Analytics* ou análise de dados 16

1.7 *Big data* e mineração de dados 17

1.8 Computadores e a análise estatística 18

1.9 Diretrizes éticas para a prática estatística 18

Resumo 20

Glossário 20

Exercícios suplementares 21

CAPÍTULO 2 Estatística descritiva: métodos tabulares e métodos gráficos 27

Estatística na prática: Colgate-Palmolive, 28

2.1 Sintetizando dados para uma variável categorizada 29
Distribuição de frequências 29
Distribuições de frequências relativas e frequências percentuais 30
Gráficos de barras e gráficos de setores 30

2.2 Sintetizando dados para uma variável quantitativa 35
Distribuição de frequências 35
Distribuições de frequências relativas e de frequências percentuais 37
Diagrama de pontos (*dot plot*) 37
Histograma 38
Distribuições acumuladas 39
Apresentação de ramos-e-folhas 40

2.3 Sintetizando dados de duas variáveis utilizando tabelas 49
Tabulação cruzada 49
Paradoxo de Simpson 51

2.4 Sintetizando dados de duas variáveis utilizando gráficos 56
Diagrama de dispersão e linha de tendência 56

viii Estatística aplicada a administração e economia

Gráficos de barras lado a lado e empilhadas 58

2.5 Visualização de dados: melhores práticas na construção de gráficos 62

Criação efetiva de representações gráficas 62

Escolhendo o tipo de representação gráfica 63

Painéis indicadores de dados (*dashboards*) 64

Visualização de dados na prática: Zoológico e Jardim Botânico de Cincinnati 66

Resumo 68

Glossário 69

Fórmulas-chave 69

Exercícios suplementares 70

Estudo de caso 1 Pelican Stores 74

Estudo de caso 2 Indústria cinematográfica 75

Estudo de caso 3 Queen city 76

Apêndice 2.1 Uso do Minitab para apresentações tabulares e gráficas 77

Apêndice 2.2 Uso do Excel para apresentações tabulares e gráficas 79

CAPÍTULO 3 Estatística descritiva: medidas numéricas 91

Estatística na prática: Small Fry Design 92

3.1 Medidas de posição 93

Média 93

Média ponderada 94

Mediana 96

Média geométrica 97

Moda 99

Percentis 99

Quartis 100

3.2 Medidas de variabilidade 105

Amplitude 106

Amplitude interquartil 106

Variância 106

Desvio padrão 107

Coeficiente de variação 108

3.3 Medidas da forma da distribuição, da posição relativa e detecção de valores atípicos (*outliers*) 111

Forma da distribuição 112

Escores-z 113

Teorema de Chebyshev 113

Regra empírica 114

Detecção de valores atípicos (*outliers*) 116

3.4 Regra dos cinco itens e diagramas em caixa (*boxplots*) 119

Regra dos cinco itens 119

Boxplot 119

Análise comparativa utilizando *boxplots* 120

3.5 Medidas de associação entre duas variáveis 123

Covariância 124

Interpretação da covariância 125

Coeficiente de correlação 127

Interpretação do coeficiente de correlação 128

3.6 Painéis de indicadores de dados (*dashboards*): adição de medidas numéricas para melhorar a interpretação 132

Resumo 135

Glossário 135

Fórmulas-chave 136

Exercícios suplementares 137

Estudo de caso 1 Pelican Stores 142

Estudo de caso 2 Indústria cinematográfica 143

Estudo de caso 3 Faculdades de Administração da região Ásia-Pacífico 143

Estudo de caso 4 Transações no site da Heavenly Chocolates 145

Estudo de caso 5 Populações de elefantes africanos 146

Apêndice 3.1 Estatística descritiva utilizando o Minitab 147

Apêndice 3.2 Estatística descritiva utilizando o Excel 149

Sumário **ix**

Capítulo 4 Introdução à probabilidade 154

Estatística na prática: National Aeronautics and Space Administration 155

4.1 Experimentos aleatórios, regras de contagem e atribuição de probabilidades 156

Regras de contagem, combinações e permutações 157
Atribuição de probabilidades 161
Probabilidades do Projeto da KP&L 162

4.2 Eventos e suas probabilidades 165

4.3 Algumas relações básicas de probabilidade 169

Complemento de um evento 169
Lei da adição 170

4.4 Probabilidade condicional 174

Eventos independentes 177
Lei da multiplicação 177

4.5 Teorema de Bayes 181

Abordagem tabular 184

Resumo 186

Glossário 187

Fórmulas-chave 187

Exercícios suplementares 188

Estudo de caso Os juízes do Condado de Hamilton 192

Capítulo 5 Distribuições discretas de probabilidade 194

Estatística na prática: Citibank 195

5.1 Variáveis aleatórias 196

Variáveis aleatórias discretas 196
Variáveis aleatórias contínuas 197

5.2 Construindo distribuições discretas de probabilidade 198

5.3 Valor esperado e variância 203

Valor esperado 203
Variância 204

5.4 Distribuições bivariadas, covariância e portfólios financeiros 208

Distribuição discreta de probabilidade empírica bivariada 208
Aplicações financeiras 210
Resumo 213

5.5 Distribuição de probabilidade binomial 215

Um experimento binomial 216
O problema da Loja de Roupas do Martin 217
Usando tabelas de propriedades binomiais 221
Valor esperado e variância para a distribuição binomial 222

5.6 Distribuição de probabilidade de Poisson 225

Um exemplo envolvendo intervalos de tempo 226
Um exemplo envolvendo intervalos de comprimento ou distância 227

5.7 Distribuição de probabilidade hipergeométrica 228

Resumo 231

Glossário 232

Fórmulas-chave 233

Exercícios suplementares 234

Estudo de caso Go Bananas! 238

Apêndice 5.1 Distribuições discretas de probabilidade com o Minitab 238

Apêndice 5.2 Distribuições discretas de probabilidade com o Excel 239

Capítulo 6 Distribuições contínuas de probabilidade 241

Estatística na prática: Procter & Gamble 242

6.1 Distribuição de probabilidade uniforme 243

Área como medida de probabilidade 244

6.2 Distribuição de probabilidade normal 247

x   Estatística aplicada a administração e economia

Curva normal 247
Distribuição de probabilidade normal padrão 248
Como calcular probabilidades de qualquer distribuição de probabilidade normal 253
O problema da Grear Tire Company 253

6.3   Aproximação normal de probabilidades binomiais 257

6.4   Distribuição de probabilidade exponencial 259
Como calcular probabilidades para a distribuição exponencial 260
Relação entre as distribuições de Poisson e a exponencial 261

Resumo 263

Glossário 263

Fórmulas-chave 263

Exercícios suplementares 264

Estudo de caso Specialty Toys 266

Apêndice 6.1 Distribuições contínuas de probabilidade com o Minitab 267

Apêndice 6.2 Distribuições contínuas de probabilidade com o Excel 268

CAPÍTULO 7   Amostragem e distribuições amostrais 269

Estatística na prática: Meadwestvaco Corporation 270

7.1   O problema de amostragem da Electronics Associates 271

7.2   Selecionando uma amostra 272
Amostragem a partir de uma população finita 272
Amostragem a partir de uma população infinita 274

7.3   Estimação pontual 277
Recomendação prática 278

7.4   Introdução às distribuições amostrais 280

7.5   Distribuição amostral de $\bar{x}$ 282
Valor esperado de $\bar{x}$ 282
Desvio padrão de $\bar{x}$ 283
Forma da distribuição amostral de $\bar{x}$ 284
Distribuição amostral de $\bar{x}$ para o problema da EAI 285
Valor prático da distribuição amostral de $\bar{x}$ 286
Relação entre o tamanho da amostra e a distribuição amostral de $\bar{x}$ 287

7.6   Distribuição amostral de $\bar{p}$ 291
Valor esperado de $\bar{p}$ 291
Desvio padrão de $\bar{p}$ 291
Forma da distribuição amostral de $\bar{p}$ 292
Valor prático da distribuição amostral de $\bar{p}$ 293

7.7   Propriedades dos estimadores pontuais 295
Ausência de viés 296
Eficiência 297
Consistência 297

7.8   Outros métodos de amostragem 298
Amostragem aleatória estratificada 298
Amostragem por conglomerados 298
Amostragem sistemática 299
Amostragem por conveniência 299
Amostragem por julgamento 300

Resumo 300

Glossário 301

Fórmulas-chave 301

Exercícios suplementares 302

Estudo de caso Marion Dairies 303

Apêndice 7.1 Valor esperado e desvio padrão de $\bar{x}$ 304

Apêndice 7.2 Amostragem aleatória com o Minitab 306

Apêndice 7.3 Amostragem aleatória com o Excel 306

CAPÍTULO 8   Estimação intervalar 308

Estatística na prática: Food Lion 309

8.1 Média populacional: σ conhecido 310
Margem de erro e a estimativa intervalar 310
Conselho prático 313

8.2 Média populacional: σ desconhecido 315
Margem de erro e a estimativa intervalar 316
Conselho prático 319
Utilizando uma pequena amostra 319
Resumo dos procedimentos de estimação intervalar 320

8.3 Determinação do tamanho amostral 323

8.4 Proporção populacional 326
Determinação do tamanho amostral 327

Resumo 331

Glossário 331

Fórmulas-chave 332

Exercícios suplementares 332

Estudo de caso 1 Revista *Young Professional* 334

Estudo de caso 2 Gulf Real Estate Properties 335

Estudo de caso 3 Metropolitan Research, Inc. 337

Apêndice 8.1 Estimação intervalar com o Minitab 337

Apêndice 8.2 Estimação intervalar com o Excel 339

Capítulo 9 Testes de hipóteses 343

Estatística na prática: John Morrell & Company 344

9.1 Desenvolvendo as hipóteses nula e alternativa 345
A hipótese alternativa como uma hipótese de pesquisa 345
A hipótese nula com uma suposição a ser desafiada 346
Resumo das formas para as hipóteses nula e alternativa 347

9.2 Erros do Tipo I e do Tipo II 348

9.3 Média populacional: σ conhecido 350
Teste unicaudal 350
Teste bicaudal 355
Resumo e conselho prático 358
Relação entre estimação intervalar e testes de hipóteses 359

9.4 Média populacional: σ desconhecido 363
Teste unicaudal 363
Teste bicaudal 364
Resumo e conselho prático 365

9.5 Proporção populacional 368
Resumo 370

9.6 Testes de hipóteses e tomada de decisão 372

9.7 Como calcular a probabilidade de erro do Tipo II 373

9.8 Determinando o tamanho da amostra para um teste de hipóteses de uma média populacional 377

Resumo 380

Glossário 381

Fórmulas-chave 381

Exercícios suplementares 382

Estudo de caso 1 Quality Associates, Inc. 384

Estudo de caso 2 Comportamento ético dos estudantes de Administração na Bayview University 385

Apêndice 9.1 Testes de hipóteses com o Minitab 387

Apêndice 9.2 Testes de hipóteses com o Excel 388

Capítulo 10 Inferência sobre médias e proporções com duas populações 393

Estatística na prática: Food and Drug Administration 394

10.1 Inferências sobre a diferença entre duas médias populacionais: σ_1 e σ_2 conhecidos 395
Estimativa intervalar de $\mu_1 - \mu_2$ 395
Teste de hipóteses sobre $\mu_1 - \mu_2$ 397
Conselho prático 398

xii Estatística aplicada a administração e economia

10.2 Inferências sobre a diferença entre duas médias populacionais: σ_1 e σ_2 desconhecidos 400
Estimativa intervalar de $\mu_1 - \mu_2$ 401
Teste de hipóteses sobre $\mu_1 - \mu_2$ 402
Conselho prático 404

10.3 Inferências sobre a diferença entre duas médias populacionais: amostras pareadas 407

10.4 Inferências sobre a diferença entre duas proporções populacionais 412
Estimativa intervalar de $p_1 - p_2$ 413
Teste de hipóteses sobre $p_1 - p_2$ 414

Resumo 418

Glossário 418

Fórmulas-chave 419

Exercícios suplementares 420

Estudo de caso Par, Inc. 422

Apêndice 10.1 Inferências sobre duas populações usando o Minitab 423

Apêndice 10.2 Inferências sobre duas populações usando o Excel 425

Capítulo 11 Inferências sobre variâncias populacionais 427

Estatística na prática: Government Accountability Office dos EUA 428

11.1 Inferências sobre a variância de uma população 429
Estimativa intervalar 430
Teste de hipóteses 432

11.2 Inferências sobre as variâncias de duas populações 437

Resumo 443

Fórmulas-chave 444

Exercícios suplementares 444

Estudo de caso Programa de treinamento da Força Aérea 445

Apêndice 11.1 Variâncias populacionais com o Minitab 446

Apêndice 11.2 Variâncias populacionais com o Excel 447

Capítulo 12 Comparação de proporções múltiplas, teste de independência e qualidade do ajuste 448

Estatística na prática: United Way 449

12.1 Testando a igualdade de proporções populacionais de três ou mais populações 450
Um procedimento de comparação múltipla 454

12.2 Teste de independência 459

12.3 Teste de qualidade do ajuste 465
Distribuição de probabilidade multinomial 465
Distribuição de probabilidade normal 469

Resumo 474

Glossário 474

Fórmulas-chave 474

Exercícios suplementares 475

Apêndice 12.1 Testes qui-quadrado usando o Minitab 478

Apêndice 12.2 Testes qui-quadrado usando o Excel 479

Capítulo 13 Delineamento experimental e análise de variância 481

Estatística na prática: Burke Marketing Services, Inc. 482

13.1 Uma introdução ao delineamento experimental e à análise de variância 483
Coleta de dados 484
Pressupostos para a análise de variância 485
Análise de variância: um resumo conceitual 485

13.2 Análise de variância e o delineamento completamente aleatorizado 487
Estimativa da variância populacional entre tratamentos 488
Estimativa da variância populacional dentro dos tratamentos 489
Comparando estimativas de variância: o teste F 490
Tabela da ANOVA 491

Resultados de computador para análise de variância 492
Testando a igualdade de k médias populacionais: um estudo observacional 493

13.3 Procedimentos de comparação múltipla 497

MDS de Fisher 498
Taxas de erro Tipo I 500

13.4 Delineamento em blocos aleatorizados 503

Teste de estresse de controladores de tráfego aéreo 503
Procedimento ANOVA 504
Cálculos e conclusões 505

13.5 Experimento fatorial 509

Procedimento ANOVA 510
Cálculos e conclusões 511

Resumo 515

Glossário 515

Fórmulas-chave 516

Exercícios suplementares 518

Estudo de caso 1 Wentworth Medical Center 522

Estudo de caso 2 Remuneração de profissionais de vendas 523

Apêndice 13.1 Análise de variância com o Minitab 523

Apêndice 13.2 Análise de variância com o Excel 525

Capítulo 14 Regressão linear simples 529

Estatística na prática: Alliance Data Systems 530

14.1 Modelo de regressão linear simples 531

Modelo de regressão e equação de regressão 531
Equação de regressão estimada 532

14.2 Método dos mínimos quadrados 533

14.3 Coeficiente de determinação 543

Coeficiente de correlação 546

14.4 Suposições do modelo 549

14.5 Teste de significância 551

Estimativa de σ^2 551
Teste t 552
Intervalo de confiança para β_1 553
Teste F 554
Alguns cuidados quanto à interpretação de testes de significância 555

14.6 Utilizando a equação de regressão estimada para estimação e previsão 559

Estimação intervalar 559
Intervalo de confiança para o valor médio de y 559
Intervalo de previsão para um valor individual de y 560

14.7 Solução utilizando o computador 565

14.8 Análise de resíduos: validação das suposições do modelo 569

Gráfico de resíduos em relação a x 570
Gráfico de resíduos em relação a $\hat{y}$ 572
Resíduos padronizados 572
Gráfico de probabilidade normal 574

14.9 Análise de resíduos: *outliers* e observações influentes 577

Detecção de *outliers* 577
Detecção de observações influentes 578

Resumo 584

Glossário 584

Fórmulas-chave 585

Exercícios suplementares 588

Estudo de caso 1 Medindo o risco do mercado de ações 593

Estudo de caso 2 Departamento de Transportes dos Estados Unidos 594

Estudo de caso 3 Selecionando uma câmera digital do tipo "apontar e clicar" 595

Estudo de caso 4 Como encontrar o melhor valor de um carro 596

xiv Estatística aplicada a administração e economia

Estudo de caso 5 Parque de diversões Buckeye Creek 597

Apêndice 14.1 Derivação das fórmulas de mínimos quadrados 598

Apêndice 14.2 Um teste de significância utilizando correlação 599

Apêndice 14.3 Análise de regressão com o Minitab 599

Apêndice 14.4 Análise de regressão com o Excel 600

Capítulo 15 Regressão múltipla 603

Estatística na prática: dunnhumby 604

15.1 Modelo de regressão múltipla 605

Modelo de regressão e equação de regressão 605
Equação de regressão múltipla estimada 605

15.2 Método dos mínimos quadrados 606

Um exemplo: Butler Trucking Company 607
Notas sobre a interpretação de coeficientes 610

15.3 Coeficiente de determinação múltiplo 614

15.4 Suposições do modelo 616

15.5 Teste de significância 618

Teste F 618
Teste t 620
Multicolinearidade 621

15.6 Utilizando a equação de regressão estimada para estimação e previsão 624

15.7 Variáveis categorizadas independentes 626

Um exemplo: Johnson Filtration, Inc. 626
Interpretando os parâmetros 628
Variáveis categorizadas mais complexas 630

15.8 Análise dos resíduos 634

Detectando *outliers* 635
Resíduos estudentizados excluídos e *outliers* 636
Observações influentes 636
Usando a medida da distância de Cook para identificar observações influentes 637

15.9 Regressão logística 640

Equação de regressão logística 641
Estimando a equação de regressão logística 642
Testando a significância 643
Uso gerencial 645
Interpretando a equação de regressão logística 646
Transformação logit 648

Resumo 651

Glossário 651

Fórmulas-chave 652

Exercícios suplementares 654

Estudo de caso 1 Consumer Research, Inc. 659

Estudo de caso 2 Prevendo os ganhos dos pilotos da NASCAR 660

Estudo de caso 3 Descobrindo o valor do melhor carro 661

Apêndice 15.1 Regressão múltipla com o Minitab 662

Apêndice 15.2 Regressão múltipla com o Excel 663

Apêndice 15.3 Regressão logística com o Minitab 664

APÊNDICES 665

Apêndice A: Referências e bibliografia 666

Apêndice B: Tabelas 668

Apêndice C: Notação de somatório 696

Apêndice D: Soluções dos autotestes (*SELF test.*) e respostas dos exercícios pares 698

Apêndice E: Microsoft Excel 2016 e ferramentas para análise estatística 744

Apêndice F: Como calcular valores-p com o Minitab e o Excel 752

Índice remissivo 755

Prefácio

Este livro é a tradução completa da 8ª edição norte-americana da obra *Estatística aplicada a administração e economia*. Os usuários da 7ª edição do livro vão notar que os capítulos e os tópicos abordados nesta edição diferem das edições anteriores. Enquanto a cobertura temática dos primeiros nove capítulos permanece a mesma, a organização e cobertura em alguns dos capítulos seguintes, bem como o número de capítulos, foram alterados. Capítulo 10 agora fornece cobertura de inferências de médias e proporções com duas populações, e o Capítulo 11 é focado em inferências sobre variâncias populacionais. O Capítulo 12 discute sobre como comparar proporções múltiplas, testes de independência e qualidade de ajuste, e o Capítulo 13 trata de delineamento experimental e análise de variância. A regressão será estudada nos capítulos 14 e 15. Os apêndices de final de capítulo, que agora descrevem os procedimentos com o Excel 2016 e o Minitab 17, foram atualizados. Atualizamos o Apêndice do livro intitulado *Microsoft Excel 2016 e ferramentas para análise estatística*. Diversas das funções estatísticas do Excel foram atualizadas e aperfeiçoadas.

O propósito deste livro é fornecer aos alunos, principalmente àqueles das áreas de administração e economia, uma introdução conceitual ao campo da estatística e suas muitas aplicações. O livro é orientado à prática e foi escrito tendo-se em mente os alunos que não são da área de matemática; o único pré-requisito referente à matemática exigido é o conhecimento de álgebra.

Aplicações da análise de dados e da metodologia estatística são uma parte integral da organização e apresentação do material do livro. A discussão e o desenvolvimento de cada técnica são apresentados em uma configuração de aplicativo, com os resultados estatísticos proporcionando critérios para decisões e soluções para problemas.

Embora o livro seja orientado a aplicações, tomamos o cuidado de fornecer um desenvolvimento metodológico correto e de utilizar a notação que geralmente é aceita para o tópico abordado. Deste modo, os estudantes perceberão que este livro proporciona uma boa preparação para o estudo de material estatístico mais avançado. Também está incluída como Apêndice uma bibliografia para orientar um estudo mais aprofundado.

O livro introduz o estudante aos pacotes de softwares Minitab 17 e Microsoft® Office Excel 2016, e enfatiza a relevância deles na aplicação da análise estatística. O Minitab pode ser considerado um dos principais pacotes de software estatístico destinados à educação e à prática estatística. O Excel não é um software estatístico, mas seu amplo uso e disponibilidade fazem dele uma importante ferramenta para os estudantes compreenderem suas capacidades estatísticas. Os procedimentos do Minitab e do Excel são apresentados em apêndices, de modo que os professores têm a flexibilidade de utilizar toda a ênfase em computadores que desejarem para o curso.

Mudanças nesta edição

Agradecemos a aceitação e a resposta positiva às edições anteriores de *Estatística aplicada a administração e economia*. Consequentemente, ao fazer modificações nesta nova edição, mantivemos o estilo da apresentação e a legibilidade das edições anteriores. Foram feitas muitas alterações ao longo deste livro, a fim de aprimorar sua eficiência didática. As mudanças mais significativas nesta nova edição estão resumidas a seguir.

Revisões de conteúdo

- **Dados e estatística – Capítulo 1.** Ampliamos nossa seção sobre mineração de dados para incluir uma discussão sobre *big data* e acrescentamos uma nova seção referente a análises. Também demos maior ênfase à distinção entre dados observados e dados experimentais.
- **Estatística descritiva: métodos tabulares e métodos gráficos – Capítulo 2.** Adicionamos instruções sobre como utilizar a opção de gráficos recomendados para o Apêndice 2.2, no final deste capítulo. Esta nova funcionalidade do Excel produz uma galeria de gráficos sugeridos, baseados nos dados selecionados pelo usuário, e pode ajudar os alunos a identificar o(s) gráfico(s) mais apropriado(s) a ser(em) utilizado(s) para representar seus dados.
- **Estatística descritiva: medidas numéricas – Capítulo 3.** Agora, utilizamos o método para calcular percentis recomendado pelo Instituto Nacional de Padrões e Tecnologia (NIST, na sigla em inglês). Além de ser o padrão recomendado pelo NIST, esta abordagem também é usada em uma ampla variedade de softwares. A abordagem recomendada pelo NIST para calcular

percentis é utilizada em todo o livro sempre que forem empregados percentis (por exemplo, ao utilizar um diagrama em caixa ou ao calcular quartis ou um intervalo interquartil).

- **Introdução à probabilidade – Capítulo 4.** A discussão sobre experimentos foi atualizada para oferecer uma distinção mais clara entre experimentos aleatórios e experimentos projetados. Esta distinção facilita a compreensão das diferenças na discussão de experimentos nos capítulos sobre probabilidade (capítulos 4, 5, 6) e o capítulo de delineamento experimental (Capítulo 13).
- **Software.** Revisamos passo a passo todas as instruções nos apêndices sobre software e todas as figuras ao longo do livro que representem resultados do software para refletir o Excel 2016 e o Minitab 17. Isto proporciona aos estudantes o contato e experiência com as atuais versões de dois dos softwares mais comumente utilizados para análise estatística em administração. Nesta mais recente edição não tratamos mais do uso do StatTools.
- **Estudo de casos.** Acrescentamos dois novos estudos de caso nesta edição. Um novo caso sobre modelagem de probabilidade foi acrescentado ao Capítulo 5 e um novo caso de regressão linear simples no Capítulo 14. Os estudos de caso neste livro fornecem aos alunos a oportunidade de trabalhar com problemas mais complexos, analisar maiores conjuntos de dados e preparar relatórios administrativos com base nos resultados de suas análises.
- **Exemplos e exercícios baseados em dados reais.** Continuamos a fazer um grande esforço para atualizar nossos exemplos e exercícios no livro, com os dados reais e as fontes de referência mais atualizadas das informações estatísticas. Nesta edição, adicionamos novos exemplos e exercícios com base em dados reais e fontes de referência. Recorrendo a dados de fontes também utilizadas pelos jornais *The Wall Street Journal*, *USA Today*, *Barron's* e outros, selecionamos estudos e aplicações reais para desenvolver explicações e criar exercícios que demonstrem os muitos usos da estatística na administração e na economia. Acreditamos que a utilização de dados reais ajuda a gerar mais interesse no material, por parte dos alunos, e a possibilitar que eles aprendam sobre a metodologia de estatística e sua aplicação. A 8ª edição contém mais exemplos e exercícios fundamentados em dados reais.

 Características e didática

Os autores Anderson, Sweeney, Williams, Camm e Cochran continuaram com muitas das características introduzidas em edições anteriores. Algumas das mais importantes são destacadas a seguir.

Exercícios de métodos e exercícios de aplicações

Os exercícios no final de cada seção estão divididos em duas partes: Métodos e Aplicações. Os exercícios de Métodos exigem que os alunos utilizem as fórmulas e façam os cálculos necessários. Os exercícios de Aplicações requerem que os alunos utilizem o material do capítulo em situações reais. Assim, os estudantes focarão primeiro na generalização dos cálculos e, então, dedicar-se-ão às sutilezas da aplicação e interpretação estatística.

Exercícios de autoteste (*selftest*)

Muitos exercícios são identificados como autoteste. Soluções completas para tais exercícios são fornecidas no Apêndice D. Os alunos podem tentar resolvê-los e imediatamente verificar as respostas para avaliar sua compreensão dos conceitos apresentados no capítulo.

Anotações de margem e notas e comentários

As anotações de margem, que destacam aspectos importantes e fornecem percepções adicionais para o aluno, são uma importante característica deste livro. Estas anotações são projetadas para enfatizar e aprimorar o entendimento dos termos e conceitos que são apresentados no livro. No final de muitas seções, fornecemos Notas e Comentários elaborados para proporcionar aos alunos maior percepção sobre a metodologia estatística e sua aplicação. As Notas e os Comentários incluem advertências sobre possíveis limitações da metodologia, recomendações de aplicação, breves descrições de considerações técnicas adicionais e outros assuntos.

Material de apoio para professores e alunos

Disponível na página deste livro no site da Cengage estão disponíveis para professores slides de Power Point (em português) e manual do instrutor (em inglês) e datafiles (em inglês, para professores e alunos).

Agradecimentos

Queremos agradecer pelo trabalho de nossos revisores, que forneceram seus comentários e sugestões sobre como continuarmos a aprimorar nosso livro. Agradecemos a

AbouEl-Makarim Aboueissa,
University of Southern Maine

Kathleen Arano
Fort Hays State University

Musa Ayar
Uw-baraboo/Sauk County

Kathleen Burke
SUNY Cortland

YC Chang
University of Notre Dame

David Chen
Rosemont College e Saint Joseph's University

Margaret E. Cochran
Northwestern State University of Louisiana

Thomas A. Dahlstrom
Eastern University

Anne Drougas
Dominican University

Fesseha Gebremikael Strayer
University/Calhoun Community College

Malcolm C. Gold
University of Wisconsin – Marshfield/Wood County

Joel Goldstein
Western Connecticut State University

Jim Grant
Lewis & Clark College

Reidar Hagtvedt
University of Alberta School of Business

Clifford B. Hawley
West Virginia University

Vance A. Hughey
Western Nevada College

Tony Hunnicutt
Ouachita Technical College

Stacey M. Jones
Albers School of Business and Economics, Seattle University

Dukpa Kim
University of Virginia

Rajaram Krishnan
Earlham College

Robert J. Lemke
Lake Forest College

Philip J. Mizzi
Arizona State University

Mehdi Mohaghegh
Norwich University

Mihail Motzev
Walla Walla University

Somnath Mukhopadhyay
The University of Texas, em El Paso

Kenneth E. Murphy
Chapman University

Ogbonnaya John Nwoha
Grambling State University

Claudiney Pereira
Tulane University

J. G. Pitt
University of Toronto

Scott A. Redenius
Brandeis University

Sandra Robertson
Thomas Nelson Community College

Sunil Sapra
California State University, Los Angeles

Kyle Vann Scott
Snead State Community College

Rodney E. Stanley
Tennessee State University

Jennifer Strehler
Oakton Community College

Ronald Stunda
Valdosta State University

Cindy van Es
Cornell University

Jennifer VanGilder
Ursinus College

Jacqueline Wroughton
Northern Kentucky University

Dmitry Yarushkin
Grand View University

David Zimmer
Western Kentucky University

Continuamos em débito com muitos de nossos colegas e amigos por seus comentários e sugestões úteis no desenvolvimento desta edição e das anteriores de nosso livro. Entre eles, estão:

Mohammad Ahmadi
University of Tennessee, em Chattanooga

Lari Arjomand
Clayton College e State University

Robert Balough
Clarion University

Philip Boudreaux
University of Louisiana

Mike Bourke
Houston Baptist University

James Brannon
University of Wisconsin – Oshkosh

John Bryant
University of Pittsburgh

Peter Bryant
University of Colorado

Terri L. Byczkowski
University of Cincinnati

Robert Carver
Stonehill College

Richard Claycombe
McDaniel College

Robert Cochran
University of Wyoming

Robert Collins
Marquette University

David W. Cravens
Texas Christian University

Tom Dahlstrom
Eastern College

Gopal Dorai
William Patterson University

Nicholas Farnum
California State University – Fullerton

Donald Gren
Salt Lake Community College

Paul Guy
California State University – Chico

xviii Estatística aplicada a administração e economia

Terri L. Byczkowski
University of Cincinnati

Robert Carver
Stonehill College

Richard Claycombe
McDaniel College

Robert Cochran
University of Wyoming

Robert Collins
Marquette University

David W. Cravens
Texas Christian University

Tom Dahlstrom
Eastern College

Gopal Dorai
William Patterson University

Nicholas Farnum
California State University – Fullerton

Donald Gren
Salt Lake Community College

Paul Guy
California State University – Chico

Clifford Hawley
West Virginia University

Jim Hightower
California State University, Fullerton

Alan Humphrey
University of Rhode Island

Ann Hussein
Philadelphia College of Textiles and Science

C. Thomas Innis
University of Cincinnati

Ben Isselhardt
Rochester Institute of Technology

Jeffery Jarrett
University of Rhode Island

Ronald Klimberg
St. Joseph's University

David A. Kravitz
George Mason University

David Krueger
St. Cloud State University

John Leschke
University of Virginia

Martin S. Levy
University of Cincinnati

John S. Loucks
St. Edward's University

David Lucking-Reiley
Vanderbilt University

Bala Maniam
Sam Houston State University

Don Marx
University of Alaska, Anchorage

Tom McCullough
University of California – Berkeley

Ronald W. Michener
University of Virginia

Glenn Milligan
Ohio State University

Mitchell Muesham
Sam Houston State University

Roger Myerson
Northwestern University

Richard O'Connell
Miami University of Ohio

Alan Olinsky
Bryant College

Ceyhun Ozgur
Valparaiso University

Tom Pray
Rochester Institute of Technology

Harold Rahmlow
St. Joseph's University

H. V. Ramakrishna

Penn State University, em Great Valley

Tom Ryan
Case Western Reserve University

Bill Seaver
University of Tennessee

Alan Smith
Robert Morris College

Willbann Terpening
Gonzaga University

Ted Tsukahara
St. Mary's College of California

Hroki Tsurumi
Rutgers University

David Tufte
University of New Orleans

Victor Ukpolo
Austin Peay State University

Ebenge Usip
Youngstown State University

Cindy Van Es
Cornell University

Jack Vaughn
University of Texas-El Paso

Andrew Welki
John Carroll University

Ari Wijetunga
Morehead State University

J. E. Willis
Louisiana State University

Mustafa Yilmaz
Northeastern University

Gary Yoshimoto
St. Cloud State University

Yan Yu
University of Cincinnati

Charles Zimmerman
Robert Morris College

Um agradecimento especial a nossos associados das empresas e da indústria, que nos forneceram os recursos referentes à seção "Estatística na prática". Em cada um dos artigos há créditos individuais de agradecimento. Por fim, também agradecemos ao nosso gerente de produto, Aaron Arnsparger; à nossa desenvolvedora de conteúdo, Anne Merril; ao nosso gerente de projeto de conteúdo, Colleen Farmer; nosso gerente de projeto na MPS Limited, Manoj Kumar; nosso designer de conteúdo digital, Brandon Foltz; e a outros profissionais da Cengage, por seu apoio e orientação editorial durante a preparação desta obra.

David R. Anderson
Dennis J. Sweeney
Thomas A. Williams
Jeffrey D. Camm
James J. Cochran

Sobre os autores

David R. Anderson. David R. Anderson é professor emérito de Análise Quantitativa na Faculdade de Administração de Negócios da University of Cincinnati. Nascido em Grand Forks, Dakota do Norte, formou-se bacharel, mestre e doutor na Purdue University. Exerceu os cargos de chefe do Departamento de Análise Quantitativa e Gerenciamento de Operações, e de diretor adjunto da Faculdade de Administração de Negócios, além de ter sido coordenador do primeiro programa executivo desta faculdade.

Na University of Cincinnati ensinou estatística introdutória para os alunos de Administração, além de ministrar cursos de pós-graduação em Análise de Regressão, Análise Multivariada e Ciência da Administração. Também ministrou cursos de estatística no Ministério do Trabalho, em Washington, D.C., e tem recebido honrarias, como indicações e prêmios de excelência no ensino e em serviços a organizações estudantis.

Anderson é coautor de dez livros nas áreas de Estatística, Ciência da Administração, Programação Linear e Administração da Produção e Gerenciamento de Operações. É consultor no campo de amostragem e métodos estatísticos.

Dennis J. Sweeney. Dennis J. Sweeney é professor emérito de Análise Quantitativa e fundador do Centro para a Melhoria da Produtividade na University of Cincinnati. Nascido em Des Moines, Iowa, formou-se bacharel na Drake University, e mestre e doutor na Indiana University, onde foi membro do NDEA. Trabalhou no grupo de Ciência da Administração na Procter & Gamble e se dedicou por um ano como professor visitante na Duke University. Exerceu os cargos de chefe do Departamento de Análise Quantitativa e de diretor associado da Faculdade de Administração de Negócios da University of Cincinnati.

Sweeney publicou mais de 30 artigos e monografias na área de Ciência da Administração e Estatística. Instituições como National Science Foundation, IBM, Procter & Gamble, Federated Department Stores, Kroger e Cincinnati Gas & Electric têm patrocinado suas pesquisas, publicadas nas revistas *Management Science*, *Operations Research*, *Mathematical Programming*, *Decision Sciences*, entre outras.

É coautor de dez livros nas áreas de Estatística, Ciência da Administração, Programação Linear e Administração de Produção e Operações.

Thomas A. Williams. Thomas A. Williams é professor emérito de Ciência da Administração na Faculdade de Administração do Rochester Institute of Technology. Nascido em Elmira, Nova York, formou-se bacharel na Clarkson University. Fez pós-graduação no Rensselaer Polytechnic Institute, onde obteve os títulos de mestre e doutor.

Antes de lecionar na Faculdade de Administração do RIT, Williams foi, durante sete anos, professor da Faculdade de Administração de Negócios na University of Cincinnati, onde desenvolveu e coordenou o programa de graduação em Sistemas de Informação. No RIT, foi o primeiro presidente do Departamento de Ciências da Decisão. Ministra cursos de Ciência da Administração e de Estatística, bem como de graduação em Análise de Regressão e de Decisão.

É coautor de 11 livros nas áreas de Ciência da Administração, Estatística, Administração da Produção e de Operações e Matemática. É consultor de inúmeras empresas da *Fortune 500* e tem trabalhado em projetos que incluem desde o uso da análise de dados até o desenvolvimento de modelos de regressão em larga escala.

Jeffrey D. Camm. Jeffrey D. Camm é presidente na Inmar Presidential e reitor adjunto do curso de Análise de Administração na Faculdade de Administração na Wake Forest University. Nascido em Cincinnati, Ohio, é bacharel pela Xavier University, Ohio e doutor pela Clemson University. Antes de lecionar na faculdade em Wake Forest, trabalhou na University of Cincinnati. Também atuou como professor visitante na Stanford University e como professor visitante de administração comercial na Tuck School of Business, na Dartmouth College.

Dr. Camm publicou mais de 30 documentos na área geral de otimização aplicada a problemas em administração de operações e marketing. Publicou suas pesquisas nos periódicos *Science*, *Management Science*, *Operations Research*, *Interfaces* e em outras revistas científicas. Camm foi nomeado Membro da Dornoff por Excelência em Ensino na University of Cincinnati, e recebeu o prêmio INFORMS Prize, de 2006, pelo Ensino de Prática de Pesquisa em Operações. Firme defensor da ideia de praticar aquilo que ensina, tem atuado como consultor analítico de inúmeras companhias e agências governamentais. De 2005 a 2010 atuou como editor chefe na *Interfaces* e também no quadro editorial da *INFORMS Transactions on Education*.

James J. Cochran. James J. Cochran é professor de Estatística Aplicada e Membro da Faculdade Rogers-Spivey, na University of Alabama. Nascido em Dayton, Ohio, formou-se bacharel, mestre e MBA pela Wright State University e doutor pela University of Cincinnati. Leciona na University of Alabama desde 2014 e atua como professor visitante na Stanford University, Universidad de Talca, University of South Africa e Pole Universitaire Leonard de Vinci.

O professor Cochran publicou mais de três dúzias de documentos sobre o desenvolvimento e a aplicação de pesquisa em operações e métodos estatísticos. Publicou sua pesquisa nas revistas *Management Science, The American Statistician, Communications in Statistics – Theory and Methods, Annals of Operations Research, European Journal of Operational Research, Journal of Combinatorial Optimization, Interfaces, Statistics and Probability Letters*, entre outras publicações científicas. Em 2008, recebeu o prêmio INFORMS Prize pelo Ensino de Prática de Pesquisa em Operações e, em 2010, conquistou o prêmio Mu Sigma Rho Statistical Education Award. Cochran foi eleito para o International Statistics Institute em 2005 e nomeado membro da American Statistical Association em 2011. Também recebeu o prêmio Founders Award em 2014 e o Karl E. Peace Award em 2015, concedidos pela American Statistical Association. Firme defensor do ensino efetivo de pesquisa em operações e estatística como um meio de aprimorar a qualidade das aplicações a problemas reais, Cochran tem organizado e coordenado *workshops* sobre efetividade do ensino em Montevidéu, Uruguai; Cidade do Cabo, África do Sul; Cartagena, Colômbia; Jaipur, Índia; Buenos Aires, Argentina; Nairóbi, Quênia; Buea, Camarões; Kathmandu, Nepal; Osijek, Croácia; Havana, Cuba; e Ulaanbaatar, Mongólia. Também tem trabalhado como consultor de pesquisa em operações para inúmeras companhias e organizações sem fins lucrativos. Atuou como editor chefe na *INFORMS Transactions on Education* de 2006 a 2012 e também no quadro editorial das publicações *Interfaces, International Transactions in Operational Research* e *Significance*.

Sobre os revisores técnicos

Daniel Kashiwamura Scheffer

Possui bacharelado e mestrado em Estatística, ambos realizados no Instituto de Matemática e Estatística da Universidade de São Paulo (IME-USP). Atua como professor assistente nos cursos de Administração e Engenharia do Centro Universitário do Instituto Mauá de Tecnologia (CEUN-IMT). Tem experiência na área de Probabilidade e Estatística, com ênfase em Análise de Dados.

Thiago Antonio Grandi de Tolosa

É engenheiro elétrico (com ênfase em eletrônica) formado pelo Centro Universitário do Instituto Mauá de Tecnologia (CEUN-IMT), mestre e doutor em Engenharia Elétrica pela Escola Politécnica da Universidade de São Paulo (POLI-USP). Atualmente é professor associado do CEUN-IMT e professor assistente da Universidade São Judas Tadeu (USJT). Tem experiência nas áreas de Matemática e Engenharia Elétrica, com ênfase em Eletrônica Industrial, atuando principalmente com: Redes Neurais Artificiais, Eletromagnetismo, Métodos Numéricos, Análise de Transitórios de Correntes, Wavelets e Sistemas de Comunicação.

Nobuiuki Costa Ito

Doutor em Administração pela FEA/USP. É Professor Titular do Ibmec São Paulo. Possui experiência como consultor e como coordenador de projetos de pesquisa. Atuou, ainda, na carreira militar como Oficial de carreira combatente. Como pesquisador, possui os seguintes interesses: Economia Organizacional; Sustentabilidade e Impacto Socio-ambiental; e Metodologia de Pesquisa e Filosofia da Ciência.

CAPÍTULO 1

Dados e estatística

CONTEÚDO

Estatística na prática:
Bloomberg Businessweek

1.1 Aplicações em administração e economia
Contabilidade
Finanças
Marketing
Produção
Economia
Sistemas de informação

1.2 Dados
Elementos, variáveis e observações
Escalas de medição
Dados categorizados e quantitativos
Dados de seção transversal e de série temporal

1.3 Fontes de dados
Fontes existentes
Estudo observacional
Experimento
Questões referentes a tempo e a custos
Erros na obtenção de dados

1.4 Estatística descritiva

1.5 Inferência estatística

1.6 Analytics ou análise de dados

1.7 Big data e mineração de dados

1.8 Computadores e a análise estatística

1.9 Diretrizes éticas para a prática estatística

ESTATÍSTICA na PRÁTICA

BLOOMBERG BUSINESSWEEK*
New York, New York

Com uma circulação global de mais de um milhão de exemplares, a *BusinessWeek* é uma das revistas de negócios mais lidas em todo o mundo. Os 1.700 repórteres exclusivos da Bloomberg em 145 agências ao redor do mundo possibilitam que a *Bloomberg Businessweek* publique uma série de artigos que interessam à comunidade empresarial e econômica global. Além dos artigos especiais sobre temas da atualidade, a revista contém seções regulares sobre negócios internacionais, análise econômica, processamento de informações e ciência e tecnologia. As informações apresentadas nos artigos e nas seções regulares ajudam os leitores a se manterem atualizados sobre os atuais desenvolvimentos e a avaliarem o impacto desses desenvolvimentos sobre as condições econômicas e de negócios.

A maioria das edições da *Bloomberg Businessweek*, antes denominada somente *BusinessWeek*, fornece uma reportagem mais aprofundada sobre um assunto de interesse atual. Frequentemente, essas reportagens contêm fatos e resumos estatísticos que ajudam o leitor a entender as informações empresariais ou econômicas. Exemplos de artigos e relatórios incluem o impacto empresarial da transferência de trabalho significativo para a computação em nuvem, a crise enfrentada pelo serviço postal dos Estados Unidos e por que a crise da dívida é ainda pior do que imaginamos. Além disso, a *Bloomberg Businessweek* fornece diversas estatísticas sobre a situação da economia, incluindo índices de produção, preços de ações, fundos mútuos e taxas de juros.

A *Bloomberg Businessweek* também utiliza estatística e informações estatísticas para gerenciar seu próprio negócio. Por exemplo, uma pesquisa anual feita com os assinantes ajuda a empresa a conhecer aspectos demográficos a eles relativos, seus hábitos de leitura, a probabilidade de compras, estilos de vida, e assim por diante. Os gestores da revista utilizam os resumos estatísticos dessa pesquisa para oferecer melhores serviços aos assinantes e aos anunciantes. Uma pesquisa recente com os assinantes norte-americanos indicou que 90% dos assinantes da *Bloomberg Businessweek* têm computadores em casa e que 64% estão envolvidos em compras on-line no trabalho. Este tipo de estatística alerta os gestores da *Bloomberg Businessweek* quanto ao interesse dos assinantes em artigos sobre novos desenvolvimentos na área da informática. Os resultados da pesquisa com assinantes também são colocados à disposição de potenciais anunciantes. A elevada porcentagem de assinantes que utilizam computadores pessoais em casa e dos que articulam compras por computador no trabalho seria um incentivo para os fabricantes pensarem em anunciar na revista.

A *Bloomberg Businessweek* utiliza fatos e resumos estatísticos em muitos de seus artigos.

Neste capítulo, discutiremos os tipos de dados disponíveis para análise estatística e descreveremos como estes dados são obtidos. Apresentaremos a estatística descritiva e a inferência estatística como meios de converter dados em informações estatísticas significativas e de fácil interpretação.

---
* Os autores agradecem Charlene Trentham, gestora de pesquisa, por fornecer esta Estatística na Prática.

Com frequência vemos os seguintes tipos de declarações em artigos de jornais e revistas:

- Em relação ao dólar norte-americano, o euro teve queda de quase 30% do seu valor no ano passado; o dólar australiano caiu cerca de 20% (*The Economist*, 25 de abril a 1º de maio de 2015).
- Uma pesquisa conduzida pelo Pew Research Center informou que 68% dos usuários da Internet acreditam que as leis atuais não são boas o suficiente para proteger a privacidade on-line das pessoas (*The Wall Street Journal*, 24 de março de 2014).

- As vendas nos Estados Unidos do VW Group continuam a cair, representando uma redução total das vendas de 13% em relação a janeiro passado, chegando a 36.930 veículos (*Panorama*, março de 2014).
- Uma pesquisa com 1.320 recrutadores corporativos indicou que 68% destes classificaram as habilidades de comunicação como uma das cinco características mais importantes para novas contratações (*Bloomberg Businessweek* 13-19 de abril de 2015).
- O Sistema de Aposentadoria dos Professores do Estado da Califórnia tem US$ 154,3 bilhões sob gestão (*Bloomberg Businessweek*, 21-27 de janeiro de 2013).
- Em um leilão de arte da Sotheby's realizado em 5 de fevereiro de 2013, a pintura de Pablo Picasso denominada *Mulher sentada perto de uma janela*, foi vendida por US$ 45 milhões (*The Wall Street Journal*, 15 de fevereiro de 2013).
- Nos últimos três meses, a média da indústria para incentivos a vendas de veículo concedidos pela GM, Chrysler, Ford, Toyota e Honda foi de US$ 2.336 (*The Wall Street Journal*, 14 de fevereiro de 2013).

Os fatos numéricos contidos nas declarações anteriores – 30%, 20%, 68%, 13%, 36.930, 1.320, 68%, US$ 154,3 bilhões, US$ 45 milhões, US$ 2.336 – são denominados **estatística**. Desse modo, o termo *estatística* refere-se a resultados numéricos, como médias, medianas, percentuais e máximos, que nos ajudam a compreender uma variedade de situações administrativas e econômicas. Entretanto, como veremos, a área ou o tema da estatística envolve muito mais do que resultados numéricos. Em um sentido mais amplo, estatística é o ofício e a ciência de coletar, analisar, apresentar e interpretar dados. Especialmente nas áreas de administração e economia, as informações obtidas por meio de coleta, análise, apresentação e interpretação dos dados proporcionam aos gestores e tomadores de decisões uma melhor compreensão do ambiente empresarial e econômico e, assim, os capacita a tomar decisões mais fundamentadas e de melhor qualidade. Neste livro, enfatizamos o uso da estatística para a tomada de decisões nas áreas de administração e economia.

O Capítulo 1 começa com alguns exemplos de aplicações da estatística nos setores de administração e economia. Na Seção 1.2, definimos o termo *dados* e introduzimos o conceito de conjunto de dados. Esta seção também apresenta termos-chave, como *variáveis* e *observações*, discute a diferença entre dados quantitativos e categorizados e ilustra os usos de dados transversais e de séries temporais. A Seção 1.3 discute como é possível obter dados de fontes existentes ou por intermédio de pesquisa e estudos experimentais idealizados para obter novos dados. O importante papel que a Internet desempenha na obtenção de dados também é destacado. A utilização de dados para desenvolver a estatística descritiva e fazer inferências estatísticas será descrita nas Seções 1.4 e 1.5. As últimas quatro seções do Capítulo 1 apresentam uma introdução à análise administrativa e ao papel dos computadores nesta área, uma introdução ao campo relativamente novo da mineração de dados e sobre o que se convencionou chamar *big data*, o papel dos computadores na análise estatística e uma discussão sobre as diretrizes éticas para a prática estatística.

 Aplicações em administração e economia

No moderno ambiente administrativo e econômico global, qualquer pessoa pode ter acesso a uma enorme quantidade de informações estatísticas. Os gestores e tomadores de decisão mais bem-sucedidos são aqueles capazes de entender as informações e utilizá-las eficazmente. Nesta seção, apresentamos exemplos que ilustram algumas aplicações da estatística nas áreas de administração e economia.

Contabilidade

Empresas públicas de contabilidade utilizam procedimentos de amostragem estatística ao realizarem auditorias para seus clientes. Por exemplo, suponha que uma firma de contabilidade queira determinar se o valor das contas a receber indicado na folha de balancete de um cliente representa fielmente o valor real das contas a receber. Geralmente, o grande número de contas individuais a receber torna a revisão e a validação de cada conta algo demasiadamente demorado e dispendioso. A prática comum nestas situações é a equipe de auditores selecionar um subconjunto das contas, denominado amostra. Depois de revisar a exatidão das contas amostradas, os auditores concluem se o valor das contas a receber apresentado na folha de balancete do cliente é aceitável.

Finanças

Os analistas financeiros usam uma série de informações estatísticas para orientar suas recomendações de investimentos. No caso dos títulos financeiros, revisam uma série de dados financeiros que incluem os índices de preço/ganhos ou

4 Estatística aplicada a administração e economia

lucros e a rentabilidade em dividendos. Comparando as informações correspondentes a um título individual com as informações sobre a média do mercado de ações, o analista financeiro pode concluir se um título individual é um bom investimento. Por exemplo, *The Wall Street Journal* (6 de junho de 2015) informou que o rendimento médio de dividendos para as empresas na S&P 500 (Índice Standard & Poors 500) era de 2%. A Microsoft apresentou um rendimento de dividendos de 1,95%. Neste caso, as informações estatísticas sobre os rendimentos em dividendos indicavam um menor dividendo gerado pela Microsoft do que a média para as companhias na S&P 500. Estas e outras informações sobre a Microsoft ajudariam o analista a recomendar a compra, venda ou manutenção dos títulos da Microsoft.

Marketing

Scanners utilizados nos caixas das lojas de venda a varejo coletam dados que são utilizados em uma série de aplicações de pesquisa de marketing. Por exemplo, fornecedores de dados como a ACNielsen e a Information Resources Inc. compram dados colhidos por *scanners* localizados em pontos de venda de mercearias, processam estes dados e depois vendem seus resumos estatísticos a empresas de manufatura. Fabricantes gastam centenas de milhares de dólares por categoria de produto para obter este tipo de informação. A indústria também compra dados e resumos estatísticos a respeito de atividades promocionais, como a fixação de preços especiais e o uso de demonstrações em vídeo nas lojas. Gestores de marca podem revisar os dados estatísticos dos *scanners* e os dados estatísticos da atividade promocional para obter um entendimento melhor da relação entre as atividades promocionais e as vendas. Este tipo de análise muitas vezes é útil para estabelecer as futuras estratégias de marketing para os vários produtos.

Produção

A atual ênfase na qualidade torna o controle da qualidade uma importante aplicação da estatística na área de produção. Utiliza-se uma série de mapas estatísticos de controle da qualidade para monitorar o resultado (*output*) de um processo de produção. Em especial, pode-se usar um gráfico de carta de controle de $\bar{x}$ a fim de monitorar a média do processo. Suponha, por exemplo, que uma máquina preencha recipientes com 355 ml de determinado refrigerante. Periodicamente, um funcionário do setor de produção seleciona uma amostra dos recipientes e calcula a quantidade média de refrigerante em mililitros. Esta média, ou valor, é traçada no gráfico de controle. Um valor acima do limite máximo de controle no gráfico mostra que o recipiente tem um volume de refrigerante maior que o especificado e um valor abaixo do limite mínimo de controle no gráfico mostra que o recipiente tem um volume menor do que o especificado. O processo é chamado "sob controle" e pode prosseguir, contanto que as médias traçadas se situem entre os limites de controle máximo e mínimo indicados no gráfico de controle. Adequadamente interpretado, um gráfico de controle pode ajudar a estabelecer quando há necessidade de ajustes para corrigir o processo de produção.

Economia

Os economistas frequentemente fornecem previsões sobre o futuro da economia ou algum aspecto dela. Eles utilizam uma série de informações estatísticas para fazer estas previsões. Por exemplo, ao preverem as taxas de inflação, recorrem a informações estatísticas de indicadores, como o Índice de Preços ao Produtor, a taxa de desemprego e a utilização da capacidade de produção industrial. Com frequência estes indicadores estatísticos são inseridos em modelos de previsão informatizados que preveem as taxas de inflação.

Sistemas de informação

Os administradores de sistemas de informação são responsáveis pela operação cotidiana das redes de computadores de uma organização. Inúmeras informações estatísticas ajudam os administradores a avaliarem o desempenho das redes de computadores, incluindo redes locais (LANs), redes de longa distância (WANs), segmentos de rede, intranets e outros sistemas de comunicação de dados. Estatísticas como o número médio de usuários em um sistema, o tempo durante o qual qualquer componente do sistema está inativo e a proporção da largura de banda utilizada em vários momentos do dia são exemplos de informações estatísticas que ajudam o administrador a entender e gerenciar melhor a rede de computadores.

Aplicações de estatísticas como as descritas nesta seção são parte integrante deste livro. Estes exemplos fornecem uma visão geral do uso da estatística. Para suplementar estes exemplos, profissionais das áreas de administração e economia forneceram artigos de "Estatística na Prática" para a abertura de capítulos, que introduzem o conteúdo abordado em cada um deles. Tais exemplos mostram a importância da estatística em uma ampla variedade de situações econômicas e administrativas.

 Dados

Dados são os fatos e números coletados, analisados e sintetizados para apresentação e interpretação. Todos os dados coletados em um estudo em particular são denominados **conjunto de dados** do estudo. A Tabela 1.1 mostra um conjunto de dados que contém informações referentes a 60 países que participam na Organização Mundial do Comércio (OMC). A OMC incentiva o livre fluxo do comércio internacional e proporciona um fórum para resolver disputas comerciais.

Elementos, variáveis e observações

Elementos são as entidades a respeito das quais se coletam dados. Cada nação mencionada na Tabela 1.1 é um elemento com seu nome mostrado na primeira coluna. Com 60 países, o conjunto de dados contém 60 elementos.

Uma **variável** é uma característica de interesse para os elementos. O conjunto de dados na Tabela 1.1 inclui as cinco variáveis a seguir:

- *Status* na OMC: o *status* de participação do país na OMC; este *status* pode ser o de membro ou o de observador.
- PIB *per capita* (US$): o valor total de mercado (US$) de todos os produtos e serviços produzidos pelo país dividido pelo número de pessoas no país; isto geralmente é utilizado para comparar a produtividade econômica das nações.
- Déficit comercial (US$ 1.000): a diferença entre o valor total em dólares das importações e das exportações do país.
- Classificação Fitch: a classificação de crédito soberano do país, avaliada pelo Fitch Group;[1] as classificações de crédito variam de alta, como AAA, a baixa, F, e podem ser modificadas por um sinal de + ou −.
- Fitch *Outlook* (Análise Fitch): uma indicação de qual deve ser a direção da classificação de crédito nos próximos dois anos; a perspectiva pode ser negativa, estável ou positiva.

As medidas coletadas sobre cada variável para todos os elementos em um estudo fornecem os dados. O conjunto de medidas obtidas para um determinado elemento é chamado **observação**. Consultando a Tabela 1.1, vemos que a primeira observação (Armênia) contém as seguintes medidas: Membro, 5.400, 2.673.359, BB− e Estável. A segunda observação (Austrália) contém as seguintes medidas: Membro, 40.800, −33.304.157, AAA, Estável, e assim por diante. Um conjunto de dados com 60 elementos contém 60 observações.

Escalas de medição

A coleta de dados requer uma das seguintes escalas de medição: nominal, ordinal, intervalar ou razão (quociente). A escala de medição determina a quantidade de informações contidas nos dados e indica a síntese e as análises estatísticas mais apropriadas a eles.

Quando os dados referentes a uma variável consistem em rótulos ou nomes utilizados para identificar um atributo do elemento, a escala de medição é considerada **escala nominal**. Por exemplo, consultando os dados da Tabela 1.1, vemos que a escala de medição da variável *Status* na OMC é nominal porque os dados "membro" e "observador" são rótulos utilizados para identificar a categoria *status* da nação. Nos casos em que a escala de medição é nominal, um código numérico, bem como rótulos não numéricos, podem ser utilizados. Por exemplo, para facilitar a coleta de dados e prepará-los para serem digitados em um banco de dados de computador, poderíamos utilizar um código numérico para a variável *Status* na OMC, designando 1 para denotar uma nação membro da OMC, e 2 para denotar uma nação observadora. A escala de medição é nominal, embora os dados se apresentem como valores numéricos.

A escala de medição de uma variável é considerada uma **escala ordinal** se os dados exibirem as propriedades de dados nominais e se a ordem ou classificação dos dados for significativa. Por exemplo, consultando os dados na Tabela 1.1, a escala de medição para a Classificação Fitch é ordinal porque os rótulos de classificação que variam de AAA a F podem ser ordenados da melhor classificação de crédito, AAA, para a pior classificação de crédito, F. As letras de classificação fornecem rótulos semelhantes a dados nominais, mas, além disso, os dados também podem ser classificados ou ordenados com base na classificação de crédito, o que torna a escala de medição ordinal. Os dados ordinais também podem ser registrados por um código numérico; por exemplo, sua classificação de desempenho na escola.

A escala de medição de uma variável é a **escala intervalar** se os dados exibirem todas as propriedades de dados ordinais e se o intervalo entre os valores for expresso em uma unidade de medida fixa. Dados de intervalos são sempre numéricos. As pontuações do exame SAT (Scholastic Aptitude Test ou Teste de Aptidão Escolar) são exemplos de dados com escala intervalar. Por exemplo, três estudantes com pontuações SAT iguais a 620, 550 e 470 podem ser

---

[1] Fitch Group é uma das três organizações de classificação estatística reconhecidas nos Estados Unidos, designadas pela Comissão de Valores Mobiliários dos Estados Unidos. As outras duas são: Standard and Poor's e o serviço de investidores da Moody's.

TABELA 1.1 Conjunto de dados para 60 países da OMC

Nations

Conjuntos de dados como este estão disponíveis na página deste livro no site da Cengage.

Nação	Status na OMC	PIB per capita (US$)	Déficit comercial (US$ 1.000)	Classificação Fitch	Análise Fitch
Armênia	Membro	5.400	2.673.359	BB−	Estável
Austrália	Membro	40.800	−33.304.157	AAA	Estável
Áustria	Membro	41.700	12.796.558	AAA	Estável
Azerbaijão	Observador	5.400	−16.747.320	BBB−	Positivo
Bahrein	Membro	27.300	3.102.665	BBB	Estável
Bélgica	Membro	37.600	−14.930.833	AA+	Negativo
Brasil	Membro	11.600	−29.796.166	BBB	Estável
Bulgária	Membro	13.500	4.049.237	BBB−	Positivo
Canadá	Membro	40.300	−1.611.380	AAA	Estável
Cabo Verde	Membro	4.000	874.459	B+	Estável
Chile	Membro	16.100	−14.558.218	A+	Estável
China	Membro	8.400	−156.705.311	A+	Estável
Colômbia	Membro	10.100	−1.561.199	BBB−	Estável
Costa Rica	Membro	11.500	5.807.509	BB+	Estável
Croácia	Membro	18.300	8.108.103	BBB−	Negativo
Chipre	Membro	29.100	6.623.337	BBB	Negativo
República Tcheca	Membro	25.900	−10.749.467	A+	Positivo
Dinamarca	Membro	40.200	−15.057.343	AAA	Estável
Equador	Membro	8.300	1.993.819	B−	Estável
Egito	Membro	6.500	28.486.933	BB	Negativo
El Salvador	Membro	7.600	5.019.363	BB	Estável
Estônia	Membro	20.200	802.234	A+	Estável
França	Membro	35.000	118.841.542	AAA	Estável
Geórgia	Membro	5.400	4.398.153	B+	Positivo
Alemanha	Membro	37.900	−213.367.685	AAA	Estável
Hungria	Membro	19.600	−9.421.301	BBB−	Negativo
Islândia	Membro	38.000	−504.939	BB+	Estável
Irlanda	Membro	39.500	−59.093.323	BBB+	Negativo
Israel	Membro	31.000	6.722.291	A	Estável
Itália	Membro	30.100	33.568.668	A+	Negativo
Japão	Membro	34.300	31.675.424	AA	Negativo
Cazaquistão	Observador	13.000	−33.220.437	BBB	Positivo
Quênia	Membro	1.700	9.174.198	B+	Estável
Letônia	Membro	15.400	2.448.053	BBB−	Positivo
Líbano	Observador	15.600	13.715.550	B	Estável
Lituânia	Membro	18.700	3.359.641	BBB	Positivo
Malásia	Membro	15.600	−39.420.064	A−	Estável
México	Membro	15.100	1.288.112	BBB	Estável
Peru	Membro	10.000	−7.888.993	BBB	Estável
Filipinas	Membro	4.100	15.667.209	BB+	Estável
Polônia	Membro	20.100	19.552.976	A−	Estável
Portugal	Membro	23.200	21.060.508	BBB−	Negativo
Coreia do Sul	Membro	31.700	−37.509.141	A+	Estável
Romênia	Membro	12.300	13.323.709	BBB−	Estável
Rússia	Observador	16.700	−151.400.000	BBB	Positivo
Ruanda	Membro	1.300	939.222	B	Estável
Sérvia	Observador	10.700	8.275.693	BB−	Estável
Seychelles	Observador	24.700	666.026	B	Estável
Cingapura	Membro	59.900	−27.110.421	AAA	Estável
Eslováquia	Membro	23.400	−2.110.626	A+	Estável
Eslovênia	Membro	29.100	2.310.617	AA−	Negativo
África do Sul	Membro	11.000	3.321.801	BBB+	Estável
Suécia	Membro	40.600	−10.903.251	AAA	Estável
Suíça	Membro	43.400	−27.197.873	AAA	Estável
Tailândia	Membro	9.700	2.049.669	BBB	Estável
Turquia	Membro	14.600	71.612.947	BB+	Positivo
Reino Unido	Membro	35.900	162.316.831	AAA	Negativo
Uruguai	Membro	15.400	2.662.628	BB	Positivo
Estados Unidos	Membro	48.100	784.438.559	AAA	Estável
Zâmbia	Membro	1.600	−1.805.198	B+	Estável

classificados, ou ordenados, considerando-se o melhor para o pior desempenho. Além disso, as diferenças entre as pontuações são significativas. Por exemplo, o estudante 1 pontuou $620 - 550 = 70$ pontos a mais que o estudante 2, ao passo que o estudante 2 pontuou $550 - 470 = 80$ pontos a mais que o estudante 3.

A escala de medição de uma variável é uma **escala de razão** (ou **quociente**) se os dados tiverem todas as propriedades de dados intervalares e o quociente de dois valores for significativo. Variáveis como distância, altura, peso e tempo utilizam como medição a escala de razão. Esta escala exige que um valor zero seja incluído para indicar que não existe nada para a variável no ponto zero. Por exemplo, considere o custo de um automóvel. Um valor zero para o custo indicaria que o automóvel não tem nenhum custo e é grátis. Além disso, se compararmos o custo de US\$ 30 mil para um automóvel com o custo de US\$ 15 mil para um segundo automóvel, a propriedade da razão mostra que o primeiro automóvel custa US\$ 30 mil/US\$ 15 mil = 2 vezes (ou o dobro) o custo do segundo automóvel.

Dados categorizados e quantitativos

Os dados podem ser classificados como categorizados ou quantitativos. Os dados que podem ser agrupados por categorias específicas são chamados **dados categorizados** e utilizam escala de medição nominal ou ordinal. Aqueles que utilizam valores numéricos para indicar quantidade são denominados **dados quantitativos**, obtidos utilizando medição de escala intervalar ou escala de razão.

Uma **variável categorizada** é aquela com dados categorizados, e uma **variável quantitativa** é aquela com dados quantitativos. A análise estatística apropriada de determinada variável depende de a variável ser categorizada ou quantitativa. Se a variável for categorizada, a análise estatística será bastante limitada. Podemos sintetizar os dados categorizados contando o número de observações em cada categoria ou calculando a proporção das observações em cada categoria. Entretanto, mesmo quando os dados categorizados são identificados por um código numérico, operações aritméticas como adição, subtração, multiplicação e divisão não produzem resultados significativos. A Seção 2.1 discute maneiras de sintetizar dados categorizados.

> O método estatístico apropriado para a sintetização dos dados depende de eles serem categorizados ou quantitativos.

As operações aritméticas frequentemente produzem resultados significativos para variáveis quantitativas. Por exemplo, os dados podem ser somados e depois divididos pelo número de observações para calcularmos o valor médio. Esta média geralmente é significativa e facilmente interpretada. Em geral, quando os dados são quantitativos há mais alternativas para a análise estatística. A Seção 2.2 e o Capítulo 3 apresentam maneiras de sintetizar dados quantitativos.

Dados de seção transversal e de série temporal

Para fins de análise estatística, é importante estabelecer a distinção entre dados de seção transversal e dados de série temporal. **Dados de seção transversal** são aqueles coletados no mesmo ou aproximadamente no mesmo intervalo de tempo. Os dados da Tabela 1.1 são transversais porque descrevem as cinco variáveis correspondentes aos 60 países participantes da OMC, no mesmo intervalo de tempo. **Dados de série temporal** são aqueles coletados ao longo de diversos períodos. Por exemplo, a série temporal na Figura 1.1 apresenta um gráfico da média de preço por galão de gasolina comum entre 2009 e 2014. Entre janeiro de 2009 e maio de 2011, o preço médio por galão da gasolina continuou a subir de forma constante. Desde então, os preços mostraram mais flutuações, atingindo um preço médio por galão de US\$ 3,12 em outubro de 2014.

Gráficos que representam dados de série temporal são, geralmente, encontrados em publicações nas áreas de administração e economia. Tais gráficos ajudam os analistas a compreender o que aconteceu no passado, a identificar as tendências ao longo do tempo e a projetar valores futuros para a série temporal. Os gráficos de dados de série temporal podem assumir diversas formas, como mostra a Figura 1.2. Com algum estudo, esses gráficos normalmente são fáceis de ser entendidos e interpretados. Por exemplo, o Painel (A), na Figura 1.2, é um gráfico que mostra a Média Industrial do Índice Dow Jones de 2004 até 2014. Em novembro de 2004, o popular índice do mercado de ações estava próximo de 10.000, tendo subido para pouco mais de 14.000 em outubro de 2007. Contudo, observe o declínio acentuado na série temporal após a alta verificada em 2007. Em fevereiro de 2009, as más condições econômicas fizeram que a Média Industrial do Índice Dow Jones voltasse ao nível de 7.000. Este foi um período assustador e desencorajador para os investidores. No entanto, no final de 2009, o índice mostrava uma recuperação, tendo atingido o nível de 10.000 e passou a subir de forma constante desde então, ficando acima de 17.500 em novembro de 2014.

O gráfico no Painel (B) mostra o Rendimento Líquido do McDonald's Inc. de 2005 a 2013. As condições de crise econômica em 2008 e 2009, na realidade, foram benéficas para o McDonald's, uma vez que o rendimento líquido da companhia aumentou para máximos históricos. O crescimento do rendimento líquido do McDonald's mostrou que a companhia prosperou durante a recessão econômica em virtude de as pessoas diminuírem a frequência aos

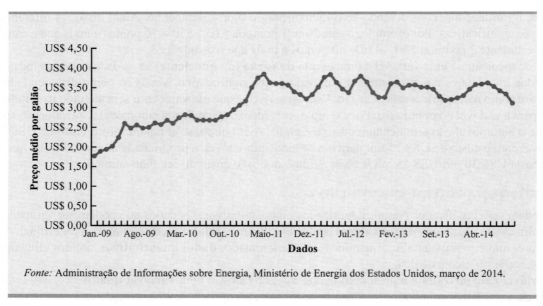

FIGURA 1.1 Preço médio por galão de gasolina comum nos Estados Unidos.

restaurantes tradicionais, mais caros, e passarem a procurar alternativas mais baratas, oferecidas pelo McDonald's. O lucro líquido do McDonald's continuou atingindo novos recordes em 2010 e 2011, diminuiu ligeiramente em 2012 e aumentou em 2013.

O Painel (C) mostra a série temporal referente à Taxa de Ocupação de Hotéis do Sul da Flórida durante o período de um ano. As taxas de ocupação mais altas, de 95% e 98%, ocorrem durante os meses de fevereiro e março, quando o clima no sul da Flórida é atrativo para os turistas. De fato, regularmente, o período de janeiro a abril de cada ano é uma época de grande taxa de ocupação nos hotéis do sul da Flórida. Por outro lado, note as baixas taxas de ocupação nos meses de agosto a outubro, com a menor taxa, de 50%, sendo registrada em setembro. As elevadas temperaturas e a temporada de furacões são as principais razões para a queda na taxa de ocupação em hotéis durante esse período.

NOTAS E COMENTÁRIOS

1. Uma observação é o conjunto de medidas obtidas correspondentes a cada elemento de um conjunto de dados. Portanto, o número de observações é sempre igual ao número de elementos. O número de medições obtidas correspondentes a cada elemento é igual ao número de variáveis. Portanto, o número total de itens de dados pode ser determinado multiplicando-se o número de observações pelo número de variáveis.

2. Os dados quantitativos podem ser discretos ou contínuos. Dados quantitativos que medem uma quantidade (algo enumerável, por exemplo, número de chamadas telefônicas recebidas em 5 minutos) são discretos. Dados quantitativos que medem uma quantificação (algo não enumerável, como peso ou tempo) são contínuos, porque não ocorre nenhuma separação entre os possíveis valores dos dados.

1.3 Fontes de dados

Os dados podem ser obtidos de fontes existentes ou de pesquisas e estudos experimentais planejados para a coleta de novas observações.

Fontes existentes

Em alguns casos, os dados necessários para uma aplicação em particular já existem. As empresas mantêm uma série de bancos de dados sobre seus empregados, clientes e operações administrativas. Dados sobre salários, idade e anos

Dados e estatística 9

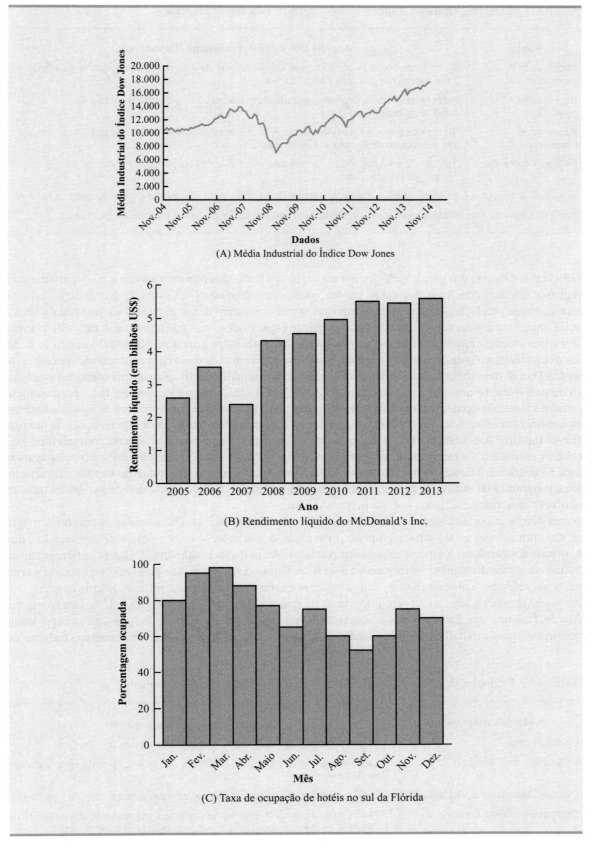

(A) Média Industrial do Índice Dow Jones

(B) Rendimento líquido do McDonald's Inc.

(C) Taxa de ocupação de hotéis no sul da Flórida

FIGURA 1.2 Diversos gráficos de dados de série temporal

10 Estatística aplicada a administração e economia

TABELA 1.2 Exemplos de dados disponíveis nos registros internos de empresas

Fonte	Alguns dos dados geralmente disponíveis
Registros de funcionários	Nome, endereço, número do seguro social, número de dias de férias, número de dias dedicados a tratamento de saúde e bonificações.
Registros de produção	Número de peças ou produtos, quantidade produzida, custo de mão de obra e de matérias-primas.
Registros de inventário	Número de peças ou produtos, número de unidades disponíveis, nível de reabastecimento, lote econômico de compra e programa de descontos.
Registros de vendas	Número do produto, volume de vendas, volume de vendas por região e volume de vendas por tipo de cliente.
Registros de crédito	Nome do cliente, endereço, número de telefone, limite de crédito e saldo de contas a receber.
Perfil do cliente	Idade, gênero, nível de renda, tamanho da família, endereço e preferências.

de experiência dos empregados geralmente podem ser obtidos a partir dos registros internos do departamento pessoal. Outros registros internos contêm dados sobre vendas, gastos com propaganda, custos de distribuição, níveis de estoque e quantidades de produção. A maioria das empresas também mantém dados detalhados a respeito de seus clientes. A Tabela 1.2 apresenta alguns dos dados que habitualmente estão disponíveis nos registros internos da empresa.

Organizações especializadas em coletar e manter dados disponibilizam uma quantidade substancial de dados administrativos e econômicos. As empresas têm acesso a essas fontes externas de dados por contratos de *leasing* ou por meio de compras. A Dun & Bradstreet, a Bloomberg e a Dow Jones & Company são três firmas que oferecem amplos serviços de bancos de dados empresariais aos seus clientes. A ACNielsen e a Information Resources, Inc. construíram negócios bem-sucedidos coletando e processando dados que são vendidos a empresas de publicidade e de fabricação de produtos.

Dados também encontram-se disponíveis em uma série de associações industriais e organizações de interesse especial. A Travel Industry Association of America mantém informações relacionadas a viagens; por exemplo, o número de turistas e os gastos em viagens organizados por estado. Esses dados interessariam a firmas e a pessoas na indústria de viagens. O Graduate Management Admission Council mantém dados sobre notas de exames, características de estudantes e programas de ensino de pós-graduação em administração. A maior parte dos dados desses tipos de fontes está disponível a usuários habilitados por um pequeno custo.

A Internet é uma importante fonte de dados e de informações estatísticas. Quase todas as empresas mantêm sites que fornecem informações gerais sobre a empresa, bem como dados sobre vendas, número de empregados, número de produtos, preços dos produtos e especificações dos produtos. Além disso, atualmente, um grande número de empresas se especializa em tornar disponíveis informações pela rede. Como consequência, é possível obter acesso a cotações de ações, preços de refeições em restaurantes, dados salariais e uma variedade quase infinita de informações.

Órgãos governamentais são outra fonte importante de dados existentes. Por exemplo, o U.S. Department of Labor (Ministério do Trabalho dos Estados Unidos) mantém dados consideráveis sobre os índices de emprego, índices salariais, tamanho da força de trabalho e afiliação sindical. A Tabela 1.3 relaciona órgãos governamentais e alguns dos dados

TABELA 1.3 Exemplos de dados disponíveis em agências governamentais selecionadas

Agências do governo	Alguns dos dados disponíveis
Census Bureau	Dados populacionais, número de famílias e renda familiar.
Federal Reserve Board	Dados sobre a base monetária, crédito de prestações, taxas de câmbio e taxas de desconto.
Office of Management and Budget	Dados sobre receita, gastos e débito do governo federal.
Department of Commerce	Dados sobre a atividade empresarial, valor das exportações, nível de lucro da indústria e setores industriais que estão em crescimento ou queda.
Bureau of Labor Statistics	Gastos de consumo, remuneração por hora de trabalho, taxa de desemprego, registros de segurança no trabalho e estatísticas internacionais.

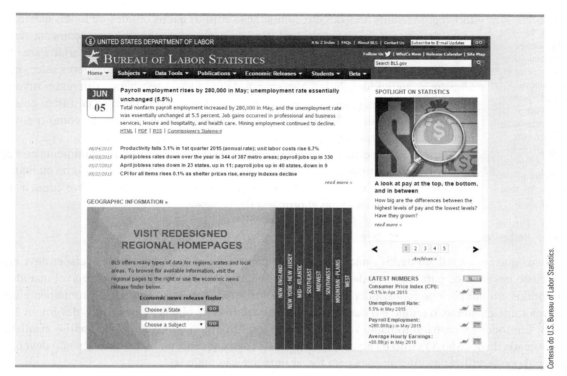

FIGURA 1.3   Página do Departamento de Estatísticas de Trabalho dos EUA

que oferecem. A maioria dos órgãos governamentais que coleta e processa dados também disponibiliza os resultados por meio de um site. A Figura 1.3 exibe a página inicial do site do U.S. Census Bureau (Ministério de Recenseamento dos Estados Unidos).

Estudo observacional

Em um *estudo observacional*, simplesmente observamos o que está acontecendo em uma situação particular, registramos dados sobre uma ou mais variáveis de interesse e realizamos uma análise estatística dos dados resultantes. Por exemplo, os pesquisadores podem observar um grupo selecionado aleatoriamente de clientes que entram em um supercentro do Walmart para coletar dados sobre variáveis, como o tempo que o cliente passa fazendo compras, o gênero do cliente, o valor gasto, e assim por diante. A análise estatística dos dados pode ajudar a gerência a determinar de que modo fatores como o tempo de compra e o gênero do cliente afetam o valor gasto.

Os estudos com fumantes e não fumantes são observacionais, porque os pesquisadores não determinam nem controlam quem fuma ou não.

Como outro exemplo de estudo observacional, suponha que os pesquisadores estivessem interessados em investigar a relação entre o gênero do CEO de uma empresa da *Fortune 500* e o desempenho da empresa, medido pelo retorno sobre o patrimônio líquido (ROE). Para obter dados, os pesquisadores selecionaram uma amostra de empresas e registraram o gênero do CEO e o ROE de cada empresa. A análise estatística dos dados pode ajudar a determinar a relação entre o desempenho da empresa e o gênero do CEO. Este exemplo é um estudo observacional porque os pesquisadores não tinham controle sobre o gênero do CEO ou o ROE em cada uma das empresas que foram amostradas.

Estudos e pesquisas de opinião pública são dois outros exemplos de estudos observacionais comumente utilizados. Os dados fornecidos por estes tipos de estudos simplesmente nos permitem observar as opiniões dos entrevistados. Por exemplo, a legislatura do estado de Nova York encomendou uma pesquisa por telefone na qual os moradores foram questionados se apoiariam ou se oporiam a um aumento no imposto estadual sobre a gasolina a fim de fornecer financiamento para reparos de pontes e rodovias. A análise estatística dos resultados da pesquisa ajudará a assembleia estadual a determinar se deve apresentar uma lei para aumentar os impostos sobre a gasolina.

Experimento

A principal diferença entre um estudo observacional e um experimental é que um experimento é conduzido sob condições controladas. Como resultado, os dados obtidos a partir de um experimento bem planejado podem muitas vezes

Acredita-se que o maior estudo estatístico experimental já realizado tenha sido o experimento da vacina Salk, contra a poliomielite, promovido pelo Public Health Service (Estados Unidos) em 1954. Aproximadamente 2 milhões de crianças do primeiro, segundo e terceiro anos do Ensino Fundamental foram selecionadas em todo o território nacional.

fornecer mais informações em comparação com os dados obtidos de fontes existentes ou por meio de um estudo observacional. Por exemplo, suponha que uma empresa farmacêutica gostaria de saber como uma nova droga desenvolvida afeta a pressão arterial. Para obter dados sobre como o novo medicamento afeta a pressão arterial, os pesquisadores selecionaram uma amostra de indivíduos. Diferentes grupos de indivíduos receberam diferentes níveis de dosagem da nova droga e, antes e depois, os dados sobre a pressão arterial foram coletados para cada grupo. A análise estatística dos dados pode ajudar a determinar como o novo medicamento afeta a pressão arterial.

Os tipos de experimentos com os quais lidamos nas estatísticas geralmente começam com a identificação de uma determinada variável de interesse. Em seguida, uma ou mais variáveis são identificadas e controladas para que possam ser obtidos dados sobre como as outras variáveis influenciam a variável primária de interesse.

Questões referentes a tempo e a custos

Qualquer pessoa que queira utilizar dados e análise estatística como auxiliares na tomada de decisões deve estar ciente do tempo e custo necessários para obter os dados. O uso de fontes de dados existentes é desejável quando os dados devem ser obtidos em um período relativamente curto. Se dados importantes não estiverem prontamente disponíveis a partir de uma fonte existente, o tempo e o custo adicionais envolvidos na obtenção dos dados devem ser levados em consideração. Em todos os casos, o tomador de decisões deve considerar a contribuição da análise estatística para o processo de tomada de decisão. O custo da aquisição de dados e a subsequente análise estatística não devem exceder a economia gerada ao se utilizar as informações para tomar uma decisão melhor.

Erros na obtenção de dados

Os gestores devem sempre estar cientes da possibilidade de erros quanto aos dados utilizados nos estudos estatísticos. Utilizar dados errados pode ser pior do que não usar absolutamente nenhum dado. Um erro na obtenção de dados ocorre sempre que o valor de dados obtido não é igual ao valor verdadeiro ou real que seria obtido com um procedimento correto. Esses erros podem ocorrer de diversas maneiras. Por exemplo, um entrevistador poderia cometer um erro de registro, como ao escrever a idade de uma pessoa que tem 24 anos tendo 42, ou a pessoa que responde às perguntas de uma entrevista poderia interpretar erroneamente a questão e fornecer uma resposta incorreta.

Analistas de dados experientes tomam muito cuidado ao coletar e registrar dados, a fim de assegurar que erros não sejam cometidos. Procedimentos especiais podem ser utilizados para verificar a coerência interna dos dados. Por exemplo, esses procedimentos indicariam que o analista deve revisar a exatidão dos dados de uma pessoa que responde ter 22 anos de idade e 20 anos de experiência de trabalho. Os analistas de dados também revisam dados com valores incomumente elevados ou baixos, chamados valores atípicos (*outliers*), os quais são candidatos a possíveis erros. No Capítulo 3, apresentaremos alguns dos métodos que os estatísticos empregam para identificar esse tipo de dados.

Os erros frequentemente ocorrem durante a obtenção dos dados. Utilizar cegamente quaisquer dados que possam estar disponíveis ou aqueles que foram obtidos com pouco cuidado pode resultar em informações enganosas e decisões ruins. Assim, tomar as medidas necessárias para obter dados precisos pode ajudar a assegurar que a informação será confiável e a tomada de decisões, valiosa.

 Estatística descritiva

A maioria das informações estatísticas publicadas em jornais, revistas, relatórios de empresas e outras publicações consiste de dados sintetizados e apresentados de modo que o leitor entenda facilmente. Esses resumos de dados, que podem ser tabulares, gráficos ou numéricos, são conhecidos como **estatística descritiva**.

Consulte o conjunto de dados na Tabela 1.1. Métodos de estatística descritiva podem ser usados para resumir estes dados. Por exemplo, considere a variável Análise Fitch, que indica para qual direção a classificação de crédito do país tende a se movimentar nos próximos dois anos. A Análise Fitch é registrada como negativa, estável ou positiva. Um resumo tabular dos dados que mostram o número de nações com cada uma das classificações da Análise Fitch é mostrado na Tabela 1.4. Um resumo gráfico dos mesmos dados, chamado gráfico de barras, é mostrado na Figura 1.4. Esses tipos de resumos facilitam a interpretação dos dados. Consultando a Tabela 1.4 e a Figura 1.4, podemos ver que

TABELA 1.4 Frequências e frequências percentuais para a análise de classificação de crédito Fitch de 60 países

Análise Fitch	Frequência	Frequência percentual (%)
Positiva	10	16,7
Estável	39	65,0
Negativa	11	18,3

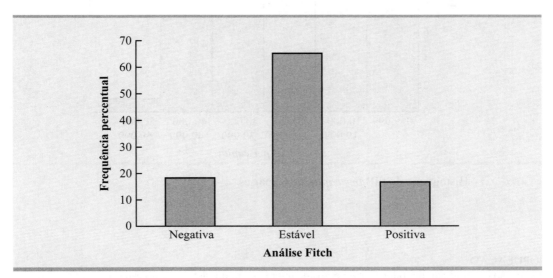

FIGURA 1.4 Gráfico de barras para a análise de classificação de crédito Fitch de 60 países

a maioria das classificações de crédito da Análise Fitch é estável, com 65% das nações com essa classificação. As classificações de crédito negativa e positiva são semelhantes, mas há um pouco mais de nações com perspectiva negativa (18,3%) do que com perspectiva positiva (16,7%).

Um resumo gráfico dos dados para a variável quantitativa PIB *per capita*, na Tabela 1.1, denominado histograma, é fornecido na Figura 1.5. Utilizando o histograma, é fácil verificar que o PIB *per capita* para os 60 países varia de US$ 0 a US$ 60.000, com a maior concentração entre US$ 10.000 e US$ 20.000. Somente um país tem um PIB *per capita* que excede US$ 50.000.

Além de exibições tabulares e gráficas, estatísticas descritivas numéricas são utilizadas para resumir os dados. A medida numérica mais comum é a média. Utilizando os dados do PIB *per capita* para os 60 países na Tabela 1.1, podemos calcular a média adicionando o PIB *per capita* de todos os 60 países e dividindo o total por 60. Isto representa um PIB *per capita* médio de US$ 21.387. Esta média fornece uma medida da tendência central ou localização central dos dados.

Existe grande interesse nos métodos efetivos para desenvolver e apresentar estatísticas descritivas. Os Capítulos 2 e 3 dedicam atenção aos métodos tabulares, gráficos e numéricos da estatística descritiva.

1.5 Inferência estatística

Muitas situações requerem informações sobre um amplo grupo de elementos (indivíduos, empresas, eleitores, famílias, produtos, clientes etc.). Em virtude do tempo, custo e de outros fatores, é possível coletar dados somente de uma pequena parte do grupo. O grupo mais amplo dos elementos de determinado estudo é denominado **população** e o grupo menor, **amostra**. Formalmente, utilizamos as seguintes definições:

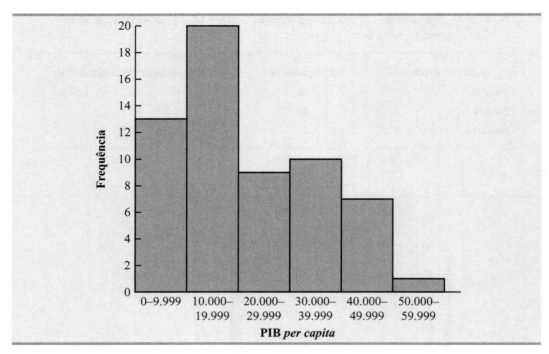

FIGURA 1.5 Histograma do PIB *per capita* de 60 países

> **POPULAÇÃO**
> População é o conjunto de todos os elementos de interesse em um determinado estudo.

> **AMOSTRA**
> Amostra é um subconjunto da população.

O governo norte-americano realiza um censo a cada dez anos. As empresas de pesquisa de mercado fazem pesquisas amostrais diariamente.

O processo de realização de uma pesquisa (levantamento) para coletar dados correspondentes a uma população inteira chama-se **censo**. O processo de realização de uma pesquisa para coletar dados correspondentes a uma amostra é denominado **pesquisa amostral**. Como uma de suas maiores contribuições, a estatística usa dados de uma amostra para fazer estimativas e testar hipóteses a respeito das características de uma população, utilizando um processo conhecido como **inferência estatística**.

Como um exemplo de inferência estatística, consideremos o estudo realizado pela Norris Electronics, empresa que produz um tipo de lâmpada de alta intensidade utilizada em uma série de produtos elétricos. Em uma tentativa de aumentar a vida útil da lâmpada, o grupo de projeto de produtos desenvolveu um novo filamento de lâmpada. Neste caso, a população é definida como todas as lâmpadas que poderiam ser produzidas com o novo filamento. Para avaliar as vantagens do novo filamento, uma amostra contendo 200 lâmpadas produzidas foi utilizada para testes. Os dados coletados a partir desta amostra indicavam o número de horas que cada lâmpada permaneceu em operação antes de o filamento se queimar. Veja a Tabela 1.5.

Suponha que a Norris queira usar os dados da amostra para fazer uma inferência a respeito da durabilidade média populacional de todas as lâmpadas que poderiam ser produzidas com o novo filamento. A operação de somar os 200 valores na Tabela 1.5 e dividir o total por 200 produz a durabilidade média das lâmpadas da amostra: 76 horas. Podemos utilizar este resultado da amostra para estimar que o tempo médio de durabilidade das lâmpadas na população é de 76 horas. A Figura 1.6 apresenta um resumo gráfico do processo de inferência estatística para a Norris Electronics.

TABELA 1.5 Durabilidade, em horas, de uma amostra de 200 lâmpadas para o exemplo da Norris Electronics

107	73	68	97	76	79	94	59	98	57
54	65	71	70	84	88	62	61	79	98
66	62	79	86	68	74	61	82	65	98
62	116	65	88	64	79	78	79	77	86
74	85	73	80	68	78	89	72	58	69
92	78	88	77	103	88	63	68	88	81
75	90	62	89	71	71	74	70	74	70
65	81	75	62	94	71	85	84	83	63
81	62	79	83	93	61	65	62	92	65
83	70	70	81	77	72	84	67	59	58
78	66	66	94	77	63	66	75	68	76
90	78	71	101	78	43	59	67	61	71
96	75	64	76	72	77	74	65	82	86
66	86	96	89	81	71	85	99	59	92
68	72	77	60	87	84	75	77	51	45
85	67	87	80	84	93	69	76	89	75
83	68	72	67	92	89	82	96	77	102
74	91	76	83	66	68	61	73	72	76
73	77	79	94	63	59	62	71	81	65
73	63	63	89	82	64	85	92	64	73

Sempre que os estatísticos usam uma amostra para estimar determinada característica da população de interesse, geralmente apresentam uma declaração da qualidade, ou precisão, associada à estimativa. Em relação ao exemplo da Norris, o estatístico poderia afirmar que a estimativa pontual da durabilidade média da população de novas lâmpadas é igual a 76 horas, com uma margem de erro de 4 horas para mais ou para menos. Assim, um intervalo estimado da durabilidade média para todas as lâmpadas produzidas é de 72 a 80 horas. O estatístico pode declarar também qual é o seu grau de confiança de que o intervalo de 72 a 80 horas contém a média populacional.

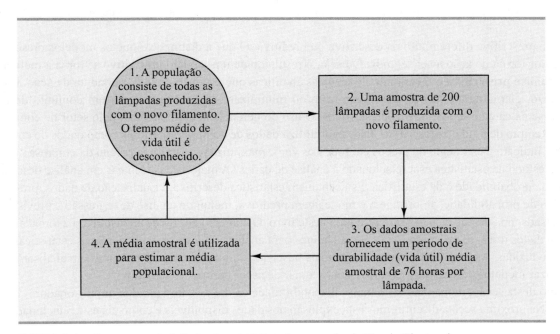

FIGURA 1.6 O processo de inferência estatística do exemplo da Norris Electronics

1.6 *Analytics* ou análise de dados

Devido ao aumento drástico nos dados disponíveis, ao armazenamento de dados mais econômico, ao processamento mais rápido realizado por computadores e ao reconhecimento pelos gestores de que os dados podem ser extremamente valiosos para compreender clientes e operações comerciais, tem havido um aumento drástico na tomada de decisões orientada por dados. A ampla gama de técnicas que podem ser utilizadas para apoiar decisões baseadas em dados compreende o que ficou conhecido como *analytics*.

> Adotamos a definição de análise desenvolvida pelo Instituto de Pesquisa Operacional e Ciências da Administração (INFORMS – Institute for Operations Research and the Management Sciences).

Analytics é o processo científico para transformar dados em percepções para tomar melhores decisões. A análise de dados é utilizada para a tomada de decisão orientada por dados ou baseada em fatos, que geralmente é vista como mais objetiva do que abordagens alternativas. As ferramentas de análise podem ajudar na tomada de decisões, criando *insights* a partir de dados, melhorando nossa capacidade de prever com mais precisão o planejamento, ajudando-nos a quantificar o risco e gerando alternativas melhores por meio da análise.

A análise pode envolver uma variedade de técnicas, desde relatórios simples até as mais avançadas técnicas de otimização (algoritmos para encontrar o melhor caminho de ação). Atualmente, acredita-se que a análise compreenda três categorias amplas de técnicas, que são as análises descritivas, análises preditivas e análises prescritivas.

Análise descritiva engloba o conjunto de técnicas analíticas que descrevem o que aconteceu no passado. Exemplos desses tipos de técnicas são consultas de dados, relatórios, estatística descritiva, visualização de dados, *dashboards* e modelos básicos de planilhas *what-if*.

Análise preditiva consiste de técnicas analíticas que usam modelos construídos a partir de dados anteriores para prever o futuro ou para avaliar o impacto de uma variável em outra. Por exemplo, dados anteriores sobre as vendas de um produto podem ser usados para construir um modelo matemático que prevê vendas futuras. Este modelo pode explicar fatores como a trajetória de crescimento e a sazonalidade das vendas do produto com base no crescimento anterior e nos padrões sazonais. Os dados obtidos pelo sistema de leitura de preços nos caixas das lojas de varejo podem ser utilizados por um fabricante de alimentos para ajudar a estimar o aumento nas vendas associadas a cupons ou promoções. Os dados de uma pesquisa e o comportamento de compras anteriores podem ser empregados para ajudar a prever a participação de mercado de um novo produto. Cada um destes é um exemplo de análise preditiva. Regressão linear, análise de séries temporais e modelos de previsão enquadram-se na categoria de análise preditiva; algumas dessas técnicas serão discutidas mais adiante neste texto. A simulação, que engloba o uso de modelos computacionais probabilísticos e estatísticos para entender melhor os riscos, também se enquadra na categoria de análise preditiva.

A análise prescritiva difere muito da descritiva ou preditiva. O que a distingue é que os modelos prescritivos produzem melhor forma de ação a ser seguida. Ou seja, o resultado de um modelo prescritivo se torna a melhor decisão. Portanto, **análise prescritiva** é o conjunto de técnicas analíticas que produzem melhor conduta de ação. Os modelos de otimização, que geram soluções que maximizam ou minimizam alguma função em um conjunto de restrições, enquadram-se na categoria de modelos prescritivos. O uso do gerenciamento de receita pelo setor de companhias aéreas é um exemplo de modelo prescritivo. Este setor utiliza dados de compras anteriores como dados de entrada de um modelo que indicará a estratégia de preços em todos os voos, maximizando, assim, a receita da empresa.

Como o estudo da estatística está relacionado à análise de dados? A maioria das técnicas em análise descritiva e preditiva vem da probabilidade e da estatística. Estas incluem estatística descritiva, visualização de dados, probabilidade e distribuições de probabilidade, amostragem e modelagem preditiva, incluindo análise de regressão e previsão de séries temporais. Cada uma dessas técnicas será discutida neste livro. O aumento do uso de análises para a tomada de decisões baseada em dados torna-se mais importante do que nunca para analistas e gestores entenderem as estatísticas e a análise de dados produzidas. As empresas estão cada vez mais buscando administradores experientes em analisar dados e que saibam utilizar modelos descritivos e preditivos para tomar decisões com base em dados.

No início desta seção, mencionamos a maior disponibilidade de dados como um dos impulsionadores do interesse em análise. Na próxima seção, discutiremos esta explosão nos dados disponíveis e como ela está relacionada ao estudo de estatística.

Big data e mineração de dados

Com o auxílio de leitores de cartões magnéticos, *scanners* de código de barras e terminais de pontos de venda, a maioria das organizações obtém grandes quantidades de dados diariamente. E, mesmo para um pequeno restaurante local que utiliza monitores de tela sensível ao toque para inserir pedidos e lidar com o faturamento, a quantidade de dados coletados pode ser substancial. Para grandes empresas de varejo, o grande volume de dados coletados é difícil de conceituar, e descobrir como utilizar estes dados com eficiência para melhorar a lucratividade é um desafio. Redes varejistas como o Walmart capturam dados de 20 a 30 milhões de transações todos os dias; empresas de telecomunicações como France Telecom e AT&T geram mais de 300 milhões de registros de chamadas por dia, e a Visa processa 6.800 transações de pagamento por segundo ou aproximadamente 600 milhões de transações por dia.

Além do grande volume e da velocidade com que as empresas atualmente coletam dados, tipos de dados mais complicados já estão disponíveis e provando ser de grande valor para as companhias. Os dados de textos são coletados por meio do monitoramento do que está sendo dito sobre os produtos ou serviços de uma empresa nas mídias sociais, como o Twitter. Os dados de áudio são coletados das chamadas de serviço (em uma chamada de serviço, você ouvirá frequentemente que "esta chamada pode ser monitorada para controle de qualidade"). Os dados de vídeo são coletados por câmeras de vídeo nas lojas para analisar o comportamento de compras das pessoas. A análise das informações geradas por essas fontes não tradicionais é mais complicada devido ao processo complexo de transformar as informações em dados que podem ser analisados.

Na atualidade, conjuntos de dados maiores e mais complexos geralmente são denominados **big data**. Embora não pareça haver uma definição universalmente aceita de *big data*, muitos acham que é um conjunto de dados que não pode ser gerenciado, processado ou analisado com softwares comumente disponíveis em um período razoável. Muitos analistas de dados definem *big data* referindo-se aos três *v's* relacionados a dados: volume, velocidade e variedade. *Volume* diz respeito à quantidade de dados disponíveis (a unidade de medida típica hoje em dia é um terabyte, ou seja, 10^{12} bytes); *velocidade* é a rapidez com que os dados são coletados e processados; e *variedade* trata dos diferentes tipos de dados.

O termo *armazenamento de dados* (*data warehousing*) é empregado para se referir ao processo de captura, armazenamento e manutenção dos dados. A capacidade de computação e as ferramentas de coleta de dados alcançaram o ponto em que agora é possível armazenar e recuperar quantidades extremamente grandes de dados em segundos. A análise dos dados armazenados pode resultar decisões que levarão a novas estratégias e maiores lucros para a organização. Por exemplo, a General Electric (GE) captura uma grande quantidade de dados de sensores em seus motores de aeronaves cada vez que um avião decola ou pousa. Capturar esses dados permite-lhe oferecer um serviço importante para seus clientes; a GE monitora o desempenho dos motores e pode alertar o cliente quando o serviço é necessário ou quando é provável que ocorra um problema.

A **mineração de dados** lida com métodos destinados a desenvolver informações úteis para a tomada de decisões a partir de grandes bancos de dados. Utilizando uma combinação de procedimentos de estatística, matemática e ciência da computação, os analistas "coletam os dados" armazenados a fim de convertê-los em informações úteis, por isso o nome *mineração*. Dr. Kurt Thearling, consultor consagrado nessa área, define a mineração como "a extração automatizada de informações preditivas a partir de grandes bancos de dados". As duas palavras-chave na definição de Thearling são "automatizada" e "preditiva". Os sistemas de mineração mais efetivos utilizam procedimentos automatizados para extrair informações de dados obtidos somente por questões mais genéricas ou, até mesmo, mais vagas, feitas pelo usuário. E os softwares de mineração automatizam o processo de revelar informações preditivas ocultas que, anteriormente, requeriam análise manual.

Os principais usos de mineração de dados têm sido feitos por companhias com um enfoque bastante direcionado aos consumidores, tais como empresas de varejo, organizações financeiras e companhias de comunicação. A mineração tem sido utilizada com sucesso para ajudar varejistas, como a Amazon e a Barnes & Noble, a determinar um ou mais produtos que estejam relacionados, de modo que a compra de um implique a possível compra do outro. Então, quando um cliente se conecta ao site de uma companhia e compra um produto, o site utiliza *pop-ups* para alertá-lo sobre outros produtos que ele talvez queira comprar. Em outra aplicação, a mineração pode identificar clientes que provavelmente irão gastar mais que US$ 20 em uma compra específica. Esses clientes podem então ser identificados como aqueles que

> Os métodos estatísticos representam um papel importante na mineração de dados, tanto no que se refere a descobrir relações nos dados como a prever resultados futuros. Contudo, uma abordagem completa da mineração e do uso da estatística em mineração não está no escopo deste livro.

devem receber ofertas especiais de desconto por e-mail ou pelo correio para encorajá-los a fazer sua próxima compra antes de terminar a data da promoção de desconto.

A mineração de dados é uma tecnologia que depende muito de metodologia estatística, como regressão múltipla, regressão logística e correlação. Mas é necessário ter uma integração criativa de todos esses métodos e das tecnologias da ciência da computação, envolvendo a inteligência artificial e o aprendizado de máquina, para tornar a mineração efetiva. É preciso um grande investimento de tempo e dinheiro para implementar pacotes de software comerciais destinados à mineração, que são desenvolvidos por empresas como Oracle, Teradata e SAS. O conceito de estatística introduzido neste livro será útil para a compreensão da metodologia estatística utilizada pelos pacotes de software de mineração e ajudará a entender melhor as informações estatísticas desenvolvidas.

Como os modelos estatísticos representam um papel importante no desenvolvimento de modelos preditivos em mineração de dados, muitas das preocupações dos estatísticos quanto ao desenvolvimento de modelos estatísticos também são válidas. Por exemplo, qualquer estudo estatístico que se preze envolve a questão da confiabilidade no modelo. Encontrar um modelo que funcione bem para uma amostra de dados específica não significa necessariamente que ele possa ser aplicado a outros dados com confiabilidade. Uma das abordagens estatísticas mais comuns para avaliar a confiabilidade de um modelo é dividir o conjunto de dados da amostra em duas partes: um conjunto de dados para aprendizagem e outro para validação. Se o modelo desenvolvido utilizando os dados de aprendizagem tiver condições de prever, com precisão, valores nos dados de validação, dizemos que o modelo é confiável. Uma vantagem que a mineração tem sobre a estatística clássica é que a enorme quantidade de dados disponíveis permite ao software de mineração dividir o conjunto de dados de modo que o modelo desenvolvido para os dados de aprendizagem possa ser validado quanto à confiabilidade em relação a outros dados. Neste sentido, o particionamento do conjunto de dados possibilita que a mineração desenvolva modelos e relações, e, então, diagnostique rapidamente se eles são passíveis de se repetir e se valem para dados novos e diferentes. Por outro lado, uma advertência em relação às aplicações de mineração é que, com conjuntos de dados muito extensos, existe o risco de sobreposição do modelo a ponto de parecer existir associações e conclusões de causa/efeito errôneas. A interpretação cuidadosa dos resultados coletados e a realização de mais testes ajudarão a evitar esta armadilha.

1.8 Computadores e a análise estatística

Os estatísticos utilizam softwares para realizar análises e cálculos estatísticos. Por exemplo, calcular a durabilidade média das 200 lâmpadas do exemplo da Norris Electronics (veja a Tabela 1.5) seria um trabalho bastante tedioso sem o uso de um computador. Para facilitar o uso do computador, muitos dos conjuntos de dados desta publicação estão disponíveis na página deste livro no site da Cengage. Os apêndices de final de capítulo abrangem procedimentos passo a passo para a utilização do Microsoft Excel e do pacote estatístico Minitab, a fim de implementar as técnicas estatísticas apresentadas no capítulo.

Para estudantes que não estão familiarizados com o Microsoft Excel, o Apêndice E fornece uma introdução ao Excel 2016 e às ferramentas disponíveis para análise estatística.

Ferramentas especiais de manipulação e análise de dados são necessárias para *big data*, descrito na seção anterior. Softwares de código aberto para processamento distribuído de grandes conjuntos de dados, como o Hadoop, linguagens de programação de código aberto, como R, e pacotes comercialmente disponíveis, como SAS e SPSS, são utilizados na prática de *big data*. A discussão sobre o uso dessas ferramentas de *big data* está além do objetivo deste livro.

1.9 Diretrizes éticas para a prática estatística

O comportamento ético é algo pelo qual devemos lutar em tudo aquilo que fazemos. As questões éticas surgem na estatística por causa do importante papel que desempenham na coleta, análise, apresentação e interpretação de dados. Em um estudo estatístico, o comportamento antiético pode assumir diversas formas, incluindo a amostragem inadequada, a análise de dados inapropriada, o desenvolvimento de gráficos errôneos, o uso de resumos estatísticos impróprios e/ou uma interpretação tendenciosa dos resultados estatísticos.

À medida que você começar a realizar seu próprio trabalho estatístico, será encorajado a ser justo, imparcial, objetivo e neutro ao coletar dados, conduzir análises, fazer apresentações orais e apresentar relatórios escritos contendo as informações desenvolvidas. Como consumidor de estatísticas, também é preciso estar ciente da possibilidade de se deparar com comportamento antiético na estatística, por parte de outras pessoas. Quando você vê estatísticas nos jornais, na TV, na Internet, e assim por diante, é uma boa ideia observar as informações com algum ceticismo, sempre ficando atento à fonte e também ao propósito e à objetividade da estatística fornecida.

A Associação Norte-Americana de Estatística, a mais importante organização profissional de estatística e de estatísticos dos Estados Unidos, desenvolveu o relatório "Diretrizes Éticas para a Prática Estatística"[2] a fim de ajudar os profissionais de estatística a tomar e comunicar decisões éticas e auxiliar os estudantes no aprendizado concernente a como realizar trabalho estatístico com responsabilidade. O relatório contém 67 diretrizes organizadas acerca de oito pontos importantes: profissionalismo; responsabilidade para com os financiadores, clientes e empregadores; responsabilidade quanto a publicações e testemunhos; responsabilidade quanto a tópicos de pesquisa; responsabilidade quanto aos colegas da equipe de pesquisa; responsabilidade para com outros profissionais da estatística; responsabilidade em relação a alegações de erro de conduta; e responsabilidade dos empregadores, incluindo organizações, indivíduos, advogados ou outros clientes que empregam profissionais de estatística.

Uma das diretrizes éticas na área do profissionalismo trata da questão da execução de diversos testes até que se obtenha o resultado desejado. Vamos considerar um exemplo. Na Seção 1.5, discutimos um estudo estatístico realizado pela Norris Electronics envolvendo uma amostra com 200 lâmpadas de alta intensidade, fabricada com um novo filamento. O tempo médio de vida útil para a amostra, 76 horas, forneceu uma estimativa da durabilidade média para todas as lâmpadas produzidas com o novo filamento. Contudo, como a Norris selecionou uma amostra de lâmpadas, é razoável assumir que outra amostra teria fornecido diferente tempo médio de vida útil.

Suponha que a administração da Norris esperasse que os resultados da amostra permitissem afirmar que o tempo médio de vida útil das novas lâmpadas seria de 80 horas ou mais. Suponha também que ela decidisse continuar o estudo fabricando e testando repetidas amostras de 200 lâmpadas com o novo filamento até que fosse obtida uma média de 80 horas ou mais. Se o estudo fosse repetido um número suficiente de vezes, poderia ser obtida, eventualmente, uma amostra – apenas por acaso – que forneceria os resultados desejados e possibilitaria à Norris fazer tal afirmação. Neste caso, os consumidores seriam induzidos erroneamente a pensar que o novo produto é melhor do que realmente é. Claramente, este tipo de comportamento é antiético e representa um grave erro no uso da estatística na prática.

Várias diretrizes éticas nas áreas de responsabilidade, publicações e testemunho lidam com questões envolvendo a manipulação de dados. Por exemplo, um estatístico deve responder por todos os dados considerados em um estudo e explicar as amostras efetivamente utilizadas. No estudo da Norris Electronics, o tempo médio de duração para as 200 lâmpadas na amostra original é de 76 horas; este é um período consideravelmente menor do que as 80 horas ou mais que a administração esperava obter. Suponha agora que, depois de analisar os resultados mostrando um tempo médio de vida útil de 76 horas, a Norris descarte todas as observações com 70 horas ou menos até queimar, supostamente porque essas lâmpadas contêm imperfeições causadas pelos problemas iniciais no processo de produção. Depois de descartar essas lâmpadas, o tempo médio de duração das lâmpadas restantes na amostra termina sendo de 82 horas. Você suspeitaria da alegação da Norris de que a vida útil dessas lâmpadas é de 82 horas?

Se as lâmpadas da Norris com vida útil de 70 horas ou menos até queimar fossem descartadas simplesmente para aproveitar as que proporcionam duração média de 82 horas até queimar, não haveria dúvidas de que descartar as lâmpadas com duração de 70 horas ou menos é antiético. Mas mesmo se as lâmpadas descartadas contivessem imperfeições devido a problemas iniciais no processo de fabricação – e, como resultado, não devessem ser incluídas na análise –, o estatístico que conduziu o estudo deve responder por todos os dados que foram considerados e explicar como foi obtida a amostra efetivamente utilizada. Agir de outra maneira seria potencialmente errôneo e constituiria comportamento antiético tanto por parte da companhia como do estatístico.

Uma diretriz na seção denominada "Valores comuns", do relatório da Associação Norte-Americana para a Estatística, define que os estatísticos profissionais devem evitar qualquer tendência de influenciar o trabalho estatístico para obter resultados predeterminados. Este tipo de prática antiética frequentemente é observada quando amostras não representativas são utilizadas para fazer alegações. Por exemplo, em muitas áreas do país não é permitido fumar em restaurantes. No entanto, suponha que um lobista da indústria do tabaco entreviste pessoas em restaurantes nos quais é permitido fumar, a fim de estimar a porcentagem de quem é a favor de fumar em restaurantes e os resultados amostrais dessa pesquisa demonstrem que 90% das pessoas entrevistadas são a favor. Com base nesses resultados amostrais, o lobista alega que 90% de todas as pessoas que comem em restaurantes são a favor da permissão de fumar nesses locais. Neste caso, poderíamos alegar que somente as pessoas na amostragem em restaurantes que permitem fumar influenciaram os resultados. Se apenas os resultados finais de tal estudo forem relatados, quem não estiver familiarizado com

---

[2] American Statistical Association. *Ethical Guidelines for Statistical Practice*, 1999.

20 Estatística aplicada a administração e economia

os detalhes desse estudo (ou seja, que a amostra foi coletada somente em restaurantes que permitem fumar) pode ser induzido a uma conclusão errônea.

O enfoque do relatório da Associação Norte-Americana para a Estatística é amplo e inclui diretrizes éticas que são apropriadas não apenas para um estatístico, mas também para os consumidores de informações estatísticas. Incentivamos a leitura deste relatório, a fim de que você adquira melhor perspectiva das questões éticas à medida que continua seu estudo de estatística e para que obtenha a experiência necessária para determinar como garantir que os padrões éticos sejam atendidos quando você começar a utilizar a estatística na prática.

Resumo

Estatística é o ofício e a ciência de coletar, analisar, apresentar e interpretar dados. Quase todo estudante universitário que se especializa em administração ou em economia tem a necessidade de fazer um curso de estatística. Iniciamos o capítulo descrevendo as aplicações estatísticas típicas das áreas de administração e economia.

Dados são fatos e números que são coletados e analisados. As quatro escalas de medição utilizadas para obter dados de determinada variável são as seguintes: nominal, ordinal, intervalar e de razão. A escala de medição de uma variável é nominal quando os dados utilizam rótulos ou nomes para identificar determinado atributo de um elemento. A escala é ordinal se os dados apresentam as propriedades inerentes aos dados nominais e se a ordem, ou classificação, é significativa. A escala de medição é intervalar se os dados apresentam as propriedades inerentes aos dados ordinais e se o intervalo entre os valores for expresso em termos de uma unidade de medida fixa. Por fim, a escala de medição é de razão se os dados apresentam todas as propriedades inerentes aos dados intervalares e se o quociente dos dois valores for significativo.

Para fins de análise estatística, os dados podem ser classificados como categorizados ou quantitativos. Os dados categorizados empregam rótulos ou nomes para identificar determinado atributo de cada elemento. Os dados categorizados utilizam a escala de medição nominal ou a ordinal, e podem ser numéricos ou não numéricos. Dados quantitativos são valores numéricos que indicam quantificação ou quantidade. Os dados quantitativos usam a escala de medição intervalar ou de razão. Operações numéricas comuns são significativas somente se os dados forem quantitativos. Portanto, cálculos estatísticos utilizados para dados quantitativos nem sempre são apropriados para dados categorizados.

Nas Seções 1.4 e 1.5 apresentamos os tópicos da estatística descritiva e inferência estatística. Estatística descritiva são os métodos tabulares, gráficos e numéricos utilizados para sintetizar os dados. O processo de inferência estatística usa dados obtidos de uma amostra para fazer estimativas ou testar hipóteses referentes às características de uma população. As últimas quatro seções do capítulo fornecem uma introdução a campos relativamente novos da análise, a mineração de dados e *big data*, informações acerca do papel da computação na análise estatística e um resumo das diretrizes éticas para a prática estatística.

Glossário

Amostra Subconjunto da população.

Análise descritiva O conjunto de técnicas analíticas que descrevem o que aconteceu anteriormente.

Análise preditiva O conjunto de técnicas analíticas que utiliza modelos construídos a partir de dados anteriores para prever o futuro ou avaliar o impacto de uma variável sobre outra.

Análise prescritiva O conjunto de técnicas analíticas que determina o melhor curso de ação.

Análise de dados ou *analytics* O processo científico de transformar dados em percepção para tomar decisões melhores.

Big data Um conjunto de dados que não podem ser gerenciados, processados ou analisados com software comumente disponível em um período razoável. *Big data* é caracterizado por grande volume (uma grande quantidade de dados), alta velocidade (coleta e processamento rápidos) ou grande variedade (pode incluir dados não tradicionais, como vídeo, áudio e texto).

Censo Pesquisa com o objetivo de coletar dados sobre a população inteira.

Conjunto de dados Todos os dados coletados em determinado estudo.

Dados Os fatos e os números que são coletados, analisados e sintetizados para apresentação e interpretação.

Dados categorizados Rótulos ou nomes utilizados para identificar um atributo de cada elemento. Dados categorizados utilizam a escala de medição nominal ou ordinal e podem ser numéricos ou não numéricos.

Dados de seção transversal Dados coletados no mesmo ou aproximadamente no mesmo intervalo de tempo.

Dados de série temporal Dados coletados ao longo de diversos períodos.

Dados quantitativos Valores numéricos que indicam a quantificação ou a quantidade de algo. Dados quantitativos são obtidos utilizando-se a escala de medição intervalar ou de razão.

Elementos Entidades em relação às quais os dados são coletados.

Escala de razão A escala de medição de uma variável se os dados demonstrarem todas as propriedades inerentes aos dados intervalares e se o quociente entre dois valores tiver significado. Os dados de razão são sempre numéricos.

Escala intervalar Escala de medição de uma variável se os dados apresentarem as propriedades inerentes aos dados ordinais e se o intervalo entre os valores for expresso em termos de uma unidade de medida fixa. Os dados intervalares são sempre numéricos.

Escala nominal Escala de medição de uma variável quando os dados utilizam rótulos ou nomes para identificar determinado atributo de um elemento. Os dados nominais podem ser numéricos ou não numéricos.

Escala ordinal Escala de medição de uma variável se os dados exibirem as propriedades inerentes aos dados nominais e se a ordem, ou classificação, dos dados tiver significado. Os dados ordinais podem ser numéricos ou não numéricos.

Estatística O ofício e a ciência de coletar, analisar, apresentar e interpretar dados.

Estatística descritiva Resumos tabulares, gráficos e numéricos de dados.

Inferência estatística O processo de utilizar os dados obtidos em uma amostra para fazer estimativas ou testar hipóteses a respeito das características de uma população.

Mineração de dados Processo que consiste em utilizar procedimentos de estatística e ciência da computação para extrair informações úteis a partir de bancos de dados extremamente grandes.

Observação Conjunto de medidas obtidas de dado elemento.

Pesquisa amostral Pesquisa com o objetivo de coletar dados relativos a uma amostra.

População Conjunto de todos os elementos que nos interessam em determinado estudo.

Variável Característica dos elementos que nos interessam.

Variável categorizada Variável com dados categorizados.

Variável quantitativa Variável com dados quantitativos.

Exercícios suplementares

1. Discuta as diferenças entre a estatística como fatos numéricos e a estatística como uma disciplina ou campo de estudo.

2. A *Tablet PC Comparison* fornece uma ampla variedade de informações sobre tablets. O site da empresa permite que os consumidores comparem facilmente diferentes modelos utilizando fatores como custo, tipo de sistema operacional, tamanho do monitor, vida útil da bateria e fabricante do processador. Uma amostra de dez tablets é mostrada na Tabela 1.6 (website *Tablet PC Comparison*, 28 de fevereiro de 2013).   SELFtest
   a. Quantos elementos existem neste conjunto de dados?
   b. Quantas variáveis existem neste conjunto de dados?
   c. Quais variáveis são categorizadas e quais são quantitativas?
   d. Que tipo de escala de medição é utilizada para cada uma das variáveis?

3. Consulte a Tabela 1.6. SELFtest
   a. Qual é o custo médio dos tablets?
   b. Compare o custo médio dos tablets com sistema operacional Windows com o custo médio de tablets com sistema operacional Android.
   c. Que porcentagem de tablets utiliza processador fabricado pela TI OMAP?
   d. Que porcentagem de tablets utiliza sistema operacional Android?

4. A Tabela 1.7 mostra dados referentes a oito telefones sem fio (*Consumer Reports*, novembro de 2012). A Pontuação geral, uma medida da qualidade geral para estes aparelhos, varia de 0 a 100. A Qualidade da voz tem as possíveis classificações: ruim, regular, boa, muito boa e excelente. O Tempo de conversa refere-se à afirmação do fabricante sobre o período de tempo que o aparelho pode ser utilizado quando está totalmente carregado.
   a. Quantos elementos existem neste conjunto de dados?

TABELA 1.6 Informações sobre o produto para dez tablets

Tablet	Custo (US$)	Sistema operacional	Tamanho do monitor (polegadas)	Duração da bateria (horas)	Fabricante do processador
Acer Iconia W510	599	Windows	10,1	8,5	Intel
Amazon Kindle Fire HD	299	Android	8,9	9	TI OMAP
Apple iPad 4	499	iOS	9,7	11	Apple
HP Envy X2	860	Windows	11,6	8	Intel
Lenovo ThinkPad Tablet	668	Windows	10,1	10,5	Intel
Microsoft Surface Pro	899	Windows	10,6	4	Intel
Motorola Droid XYboard	530	Android	10,1	9	TI OMAP
Samsung Ativ Smart PC	590	Windows	11,6	7	Intel
Samsung Galaxy Tab	525	Android	10,1	10	Nvidia
Sony Tablet S	360	Android	9,4	8	Nvidia

22 Estatística aplicada a administração e economia

TABELA 1.7 Dados referentes a oito telefones sem fio

Marca	Modelo	Preço (US$)	Pontuação geral	Qualidade da voz	Aparelho na base	Tempo de conversa (horas)
AT&T	CL84100	60	73	Excelente	Sim	7
AT&T	TL92271	80	70	Muito boa	Não	7
Panasonic	4773B	100	78	Muito boa	Sim	13
Panasonic	6592T	70	72	Muito boa	Não	13
Uniden	D2997	45	70	Muito boa	Não	10
Uniden	D1788	80	73	Muito boa	Sim	7
Vtech	DS6521	60	72	Excelente	Não	7
Vtech	CS6649	50	72	Muito boa	Sim	7

    b. Em relação às variáveis Preço, Pontuação geral, Qualidade da voz, Aparelho na base e Tempo de conversa, quais são categorizadas e quais são quantitativas?

    c. Qual escala de medição é utilizada para cada variável?

5. Consulte os dados na Tabela 1.7.

    a. Qual é o preço médio para os telefones sem fio?

    b. Qual é o tempo médio de conversa para os telefones sem fio?

    c. Qual porcentagem dos telefones sem fio tem uma excelente qualidade de voz?

    d. Qual porcentagem dos telefones sem fio tem o aparelho na base?

6. A J.D. Power and Associates pesquisa novos proprietários de automóveis para aprender sobre a qualidade dos veículos adquiridos recentemente. As perguntas a seguir foram feitas na Pesquisa de Qualidade Inicial, feita pela J.D. Power, em maio de 2012.

    a. Você comprou ou alugou o veículo?

    b. Que preço você pagou?

    c. Qual é a atratividade geral da parte externa do seu veículo? (inaceitável, média, ótima ou verdadeiramente excepcional).

    d. Qual é sua média de milhas por galão?

    e. Qual é a classificação geral que você dá ao seu novo veículo? (em uma escala de 1 a 10 pontos, sendo 1 inaceitável e 10 verdadeiramente excepcional)

    Comente se cada pergunta fornece dados categorizados ou quantitativos.

7. A Kroger Company é uma das maiores redes de supermercados dos Estados Unidos, com mais de 2.000 supermercados em todo o país. A Kroger utiliza um questionário on-line sobre a opinião dos clientes para obter dados de desempenho sobre seus produtos e serviços, e aprender quanto ao que motiva seus clientes (site da Kroger, abril de 2012). Na pesquisa, perguntaram aos clientes da Kroger se estariam dispostos a pagar mais por produtos que tivessem cada uma das seguintes quatro características. As quatro perguntas eram: você pagaria mais por

    produtos de uma marca conhecida?

    produtos que são ecologicamente corretos?

    produtos que são orgânicos?

    produtos que foram recomendados por outros?

    Para cada pergunta, os clientes tiveram a opção de responder Sim, pagariam mais, e Não, não pagariam mais.

    a. Os dados coletados pela Kroger neste exemplo são categorizados ou quantitativos?

    b. Qual escala de medição é utilizada?

8. *The Tennessean*, jornal on-line de Nashville, no Tennessee, conduz diariamente uma pesquisa para obter opiniões de leitores sobre diversos assuntos atuais. Em uma pesquisa recente, 762 leitores responderam à seguinte pergunta: "Se uma emenda constitucional para proibir um imposto de renda estadual for colocada em votação no Tennessee, você vai querer que ela seja aprovada?". As respostas possíveis foram: Sim, Não, ou Não tenho certeza (site do *The Tennessean*, 15 de fevereiro de 2013).

    a. Qual foi o tamanho da amostra para esta pesquisa?

    b. Os dados são categorizados ou quantitativos?

    c. Faria mais sentido utilizar médias ou porcentagens como um resumo dos dados para esta pergunta?

    d. Dos respondentes, 67% disseram Sim, gostariam que a emenda fosse aprovada. Quantos indivíduos deram esta resposta?

9. O Ministério do Comércio registrou as seguintes inscrições para o Prêmio Nacional da Qualidade Malcolm Baldrige (*Malcolm Baldrige National Quality Award*): sendo 23 de grandes empresas fabricantes de produtos, 18 de grandes empresas de serviços e 30 de pequenos negócios.

    a. O tipo de empresa é uma variável categorizada ou quantitativa?

    b. Qual porcentagem das inscrições veio de pequenos negócios?

10. A Pesquisa Domiciliar do Departamento de Pesquisas Estatísticas de Transporte por Ônibus é realizada anualmente e serve como fonte de informações para o Ministério de Transportes dos Estados Unidos. Em uma parte da pesquisa, a pessoa entrevistada é solicitada

a responder à seguinte declaração: "Os motoristas de veículos motorizados deveriam poder falar ao celular enquanto dirigem". As possíveis respostas eram: concordo plenamente, concordo ligeiramente, discordo um pouco e discordo totalmente. Quarenta e quatro entrevistados disseram que concordam plenamente com esta afirmação, 130 que concordam ligeiramente, 165 que discordam um pouco e 741 que discordam totalmente desta afirmação (site do Departamento de Transportes, agosto de 2010).
   a. As respostas a esta afirmação fornecem dados categorizados ou quantitativos?
   b. Faria mais sentido utilizar médias ou porcentagens como resumo das respostas a esta afirmação?
   c. Qual porcentagem dos respondentes concorda plenamente em permitir que motoristas de veículos motorizados falem ao telefone celular enquanto dirigem?
   d. Os resultados indicam apoio geral a favor ou contra a permissão para motoristas de veículos motorizados falarem ao celular enquanto dirigem?

11. Em uma pesquisa por telefone do Instituto Gallup, realizada de 9 a 10 de abril de 2013, perguntou-se às pessoas entrevistadas se votariam em uma lei em seu estado que aumentaria o imposto sobre a gasolina em até 20 centavos por galão, para que a arrecadação do novo imposto fosse utilizada para melhorar estradas e pontes e criar mais transportes coletivos. As respostas possíveis foram: voto a favor, voto contra e sem opinião. Duzentos e noventa e cinco entrevistados disseram que votariam a favor da lei, 672 que votariam contra a lei e 51 que não tinham opinião (site do Gallup, 14 de junho de 2013).
   a. As respostas a esta pergunta fornecem dados categorizados ou quantitativos?
   b. Qual é o tamanho da amostra para esta pesquisa do Gallup?
   c. Qual porcentagem dos respondentes votaria a favor da lei para aumentar o imposto sobre a gasolina?
   d. Os resultados indicam apoio geral a favor ou contra o aumento do imposto sobre a gasolina para melhorar as condições de estradas e pontes e criar mais opções de transporte coletivo?

12. O Hawaii Visitors Bureau coleta dados sobre visitantes que chegam ao Havaí. As perguntas apresentadas a seguir estão entre as 16 que foram formuladas em um questionário entregue aos passageiros no momento da chegada de seus voos.
   - Esta é a minha primeira, segunda, terceira, quarta etc. viagem ao Havaí.
   - O motivo principal desta viagem é: (dez categorias, incluindo férias, convenções e lua de mel).
   - Onde planejo me hospedar: (11 categorias, incluindo hotel, apartamento, parentes, *camping*).
   - Tempo de permanência (em dias) no Havaí.
   a. Qual é a população estudada?
   b. A utilização de um questionário é uma boa maneira de atingir a população de passageiros que chegam nos voos para o Havaí?
   c. Comente cada uma das quatro perguntas quanto a fornecerem dados categorizados ou quantitativos.

13. Figura 1.7 fornece um gráfico de barras que mostra a receita anual do Google de 2004 a 2014. (*The Wall Street Journal*, 19 de agosto de 2014).
   a. Qual é a variável de interesse?
   b. Os dados são categorizados ou quantitativos?
   c. Os dados são de série temporal ou seção transversal?
   d. Comente sobre a tendência da receita do Google ao longo do tempo.

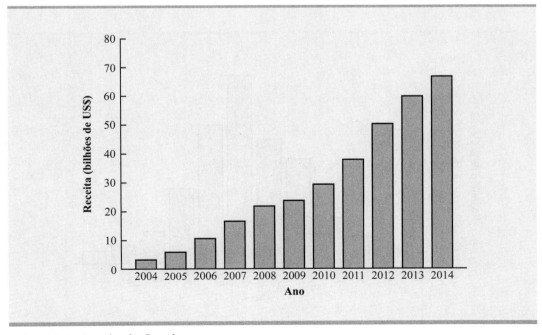

FIGURA 1.7   Receita do Google

14. Os dados a seguir mostram o número de veículos alugados em serviço de três empresas de aluguel de carros: Hertz, Avis e Dollar. Os dados se referem aos anos de 2007 a 2010 e estão em milhares de veículos (site da *Auto Rental News*, 15 de maio de 2011).

	Veículos em serviço (milhares)			
Companhia	**2007**	**2008**	**2009**	**2010**
Hertz	327	311	286	290
Dollar	167	140	106	108
Avis	204	220	300	270

   a. Construa um gráfico de série temporal para os anos de 2007 a 2010 mostrando o número de veículos alugados em serviço para cada companhia. Mostre a série temporal das três companhias no mesmo gráfico.
   b. Comente sobre qual empresa parece ser a líder em participação de mercado e como as participações de mercado se modificam com o tempo.
   c. Construa um gráfico de barras mostrando carros alugados em serviço em 2010. Este gráfico é baseado em dados de seção transversal ou em dados de série temporal?

15. Todos os anos, a Guarda Costeira dos Estados Unidos coleta dados e compila estatísticas sobre acidentes em passeios de barco que são reportados. Estas estatísticas são derivadas de relatórios de acidentes que são registrados pelos proprietários/operadores de embarcações de passeio envolvidas em acidentes. Em 2009, foram registrados 4.730 relatórios de acidentes com estas embarcações. A Figura 1.8 fornece um gráfico de barras resumindo o número de relatórios de acidentes que foram registrados a cada mês (site da U.S. Coast Guard's Boating Safety Division, agosto de 2010).
   a. Os dados são categorizados ou quantitativos?
   b. Os dados são de seção transversal ou de série temporal?
   c. Em qual mês foi registrada a maioria dos relatórios de acidentes? Aproximadamente quantos?
   d. Houve 61 relatórios de acidentes registrados em janeiro e 76 destes relatórios registrados em dezembro. Qual porcentagem do número total de relatórios de acidentes do ano foi arquivada nesses dois meses? Isto parece razoável?
   e. Comente a forma geral do gráfico de barras.

16. A Administração de Informações sobre Energia do Ministério de Energia dos Estados Unidos forneceu dados de série temporal para os preços médios por galão de gasolina comum nos Estados Unidos, entre janeiro de 2007 e fevereiro de 2014 (site da Energy Information Administration, março de 2014). Utilize a Internet para obter o preço médio por galão de gasolina comum desde fevereiro de 2014.
   a. Amplie o gráfico da série temporal mostrado na Figura 1.1.
   b. Quais interpretações você pode fazer sobre o preço médio por galão de gasolina comum desde fevereiro de 2014?
   c. A série temporal continua a mostrar um aumento do preço médio por galão no verão? Explique.

17. O gestor de uma grande corporação recomenda que seja dado um aumento salarial de US$ 10 mil a um funcionário valioso para impedi-lo de sair da empresa. Quais fontes de dados internas e externas poderiam ser usadas para decidir se esse aumento salarial é apropriado?

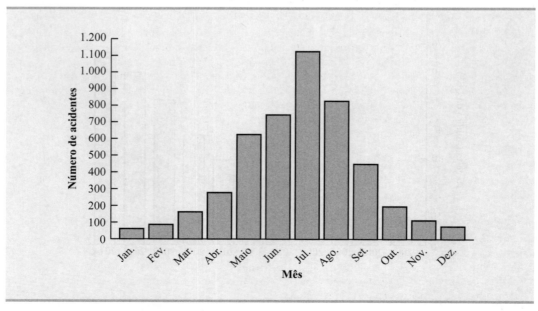

FIGURA 1.8 Número de acidentes com barcos de passeio

18. Uma pesquisa aleatória por telefone com 1.021 adultos (maiores de 18 anos) foi conduzida pela Opinion Research Corporation em nome da CompleteTax, um serviço on-line de preparação e envio eletrônico de declarações de impostos. Os resultados da pesquisa mostraram que 684 dos pesquisados planejavam elaborar e enviar duas declarações de impostos eletronicamente (CompleteTax Tax Prep Survey 2010).
    a. Desenvolva uma estatística descritiva que possa ser utilizada para estimar a porcentagem de todos os contribuintes que fazem suas declarações de impostos pela Internet.
    b. A pesquisa relatou que o método mais utilizado para preparar a declaração de impostos é contratar um contador profissional. Se 60% das pessoas pesquisadas tiverem sua declaração de impostos preparada dessa maneira, quantas utilizaram um contador profissional?
    c. Outros métodos geralmente utilizados por quem faz e envia manualmente sua declaração de impostos incluem preparação manual, uso de um serviço de impostos on-line e uso de um software para cálculo de impostos. Os dados para o método de preparação da declaração de imposto seriam considerados categorizados ou quantitativos?

19. Um estudo com assinantes da *Bloomberg Businessweek* North American coletou dados de uma amostra de 2.861 assinantes. Dos entrevistados, 59% indicaram uma renda anual de US$ 75.000 ou mais, e 50% relataram ter um cartão de crédito American Express.
    a. Qual é a população de interesse neste estudo?
    b. O rendimento anual é uma variável categorizada ou quantitativa?
    c. Ter um cartão American Express é uma variável categorizada ou quantitativa?
    d. Este estudo envolve dados de seção transversal ou de série temporal?
    e. Descreva quaisquer inferências estatísticas que a *Bloomberg Businessweek* possa fazer com base na pesquisa.

20. Uma pesquisa feita com 131 gestores de investimento Big Money, *Barron's*, revelou o seguinte:
    - 43% dos gestores se classificaram como otimistas ou muito otimistas no mercado de ações.
    - O retorno médio esperado nos próximos 12 meses para as ações foi de 11,2%.
    - 21% selecionaram a assistência médica como o setor com maior probabilidade de liderar o mercado nos próximos 12 meses.
    - Quando se pediu que estimassem quanto tempo levaria para que as ações dos setores de tecnologia e telecomunicações retomassem o crescimento sustentável, a resposta média dos gestores foi 2,5 anos.
    a. Cite duas estatísticas descritivas.
    b. Faça uma inferência sobre a população de todos os gestores de investimento em relação ao retorno médio esperado das ações nos próximos 12 meses.
    c. Faça uma inferência sobre o tempo que levará para as ações de tecnologia e telecomunicações retomarem o crescimento sustentável.

21. O estudo de uma pesquisa médica com duração de sete anos relatou que as mulheres cujas mães tomaram o medicamento DES (dietilestilbestrol) durante a gravidez tinham o dobro de probabilidade de desenvolver anormalidades celulares que poderiam resultar em câncer do que as mulheres cujas mães não haviam tomado tal medicamento.
    a. Este estudo envolveu a comparação de duas populações. Quais eram elas?
    b. Você acha que os dados foram obtidos em uma pesquisa ou em um experimento?
    c. Quanto à população de mulheres cujas mães tomaram o medicamento DES durante a gravidez, uma amostra de 3.980 mulheres mostrou que 63 delas apresentaram anormalidades celulares que poderiam resultar em câncer. Forneça uma estatística descritiva que poderia ser utilizada para estimar o número de mulheres em cada grupo de 1.000 dessa população que apresentaria anormalidades celulares.
    d. Quanto à população de mulheres cujas mães não tomaram DES durante a gravidez, qual é a estimativa do número de mulheres em cada grupo de 1.000 que poderiam apresentar anormalidades celulares?
    e. Os estudos médicos frequentemente utilizam uma amostra relativamente grande (neste caso, 3.980). Por quê?

22. Uma pesquisa conduzida pela Better Homes and Gardens Real Estate LLC mostrou que um em cada cinco proprietários de residências nos Estados Unidos se mudaram de casa ou gostariam de se mudar porque seu bairro ou vizinhança não é ideal para seu estilo de vida (site da Better Homes and Gardens Real Estate, 26 de setembro de 2013). As principais prioridades de estilo de vida dos entrevistados ao buscarem sua próxima residência incluem facilidade de locomoção, acesso a serviços de saúde e segurança, vizinhança familiar e amigável, disponibilidade de lojas de varejo, acesso a atividades culturais, acesso a transporte público, vida noturna e restaurantes. Suponha que uma agência imobiliária em Denver, Colorado, contratou você para realizar um estudo semelhante a fim de determinar as principais prioridades de estilo de vida para clientes que atualmente têm uma casa que está à venda em sua imobiliária ou que contrataram a imobiliária para ajudá-los a localizar uma nova residência.
    a. Qual é a população para a pesquisa que você conduzirá?
    b. Como você coletará os dados para este estudo?

23. Pew Research Center é uma organização de pesquisa não partidária que fornece informações sobre questões, atitudes e tendências que moldam os Estados Unidos. Em uma pesquisa, os pesquisadores da Pew descobriram que 47% dos adultos norte-americanos entrevistados relataram ter recebido pelo menos algumas notícias locais em seu celular ou tablet (site da Pew Research, 14 de maio de 2011). Outras descobertas mostraram que 42% dos entrevistados que têm celulares ou tablets utilizam esses dispositivos para verificar os boletins meteorológicos locais, e 37%, para encontrar restaurantes locais ou outras empresas.
    a. Uma estatística se dedicou ao uso de telefones celulares ou tablets para ter acesso a notícias locais. Em que população estes resultados são aplicáveis?
    b. Outra estatística é sobre o uso de telefones celulares ou tablets para verificar boletins meteorológicos locais e encontrar restaurantes locais. Em que população estes resultados são aplicáveis?
    c. Você acha que os pesquisadores da Pew conduziram um censo ou uma pesquisa por amostragem para obter seus resultados? Por quê?

d. Se você fosse dono de um restaurante, acharia esses resultados interessantes? Por quê? Como é possível tirar vantagem dessas informações?

24. Uma amostra de notas médias de cinco estudantes apresentou os seguintes resultados: 72, 65, 82, 90, 76. Quais das seguintes afirmações estão corretas e quais seriam contestadas como demasiadamente genéricas?
   a. A nota média da amostra dos cinco estudantes é 77.
   b. A nota média de todos os estudantes que fizeram o exame é 77.
   c. Uma estimativa da nota média de todos os estudantes que fizeram o exame é 77.
   d. Mais da metade dos estudantes que fizeram este exame obterá pontos entre 70 e 85.
   e. Se mais cinco estudantes forem incluídos na amostra, suas notas se situarão entre 65 e 90.

25. A Tabela 1.8 mostra um conjunto de dados contendo informações de 25 das ações-sombra rastreadas pela American Association of Individual Investors. As ações-sombra são ações comuns de empresas menores que não são seguidas de perto pelos analistas de Wall Street. O conjunto de dados também está no site que acompanha o livro no arquivo chamado Shadow02.
   a. Quantas variáveis estão no conjunto de dados?
   b. Quais variáveis são categorizadas e quais são quantitativas?
   c. Para a variável Bolsa de Valores, mostre a frequência e a frequência percentual para AMEX, NYSE e OTC. Construa um gráfico de barras semelhante à Figura 1.4 para a variável Bolsa de Valores.
   d. Mostre a distribuição de frequência para a Margem de Lucro Bruto utilizando os cinco intervalos: 0 a 14,9; 15 a 29,9; 30 a 44,9; 45 a 59,9; e 60 a 74,9. Construa um histograma semelhante ao da Figura 1.5.
   e. Qual é a relação preço médio/lucro médio?

TABELA 1.8 Conjunto de dados para 25 ações-sombra

Companhia	Bolsa de valores	Símbolo	Capital de mercado (milhões de dólares)	Relação preço/lucro	Margem de lucro bruto (%)
DeWolfe Companies	AMEX	DWL	36,4	8,4	36,7
North Coast Energy	OTC	NCEB	52,5	6,2	59,3
Hansen Natural Corp.	OTC	HANS	41,1	14,6	44,8
MarineMax, Inc.	NYSE	HZO	111,5	7,2	23,8
Nanometrics Incorporated	OTC	NANO	228,6	38,0	53,3
TeamStaff, Inc.	OTC	TSTF	92,1	33,5	4,1
Environmental Tectonics	AMEX	ETC	51,1	35,8	35,9
Measurement Specialties	AMEX	MSS	101,8	26,8	37,6
Semco Energy, Inc.	NYSE	SEN	193,4	18,7	23,6
Party City Corporation	OTC	PCTY	97,2	15,9	36,4
Embrex, Inc.	OTC	EMBX	136,5	18,9	59,5
Tech/Ops Sevcon, Inc.	AMEX	TO	23,2	20,7	35,7
Arcadis NV	OTC	ARCAF	173,4	8,8	9,6
Qiao Xing Universal Tele.	OTC	XING	64,3	22,1	30,8
Energy West Incorporated	OTC	EWST	29,1	9,7	16,3
Barnwell Industries, Inc.	AMEX	BRN	27,3	7,4	73,4
Innodata Corporation	OTC	INOD	66,1	11,0	29,6
Medical Action Industries	OTC	MDCI	137,1	26,9	30,6
Instrumentarium Corp.	OTC	INMRY	240,9	3,6	52,1
Petroleum Development	OTC	PETD	95,9	6,1	19,4
Drexler Technology Corp.	OTC	DRXR	233,6	45,6	53,6
Gerber Childrenswear Inc.	NYSE	GCW	126,9	7,9	25,8
Gaiam, Inc.	OTC	GAIA	295,5	68,2	60,7
Artesian Resources Corp.	OTC	ARTNA	62,8	20,5	45,5
York Water Company	OTC	YORW	92,2	22,9	74,2

CAPÍTULO 2

Estatística descritiva: métodos tabulares e métodos gráficos

CONTEÚDO

Estatística na prática:
Colgate-Palmolive

2.1 Sintetizando dados para uma variável categorizada
Distribuição de frequências
Distribuições de frequências relativas e frequências percentuais
Gráficos de barras e gráficos de setores

2.2 Sintetizando dados para uma variável quantitativa
Distribuição de frequências
Distribuições de frequências relativas e de frequências percentuais
Diagrama de pontos (*dot plot*)
Histograma
Distribuições acumuladas
Apresentação de ramos-e-folhas

2.3 Sintetizando dados de duas variáveis utilizando tabelas
Tabulação cruzada
Paradoxo de Simpson

2.4 Sintetizando dados de duas variáveis utilizando gráficos
Diagrama de dispersão e linha de tendência
Gráficos de barras lado a lado e empilhadas

2.5 Vizualização de dados: melhores práticas na construção de gráficos
Criação efetiva de representações gráficas
Escolhendo o tipo de representação gráfica
Painéis de indicadores de dados (*dashboards*)
Visualização de dados na prática: Zoológico e Jardim Botânico de Cincinnati

APÊNDICES

2.1 Uso do Minitab para apresentações tabulares e gráficas

2.2 Uso do Excel para apresentações tabulares e gráficas

ESTATÍSTICA na PRÁTICA

COLGATE-PALMOLIVE*
New York, New York

A Companhia Colgate-Palmolive começou como uma pequena fábrica de sabão e velas, situada na cidade de Nova York, em 1806. Atualmente, emprega mais de 38 mil pessoas trabalhando em mais de 200 países e territórios ao redor do mundo. Embora seja mais bem conhecida pelos nomes de suas marcas: Colgate, Palmolive, Ajax e Fabuloso, a companhia também comercializa produtos para higiene da linha Irish Spring e Ajax.

A Colgate-Palmolive utiliza estatística em seu programa de controle de qualidade para produtos como sabão de uso doméstico para a lavagem de roupas. Uma das preocupações é a satisfação do cliente com a quantidade de sabão em pó em uma embalagem. Em cada categoria de tamanho, a embalagem é preenchida com a mesma quantidade de sabão por peso, mas seu volume é afetado pela densidade do pó. Por exemplo, se a densidade do pó estiver mais concentrada, um menor volume de sabão é necessário para atingir o peso específico da embalagem. Como resultado, pode parecer que a embalagem não está totalmente cheia quando for aberta pelo consumidor.

Para controlar o problema do peso do sabão em pó, são definidos limites quanto ao intervalo aceitável da densidade do sabão em pó. Amostras estatísticas são coletadas periodicamente e é feita a medição da densidade de cada amostra desse produto. Em seguida, resumos de dados são fornecidos para a equipe operacional, de modo que é possível realizar ações corretivas, se necessário, para manter a densidade dentro das especificações de qualidade desejadas.

A distribuição de frequências para as densidades de 150 amostras coletadas durante o período de uma semana e um histograma são apresentados nas respectivas tabela e figura. Os níveis de densidade acima de 0,40 são inaceitavelmente altos. A distribuição de frequências e o histograma demonstram que a operação está seguindo as diretrizes de qualidade, com todas as densidades menores ou iguais a 0,40. Ao ver estes resumos estatísticos, os gestores ficarão satisfeitos com a qualidade do processo de produção de sabão.

Neste capítulo, você aprenderá acerca dos métodos tabulares e gráficos da estatística descritiva, tais como as distribuições de frequências, os gráficos de barras, histogramas, tabulações cruzadas. O objetivo desses métodos é sintetizar os dados, de modo que possam ser facilmente compreendidos e interpretados.

---

* Os autores agradecem a William R. Fowle, gestor de Controle da Qualidade, na Colgate-Palmolive, por disponibilizar este exemplo de Estatística na Prática.

A Companhia Colgate-Palmolive utiliza resumos estatísticos para ajudar a manter a qualidade de seus produtos.

Distribuição de frequências dos dados de densidade

Densidade	Frequência
0,29–0,30	30
0,31–0,32	75
0,33–0,34	32
0,35–0,36	9
0,37–0,38	3
0,39–0,40	1
Total	150

Histograma dos dados da densidade

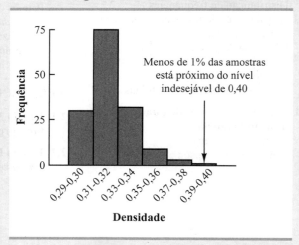

Conforme indicado no Capítulo 1, os dados podem ser classificados como categorizados ou quantitativos. **Dados categorizados** usam rótulos ou nomes para identificar categorias de itens semelhantes, e **dados quantitativos** são valores numéricos que indicam a quantidade de algo. Este capítulo introduz o uso de recursos visuais tabulares e gráficos para resumir dados categorizados e quantitativos. Tais recursos podem ser encontrados em relatórios anuais, artigos

Estatística descritiva: métodos tabulares e métodos gráficos **29**

de jornais e estudos de pesquisas. Todos estão expostos a esses tipos de apresentações. Por isso é importante entender como eles são construídos e como devem ser interpretados.

Começamos com uma discussão sobre o uso de recursos tabulares e gráficos para resumir os dados de uma única variável. Segue-se uma discussão sobre o uso de recursos tabulares e gráficos para resumir os dados de duas variáveis de uma maneira que revela a relação entre as duas variáveis. **Visualização de dados** é um termo frequentemente usado para descrever o uso de recursos gráficos que podem resumir e apresentar informações sobre um conjunto de dados. A última seção deste capítulo fornece uma introdução à visualização de dados e indica diretrizes para a criação de recursos gráficos eficazes.

Os modernos pacotes de softwares estatísticos fornecem amplos recursos para sintetizar dados e preparar apresentações gráficas. O Minitab e o Excel são dois pacotes que estão amplamente disponíveis. Nos apêndices deste capítulo mostramos algumas de suas capacidades.

2.1 Sintetizando dados para uma variável categorizada

Distribuição de frequências

Começamos a discussão de como as apresentações tabulares e gráficas podem ser utilizadas para sintetizar dados categorizados com a definição de uma **distribuição de frequências**.

> **DISTRIBUIÇÃO DE FREQUÊNCIAS**
> Distribuição de frequências é um resumo tabular de dados mostrando o número (frequência) de observações em cada uma das diversas classes não sobrepostas.

Vamos empregar o seguinte exemplo para demonstrar a construção e interpretação de uma distribuição de frequências para dados categorizados. Coca-Cola clássica, Coca Diet, Dr. Pepper, Pepsi e Sprite são cinco refrigerantes populares nos Estados Unidos. Vamos assumir que os dados na Tabela 2.1 mostrem o refrigerante selecionado em uma amostra de 50 compras de refrigerantes.

TABELA 2.1 Dados de uma amostra de 50 compras de refrigerantes

Coca-Cola clássica	Coca-Cola clássica	Coca-Cola clássica	Sprite	Coca-Cola clássica
Coca Diet	Dr. Pepper	Coca Diet	Dr. Pepper	Coca Diet
Pepsi	Sprite	Coca-Cola clássica	Pepsi	Pepsi
Coca Diet	Coca-Cola clássica	Sprite	Coca Diet	Pepsi
Coca-Cola clássica	Coca Diet	Pepsi	Pepsi	Pepsi
Coca-Cola clássica	Coca-Cola clássica	Coca-Cola clássica	Coca-Cola clássica	Pepsi
Dr. Pepper	Coca-Cola clássica	Coca-Cola clássica	Coca-Cola clássica	Coca-Cola clássica
Coca Diet	Sprite	Coca-Cola clássica	Coca-Cola clássica	Dr. Pepper
Pepsi	Coca-Cola clássica	Pepsi	Pepsi	Pepsi
Pepsi	Coca Diet	Coca-Cola clássica	Dr. Pepper	Sprite

Para desenvolvermos uma distribuição de frequências para esses dados, contamos o número de vezes que cada refrigerante aparece na Tabela 2.1. Coca-Cola clássica aparece 19 vezes; Coca Diet, 8 vezes; Dr. Pepper, 5 vezes; Pepsi, 13 vezes; e Sprite, 5 vezes. Essas contagens estão sintetizadas na distribuição de frequências na Tabela 2.2.

Esta distribuição de frequências fornece um resumo de como as 50 compras de refrigerantes são distribuídas pelos cinco refrigerantes. Este resumo proporciona melhor percepção do que os dados originais mostrados na Tabela 2.1. Analisando a distribuição de frequências, verificamos que a Coca-Cola clássica é a líder, a Pepsi vem

TABELA 2.2
Distribuição de frequências de compras de refrigerantes

Refrigerante	Frequência
Coca-Cola clássica	19
Coca Diet	8
Dr. Pepper	5
Pepsi	13
Sprite	5
Total	50

30 Estatística aplicada a administração e economia

em segundo lugar, a Coca Diet, em terceiro, e Sprite e Dr. Pepper estão empatadas na quarta posição. A distribuição de frequências sintetiza informações relativas à popularidade dos cinco refrigerantes.

Distribuições de frequências relativas e frequências percentuais

A distribuição de frequências mostra o número (frequência) de observações em cada uma das diversas classes não sobrepostas. Contudo, geralmente estamos interessados na proporção, ou porcentagem, de itens em cada classe. A *frequência relativa* de uma classe é igual à fração ou proporção de observações que pertencem a uma classe. Para um conjunto de dados com *n* observações, a frequência relativa de cada classe pode ser determinada da seguinte maneira:

FREQUÊNCIA RELATIVA

$$\text{Frequência relativa de uma classe} = \frac{\text{Frequência da classe}}{n} \qquad (2.1)$$

A *frequência percentual* de uma classe é a frequência relativa multiplicada por 100.

Uma **distribuição de frequência relativa** fornece um resumo tabular de dados mostrando a frequência relativa para cada classe. Uma **distribuição de frequência percentual** sintetiza a frequência percentual dos dados para cada classe. A Tabela 2.3 mostra uma distribuição de frequências relativas e uma distribuição de frequências percentuais para os dados referentes ao refrigerante. Nesta tabela verificamos que a frequência relativa para a Coca-Cola clássica é de 19/50 = 0,38, a frequência relativa para a Coca Diet é de 8/50 = 0,16, e assim por diante. A partir da distribuição de frequências percentuais, percebemos que 38% das compras foram de Coca-Cola clássica; 16% de Coca Diet, e assim por diante. Também podemos observar que 38% + 26% + 16% = 80% das compras foram dos três refrigerantes mais vendidos.

Nas aplicações de controle de qualidade, os gráficos de barras são utilizados para identificar as causas mais importantes de problemas. Quando as barras são organizadas em ordem decrescente de altura da esquerda para a direita, com a causa mais frequente aparecendo primeiro, o gráfico de barras é chamado gráfico de Pareto, recebendo este nome em homenagem a Vilfredo Pareto, o economista italiano que o definiu.

Gráficos de barras e gráficos de setores

Gráfico de barras é um dispositivo utilizado para representar dados categorizados sintetizados em uma distribuição de frequências, de frequências relativas ou de frequências percentuais. Em um dos eixos do gráfico (geralmente, o eixo horizontal), especificamos os rótulos que são utilizados para as classes (categorias). Uma escala em frequência, frequência relativa ou frequência percentual pode ser utilizada para o outro eixo do gráfico (em geral, o eixo vertical). Em seguida, utilizando uma barra de largura fixa desenhada acima de cada rótulo de classe, ampliamos o comprimento da coluna até atingir a frequência, a frequência relativa ou a frequência percentual da classe. No caso de dados categorizados, as barras deverão ser separadas para enfatizar o fato de que cada classe é separada. A Figura 2.1 mostra um gráfico de barras da distribuição de frequências para as 50 compras de refrigerantes. Note como a apresentação gráfica mostra que a Coca-Cola clássica, a Pepsi e a Coca Diet são as marcas preferidas.

TABELA 2.3 Distribuições de frequências relativas e frequências percentuais das compras de refrigerantes

Refrigerante	Frequência relativa	Frequência percentual
Coca-Cola clássica	0,38	38
Coca Diet	0,16	16
Dr. Pepper	0,10	10
Pepsi	0,26	26
Sprite	0,10	10
Total	1,00	100

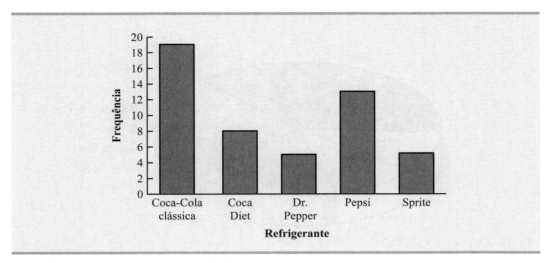

FIGURA 2.1   Gráfico de barras das compras de refrigerantes

O **gráfico de setores (em formato de pizza)** é outro recurso visual para apresentar distribuições de frequências relativas e de frequências percentuais para dados categorizados. Para construir um gráfico de setores, primeiro desenhe um círculo para representar todos os dados. Em seguida, utilize as frequências relativas para subdividir o círculo em setores, ou partes, que correspondem à frequência relativa para cada classe. Por exemplo, como um círculo tem 360 graus e a Coca-Cola clássica mostra uma frequência relativa de 0,38, o setor do gráfico identificado como Coca-Cola clássica consiste de 0,38 (360) = 136,8 graus. O setor do gráfico identificado como Coca Diet consiste de 0,16 (360) = 57,6 graus. Cálculos similares para as outras classes geram o gráfico de setores da Figura 2.2. Os valores numéricos mostrados para cada setor podem ser frequências, frequências relativas ou frequências percentuais.

Inúmeras opções de uso de cores, sombreamento, legendas, diferentes fontes de texto e perspectivas tridimensionais estão disponíveis para melhorar a estética dos gráficos de barras e de setores. Quando utilizadas com cuidado, estas opções podem fornecer uma exibição mais eficaz. Mas este nem sempre é o caso. Por exemplo, considere o gráfico de setores tridimensional para os dados dos refrigerantes mostrados na Figura 2.3. Compare-o com a apresentação mais simples mostrada na Figura 2.2. A perspectiva tridimensional não acrescenta um novo entendimento. Na verdade, como você precisa visualizar o gráfico de setores tridimensional na Figura 2.3 em um ângulo em vez de em uma perspectiva direta, pode ser mais difícil visualizá-lo. O uso de uma legenda na Figura 2.3 também força seus olhos a alternarem entre a legenda e o gráfico. O gráfico mais simples mostrado na Figura 2.2, que apresenta as porcentagens e classes diretamente nos setores, é mais eficiente.

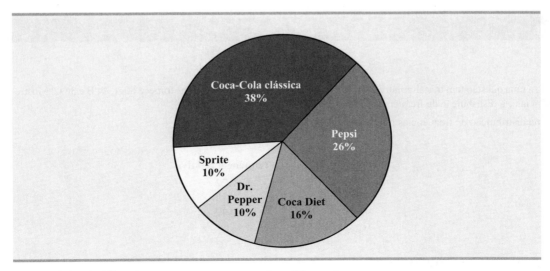

FIGURA 2.2   Gráfico de setores para a compra de refrigerantes

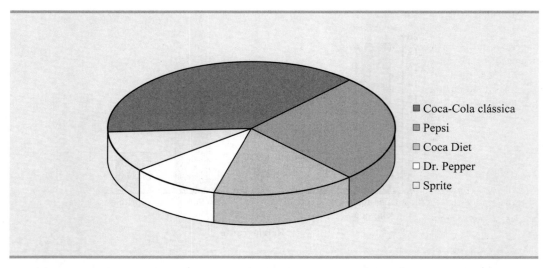

FIGURA 2.3 Gráfico de setores tridimensional para a compra de refrigerantes

Em geral, os gráficos de setores não são a melhor maneira de apresentar porcentagens para comparação. Pesquisas mostram que as pessoas são muito melhores em avaliar com precisão as diferenças de comprimento, em vez de diferenças de ângulos (ou fatias). Ao fazer essas comparações, recomendamos que você use um gráfico de barras semelhante ao da Figura 2.1. Na Seção 2.5 forneceremos mais diretrizes para a criação de recursos visuais eficazes.

NOTAS E COMENTÁRIOS

1. Muitas vezes, o número de classes em uma distribuição de frequências é igual ao número de categorias encontradas nos dados, como é o caso dos dados referentes às compras de refrigerantes nesta seção. Os dados envolvem somente cinco refrigerantes; e uma classe de distribuição de frequências distinta foi definida para cada um deles. Os dados que incluíam todos os refrigerantes demandariam muitas categorias, a maioria das quais tem um pequeno número de compras. A maior parte dos estatísticos recomenda que as classes com frequências menores sejam agrupadas em uma classe agregada chamada *outros*. As classes com frequências percentuais iguais a 5% ou menores seriam, mais frequentemente, tratadas dessa maneira.

2. A soma das frequências em qualquer distribuição de frequências sempre é igual ao número de observações. A soma das frequências relativas em qualquer distribuição de frequências relativas sempre é igual a 1,00, e a soma das porcentagens em uma distribuição de frequências percentuais é sempre igual a 100.

Exercícios

Métodos

1. A resposta a uma questão tem três alternativas: A, B e C. Uma amostra de 120 respostas fornece 60 A, 24 B e 36 C. Mostre a distribuição de frequências e a distribuição de frequências relativas.

2. É dada uma distribuição de frequências relativas parcial.

Classe	Frequência relativa
A	0,22
B	0,18
C	0,40
D	

a. Qual é a frequência relativa da classe D?
b. O tamanho total da amostra é 200. Qual é a frequência da classe D?

c. Mostre a distribuição de frequências.
d. Mostre a distribuição de frequências percentuais.

3. Um questionário fornece 58 respostas Sim, 42 respostas Não e 20 respostas não definidas.
   a. Na construção de um gráfico de setores, quantos graus representariam a seção do gráfico que mostra as respostas Sim?
   b. Quantos graus representariam a seção do gráfico que mostra as respostas Não?
   c. Construa um gráfico de setores.
   d. Construa um gráfico de barras.

Aplicações

4. Na temporada de 2010-2011, os cinco programas considerados mais importantes (nos Estados Unidos) foram *Wheel of Fortune* (WoF), *Two and Half Men* (THM), *Jeopardy* (Jep), *Judge Judy* (JJ) e *Oprah Winfrey Show* (OWS) (Nielsen Media Research website, 16 de abril de 2012). Os dados indicando os seriados preferidos, em uma amostra de 50 espectadores, são os seguintes.

WoF	Jep	JJ	Jep	THM
THM	WoF	OWS	Jep	THM
Jep	OWS	WoF	WoF	WoF
WoF	THM	OWS	THM	WoF
THM	JJ	JJ	Jep	THM
OWS	OWS	JJ	JJ	Jep
JJ	WoF	THM	WoF	WoF
THM	THM	WoF	JJ	JJ
Jep	THM	WoF	Jep	Jep
WoF	THM	OWS	OWS	Jep

   a. Estes dados são categorizados ou quantitativos?
   b. Forneça as distribuições de frequências e de frequências percentuais.
   c. Construa um gráfico de barras e um gráfico de setores.
   d. Com base na amostra, qual programa de TV tem a maior audiência? Qual deles tem a segunda maior audiência?

5. Em ordem alfabética, os seis sobrenomes mais comuns nos Estados Unidos são Brown, Johnson, Jones, Miller, Smith e Williams (*The World Almanac*, 2012). Considere que uma amostra de 50 indivíduos com um destes sobrenomes forneceu os seguintes dados.

Brown	Williams	Williams	Williams	Brown
Smith	Jones	Smith	Johnson	Smith
Miller	Smith	Brown	Williams	Johnson
Johnson	Smith	Smith	Johnson	Brown
Williams	Miller	Johnson	Williams	Johnson
Williams	Johnson	Jones	Smith	Brown
Johnson	Smith	Smith	Brown	Jones
Jones	Jones	Smith	Smith	Miller
Miller	Jones	Williams	Miller	Smith
Jones	Johnson	Brown	Johnson	Miller

Sintetize os dados construindo o seguinte:
   a. As distribuições de frequências relativas e percentuais.
   b. Um gráfico de barras.
   c. Um gráfico de setores.
   d. Com base nesses dados, quais são os três sobrenomes mais comuns?

6. A Nielsen Media Research forneceu a lista dos 25 programas mais assistidos na história da TV (*The World Almanac*, 2012). Os dados a seguir mostram a rede de TV que produzia cada um desses 25 programas.

CBS	CBS	NBC	FOX	CBS
CBS	NBC	NBC	NBC	ABC
ABC	NBC	ABC	ABC	NBC
CBS	NBC	CBS	ABC	NBC
NBC	CBS	CBS	ABC	CBS

   a. Construa uma distribuição de frequências, uma distribuição de frequências percentuais e um gráfico de barras para os dados.
   b. Qual(is) rede(s) teve(tiveram) o melhor desempenho quanto a apresentar os mais famosos programas de TV? Compare o desempenho da ABC, CBS e NBC.

7. A Pesquisa de Satisfação de Clientes em Aeroportos, realizada pelo Canmark Research Center, utiliza um questionário on-line para disponibilizar às linhas aéreas e aos aeroportos uma classificação da satisfação dos clientes com relação a todos os aspectos da experiência de voo (site da Airport Survey, janeiro de 2010). Depois de concluir um voo, os clientes recebem um e-mail solicitando que acessem o site e classifiquem diversos fatores, incluindo o processo de reserva, o processo de check-in, a política relacionada a bagagens, limpeza da área de embarque, o serviço dos atendentes de voo, a seleção dos alimentos/bebidas, a chegada no horário previsto, e assim por diante. Uma escala de cinco pontos, com Excelente (E), Muito bom (M), Bom (B), Regular (R) e Péssimo (P), é utilizada para registrar as classificações dos clientes para cada aspecto do estudo. Suponha que os passageiros em um voo da Delta Airlines, indo de Myrtle Beach, na Carolina do Sul, até Atlanta, Georgia, forneceram as seguintes classificações para a questão: "Por favor, classifique a linha aérea com base em sua experiência geral com este voo". As classificações da amostra estão a seguir.

E	E	B	M	M	E	M	M	M	E
E	B	M	E	E	M	E	E	E	M
M	M	M	R	M	E	M	E	B	E
B	E	M	E	M	E	M	M	M	M
E	E	M	M	E	R	E	M	R	M

a. Utilize uma distribuição de frequências percentuais e um gráfico de barras para sintetizar estes dados. O que esses resumos indicam acerca da satisfação do cliente com o voo da Delta?
b. O questionário do estudo on-line possibilitou aos respondentes explicar quaisquer aspectos do voo que possam não ter atendido às suas expectativas. Essas informações seriam úteis para um gestor procurando meios de melhorar a satisfação geral do cliente quanto aos voos da Delta? Explique.

8. Dados de uma amostra de 55 jogadores que constam do Hall da Fama do Beisebol, em Cooperstown, Nova York, são mostrados aqui. Cada observação indica a posição principal ocupada pelos jogadores no Hall da Fama: arremessador (A), receptor (R), 1ª base (1), 2ª base (2), 3ª base (3), jogador interbases (B), jardineiro esquerdo (E), jardineiro central (C) e jardineiro direito (D).

E	A	C	R	2	A	D	1	B	B	1	E	A	D	A
A	A	A	D	C	B	E	D	A	C	C	A	A	D	A
2	3	A	R	E	A	1	C	A	A	A	B	1	E	D
D	1	2	R	B	3	R	2	E	A

a. Utilize distribuições de frequências e distribuições de frequências relativas para sintetizar os dados.
b. Qual posição é ocupada pela maioria dos jogadores que estão no Hall da Fama?
c. Qual posição é ocupada pela minoria dos jogadores que estão no Hall da Fama?
d. Qual posição fora do campo (E, C ou D) é ocupada pela maioria dos jogadores que estão no Hall da Fama?
e. Compare os jogadores de dentro do campo (1, 2, 3 e B) com os de fora do campo (E, C e D).

9. Cerca de 1,8 milhão graduações de bacharel e mais de 750.000 graduações de mestrado são concedidas anualmente pelas instituições de Ensino Superior dos Estados Unidos (site do Centro Nacional de Estatísticas da Educação, novembro de 2014). O Ministério da Educação acompanha o campo de estudo destes graduados nas seguintes categorias: Administração (A), Ciências da Computação e Engenharia (CCE), Educação (E), Humanidades (H), Ciências Naturais e Matemática (CNM), Ciências Sociais e Comportamentais (CSC), e Outras (O). Considere as seguintes amostras de 100 graduados

Campo de estudo do bacharel

CSC	H	H	H	E	A	O	CSC	CNM	CCE
O	A	A	O	O	H	A	O	CSC	O
H	CCE	CCE	O	CCE	A	H	O	O	CSC
CSC	CSC	A	H	CNM	A	A	O	CSC	CSC
A	H	CSC	O	A	A	O	O	A	O
O	H	CSC	H	CCE	CCE	A	E	CCE	CSC
CSC	CNM	CNM	CCE	H	H	E	E	CSC	CCE
CNM	CNM	CSC	O	H	H	A	CSC	CSC	CNM
H	A	A	O	O	O	CNM	H	E	A
E	A	O	A	A	A	O	O	O	A

Campo de estudo do mestre

O	O	A	O	A	E	A	H	E	A
O	E	CSC	A	CCE	H	A	E	E	O
O	A	A	O	E	CCE	CNM	O	A	E
H	H	A	E	CSC	E	E	A	O	E
CSC	A	A	CCE	H	A	A	CCE	CSC	A
CCE	A	E	CCE	A	E	CCE	O	A	O
A	O	E	O	A	CNM	H	E	A	E
A	E	A	O	E	E	H	O	O	O
CCE	O	O	H	A	O	A	E	CCE	A
E	O	CSC	E	E	O	CSC	A	A	O

a. Forneça uma distribuição de frequências percentuais do campo de estudo de cada graduação.
b. Construa um gráfico de barras para o campo de estudo de cada graduação.
c. Qual é o campo de estudo com a menor porcentagem para cada graduação?
d. Qual é o campo de estudo com a maior porcentagem para cada graduação?
e. Qual campo de estudo tem o maior aumento na porcentagem da graduação de bacharel para a de mestre?

10. O site VirtualTourist fornece classificações para hotéis em todo o mundo. As classificações fornecidas por 649 hóspedes no Sheraton Anaheim Hotel, localizado perto da Disneyland Resort, em Anaheim, Califórnia, podem ser encontradas no DATAfile chamado HotelRatings (site VirtualTourist, 25 de fevereiro de 2013). As respostas possíveis foram Excelente, Muito Bom, Regular, Ruim e Péssima.
a. Construa uma distribuição de frequência.
b. Construa uma distribuição de frequência percentual.
c. Construa um gráfico de barras para a distribuição de frequência percentual.
d. Comente sobre como os hóspedes avaliam sua estadia no Sheraton Anaheim Hotel.
e. Os resultados para 1.679 convidados que ficaram no Disney's Grand Californian forneceram as seguintes distribuições de frequência.

Classificação	Frequência
Excelente	807
Muito bom	521
Regular	200
Ruim	107
Péssima	44

Compare as classificações para o Disney's Grand Californian com os resultados obtidos para o Sheraton Anaheim Hotel.

2.2 Sintetizando dados para uma variável quantitativa

Distribuição de frequências

Conforme foi definido na Seção 2.1, uma distribuição de frequências é um resumo tabular de dados mostrando o número (frequência) de observações em cada uma das diversas classes não sobrepostas. Esta definição se mantém para os dados quantitativos e categorizados. Contudo, no caso dos dados quantitativos, precisamos ser mais cuidadosos ao definir as classes não sobrepostas a serem utilizadas na distribuição de frequências.

Por exemplo, considere os dados quantitativos na Tabela 2.4. Estes dados mostram o tempo, em dias, necessário para concluir auditorias de fim de ano para uma amostra de 20 clientes da Sanderson e Clifford, uma pequena empresa de contabilidade pública. As três etapas necessárias para definir as classes de uma distribuição de frequências com dados quantitativos são:

TABELA 2.4
Tempos para a auditoria de final de ano (em dias)

12	14	19	18
15	15	18	17
20	27	22	23
22	21	33	28
14	18	16	13

1. Determinar o número de classes não sobrepostas.
2. Determinar a amplitude de cada classe.
3. Determinar os limites da classe.

Vamos demonstrar essas etapas desenvolvendo uma distribuição de frequências para os dados referentes ao tempo de auditoria, na Tabela 2.4.

Número de classes As classes são formadas especificando-se os intervalos que serão empregados para agrupar os dados. Como diretriz geral, recomendamos utilizar entre 5 e 20 classes. Para um número menor de itens de dados podem ser consideradas cinco ou seis classes para sintetizar os dados. Para um número maior de itens de dados, normalmente, é requerido um maior número de classes. O objetivo é utilizar classes suficientes para mostrar a variação nos dados, mas não tantas classes a ponto de que algumas contenham somente poucos itens de dados. Como o número de itens de dados na Tabela 2.4 é relativamente pequeno ($n = 20$), escolhemos desenvolver uma distribuição de frequências com cinco classes.

36 Estatística aplicada a administração e economia

Amplitude das classes A segunda etapa na construção de uma distribuição de frequências para dados quantitativos é escolher uma amplitude para as classes. Como diretriz geral, recomendamos que a amplitude seja a mesma para cada classe. Deste modo, as escolhas quanto ao número de classes e da amplitude destas não são decisões independentes. Um maior número de classes significa menor amplitude de classe e vice-versa. Para determinarmos uma amplitude de classe aproximada, começamos identificando o maior e o menor valor dos dados. Em seguida, com o número desejado de classes especificado, podemos utilizar a seguinte expressão para determinar a amplitude da classe aproximada.

Definir as classes com a mesma amplitude reduz as chances de interpretações inadequadas pelo usuário.

$$\text{Amplitude da classe aproximada} = \frac{\text{Maior valor dos dados} - \text{Menor valor dos dados}}{\text{Número de classes}} \qquad (2.2)$$

A amplitude da classe aproximada, dada pela Equação (2.2), pode ser arredondada para um valor mais conveniente com base na preferência da pessoa que está desenvolvendo a distribuição de frequências. Por exemplo, amplitude da classe aproximada de 9,28 pode ser arredondada para 10, simplesmente porque 10 é uma amplitude de classe mais conveniente para ser utilizada na apresentação de uma distribuição de frequências.

Para os dados envolvendo os tempos de auditoria de final de ano, o maior valor é 33 e o menor é 12. Uma vez que decidimos sintetizar os dados com cinco classes, a opção de utilizar a Equação (2.2) proporciona uma amplitude de classe aproximada de $(33 - 12)/5 = 4,2$. Portanto, decidimos arredondar e utilizar uma amplitude de classe de cinco dias na distribuição de frequências.

Nenhuma distribuição de frequências é a melhor para um conjunto de dados. Pessoas diferentes podem construir distribuições de frequências diferentes, mas igualmente aceitáveis. O objetivo é revelar o agrupamento e a variação natural nos dados.

Na prática, o número de classes e a amplitude de classe apropriada são determinados pelo método de tentativa e erro. Quando um possível número de classes é escolhido, a Equação (2.2) é utilizada para encontrar a amplitude de classe aproximada. O processo pode ser repetido para um diferente número de classes. Por fim, o analista utiliza seu julgamento para determinar a combinação do número de classes e da amplitude de classe que oferece a melhor distribuição de frequências para sintetizar os dados.

Para os dados referentes ao tempo de auditoria, na Tabela 2.4, depois de decidir utilizar cinco classes, cada uma delas com uma amplitude de cinco dias, a tarefa seguinte consiste em especificar os limites de classe para cada uma das classes.

Limites de classe Os limites de classe devem ser escolhidos de modo que cada item de dados pertença a uma, e somente uma, classe. O *limite de classe inferior* identifica o menor valor de dados possível atribuído à classe. O *limite de classe superior* identifica o maior valor de dados possível atribuído à classe. Ao desenvolver distribuições de frequências para dados categorizados, não é preciso especificar limites de classe porque cada item de dados pertence naturalmente a uma classe separada. Mas, com dados quantitativos, como os tempos de auditoria na Tabela 2.4, limites de classe são necessários para determinar a que lugar pertence cada valor dos dados.

Utilizando os dados do tempo de auditoria, na Tabela 2.4, selecionamos 10 dias como o limite de classe inferior e 14 dias como o limite de classe superior para a primeira classe. Esta classe é denotada como 10-14, na Tabela 2.5. O menor valor de dados, 12, é incluído na classe 10-14. Em seguida, selecionamos 15 dias como o limite de classe inferior e 19 dias como o limite de classe superior da classe seguinte. Continuamos a definir os limites de classe inferiores e superiores, a fim de obter um total de cinco classes: 10-14, 15-19, 20-24, 25-29 e 30-34. O maior valor de dados, 33, é incluído na classe 30-34. A diferença entre os limites de classe inferiores de classes adjacentes é a amplitude da classe. Utilizando os dois primeiros limites de classe inferiores, de 10 e 15, vemos que a amplitude de classe é $15 - 10 = 5$.

Com o número de classes, a amplitude de classe e os limites de classe determinados, uma distribuição de frequências pode ser obtida pela contagem do número de valores de dados pertencentes a cada classe. Por exemplo, os dados na Tabela 2.4 mostram que quatro valores – 12, 14, 14 e 13 – pertencem à classe 10-14. Sendo assim, a frequência para a classe 10-14 é 4. Continuar com esse processo de contagem para as classes 15-19, 20-24, 25-29 e 30-34 fornece a distribuição de frequências na Tabela 2.5. Utilizando essa distribuição de frequências, podemos observar o seguinte:

TABELA 2.5

Distribuição de frequências para os dados do tempo de auditoria

Tempo de auditoria (dias)	Frequência absoluta
10-14	4
15-19	8
20-24	5
25-29	2
30-34	1
Total	20

TABELA 2.6 Distribuições de frequência relativa e frequência percentual dos dados de tempo da auditoria

Tempo de auditoria (dias)	Frequência relativa	Frequência percentual
10-14	0,20	20
15-19	0,40	40
20-24	0,25	25
25-29	0,10	10
30-34	0,05	5
Total	1,00	100

1. Os tempos de auditoria que ocorrem com mais frequência estão na classe de 15-19 dias. Oito dos 20 tempos de auditoria pertencem a esta classe.
2. Somente uma auditoria requer 30 dias ou mais.

Outras conclusões são possíveis, dependendo dos interesses da pessoa que vê a distribuição de frequências. A vantagem de uma distribuição de frequências é que ela proporciona percepções acerca dos dados que não são facilmente obtidas pela visualização deles em sua forma original, que é desorganizada.

Ponto médio da classe Em algumas aplicações, queremos conhecer os pontos médios das classes em uma distribuição de frequências para dados quantitativos. **Ponto médio da classe** é o valor intermediário entre os limites inferior e superior de classe. Para os dados do tempo de auditoria, os cinco pontos médios de classe são 12, 17, 22, 27 e 32.

Distribuições de frequências relativas e de frequências percentuais

Definimos a distribuição de frequências relativas e a distribuição de frequências percentuais para dados quantitativos da mesma maneira que para os dados categorizados. Primeiro, vamos lembrar que a frequência relativa é a proporção das observações pertencentes a uma classe. Com n observações,

$$\text{Frequência relativa de uma classe} = \frac{\text{Frequência da classe}}{n}$$

A frequência percentual de uma classe é a frequência relativa multiplicada por 100.

Com base nas frequências de classe na Tabela 2.5 e considerando $n = 20$, a Tabela 2.6 mostra a distribuição de frequências relativas e a distribuição de frequências percentuais para os dados do tempo de auditoria. Note que 0,40 das auditorias, ou 40%, precisaram de 15 a 19 dias. Somente 0,05 das auditorias, ou 5%, exigiram 30 dias ou mais. Mais uma vez, interpretações e percepções adicionais podem ser obtidas utilizando a Tabela 2.6.

Diagrama de pontos (*dot plot*)

Um dos resumos gráficos de dados mais simples é o **diagrama de pontos**. Um eixo horizontal mostra o intervalo dos dados. Cada valor de dado é representado por um ponto posicionado acima do eixo. A Figura 2.4 é o diagrama de pontos

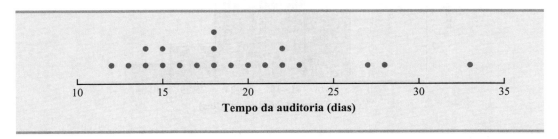

FIGURA 2.4 Diagrama de pontos para os dados de tempo de auditoria

dos dados sobre tempo de duração de auditorias da Tabela 2.4. Os três pontos localizados acima do valor 18 do eixo horizontal indicam que auditorias de 18 dias ocorreram três vezes. Os diagramas de pontos mostram os detalhes dos dados e são úteis para comparar a distribuição dos dados de duas ou mais variáveis.

Histograma

Uma apresentação gráfica de dados quantitativos comum é o **histograma**. Ele pode ser preparado para dados previamente sintetizados na distribuição de frequências, de frequências relativas ou de frequências percentuais. Um histograma é construído colocando-se a variável de interesse no eixo horizontal e a frequência, frequência relativa ou frequência percentual no eixo vertical. A frequência, frequência relativa ou frequência percentual de cada classe é representada por um retângulo cuja base é determinada pelos limites de classe no eixo horizontal e altura é a frequência, frequência relativa ou frequência percentual correspondente.

A Figura 2.5 é um histograma para os dados do tempo de auditoria. Note que a classe com a maior frequência é mostrada pelo retângulo que aparece sobre a classe de 15-19 dias. A altura do retângulo mostra que a frequência dessa classe é 8. Um histograma para a distribuição de frequências relativas ou percentuais desses dados será igual ao histograma na Figura 2.5, com a exceção de que o eixo vertical seria rotulado com os valores de frequência relativa ou percentual.

Como mostra a Figura 2.5, os retângulos adjacentes de um histograma se tocam. Diferentemente de um gráfico de barras, um histograma não contém nenhuma separação natural entre os retângulos de classes adjacentes. Este formato é o padrão para histogramas. Como as classes para os dados do tempo de auditoria são definidas como 10-14, 15-19, 20-24, 25-29 e 30-34, espaços de uma unidade, como de 14 a 15, 19 a 20, 24 a 25 e 29 a 30, parecem ser necessários entre as classes. Mas estes espaços são eliminados quando se constrói um histograma. Isso ajuda a mostrar que todos os valores entre o limite inferior da primeira classe e o limite superior da última classe são possíveis.

Um dos mais importantes usos de um histograma é fornecer informações a respeito do formato, ou a forma, de uma distribuição. A Figura 2.6 contém quatro histogramas construídos a partir de distribuições de frequências relativas. O Painel A mostra o histograma para um conjunto de dados moderadamente assimétrico à esquerda. Diz-se que um histograma é assimétrico à esquerda se sua cauda se estender mais à esquerda. Este histograma é comum para pontuações de exames, sem pontuações acima de 100%, com a maioria das pontuações acima de 70% e algumas pontuações realmente baixas. O Painel B mostra o histograma para um conjunto de dados moderadamente assimétrico à direita. Diz-se que um histograma é assimétrico à direita se sua cauda se estender mais à direita. Um exemplo desse tipo de histograma seria o de dados tais como preços de moradia – casas mais caras criam a assimetria na cauda à direita.

O Painel C mostra um histograma simétrico. Em um histograma simétrico, a cauda esquerda espelha o formato da cauda direita. Os histogramas para dados encontrados em aplicações nunca são perfeitamente simétricos, mas o histograma para muitas aplicações pode ser aproximadamente simétrico. Os dados para pontuações no teste SAT, alturas e

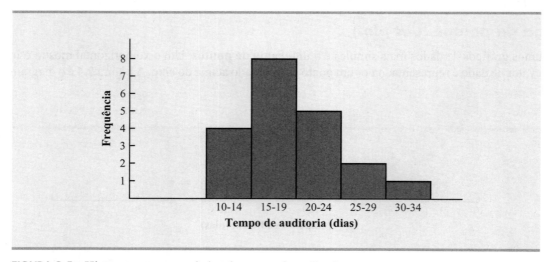

FIGURA 2.5 Histograma para os dados do tempo de auditoria

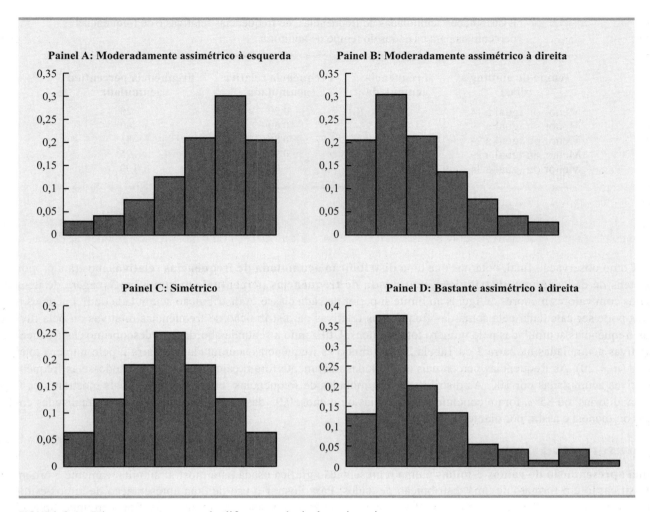

FIGURA 2.6 Histogramas mostrando diferentes níveis de assimetria

pesos de pessoas etc. implicam histogramas aproximadamente simétricos. O Painel D mostra um histograma bastante assimétrico à direita; ele foi construído a partir de dados da quantidade de compras de clientes durante um dia em uma loja de vestuário feminino. Os dados obtidos com base em aplicações na administração e na economia frequentemente implicam histogramas assimétricos à direita. Por exemplo, os dados concernentes a preços de moradias, salários, quantidades de compras etc., em geral, resultam em histogramas assimétricos à direita.

Distribuições acumuladas

Uma variação da distribuição de frequências que fornece outro resumo de dados quantitativos tabular é a **distribuição acumulada de frequências**. A distribuição acumulada de frequências utiliza o número de classes, as amplitudes de classe e os limites de classe desenvolvidos para a distribuição de frequências. Contudo, em vez de mostrar a frequência de cada classe, a distribuição acumulada de frequências mostra o número de itens de dados com valores *menores ou iguais ao limite de classe superior* de cada classe. As duas primeiras barras da Tabela 2.7 fornecem a distribuição acumulada de frequências para os dados do tempo de auditoria.

Para compreender como as frequências acumuladas são determinadas, considere a classe com a descrição "menor ou igual a 24". A frequência acumulada para essa classe é simplesmente a soma das frequências de todas as classes com valores de dados menores ou iguais a 24. Para a distribuição de frequências na Tabela 2.5, a soma das frequências para as classes 10-14, 15-19 e 20-24 indica que 4 + 8 + 5 = 17 valores de dados são menores ou iguais a 24. Portanto, a frequência acumulada para essa classe é 17. Além disso, a distribuição acumulada de frequências na Tabela 2.7 mostra que quatro auditorias foram concluídas em 14 dias ou menos e que 19 auditorias foram completadas em 29 dias ou menos.

TABELA 2.7 Distribuições acumuladas de frequências, de frequências relativas e de frequências percentuais para os dados do tempo de auditoria

Tempo de auditoria (dias)	Frequência acumulada	Frequência relativa acumulada	Frequência percentual acumulada
Menor ou igual a 14	4	0,20	20
Menor ou igual a 19	12	0,60	60
Menor ou igual a 24	17	0,85	85
Menor ou igual a 29	19	0,95	95
Menor ou igual a 34	20	1,00	100

Como observação final, notamos que uma **distribuição acumulada de frequências relativas** mostra a proporção de itens de dados, e uma **distribuição acumulada de frequências percentuais** mostra a porcentagem de itens de dados com valores menores ou iguais ao limite superior de cada classe. A distribuição acumulada de frequências relativas pode ser calculada pela soma das frequências relativas na distribuição de frequências relativas ou pela divisão das frequências acumuladas pelo número total de itens. Utilizando a segunda abordagem, descobrimos as frequências relativas acumuladas na barra 3 da Tabela 2.7 dividindo as frequências acumuladas na barra 2 pelo número total de itens ($n = 20$). As frequências percentuais acumuladas novamente foram calculadas multiplicando-se as frequências relativas acumuladas por 100. As distribuições acumuladas de frequências relativas e percentuais mostram que 0,85 das auditorias, ou 85%, foram concluídas em 24 dias ou menos, 0,95 das auditorias, ou 95%, foram realizadas em 29 dias ou menos, e assim por diante.

Apresentação de ramos-e-folhas

Uma **apresentação de ramos-e-folhas** é uma representação gráfica usada para mostrar simultaneamente a ordem de classificação e o formato de uma distribuição de dados. Para ilustrar o uso de uma apresentação de ramos-e-folhas, considere os dados da Tabela 2.8. Esses dados são resultado de um teste de aptidão com 150 perguntas aplicado a 50 indivíduos que foram entrevistados recentemente para um cargo na Haskens Manufacturing. Os dados indicam o número de perguntas respondidas corretamente.

Para desenvolver uma apresentação de ramos-e-folhas, primeiro, organizamos os dígitos iniciais de cada valor de dado no lado esquerdo de uma linha vertical. À direita da linha vertical, registramos o último dígito de cada valor de dado. Com base na primeira linha dos dados da Tabela 2.8 (112, 72, 69, 97 e 107), as primeiras cinco entradas para construir uma apresentação de ramos-e-folhas seriam:

TABELA 2.8 Número de perguntas respondidas corretamente em um teste de aptidão

112	72	69	97	107
73	92	76	86	73
126	128	118	127	124
82	104	132	134	83
92	108	96	100	92
115	76	91	102	81
95	141	81	80	106
84	119	113	98	75
68	98	115	106	95
100	85	94	106	119

```
 6 | 9
 7 | 2
 8 |
 9 | 7
10 | 7
11 | 2
12 |
13 |
14 |
```

Por exemplo, o valor 112 mostra os primeiros dígitos 11 à esquerda da linha e o último dígito 2 à direita. Da mesma forma, o valor 72 apresenta o dígito inicial 7 à esquerda e o dígito final 2 à direita da linha. Ao continuar colocando os últimos dígitos de cada valor na linha correspondente aos dígitos iniciais, teremos:

```
 6 | 9 8
 7 | 2 3 6 3 6 5
 8 | 6 2 3 1 1 0 4 5
 9 | 7 2 2 6 2 1 5 8 8 5 4
10 | 7 4 8 0 2 6 6 0 6
11 | 2 8 5 9 3 5 9
12 | 6 8 7 4
13 | 2 4
14 | 1
```

Com essa organização de dados, colocar os dígitos de cada linha em ordem é simples. Fazendo isso, obtemos a apresentação de ramos-e-folhas mostrada abaixo.

```
 6 | 8 9
 7 | 2 3 3 5 6 6
 8 | 0 1 1 2 3 4 5 6
 9 | 1 2 2 2 4 5 5 6 7 8 8
10 | 0 0 2 4 6 6 6 7 8
11 | 2 3 5 5 8 9 9
12 | 4 6 7 8
13 | 2 4
14 | 1
```

Os números à esquerda da linha vertical (6, 7, 8, 9, 10, 11, 12, 13 e 14) formam o *ramo* e cada dígito à direita da linha vertical é uma *folha*. Por exemplo, considere a primeira linha com valor de ramo igual a 6 e folhas 8 e 9.

```
 6 | 8 9
```

Essa linha indica que dois valores de dados têm como primeiro dígito o número seis. As folhas mostram que os valores são 68 e 69. Da mesma forma, a segunda linha

```
 7 | 2 3 3 5 6 6
```

indica que seis valores de dados têm como primeiro dígito o número sete. As folhas mostram que os valores são 72, 73, 73, 75, 76 e 76.

42   Estatística aplicada a administração e economia

Para focar no formato indicado pela apresentação de ramos-e-folhas, vamos usar um retângulo para envolver as folhas de cada ramo. Com isso, obtemos a seguinte apresentação:

6	8	9								
7	2	3	3	5	6	6				
8	0	1	1	2	3	4	5	6		
9	1	2	2	2	4	5	5	6	7	8	8
10	0	0	2	4	6	6	6	7	8	
11	2	3	5	5	8	9	9			
12	4	6	7	8						
13	2	4								
14	1									

Girando essa página em sentido anti-horário, temos uma representação dos dados semelhante a um histograma com classes 60-69, 70-79, 80-89, e assim por diante.

Embora pareça que a apresentação de ramos-e-folhas oferece as mesmas informações que um histograma, ela tem duas grandes vantagens.

1. É mais fácil criar uma apresentação de ramos-e-folhas à mão.
2. Dentro de um intervalo de classe, a apresentação de ramos-e-folhas fornece mais informações que o histograma, pois mostra os dados reais.

Assim como a distribuição de frequência e o histograma não têm um número absoluto de classes, a apresentação de ramos-e-folhas também não tem um número absoluto de linhas ou ramos. Se acreditarmos que a apresentação de ramos-e-folhas original condensou demais os dados, poderemos facilmente ampliar a exibição usando dois ou mais ramos para cada dígito inicial. Por exemplo, para usar dois dígitos para cada dígito principal, colocaríamos todos os valores de dados que terminam em 0, 1, 2, 3 e 4 em uma linha e aqueles que terminam em 5, 6, 7, 8 e 9 em outra. A apresentação de ramos-e-folhas ampliada, a seguir, ilustra essa técnica.

6	8	9				
7	2	3	3			
7	5	6	6			
8	0	1	1	2	3	4
8	5	6				
9	1	2	2	2	4	
9	5	5	6	7	8	8
10	0	0	2	4		
10	6	6	6	7	8	
11	2	3				
11	5	5	8	9	9	
12	4					
12	6	7	8			
13	2	4				
13						
14	1					

Em uma apresentação de ramos-e-folhas ampliada, sempre que o valor de um ramo for expresso duas vezes, o primeiro valor corresponderá aos valores de folhas de 0-4 e o segundo aos valores 5-9.

Observe que os valores 72, 73 e 73 têm folhas no intervalo 0-4 e são apresentados no primeiro ramo do valor 7. Os valores 75, 76 e 76 têm folhas no intervalo 5-9 e são apresentados no segundo ramo do valor 7. Esta apresentação de ramos-e-folhas ampliada é parecida com uma distribuição de frequência com intervalos 65-69, 70-74, 75-79, e assim por diante.

Estatística descritiva: métodos tabulares e métodos gráficos **43**

O exemplo anterior mostrou uma apresentação de ramos-e-folhas para dados com até três dígitos, mas é possível criar esse tipo de apresentação para dados com mais dígitos. Considere, por exemplo, os dados abaixo sobre o número de hambúrgueres vendidos por um restaurante *fast-food* em 15 semanas.

1.565	1.852	1.644	1.766	1.888	1.912	2.044	1.812
1.790	1.679	2.008	1.852	1.967	1.954	1.733	

Uma apresentação de ramos-e-folhas desses dados é apresentada a seguir.

Unidade da folha = 10

```
15 | 6
16 | 4  7
17 | 3  6  9
18 | 1  5  5  8
19 | 1  5  6
20 | 0  4
```

Note que um único dígito é usado para definir cada folha e que apenas os primeiros três dígitos de cada valor foram usados para construir a apresentação. No topo da apresentação, especificamos a Unidade da folha = 10. Para ilustrar como interpretar os valores da apresentação, considere o primeiro ramo, 15, e a folha associada, 6. Combinando esses números, obtemos 156. Para reconstruir uma aproximação do valor original do dado, precisamos multiplicar este número por 10, o valor da *unidade da folha*. Assim, $156 \times 10 = 1.560$ é uma aproximação do valor de dado original usado para construir a apresentação de ramos-e-folhas. Embora não seja possível reconstruir o valor exato dos dados com esta apresentação, a convenção de usar um único dígito para cada folha permite a construção de apresentações de ramos-e-folhas para dados que contêm um número maior de dígitos. Para apresentações de ramos-e-folhas em que a unidade da folha não é apresentada, pode-se assumir que ela é igual a 1.

> Um único dígito é usado para definir cada folha em uma apresentação de ramos-e-folhas. A unidade da folha indica como multiplicar os números da apresentação para chegar a uma aproximação dos dados originais. As unidades das folhas podem ser 100, 10, 1 etc.

NOTAS E COMENTÁRIOS

1. Um gráfico de barras e um histograma são essencialmente a mesma coisa; ambos são apresentações gráficas dos dados em uma distribuição de frequências. Um histograma é apenas um gráfico de barras sem nenhuma separação entre elas. Para alguns dados quantitativos discretos, uma separação entre as barras também é apropriada. Considere, por exemplo, o número de classes para as quais o nome de um aluno de faculdade aparece na lista. Os dados podem somente assumir valores inteiros. Valores intermediários, como 1,5, 2,73, e assim por diante, não são possíveis. No entanto, com dados quantitativos contínuos, como os tempos de auditoria, na Tabela 2.4, uma separação entre barras não é apropriada.

2. Os valores apropriados para os limites de classe com dados quantitativos dependem do nível de precisão dos dados. Por exemplo, com os dados do tempo de auditoria, da Tabela 2.4, os limites utilizados eram valores inteiros. Se os dados fossem arredondados para o décimo mais próximo de um dia (por exemplo, 12,3, 14,4), então os limites seriam definidos em décimos de dias. Por exemplo, a primeira classe seria de 10,0-14,9. Se os dados fossem registrados como o centésimo mais próximo de um dia (por exemplo, 12,34, 14,45 etc.), os

limites seriam definidos em centésimos de dias. Por exemplo, a primeira classe seria de 10,00-14,99.

3. Uma classe com *extremidade aberta* exige somente um limite de classe inferior ou de classe superior. Por exemplo, para os dados do tempo de auditoria, na Tabela 2.4, suponha que duas das auditorias tenham demorado 58 e 65 dias. Em vez de continuar com as classes de amplitude 5, definindo as classes 35-39, 40-44, 45-49, e assim por diante, poderíamos simplificar a distribuição de frequências para mostrar uma classe de extremidade aberta, com "35 ou mais". Essa classe teria uma frequência igual a 2. Mais frequentemente, a classe de extremidade aberta aparece na extremidade superior da distribuição. Algumas vezes, uma classe de extremidade aberta aparece na extremidade inferior da distribuição e, ocasionalmente, essas classes aparecem em ambas as extremidades.

4. O último registro em uma distribuição acumulada de frequências sempre é igual ao número total de observações. O último registro em uma distribuição acumulada de frequências relativas é sempre igual a 1,00, e o último registro em uma distribuição acumulada de frequências percentuais é sempre igual a 100.

Exercícios

Métodos

11. Considere os dados abaixo.

14	21	23	21	16
19	22	25	16	16
24	24	25	19	16
19	18	19	21	12
16	17	18	23	25
20	23	16	20	19
24	26	15	22	24
20	22	24	22	20

    a. Desenvolva uma distribuição de frequências utilizando classes de 12-14, 15-17, 18-20, 21-23 e 24-26.
    b. Desenvolva uma distribuição de frequências relativas e uma distribuição de frequências percentuais utilizando as classes do item (a).

12. Considere a seguinte distribuição de frequências:

Classe	Frequência
10-19	10
20-29	14
30-39	17
40-49	7
50-59	2

    Construa uma distribuição acumulada de frequências e uma distribuição acumulada de frequências relativas.

13. Construa um histograma para os dados do Exercício 12.

14. Considere os seguintes dados:

8,9	10,2	11,5	7,8	10,0	12,2	13,5	14,1	10,0	12,2
6,8	9,5	11,5	11,2	14,9	7,5	10,0	6,0	15,8	11,5

    a. Construa um diagrama de pontos.
    b. Construa uma distribuição de frequências.
    c. Construa uma distribuição de frequências percentuais.

15. Construa uma apresentação de ramos-e-folhas para os dados abaixo.

11,3	9,6	10,4	7,5	8,3	10,5	10,0
9,3	8,1	7,7	7,5	8,4	6,3	8,8

16. Construa uma apresentação de ramos-e-folhas para os dados abaixo. Use uma unidade de folha de 10.

1.161	1.206	1.478	1.300	1.604	1.725	1.361	1.422
1.221	1.378	1.623	1.426	1.557	1.730	1.706	1.689

Aplicações

17. A equipe de um consultório analisou os tempos de espera dos pacientes que chegavam com um pedido de atendimento de emergência. Os dados a seguir, indicando os tempos de espera em minutos, foram coletados durante um mês.

    2 5 10 12 4 4 5 17 11 8 9 8 12 21 6 8 7 13 18 3

    Use classes de 0-4, 5-9, e assim por diante, para fazer o que é pedido a seguir:

    a. Mostre a distribuição de frequências.
    b. Mostre a distribuição de frequências relativas.

Estatística descritiva: métodos tabulares e métodos gráficos **45**

   c. Mostre a distribuição acumulada de frequências.

   d. Mostre a distribuição acumulada de frequências relativas.

   e. Qual proporção de pacientes precisando de atendimento de emergência esperaram nove minutos ou menos?

18. A CBSSports.com desenvolveu o sistema Total Player Ratings para classificar jogadores na National Basketball Association (NBA) com base em várias estatísticas ofensivas e defensivas. Os dados a seguir mostram o número médio de pontos marcados por jogo (PPJ) para 50 jogadores com as classificações mais altas em parte da temporada 2012-2013 da NBA (site CBSSports.com, 25 de fevereiro de 2013).

27,0	28,8	26,4	27,1	22,9	28,4	19,2	21,0	20,8	17,6
21,1	19,2	21,2	15,5	17,2	16,7	17,6	18,5	18,3	18,3
23,3	16,4	18,9	16,5	17,0	11,7	15,7	18,0	17,7	14,6
15,7	17,2	18,2	17,5	13,6	16,3	16,2	13,6	17,1	16,7
17,0	17,3	17,5	14,0	16,9	16,3	15,1	12,3	18,7	14,6

DATA file
NBAPlayerPts

Utilize classes começando em 10 e terminando em 30, com graduações de 2, para PPJ nos seguintes itens.

   a. Mostre a distribuição de frequência.

   b. Mostre a distribuição de frequência relativa.

   c. Mostre a distribuição de frequência percentual acumulada.

   d. Desenvolva um histograma para o número médio de pontos marcados por jogo.

   e. Os dados parecem estar distorcidos? Explique.

   f. Qual porcentagem dos jogadores teve uma média de pelo menos 20 pontos por jogo?

19. Com base nas toneladas de carga transportadas em um ano, os portos enumerados a seguir são os 25 mais movimentados nos Estados Unidos (*The 2013 World Almanac*).

Porto	Toneladas transportadas (milhões)	Porto	Toneladas transportadas (milhões)
Baltimore	39,6	Norfolk Harbor	41,6
Baton Rouge	55,5	Pascagoula	37,3
Beaumont	77,0	Filadélfia	34,0
Corpus Christi	73,7	Pittsburgh	33,8
Duluth-Superior	36,6	Plaquemines	55,8
Houston	227,1	Port Arthur	30,2
Huntington	61,5	Savannah	34,7
Lake Charles	54,6	Louisiana do Sul	236,3
Long Beach	75,4	St. Louis	30,8
Los Angeles	62,4	Tampa	34,2
Mobile	55,7	Texas	56,6
Nova Orleans	72,4	Valdez	31,9
Nova York	139,2		

DATA file
Ports

   a. Qual é o maior número de toneladas transportadas? Qual é o menor número de toneladas transportadas?

   b. Utilizando a amplitude de classe de 25, desenvolva uma distribuição de frequência dos dados começando com 25-49,9; 50-74,9; 75-99,9; e assim por diante.

   c. Prepare um histograma e interprete-o.

20. A London School of Economics e a Harvard Business School conduziram um estudo de como os diretores executivos (CEOs) passam seu dia. O estudo descobriu que os CEOs gastam, em média, cerca de 18 horas por semana em reuniões, não incluindo conferências on-line, almoços executivos e eventos públicos (*The Wall Street Journal*, 14 de fevereiro de 2012). Abaixo é apresentado o tempo gasto por semana em reuniões (horas) para uma amostra de 25 CEOs.

14	15	18	23	15
19	20	13	15	23
23	21	15	20	21
16	15	18	18	19
19	22	23	21	12

DATA file
CEOTime

a. Qual é o menor tempo por semana dedicado a reuniões? E o maior?
b. Utilize uma amplitude de classe de duas horas para preparar uma distribuição de frequência e uma distribuição de frequência percentual para os dados.
c. Prepare um histograma e comente sobre o formato da distribuição.

21. A revista *Fortune* publica uma lista das maiores corporações norte-americanas com base em seu rendimento anual. A seguir estão as 50 maiores empresas com rendimento anual expresso em bilhões de dólares (site da *CNN Money*, 15 de janeiro de 2010).

Corporação	Rendimento	Corporação	Rendimento
Amerisource Bergen	71	Lowe's	48
Archer Daniels Midland	70	Marathon Oil	74
AT&T	124	McKesson	102
Bank of America	113	Medco Health	51
Berkshire Hathaway	108	MetLife	55
Boeing	61	Microsoft	60
Cardinal Health	91	Morgan Stanley	62
Caterpillar	51	Pepsico	43
Chevron	263	Pfizer	48
Citigroup	112	Procter & Gamble	84
ConocoPhillips	231	Safeway	44
Costco Wholesale	72	Sears Holdings	47
CVS Caremark	87	State Farm Insurance	61
Dell	61	Sunoco	52
Dow Chemical	58	Target	65
ExxonMobil	443	Time Warner	47
Ford Motors	146	United Parcel Service	51
General Electric	149	United Technologies	59
Goldman Sachs	54	UnitedHealth Group	81
Hewlett-Packard	118	Valero Energy	118
Home Depot	71	Verizon	97
IBM	104	Walgreen	59
JPMorgan Chase	101	Walmart	406
Johnson & Johnson	64	WellPoint	61
Kroger	76	Wells Fargo	52

Sintetize os dados construindo o que se pede a seguir:
a. Uma distribuição de frequência (classes 0-49, 50-99, 100-149, e assim por diante).
b. Uma distribuição de frequência relativa.
c. Uma distribuição de frequência acumulada.
d. Uma distribuição de frequência relativa acumulada.
e. O que estas distribuições informam sobre o rendimento anual das maiores corporações na América do Norte?
f. Mostre um histograma. Comente sobre o formato da distribuição.
g. Qual é a maior corporação na América do Norte e qual é seu rendimento anual?

22. A revista *Entrepreneur* classifica franquias que utilizam medidas de desempenho tais como taxa de crescimento, número de pontos de venda, custos iniciais e estabilidade financeira. O número de pontos de venda referentes às 20 principais franquias nos Estados Unidos estão a seguir (*The World Almanac*, 2012).

Franquia	Nº de pontos de venda nos Estados Unidos	Franquia	Nº de pontos de venda nos Estados Unidos
Hampton Inn	1.864	Jan-Pro Franchising Intl. Inc.	12.394
ampm	3.183	Hardee's	1.901
McDonald's	32.805	Pizza Hut Inc.	13.281
7-Eleven Inc.	37.496	Kumon Math & Reading Centers	25.199
Supercuts	2.130	Dunkin' Donuts	9.947
Days Inn	1.877	KFC Corp.	16.224
Vanguard Cleaning Systems	2.155	Jazzercise Inc.	7.683
		Anytime Fitness	1.618
Servpro	1.572	Matco Tools	1.431
Subway	34.871	Stratus Building Solutions	5.018
Denny's Inc.	1.668		

Franchise

Utilize as classes 0-4.999, 5.000-9.999, 10.000-14.999, e assim por diante para responder às seguintes perguntas.
a. Construa uma distribuição de frequência e uma distribuição de frequência percentual do número de pontos de venda nos Estados Unidos para essas principais franquias.
b. Construa um histograma destes dados.
c. Comente sobre a forma da distribuição.

23. Os dados a seguir mostram a variação percentual acumulada no ano (variação % no ano) de 30 índices do mercado de ações no mundo todo (*The Wall Street Journal*, 26 de agosto de 2013).

País	Índice	Variação no ano %
Austrália	S&P/ASX200	10,2
Bélgica	Bel-20	12,6
Brasil	São Paulo Bovespa	−14,4
Canadá	S&P/TSX Comp	2,6
Chile	Santiago IPSA	−16,3
China	Shanghai Composite	−9,3
Zona do Euro	EURO Stoxx	10,0
França	CAC 40	11,8
Alemanha	DAX	10,6
Hong Kong	Hang Seng	−3,5
Índia	S&P BSE Sensex	−4,7
Israel	Tel Aviv	1,3
Itália	FTSE MIB	6,6
Japão	Nikkei	31,4
México	IPC All-Share	−6,4
Holanda	AEX	9,3
Cingapura	Straits Times	−2,5
Coreia do Sul	Kospi	−6,4
Espanha	IBEX 35	6,4
Suécia	SX All Share	13,8
Suíça	Swiss Market	17,4
Taiwan	Weighted	2,3
Reino Unido	FTSE 100	10,1
Estados Unidos	S&P 500	16,6
Estados Unidos	DJIA	14,5
Estados Unidos	Dow Jones Utility	6,6
Estados Unidos	Nasdaq 100	17,4
Estados Unidos	Nasdaq Composite	21,1
Mundo	DJ Global ex U.S.	4,2
Mundo	DJ Global Index	9,9

MarketIndexes

a. Qual índice tem a maior variação percentual positiva no ano?
b. Utilizando uma amplitude de classe de 5, começando com −20 e indo até 40, desenvolva uma distribuição de frequência para os dados.
c. Prepare um histograma e interprete-o, e inclua uma discussão sobre a forma geral do histograma.
d. Utilize o *The Wall Street Journal* ou outra fonte da mídia para descobrir as alterações percentuais atuais desses índices do mercado de ações no ano. Qual índice teve o maior aumento percentual? Qual índice teve o menor percentual de redução? Prepare um resumo dos dados.

24. O DATAfile *EngineeringSalary* contém o salário inicial mediano e o salário médio de carreira (medido 10 anos após a graduação) para graduados em 19 escolas de engenharia (site do *The Wall Street Journal*, em novembro de 2014). Desenvolva uma apresentação de ramos-e-folhas para o salário inicial mediano e o salário médio de meio de carreira. Comente sobre quaisquer diferenças que você observar.

25. Todos os anos, o site America.EDU classifica os cursos de graduação que pagam os melhores salários nos Estados Unidos. Os dados a seguir mostram o salário inicial médio, o salário médio ao longo da carreira e o aumento percentual do salário inicial para o salário intermediário dos 20 cursos universitários com o maior salário intermediário na carreira (site America.EDU, 29 de agosto de 2013).

Curso de graduação	Salário inicial	Salário médio (carreira)	Aumento % do salário
Engenharia aeroespacial	59.400	108.000	82
Matemática aplicada	56.400	101.000	79
Engenharia biomédica	54.800	101.000	84
Engenharia química	64.800	108.000	67
Engenharia civil	53.500	93.400	75
Engenharia da computação	61.200	87.700	43
Ciência da computação	56.200	97.700	74
Gestão de construções	50.400	87.000	73
Economia	48.800	97.800	100
Engenharia elétrica	60.800	104.000	71
Finanças	47.500	91.500	93
Governamental	41.500	88.300	113
Sistemas da informação	49.300	87.100	77
Gestão de sistemas da informação	50.900	90.300	77
Matemática	46.400	88.300	90
Engenharia nuclear	63.900	104.000	63
Engenharia do petróleo	93.000	157.000	69
Física	50.700	99.600	96
Engenharia de software	56.700	91.300	61
Estatística	50.000	93.400	87

a. Utilizando uma amplitude de classe de 10, construa um histograma para o aumento percentual no salário inicial.
b. Comente sobre a forma da distribuição.
c. Desenvolva uma apresentação de ramos-e-folhas para o aumento da porcentagem no salário inicial.
d. Quais são as vantagens primárias da apresentação de ramos-e-folhas se comparada com o histograma?

26. Na Meia-Maratona Flying Pig, de Cincinnati, em 2011 (cerca de 21 quilômetros), houve 10.897 participantes que conseguiram finalizar a prova (site da Cincinnati Flying Pig Marathon). Os dados a seguir mostram as idades de uma amostra de 40 meio-maratonistas.

49	33	40	37	56
44	46	57	55	32
50	52	43	64	40
46	24	30	37	43
31	43	50	36	61
27	44	35	31	43
52	43	66	31	50
72	26	59	21	47

a. Construa uma apresentação de ramos-e-folhas ampliada.
b. Qual grupo etário tinha o maior número de corredores?
c. Qual idade ocorreu com mais frequência?

TABELA 2.9 Dados sobre a avaliação da qualidade e o preço da refeição para 300 restaurantes de Los Angeles

Restaurant

Restaurante	Avaliação da qualidade	Preço da refeição (US$)
1	Bom	18
2	Muito bom	22
3	Bom	28
4	Excelente	38
5	Muito bom	33
6	Bom	28
7	Muito bom	19
8	Muito bom	11
9	Muito bom	23
10	Bom	13
⋮	⋮	⋮

2.3 Sintetizando dados de duas variáveis utilizando tabelas

Até agora, neste capítulo, nos concentramos em utilizar apresentações tabulares e gráficas para sintetizar os dados de uma única variável categorizada ou quantitativa. Muitas vezes, um gestor ou responsável pela tomada de decisões precisa resumir os dados de duas variáveis, a fim de revelar a relação – se houver alguma – entre as variáveis. Nesta seção, mostramos como construir um resumo tabular dos dados de duas variáveis.

Tabulação cruzada

Tabulação cruzada é um resumo tabular de dados de duas variáveis. Embora ambas as variáveis possam ser categorizadas ou quantitativas, tabulações cruzadas nas quais uma variável é categorizada e a outra é quantitativa são bastante comuns. Vamos ilustrar o uso de uma tabulação cruzada considerando a seguinte aplicação, com base nos dados do *Guia de Restaurantes Zagat*. Dados da classificação de qualidade e o preço das refeições foram coletados para uma amostra de 300 restaurantes localizados em Los Angeles. A Tabela 2.9 mostra os dados para os primeiros 10 restaurantes. A avaliação da qualidade é uma variável categorizada dividida nas categorias: bom, muito bom e excelente. O preço das refeições é uma variável quantitativa que varia de US$ 10 a US$ 49.

Uma tabulação cruzada dos dados para esta aplicação é mostrada na Tabela 2.10. Os rótulos nas margens da tabela definem as categorias (classes) para as duas variáveis. Na margem esquerda, os rótulos das linhas (bom, muito bom e excelente) correspondem às três classes da variável avaliação da qualidade. Na margem superior, os rótulos das colunas (US$ 10-19, US$ 20-29, US$ 30-39 e US$ 40-49) correspondem às quatro classes da variável preço da refeição. Como cada restaurante na amostra fornece uma avaliação de qualidade e um preço de refeição,

> Agrupar os dados para uma variável quantitativa nos permite tratar a variável quantitativa como se fosse uma variável categorizada ao criarmos uma tabulação cruzada.

TABELA 2.10 Tabulação cruzada entre a avaliação da qualidade e o preço da refeição para 300 restaurantes em Los Angeles

Avaliação da qualidade	Preço da refeição US$ 10-19	US$ 20-29	US$ 30-39	US$ 40-49	Total
Bom	42	40	2	0	84
Muito bom	34	64	46	6	150
Excelente	2	14	28	22	66
Total	78	118	76	28	300

50 Estatística aplicada a administração e economia

cada restaurante é associado a uma célula que aparece em uma das linhas e em uma das colunas da tabulação cruzada. Por exemplo, na Tabela 2.9, o restaurante 5 é identificado com uma avaliação de qualidade muito boa e um preço de refeição de US\$ 33. Este restaurante pertence à célula na linha 2 e na coluna 3 da tabulação cruzada mostrada na Tabela 2.10. Ao construirmos uma tabulação cruzada, simplesmente contamos o número de restaurantes que pertencem a cada uma das células na tabela de tabulação cruzada.

Embora quatro classes da variável preço da refeição tenham sido utilizadas para construir a tabulação cruzada mostrada na Tabela 2.10, a tabulação cruzada da classificação de qualidade e do preço da refeição poderia ter sido desenvolvida usando menos ou mais classes para a variável preço da refeição. As questões envolvidas na decisão de agrupar os dados para uma variável quantitativa em uma tabulação cruzada são semelhantes àquelas envolvidas na decisão do número de classes a serem usadas ao construir uma distribuição de frequência para uma variável quantitativa. Para esta aplicação, quatro classes de preço de refeição foram consideradas um número razoável de classes para revelar qualquer relação entre a classificação de qualidade e o preço da refeição.

Ao analisarmos a Tabela 2.10, vemos que o maior número de restaurantes nesta amostra (64) tem uma classificação muito boa e o preço da refeição varia de US\$ 20-29. Somente dois restaurantes têm uma avaliação excelente e o preço está entre US\$ 10-19. Interpretações similares das outras frequências podem ser feitas. Além disso, note que as margens direita e inferior da tabulação cruzada fornecem as distribuições de frequências para a avaliação de qualidade e para o preço da refeição separadamente. A partir da distribuição de frequências na margem direita, vemos que os dados da avaliação de qualidade mostram 84 restaurantes bons, 150 restaurantes muito bons e 66 restaurantes excelentes. De modo semelhante, a margem inferior mostra a distribuição de frequências para a variável preço da refeição.

Dividir os totais na margem direita da tabulação cruzada pelo total para esta coluna fornece uma distribuição de frequências relativas e uma distribuição de frequências percentuais para a variável avaliação da qualidade.

Avaliação da qualidade	Frequência relativa	Frequência percentual
Bom	0,28	28
Muito bom	0,50	50
Excelente	0,22	22
Total	1,00	100

A partir da distribuição de frequência percentual, vemos que 28% dos restaurantes foram classificados como bons, 50% como muito bons e 22% como excelentes.

A divisão dos totais na linha inferior da tabulação cruzada pelo total dessa linha fornece uma distribuição de frequência relativa e uma distribuição de frequência percentual para a variável preço da refeição.

Preço da refeição	Frequência relativa	Frequência percentual
US\$ 10-19	0,26	26
US\$ 20-29	0,39	39
US\$ 30-39	0,25	25
US\$ 40-49	0,09	9
Total	1,00	100

Observe que a soma dos valores na barra de frequência relativa não é exatamente igual a 1,00, e a soma dos valores na distribuição de frequência percentual não é exatamente igual a 100; a razão disso é que os valores que estão sendo somados estão arredondados. A partir da distribuição de frequência percentual, vemos que 26% dos preços das refeições estão na classe de preço mais baixo (US\$ 10-19); 39% na classe mais alta seguinte, e assim por diante.

A distribuição de frequências e a de frequências relativas construídas a partir das margens de uma tabulação cruzada fornecem informações acerca de cada uma das variáveis individualmente, mas não esclarecem nada a respeito da relação entre as variáveis. A maior importância de uma tabulação cruzada está na percepção que oferece da relação entre as variáveis. Uma análise da tabulação cruzada na Tabela 2.10 revela que restaurantes com os maiores preços de refeições receberam melhores avaliações da qualidade do que os restaurantes com menores preços das refeições.

TABELA 2.11 Porcentagens em linhas para cada categoria da avaliação da qualidade

Avaliação de qualidade	Preço da refeição				Total
	US$ 10-19	US$ 20-29	US$ 30-39	US$ 40-49	
Bom	50,0	47,6	2,4	0,0	100
Muito bom	22,7	42,7	30,6	4,0	100
Excelente	3,0	21,2	42,4	33,4	100

Converter os dados de uma tabulação cruzada em porcentagens em linhas ou porcentagens em colunas pode oferecer melhor percepção da relação entre as duas variáveis. Para porcentagens em linhas, os resultados da divisão de cada frequência na Tabela 2.10 pelo total da sua respectiva linha são mostrados na Tabela 2.11. Cada linha da Tabela 2.11 é uma distribuição de frequências percentuais dos preço das refeições para uma das categorias de avaliação de qualidade. Dos restaurantes com a menor classificação de qualidade (bom), vemos que as maiores porcentagens são para os restaurantes menos caros (50% têm preços de refeição de US$ 10-19 e 47,6% têm preços de refeição de US$ 20-29). Dos restaurantes com a classificação de melhor qualidade (excelente), vemos que as maiores porcentagens são para os restaurantes mais caros (42,4% têm preços de refeição de US$ 30-39 e 33,4% têm preços de refeição de US$ 40-49). Assim, continuamos a verificar que os restaurantes com preços das refeições maiores receberam melhores avaliações de qualidade.

As tabulações cruzadas são amplamente utilizadas para examinar a relação entre duas variáveis. Na prática, os relatórios finais para muitos estudos estatísticos incluem um grande número de tabelas de tabulação cruzada. No estudo referente a restaurantes em Los Angeles, a tabulação cruzada tem como base uma variável categorizada (avaliação da qualidade) e uma variável quantitativa (preço da refeição). As tabulações cruzadas também podem ser desenvolvidas quando ambas as variáveis são categorizadas e quando ambas as variáveis são quantitativas. No entanto, quando variáveis quantitativas são utilizadas, é preciso, primeiro, criar classes para os valores da variável. Ou seja, no exemplo do restaurante, agrupamos os preços das refeições em quatro classes (US$ 10-19, US$ 20-29, US$ 30-39 e US$ 40-49).

Paradoxo de Simpson

Em geral, os dados em duas ou mais tabulações cruzadas são combinados ou agregados para produzir um resumo da tabulação cruzada, mostrando como duas variáveis estão relacionadas. Nesses casos, as conclusões obtidas de duas ou mais tabulações cruzadas separadas podem ser revertidas quando os dados são agregados em uma única tabulação cruzada. A inversão de conclusões baseadas em dados agregados e não agregados é chamada **paradoxo de Simpson**. Para ilustrarmos o paradoxo de Simpson, consideremos um exemplo envolvendo a análise de vereditos de dois juízes em dois tribunais diferentes. Os juízes Ron Luckett e Dennis Kendall presidiram julgamentos de casos no Tribunal de Pequenas Causas e no Tribunal Municipal durante os últimos três anos. Alguns dos vereditos que declararam foram submetidos à apelação. Na maioria desses casos, o tribunal de apelações manteve os vereditos originais, mas em alguns casos os vereditos foram revertidos.

Para cada juiz foi desenvolvida uma tabulação cruzada com base em duas variáveis: Veredito (mantido ou revertido) e Tipo de tribunal (Tribunal de Pequenas Causas e Tribunal Municipal). Suponha que as duas tabulações cruzadas foram então combinadas agregando-se o tipo de dados referente ao tribunal. A tabulação cruzada agregada resultante contém duas variáveis: Veredito (mantido ou revertido) e Juiz (Luckett ou Kendall). Esta tabulação cruzada mostra o número de apelações nas quais o veredito foi mantido e o número nas quais o veredito foi revertido para ambos os juízes. A tabulação cruzada a seguir mostra estes resultados juntamente com as porcentagens em colunas, entre parênteses, ao lado de cada valor.

	Juiz		
Veredito	Luckett	Kendall	Total
Mantido	129 (86%)	110 (88%)	239
Revertido	21 (14%)	15 (12%)	36
Total (%)	150 (100%)	125 (100%)	275

Uma análise das porcentagens em colunas mostra que 86% dos vereditos foram mantidos para o juiz Luckett, ao passo que 88% dos vereditos foram mantidos para o juiz Kendall. A partir dessa tabulação cruzada agregada concluímos que o juiz Kendall está fazendo um trabalho melhor porque uma maior porcentagem dos seus vereditos foi mantida.

As tabulações cruzadas não agregadas a seguir mostram os casos julgados pelos juízes Luckett e Kendall em cada tribunal; as porcentagens em colunas são mostradas, entre parênteses, ao lado de cada valor.

Juiz Luckett

Veredito	Tribunal de Pequenas Causas	Tribunal Municipal	Total
Mantido	29 (91%)	100 (85%)	129
Revertido	3 (9%)	18 (15%)	21
Total (%)	32 (100%)	118 (100%)	150

Juiz Kendall

Veredito	Tribunal de Pequenas Causas	Tribunal Municipal	Total
Mantido	90 (90%)	20 (80%)	110
Revertido	10 (10%)	5 (20%)	15
Total (%)	100 (100%)	25 (100%)	125

A partir da tabulação cruzada e das porcentagens calculadas em relação ao total de colunas para o juiz Luckett, vimos que os vereditos foram mantidos em 91% dos casos julgados no Tribunal de Pequenas Causas e em 85% dos casos julgados no Tribunal Municipal. A partir da tabulação cruzada e das porcentagens calculadas em relação ao total de colunas para o juiz Kendall, percebemos que os vereditos foram mantidos em 90% dos casos julgados no Tribunal de Pequenas Causas e em 80% dos casos julgados no Tribunal Municipal. Portanto, quando desagregamos os dados, verificamos que o juiz Luckett tem melhor desempenho porque maior porcentagem de seus vereditos foi mantida em ambos os tribunais. Esse resultado contradiz a conclusão a que chegamos com a tabulação cruzada de dados agregados, que mostrou que o juiz Kendall teve melhor desempenho. Esta inversão de conclusões com base em dados agregados e não agregados ilustra o paradoxo de Simpson.

A tabulação cruzada original foi obtida agregando-se os dados nas tabulações cruzadas separadas para os dois tribunais. Note que para os dois juízes a porcentagem de apelações que resultaram em reversão de vereditos foi muito maior no Tribunal Municipal do que no Tribunal de Pequenas Causas. Como o juiz Luckett julgou uma porcentagem bem maior de seus casos no Tribunal Municipal, os dados agregados favoreceram o juiz Kendall. Entretanto, quando observamos as tabulações cruzadas para os dois tribunais separadamente, o juiz Luckett apresenta o melhor desempenho. Assim, para a tabulação cruzada original, podemos ver que o *tipo de tribunal* é uma variável oculta que não pode ser ignorada ao se avaliar o desempenho dos dois juízes.

Em virtude da possibilidade do paradoxo de Simpson, perceba que a conclusão ou interpretação pode ser revertida dependendo de se você está observando dados de tabulação cruzada desagregados ou agregados. Antes de chegar a uma conclusão, pode ser melhor investigar se a forma agregada ou não agregada da tabulação cruzada proporciona a melhor percepção e conclusão. Especialmente quando a tabulação cruzada envolve dados agregados, é preciso investigar se uma variável oculta poderia afetar os resultados, de modo que tabulações cruzadas separadas ou não agregadas forneçam percepção e conclusão diferentes e, possivelmente, melhores.

Exercícios

Métodos

27. Os dados a seguir referem-se a 30 observações envolvendo duas variáveis categorizadas, x e y. As categorias para x são A, B e C; as categorias para y são 1 e 2.

Observação	x	y	Observação	x	y
1	A	1	16	B	2
2	B	1	17	C	1
3	B	1	18	B	1
4	C	2	19	C	1
5	B	1	20	B	1
6	C	2	21	C	2
7	B	1	22	B	1
8	C	2	23	C	2
9	A	1	24	A	1
10	B	1	25	B	1
11	A	1	26	C	2
12	B	1	27	C	2
13	C	2	28	A	1
14	C	2	29	B	1
15	C	2	30	B	2

Crosstab

a. Desenvolva uma tabulação cruzada para os dados assumindo x como a variável linha e y como a variável barra.
b. Calcule as porcentagens em linhas.
c. Calcule as porcentagens em colunas.
d. Qual é a relação, se houver, entre x e y?

28. As observações a seguir referem-se a duas variáveis quantitativas, x e y.

Observação	x	y	Observação	x	y
1	28	72	11	13	98
2	17	99	12	84	21
3	52	58	13	59	32
4	79	34	14	17	81
5	37	60	15	70	34
6	71	22	16	47	64
7	37	77	17	35	68
8	27	85	18	62	67
9	64	45	19	30	39
10	53	47	20	43	28

Crosstab2

a. Desenvolva uma tabulação cruzada para os dados assumindo x como a variável linha e y como a variável coluna. Para x utilize classes de 10-29, 30-9, e assim por diante; para y utilize classes de 40-59, 60-79, e assim por diante.
b. Calcule as porcentagens em linhas.
c. Calcule as porcentagens em colunas.
d. Qual é a relação, se houver, entre x e y?

Aplicações

29. Daytona 500 é uma corrida de carros com um percurso de 500 milhas realizada anualmente na Daytona International Speedway, em Daytona Beach, Flórida. A tabela a seguir indica a velocidade média dos 25 vencedores de 1988 a 2012 (*The World Almanac* 2013).

Carro	130-139,9	140-149,9	150-159,9	160-169,9	170-179,9	Total
Buick	1					1
Chevrolet	3	5	4	3	1	16
Dodge		2				2
Ford	2	1	2	1		6
Total	6	8	6	4	1	25

Velocidade média em milhas por hora

a. Calcule as porcentagens em linhas.
b. Qual porcentagem de vencedores dirigindo um Chevrolet venceram com velocidade média de pelo menos 150 milhas por hora?
c. Calcule as porcentagens em colunas.
d. Qual porcentagem de velocidades médias de vencedores, 160-169,9 milhas por hora, eram carros Chevrolet?

54 Estatística aplicada a administração e economia

30. A tabulação cruzada a seguir mostra a velocidade média dos 25 vencedores anuais da corrida de automóveis Daytona 500 (*The World Almanac* 2013).

	Ano					
Velocidade média	**1988-1992**	**1993-1997**	**1998-2002**	**2003-2007**	**2008-2012**	**Total**
130-139,9	1			2	3	6
140-149,9	2	2	1	2	1	8
150-159,9		3	1	1	1	6
160-169,9	2		2			4
170-179,9			1			1
Total	5	5	5	5	5	25

   a. Calcule as porcentagens em linhas.

   b. Qual é a relação aparente entre a velocidade média do carro vencedor e o ano? Qual pode ser a causa desta relação aparente?

31. Recentemente, a gerência do Oak Tree Golf Course recebeu algumas queixas sobre a condição dos *greens* do campo de golfe. Vários jogadores reclamaram que os *greens* eram muito rápidos. Em vez de reagir aos comentários de apenas alguns, a Golf Association realizou uma pesquisa com 100 golfistas homens e 100 golfistas mulheres. Os resultados da pesquisa estão resumidos aqui.

Golfistas homens

	Condição dos *greens*	
Handicap	**Rápido demais**	**Bom**
Menos de 15	10	40
15 ou mais	25	25

Golfistas mulheres

	Condição dos *greens*	
Handicap	**Rápido demais**	**Bom**
Menos de 15	1	9
15 ou mais	39	51

   a. Combine estas duas tabulações cruzadas em uma, indicando Homem e Mulher como os rótulos de linhas e Rápido demais e Boa como os rótulos de coluna. Qual grupo mostra a maior porcentagem dizendo que os *greens* são muito rápidos?

   b. Consulte as tabulações cruzadas iniciais. Para os jogadores com baixos *handicaps* (melhores jogadores), qual grupo (homens ou mulheres) mostra a maior porcentagem dizendo que os *greens* são rápidos demais?

   c. Consulte as tabulações cruzadas iniciais. Para os jogadores com *handicaps* mais altos, qual grupo (homens ou mulheres) mostra a maior porcentagem dizendo que os *greens* são rápidos demais?

   d. Que conclusões você pode tirar sobre as preferências de homens e mulheres em relação à rapidez dos *greens*? As conclusões obtidas da parte (a) em comparação com as partes (b) e (c) são consistentes? Explique quaisquer inconsistências aparentes.

32. A tabulação cruzada a seguir mostra o número de famílias (milhares) em cada uma das quatro regiões dos Estados Unidos e o número de famílias em cada nível de rendimento (site do U.S. Census Bureau, agosto de 2013).

	Nível de rendimento da família							
Região	**Menos de US$ 15.000**	**US$ 15.000 a US$ 24.999**	**US$ 25.000 a US$ 34.999**	**US$ 35.000 a US$ 49.999**	**US$ 50.000 a US$ 74.999**	**US$ 75.000 a US$ 99.999**	**US$ 100.000 e mais**	**Número de famílias (milhares)**
Nordeste	2.733	2.244	2.264	2.807	3.699	2.486	5.246	21.479
Centro-Oeste	3.273	3.326	3.056	3.767	5.044	3.183	4.742	26.391
Sul	6.235	5.657	5.038	6.476	7.730	4.813	7.660	43.609
Oeste	3.086	2.796	2.644	3.557	4.804	3.066	6.104	26.057
Total	15.327	14.023	13.002	16.607	21.277	13.548	23.752	117.536

   a. Calcule as porcentagens em linhas e identifique as distribuições de frequência percentuais da renda para as famílias em cada região.

   b. Qual é a porcentagem de famílias na região Oeste que têm um nível de renda de US$ 50.000 ou mais? Qual é a porcentagem de famílias na região Sul que têm um nível de renda de US$ 50.000 ou mais?

   c. Construa um histograma de frequência percentual para cada região de famílias. Alguma relação entre regiões e nível de renda parece ser evidente em suas descobertas?

TABELA 2.12 Dados para 82 das marcas mais valiosas

BrandValue

Marca	Indústria	Valor da marca (US$ bilhões)	Variação (%) de valor de 1 ano	Receita da marca (US$ bilhões)
Accenture	Outros	9,7	10	30,4
Adidas	Outros	8,4	23	14,5
Allianz	Serviços Financeiros	6,9	5	130,8
Amazon.Com	Tecnologia	14,7	44	60,6
⋮	⋮	⋮	⋮	⋮
⋮	⋮	⋮	⋮	⋮
Heinz	Bens de Consumo	5,6	2	4,4
Hermès	Automóveis e Itens de Luxo	9,3	20	4,5
⋮	⋮	⋮	⋮	⋮
⋮	⋮	⋮	⋮	⋮
Wells Fargo	Serviços Financeiros	9	−14	91,2
Zara	Outros	9,4	11	13,5

Fonte: Dados da *Forbes*, 2014.

d. Calcule as porcentagens em colunas. Quais informações as porcentagens em colunas fornecem?
e. Que porcentagem de famílias com renda familiar de US$ 100.000 ou mais é da região Sul? Qual é a porcentagem de famílias da região Sul que têm renda familiar de US$ 100.000 ou mais? Por que estas duas porcentagens são diferentes?

33. A cada ano, a *Forbes* classifica as marcas mais valiosas do mundo. Uma parte dos dados para 82 das marcas na lista da *Forbes* de 2013 é mostrada na Tabela 2.12 (site da *Forbes*, fevereiro de 2014). O conjunto de dados inclui as seguintes variáveis:
    Marca: o nome da marca.
    Indústria: o tipo de indústria associada à marca, denominada Automóveis e Itens de Luxo, Bens de Consumo, Serviços Financeiros, Outros, Tecnologia.
    Valor da marca (US$ bilhões): uma medida do valor da marca em bilhões de dólares desenvolvida pela *Forbes* com base em diversas informações financeiras sobre a marca.
    Variação (%) de valor em um ano: a variação percentual no valor da marca em relação ao ano anterior.
    Receita da marca (US$ bilhões): a receita total em bilhões de dólares para a marca.
    a. Prepare uma tabulação cruzada dos dados sobre a Indústria (linhas) e o Valor da marca (US$ bilhões). Use classes de 0-10, 10-20, 20-30, 30-40, 40-50 e 50-60 para o Valor da marca (US$ bilhões).
    b. Prepare uma distribuição de frequência para os dados sobre a Indústria.
    c. Prepare uma distribuição de frequência para os dados sobre o Valor da marca (US$ bilhões).
    d. Como a tabulação cruzada ajudou a preparar as distribuições de frequência nas partes (b) e (c)?
    e. A que conclusões você pode chegar sobre o tipo de Indústria e o Valor da marca?
34. Consulte a Tabela 2.12.
    a. Prepare uma tabulação cruzada dos dados sobre Indústria (linhas) e Receita da marca (US$ bilhões). Use intervalos de classe de 25 começando em 0 para Receita da marca (US$ bilhões).
    b. Prepare uma distribuição de frequência para os dados da Receita da marca (US$ bilhões).
    c. A que conclusões você pode chegar sobre o tipo de Indústria e a Receita da marca?
    d. Prepare uma tabulação cruzada dos dados sobre Indústria (linhas) e a variação (%) de valor em um ano. Use intervalos de classe de 20 a partir de −60 para variação (%) de valor em 1 ano.
    e. Prepare uma distribuição de frequência para os dados da variação (%) de valor em um ano.
    f. A que conclusões você pode chegar sobre o tipo de Indústria e a variação (%) de valor em um ano?
35. O *Guia para Economia de Combustível* (*Fuel Economy Guide*) do Ministério de Energia dos Estados Unidos fornece dados em relação à eficiência do consumo de combustível para carros e caminhões (site do Fuel Economy, setembro de 2012). Uma parte desses dados para 149 carros de tamanho compacto, médio e grande é mostrada na Tabela 2.13. O conjunto de dados contém as seguintes variáveis:
    Tamanho: compacto, médio e grande
    Deslocamento: tamanho do motor em litros
    Cilindros: número de cilindros no motor

TABELA 2.13 Dados da eficiência de combustível para 311 carros

FuelData2012

Carro	Tamanho	Deslocamento	Cilindros	Tração	Tipo de combustível	Consumo nas cidades (em milhas/galão)	Consumo nas estradas (em milhas/galão)
1	Compacto	2,0	4	D	P	22	30
2	Compacto	2,0	4	Q	P	21	29
3	Compacto	2,0	4	Q	P	21	31
.	.	.	.	.	.	.	.
.	.	.	.	.	.	.	.
.	.	.	.	.	.	.	.
94	Médio	3,5	6	Q	R	17	25
95	Médio	2,5	4	D	R	23	33
.	.	.	.	.	.	.	.
.	.	.	.	.	.	.	.
.	.	.	.	.	.	.	.
148	Grande	6,7	12	T	P	11	18
149	Grande	6,7	12	T	P	11	18

Mecanismo de tração: tração dianteira (D), tração traseira (T) e tração nas quatro rodas (Q)
Tipo de combustível: combustível premium (P) ou comum (R)
MPG nas cidades: avaliação da eficiência do combustível nos automóveis transitando em cidades no que se refere a milhas (1,6 quilômetro) percorridas por galão – MPG
MPG nas estradas: avaliação da eficiência do combustível nos automóveis percorrendo estradas no que se refere a milhas (1,6 quilômetro) percorridas por galão

O conjunto de dados completos encontra-se no arquivo chamado FuelData2012.
a. Prepare uma tabulação cruzada dos dados sobre Tamanho (linhas) e MPG nas estradas (barras). Utilize as classes de 15-19, 20-24, 25-29, 30-34, 35-39 e 40-44 para MPG nas estradas.
b. Comente sobre a relação entre Tamanho e MPG nas estradas.
c. Prepare uma tabulação cruzada dos dados referentes a mecanismo de tração (linhas) e consumo nas cidades (barras). Utilize as classes de 10-14, 15-19, 20-24, 25-29, 30-34 e 35-39 e 40-44 para consumo nas cidades.
d. Comente acerca da relação entre mecanismo de tração e consumo nas cidades.
e. Prepare uma tabulação cruzada dos dados de Tipo de combustível (linhas) e consumo nas cidades (barras). Utilize as classes de 10-14, 15-19, 20-24, 25-29, 30-34, 35-39 e 40-44 para consumo nas cidades.
f. Comente acerca da relação entre o Tipo de combustível e consumo nas cidades.

 ## Sintetizando dados de duas variáveis utilizando gráficos

Na seção anterior mostramos como uma tabulação cruzada pode ser usada para resumir os dados de duas variáveis e ajudar a revelar a relação entre as variáveis. Na maioria dos casos, uma apresentação gráfica é mais útil para reconhecer padrões e tendências nos dados. Nesta seção apresentamos uma variedade de apresentações gráficas para explorar as relações entre duas variáveis. A exibição de dados de maneiras criativas pode levar a percepções importantes e nos permite fazer "inferências de senso comum" com base em nossa capacidade de comparar, contrastar e reconhecer padrões visualmente. Começamos com uma discussão sobre diagramas de dispersão e linhas de tendência.

Diagrama de dispersão e linha de tendência

Diagrama de dispersão é uma apresentação gráfica da relação entre duas variáveis quantitativas, e **linha de tendência** é a linha que proporciona uma aproximação da relação. Como ilustração, considere a relação entre propaganda e vendas

TABELA 2.14   Dados amostrais para a loja de equipamentos de estéreo e de som

Semana	Número de comerciais x	Vendas (US$ 100) y
1	2	50
2	5	57
3	1	41
4	3	54
5	4	54
6	1	38
7	5	63
8	3	48
9	4	59
10	2	46

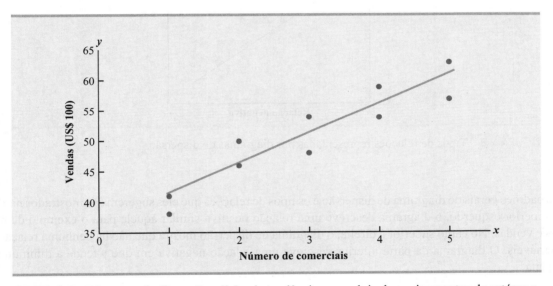

FIGURA 2.7   Diagrama de dispersão e linha de tendência para a loja de equipamentos de estéreo e de som

para uma loja de equipamentos de estéreo e som em São Francisco. Em dez ocasiões durante os últimos três meses a loja recorreu a propagandas na TV durante os fins de semana para promover as vendas em suas lojas. Os gerentes querem investigar se existe relação entre o número de comerciais apresentados e as vendas realizadas durante o fim de semana seguinte. Dados amostrais para as dez semanas, com as vendas em centenas de dólares, são mostrados na Tabela 2.14.

A Figura 2.7 mostra o diagrama de dispersão e a linha de tendência[1] para os dados na Tabela 2.14. O número de comerciais é mostrado no eixo horizontal (x) e as vendas no eixo vertical (y). Para a semana 1, $x = 2$ e $y = 50$. Um ponto com essas coordenadas é representado no diagrama de dispersão. Pontos similares são representados para as outras nove semanas. Observe que durante duas das semanas foi divulgada uma propaganda, durante duas das semanas foram apresentadas duas propagandas, e assim por diante. O diagrama de dispersão na Figura 2.7 indica uma relação positiva entre o número de comerciais e vendas. Vendas mais altas estão associadas a um maior número de comerciais.

A relação não é perfeita porque todos os pontos não estão em linha reta. No entanto, o o padrão geral dos pontos e a linha de tendência sugerem que a relação geral é positiva.

---

[1] A equação da linha de tendência é $y = 36{,}15 + 4{,}95x$. A inclinação da linha de tendência é 4,95 e o intercepto (o ponto onde a linha cruza o eixo y) é 36,15. Discutiremos em detalhes a interpretação da inclinação e do intercepto em y para uma linha de tendência linear no Capítulo 10, quando estudamos regressão linear simples.

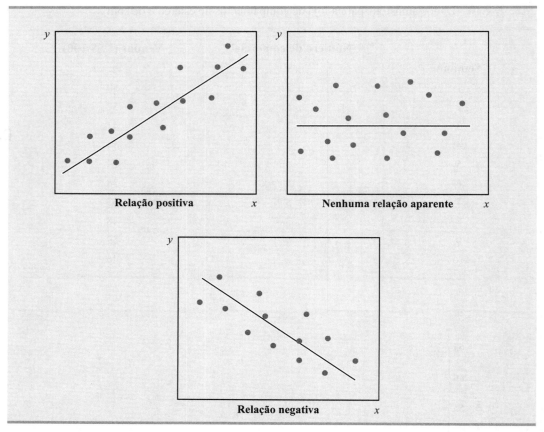

FIGURA 2.8 Tipos de relações representadas por diagramas de dispersão

Alguns padrões gerais do diagrama de dispersão e os tipos de relações que eles sugerem são mostrados na Figura 2.8. No canto superior esquerdo, o diagrama descreve uma relação positiva similar àquela para o exemplo de número de comerciais e vendas. No canto superior à direita, o diagrama de dispersão mostra que não há nenhuma relação aparente entre as variáveis. O diagrama da parte inferior descreve uma relação negativa em que y tende a diminuir à medida que x aumenta.

Gráficos de barras lado a lado e empilhadas

Na Seção 2.1 dissemos que um gráfico de barras é uma apresentação gráfica utilizada para representar dados categorizados sintetizados em uma frequência, frequência relativa ou distribuição de frequência percentual. Gráficos de barras lado a lado e de barras empilhadas são extensões de gráficos de barras básicos utilizados para apresentar e comparar duas variáveis. Ao apresentar duas variáveis no mesmo gráfico, podemos entender melhor a relação entre elas.

Gráfico de barras lado a lado é um recurso visual para representar vários gráficos de barras na mesma apresentação. Para ilustrar a construção de um gráfico lado a lado, lembre-se da aplicação envolvendo os dados da avaliação de qualidade e preço de refeição para uma amostra de 300 restaurantes localizados na área de Los Angeles. A avaliação de qualidade é uma variável categorizada com as categorias de avaliação bom, muito bom e excelente. O preço da refeição é uma variável quantitativa que varia de US$ 10 a US$ 49. A tabulação cruzada exibida na Tabela 2.10 mostra que os dados do preço da refeição foram agrupados em quatro classes: US$ 10-19, US$ 20-29, US$ 30-39 e US$ 40-49. Utilizaremos essas classes para construir um gráfico de barras lado a lado.

A Figura 2.9 mostra um gráfico de barras lado a lado para os dados do restaurante. O tom de cada barra indica a avaliação de qualidade (cinza-escuro = bom, cinza-médio = muito bom e cinza-claro = excelente). Cada barra é estendida até o ponto no eixo vertical que representa a frequência com que essa avaliação de qualidade ocorreu para cada uma das categorias de preço da refeição. Colocar a frequência de avaliação de qualidade de cada categoria de preço de refeição adjacente uma à outra nos permite precisar rapidamente como determinada categoria de preço de refeição é

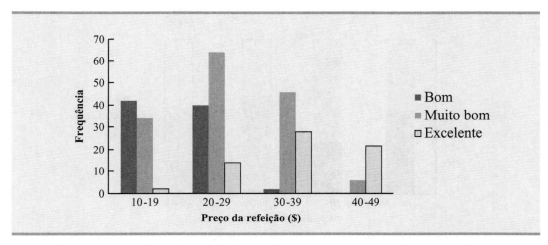

FIGURA 2.9   Gráfico de barras lado a lado para os dados sobre a qualidade e o preço da refeição

avaliada. Vemos que a categoria mais baixa de preços de refeição (US$ 10-19) recebeu avaliações boas e muito boas, mas poucas avaliações excelentes. A categoria de preço mais alta (US$ 40-49), no entanto, mostra um resultado muito diferente. Esta categoria de preços de refeições recebeu avaliações excelentes, algumas avaliações muito boas, mas nenhuma avaliação boa.

A Figura 2.9 também oferece uma boa percepção da relação entre o preço da refeição e a avaliação da qualidade. Observe que à medida que o preço aumenta (da esquerda para a direita), a altura das barras em cinza-escuro diminui e a altura das barras em cinza-claro geralmente aumenta. Isto indica que, à medida que o preço aumenta, a avaliação de qualidade tende a ser melhor. A avaliação muito boa, como esperado, tende a ser mais proeminente nas categorias de preço médio, conforme indicado pela predominância das barras em cinza-médio no meio do gráfico.

Gráficos de barras empilhadas são outra maneira de exibir e comparar duas variáveis na mesma apresentação. Um **gráfico de barras empilhadas** é aquele em que cada barra é dividida em segmentos retangulares de uma cor diferente, mostrando a frequência relativa de cada classe de maneira semelhante a um gráfico em setores. Para ilustrar um gráfico de barras empilhadas, utilizaremos os dados de avaliação de qualidade e do preço da refeição resumidos na tabulação cruzada mostrada na Tabela 2.10.

Podemos converter os dados de frequência na Tabela 2.10 em porcentagens em barras dividindo cada elemento em uma coluna específica pelo total dessa coluna. Por exemplo, 42 dos 78 restaurantes com preço de refeição na faixa de US$ 10-19 tinham uma boa avaliação de qualidade. Em outras palavras, (42/78)100 ou 53,8% dos 78 restaurantes tiveram uma boa avaliação. A Tabela 2.15 mostra porcentagens em colunas para cada categoria de preço de refeição. Utilizando os dados da Tabela 2.15 construímos o gráfico de barras empilhadas mostrado na Figura 2.10. Como o gráfico de barras empilhadas é baseado em porcentagens, a Figura 2.10 mostra ainda mais claramente a relação entre as variáveis do que a Figura 2.9. À medida que nos movemos da categoria de preço baixo ((US$ 10-19) para a categoria de preço alto (US$ 40-49) o comprimento das barras em cinza-escuro diminui, e o das barras em cinza-claro aumenta.

TABELA 2.15   Porcentagens em barras para cada categoria de preços de refeição

	\multicolumn{4}{c}{**Preço da refeição**}
Avaliação da qualidade	**US$ 10-19**	**US$ 20-29**	**US$ 30-39**	**US$ 40-49**
Bom	53,8%	33,9%	2,6%	0,0%
Muito bom	43,6	54,2	60,5	21,4
Excelente	2,6	11,9	36,8	78,6
Total	100,0%	100,0%	100,0%	100,0%

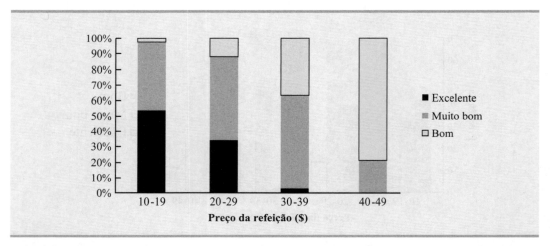

FIGURA 2.10 Gráfico de barras empilhadas para os dados de avaliação da qualidade e preço da refeição

NOTAS E COMENTÁRIOS

1. Série temporal é uma sequência de observações sobre uma variável medida em sucessivos pontos no tempo ou ao longo de sucessivos períodos. Um diagrama de dispersão no qual o valor do tempo é mostrado no eixo horizontal e os valores da série temporal no eixo vertical é denominado, na análise de séries temporais, gráfico de série temporal.

2. Um gráfico de barras empilhadas também pode ser utilizado para exibir frequências em vez de frequências percentuais. Neste caso, os diferentes segmentos de cores de cada barra representam a contribuição para o total desta barra, em vez da contribuição percentual.

Exercícios

Métodos

36. As 20 observações a seguir referem-se a duas variáveis quantitativas, x e y.

Observação	x	y	Observação	x	y
1	−22	22	11	−37	48
2	−33	49	12	34	−29
3	2	8	13	9	−18
4	29	−16	14	−33	31
5	−13	10	15	20	−16
6	21	−28	16	−3	14
7	−13	27	17	−15	18
8	−23	35	18	12	17
9	14	−5	19	−20	−11
10	3	−3	20	−7	−22

a. Desenvolva um diagrama de dispersão para a relação entre x e y.
b. Qual é a relação, se houver alguma, entre x e y?

37. Considere os seguintes dados em duas variáveis categorizadas. A primeira variável, x, pode assumir valores A, B, C ou D. A segunda variável, y, pode assumir valores I ou II. A tabela a seguir fornece a frequência com qual cada combinação ocorre.

x	y I	II
A	143	857
B	200	800
C	321	679
D	420	580

a. Construa um gráfico de barras lado a lado com *x* no eixo horizontal.
b. Comente sobre a relação entre *x* e *y*.

38. A tabulação cruzada a seguir sintetiza os dados para duas variáveis categorizadas, *x* e *y*. A variável *x* pode assumir valores baixos, médios ou altos, e a variável *y* pode assumir valores sim ou não.

x	y Sim	Não	Total
Baixo	20	10	30
Médio	15	35	50
Alto	20	5	25
Total	55	50	105

a. Calcule as porcentagens em linhas.
b. Construa um gráfico de barras empilhadas de frequência percentual com *x* no eixo horizontal.

Aplicações

39. Um estudo sobre velocidade de direção (milhas por hora) e eficiência de combustível (milhas por galão) para automóveis de médio porte resultou nos seguintes dados:

Velocidade de direção	30	50	40	55	30	25	60	25	50	55
Eficiência de combustível	28	25	25	23	30	32	21	35	26	25

a. Construa um diagrama de dispersão com a velocidade de direção no eixo horizontal e a eficiência de combustível no eixo vertical.
b. Comente sobre qualquer relação aparente entre estas duas variáveis.

40. O site Current Results apresenta uma lista da média anual de temperaturas altas e baixas (em graus Fahrenheit) e a média de nevascas anuais (polegadas) de 51 das principais cidades dos Estados Unidos com base nos dados de 1981 a 2010. Os dados estão contidos no arquivo *Snow*. Por exemplo, a média de temperaturas baixas em Columbus, Ohio, é de 44 graus e a queda de neve média anual é de 27,5 polegadas.

a. Construa um diagrama de dispersão com a média anual de temperaturas baixas no eixo horizontal e a média anual de nevascas no eixo vertical.
b. Parece haver alguma relação entre estas duas variáveis?
c. Com base no diagrama de dispersão, comente quaisquer dados que pareçam incomuns.

41. As pessoas geralmente esperam atingir até a meia-idade para se preocupar em ter um coração saudável. No entanto, estudos recentes mostraram que o monitoramento precoce de fatores de risco, como a pressão arterial, pode ser muito benéfico (*The Wall Street Journal*, 10 de janeiro de 2012). Ter pressão arterial acima do normal, uma condição conhecida como hipertensão, é um importante fator de risco para doenças cardíacas. Suponha que uma grande amostra de indivíduos de várias idades e gêneros foi selecionada, e que a pressão arterial de cada indivíduo foi medida para determinar se eles têm hipertensão. Para os dados da amostra, a tabela a seguir mostra a porcentagem de indivíduos com hipertensão.

Idade	Homens	Mulheres
20-34	11,00%	9,00%
35-44	24,00%	19,00%
45-54	39,00%	37,00%
55-64	57,00%	56,00%
65-74	62,00%	64,00%
75+	73,30%	79,00%

a. Desenvolva um gráfico de barras lado a lado com a idade no eixo horizontal, a porcentagem de indivíduos com hipertensão no eixo vertical, e barras lado a lado com base no gênero.
b. O que a apresentação que você desenvolveu na parte (a) indica sobre hipertensão e idade?
c. Comente as diferenças por gênero.

42. Smartphones são telefones móveis avançados com recursos de Internet, fotos, música e capacidade de vídeo (The Pew Research Center, Internet e American Life Project, 2011). Os resultados da pesquisa a seguir mostram, por idade, pessoas que têm smartphone.

Categoria idade	Smartphone (%)	Outro telefone celular (%)	Nenhum telefone celular (%)
18–24	49	46	5
25–34	58	35	7
35–44	44	45	11
45–54	28	58	14
55–64	22	59	19
65+	11	45	44

DATA *file*
Smartphones

a. Construa um gráfico de barras empilhadas para demonstrar os dados do estudo mencionado sobre pessoas que têm ou não telefones móveis. Utilize a categoria idade como a variável no eixo horizontal.
b. Comente sobre a relação entre idade e ter ou não smartphones.
c. Como você espera que os resultados deste estudo sejam diferentes se ele for conduzido em 2021?

43. O gestor regional na região noroeste de um revendedor de equipamentos para atividades ao ar livre conduziu um estudo para determinar como os gerentes de três lojas estão utilizando seu tempo. Um resumo dos resultados é mostrado na tabela a seguir.

Porcentagem da semana do gestor que foi dedicada ao trabalho

Local da loja	Reuniões	Relatórios	Clientes	Tempo ocioso
Bend	18	11	52	19
Portland	52	11	24	13
Seattle	32	17	37	14

DATA *file*
ManagerTime

a. Crie um gráfico de barras empilhadas com o local da loja no eixo horizontal e a porcentagem de tempo gasto em cada tarefa no eixo vertical.
b. Crie um gráfico de barras lado a lado com o local da loja no eixo horizontal e barras laterais representando a porcentagem de tempo gasto em cada tarefa.
c. Qual tipo de gráfico de barras (empilhado ou lado a lado) você prefere para estes dados? Por quê?

2.5 Visualização de dados: melhores práticas na construção de gráficos

Visualização de dados é um termo empregado para descrever o uso de representações gráficas a fim de sintetizar e apresentar informações sobre um conjunto de dados. O objetivo da visualização de dados é comunicar da forma mais eficaz e clara possível as principais informações sobre os dados. Nesta seção, fornecemos diretrizes para criar uma apresentação gráfica eficaz, discutir como selecionar o tipo apropriado, de acordo com o propósito do estudo, ilustrar o uso de painéis de dados e mostrar como o Zoológico e Jardim Botânico de Cincinnati utiliza técnicas de visualização de dados para melhorar a tomada de decisão.

Criação efetiva de representações gráficas

Os dados apresentados na Tabela 2.16 mostram o valor previsto ou planejado das vendas (US$ 1.000,00) e o valor real de vendas (US$ 1.000,00) por região das vendas nos Estados Unidos, realizadas pela Gustin Chemical no ano passado. Observe que existem duas variáveis quantitativas (vendas planejadas e vendas reais) e uma variável categorizada (região das vendas). Suponha que quiséssemos desenvolver uma apresentação gráfica que possibilitasse ao setor de gestão da Gustin Chemical visualizar o desempenho de cada região de vendas em relação às vendas planejadas e, simultaneamente, permitir que a gestão visualizasse o desempenho das vendas em todas as regiões.

A Figura 2.11 mostra um gráfico de barras lado a lado dos dados das vendas planejadas *versus* as vendas reais. Observe como este gráfico de barras facilita a comparação entre as vendas planejadas e reais em uma região, bem

TABELA 2.16 Vendas planejadas e vendas reais por região (US$ 1.000)

Região das vendas	Vendas planejadas (US$ 1.000)	Vendas reais (US$ 1.000)
Nordeste	540	447
Noroeste	420	447
Sudeste	575	556
Sudoeste	360	341

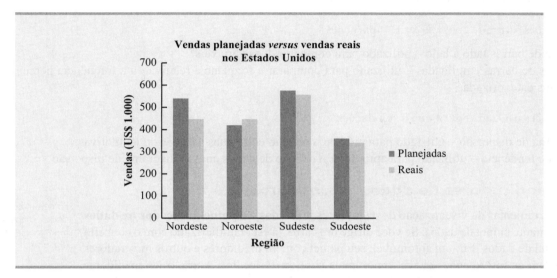

FIGURA 2.11 Gráfico de barras lado a lado para representar vendas planejadas *versus* vendas reais

como entre as regiões. Esta apresentação gráfica é simples, contém um título, é bem identificada e utiliza tons de cinza distintos para representar os dois tipos de vendas. Note também que a escala do eixo vertical começa em zero. As quatro regiões de vendas são separadas por espaço para que fique claro que são distintas, enquanto os valores das vendas planejadas *versus* vendas reais estão lado a lado para fácil comparação em cada região. O gráfico de barras lado a lado na Figura 2.11 facilita ver que a região Sudoeste é a que tem menor índice de vendas planejadas e reais e que a região Noroeste superou ligeiramente suas vendas planejadas.

A criação de uma apresentação gráfica eficaz é uma arte e uma ciência. Seguindo as diretrizes gerais enumeradas a seguir, você pode aumentar a probabilidade de que sua apresentação transmita efetivamente as informações importantes sobre os dados.

- Dê à apresentação um título claro e conciso.
- Mantenha a apresentação simples. Não use três dimensões quando duas forem suficientes.
- Identifique claramente cada eixo e forneça as unidades de medida.
- Se a cor for utilizada para distinguir categorias, verifique se são distintas.
- Se várias cores ou tipos de linha forem empregados, use uma legenda para definir como elas são utilizadas e coloque a legenda próxima à representação dos dados.

Escolhendo o tipo de representação gráfica

Neste capítulo, discutimos uma variedade de apresentações gráficas, incluindo gráficos de barras, gráficos de setores, gráficos de pontos, histogramas, diagramas de dispersão, gráficos de barras lado a lado e gráficos de barras empilhados. Cada um destes tipos de apresentações foi desenvolvido para um propósito específico. A fim de fornecer diretrizes para a escolha do tipo apropriado de representação gráfica, agora fornecemos um resumo dos tipos de representações gráficas classificadas de acordo com sua finalidade. Observamos que alguns tipos podem ser utilizados efetivamente para várias finalidades.

Representações utilizadas para mostrar a distribuição de dados

- Gráfico de barras – utilizado para mostrar a distribuição de frequência e a distribuição de frequência relativa para dados categorizados.
- Gráfico de setores – ou gráfico pizza – usado para mostrar a frequência relativa e a frequência percentual de dados categorizados.
- Diagrama de pontos – utilizado para mostrar a distribuição de dados quantitativos em todo o intervalo dos dados.
- Histograma – utilizado para mostrar a distribuição de frequência de dados quantitativos em um conjunto de intervalos de classe.
- Apresentação de ramos-e-folhas – representação gráfica usada para mostrar simultaneamente a ordem de classificação e o formato de uma distribuição de dados.

Apresentações utilizadas para fazer comparações

- Gráfico de barras lado a lado – utilizado para comparar duas variáveis.
- Gráficos de barras empilhadas – utilizado para comparar a frequência relativa ou a frequência percentual de duas variáveis categorizadas.

Apresentações utilizadas para mostrar relações

- Diagrama de dispersão – utilizado para mostrar a relação entre duas variáveis quantitativas.
- Linha de tendência – utilizado para aproximar a relação de dados em um diagrama de dispersão.

Painéis indicadores de dados (*dashboards*)

Uma das ferramentas de visualização de dados mais utilizadas é o **painel indicador de dados** ou simplesmente painel de dados. Se você dirige um carro, já está familiarizado com o conceito de um painel de dados. Em um automóvel, seu painel contém medidores e outros mostradores que fornecem as informações-chave importantes para operá-lo. Por exemplo, os medidores

Painéis indicadores de dados também são chamados painéis de dados digitais.

usados para exibir a velocidade do automóvel, o nível de combustível, a temperatura do motor e o nível de óleo são essenciais para garantir a operação segura e eficiente do automóvel. Em alguns veículos novos essas informações são exibidas no para-brisa a fim de fornecer uma apresentação ainda mais eficaz para o motorista. Painéis de dados desempenham um papel semelhante para a tomada de decisões administrativas.

Painel de dados é um conjunto de indicadores visuais que organiza e apresenta informações que são utilizadas para monitorar o desempenho de uma empresa ou organização de uma maneira fácil de ler, entender e interpretar. Assim como a velocidade, o nível de combustível, a temperatura do motor e o nível de óleo de um automóvel são informações importantes para monitorar seu desempenho, toda empresa tem indicadores-chave de desempenho (KPIs, sigla em inglês)[2] que precisam ser monitorados para que se possa fazer uma boa avaliação. Exemplos de KPIs são inventários disponíveis, vendas diárias, porcentagem de entregas feitas no prazo e receita de vendas por trimestre. Um painel de dados deve fornecer informações resumidas de modo oportuno (potencialmente de várias fontes) sobre os KPIs que são importantes, e devem fazê-lo de maneira que informe e não sobrecarregue seu usuário.

Para ilustrar o uso de um painel de dados na tomada de decisões, discutiremos uma aplicação envolvendo a Grogan Oil Company, que tem escritórios em três cidades no Texas: Austin (sua sede), Houston e Dallas. O *call-center* de Tecnologia da Informação (TI) da Grogan, no escritório de Austin, lida com chamadas dos funcionários envolvendo dificuldades com os computadores, como problemas com software, Internet e e-mail. Por exemplo, se um funcionário da Grogan em Dallas tiver um problema com um software, pode ligar para a central de atendimento de TI para obter assistência.

O painel de dados mostrado na Figura 2.12 foi desenvolvido para monitorar o desempenho do *call-center* e combina vários monitores para analisar seus KPIs. Os dados apresentados são do turno atual, que começou às 8 horas da manhã. O gráfico de barras empilhadas no canto superior esquerdo mostra o volume de chamadas para cada tipo de problema (software, Internet ou e-mail) ao longo do tempo, e está indicando que o volume de chamadas é mais intenso nas primeiras horas do turno, que as chamadas referentes a problemas de e-mail parecem diminuir com o passar das horas e que o total de chamadas relacionadas a problemas de software é maior no meio da manhã. O gráfico de setores no canto superior direito mostra a porcentagem de tempo que os funcionários do *call-center* gastaram com cada tipo de

---

[2] Algumas vezes, os principais indicadores de desempenho (KPIs) são chamados Principais Medidas de Desempenho (KPMs, sigla em inglês).

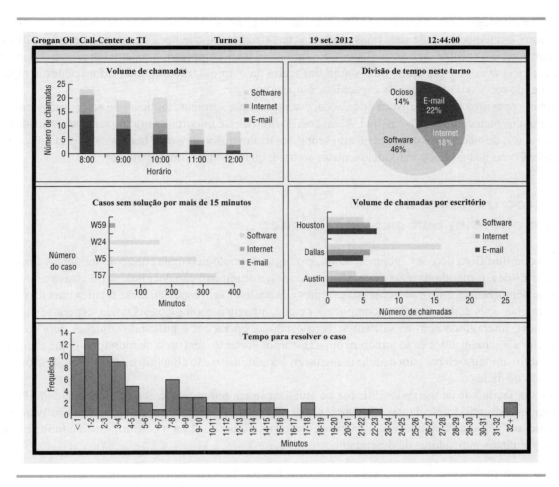

FIGURA 2.12   Painel de dados do *call-center* de TI da Grogan Oil

problema ou em que não estiveram trabalhando em uma chamada (tempo ocioso). Ambos os gráficos são importantes para determinar os níveis ideais do desempenho do pessoal. Por exemplo, conhecer os tipos de chamadas e o quanto o sistema está sobrecarregado – conforme medido pela porcentagem de tempo ocioso – pode ajudar o gestor de TI a se certificar de que há funcionários suficientes no *call-center* disponíveis com o nível certo de especialização.

O gráfico de barras lado a lado abaixo do de setores mostra o volume de chamadas por tipo de problema em cada um dos escritórios da Grogan. Isto permite que o gestor de TI identifique rapidamente se há um tipo específico de problema por local. Por exemplo, parece que o escritório em Austin está relatando um número relativamente alto de problemas com e-mails. Se a origem do problema puder ser identificada rapidamente, talvez este também seja resolvido com rapidez. Além disso, observe que um número relativamente grande de problemas com software está sendo informado pelo escritório de Dallas. O maior volume de chamadas, neste caso, foi simplesmente devido ao fato de que este escritório está instalando um novo software, resultando em mais chamadas para o *call-center* de TI. Uma vez que o gestor de TI havia sido alertado quanto a esta instalação, ele sabia que ocorreriam mais chamadas do escritório de Dallas, e conseguiu um maior número de atendentes para lidar com o aumento esperado nas chamadas.

Para cada caso não resolvido que foi informado há mais de 15 minutos, o gráfico de barras mostrado no lado esquerdo do painel de dados exibe o período durante o qual cada um desses casos não foi resolvido. Este gráfico permite que a Grogan monitore rapidamente os principais casos problemáticos e decida se serão necessários mais recursos para resolvê-los. O pior caso, T57, ficou sem solução por mais de 300 minutos, e, na verdade, é remanescente do turno anterior. Por fim, o histograma na parte inferior mostra a distribuição do tempo de solução de todos os casos resolvidos no turno atual.

O painel de dados da Grogan Oil ilustra o uso de um painel no nível operacional. Ele é atualizado em tempo real e utilizado para decisões operacionais, como níveis de pessoal. Os painéis de dados também podem ser utilizados nos

66 Estatística aplicada a administração e economia

âmbitos tático e estratégico da administração. Por exemplo, um gestor de logística pode monitorar KPIs sobre o desempenho e o custo, em tempo real, de suas transportadoras terceirizadas, o que pode ajudar nas decisões táticas, como o modo de transporte e a escolha da transportadora. Em um nível mais complexo, um painel mais estratégico permitiria que a alta gerência avaliasse rapidamente a saúde financeira da empresa, monitorando informações agregadas sobre finanças, nível de serviço e utilização da capacidade corporativa.

As diretrizes para uma boa visualização de dados, discutidas anteriormente, aplicam-se aos gráficos individuais em um painel de dados bem como a todo o painel. Além dessas diretrizes, é importante minimizar a necessidade de rolagem da tela, evitar o uso desnecessário de cores ou apresentações tridimensionais e usar bordas entre gráficos para melhorar a legibilidade. Como nos gráficos individuais, quase sempre, quando mais simples melhor.

Visualização de dados na prática: Zoológico e Jardim Botânico de Cincinnati[3]

O Zoológico e Jardim Botânico de Cincinnati, Ohio, é o segundo zoológico mais antigo do mundo. A fim de melhorar a tomada de decisões, tornando-as mais orientadas por dados, a administração decidiu que precisava unir os diferentes aspectos de seu empreendimento e fornecer aos gerentes e executivos sem especialização técnica uma maneira intuitiva de entender melhor seus dados. Um fator complicador é que, quando o zoológico está cheio, espera-se que os gerentes estejam no local, interagindo com os visitantes, verificando as operações e buscando soluções para os problemas à medida que eles surgem ou antes de se tornarem um transtorno. Portanto, ser capaz de monitorar o que está acontecendo em tempo real foi um fator-chave para decidir o que fazer, e a administração concluiu que era necessária uma estratégia de visualização de dados.

Devido à sua facilidade de uso, possibilidade de atualização em tempo real e compatibilidade com iPad, o Zoológico de Cincinnati decidiu implementar sua estratégia de visualização de dados com o avançado software Cognos da IBM. Com ele, o Zoológico desenvolveu o painel de dados na Figura 2.13 para permitir que a administração rastreie os seguintes principais indicadores de desempenho:

- Análise de itens (volume de vendas e valor das vendas por localização dentro do zoológico).
- Análise geográfica (utilizando mapas e indicadores de onde os visitantes do dia estão gastando seu tempo no zoológico).
- Gastos dos clientes.
- Desempenho das vendas nos caixas.
- Dados das vendas e da frequência de visitantes *versus* Padrões meteorológicos.
- Desempenho do Programa de Recompensas por Fidelidade do Zoológico.

Também foi desenvolvido um aplicativo para iPad a fim de permitir que os gerentes do Zoológico permaneçam no local e consigam também ver o que está ocorrendo em tempo real. O painel de dados do iPad, mostrado na Figura 2.14, fornece aos gerentes acesso às seguintes informações:

- Dados em tempo real sobre os visitantes, incluindo que "tipos" de visitantes estão frequentando o zoológico.
- Análise em tempo real mostrando quais itens estão sendo vendidos mais rapidamente dentro do zoológico.
- Representação geográfica em tempo real de onde vivem os visitantes do zoológico.

Ter acesso aos dados mostrados nas Figuras 2.13 e 2.14 permite que os gerentes do zoológico tomem decisões melhores sobre os níveis de seus profissionais dentro do zoológico, quais itens devem ser estocados com base nas condições meteorológicas e em outros aspectos, e como direcionar melhor sua propaganda com base em aspectos geodemográficos.

O impacto que esta visualização de dados tem causado no zoológico é significativo. No primeiro ano de uso, o sistema foi diretamente responsável por um aumento de rendimento superior de US$ 500.000, crescimento no número de visitantes, melhor atendimento aos clientes e uma redução dos custos de marketing.

---

[3] Os autores agradecem a John Lucas, do Zoológico e Jardim Botânico de Cincinnati, por fornecer os dados desta aplicação.

Estatística descritiva: métodos tabulares e métodos gráficos

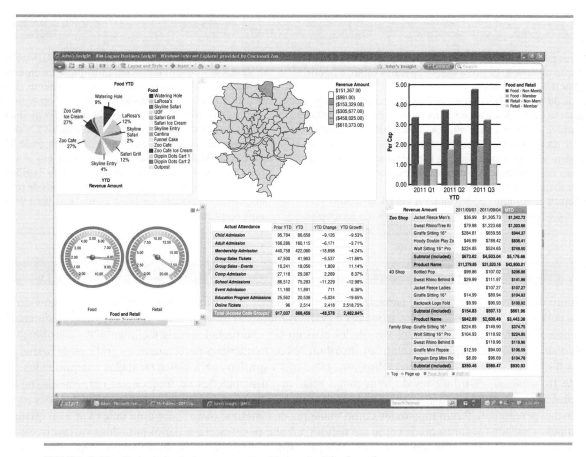

FIGURA 2.13 Painel de dados para o Zoológico de Cincinnati

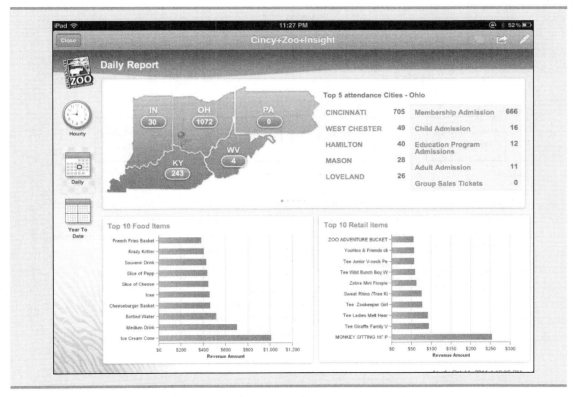

FIGURA 2.14 Painel de dados do iPad para o Zoológico de Cincinnati.

NOTAS E COMENTÁRIOS

1. Inúmeros programas de software estão disponíveis para a visualização de dados. Entre os mais populares estão: Cognos, JMP, Spotfire e Tableau.
2. Gráficos de radar e gráficos de bolhas são outros dois tipos comumente utilizados para demonstrar relações entre múltiplas variáveis. No entanto, muitos especialistas em visualização de dados são contrários ao uso destes gráficos porque eles podem ser supercomplicados. Em vez disso, recomenda-se o uso de apresentações mais simples, como gráficos de barras e diagramas de dispersão.
3. Uma ferramenta muito poderosa para visualizar dados geográficos é o Sistema de Informação Geográfica (Geographic Information System, ou GIS, em inglês). O GIS utiliza cores, símbolos e texto em um mapa que ajudam a entender como as variáveis são distribuídas geograficamente. Por exemplo, uma empresa interessada em tentar construir um novo centro de distribuição pode querer entender melhor como a demanda por seu produto varia nos Estados Unidos. O GIS pode ser utilizado para mapear a demanda onde as regiões em cinza-médio indicam alta demanda; em cinza-escuro, demanda mais baixa, e nenhuma cor para regiões onde o produto não é vendido. Locais mais próximos de regiões com alta demanda podem ser bons candidatos para uma análise mais aprofundada.

Resumo

Um conjunto de dados, mesmo que de tamanho modesto, geralmente é difícil de ser interpretado diretamente na forma em que os dados são coletados. Métodos tabulares e gráficos oferecem procedimentos para organizar e sintetizar dados, de modo que os padrões sejam revelados e os dados possam ser interpretados mais facilmente. As distribuições de frequências, distribuições de frequências relativas, distribuições de frequências percentuais, os gráficos de barras e gráficos de setores foram apresentados como procedimentos tabulares e gráficos para sintetizar dados categorizados. As distribuições de frequências, distribuições de frequências relativas, distribuições de frequências percentuais, histogramas, distribuições acumuladas de frequências, distribuições acumuladas de frequências relativas, distribuições acumuladas de frequências percentuais foram mostrados como maneiras de sintetizar dados para uma única variável quantitativa.

A tabulação cruzada foi apresentada como um método tabular para sintetizar dados para duas variáveis, e o diagrama de dispersão foi introduzido como um método gráfico para sintetizar os dados de duas variáveis quantitativas. Também

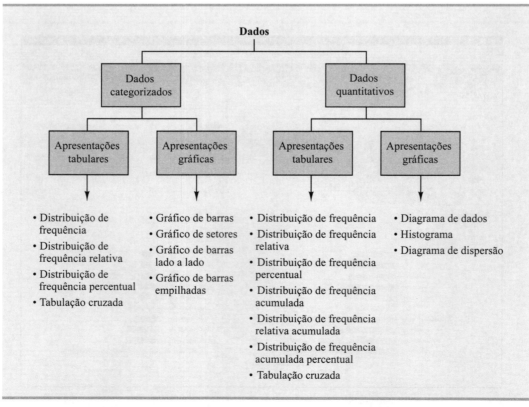

FIGURA 2.15 Apresentações tabulares e gráficas para sintetizar dados

Estatística descritiva: métodos tabulares e métodos gráficos **69**

mostramos que gráficos de barras lado a lado e gráficos de barras empilhadas são apenas extensões de gráficos de barras básicos que podem ser utilizados para exibir e comparar duas variáveis categorizadas. Aqui, foram discutidas diretrizes para criar apresentações gráficas eficazes e escolher o tipo de apresentação mais apropriado. Painéis de dados foram introduzidos para ilustrar como um conjunto de apresentações pode ser desenvolvido, organizando e apresentando informações que são utilizadas para monitorar o desempenho de uma empresa de maneira que seja fácil de ler, entender e interpretar. A Figura 2.15 fornece um resumo dos métodos tabulares e gráficos apresentados neste capítulo.

Para grandes conjuntos de dados, os pacotes de software são essenciais na construção de resumos de dados tabulares e gráficos. Nos apêndices deste capítulo mostramos como o Minitab e o Excel podem ser utilizados para este propósito.

Glossário

Apresentação de ramos-e-folhas Representação gráfica usada para mostrar simultaneamente a ordem de classificação e o formato de uma distribuição de dados.

Dados categorizados Rótulos ou nomes utilizados para identificar categorias de itens semelhantes.

Dados quantitativos Valores numéricos que indicam quantificação ou quantidade.

Diagrama de dispersão Apresentação gráfica da relação entre duas variáveis quantitativas. Uma variável é mostrada no eixo horizontal e a outra no eixo vertical.

Diagrama de pontos Recurso gráfico que sintetiza os dados pelo número de pontos acima de cada valor de dados no eixo horizontal.

Distribuição acumulada de frequências Resumo tabular de dados quantitativos mostrando o número de valores de dados que são menores ou iguais ao limite superior de cada classe.

Distribuição acumulada de frequências percentuais Resumo tabular de dados quantitativos mostrando as porcentagens de valores de dados que são menores ou iguais ao limite superior de cada classe.

Distribuição acumulada de frequências relativas Resumo tabular de dados quantitativos mostrando a fração ou proporção de valores de dados que são menores ou iguais ao limite superior de cada classe.

Distribuição de frequência Um resumo tabular de dados mostrando o número (frequência) de observações em cada uma das várias categorias ou classes não sobrepostas.

Distribuição de frequências percentuais Um resumo tabular de dados mostrando a porcentagem de observações em cada uma das várias classes não sobrepostas.

Distribuição de frequências relativas Um resumo tabular de dados mostrando a fração ou proporção de observações em cada uma das várias categorias ou classes não sobrepostas.

Gráfico de barras Dispositivo gráfico utilizado para descrever dados categorizados que tenham sido sintetizados em uma distribuição de frequências, distribuição de frequências relativas ou distribuição de frequências percentuais.

Gráfico de barras empilhadas Um gráfico de barras no qual cada barra é dividida em segmentos retangulares de uma cor diferente mostrando a frequência relativa de cada classe de maneira semelhante a um gráfico de setores.

Gráfico de barras lado a lado Uma apresentação gráfica para representar vários gráficos de barras simultaneamente.

Gráfico de setores Um dispositivo gráfico para apresentar resumos de dados com base na subdivisão de um círculo em setores que correspondem à frequência relativa de cada classe.

Histograma Apresentação gráfica de uma distribuição de frequências, distribuição de frequências relativas ou distribuição de frequências percentuais de dados quantitativos, construída colocando-se intervalos de classe no eixo horizontal e frequências, frequências relativas ou frequências percentuais no eixo vertical.

Linha de tendência Uma linha que fornece uma aproximação da relação entre duas variáveis.

Painel de indicador de dados Um conjunto de apresentações visuais que organiza e demonstra informações utilizadas para monitorar o desempenho de uma empresa ou organização de maneira fácil de ler, entender e interpretar.

Paradoxo de Simpson Conclusões extraídas de duas ou mais tabulações cruzadas separadas que podem ser revertidas quando os dados são agregados em uma única tabulação cruzada.

Ponto médio de classe Valor intermediário entre os limites inferior e superior da classe.

Tabulação cruzada Resumo tabular de dados para duas variáveis. As classes para uma variável são representadas pelas linhas; as classes para a outra variável são representadas pelas barras.

Visualização de dados Um termo utilizado para descrever o uso de apresentações gráficas visando resumir e demonstrar informações sobre um conjunto de dados

Fórmulas-chave

Frequência relativa

$$\frac{\text{Frequência da classe}}{n} \qquad (2.1)$$

Amplitude de classe aproximada

$$\frac{\text{Maior valor de dados} - \text{Menor valor de dados}}{\text{Número de classes}} \qquad (2.2)$$

Exercícios suplementares

44. Aproximadamente 1,5 milhão de estudantes do 2º grau realizam o teste de aptidão escolar (SAT, sigla em inglês) a cada ano, e cerca de 80% das faculdades e universidades que não têm políticas de admissão abertas utilizam as pontuações do teste SAT para decidir sobre as admissões (College Board, março de 2009). A atual versão do teste SAT inclui três partes: leitura crítica, matemática e redação. Uma perfeita pontuação combinada para as três partes é 2.400. Uma amostra das pontuações do teste SAT das três partes combinadas do SAT é a seguinte:

1.665	1.525	1.355	1.645	1.780
1.275	2.135	1.280	1.060	1.585
1.650	1.560	1.150	1.485	1.990
1.590	1.880	1.420	1.755	1.375
1.475	1.680	1.440	1.260	1.730
1.490	1.560	940	1.390	1.175

a. Mostre uma distribuição de frequência e um histograma. Comece com a primeira classe a partir de 800 e utilize uma amplitude de classe de 200.
b. Comente sobre a forma da distribuição.
c. Que outras observações podem ser feitas a respeito das pontuações do teste SAT com base nos resumos tabulares e gráficos?

45. O DATAfile *MedianHousehold* contém a renda familiar média de uma família com dois trabalhadores assalariados para cada um dos 50 estados (*American Community Survey*, 2013).

a. Construa uma distribuição de frequência e uma distribuição de frequência percentual da renda familiar média. Comece com a primeira classe em 65,0 e utilize uma amplitude de classe de 5.
b. Construa um histograma.
c. Comente sobre a forma da distribuição.
d. Qual estado tem a maior renda média para famílias com dois trabalhadores assalariados?
e. Qual estado tem a menor renda média para famílias com dois trabalhadores assalariados?

46. O U.S. Census Bureau (Departamento de Recenseamento dos Estados Unidos) fornecem dados sobre população por estado em milhões de pessoas (*The World Almanac*, 2012).

Estado	População	Estado	População	Estado	População
Alabama	4,8	Louisiana	4,5	Ohio	11,5
Alaska	0,7	Maine	1,3	Oklahoma	3,8
Arizona	6,4	Maryland	5,8	Oregon	4,3
Arkansas	2,9	Massachusetts	6,5	Pensilvânia	12,7
Califórnia	37,3	Michigan	9,9	Rhode Island	1,0
Colorado	5,0	Minnesota	5,3	Carolina do Sul	4,6
Connecticut	3,6	Mississippi	3,0	Dakota do Sul	0,8
Delaware	0,9	Missouri	6,0	Tennessee	6,3
Flórida	18,8	Montana	0,9	Texas	25,1
Geórgia	9,7	Nebraska	1,8	Utah	2,8
Havaí	1,4	Nevada	2,7	Vermont	0,6
Idaho	1,6	New Hampshire	1,3	Virgínia	8,0
Illinois	12,8	Nova Jersey	8,8	Washington	6,7
Indiana	6,5	Novo México	2,0	West Virginia	1,9
Iowa	3,0	Nova York	19,4	Wisconsin	5,7
Kansas	2,9	Carolina do Norte	9,5	Wyoming	0,6
Kentucky	4,3	Dakota do Norte	0,7		

a. Desenvolva uma distribuição de frequências, uma distribuição de frequências percentuais e um histograma. Utilize uma amplitude de classe de 2,5 milhões.
b. Parece haver alguma assimetria na distribuição? Explique.
c. Que observações você pode fazer acerca da população dos 50 estados?

47. A capacidade de uma empresa startup obter recursos é uma das chaves para o sucesso. Os fundos arrecadados (em milhões de dólares) por 50 companhias *startups* são apresentados abaixo (*The Wall Street Journal*, 10 de março de 2011).

StartUps

81	61	103	166	168
80	51	130	77	78
69	119	81	60	20
73	50	110	21	60
192	18	54	49	63
91	272	58	54	40
47	24	57	78	78
154	72	38	131	52
48	118	40	49	55
54	112	129	156	31

a. Construa uma apresentação de ramos-e-folhas.
b. Comente sobre a apresentação.

48. As reclamações de consumidores geralmente são relatadas para o Better Business Bureau (BBB). Em 2011, as empresas com mais reclamações feitas para o Better Business Bureau foram os bancos; empresas de TV a cabo e por satélite; agências de cobrança; provedores de telefonia celular; e concessionárias de veículos novos (*USA Today*, 16 de abril de 2012). Os resultados de uma amostra de 200 reclamações estão contidos no arquivo BBB.

BBB

a. Mostre a frequência e frequência percentual de reclamações por setor.
b. Construa um gráfico de barras da distribuição de frequência percentual.
c. Qual empresa teve o maior número de reclamações?
d. Comente sobre a distribuição de frequência percentual das reclamações.

49. O termo *Beta* refere-se a uma medida da volatilidade do preço de uma ação em relação ao mercado de ações como um todo. Um Beta igual a 1 significa que o preço da ação varia exatamente como o mercado. Um Beta de 1,6 significa que o preço da ação aumentaria em 1,6% para um aumento de 1% no mercado de ações. Um Beta maior significa que o preço das ações é mais volátil. Os Betas para as ações das empresas que compõem a média industrial Dow Jones são mostrados na Tabela 2.17 (*Yahoo Finance*, novembro de 2014).
a. Construa uma distribuição de frequência e uma distribuição de frequência percentual.
b. Construa um histograma.
c. Comente sobre a forma da distribuição.
d. Qual ação tem o maior Beta? Qual tem o menor Beta?

50. O U.S. Census Bureau (Departamento de Recenseamento dos Estados Unidos) é considerado a principal fonte de dados quantitativos sobre a população e a economia do país. A tabulação cruzada a seguir mostra o número de domicílios (milhares) e a renda familiar

TABELA 2.17 Betas das companhias que compõem a média industrial Dow Jones

Companhia	Beta	Companhia	Beta
American Express Company	1,24	McDonald's Corp.	0,62
The Boeing Company	0,99	3M Company	1,23
Caterpillar Inc,	1,2	Merck & Co. Inc.	0,56
Cisco Systems, Inc,	1,36	Microsoft Corporation	0,69
Chevron Corporation	1,11	Nike, Inc.	0,47
E. I. du Pont de Nemours and Company	1,36	Pfizer Inc.	0,72
The Walt Disney Company	0,97	The Procter & Gamble Company	0,73
General Electric Company	1,19	AT&T, Inc.	0,18
The Goldman Sachs Group, Inc.	1,79	The Travelers Companies, Inc.	0,86
The Home Depot, Inc.	1,22	UnitedHealth Group Incorporated	0,88
International Business Machines Corporation	0,92	United Technologies Corporation	1,22
Intel Corporation	0,9	Visa Inc.	0,82
Johnson & Johnson	0,84	Verizon Communications Inc.	0,04
JPMorgan Chase & Co.	1,84	Walmart Stores Inc.	0,26
The Coca-Cola Company	0,68	Exxon Mobil Corporation	1,1

DJIABeta

conforme a escolaridade dos chefes de família que têm o Ensino Médio completo ou nível superior de escolaridade (site do Departamento de Recenseamento dos Estados Unidos, 2013).

Escolaridade	Menos de US$ 25.000	US$ 25.000 a US$ 49.999	US$ 50.000 a US$ 99.999	US$ 100.000 ou mais	Total
Ensino Médio	9.880	9.970	9.441	3.482	32.773
Bacharelado	2.484	4.164	7.666	7.817	22.131
Mestrado	685	1.205	3.019	4.094	9.003
Doutorado	79	160	422	1.076	1.737
Total	13.128	15.499	20.548	16.469	65.644

Renda familiar

a. Construa uma distribuição de frequência percentual para a variável escolaridade. Qual porcentagem de chefes de família tem mestrado ou doutorado?
b. Construa uma distribuição de frequência percentual para a variável renda familiar. Qual porcentagem das famílias tem renda familiar de US$ 50.000 ou mais?
c. Converta as entradas na tabulação cruzada em porcentagens em coluna. Compare escolaridade das famílias com uma renda familiar de menos de US$ 25.000 com a escolaridade das famílias com uma renda familiar de US$ 100.000 ou mais. Comente sobre quaisquer outros itens de interesse ao revisar a tabulação cruzada mostrando as porcentagens em colunas.

51. A Western University tem apenas uma bolsa de estudos para jogadoras de *softball* feminino para o próximo ano. As duas jogadoras finais que a Western University está considerando são Allison Fealey e Emily Janson. A equipe técnica concluiu que a velocidade e as habilidades defensivas são praticamente idênticas para as duas jogadoras, e que a decisão final será baseada em qual delas tem a melhor média de rebatidas. As tabulações cruzadas do desempenho de rebatidas de cada jogadora em seus anos jogando nas categorias júnior e sênior do Ensino Médio são as seguintes:

	Allison Fealey			Emily Janson	
Resultado	Júnior	Sênior	Resultado	Júnior	Sênior
Rebatidas	15	75	Rebatidas	70	35
Não rebatidas	25	175	Não rebatidas	130	85
Total de ataques	40	250	Total de ataques	200	120

A média de aproveitamento do bastão de uma jogadora é calculada dividindo-se seu número de rebatidas pelo número total de ataques. As médias de ataques são representadas como um número decimal com três casas decimais.

a. Calcule a média de aproveitamento do bastão para cada jogadora em seu ano como jogadora júnior. Em seguida, calcule a média de aproveitamento do bastão de cada uma delas em seu ano como sênior. Utilizando essa análise, qual jogadora deveria ser recompensada com a bolsa de estudos? Explique por quê.
b. Combine ou agregue os dados para os anos como jogadoras júnior e sênior na tabulação cruzada a seguir:

	Jogadora	
Resultado	Fealey	Janson
Rebatidas		
Não rebatidas		
Total de ataques		

Calcule a média de aproveitamento do bastão de cada jogadora para os dois anos combinados. Utilizando esta análise, qual jogadora deveria ganhar a bolsa de estudos? Explique por quê.
c. As recomendações que você fez nos itens (a) e (b) são consistentes? Explique quaisquer inconsistências aparentes.

52. A revista *Fortune* publica uma pesquisa anual das 100 melhores empresas para se trabalhar. Os dados do DATAfile chamado FortuneBest100 mostram a classificação, o nome da empresa, o tamanho da empresa e o percentual de crescimento de emprego para funcionários em tempo integral de 98 das empresas da *Fortune 100* das quais dados deste crescimento percentual estavam disponíveis (site da revista *Fortune*, 25 de fevereiro de 2013). A coluna chamada Classificação mostra a classificação da empresa na lista da revista *Fortune 100*; a coluna rotulada Tamanho

FortuneBest100

indica se a empresa é de pequeno porte (com menos de 2.500 funcionários), de médio porte (de 2.500 a 10.000 funcionários) ou de grande porte (mais de 10.000 funcionários); e a coluna denominada Taxa de crescimento (%) mostra a taxa de crescimento percentual para funcionários em tempo integral.
   a. Construa uma tabulação cruzada com Taxa de crescimento (%) como a variável linha e Tamanho como a variável coluna. Use classes começando em −10 e terminando em 70 em gradações de 10 para a Taxa de crescimento (%).
   b. Mostre a distribuição de frequência para a taxa de crescimento dos funcionários no trabalho (%) e a distribuição de frequência para Tamanho.
   c. Usando a tabulação cruzada construída na parte (a), desenvolva uma tabulação cruzada mostrando as porcentagens em coluna.
   d. Usando a tabulação cruzada construída na parte (a), desenvolva uma tabulação cruzada mostrando as porcentagens em linhas.
   e. Comente a relação entre o crescimento percentual no emprego para os funcionários em tempo integral e o tamanho da empresa.
53. A Tabela 2.18 mostra uma parte dos dados para uma amostra de 103 faculdades e universidades particulares. O conjunto de dados completo está contido no arquivo chamado Colleges. Os dados incluem o nome da faculdade ou universidade, o ano em que a instituição foi fundada, as mensalidades e taxas (não inclui alojamento e pensão) para o ano acadêmico mais recente e o percentual do tempo integral, primeiro grau de bacharel em busca estudantes de graduação que obtêm seu diploma em seis anos ou menos (*The World Almanac*, 2012).
   a. Construa uma tabulação cruzada com Ano de fundação sendo a variável linha e Mensalidades e taxas a variável barra. Use classes iniciando com 1.600 e terminando com 2.000 em gradações de 50 para o Ano de fundação. Para Mensalidades e taxas, use classes começando com 1 e terminando com 45.000 em gradações de 5.000.
   b. Calcule as porcentagens em linhas para a tabulação cruzada na parte (a).
   c. Que relação, se houver, você percebe entre o Ano fundação e Mensalidades e taxas?
54. Consulte o conjunto de dados na Tabela 2.18.
   a. Construa uma tabulação cruzada com Ano de fundação sendo a variável linha e % de graduados, a variável barra. Use classes iniciando com 1.600 e terminando com 2.000 em gradações de 50 para o Ano de fundação. Para % de graduados, utilize classes começando com 35% e terminando com 100% em gradações de 5%.
   b. Calcule as porcentagens de linha para a tabulação cruzada na parte (a).
   c. Comente sobre qualquer relação entre as variáveis.
55. Consulte o conjunto de dados na Tabela 2.18.
   a. Construa um diagrama de dispersão para mostrar a relação entre Ano de fundação e Mensalidades e taxas.
   b. Comente sobre qualquer relação entre as variáveis.
56. Consulte o conjunto de dados na Tabela 2.18.
   a. Prepare um diagrama de dispersão para demonstrar a relação entre Mensalidades e taxas e % de graduados.
   b. Comente sobre qualquer relação entre as variáveis.
57. O Google mudou sua estratégia em relação a quanto e em qual mídia investe para publicidade. A tabela a seguir mostra o orçamento de marketing do Google em milhões de dólares para 2008 e 2011 (*The Wall Street Journal*, 27 de março de 2012).

	2008	2011
Internet	26,0	123,3
Jornais etc.	4,0	20,7
Televisão	0,0	69,3

TABELA 2.18 Dados para uma amostra de faculdades e universidades perticulares

Escola	Ano de fundação	Mensalidades e taxas	% de graduados
American University	1893	US$ 36.697	79,00
Baylor University	1845	US$ 29.754	70,00
Belmont University	1951	US$ 23.680	68,00
.	.	.	.
.	.	.	.
Wofford College	1854	US$ 31.710	82,00
Xavier University	1831	US$ 29.970	79,00
Yale University	1701	US$ 38.300	98,00

a. Construa um gráfico de barras lado a lado com o ano sendo a variável no eixo horizontal. Comente sobre qualquer tendência na apresentação.
b. Converta a tabela anterior em porcentagem de alocação para cada ano. Construa um gráfico de barras empilhadas com o ano como a variável no eixo horizontal.
c. A apresentação na parte (a) ou parte (b) é mais detalhada? Explique.

58. Um zoológico classificou seus visitantes em três categorias: membros, escolas e geral. A categoria membros refere-se a visitantes que pagam uma taxa anual como forma de apoio ao zoológico e recebem certos benefícios, como descontos em produtos e viagens planejadas pelo zoológico. A categoria de escolas inclui professores e alunos de creches e escolas de Ensino Fundamental e Médio; estes visitantes geralmente recebem uma taxa de desconto. A categoria geral inclui todos os outros visitantes. O zoológico tem se preocupado com queda recente na frequência de visitantes. Para ajudar a entender melhor esta frequência e a afiliação como membro, um membro da equipe do zoológico coletou os seguintes dados:

		Frequência		
Categoria do visitante	2011	2012	2013	2014
Geral	153.713	158.704	163.433	169.106
Membro	115.523	104.795	98.437	81.217
Escola	82.885	79.876	81.970	81.290
Total	352.121	343.375	343.840	331.613

Zoo

a. Construa um gráfico de barras representando a frequência total ao longo do tempo. Comente sobre qualquer tendência nos dados.
b. Construa um gráfico de barras lado a lado mostrando a frequência por categoria de visitante tendo o ano como a variável no eixo horizontal.
c. Comente sobre o que está acontecendo com a frequência ao zoológico com base nos gráficos das partes (a) e (b).

Estudo de caso 1   Pelican Stores

A Pelican Stores, uma divisão da National Clothing, é uma cadeia de lojas de roupas femininas que opera em todos os Estados Unidos. Recentemente, a cadeia realizou uma promoção na qual cupons de desconto foram enviados aos clientes de outras lojas da National Clothing. Dados coletados para uma amostra de 100 transações de cartões de crédito em lojas Pelican Stores em um dia, durante a promoção, estão no arquivo PelicanStores. A Tabela 2.19 mostra uma parte do conjunto de dados. O método de pagamento chamado Proprietary Card (Cartão Proprietário) refere-se a cobranças feitas utilizando um cartão de crédito da National Clothing. Os clientes que fizeram compra utilizando um cupom de descontos são denominados clientes promocionais, e os que fizeram uma compra sem utilizar o cupom de desconto são chamados clientes regulares. Como os cupons promocionais não foram enviados aos clientes da Pelican Stores regulares, a administração considera as negociações feitas para pessoas apresentando cupons promocionais como vendas que, de outro modo, não teriam sido efetuadas. Naturalmente, a Pelican também espera que os clientes promocionais continuem a comprar em suas lojas.

A maioria das variáveis mostradas na Tabela 2.19 são autoexplicativas, mas duas delas exigem algum esclarecimento.

    Itens   O número total de itens comprados
    Vendas líquidas A quantia total (US$) cobrada pelo cartão de crédito

A administração da Pelican gostaria de utilizar esses dados amostrais para aprender a respeito do perfil de seus clientes e avaliar a promoção envolvendo cupons de desconto.

Relatório administrativo

Utilize os métodos gráficos e tabulares de estatística descritiva para ajudar a administração a desenvolver um perfil de cliente e avaliar a campanha promocional. No mínimo, seu relatório deverá incluir o seguinte:

Estatística descritiva: métodos tabulares e métodos gráficos **75**

TABELA 2.19 Dados para uma amostra de 100 compras com cartão de crédito na Pelican Stores

Cliente	Tipo de cliente	Itens	Vendas líquidas	Método de pagamento	Gênero	Estado civil	Idade
1	Regular	1	39,50	Discover	Homem	Casado	32
2	Promocional	1	102,40	Cartão Proprietário	Mulher	Casada	36
3	Regular	1	22,50	Cartão Proprietário	Mulher	Casada	32
4	Promocional	5	100,40	Cartão Proprietário	Mulher	Casada	28
5	Regular	2	54,00	MasterCard	Mulher	Casada	34
.	.	.	,	.	.	.	.
.	.	.	,	.	.	.	.
.	.	.	,	.	.	.	.
96	Regular	1	39,50	MasterCard	Mulher	Casada	44
97	Promocional	9	253,00	Cartão Proprietário	Mulher	Casada	30
98	Promocional	10	287,59	Cartão Proprietário	Mulher	Casada	52
99	Promocional	2	47,60	Cartão Proprietário	Mulher	Casada	30
100	Promocional	1	28,44	Cartão Proprietário	Mulher	Casada	44

DATA *file*
PelicanStores

1. Distribuição de frequências percentuais para as principais variáveis.
2. Um gráfico de barras ou de setores mostrando o número de compras de clientes atribuíveis ao método de pagamento.
3. Uma tabulação cruzada do tipo de cliente (regular ou promocional) *versus* as vendas líquidas. Comente acerca de quaisquer semelhanças ou diferenças presentes.
4. Um diagrama de dispersão para explorar a relação entre vendas líquidas e idade do cliente.

Estudo de caso 2 Indústria cinematográfica

A indústria cinematográfica é um setor competitivo. Mais de 50 estúdios produzem um total de 300 a 400 novos filmes por ano, e o sucesso financeiro de cada filme varia consideravelmente. As vendas brutas do fim de semana de estreia (em milhões de US$), as vendas brutas totais (em milhões de US$), o número de salas de cinema em que o filme foi exibido e o número de semanas durante as quais o filme esteve em lançamento são variáveis comuns utilizadas para medir o sucesso de um filme. Os dados coletados para uma amostra de 100 filmes produzidos em 2011 estão no arquivo denominado 2011Movies (Box Office Mojo, 17 de março de 2012). A Tabela 2.20 mostra os dados para os 10 primeiros filmes neste arquivo.

Relatório administrativo

Utilize os métodos tabular e gráfico de estatística descritiva para aprender como estas variáveis contribuem para o sucesso de um filme. Inclua o seguinte em seu relatório:

1. Resumos tabulares e gráficos para cada uma das quatro variáveis, juntamente com uma análise de cada resumo, informam acerca da indústria cinematográfica.
2. Um diagrama de dispersão para explorar a relação entre Vendas brutas totais e Vendas brutas no fim de semana de estreia. Discuta a esse respeito.
3. Um diagrama de dispersão para explorar a relação entre as Vendas brutas totais e o Número de salas de cinema. Discuta a esse respeito.
4. Um diagrama de dispersão para explorar a relação entre as Vendas brutas totais e o Número de semanas em lançamento. Discuta a respeito disso.

TABELA 2.20 Dados do desempenho de 10 filmes

2011Movies

Filme	Vendas brutas no fim de semana de estreia (milhões US$)	Total de vendas brutas (milhões US$)	Número de salas	Semanas em lançamento
Harry Potter e as relíquias da morte Parte 2	169,19	381,01	4.375	19
Transformers: o lado oculto da lua	97,85	352,39	4.088	15
A saga crepúsculo: amanhecer Parte 1	138,12	281,29	4.066	14
Se beber não case 2	85,95	254,46	3.675	16
Piratas do Caribe: navegando em águas misteriosas	90,15	241,07	4.164	19
Velozes e furiosos 5 Operação Rio	86,20	209,84	3.793	15
Missão impossível – Protocolo fantasma	12,79	208,55	3.555	13
Carros 2	66,14	191,45	4.115	25
Sherlock Holmes: um jogo de sombras	39,64	186,59	3.703	13
Thor	65,72	181,03	3.963	16

Estudo de caso 3   Queen city

Cincinnati, Ohio, também conhecida como Queen City, tem uma população de aproximadamente 298.000 e é a terceira maior cidade do estado de Ohio. A área metropolitana de Cincinnati tem uma população de cerca de 2,2 milhões. A cidade é administrada por um prefeito e um conselho municipal com nove membros. O administrador interino da cidade, responsável pelas operações diárias, reporta-se ao prefeito e à prefeitura. O administrador interino da cidade criou recentemente o Escritório de Desempenho e Análise de Dados com o objetivo de melhorar a eficiência das operações municipais. Uma das primeiras tarefas deste novo escritório é revisar as despesas do ano anterior. O arquivo *QueenCity* contém dados sobre as despesas do ano anterior, incluindo o que segue:

Departamento   O número do departamento que incorre no gasto
Descrição do departamento   O nome do departamento que incorre na descrição
Categoria   A categoria da despesa
Fundo   O fundo para o qual as despesas foram cobradas
Despesa   A quantia da despesa

A Tabela 2.21 mostra as quatro primeiras entradas das 5.427 despesas do ano. O administrador da cidade gostaria de usar esses dados para entender melhor como o orçamento está sendo gasto.

QueenCity

Relatório administrativo

Use métodos gráficos e tabulares de estatística descritiva para ajudar o administrador da cidade a entender melhor como a cidade está gastando seus fundos. Seu relatório deve incluir o seguinte:

1. Tabelas e/ou representações gráficas que mostrem a quantidade de gastos por categoria e a porcentagem do total de gastos por categoria.
2. Uma tabela que mostre a quantidade de gastos por departamento e a porcentagem do total de gastos por departamento. Combine qualquer departamento com menos de 1% em uma categoria denominada "Outros".
3. Uma tabela que mostre o montante de despesas por fundo e a porcentagem das despesas totais por fundo. Combine qualquer fundo com menos de 1% em uma categoria chamada "Outros".

TABELA 2.21 Despesas anuais para Queen City (primeiras quatro entradas)

Departamento	Descrição do departamento	Categoria	Fundos	Gastos
121	Departamento de Recursos Humanos	Benefícios adicionais	050 – FUNDO GERAL	US$ 7.085,21
121	Departamento de Recursos Humanos	Benefícios adicionais	050 – FUNDO GERAL	US$ 102.678,64
121	Departamento de Recursos Humanos	Benefícios adicionais	050 – FUNDO GERAL	US$ 79.112,85
121	Departamento de Recursos Humanos	Serviços contratuais	050 – FUNDO GERAL	US$ 3.572,50

Apêndice 2.1 Uso do Minitab para apresentações tabulares e gráficas

O Minitab oferece amplos recursos para a construção de resumos de dados tabulares e gráficos. Neste Apêndice demonstramos como o Minitab pode ser utilizado para construir diversos resumos gráficos e o resumo tabular de uma tabulação cruzada. Os métodos gráficos apresentados incluem o diagrama de pontos, o histograma e o diagrama de dispersão.

Abrindo DATAfiles no Minitab

Os DATAfiles deste livro são arquivos Microsoft Excel (.xlsx). Para abrir arquivos Excel no Minitab, depois de abrir o Minitab, utilize as seguintes etapas:

Etapa 1. Selecione o menu **File** e escolha **Open**
Etapa 2. Na caixa de diálogo Open Worksheet, no menu suspenso no canto inferior direito, selecione **Excel Files** (*.xls, *.xlsx, *.xml)
Etapa 3. Navegue em suas pastas por meio da caixa de diálogo Open Worksheet até encontrar o arquivo Excel que você quer abrir no Minitab
Etapa 4. Selecione o arquivo Excel que você quer abrir no Minitab e clique em **Open**
Clique em **OK**

Diagrama de pontos (*dot plot*)

Utilizamos os dados do tempo de auditoria na Tabela 2.4 para demonstração. Os dados estão na coluna C1 de uma planilha Minitab. As etapas seguintes gerarão um diagrama de pontos.

Etapa 1. Selecione o menu **Graph** e escolha **Dotplot**
Etapa 2. Selecione **One Y**, **Simple** e clique em **OK**
Etapa 3. Quando Dotplot-One Y aparece a caixa de diálogo Simple:
  Digite C1 na caixa **Graph Variables**
  Clique em **OK**

Histograma

Mostramos como construir um histograma com frequências no eixo vertical utilizando os dados do tempo de auditoria na Tabela 2.4. Os dados estão na coluna C1 de uma planilha do Minitab. As etapas a seguir gerarão um histograma para os tempos de auditoria.

Etapa 1. Selecione o menu **Graph**
Etapa 2. Escolha **Histogram**
Etapa 3. Quando aparecer a caixa de diálogo Histograms:
  Escolha **Simple** e clique em **OK**
Etapa 4. Quando aparecer a caixa de diálogo Histogram-Simple:
  Digite C1 na caixa **Graph Variables**

Clique em **OK**

Etapa 5. Quando o Histograma aparecer:[4]
    Posicione o ponteiro do mouse sobre qualquer uma das colunas
    Clique duas vezes

Etapa 6. Quando aparecer a caixa de diálogo Edit Bars:
    Clique na guia **Binning**
    Selecione **Cutpoint** para o Interval Type
    Selecione **Midpoint/Cutpoint positions** em Interval Definition
    Digite 10:35/5 na caixa **Midpoint/Cutpoint positions**
    Clique em **OK**

Note que o Minitab também fornece a opção de dimensionar o eixo x de modo que os valores numéricos apareçam nos pontos médios dos retângulos do histograma. Se esta opção for desejada, modifique a etapa 6 para incluir Select **Midpoint** para o Interval Type e digite 12:32/5 na caixa **Midpoint/Cutpoint positions**. Estas etapas fornecem o mesmo histograma com os pontos médios dos retângulos do histograma identificados como 12, 17, 22, 27 e 32.

Apresentação de ramos-e-folhas

Usamos os dados do teste de aptidão da Tabela 2.8 para demonstrar a construção de uma apresentação de ramos-e-folhas. Os dados estão na coluna C1 de uma planilha do Minitab. As etapas abaixo vão gerar a apresentação de ramos-e-folhas ampliada exibido na Seção 2.3.

Etapa 1. Selecione o menu **Graph**
Etapa 2. Escolha **Stem-and-Leaf**
Etapa 3. Quando a caixa de diálogo Stem-and-Leaf aparecer:
    Digite C1 na caixa **Graph Variables**
    Clique em **OK**

Diagrama de dispersão

Utilizamos os dados da loja de equipamentos de estéreo e som, na Tabela 2.12, para demonstrar a construção de um diagrama de dispersão. As semanas são numeradas de 1 a 10, na colunas C1, os dados para o número de comerciais estão na colunas C2 e os dados para as vendas estão na colunas C3 de uma planilha do Minitab. As etapas a seguir geram o diagrama de dispersão mostrado na Figura 2.7.

Etapa 1. Selecione o menu **Graph**
Etapa 2. Escolha **Scatterplot**
Etapa 3. Selecione **Simple** e clique em **OK**
Etapa 4. Quando a caixa de diálogo Scatterplot-Simple aparecer:
    Digite C3 sob **Y variables** e C2 sob **X variables**
    Clique em **OK**

Tabulação cruzada

Utilizamos os dados do *Guia de Restaurantes Zagat*, parte do qual é mostrada na Tabela 2.9, para demonstração. Os restaurantes são numerados de 1 a 300 na coluna C1 da planilha do Minitab. As avaliações de qualidade estão na coluna C2, e os preços das refeições na coluna C3.

O Minitab só cria uma tabulação cruzada para variáveis categorizadas, e o preço das refeições é uma variável quantitativa. Assim, precisamos primeiro codificar os dados do preço da refeição especificando a classe à qual pertence cada preço de refeição. As etapas a seguir codificarão os dados do preço da refeição a fim de criar quatro classes desses preços na coluna C4: US$ 10-19, US$ 20-29, US$ 30-39 e US$ 40-49.

---

[4] As Etapas 5 e 6 são opcionais, mas são apresentadas aqui para demonstrar a flexibilidade do usuário na exibição do histograma. A entrada 10: 35/5 na etapa 6 indica que 10 é o valor inicial para o histograma, 35 é o valor final para o histograma, e 5 é a amplitude da classe.

Etapa 1. Selecione o menu **Data**
Etapa 2. Escolha **Code**
Etapa 3. Escolha **Numeric to Text**
Etapa 4. Quando aparecer a caixa de diálogo Code-Numeric to Text:
  Digite C3 na caixa **Code data from columns**
  Digite C4 na caixa **Store coded data in columns**
  Digite 10:19 na primeira caixa **Original values** e US$ 10-19 na caixa adjacente **New**
  Digite 20:29 na segunda caixa **Original values** e US$ 20-29 na caixa adjacente **New**
  Digite 30:39 na terceira caixa **Original values** e US$ 30-39 na caixa adjacente **New**
  Digite 40:49 na quarta caixa **Original values** e US$ 40-49 na caixa adjacente **New**
  Clique em **OK**

Para cada preço de refeição na coluna C3 a categoria preço de refeição associada aparecerá agora na coluna C4. Podemos, então, desenvolver uma tabulação cruzada para as categorias de avaliação da qualidade e preço da refeição utilizando os dados nas colunas C2 e C4. As etapas a seguir criarão uma tabulação cruzada contendo as mesmas informações mostradas na Tabela 2.10.

Etapa 1. Selecione o menu **Stat**
Etapa 2. Escolha **Tables**
Etapa 3. Escolha **Cross Tabulation and Chi-Square**
Etapa 4. Quando aparecer a caixa de diálogo Cross Tabulation and Chi-Square:
  Digite C2 na caixa **Rows** e C4 na caixa **Columns**
  Selecione **Counts** sob Display
  Clique em **OK**

Apêndice 2.2   Uso do Excel para apresentações tabulares e gráficas

O Excel disponibiliza amplos recursos para a construção de resumos de dados tabulares e gráficos. Neste Apêndice, demonstramos como o Excel pode ser utilizado para construir uma distribuição de frequências, um gráfico de barras, gráfico de setores, histograma, diagrama de dispersão e uma tabulação cruzada. Demonstraremos três das mais importantes ferramentas do Excel para a análise de dados: Ferramentas de Gráficos, Gráfico Dinâmico e Tabela Dinâmica.

Abrindo DATAfiles no Excel

Inicie o Excel e use as seguintes etapas para abrir os DATAfiles para este livro.

> Em alguns computadores, a Etapa 3 pode ser Selecionado **This PC**.

Etapa 1. Clique na guia **Arquivo** na Faixa de Opções
Etapa 2. Selecione **Abrir**
Etapa 3. Selecione **Computador** ou (e este PC)
Etapa 4. Selecione **Procurar**
Etapa 5. Navegue na caixa de diálogo até localizar a pasta contendo o arquivo desejado, selecione o arquivo e clique em **Abrir**.

Nota: um atalho para abrir arquivos no Excel é localizar o arquivo e nele clicar duas vezes.

Distribuição de frequências e gráfico de barras para dados categorizados

Nesta seção, mostramos como o Excel pode ser utilizado para construir uma distribuição de frequências e um gráfico de barras para dados categorizados utilizando a ferramenta Gráficos Recomendados do

Softdrink

Excel. Ilustramos cada um deles utilizando os dados das compras de refrigerantes, na Tabela 2.1. Abra o DATAfile denominado Softdrink.

Etapa 1. Selecione qualquer célula no conjunto de dados (células A1:A51)
Etapa 2. Clique em **Inserir** na Faixa de Opções
Etapa 3. No grupo **Gráficos** clique em **Gráficos Recomendados**; aparece uma pré-visualização mostrando o gráfico de barras
Etapa 4. Clique em **OK**; o gráfico de barras aparecerá em uma nova planilha

A planilha na Figura 2.16 mostra o gráfico de barras para as 50 compras de refrigerantes criada seguindo essas etapas. Também são mostradas a distribuição de frequência e a caixa de diálogo de campos da Tabela Dinâmica, que foram criadas pelo Excel para construir o gráfico de barras. Assim, usando a ferramenta Gráficos Recomendados do Excel, você pode criar um gráfico de barras e uma distribuição de frequência ao mesmo tempo.

Você pode editar facilmente o gráfico de barras para exibir um título de gráfico diferente e adicionar títulos de eixos. Por exemplo, suponha que você gostaria de usar "Gráfico de Barras de Compras de Refrigerantes" como título do gráfico e inserir "Refrigerante" para o título do eixo horizontal e "Frequência" para o título do eixo vertical.

Etapa 1. Clique em **Título do Gráfico** e substitua por **Bar Chart of Soft Drink Purchases**
Etapa 2. Clique no botão **Elementos do Gráfico** + (localizado no canto superior direito do gráfico)
Etapa 3. Quando aparecer a lista dos elementos de gráfico:
  Clique em **Título dos Eixos** (cria espaços reservados para os títulos dos eixos)
Etapa 4. Clique no espaço horizontal reservado **Título dos Eixos** e substitua por **Soft Drink**
Etapa 5. Clique no espaço vertical reservado **Título dos Eixos** e substitua por **Frequency**

O gráfico de barras editado é mostrado na Figura 2.17.

Para apresentar um tipo diferente de gráfico, selecione o gráfico de barras (clicando em qualquer parte do gráfico) para exibir três guias (**Analisar**, **Design** e **Formatar**) localizadas na Faixa de Opções, sob o título **Ferramentas de Gráfico Dinâmico**. Clique na aba **Design** e escolha a opção **Alternar tipo de gráfico** para exibir a caixa de diálogo **Alternar tipo de gráfico**. Se, por exemplo, você quiser exibir um gráfico de setores, selecione **Pizza** e, em seguida, **OK** para exibir um gráfico de setores das compras de refrigerantes.

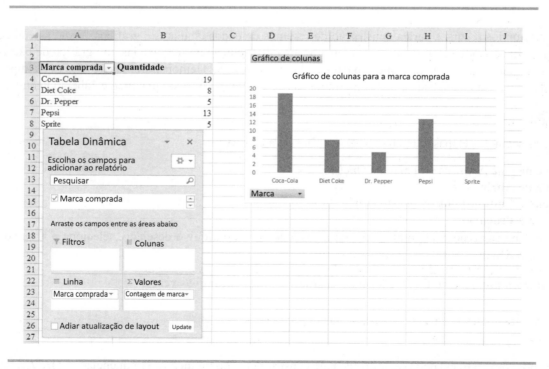

Se desejar, você pode remover os campos da Tabela Dinâmica do gráfico clicando com o botão direito do mouse em qualquer região do gráfico e selecionando **Ocultar todos os botões de campo do gráfico**.

FIGURA 2.16 Gráfico de barras das compras de refrigerantes construído com a ferramenta Gráficos Recomendados do Excel

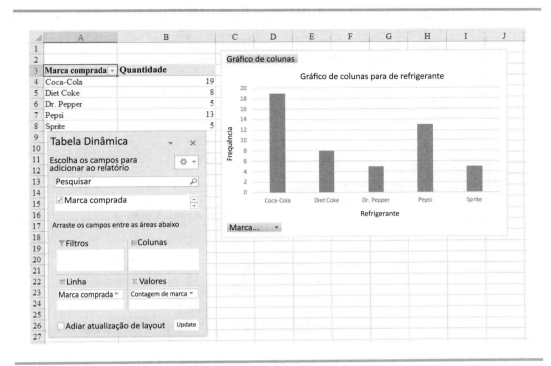

FIGURA 2.17 Gráfico de barras das compras de refrigerantes editado, construído com a ferramenta Gráficos Recomendados do Excel

Distribuição de frequência e histograma para dados quantitativos

O Relatório da Tabela Dinâmica do Excel é uma ferramenta interativa que permite rapidamente sintetizar dados de diversas maneiras, incluindo desenvolver uma distribuição de frequências para dados quantitativos. Assim que a distribuição de frequências for criada com o Relatório da Tabela Dinâmica, as ferramentas de gráfico do Excel podem, então, ser utilizadas para construir o histograma correspondente. Mas utilizando o Relatório da Tabela Dinâmica do Excel podemos construir uma distribuição de frequências e um histograma simultaneamente. Ilustraremos este procedimento utilizando os dados do tempo de auditoria da Tabela 2.4. O rótulo "Tempo de Auditoria" e os 20 valores do tempo de auditoria estão digitados nas células A1:A21 de uma planilha do Excel. As etapas a seguir descrevem como utilizar o Relatório da Tabela Dinâmica do Excel para construir uma distribuição de frequências e um histograma para os dados do tempo de auditoria. Consulte a Figura 2.18 à medida que descrevemos as etapas envolvidas.

Em uma seção posterior deste Apêndice descreveremos como usar o Relatório da Tabela Dinâmica, do Excel para construir uma tabulação cruzada.

DATA *file*
Audit

Etapa 1. Clique na guia **Inserir** na Faixa de Opções
Etapa 2. No grupo **Tabelas**, clique em **Tabela Dinâmica**
Etapa 3. Quando aparecer a caixa de diálogo Criar Tabela Dinâmica,
　　　　　Escolha **Selecionar uma tabela ou um intervalo**
　　　　　Digite A1:A21 na caixa **Tabela/Intervalo**
　　　　　Escolha **Planilha Existente** como a localização para a Tabela Dinâmica
　　　　　Digite C1 na caixa **Local**
　　　　　Clique em **OK**
Etapa 4. Na **Lista de Campos da Tabela Dinâmica**, vá para **Escolher os campos para adicionar ao relatório**
　　　　　Arraste o campo **Tempo de Auditoria** para a área **Linhas**
　　　　　Arraste o campo **Tempo de Auditoria** para a área **Valores**
Etapa 5. Clique em **Soma do Tempo de Auditoria** na área **Valores**
Etapa 6. Clique em **Configurações do Campo de Valor** na lista de opções que aparecer

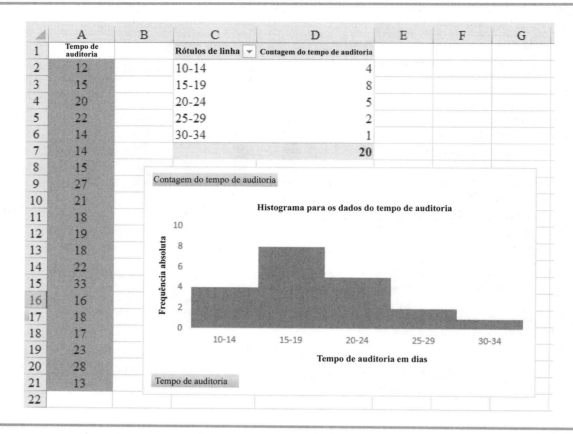

FIGURA 2.18 Uso do Relatório Gráfico Dinâmico do Excel para construir uma distribuição de frequência e um histograma para os dados do Tempo de Auditoria

Etapa 7. Quando aparecer a caixa de diálogo Configurações do Campo de Valor,
  Sob **Resumir campo de valor por**, escolha **Contagem**
  Clique em **OK**
Etapa 8. Fecha a **Lista de Campos da Tabela Dinâmica** clicando no X no canto superior direito.
Etapa 9. Clique com o botão direito do mouse na célula C2 ou em qualquer outra célula no relatório de Tabela Dinâmica contendo um tempo de auditoria
Etapa 10. Escolha **Agrupar** na lista de opções que aparecer
Etapa 11. Quando a caixa de diálogo Agrupamento aparecer,
  Digite 10 na caixa **Iniciar em**
  Digite 34 na caixa **Terminar em**
  Digite 5 na caixa **Por**
  Clique em **OK** (aparecerá uma Tabela Dinâmica)
Etapa 12. Clique dentro da Tabela Dinâmica resultante
Etapa 13. Clique na guia **Design** na Faixa de Opções sob o título **Ferramentas de Tabela Dinâmica**
Etapa 14. No grupo **Layouts de Gráfico**, clique no botão **Layout Rápido**
Etapa 15. Escolha **Layout 8**
Etapa 16. Clique no espaço horizontal **Título do Eixo** e substitua-o por **Tempo de Auditoria em Dias**
Etapa 17. Clique no espaço **Título do Eixo** e substitua-o por **Frequência**
Etapa 18. Clique no título e substitua-o por **Histograma dos Dados do Tempo de Auditoria**.[5]

---
[5] Na versão do Excel 2016 não aparecem as opções descritas nas etapas 14 a 19.

A Figura 2.18 mostra a tabela dinâmica e o gráfico dinâmico resultantes. Vemos que o Relatório de Tabela Dinâmica fornece uma distribuição de frequências para os dados do tempo de auditoria e o Relatório de Gráfico Dinâmico fornece o histograma correspondente. Se quisermos, podemos mudar os rótulos em quaisquer células na distribuição de frequências selecionando a célula e digitando um novo rótulo.

Tabulação cruzada

O Relatório de Tabela Dinâmica do Excel é um excelente meio de sintetizar os dados para duas ou mais variáveis simultaneamente. Ilustraremos o uso do Relatório de Tabela Dinâmica do Excel mostrando como desenvolver uma tabulação cruzada de avaliações de qualidade e preços de refeições para a amostra de 300 restaurantes em Los Angeles. Utilizaremos os dados no arquivo denominado Restaurant; os rótulos "Restaurante", "Avaliação de Qualidade" e "Preço da Refeição (US$)" foram inseridos nas células A1:C1 da planilha, como demonstrado na Figura 2.19. Os dados de cada um dos restaurantes na amostra foram inseridos nas células B2:C301.

A fim de utilizarmos o Relatório de Tabela Dinâmica para criar uma tabulação cruzada, precisamos realizar três tarefas: Exibir a Lista de Campos da Tabela Dinâmica Inicial e o Relatório de Tabela Dinâmica; Configurar a Lista de Campos da Tabela Dinâmica; e Finalizar o Relatório de Tabela Dinâmica. Estas tarefas são descritas a seguir.

Exibir a Lista de Campos da Tabela Dinâmica Inicial e o Relatório de Tabela Dinâmica: três etapas são necessárias para apresentar a Lista de Campos da Tabela Dinâmica Inicial e o Relatório de Tabela Dinâmica.

Etapa 1. Clique na guia **Inserir** na Faixa de Opções
Etapa 2. No grupo **Tabelas**, clique em **Tabela Dinâmica**
Etapa 3. Quando aparecer a caixa de diálogo **Criar Tabela Dinâmica**,
  Escolha **Selecionar uma tabela ou um intervalo**
  Digite A1:C301 na caixa **Tabela/Intervalo**
  Escolha **Nova Planilha** como o local para o Relatório de Tabela Dinâmica
  Clique em **OK**

A Lista de Campos da Tabela Dinâmica Inicial e o Relatório de Tabela Dinâmica resultantes são mostrados na Figura 2.20.

	A	B	C
1	Restaurante	Avaliação da qualidade	Preço das refeições ($)
2	1	Bom	18
3	2	Muito bom	22
4	3	Bom	28
5	4	Excelente	38
6	5	Muito bom	33
7	6	Bom	28
8	7	Muito bom	19
9	8	Muito bom	11
10	9	Muito bom	23
11	10	Bom	13
292	291	Muito bom	14
293	292	Muito bom	23
294	293	Excelente	24
295	294	Bom	45
296	295	Bom	18
297	296	Bom	17
298	297	Bom	16
299	298	Bom	15
300	299	Muito bom	38
301	300	Muito bom	31

Restaurant

Nota: As linhas 12-291 estão ocultas.

FIGURA 2.19 Planilha do Excel contendo dados do Restaurante

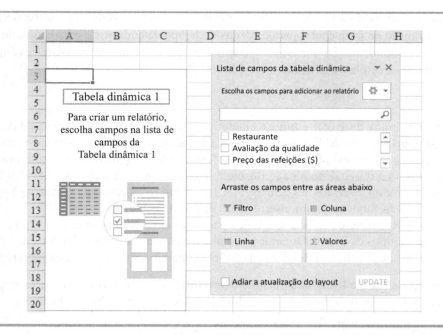

FIGURA 2.20 Lista de Campos da Tabela Dinâmica Inicial e Relatório de Campo da Tabela Dinâmica para os dados do Restaurante

Configurar a Lista de Campos da Tabela Dinâmica: cada uma das três colunas na Figura 2.19 (identificadas como Restaurante, Avaliação da Qualidade e Preços das Refeições (US$)) é considerada um campo pelo Excel. Os campos podem ser escolhidos para representar linhas, colunas ou valores no corpo do Relatório de Tabela Dinâmica. As etapas a seguir mostram como utilizar a Lista de Campos da Tabela Dinâmica do Excel para atribuir o campo Avaliação de Qualidade às linhas; o campo Preços das Refeições (US$) às colunas; e o campo Restaurante ao corpo do relatório de Tabela Dinâmica.

Etapa 1. Na caixa de diálogo **Campos da Tabela Dinâmica**, vá para **Escolher os campos para adicionar ao relatório**
  Arraste o campo **Avaliação da Qualidade** para a área **Linhas**
  Arraste o campo **Preços das Refeições (US$)** para a área **Barras**
  Arraste o campo **Restaurante** para a área **Valores**
Etapa 2. Clique em **Soma de Restaurante** na área **Valores**
Etapa 3. Clique em **Configurações do Campo de Valor** a partir da lista de opções que é exibida
Etapa 4. Quando aparecer a caixa de diálogo Configurações do Campo de Valor:
  Sob **Resumir campo de valor por**, escolha **Contagem**
  Clique em **OK**

A Figura 2.21 mostra a Lista de Campos da Tabela Dinâmica completa e uma parte da planilha com a Tabela Dinâmica como aparece agora.

Finalizar o Relatório de Tabela Dinâmica: para concluirmos o Relatório de Tabela Dinâmica, precisamos agrupar as colunas representando os Preços das Refeições e colocar os rótulos das linhas para a Avaliação de Qualidade na ordem apropriada. As etapas a seguir concluem isto.

Etapa 1. Clique com o botão direito na célula B4 ou em qualquer célula contendo os preços das refeições
Etapa 2. Escolha **Agrupar** na lista de opções que é exibida
Etapa 3. Quando aparecer a caixa de diálogo Agrupamento,
  Digite 10 na caixa **Iniciar em**
  Digite 49 na caixa **Finalizar em**
  Digite 10 na caixa **Por**

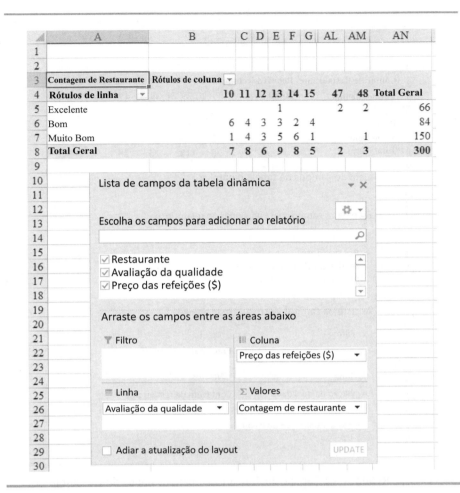

FIGURA 2.21 Lista de campos da Tabela Dinâmica Completa e uma parte do Relatório da Tabela Dinâmica para os dados do Restaurante (as barras H:AK estão ocultas)

Clique em **OK**

Etapa 4. Clique com o botão direito do mouse em **Excelente** na célula A5

Etapa 5. Escolha **Mover** e clique em **Mover "Excelente" para o Final**

O Relatório da Tabela Dinâmica final é mostrado na Figura 2.22. Note que ele fornece as mesmas informações que a tabulação cruzada mostrada na Tabela 2.10.

Diagrama de dispersão

Podemos utilizar o Assistente de Gráfico do Excel para construir um diagrama de dispersão e uma linha de tendência para os dados da loja de equipamentos de estéreo e som apresentados na Tabela 2.12. Consulte as Figuras 2.23 e 2.24 conforme as descrevemos nas etapas envolvidas. Utilizaremos o banco de dados denominado Stereo; os rótulos Semana, Nº de Comerciais e Volume de Vendas foram digitados nas células A1:C1 da planilha. Os dados para cada uma das 10 semanas foram digitados nas células B2:C11. As etapas a seguir descrevem como utilizar o Assistente de Gráfico do Excel para produzir um diagrama de dispersão para os dados.

DATA *file*
Stereo

Etapa 1. Selecione as células B1:C11

Etapa 2. Clique na guia **Inserir** na Faixa de Opções

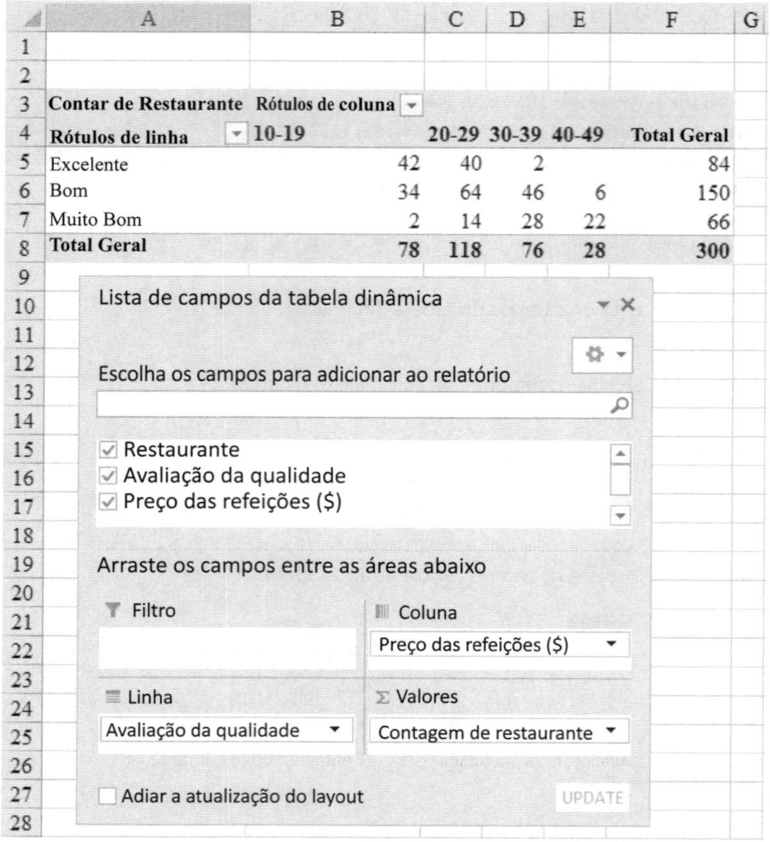

86 Estatística aplicada a administração e economia

	A	B	C	D	E	F	G
1							
2							
3	Contar de Restaurante	Rótulos de coluna ▾					
4	Rótulos de linha ▾	10-19	20-29	30-39	40-49	Total Geral	
5	Excelente		42	40	2		84
6	Bom		34	64	46	6	150
7	Muito Bom		2	14	28	22	66
8	Total Geral		78	118	76	28	300

Lista de campos da tabela dinâmica ▾ ✕

Escolha os campos para adicionar ao relatório

🔍

☑ Restaurante
☑ Avaliação da qualidade
☑ Preço das refeições ($)

Arraste os campos entre as áreas abaixo

▼ Filtro

▥ Coluna

Preço das refeições ($) ▾

≡ Linha

Avaliação da qualidade ▾

Σ Valores

Contagem de restaurante ▾

☐ Adiar a atualização do layout UPDATE

FIGURA 2.22   Relatório da Tabela Dinâmica Final para os dados do Restaurante

Etapa 3. No grupo **Gráficos**, clique em **Inserir Diagrama de Dispersão (X,Y) ou Gráfico de Bolhas** ⸬ ▾

Etapa 4. Quando aparecer a lista de subtipos do diagrama de dispersão, clique em **Dispersão** (o gráfico no campo superior esquerdo)

A planilha na Figura 2.23 mostra o diagrama de dispersão produzido utilizando estas etapas.

Você pode facilmente editar o diagrama de dispersão para exibir um título de gráfico diferente, adicionar títulos de eixos e exibir a linha de tendência. Por exemplo, suponha que você gostaria de usar "Diagrama de dispersão para a loja de equipamentos de som e estéreo" como título do gráfico e inserir "Número de comerciais" para o título do eixo horizontal e "Vendas (US$ 100)" para o título do eixo vertical

Etapa 1. Clique no **Título do Gráfico** e substitua-o por **Diagrama de dispersão para a loja de equipamentos de estéreo e som**

Etapa 2. Clique no botão **Elementos do Gráfico** ➕ (localizado ao lado do canto superior direito do gráfico)

Etapa 3. Quando aparecer a lista elementos do gráfico,
Clique em **Títulos do Eixo** (cria espaços para os títulos do eixo)
Clique em **Linhas de Grade** (para tirar a seleção da opção Linhas de Grade)
Clique em **Linha de Tendência**

Etapa 4. Clique no espaço do **Título do Eixo** horizontal e substitua-o por **Número de Comerciais**

Etapa 5. Clique no espaço do **Título do Eixo** vertical e substitua-o por **Vendas (US$ 100)**

Etapa 6. Para modificar a linha de tendência de uma linha tracejada para uma linha sólida, clique com o botão direito do mouse na linha de tendência e escolha a opção **Formatar Linha de Tendência**

Etapa 7. Quando aparecer a caixa de diálogo Formatar Linha de Tendência,

Estatística descritiva: métodos tabulares e métodos gráficos **87**

	A	B	C	D	E	F	G	H	I	J
1	Semana	Nº de comerciais	Vendas							
2	1	2	50							
3	2	5	57							
4	3	1	41							
5	4	3	54							
6	5	4	54							
7	6	1	38							
8	7	5	63							
9	8	3	48							
10	9	4	59							
11	10	2	46							

FIGURA 2.23 Diagrama de dispersão para a loja de equipamentos de estéreo e som utilizando o assistente de gráficos do Excel

Selecione a opção **Preencher & Linha**
Na caixa **Tipo de traço**, selecione **Sólido**
Feche a caixa de diálogo Formatar Linha de Tendência

O diagrama de dispersão e a linha de tendência editados são mostrados na Figura 2.24.

Gráfico de barras lado a lado

Podemos utilizar a ferramenta Gráficos Recomendados do Excel para construir um gráfico de barras lado a lado para os dados do restaurante, mostrados na Tabela 2.9. Os dados podem ser encontrados no DATAfile Restaurant. Assumimos que uma tabela dinâmica foi construída, como mostra a Figura 2.22. As etapas a seguir podem ser usadas para construir um gráfico de barras lado a lado dos resultados da tabela dinâmica.

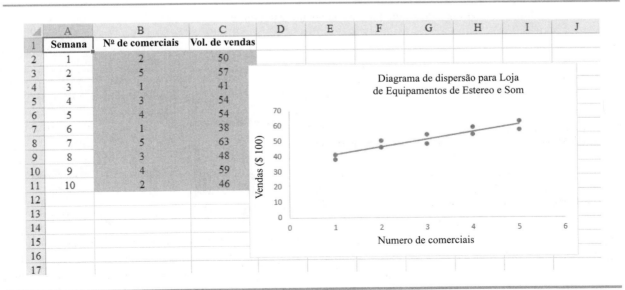

FIGURA 2.24 Diagrama de dispersão e linha de tendência para a loja de equipamentos de estéreo e som utilizando o assistente de gráficos do Excel

Etapa 1. Selecione qualquer célula na tabela dinâmica
Etapa 2. Clique na guia **Inserir** na Faixa de Opções
Etapa 3. No grupo **Tabelas**, clique em **Gráficos Recomendados**
Etapa 4. Quando o gráfico aparecer, você pode escolher o tipo de gráfico recomendado clicando em **OK** (como alternativa, você pode visualizar um tipo de gráfico diferente selecionando um dos outros tipos de gráficos apresentados no lado esquerdo da caixa de diálogo **Inserir Gráfico**)

A planilha na Figura 2.25 mostra o gráfico de barras lado a lado produzido utilizando estas etapas. Note que este não é o mesmo gráfico mostrado na Figura 2.9, uma vez que o eixo horizontal é a avaliação de qualidade, em vez do preço da refeição. No entanto, podemos facilmente mudar isso para coincidir com o gráfico na Figura 2.9 usando as seguintes etapas.

Etapa 1. Clique no gráfico
Etapa 2. Clique na guia **Design** na Faixa de Opções sob o título **Ferramentas da Tabela Dinâmica**
Etapa 3. No grupo **Dados** clique em **Alternar Linha/Coluna**

O novo gráfico aparece conforme mostra a Figura 2.26. Você pode facilmente editar o gráfico de barras lado a lado para exibir títulos de eixos como mostra a Figura 2.26 utilizando as seguintes etapas.

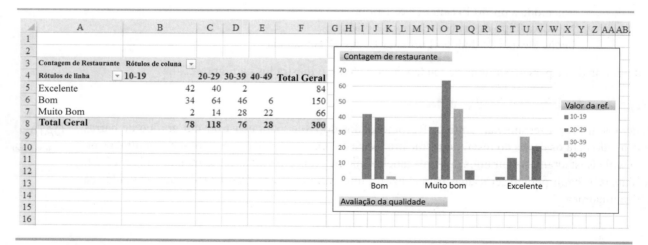

FIGURA 2.25 Gráfico de barras lado a lado para os dados do restaurante

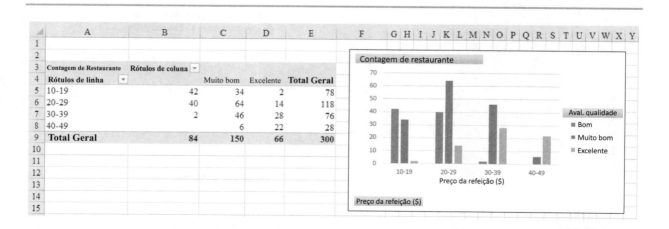

FIGURA 2.26 Gráfico de barras lado a lado editado para os dados do restaurante

Etapa 1. Clique no gráfico
Etapa 2. Clique no botão **Elementos do Gráfico** ➕ (localizado no canto superior direito do gráfico)
Etapa 3. Quando aparecer a lista de elementos do gráfico:
Clique em **Títulos dos Eixos** (cria espaços para os títulos dos eixos)
Etapa 4. Clique no espaço horizontal **Título do Eixo** e substitua-o por **Preço da Refeição (US$)**
Etapa 5. Clique no espaço vertical **Título do Eixo** e substitua-o por **Frequência**

Note que as cores das barras podem ser modificadas clicando-se na barra com o botão direito do mouse e escolhendo a cor desejada na opção **Preencher**.

Gráfico de barras empilhadas

Podemos usar a ferramenta Gráficos Recomendados do Excel para construir um gráfico de barras empilhadas para os dados do restaurante, mostrados na Tabela 2.9. Os dados podem ser encontrados no DATAfile Restaurant. As etapas a seguir mostram como construir uma Tabela Dinâmica baseada na porcentagem do total da coluna, conforme mostra a Tabela 2.15. Assumimos que uma Tabela Dinâmica foi construída como mostra a Figura 2.22.

Etapa 1. Selecione qualquer célula na Tabela Dinâmica
Etapa 2. Clique com o botão direito do mouse e selecione **Mostrar Valores Como**
Etapa 3. No menu suspenso Mostrar Valores Como, escolha **% do Total da Coluna**

A planilha na Figura 2.27 mostra nova tabela dinâmica que fornece porcentagens por total da coluna.
As etapas a seguir nos permitem criar um gráfico de barras empilhadas dos elementos desta tabela dinâmica.

Etapa 1. Selecione qualquer célula na Tabela Dinâmica
Etapa 2. Clique na guia **Inserir** na Faixa de Opções
Etapa 3. No grupo **Gráficos**, clique em **Gráficos Recomendados**
Etapa 4. Quando aparecer o gráfico de barras, escolha a terceira opção dos gráficos de barras mostrados (100% Barras Empilhadas) clique em **OK**

A planilha na Figura 2.27 mostra o gráfico de barras empilhadas resultante. Note que este não é o mesmo gráfico mostrado na Figura 2.10, uma vez que o eixo horizontal é avaliação de qualidade, e não preço da refeição. No entanto, podemos facilmente modificar isso para corresponder ao gráfico na Figura 2.10 utilizando as seguintes etapas.

Etapa 1. Clique no gráfico
Etapa 2. Clique na guia **Design** na Faixa de Opções sob o título **Ferramentas da Tabela Dinâmica**
Etapa 3. No grupo **Dados**, clique em **Alternar Linha/Coluna**

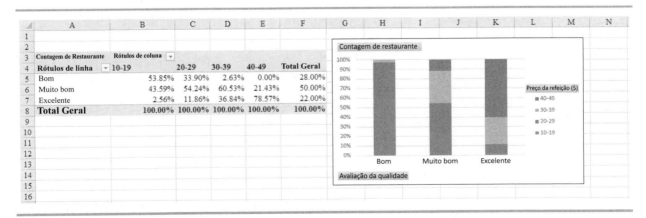

FIGURA 2.27 Gráfico de barras empilhadas para os dados do restaurante

O novo gráfico aparece conforme mostra a Figura 2.28. Além disso, você pode facilmente editar o gráfico de barras lado a lado para exibir o título do eixo horizontal como mostra a Figura 2.28 utilizando as seguintes etapas.

Etapa 1. Clique no gráfico
Etapa 2. Clique no botão **Elementos do Gráfico** + (localizado próximo do canto superior direito do gráfico)
Etapa 3. Quando a lista de elementos do gráfico aparecer,
Clique em **Títulos de Eixos** (cria espaços para os títulos de eixos)
Etapa 4. Clique no espaço **Título de Eixo** horizontal e substitua-o por **Preço da Refeição (US$)**
Etapa 5. Clique no espaço **Título de Eixo** e pressione a tecla Delete

Note que as cores das barras podem ser modificadas clicando-se com o botão direito do mouse na barra e escolhendo a cor desejada na opção **Preencher**.

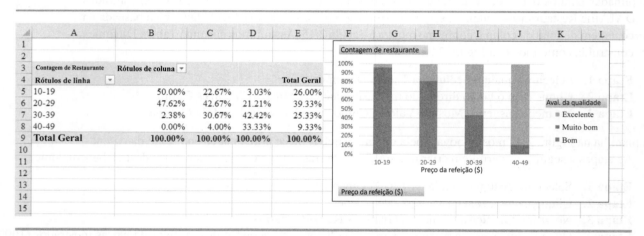

FIGURA 2.28 Gráfico de barras empilhadas editado para os dados do restaurante

CAPÍTULO 3

Estatística descritiva: medidas numéricas

CONTEÚDO

Estatística na prática: Small Fry Design

3.1 Medidas de posição
Média
Média ponderada
Mediana
Média geométrica
Moda
Percentis
Quartis

3.2 Medidas de variabilidade
Amplitude
Amplitude interquartil
Variância
Desvio padrão
Coeficiente de variação

3.3 Medidas da forma da distribuição, da posição relativa e detecção de valores atípicos (*outliers*)
Forma da distribuição
Escores-z
Teorema de Chebyshev
Regra empírica
Detecção de valores atípicos (*outliers*)

3.4 Regra dos cinco itens e diagramas em caixa (*boxplots*)
Regra dos cinco itens
Diagramas em caixa (*boxplots*)
Análise comparativa utilizando *boxplots*

3.5 Medidas de associação entre duas variáveis
Covariância
Interpretação da covariância
Coeficiente de correlação
Interpretação do coeficiente de correlação

3.6 Painéis de indicadores de dados (*dashboards*): adição de medidas numéricas para melhorar a interpretação

APÊNDICES

3.1 Estatística descritiva utilizando o Minitab

3.2 Estatística descritiva utilizando o Excel

ESTATÍSTICA na PRÁTICA

SMALL FRY DESIGN*
Santa Ana, Califórnia

Fundada em 1997, a Small Fry Design é uma empresa de brinquedos e acessórios que projeta e importa produtos para crianças. A linha de produtos da empresa inclui ursinhos de pelúcia, móbiles, brinquedos musicais, chocalhos e cobertores de segurança, caracterizando-se por projetos de brinquedos delicados de alta qualidade com ênfase nas cores e em textura e som. Os produtos são projetados nos Estados Unidos e fabricados na China.

A Small Fry Design utiliza representantes independentes para vender os produtos a varejistas que comercializam artigos infantis, lojas de roupas e acessórios para crianças, lojas de presentes, lojas de departamento de grande porte e grandes empresas que efetuam vendas por catálogo. Atualmente, os produtos da Small Fry Design são distribuídos em mais de mil canais de varejo em todo o território dos Estados Unidos.

O gerenciamento do fluxo de caixa é uma das atividades mais cruciais nas operações diárias desta empresa. Assegurar a entrada de caixa suficiente para satisfazer às obrigações de débito tanto atuais como futuras pode significar a diferença entre o sucesso e o fracasso do negócio. Um fator crucial no gerenciamento do fluxo de caixa é a análise e o controle das contas a receber. Ao calcular o período médio e o valor em dólares das faturas pendentes, os gestores podem prever a disponibilidade de caixa e monitorar as alterações na posição das contas a receber. A empresa estabeleceu as seguintes metas: o tempo médio das faturas pendentes não deve ultrapassar 45 dias, e o montante (em dólares) das faturas com mais de 60 dias não deve exceder 5% do montante (em dólares) de todas as contas a receber.

Em um resumo publicado recentemente a respeito da posição das contas a receber, foram apresentadas as seguintes estatísticas descritivas referentes ao tempo necessário para o recebimento das faturas:

Média	40 dias
Mediana	35 dias
Moda	31 dias

* Os autores agradecem John A. McCarthy, presidente da Small Fry Design, por fornecer esta Estatística na Prática.

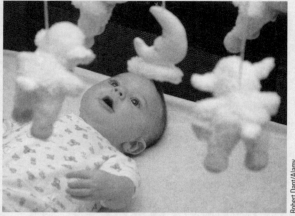

A Small Fry Design utiliza estatística descritiva para monitorar suas contas a receber e as entradas de fluxo de caixa.

A interpretação dessas estatísticas mostra que o período médio de uma fatura é de 40 dias. A mediana revela que metade das faturas permanece em pendência por 35 dias ou mais. A moda de 31 dias, que é o período mais frequente das faturas, indica que 31 dias é o período mais comum durante o qual uma fatura permanece pendente. O resumo estatístico mostrou também que somente 3% do montante (em dólares) de todas as contas a receber tinham mais do que 60 dias. Tendo como base a informação estatística, a gerência se convenceu de que as contas a receber e a entrada de caixa estavam sob controle.

Neste capítulo você aprenderá a calcular e interpretar algumas das medidas estatísticas usadas pela Small Fry Design. Além da média, mediana e moda, aprenderá outras estatísticas descritivas, como amplitude, variância, desvio padrão, percentis e correlação. Estas medidas numéricas vão ajudá-lo na compreensão e interpretação dos dados.

No Capítulo 2, discutimos os métodos tabulares e os métodos gráficos para sintetizar dados. Neste capítulo apresentamos diversas medidas numéricas que fornecem mais alternativas para sintetizar dados.

Iniciamos com o resumo de desenvolvimento de medidas numéricas para conjuntos de dados de uma única variável. Quando um conjunto de dados contém mais de uma variável, as mesmas medidas numéricas podem ser computadas separadamente para cada variável. Entretanto, no estudo simultâneo de duas variáveis, também desenvolveremos medidas da relação existente entre elas.

Medidas numéricas de posição, dispersão, forma e associação serão apresentadas. Quando essas medidas calculadas se referem aos dados de uma amostra são chamadas **estatísticas amostrais**. Se essas medidas se referirem aos dados de uma população são denominadas **parâmetros populacionais**. Em inferência estatística, uma estatística amostral refere-se a um **estimador pontual** do parâmetro populacional correspondente. No Capítulo 7 discutiremos mais detalhadamente o processo de estimação pontual.

Nos apêndices deste capítulo mostraremos como o Minitab e o Excel podem ser utilizados para calcular muitas das medidas numéricas aqui descritas.

Medidas de posição

Média

Talvez a medida de posição mais importante seja a **média**, ou o valor médio, de uma variável. A média constitui uma medida da posição central dos dados. Se os dados se referirem a uma amostra, a média é indicada por $\bar{x}$; se os dados corresponderem a uma população, a média é indicada pela letra grega μ.

A média é às vezes chamada de média aritmética.

Nas fórmulas estatísticas é habitual representar a primeira observação da variável x por x_1, o valor da segunda observação por x_2, e assim por diante. Em geral, o valor da i-ésima observação é indicado por x_i. Para uma amostra com n observações, a fórmula da média amostral é a seguinte:

MÉDIA AMOSTRAL

$$\bar{x} = \frac{\sum x_i}{n} \quad (3.1)$$

A média amostral $\bar{x}$ é uma estatística amostral.

Na fórmula acima, o numerador é a soma dos valores das n observações. Ou seja,

$$\sum x_i = x_1 + x_2 + \cdots + x_n$$

A letra grega Σ é o sinal de somatório.

Para ilustrar o cálculo de uma média amostral, vamos considerar os seguintes dados do tamanho da turma de estudantes de uma amostra de cinco cursos universitários:

$$46 \quad 54 \quad 42 \quad 46 \quad 32$$

Utilizamos a notação x_1, x_2, x_3, x_4 e x_5 para representar o número de estudantes em cada uma das cinco turmas.

$$x_1 = 46 \quad x_2 = 54 \quad x_3 = 42 \quad x_4 = 46 \quad x_5 = 32$$

Portanto, para calcularmos a média amostral podemos escrever

$$\bar{x} = \frac{\sum x_i}{n} = \frac{x_1 + x_2 + x_3 + x_4 + x_5}{5} = \frac{46 + 54 + 42 + 46 + 32}{5} = 44$$

A média das turmas da amostra é de 44 estudantes.

Para fornecer uma perspectiva visual da média e mostrar como ela pode ser influenciada por valores extremos, considere o gráfico de pontos para os dados de tamanho das turmas mostrados na Figura 3.1. Tratando o eixo horizontal utilizado para criar o gráfico de pontos como uma placa estreita e longa na qual cada um dos pontos tem o mesmo peso

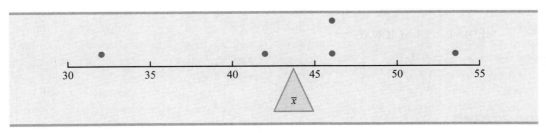

FIGURA 3.1 A média como o centro de equilíbrio para o gráfico de pontos referente aos dados do tamanho das turmas de estudantes

fixo, a média é o ponto no qual colocaríamos um pivô sob o quadro para equilibrar o gráfico de pontos. Este é o mesmo princípio pelo qual uma gangorra funciona em um parquinho, a única diferença é que a gangorra tem um pivô no meio, de modo que quando uma extremidade sobe a outra extremidade desce. No gráfico de pontos, estamos localizando o ponto de pivô com base na posição dos pontos. Agora, considere o que acontece com o equilíbrio se aumentarmos o maior valor de 54 para 114. Teremos que mover o pivô sob o novo gráfico de pontos em uma direção positiva para restabelecer o equilíbrio. Para determinar até que ponto teríamos que mudar o pivô, calculamos simplesmente a média amostral para os dados de tamanho das turmas revisados.

$$\bar{x} = \frac{\sum x_i}{n} = \frac{x_1 + x_2 + x_3 + x_4 + x_5}{5} = \frac{46 + 114 + 42 + 46 + 32}{5} = \frac{280}{5} = 56$$

Assim, a média para os dados dos tamanhos das turmas revisados é 56, um aumento de 12 estudantes. Em outras palavras, temos que deslocar o ponto de equilíbrio 12 unidades para a direita a fim de estabelecer o equilíbrio sob o novo gráfico de pontos

Outra ilustração do cálculo de uma média amostral é dada na situação a seguir. Suponha que o departamento de colocação profissional de uma universidade tenha enviado um questionário a uma amostra de graduados na faculdade de Administração solicitando informações acerca dos salários mensais iniciais. A Tabela 3.1 mostra os dados coletados. A média do salário mensal inicial para a amostra de 12 graduados na faculdade de Administração é calculada como

$$\bar{x} = \frac{\sum x_i}{n} = \frac{x_1 + x_2 + \cdots + x_{12}}{5}$$
$$= \frac{3.850 + 3.950 + \cdots + 3.880}{12}$$
$$= \frac{47.280}{12} = 3.940$$

TABELA 3.1 Salários mensais iniciais para uma amostra de 12 graduados na faculdade de Administração

2012StartSalary

Graduado	Salário mensal inicial (US$)	Graduado	Salário mensal inicial (US$)
1	3.850	7	3.890
2	3.950	8	4.130
3	4.050	9	3.940
4	3.880	10	4.325
5	3.755	11	3.920
6	3.710	12	3.880

A Equação (3.1) mostra como é calculada a média de uma amostra com n observações. A fórmula para calcular a média populacional permanece a mesma, mas usamos uma notação diferente para indicar que estamos trabalhando com a população inteira. O número de observações em uma população é denotado por N, e o símbolo para a média populacional é μ.

A média amostral $\bar{x}$ é um estimador pontual da média populacional μ.

MÉDIA POPULACIONAL

$$\bar{x} = \frac{\sum x_i}{N} \tag{3.2}$$

Média ponderada

Nas fórmulas para a média amostral e para a média populacional cada x_i recebe igual importância ou peso. Por exemplo, a fórmula para a média amostral pode ser escrita da seguinte forma:

$$\bar{x} = \frac{\sum x_i}{n} = \frac{1}{n}\left(\sum x_i\right) = \frac{1}{n}(x_1 + x_2 + \cdots + x_n) = \frac{1}{n}(x_1) + \frac{1}{n}(x_2) + \cdots + \frac{1}{n}(x_n)$$

Isto significa que cada observação na amostra recebe um peso de $1/n$. Embora essa prática seja mais comum, em alguns casos a média é calculada dando a cada observação um peso que reflete sua importância relativa. A média calculada dessa maneira é chamada **média ponderada**, seu cálculo é feito do seguinte modo:

MÉDIA PONDERADA

$$\bar{x} = \frac{\sum w_i x_i}{\sum w_i} \tag{3.3}$$

onde

$$w_i = \text{peso da observação } i$$

Quando os dados são de uma amostra, a Equação (3.3) fornece a média ponderada amostral. Quando os dados são de uma população, μ substitui $\bar{x}$, e esta equação fornece a média ponderada populacional.

Como exemplo da necessidade de obter uma média ponderada, considere a seguinte amostra de cinco aquisições de determinada matéria-prima ao longo dos últimos três meses:

Aquisição	Custo por quilo (US\$)	Número de quilos
1	3,00	1.200
2	3,40	500
3	2,80	2.750
4	2,90	1.000
5	3,25	800

Observe que o custo por quilo varia de US\$ 2,80 a US\$ 3,40 e a quantidade comprada, de 500 a 2.750 quilos. Suponha que um gestor tenha solicitado informações acerca do custo médio por quilo da matéria-prima. Uma vez que as quantidades encomendadas variam, precisamos usar a fórmula para a média ponderada. Os cinco valores de dados do custo por quilo são $x_1 = 3,00$, $x_2 = 3,40$, $x_3 = 2,80$, $x_4 = 2,90$ e $x_5 = 3,25$. A média ponderada do custo por quilo é encontrada ponderando-se cada custo por sua quantidade correspondente. Para este exemplo, os pesos são $w_1 = 1.200$, $w_2 = 500$, $w_3 = 2.750$, $w_4 = 1.000$ e $w_5 = 800$. Usando-se a Equação (3.3), a média ponderada é calculada da seguinte maneira:

$$\bar{x} = \frac{1.200(3,00) + 500(3,40) + 2.750(2,80) + 1.000(2,90) + 800(3,25)}{1.200 + 500 + 2.750 + 1.000 + 800}$$

$$= \frac{18.500}{6.250} = 2,96$$

Desta forma, o cálculo da média ponderada mostra que o custo por quilo de matéria-prima é US\$ 2,96. Note que o uso da Equação (3.1), em vez da fórmula da média ponderada, nesta equação nos forneceria resultados enganosos. Nesse caso, a média amostral dos cinco valores de custo por quilo é $(3,00 + 3,40 + 2,80 + 2,90 + + 3,25)/5 = 15,35/5 =$ US\$ 3,07, que superestimaria o custo médio real por quilo comprado.

A escolha dos pesos para o cálculo de uma média ponderada em particular depende da aplicação. Um exemplo muito conhecido dos universitários norte-americanos é o cálculo da média escolar, a *grade point average* (GPA). Neste cálculo, os valores de dados geralmente usados são 4 para a nota A, 3 para a nota B, 2 para a nota C, 1 para a nota D e 0 para a nota F. Os pesos são o número de horas-crédito conquistadas para cada nota. O Exercício 16 no fim desta seção apresenta um exemplo deste cálculo da média ponderada. Em outros cálculos de média ponderada quantidades como libras esterlinas, dólares ou volume são frequentemente utilizadas como pesos. De qualquer forma, quando as observações variam em termos de importância o analista deve escolher o peso que reflita melhor a importância de cada observação na determinação da média.

Mediana

Mediana é outra medida de posição central. A mediana é o valor central quando os dados são organizados em ordem crescente (do menor valor para o maior valor). Quando o número de observações é ímpar, a mediana é o valor que ocupa a posição central. Um número par de observações não tem nenhum número na posição central em particular. Nesse caso, seguimos a convenção de definir a mediana como a média dos valores correspondentes às duas observações centrais. Por conveniência, a definição de mediana é reformulada e enunciada da seguinte maneira:

> MEDIANA
>
> Organize os dados em ordem crescente (do menor valor para o maior valor).
>
> **(a)** Para um número ímpar de observações, a mediana é o valor que ocupa a posição central.
> **(b)** Para um número par de observações, a mediana é a média dos dois valores centrais.

Vamos aplicar esta definição para calcular a mediana do tamanho da turma da amostra de cinco cursos universitários. Organizando os dados em ordem crescente, obtemos a seguinte lista:

$$32 \quad 42 \quad 46 \quad 46 \quad 54$$

Uma vez que $n = 5$ é ímpar, a mediana é o valor central. Desse modo, a mediana do tamanho das turmas equivale a 46 estudantes. Embora esse conjunto de dados contenha duas observações com valores 46, cada observação é tratada separadamente quando organizamos os dados em ordem crescente.

Suponha também que calculemos a mediana do salário inicial dos 12 graduados na faculdade de Administração da Tabela 3.1. Primeiro, organizamos os dados em ordem crescente:

$$3.710 \quad 3.755 \quad 3.850 \quad 3.880 \quad 3.880 \quad \underbrace{3.890 \quad 3.920}_{\text{Os dois valores centrais}} \quad 3.940 \quad 3.950 \quad 4.050 \quad 4.130 \quad 4.325$$

Já que $n = 12$ é par, identificamos os dois valores centrais: 3.890 e 3.920. A mediana é a média desses dois valores.

$$\text{Mediana} = \frac{3.890 + 3.920}{2} = 3.905$$

O procedimento que utilizamos para calcular a mediana depende de se há um número ímpar ou um número par de observações. Vamos agora descrever uma abordagem mais conceitual e visual usando o salário inicial mensal para os 12 graduados em faculdades de administração. Como antes, começamos organizando os dados em ordem crescente.

$$3.710 \quad 3.755 \quad 3.850 \quad 3.880 \quad 3.880 \quad 3.890 \quad 3.920 \quad 3.940 \quad 3.950 \quad 4.050 \quad 4.130 \quad 4.325$$

Uma vez que os dados estão em ordem crescente, excluímos pares de valores extremos altos e baixos até que nenhum outro par de valores possa ser excluído sem eliminar completamente todos os dados. Por exemplo, após excluir a menor observação (3.710) e a observação mais alta (4.325), obtemos um novo conjunto de dados com 10 observações.

$$\cancel{3.710} \quad 3.755 \quad 3.850 \quad 3.880 \quad 3.880 \quad 3.890 \quad 3.920 \quad 3.940 \quad 3.950 \quad 4.050 \quad 4.130 \quad \cancel{4.325}$$

Em seguida, excluímos o próximo valor mais baixo (3.755) e o próximo valor mais alto (4.130) para produzir um novo conjunto de dados com oito observações.

$$\cancel{3.710} \quad \cancel{3.755} \quad 3.850 \quad 3.880 \quad 3.880 \quad 3.890 \quad 3.920 \quad 3.940 \quad 3.950 \quad 4.050 \quad \cancel{4.130} \quad \cancel{4.325}$$

Continuando este processo, obtemos os seguintes resultados.

$$\cancel{3.710} \quad \cancel{3.755} \quad \cancel{3.850} \quad 3.880 \quad 3.880 \quad 3.890 \quad 3.920 \quad 3.940 \quad 3.950 \quad \cancel{4.050} \quad \cancel{4.130} \quad \cancel{4.325}$$

$$\cancel{3.710} \quad \cancel{3.755} \quad \cancel{3.850} \quad \cancel{3.880} \quad 3.880 \quad 3.890 \quad 3.920 \quad 3.940 \quad \cancel{3.950} \quad \cancel{4.050} \quad \cancel{4.130} \quad \cancel{4.325}$$

$$\cancel{3.710} \quad \cancel{3.755} \quad \cancel{3.850} \quad \cancel{3.880} \quad \cancel{3.880} \quad 3.890 \quad 3.920 \quad \cancel{3.940} \quad \cancel{3.950} \quad \cancel{4.050} \quad \cancel{4.130} \quad \cancel{4.325}$$

Neste ponto não é possível mais nenhuma exclusão sem eliminar todos os dados. Então, a mediana é apenas a média dos dois valores restantes. Quando há um número par de observações, o processo de exclusão sempre resultará em dois valores restantes, e a média desses valores será a mediana. Quando houver um número ímpar de observações, o processo de exclusão sempre resultará em um valor final, que será a mediana. Assim, este método funciona se o número de observações for ímpar ou par.

Embora a média seja a medida mais comumente utilizada de posição central, em algumas situações a mediana é a preferida. A média é influenciada por valores de dados extremamente pequenos ou grandes. Por exemplo, suponha que o graduado com maior remuneração (veja a Tabela 3.1) tenha um salário inicial de US$ 10.000 por mês (talvez a família do indivíduo seja dona da empresa). Se mudarmos o maior salário inicial mensal na Tabela 3.1 de US$ 4.325 para US$ 10.000 e recalcularmos a média, a média amostral mudará de US$ 3.940 para US$ 4.413. A mediana de US$ 3.905, no entanto, permanece inalterada, porque US$ 3.890 e US$ 3.920 ainda são os dois valores intermediários. Com o salário inicial extremamente alto incluído, a mediana fornece uma medida melhor da posição central do que a média. Podemos generalizar e dizer que, sempre que um conjunto de dados contém valores extremos, a mediana é frequentemente a medida de posição central preferida.

> Mediana é a medida de posição mais frequentemente utilizada para dados de renda anual e valor patrimonial, porque algumas rendas ou valores patrimoniais extremamente elevados podem inflacionar a média. Nesses casos, a mediana é a medida de posição central preferível.

Média geométrica

Média geométrica é uma medida de posição calculada encontrando-se a enésima raiz do produto de *n* valores. A fórmula geral para a média geométrica, denotada por $\bar{x}_g$, está a seguir.

MÉDIA GEOMÉTRICA

$$\bar{x}_g = \sqrt[n]{(x_1)(x_2)\cdots(x_n)} = [(x_1)(x_2)\cdots(x_n)]^{1/n} \tag{3.4}$$

A média geométrica é frequentemente usada para analisar taxas de crescimento em dados financeiros. Nestes tipos de situações, a média aritmética ou o valor médio fornecerá resultados enganosos.

Para ilustrar o uso da média geométrica considere a Tabela 3.2, que mostra a porcentagem de retornos anuais, ou taxas de crescimento, para um fundo mútuo nos últimos 10 anos. Suponha que queremos calcular quanto US$ 100 investidos no fundo no início do ano 1 valeriam no final do ano 10. Vamos começar calculando o saldo no fundo no final do ano 1. Como a porcentagem de retorno anual para o ano 1 foi de –22,1%, o saldo do fundo no final do ano 1 seria

$$US\$\ 100 - 0{,}221(US\$\ 100) = US\$\ 100(1 - 0{,}221) = US\$\ 100(0{,}779) = US\$\ 77{,}90$$

TABELA 3.2 Retornos anuais percentuais e fatores de crescimento para os dados do fundo mútuo

Ano	Retorno (%)	Fator de crescimento
1	−22,1	0,779
2	28,7	1,287
3	10,9	1,109
4	4,9	1,049
5	15,8	1,158
6	5,5	1,055
7	−37,0	0,630
8	26,5	1,265
9	15,1	1,151
10	2,1	1,021

DATA *file*
MutualFund

98 Estatística aplicada a administração e economia

O fator de crescimento para cada ano é 1 mais 0,01 vezes o retorno percentual. Um fator de crescimento menor que 1 indica crescimento negativo, enquanto um fator de crescimento maior que 1 indica crescimento positivo. O fator de crescimento não pode ser menor que zero.

Note que 0,779 é identificado como o fator de crescimento para o ano 1 na Tabela 3.2. Este resultado mostra que podemos calcular o saldo no final do ano 1 multiplicando o valor investido no fundo no início do ano multiplicado uma vez pelo fator de crescimento do ano 1.

O saldo no fundo no final do ano 1, US$ 77,90, agora se torna o saldo inicial no ano 2. Então, com um retorno percentual anual para o ano 2 de 28,7%, o saldo no final do ano 2 seria

$$US\$ \ 77,90 + 0,287(US\$ \ 77,90) = US\$ \ 77,90(1 + 0,287) = US\$ \ 77,90(1,287) =$$
$$= US\$ \ 100,2573$$

Note que 1.287 é o fator de crescimento para o ano 2, e substituindo US$ 100(0,779) por US$ 77,90, vemos que o saldo no fundo no final do ano 2 é

$$US\$ \ 100(0,779)(1,287) = US\$ \ 100,2573$$

Em outras palavras, o saldo no final do ano 2 é apenas o investimento inicial no início do ano 1 multiplicado pelo produto dos dois primeiros fatores de crescimento. Este resultado pode ser generalizado para mostrar que o saldo no final do ano 10 é o investimento inicial multiplicado pelo produto de todos os 10 fatores de crescimento.

$$US\$ \ 100[(0,779)(1,287)(1,109)(1,049)(1,158)(1,055)(0,630)(1,265)(1,151)(1,021)] =$$

$$US\$ \ 100(1,334493) = US\$ \ 133,4493$$

A enésima raiz pode ser calculada utilizando-se a maioria das calculadoras ou a função potência no Excel. Por exemplo, utilizando o Excel, a 10ª raiz de 1,334493 = potência (1,334493; 1/10) ou 1,029275.

Assim, um investimento de US$ 100 no fundo no início do ano 1 valeria US$ 133,4493 no final do ano 10. Observe que o produto dos 10 fatores de crescimento é 1,334493. Logo, podemos calcular o saldo no final do ano 10 para qualquer quantia investida no início do ano 1, multiplicando o valor de investimento inicial por 1,334493. Por exemplo, um investimento inicial de US$ 2.500 no início do ano 1 valeria US$ 2.500 (US$ 1,334493) ou aproximadamente US$ 3.336 no final do ano 10.

Mas qual foi a porcentagem média de retorno anual ou taxa média de crescimento para este investimento no período de 10 anos? Vejamos como a média geométrica dos 10 fatores de crescimento pode ser usada para responder a esta questão. Como o produto dos 10 fatores de crescimento é 1,334493, a média geométrica é a raiz décima de 1,334493 ou

$$\overline{x}_g = \sqrt[10]{1,334493} = 1,029275$$

A média geométrica nos diz que os retornos anuais cresceram a uma taxa média anual de (1,029275 − 1) 100% ou 2,9275%. Em outras palavras, com uma taxa de crescimento anual média de 2,9275%, um investimento de US$ 100 no fundo no início do ano 1 cresceria para US$ $100(1,029275)^{10}$ = US$ 133,4493 no final de 10 anos.

É importante entender que a média aritmética dos retornos percentuais anuais não fornece a taxa de crescimento média anual para este investimento. A soma dos 10 retornos percentuais anuais da Tabela 3.2 é de 50,4. Assim, a média aritmética dos 10 retornos anuais percentuais é de 50,4/10 = 5,04%. Um corretor pode tentar convencê-lo a investir neste fundo afirmando que o retorno percentual médio anual foi de 5,04%. Tal declaração não é apenas enganosa, ela é imprecisa. Um retorno percentual anual médio de 5,04% corresponde a um fator médio de crescimento de 1,0504. Assim, se o fator de crescimento médio fosse realmente 1,0504, os US$ 100 investidos no fundo no início do ano 1 teriam crescido para US$ $100(1,0504)^{10}$ = US$ 163,51 ao final de 10 anos. Porém, usando os 10 retornos percentuais anuais da Tabela 3.2, mostramos que um investimento inicial de US$ 100 vale US$ 133,45 ao final de 10 anos. Ao afirmar que o retorno percentual médio anual é de 5,04% o corretor exagera grosseiramente o crescimento real desse fundo mútuo. O problema é que a média da amostra é apropriada apenas para um processo de adição. Para um processo de multiplicação, como aplicações envolvendo taxas de crescimento, a média geométrica é a medida de posição apropriada.

Embora as aplicações da média geométrica para problemas de finanças, investimentos e operações bancárias sejam particularmente comuns, a média geométrica deve ser aplicada sempre que você quiser determinar a taxa média de mudança ao longo de vários períodos sucessivos. Outras aplicações comuns incluem mudanças nas populações de espécies, rendimento de culturas, níveis de poluição e taxas de nascimento e morte. Observe também que a média geométrica pode ser aplicada a alterações que ocorrem em qualquer número de períodos sucessivos de qualquer extensão. Além das mudanças anuais, a média geométrica é frequentemente aplicada para encontrar a taxa média de variação em trimestres, meses, semanas e até dias.

Moda

Outra medida de posição é a **moda**, assim definida:

> **MODA**
> Moda é o valor que ocorre com maior frequência.

Para ilustrar a identificação da moda, considere a amostra dos cinco tamanhos de turma. O único valor que ocorre mais de uma vez é 46. Uma vez que esse valor tem a maior frequência, pois ocorre duas vezes, ele é a moda. Como outro exemplo, considere a amostra de salários iniciais dos graduados da faculdade de Administração. O único salário mensal inicial que ocorre mais de uma vez é US$ 3.880. Como este valor tem a maior frequência, ele é a moda.

Pode haver situações em que a maior frequência ocorra em dois ou mais valores diferentes. Nesses casos existe mais de uma moda. Se os dados tiverem exatamente duas modas, dizemos que são *bimodais*. Se tiverem mais de duas modas, os denominamos *multimodais*. Nos casos multimodais a moda quase nunca é considerada, porque relacionar três ou mais modas não seria muito útil para descrever a posição dos dados.

Percentis

Um **percentil** fornece informações sobre como os dados são distribuídos no intervalo, do menor ao maior valor. Para um conjunto de dados contendo n observações, o ***p*-ésimo percentil** divide os dados em duas partes: aproximadamente $p\%$ das observações são menores que o p-ésimo percentil e aproximadamente $(100 - p)\%$ das observações são maiores que p-ésimo percentil.

Faculdades e universidades frequentemente relatam resultados de testes de admissão em termos de percentis. Por exemplo, suponha que um candidato obtenha uma pontuação de 630 em matemática de um teste de admissão. A partir desta pontuação, pode não ser facilmente aparente o desempenho deste candidato em relação a outros que fizeram o mesmo teste. No entanto, se o escore de 630 corresponder ao 82º percentil, sabemos que aproximadamente 82% dos candidatos pontuaram abaixo deste indivíduo e aproximadamente 18% dos candidatos pontuaram mais alto que este indivíduo.

Para calcular o p-ésimo percentil para um conjunto de dados contendo n observações, devemos primeiro organizar os dados em ordem crescente (do menor para o maior valor). O menor valor está na posição 1, o valor menor seguinte está na posição 2, e assim por diante. A localização do p-ésimo percentil, denotada por L_p, é calculada utilizando-se a seguinte equação:

> POSIÇÃO DO P-ÉSIMO PERCENTIL
> $$L_p = \frac{p}{100}(n + 1)$$
> **(3.5)**

Diversos procedimentos podem ser usados para calcular a posição do p-ésimo percentil utilizando dados amostrais. Todos fornecem valores semelhantes, especialmente para grandes conjuntos de dados. O procedimento que mostramos aqui é aquele empregado pela função PERCENTIL.EXC, do Excel, bem como por vários outros pacotes de software estatísticos.

Quando encontramos a posição do valor do p-ésimo percentil, temos as informações necessárias para calcular o p-ésimo percentil.

Para ilustrar o cálculo do p-ésimo percentil, calculamos o 80º percentil para os dados dos salários iniciais na Tabela 3.1. Começamos organizando a amostra de 12 salários iniciais em ordem crescente.

	3.710	3.755	3.850	3.880	3.880	3.890	3.920	3.940	3.950	4.050	4.130	4.325
Posição	1	2	3	4	5	6	7	8	9	10	11	12

A posição de cada observação nos dados classificados é mostrada diretamente abaixo do seu valor. Por exemplo, o menor valor (3.710) está na posição 1, o menor valor seguinte (3.755) está na posição 2, e assim por diante. Utilizando a Equação (3.5) com $p = 80$ e $n = 12$, a posição do 80º percentil é

$$L_{80} = \frac{p}{100}(n + 1) = \left(\frac{80}{100}\right)(12 + 1) = 10,4$$

100 Estatística aplicada a administração e economia

A interpretação de $L_{80} = 10,4$ é que o 80º percentil está a 40% do caminho entre o valor na posição 10 e o valor na posição 11. Em outras palavras, o 80º percentil é o valor na posição 10 (4.050) mais 0,4 vezes a diferença entre o valor na posição 11 (4.130) e o valor na posição 10 (4.050). Assim, o 80º percentil é

$$80^{\circ} \text{ percentil} = 4.050 + 0,4(4.130 - 4.050) = 4.050 + 0,4(80) = 4.082$$

Vamos agora calcular o 50º percentil para os dados do salário inicial. Com $p = 50$ e $n = 12$, a posição do 50º percentil é

$$L_{50} = \frac{p}{100}(n + 1) = \left(\frac{50}{100}\right)(12 + 1) = 6,5$$

Com $L_{50} = 6,5$, vemos que o 50º percentil está a 50% do caminho entre o valor na posição 6 (3.890) e o valor na posição 7 (3.920). Assim, o 50º percentil é

$$50^{\circ} \text{ percentil} = 3.890 + 0,5(3.920 - 3.890) = 3.890 + 0,5(30) = 3.905$$

Note que o *50º percentil é também a mediana.*

Quartis

Quartis são apenas percentis específicos; assim, as etapas para calcular percentis podem ser aplicadas diretamente no cálculo dos quartis.

Muitas vezes, é desejável dividir os dados em quatro partes, tendo cada parte aproximadamente um quarto, ou 25% das observações. Os pontos da divisão denominam-se **quartis** e são definidos como:

Q_1 = o primeiro quartil, ou 25º percentil

Q_2 = o segundo quartil, ou 50º percentil (também, a mediana)

Q_3 = o terceiro quartil, ou 75º percentil

Como os quartis são percentis específicos, o procedimento para calcular os percentis pode ser usado para calcular os quartis.

Para ilustrar o cálculo dos quartis para um conjunto de dados que consiste de n observações, calcularemos os quartis para os dados dos salários iniciais na Tabela 3.1. Anteriormente, mostramos que o 50º percentil para os dados salariais iniciais é 3.905; assim, o segundo quartil (mediana) é $Q_2 = 3.905$. Para calcular o primeiro e terceiro quartis, devemos encontrar o 25º e o 75º percentil. Os cálculos estão a seguir.

Para $Q1$,

$$L_{25} = \frac{p}{100}(n + 1) = \left(\frac{25}{100}\right)(12 + 1) = 3,25$$

O primeiro quartil, ou 25º percentil, está a 0,25 do caminho entre o valor na posição 3 (3.850) e o valor na posição 4 (3.880). Assim,

$$Q_1 = 3.850 + 0,25(3.880 - 3.850) = 3.850 + 0,25(30) = 3.857,5$$

Para Q_3,

$$L_{75} = \frac{p}{100}(n + 1) = \left(\frac{75}{100}\right)(12 + 1) = 9,75$$

O terceiro quartil, ou 75º percentil, é 0,75 do caminho entre o valor na posição 9 (3.950) e o valor na posição 10 (4.050). Desse modo,

$$Q_3 = 3.950 + 0,75(4.050 - 3.950) = 3.950 + 0,75(100) = 4.025$$

Os quartis dividem os dados do salário inicial em quatro partes, com cada parte contendo 25% das observações.

```
     25% dos dados              25% dos dados              25% dos dados              25% dos dados
   ⌒‾‾‾‾‾‾‾‾‾‾‾‾⌒            ⌒‾‾‾‾‾‾‾‾‾‾‾‾⌒            ⌒‾‾‾‾‾‾‾‾‾‾‾‾⌒            ⌒‾‾‾‾‾‾‾‾‾‾‾‾⌒
```

3.710   3.755   3.850 | 3.880   3.880   3.890 | 3.920   3.940   3.950 | 4.050   4.130   4.325

$Q_1 = 3.857,5$ $Q_2 = 3.905$ $Q_3 = 4.025$
                       (Mediana)

Definimos os quartis como o 25º, o 50º e o 75º percentis. Assim, calculamos os quartis da mesma maneira que calculamos os percentis. Entretanto, às vezes são utilizadas outras convenções para calcular os quartis, e os valores reais atribuídos aos quartis podem variar ligeiramente, dependendo da convenção utilizada. Contudo, o objetivo de todos os procedimentos para se calcular quartis é dividir os dados em quatro partes que contêm o mesmo número de observações.

NOTAS E COMENTÁRIOS

1. É melhor usar a mediana do que a média como medida de posição central quando um conjunto de dados contém valores extremos. Outra medida, às vezes utilizada quando se tem valores extremos, é a média aparada. Ela é obtida excluindo-se um percentual dos menores e maiores valores de um conjunto de dados e calculando-se a média dos valores restantes. Por exemplo, a média aparada de 5% é obtida eliminando-se os 5% dos menores valores e os 5% dos maiores valores e calculando-se depois a média dos valores restantes. Ao usarmos a amostra com $n = 12$ salários iniciais, teremos $0,05(12) = 0,6$. O arredondamento deste valor para 1 indica que a média aparada de 5% é obtida eliminando-se o menor valor e o maior valor e depois calculando-se a média dos 10 valores restantes. Para os dados dos salários iniciais, a média aparada de 5% é 3.924,50.

2. Outros percentis comumente utilizados são os quintis (20º, 40º, 60º e 80º percentis) e os decis (10º, 20º, 30º, 40º, 50º, 60º, 70º, 80º e 90º percentis).

Exercícios

Métodos

1. Considere uma amostra com os valores 10, 20, 12, 17 e 16. Calcule a média e a mediana.
2. Considere uma amostra com os valores 10, 20, 21, 17, 16 e 12. Calcule a média e a mediana.
3. Considere os seguintes dados e os pesos correspondentes.

x_i	Peso (w_i)
3,2	6
2,0	3
2,5	2
5,0	8

   a. Calcule a média ponderada.
   b. Calcule a média amostral dos quatro valores de dados sem ponderar. Note a diferença nos resultados obtidos pelos dois cálculos.

4. Considere os seguintes dados.

Período	Taxa de retorno (%)
1	−6,0
2	−8,0
3	−4,0
4	2,0
5	5,4

Qual é a taxa de crescimento médio nestes cinco períodos?

5. Considere uma amostra com os valores 27, 25, 20, 15, 30, 34, 28 e 25. Calcule o 20º, 25º, 65º e 75º percentis.
6. Considere uma amostra com os valores 53, 55, 70, 58, 64, 57, 53, 69, 57, 68 e 53. Calcule a média, a mediana e a moda.

Aplicações

7. O tempo médio, em minutos, que os norte-americanos demoram para chegar ao trabalho é de 27,7 minutos (*Sterling's Best Places*, 13 de abril de 2012). O tempo médio de percurso em minutos para 48 cidades é o seguinte:

Albuquerque	23,3	Jacksonville	26,2	Phoenix	28,3
Atlanta	28,3	Kansas City	23,4	Pittsburgh	25,0
Austin	24,6	Las Vegas	28,4	Portland	26,4
Baltimore	32,1	Little Rock	20,1	Providence	23,6
Boston	31,7	Los Angeles	32,2	Richmond	23,4
Charlotte	25,8	Louisville	21,4	Sacramento	25,8
Chicago	38,1	Memphis	23,8	Salt Lake City	20,2
Cincinnati	24,9	Miami	30,7	San Antonio	26,1
Cleveland	26,8	Milwaukee	24,8	San Diego	24,8
Columbus	23,4	Minneapolis	23,6	São Francisco	32,6
Dallas	28,5	Nashville	25,3	San Jose	28,5
Denver	28,1	Nova Orleans	31,7	Seattle	27,3
Detroit	29,3	Nova York	43,8	St. Louis	26,8
El Paso	24,4	Oklahoma	22,0	Tucson	24,0
Fresno	23,0	Orlando	27,1	Tulsa	20,1
Indianápolis	24,8	Filadélfia	34,2	Washington, D.C.	32,8

a. Qual é o tempo médio de percurso para estas 48 cidades?
b. Calcule a mediana do tempo de percurso.
c. Calcule a moda.
d. Calcule o terceiro quartil.

8. O *Wall Street Journal* informou que o salário médio para os cargos de gestor de nível médio era de aproximadamente US$ 85.000 (*The Wall Street Journal*, 6 de agosto de 2013). Suponha que um estudo independente de gestores de nível médio empregados em companhias localizadas em Atlanta, Geórgia, fosse conduzido para comparar os salários dos gestores que trabalham nestas companhias com a média nacional. Os dados a seguir mostram o salário, em milhares de dólares, para uma amostra de 15 gestores de nível médio.

108   83   106   73   53   85   80   63   67   75   124   55   93   118   77

a. Calcule a mediana do salário para a amostra de 15 gestores de nível médio. Como a mediana para este grupo se compara à mediana relatada pelo *The Wall Street Journal*?
b. Calcule a média anual do salário e discuta como e por que difere da mediana calculada no item (a).
c. Calcule o primeiro e o terceiro quartis.

9. Quais empresas gastam mais dinheiro em publicidade? A *Business Insider* mantém uma lista das empresas que mais gastam. Em 2014, a Procter & Gamble gastou mais do que qualquer outra empresa, US$ 5 bilhões. Em segundo lugar ficou a Comcast, que gastou US$ 3,08 bilhões (site da *Business Insider*, dezembro de 2014). As 12 empresas que mais investiram e o valor que cada uma gastou em publicidade em bilhões de dólares são as seguintes.

Companhia	Publicidade (US$ bilhões)	Companhia	Publicidade (US$ bilhões)
Procter & Gamble	5,00	American Express	2,19
Comcast	3,08	General Motors	2,15
AT&T	2,91	Toyota	2,09
Ford	2,56	Fiat Chrysler	1,97
Verizon	2,44	Walt Disney Company	1,96
L'Oreal	2,34	J. P. Morgan	1,88

a. Qual é a quantia média gasta com publicidade?
b. Qual é a mediana da quantia gasta com publicidade?
c. Quais são o primeiro e o terceiro quartis?

10. Durante um período de nove meses, o OutdoorGearLab testou jaquetas resistentes, projetadas para escalada no gelo, montanhismo e também para uso por mochileiros. Com base na facilidade de ventilação, durabilidade, versatilidade,

nas características específicas, na mobilidade e no peso de cada jaqueta, uma classificação geral variando de 0 (menor) a 100 (maior) foi atribuída a cada jaqueta testada. Os dados a seguir mostram os resultados de 20 jaquetas de primeira linha (site do OutdoorGearLab, 27 de fevereiro de 2013).

| 42 | 66 | 67 | 71 | 78 | 62 | 61 | 76 | 71 | 67 |
| 61 | 64 | 61 | 54 | 83 | 63 | 68 | 69 | 81 | 53 |

a. Calcule a média, a mediana e a moda.
b. Calcule o primeiro e o terceiro quartis.
c. Calcule e interprete o 90º percentil.

11. De acordo com a National Education Association (NEA), os professores geralmente gastam mais de 40 horas por semana trabalhando em funções instrucionais (site da NEA, abril de 2012). Os dados a seguir mostram o número de horas trabalhadas por semana para uma amostra de 13 professores de Ciências e 11 professores de Inglês do Ensino Médio.

Professores de Ciências do Ensino Médio: 53 56 54 54 55 58 49 61 54 54 52 53 54
Professores de Inglês do Ensino Médio: 52 47 50 46 47 48 49 46 55 44 47

a. Qual é a mediana do número de horas trabalhadas por semana para a amostra dos 13 professores de Ciências?
b. Qual é a mediana do número de horas trabalhadas por semana para a amostra dos 11 professores de Inglês?
c. Qual grupo tem a maior mediana do número de horas trabalhadas por semana? Qual é a diferença entre as duas medianas do número de horas trabalhadas por semana?

12. *The Big Bang Theory*, uma comédia com Johnny Galecki, Jim Parsons e Kaley Cuoco-Sweeting, é um dos programas mais assistidos na televisão. Os dois primeiros episódios da temporada 2011-2012 estrearam em 22 de setembro de 2011; o primeiro episódio atraiu 14,1 milhões de telespectadores, e o segundo, 14,7 milhões. A tabela a seguir mostra o número de espectadores, em milhões, dos primeiros 21 episódios da temporada 2011-2012 (site do seriado *The Big Bang Theory*, 17 de abril de 2012).

Data de transmissão	Telespectadores (milhões)	Data de transmissão	Telespectadores (milhões)
22 de setembro de 2011	14,1	12 de janeiro 2012	16,1
22 de setembro de 2011	14,7	19 de janeiro 2012	15,8
29 de setembro de 2011	14,6	26 de janeiro 2012	16,1
6 de outubro de 2011	13,6	2 de fevereiro 2012	16,5
13 de outubro de 2011	13,6	9 de fevereiro 2012	16,2
20 de outubro de 2011	14,9	16 de fevereiro 2012	15,7
27 de outubro de 2011	14,5	23 de fevereiro 2012	16,2
3 de novembro 2011	16,0	8 de março de 2012	15,0
10 de novembro 2011	15,9	29 de março de 2012	14,0
17 de novembro 2011	15,1	5 de abril de 2012	13,3
8 de dezembro 2011	14,0		

a. Calcule o número mínimo e máximo de telespectadores.
b. Calcule a média, a mediana e a moda.
c. Calcule o primeiro e o terceiro quartis.
d. A audiência aumentou ou diminuiu ao longo da temporada 2011-2012? Analise.

13. Em um teste automobilístico de distância percorrida e consumo de gasolina, 13 automóveis foram avaliados. Cada um percorreu 300 milhas em trechos urbanos e rodoviários. O desempenho do consumo de combustível, mostrado a seguir, foi medido em milhas por galão.

| *Cidade*: | 16,2 | 16,7 | 15,9 | 14,4 | 13,2 | 15,3 | 16,8 | 16,0 | 16,1 | 15,3 | 15,2 | 15,3 | 16,2 |
| *Rodovia*: | 19,4 | 20,6 | 18,3 | 18,6 | 19,2 | 17,4 | 17,2 | 18,6 | 19,0 | 21,1 | 19,4 | 18,5 | 18,7 |

Use a média, a mediana e a moda para explicar a diferença de desempenho quando se dirige na cidade e na rodovia.

14. Os dados contidos no arquivo denominado StateUnemp mostram as taxas de desemprego de março de 2011 e março de 2012 para todos os estados e o distrito de Columbia (site do Ministério do Trabalho e Estatísticas, 20 de abril de 2012). Para comparar as taxas de desemprego de março de 2011 com as de março de 2012, calcule o primeiro quartil, a mediana e o terceiro quartil para os dados sobre desemprego de março de 2011 e março de 2012. O que estas estatísticas sugerem sobre a mudança nas taxas de desemprego nos estados?

15. A Martinez Auto Supplies tem lojas varejistas localizadas em oito cidades da Califórnia. O preço que cobram por determinado produto em cada cidade varia devido a diferentes condições de concorrência. Por exemplo, a seguir, está o preço cobrado pela embalagem de uma popular marca de óleo para motores em cada cidade. Também é mostrado o número de unidades que a Martinez Auto vendeu no último trimestre em cada cidade.

Cidade	Preço (US$)	Vendas (casos)
Bakersfield	34,99	501
Los Angeles	38,99	1.425
Modesto	36,00	294
Oakland	33,59	882
Sacramento	40,99	715
San Diego	38,59	1.088
São Francisco	39,59	1.644
San Jose	37,99	819

Calcule o preço médio das vendas deste produto no último trimestre.

16. A média das notas para estudantes universitários é baseada em um cálculo de média ponderada. Para a maioria das faculdades, as notas recebem os seguintes valores: A (4), B (3), C (2), D (1) e F (0). Depois de 60 horas de crédito por trabalho no curso, um estudante da State University ganhou 9 horas de crédito da nota A, 15 horas de crédito de B, 33 horas de crédito de C e 3 horas de crédito de D.
    a. Calcule a média das notas deste aluno.
    b. Os alunos na State University devem manter uma média de notas de 2,5 para suas primeiras 60 horas de crédito de trabalho em curso, para que sejam admitidos na faculdade de Administração. Este estudante será admitido?

17. A tabela a seguir mostra o retorno total e o número de fundos para quatro categorias de fundos mútuos.

Tipo de fundo	Número de fundos	Retorno total (%)
Capital Próprio Nacional	9.191	4,65
Capital Próprio Internacional	2.621	18,15
Ações Especializadas	1.419	11,36
Híbrido	2.900	6,75

a. Usando o número de fundos como pesos, calcule a média ponderada do retorno total para esses fundos mútuos.
b. Existe alguma dificuldade associada ao uso do "número de fundos" como pesos no cálculo da média ponderada do retorno total no item (a)? Analise. O que mais pode ser utilizado como peso?
c. Suponha que você investiu US$ 10.000 neste grupo de fundos mútuos e diversificou o investimento colocando US$ 2.000 em fundos de Capital Próprio Nacional; US$ 4.000 em fundos de Capital Próprio Internacional; US$ 3.000 em fundos de Ações Especializadas; e US$ 1.000 em fundos Híbridos. Qual é o retorno esperado no portfólio?

18. Com base em um estudo de programas de mestrado em Administração Corporativa, revistas como a *U.S. News & World Report* classificaram faculdades de Administração nos Estados Unidos. Em parte, esta classificação teve como base os estudos feitos pelos reitores e os recrutadores corporativos. Foi solicitado a cada respondente do estudo que avaliasse a qualidade acadêmica geral do programa de mestrado, com uma escala de 1 "ruim" a 5 "excelente". Utilize a amostra das respostas a seguir para calcular a média ponderada da pontuação dada pelos reitores de universidades e pelos recrutadores corporativos. Analise.

Avaliação da qualidade	Reitores das faculdades	Recrutadores corporativos
5	44	31
4	66	34
3	60	43
2	10	12
1	0	0

19. A receita anual da Corning Supplies cresceu 5,5% em 2010, 1,1% em 2011, −3,5% em 2012, −1,1% em 2013 e 1,8% em 2014. Qual é a taxa média de crescimento anual durante este período?

20. Suponha que no início de 2004 você investiu US$ 10.000 no fundo mútuo Stivers e US$ 5.000 no fundo mútuo Trippi. O valor de cada investimento no final de cada ano subsequente é fornecido na tabela a seguir. Qual fundo mútuo teve melhor desempenho?

Ano	Stivers	Trippi
2004	11.000	5.600
2005	12.000	6.300
2006	13.000	6.900
2007	14.000	7.600
2008	15.000	8.500
2009	16.000	9.200
2010	17.000	9.900
2011	18.000	10.600

21. Se o valor de um ativo cair de US$ 5.000 para US$ 3.500 em nove anos, qual é a taxa média de crescimento anual do valor do ativo nesses nove anos?

22. O valor atual de uma empresa é de US$ 25 milhões. Se o valor da empresa há seis anos fosse de US$ 10 milhões, qual seria a média anual da taxa de crescimento da companhia nos últimos seis anos?

3.2 Medidas de variabilidade

Além das medidas de posição, geralmente é desejável considerar as medidas de variabilidade, ou de dispersão. Por exemplo, suponha que você é um agente de compras de uma grande empresa de manufatura e que regularmente faz pedidos a dois fornecedores diferentes. Depois de vários meses de operação, você descobre que o número médio de dias necessários para se concluir os pedidos é de dez dias para ambos os fornecedores. Os histogramas que sintetizam o número de dias úteis para que os fornecedores concluam os pedidos são mostrados na Figura 3.2. Apesar de o número médio de dias ser dez para ambos os fornecedores, os dois demonstram o mesmo grau de confiabilidade quanto a efetuarem as entregas no prazo devido? Note a dispersão, ou a variabilidade, dos prazos de entrega indicados pelos histogramas. Qual fornecedor você preferiria?

A variabilidade no tempo de entrega cria incerteza para o planejamento da produção. Os métodos desta seção ajudam a medir e a entender a variabilidade.

Para a maioria das empresas, receber matérias-primas e suprimentos no prazo programado é importante. Os prazos de entrega de sete ou oito dias mostrados para a J. C. Clark Distributors poderiam ser vistos favoravelmente; entretanto, algumas das entregas que levam de 13 a 15 dias poderiam ser desastrosas considerando manter a mão de obra ocupada e a produção dentro do prazo determinado. Este exemplo ilustra uma situação na qual a variabilidade nos prazos de entrega pode ter uma importância fundamental na escolha de um fornecedor. Para a maioria dos agentes de compras,

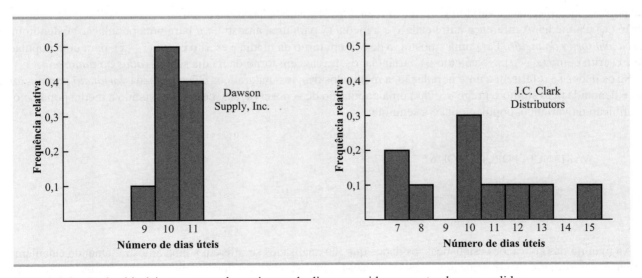

FIGURA 3.2 Dados históricos mostrando o número de dias requeridos para atender aos pedidos

106 Estatística aplicada a administração e economia

a menor variabilidade apresentada pela Dawson Supply, Inc. tornaria esse fornecedor o preferível. Voltemos agora à análise de algumas medidas de variabilidade comumente utilizadas.

Amplitude

A medida de variabilidade mais simples é a **amplitude**.

> AMPLITUDE
>
> $$\text{Amplitude} = \text{Maior valor} - \text{Menor valor}$$

Consultemos os dados sobre salários iniciais dos graduados em Administração, apresentados na Tabela 3.1. O maior salário inicial é US\$ 4.325 e o menor, US\$ 3.710. A amplitude é $4.325 - 3.710 = 615$.

Ainda que a amplitude seja a medida de variabilidade mais fácil de calcular, raramente é utilizada de forma isolada. A razão disso é que a amplitude se baseia somente em duas das observações e, desse modo, é altamente influenciada por valores extremos. Suponha que um dos graduados receba um salário inicial de US\$ 10.000 por mês. Nesse caso, a amplitude seria $10.000 - 3.710 = 6.290$, em vez de 615. Este valor elevado para a amplitude não seria muito descritivo da variabilidade nos dados porque 11 dos 12 salários iniciais estão bem agrupados entre 3.710 e 4.130.

Amplitude interquartil

Uma medida de variabilidade que elimina a influência de valores extremos é a **amplitude interquartil (IQR** – *inter quartile range***)**. Esta medida de variabilidade é a diferença entre o terceiro quartil, Q_3, e o primeiro quartil, Q_1. Em outras palavras, a amplitude interquartil é o intervalo correspondente a 50% dos dados intermediários.

> AMPLITUDE INTERQUARTIL
>
> $$\text{IQR} = Q_3 - Q_1 \tag{3.6}$$

Em relação aos dados sobre os salários mensais iniciais, os quartis são $Q_3 = 4.000$ e $Q_1 = 3.865$. Deste modo, a amplitude interquartil é $4.000 - 3.865 = 135$.

Variância

Variância é uma medida de variabilidade que utiliza todos os dados e se baseia na diferença entre o valor de cada observação (x_i) e a média. A diferença entre cada x_i e a média ($\bar{x}$ para uma amostra e μ para uma população) é denominada *desvio em torno da média*. Para uma amostra, o desvio em torno da média é escrito como ($x_i - \bar{x}$); para uma população, ele é escrito como ($x_i - \mu$). No cálculo da variância, os desvios em torno da média são *elevados ao quadrado*.

Se os dados se referirem a uma população, a média dos desvios quadráticos é denominada *variância populacional,* que é denotada pelo símbolo grego σ^2. Para uma população de N observações, com μ denotando a média populacional, a definição da variância populacional é a seguinte:

> VARIÂNCIA POPULACIONAL
>
> $$\sigma^2 = \frac{\sum (x_i - \mu)^2}{N} \tag{3.7}$$

Na maioria das aplicações estatísticas, os dados que são analisados se referem a uma amostra. Quando calculamos a variância amostral, frequentemente nos interessa utilizá-la para estimar a variância populacional σ^2. Embora uma explicação detalhada esteja além do objetivo deste livro, é possível demonstrar que se a soma dos desvios quadráticos em torno da média amostral for dividida por $n - 1$, e não por n, a variância amostral resultante fornecerá uma estimativa não enviesada da variância populacional. Por essa razão, a *variância amostral*, denotada por s^2, é definida da seguinte maneira:

Estatística descritiva: medidas numéricas **107**

VARIÂNCIA AMOSTRAL

$$s^2 = \frac{\sum (x_i - \overline{x})^2}{n-1} \qquad (3.8)$$

A variância amostral s^2 é um estimador pontual da variância populacional σ^2.

Para ilustrarmos o cálculo da variância amostral utilizaremos os dados dos tamanhos das turmas da amostra de cinco cursos universitários apresentados na Seção 3.1. Um resumo dos dados, incluindo o cálculo dos desvios em torno da média e os desvios quadráticos em torno da média, é mostrado na Tabela 3.3. A soma dos desvios quadráticos em torno da média é $\sum(x_i - \overline{x})^2 = 256$. Portanto, com $n - 1 = 4$, a variância amostral é

$$s^2 = \frac{\sum (x_i - \overline{x})^2}{n-1} = \frac{256}{4} = 64$$

Antes de prosseguirmos, nota-se que as unidades associadas à variância amostral muitas vezes causam confusão. Uma vez que os valores somados no cálculo da variância, $(x_i - \overline{x})^2$, estão elevados ao quadrado, as unidades associadas à variância amostral também são *elevadas ao quadrado*. Por exemplo, a variância amostral dos dados de tamanhos de turma é $s^2 = 64$ (estudantes)^2. As unidades elevadas ao quadrado associadas à variância tornam difícil obter uma compreensão e uma interpretação intuitivas do valor numérico da variância. Recomendamos que você considere a variância como uma medida útil para comparar a quantidade de variabilidade de duas ou mais variáveis. Em uma comparação de variáveis, aquela que tem a maior variância exibe maior variabilidade. Uma interpretação mais detalhada do valor da variância talvez não seja necessária.

A variância é útil na comparação da variabilidade de duas ou mais variáveis.

Como outra ilustração do cálculo da variância amostral, considere os salários iniciais relacionados na Tabela 3.1 para os 12 graduados em Administração. Na Seção 3.1 mostramos que a média dos salários iniciais da amostra era US\$ 3.940. O cálculo da variância amostral ($s^2 = 27.440,91$) é mostrado na Tabela 3.4.

Nas Tabelas 3.3 e 3.4 mostramos tanto a soma dos desvios em torno da média como a soma dos desvios quadráticos em torno da média. Para qualquer conjunto de dados, a soma dos desvios em torno da média *sempre será igual a zero*. Note que nas Tabelas 3.3 e 3.4, $\sum(x_i - \overline{x}) = 0$. Os desvios positivos e os negativos se cancelam mutuamente, fazendo que a soma dos desvios em torno da média seja nula.

TABELA 3.3 Cálculo dos desvios e desvios quadrados em torno da média para os dados do tamanho da classe

Número de alunos na turma (x_i)	Tamanho médio da turma ($\overline{x}$)	Desvio em torno da média ($x_i - \overline{x}$)	Desvio quadrático em torno da média ($x_i - \overline{x})^2$
46	44	2	4
54	44	10	100
42	44	−2	4
46	44	2	4
32	44	−12	144
		0	256
		$\sum(x_i - \overline{x})$	$\sum(x_i - \overline{x})^2$

Desvio padrão

Desvio padrão é definido como a raiz quadrada positiva da variância. Seguindo a notação que adotamos para uma variância amostral e para uma variância populacional, utilizamos s para denotar o desvio padrão da amostra e σ para denotar o desvio padrão da população. O desvio padrão é derivado da variância da seguinte maneira:

108 Estatística aplicada a administração e economia

TABELA 3.4 Cálculo da variância amostral para os dados do salário inicial

Salário mensal (x_i)	Média amostral $(\overline{x})$	Desvio em torno da média $(x_i - \overline{x})$	Desvio quadrático em torno da média $(x_i - \overline{x})^2$
3.850	3.940	−90	8.100
3.950	3.940	10	100
4.050	3.940	110	12.100
3.880	3.940	−60	3.600
3.755	3.940	−185	34.225
3.710	3.940	−230	52.900
3.890	3.940	−50	2.500
4.130	3.940	190	36.100
3.940	3.940	0	0
4.325	3.940	385	148.225
3.920	3.940	−20	400
3.880	3.940	−60	3.600
		0	301.850
		$\Sigma(x_i - \overline{x})$	$\Sigma(x_i - \overline{x})^2$

Utilizando a equação (3.8),

$$s^2 = \frac{\sum (x_i - \overline{x})^2}{n - 1} = \frac{301.850}{11} = 27.440,91$$

O desvio padrão da amostra é um estimador pontual do desvio padrão da população σ.

DESVIO PADRÃO

$$\text{Desvio padrão da amostra} = s = \sqrt{s^2} \qquad \textbf{(3.9)}$$

$$\text{Desvio padrão da população} = \sigma = \sqrt{\sigma^2} \qquad \textbf{(3.10)}$$

Lembre-se de que a variância amostral para o exemplo dos tamanhos das turmas de cinco cursos universitários é $s^2 = 64$. Desse modo, o desvio padrão amostral é $s = \sqrt{64} = 8$. Em relação aos dados sobre salários iniciais, o desvio padrão amostral é $s = \sqrt{27.440,91} = 165,65$.

O desvio padrão é mais fácil de interpretar do que a variância porque ele é medido nas mesmas unidades que os dados.

O que se ganha ao converter a variância em seu desvio padrão correspondente? Lembre-se de que as unidades associadas à variância são elevadas ao quadrado. Por exemplo, a variância amostral dos dados de salários iniciais dos graduados em Administração é $s^2 = 27.440,91$ (dólares)^2. Uma vez que o desvio padrão é a raiz quadrada da variância, a unidade da variância, dólares elevados ao quadrado, é convertida em dólares no desvio padrão. Assim, o desvio padrão dos salários iniciais é US$ 165,65. Em outras palavras, o desvio padrão é medido nas mesmas unidades dos dados originais. Por esse motivo, o desvio padrão é mais facilmente comparado à média e a outras estatísticas medidas nas mesmas unidades que os dados originais.

Coeficiente de variação

Coeficiente de variação é uma medida de variabilidade relativa; ele mede o desvio padrão em relação à média.

Em algumas situações, podemos estar interessados em uma estatística descritiva que indique quão grande é o desvio padrão em relação à média. Esta medida é chamada **coeficiente de variação** e geralmente é expressa como uma porcentagem.

COEFICIENTE DE VARIAÇÃO

$$\left(\frac{\text{Desvio padrão}}{\text{Média}} \times 100\right)\% \qquad (3.11)$$

Em relação ao exemplo dos tamanhos das turmas, descobrimos que a média amostral é 44 e que o desvio padrão da amostra é 8. O coeficiente de variação é $[(8/44) \times 100]\% = 18,2\%$. Em palavras, o coeficiente de variação nos diz que o desvio padrão amostral é 18,2% do valor da média amostral. Em relação ao exemplo dos salários iniciais, com uma média amostral igual a 3.940 e um desvio padrão amostral igual a 165,65, o coeficiente de variação $[(165,65/3.940) \times 100]\% = 4,2\%$, nos diz que o desvio padrão amostral representa somente 4,2% do valor da média amostral. Em geral, o coeficiente de variação é uma estatística útil para compararmos a variabilidade de variáveis que têm desvios padrão diferentes e médias diferentes.

NOTAS E COMENTÁRIOS

1. Pacotes de software estatísticos e planilhas eletrônicas podem ser utilizados para desenvolver a estatística descritiva apresentada neste capítulo. Depois que os dados são introduzidos em uma planilha, alguns comandos simples podem ser utilizados para gerar os resultados desejados (*output*). Nos dois apêndices apresentados no final do capítulo mostramos como o Minitab e o Excel podem ser usados para calcular as estatísticas descritivas.
2. O desvio padrão é uma medida comumente utilizada para se calcular o risco associado ao investimento em ações e fundos de ações (site da *Morningstar*, 21 de julho de 2012). Ele fornece uma medida de como os retornos mensais flutuam em torno do retorno médio de longo prazo.
3. Arredondar o valor da média amostral $\bar{x}$ e os valores dos desvios quadráticos $(x_i - \bar{x})^2$ pode levar a erros quando se usa uma calculadora para calcular a variância e o desvio padrão. Para reduzir os erros de arredondamento, recomendamos utilizar pelo menos seis dígitos significativos durante os cálculos intermediários. A variância ou o desvio padrão resultante pode então ser arredondado para uma quantidade menor de dígitos.
4. Uma fórmula alternativa para o cálculo da variância amostral é

$$s^2 = \frac{\sum x_i^2 - n\bar{x}^2}{n-1}$$

onde $\sum x_i^2 = x_1^2 + x_2^2 + \cdots + x_n^2$.

5. O erro médio absoluto (EMA) é outra medida de variabilidade calculada somando-se os valores absolutos dos desvios das observações em torno da média e dividindo esta soma pelo número de observações. Para uma amostra de tamanho n, o EMA é calculado da seguinte maneira:

$$\text{EMA} = \frac{\sum |x_i - \bar{x}|}{n}$$

Para os dados do tamanho das turmas apresentados na Seção 3.1, $\bar{x} = 44$, $\sum |x_i - \bar{x}| = 28$, e o EMA $= 28/5 = 5,6$.

Exercícios

Métodos

23. Considere uma amostra com os valores de dados de 10, 20, 12, 17 e 16. Calcule a amplitude e a amplitude interquartil.
24. Considere uma amostra com os valores de dados de 10, 20, 12, 17 e 16. Calcule a variância e o desvio padrão.
25. Considere uma amostra com os valores de dados de 27, 25, 20, 15, 30, 34, 28 e 25. Calcule a amplitude, a amplitude interquartil, a variância e o desvio padrão.

Aplicações

26. Dados coletados pelo Oil Price Information Service de mais de 90.000 lojas de conveniência e postos de gasolina nos Estados Unidos mostraram que o preço médio de um litro de gasolina sem chumbo era de US$ 3,28 (site da MSN Auto, 2 de fevereiro de 2014). Os dados a seguir mostram o preço por galão (US$) para uma amostra de 20 lojas de conveniência e postos de gasolina localizados em São Francisco.

| 3,59 | 3,59 | 4,79 | 3,56 | 3,55 | 3,71 | 3,65 | 3,60 | 3,75 | 3,56 |
| 3,57 | 3,59 | 3,55 | 3,99 | 4,15 | 3,66 | 3.63 | 3,73 | 3,61 | 3,57 |

a. Use os dados amostrais para estimar o preço médio para um galão de gasolina sem chumbo em São Francisco.
b. Calcule o desvio padrão da amostra.
c. Compare o preço médio por galão para os dados amostrais referentes ao preço médio nacional. Que conclusões você pode obter sobre o custo de vida em São Francisco?

27. Os resultados de uma pesquisa para descobrir quais são os voos de ida e volta mais baratos para Atlanta e Salt Lake City a partir de 14 das principais cidades dos EUA são mostrados na tabela a seguir. A data de partida foi 20 de junho de 2012 e a de retorno 27 de junho de 2012.

	Custo da viagem de ida e volta (US$)	
Cidade de partida	Atlanta	Salt Lake City
Cincinnati	340,10	570,10
Nova York	321,60	354,60
Chicago	291,60	465,60
Denver	339,60	219,60
Los Angeles	359,60	311,60
Seattle	384,60	297,60
Detroit	309,60	471,60
Filadélfia	415,60	618,40
Washington, D.C.	293,60	513,60
Miami	249,60	523,20
São Francisco	539,60	381,60
Las Vegas	455,60	159,60
Phoenix	359,60	267,60
Dallas	333,90	458,60

Flights

a. Calcule o preço médio de um voo de ida e volta para Atlanta e o preço médio de um voo de ida e volta para Salt Lake City. O preço do voo para Atlanta é menor que o do voo para Salt Lake City? Em caso positivo, o que poderia explicar essa diferença?
b. Calcule a amplitude, a variância e o desvio padrão para as duas amostras. O que essa informação diz sobre os preços dos voos para estas duas cidades?

28. Australian Open é o primeiro dos quatro eventos de tênis profissional que fazem parte do Grand Slam realizado anualmente. Victoria Azarenka derrotou Maria Sharapova, conquistando o título feminino do Australian Open de 2012 (*Washington Post*, 27 de janeiro de 2012). Durante o torneio, a velocidade de saque de Azarenka chegou a 178 quilômetros por hora. A seguir, uma lista das 20 mulheres com maior velocidade de serviço na categoria individual (Women's Singles) que participaram do Australian Open 2012.

Jogadora	Velocidade do serviço (km/h)	Jogadora	Velocidade do serviço (km/h)
S. Williams	191	G. Arn	179
S. Lisicki	190	V. Azarenka	178
M. Keys	187	A. Ivanovic	178
L. Hradecka	187	P. Kvitova	178
J. Gajdosova	187	M. Krajicek	178
J. Hampton	181	V. Dushevina	178
B. Mattek-Sands	181	S. Stosur	178
F. Schiavone	179	S. Cirstea	177
P. Parmentier	179	M. Barthel	177
N. Petrova	179	P. Ormaechea	177

AustralianOpen

a. Calcule a média, a variância e o desvio padrão das velocidades de serviço.
b. Uma amostra similar das 20 líderes femininas (Women's Singles) na categoria velocidade de serviço no Torneio de 2011 mostrou uma média amostral de velocidade de serviço de 182,5 quilômetros por hora. A variância e o desvio padrão eram de 33,3 e 5,77, respectivamente. Discuta qualquer diferença entre as velocidades de serviço nos torneios femininos Australian Open e Wimbledon.

29. O *Los Angeles Times* publica regularmente um índice da qualidade do ar de várias regiões do sul da Califórnia. Uma amostra dos valores relativos ao índice da qualidade do ar em Pomona forneceu os seguintes dados: 28, 42, 58, 48, 45, 55, 60, 49 e 50.
a. Calcule a amplitude e a amplitude interquartil.
b. Calcule a variância amostral e o desvio padrão da amostra.
c. Uma amostra das leituras do índice da qualidade do ar para Anaheim forneceu uma média amostral de 48,5, uma variância amostral de 136 e um desvio padrão da amostra de 11,66. Quais comparações você pode fazer entre a qualidade do ar em Pomona e em Anaheim com base nesta estatística descritiva?

30. Os dados apresentados a seguir foram usados para construir os histogramas do número de dias necessários para a Dawson Supply Inc. e a J. C. Clark Distributors emitirem os pedidos de compra (veja a Figura 3.2).

Prazo de entrega da Dawson Supply (em dias):   11   10   9   10   11   11   10   11   10   10

Prazo de entrega da Clark Distributors (em dias):   8   10   13   7   10   11   10   7   15   12

Use a amplitude e o desvio padrão para sustentar a observação anterior de que a Dawson Suply apresenta os prazos de entrega mais coerentes e confiáveis.

31. Os resultados da pesquisa Workonomix mais recente da Accounting Principals indicam que o trabalhador médio norte-americano gasta US$ 1.092 em café anualmente (*The Consumerist*, 20 de janeiro de 2012). Para determinar se há diferenças nos gastos com café por faixa etária, foram selecionadas amostras de 10 consumidores para três grupos etários (18-34, 35-44, 45 anos e mais). O valor em dólares que cada consumidor da amostra gastou no ano passado com café é fornecido a seguir.

18-34	35-44	45 anos ou mais
1.355	969	1.135
115	434	956
1.456	1.792	400
2.045	1.500	1.374
1.621	1.277	1.244
994	1.056	825
1.937	1.922	763
1.200	1.350	1.192
1.567	1.586	1.305
1.390	1.415	1.510

a. Calcule a média, a variância e o desvio padrão para cada uma destas três amostras.
b. Que observações podem ser feitas com base nestes dados?

32. Anualmente, a *Advertising Age* compila uma lista das 100 empresas que mais gastam em publicidade. A Procter & Gamble, empresa de bens de consumo, frequentemente encabeça esta lista, gastando bilhões de dólares anualmente (site *Advertising Age*, 12 de março de 2013). Considere os dados encontrados no arquivo Advertising. Ele contém os gastos anuais com publicidade para uma amostra de 20 empresas do setor automotivo e 20 empresas do setor de lojas de departamento.

a. Qual é o gasto médio com publicidade para cada setor?
b. Qual é o desvio padrão para cada setor?
c. Qual é a amplitude do gasto com publicidade para cada setor?
d. Qual é a amplitude interquartil para cada setor?
e. Com base nesta amostra e em suas respostas aos itens de (a) a (d), comente sobre quaisquer diferenças nos gastos com publicidade nas companhias automotivas em relação às lojas de departamentos.

33. Abaixo, pontuações de um jogador amador no Bonita Fairways Golf Course, em Bonita Springs, Flórida, durante 2011 e 2012:

Temporada de 2011:   74   78   79   77   75   73   75   77

Temporada de 2012:   71   70   75   77   85   80   71   79

a. Use a média e o desvio padrão para avaliar o desempenho dos golfistas ao longo do período de dois anos.
b. Qual é a principal diferença no desempenho entre 2011 e 2012? Que melhoria, se houver, pode ser vista nas pontuações de 2012?

34. Os tempos a seguir foram registrados pelos corredores de um quarto e de uma milha de uma equipe de atletas universitários (os tempos estão em minutos).

Tempos da prova de um quarto de milha: 0,92   0,98   1,04   0,90   0,99

Tempos da prova de uma milha: 4,52   4,35   4,60   4,70   4,50

Depois de ver esta amostra dos tempos de corrida, um dos treinadores comentou que os corredores do percursos de um quarto de milha desenvolveram tempos mais consistentes. Use o desvio padrão e o coeficiente de variação para resumir a variabilidade nos dados. O uso do coeficiente de variação indica que a declaração do técnico deve ser qualificada?

3.3 Medidas da forma da distribuição, da posição relativa e detecção de valores atípicos (*outliers*)

Descrevemos diversas medidas de posição e de variabilidade dos dados. Além disso, muitas vezes é importante obter-se a medida da forma de uma distribuição. No Capítulo 2 observamos que um histograma fornece uma apresentação gráfica que mostra a forma de uma distribuição. Uma medida numérica importante da forma de uma distribuição é chamada **assimetria**.

Forma da distribuição

A Figura 3.3 mostra quatro histogramas construídos a partir de distribuições de frequências relativas. Os histogramas dos painéis A e B são moderadamente assimétricos. O do painel A tem assimetria à esquerda; sua assimetria é de –0,85. O histograma do painel B tem assimetria à direita; sua assimetria é de +0,85. O histograma do painel C é simétrico; sua assimetria é nula. O histograma do painel D é bastante assimétrico à direita; sua assimetria é 1,62. A fórmula usada para calcular a assimetria é um tanto complexa.[1] Entretanto, a assimetria pode ser facilmente calculada utilizando-se software estatístico. Para dados com assimetria à esquerda, a assimetria é negativa; para dados com assimetria à direita, a assimetria é positiva. Se os dados são simétricos, a assimetria é nula.

Para uma distribuição simétrica, a média e a mediana são iguais. Quando os dados têm assimetria positiva, a média geralmente será maior que a mediana; quando os dados têm assimetria negativa, a média normalmente será menor que a mediana. Os dados utilizados para construir o histograma do painel D são de compras efetuadas por clientes em uma loja de vestuário feminino. O valor médio das compras é US$ 77,60 e a mediana do valor das compras é US$ 59,70. Os poucos valores de compra relativamente elevados tendem a aumentar a média, ao passo que a mediana não é afetada por esses valores de compra mais altos. A mediana é uma medida de posição preferível quando os dados são bastante assimétricos.

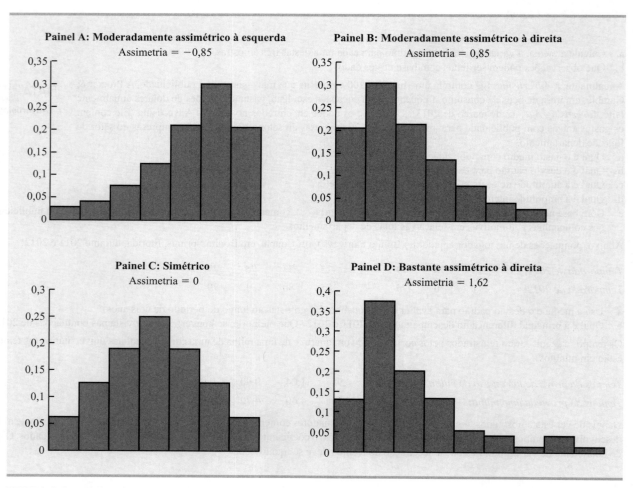

FIGURA 3.3 Histogramas mostrando a assimetria de quatro distribuições

---

[1] A fórmula para calcular a assimetria dos dados amostrais é:

$$\text{Assimetria} = \frac{n}{(n-1)(n-2)} \sum \left(\frac{x_i - \bar{x}}{s} \right)^3$$

Estatística descritiva: medidas numéricas **113**

Escores-z

Além das medidas de posição, de variabilidade e de forma, também estamos interessados na posição relativa dos valores contidos em um conjunto de dados. As medidas de posição relativa nos ajudam a determinar quanto um valor em particular está afastado da média.

Utilizando a média e o desvio padrão, podemos determinar a posição relativa de qualquer observação. Suponha que tenhamos uma amostra de n observações, com os valores denotados por $x_1, x_2, \ldots x_n$. Além disso, suponha que a média da amostra, $\overline{x}$, e o desvio padrão da amostra, s, já estejam calculados. Associado a cada valor, x_i, existe outro valor chamado **escore-z**. A Equação (3.12) mostra como o escore-z é calculado para cada x_i.

ESCORE-z

$$z_i = \frac{x_i - \overline{x}}{s} \qquad (3.12)$$

onde

z_i = escore-z para x_i

$\overline{x}$ = média amostral

s = desvio padrão amostral

O escore-z muitas vezes é denominado *valor padronizado*. O escore-z, z_i, pode ser interpretado como o *número de desvios padrão que x_i está afastado da média $\overline{x}$*. Por exemplo, $z_1 = 1,2$ indica que x_1 é 1,2 desvio padrão maior que a média amostral. De modo similar, $z_2 = -0,5$ indica que x_2 é 0,5, ou 1/2 desvio padrão menor que a média amostral. Um escore-z maior que zero ocorre para observações com valores maiores que a média, e ocorre um escore-z menor que zero para observações com valores menores que a média. Um escore-z igual a zero indica que o valor da observação é igual à média.

O escore-z de qualquer observação pode ser interpretado como uma medida da posição relativa da observação no conjunto de dados. Desse modo, pode-se dizer que as observações feitas em dois diferentes conjuntos de dados que possuem o mesmo escore-z têm a mesma posição relativa considerando estar o mesmo número de desvios padrão afastados da média.

Os escores-z dos dados do tamanho das turmas da Seção 3.1 estão calculados na Tabela 3.5. Lembre-se de que a média amostral, $\overline{x} = 44$, e o desvio padrão, $s = 8$, foram calculados anteriormente. O escore-z de $-1,50$ correspondente à quinta observação mostra que ela é a mais afastada da média; ela está 1,50 desvio padrão abaixo da média. A Figura 3.4 mostra um gráfico de pontos dos tamanhos das turmas, uma representação padronizada nos escores-z.

> O processo de converter o valor de uma variável para um escore-z geralmente é denominado transformação z ou padronização.

Teorema de Chebyshev

O **teorema de Chebyshev** nos permite fazer afirmações sobre a proporção dos valores de dados que devem estar contidos em um número específico de desvios padrão da média.

TABELA 3.5   Escores-z para os dados do tamanho das turmas

Número de estudantes na turma (x_i)	Desvio em torno da média ($x_i - \overline{x}$)	Escore-z $\left(\dfrac{x_i - \overline{x}}{s} \right)$
46	2	$2/8 = 0,25$
54	10	$10/8 = 1,25$
42	−2	$-2/8 = -0,25$
46	2	$2/8 = 0,25$
32	−12	$-12/8 = -1,50$

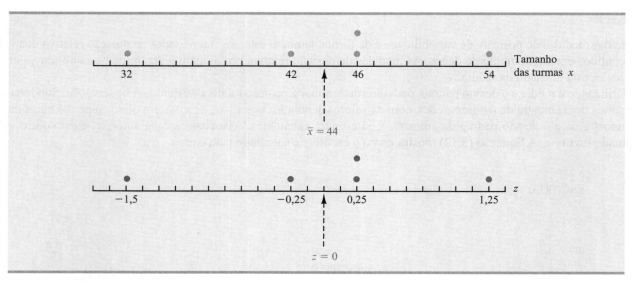

FIGURA 3.4 Gráfico de pontos mostrando os dados do tamanho das turmas e escores-z

---

TEOREMA DE CHEBYSHEV

Pelo menos $(1 - 1/z^2)$ dos valores de dados devem estar contidos em z desvios padrão da média, em que z é qualquer valor maior do que 1.

Algumas das implicações deste teorema, com $z = 2$, 3 e 4 desvios padrão, são as seguintes:

- Pelo menos 0,75, ou 75%, dos valores de dados devem estar contidos em $z = 2$ desvios padrão da média.
- Pelo menos 0,89, ou 89%, dos valores de dados devem estar contidos em $z = 3$ desvios padrão da média.
- Pelo menos 0,94, ou 94%, dos valores de dados devem estar contidos em $z = 4$ desvios padrão da média.

Como exemplo do uso do teorema de Chebyshev, suponha que as notas dos exames semestrais de 100 estudantes do curso de Estatística de uma faculdade de Administração tenham uma média de 70 e um desvio padrão igual a 5. Quantos estudantes tiveram notas no exame entre 60 e 80? Quantos estudantes tiveram notas entre 58 e 82?

Em relação às notas entre 60 e 80, observamos que 60 está dois desvios padrão abaixo da média e que 80 está dois desvios padrão acima da média. Utilizando o teorema de Chebyshev, vemos que pelo menos 0,75 ou 75% das notas dos alunos devem estar contidas dentro de dois desvios padrão da média. Dessa forma, 75% dos estudantes devem ter obtido notas entre 60 e 80.

> O teorema de Chebyshev requer $z > 1$; mas z não precisa ser um número inteiro.

Em relação às notas entre 58 e 82, vemos que $(58 - 70)/5 = -2,4$ indica que 58 está 2,4 desvios padrão abaixo da média e que $(82 - 70)/5 = +2,4$ indica que 82 está 2,4 desvios padrão acima da média. Aplicando o teorema de Chebyshev com $z = 2,4$, obtemos:

$$\left(1 - \frac{1}{z^2}\right) = \left(1 - \frac{1}{(2,4)^2}\right) = 0,826$$

Pelo menos 82,6% dos alunos devem ter notas entre 58 e 82.

Regra empírica

> A regra empírica baseia-se na distribuição normal de probabilidade, que será discutida no Capítulo 6. A distribuição normal é extensamente utilizada em todo o livro.

Uma das vantagens do teorema de Chebyshev é que ele se aplica a qualquer conjunto de dados, independentemente da forma da distribuição dos dados. Na verdade, ele poderia ser usado com qualquer uma das distribuições da Figura 3.3. Em muitas aplicações práticas, no entanto, os conjuntos de dados exibem uma distribuição simétrica em forma de morro ou de sino, como mostra a Figura 3.5. Quando acredita-se que os dados se aproximam dessa distribuição, pode-se usar a **regra empírica** para determinar a porcentagem de valores de dados que devem estar contidos em um número específico de desvios padrão em torno da média.

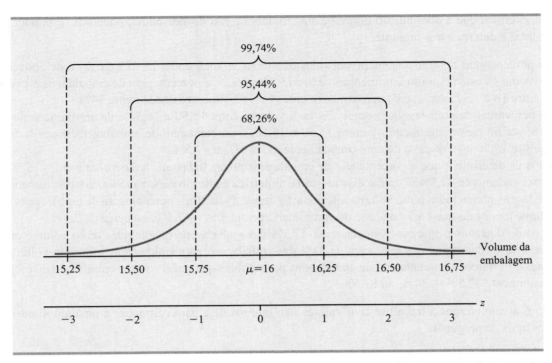

FIGURA 3.5 Uma distribuição na forma de sino dos volumes de preenchimento de embalagens de detergente com porcentagem dos valores de dados dentro de 1, 2 e 3 desvios padrão

REGRA EMPÍRICA

Para dados que têm uma distribuição em forma de sino:

- Aproximadamente 68% dos valores de dados estarão contidos dentro de um desvio padrão em torno da média.
- Aproximadamente 95% dos valores de dados estarão contidos dentro de dois desvios padrão da média.
- Quase todos os valores de dados estarão contidos entre três desvios padrão em torno da média.

Por exemplo, as embalagens de detergente são preenchidas automaticamente em uma linha de produção. Os volumes de preenchimento frequentemente têm uma distribuição em forma de sino. Se a média dos volumes de preenchimento for 16 onças e o desvio padrão, 0,25 onça, podemos usar a regra empírica para tirar as seguintes conclusões.

- Aproximadamente 68% das embalagens preenchidas terão volume de detergente entre 15,75 e 16,25 onças (dentro de um desvio padrão ao redor da média).
- Aproximadamente 95% das embalagens preenchidas terão volume de detergente entre 15,50 e 16,50 onças (dentro de dois desvios padrão ao redor da média).
- Quase todas as embalagens preenchidas terão volume de detergente entre 15,25 onças e 16,75 onças (dentro de três desvios padrão ao redor da média).

Podemos utilizar estas informações para afirmar quantas embalagens preenchidas terão:

Use a Figura 3.5 para responder a estas quatro questões.

- volume entre 16 e 16,25 onças?
- volume entre 15,50 e 16 onças?
- volume menor do que 15,50 onças?
- volume entre 15,50 e 16,25 onças?

116 Estatística aplicada a administração e economia

Se reconhecermos que a distribuição normal é simétrica em torno de sua média, podemos responder a cada uma dessas perguntas e determinar o seguinte:

- Como a porcentagem de embalagens preenchidas que terão volume entre 15,75 e 16,25 é de aproximadamente 68% e a média 16 está no ponto intermediário entre 15,75 e 16,25, a porcentagem de embalagens preenchidas com volume entre 16 e 16,25 onças é de aproximadamente (68%)/2, ou aproximadamente 34%.
- Como o percentual de embalagens preenchidas com volume entre 15,50 e 16,50 é de aproximadamente 95% e a média 16 está no ponto intermediário entre 15,50 e 16,50, a porcentagem de embalagens preenchidas que terão volume entre 15,50 e 16 onças é de aproximadamente (95%)/2, ou 47,5%.
- Acabamos de determinar que a porcentagem de embalagens preenchidas que terão volume entre 15,50 e 16 onças é de aproximadamente 47,5%. Como a distribuição é simétrica em torno de sua média, também sabemos que 50% das embalagens preenchidas terão volume inferior a 16 onças. Portanto, a porcentagem de embalagens preenchidas com volume menor do que 15,50 onças é de aproximadamente 50% – 47,5%, ou cerca de 2,5%.
- Acabamos de determinar que aproximadamente 47,5% das embalagens preenchidas terão volume entre 15,50 e 16 onças, e antes determinamos que cerca de 34% das embalagens preenchidas apresentariam volume entre 16 e 16,25 onças. Portanto, a porcentagem de embalagens preenchidas que terão volume entre 15,50 e 16,25 onças é de aproximadamente 47,5% + 34%, ou 81,5%.

No Capítulo 6 aprenderemos a trabalhar com valores não inteiros de z para responder a uma amplitude muito mais ampla destes tipos de perguntas.

Detecção de valores atípicos (*outliers*)

Às vezes, um conjunto de dados terá uma ou mais observações com valores excepcionalmente grandes ou pequenos. Estes valores extremos são chamados **valores atípicos (*outliers*)**. Estatísticos experientes tomam medidas para identificar esses valores atípicos e depois reveem cada um deles minuciosamente. Um *outlier* pode ser um valor que foi incorretamente registrado. Neste caso, pode ser corrigido antes de prosseguir a análise. Um *outlier* também pode ser proveniente de uma observação que foi incorretamente incluída no conjunto de dados; neste caso, ela pode ser eliminada. Por fim, um *outlier* pode ser um valor de dados incomum que foi registrado corretamente e que realmente pertence ao conjunto de dados. Nestes casos ele deve permanecer.

É uma boa ideia verificar se há *outliers* antes de tomar decisões baseadas em análise de dados. Frequentemente cometem-se erros ao fazer o registro de dados e ao digitá-los no computador. Os valores atípicos não devem ser necessariamente excluídos, mas sua precisão e adequabilidade devem ser verificadas.

Valores padronizados (escores-z) podem ser utilizados para identificar *outliers*. Lembre-se de que a regra empírica nos permite concluir que, em relação a dados com uma distribuição em forma de sino, quase todos os valores de dados estarão contidos dentro de três desvios padrão ao redor da média. Portanto, ao usar escores-z para a identificação de valores atípicos, recomendamos tratar qualquer valor com um escore-z menor que –3 ou maior do que +3 como um *outlier*. Esses valores podem então ser revisados quanto à precisão e para determinar se pertencem ao conjunto de dados.

Consulte os escores-z referentes aos dados dos tamanhos das turmas da Tabela 3.5. O escore-z igual a –1,50 mostra que o quinto tamanho das turmas é o mais afastado da média. Entretanto, este valor padronizado está dentro da diretriz –3 a +3 para detecção de *outliers*. Desse modo, os escores-z não indicam valores atípicos nos dados de tamanho de classe.

Outra abordagem para identificar *outliers* é baseada nos valores do primeiro e terceiro quartis (Q_1 e Q_3) e da amplitude interquartil (IQR). Usando esse método, primeiro calculamos os seguintes limites inferior e superior:

A abordagem que utiliza o primeiro e o terceiro quartis e a IQR para identificar *outliers* não fornece necessariamente os mesmos resultados que a abordagem baseada em um escore-z menor do que –3 ou maior que +3. Um ou ambos os procedimentos podem ser utilizados.

$$\text{Limite inferior} = Q_1 - 1{,}5(\text{IQR})$$
$$\text{Limite superior} = Q_3 + 1{,}5(\text{IQR})$$

Uma observação é classificada como *outlier* se seu valor for menor que o limite inferior ou maior que o limite superior. Para os dados dos salários mensais iniciais mostrados na Tabela 3.1, $Q_1 = 3.857,5$, $Q_3 = 4.025$, IQR = 167,5, e os limites inferior e superior são

$$\text{Limite inferior} = Q_1 - 1{,}5(\text{IQR}) = 3.857{,}5 - 1{,}5(167{,}5) = 3.606{,}25$$
$$\text{Limite superior} = Q_3 + 1{,}5(\text{IQR}) = 4.025 + 1{,}5(167{,}5) = 4.276{,}25$$

Observando os dados da Tabela 3.1, vemos que não há observações com um salário inicial menor que o limite inferior de 3.606,25. Mas há um salário inicial, 4.325, que é maior que o limite superior de 4.276,25. Assim, 4.325 é considerado um *outlier*.

NOTAS E COMENTÁRIOS

1. O teorema de Chebyshev é aplicável a qualquer conjunto de dados e pode ser usado para estabelecer o número mínimo de valores que estarão dentro de determinado número de desvios padrão da média. Quando se sabe que os dados têm aproximadamente a forma de sino, pode-se dizer mais. Por exemplo, a regra empírica nos permite dizer que *aproximadamente* 95% dos valores estarão dentro de dois desvios padrão da média; o teorema de Chebyshev nos permite concluir somente que pelo menos 75% dos valores estarão dentro deste intervalo.

2. Antes de analisar um conjunto de dados, os estatísticos geralmente fazem uma série de verificações para assegurar a validade dos dados. Em um estudo de grande porte não é incomum a ocorrência de erros ao registrar os dados ou ao digitá-los no computador. A identificação de valores atípicos é uma ferramenta utilizada para conferir a validade dos dados.

Exercícios

Métodos

35. Considere uma amostra com os valores de dados 10, 20, 12, 17 e 16. Calcule o escore-z para cada uma das cinco observações.

36. Considere uma amostra com uma média de 500 e um desvio padrão de 100. Quais são os escores-z para os seguintes valores: 520, 650, 500, 450 e 280?

37. Considere uma amostra com uma média de 30 e um desvio padrão de 5. Utilize o teorema de Chebyshev para determinar a porcentagem dos dados dentro de cada uma das seguintes amplitudes:
    a. 20 a 40
    b. 15 a 45
    c. 22 a 38
    d. 18 a 42
    e. 12 a 48

38. Suponha que os dados tenham uma distribuição em forma de sino com uma média de 30 e um desvio padrão de 5. Use a regra empírica para determinar a porcentagem dos dados dentro de cada uma das seguintes amplitudes:
    a. 20 a 40
    b. 15 a 45
    c. 25 a 35

Aplicações

39. Os resultados de uma pesquisa em nível nacional mostraram que, em média, os adultos dormem 6,9 horas por noite. Suponha que o desvio padrão seja de 1,2 hora.
    a. Use o teorema de Chebyshev para calcular a porcentagem de indivíduos que dormem entre 4,5 e 9,3 horas.
    b. Use o teorema de Chebyshev para calcular a porcentagem de indivíduos que dormem entre 3,9 e 9,9 horas.
    c. Suponha que o número de horas de sono siga uma distribuição em forma de sino. Use a regra empírica para calcular a porcentagem de indivíduos que dormem entre 4,5 e 9,3 horas por dia. Como esse resultado se compara com o valor que você obteve ao usar o teorema de Chebyshev no item (a)?

40. A Energy Information Administration publicou que o preço médio de varejo por galão de gasolina comum era US$ 3,43 (Energy Information Administration, julho de 2012). Suponha que o desvio padrão tenha sido US$ 0,10 e que o preço de varejo por galão tenha uma distribuição em forma de sino.
    a. Qual porcentagem de gasolina comum foi vendida entre US$ 3,33 e US$ 3,35 por galão?
    b. Qual porcentagem de gasolina comum foi vendida entre US$ 3,33 e US$ 3,63 por galão?
    c. Qual porcentagem de gasolina comum foi vendida por mais de US$ 3,63 por galão?

118 Estatística aplicada a administração e economia

41. O Graduate Management Admission Test (GMAT) é um exame padronizado utilizado por muitas universidades como parte da avaliação para a admissão à pós-graduação em Administração. A pontuação média do GMAT é 547 (site da *Magoosh*, 5 de janeiro de 2015). Suponha que os resultados do GMAT sejam apresentados em forma de sino com um desvio padrão de 100.
    a. Qual porcentagem da pontuação do GMAT é 647 ou superior?
    b. Qual porcentagem da pontuação do GMAT é 747 ou superior?
    c. Qual porcentagem da pontuação do GMAT está entre 447 e 547?
    d. Qual porcentagem da pontuação do GMAT está entre 347 e 647?

42. Muitas famílias na Califórnia estão utilizando edículas como home offices, estúdios de arte e áreas de lazer, bem como para espaço de armazenamento. Suponha que o preço médio para uma edícula feita de madeira, personalizada, seja de US$ 3.100. Suponha que o desvio padrão seja US$ 1.200.
    a. Qual é o escore-z para uma edícula custando US$ 2.300?
    b. Qual é o escore-z para uma edícula custando US$ 4.900?
    c. Interprete os escores-z nos itens (a) e (b). Comente se um dos dois deve ser considerado um *outlier*.
    d. Se o custo de uma combinação de edícula e home office construída em Albany, Califórnia, for de US$ 13.000, essa estrutura deve ser considerada um *outlier*? Explique.

43. De acordo com um estudo do *Los Angeles Times* realizado com base em mais de 1 milhão de atendimentos médicos, de 2007 a 2012, o tempo de resposta do serviço 911 para assistência médica varia drasticamente em Los Angeles (site do *LA Times*, novembro de 2012). De acordo com os padrões nacionais adotados pelo Corpo de Bombeiros de Los Angeles, os socorristas devem chegar dentro de seis minutos a quase todas as emergências médicas. Mas a análise do *Times* descobriu que em comunidades localizadas em encostas, abrangendo de Griffith Park até Pacific Palisades, os bombeiros não conseguiram atingir esta marca em quase 85% das vezes.
    Os dados a seguir mostram os tempos de resposta, em minutos, para 10 chamadas de emergência no bairro de Griffith Park.

11,8   10,3   10,7   10,6   11,5   8,3   10,5   10,9   10,7   11,2

Com base nesta amostra de dez tempos de resposta, calcule a estatística descritiva nos itens (a) e (b), e responda às questões nos itens (c) e (d):
    a. Média, mediana e moda
    b. Amplitude e desvio padrão
    c. O tempo de resposta de 8,3 minutos deve ser considerado um *outlier* em comparação com os outros tempos de resposta?
    d. Os tempos de resposta indicam que a cidade está atuando de acordo com os padrões nacionais? A cidade deveria considerar mudanças em suas estratégias de resposta? A adição de mais estações de atendimento às áreas da cidade seria uma solução prática? Analise.

44. Uma amostra de 10 pontuações de jogos de basquete universitário da National Collegiate Athletic Association (NCAA) forneceu os seguintes dados.

Time vencedor	Pontos	Time perdedor	Pontos	Margem de pontos do time vitorioso
Arizona	90	Oregon	66	24
Duke	85	Georgetown	66	19
Florida State	75	Wake Forest	70	5
Kansas	78	Colorado	57	21
Kentucky	71	Notre Dame	63	8
Louisville	65	Tennessee	62	3
Oklahoma State	72	Texas	66	6
Purdue	76	Michigan State	70	6
Stanford	77	Southern Cal	67	10
Wisconsin	76	Illinois	56	20

DATA *file*
NCAA

    a. Calcule a média e o desvio padrão para os pontos marcados pelo time vencedor.
    b. Suponha que os pontos marcados pelos times vencedores em todos os jogos da NCAA sigam uma distribuição em forma de sino. Utilizando a média e o desvio padrão encontrados no item (a), estime a porcentagem de todos os jogos da NCAA nos quais o time vencedor marca 84 pontos ou mais. Estime a porcentagem de jogos da NCAA em que o time vencedor marca mais de 90 pontos.
    c. Calcule a média e o desvio padrão para a margem de pontos do time vitorioso. Os dados contêm *outliers*? Explique.

45. *The Wall Street Journal* informou que o Walmart Stores Inc. está planejando demitir 2.300 funcionários em sua unidade de depósito Sam's Club. Aproximadamente metade das demissões serão de empregados horistas (*The Wall Street Journal*, 25-26 de janeiro de 2014). Suponha que os dados a seguir representem a porcentagem de funcionários horistas demitidos para 15 lojas do Sam's Club.

55   56   44   43   44   56   60   62   57   45   36   38   50   69   65

    a. Calcule a porcentagem média e mediana de empregados horistas que serão demitidos nessas lojas.
    b. Calcule o primeiro e o terceiro quartis.

c. Calcule a amplitude e a amplitude interquartil.
d. Calcule a variância e o desvio padrão.
e. Os dados contêm algum *outliers*?
f. Com base nos dados amostrais, parece que o Walmart está cumprindo sua meta de reduzir o número de funcionários horistas?

Regra dos cinco itens e diagramas em caixa (*boxplots*)

Resumos estatísticos e gráficos fáceis de desenhar, baseados em estatísticas sintetizadas, podem ser utilizados para resumir rapidamente grandes quantidades de dados. Nesta seção, mostramos como podem ser desenvolvidos resumos e *boxplots* com cinco números para identificar várias características de um conjunto de dados.

Regra dos cinco itens

Em uma aplicação da **regra dos cinco itens** são utilizados cinco números para resumir os dados:

1. Menor valor
2. Primeiro quartil (Q_1)
3. Mediana (Q_2)
4. Terceiro quartil (Q_3)
5. Maior valor

Para ilustrar o desenvolvimento de uma aplicação da regra dos cinco itens utilizaremos os dados dos salários mensais iniciais mostrados na Tabela 3.1. Organizando os dados em ordem crescente, obtemos os seguintes resultados.

3.710   3.755   3.850   3.880   3.880   3.890   3.920   3.940   3.950   4.050   4.130   4.325

O menor valor é 3.710 e o maior valor é 4.325. Mostramos como calcular os quartis ($Q_1 = 3.857,5$; $Q_2 = 3.905$; e $Q_3 = 4.025$) na Seção 3.1. Desse modo, a regra dos cinco itens para os dados referentes aos salários mensais iniciais é

3.710   3.857,5   3.905   4.025   4.325

A regra dos cinco itens indica que os salários iniciais na amostra estão entre 3.710 e 4.325, e que a mediana, ou valor intermediário, é 3.905; e o primeiro e o terceiro quartis mostram que aproximadamente 50% dos salários iniciais estão entre 3.857,5 e 4.025.

Boxplot

***Boxplot* (diagrama em caixa)** é uma apresentação gráfica de dados que se baseia na regra dos cinco itens. A chave para o desenvolvimento de um *boxplot* é o cálculo da amplitude interquartil, IQR = $Q_3 - Q_1$. A Figura 3.6 representa o *boxplot* dos dados para os salários mensais iniciais. As etapas para construirmos este *boxplot* são as seguintes:

1. Desenhe um retângulo no qual em suas extremidades se localizem o primeiro e o terceiro quartis. Para os dados salariais, $Q_1 = 3.857,5$ e $Q_3 = 4.025$. Este retângulo contém 50% dos dados intermediários.
2. Trace uma linha vertical no retângulo na posição da mediana (3.905 para os dados salariais).
3. Utilizando a amplitude interquartil, IQR = $Q_3 - Q_1$, os *limites* estão posicionados em 1,5(IQR) abaixo de Q1(limite inferior) e 1,5(IQR) acima de Q3 (limite superior). Para os dados salariais, IQR = $Q_3 - Q_1$ = 4.025 − 3.857,5 = 167,5. Desse modo, os limites são 3.857,5 − 1,5(167,5) = 3.606,25 e 4.025 + 1,5(167,5) = 4.276,25. Os dados fora desses limites são considerados *outliers*.
4. As linhas horizontais que se estendem a partir de cada extremidade da caixa na Figura 3.6 são chamadas "bigodes" (*whiskers*). Os "bigodes" são desenhados a partir das extremidades da caixa até os menores e maiores valores *dentro* dos *limites* calculados na etapa 3. Assim, os "bigodes" terminam nos valores salariais de 3.710 e 4.130.

> Os *boxplots* (diagramas em caixa) constituem outra maneira de se identificar *outliers*. Mas eles não identificam necessariamente os mesmos valores, como aqueles com um escore-z menor que −3 ou maior que +3. Tanto o primeiro quanto o segundo, ou ambos os procedimentos, podem ser utilizados.

120 Estatística aplicada a administração e economia

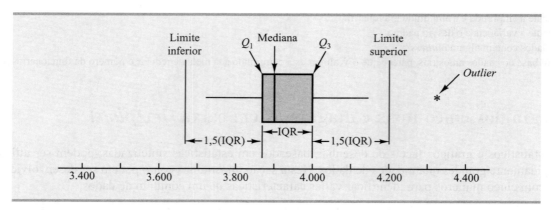

FIGURA 3.6 *Boxplot* dos dados dos salários mensais iniciais com linhas mostrando os limites inferior e superior

5. Por fim, a posição de cada *outlier* é indicada por um pequeno asterisco (*). Na Figura 3.6 vemos um valor atípico (*outlier*): 4.325.

Na Figura 3.6 apresentamos as linhas que indicam a posição dos limites superior e inferior. Estas linhas foram traçadas para indicar como os limites são calculados e onde eles estão posicionados. Apesar de os limites sempre ser calculados, eles não são traçados na apresentação do *boxplot*. A Figura 3.7 mostra a aparência habitual de um *boxplot* correspondente aos dados salariais iniciais.

Análise comparativa utilizando *boxplots*

Boxplots também podem ser utilizados para fornecer um resumo gráfico de dois ou mais grupos e facilitar comparações visuais entre os grupos. Por exemplo, suponha que o departamento de colocação decidisse realizar um estudo de acompanhamento para comparar os salários mensais iniciais pagos a recém-formados nos setores de: contabilidade, finanças, sistemas de informação, administração e marketing. Os dados dos setores e dos salários iniciais para uma nova amostra de 111 recém-formados nas faculdades de Administração são mostrados no conjunto de dados chamado 2012MajorSalary, e a Figura 3.8 mostra os *boxplots* correspondentes a cada um dos setores. Note que os setores são mostrados no eixo horizontal, e cada *boxplot* é mostrado verticalmente acima do setor correspondente. A exibição de *boxplots* dessa maneira é uma excelente técnica gráfica para fazer comparações entre dois ou mais grupos.

Quais interpretações você pode fazer a partir dos *boxplots* na Figura 3.8? Especificamente, observamos o seguinte:

- Os maiores salários estão na área de contabilidade; já os menores salários estão nos setores de administração e marketing.

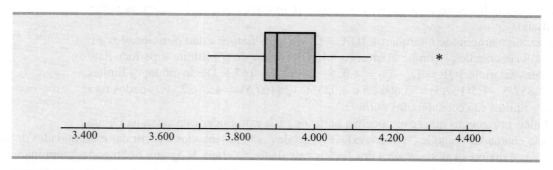

FIGURA 3.7 *Boxplot* dos dados dos salários mensais iniciais

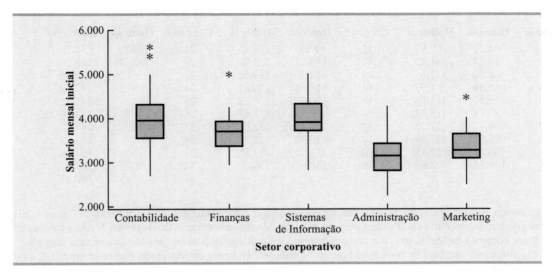

FIGURA 3.8 *Boxplots* no Minitab para os salários mensais iniciais por setor

- Com base nas medianas, os setores de contabilidade e sistemas da informação têm salários medianos similares e maiores que os demais. A área de finanças está próxima às de administração e marketing, mostrando salários medianos menores.
- Salários elevados, considerados atípicos, existem nos setores de contabilidade, finanças e marketing.

Você consegue pensar em outras interpretações com base nesses *boxplots*?

NOTAS E COMENTÁRIOS

No Apêndice 3.1 mostramos como construir um *boxplot* dos dados de salários iniciais usando o Minitab. O gráfico obtido assemelha-se exatamente ao da Figura 3.7, mas com posicionamento diferente.

Exercícios

Métodos

46. Considere uma amostra com os valores 27, 25, 20, 15, 30, 34, 28 e 25. Apresente um resumo conforme a regra de cinco itens.
47. Construa o *boxplot* dos dados do Exercício 46.
48. Apresente a regra de cinco itens e o *boxplot* dos seguintes dados: 5, 15, 18, 10, 8, 12, 16, 10, 6.
49. Um conjunto de dados tem o primeiro quartil igual a 42 e o terceiro quartil igual a 50. Calcule os limites inferior e superior do *boxplot* correspondente. Um valor de dados igual a 65 deve ser considerado um *outlier*?

Aplicações

50. Em Naples, Flórida, no mês de janeiro de cada ano, é realizada a meia-maratona (uma corrida com percurso de 21 quilômetros). Este evento atrai os principais corredores de todos os Estados Unidos, assim como de todas as partes do mundo. Em janeiro de 2009, 22 homens e 31 mulheres se inscreveram na categoria entre 19-24 anos. Os tempos de chegada, em minutos, são mostrados a seguir (*Naples Daily News*, 19 de janeiro de 2009). Os tempos são apresentados na ordem de chegada.

Chegada	Homens	Mulheres	Chegada	Homens	Mulheres	Chegada	Homens	Mulheres
1	65,30	109,03	11	109,05	123,88	21	143,83	136,75
2	66,27	111,22	12	110,23	125,78	22	148,70	138,20
3	66,52	111,65	13	112,90	129,52	23		139,00
4	66,85	111,93	14	113,52	129,87	24		147,18
5	70,87	114,38	15	120,95	130,72	25		147,35
6	87,18	118,33	16	127,98	131,67	26		147,50
7	96,45	121,25	17	128,40	132,03	27		147,75
8	98,52	122,08	18	130,90	133,20	28		153,88
9	100,52	122,48	19	131,80	133,50	29		154,83
10	108,18	122,62	20	138,63	136,57	30		189,27
						31		189,28

Runners

a. George Towett, de Marietta, Geórgia, terminou em primeiro lugar entre os homens, e Lauren Wald, de Gainesville, Flórida, terminou em primeiro lugar entre as mulheres. Compare os tempos de chegada em primeiro lugar dos homens e das mulheres. Se os 53 corredores, homens e mulheres, tivessem competido como um único grupo, em que posição Lauren teria chegado?
b. Qual é o tempo mediano para os corredores homens e mulheres? Compare os corredores, homens e mulheres, com base em seus tempos medianos.
c. Obtenha um resumo pela regra de cinco itens para os homens e as mulheres.
d. Existem *outliers* em algum dos grupos?
e. Construa *boxplots* para os dois grupos. Os homens ou as mulheres têm a maior variação nos tempos de chegada? Explique.

51. As vendas anuais, em milhões de dólares, para 21 empresas farmacêuticas apresentam-se a seguir.

SELFtest
PharmacySales

8.408	1.374	1.872	8.879	2.459	11.413
608	14.138	6.452	1.850	2.818	1.356
10.498	7.478	4.019	4.341	739	2.127
3.653	5.794	8.305			

a. Forneça um resumo conforme a regra dos cinco itens.
b. Calcule os limites inferior e superior.
c. Os dados contêm *outliers*?
d. As vendas da Johnson & Johnson são as maiores da lista, com US$ 14.138 milhões. Suponha que um erro de registro de dados (uma transposição) tenha ocorrido e as vendas tenham sido registradas como US$ 41.138 milhões. O método de detecção de *outliers* no item (c) identifica este problema e permite a correção do erro de registro de dados?
e. Apresente um *boxplot*.

52. A *Consumer Reports* apresentou as pontuações relativas à satisfação dos clientes com os serviços de telefonia celular da AT&T, Sprint, T-Mobile e Verizon nas principais áreas metropolitanas dos Estados Unidos. A classificação para cada serviço reflete a satisfação geral do cliente considerando uma variedade de fatores, tais como custo, problemas de conectividade, chamadas interrompidas, interferência de estática e atendimento ao cliente. Uma escala da satisfação, de 0 a 100, foi utilizada com 0 indicando clientes completamente insatisfeitos e 100 indicando clientes totalmente satisfeitos. As classificações para os quatro serviços de telefonia celular nas 20 áreas metropolitanas são apresentadas a seguir (*Consumer Reports*, janeiro de 2009).

Área metropolitana	AT&T	Sprint	T-Mobile	Verizon
Atlanta	70	66	71	79
Boston	69	64	74	76
Chicago	71	65	70	77
Dallas	75	65	74	78
Denver	71	67	73	77
Detroit	73	65	77	79
Jacksonville	73	64	75	81
Las Vegas	72	68	74	81
Los Angeles	66	65	68	78
Miami	68	69	73	80
Minneapolis	68	66	75	77
Philadelphia	72	66	71	78
Phoenix	68	66	76	81
San Antonio	75	65	75	80
San Diego	69	68	72	79
São Francisco	66	69	73	75
Seattle	68	67	74	77
St. Louis	74	66	74	79
Tampa	73	63	73	79
Washington	72	68	71	76

CellService

a. Considere primeiro a T-Mobile. Qual é a pontuação mediana?
b. Desenvolva a regra de cinco itens para o serviço da T-Mobile.
c. Existem *outliers* para a T-Mobile? Explique.
d. Repita os itens (b) e (c) para os outros três serviços de telefonia celular.
e. Construa *boxplots* para os quatro serviços de telefonia celular em um gráfico. Analise o que uma comparação dos *boxplots* informa acerca dos quatro serviços. Qual serviço a *Consumer Reports* recomenda como o melhor considerando a satisfação geral do cliente?

53. A lista da revista *Fortune* contendo as empresas mais admiradas do mundo em 2014 é fornecida com os dados contidos no DATAfile chamado AdmiredCompanies (*Fortune*, 17 de março de 2014). Os dados da coluna Retorno mostram o retorno total em um ano (%) das 50 principais empresas do classificadas. Para o mesmo período, o retorno médio do S&P foi de 18,4%.
a. Calcule o retorno mediano para as 50 principais empresas.
b. Qual porcentagem das 50 empresas mais bem classificadas teve um retorno, em um ano, maior que o retorno médio do S&P?
c. Desenvolva a regra dos cinco itens para os dados.
d. Há *outliers*?
e. Desenvolva um *boxplot* para o retorno total em um ano.

54. O Bureau of Transportation Statistics (Departamento de Estatísticas de Transporte) mantém controle de todas as entradas e saídas das fronteiras EUA-Canadá e EUA-México. Os dados contidos no DATAfile chamado Border-Crossings mostram os números publicados mais recentemente para a quantidade de travessias de veículos de passeio (arredondados para o milhar mais próximo) nas 50 entradas mais movimentadas durante o mês de agosto (site do Ministério de Transportes dos Estados Unidos, 28 de fevereiro de 2013).
a. Qual o número médio e mediano de travessias para estas entradas?
b. Quais são os primeiro e terceiro quartis?
c. Faça um resumo de acordo com a regra dos cinco itens.
d. Os dados contêm quaisquer *outliers*? Mostre um *boxplot*.

3.5 Medidas de associação entre duas variáveis

Até aqui examinamos os métodos numéricos utilizados para sintetizar dados correspondentes a *uma variável de cada vez*. Frequentemente, um gestor ou tomador de decisões está interessado na *relação entre duas variáveis*. Nesta seção apresentamos a covariância e a correlação como medidas descritivas da relação entre duas variáveis.

Iniciamos reconsiderando a aplicação que diz respeito a uma loja de equipamentos de som localizada em São Francisco, conforme apresentamos na Seção 2.4. O gestor da loja quer determinar a relação entre o número de comerciais de televisão divulgados nos fins de semana e as vendas na loja durante a semana seguinte. Dados de uma amostra com as vendas expressas em centenas de dólares são apresentados na Tabela 3.6. Ela apresenta 10 observações ($n = 10$), sendo uma para cada semana. O diagrama de dispersão da Figura 3.9 exibe uma relação positiva, com vendas mais elevadas (y) associadas a um número maior de comerciais (x). Na verdade, o diagrama de dispersão sugere que uma linha reta poderia ser utilizada como uma aproximação da relação. Na discussão a seguir, introduzimos a **covariância** como uma medida descritiva da associação linear entre duas variáveis.

TABELA 3.6 Dados amostrais para a loja de equipamentos de estéreo e som

Semana	Número de comerciais x	Volume de vendas (US$ 100) y
1	2	50
2	5	57
3	1	41
4	3	54
5	4	54
6	1	38
7	5	63
8	3	48
9	4	59
10	2	46

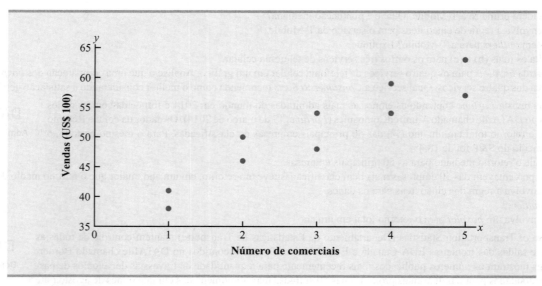

FIGURA 3.9 Diagrama de dispersão para a loja de equipamentos de estéreo e som

Covariância

Para uma amostra de tamanho n com as observações (x_1, y_1), (x_2, y_2), e assim por diante, a covariância amostral é definida da seguinte maneira:

COVARIÂNCIA AMOSTRAL

$$s_{xy} = \frac{\sum (x_i - \bar{x})(y_i - \bar{y})}{n - 1} \tag{3.13}$$

Esta fórmula emparelha cada x_i com um y_i. Somamos então os produtos obtidos ao multiplicarmos o desvio que cada x_i tem a partir de sua média amostral $\bar{x}$ pelo desvio que o y_i correspondente tem de sua média amostral $\bar{y}$; esta soma é então dividida por $n - 1$.

Para medirmos a intensidade da relação linear entre o número de comerciais x e o volume de vendas y no problema da loja de equipamentos de som e estéreo utilizamos a Equação (3.13) para calcular a covariância amostral. Na Tabela 3.7 apresentamos o cálculo de $\Sigma(x_i - \bar{x})(y_i - \bar{y})$. Note que $\bar{x} = 30/10 = 3$ e $\bar{y} = 510/10 = 51$. Utilizando a Equação (3.13), obtemos a covariância amostral:

$$s_{xy} = \frac{\sum (x_i - \bar{x})(y_i - \bar{y})}{n - 1} = \frac{99}{9} = 11$$

A fórmula para calcular a covariância de uma população de tamanho N é similar à Equação 3.13, mas usamos uma notação diferente para indicar que estamos trabalhando com a população inteira.

COVARIÂNCIA POPULACIONAL

$$\sigma_{xy} = \frac{\sum (x_i - \mu_x)(y_i - \mu_y)}{N} \tag{3.14}$$

Na Equação 3.14 utilizamos a notação μ_x para representar a média populacional da variável x e μ_y para a média populacional da variável y. A covariância populacional σ_{xy} é definida para uma população de tamanho N.

TABELA 3.7 Cálculos para a covariância amostral

x_i	y_i	$x_i - \bar{x}$	$y_i - \bar{y}$	$(x_i - \bar{x})(y_i - \bar{y})$
2	50	−1	−1	1
5	57	2	6	12
1	41	−2	−10	20
3	54	0	3	0
4	54	1	3	3
1	38	−2	−13	26
5	63	2	12	24
3	48	0	−3	0
4	59	1	8	8
2	46	−1	−5	5
Totais 30	510	0	0	99

$$s_{xy} = \frac{\sum (x_i - \bar{x})(y_i - \bar{y})}{n - 1} = \frac{99}{10 - 1} = 11$$

Interpretação da covariância

Para auxiliar na interpretação da covariância amostral, considere a Figura 3.10. Ela é idêntica ao diagrama de dispersão da Figura 3.9, com uma linha tracejada vertical em $\bar{x} = 3$ e uma linha tracejada horizontal em $\bar{y} = 51$. As linhas dividem o gráfico em quatro quadrantes. Os pontos localizados no quadrante I correspondem a x_i maior que $\bar{x}$ e y_i maior que $\bar{y}$; os pontos localizados no quadrante II referem-se a x_i menor que $\bar{x}$ e y_i maior que $\bar{y}$, e assim por diante. Desse modo, o valor $(x_i - \bar{x})(y_i - \bar{y})$ deve ser positivo para pontos localizados no quadrante I, negativo para pontos localizados no quadrante II, positivo para pontos localizados no quadrante III, e negativo para pontos localizados no quadrante IV.

Se o valor de s_{xy} for positivo, os pontos que têm a maior influência sobre s_{xy} devem estar nos quadrantes I e III. Portanto, um valor positivo para s_{xy} indica uma associação linear positiva entre x e y; ou seja, à medida que o valor de x aumenta, o valor de y também aumenta. Se, entretanto, o valor de s_{xy} for negativo, os pontos que têm a maior influência sobre s_{xy} estão nos quadrantes II e IV. Portanto, um valor negativo para s_{xy} indica uma associação linear negativa entre x e y; ou seja, à medida que o valor de x aumenta, o valor de y diminui. Por fim, se os pontos estiverem uniformemente distribuídos

Covariância é uma medida da associação linear entre duas variáveis.

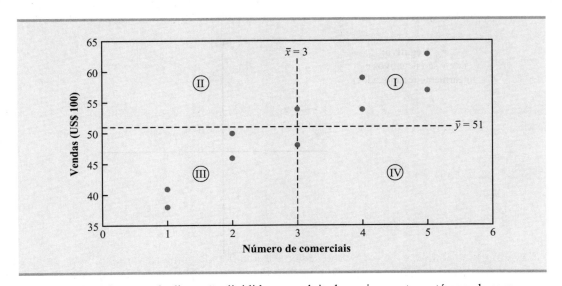

FIGURA 3.10 Diagrama de dispersão dividido para a loja de equipamentos estéreo e de som

em todos os quatro quadrantes, o valor de s_{xy} se aproximará de zero, indicando que não há associação linear entre x e y. A Figura 3.11 apresenta os valores de s_{xy} que se pode esperar com três diferentes tipos de diagramas de dispersão.

Consultando novamente a Figura 3.10, observamos que o diagrama de dispersão da loja de equipamentos de estéreo e som segue o padrão apresentado no painel da parte superior da Figura 3.11. Como se poderia esperar, o valor da covariância amostral indica uma relação linear positiva com $s_{xy} = 11$.

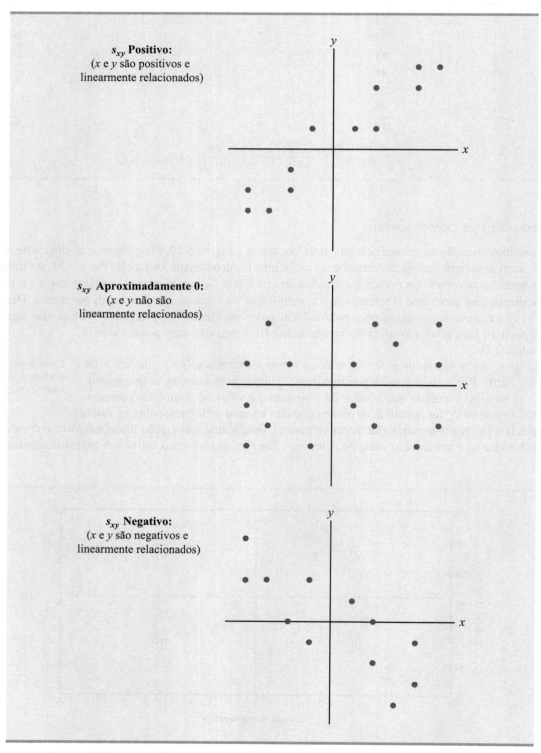

FIGURA 3.11 Interpretação da covariância amostral

Pelo que foi exposto na discussão anterior, poderia parecer que um valor positivo elevado para a covariância indicaria uma relação linear positiva forte e que um valor negativo elevado apontaria uma forte relação linear negativa. Entretanto, um problema quando se usa a covariância como uma medida da intensidade da relação linear é que o valor da covariância depende das unidades de medida para x e y. Por exemplo, suponha que estejamos interessados na relação entre a altura x e o peso y das pessoas. Evidentemente, a intensidade da relação deve ser a mesma se medirmos a altura em centímetros ou em metros. Porém, quando a altura é medida em centímetros, obtemos valores numéricos muito mais elevados para $(x_i - \bar{x})$ do que quando medimos a altura em metros. Desse modo, quando a altura é medida em centímetros, obteríamos um valor mais elevado para o numerador $\Sigma(x_i - \bar{x})(y_i - \bar{y})$, da Equação 3.13 e, portanto, uma covariância maior, quando, de fato, a relação não se altera. Uma medida da relação entre duas variáveis que não é afetada pelas unidades de medida para x e y é o **coeficiente de correlação**.

Coeficiente de correlação

Para dados amostrais, o coeficiente de correlação produto-momento, de Pearson, é o seguinte:

COEFICIENTE DE CORRELAÇÃO PRODUTO-MOMENTO, DE PEARSON: DADOS AMOSTRAIS

$$r_{xy} = \frac{s_{xy}}{s_x s_y} \qquad (3.15)$$

onde

r_{xy} = coeficiente de correlação amostral
s_{xy} = covariância amostral
s_x = desvio padrão amostral de x
s_y = desvio padrão amostral de y

A Equação 3.15 mostra que o coeficiente de correlação produto-momento, de Pearson, para os dados amostrais (comumente chamado *coeficiente de correlação amostral*) é calculado dividindo-se a covariância amostral pelo produto do desvio padrão amostral de x e do desvio padrão amostral de y.

Agora, vamos calcular o coeficiente de correlação amostral para a loja de equipamentos de estéreo e som. Utilizando os dados da Tabela 3.6, podemos calcular os desvios padrão amostrais para as duas variáveis.

$$s_x = \sqrt{\frac{\sum (x_i - \bar{x})^2}{n-1}} = \sqrt{\frac{20}{9}} = 1,49$$

$$s_y = \sqrt{\frac{\sum (y_i - \bar{y})^2}{n-1}} = \sqrt{\frac{566}{9}} = 7,93$$

Agora, como $s_{xy} = 11$, o coeficiente de correlação amostral é igual a

$$r_{xy} = \frac{s_{xy}}{s_x s_y} = \frac{11}{(1,49)(7,93)} = 0,93$$

A fórmula para calcular o coeficiente de correlação de uma população, denotado pela letra grega ρ_{xy} (pronuncia-se "rô"), é como segue:

O coeficiente de correlação amostral r_{xy} é o estimador pontual do coeficiente de correlação populacional ρ_{xy}.

> **COEFICIENTE DE CORRELAÇÃO PRODUTO-MOMENTO, DE PEARSON: DADOS POPULACIONAIS**
>
> $$\rho_{xy} = \frac{\sigma_{xy}}{\sigma_x \sigma_y} \quad (3.16)$$
>
> onde
>
> ρ_{xy} = coeficiente de correlação populacional
> σ_{xy} = covariância populacional
> σ_x = desvio padrão populacional de x
> σ_y = desvio padrão populacional de y

O coeficiente de correlação amostral r_{xy} fornece uma estimativa do coeficiente de correlação populacional ρ_{xy}.

Interpretação do coeficiente de correlação

Primeiro, vamos considerar um exemplo simples que ilustra o conceito de relação linear positiva perfeita. O diagrama de dispersão da Figura 3.12 descreve a relação entre x e y com base nos seguintes dados amostrais:

x_i	y_i
5	10
10	30
15	50

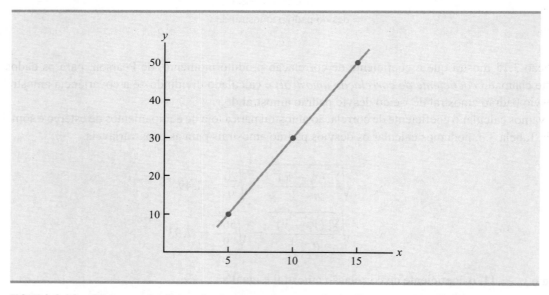

FIGURA 3.12 Diagrama de dispersão descrevendo uma relação linear positiva perfeita

A linha reta que cruza cada um dos três pontos indica uma relação linear perfeita entre x e y. Para aplicar a Equação 3.15 a fim de calcular a correlação amostral, devemos primeiro calcular s_{xy}, s_x e s_y. Alguns dos cálculos são mostrados na Tabela 3.8. Usando os resultados desta tabela, encontramos

$$s_{xy} = \frac{\sum(x_i - \bar{x})(y_i - \bar{y})}{n-1} = \frac{200}{2} = 100$$

$$s_x = \sqrt{\frac{\sum(x_i - \bar{x})^2}{n-1}} = \sqrt{\frac{50}{2}} = 5$$

$$s_y = \sqrt{\frac{\sum (y_i - \bar{y})^2}{n-1}} = \sqrt{\frac{800}{2}} = 20$$

$$r_{xy} = \frac{s_{xy}}{s_x s_y} = \frac{100}{5(20)} = 1$$

Portanto, observamos que o valor do coeficiente de correlação amostral é 1.

Em geral, é possível demonstrar que se todos os pontos de um conjunto de dados se situam sobre uma linha reta positivamente inclinada, o valor do coeficiente de correlação amostral é +1; ou seja, um coeficiente de correlação amostral igual a +1 corresponde a uma relação linear positiva perfeita entre x e y. Além disso, se os pontos do conjunto de dados se situam em uma linha reta que tem uma inclinação negativa, o valor do coeficiente de correlação amostral é −1; ou seja, um coeficiente de correlação amostral igual a −1 corresponde a uma relação linear negativa perfeita entre x e y.

> O coeficiente de correlação varia de −1 a +1. Valores que se aproximam de −1 ou +1 indicam uma forte relação linear. Quanto mais próxima a correlação estiver de zero, mais fraca será a relação.

Vamos supor agora que determinado conjunto de dados indique uma relação linear positiva entre x e y, mas que a relação não é perfeita. O valor de r_{xy} será menor que 1, indicando que os pontos no diagrama de dispersão não estão todos em uma linha reta. À medida que os pontos se afastam cada vez mais de uma relação linear positiva, o valor de r_{xy} se torna cada vez menor. Um valor de r_{xy} igual a zero indica que não há relação linear entre x e y, e os valores de r_{xy} próximos de zero indicam uma relação linear fraca.

Em relação aos dados envolvendo a loja de equipamentos de som, lembre-se de que $r_{xy} = 0{,}93$. Portanto, concluímos que existe uma relação linear positiva forte entre o número de comerciais e as vendas. Mais especificamente, um aumento no número de comerciais está associado a um aumento nas vendas.

Para encerrar, observamos que a correlação constitui uma medida de associação linear, e não necessariamente de causa. Uma correlação elevada entre duas variáveis não significa que alterações ocorridas em uma variável provocarão alterações na outra variável. Por exemplo, podemos descobrir que a avaliação da qualidade e o preço de um prato típico vendido em restaurantes estão positivamente correlacionados. Entretanto, simplesmente aumentar o preço em um restaurante não fará que a avaliação da qualidade se eleve.

TABELA 3.8 Método utilizado para calcular o coeficiente de correlação amostral

	x_i	y_i	$x_i - \bar{x}$	$(x_i - \bar{x})^2$	$y_i - \bar{y}$	$(y_i - \bar{y})^2$	$(x_i - \bar{x})(y_i - \bar{y})$
	5	10	−5	25	−20	400	100
	10	30	0	0	0	0	0
	15	50	5	25	20	400	100
Totais	30	90	0	50	0	800	200
	$\bar{x} = 10$	$\bar{y} = 30$					

NOTAS E COMENTÁRIOS

1. Como o coeficiente de correlação mede apenas a força da relação linear entre duas variáveis quantitativas, é possível que o coeficiente de correlação esteja próximo de zero, sugerindo que não há uma relação linear quando a relação entre as duas variáveis é não linear. Por exemplo, o diagrama de dispersão a seguir mostra a relação entre o valor gasto por uma pequena loja de varejo em controle da temperatura ambiente (aquecimento e resfriamento) e a alta temperatura diária externa por mais de 100 dias.

O coeficiente de correlação amostral para estes dados é $r_{xy} = -0{,}007$ e indica que não há relação linear entre as duas variáveis. No entanto, o diagrama de dispersão fornece forte evidência visual de uma relação não linear. Ou seja, podemos ver que à medida que a alta temperatura externa diária aumenta, o dinheiro gasto com o controle da temperatura ambiente primeiro diminui à medida que menos aquecimento é necessário, e depois aumenta à medida que maior resfriamento é necessário.

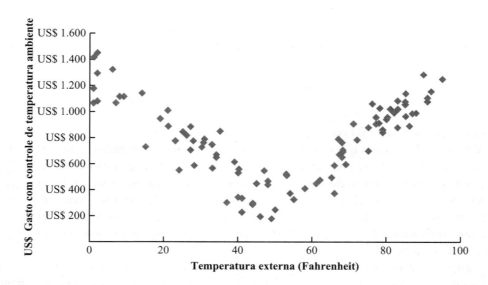

2. Embora o coeficiente de correlação seja útil na avaliação da relação entre duas variáveis quantitativas, outras medidas – como o coeficiente de correlação por classificação de Spearman –, podem ser usadas para avaliar uma relação entre duas variáveis quando pelo menos uma delas é nominal ou ordinal.

Exercícios

Métodos

55. Cinco observações feitas de duas variáveis são apresentadas a seguir:

x_i	4	6	11	3	16
y_i	50	50	40	60	30

    a. Construa um diagrama de dispersão com x no eixo horizontal.
    b. O que o diagrama de dispersão construído no item (a) indica a respeito da relação entre as duas variáveis?
    c. Calcule e interprete a covariância amostral.
    d. Calcule e interprete o coeficiente de correlação amostral.

56. Cinco observações feitas de duas variáveis são apresentadas a seguir:

x_i	6	11	15	21	27
y_i	6	9	6	17	12

    a. Construa um diagrama de dispersão para estes dados.
    b. O que o diagrama de dispersão indica a respeito da relação entre x e y?
    c. Calcule e interprete a covariância amostral.
    d. Calcule e interprete o coeficiente de correlação amostral.

Aplicações

57. Dez importantes jogos do campeonato de futebol americano universitário foram disputados em janeiro de 2010, sendo que o time da University of Alabama venceu a equipe da University of Texas por 37 a 21 e se tornou o campeão nacional de futebol universitário. Os resultados dos 10 jogos do campeonato são apresentados na tabela a seguir (*USA Today*, 8 de janeiro de 2010).

Estatística descritiva: medidas numéricas **131**

Jogo do campeonato	Placar final	Margem de pontos prevista	Margem de pontos real
Outback	Auburn 38 Northwestern 35	5	3
Gator	Florida State 33 West Virginia 21	1	12
Capital One	Penn State 19 LSU 17	3	2
Rose	Ohio State 26 Oregon 17	−2	9
Sugar	Florida 51 Cincinnati 24	14	27
Cotton	Mississippi State 21 Oklahoma State 7	3	14
Álamo	Texas Tech 41 Michigan State 31	9	10
Fiesta	Boise State 17 TCU 10	−4	7
Orange	Iowa 24 Georgia Tech 14	−3	10
Championship	Alabama 37 Texas 21	4	16

BowlGames

A previsão da margem de pontos de vitória foi baseada na estimativa das apostas feitas em Las Vegas aproximadamente uma semana antes dos jogos. Por exemplo, foi previsto que o Auburn venceria o Northwestern no Outback Bowl por 5 pontos. A margem real de pontos da vitória do Auburn foi de 3 pontos. Uma previsão negativa da margem de pontos de vitória significa que o time vencedor era considerado um azarão e que iria perder. Por exemplo, no campeonato Rose Bowl, o Ohio State tinha uma previsão de perder por 2 pontos para o Oregon, mas terminou vencendo por 9 pontos.
  a. Construa um diagrama de dispersão com a margem de pontos prevista mostrada no eixo horizontal.
  b. Qual é a relação entre a margem de pontos real e a margem prevista?
  c. Calcule e interprete a covariância amostral.
  d. Calcule o coeficiente de correlação amostral. O que esse valor nos diz a respeito da relação entre a margem de pontos prevista e a margem de pontos real nos jogos do campeonato de futebol americano universitário?

58. Um estudo do departamento de transportes sobre a velocidade ao volante e o consumo de combustível de automóveis de tamanho médio resultou nos seguintes dados:

Velocidade ao volante (Milhas por hora)	30	50	40	55	30	25	60	25	50	55
Milhagem (milhas por galão)	28	25	25	23	30	32	21	35	26	25

Calcule e interprete o coeficiente de correlação amostral.

59. Nos últimos 40 anos, o percentual de domicílios nos Estados Unidos com detectores de fumaça aumentou de forma constante e atingiu um nível de 96% (site da *National Fire Protection Association*, janeiro de 2015). Com este aumento no uso de detectores de fumaça domésticos, o que aconteceu com a taxa de mortalidade em incêndios residenciais? O DATAfile SmokeDetectors contém 17 anos de dados sobre a porcentagem estimada de residências com detectores de fumaça e as mortes estimadas por milhão de habitantes.
  a. Você espera uma relação positiva ou negativa entre o uso de detectores de fumaça e as mortes causadas por incêndios em residências? Sim ou não? Por quê?
  b. Calcule e relate o coeficiente de correlação. Existe uma correlação positiva ou negativa entre o uso de detectores de fumaça e mortes por incêndios em residências? Comente.
  c. Mostre um gráfico de dispersão da taxa de mortalidade por milhão de habitantes e a porcentagem de residências com detectores de fumaça.

60. Russell 1000 é um índice do mercado de ações que consiste nas maiores empresas dos Estados Unidos. O Dow Jones Industrial Average é baseado em 30 grandes empresas. O DATAfile Russell fornece os retornos percentuais anuais para cada um desses índices de ações para os anos de 1988 a 2012 (site da 1stock1).
  a. Represente estes retornos percentuais usando um diagrama de dispersão.
  b. Calcule a média e o desvio padrão da amostra para cada índice.
  c. Calcule a correlação amostral.
  d. Discuta semelhanças e diferenças nesses dois índices.

61. Uma amostra aleatória de 30 faculdades da lista de Kiplinger, que inclui as melhores faculdades particulares, forneceu os dados mostrados no DATAfile Best Private Colleges (Kiplinger, outubro de 2013). A variável denominada Taxa de admissão (%) mostra a porcentagem de alunos que se candidataram à faculdade e foram admitidos, e a variável denominada Taxa de graduados em 4 anos (%) mostra o percentual de alunos que foram admitidos e se formaram em quatro anos.
  a. Desenvolva um diagrama de dispersão com a Taxa de admissão (%) como variável independente. O que o diagrama de dispersão indica sobre a relação entre as duas variáveis?
  b. Calcule o coeficiente de correlação amostral. O que indica o valor do coeficiente de correlação amostral sobre a relação entre a Taxa de admissão (%) e a Taxa de graduados em 4 anos (%).

132 Estatística aplicada a administração e economia

3.6 Painéis de indicadores de dados (*dashboards*): adição de medidas numéricas para melhorar a interpretação

Na Seção 2.5, fornecemos uma introdução à visualização de dados, um termo usado para descrever o uso de apresentações gráficas para resumir e exibir informações sobre um conjunto de dados. O objetivo da visualização de dados é comunicar as principais informações sobre eles de maneira mais eficaz e clara possível. Uma das ferramentas de visualização de dados mais utilizadas é o painel de dados, um conjunto de apresentações que organiza e exibe informações que são usadas para monitorar o desempenho de uma empresa ou organização de uma maneira fácil de ler, entender e interpretar. Nesta seção, ampliamos a discussão sobre os painéis de dados para mostrar como a adição de medidas numéricas pode melhorar a eficácia geral da apresentação.

A adição de medidas numéricas, como a média e o desvio padrão dos principais indicadores de desempenho (KPIs – *key performance indicators*) em um painel de dados é fundamental, pois as medidas numéricas geralmente fornecem referências ou metas pelas quais os KPIs são avaliados. Além disso, as apresentações gráficas que incluem medidas numéricas como componentes da exibição também são frequentemente incluídas nos painéis de dados. Devemos ter em mente que o propósito de um painel de dados é dar informações sobre os KPIs de uma maneira fácil de ler, entender e interpretar. A adição de medidas numéricas e gráficos que utilizam medidas numéricas pode nos ajudar a atingir estes objetivos.

Para ilustrar o uso de medidas numéricas em um painel de dados, lembre-se do caso da Grogan Oil Company, na Seção 2.5, que utilizamos para introduzir o conceito de painel de dados. A Grogan Oil tem escritórios localizados em três cidades do Texas: Austin (sua sede), Houston e Dallas. O *call-center* de Tecnologia da Informação (TI) da Grogan, localizado no escritório de Austin, lida com chamadas referentes a problemas relacionados aos computadores (software, Internet e e-mail) dos funcionários dos três escritórios. A Figura 3.13 mostra o painel de dados que a Grogan desenvolveu para monitorar o desempenho do *call-center*. Os principais componentes deste painel são os seguintes:

- O gráfico de barras empilhadas, no canto superior esquerdo do painel, mostra o volume de chamadas para cada tipo de problema (software, Internet ou e-mail) ao longo do tempo.
- O gráfico de setores, no canto superior direito do painel, mostra a porcentagem de tempo que os funcionários do *call-center* gastaram com cada tipo de problema ou sem estar trabalhando no atendimento de uma chamada (tempo ocioso).
- Para cada caso não resolvido recebido há mais de 15 minutos, o gráfico de barras mostrado na parte esquerda central do painel mostra o período durante o qual cada um destes casos ficou sem solução.
- O gráfico de barras na parte central direita do painel mostra o volume de chamadas recebidas pelos escritórios (Houston, Dallas, Austin) para cada tipo de problema.
- O histograma na parte inferior do painel mostra a distribuição do tempo para resolver um caso, referente a todos os casos resolvidos no turno atual.

Para obter mais informações sobre o desempenho do *call-center*, o gestor de TI da Grogan decidiu expandir o painel atual adicionando *boxplots* do tempo necessário para resolver chamadas recebidas para cada tipo de problema (e-mail, Internet e software). Além disso, um gráfico mostrando o tempo para resolver casos individuais foi adicionado na parte inferior esquerda do painel. Por fim, o gestor de TI acrescentou uma apresentação de estatísticas resumidas para cada tipo de problema e estatísticas resumidas de cada uma das primeiras horas do turno. O painel atualizado é mostrado na Figura 3.14.

O *call-center* de TI definiu um nível de desempenho como meta, ou um *benchmark*, de 10 minutos para o tempo médio de resolução de cada caso. Além disso, o centro decidiu que não é desejável que este tempo exceda 15 minutos. Para refletir estes valores de referência (*benchmarks*), uma linha horizontal preta no valor-alvo médio de 10 minutos e uma linha horizontal cinza no nível máximo aceitável de 15 minutos foram adicionadas ao gráfico que mostra o tempo para resolver os casos, e os *boxplots* do tempo necessário para resolver as chamadas recebidas para cada tipo de problema.

As estatísticas resumidas no painel da Figura 3.21 mostram que o tempo médio para solução de um caso envolvendo e-mail é de 5,8 minutos, o tempo médio para resolver um caso sobre Internet é de 3,0 minutos, e o tempo médio para resolver um caso de software é de 5,4 minutos. Assim, o tempo médio para resolver cada tipo de caso é melhor do que a média-alvo (10 minutos).

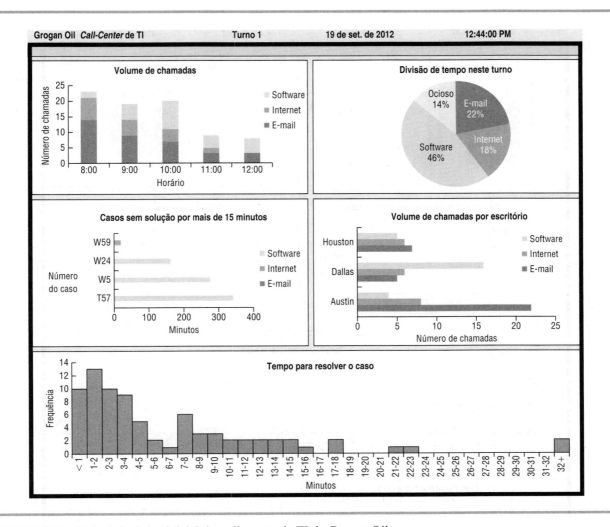

FIGURA 3.13 Painel de dados inicial do *call-center* de TI da Grogan Oil

Observando os *boxplots*, vemos que a caixa associada aos casos de e-mail é "maior" do que as caixas associadas aos outros dois tipos de casos. As estatísticas resumidas também mostram que o desvio padrão do tempo para resolver casos de e-mail é maior que os desvios padrão dos tempos para resolver os outros tipos de casos. Isso nos leva a analisar mais de perto os casos de e-mail nos dois novos gráficos. O *boxplot* para os casos de e-mail tem um "bigode" que se estende além de 15 minutos e um *outlier* bem além de 15 minutos. O gráfico do tempo para resolver casos individuais (na posição inferior esquerda do painel) mostra que isso ocorre devido a duas chamadas sobre casos de e-mail durante o turno das 9 horas, que levaram mais tempo do que o tempo máximo definido como meta (15 minutos). Esta análise pode levar o gestor do *call-center* de TI a investigar mais detalhadamente por que os tempos de resolução são mais variáveis para casos de e-mail do que para casos envolvendo Internet ou software. Com base nesta análise, o gestor de TI também pode decidir investigar as circunstâncias que levaram a tempos de resolução excessivamente longos para os dois casos de e-mail que demoraram mais de 15 minutos para serem resolvidos.

O gráfico do tempo para resolver casos individuais mostra que a maioria das chamadas recebidas durante a primeira hora do turno foi solucionada de forma relativamente rápida; o gráfico também mostra que o tempo para resolver os casos aumentou gradualmente ao longo da manhã. Isso pode ser devido à tendência de surgirem problemas complexos no final do turno ou possivelmente ao acúmulo de chamadas no decorrer do período. Embora as estatísticas resumidas sugiram que os casos enviados durante o turno das 9:00 demoram mais tempo para serem resolvidos, o gráfico de tempo para resolver casos individuais mostra que dois casos de e-mail e um caso de software demorados foram relatados durante este horário, e isso pode explicar por que o tempo médio para resolver os casos no turno das 9:00 horas é maior do que durante qualquer outro horário do turno. Em geral, os casos relatados foram basicamente resolvidos em 15 minutos ou menos neste turno.

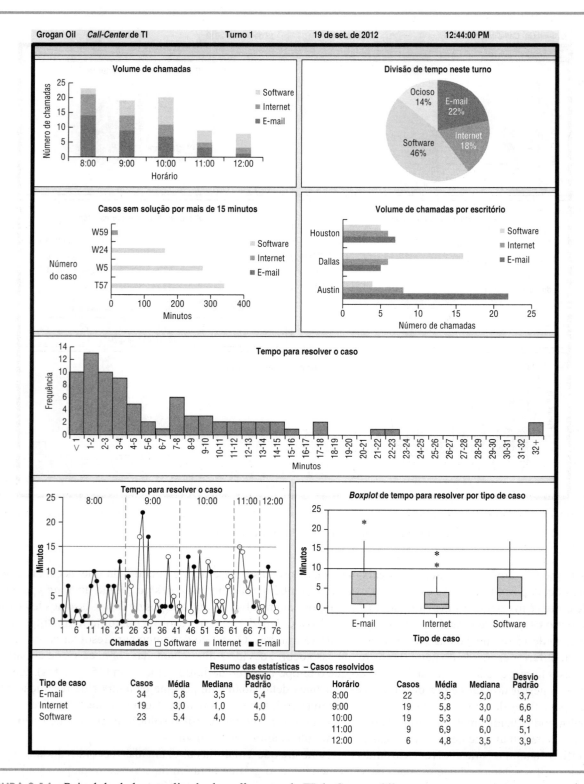

FIGURA 3.14 Painel de dados atualizado do *call-center* de TI da Grogan Oil

Painéis de dados, como o da Grogan Oil, geralmente são interativos. Por exemplo, quando um gestor usa um mouse ou uma tela sensível ao toque para interagir ou apontar algo no visor, informações adicionais, como o tempo para solucionar o problema, a hora em que a chamada foi recebida e o indivíduo e/ou a localização que relatou o problema, podem aparecer. Clicar no item individual também pode levar o usuário a um novo nível de análise de casos individuais.

Detalhamento refere-se à funcionalidade em painéis de dados interativos que permitem ao usuário acessar informações e análises em um nível cada vez mais aprofundado.

Resumo

Neste capítulo apresentamos diversos métodos de estatística descritiva que podem ser usados para sintetizar a posição, a variabilidade e a forma de uma distribuição de dados. Diferentemente dos procedimentos tabulares e gráficos introduzidos no Capítulo 2, as medidas demonstradas neste capítulo sintetizam os dados quanto aos valores numéricos. Quando os valores numéricos obtidos se referem a uma amostra são chamados estatísticas amostrais. Quando esses valores dizem respeito a uma população são denominados parâmetros populacionais. Algumas das notações usadas para a estatística amostral e para os parâmetros populacionais são:

	Estatística amostral	Parâmetro populacional
Média	$\bar{x}$	μ
Variância	s^2	σ^2
Desvio padrão	s	σ
Covariância	s_{xy}	σ_{xy}
Correlação	r_{xy}	ρ_{xy}

Em inferência estatística, a estatística amostral é o estimador pontual do parâmetro populacional.

Como medidas de posição, definimos a média, a mediana, a moda, a média ponderada, a média geométrica, percentis e quartis. Em seguida, apresentamos a amplitude, a amplitude interquartil, a variância, o desvio padrão e o coeficiente de variação como medidas da variabilidade ou dispersão. Nossa principal medida da forma de uma distribuição foi a assimetria. Valores negativos indicam uma distribuição de dados assimétrica à esquerda. Valores positivos apontam uma distribuição de dados assimétrica à direita. Logo após, descrevemos como a média e o desvio padrão poderiam ser utilizados, aplicando-se o teorema de Chebyshev e a regra empírica para produzir mais informações a respeito da distribuição dos dados e para identificar *outliers*.

Na Seção 3.4 mostramos como desenvolver a regra dos cinco itens e o gráfico *boxplot* para fornecer informações simultâneas sobre posição, variabilidade e forma da distribuição. Na Seção 3.5 introduzimos a covariância e o coeficiente de correlação como medidas da associação entre duas variáveis. Na seção final mostramos como a adição de valores numéricos pode aumentar a eficiência dos painéis de dados.

A estatística descritiva que discutimos pode ser desenvolvida por meio de softwares estatísticos e planilhas eletrônicas. No Apêndice do final de capítulo mostraremos como utilizar o Minitab e o Excel para desenvolver a estatística descritiva apresentada neste capítulo.

Glossário

Amplitude Medida de variabilidade definida como o maior valor menos o menor valor.

Amplitude interquartil (IQR) Medida de variabilidade definida como a diferença entre o terceiro e o primeiro quartis.

Assimetria Medida da forma assumida por uma distribuição de dados. Dados assimétricos à esquerda resultam em assimetria negativa; uma distribuição de dados simétrica resulta em assimetria nula; e dados assimétricos à direita resultam em assimetria positiva.

Boxplot (diagrama em caixa) Resumo gráfico de dados que se baseia na regra de cinco itens.

Coeficiente de correlação Medida de associação linear entre duas variáveis que assume valores entre −1 e +1. Valores próximos de +1 indicam uma forte relação linear positiva; valores próximos de −1 indicam uma forte relação linear negativa; e valores próximos de zero indicam a inexistência de relação linear.

Coeficiente de variação Medida de variabilidade relativa calculada dividindo-se o desvio padrão pela média e multiplicando-se o resultado por 100.

Covariância Medida da associação linear entre duas variáveis. Valores positivos indicam uma relação positiva; valores negativos indicam uma relação negativa.

136 Estatística aplicada a administração e economia

Desvio padrão Medida de variabilidade calculada encontrando-se a raiz quadrada positiva da variância.

Escore-z Um valor encontrado dividindo-se o desvio em torno da média ($x_i - \overline{x}$) pelo desvio padrão s. Um escore-z é chamado de valor padronizado e denota o número de desvios padrão que x_i está afastado da média.

Estatística amostral Valor numérico usado como medida sintetizada de uma amostra (por exemplo, a média amostral, $\overline{x}$, a variância amostral, s^2, e o desvio padrão amostral, s).

Estimador pontual A estatística amostral, por exemplo, $\overline{x}$, s^2 e s, utilizada para estimar o parâmetro populacional correspondente.

Média Medida de posição central que é calculada a partir da soma dos valores de dados e dividindo-se o resultado pelo número de observações.

Média geométrica Uma medida de posição que é calculada encontrando-se a enésima raiz do produto de n valores.

Média ponderada Média obtida atribuindo-se a cada observação um peso que reflete sua importância.

Mediana Medida de posição central fornecida pelo valor central quando os dados são organizados em ordem crescente.

Moda Medida de posição, definida como o valor que ocorre com maior frequência.

Parâmetro populacional Valor numérico usado como medida sintetizada de uma população (por exemplo, a média populacional μ, a variância populacional σ^2 e o desvio padrão populacional σ).

Percentil Valor tal que pelo menos p % das observações são menores ou iguais a esse valor e pelo menos $(100 - p)$ % das observações são maiores ou iguais a esse valor. O 50º percentil é a mediana.

Quartis O 25º, o 50º e o 75º percentis são denominados primeiro quartil, segundo quartil (mediana) e terceiro quartil, respectivamente. Os quartis podem ser usados para dividir um conjunto de dados em quatro partes, cada parte contendo aproximadamente 25% dos dados.

Regra dos cinco itens Técnica que utiliza cinco números para sintetizar os dados: o menor valor, o primeiro quartil, a mediana, o terceiro quartil e o maior valor.

Regra empírica Regra que pode ser usada para calcular a porcentagem de valores de dados que devem estar dentro de um, dois e três desvios padrão da média para dados que exibem uma distribuição em forma de sino.

Teorema de Chebyshev Teorema que pode ser usado para se fazer afirmações acerca da proporção dos valores de dados que devem estar contidos em um número específico de desvios padrão da média.

Valor atípico (*outlier*) Valor de dados pequeno ou grande demais.

Variância Medida de variabilidade baseada nos desvios dos valores de dados em torno da média elevados ao quadrado.

Fórmulas-chave

Média amostral

$$\overline{x} = \frac{\sum x_i}{n} \tag{3.1}$$

Média populacional

$$\mu = \frac{\sum x_i}{N} \tag{3.2}$$

Média ponderada

$$\overline{x} = \frac{\sum w_i x_i}{\sum w_i} \tag{3.3}$$

Média geométrica

$$\overline{x}_g = \sqrt[n]{(x_1)(x_2) \cdots (x_n)} = [(x_1)(x_2) \cdots (x_n)]^{1/n} \tag{3.4}$$

Posição do pº percentil

$$L_p = \frac{p}{100}(n + 1) \tag{3.5}$$

Amplitude interquartil

$$IQR = Q_3 - Q_1 \tag{3.6}$$

Variância populacional

$$\sigma^2 = \frac{\sum (x_i - \mu)^2}{N} \tag{3.7}$$

Variância amostral

$$s^2 = \frac{\sum (x_i - \overline{x})^2}{n - 1} \tag{3.8}$$

Desvio padrão

$$\text{Desvio padrão amostral} = s = \sqrt{s^2} \tag{3.9}$$

$$\text{Desvio padrão populacional} = \sigma = \sqrt{\sigma^2} \tag{3.10}$$

Coeficiente de variação

$$\left(\frac{\text{Desvio padrão}}{\text{Média}} \times 100 \right)\% \tag{3.11}$$

Escore-z

$$z_i = \frac{x_i - \overline{x}}{s} \tag{3.12}$$

Covariância amostral

$$s_{xy} = \frac{\sum (x_i - \overline{x})(y_i - \overline{y})}{n - 1} \tag{3.13}$$

Covariância populacional

$$\sigma_{xy} = \frac{\sum (x_i - \mu_x)(y_i - \mu_y)}{N} \tag{3.14}$$

Coeficiente de correlação de produto-momento de Pearson: dados amostrais

$$r_{xy} = \frac{s_{xy}}{s_x s_y} \tag{3.15}$$

Coeficiente de correlação de produto-momento de Pearson: dados populacionais

$$\rho_{xy} = \frac{\sigma_{xy}}{\sigma_x \sigma_y} \tag{3.16}$$

Exercícios suplementares

62. O número médio de vezes que os norte-americanos saem para jantar em uma semana caiu de 4,0 em 2008 para 3,8 em 2012 (Zagat.com, abril de 2012). O número de vezes que uma amostra de 20 famílias jantou fora de casa na semana passada fornece os seguintes dados.

6	1	5	3	7	3	0	3	1	3
4	1	2	4	1	0	5	6	3	1

a. Calcule a média e a mediana.
b. Calcule o primeiro e o terceiro quartis.

c. Calcule a amplitude e a amplitude interquartil.
d. Calcule a variância e o desvio padrão.
e. A medida de assimetria para estes dados é 0,34. Comente sobre o formato desta distribuição. Este é o formato que você esperava? Sim ou não? Por quê?
f. Os dados contêm *outliers*?

63. O *USA Today* informa que as faculdades e universidades da NCAA estão pagando salários mais altos para um treinador de futebol recém-recrutado em comparação com o que eles pagaram ao seu ex-treinador de futebol. (*USA Today*, 12 de fevereiro de 2013). Os salários-base anuais para o treinador de futebol anterior e o novo treinador de futebol em 23 escolas são dados no DATAfile Coaches.

Coaches

a. Determine o salário anual médio para um treinador de futebol anterior e um novo treinador de futebol.
b. Calcule a amplitude dos salários de ambos.
c. Calcule o desvio padrão para os salários de ambos.
d. Com base em suas respostas para (a) e (c), comente sobre quaisquer diferenças entre o salário-base anual que uma escola paga para um novo treinador de futebol, em comparação ao que pagou ao treinador de futebol anterior.

64. O tempo médio de espera de um paciente em um consultório médico em El Paso é de pouco mais de 29 minutos, bem acima da média nacional, de 21 minutos. De fato, El Paso tem o maior tempo de espera nos consultórios médicos dos Estados Unidos (*El Paso Times*, 8 de janeiro de 2012). A fim de abordar esta questão, alguns consultórios médicos estão utilizando sistemas de rastreamento de espera para notificar os pacientes sobre os tempos de espera decorridos. Os pacientes podem ajustar seu tempo de chegada com base nestas informações e, assim, gastam menos tempo nas salas de espera. Os dados a seguir mostram tempos de espera (em minutos) de uma amostra de pacientes em consultórios que não têm este sistema de rastreamento e os tempos de espera de uma amostra de pacientes em consultórios que têm o sistema de rastreamento.

Sem sistema de rastreamento de espera	Com sistema de rastreamento de espera
24	31
67	11
17	14
20	18
31	12
44	37
12	9
23	13
16	12
37	15

WaitTracking

a. Quais são os tempos de espera médios e medianos de pacientes em consultórios com sistema de rastreamento? Quais são os tempos de espera médios e medianos dos pacientes em consultórios sem sistema de rastreamento?
b. Qual é a variância e o desvio padrão dos tempos de espera dos pacientes em consultórios com sistema de rastreamento? Qual é a variância e o desvio padrão dos tempos de espera de pacientes em consultórios sem sistema de rastreamento?
c. Os consultórios com sistema de rastreamento têm tempos de espera menores do que os consultórios sem sistema de rastreamento? Explique.
d. Considerando apenas os consultórios sem sistema de rastreamento de espera, qual é o escore-z do décimo paciente na amostra?
e. Considerando apenas os consultórios com sistema de rastreamento, qual é o escore-z do sexto paciente na amostra? Como este escore-z se compara com aquele calculado no item (d)?
f. Com base nos escores-z, os dados dos consultórios sem sistema de rastreamento contêm quaisquer *outliers*? Com base nos escores-z, os dados dos escritórios com sistema de rastreamento contêm algum *outlier*?

65. Empresas norte-americanas perdem US$ 63,2 bilhões por ano por causa de trabalhadores com problemas de insônia, que perdem uma média de 7,8 dias de produtividade por ano devido à falta de sono (*Wall Street Journal*, 23 de janeiro de 2013). Os dados a seguir mostram o número de horas de sono durante uma noite recente em uma amostra de 20 trabalhadores.

DATA file
Sleep

| 6 | 5 | 10 | 5 | 6 | 9 | 9 | 5 | 9 | 5 |
| 8 | 7 | 8 | 6 | 9 | 8 | 9 | 6 | 10 | 8 |

a. Qual é o número médio de horas de sono nesta amostra?
b. Qual é a variância? Qual é o desvio padrão?

66. Um estudo realizado com usuários de smartphones mostra que 68% do uso de smartphones ocorre em casa, e que um usuário gasta uma média de 410 minutos por mês usando um smartphone para interagir com outras pessoas (*Harvard Business Review*, janeiro-fevereiro de 2013). Considere os dados a seguir, indicando o número de minutos gastos em um mês interagindo com outras pessoas por meio de smartphones para uma amostra de 50 destes usuários.

Smartphone

353	458	404	394	416
437	430	369	448	430
431	469	446	387	445
354	468	422	402	360
444	424	441	357	435
461	407	470	413	351
464	374	417	460	352
445	387	468	368	430
384	367	436	390	464
405	372	401	388	367

a. Qual é o número médio de minutos gastos interagindo com outras pessoas nesta amostra? Como este número se compara à média relatada no estudo?
b. Qual é o desvio padrão desta amostra?
c. Existem *outliers* nesta amostra?

67. O transporte público e o automóvel são dois meios que um funcionário pode utilizar para ir trabalhar todos os dias. As amostras dos tempos registrados para cada meio são apresentadas a seguir. Os tempos estão em minutos.

Transportation

| *Transporte público:* | 28 | 29 | 32 | 37 | 33 | 25 | 29 | 32 | 41 | 34 |
| *Automóveis:* | 29 | 31 | 33 | 32 | 34 | 30 | 31 | 32 | 35 | 33 |

a. Calcule a média amostral do tempo para ir ao trabalho utilizando cada meio de transporte.
b. Calcule o desvio padrão da amostra para cada meio de transporte.
c. Com base nos seus resultados nos itens (a) e (b), qual meio de transporte deve ser preferido? Explique.
d. Desenvolva um *boxplot* para cada meio de transporte. A comparação dos meios de transporte apoia sua conclusão no item (c)?

68. Em 2007 o *New York Times* informou que a renda familiar anual mediana nos Estados Unidos era de US$ 55.500 (site do *New York Times*, 21 de agosto de 2013). Responda às seguintes questões com base na seguinte amostra de 14 rendimentos familiares para 2013 (milhares de dólares).

| 49,4 | 52,4 | 53,4 | 51,3 | 52,1 | 48,7 | 52,1 |
| 52,2 | 64,5 | 51,6 | 46,5 | 52,9 | 52,5 | 51,2 |

a. Qual é a renda familiar mediana para os dados amostrais em 2013?
b. Com base nos dados amostrais, estime a variação percentual na renda familiar mediana de 2007 a 2013.
c. Calcule o primeiro e o terceiro quartis.
d. Aplique a regra dos cinco itens.
e. Utilizando a abordagem do escore-z, os dados contêm algum *outlier*? A abordagem que usa os valores do primeiro e terceiro quartis e a amplitude interquartil para detectar *outliers* fornece os mesmos resultados?

69. Os dados contidos no DATAfile chamado FoodIndustry mostram o nome da empresa/cadeia, a média de vendas por loja (US$ 1.000) e a o segmento da indústria de alimentos para 47 cadeias de restaurantes (site da *Quick Service Restaurant Magazine*, agosto de 2013).
FoodIndustry
a. Qual foi a média de vendas nos Estados Unidos por loja para as 47 redes de restaurantes?
b. Quais são os primeiro e o terceiro quartis? Qual é a sua interpretação dos quartis?
c. Mostre um *boxplot* para o nível de vendas e discuta se há algum *outlier* no que se refere a vendas que distorça os resultados.
d. Desenvolva uma distribuição de frequência mostrando a média das vendas por loja para cada segmento. Comente os resultados obtidos.

70. A revista *Travel + Leisure* fornece uma lista anual dos 500 melhores hotéis do mundo. A revista apresenta uma classificação para cada hotel juntamente com uma breve descrição que inclui o tamanho do hotel, comodidades e o custo por noite para um quarto duplo. Uma amostra de 12 dos melhores hotéis nos Estados Unidos está a seguir.

Hotel	Local	Quartos	Custo/noite
Boulders Resort & Spa	Phoenix, AZ	220	499
Disney's Wilderness Lodge	Orlando, FL	727	340
Four Seasons Hotel Beverly Hills	Los Angeles, CA	285	585
Four Seasons Hotel	Boston, MA	273	495
Hay-Adams	Washington, DC	145	495
Inn on Biltmore Estate	Asheville, NC	213	279
Loews Ventana Canyon Resort	Phoenix, AZ	398	279
Mauna Lani Bay Hotel	Havaí	343	455
Montage Laguna Beach	Laguna Beach, CA	250	595
Sofitel Water Tower	Chicago, IL	414	367
St. Regis Monarch Beach	Dana Point, CA	400	675
The Broadmoor	Colorado Springs, CO	700	420

Travel

a. Qual o número médio de quartos?
b. Qual o custo médio por noite para um quarto duplo?
c. Desenvolva um diagrama de dispersão com o número de quartos no eixo horizontal e o custo por noite no eixo vertical. Parece haver uma relação entre o número de quartos e o custo por noite? Analise.
d. Qual é o coeficiente de correlação amostral? O que isso lhe diz sobre a relação entre o número de quartos e o custo por noite de um quarto duplo? Isso parece razoável? Analise.

71. As 32 equipes da Liga Nacional de Futebol (NFL) valem, em média, US$ 1,17 bilhão, 5% a mais que no ano passado. Os dados a seguir mostram a receita anual (US$ milhões) e o valor estimado da equipe (US$ milhões) para as 32 equipes da NFL (site da *Forbes*, 28 de fevereiro de 2014).

Equipe	Receita (US$ milhões)	Valor atual (US$ milhões)
Arizona Cardinals	253	961
Atlanta Falcons	252	933
Baltimore Ravens	292	1.227
Buffalo Bills	256	870
Carolina Panthers	271	1.057
Chicago Bears	298	1.252
Cincinnati Bengals	250	924
Cleveland Browns	264	1.005
Dallas Cowboys	539	2.300
Denver Broncos	283	1.161
Detroit Lions	248	900
Green Bay Packers	282	1.183
Houston Texans	320	1.450
Indianapolis Colts	276	1.200
Jacksonville Jaguars	260	840
Kansas City Chiefs	245	1.009
Miami Dolphins	268	1.074
Minnesota Vikings	234	1.007
New England Patriots	408	1.800
New Orleans Saints	276	1.004
New York Giants	338	1.550
New York Jets	321	1.380
Oakland Raiders	229	825
Philadelphia Eagles	306	1.314
Pittsburgh Steelers	266	1.118
San Diego Chargers	250	949
San Francisco 49ers	255	1.224
Seattle Seahawks	270	1.081
St. Louis Rams	239	875
Tampa Bay Buccaneers	267	1.067
Tennessee Titans	270	1.055
Washington Redskins	381	1.700

NFLTeamValue

a. Desenvolva um diagrama de dispersão com Receita no eixo horizontal e Valor no eixo vertical. Parece que existe alguma relação entre as duas variáveis?
b. Qual é o coeficiente de correlação amostral? O que você pode dizer sobre a intensidade da relação entre Receita e Valor?

72. Será que o recorde de um time de beisebol da liga principal durante o treinamento de primavera indica como o time jogará durante a temporada regular? Em um período de seis anos, o coeficiente de correlação entre a porcentagem vencedora da equipe no treinamento de primavera e sua porcentagem vencedora na temporada regular é 0,18. São mostradas as porcentagens de vitórias para as 14 equipes da Liga Americana durante a temporada anterior.

Equipe	Treinamento de primavera	Temporada regular	Equipe	Treinamento de primavera	Temporada regular
Baltimore Orioles	0,407	0,422	Minnesota Twins	0,500	0,540
Boston Red Sox	0,429	0,586	New York Yankees	0,577	0,549
Chicago White Sox	0,417	0,546	Oakland A's	0,692	0,466
Cleveland Indians	0,569	0,500	Seattle Mariners	0,500	0,377
Detroit Tigers	0,569	0,457	Tampa Bay Rays	0,731	0,599
Kansas City Royals	0,533	0,463	Texas Amplituders	0,643	0,488
Los Angeles Angels	0,724	0,617	Toronto Blue Jays	0,448	0,531

SpringTraining

a. Qual é o coeficiente de correlação entre o treinamento de primavera e as porcentagens de vitórias na temporada regular?
b. Qual é a sua conclusão sobre o recorde de uma equipe durante o treinamento de primavera, indicando como a equipe jogará durante a temporada regular? Quais são algumas das razões pelas quais isso ocorre? Analise.

73. Os dias até a maturidade para uma amostra de cinco fundos do mercado monetário são mostrados aqui. São fornecidos os montantes em dólares investidos nos fundos. Use a média ponderada para determinar o número médio de dias até o vencimento dos dólares investidos nestes cinco fundos do mercado monetário.

Dias até a maturidade	Valor em dólares (US$ milhões)
20	20
12	30
7	10
5	15
6	10

74. Automóveis viajando em uma estrada com limite de velocidade de 55 milhas por hora são verificados quanto à velocidade por um sistema de radar da polícia estadual. A seguir está uma distribuição de frequência das velocidades.

Velocidade (milhas por hora)	Frequência
45-49	10
50-54	40
55-59	150
60-64	175
65-69	75
70-74	15
75-79	10
Total	475

a. Qual é a velocidade média dos automóveis viajando nesta estrada?
b. Calcule a variância e o desvio padrão.

75. A Panama Railroad Company foi fundada em 1850 para construir uma ferrovia através do istmo que permitiria acesso rápido e fácil entre os oceanos Atlântico e Pacífico. A tabela a seguir (*The Big Ditch*, Mauer e Yu, 2011) fornece retornos anuais para as ações da Panama Railroad de 1853 a 1880.

Ano	Retorno das ações da Panama Railroad Company (%)
1853	−1
1854	−9
1855	19
1856	2
1857	3
1858	36
1859	21
1860	16
1861	−5
1862	43
1863	44
1864	48
1865	7
1866	11
1867	23
1868	20
1869	−11
1870	−51
1871	−42
1872	39
1873	42
1874	12
1875	26
1876	9
1877	−6
1878	25
1879	31
1880	30

DATA file
PanamaRailroad

a. Crie um gráfico dos retornos anuais das ações. A Bolsa de Valores de Nova York obteve um retorno médio anual de 8,4% de 1853 a 1880. Você pode dizer, pelo gráfico, se as ações da Panama Railroad Company superaram a Bolsa de Nova York?
b. Calcule o retorno anual médio das ações da Panama Railroad Company de 1853 a 1880. O estoque superou a Bolsa de Valores de Nova York no mesmo período?

Estudo de caso 1 — Pelican Stores

A Pelican Stores, uma divisão da National Clothing, é uma cadeia de lojas de roupas femininas que opera em todos os Estados Unidos. Recentemente, a cadeia realizou uma promoção na qual cupons de desconto foram enviados aos clientes de outras lojas da National Clothing. Dados coletados para uma amostra de 100 transações de cartões de crédito nas lojas Pelican Stores durante um dia de promoção estão no arquivo PelicanStores. A Tabela 3.9 mostra uma parte do conjunto de dados. O método de pagamento chamado Proprietary Card (Cartão Proprietário) refere-se a cobranças feitas utilizando um cartão de crédito da National Clothing. Os clientes que fizeram uma compra utilizando um cupom de descontos são denominados clientes promocionais, e aqueles que fizeram uma compra sem utilizar um cupom de desconto são chamados clientes regulares. Como os cupons promocionais não foram enviados aos clientes regulares da Pelican Stores, a administração considera as negociações feitas para pessoas apresentando cupons promocionais como vendas que, de outro modo, não teriam sido efetuadas. Naturalmente, a Pelican também espera que os clientes promocionais continuem a comprar em suas lojas.

A maioria das variáveis mostradas na Tabela 3.9 são autoexplicativas, mas duas delas exigem algum esclarecimento.

Itens   O número total de itens comprados
Vendas líquidas   A quantia total (US$) cobrada pelo cartão de crédito

A administração da Pelican gostaria de utilizar esses dados amostrais para aprender a respeito do perfil de seus clientes e avaliar a promoção envolvendo cupons de desconto.

Relatório administrativo

Use os métodos de estatística descritiva apresentados neste capítulo para resumir os dados e comentar suas descobertas. No mínimo, seu relatório deve incluir o seguinte:

PelicanStores

TABELA 3.9   Amostra de 100 compras com cartão de crédito na Pelican Stores

Cliente	Tipo de cliente	Itens	Vendas líquidas	Método de pagamento	Gênero	Estado civil	Idade
1	Regular	1	39,50	Discover	Homem	Casado	32
2	Promocional	1	102,40	Cartão Proprietário	Mulher	Casada	36
3	Regular	1	22,50	Cartão Proprietário	Mulher	Casada	32
4	Promocional	5	100,40	Cartão Proprietário	Mulher	Casada	28
5	Regular	2	54,00	MasterCard	Mulher	Casada	34
6	Regular	1	44,50	MasterCard	Mulher	Casada	44
7	Promocional	2	78,00	Cartão Proprietário	Mulher	Casada	30
8	Regular	1	22,50	Visa	Mulher	Casada	40
9	Promocional	2	56,52	Cartão Proprietário	Mulher	Casada	46
10	Regular	1	44,50	Cartão Proprietário	Mulher	Casada	36
.	.	.	.	.	.	.	.
.	.	.	.	.	.	.	.
.	.	.	.	.	.	.	.
96	Regular	1	39,50	MasterCard	Mulher	Casada	44
97	Promocional	9	253,00	Cartão Proprietário	Mulher	Casada	30
98	Promocional	10	287,59	Cartão Proprietário	Mulher	Casada	52
99	Promocional	2	47,60	Cartão Proprietário	Mulher	Casada	30
100	Promocional	1	28,44	Cartão Proprietário	Mulher	Casada	44

1. Estatística descritiva sobre vendas líquidas e sobre as vendas líquidas por diversas classificações de clientes.
2. Estatística descritiva relativa à relação entre a idade e as vendas líquidas.

Estudo de caso 2 Indústria cinematográfica

A indústria cinematográfica é um setor competitivo. Mais de 50 estúdios produzem várias centenas de novos filmes por ano, e o sucesso financeiro de cada filme varia consideravelmente. As vendas brutas do fim de semana de estreia (em milhões de US$), as vendas brutas totais (em milhões de US$), o número de salas de cinema em que o filme foi exibido e o número de semanas durante as quais o filme esteve em lançamento são variáveis comuns utilizadas para medir o sucesso de um filme. Os dados coletados sobre uma amostra de 100 filmes produzidos em 2011 estão no arquivo denominado 2011Movies (site do Box Office Mojo, 17 de março de 2012). A Tabela 3.10 mostra os dados para os 10 primeiros filmes neste arquivo. Note que alguns filmes, como *Cavalo de guerra*, foram lançados no final de 2011 e continuaram em exibição em 2012.

Relatório administrativo

Utilize os métodos numéricos de estatística descritiva apresentados neste capítulo para aprender como estas variáveis contribuem para o sucesso de um filme. Inclua o seguinte em seu relatório:

1. Estatística descritiva para cada uma das quatro variáveis, juntamente com uma análise do que a estatística descritiva nos diz sobre a indústria cinematográfica.
2. Quais filmes, se houver algum, devem ser considerados *outliers* de alto desempenho? Explique.
3. Estatística descritiva mostrando a relação entre o total de vendas brutas e cada uma das outras variáveis. Analise.

Estudo de caso 3 Faculdades de Administração da região Ásia-Pacífico

A busca por um diploma de ensino superior em Administração agora é internacional. Uma pesquisa mostra que cada vez mais asiáticos escolhem o mestrado em Administração de empresas (MBA) como caminho para obter sucesso corporativo. Como resultado disso, o número de candidatos a cursos de

Asian

TABELA 3.10 Dados do desempenho de 10 filmes

Filme	Vendas brutas no fim de semana de estreia (milhões US$)	Total de vendas brutas (milhões US$)	Número de salas	Semanas em lançamento
Harry Potter e as relíquias da morte Parte 2	169,19	381,01	4.375	19
Transformers: o lado oculto da lua	97,85	352,39	4.088	15
A saga crepúsculo: amanhecer Parte 1	138,12	281,29	4.066	14
Se beber não case – 2	85,95	254,46	3.675	16
Piratas do Caribe – Navegando: em águas misteriosas	90,15	241,07	4.164	19
Velozes e furiosos 5 Operação Rio	86,20	209,84	3.793	15
Missão impossível – Protocolo fantasma	12,79	208,55	3.555	13
Carros 2	66,14	191,45	4.115	25
Sherlock Holmes: um jogo de sombras	39,64	186,59	3.703	13
Thor	65,72	181,03	3.963	16

2011Movies

TABELA 3.11 Dados de 25 faculdades de Administração na região Ásia-Pacífico

Faculdade de administração	Matrículas em tempo integral	Alunos por faculdade	Taxas matrícula locais (US$)	Taxas de matrícula de outros países (US$)	Idade	% de estrangeiros	GMAT	Teste de inglês	Experiência de trabalho	Salário inicial (US$)
Melbourne Business School	200	5	24.420	29.600	28	47	Sim	Não	Sim	71.400
University of New South Wales (Sydney)	228	4	19.993	32.582	29	28	Sim	Não	Sim	65.200
Indian Institute of Management (Ahmedabad)	392	5	4.300	4.300	22	0	Não	Não	Não	7.100
Chinese University of Hong Kong	90	5	11.140	11.140	29	10	Sim	Não	Não	31.000
International University of Japan (Niigata)	126	4	33.060	33.060	28	60	Sim	Sim	Não	87.000
Asian Institute of Management (Manila)	389	5	7.562	9.000	25	50	Sim	Não	Sim	22.800
Indian Institute of Management (Bangalore)	380	5	3.935	16.000	23	1	Sim	Não	Não	7.500
National University of Singapore	147	6	6.146	7.170	29	51	Sim	Sim	Sim	43.300
Indian Institute of Management (Calcutá)	463	8	2.880	16.000	23	0	Não	Não	Não	7.400
Australian National University (Canberra)	42	2	20.300	20.300	30	80	Sim	Sim	Sim	46.600
Nanyang Technological University (Cingapura)	50	5	8.500	8.500	32	20	Sim	Não	Sim	49.300
University of Queensland (Brisbane)	138	17	16.000	22.800	32	26	Sim	Não	Sim	49.600
Hong Kong University of Science and Technology	60	2	11.513	11.513	26	37	Sim	Não	Sim	34.000
Macquarie Graduate School of Management (Sydney)	12	8	17.172	19.778	34	27	Não	Não	Sim	60.100
Chulalongkorn University (Bangkok)	200	7	17.355	17.355	25	6	Sim	Não	Sim	17.600
Monash Mt. Eliza Business School (Melbourne)	350	13	16.200	22.500	30	30	Sim	Sim	Sim	52.500
Asian Institute of Management (Bangkok)	300	10	18.200	18.200	29	90	Não	Sim	Sim	25.000
University of Adelaide	20	19	16.426	23.100	30	10	Não	Não	Sim	66.000
Massey University (Palmerston North. Nova Zelândia)	30	15	13.106	21.625	37	35	Não	Sim	Sim	41.400
Royal Melbourne Institute of Technology Business Graduate School	30	7	13.880	17.765	32	30	Não	Sim	Sim	48.900
Jammalal Bajaj Institute of Management Studies (Mumbai)	240	9	1.000	1.000	24	0	Não	Não	Não	7.000
Curtin Institute of Technology (Perth)	98	15	9.475	19.097	29	43	Sim	Sim	Sim	55.000
Lahore University of Management Sciences	70	14	11.250	26.300	23	2,5	Não	Não	Não	7.500
Universiti Sains Malaysia (Penang)	30	5	2.260	2.260	32	15	Não	Sim	Sim	16.000
De La Salle University (Manila)	44	17	3.300	3.600	28	3,5	Sim	Não	Sim	13.100

MBA nas escolas da região Ásia-Pacífico continua a aumentar. Em toda a região, milhares de asiáticos mostram uma disposição crescente para encerrar temporariamente suas carreiras e passar dois anos em busca de uma qualificação teórica para Administração. Cursos nestas faculdades são notoriamente difíceis e incluem economia, operações bancárias, marketing, ciências do comportamento, relações de trabalho, tomada de decisões, pensamento estratégico, direito corporativo e muito mais. O conjunto de dados da Tabela 3.11 mostra algumas das características das principais escolas de Administração da região Ásia-Pacífico.

Relatório administrativo

Use os métodos de estatística descritiva para resumir os dados da Tabela 3.11. Analise suas descobertas.

1. Inclua um resumo para cada variável no conjunto de dados. Faça comentários e interpretações com base em máximos e mínimos, bem como as médias e proporções adequadas. Que novas informações estas estatísticas descritivas fornecem sobre as faculdades de Administração da região Ásia-Pacífico?
2. Resuma os dados para comparar o seguinte:
   a. Qualquer diferença entre custos de ensino locais e de outros países.
   b. Qualquer diferença entre média de salários iniciais para faculdades que exigem e não exigem experiência de trabalho.
   c. Qualquer diferença entre salários iniciais para faculdades que exigem e não exigem testes de inglês.
3. Os salários iniciais parecem estar relacionados à mensalidade?
4. Apresente quaisquer resumos gráficos e numéricos adicionais que serão benéficos para a comunicação dos dados da Tabela 3.11 a outros.

Estudo de caso 4 Transações no site da Heavenly Chocolates

A Heavenly Chocolates fabrica e vende produtos de chocolate de qualidade em sua fábrica e em sua loja varejista localizada em Saratoga Springs, Nova York. Há dois anos, a companhia desenvolveu um site e começou a vender seus produtos pela Internet. As vendas pelo site excederam às expectativas da companhia e a administração está, atualmente, considerando estratégias para aumentar ainda mais as vendas. Para conhecer mais a respeito dos clientes do site, uma amostra de 50 transações da Heavenly Chocolate foi selecionada a partir das vendas do mês anterior. Os dados mostrando o dia da semana em que cada transação foi efetuada, o tipo de navegador que o cliente utilizou, o tempo gasto no site, o número de páginas do site que foram visualizadas e a quantia gasta por cada um dos 50 clientes estão no arquivo denominado Shoppers. Parte desses dados é mostrada na Tabela 3.12.

TABELA 3.12 Uma amostra de 50 transações no site da Heavenly Chocolates

Cliente	Dia	Navegador	Tempo (min)	Páginas visualizadas	Quantia gasta (US$)
1	2ª-feira	Internet Explorer	12,0	4	54,52
2	4ª-feira	Outros	19,5	6	94,90
3	2ª feira	Internet Explorer	8,5	4	26,68
4	3ª-feira	Firefox	11,4	2	44,73
5	4ª-feira	Internet Explorer	11,3	4	66,27
6	Sábado	Firefox	10,5	6	67,80
7	Domingo	Internet Explorer	11,4	2	36,04
.	.	.	.	.	.
.	.	.	.	.	.
.	.	.	.	.	.
48	6ª-feira	Internet Explorer	9,7	5	103,15
49	2ª-feira	Outros	7,3	6	52,15
50	6ª-feira	Internet Explorer	13,4	3	98,75

Shoppers

146 Estatística aplicada a administração e economia

A Heavenly Chocolates quer utilizar os dados amostrais para determinar se os compradores on-line que gastaram mais tempo e visitaram mais páginas também gastaram mais dinheiro enquanto acessavam o site. A companhia também quer investigar o efeito que o dia da semana e o tipo do navegador provocam nas vendas.

Relatório administrativo

Use os métodos da estatística descritiva para estudar o comportamento dos clientes que visitaram o site. Inclua no seu relatório:

1. Resumos gráficos e numéricos sobre o tempo que o comprador gasta no site, o número de páginas visualizadas e a quantia média gasta por transação. Discuta o que você aprendeu acerca dos compradores on-line da Heavenly Chocolates a partir desses resumos numéricos.
2. Sintetize a frequência, o total gasto e a quantia média gasta por transação em cada dia da semana. Quais observações você pode fazer sobre os negócios da Heavenly Chocolates com base no dia da semana? Analise.
3. Sintetize a frequência, o total gasto e a quantia média gasta por transação para cada tipo de navegador utilizado. Quais observações você pode fazer sobre os negócios da Heavenly Chocolates com base no tipo de navegador? Analise.
4. Desenvolva um diagrama de dispersão e calcule o coeficiente de correlação da amostra para explorar a relação entre o tempo gasto no site e a quantia gasta. Utilize tempo gasto no site no eixo horizontal. Interprete.
5. Desenvolva um diagrama de dispersão e calcule o coeficiente de correlação da amostra para explorar a relação entre o número de páginas do site que foram visualizadas e a quantia gasta. Utilize o número de páginas visualizadas no eixo horizontal. Analise.
6. Desenvolva um gráfico de dispersão e calcule o coeficiente de correlação da amostra para explorar a relação entre o tempo gasto no site e o número de páginas visitadas. Use o número de páginas visitadas no eixo horizontal. Analise.

Estudo de caso 5 — Populações de elefantes africanos

Embora milhões de elefantes percorressem a África, em meados da década de 1980 as populações de elefantes nas nações africanas haviam sido devastadas pela caça furtiva. Os elefantes são importantes para os ecossistemas africanos. Nas florestas tropicais, criam clareiras no dossel que estimulam o crescimento de novas árvores. Nas savanas, reduzem a cobertura do mato para criar um ambiente favorável aos animais que pastam. Além disso, as sementes de muitas espécies de plantas dependem da passagem pelo trato digestivo de um elefante antes de sua germinação.

A situação dos elefantes atualmente varia muito em todo o continente. Em algumas nações, fortes medidas foram tomadas para proteger efetivamente as populações de elefantes; por exemplo, o Quênia destruiu mais de cinco toneladas de marfim de elefante confiscadas de caçadores ilegais em uma tentativa de impedir o crescimento do comércio ilegal de marfim (*Associated Press*, 20 de julho de 2011). Em outras nações, as populações de elefantes continuam em perigo em razão da caça furtiva por carne e marfim, perda de hábitat e conflito com seres humanos. A Tabela 3.13 mostra populações de elefantes em várias nações africanas em 1979, 1989 e 2007 (site ElephantDatabase.org, 15 de dezembro de 2014).

A organização David Sheldrick Wildlife Trust foi criada em 1977 para homenagear a memória do naturalista David Leslie William Sheldrick, que foi o guardião fundador do Parque Nacional do Leste de Tsavo, no Quênia, e chefiou a Unidade de Planejamento do Departamento de Conservação e Gestão da Vida Selvagem naquele país. A administração do Sheldrick Trust gostaria de saber o que estes dados indicam sobre populações de elefantes em vários países africanos desde 1979.

Relatório administrativo

Use os métodos de estatística descritiva para resumir os dados e comentar as mudanças nas populações de elefantes em nações africanas desde 1979. No mínimo, seu relatório deve incluir o seguinte.

1. A mudança média anual na população de elefantes em cada país de 1979 a 1989 e uma análise de quais países viram as maiores mudanças na população de elefantes durante esses 10 anos.
2. A mudança média anual na população de elefantes em cada país de 1989 a 2007, e uma discussão sobre quais países viram as maiores mudanças na população de elefantes durante este período de 18 anos.

TABELA 3.13   Populações de elefantes em várias nações africanas em 1979, 1989 e 2007

País	População de elefantes em 1979	População de elefantes em 1989	População de elefantes em 2007	População de elefantes em 2012
Angola	12.400	12.400	2.530	2.530
Botsuana	20.000	51.000	175.487	175.454
Camarões	16.200	21.200	15.387	14.049
Rep. Africana Cent.	63.000	19.000	3.334	2.285
Chad	15.000	3.100	6.435	3.004
Congo	10.800	70.000	22.102	49.248
Rep. Dem. do Congo	377.700	85.000	23.714	13.674
Gabão	13.400	76.000	70.637	77.252
Quênia	65.000	19.000	31.636	36.260
Moçambique	54.800	18.600	26.088	26.513
Somália	24.300	6.000	70	70
Tanzânia	316.300	80.000	167.003	117.456
Zâmbia	150.000	41.000	29.231	21.589
Zimbábue	30.000	43.000	99.107	100.291

2012African Elephants

3. A mudança média anual na população de elefantes em cada país de 2007 a 2012, e uma discussão de quais países viram as maiores mudanças na população de elefantes durante este período de 5 anos.
4. Uma comparação de seus resultados das questões 1, 2 e 3, e uma discussão das conclusões que você pode tirar desta comparação.

Apêndice 3.1   Estatística descritiva utilizando o Minitab

Neste Apêndice descrevemos como usar o Minitab para calcular uma variedade de estatísticas descritivas e construir *boxplots*. Em seguida, mostramos como o Minitab pode ser utilizado para obter medidas de covariância e correlação para duas variáveis.

Estatística descritiva

A Tabela 3.1 forneceu os salários iniciais referentes a 12 graduados em faculdades de Administração. Estes dados estão disponíveis na coluna C2 do arquivo 2012StartSalary. As etapas a seguir podem ser utilizadas para gerar estatísticas descritivas para os salários iniciais.

2012StartSalary

Etapa 1. Selecione o menu **Stat**
Etapa 2. Escolha **Basic Statistics**
Etapa 3. Escolha **Display Descriptive Statistics**
Etapa 4. Quando a caixa de diálogo Display Descriptive Statistics aparecer:
   Digite C2 na caixa **Variables**
   Dê um clique em **OK**

A Figura 3.15 mostra a estatística descritiva obtida utilizando o Minitab. As definições dos cabeçalhos estão a seguir.

N	número de observações	Minimum	valor mínimo de dados
N*	número de dados faltantes	Q1	primeiro quartil
Mean	média	Median	mediana
SE Mean	erro padrão da média	Q3	terceiro quartil
StDev	desvio padrão	Maximum	valor máximo de dados

148 Estatística aplicada a administração e economia

O rótulo "SE Mean" refere-se ao *erro padrão da média*. Ele é calculado dividindo-se o desvio padrão pela raiz quadrada de N. A interpretação e o uso dessa medida serão discutidos no Capítulo 7, quando introduziremos o tema da amostragem e das distribuições amostrais.

As 10 estatísticas descritivas mostradas na Figura 3.15 são as estatísticas descritivas padrão selecionadas automaticamente pelo Minitab. Elas são de interesse para a maioria dos usuários. No entanto, o Minitab fornece outras 15 estatísticas descritivas que podem ser selecionadas dependendo das preferências do usuário. Variância, coeficiente de variação, amplitude, amplitude interquartil, moda e assimetria estão entre estas estatísticas descritivas adicionais disponíveis. Para selecionar uma ou mais dessas estatísticas descritivas adicionais, modifique a etapa 4, conforme descrito a seguir.

Etapa 4. Quando a caixa de diálogo Display Descriptive Statistics aparecer:
Digite C2 na caixa **Variables**
Clique em **Statistics**
Selecione a **estatística descritiva** que você quer obter ou escolha **All**
 para obter todas as 25 estatísticas descritivas
Clique em **OK**
Clique em **OK**

Boxplot

As etapas a seguir utilizam o arquivo 2012StartSalary para gerar o *boxplot* dos dados sobre os salários iniciais.

Etapa 1. Selecione o menu **Graph**
Etapa 2. Escolha **Boxplot**
Etapa 3. No título **OneY** selecione **Simple** e clique em **OK**
Etapa 4. Quando aparecer a caixa de diálogo Boxplot: One Y, Simple:
Digite C2 na caixa **Graph variables**
Clique em **OK**

Covariância e correlação

A Tabela 3.6 forneceu o número de comerciais e o volume de vendas para a loja de equipamentos de estéreo e som. Estes dados estão disponíveis no arquivo Stereo, com o número de comerciais mostrado na coluna C2, e o volume de vendas na coluna C3. As etapas a seguir mostram como o Minitab pode ser utilizado para calcular a covariância para as duas variáveis.

Etapa 1. Selecione o menu **Stat**
Etapa 2. Escolha **Basic Statistics**
Etapa 3. Escolha **Covariance**
Etapa 4. Quando a caixa de diálogo Covariance aparecer:
Digite C2 C3 na caixa **Variables**
Clique em **OK**

Para obter o coeficiente de correlação para o número de comerciais e o volume de vendas é necessária somente uma mudança no procedimento anterior. Na etapa 3, escolha a opção **Correlation**.

N	N*	Mean	SEMean	StDev
12	0	3.940,0	47,8	165,7
Minimum	Q1	Median	Q3	Maximum
3.710,0	3.857,5	3.905,0	4.025,0	4.325,0

FIGURA 3.15 Estatística descritiva fornecida pelo Minitab

Apêndice 3.2 Estatística descritiva utilizando o Excel

O Excel pode ser utilizado para gerar a estatística descritiva discutida neste capítulo. Mostramos como o Excel pode ser empregado para gerar diversas medidas de posição e de variabilidade de uma única variável e para gerar a covariância e o coeficiente de correlação como medidas da associação entre duas variáveis.

Como utilizar funções do Excel

O Excel oferece funções para calcular a média, a mediana, a moda, a variância e o desvio padrão amostrais. Ilustramos o uso destas funções do Excel calculando a média, a mediana, a moda, a variância e o desvio padrão amostral dos dados para os salários iniciais na Tabela 3.1. Consulte a Figura 3.16 à medida que descrevermos as etapas envolvidas. Os dados estão inseridos na coluna B.

2012StartSalary

A função MÉDIA do Excel pode ser utilizada para calcular a média ao digitarmos a seguinte fórmula na célula E1:

=MÉDIA(B2:B13)

De modo similar, as fórmulas =MED(B2:B13), =MODO.ÚNICO(B2:B13), =VAR.A(B2:B13) e =DESVPAD.A(B2:B13) são inseridas nas células E2:E5, respectivamente, para calcular a mediana, a moda, a variância e o desvio padrão amostrais. A planilha que está em primeiro plano mostra que os valores computados usando-se funções do Excel são idênticos aos valores calculados anteriormente neste capítulo.

Para encontrar a variância, o desvio padrão e a covariância para dados populacionais, siga as mesmas etapas, mas utilize as funções VAR.P, DESVPAD.P e COVARIAÇÃO.P.

O Excel também fornece funções que podem ser usadas para calcular a covariância e o coeficiente de correlação da amostra. Mostramos aqui como essas funções podem ser usadas para calcular a covariância e o coeficiente de correlação amostral dos dados da loja de equipamentos de estéreo e som da Tabela 3.6. Consulte a Figura 3.17 à medida que apresentarmos as etapas envolvidas.

Stereo

A função covariância amostral do Excel, COVARIAÇÃO.S, pode ser utilizada para calcular a covariância amostral digitando-se a seguinte fórmula na célula F1:

	A	B	C	D	E
1	Graduados	Salário inicial		Média	=Média(B2:B13)
2	1	3850		Mediana	=Med(B2:B13)
3	2	3950		Moda	=Modo-único(B2:B13)
4	3	4050		Variância	=Var.a(B2:B13)
5	4	3880		Desvio padrão	=Desvpad.A(B2:B13)
6	5	3755			
7	6	3710			
8	7	3890			
9	8	4130			
10	9	3940			
11	10	4325			
12	11	39200			
13	12	3880			

	A	B	C	D	E
1	Graduados	Salário inicial		Média	3940
2	1	3850		Mediana	3905
3	2	3950		Moda	3880
4	3	4050		Variância	27440.91
5	4	3880		Desvio padrão	165.65
6	5	3755			
7	6	3710			
8	7	3890			
9	8	4130			
10	9	3940			
11	10	4325			
12	11	39200			
13	12	3880			

FIGURA 3.16 Uso das funções do Excel para calcular a média, mediana, moda, variância e o desvio padrão amostrais

150 Estatística aplicada a administração e economia

	A	B	C	D	E	F	G
1	Semana	Comerciais	Vendas		Covariação amostral	=COVARIAÇÃO.S(B2:B11,C2:C11)	
2	1	2	50		Covariação amostral	=CORREL(B2:B11,C2:C11)	
3	2	5	57				
4	3	1	41				
5	4	3	54				
6	5	4	54				
7	6	1	38				
8	7	5	63				
9	8	3	48				
10	9	4	59				
11	10	2	46				
12							

	A	B	C	D	E	F	G
1	Semana	Comerciais	Vendas		Covariação populac	11	
2	1	2	50		Covariação amostra	0,9305	
3	2	5	57				
4	3	1	41				
5	4	3	54				
6	5	4	54				
7	6	1	38				
8	7	5	63				
9	8	3	48				
10	9	4	59				
11	10	2	46				

FIGURA 3.17 Uso das funções do Excel para calcular a covariância e a correlação amostrais

$$= COVARIAÇÃO.S(B2:B11,C2:C11)$$

De modo similar, a fórmula =CORREL(B2:B11,C2:C11) é inserida na célula F2 para calcular o coeficiente de correlação amostral. A planilha apresentada em segundo plano mostra os valores calculados usando-se as funções do Excel. Observe que o valor da covariância da amostra (11) é idêntico ao calculado usando-se a Equação (3.13). E o valor do coeficiente de correlação da amostra (0,93) é idêntico ao calculado utilizando-se a Equação (3.15).

Como utilizar a ferramenta de estatística descritiva do Excel

Conforme já demonstramos, o Excel oferece funções estatísticas para calcular estatísticas descritivas de um conjunto de dados. Essas funções podem ser usadas para calcular uma estatística de cada vez (por exemplo, a média, a variância etc.). O Excel também oferece uma série de Ferramentas de Análise de Dados. Uma dessas ferramentas, cujo nome é Estatística Descritiva, permite ao usuário calcular uma série de estatísticas descritivas simultaneamente. Mostramos aqui como ela pode ser usada para calcular as estatísticas descritivas dos dados de salários iniciais apresentados na Tabela 3.1.

Etapa 1. Clique na guia **Dados**

Etapa 2. No grupo **Análise**, clique em **Análise de Dados**

Etapa 3. Quando aparecer a caixa de diálogo Análise de Dados:
Selecione **Estatística Descritiva**
Clique em **OK**

Etapa 4. Quando aparecer a caixa de diálogo Estatística Descritiva:
Digite B1:B13 na caixa **Intervalo de entrada**
Selecione **Colunas**
Selecione a opção **Rótulos na primeira linha**
Selecione a opção **Intervalo de Saída**
Digite D1 na caixa **Intervalo de Saída** (para identificar o canto superior esquerdo da seção da planilha onde aparecerá a estatística descritiva)
Selecione **Resumo Estatístico**
Clique em **OK**

As células D1:E15 da Figura 3.18 apresentam a estatística descritiva produzida pelo Excel. As entradas em negrito são as estatísticas descritivas que abordamos neste capítulo. As estatísticas descritivas que não estão em negrito, ou serão abordadas posteriormente ou são discutidas em livros mais avançados.

Se o grupo **Analisar** não aparecer na sua faixa de opções ou se a opção **Análise de dados** não aparecer no grupo **Analisar**, será necessário ativar as **Ferramentas de Análise** seguindo estas três etapas:

1. Clique na guia **Arquivo**, clique em **Opções** e, em seguida, clique na categoria **Suplementos**.
2. Na caixa **Gerenciar**, clique em **Suplementos do Excel** e, em seguida, clique em **Ir**. A caixa de diálogo **Suplementos** será exibida.
3. Na caixa **Suplementos**, marque a caixa de seleção ao lado do suplemento **Ferramentas de Análise** e clique em **OK**.

O grupo **Analisar** agora estará disponível com a opção **Análise de Dados**.

Estatística descritiva: medidas numéricas

	A	B	C	D	E
1	Graduados	Salário inicial		*Salário inicial*	
2	1	3850			
3	2	3950		Média	3940
4	3	4050		Erro padrão	47,82
5	4	3880		Mediana	3905
6	5	3755		Moda	3880
7	6	3710		Desvio padrão	165,65
8	7	3890		Variância da amostra	27440,91
9	8	4130		Curtose	1,72
10	9	3940		Assimetria	1,09
11	10	4325		Amplitude	615
12	11	3920		Mínimo	3710
13	12	3880		Máximo	4325
14				Soma	47280
15				Contagem	12

FIGURA 3.18 Resultado da ferramenta estatística descritiva do Excel

Boxplots

Podemos utilizar a opção **Inserir Gráfico de Estatísticas**, do Excel, para criar um *boxplot* dos dados dos salários mensais iniciais, conforme descrito abaixo. Abra o DATAfile 2012StartSalary. Os dados estão nas células B2:B13.

2012StartSalary

As etapas a seguir descrevem como usar a opção **Inserir Gráfico de Estatísticas** do Excel para construir um *boxplot* dos dados de tempo de auditoria.

Etapa 1. Selecione as células no conjunto de dados (B2:B13)
Etapa 2. Clique na guia **Inserir** na Faixa de opções
Etapa 3. No grupo **Gráficos**, clique em **Todos os Gráficos** e, então, clique em **Caixa e Caixa estreita**; o *boxplot* aparece na planilha após clicar em **OK**

> No Excel, um *boxplot* é identificado como um gráfico com uma caixa e um "bigode". Além disso, *boxplots* no Excel são verticais, não horizontais.

O *boxplot* aparece na Figura 3.19. As etapas a seguir podem ser utilizadas para editar o *boxplot*.

FIGURA 3.19 Um *boxplot* para os dados dos salários mensais iniciais utilizando a ferramenta de gráfico caixa e "bigode" do Excel

Etapa 1. Clique em **Título do Gráfico** e pressione a tecla Delete
Etapa 2. Clique no **1** próximo do eixo horizontal e pressione a tecla Delete
Etapa 3. Clique no botão **Elementos do Gráfico** (localizado próximo do canto superior direito do gráfico)
Etapa 4. Quando os elementos do gráfico surgirem:
  Clique em **Título de Eixo** para criar espaços para os títulos de eixos
  Clique no **Título de Eixo** horizontal e pressione a tecla Delete
  Clique no espaço do **Título de Eixo** vertical e substitua-o por **Salário mensal inicial (US$)**
Etapa 5. Clique em uma linha e pressione a tecla Delete
Etapa 6. Clique no eixo vertical, clique com o botão direito e selecione **Formatar eixo...**
Etapa 7. No painel **Formatar eixo**, selecione **Marcas de Escala**, e no menu suspenso **Tipo principal**, selecione **Interno**

A Figura 3.20 mostra o *boxplot* resultante.

Existem várias outras opções com o gráfico Caixa e "Bigode" do Excel. Para acionar essas opções, clique com o botão direito do mouse na parte da caixa do gráfico, selecione **Formatar Séries de Dados...**, e o painel **Formatar Séries de Dados** será exibido. Isso permite controlar o que aparece no gráfico; por exemplo, se mostra ou não o marcador da média, marcadores para *outliers* e marcadores para todos os pontos.

Boxplots comparativos

Podemos utilizar a opção **Inserir Gráfico de Estatísticas** do Excel para criar um *boxplot* comparativo. Abra o DATAfile 2012StartSalary. Os dados estão nas células A2:B112.

2012MajorSalary

As etapas a seguir descrevem como usar a opção Inserir Gráfico de Estatísticas do Excel para construir *boxplots* dos salários mensais por setor.

Etapa 1. Selecione as células no conjunto de dados (A2:B112)
Etapa 2. Clique na guia **Inserir** na Faixa de opções
Etapa 3. No grupo **Gráficos**, clique em **Todos os Gráficos** e, então, clique em **Caixa estreita**; o *boxplot* aparece na planilha

O *boxplot* comparativo resultante é mostrado na Figura 3.21. As etapas a seguir podem ser utilizadas para editar o *boxplot* comparativo.

Etapa 1. Clique em **Título do gráfico** e substitua-o por Análise Comparativa dos Salários Mensais Iniciais por Grupo (Major no Datafile).
Etapa 2. Para colocar os grupos em ordem alfabética da esquerda para a direita:
  Selecione as células no conjunto de dados (A1:B112)

	A	B
1	Graduados	Salário inicial mensal ($)
2	1	3850
3	2	3950
4	3	4050
5	4	3880
6	5	3755
7	6	3710
8	7	3890
9	8	4130
10	9	3940
11	10	4325
12	11	3920
13	12	3880

FIGURA 3.20 *Boxplot* editado para os dados dos salários mensais iniciais

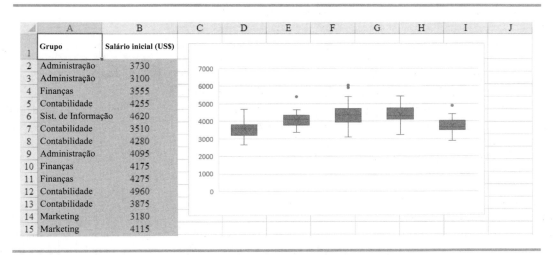

FIGURA 3.21 *Boxplots* comparativos para os dados dos salários mensais iniciais, por setor, utilizando a ferramenta gráfico com caixa e bigode, do Excel

        Selecione a guia **Dados**
        Selecione **Classificar** no grupo **Classificar & Filtrar**
        No menu **Classificar por**, na caixa de diálogo **Classificar**, selecione **Grupo (ou Major)**
        No menu suspenso **Ordem**, na caixa de diálogo **Classificar**, selecione **A a Z**
        Clique em **OK**

Etapa 3. Clique em qualquer lugar no gráfico
        Clique no botão **Elementos do Gráfico** + (localizado próximo do canto superior direito do gráfico)

Etapa 4. Quando os elementos do gráfico surgirem:
        Clique em **Título de Eixo** para criar espaços para os títulos de eixos
        Clique no espaço **Título de Eixo** horizontal e substitua-o por **Setor**
        Clique no espaço do **Título de Eixo** vertical e substitua-o por **Salário Mensal Inicial (US$)**

Etapa 5. Clique em uma linha horizontal e pressione a tecla Delete

Etapa 6. Clique no eixo vertical, clique com o botão direito, selecione **Formatar eixo...**

Etapa 7. No painel **Formatar eixo**, selecione **Marcas de Escala**, e no menu suspenso **Tipo Principal**, selecione **Interno**

A Figura 3.22 mostra a análise do *boxplot* comparativo resultante.

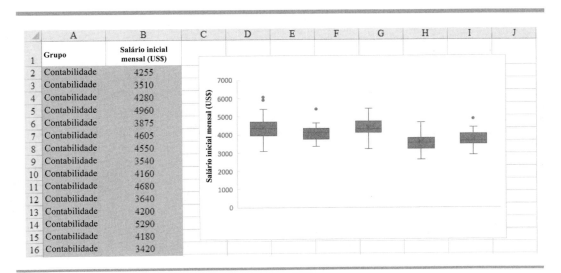

FIGURA 3.22 Os *boxplots* comparativos editados dos salários mensais iniciais por setor

CAPÍTULO 4

Introdução à probabilidade

CONTEÚDO

Estatística na prática: National Aeronautics and Space Administration

4.1 Experimentos aleatórios, regras de contagem e atribuição de probabilidades
Regras de contagem, combinações e permutações
Atribuição de probabilidades
Probabilidades do Projeto da KP&L

4.2 Eventos e suas probabilidades

4.3 Algumas relações básicas de probabilidade
Complemento de um evento
Lei da adição

4.4 Probabilidade condicional
Eventos independentes
Lei da multiplicação

4.5 Teorema de Bayes
Abordagem tabular

ESTATÍSTICA na PRÁTICA

NATIONAL AERONAUTICS AND SPACE ADMINISTRATION*
Washington, D.C.

A NASA (National Aeronautics and Space Administration, ou Administração Nacional da Aeronáutica e Espaço) é a agência do governo dos Estados Unidos responsável pelo programa espacial civil do país e pela pesquisa aeronáutica e aeroespacial. A NASA é mais conhecida por sua exploração espacial tripulada; sua missão é "ser pioneira no futuro da exploração espacial, descoberta científica e pesquisa aeronáutica". Com seus 18.800 funcionários, está trabalhando atualmente no projeto de um novo Sistema de Lançamento Espacial que levará os astronautas mais longe no espaço do que jamais a Agência conseguiu anteriormente, e será a pedra fundamental para o futuro da exploração espacial pelo ser humano.

Embora a principal missão da NASA seja a exploração espacial, sua especialidade tem sido solicitada para ajudar países e organizações em todo o mundo. Em uma dessas situações, uma mina de cobre e ouro de San José, em Copiapó, no Chile, cedeu, prendendo 33 homens a mais de 600 metros de profundidade. Embora fosse importante trazer os homens em segurança para a superfície o mais rápido possível, era imperativo que o esforço de resgate fosse cuidadosamente planejado e implementado para salvar o maior número possível de mineiros. O governo chileno pediu à NASA assistência no desenvolvimento de um método de resgate. Em resposta, a Agência enviou uma equipe de quatro pessoas composta de um engenheiro, dois médicos e um psicólogo com experiência em projeto de veículos e questões de confinamento em longo prazo.

A probabilidade de sucesso e fracasso de vários métodos de resgate era proeminente no pensamento de todos os envolvidos. Como não havia dados históricos disponíveis sobre esta situação única, os cientistas da NASA desenvolveram estimativas subjetivas de probabilidade para o sucesso e o fracasso do resgate, baseados em circunstâncias similares experimentadas por astronautas que retornam de missões

Cientistas da NASA basearam probabilidades em circunstâncias similares experimentadas durante voos espaciais.

espaciais de curto e longo prazos. As estimativas de probabilidade fornecidas pela NASA orientaram os funcionários na escolha de um método de resgate e deram informações sobre como os mineradores sobreviveriam à subida em uma gaiola apropriada.

O método de resgate projetado pelos oficiais chilenos, em consulta à equipe da NASA, resultou na construção de uma cápsula de resgate de 924 libras de aço, com cerca de 4 metros de comprimento, que seria usada para trazer os mineradores, um de cada vez. Todos os mineiros foram resgatados, e o último deles chegou à superfície 68 dias após o desmoronamento.

Neste capítulo você aprenderá sobre probabilidade, bem como sobre como calcular e interpretar probabilidades para diversas situações. Além das probabilidades subjetivas, aprenderá sobre os métodos de frequência clássica e relativa para atribuir probabilidades. As relações básicas de probabilidade, probabilidade condicional e o teorema de Bayes serão estudadas.

---
* Os autores agradecem ao Dr. Michael Duncan e Clinton Cragg, da NASA, por fornecerem esta Estatística na Prática.

Os gestores frequentemente fundamentam suas decisões em uma análise de incertezas, como as que apresentamos a seguir:

1. Quais são as chances de queda das vendas se aumentarmos os preços?
2. Qual é a probabilidade de um novo método de montagem aumentar a produtividade?
3. Qual é a probabilidade do projeto ser concluído no prazo?
4. Qual é a chance de um novo investimento ser lucrativo?

> Alguns dos primeiros trabalhos sobre probabilidade se originaram de uma série de cartas trocadas entre Pierre de Fermat e Blaise Pascal, nos idos de 1650.

Probabilidade é uma medida numérica da possibilidade de um evento ocorrer. Desse modo, podemos usar probabilidades como medidas do grau de incerteza associado aos quatro eventos anteriormente relacionados. Se houver probabilidades disponíveis, podemos determinar a possibilidade de cada um dos eventos ocorrer.

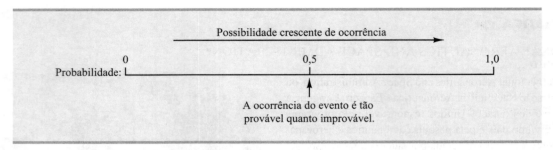

FIGURA 4.1 Probabilidade como uma medida numérica da possibilidade de ocorrência de um evento

Valores probabilísticos sempre são atribuídos em uma escala de 0 a 1. Uma probabilidade próxima de 0 indica que é improvável que um evento ocorra; uma probabilidade próxima de 1 revela que a ocorrência de um evento é quase certa. Outras probabilidades entre 0 e 1 representam o grau de possibilidade de um evento vir a ocorrer. Por exemplo, se considerarmos o evento "chover amanhã", entendemos que, quando o boletim meteorológico indica "uma probabilidade de chuva próxima de zero", isso quer dizer que não há quase nenhuma chance de chover. Entretanto, se houver a indicação de 0,90 de probabilidade de chuva, saberemos que é provável que ocorra chuva. Uma probabilidade de 0,50 mostra que tanto é possível chover como não. A Figura 4.1 retrata a imagem da probabilidade como uma medida numérica da possibilidade de um evento ocorrer.

4.1 Experimentos aleatórios, regras de contagem e atribuição de probabilidades

Ao discutirmos probabilidade lidamos com experimentos que têm as seguintes características:

1. Os resultados experimentais são bem definidos e, em muitos casos, podem ser enumerados antes da realização do experimento.
2. Em qualquer repetição ou *teste* único do experimento, um, e apenas um, dos resultados experimentais possíveis ocorrerá.
3. O resultado experimental que ocorre em qualquer teste é determinado unicamente pelo acaso.

Nos referimos a estes tipos de experimentos como **experimentos aleatórios**.

> **EXPERIMENTO ALEATÓRIO**
> Experimento aleatório é um processo que gera resultados experimentais bem definidos. Em qualquer repetição ou teste o resultado que ocorre é determinado completamente por acaso.

Para ilustrar os principais recursos associados a um experimento aleatório, considere o processo de jogar uma moeda. Referindo-se a uma face da moeda como "cara" e a outra como "coroa", depois de jogar a moeda a face que ficou para cima será "cara" ou "coroa". Assim, existem dois resultados experimentais possíveis: "cara" ou "coroa". Em qualquer repetição ou *teste* único deste experimento, apenas um dos dois resultados possíveis ocorrerá; em outras palavras, toda vez que jogarmos a moeda, observaremos "cara" ou "coroa". E o resultado que ocorre em qualquer tentativa é determinado unicamente por acaso ou por variabilidade aleatória. Assim, o processo de jogar uma moeda é considerado um experimento aleatório.

Ao especificar todos os possíveis resultados experimentais, identificamos o **espaço amostral** de um experimento aleatório.

Introdução à probabilidade **157**

> **ESPAÇO AMOSTRAL**
>
> Espaço amostral de um experimento aleatório é o conjunto de todos os resultados possíveis do experimento.

Um resultado experimental também é chamado **ponto amostral** para identificá-lo como um elemento do espaço amostral.

Resultados experimentais são também denominados pontos amostrais.

Considere o experimento de jogar uma moeda. Se denotarmos o espaço amostral por S, podemos usar a seguinte notação para descrever o espaço amostral:

$$S = \{\text{Cara, Coroa}\}$$

O experimento aleatório que consiste em jogar uma moeda tem dois resultados experimentais (pontos amostrais). Como ilustração de um experimento aleatório com mais de dois resultados experimentais, considere jogar um dado. Os resultados experimentais possíveis, definidos como o número de pontos que aparecem na face superior do dado, são os seis pontos do espaço amostral deste experimento:

$$S = \{1, 2, 3, 4, 5, 6\}$$

Regras de contagem, combinações e permutações

Ser capaz de identificar e contar os resultados experimentais é uma etapa necessária na atribuição de probabilidades. Vamos discutir agora três regras de contagem úteis.

Experimentos em múltiplas etapas A primeira regra de contagem aplica-se a **experimentos em múltiplas etapas**. Considere o experimento de jogar duas moedas. Digamos que os resultados sejam definidos considerando o padrão de caras e coroas que aparecem nas faces voltadas para cima das duas moedas. Quantos resultados experimentais são possíveis para este experimento? O experimento de jogar duas moedas pode ser imaginado sendo de duas etapas, em que a etapa 1 consiste em lançar a primeira moeda, e a etapa 2, em lançar a segunda moeda. Se usarmos H para denotar cara, e T para denotar coroa, (H, H) indica o resultado experimental com cara na primeira moeda e cara na segunda moeda. Prosseguindo com esta notação podemos descrever o espaço amostral (S) desse experimento de lançar a moeda da seguinte maneira:

$$S = \{(H, H), (H, T), (T, H), (T, T)\}$$

Desse modo, notamos que quatro resultados experimentais são possíveis. Neste caso, podemos enumerar facilmente todos os resultados experimentais.

A regra de contagem de experimentos em múltiplas etapas torna possível determinar o número de resultados experimentais sem enumerá-los.

> **REGRA DE CONTAGEM PARA EXPERIMENTOS EM MÚLTIPLAS ETAPAS**
>
> Se um experimento pode ser descrito como uma sequência de k etapas com n_1 resultados possíveis na primeira etapa, n_2 resultados possíveis na segunda etapa, e assim por diante, o número total de resultados experimentais será dado por $(n_1)(n_2) \dots (n_k)$.

Considerando o experimento de lançar duas moedas como uma sequência de lançar primeiro uma moeda ($n_1 = 2$) e depois lançar a outra moeda ($n_2 = 2$), podemos ver a partir da regra de contagem que há $(2)(2) = 4$ resultados experimentais distintos. Conforme mostramos anteriormente, eles são $S = \{(H, H), (H, T), (T, H), (T, T)\}$. O número de resultados em um experimento que envolve lançar seis moedas é $(2)(2)(2)(2)(2)(2) = 64$.

Diagrama em árvore é uma representação gráfica que ajuda a visualizar um experimento em múltiplas etapas. A Figura 4.2 mostra um diagrama em árvore correspondente ao experimento de lançar duas moedas. A sequência de etapas se desloca da esquerda para a direita ao longo do diagrama. A etapa 1 corresponde ao lançamento da primeira moeda, e a etapa 2 se refere ao lançamento da segunda moeda. Para cada etapa, os dois resultados possíveis são cara ou coroa. Note que, para cada resultado possível na etapa 1, há duas ramificações que

Sem o diagrama em árvore poderíamos pensar que somente três resultados experimentais são possíveis para dois lançamentos de uma moeda: nenhuma cara, 1 cara e 2 caras.

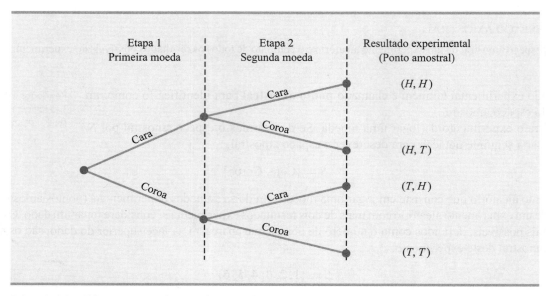

FIGURA 4.2 Diagrama em árvore do experimento de lançar duas moedas

correspondem aos dois resultados possíveis na etapa 2. Cada um dos pontos no lado direito da árvore corresponde a um resultado experimental. Cada percurso ao longo da árvore, do nó localizado na extremidade esquerda a um dos nós no lado direito da árvore, corresponde a uma única sequência de resultados.

Vejamos agora como a regra de contagem de experimentos em múltiplas etapas pode ser usada na análise de um projeto de ampliação da capacidade na Kentucky Power & Light Company (KP&L). A KP&L está iniciando um projeto idealizado para aumentar a capacidade de geração de energia em uma de suas usinas ao norte de Kentucky. O projeto se divide em duas etapas, ou passos, sequenciais: etapa 1 (projeto) e etapa 2 (construção). Embora cada etapa esteja programada e seja controlada o mais cuidadosamente possível, a administração não é capaz de prever o tempo exato necessário para o término de cada fase do projeto. Uma análise de projetos de construção similares revelou que os prazos de término possíveis para a fase de elaboração do projeto seriam 2, 3 ou 4 meses, e que os prazos de término para a fase de construção seriam 6, 7 ou 8 meses. Além disso, em virtude da necessidade crítica de energia elétrica adicional, a administração estabeleceu uma meta de 10 meses para a conclusão total do projeto.

Como este projeto tem três prazos de término possíveis para a fase de elaboração (etapa 1) e três prazos de término possíveis para a fase de construção (etapa 2), a regra de contagem para experimentos em múltiplas etapas pode ser aplicada nesse caso para determinar um total de $(3)(3) = 9$ resultados experimentais. Para descrevermos os resultados experimentais, utilizaremos uma notação de dois números: por exemplo, (2, 6) indica que a fase de projeto será concluída em dois meses, e a fase de construção, em seis meses. Esse resultado experimental representa um total de $2 + 6 = 8$ meses para a conclusão total do projeto. A Tabela 4.1 sintetiza os nove resultados experimentais para o problema da KP&L. O diagrama em árvore da Figura 4.3 mostra como ocorrem os nove resultados (pontos amostrais).

A regra de contagem e o diagrama em árvore ajudam o gestor de projetos a identificar os resultados experimentais e a determinar os prazos possíveis para o término do projeto. A partir da informação da Figura 4.3, notamos que o projeto será concluído em um prazo de oito a doze meses, com seis dos nove resultados experimentais apresentando o prazo de conclusão desejado de dez meses ou menos. Embora a identificação dos resultados experimentais possa ser útil, precisamos considerar como podemos atribuir valores probabilísticos aos resultados experimentais antes de fazer uma avaliação da probabilidade de que o projeto venha a ser concluído dentro do prazo desejado de dez meses.

Combinações Uma segunda regra útil de contagem nos permite contar o número de resultados experimentais quando o experimento envolve escolher n objetos de um conjunto de N objetos. Ela é denominada regra de contagem de **combinações**.

TABELA 4.1 Resultados experimentais (pontos amostrais) para o projeto da KP&L

Tempo para conclusão (meses)		Notação do resultado experimental	Tempo total para conclusão do projeto (meses)
Etapa 1 Projeto	Etapa 2 Construção		
2	6	(2, 6)	8
2	7	(2, 7)	9
2	8	(2, 8)	10
3	6	(3, 6)	9
3	7	(3, 7)	10
3	8	(3, 8)	11
4	6	(4, 6)	10
4	7	(4, 7)	11
4	8	(4, 8)	12

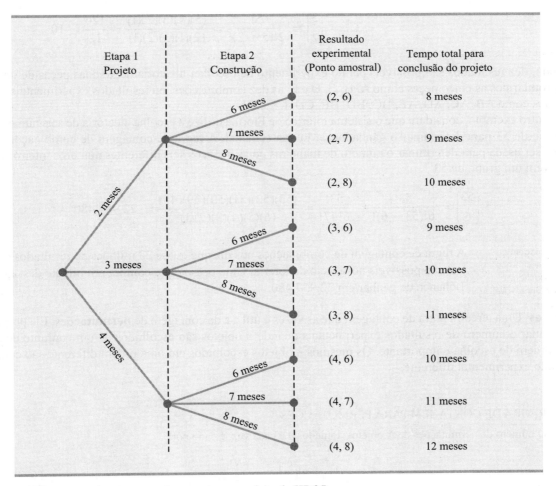

FIGURA 4.3 Diagrama em árvore para o projeto da KP&L

160 Estatística aplicada a administração e economia

REGRA DE CONTAGEM PARA COMBINAÇÕES

O número de combinações de N objetos considerados n de cada vez, é

$$C_n^N = \binom{N}{n} = \frac{N!}{n!(N-n)!} \qquad (4.1)$$

onde

$$N! = N(N-1)(N-2)\cdots(2)(1)$$
$$n! = n(n-1)(n-2)\cdots(2)(1)$$

e, por definição,

$$0! = 1$$

Na amostragem de uma população finita de tamanho N, usamos a regra de contagem de combinações para encontrar o número de diferentes amostras de tamanho n que podem ser selecionadas.

A notação ! significa *fatorial*; por exemplo, 5 fatorial é $5! = (5)(4)(3)(2)(1) = 120$.

Como ilustração da regra de contagem de combinações, considere um procedimento de controle da qualidade em que um inspetor seleciona aleatoriamente duas de cinco peças para testar se há defeitos. Em um grupo de cinco peças, quantas combinações de duas peças podem ser selecionadas? A regra de contagem da Equação (4.1) mostra que, com $N = 5$ e $n = 2$, teremos:

$$C_2^5 = \binom{5}{2} = \frac{5!}{2!(5-2)!} = \frac{(5)(4)(3)(2)(1)}{(2)(1)(3)(2)(1)} = \frac{120}{12} = 10$$

Desse modo, dez resultados são possíveis para o experimento de escolher aleatoriamente duas peças de um grupo de cinco. Se rotularmos as cinco peças como A, B, C, D e E, as dez combinações, ou resultados experimentais, podem ser identificados como AB, AC, AD, AE, BC, BD, BE, CD, CE e DE.

Como outro exemplo, considere que o sistema lotérico da Flórida utilize a escolha aleatória de seis números inteiros de um grupo de 53 para determinar o ganhador da loteria semanal. A regra de contagem de combinações, Equação (4.1), pode ser usada para determinar o número de maneiras pelas quais os seis diferentes números inteiros podem ser escolhidos em um grupo de 53.

$$\binom{53}{6} = \frac{53!}{6!(53-6)!} = \frac{53!}{6!47!} = \frac{(53)(52)(51)(50)(49)(48)}{(6)(5)(4)(3)(2)(1)} = 22.957.480$$

A regra de contagem de combinações mostra que a chance de ganhar na loteria é muito improvável.

A regra de contagem de combinações nos diz que quase 23 milhões de resultados experimentais são possíveis no sorteio da loteria. Uma pessoa que compra um bilhete dessa loteria tem 1 chance de ganhar em 22.957.480.

Permutações Uma terceira regra de contagem que às vezes é útil é a de contagem de **permutações**. Ela permite a uma pessoa calcular o número de resultados experimentais quando n objetos são escolhidos de um conjunto de N objetos em que a ordem de escolha é importante. Os mesmos n objetos escolhidos em uma ordem diferente são considerados um resultado experimental diferente.

REGRA DE CONTAGEM PARA PERMUTAÇÕES

O número de permutações de N objetos, tomados n a cada vez, é dado por:

$$P_n^N = n!\binom{N}{n} = \frac{N!}{(N-n)!} \qquad (4.2)$$

A regra de contagem de permutações está estreitamente relacionada com a das combinações; entretanto, um experimento resulta em mais permutações do que combinações para o mesmo número de objetos porque cada escolha de n objetos pode ser organizada em $n!$ maneiras diferentes.

Como exemplo, considere novamente o processo de controle da qualidade no qual o inspetor escolhe duas de cinco peças para inspecioná-las à procura de defeitos. Quantas permutações podem ser escolhidas? A regra de contagem da Equação 4.2 mostra que com $N = 5$ e $n = 2$, teremos:

$$P_2^5 = \frac{5!}{(5-2)!} = \frac{5!}{3!} = \frac{(5)(4)(3)(2)(1)}{(3)(2)(1)} = \frac{120}{6} = 20$$

Desse modo, são possíveis 20 resultados para o experimento de escolher aleatoriamente duas peças de um grupo de cinco quando a ordem de escolha deve ser levada em consideração. Se rotularmos as peças como A, B, C, D e E, as 20 permutações serão: AB, BA, AC, CA, AD, DA, AE, EA, BC, CB, BD, DB, BE, EB, CD, DC, CE, EC, DE e ED.

Atribuição de probabilidades

Vejamos agora como se pode atribuir probabilidades a resultados experimentais. As três abordagens usadas com maior frequência são o método clássico, o de frequência relativa e o subjetivo. Independentemente do método utilizado, dois **requisitos básicos para atribuição de probabilidades** devem ser atendidos.

REQUISITOS BÁSICOS PARA A ATRIBUIÇÃO DE PROBABILIDADES

1. A probabilidade atribuída a cada um dos resultados experimentais deve ser entre 0 e 1, inclusive. Se admitirmos que E_i denota o i-ésimo resultado experimental e que $P(E_i)$ é sua probabilidade, então esse requisito pode ser escrito na seguinte forma:

$$0 \leq P(E_i) \leq 1 \text{ para todo } i \tag{4.3}$$

2. A soma das probabilidades de todos os resultados experimentais deve ser igual a 1,0. Para n resultados experimentais, este requisito pode ser escrito na seguinte forma:

$$P(E_1) + P(E_2) + \cdots + P(E_n) = 1 \tag{4.4}$$

O **método clássico** de atribuição de probabilidades é apropriado quando todos os resultados experimentais são igualmente prováveis. Se n resultados experimentais são possíveis, a probabilidade de $1/n$ é atribuída a cada resultado experimental. Quando se usa essa abordagem, os dois requisitos para atribuição de probabilidade são automaticamente satisfeitos.

Como exemplo, considere o experimento de jogar uma moeda; os dois resultados experimentais – cara e coroa – são igualmente prováveis. Uma vez que um dos dois resultados igualmente prováveis é cara, a probabilidade de observar cara é 1/2, ou 0,50. De forma similar, a probabilidade de observar coroa também é 1/2, ou 0,50.

Como outro exemplo, considere o experimento de lançar um dado. Seria razoável concluirmos que os seis resultados possíveis são igualmente prováveis e, portanto, a cada resultado é atribuída uma probabilidade de 1/6. Se $P(1)$ denota a probabilidade de 1 aparecer na face do dado voltada para cima, então $P(1) = 1/6$. De modo similar, $P(2) = 1/6$, $P(3) = 1/6$, $P(4) = 1/6$, $P(5) = 1/6$ e $P(6) = 1/6$. Observe que essas probabilidades satisfazem aos dois requisitos básicos das Equações (4.3) e (4.4) porque cada uma das probabilidades é maior ou igual a zero e sua soma é 1,0.

O **método de frequência relativa** para a atribuição de probabilidades é apropriado quando se tem dados disponíveis para estimar a proporção de vezes em que o resultado experimental ocorrerá se o experimento for repetido inúmeras vezes. Como exemplo, considere um estudo sobre o tempo de espera no setor de raios X de um hospital municipal. Um atendente registrou o número de pacientes à espera de atendimento às 9 horas em 20 dias consecutivos e obteve os seguintes resultados:

Número de pessoas esperando	Número de dias em que o resultado ocorreu
0	2
1	5
2	6
3	4
4	3
Total	20

162 Estatística aplicada a administração e economia

Estes dados mostram que em 2 dos 20 dias nenhum (0) paciente estava à espera de atendimento; em cinco desses dias, um paciente estava à espera de atendimento, e assim por diante. Usando o método de frequência relativa, atribuiríamos uma probabilidade de 2/20 = 0,10 ao resultado experimental de nenhum paciente estar à espera de atendimento, 5/20 = 0,25 ao resultado experimental de um paciente estar à espera, 6/20 = 0,30 para dois pacientes, 4/20 = 0,20 para três pacientes e 3/20 = 0,15 para quatro pacientes à espera. A exemplo do que ocorre com o método clássico, usar o método de frequência relativa satisfaz automaticamente os dois requisitos básicos das Equações (4.3) e (4.4).

O **método subjetivo** de atribuição de probabilidades é o mais apropriado quando não se pode presumir realisticamente que os resultados experimentais são igualmente prováveis e quando poucos dados relevantes estão disponíveis. Quando o método subjetivo é usado para atribuir probabilidades aos resultados experimentais podemos usar qualquer informação disponível, como nossa experiência ou intuição. Depois de considerarmos todas as informações disponíveis, especificamos um valor probabilístico que expresse nosso *grau de confiança* (em uma escala de 0 a 1) de que o resultado experimental ocorrerá. Quando se usa o método subjetivo, pode-se esperar que diferentes pessoas atribuam diferentes probabilidades ao mesmo resultado experimental.

O método subjetivo exige que se tenha cuidado extra para assegurar que os dois requisitos básicos das Equações (4.3) e (4.4) sejam satisfeitos. Independentemente do grau de confiança de uma pessoa, o valor probabilístico atribuído a cada resultado experimental deve ser entre 0 e 1, inclusive, e a soma de todas as probabilidades para os resultados experimentais deve ser igual a 1,0.

Considere o caso em que Tom e Judy Elsbernd fizeram uma oferta para comprar uma casa. São dois os resultados possíveis:

$$E_1 = \text{sua oferta é aceita}$$
$$E_2 = \text{sua oferta é rejeitada}$$

Judy acredita que a probabilidade de sua oferta ser aceita é de 0,8; assim, ela estabeleceria que $P(E_1) = 0,8$ e $P(E_2) = 0,2$. Tom, entretanto, acredita que a probabilidade de sua oferta ser aceita é de 0,6; portanto, ele estabeleceria que $P(E_1) = 0,6$ e $P(E_2) = 0,4$. Note que a estimativa de probabilidade de Tom para E_1 reflete um pessimismo maior quanto à possibilidade de que sua oferta seja aceita.

> O teorema de Bayes (veja a Seção 4.5) constitui uma maneira de combinarmos probabilidades subjetivamente determinadas *a priori* com probabilidades obtidas por outros meios para conseguirmos probabilidades revistas ou *a posteriori*.

Tanto Tom quanto Judy atribuíram probabilidades que satisfazem os dois requisitos básicos. O fato de suas estimativas de probabilidade serem diferentes enfatiza a natureza pessoal do método subjetivo.

Mesmo em situações de negócios em que a abordagem clássica ou a de frequência relativa podem ser aplicadas, os gestores podem produzir estimativas de probabilidade subjetivas. Nesses casos, as melhores estimativas de probabilidade frequentemente são obtidas combinando-se as estimativas obtidas da abordagem clássica ou de frequência relativa com as estimativas de probabilidades subjetivas.

Probabilidades do Projeto da KP&L

Para realizarmos uma análise mais detalhada do projeto da KP&L precisamos desenvolver probabilidades para cada um dos nove resultados experimentais relacionados na Tabela 4.1. Com base na experiência e na capacidade de julgamento, a administração concluiu que os resultados experimentais não eram igualmente prováveis. Portanto, o método clássico de atribuição de probabilidades não poderia ser usado. A administração decidiu então conduzir um estudo dos prazos de conclusão de projetos similares empreendidos pela KP&L ao longo dos três últimos anos. Os resultados de um estudo de 40 projetos similares estão resumidos na Tabela 4.2.

Depois de rever os resultados do estudo, a administração decidiu empregar o método de frequência relativa para atribuição de probabilidades. A administração poderia ter produzido estimativas de probabilidade subjetivas, mas achou que o projeto atual era muito similar aos 40 projetos anteriores. Desse modo, o método de frequência relativa foi considerado o melhor.

Ao usarmos os dados da Tabela 4.2 para calcular as probabilidades, observamos que o resultado (2, 6) – ou seja, a etapa 1 concluída em dois meses e a etapa 2 concluída em seis meses – ocorreu seis vezes nos 40 projetos. Podemos usar o método de frequência relativa para atribuir uma probabilidade de 6/40 = 0,15 a este resultado. De forma similar, o resultado (2, 7) também ocorreu em 6 dos 40 projetos, produzindo uma probabilidade de 6/40 = 0,15 para este resultado. Prosseguindo desta maneira, obtemos as atribuições de probabilidade para os pontos amostrais do projeto da KP&L mostrados na Tabela 4.3. Note que $P(2, 6)$ representa a probabilidade do ponto amostral (2, 6), $P(2, 7)$ representa a probabilidade do ponto amostral (2, 7), e assim por diante.

Introdução à probabilidade **163**

TABELA 4.2 Resultado de condição para projetos da 40 KP&L

Prazo de término (meses)

Etapa 1 Projeto	Etapa 2 Construção	Ponto amostral	Número de projetos que tiveram este prazo de término
2	6	(2, 6)	6
2	7	(2, 7)	6
2	8	(2, 8)	2
3	6	(3, 6)	4
3	7	(3, 7)	8
3	8	(3, 8)	2
4	6	(4, 6)	2
4	7	(4, 7)	4
4	8	(4,8)	6
		Total	40

TABELA 4.3 Probabilidades atribuídas ao projeto da KP&L com base no método de frequência relativa

Ponto amostral	Prazo de término do projeto	Probabilidade do ponto amostral
(2, 6)	8 meses	$P(2, 6) = 6/40 = 0,15$
(2, 7)	9 meses	$P(2, 7) = 6/40 = 0,15$
(2, 8)	10 meses	$P(2, 8) = 2/40 = 0,05$
(3, 6)	9 meses	$P(3, 6) = 4/40 = 0,10$
(3, 7)	10 meses	$P(3, 7) = 8/40 = 0,20$
(3, 8)	11 meses	$P(3, 8) = 2/40 = 0,05$
(4, 6)	10 meses	$P(4, 6) = 2/40 = 0,05$
(4, 7)	11 meses	$P(4, 7) = 4/40 = 0,10$
(4, 8)	12 meses	$P(4, 8) = 6/40 = 0,15$
		Total 1,00

NOTAS E COMENTÁRIOS

1. Em estatística, a noção de experimento difere consideravelmente da noção de experimento nas ciências físicas. Nestas, os pesquisadores geralmente realizam o experimento em um laboratório ou em um ambiente controlado a fim de conhecer a causa e o efeito. Em experimentos estatísticos, a probabilidade determina os resultados. Apesar de o experimento ser repetido exatamente da mesma maneira, um resultado completamente diferente pode ocorrer. Em razão dessa influência da probabilidade sobre o resultado, os experimentos de estatística às vezes são chamados *experimentos aleatórios*.

2. Ao obtermos uma amostra aleatória sem substituição a partir de uma população de tamanho N, a regra de contagem para combinações é utilizada para encontrar o número de diferentes amostras de tamanho n que podem ser selecionadas.

Exercícios

Métodos

1. Um experimento tem três etapas com três resultados possíveis para a primeira etapa, dois resultados possíveis para a segunda etapa e quatro resultados possíveis para a terceira etapa. Quantos resultados experimentais existem para o experimento como um todo?

2. De quantas maneiras três itens podem ser selecionados a partir de um grupo de seis itens? Use as letras A, B, C, D, E e F para identificar os itens e relacione cada uma das diferentes combinações dos três itens.

3. Quantas permutações de três itens podem ser selecionadas de um grupo de seis? Use as letras A, B, C, D, E e F para identificar os itens e relacione cada uma das permutações dos itens B, D e F.

4. Considere o experimento de lançar uma moeda três vezes.
   a. Desenvolva um diagrama em árvore para o experimento.
   b. Relacione os resultados experimentais.
   c. Qual é a probabilidade de cada resultado experimental?

5. Suponha que um experimento tenha cinco resultados igualmente prováveis: E_1, E_2, E_3, E_4, E_5. Atribua probabilidades a cada resultado e demonstre que os requisitos indicados nas Equações (4.3) e (4.4) foram satisfeitos. Qual método você usou?

6. Um experimento com três resultados foi repetido 50 vezes e soube-se que E_1 ocorria 20 vezes; E_2 13 vezes; e E_3 17 vezes. Atribua probabilidades aos resultados. Qual método você usou?

7. Um tomador de decisões atribuiu subjetivamente as seguintes probabilidades aos quatro resultados de um experimento: $P(E_1) = 0,10$, $P(E_2) = 0,15$, $P(E_3) = 0,40$ e $P(E_4) = 0,20$. Estas atribuições de probabilidade são válidas? Explique.

Aplicações

8. Na cidade de Milford os requerimentos para alteração do zoneamento passam por duas etapas: uma revisão pela comissão de planejamento e uma decisão da Câmara Municipal. Na etapa 1, a comissão de planejamento revisa o requerimento de alteração do zoneamento e apresenta uma recomendação positiva ou negativa a respeito da mudança. Na etapa 2, a Câmara Municipal revisa a recomendação da comissão de planejamento e então realiza uma votação para aprovar ou desaprovar a alteração do zoneamento. Suponha que um desenvolvedor de edifício envie uma solicitação de alteração de zoneamento. Considere o processo de requerimento como um experimento.
   a. Quantos pontos amostrais há para esse experimento? Relacione-os.
   b. Construa um diagrama em árvore para o experimento.

9. A amostragem aleatória simples utiliza uma amostra de tamanho n a partir de uma população de tamanho N para obter dados que podem ser usados para se fazer inferências a respeito das características de uma população. Suponha que de uma população de 50 contas bancárias queiramos extrair uma amostra aleatória de 4 contas a fim de conhecermos a população. Quantas amostras aleatórias diferentes de 4 contas são possíveis?

10. A tabela a seguir mostra a porcentagem de chegadas de voos no horário, o número de relatos de extravio de bagagem por 1.000 passageiros e o número de reclamações de clientes por 1.000 passageiros para 10 companhias aéreas (site da *Forbes*, fevereiro de 2014).

Companhia aérea	Chegadas no horário (%)	Bagagens extraviadas por 1.000 passageiros	Reclamações de clientes por 1.000 passageiros
Virgin America	83,5	0,87	1,50
JetBlue	79,1	1,88	0,79
AirTran Airways	87,1	1,58	0,91
Delta Air Lines	86,5	2,10	0,73
Alaska Airlines	87,5	2,93	0,51
Frontier Airlines	77,9	2,22	1,05
Southwest Airlines	83,1	3,08	0,25
US Airways	85,9	2,14	1,74
American Airlines	76,9	2,92	1,80
United Airlines	77,4	3,87	4,24

   a. Se você escolher aleatoriamente um voo da Delta Air Lines, qual é a probabilidade de que esse voo individual chegue no horário?
   b. Se você escolher aleatoriamente uma das 10 companhias aéreas para um estudo de acompanhamento sobre as classificações de qualidade deste setor, qual é a probabilidade de escolher uma companhia aérea com menos de dois relatórios de bagagem extraviada por 1.000 passageiros?
   c. Se você escolher aleatoriamente 1 das 10 companhias aéreas para um estudo de acompanhamento sobre as classificações de qualidade deste setor, qual é a probabilidade de escolher uma companhia aérea com mais de uma reclamação de cliente por 1.000 passageiros?
   d. Qual é a probabilidade de um voo da AirTran Airways selecionado aleatoriamente não chegar no horário?

11. Foi realizado um estudo, denominado National Occupant Protection Use Survey (Nopus), visando fornecer dados com base em probabilidade referentes ao uso de capacete por motociclistas nos Estados Unidos. Este estudo foi efetuado enviando-se observadores para locais em estradas selecionadas aleatoriamente, onde coletaram dados sobre o uso de capacetes por motociclistas, incluindo o número de motociclistas usando capacetes aprovados pelo Ministério dos Transportes (MT) dos Estados Unidos (site da National Highway Traffic Safety Administration, 7 de janeiro de 2010). Os dados amostrais consistentes com o mais recente Nopus são os seguintes.

	Tipo de capacete	
Região	Capacetes aprovados pelo MT	Capacetes não aprovados pelo MT
Nordeste	96	62
Centro-Oeste	86	43
Sul	92	49
Oeste	76	16
Total	350	170

   a. Use os dados amostrais para calcular uma estimativa da probabilidade de que um motociclista use um capacete aprovado pelo Ministério dos Transportes?
   b. A probabilidade de que um motociclista utilizasse um capacete aprovado pelo Ministério dos Transportes era de 0,48, há cinco anos, e no ano passado essa probabilidade era de 0,63. A National Highway Traffic Safety Administration ficaria satisfeita com os resultados do estudo mais recente?
   c. Qual é a probabilidade de uso de um capacete devidamente aprovado por região do país? Qual região tem a maior probabilidade de uso de um capacete aprovado?

12. A loteria Powerball é jogada duas vezes por semana em 31 estados nas Ilhas Virgens e no Distrito de Colúmbia. Para jogar na Powerball o participante deve comprar um bilhete que custa US$ 2 e então escolher cinco números de 1 a 59 e um número Powerball de 1 a 35. Para determinar os números dados em cada jogo, os diretores da loteria extraem cinco bolas brancas de um globo com 59 bolas brancas, e uma bola vermelha de um globo com 35 bolas vermelhas. Para ganhar o prêmio, os números do bilhete do participante devem coincidir com os números contidos nas cinco bolas brancas, em qualquer ordem, bem como o número na Powerball vermelha. Os números 5-16-22-23-29 com um número da Powerball igual a 6 deram o prêmio recorde de US$ 580 milhões (site da Powerball, 29 de novembro de 2012).
   a. Quantos resultados da loteria Powerball são possíveis? (*Dica*: considere este um experimento aleatório em duas etapas. Selecione os 5 números de bolas brancas e, em seguida, selecione 1 número da Powerball vermelha.)
   b. Qual é a probabilidade de um bilhete de loteria de US$ 2 ganhar a loteria Powerball?

13. Uma empresa que produz creme dental estuda cinco diferentes designs de embalagens. Supondo que um design tenha exatamente a mesma probabilidade de ser escolhido pelo cliente que outro qualquer, qual probabilidade de escolha você atribuiria a cada um dos designs de embalagem? Em um experimento real, foi solicitado a 100 consumidores que escolhessem o design de sua preferência. Foram obtidos os dados a seguir. Os dados confirmam a crença de que um design tem a mesma probabilidade de ser escolhido que outro qualquer? Explique.

Design	Número de vezes que foi preferido
1	5
2	15
3	30
4	40
5	10

4.2 Eventos e suas probabilidades

Na introdução deste capítulo, utilizamos o termo *evento* de modo muito similar ao usado na linguagem do cotidiano. Depois, na Seção 4.1, introduzimos o conceito de experimento e seus resultados experimentais, ou pontos amostrais, correspondentes. Pontos amostrais e eventos constituem a base para o estudo das probabilidades. Como consequência, precisamos introduzir agora a definição formal de **evento**, uma vez que ele se relaciona aos pontos amostrais. Isso nos dará a base para determinarmos a probabilidade de um evento.

166 Estatística aplicada a administração e economia

> **EVENTO**
>
> Evento é um conjunto de pontos amostrais.

Como exemplo, retornemos ao projeto da KP&L e suponhamos que o gestor de projetos esteja interessado no evento de o projeto inteiro ser concluído em dez meses ou menos. Consultando a Tabela 4.3, notamos que seis pontos amostrais – (2, 6), (2, 7), (2, 8), (3, 6), (3, 7) e (4, 6) – apresentam um prazo de término do projeto de dez meses ou menos. Se considerarmos que C denota o evento de o projeto ser concluído em dez meses ou menos, escrevemos:

$$C = \{(2, 6), (2, 7), (2, 8), (3, 6), (3, 7), (4, 6)\}$$

Considera-se que o evento C ocorra se, desses seis pontos amostrais, *qualquer um* aparecer como resultado experimental. Dentre outros eventos que poderiam interessar à gerência da KP&L estão os seguintes:

$L =$ o evento de o projeto ser concluído em *menos* de dez meses

$M =$ o evento de o projeto ser concluído em *mais* de dez meses

Utilizando as informações da Tabela 4.3, notamos que estes eventos consistem nos seguintes conjuntos:

$$L = \{(2, 6), (2, 7), (3, 6)\}$$
$$M = \{(3, 8), (4, 7), (4, 8)\}$$

Uma série de outros eventos pode ser definida para o projeto da KP&L, mas, em cada caso, o evento deve ser identificado como um conjunto de pontos amostrais do experimento.

Dadas as probabilidades dos pontos amostrais apresentados na Tabela 4.3, podemos usar a seguinte definição para calcular a probabilidade de qualquer evento que a gerência da KP&L queira considerar.

> **PROBABILIDADE DE UM EVENTO**
>
> A probabilidade de um evento é igual à soma das probabilidades dos pontos amostrais do evento.

Utilizando esta definição, calculamos a probabilidade de um evento em particular somando as probabilidades dos pontos amostrais (resultados experimentais) que compõem o evento. Agora podemos calcular a probabilidade de que o projeto demandará dez meses ou menos para ser concluído. Uma vez que este evento é dado por $C = \{(2, 6), (2, 7), (2, 8), (3, 6), (3, 7), (4, 6)\}$, a probabilidade do evento C, denotada por $P(C)$, será dada por

$$P(C) = P(2, 6) + P(2, 7) + P(2, 8) + P(3, 6) + P(3, 7) + P(4, 6)$$

Referindo-se às probabilidades dos pontos amostrais da Tabela 4.3 temos, portanto,

$$P(C) = 0,15 + 0,15 + 0,05 + 0,10 + 0,20 + 0,05 = 0,70$$

De modo similar, uma vez que o evento de o projeto ser concluído em menos de dez meses é dado por $L = \{(2, 6), (2, 7), (3, 6)\}$, a probabilidade deste evento é dada por

$$P(L) = P(2, 6) + P(2, 7) + P(3, 6)$$
$$= 0,15 + 0,15 + 0,10 = 0,40$$

Por fim, para o evento de o projeto ser concluído em mais de dez meses, temos $M = \{(3, 8), (4, 7), (4, 8)\}$ e, assim,

$$P(M) = P(3, 8) + P(4, 7) + P(4, 8)$$
$$= 0,05 + 0,10 + 0,15 = 0,30$$

Utilizando estes resultados probabilísticos, agora podemos dizer à gerência da KP&L que há uma probabilidade de 0,70 de o projeto ser concluído em dez meses ou menos; uma probabilidade de 0,40 de o projeto ser concluído em menos de dez meses e uma probabilidade de 0,30 de o projeto ser concluído em mais de dez meses. Este procedimento para o cálculo de probabilidades pode ser repetido para qualquer evento que interesse à gerência da KP&L.

Sempre que podemos identificar todos os pontos amostrais de um experimento e atribuir probabilidades a cada um deles, temos condições de calcular a probabilidade de determinado evento usando esta definição. Entretanto, em muitos experimentos o grande número de pontos amostrais torna a identificação dos pontos amostrais, bem como a determinação de suas respectivas probabilidades, extremamente complicada, quando não impossível. Nas seções restantes deste capítulo apresentaremos algumas relações probabilísticas básicas que podem ser usadas no cálculo da probabilidade de um evento sem a necessidade de conhecer todas as probabilidades dos pontos amostrais.

NOTAS E COMENTÁRIOS

1. O espaço amostral, S, é um evento. Uma vez que ele contém todos os resultados experimentais, tem probabilidade 1; ou seja, $P(S) = 1$.
2. Quando se usa o método clássico para atribuir probabilidades, o pressuposto é que os resultados experimentais sejam igualmente prováveis. Nesses casos, a probabilidade de um evento pode ser calculada contando-se o número de resultados experimentais do evento e dividindo-se o resultado pelo número total de resultados experimentais.

Exercícios

Métodos

14. Um experimento tem quatro resultados igualmente prováveis: E_1, E_2, E_3 e E_4.
    a. Qual é a probabilidade de E_2 ocorrer?
    b. Qual é a probabilidade de dois resultados quaisquer ocorrerem (por exemplo, E_1 ou E_3)?
    c. Qual é a probabilidade de três resultados quaisquer ocorrerem (por exemplo, E_1, E_2 ou E_4)?

15. Considere o experimento de escolher uma carta de um baralho de 52 cartas. Cada carta corresponde a um ponto amostral com uma probabilidade de 1/52.
    a. Relacione os pontos amostrais do evento "ás" ser escolhido.
    b. Relacione os pontos amostrais do evento "uma carta com naipe de paus" ser escolhida.
    c. Relacione os pontos amostrais do evento "uma das cartas da corte (valete, rainha ou rei)" ser escolhida.
    d. Encontre as probabilidades associadas a cada um dos eventos dos itens (a), (b) e (c).

16. Considere o evento de lançar um par de dados. Suponha que estejamos interessados na soma dos valores de face mostrados nos dados.
    a. Quantos pontos amostrais são possíveis? (*Dica*: Use a regra de contagem de experimentos em várias etapas.)
    b. Relacione os pontos amostrais.
    c. Qual é a probabilidade de obter o valor 7?
    d. Qual é a probabilidade de obter o valor 9 ou um valor maior?
    e. Uma vez que cada lançamento tem seis valores pares possíveis (2, 4, 6, 8, 10 e 12) e somente cinco valores ímpares possíveis (3, 5, 7, 9 e 11), os dados exibirão valores pares com mais frequência do que valores ímpares. Você concorda com esta afirmação? Explique.
    f. Qual método você usou para atribuir as probabilidades solicitadas?

Aplicações

17. Consulte os pontos amostrais e as probabilidades dos pontos amostrais correspondentes à KP&L indicados nas Tabelas 4.2 e 4.3, respectivamente.
    a. A fase de projeto (etapa 1) estourará o orçamento se demandar quatro meses para ser concluída. Relacione os pontos amostrais do evento "a fase de projeto estourar o orçamento".
    b. Qual é a probabilidade de a fase de projeto estourar o orçamento?
    c. A fase de construção (etapa 2) estourará o orçamento se demandar oito meses para ser concluída. Relacione os pontos amostrais do evento "a etapa de construção estourar o orçamento".
    d. Qual é a probabilidade de a fase de construção estourar o orçamento?
    e. Qual é a probabilidade de ambas as etapas estourarem o orçamento?

18. A revista *Fortune* publica uma lista anual com as 500 maiores companhias dos Estados Unidos. As sedes corporativas das 500 empresas estão localizadas em 38 estados diferentes. A tabela a seguir mostra os oito estados com o maior número de empresas da *Fortune 500* (site *Money*/CNN, maio de 2012).

168 Estatística aplicada a administração e economia

Estado	Número de companhias	Estado	Número de companhias
Califórnia	53	Ohio	28
Illinois	32	Pensilvânia	23
Nova Jersey	21	Texas	52
Nova York	50	Virgínia	24

Suponha que uma das 500 empresas seja selecionada aleatoriamente para um questionário de acompanhamento.
a. Qual é a probabilidade de a empresa selecionada ter sua sede corporativa na Califórnia?
b. Qual é a probabilidade de a empresa selecionada ter sua sede corporativa na Califórnia, em Nova York ou no Texas?
c. Qual é a probabilidade de a empresa selecionada ter sua sede corporativa em um dos oito estados enumerados acima?

19. Você acha que o aquecimento global irá impactá-lo durante sua vida? Uma pesquisa da CBS News/*New York Times* feita com 1.000 adultos nos Estados Unidos fez esta pergunta (site da CBS News, dezembro de 2014). Considere as respostas pelos grupos etários mostrados abaixo.

	Idade	
Resposta	**18-29**	**30 +**
Sim	134	293
Não	131	432
Não soube responder	2	8

a. Qual é a probabilidade de um entrevistado com idade entre 18 e 29 anos pensar que o aquecimento global não representará uma grave ameaça durante sua vida?
b. Qual é a probabilidade de um respondente com mais de 30 anos de idade pensar que o aquecimento global não representará uma grave ameaça durante sua vida?
c. Para um entrevistado selecionado aleatoriamente, qual é a probabilidade de ele responder sim?
d. Com base nos resultados da pesquisa, parece haver uma diferença entre as idades de 18 a 29 anos e 30 anos ou mais em relação à preocupação com o aquecimento global?

20. A Junior Achievement USA e a Fundação Allstate entrevistaram adolescentes de 14 a 18 anos e perguntaram em que idade eles pensam que se tornarão financeiramente independentes (*USA Today*, 30 de abril de 2012). As respostas de 944 adolescentes a esta pergunta são as seguintes.

Idade em que estará financeiramente independente	Número de respostas
16 a 20	191
21 a 24	467
25 a 27	244
28 ou mais	42

Considere o experimento de selecionar aleatoriamente um adolescente de sua respectiva população com idade de 14 a 18 anos.
a. Calcule a probabilidade de ser financeiramente independente para cada uma das quatro categorias de idade.
b. Qual é a probabilidade de ser financeiramente independente antes dos 25 anos?
c. Qual é a probabilidade de ser financeiramente independente após os 24 anos?
d. As probabilidades sugerem que os adolescentes podem ser um pouco irrealistas em suas expectativas sobre quando se tornarão financeiramente independentes?

21. Dados sobre mortes relacionadas ao trabalho, nos Estados Unidos, de acordo com a causa, apresentam-se a seguir (*The World Almanac*, 2012).

Causa da fatalidade	Número de fatalidades
Acidentes com transporte	1.795
Assaltos e atos violentos	837
Contato com objetos e equipamentos	741
Quedas	645
Exposição a substâncias ou ambientes nocivos	404
Incêndios e explosões	113

Suponha que uma fatalidade será escolhida aleatoriamente a partir desta população.

a. Qual é a probabilidade de a fatalidade resultar de uma queda?
b. Qual é a probabilidade de a fatalidade resultar de um incidente com transporte?
c. Qual causa de fatalidade é menos provável de ocorrer? Qual é a probabilidade de a fatalidade resultar dessa causa?

Algumas relações básicas de probabilidade

Complemento de um evento

Dado um evento A, o **complemento de A** é definido como o evento que consiste em todos os pontos amostrais que *não* estão em A. O complemento de A é denotado por A^c. A Figura 4.4 representa um diagrama conhecido como **diagrama de Venn** que ilustra o conceito de complemento. A área retangular representa o espaço amostral do experimento e, como tal, contém todos os pontos amostrais possíveis. O círculo representa o evento A e contém somente os pontos amostrais que pertencem a A. A região sombreada do retângulo contém todos os pontos amostrais que não estão no evento A e, por definição, é o complemento de A.

Em qualquer aplicação de probabilidade, ou o evento A ou o seu complemento A^c deve ocorrer. Portanto, temos

$$P(A) + P(A^c) = 1$$

Resolvendo para $P(A)$, obtemos o resultado seguinte.

CÁLCULO DE PROBABILIDADE UTILIZANDO O COMPLEMENTO

$$P(A) = 1 - P(A^c) \qquad (4.5)$$

A Equação 4.5 mostra que a probabilidade de um evento A pode ser facilmente calculada se a probabilidade de seu complemento, $P(A^c)$, for conhecida.

Como exemplo, considere o caso de um gestor de vendas que, após revisar seus relatórios, afirma que 80% dos contatos com novos clientes não resultaram em vendas. Se considerarmos A o evento de ocorrer uma venda e A^c o evento de não ocorrer nenhuma venda, o gestor está afirmando que $P(A^c) = 0{,}80$. Utilizando a Equação (4.5), vemos que

$$P(A) = 1 - P(A^c) = 1 - 0{,}80 = 0{,}20$$

Podemos concluir que o contato com novos clientes tem 0,20 de probabilidade de resultar em uma venda.

Em outro exemplo, um agente de compras afirma que a probabilidade de o fornecedor enviar uma remessa sem peças defeituosas é de 0,90. Usando o complemento, podemos concluir que a probabilidade de a remessa conter peças defeituosas é $1 - 0{,}90 = 0{,}10$.

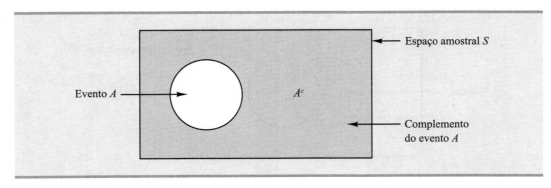

FIGURA 4.4 O complemento do evento A é sombreado

Lei da adição

A lei da adição é útil quando estamos interessados em saber qual é a probabilidade de pelo menos um de dois eventos ocorrer. Ou seja, com os eventos A e B, estamos interessados em saber qual é a probabilidade de ocorrência do evento A ou do evento B, ou de ambos.

Antes de apresentarmos a lei da adição, precisamos discutir dois conceitos relacionados à combinação de eventos: a *união* de eventos e a *interseção de eventos*. Dados dois eventos A e B, a **união de A e B** é definida da seguinte maneira.

> UNIÃO DE DOIS EVENTOS
>
> A *união* de A e B é o evento contendo *todos* os pontos pertencentes a A ou B, ou a ambos. A união é denotada por $A \cup B$.

O diagrama de Venn da Figura 4.5 retrata a união dos eventos A e B. Observe que os dois círculos contêm todos os pontos amostrais do evento A, bem como os pontos amostrais do evento B. O fato de os círculos se sobreporem indica que alguns pontos amostrais estão contidos tanto em A quanto em B.

A definição da **interseção de A e B** é a seguinte:

> INTERSEÇÃO DE DOIS EVENTOS
>
> Dados dois eventos A e B, a *interseção* de A e B é o evento que contém os pontos amostrais que pertencem *tanto a A quanto a B*. A interseção é denotada por $A \cap B$.

O diagrama de Venn que retrata a interseção dos eventos A e B é mostrado na Figura 4.6. A área em que os dois círculos se sobrepõem é a interseção; ela contém os pontos amostrais que estão tanto em A quanto em B.

Vamos prosseguir agora com a discussão sobre a **lei da adição**, que constitui uma maneira de calcular a probabilidade de o evento A ou o evento B, ou ambos, ocorrerem. Em outras palavras, a lei da adição é usada para calcular a probabilidade da união de dois eventos, e é escrita da seguinte maneira.

> LEI DA ADIÇÃO
>
> $$P(A \cup B) = P(A) + P(B) - P(A \cap B) \qquad (4.6)$$

Para entender a lei da adição intuitivamente, observe que os dois primeiros termos da lei da adição, $P(A) + P(B)$, contabilizam todos os pontos amostrais de $A \cup B$. Entretanto, como os pontos amostrais na interseção $A \cap B$ estão tanto

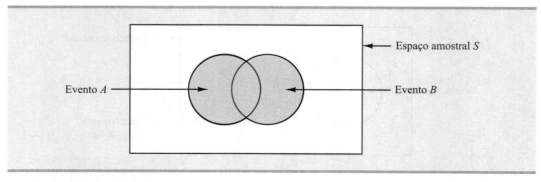

FIGURA 4.5 A união dos eventos A e B é sombreada

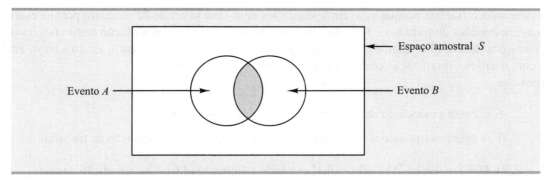

FIGURA 4.6 A interseção dos eventos A e B é sombreada

em A quanto em B, quando calculamos $P(A) + P(B)$, estamos efetivamente contando cada um dos pontos amostrais em $A \cap B$ duas vezes. Corrigimos essa contagem em dobro ao subtrair $P(A \cap B)$.

Como exemplo da aplicação da lei da adição, consideremos o caso de uma pequena fábrica de montagem com 50 funcionários. Espera-se que cada funcionário conclua suas obrigações no prazo e que as desempenhe de tal maneira que o produto montado seja aprovado na inspeção final. Ocasionalmente, algum funcionário deixa de cumprir os padrões de desempenho, concluindo o trabalho tardiamente ou montando produtos com defeito. Ao final de um período de avaliação do desempenho, o gestor de produção descobriu que 5 dos 50 funcionários concluíam o trabalho atrasados, que 6 dos 50 montavam um produto com defeito e 2 dos 50 funcionários tanto concluíam o trabalho tardiamente como montavam produtos com defeitos.

Admitamos que

$L =$ evento correspondente ao trabalho ser concluído com atrasado

$D =$ evento correspondente ao produto montado apresentar defeito

As informações sobre a frequência relativa nos levam às seguintes probabilidades.

$$P(L) = \frac{5}{50} = 0{,}10$$

$$P(D) = \frac{6}{50} = 0{,}12$$

$$P(L \cap D) = \frac{2}{50} = 0{,}04$$

Depois de revisar os dados de desempenho, o gestor de produção decidiu atribuir avaliações de desempenho ruins a qualquer funcionário cujo trabalho fosse concluído atrasado ou apresentando defeitos; desse modo, o evento de interesse é $L \cup D$. Qual é a probabilidade de o gestor de produção atribuir uma avaliação ruim a um funcionário?

Observe que a questão probabilística se refere à união de dois eventos. Especificamente, queremos conhecer $P(L \cup D)$. Utilizando a Equação (4.6), temos

$$P(L \cup D) = P(L) + P(D) - P(L \cap D)$$

Conhecendo os valores das três probabilidades no lado direito desta expressão, podemos escrever

$$P(L \cup D) = 0{,}10 + 0{,}12 - 0{,}04 = 0{,}18$$

Este cálculo nos informa que há 0,18 de probabilidade de que um funcionário escolhido aleatoriamente receba uma classificação de desempenho ruim.

Como outro exemplo da lei da adição, considere um estudo realizado recentemente pelo gestor de pessoal de uma grande empresa de software de computador. O estudo mostrou que 30% dos funcionários que saíram da empresa no intervalo de dois anos o fizeram porque estavam insatisfeitos com seus salários, 20% saíram porque estavam insatisfeitos com suas atribuições de trabalho e 12% dos ex-funcionários indicaram insatisfação tanto com o salário quanto com suas atribuições de trabalho. Qual é a probabilidade de um funcionário sair, dentro de dois anos, em virtude da insatisfação com o salário, insatisfação com a atribuição de trabalho, ou ambos?

Admitamos que

S = evento associado ao funcionário sair em razão do salário

W = evento associado ao funcionário sair em decorrência da atribuição de trabalho

Temos $P(S) = 0{,}30$, $P(W) = 0{,}20$ e $P(S \cap W) = 0{,}12$. Usando a Equação (4.6), a lei da adição, temos

$$P(S \cup W) = P(S) + P(W) - P(S \cap W) = 0{,}30 + 0{,}20 - 0{,}12 = 0{,}38.$$

Descobrimos que há uma probabilidade de 0,38 de que um funcionário saia da empresa por motivos de salário ou de atribuição funcional.

Antes de concluirmos nossa discussão da lei da adição, vamos considerar um caso especial que se apresenta para **eventos mutuamente exclusivos**.

EVENTOS MUTUAMENTE EXCLUSIVOS
Dois eventos são considerados mutuamente exclusivos se não tiverem nenhum ponto amostral em comum.

Os eventos A e B são mutuamente exclusivos se, quando um evento ocorre, o outro não pode ocorrer. Assim, um requisito para A e B serem mutuamente exclusivos é que sua interseção não deve conter nenhum ponto amostral. O diagrama de Venn que descreve dois eventos A e B mutuamente exclusivos é apresentado na Figura 4.7. Nesse caso, $P(A \cap B) = 0$ e a lei da adição pode ser escrita da seguinte maneira.

LEI DA ADIÇÃO PARA EVENTOS MUTUAMENTE EXCLUSIVOS

$$P(A \cup B) = P(A) + P(B)$$

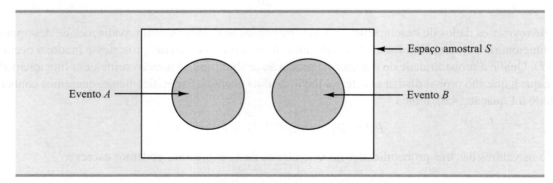

FIGURA 4.7 Eventos mutuamente exclusivos

Exercícios

Métodos

22. Suponha que tenhamos um espaço amostral com cinco resultados experimentais igualmente prováveis: E_1, E_2, E_3, E_4, E_5. Sejam

$$A = \{E_1, E_2\}$$
$$B = \{E_3, E_4\}$$
$$C = \{E_2, E_3, E_5\}$$

   a. Encontre $P(A)$, $P(B)$ e $P(C)$.
   b. Encontre $P(A \cup B)$. A e B são mutuamente exclusivos?
   c. Encontre A^c, C^c, $P(A^c)$ e $P(C^c)$.
   d. Encontre $A \cup B^c$ e $P(A \cup B^c)$.
   e. Encontre $P(B \cup C)$.

23. Suponha que tenhamos um espaço amostral $S = \{E_1, E_2, E_3, E_4, E_5, E_6, E_7\}$, onde $E_1, E_2, \ldots, E_7$ denotem os pontos amostrais. As seguintes atribuições de probabilidade se aplicam: $P(E_1) = 0,05$, $P(E_2) = 0,20$, $P(E_3) = 0,20$, $P(E_4) = 0,25$, $P(E_5) = 0,15$, $P(E_6) = 0,10$, e $P(E_7) = 0,05$. Sejam

$$A = \{E_1, E_4, E_6\}$$
$$B = \{E_2, E_4, E_7\}$$
$$C = \{E_2, E_3, E_5, E_7\}$$

   a. Encontre $P(A)$, $P(B)$ e $P(C)$.
   b. Encontre $A \cup B$ e $P(A \cup B)$.
   c. Encontre $A \cap B$ e $P(A \cap B)$.
   d. Os eventos A e C são mutuamente exclusivos?
   e. Encontre B^c e $P(B^c)$.

Aplicações

24. A Clarkson University fez uma pesquisa com seus ex-alunos para conhecer melhor o que eles pensam a respeito da universidade. Uma parte da pesquisa pedia que os consultados indicassem se a experiência que haviam tido na Clarkson ficara aquém de suas expectativas, se atingira as expectativas ou se superara as expectativas. Os resultados mostraram que 4% dos respondentes nada responderam, 26% disseram que suas experiências ficaram aquém das expectativas e 65% dos consultados disseram que suas experiências atingiram as expectativas.
   a. Se escolhermos um ex-aluno aleatoriamente, qual é a probabilidade de ele afirmar que sua experiência *superou* as expectativas?
   b. Se escolhermos um ex-aluno aleatoriamente, qual é a probabilidade de ele afirmar que suas expectativas foram atingidas ou superadas?

25. A pesquisa Eco Pulse, feita pela empresa de comunicações de marketing Shelton Group, pediu que as pessoas indicassem coisas que fazem que se sintam culpadas (*Los Angeles Times*, 15 de agosto de 2012). Com base nos resultados da pesquisa, existe uma probabilidade 0,39 de que uma pessoa selecionada aleatoriamente se sinta culpada por desperdiçar comida, e uma probabilidade de 0,27, por deixar as luzes acesas quando não está em uma sala. Além disso, existe uma probabilidade de 0,12 de que uma pessoa, neste estudo, se sinta culpada por ambas as razões.
   a. Qual é a probabilidade de que uma pessoa selecionada aleatoriamente se sinta culpada por desperdiçar comida ou deixar luzes acesas quando não está em uma sala?
   b. Qual é a probabilidade de que uma pessoa selecionada aleatoriamente não se sinta culpada por nenhuma dessas razões?

26. Informações sobre fundos mútuos, fornecidas pela Morningstar Investment Research, incluem o tipo de fundo mútuo (Capital Nacional Norte-Americano, Capital Internacional ou Renda Fixa) e a classificação da Morningstar para o fundo. A classificação vai de 1 estrela (menor classificação) a 5 estrelas (maior classificação). Suponha que uma amostra com 25 fundos mútuos forneceu as seguintes contagens:
   - 16 fundos mútuos eram de Capital Nacional Norte-Americano.
   - 13 fundos mútuos foram classificados com 3 estrelas ou menos.
   - 7 dos fundos de Capital Nacional Norte-Americano foram classificados com 4 estrelas.
   - 2 dos fundos de Capital Nacional Norte-Americano foram classificados com 5 estrelas.

   Assuma que um desses 25 fundos mútuos será aleatoriamente selecionado, a fim de se saber mais sobre o fundo em questão e sua estratégia de investimento.
   a. Qual é a probabilidade de selecionar um fundo de Capital Nacional Norte-Americano?
   b. Qual é a probabilidade de selecionar um fundo com uma classificação de 4 ou 5 estrelas?
   c. Qual é a probabilidade de selecionar um fundo que seja de Capital Nacional Norte-Americano *e* que tenha sido classificado com 4 ou 5 estrelas?
   d. Qual é a probabilidade de selecionar um fundo que seja de Capital Nacional Norte-Americano *ou* que tenha sido classificado com 4 ou 5 estrelas?

27. Quais campeonatos de basquetebol universitário da NCAA apresentam a maior probabilidade de ter uma equipe jogando no campeonato nacional de basquetebol universitário? Nos últimos 20 anos, a Atlantic Coast Conference (ACC) obteve a primeira classificação por ter uma equipe jogando no campeonato 10 vezes. A Southeastern Conference (SEC) conseguiu a segunda classificação porque teve uma equipe participando do campeonato 8 vezes. Contudo, essas duas organizações tiveram equipes participando do campeonato somente uma vez, quando a equipe do Arkansas (SEC) venceu o Duke (ACC) por 76 a 70, em 1994 (site da NCAA, abril de 2009). Utilize esses dados para estimar as seguintes probabilidades:
   a. Qual é a probabilidade de que a ACC tenha uma equipe no jogo do campeonato?
   b. Qual é a probabilidade de que a SEC tenha uma equipe no jogo do campeonato?
   c. Qual é a probabilidade de que a ACC e a SEC tenham suas equipes no jogo do campeonato?
   d. Qual é a probabilidade de que pelo menos uma equipe dessas duas organizações esteja no jogo do campeonato? Ou seja, qual é a probabilidade de que a ACC ou a SEC jogem no campeonato?
   e. Qual é a probabilidade de que o jogo do campeonato não tenha a participação de uma equipe de nenhuma destas organizações?

28. Uma pesquisa com assinantes de revistas mostrou que 45,8% haviam alugado um carro nos últimos 12 meses por razões comerciais, 54% alugaram um carro durante os últimos 12 meses por razões pessoais e 30% alugaram um carro nos últimos 12 meses por razões tanto comerciais quanto pessoais.
   a. Qual é a probabilidade de um assinante ter alugado um carro durante os últimos 12 meses por razões comerciais ou pessoais?
   b. Qual é a probabilidade de um assinante não ter alugado um carro durante os últimos 12 meses por razões comerciais ou por razões pessoais?

29. Nos Estados Unidos, estudantes que concluem o último ano do Ensino Médio com ótimo desempenho se candidatam aos cursos universitários mais seletivos, em um número cada vez maior a cada ano. Uma vez que o número de vagas permanece relativamente estável, algumas universidades recusam um número maior dos *pré-candidatos*. Suponha que para uma turma admitida recentemente, a Universidade de Ivy League recebeu 2.851 inscrições de *pré-candidatos*. Deste grupo, admitiu 1.033 estudantes, recusou 854 imediatamente e deferiu 964 para a lista de espera de admissões regulares a ser consideradas futuramente. No passado, essa instituição admitiu 18% dos candidatos deferidos na *admissão antecipada* durante o processo regular de admissão. Contando os estudantes admitidos durante a *admissão antecipada* e aqueles admitidos durante o período de admissão regular, o tamanho total da turma foi de 2.375. Sejam E, R e D os eventos de um estudante que se candidata à *admissão antecipada* ser admitido, recusado imediatamente ou protelado para a lista de espera de admissões regulares.
   a. Use os dados para estimar $P(E)$, $P(R)$ e $P(D)$.
   b. Os eventos E e D são mutuamente exclusivos? Encontre $P(E \cap D)$.
   c. Em relação aos 2.375 estudantes que foram admitidos, qual é a probabilidade de um estudante escolhido aleatoriamente ter sido aceito durante a *admissão antecipada*?
   d. Suponha que um estudante se inscreva para a *admissão antecipada*. Qual é a probabilidade de o estudante ser aceito na *admissão antecipada* ou conseguir uma vaga remanescente?

4.4 Probabilidade condicional

Frequentemente, a probabilidade de um evento é influenciada pelo fato de um evento relacionado já ter ocorrido ou não. Suponha que tenhamos um evento A com a probabilidade $P(A)$. Se obtivermos uma nova informação e soubermos que um evento relacionado, denotado por B, já ocorreu, vamos querer tirar proveito dessa informação calculando uma nova probabilidade para o evento A. Essa nova probabilidade do evento A denomina-se **probabilidade condicional** e é escrita como $P(A \mid B)$. Usamos a notação | para indicar que estamos considerando a probabilidade do evento A *dada* a condição de o evento B ter ocorrido. Portanto, a notação $P(A \mid B)$ é lida da seguinte maneira: "a probabilidade de A dado B".

Como ilustração da aplicação da probabilidade condicional, considere a situação do *status* de promoção de oficiais homens e mulheres de um grande departamento de polícia metropolitana no leste dos Estados Unidos. A força policial consiste de 1.200 oficiais, sendo 960 homens e 240 mulheres. Nos últimos dois anos, 324 oficiais da força policial receberam promoções. A estrutura específica de promoções para oficiais homens e mulheres é apresentada na Tabela 4.4.

TABELA 4.4 *Status* de promoção de oficiais de polícia nos últimos dois anos

	Homens	Mulheres	Total
Promovidos	288	36	324
Não promovidos	672	204	876
Total	960	240	1.200

Depois de rever o registro de promoções, uma comissão de oficiais mulheres fez uma acusação formal de discriminação baseando-se no fato de que 288 oficiais homens haviam recebido promoções e somente 36 oficiais mulheres foram promovidas. A administração da polícia argumentou que o número relativamente baixo de promoções para as oficiais mulheres se deveu não à discriminação, mas ao fato de relativamente poucas mulheres serem integrantes da força policial. Vamos mostrar como a probabilidade condicional poderia ser usada para analisar a acusação de discriminação.

Seja

$$H = \text{o evento de um oficial ser homem}$$
$$M = \text{o evento de um oficial ser mulher}$$
$$A = \text{o evento de um oficial ser promovido}$$
$$A^c = \text{o evento de um oficial não ser promovido}$$

Dividir os valores de dados da Tabela 4.4 pelo total de 1.200 oficiais nos possibilita sintetizar a informação disponível com os seguintes valores probabilísticos:

$P(H \cap A) = 288/1.200 = 0,24$ probabilidade de um(a) oficial escolhido(a) aleatoriamente ser um homem *e* ser promovido.

$P(H \cap A^c) = 672/1.200 = 0,56$ probabilidade de um(a) oficial escolhido(a) aleatoriamente ser um homem *e* não ser promovido.

$P(M \cap A) = 36/1.200 = 0,03$ probabilidade de um(a) oficial escolhido(a) aleatoriamente ser uma mulher *e* ser promovida.

$P(M \cap A^c) = 204/1.200 = 0,17$ probabilidade de um(a) oficial escolhido(a) aleatoriamente ser uma mulher *e* não ser promovida.

Uma vez que cada um desses valores dá a probabilidade da interseção de dois eventos, as probabilidades são chamadas **probabilidades conjuntas**. A Tabela 4.5, que apresenta um resumo das informações probabilísticas referentes à situação das promoções dos oficiais do departamento de polícia, é denominada *tabela de probabilidades conjuntas*.

Os valores indicados nas margens da tabela de probabilidades conjuntas fornecem as probabilidades de cada evento separadamente. Ou seja, $P(H) = 0,80$, $P(M) = 0,20$, $P(A) = 0,27$ e $P(A^c) = 0,73$. Essas probabilidades denominam-se **probabilidades marginais** em virtude de sua localização nas margens da tabela de probabilidades conjuntas. Notamos que as probabilidades marginais são encontradas somando-se as probabilidades conjuntas que se encontram na linha ou coluna correspondentes da tabela de probabilidades conjuntas. Por exemplo, a probabilidade marginal de alguém ser promovido é $P(A) = P(H \cap A) + P(M \cap A) = 0,24 + 0,03 = 0,27$. Das probabilidades marginais, vemos que 80% da força policial são homens, 20% da força são mulheres, 27% de todos os oficiais receberam promoções e 73% não foram promovidos.

Vamos iniciar a análise da probabilidade condicional calculando a probabilidade de um oficial ser promovido dado que seja um homem. Na notação de probabilidade condicional, tentamos determinar $P(A \mid H)$. Para calcularmos $P(A \mid H)$, primeiramente precisamos entender que essa notação significa simplesmente que estamos considerando a probabilidade do evento A (promoção), visto que sabemos da existência da condição designada como evento H (o oficial ser

TABELA 4.5   Tabela de probabilidades conjuntas para promoções

Probabilidades conjuntas aparecem no corpo da tabela.	Homens (*H*)	Mulheres (*M*)	Total
Promovidos (*A*)	0,24	0,03	0,27
Não promovidos (*A^c*)	0,56	0,17	0,73
Total	0,80	0,20	1,00

Probabilidades marginais aparecem nas margens da tabela.

um homem). Assim, $P(A \mid H)$ nos diz que agora estamos interessados somente no *status* de promoção dos 960 oficiais do sexo masculino. Uma vez que 288 dos 960 oficiais do sexo masculino receberam promoções, a probabilidade de haver uma promoção dado que o oficial seja um homem é de $288/960 = 0,30$. Em outras palavras, dado que um oficial seja um homem, ele teve 30% de chance de receber uma promoção no decorrer dos últimos dois anos.

Este procedimento foi fácil de aplicar porque os valores apresentados na Tabela 4.4 mostram o número de oficiais de cada categoria. Queremos demonstrar agora como se pode calcular diretamente probabilidades condicionais como $P(A \mid H)$ a partir das probabilidades de eventos, em vez dos dados de frequência da Tabela 4.4.

Mostramos que $P(A \mid H) = 288/960 = 0,30$. Vamos dividir agora tanto o numerador quanto o denominador dessa fração por 1.200, que é o número total de oficiais integrantes do estudo.

$$P(A \mid H) = \frac{288}{960} = \frac{288/1.200}{960/1.200} = \frac{0,24}{0,80} = 0,30$$

Notamos agora que a probabilidade condicional $P(A \mid H)$ pode ser calculada como $0,24/0,80$. Consulte a tabela de probabilidades conjuntas (Tabela 4.5). Observe, em especial, que 0,24 é a probabilidade conjunta de A e H; ou seja, $P(A \cap H) = 0,24$. Note também que 0,80 é a probabilidade marginal de um oficial aleatoriamente selecionado ser um homem; ou seja, $P(H) = 0,80$. Desse modo, a probabilidade condicional $P(A \mid H)$ pode ser calculada como a razão entre a probabilidade conjunta $P(A \cap H)$ e a probabilidade marginal $P(H)$.

$$P(A \mid H) = \frac{P(A \cap H)}{P(H)} = \frac{0,24}{0,80} = 0,30$$

O fato de as probabilidades condicionais poderem ser calculadas como a razão de uma probabilidade conjunta pela probabilidade marginal nos fornece a seguinte fórmula geral para efetuarmos cálculos da probabilidade condicional de dois eventos A e B.

PROBABILIDADE CONDICIONAL

$$P(A \mid B) = \frac{P(A \cap B)}{P(B)} \qquad (4.7)$$

ou

$$P(B \mid A) = \frac{P(A \cap B)}{P(A)} \qquad (4.8)$$

O diagrama de Venn da Figura 4.8 é útil para obtermos um entendimento intuitivo da probabilidade condicional. O círculo à direita mostra que ocorreu o evento B; a parte do círculo que se sobrepõe ao evento A denota o evento

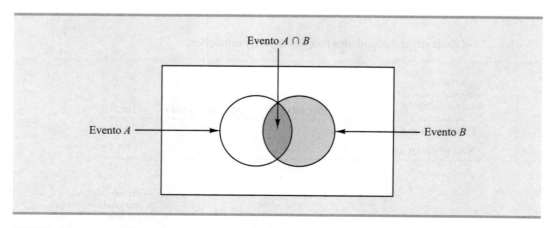

FIGURA 4.8 Probabilidade condicional $P(A \mid B) = P(A \cap B)/P(B)$

$(A \cap B)$. Sabemos que, desde que o evento B ocorreu, a única maneira pela qual também podemos observar o evento A é pela ocorrência do evento $(A \cap B)$. Assim, a razão $P(A \cap B)/P(B)$ nos fornece a probabilidade condicional de que observaremos o evento A dado que o evento B já ocorreu.

Retornemos à questão da discriminação contra oficiais do sexo feminino. A probabilidade marginal apresentada na linha 1 da Tabela 4.5 nos mostra que a probabilidade de promoção de um oficial é $P(A) = 0{,}27$ (independentemente de o oficial ser homem ou mulher). Entretanto, a questão crucial no caso da discriminação envolve as duas probabilidades condicionais $P(A \mid H)$ e $P(A \mid M)$. Ou seja, qual é a probabilidade de promoção *dado* que o oficial seja um homem, e qual é a probabilidade de promoção *dado* que o oficial seja uma mulher? Se essas duas probabilidades forem iguais, não há base para o argumento de discriminação porque as chances de promoção são as mesmas para oficiais do sexo masculino e do sexo feminino. No entanto, a diferença nas duas probabilidades condicionais sustentará a posição de que os oficiais homens e mulheres são tratados diferentemente nas decisões de promoção.

Já determinamos que $P(A \mid H) = 0{,}30$. Vamos usar agora os valores de probabilidade da Tabela 4.5 e a relação básica da probabilidade condicional apresentada na Equação 4.7 para calcular a probabilidade de um oficial ser promovido, dado que o oficial seja uma mulher; ou seja, $P(A \mid M)$. Usando a Equação (4.7), com M substituindo B, obtemos:

$$P(A|M) = \frac{P(A \cap M)}{P(M)} = \frac{0{,}03}{0{,}20} = 0{,}15$$

A que conclusão você chega? A probabilidade de haver uma promoção dado que o oficial seja homem é de 0,30, duas vezes a probabilidade de promoção de 0,15 se o oficial for mulher. Embora o uso da probabilidade condicional não prove por si mesmo que existe discriminação nesse caso, os valores da probabilidade condicional sustentam o argumento apresentado pelas oficiais.

Eventos independentes

Na ilustração anterior, $P(A) = 0{,}27$, $P(A \mid H) = 0{,}30$ e $P(A \mid M) = 0{,}15$. Notamos que a probabilidade de uma promoção (evento A) é afetada ou influenciada pelo fato de o oficial ser homem ou mulher. Especialmente, visto que $P(A \mid H) \neq P(A)$, poderíamos dizer que os eventos A e H são dependentes, isto é, a probabilidade do evento A (promoção) é alterada ou afetada pelo fato de se saber que o evento H (o oficial é um homem) existe. Analogamente, com $P(A \mid M) \neq P(A)$, poderíamos dizer que os eventos A e M são *eventos dependentes*. Entretanto, se a probabilidade de o evento A não se alterar em função da existência do evento H, ou seja, $P(A \mid H) = P(A)$, diríamos que os eventos A e H são **eventos independentes**. Esta situação leva à seguinte definição de independência de dois eventos.

EVENTOS INDEPENDENTES

Dois eventos A e B são independentes se

$$P(A \mid B) = P(A) \qquad (4.9)$$

ou

$$P(B \mid A) = P(B) \qquad (4.10)$$

Caso contrário, os eventos são dependentes.

Lei da multiplicação

Enquanto a lei da adição é usada para calcular a probabilidade de uma união de dois eventos, a lei da multiplicação é usada para calcular a probabilidade de uma interseção de dois eventos. A lei da multiplicação baseia-se na definição da probabilidade condicional. Usando as Equações (4.7) e (4.8), e resolvendo para $P(A \cap B)$, obtemos a **lei da multiplicação**.

178 Estatística aplicada a administração e economia

LEI DA MULTIPLICAÇÃO

$$P(A \cap B) = P(B)P(A \mid B) \qquad (4.11)$$

ou

$$P(A \cap B) = P(A)P(B \mid A) \qquad (4.12)$$

Para ilustrarmos o uso da lei da multiplicação, considere o departamento de circulação de um jornal, sabendo-se que 84% das famílias de determinado bairro assinam a edição diária desse jornal. Vamos admitir que D denota o evento de uma família assinar a edição diária, $P(D) = 0,84$. Além disso, sabe-se que a probabilidade de uma família que já tem uma assinatura da edição diária também assinar a edição de domingo (evento S) é de 0,75; ou seja, $P(S \mid D) = 0,75$. Qual é a probabilidade de uma família assinar tanto a edição diária quanto a edição de domingo do jornal? Usando a lei da multiplicação, calculamos a $P(S \cap D)$ desejada como

$$P(S \cap D) = P(D)P(S \mid D) = 0,84(0,75) = 0,63$$

Sabemos agora que 63% das famílias assinam tanto a edição diária quanto a edição dominical.

Antes de concluirmos esta seção, consideremos o caso especial da lei da multiplicação em que os eventos envolvidos são independentes. Lembre-se de que A e B são eventos independentes sempre que $P(A \mid B) = P(A)$ ou $P(B \mid A) = P(B)$. Portanto, usando as Equações (4.11) e (4.12) para o caso especial dos eventos independentes, obtemos a seguinte lei da multiplicação.

LEI DA MULTIPLICAÇÃO PARA EVENTOS INDEPENDENTES

$$P(A \cap B) = P(A)P(B) \qquad (4.13)$$

Para calcularmos a probabilidade da interseção de dois eventos independentes, simplesmente multiplicamos as probabilidades correspondentes. Note que a lei da multiplicação para eventos independentes constitui outra maneira de determinarmos se A e B são independentes. Ou seja, se $P(A \cap B) = P(A)P(B)$, então A e B são independentes; se $P(A \cap B) \neq P(A)P(B)$, então A e B são dependentes.

Como uma aplicação da lei da multiplicação para eventos independentes, considere a situação de um gestor de posto de gasolina que sabe, por experiência, que 80% dos clientes usam cartões de crédito ao comprar gasolina. Qual é a probabilidade de os dois próximos clientes que compram gasolina usar, cada um, um cartão de crédito? Se admitirmos que

$$A = \text{o evento de o primeiro cliente usar um cartão de crédito}$$

$$B = \text{o evento de o segundo cliente usar um cartão de crédito,}$$

então o evento que interessa é $A \cap B$. Sem contarmos com nenhuma outra informação, podemos racionalmente supor que A e B são eventos independentes. Desse modo,

$$P(A \cap B) = P(A)P(B) = (0,80)(0,80) = 0,64$$

Para resumir esta seção, observamos que nosso interesse na probabilidade condicional é motivado pelo fato de os eventos frequentemente ser relacionados. Nesses casos, dizemos que os eventos são dependentes e as fórmulas apresentadas nas Equações (4.7) e (4.8) devem ser usadas para calcular as probabilidades do evento. Se dois eventos não estão relacionados, eles são independentes; nesse caso, a probabilidade de um evento não é afetada pelo fato de o outro evento ocorrer ou não.

Introdução à probabilidade   **179**

NOTAS E COMENTÁRIOS

Não confunda a noção de eventos mutuamente exclusivos com a de eventos independentes. Dois eventos com probabilidades diferentes de zero não podem ser tanto mutuamente exclusivos quanto independentes. Quando se sabe que um evento mutuamente exclusivo ocorre, o outro não pode ocorrer; assim, a probabilidade de o outro evento ocorrer é reduzida a zero. Portanto, eles são dependentes.

Exercícios

Métodos

30. Suponha que tenhamos dois eventos, A e B, sendo $P(A) = 0,50$, $P(B) = 0,60$ e $P(A \cap B) = 0,40$.
    a. Encontre $P(A \mid B)$.
    b. Encontre $P(B \mid A)$.
    c. A e B são independentes? Sim ou não? Por quê?

31. Suponha que tenhamos dois eventos, A e B, que sejam mutuamente exclusivos. Suponha, além disso, que saibamos que $P(A) = 0,30$ e $P(B) = 0,40$.
    a. Quanto é $P(A \cap B)$?
    b. Quanto é $P(A \mid B)$?
    c. Um estudante de estatística argumenta que os conceitos de eventos mutuamente exclusivos e eventos independentes são, na verdade, os mesmos, e que se os eventos são mutuamente exclusivos eles devem ser independentes. Você concorda com esta afirmação? Use as informações sobre probabilidade neste problema para justificar sua resposta.
    d. Qual conclusão geral você tiraria a respeito dos eventos mutuamente exclusivos e dos eventos independentes em razão dos resultados deste problema?

Aplicações

32. A indústria automobilística vendeu 657 mil veículos nos Estados Unidos durante janeiro de 2009 (*The Wall Street Journal*, 4 de fevereiro de 2009). Este volume diminuiu 37% desde janeiro de 2008, à medida que a situação financeira continuava a piorar. Os três grandes fabricantes de automóveis dos Estados Unidos – General Motors, Ford e Chrysler – venderam 280.500 veículos, 48% a menos em relação a janeiro de 2008. Um resumo de vendas por fabricante e por tipo de veículo vendido é mostrado na tabela a seguir. Os dados estão em milhares de veículos. Os fabricantes de outros países são liderados pela Toyota, Honda e Nissan. A categoria caminhões leves (*light truck*) inclui *pickups*, minivans, modelos SUV e *crossover*.

		Tipo de veículo	
		Carros	Caminhões leves
Fabricante	**Nos Estados Unidos**	87,4	193,1
	Em outros países	228,5	148,0

   a. Desenvolva uma tabela de probabilidades conjuntas para esses dados e utilize-a para responder às questões restantes.
   b. Quais são as probabilidades marginais? O que elas informam a respeito das probabilidades associadas ao fabricante e ao tipo de veículo vendido?
   c. Se um veículo foi fabricado por um dos fabricantes dos Estados Unidos, qual é a probabilidade de que o veículo seja um carro? Qual é a probabilidade de que o veículo seja um caminhão leve?
   d. Se um veículo não foi fabricado por um dos fabricantes dos Estados Unidos, qual é a probabilidade de que o veículo seja um carro? Qual é a probabilidade de que o veículo seja um caminhão leve?
   e. Se o veículo for um caminhão leve, qual é a probabilidade de ele ter sido produzido por um fabricante dos Estados Unidos?
   f. O que as informações sobre probabilidades informam sobre as vendas?

33. Estudantes que fizeram o Teste de Admissão de Graduação em Administração (GMAT, na sigla em inglês) foram questionados sobre o curso de graduação e a intenção de cursar o MBA como estudantes em tempo integral ou parcial. A seguir, um resumo de suas respostas.

		Setor da graduação			
		Administração	**Engenharia**	**Outros**	**Totais**
Status da matrícula pretendida	**Período integral**	352	197	251	800
	Meio período	150	161	194	505
	Totais	502	358	445	1.305

a. Desenvolva uma tabela de probabilidades conjuntas para esses dados.

b. Use as probabilidades marginais correspondentes ao setor de graduação (Administração, Engenharia, outros) para comentar sobre qual desses setores produz o maior potencial de estudantes de MBA.

c. Se o estudante pretende frequentar aulas em período integral de um curso de MBA, qual é a probabilidade de que ele seja um graduado em Engenharia?

d. Se o estudante for graduado no setor de Administração, qual é a probabilidade de que ele pretenda frequentar aulas em tempo integral para conseguir um MBA?

e. Admitamos que A denote o evento de que o estudante pretende frequentar aulas em tempo integral para conseguir um diploma em MBA, e que B denote o evento de o estudante ser um graduado no setor de Administração. Os eventos A e B são independentes? Justifique sua resposta.

34. O Departamento de Estatísticas de Transportes reporta o desempenho de voos que chegam no horário para as companhias aéreas nos principais aeroportos dos Estados Unidos. JetBlue, United e US Airways compartilham o terminal C no Aeroporto Logan, em Boston. O percentual de voos que chegam no horário, relatado para agosto de 2012, foi de 76,8% para a JetBlue; 71,5%, para a United, e 82,2%, para a US Airways (Departamento de Estatísticas de Transporte, outubro de 2012). Suponha que 30% dos voos que chegam ao terminal C sejam da JetBlue, que 32% sejam da United, e 38% da US Airways.

a. Desenvolva uma tabela de probabilidades conjuntas com três linhas (para as companhias aéreas) e duas colunas (chegadas no horário *versus* chegadas em atraso).

b. Foi anunciado que o Voo 1.382 chegará no portão 20, no terminal C. Qual é a probabilidade de que este voo chegará no horário?

c. Qual é a companhia aérea mais provável para o voo 1.382? Qual é a probabilidade de que este voo seja feito por esta companhia aérea?

d. Suponha que foi anunciado que o Voo 1.382 chegará atrasado. Qual é a companhia aérea mais provável para este voo? Qual é a probabilidade de que este voo seja feito por esta companhia aérea?

35. Para entender melhor como maridos e suas esposas se sentem sobre suas finanças, a *Money Magazine* conduziu uma pesquisa nacional com 1.010 adultos casados, com 25 anos ou mais e com renda familiar de US$ 50.000 ou mais (site da *Money Magazine*, 14 de dezembro de 2014). Considere o seguinte conjunto de exemplos de respostas para a pergunta: "Quem é melhor em conseguir ofertas?".

	Quem é o melhor?		
Respondente	**Eu sou**	**Minha esposa é**	**Somos iguais**
Marido	278	127	102
Esposa	290	111	102

a. Desenvolva uma tabela de probabilidades conjuntas e utilize-a para responder às perguntas a seguir.

b. Construa as probabilidades marginais para Quem é melhor (Eu sou, Minha esposa, Somos iguais). Comente.

c. Dado que o entrevistado é um marido, qual é a probabilidade de ele achar que é melhor em conseguir ofertas do que sua esposa?

d. Dado que o entrevistado é uma esposa, qual é a probabilidade de que ela ache que é melhor em conseguir ofertas do que seu marido?

e. Considerando a resposta "Minha esposa" é melhor em obter ofertas, qual é a probabilidade de que a resposta tenha vindo de um marido?

f. Considerando a resposta "Somos iguais", qual é a probabilidade de que a resposta tenha vindo de um marido? Qual é a probabilidade de que a resposta tenha vindo de uma esposa?

36. Jamal Crawford, da equipe do Portland Trail Blazers, da National Basketball Association, é o melhor arremessador de lances livres de seu time, convertendo 93% de seus arremessos (site da ESPN, 5 de abril de 2012). Suponha que, no final de um jogo de basquete, Jamal Crawford tenha sofrido uma falta e tem a chance de fazer dois arremessos livres.

a. Qual é a probabilidade de que ele irá converter os dois arremessos?

b. Qual é a probabilidade de que ele irá converter pelo menos um arremesso?

c. Qual é a probabilidade de que ele errará os dois arremessos?

d. No final de um jogo de basquete, muitas vezes um time intencionalmente faz falta em um jogador adversário a fim de parar o cronômetro. A estratégia usual é intencionalmente cometer falta no pior arremessador de lances livres do outro time. Suponha que o pivô do Portland Trail Blazers converta 58% de suas jogadas de lances livres. Calcule as probabilidades do pivô, como mostram as

Introdução à probabilidade **181**

partes (a), (b) e (c), e mostre que cometer falta intencionalmente no pivô do Portland Trail Blazers é uma estratégia melhor do que fazer falta intencionalmente em Jamal Crawford. Assuma como nas partes (a), (b) e (c) que serão concedidos dois arremessos livres.

37. Uma pesquisa conjunta feita pela revista *Parade* e o Yahoo! descobriu que 59% dos trabalhadores norte-americanos dizem que se pudessem fazer tudo de novo, escolheriam uma carreira diferente (*USA Today*, 24 de setembro de 2012). A pesquisa também descobriu que 33% dos trabalhadores norte-americanos dizem que planejam se aposentar antecipadamente, e 67% dizem que planejam esperar e se aposentar aos 65 anos ou mais. Suponha que a seguinte tabela de probabilidade conjunta se aplique.

		Aposentadoria antecipada		
		Sim	Não	
Carreira	Mesma	0,20	0,21	0,41
	Diferente	0,13	0,46	0,59
		0,33	0,67	

a. Qual é a probabilidade de um trabalhador escolher a mesma carreira?
b. Qual é a probabilidade de um trabalhador que selecionaria a mesma carreira ter planos de se aposentar antecipadamente?
c. Qual é a probabilidade de um trabalhador que escolheria uma carreira diferente planejar se aposentar antecipadamente?
d. O que as probabilidades condicionais nos itens (b) e (c) sugerem sobre as razões pelas quais os trabalhadores dizem que selecionariam a mesma carreira?

38. O Institute for Higher Education Policy, uma empresa de pesquisa sediada em Washington, estudou o pagamento de empréstimos estudantis de 1,8 milhão de universitários cujo empréstimos começaram a ser pagos seis anos antes (*The Wall Street Journal*, 27 de novembro de 2012). O estudo descobriu que 50% dos empréstimos estudantis estavam sendo pagos de forma satisfatória, enquanto os outros 50% estavam inadimplentes. A tabela de probabilidades conjuntas a seguir mostra as probabilidades do *status* de empréstimo estudantil e se o estudante conseguiu se formar ou não.

		Diploma universitário		
		Sim	Não	
Status do	Satisfatório	0,26	0,24	0,50
empréstimo	Inadimplente	0,16	0,34	0,50
		0,42	0,58	

a. Qual é a probabilidade de um aluno que fez empréstimo estudantil ter recebido um diploma universitário?
b. Qual é a probabilidade de um aluno que fez empréstimo estudantil não ter recebido um diploma universitário?
c. Considerando que o aluno recebeu seu diploma universitário, qual é a probabilidade de este aluno ter um empréstimo inadimplente?
d. Considerando que o aluno não recebeu seu diploma universitário, qual é a probabilidade de o aluno ter um empréstimo inadimplente?
e. Qual é o impacto de abandonar a faculdade sem um diploma para alunos que têm um empréstimo estudantil?

4.5 Teorema de Bayes

Na discussão sobre a probabilidade condicional, indicamos que revisar as probabilidades quando se obtém novas informações é uma etapa importante da análise de probabilidades. Frequentemente, iniciamos a análise com estimativas iniciais, ou **probabilidades *a priori***, para eventos de interesse específico. Então, a partir de fontes como uma amostra, um relatório especial ou teste de produto, obtemos mais informações sobre os eventos. Dadas estas novas informações, atualizamos os valores da probabilidade *a priori* calculando as probabilidades revisadas, chamadas **probabilidades *a posteriori***. O **teorema de Bayes** é um meio de efetuarmos estes cálculos de probabilidade. As etapas deste processo de revisão de probabilidade são mostradas na Figura 4.9.

Como uma aplicação do teorema de Bayes, considere uma empresa fabricante que recebe remessas de peças de dois diferentes fornecedores. Digamos que A_1 denote o evento de uma peça ser proveniente do fornecedor 1 e A_2 denote o evento de a peça vir do fornecedor 2. Atualmente, 65% das peças compradas pela empresa são do fornecedor 1 e os restantes 35% do fornecedor 2. Portanto, se uma peça for escolhida aleatoriamente, atribuiríamos as probabilidades iniciais $P(A_1) = 0,65$ e $P(A_2) = 0,35$.

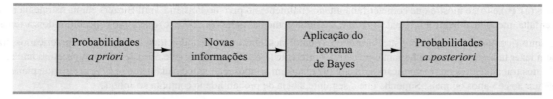

FIGURA 4.9 Revisão de probabilidade utilizando o teorema de Bayes

A qualidade das peças compradas varia de acordo com a fonte de fornecimento. Os dados históricos sugerem que as avaliações da qualidade dos dois fornecedores são similares às apresentadas na Tabela 4.6. Se admitirmos que B denota o evento de uma peça boa e R denota o evento de uma peça ruim, as informações contidas na Tabela 4.6 nos oferecem os seguintes valores de probabilidade condicional.

$$P(B \mid A_1) = 0{,}98 \quad P(R \mid A_1) = 0{,}02$$
$$P(B \mid A_2) = 0{,}95 \quad P(R \mid A_2) = 0{,}05$$

O diagrama em árvore da Figura 4.10 descreve o processo de a empresa receber uma peça de um dos dois fornecedores e depois descobrir que a peça é boa ou ruim como um experimento de duas etapas. Notamos que são possíveis quatro resultados experimentais: dois correspondem ao fato de a peça ser boa e dois correspondem ao fato de a peça ser ruim.

Cada um dos resultados experimentais é a interseção de dois eventos, de forma que podemos usar a regra de multiplicação para calcular as probabilidades. Por exemplo,

$$P(A_1, B) = P(A_1 \cap B) = P(A_1)P(B \mid A_1)$$

TABELA 4.6 Níveis históricos de qualidade de dois fornecedores

	Porcentagem de peças boas	Porcentagem de peças ruins
Fornecedor 1	98	2
Fornecedor 2	95	5

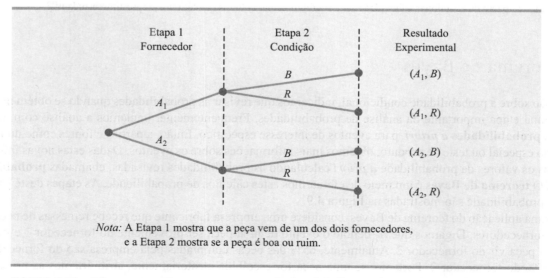

FIGURA 4.10 Diagrama em árvore para o exemplo dos dois fornecedores

O processo de cálculo dessas probabilidades conjuntas pode ser retratado por meio do que chamamos árvore de probabilidades (veja a Figura 4.11). Da esquerda para a direita ao longo da árvore, as probabilidades correspondentes a cada uma das ramificações indicadas na etapa 1 são probabilidades *a priori*, e as probabilidades correspondentes a cada uma das ramificações indicadas na etapa 2 são probabilidades condicionais. Para encontrar as probabilidades de cada resultado experimental, simplesmente multiplicamos as probabilidades nas ramificações que levam ao resultado. Cada uma dessas probabilidades conjuntas é mostrada na Figura 4.11, juntamente com as probabilidades conhecidas correspondentes a cada ramificação.

Suponha agora que as peças recebidas dos dois fornecedores são utilizadas no processo de fabricação da empresa e que uma máquina quebre ao tentar processar uma peça ruim. Dada a informação de que a peça é ruim, qual é a probabilidade de ela ter vindo do fornecedor 1 e qual é a probabilidade de ela ter vindo do fornecedor 2? Com as informações contidas na árvore de probabilidades (Figura 4.11), o teorema de Bayes pode ser usado para responder a essas questões.

Admitindo que R denote o evento de a peça ser ruim, estamos à procura das probabilidades *a posteriori* $P(A_1 \mid R)$ e $P(A_2 \mid R)$. A partir da lei da probabilidade condicional, sabemos que

$$P(A_1 \mid R) = \frac{P(A_1 \cap R)}{P(R)} \qquad (4.14)$$

Consultando a árvore de probabilidades, vemos que

$$P(A_1 \cap R) = P(A_1)P(R \mid A_1) \qquad (4.15)$$

Para encontrarmos $P(R)$, notamos que o evento R pode ocorrer somente de duas maneiras: $(A_1 \cap R)$ e $(A_2 \cap R)$. Portanto, temos

$$\begin{aligned}P(R) &= P(A_1 \cap R) + P(A_2 \cap R) \\ &= P(A_1)P(R \mid A_1) + P(A_2)P(R \mid A_2)\end{aligned} \qquad (4.16)$$

Substituindo os dados das Equações (4.15) e (4.16) na Equação (4.14) e escrevendo um resultado similar para $P(A_2 \mid R)$, obtemos o teorema de Bayes para o caso de dois eventos.

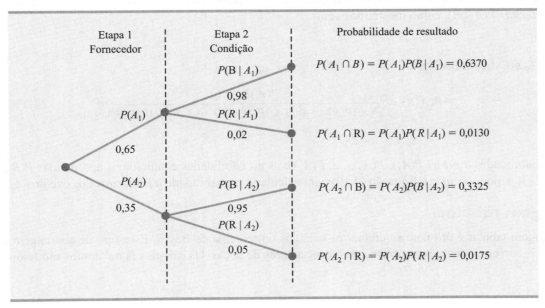

FIGURA 4.11 Árvore de probabilidades para o exemplo dos dois fornecedores

184 Estatística aplicada a administração e economia

Credita-se ao reverendo Thomas Bayes (1702-1761), um ministro presbiteriano, o trabalho original que levou à versão do teorema de Bayes que usamos atualmente.

TEOREMA DE BAYES (CASO COM DOIS ELEMENTOS)

$$P(A_1|R) = \frac{P(A_1)P(R|A_1)}{P(A_1)P(R|A_1) + P(A_2)P(R|A_2)} \tag{4.17}$$

$$P(A_2|R) = \frac{P(A_2)P(R|A_2)}{P(A_1)P(R|A_1) + P(A_2)P(R|A_2)} \tag{4.18}$$

Usando a Equação (4.17) e os valores de probabilidade do exemplo, temos

$$P(A_1|R) = \frac{P(A_1)P(R|A_1)}{P(A_1)P(R|A_1) + P(A_2)P(R|A_2)}$$

$$= \frac{(0,65)(0,02)}{(0,65)(0,02) + (0,35)(0,05)} = \frac{0,0130}{0,0130 + 0,0175}$$

$$= \frac{0,0130}{0,0305} = 0,4262$$

Além disso, usando a Equação (4.18), encontramos $P(A_2|R)$.

$$P(A_2|R) = \frac{(0,35)(0,05)}{(0,65)(0,02) + (0,35)(0,05)}$$

$$= \frac{0,0175}{0,0130 + 0,0175} = \frac{0,175}{0,0305} = 0,5738$$

Note que nessa aplicação iniciamos com a probabilidade de 0,65 de que uma peça escolhida aleatoriamente tenha sido do fornecedor 1. Entretanto, dada a informação de que a peça é ruim, a probabilidade de que ela seja do fornecedor 1 cai para 0,4262. De fato, se a peça for ruim, ela tem uma chance maior que 50:50 de ter vindo do fornecedor 2; ou seja, $P(A_2 \mid R) = 0,5738$.

O teorema de Bayes é aplicável quando os eventos para os quais queremos calcular probabilidades *a posteriori* são mutuamente exclusivos e a união deles é o espaço amostral inteiro.[1] Para o caso de n eventos $A_1, A_2, ..., A_n$ mutuamente exclusivos, cuja união é o espaço amostral inteiro, o teorema de Bayes pode ser usado para calcular qualquer probabilidade *a posteriori* $P(A_i \mid R)$, como mostramos aqui:

TEOREMA DE BAYES

$$P(A_1|R) = \frac{P(A_i)P(R|A_i)}{P(A_1)P(R|A_1) + P(A_2)P(R|A_2) + \cdots + P(A_n)P(R|A_n)} \tag{4.19}$$

Com as probabilidades *a priori* $P(A_1)$, $P(A_2)$, ..., $P(A_n)$ e as probabilidades condicionais apropriadas $P(R \mid A_1)$, $P(R \mid A_2)$, ..., $P(R \mid A_n)$, pode-se usar a Equação (4.19) para calcular a probabilidade *a posteriori* dos eventos $A_1, A_2, ..., A_n$.

Abordagem tabular

Uma abordagem tabular é útil para se efetuar os cálculos do teorema de Bayes. Esse tipo de abordagem é mostrado na Tabela 4.7, correspondente ao problema dos fornecedores de peças. Os cálculos lá mostrados são feitos nas etapas seguintes.

---

[1] Se a união dos eventos for o espaço amostral inteiro, diz-se que os eventos são *coletivamente exaustivos*.

TABELA 4.7 Abordagem tabular para cálculos do Teorema de Bayes referentes ao problema envolvendo dois fornecedores

(1) Eventos A_i	(2) Probabilidades *a priori* $P(A_i)$	(3) Probabilidades condicionais $P(R \mid A_i)$	(4) Probabilidades conjuntas $P(A_i \cap R)$	(5) Probabilidades *a posteriori* $P(A_i \mid R)$
A_1	0,65	0,02	0,0130	0,0130/0,0305 = 0,4262
A_2	0,35	0,05	0,0175	0,0175/0,0305 = 0,5738
	1,00		$P(R) = 0,0305$	1,0000

Etapa 1. Prepare as três colunas seguintes:
Coluna 1 – Os eventos A_i mutuamente exclusivos para os quais se desejam as probabilidades *a posteriori*.
Coluna 2 – As probabilidades *a priori* $P(A_i)$ dos eventos.
Coluna 3 – As probabilidades condicionais $P(R \mid A_i)$ da nova informação R dada para cada evento.

Etapa 2. Na coluna 4, calcule as probabilidades conjuntas $P(A_i \cap R)$ correspondentes a cada evento e a nova informação R utilizando a lei da multiplicação. Essas probabilidades conjuntas são encontradas multiplicando-se as probabilidades iniciais da coluna 2 pelas probabilidades condicionais correspondentes na coluna 3; ou seja, $P(A_i \cap R) = P(A_i)P(R \mid A_i)$.

Etapa 3. Some as probabilidades conjuntas da coluna 4. A soma é a probabilidade da nova informação, $P(R)$. Desse modo, vemos na Tabela 4.7 que há uma probabilidade de 0,0130 de a peça ser ruim e ter vindo do fornecedor 1, e uma probabilidade de 0,0175 de a peça ser ruim e ter vindo do fornecedor 2. Desde que essas sejam as duas únicas maneiras pelas quais uma peça ruim pode ser obtida, a soma 0,0130 + 0,0175 mostra uma probabilidade global de 0,0305 de se encontrar uma peça ruim nas remessas combinadas dos dois fornecedores.

Etapa 4. Na coluna 5, calcule as probabilidades *a posteriori* usando a relação básica de probabilidade condicional.

$$P(A_i \mid R) = \frac{P(A_i \cap R)}{P(R)}$$

Note que as probabilidades conjuntas $P(A_i \cap R)$ estão na coluna 4 e que a probabilidade $P(R)$ é a soma da coluna 4.

NOTAS E COMENTÁRIOS

1. O teorema de Bayes é amplamente utilizado na análise de decisões. As probabilidades iniciais frequentemente são estimativas subjetivas apresentadas por um tomador de decisões. As informações da amostra são obtidas e as probabilidades *a posteriori* são calculadas a fim de serem utilizadas para se tomar a melhor decisão.

2. Um evento e seu complemento são mutuamente exclusivos, e sua união constitui o espaço amostral inteiro. Desse modo, o teorema de Bayes é sempre aplicável quando se quer calcular as probabilidades *a posteriori* de um evento e seu complemento.

Exercícios

Métodos

39. As probabilidades *a priori* dos eventos A_1 e A_2 são $P(A_1) = 0,40$ e $P(A_2) = 0,60$. Sabe-se também que $P(A_1 \cap A_2) = 0$. Suponha que $P(R \mid A_1) = 0,20$ e $P(R \mid A_2) = 0,05$.
    a. A_1 e A_2 são mutuamente exclusivos? Explique.
    b. Calcule $P(A_1 \cap R)$ e $P(A_2 \cap R)$.

186 Estatística aplicada a administração e economia

   c. Calcule $P(R)$.

   d. Aplique o teorema de Bayes para calcular $P(A_1 \mid R)$ e $P(A_2 \mid R)$.

40. As probabilidades iniciais dos eventos A_1, A_2 e A_3 são $P(A_1) = 0,20$, $P(A_2) = 0,50$ e $P(A_3) = 0,30$. As probabilidades condicionais do evento R, dados A_1, A_2 e A_3, são $P(R \mid A_1) = 0,50$, $P(R \mid A_2) = 0,40$ e $P(R \mid A_3) = 0,30$.

   a. Calcule $P(R \cap A_1)$, $P(R \cap A_2)$ e $P(R \cap A_3)$.

   b. Aplique o teorema de Bayes, Equação (4.19), para calcular a probabilidade *a posteriori* $P(A_2 \mid R)$.

   c. Use a abordagem tabular para aplicar o teorema de Bayes no cálculo de $P(A_1 \mid R)$, $P(A_2 \mid R)$ e $P(A_3 \mid R)$.

Aplicações

41. Uma firma de consultoria apresentou uma proposta para a execução de um grande projeto de pesquisa. A gerência da companhia achava inicialmente que tinham uma chance de 50:50 de obter o projeto. No entanto, o órgão para o qual a proposta foi submetida solicitou subsequentemente mais informações sobre a proposta apresentada. A experiência indica que para 75% das propostas bem-sucedidas e para 40% das propostas malsucedidas o órgão solicitou mais informações.

   a. Qual é a probabilidade *a priori* de a proposta ser bem-sucedida (isto é, antes do pedido de mais informações)?

   b. Qual é a probabilidade condicional de um pedido de mais informações, dado que a proposta seja, por fim, bem-sucedida?

   c. Calcule a probabilidade *a posteriori* de que a proposta seja bem-sucedida dado um pedido de mais informações.

42. Um banco local fez uma revisão de sua política de cartões de crédito com a intenção de cancelar alguns contratos destes cartões. No passado, aproximadamente 5% dos detentores de cartões de crédito se tornaram inadimplentes, deixando o banco incapaz de cobrar o saldo devedor. Portanto, a gerência estabeleceu uma probabilidade *a priori* de 0,05 de que qualquer portador de cartão de crédito em particular se tornará inadimplente. O banco também descobriu que a probabilidade de os clientes que não são inadimplentes deixarem de efetuar um pagamento mensal é de 0,20. Naturalmente, a probabilidade de os inadimplentes deixarem de efetuar um pagamento mensal é de 1.

   a. Dado que o cliente tenha deixado de efetuar um ou mais pagamentos mensais, calcule a probabilidade *a posteriori* de que ele se torne inadimplente.

   b. O banco gostaria de cancelar o cartão de crédito se a probabilidade de um cliente se tornar inadimplente for maior que 0,20. O banco deveria cancelar o cartão se o cliente deixar de efetuar um pagamento mensal? Sim ou não? Por quê?

43. Em agosto de 2012, a tempestade tropical Isaac se formou no Caribe e se dirigia para o Golfo do México. Havia uma probabilidade inicial de 0,69 de que Isaac se tornaria um furacão quando chegasse ao Golfo do México (site do National Hurricane Center, 21 de agosto de 2012).

   a. Qual era a probabilidade de que Isaac não se tornasse um furacão, mas permanecesse como uma tempestade tropical quando chegasse ao Golfo do México?

   b. Dois dias depois, o National Hurricane Center projetou que o percurso de Isaac passaria diretamente sobre Cuba antes de chegar ao Golfo do México. Como a passagem por Cuba alterou a probabilidade de que Isaac se tornasse um furacão quando chegou ao Golfo do México? Use as seguintes probabilidades para responder a essa pergunta. Os furacões que chegam ao Golfo do México têm uma probabilidade de 0,08 de ter passado por Cuba. As tempestades tropicais que chegam ao Golfo do México têm uma probabilidade de 0,20 de ter passado por Cuba.

   c. O que acontece com a probabilidade de se tornar um furacão quando uma tempestade tropical passa por uma massa de terra como Cuba?

44. A ParFore criou um site para comercializar equipamentos e vestuário para a prática de golfe. A gerência queria que determinada oferta fosse apresentada a visitantes do sexo feminino e uma oferta diferente fosse apresentada a visitantes do sexo masculino. A partir de uma amostra de visitas anteriores ao site, a gerência soube que 60% dos visitantes da ParFore eram homens e 40% mulheres.

   a. Qual é a probabilidade *a priori* de o próximo visitante do site ser uma mulher?

   b. Suponha que 30% das mulheres visitando atualmente o site da ParFore visitaram anteriormente o site da loja de departamentos Dillard e que 10% dos homens que estão acessando o site da ParFore já acessaram o site da Dillard. Se o visitante do site da ParFore acessou anteriormente o site da Dillard, qual é a probabilidade revisada de o visitante atual da ParFore ser uma mulher? O site da ParFore deve exibir a oferta que atrai mais as visitantes ou a oferta que atrai mais os visitantes?

45. A porcentagem de usuários adultos da Internet que utilizam o Facebook tem aumentado com o tempo (*Pew Research Internet Project*, 2013). Dos usuários adultos da Internet entre 18-49 anos, 81% utilizam o Facebook. Dos usuários de internet adultos com 50 anos ou mais, 54% utilizam o Facebook. Suponha que 52% dos usuários adultos da Internet tenham entre 18-49 anos.

   a. Qual é a probabilidade de um usuário adulto da Internet selecionado aleatoriamente ter 50 anos ou mais?

   b. Dado que um usuário adulto da Internet usa o Facebook, qual é a probabilidade de que ele tenha 18-49 anos?

Resumo

Neste capítulo introduzimos os conceitos básicos de probabilidade e ilustramos como a análise de probabilidades pode ser usada para fornecer informações úteis para a tomada de decisões. Descrevemos como a probabilidade pode ser interpretada como a medida numérica da possibilidade de um evento ocorrer. Além disso, vimos que a probabilidade de um evento pode ser calculada somando-se as probabilidades dos resultados experimentais (pontos amostrais) que

Introdução à probabilidade **187**

compreendem o evento ou utilizando-se as relações estabelecidas pelas leis da probabilidade da adição, da probabilidade condicional e da multiplicação. Para os casos em que informações adicionais estão disponíveis, mostramos como o teorema de Bayes pode ser empregado para se obter probabilidades revisadas ou *a posteriori*.

Glossário

Combinação Em um experimento, podemos estar interessados em determinar o número de maneiras pelas quais n objetos podem ser selecionados entre N objetos sem considerar a *ordem em que os* n *objetos são selecionados*. Cada seleção de n objetos é chamada de combinação, e o número total de combinações de N objetos tomados n a cada vez é $C_n^N = \begin{pmatrix} N \\ n \end{pmatrix} = \dfrac{N!}{n!(N-n)!}$ para $n = 0, 1, 2, \ldots, N$.

Complemento de A Evento que consiste em todos os pontos amostrais que não estão em A.

Diagrama de Venn Recurso gráfico para representar simbolicamente o espaço amostral e as operações que envolvem eventos no qual o espaço amostral é representado por um retângulo e os eventos são representados por círculos dentro do espaço amostral.

Diagrama em árvore Uma representação gráfica que ajuda a visualizar um experimento em várias etapas.

Espaço amostral O conjunto de todos os resultados experimentais.

Evento Um conjunto de pontos amostrais.

Eventos independentes Dois eventos A e B em que $P(A \mid B) = P(A)$ ou $P(B \mid A) = P(B)$; ou seja, os eventos não têm influência um no outro.

Eventos mutuamente exclusivos Eventos que não têm pontos amostrais em comum, ou seja, $A \cap B$ é vazia e $P(A \cap B) = 0$.

Experimento Um processo que gera resultados bem definidos.

Experimento aleatório Experimento aleatório é um processo que gera resultados experimentais bem definidos. Em qualquer repetição ou teste, o resultado que ocorre é determinado completamente por acaso.

Experimento em múltiplas etapas Um experimento que pode ser descrito como uma sequência de etapas. Se um experimento em múltiplas etapas tiver k etapas com n_1 resultados possíveis na primeira etapa, n_2 resultados possíveis na segunda etapa, e assim por diante, o número total de resultados experimentais é dado por $(n_1)(n_2)\ldots(n_k)$.

Interseção de A e B Evento contendo os pontos amostrais pertencentes a A e a B. A interseção é denotada como $A \cap B$.

Lei da adição Lei de probabilidade usada para calcular a probabilidade da união de dois eventos. Ela é $P(A \cup B) = P(A) + P(B) - P(A \cap B)$. Para eventos mutuamente exclusivos, $P(A \cap B) = 0$; neste caso, a lei da adição se reduz a $P(A \cup B) = P(A) + P(B)$.

Lei da multiplicação Lei de probabilidade usada para calcular a probabilidade da interseção de dois eventos. Isto é $P(A \cap B) =$ $P(B)P(A \mid B)$ ou $P(A \cap B) = P(A)P(B \mid A)$. Para eventos independentes ela se reduz a $P(A \cap B) = P(A)P(B)$.

Método clássico Método de atribuir probabilidades que é apropriado quando todos os resultados experimentais são igualmente prováveis.

Método de frequência relativa Método de atribuição de probabilidades que é apropriado quando há dados disponíveis para estimar a proporção das vezes em que o resultado experimental ocorrerá se o experimento for repetido um grande número de vezes.

Método subjetivo Um método de atribuição de probabilidades com base em um julgamento.

Permutação Em um experimento, podemos estar interessados em determinar o número de maneiras pelas quais n objetos podem ser selecionados entre N objetos quando *a ordem na qual os* n *objetos são selecionados* é importante. Cada ordenação de n objetos é chamada de permutação e o número total de permutações de N objetos considerados n de cada vez é $P_n^N = n! \begin{pmatrix} N \\ n \end{pmatrix} = \dfrac{N!}{(N-n)!}$ para $n = 0, 1, 2, \ldots, N$.

Ponto amostral Um elemento do espaço amostral. Um ponto amostral representa um resultado experimental.

Probabilidade Medida numérica da possibilidade de um evento ocorrer.

Probabilidade condicional A probabilidade de um evento dado que outro evento já tenha ocorrido. A probabilidade condicional de A, dado B, é $P(A \mid B) = P(A \cap B)/P(B)$.

Probabilidade conjunta A probabilidade de dois eventos ocorrerem; isto é, a probabilidade da interseção de dois eventos.

Probabilidade marginal Os valores nas margens de uma tabela de probabilidade conjunta que fornece as probabilidades de cada evento separadamente.

Probabilidades *a posteriori* Probabilidades revisadas dos eventos baseadas em informações adicionais.

Probabilidades *a priori* Estimativas iniciais das probabilidades dos eventos.

Requisitos básicos para a atribuição de probabilidades Dois requisitos que restringem a maneira pela qual se podem fazer atribuições de probabilidades: (1) Para cada resultado experimental E_i, devemos ter $0 \leq P(E_i) \leq 1$; (2) Considerando-se todos os resultados experimentais, devemos ter $P(E_1) + P(E_2) + \cdots + P(E_n) = 1,0$.

Teorema de Bayes Método usado para calcular probabilidades *a posteriori*.

União de A e B Evento que contém todos os pontos amostrais que pertencem a A, a B, ou a ambos. A união é denotada por $A \cup B$.

Fórmulas-chave

Regra de contagem para combinações

$$C_n^N = \begin{pmatrix} N \\ n \end{pmatrix} = \frac{N!}{n!(N-n)!} \tag{4.1}$$

188 Estatística aplicada a administração e economia

Regra de contagem para permutações

$$P_n^N = n!\binom{N}{n} = \frac{N!}{(N-n)!} \tag{4.2}$$

Cálculo de probabilidade utilizando o complemento

$$P(A) = 1 - P(A^c) \tag{4.5}$$

Lei da adição

$$P(A \cup B) = P(A) + P(B) - P(A \cap B) \tag{4.6}$$

Probabilidade condicional

$$P(A \mid B) = \frac{P(A \cap B)}{P(B)} \tag{4.7}$$

$$P(B \mid A) = \frac{P(A \cap B)}{P(A)} \tag{4.8}$$

Lei da multiplicação

$$P(A \cap B) = P(B)P(A \mid B) \tag{4.11}$$

$$P(A \cap B) = P(A)P(B \mid A) \tag{4.12}$$

Lei da multiplicação para eventos independentes

$$P(A \cap B) = P(A)P(B) \tag{4.13}$$

Teorema de Bayes

$$P(A_1 \mid R) = \frac{P(A_i)P(R \mid A_i)}{P(A_1)P(R \mid A_1) + P(A_2)P(R \mid A_2) + \cdots + P(A_n)P(R \mid A_n)} \tag{4.19}$$

Exercícios suplementares

46. Uma pesquisa com adultos de 18 anos ou mais, conduzida pelo Princess Cruises, perguntou quantos dias de suas férias são necessários até você se sentir realmente relaxado (*USA Today*, 24 de agosto de 2011). As respostas foram as seguintes: 422-um dia ou menos; 181-2 dias; 80-3 dias; 121-4 ou mais dias; e 201-nunca se sente relaxado.
    a. Quantos adultos participaram da pesquisa do Princess Cruises?
    b. Qual resposta tem a maior probabilidade? Qual é a probabilidade desta resposta?
    c. Qual é a probabilidade de um entrevistado nunca se sentir realmente relaxado nas férias?
    d. Qual é a probabilidade de um entrevistado demorar 2 dias ou mais para se sentir verdadeiramente relaxado?

47. Um gestor financeiro fez dois novos investimentos – um na indústria do petróleo e outro em títulos municipais. Após o período de um ano, cada um dos investimentos será classificado como bem-sucedido ou malsucedido. Considere a realização dos dois investimentos como um experimento aleatório.
    a. Quantos pontos amostrais existem para este experimento?
    b. Mostre um diagrama em árvore e enumere os pontos amostrais.
    c. Suponha que O = o evento de que o investimento na indústria de petróleo seja bem-sucedido e M = o evento de que o investimento em títulos municipais seja bem-sucedido. Enumere os pontos amostrais em O e em M.
    d. Enumere os pontos amostrais na união dos eventos ($O \cup M$).
    e. Enumere os pontos amostrais na interseção dos eventos ($O \cap M$).
    f. Os eventos O e M são mutuamente exclusivos? Explique.

48. Quarenta e três por cento dos norte-americanos utilizam as mídias sociais e outros sites para expressar suas opiniões sobre programas de televisão (*The Huffington Post*, 23 de novembro de 2011). A seguir estão os resultados de uma pesquisa com 1.400 pessoas às quais foi perguntado se usam as mídias sociais e outros sites com esta finalidade.

	Utiliza mídias sociais e outros sites para expressar sua opinião sobre programas de televisão	Não utiliza mídias sociais e outros sites para expressar sua opinião sobre programas de televisão
Mulheres	395	291
Homens	323	355

a. Qual é a probabilidade de um respondente ser mulher?

b. Qual é a probabilidade condicional de que um respondente usa as mídias sociais e outros sites para expressar opiniões sobre programas de televisão considerando que o entrevistado é do sexo feminino?

c. Suponha que F denota o evento em que o respondente é do sexo feminino e A denota o evento em que o entrevistado usa mídias sociais e outros sites para expressar opiniões sobre programas de TV. Os eventos F e A são independentes?

49. Um estudo de 31 mil internações hospitalares no Estado de Nova York descobriu que 4% das internações acarretavam lesões causadas pelo tratamento. Um sétimo dessas lesões resultou em morte e um quarto delas foi causado por negligência. Foram ajuizados pedidos de indenização por imperícia médica em um de cada 7,5 casos envolvendo negligência, e indenizações foram pagas para um de cada dois pedidos.

a. Qual é a probabilidade de uma pessoa internada no hospital sofrer um dano causado pelo tratamento devido a negligência?

b. Qual é a probabilidade de uma pessoa admitida no hospital morrer de uma lesão causada pelo tratamento?

c. No caso de uma lesão por negligência causada por um tratamento, qual é a probabilidade de ser paga uma queixa por negligência médica?

50. Uma pesquisa feita por telefone para determinar a reação dos telespectadores a um novo programa de televisão obteve os seguintes dados.

Avaliação	Frequência
Ruim	4
Abaixo da média	8
Na média	11
Acima da média	14
Excelente	13

a. Qual é a probabilidade de um telespectador escolhido aleatoriamente avaliar que o novo programa é médio ou melhor?

b. Qual é a probabilidade de um telespectador escolhido aleatoriamente avaliar que o novo programa está abaixo da média ou pior?

51. O Departamento de Recenseamento dos Estados Unidos atua como a principal fonte de dados quantitativos sobre a população e a economia da nação. A seguinte tabulação cruzada mostra o número de domicílios (em milhares) e a renda familiar de acordo com o maior nível de educação para o responsável pela família (site do Departamento de Recenseamento dos Estados Unidos, 2013). Apenas as famílias em que o responsável tem um diploma do Ensino Médio ou mais estão incluídas.

Maior nível educacional	Renda familiar				
	Menos de US$ 25.000	US$ 25.000 a US$ 49.999	US$ 50.000 a US$ 99.999	US$ 100.000 ou mais	Total
Formado no Ensino Médio	9.880	9.970	9.441	3.482	32.773
Bacharel	2.484	4.164	7.666	7.817	22.131
Mestre	685	1.205	3.019	4.094	9.003
Doutor	79	160	422	1.076	1.737
Total	13.128	15.499	20.548	16.469	65.644

a. Desenvolva uma tabela de probabilidades conjuntas.

b. Qual é a probabilidade de o responsável por uma dessas famílias ter um mestrado ou um maior nível de educação?

c. Qual é a probabilidade de uma família ser liderada por alguém com diploma do Ensino Médio que ganhe US$ 100.000 ou mais?

d. Qual é a probabilidade de uma dessas famílias ter renda abaixo de US$ 25.000?

190 Estatística aplicada a administração e economia

   e. Qual é a probabilidade de uma família ser liderada por alguém com diploma de bacharel que ganhe menos de US$ 25.000?

   f. A renda familiar é independente do nível educacional?

52. Uma pesquisa com novos matriculandos em um curso de MBA forneceu os seguintes dados para 2.018 alunos.

		Inscritos em mais de uma escola	
		Sim	Não
	23 anos ou menos	207	201
	24-26	299	379
Grupo etário	27-30	185	268
	31-35	66	193
	36 anos ou mais	51	169

   a. Considerando um estudante de MBA escolhido aleatoriamente, prepare uma tabela de probabilidades conjuntas do experimento que consiste em observar a idade do aluno e se ele se inscreveu em uma ou mais escolas.

   b. Qual é a probabilidade de um candidato escolhido aleatoriamente ter 23 anos ou menos?

   c. Qual é a probabilidade de um candidato escolhido aleatoriamente ter mais de 26 anos?

   d. Qual é a probabilidade de um candidato escolhido aleatoriamente ter se inscrito em mais de uma escola?

53. Consulte novamente os dados da pesquisa dos novos matriculandos em MBA apresentados no Exercício 52.

   a. Dado que uma pessoa se inscreva em mais de uma escola, qual é a probabilidade de a pessoa ter entre 24 e 26 anos?

   b. Dado que uma pessoa esteja na faixa etária de 36 anos ou mais, qual é a probabilidade de ela se inscrever em mais de uma escola?

   c. Qual é a probabilidade de uma pessoa ter idade entre 24 e 26 anos ou ter se inscrito em mais de uma escola?

   d. Suponha que saibamos que uma pessoa se inscreveu somente em uma escola. Qual é a probabilidade de a pessoa ter 31 anos ou mais?

   e. O número de escolas em que os estudantes se inscrevem independe de idade? Explique.

54. Em fevereiro de 2012, o projeto Pew Internet & American Life realizou uma pesquisa que incluía várias perguntas sobre como os usuários da Internet se sentem sobre os mecanismos de pesquisa e outros sites que coletam informações sobre eles e utilizam estas informações para moldar resultados de pesquisa ou direcionar publicidade para os usuários (Center Pew Research, 9 de março de 2012). Em uma questão foi perguntado aos participantes: "Se um mecanismo de pesquisa acompanhasse o que você procura e utilizasse estas informações para personalizar seus resultados de pesquisas futuras, como você se sentiria a respeito?". Os entrevistados poderiam indicar: "Não concordo com isso, porque acho que é uma invasão de privacidade" ou "Concordo com isso, mesmo que signifique que estejam coletando informações sobre os usuários". As frequências das respostas por faixa etária estão resumidas na tabela a seguir.

Idade	Não concordo	Concordo
18-29	0,1485	0,0604
30-49	0,2273	0,0907
50+	0,4008	0,0723

   a. Qual é a probabilidade de um entrevistado dizer que *não concorda* com essa prática?

   b. Considerando que o entrevistado tem entre 30 e 49 anos, qual é a probabilidade de ele dizer que *concorda* com essa prática?

   c. Se um respondente disser que *não concorda* com essa prática, qual é a probabilidade de ele ter mais de 50 anos?

   d. A atitude sobre essa prática é independente da idade do entrevistado? Sim ou não? Por quê?

   e. As atitudes em relação a essa prática para entrevistados com 18 a 29 anos e aqueles com mais de 50 anos são diferentes?

55. Uma grande empresa de bens de consumo divulgou um anúncio de televisão sobre um de seus produtos de limpeza. Com base em uma pesquisa realizada, probabilidades foram atribuídas aos seguintes eventos.

    B = o indivíduo comprou o produto

    S = o indivíduo se lembra de ter visto o anúncio

   $B \cap S$ = o indivíduo comprou o produto e lembra de ter visto o anúncio

As probabilidades atribuídas foram $P(B) = 0,20$, $P(S) = 0,40$ e $P(B \cap S) = 0,12$.

   a. Qual é a probabilidade de um indivíduo comprar o produto, desde que ele se lembre de ter visto o anúncio? Ver o anúncio aumenta a probabilidade de o indivíduo comprar o produto? Como tomador de decisões, você recomendaria continuar exibindo o anúncio (supondo que o custo seja razoável)?

   b. Suponha que indivíduos que não compram o produto de limpeza da empresa o comprem de seus concorrentes. Qual seria sua estimativa da participação de mercado da empresa? Você espera que continuar a exibição da propaganda aumentará a participação de mercado da empresa? Sim ou não? Por quê?

Introdução à probabilidade **191**

c. A empresa também testou outro anúncio e a ele atribuiu os valores $P(S) = 0,30$ e $P(B \cap S) = 0,10$. Qual é a $P(B \mid S)$ para este outro anúncio? Qual propaganda parece ter tido um maior efeito nas compras dos clientes?

56. Cooper Realty é uma pequena empresa imobiliária localizada em Albany, Nova York, especializada principalmente em intermediar a venda de residências. Recentemente, eles se interessaram em determinar a probabilidade de uma das residências de sua relação de imóveis ser vendida no período de certo número de dias. Uma análise de vendas da empresa de 800 casas nos anos anteriores forneceu os seguintes dados.

		Dias de permanência até ser vendida			
		Menos de 30	**31-90**	**Mais de 90**	**Total**
	Valor menor que US$ 150.000	50	40	10	100
Preço da	**US$ 150.000–US$ 199.999**	20	150	80	250
oferta inicial	**US$ 200.000–US$ 250.000**	20	280	100	400
	Mais de US$ 250.000	10	30	10	50
	Total	100	500	200	800

a. Se A for definido como o evento de uma casa permanecer na lista de imóveis mais de 90 dias antes de ser vendida, estime a probabilidade de A.
b. Se B for definido como o evento de o preço de oferta inicial ser abaixo de US$ 150 mil, estime a probabilidade de B.
c. Qual é a probabilidade de $A \cap B$?
d. Supondo que um contrato para intermediar a venda de uma casa acabe de ser assinado com um preço de oferta inicial inferior a US$ 150 mil, qual é a probabilidade de a casa exigir mais de 90 dias para que a Cooper Realty efetue a venda?
e. Os eventos A e B são independentes?

57. Uma companhia estudou o número de acidentes que interrompem o trabalho (LTA, ou *lost-time accidents*) que ocorrem em sua planta industrial em Brownsville, Texas. Os registros históricos mostram que 6% dos empregados sofreram algum tipo de LTA no ano passado. A administração acredita que um programa especial de segurança reduzirá este tipo de acidente para 5% durante o ano atual. Além disso, ela estima que 15% dos empregados que sofreram estes acidentes no ano passado voltarão a sofrê-los no presente ano.
a. Qual porcentagem dos empregados sofrerá este tipo de acidente em ambos os anos?
b. Qual porcentagem dos empregados sofrerá pelo menos um destes acidentes durante o período de dois anos?

58. De acordo com o Open Doors Report, 9,5% de todos os estudantes de graduação em tempo integral nos Estados Unidos estudam no exterior (Institute of International Education, 14 de novembro de 2011). Suponha que 60% dos alunos de graduação que estudam no exterior sejam do sexo feminino e que 49% dos alunos de graduação que não estudam no exterior sejam do sexo feminino.
a. Considerando uma estudante de graduação, qual é a probabilidade de ela estudar no exterior?
b. Considerando um estudante de graduação, qual é a probabilidade de ele estudar no exterior?
c. Qual é a porcentagem geral de estudantes de graduação em período integral? Qual é a porcentagem geral de estudantes de graduação homens em período integral?

59. Uma companhia petrolífera comprou os direitos de prospecção de petróleo em uma área territorial no Alasca. Estudos geológicos preliminares atribuíram as seguintes probabilidades iniciais.

$$P(\text{petróleo de alta qualidade}) = 0,50$$
$$P(\text{petróleo de qualidade regular}) = 0,20$$
$$P(\text{não há petróleo}) = 0,30$$

a. Qual é a probabilidade de encontrarem petróleo?
b. Depois de uma perfuração de 200 pés no primeiro poço é realizado um teste de solo. As probabilidades de encontrar o tipo de solo identificado pelo teste são apresentadas a seguir.

$$P(\text{solo} \mid \text{petróleo de alta qualidade}) = 0,20$$
$$P(\text{solo} \mid \text{óleo de qualidade intermediária}) = 0,80$$
$$P(\text{solo} \mid \text{sem petróleo}) = 0,20$$

Como a empresa deveria interpretar o teste de solo? Quais são as probabilidades revisadas e qual é a nova probabilidade de encontrar petróleo?

60. As cinco palavras mais comuns que aparecem em e-mails de *spam* são *entrega!*, *hoje!*, *aqui!*, *disponível!* e *ao seu alcance!* (Andy Greenberg, As palavras mais comuns em e-mails de *spam*, site da Forbes, 17 de março de 2010). Muitos filtros de *spam* separam esses e-mails daqueles não considerados *spam* por meio da aplicação do teorema de Bayes. Suponha que, para uma conta de e-mail, 1 em cada 10 mensagens seja *spam* e as proporções destas mensagens que contêm as cinco palavras mais comuns em *spams* sejam fornecidas a seguir.

entrega!	0,051
hoje!	0,045
aqui!	0,034
disponível!	0,014
ao seu alcance!	0,014

Além disso, suponha que as proporções das mensagens que têm estas palavras são

entrega!	0,0015
hoje!	0,0022
aqui!	0,0022
disponível!	0,0041
ao seu alcance!	0,0011

a. Se uma mensagem incluir a palavra *entrega!*, qual é a probabilidade de ser *spam*? Se uma mensagem incluir a palavra *entrega!*, qual é a probabilidade de o e-mail não ser *spam*? As mensagens que incluem essa palavra devem ser marcadas como *spam*?

b. Se uma mensagem incluir a palavra *hoje!*, qual é a probabilidade de ser *spam*? Se uma mensagem incluir a palavra *aqui!*, qual é a probabilidade de ser *spam*? Qual dessas duas palavras é um indicador mais significativo de que uma mensagem é *spam*? Por quê?

c. Se uma mensagem incluir a palavra *disponível*, qual é a probabilidade de ser *spam*? Se uma mensagem incluir a palavra *ao seu alcance!*, qual é a probabilidade de ser *spam*? Qual dessas duas palavras é um indicador mais significativo de que uma mensagem é *spam*? Por quê?

d. Quais percepções os resultados dos itens (b) e (c) produzem sobre o que permite que um filtro de *spam* que use o teorema de Bayes funcione efetivamente?

Estudo de caso Os juízes do Condado de Hamilton

Os juízes do Condado de Hamilton examinam milhares de processos por ano. Na maioria das causas decididas, o veredito se mantém. Entretanto, alguns casos interpõem apelação e, destes casos, alguns são revertidos. Kristen DelGuzzi, do jornal *The Cincinnati Enquirer*, realizou um estudo dos processos julgados pelos juízes do Condado de Hamilton ao longo de um período de três anos. A Tabela 4.8 apresenta os resultados de 182.908 processos julgados (resolvidos) pelos 38 juízes do Tribunal de Pequenas Causas, do Tribunal da Vara de Família e do Tribunal Municipal. Dois dos juízes, Dinkelacker e Hogan, não serviram no mesmo tribunal durante o período inteiro de três anos.

A finalidade do estudo promovido pelo jornal foi avaliar o desempenho dos juízes. Frequentemente as apelações ocorrem em consequência de erros cometidos por juízes, e o jornal queria saber quais deles realizavam um bom trabalho e quais cometiam muitos erros. Você é convocado para auxiliar na análise dos dados. Use o seu conhecimento de probabilidade e de probabilidades condicionais para ajudar a avaliar os juízes. Talvez você também seja capaz de analisar a probabilidade de apelação e de reversão de vereditos nos processos encaminhados pelos diferentes tribunais.

Relatório administrativo

Prepare um relatório com sua avaliação dos juízes. Inclua também uma análise da probabilidade de apelação e de reversão de vereditos nos três tribunais. No mínimo, seu relatório deve incluir o seguinte:

1. A probabilidade de processos sofrerem apelação e de vereditos serem revertidos nos três diferentes tribunais.
2. A probabilidade de um processo sofrer apelação em relação a cada juiz.
3. A probabilidade de um processo sofrer reversão do veredito em relação a cada juiz.
4. A probabilidade de reversão, dada uma apelação, em relação a cada juiz.
5. Avalie os juízes em cada tribunal. Declare os critérios que utilizou e apresente o fundamento lógico para sua escolha.

Introdução à probabilidade **193**

TABELA 4.8 Total de casos decididos, apelados e revertidos nos tribunais do Condado de Hamilton

Tribunal de Pequenas Causas

Juiz	Total de causas decididas	Casos que sofreram apelação	Casos com reversão do veredito
Fred Cartolano	3.037	137	12
Thomas Crush	3.372	119	10
Patrick Dinkelacker	1.258	44	8
Timothy Hogan	1.954	60	7
Robert Kraft	3.138	127	7
William Mathews	2.264	91	18
William Morrissey	3.032	121	22
Norbert Nadel	2.959	131	20
Arthur Ney, Jr.	3.219	125	14
Richard Niehaus	3.353	137	16
Thomas Nurre	3.000	121	6
John O'Connor	2.969	129	12
Robert Ruehlman	3.205	145	18
J. Howard Sundermann	955	60	10
Ann Marie Tracey	3.141	127	13
Ralph Winkler	3.089	88	6
Total	43.945	1.762	199

Tribunal da Vara Familiar

Juiz	Total de causas decididas	Casos que sofreram apelação	Casos com reversão do veredito
Penelope Cunningham	2.729	7	1
Patrick Dinkelacker	6.001	19	4
Deborah Gaines	8.799	48	9
Ronald Panioto	12.970	32	3
Total	30.499	106	17

Tribunal Municipal

Juiz	Total de causas decididas	Casos que sofreram apelação	Casos com reversão do veredito
Mike Allen	6.149	43	4
Nadine Allen	7.812	34	6
Timothy Black	7.954	41	6
David Davis	7.736	43	5
Leslie Isaiah Gaines	5.282	35	13
Karla Grady	5.253	6	0
Deidra Hair	2.532	5	0
Dennis Helmick	7.900	29	5
Timothy Hogan	2.308	13	2
James Patrick Kenney	2.798	6	1
Joseph Luebbers	4.698	25	8
William Mallory	8.277	38	9
Melba Marsh	8.219	34	7
Beth Mattingly	2.971	13	1
Albert Mestemaker	4.975	28	9
Mark Painter	2.239	7	3
Jack Rosen	7.790	41	13
Mark Schweikert	5.403	33	6
David Stockdale	5.371	22	4
John A. West	2.797	4	2
Total	108.464	500	104

DATA *file*

Judge

CAPÍTULO 5

Distribuições discretas de probabilidade

CONTEÚDO

Estatística na prática: Citibank

5.1 Variáveis aleatórias
Variáveis aleatórias discretas
Variáveis aleatórias contínuas

5.2 Construindo distribuições discretas de probabilidade

5.3 Valor esperado e variância
Valor esperado
Variância

5.4 Distribuições bivariadas, covariância e portfólios financeiros
Distribuição discreta de probabilidade empírica bivariada
Aplicações financeiras
Resumo

5.5 Distribuição de probabilidade binomial
Um experimento binomial
O problema da Loja de Roupas do Martin

Usando tabelas de propriedades binomiais
Valor esperado e variância para a distribuição binomial

5.6 Distribuição de probabilidade de Poisson
Um exemplo envolvendo intervalos de tempo
Um exemplo envolvendo intervalos de comprimento ou distância

5.7 Distribuição de probabilidade hipergeométrica

APÊNDICES

5.1 Distribuições discretas de probabilidade com o Minitab

5.2 Distribuições discretas de probabilidade com o Excel

ESTATÍSTICA na PRÁTICA

CITIBANK*
Long Island City, Nova York

O Citibank, uma divisão bancária varejista do Citigroup, fornece uma ampla gama de serviços financeiros, incluindo contas-correntes e contas de poupança, empréstimos e hipotecas, serviços de seguros e de investimentos, por meio de uma estrutura estratégica exclusiva para prestar estes serviços, denominada Citibanking.

O Citibank foi um dos primeiros bancos nos Estados Unidos a instalar caixas automáticos (ATMs). Os ATMs do Citibank, localizados nos CBCs (Citicard Banking Centers), permitem aos clientes fazer todas as operações bancárias em um só lugar, com o toque de um dedo, 24 horas por dia, 7 dias por semana. Mais de 150 diferentes funções bancárias – de depósitos a investimentos administrativos – podem ser realizadas facilmente. Os clientes do Citibank utilizam ATMs para 80% de suas transações.

Cada caixa automático do Citibank opera como um sistema de fila de espera, e os clientes que buscam serviços chegam aleatoriamente. Se todos os caixas estiverem ocupados, os clientes que chegam precisam esperar na fila. Estudos periódicos sobre a capacidade do caixa automático são utilizados para analisar o tempo de espera dos clientes e para determinar se são necessários mais ATMs.

Os dados coletados pelo Citibank mostraram que as chegadas aleatórias de clientes seguiam uma distribuição de probabilidade conhecida como distribuição de Poisson. Usando a distribuição de Poisson, o Citibank pode calcular probabilidades relativas ao número de clientes que chegam a um caixa durante qualquer período e tomar decisões quanto ao número

* Os autores agradecem à sra. Stacey Karter, do Citibank, por fornecer esta Estatística na Prática.

Cada Central Bancária Citicard opera como um sistema de fila de espera com clientes que chegam aleatoriamente em busca de serviço em um caixa eletrônico.

de caixas automáticos que são necessários. Por exemplo, seja x igual ao número de clientes que chegam durante o período de um minuto. Considerando que determinado caixa automático tem uma taxa média de chegada de dois clientes por minuto, a tabela seguinte mostra as probabilidades relativas ao número de clientes que chegam durante um minuto.

x	Probabilidade
0	0,1353
1	0,2707
2	0,2707
3	0,1804
4	0,0902
5 ou mais	0,0527

As distribuições discretas de probabilidade, como as usadas pelo Citibank, são o assunto deste capítulo. Além da distribuição de Poisson, você aprenderá a respeito das distribuições binomial e hipergeométrica e como elas podem ser usadas para fornecer informações úteis de probabilidade.

Neste capítulo estendemos o estudo da probabilidade introduzindo os conceitos de variáveis aleatórias e distribuições de probabilidade. Variáveis aleatórias e distribuições de probabilidade são modelos para populações de dados. Os valores das variáveis aleatórias representam os valores dos dados, e a distribuição de probabilidade fornece a probabilidade de cada valor de dados ou uma regra para calcular a probabilidade de cada valor de dados ou de um conjunto de valores de dados. O foco deste capítulo está nas distribuições de probabilidade para dados discretos; isto é, distribuições de probabilidades discretas.

Vamos introduzir dois tipos de distribuições discretas de probabilidades. O primeiro tipo é uma tabela com uma coluna para os valores da variável aleatória e uma segunda coluna para as probabilidades associadas. Veremos que as regras para atribuir probabilidades aos resultados experimentais apresentados no Capítulo 4 são usadas com a finalidade de atribuir probabilidades para tal distribuição. O segundo tipo de distribuição discreta de probabilidade utiliza uma função matemática especial para calcular as probabilidades de cada valor da variável aleatória. Apresentamos três distribuições de probabilidade deste tipo que são amplamente utilizadas na prática: as distribuições binomial, de Poisson e hipergeométrica.

Variáveis aleatórias

No Capítulo 4 definimos o conceito de um experimento e seus resultados experimentais associados. Uma variável aleatória fornece um meio para descrever resultados experimentais utilizando valores numéricos. Variáveis aleatórias devem assumir valores numéricos.

Variáveis aleatórias devem assumir valores numéricos.

> **VARIÁVEL ALEATÓRIA**
> **Variável aleatória** é uma descrição numérica do resultado de um experimento.

Na realidade, uma variável aleatória associa um valor numérico a cada resultado experimental possível. O valor numérico da variável aleatória depende do resultado do experimento. Uma variável aleatória pode ser classificada como *discreta* ou *contínua*, dependendo dos valores numéricos que ela assume.

Variáveis aleatórias discretas

Uma variável aleatória que pode assumir tanto um número finito de valores como uma sequência infinita de valores – como 0, 1, 2, ... – é denominada **variável aleatória discreta**. Por exemplo, considere o experimento de um contador que presta o exame público para perito-contador (*certified public accountant* – CPA). O exame é composto de quatro etapas. Podemos definir uma variável aleatória como $x =$ o número de etapas em que ele foi aprovado no exame CPA. Trata-se de uma variável aleatória discreta porque ela pode assumir o número finito de valores 0, 1, 2, 3 ou 4.

Como outro exemplo de variável aleatória discreta, considere o experimento de carros que chegam a um posto de pedágio. A variável aleatória de interesse é $x =$ o número de carros que chegam durante o período de um dia. Os valores possíveis de x vêm da sequência de números inteiros 0, 1, 2, e assim por diante. Portanto, x é uma variável aleatória discreta que assume um dos valores dessa sequência infinita.

Embora muitos experimentos tenham resultados que são naturalmente descritos por valores numéricos, outros não o são. Por exemplo, uma das questões de uma pesquisa pode solicitar a um indivíduo que relembre a mensagem de um recente comercial de televisão. Esse experimento teria dois resultados possíveis: o indivíduo não é capaz de relembrar a mensagem e o indivíduo é capaz de relembrar a mensagem. Podemos ainda descrever esses resultados experimentais numericamente definindo a variável aleatória discreta x da seguinte maneira: seja $x = 0$ se o indivíduo não consegue relembrar da mensagem, e $x = 1$ se o indivíduo consegue relembrar da mensagem. Os valores numéricos dessa variável aleatória são arbitrários (poderíamos usar 5 e 10), mas são aceitáveis quanto à definição de variável aleatória – a saber, x é uma variável aleatória porque fornece uma descrição numérica do resultado do experimento.

A Tabela 5.1 fornece mais exemplos de variáveis aleatórias discretas. Note que, em cada exemplo, a variável aleatória discreta assume um número finito de valores ou uma sequência infinita de valores, como 0, 1, 2,... As variáveis aleatórias discretas são discutidas em detalhes neste capítulo.

TABELA 5.1 Exemplos de variáveis aleatórias discretas

Experimento	Variável aleatória (x)	Valores possíveis para a variável aleatória
Contatar cinco clientes	Número de clientes que fazem um pedido de compra	0, 1, 2, 3, 4, 5
Inspecionar uma remessa de 50 rádios	Número de rádios com defeito	0, 1, 2, ..., 49, 50
Operar um restaurante por um dia	Número de clientes	0, 1, 2, 3, ...
Vender um automóvel	Gênero do cliente	0 se for homem; 1 se for mulher

Variáveis aleatórias contínuas

Uma variável aleatória que pode assumir qualquer valor numérico em um intervalo ou em um conjunto de intervalos é chamada **variável aleatória contínua**. Resultados experimentais que se baseiam em escalas de medidas como tempo, peso, distância e temperatura podem ser descritos por meio de variáveis aleatórias contínuas. Por exemplo, considere o experimento de monitoração das chamadas telefônicas feitas ao departamento de reclamações de uma importante companhia de seguros. Suponha que a variável aleatória de interesse seja $x =$ o tempo em minutos entre as chamadas consecutivas. Essa variável aleatória pode assumir qualquer valor no intervalo $x \geq 0$. Na realidade, um número infinito de valores é possível para x, incluindo valores como 1,26 minuto, 2,751 minutos, 4,3333 minutos, e assim por diante. Como outro exemplo, considere um trecho de 144 km da rodovia interestadual I-75 ao norte de Atlanta, Geórgia. Para um serviço de emergência de ambulâncias localizado em Atlanta, podemos definir a variável aleatória como $x =$ o número de quilômetros até o local do próximo acidente de trânsito ao longo desse trecho da I-75. Nesse caso, x seria uma variável aleatória contínua que assume qualquer valor no intervalo $0 \leq x \leq 90$. Outros exemplos de variáveis aleatórias contínuas estão relacionados na Tabela 5.2. Note que cada exemplo descreve uma variável aleatória que pode assumir qualquer valor em um intervalo de valores. As variáveis aleatórias contínuas e suas distribuições de probabilidade serão o assunto do Capítulo 6.

TABELA 5.2 Exemplos de variáveis aleatórias contínuas

Experimento	Variável aleatória (x)	Valores possíveis para a variável aleatória
Operar um banco	Tempo entre as chegadas dos clientes em minutos	$x \geq 0$
Encher uma lata de refrigerante (máximo = 375 ml)	Quantidade em ml	$0 \leq x \leq 12,1$
Construir uma nova biblioteca	Porcentagem do projeto concluída depois de seis meses	$0 \leq x \leq 100$
Testar um novo processo químico	Temperatura quando a reação desejada ocorre (mín. 150° F; máx. 212° F)	$150 \leq x \leq 212$

NOTAS E COMENTÁRIOS

Um modo de determinar se uma variável aleatória é discreta ou contínua é pensar nos valores da variável aleatória como pontos sobre um segmento de reta. Escolha dois pontos que representam os valores da variável aleatória. Se todo o segmento de reta entre os dois pontos também representa possíveis valores para a variável aleatória, então a variável aleatória é contínua.

Exercícios

Métodos

1. Considere o experimento de jogar uma moeda duas vezes.
    a. Enumere os resultados experimentais.
    b. Defina uma variável aleatória que represente o número de caras que ocorrem em dois lançamentos.
    c. Mostre qual valor a variável aleatória assumiria para cada um dos resultados experimentais.
    d. A variável aleatória é discreta ou contínua?
2. Considere o experimento de um trabalhador que monta um produto.
    a. Defina uma variável aleatória que represente o tempo necessário em minutos para montar o produto.
    b. Quais valores a variável aleatória pode assumir?
    c. A variável aleatória é discreta ou contínua?

Aplicações

3. Três estudantes têm entrevistas programadas no Brookwood Institute com o objetivo de obter empregos de verão. Em cada caso, a entrevista resultará na oferta de um cargo ou em nenhuma oferta. Os resultados experimentais são definidos quanto aos resultados das três entrevistas.
   a. Enumere os resultados experimentais.
   b. Defina uma variável aleatória que represente o número de ofertas feitas. A variável aleatória é contínua?
   c. Mostre o valor da variável aleatória correspondente a cada um dos resultados experimentais.

4. Em janeiro a taxa de desemprego nos Estados Unidos caiu para 8,3% (site do U.S. Department of Labor, 10 de fevereiro de 2012). O Census Bureau inclui nove estados na região nordeste. Considere que a variável aleatória de interesse é o número de estados no nordeste com uma taxa de desemprego, no mês de janeiro, menor do que 8,3%. Quais valores essa variável aleatória pode ter?

5. Para realizar certo tipo de análise sanguínea, os técnicos de um laboratório precisam efetuar dois procedimentos. O primeiro necessita de uma ou duas etapas distintas, e o segundo requer uma, duas ou três etapas.
   a. Enumere os resultados experimentais associados à realização da análise sanguínea.
   b. Se a variável aleatória de interesse for o número total de etapas necessárias para a análise completa (ambos os procedimentos), mostre qual valor a variável aleatória assumirá para cada um dos resultados experimentais.

6. Uma série de experimentos e as variáveis aleatórias correspondentes são enumeradas a seguir. Em cada caso, identifique os valores que a variável aleatória pode assumir e estabeleça se a variável aleatória é discreta ou contínua.

Experimento	Variável aleatória (x)
a. Fazer um exame com 20 questões	Número de questões respondidas corretamente
b. Observar carros que chegam a um posto de pedágio durante uma hora	Número de carros que chegam ao posto de pedágio
c. Fazer a auditoria de 50 declarações de imposto	Número de declarações que contêm erros
d. Observar o trabalho de um empregado	Número de horas não produtivas em um dia de trabalho de oito horas
e. Pesar um carregamento de produtos	Número de quilos

Construindo distribuições discretas de probabilidade

A **distribuição de probabilidade** de uma variável aleatória descreve como as probabilidades estão distribuídas sobre os valores da variável aleatória. Para uma variável discreta x, a distribuição de probabilidade é definida por uma **função de probabilidade**, denotada por $f(x)$. A função de probabilidade fornece a probabilidade correspondente a cada um dos valores da variável aleatória. Como tal, você pode supor que os métodos de frequência clássica, subjetiva e relativa de atribuir probabilidades, introduzidos no Capítulo 4, seriam úteis no desenvolvimento de distribuições de probabilidades discretas. Eles são, e nesta seção mostramos como. A aplicação desta metodologia leva ao que chamamos de distribuições de probabilidade tabulares discretas; isto é, distribuições de probabilidade que são apresentadas em uma tabela.

O método clássico de atribuir probabilidades a valores de uma variável aleatória é aplicável quando os resultados experimentais geram valores da variável aleatória que são igualmente prováveis. Por exemplo, considere a experiência de lançar um dado e observar o número na face voltada para cima, que deverá ser 1, 2, 3, 4, 5 ou 6, e cada um desses resultados é igualmente provável. Assim, se assumirmos x = o número obtido ao lançar um dado e $f(x)$ = a probabilidade de x, a distribuição de probabilidade de x é dada na Tabela 5.3.

O método subjetivo de atribuir probabilidades também pode levar a uma tabela de valores da variável aleatória juntamente com as probabilidades associadas. Com o método subjetivo, o indivíduo que desenvolve a distribuição de probabilidade usa seu melhor julgamento para atribuir cada probabilidade. Assim, diferentemente das distribuições de probabilidade desenvolvidas utilizando o método clássico, espera-se que pessoas diferentes obtenham diferentes distribuições de probabilidade.

O método de frequência relativa para atribuir probabilidades a valores de uma variável aleatória é aplicável quando quantidades razoavelmente grandes de dados estão disponíveis. Em seguida, tratamos os dados como se fossem a população e usamos o método de frequência relativa para atribuir probabilidades aos resultados experimentais. O uso deste método para desenvolver distribuições discretas de probabilidade leva ao que é chamado de **distribuição discreta**

Distribuições discretas de probabilidade **199**

TABELA 5.3 Distribuição de probabilidades para o número obtido ao lançar um dado

Número obtido	Probabilidade de x
x	$f(x)$
1	1/6
2	1/6
3	1/6
4	1/6
5	1/6
6	1/6

empírica. Com a grande quantidade de dados disponíveis hoje (por exemplo, dados obtidos de *scanners*, dados de cartão de crédito), esse tipo de distribuição de probabilidade está se tornando cada vez mais utilizado na prática. Vamos ilustrar isso considerando a venda de automóveis em uma concessionária.

Utilizaremos o método de frequência relativa para desenvolver uma distribuição de probabilidade para o número de carros vendidos por dia na DiCarlo Motors, em Saratoga, Nova York. Nos últimos 300 dias, a DiCarlo passou 54 dias sem vender nenhum automóvel; 117 dias com 1 automóvel vendido; 72 dias com 2 automóveis vendidos; 42 dias com 3 automóveis vendidos; 12 dias com 4 automóveis vendidos, e 3 dias com 5 automóveis vendidos. Suponha que consideremos o experimento de observar um dia de operações na DiCarlo Motors e definir a variável aleatória de interesse como $x =$ o número de automóveis vendidos durante um dia. Usando as frequências relativas para atribuir probabilidades aos valores da variável aleatória x, podemos construir a distribuição de probabilidades para x.

Na notação da função de probabilidade, $f(0)$ fornece a probabilidade de 0 automóvel vendido, $f(1)$ fornece a probabilidade de um automóvel vendido, e assim por diante. Uma vez que os dados históricos mostram 54 dos 300 dias com 0, atribuímos o valor $54/300 = 0,18$ para $f(0)$, indicando que a probabilidade de 0 automóvel ter sido vendido durante um dia é de 0,18. Analogamente, uma vez que 117 de 300 dias tiveram um automóvel vendido, atribuímos o valor de $17/300 = 0,39$ para $f(1)$, indicando que a probabilidade de exatamente um automóvel ter sido vendido em um dia é de 0,39. Continuando desse modo para outros valores da variável aleatória, calculamos os valores para $f(2), f(3), f(4)$ e $f(5)$, como mostra a Tabela 5.4.

A principal vantagem de definir uma variável aleatória e sua distribuição de probabilidade é que, uma vez que a distribuição de probabilidade é conhecida, fica relativamente fácil determinar a probabilidade de uma série de eventos que podem ser do interesse de um tomador de decisões. Por exemplo, usando a distribuição de probabilidade na DiCarlo Motors, como mostra a Tabela 5.4, vemos que o número mais provável de automóveis vendidos durante um dia é 1, com a probabilidade de $f(1) = 0,39$. Além disso, há uma probabilidade $f(3) + f(4) + f(5) = 0,14 + 0,04 + 0,01 = 0,19$ de ser vendidos três automóveis ou mais durante um dia. Essas probabilidades, além de outras que um tomador

TABELA 5.4 Distribuição de probabilidades para o número de automóveis vendidos em um dia na DiCarlo Motors

x	$f(x)$
0	0,18
1	0,39
2	0,24
3	0,14
4	0,04
5	0,01
Total	1,00

de decisões pode solicitar, fornecem a informação que pode auxiliá-lo a entender o processo de venda de automóveis na DiCarlo Motors.

No desenvolvimento de uma função de probabilidade para qualquer variável discreta, as duas condições seguintes precisam ser satisfeitas.

Essas condições são análogas às duas exigências básicas para atribuir probabilidades a resultados experimentais apresentadas no Capítulo 4.

CONDIÇÕES NECESSÁRIAS PARA UMA FUNÇÃO DISCRETA DE PROBABILIDADE

$$f(x) \geq 0 \quad (5.1)$$

$$\Sigma f(x) = 1 \quad (5.2)$$

A Tabela 5.4 mostra que as probabilidades correspondentes à variável aleatória x satisfazem à condição da Equação (5.1); $f(x)$ é maior ou igual a 0 para todos os valores de x. Além disso, as probabilidades somam 1, de modo que a Equação (5.2) é satisfeita. Assim, a função de probabilidade da DiCarlo Motors é uma função discreta de probabilidade válida.

Podemos também apresentar graficamente as distribuições de probabilidade. Na Figura 5.1, os valores da variável aleatória x para a DiCarlo Motors são mostrados no eixo horizontal e a probabilidade associada a esses valores é mostrada no eixo vertical.

Além das distribuições de probabilidade mostradas em tabelas, uma fórmula que fornece a função de probabilidade, $f(x)$, para cada valor de x é geralmente utilizada para descrever as distribuições de probabilidade. O exemplo mais simples de uma distribuição discreta de probabilidade dada por uma fórmula é a **distribuição discreta de probabilidade uniforme**. Sua função de probabilidade é definida pela Equação (5.3).

FUNÇÃO Discreta de probabilidade UNIFORME

$$f(x) = 1/n \quad (5.3)$$

onde

$n =$ o número de valores que a variável aleatória pode assumir

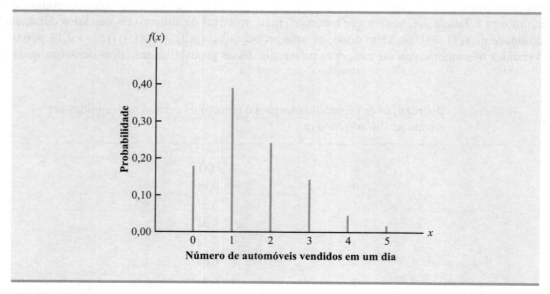

FIGURA 5.1 Representação gráfica da distribuição de probabilidade para o número de automóveis vendidos em um dia na DiCarlo Motors

Por exemplo, considere novamente o experimento de lançar um dado. Definimos a variável aleatória x como o número que vai aparecer na face voltada para cima. Para este experimento, existem $n = 6$ valores possíveis para a variável aleatória; $x = 1, 2, 3, 4, 5, 6$. Mostramos anteriormente como a distribuição de probabilidade para este experimento pode ser expressa na forma de uma tabela. Como as probabilidades são igualmente prováveis, a função discreta de probabilidade discreta uniforme também pode ser utilizada. Assim, a função de probabilidade para essa variável aleatória discreta uniforme é

$$f(x) = 1/6 \qquad x = 1, 2, 3, 4, 5, 6$$

Várias distribuições discretas de probabilidade amplamente utilizadas são especificadas por fórmulas. Três casos importantes são as distribuições binomial, de Poisson e hipergeométrica, que serão discutidas mais adiante neste capítulo.

Exercícios

Métodos

7. A distribuição de probabilidade para a variável aleatória x é a seguinte.

x	f(x)
20	0,20
25	0,15
30	0,25
35	0,40

    a. Esta distribuição de probabilidade é válida? Explique.
    b. Qual é a probabilidade de x ser igual a 30?
    c. Qual é a probabilidade de x ser menor ou igual a 25?
    d. Qual é a probabilidade de x ser maior que 30?

Aplicações

8. Os dados a seguir foram coletados contando-se o número de salas de cirurgia em uso no Hospital Geral de Tampa em um período de 20 dias: em três dias somente uma sala de cirurgia foi usada; em cinco dias, duas foram usadas; em oito dias, três foram usadas; e, em quatro dias, todas as quatro salas de cirurgia do hospital foram usadas.
    a. Use a abordagem da frequência relativa para construir uma distribuição discreta de probabilidade empírica correspondente ao número de salas de cirurgia em uso em qualquer dia do período.
    b. Desenhe um gráfico da distribuição de probabilidade.
    c. Mostre que sua distribuição de probabilidade satisfaz as condições necessárias a uma distribuição discreta de probabilidade válida.

9. Para as pessoas desempregadas nos Estados Unidos, a média dos meses de desemprego no final de dezembro de 2009 era de aproximadamente sete meses (*Bureau of Labor Statistics*, janeiro de 2010). Suponha que os dados a seguir se refiram a uma região específica no interior do estado de Nova York. Os valores na primeira coluna mostram o número de meses em desemprego e os valores na segunda coluna representam o número correspondente de pessoas desempregadas.

Período sem emprego (em meses)	Número de desempregados
1	1.029
2	1.686
3	2.269
4	2.675
5	3.487
6	4.652
7	4.145
8	3.587
9	2.325
10	1.120

    Digamos que x seja uma variável aleatória indicando o número de meses que uma pessoa está desempregada.
    a. Use os dados para desenvolver uma distribuição de probabilidade para x.
    b. Mostre que sua distribuição de probabilidade satisfaz as condições para uma distribuição discreta de probabilidade válida.

202 Estatística aplicada a administração e economia

c. Qual é a probabilidade de que uma pessoa esteja desempregada por dois meses ou menos? E desempregada por mais de dois meses?
d. Qual é a probabilidade de que uma pessoa esteja desempregada por mais de seis meses?

10. As distribuições de frequências percentuais das pontuações sobre a satisfação no trabalho referentes a uma amostra de executivos seniores e gestores intermediários na área de sistemas de informação (SI) estão a seguir. As pontuações variam de 1 (muito insatisfeito) a 5 (muito satisfeito).

Pontuação quanto à satisfação no trabalho	Executivos seniores de SI (%)	Gestores intermediários de SI (%)
1	5	4
2	9	10
3	3	12
4	42	46
5	41	28

a. Desenvolva uma distribuição de probabilidade para a pontuação referente à satisfação de um executivo sênior no trabalho.
b. Desenvolva uma distribuição de probabilidade para a pontuação referente à satisfação de um gestor intermediário no trabalho.
c. Qual é a probabilidade de um executivo sênior registrar uma pontuação de satisfação no trabalho igual a 4 ou 5?
d. Qual é a probabilidade de um gestor intermediário estar muito satisfeito?
e. Compare a satisfação global no trabalho dos executivos seniores e dos gestores intermediários.

11. Um técnico faz manutenção de máquinas de postagem em empresas na região de Phoenix. Dependendo do tipo de defeito, uma visita técnica pode demandar 1, 2, 3 ou 4 horas. Os diferentes tipos de defeito ocorrem aproximadamente na mesma frequência.
a. Desenvolva uma distribuição de probabilidade para a duração de uma visita técnica.
b. Desenhe um gráfico da distribuição de probabilidade.
c. Mostre que sua distribuição de probabilidade satisfaz as condições necessárias a uma função discreta de probabilidade.
d. Qual é a probabilidade de a visita técnica demandar três horas?
e. Uma visita técnica acabou de chegar, mas o tipo de defeito é desconhecido. São 15 horas, e o técnico habitualmente deixa o trabalho às 17 horas. Qual é a probabilidade de o técnico precisar trabalhar horas extras para consertar a máquina ainda hoje?

12. A Time Warner Cable fornece serviços de TV e Internet para mais de 15 milhões de pessoas (site da Time Warner Cable, 24 de outubro de 2012). Suponha que a administração da Time Warner Cable avalie subjetivamente uma distribuição de probabilidade para o número de novos assinantes para o ano seguinte no estado de Nova York da seguinte maneira.

x	$f(x)$
100.000	0,10
200.000	0,20
300.000	0,25
400.000	0,30
500.000	0,10
600.000	0,05

a. Esta é uma distribuição de probabilidade válida? Explique.
b. Qual é a probabilidade de que a Time Warner venha a obter mais de 400.000 novos assinantes?
c. Qual é a probabilidade de que a Time Warner venha a obter mais de 200.000 novos assinantes?

13. Um psicólogo determinou que o número de sessões necessárias para conquistar a confiança de um novo paciente pode ser de 1, 2 ou 3. Seja x uma variável aleatória que indica o número de sessões necessárias para conquistar a confiança do paciente. A seguinte função de probabilidade foi proposta.

$$f(x) = \frac{x}{6} \qquad \text{para } x = 1, 2 \text{ ou } 3$$

a. Esta é uma função de probabilidade válida? Explique.
b. Qual é a probabilidade de ser necessárias exatamente duas sessões para conquistar a confiança do paciente?
c. Qual é a probabilidade de ser necessárias pelo menos duas sessões para conquistar a confiança do paciente?

14. A tabela a seguir é uma distribuição de probabilidade parcial referente ao lucro projetado da MRA Company (x = lucro em milhares de dólares) para o primeiro ano de operação (o valor negativo denota um prejuízo).

Distribuições discretas de probabilidade **203**

x	$f(x)$
-100	0,10
0	0,20
50	0,30
100	0,25
150	0,10
200	

a. Qual é o valor adequado para $f(200)$? Qual é a sua interpretação desse valor?
b. Qual é a probabilidade de a MRA ser rentável?
c. Qual é a probabilidade de a MRA alcançar pelo menos US$ 100 mil?

5.3 Valor esperado e variância

Valor esperado

O **valor esperado**, ou média, de uma variável aleatória é uma medida da posição central da variável aleatória. A fórmula para o valor esperado de uma variável aleatória discreta x é dada a seguir.

> **VALOR ESPERADO DE UMA VARIÁVEL ALEATÓRIA DISCRETA**
>
> $$E(x) = \mu = \Sigma x f(x) \qquad (5.4)$$

O valor esperado é a média ponderada dos valores que a variável aleatória pode assumir. Os pesos são as probabilidades.

Tanto a notação $E(x)$ quanto μ podem ser usadas para denotar o valor esperado de uma variável aleatória.

A Equação (5.4) mostra que para calcular o valor esperado de uma variável aleatória discreta precisamos multiplicar cada um dos valores da variável aleatória pela probabilidade $f(x)$ correspondente e, então, somar os produtos resultantes. Usando o exemplo das vendas de automóveis da DiCarlo Motors da Seção 5.2, mostramos na Tabela 5.5 os cálculos do valor esperado referentes ao número de automóveis vendidos durante um dia. A soma das entradas na coluna $xf(x)$ mostra que o valor esperado é de 1,50 automóvel por dia. Sabemos, portanto, que, embora seja possível a realização de 0, 1, 2, 3, 4 ou 5 vendas de automóveis em qualquer um dos dias, ao longo do tempo a DiCarlo pode

O valor esperado não precisa ser um valor que a variável aleatória possa assumir.

TABELA 5.5 Cálculo do valor esperado para o número de automóveis vendidos em um dia na DiCarlo Motors

x	$f(x)$	$xf(x)$
0	0,18	$0(0,18) = 0,00$
1	0,39	$1(0,39) = 0,39$
2	0,24	$2(0,24) = 0,48$
3	0,14	$3(0,14) = 0,42$
4	0,04	$4(0,04) = 0,16$
5	0,01	$5(0,01) = \underline{0,05}$
		1,50

$$E(x) = \mu = \Sigma x f(x)$$

204 Estatística aplicada a administração e economia

prever a venda de uma média de 1,50 automóveis por dia. Supondo 30 dias de operação durante um mês, podemos usar o valor esperado de 1,50 para prever vendas mensais médias de 30(1,50) = 45 automóveis.

Variância

Apesar de o valor esperado fornecer uma medida da tendência central para uma variável aleatória, frequentemente necessitamos de uma medida de variabilidade, ou de dispersão. Tal como usamos a variância no Capítulo 3 para sintetizar a variabilidade no conjunto de dados, usamos agora a **variância** para sintetizar a variabilidade nos valores da variável aleatória. A fórmula para a variância de uma variável aleatória discreta é apresentada a seguir.

Variância é a média ponderada dos desvios quadráticos em relação à média. Os pesos são as probabilidades.

> VARIÂNCIA DE UMA VARIÁVEL ALEATÓRIA DISCRETA
>
> $$Var(x) = \sigma^2 = \Sigma(x - \mu)^2 f(x) \tag{5.5}$$

Como a Equação (5.5) mostra, uma parte fundamental da fórmula da variância é o desvio $(x - \mu)$, que mede quão distante um valor em particular da variável aleatória se encontra do valor esperado, ou média, μ. No cálculo da variância de uma variável aleatória, os desvios são elevados ao quadrado e então ponderados pelo valor correspondente da função de probabilidade. A soma desses desvios elevados ao quadrado ponderados para todos os valores da variável aleatória denomina-se *variância*. As notações $Var(x)$ e σ^2 são, ambas, utilizadas para denotar a variância de uma variável aleatória.

O cálculo da variância para a distribuição de probabilidade do número de automóveis vendidos durante um dia na DiCarlo Motors está resumido na Tabela 5.6. Notamos que a variância é de 1,25. O **desvio padrão**, σ, é definido como a raiz quadrada positiva da variância. Assim, o desvio padrão do número de automóveis vendidos durante um dia é

$$\sigma = \sqrt{1,25} = 1,118$$

O desvio padrão é medido nas mesmas unidades que a variável aleatória ($\sigma = 1,118$ automóvel) e, portanto, frequentemente é preferido para descrever a variabilidade de uma variável aleatória. A variância σ^2 é medida em unidades elevadas ao quadrado e, desse modo, é mais difícil de ser interpretada.

TABELA 5.6 Cálculo da variância para o número de automóveis vendidos durante um dia na DiCarlo Motors

x	$x - \mu$	$(x - \mu)^2$	$f(x)$	$(x - \mu)^2 f(x)$
0	$0 - 1,50 = -1,50$	2,25	0,18	$2,25(0,18) = 0,4050$
1	$1 - 1,50 = -0,50$	0,25	0,39	$0,25(0,39) = 0,0975$
2	$2 - 1,50 = 0,50$	0,25	0,24	$0,25(0,24) = 0,0600$
3	$3 - 1,50 = 1,50$	2,25	0,14	$2,25(0,14) = 0,3150$
4	$4 - 1,50 = 2,50$	6,25	0,04	$6,25(0,04) = 0,2500$
5	$5 - 1,50 = 3,50$	12,25	0,01	$12,25(0,01) = 0,1225$
				$1,2500$

$$\sigma^2 = \Sigma(x - \mu)^2 f(x)$$

Exercícios

Métodos

15. A tabela a seguir apresenta uma distribuição de probabilidade referente à variável aleatória *x*.

x	f(x)
3	0,25
6	0,50
9	0,25

    a. Calcule *E(x)*, o valor esperado de *x*.
    b. Calcule σ^2, a variância de *x*.
    c. Calcule σ, o desvio padrão de *x*.

16. A tabela a seguir apresenta uma distribuição de probabilidade referente à variável aleatória *y*.

y	f(y)
2	0,20
4	0,30
7	0,40
8	0,10

    a. Calcule *E(y)*.
    b. Calcule *Var(y)* e σ.

Aplicações

17. Durante o verão de 2014, o Coldstream Country Club em Cincinnati, Ohio, coletou dados sobre 443 partidas de golfe jogadas a partir de seu momento inicial. Os dados da pontuação de cada jogador no décimo segundo buraco estão contidos no ARQUIVO de Dados *Coldstream12*.
    a. Construa uma distribuição discreta de probabilidade empírica para as pontuações dos jogadores no 12º buraco.
    b. Um *par* é a pontuação que se espera de um bom golfista. Para o 12º buraco, o par é quatro. Qual é a probabilidade de um jogador marcar menos ou igual ao par no 12º buraco?
    c. Qual é a pontuação esperada para o 12º buraco?
    d. Qual é a variância para o 12º buraco?
    e. Qual é o desvio padrão para o 12º buraco?

18. A American Housing Survey registrou os seguintes dados sobre o número de vezes que casas ocupadas por proprietários e por locatários tiveram uma interrupção no fornecimento de água com duração de 6 horas ou mais nos últimos 3 meses (site do U.S. Census Bureau, outubro de 2012).

	Número de casas (em milhares)	
Número de vezes	**Ocupadas por proprietários**	**Ocupadas por locatários**
0	439	394
1	1.100	760
2	249	221
3	98	92
4 vezes ou mais	120	111

    a. Defina uma variável aleatória *x* = o número de vezes em que casas ocupadas por proprietários tiveram interrupção no fornecimento de água com duração de 6 horas ou mais nos últimos 3 meses e desenvolva uma distribuição de probabilidade para a variável aleatória. (Considere que *x* = 4 represente 4 vezes ou mais.)
    b. Calcule o valor esperado e a variância para *x*.
    c. Defina uma variável aleatória *y* = o número de vezes em que casas ocupadas por locatários tiveram interrupção no fornecimento de água com duração de 6 horas ou mais nos últimos 3 meses e desenvolva uma distribuição de probabilidade para a variável aleatória. (Considere que *y* = 4 represente 4 vezes ou mais.)
    d. Calcule o valor esperado e a variância para *y*.

206 Estatística aplicada a administração e economia

   e. Quais observações você é capaz de fazer a partir de uma comparação do número de interrupções no fornecimento de água relatados por casas ocupadas por proprietários *versus* casas ocupadas por locatários?

19. A região de West Virginia tem uma das maiores taxas de divórcios dos Estados Unidos, que é de aproximadamente 5 divórcios por 1.000 pessoas anualmente (site do Centro de Controle e Prevenção de Doenças dos Estados Unidos, 12 de janeiro de 2012). O Centro de Aconselhamento Conjugal, Inc. (MCC, na sigla em inglês) considera que a alta taxa de divórcio neste estado pode exigir a contratação de mais profissionais. Trabalhando com um consultor, a administração da MCC desenvolveu a seguinte distribuição de probabilidade para $x = $ o número de novos clientes candidatos a receber aconselhamento matrimonial no próximo ano.

x	$f(x)$
10	0,05
20	0,10
30	0,10
40	0,20
50	0,35
60	0,20

   a. Esta distribuição de probabilidade é válida? Explique.
   b. Qual é a probabilidade de que o MCC obterá mais de 30 novos clientes?
   c. Qual é a probabilidade de que o MCC obterá menos que 20 novos clientes?
   d. Calcule o valor esperado e a variância de x.

20. A distribuição de probabilidade das indenizações pagas em seguros de colisão pela Newton Automobile Insurance Company é mostrada a seguir.

Pagamento (US$)	Probabilidade
0	0,85
500	0,04
1.000	0,04
3.000	0,03
5.000	0,02
8.000	0,01
10.000	0,01

   a. Use o pagamento esperado de indenização por colisão para determinar o prêmio de seguro que possibilitaria à empresa não ter lucro nem prejuízo.
   b. A companhia de seguros cobra uma taxa anual de US$ 520 para a cobertura de colisões. Qual é o valor esperado da apólice de seguros contra colisão para o proprietário da apólice? (*Dica:* este valor é o pagamento esperado de indenização da companhia menos o custo de cobertura.) Por que o proprietário da apólice compra uma apólice de colisão com esse valor esperado?

21. As seguintes pontuações referentes à satisfação no trabalho para uma amostra de executivos seniores e de gestores intermediários na área de sistemas de informação (SI) variam de 1 (muito insatisfeito) a 5 (muito satisfeito).

| | Probabilidade | |
Pontuação quanto à satisfação no trabalho	Executivos seniores na área de Sistemas de Informação	Gestores intermediários na área de Sistemas de Informação
1	0,05	0,04
2	0,09	0,10
3	0,03	0,12
4	0,42	0,46
5	0,41	0,28

   a. Qual é o valor esperado da pontuação para a satisfação no trabalho dos executivos seniores?
   b. Qual é o valor esperado da pontuação para a satisfação no trabalho dos gestores intermediários?
   c. Calcule a variância das pontuações de satisfação no trabalho para os executivos e os gestores intermediários.

Distribuições discretas de probabilidade **207**

d. Calcule o desvio padrão das pontuações de satisfação no trabalho para ambas as distribuições de probabilidade.

e. Compare a satisfação global no trabalho dos executivos seniores e dos gestores intermediários.

22. A demanda por um produto da Carolina Industries varia muito de mês a mês. A distribuição de probabilidade na tabela a seguir, baseada nos dados dos últimos dois anos, mostra a demanda mensal da empresa.

Demanda unitária	Probabilidade
300	0,20
400	0,30
500	0,35
600	0,15

a. Se a empresa basear os pedidos de compra mensais no valor esperado da demanda mensal, qual deve ser o lote de compra mensal da Carolina Industries para esse produto?

b. Considere que cada unidade demandada gera US$ 70 de receita e que cada unidade encomendada custa US$ 50. Quanto a empresa ganhará ou perderá em um mês se vier a colocar um pedido de compra, com base em sua resposta ao item (a), e se a demanda real pelo item for de 300 unidades?

23. Na Pesquisa Anual de Hábitos de Consumo, feita pelo Instituto Gallup, foram realizadas entrevistas por telefone com uma amostra aleatória de 1.014 adultos com 18 anos ou mais. Uma das perguntas era: "Quantas xícaras de café, se for o seu caso, você bebe em um dia comum?" A tabela a seguir mostra os resultados obtidos (site do Gallup, 6 de agosto de 2012).

Número de xícaras de café por dia	Número de respostas
0	365
1	264
2	193
3	91
4 ou mais	101

Defina uma variável aleatória x = número de xícaras de café consumidas em um dia comum. Digamos que $x = 4$ represente quatro xícaras ou mais.

a. Desenvolva uma distribuição de probabilidade para x.

b. Calcule o valor esperado de x.

c. Calcule a variância de x.

d. Suponha que estamos interessados apenas em adultos que bebem pelo menos uma xícara de café em um dia comum. Para este grupo, seja y = o número de xícaras de café consumidas em um dia comum. Calcule o valor esperado de y e compare-o com o valor esperado de x.

24. A J. R. Ryland Computer Company está considerando uma expansão de fábrica que tornará possível à empresa começar a produzir um novo tipo de computador. O presidente da companhia precisa determinar se faz a expansão em média ou em grande escala. Uma incerteza é a demanda pelo novo produto, que, para fins de planejamento, pode ser pequena, média ou grande. As estimativas de probabilidade das demandas são 0,20; 0,50; e 0,30, respectivamente. Considerando que x e y indicam o lucro anual em milhares de dólares, os administradores da empresa desenvolveram as seguintes previsões de lucro para os projetos de expansão em média e grande escala.

		Lucro da expansão em média escala		Lucro da expansão em grande escala	
		x	$f(x)$	y	$f(y)$
	Pequena	50	0,20	0	0,20
Demanda	Média	150	0,50	100	0,50
	Grande	200	0,30	300	0,30

a. Calcule o valor esperado para o lucro associado às duas alternativas de expansão. Qual decisão é preferível para o objetivo de maximizar o lucro esperado?

b. Calcule a variância para o lucro associado às duas alternativas de expansão. Qual decisão é preferível para o objetivo de minimizar o risco ou a incerteza?

5.4 Distribuições bivariadas, covariância e portfólios financeiros

Uma distribuição de probabilidade envolvendo duas variáveis aleatórias é chamada **distribuição de probabilidade bivariada**. Ao discutir distribuições de probabilidade bivariadas é útil pensar em um experimento bivariado. Cada resultado de um experimento bivariado consiste em dois valores, um para cada variável aleatória. Por exemplo, considere o experimento bivariado de lançar um par de dados. O resultado consiste em dois valores, o número obtido com o primeiro dado e o número obtido com o segundo dado. Como outro exemplo, considere a experiência de observar os mercados financeiros durante um ano e registrar o ganho percentual de um fundo de ações e de um fundo de títulos. Novamente, o resultado experimental fornece um valor para duas variáveis aleatórias, o ganho percentual no fundo de ações e o ganho percentual no fundo de títulos. Ao lidar com distribuições de probabilidade bivariadas geralmente estamos interessados na relação entre as variáveis aleatórias. Nesta seção apresentamos distribuições bivariadas e mostramos como a covariância e o coeficiente de correlação podem ser usados como uma medida de associação linear entre as variáveis aleatórias. Também veremos como distribuições de probabilidades bivariadas podem ser usadas para construir e analisar portfólios financeiros.

Distribuição discreta de probabilidade empírica bivariada

Lembre-se de que, na Seção 5.2, desenvolvemos uma distribuição discreta empírica para as vendas diárias na concessionária de automóveis DiCarlo Motors, em Saratoga, Nova York. A DiCarlo tem outra concessionária em Genebra, Nova York. A Tabela 5.7 mostra o número de carros vendidos em cada uma das concessionárias ao longo de um período de 300 dias. Os números na linha inferior (total) são as frequências que usamos para desenvolver uma distribuição de probabilidade empírica para as vendas diárias na concessionária DiCarlo em Saratoga na Seção 5.2. Os números na coluna mais à direita (total) são as frequências de vendas diárias da concessionária em Genebra. As inscrições no corpo da tabela indicam o número de dias em que a concessionária de Genebra obteve um nível de vendas indicado pela linha, quando a concessionária em Saratoga obteve o nível de vendas indicado pela coluna. Por exemplo, o registro 33 na linha 1 da concessionária de Genebra e a coluna nomeada 2 de Saratoga indicam que, durante 33 dias, a concessionária de Genebra vendeu 1 carro e a de Saratoga vendeu 2 automóveis.

Suponha que consideremos o experimento bivariado de observar um dia de operações na DiCarlo Motors e registrar o número de carros vendidos. Vamos definir x = número de carros vendidos na concessionária de Genebra e y = o número de carros vendidos na concessionária de Saratoga. Podemos agora dividir todas as frequências na Tabela 5.7 pelo número de observações (300) para desenvolvermos uma distribuição discreta de probabilidade empírica bivariada para as vendas de automóveis nas duas concessionárias da DiCarlo. A Tabela 5.8 mostra esta distribuição bivariada discreta de probabilidade. As probabilidades na margem inferior fornecem a distribuição marginal para a concessionária em Saratoga. As probabilidades na margem direita fornecem a distribuição marginal para a concessionária de Genebra.

As probabilidades no corpo da tabela fornecem a distribuição de probabilidade bivariada para as vendas em ambas as concessionárias. As probabilidades bivariadas são geralmente chamadas probabilidades conjuntas. Vemos que a probabilidade conjunta de vender 0 automóveis em Genebra e 1 automóvel em Saratoga em um dia típico é $f(0, 1) = 0,1000$, a probabilidade conjunta de vender 1 automóvel em Genebra e 4 automóveis em Saratoga em um dia típico é 0,0067, e assim por diante. Observe que há uma probabilidade bivariada para cada resultado experimental. Com 4 valores possíveis para x e 6 valores possíveis para y, existem 24 resultados experimentais e probabilidades bivariadas.

TABELA 5.7 Número de automóveis vendidos nas concessionárias da DiCarlo em Saratoga e Genebra durante 300 dias

Concessionária de Genebra	Concessionária de Saratoga							Total
	0	1	2	3	4	5	
0	21	30	24	9	2	0	86
1	21	36	33	18	2	1	111
2	9	42	9	12	3	2	77
3	3	9	6	3	5	0	26
Total	54	117	72	42	12	3	300

Distribuições discretas de probabilidade **209**

TABELA 5.8 Distribuição discreta de probabilidade bivariada empírica para as vendas diárias nas concessionárias de Saratoga e Genebra

| Concessionária de Genebra | Concessionária de Saratoga | | | | | | Total |
	0	1	2	3	4	5	
0	0,0700	0,1000	0,0800	0,0300	0,0067	0,0000	0,2867
1	0,0700	0,1200	0,1100	0,0600	0,0067	0,0033	0,3700
2	0,0300	0,1400	0,0300	0,0400	0,0100	0,0067	0,2567
3	0,0100	0,0300	0,0200	0,0100	0,0167	0,0000	0,0867
Total	0,18	0,39	0,24	0,14	0,04	0,01	1,0000

Suponha que gostaríamos de saber a distribuição de probabilidade para as vendas totais em ambas as concessionárias da DiCarlo e o valor e a variância esperados das vendas totais. Vamos definir $s = x + y$ como as vendas totais para a DiCarlo Motors. Trabalhando com as probabilidades bivariadas da Tabela 5.8, vemos que $f(s = 0) = 0,0700$, $f(s = 1) = 0,0700 + 0,1000 = 0,1700, f(s = 2) = 0,0300 + 0,1200 + 0,0800 = 0,2300$, e assim por diante. Mostramos a distribuição de probabilidade completa para $s = x + y$ juntamente com o cálculo do valor e a variância esperados na Tabela 5.9. O valor esperado é $E(s) = 2,6433$ e a variância é $Var(s) = 2,3895$.

Com distribuições de probabilidade bivariadas, muitas vezes queremos saber a relação entre as duas variáveis aleatórias. A covariância e/ou coeficiente de correlação são boas medidas de associação entre duas variáveis aleatórias. Vimos no Capítulo 3 como calcular a covariância e o coeficiente de correlação para os dados da amostra. A fórmula que usaremos para calcular a covariância entre duas variáveis aleatórias x e y é dada a seguir.

COVARIÂNCIA DAS VARIÁVEIS ALEATÓRIAS x E y[1]

$$\sigma_{xy} = [Var(x + y) - Var(x) - Var(y)]/2 \tag{5.6}$$

Já calculamos $Var(s) = Var(x + y)$ e, na Seção 5.2, calculamos $Var(y)$. Agora precisamos calcular $Var(x)$ antes de podermos usar a Equação (5.6) para calcular a covariância de x e y. Utilizando a distribuição de probabilidade para x (a margem direita da Tabela 5.8), calculamos $E(x)$ e $Var(x)$ na Tabela 5.10.

TABELA 5.9 Cálculo do valor esperado e da variância para as vendas diárias totais na DiCarlo Motors

s	$f(s)$	$sf(s)$	$s - E(s)$	$(s - E(s))^2$	$(s - E(s))^2 f(s)$
0	0,0700	0,0000	$-2,6433$	6,9872	0,4891
1	0,1700	0,1700	$-1,6433$	2,7005	0,4591
2	0,2300	0,4600	$-0,6433$	0,4139	0,0952
3	0,2900	0,8700	0,3567	0,1272	0,0369
4	0,1267	0,5067	1,3567	1,8405	0,2331
5	0,0667	0,3333	2,3567	5,5539	0,3703
6	0,0233	0,1400	3,3567	11,2672	0,2629
7	0,0233	0,1633	4,3567	18,9805	0,4429
8	0,0000	0,0000	5,3567	28,6939	0,0000
		$E(s) = 2,6433$			$Var(s) = 2,3895$

---

[1] Outra fórmula geralmente utilizada para calcular a covariância de x e y quando $Var(x + y)$ não é conhecido:
$\sigma_{xy} = \sum_{i,j} [x_i - E(x_i)][y_j - E(y_j)]f(x_i, y_j)$.

210 Estatística aplicada a administração e economia

TABELA 5.10 Cálculo do valor esperado e da variância das vendas diárias de automóveis na concessionária de Genebra da DiCarlo Motors

x	$f(x)$	$xf(x)$	$x - E(x)$	$[(x - E(x)]^2$	$[x - E(x)]^2 f(x)$
0	0,2867	0,0000	−1,1435	1,3076	0,3749
1	0,3700	0,3700	−0,1435	0,0206	0,0076
2	0,2567	0,5134	0,8565	0,8565	0,1883
3	0,0867	0,2601	1,8565	1,8565	0,2988
		$E(x) = 1,1435$			$Var(x) = 0,8696$

Podemos agora utilizar a Equação (5.6) para calcular a covariância das variáveis aleatórias x e y.

$$\sigma_{xy} = [Var(x + y) - Var(x) - Var(y)]/2 = (2,3895 - 0,8696 - 1,25)/2 = 0,1350$$

Uma covariância de 0,1350 indica que as vendas diárias nas duas concessionárias da DiCarlo têm uma relação positiva. Para obter uma noção melhor da força desta relação podemos calcular o coeficiente de correlação. O coeficiente de correlação para as duas variáveis aleatórias x e y é dado pela Equação (5.7).

CORRELAÇÃO ENTRE AS VARIÁVEIS ALEATÓRIAS x E y

$$\rho_{xy} = \frac{\sigma_{xy}}{\sigma_x \sigma_y} \tag{5.7}$$

De acordo com a Equação (5.7), vemos que o coeficiente de correlação para duas variáveis aleatórias é a covariância dividida pelo produto dos desvios padrão para as duas variáveis aleatórias.

Vamos calcular o coeficiente de correlação entre as vendas diárias nas duas concessionárias da DiCarlo. Primeiro, calculamos os desvios padrão para as vendas nas concessionárias de Saratoga e Genebra, obtendo a raiz quadrada da variância.

$$\sigma_x = \sqrt{0,8696} = 0,9325$$
$$\sigma_y = \sqrt{1,25} = 1,1180$$

Agora podemos calcular o coeficiente de correlação como uma medida da associação linear entre as duas variáveis aleatórias.

$$\rho_{xy} = \frac{\sigma_{xy}}{\sigma_x \sigma_y} = \frac{0,1350}{(0,9325)(1,1180)} = 0,1295$$

No Capítulo 3 definimos o coeficiente de correlação como uma medida da associação linear entre duas variáveis. Valores próximos de +1 indicam uma forte relação linear positiva; valores próximos de −1 indicam uma forte relação linear negativa; e valores próximos de zero indicam a falta de uma relação linear. Esta interpretação também é válida para variáveis aleatórias. O coeficiente de correlação de 0,1295 indica que existe uma relação positiva e fraca entre as variáveis aleatórias que representam as vendas diárias nas duas concessionárias da DiCarlo. Se o coeficiente de correlação fosse igual a zero, teríamos concluído que as vendas diárias nas duas concessionárias eram independentes.

Aplicações financeiras

Vejamos agora como o que aprendemos pode ser usado na construção de portfólios financeiros que ofereçam um bom equilíbrio entre risco e retorno. Um consultor financeiro está considerando quatro possíveis cenários econômicos para o próximo ano e desenvolveu uma distribuição de probabilidade mostrando o retorno percentual, x, para investir em um grande fundo de ações de capitalização e o retorno percentual, y, para investir em um fundo de títulos do governo de longo prazo, considerando cada um dos cenários. A distribuição de probabilidade bivariada para x e y é mostrada na Tabela 5.11, que é simplesmente uma lista com uma linha separada para cada resultado experimental (cenário econômico). Cada linha contém a probabilidade conjunta para o resultado experimental e um valor para cada variável

TABELA 5.11 Distribuição de probabilidade dos retornos percentuais para investir em um grande fundo de ações de capitalização, x, e em um fundo de títulos do governo de longo prazo, y

Cenário econômico	Probabilidade $f(x, y)$	Grande fundo de ações de capitalização (x)	Fundo de títulos do governo de longo prazo (y)
Recessão	0,10	−40	30
Pouco crescimento	0,25	5	5
Crescimento estável	0,50	15	4
Intenso crescimento	0,15	30	2

aleatória. Como existem apenas quatro probabilidades conjuntas, a forma tabular utilizada na Tabela 5.11 é mais simples do que a utilizada para a DiCarlo Motors, na qual havia $(4)(6) = 24$ probabilidades conjuntas.

Utilizando a fórmula na Seção 5.3 para calcular o valor esperado de uma única variável aleatória, podemos calcular o retorno percentual esperado do investimento no fundo de ações, $E(x)$, e o retorno percentual esperado do investimento no fundo de títulos $E(y)$.

$$E(x) = 0,10(-40) + 0,25(5) + 0,5(15) + 0,15(30) = 9,25$$
$$E(y) = 0,10(30) + 0,25(5) + 0,5(4) + 0,15(2) = 6,55$$

Utilizando estas informações, podemos concluir que o fundo de ações é uma melhor opção de investimento, pois tem um retorno esperado maior, de 9,25%. Mas os analistas financeiros recomendam que os investidores também considerem o risco associado a um investimento. O desvio padrão do retorno percentual geralmente é usado como uma medida de risco. Para calcular o desvio padrão, devemos primeiro calcular a variância. Utilizando a fórmula da Seção 5.3 para calcular a variância de uma única variável aleatória podemos obter a variação dos retornos percentuais dos investimentos em ações e em títulos.

$$Var(x) = 0,1(-40 - 9,25)^2 + 0,25(5 - 9,25)^2 + 0,50(15 - 9,25) + 0,15(30 - 9,25)^2 = 328,1875$$
$$Var(y) = 0,1(30 - 6,55)^2 + 0,25(5 - 6,55)^2 + 0,50(4 - 6,55)^2 + 0,15(2 - 6,55)^2 = 61,9475$$

O desvio padrão do retorno de um investimento no fundo de ações é $\sigma_x = \sqrt{328,1875} = 18,1159\%$ e o desvio padrão do retorno de um investimento no fundo de obrigações é $\sigma_y = \sqrt{61,9475} = 7,8707\%$. Assim, podemos concluir que investir no fundo de títulos é menos arriscado, pois tem o menor desvio padrão. Já vimos que o fundo de ações oferece um retorno esperado maior, por isso, se quisermos escolher entre investir no fundo de ações ou no fundo de títulos, isto depende da nossa atitude em relação ao risco e ao retorno. Um investidor ousado pode escolher o fundo de ações por causa do maior retorno esperado; um investidor conservador pode escolher o fundo de títulos por causa do menor risco. Mas há outras opções. E quanto à possibilidade de investir em um portfólio que consiste tanto em um investimento no fundo de ações como em um investimento no fundo de títulos?

Suponha que gostaríamos de considerar três alternativas: investir apenas no fundo de ações de grande capitalização, investir apenas no fundo de títulos do governo em longo prazo, e dividir nossos fundos igualmente entre o fundo de ações e o fundo de títulos (metade em cada). Já calculamos o valor esperado e o desvio padrão para investir apenas no fundo de ações e no fundo de títulos. Vamos agora avaliar a terceira alternativa: criar um portfólio para investir valores iguais no fundo de ações de grande capitalização e no fundo de títulos do governo de longo prazo.

Para avaliar este portfólio, começamos calculando seu retorno esperado. Anteriormente, definimos x como o retorno percentual de um investimento no fundo de ações e y como o retorno percentual de um investimento no fundo de títulos, de modo que o retorno percentual de nosso portfólio é $r = 0,5x + 0,5y$. Para encontrar o retorno esperado de um portfólio com metade investida no fundo de ações e metade investida no fundo de títulos, queremos calcular $E(r) = E(0,5x + 0,5y)$. A expressão $0,5x + 0,5y$ é chamada combinação linear das variáveis aleatórias x e y. A Equação (5.8) fornece um método fácil para calcular o valor esperado de uma combinação linear das variáveis aleatórias x e y quando já conhecemos $E(x)$ e $E(y)$. Na Equação (5.8), a representa o coeficiente de x e b representa o coeficiente de y na combinação linear.

212 Estatística aplicada a administração e economia

VALOR ESPERADO DE UMA COMBINAÇÃO LINEAR DE VARIÁVEIS ALEATÓRIAS x E y

$$E(ax + by) = aE(x) + bE(y) \qquad \textbf{(5.8)}$$

Como já calculamos $E(x) = 9,25$ e $E(y) = 6,55$, podemos utilizar a Equação (5.8) para calcular o valor esperado do nosso portfólio.

$$E(0,5x + 0,5y) = 0,5E(x) + 0,5E(y) = 0,5(9,25) + 0,5(6,55) = 7,9$$

Vemos que o retorno esperado para investir no portfólio é de 7,9%. Com US\$ 100 investidos, esperamos um retorno de US\$ 100 (0,079) = US\$ 7,90; com US\$ 1.000 investidos, esperamos um retorno de US\$ 1.000 (0,079) = US\$ 79,00; e assim por diante. Mas, e o risco? Como foi mencionado anteriormente, os analistas financeiros costumam usar o desvio padrão como uma medida de risco.

Nosso portfólio é uma combinação linear de duas variáveis aleatórias, por isso precisamos calcular a variância e o desvio padrão de uma combinação linear de duas variáveis aleatórias para avaliar o risco do portfólio. Quando a covariância entre duas variáveis aleatórias é conhecida, a fórmula dada pela Equação (5.9) pode ser usada para calcular a variância de uma combinação linear de duas variáveis aleatórias.

VARIÂNCIA DE UMA COMBINAÇÃO LINEAR DE DUAS VARIÁVEIS ALEATÓRIAS

$$Var(ax + by) = a^2 Var(x) + b^2 Var(y) + 2ab\sigma_{xy} \qquad \textbf{(5.9)}$$

onde σ_{xy} é a covariância de x e y.

Calculamos $Var(x + y) = 119,46$ da mesma maneira que fizemos para a DiCarlo Motors na subseção anterior.

A partir da Equação (5.9), vemos que tanto a variância de cada variável aleatória individualmente quanto a covariância entre as variáveis aleatórias são necessárias para calcular a variância de uma combinação linear de duas variáveis aleatórias, ou seja, a variância do nosso portfólio.

Já calculamos a variância de cada variável aleatória individualmente: $Var(x) = 328,1875$ e $Var(y) = 61,9475$. Além disso, pode ser demonstrado que $Var(x + y) = 119,46$. Assim, utilizando a Equação (5.6), a covariância das variáveis aleatórias x e y é

$$\sigma_{xy} = [Var(x + y) - Var(x) - Var(y)]/2 = [119,46 - 328,1875 - 61,9475]/2 = -135,3375$$

Uma covariância negativa entre x e y, como esta, significa que quando x tende a estar acima de sua média, y tende a estar abaixo de sua média, e vice-versa.

Podemos agora utilizar a Equação (5.9) para calcular a variância do retorno para o nosso portfólio.

$$Var(0,5x + 0,5y) = 0,5^2(328,1875) + 0,5^2(61,9475) + 2(0,5)(0,5)(-135,3375) = 29,865$$

O desvio padrão do nosso portfólio, então, é dado por $\sigma_{0,5x+0,5y} = \sqrt{29,865} = 5,4650\%$. Esta é a nossa medida de risco para o portfólio, que consiste em investir 50% no fundo de ações e 50% no fundo de títulos.

Talvez agora queiramos comparar as três alternativas de investimento: investir apenas no fundo de ações, apenas no fundo de títulos ou criar um portfólio dividindo igualmente o valor do investimento entre os fundos de ações e títulos. A Tabela 5.12 mostra os retornos esperados, variâncias e desvios padrão para cada uma das três alternativas.

TABELA 5.12 Valores esperados, variâncias e desvios padrão para as três alternativas de investimento

Alternativa de investimento	Retorno esperado (%)	Variância do retorno	Desvio padrão do retorno (%)
100% em fundo de ações	9,25	328,1875	18,1159
100% em fundo de títulos	6,55	61,9475	7,8707
Portfólio (50% em fundo de ações, 50% em fundo de títulos)	7,90	29,865	5,4650

Qual destas alternativas você prefere? O retorno esperado é maior investindo 100% no fundo de ações, mas o risco também é maior. O desvio padrão é 18,1159%. Investir 100% no fundo de títulos tem um retorno esperado menor, mas também um risco muito menor. Investir 50% no fundo de ações e 50% no fundo de títulos (o portfólio) tem um retorno esperado intermediário entre o fundo de ações e o fundo de títulos sozinhos. Mas note que ele tem menor risco do que investir 100% em qualquer um dos fundos individuais. De fato, tem um retorno maior e um risco menor (desvio padrão menor) do que investir apenas no fundo de títulos. Por isso, diríamos que investir no portfólio leva à escolha de investir apenas no fundo de títulos.

Escolher investir no fundo de ações ou no portfólio depende da sua atitude em relação ao risco. O fundo de ações tem um retorno esperado maior. Mas o portfólio tem um risco bem menor e também fornece um retorno razoavelmente bom. Muitos escolheriam esta opção. É a covariância negativa entre os fundos de ações e títulos que fez que o risco do portfólio fosse muito menor do que o risco de investir apenas em um dos fundos individuais.

A análise de portfólio que acabamos de realizar foi para investir 50% no fundo de ações e os outros 50% no fundo de títulos. Como você calcularia o retorno esperado e a variação para outros portfólios? As Equações (5.8) e (5.9) podem ser utilizadas para fazer estes cálculos facilmente.

Suponha que desejamos criar um portfólio investindo 25% no fundo de ações e 75% no fundo de títulos. Qual é o valor e a variância esperados deste portfólio? O retorno percentual para este portfólio é $r = 0,25x + 0,75y$, então podemos usar a Equação (5.8) para obter o valor esperado deste portfólio:

$$E(0,25x + 0,75y) = 0,25E(x) + 0,75E(y) = 0,25(9,25) + 0,75(6,55) = 7,225$$

Da mesma forma, podemos calcular a variância do portfólio utilizando a Equação (5.9):

$$Var(0,25x + 0,75y) = (0,25)^2 Var(x) + (0,75)^2 Var(y) = 2(0,25)(0,75)\sigma_{xy}$$
$$= 0,0625(328,1875) + (0,5625)(61,9475) + (0,375)(-135,3375)$$
$$= 4,6056$$

O desvio padrão do novo portfólio é $\sigma_{0,25x+0,75y} = \sqrt{4,6056} = 2,1461$.

Resumo

Nesta seção introduzimos distribuições de probabilidades discretas. Como tais distribuições envolvem duas variáveis aleatórias, muitas vezes estamos interessados em uma medida de associação entre as variáveis. A covariância e o coeficiente de correlação são as duas medidas que introduzimos e mostramos como calcular. Um coeficiente de correlação próximo de 1 ou -1 indica uma forte correlação entre as duas variáveis aleatórias, um coeficiente de correlação próximo de zero indica uma fraca correlação entre as variáveis. Se duas variáveis aleatórias forem independentes, a covariância e o coeficiente de correlação serão iguais a zero.

Também mostramos como calcular o valor esperado e a variância de combinações lineares de variáveis aleatórias. Do ponto de vista estatístico, os portfólios financeiros são combinações lineares de variáveis aleatórias. Eles são na verdade um tipo especial de combinação linear, chamada média ponderada. Os coeficientes são não negativos e somados a 1. O exemplo do portfólio que apresentamos mostrou como calcular o valor e a variância esperados para um portfólio que consiste de um investimento em um fundo de ações e em um fundo de títulos. A mesma metodologia pode ser usada para calcular o valor esperado e a variância de um portfólio que consiste em quaisquer dois ativos financeiros. É o efeito da covariância entre as variáveis aleatórias individuais sobre a variância do portfólio que é a base para grande parte da teoria de redução do risco do portfólio, diversificando as alternativas de investimento.

NOTAS E COMENTÁRIOS

1. As Equações (5.8) e (5.9), juntamente com suas extensões para três ou mais variáveis aleatórias, são elementos fundamentais na construção e análise de um portfólio financeiro.
2. As Equações (5.8) e (5.9) para calcular o valor esperado e a variância de uma combinação linear de duas variáveis aleatórias podem ser ampliadas para três ou mais variáveis aleatórias. A extensão da Equação (5.8) é direta; mais um termo é adicionado para cada variável aleatória extra. A extensão

da Equação (5.9) é mais complicada porque um termo separado é necessário para a covariância entre todos os pares de variáveis aleatórias. Deixamos essas extensões para livros mais avançados.
3. O termo covariância da Equação (5.9) mostra por que variáveis aleatórias negativamente correlacionadas (alternativas de investimento) reduzem a variância e, portanto, o risco de um portfólio.

Exercícios

Métodos

25. A seguir está uma distribuição bivariada para as variáveis aleatórias x e y.

f(x, y)	x	y
0,2	50	80
0,5	30	50
0,3	40	60

a. Calcule o valor esperado e a variância para x e y.
b. Desenvolva uma distribuição de probabilidade para $x + y$.
c. Usando o resultado do item (b), calcule $E(x + y)$ e $Var(x + y)$.
d. Calcule a covariância e a correlação para x e y. Defina se x e y estão positivamente relacionados, negativamente relacionados, ou não estão relacionados.
e. A variância da soma de x e y é maior, menor ou igual à soma das variâncias individuais? Por quê?

26. Uma pessoa está interessada em construir um portfólio. Duas ações estão sendo consideradas. Seja $x =$ a porcentagem de retorno para um investimento nas ações 1 e $y =$ o percentual de retorno para um investimento nas ações 2. O retorno e a variância esperados para as ações 1 são $E(x) = 8,45\%$ e $Var(x) = 25$. O retorno e a variância esperados para as ações 2 são $E(y) = 3,20\%$ e $Var(y) = 1$. A covariância entre os retornos é $\sigma_{xy} = -3$.
a. Qual é o desvio padrão para um investimento nas ações 1 e para um investimento nas ações 2? Usando o desvio padrão como uma medida de risco, qual dessas ações é o investimento mais arriscado?
b. Qual é o retorno esperado e o desvio padrão, em dólares, para uma pessoa que investe US$ 500 nas ações 1?
c. Qual é o retorno percentual esperado e o desvio padrão para uma pessoa que cria um portfólio investindo 50% em cada ação?
d. Qual é o retorno percentual esperado e o desvio padrão para uma pessoa que cria um portfólio investindo 70% nas ações 1 e 30% nas ações 2?
e. Calcule o coeficiente de correlação para x e y e comente a relação entre os retornos das duas ações.

27. A Câmara de Comércio de uma cidade canadense realizou uma avaliação de 300 restaurantes em sua área metropolitana. Cada restaurante recebeu uma classificação em uma escala de 3 pontos sobre o preço típico da refeição (de 1, menos cara, a 3, mais cara) e qualidade (1, de menor qualidade, a 3, de melhor qualidade). Uma tabulação cruzada dos dados da classificação é mostrada a seguir. Quarenta e dois dos restaurantes receberam uma classificação igual a 1 quanto à qualidade e 1 quanto ao preço da refeição; 39 receberam a classificação 1 para a qualidade e 2 quanto ao preço da refeição, e assim por diante. Quarenta e oito dos restaurantes receberam a classificação mais alta, de 3, tanto na qualidade quanto no preço da refeição.

	Preço da refeição (y)			
Qualidade (x)	1	2	3	Total
1	42	39	3	84
2	33	63	54	150
3	3	15	48	66
Total	78	117	105	300

a. Desenvolva uma distribuição de probabilidade bivariada para a qualidade e o preço da refeição de um restaurante selecionado aleatoriamente nesta cidade canadense. Seja $x =$ classificação da qualidade e $y =$ o preço da refeição.
b. Calcule o valor esperado e a variância para a classificação de qualidade, x.
c. Calcule o valor esperado e a variância para o preço da refeição, y
d. $Var(x + y) = 1,6691$. Calcule a covariância de x e y. O que você pode dizer sobre a relação entre qualidade e preço da refeição? É isso que você esperava?
e. Calcule o coeficiente de correlação entre qualidade e preço da refeição. Qual é a força da relação? Você acha que é provável encontrar um restaurante de baixo custo nesta cidade que também seja de alta qualidade? Sim ou não? Por quê?

28. A PortaCom desenvolveu um design para uma impressora portátil de alta qualidade. Os dois principais componentes do custo de produção são mão de obra direta e peças. Durante um período de testes, a empresa desenvolveu protótipos e realizou extensos testes de produto com a nova impressora. Os engenheiros da PortaCom desenvolveram a distribuição de probabilidade bivariada mostrada a seguir para os custos de fabricação. O custo das peças (em dólares) por impressora é representado pela variável aleatória x e o custo de mão

Distribuições discretas de probabilidade **215**

de obra direta (em dólares) por impressora é representado pela variável aleatória y. A administração gostaria de usar essa distribuição de probabilidade para estimar os custos de fabricação.

	Mão de obra direta (y)			
Peças (x)	43	45	48	Total
85	0,05	0,2	0,2	0,45
95	0,25	0,2	0,1	0,55
Total	0,30	0,4	0,3	1,00

a. Mostre a distribuição marginal do custo de mão de obra direta e calcule seu valor esperado, a variância e o desvio padrão.
b. Mostre a distribuição marginal do custo das peças e calcule seu valor esperado, a variância e o desvio padrão.
c. O custo total de fabricação por unidade é a soma do custo da mão de obra direta e do custo das peças. Mostre a distribuição de probabilidade para o custo total de fabricação por unidade.
d. Calcule o valor esperado, a variância e o desvio padrão do custo total de fabricação por unidade.
e. Os custos com mão de obra direta e peças são independentes? Sim ou não? Por quê? Se você concluir que não são, qual é a relação entre mão de obra direta e custo das peças?
f. A PortaCom produziu 1.500 impressoras para o lançamento do produto. O custo total de fabricação foi de US$ 198.350. É isto que você esperava? Se for o custo maior ou menor, o que você acha que pode ter acontecido?

29. A J.P. Morgan Asset Management publica informações sobre investimentos financeiros. Nos últimos 10 anos, o retorno esperado para o S&P 500 foi de 5,04%, com um desvio padrão de 19,45%, e o retorno esperado nesse mesmo período para um fundo de títulos foi de 5,78% com um desvio padrão de 2,13% (*J. P. Morgan Asset Management*, *Guide to The Markets*, 1º trimestre de 2012). A publicação também relatou que a correlação entre o S&P 500 e os títulos principais é $-0,32$. Você está considerando investimentos de portfólio compostos por um fundo de índice S&P 500 e um fundo de títulos principais.
   a. Utilizando as informações fornecidas, determine a covariância entre o S&P 500 e os títulos principais.
   b. Crie um portfólio que seja 50% investido em um fundo do índice S&P 500 e 50% em um fundo de títulos principais. Percentualmente, quais são o retorno esperado e o desvio padrão para este portfólio?
   c. Construa um portfólio que seja 20% investido em um fundo do índice S&P 500 e 80% investido em um fundo de títulos principais. Percentualmente, quais são o retorno esperado e o desvio padrão para este portfólio?
   d. Crie um portfólio que seja 80% investido em um fundo do índice S&P 500 e 20% investido em um fundo de títulos principais. Percentualmente, quais são o retorno esperado e o desvio padrão para este portfólio?
   e. Qual dos portfólios nos itens (b), (c) e (d) tem o maior retorno esperado? Qual tem o menor desvio padrão? Qual desses portfólios é a melhor alternativa de investimento?
   f. Discuta as vantagens e desvantagens de investir nos três portfólios nos itens (b), (c) e (d). Você prefere investir todo seu dinheiro no índice S&P 500, no fundo de títulos principais ou em um dos três portfólios? Por quê?

30. Além das informações do Exercício 29 sobre o S&P 500 e os títulos principais, a J.P. Morgan Asset Management informou que o retorno esperado dos fundos de investimento imobiliário (REITs, na sigla em inglês) foi de 13,07% com um desvio padrão de 23,17% (*J.P. Morgan Asset Management*, *Guide to the Markets*, 1º trimestre de 2012). A correlação entre o S&P 500 e os REITs é 0,74, e a correlação entre os títulos principais e os REITs é de $-0,04$. Você está considerando investimentos em portfólios compostos de um fundo do índice S&P 500 e REITs, bem como investimentos em portfólios compostos de um fundo de títulos principais e REITs.
   a. Usando as informações fornecidas aqui e no Exercício 29, determine a covariância entre o S&P 500 e os REITs e entre os títulos principais e os REITs.
   b. Crie um portfólio que seja 50% investido em um fundo S&P 500 e 50% investido em REITs. Percentualmente, quais são o retorno esperado e o desvio padrão para esse portfólio?
   c. Crie um portfólio que seja 50% investido em um fundo de títulos principais e 50% investido em REITs. Percentualmente, quais são o retorno esperado e o desvio padrão para esse portfólio?
   d. Crie um portfólio que seja 80% investido em um fundo de títulos principais e 20% em REITs. Percentualmente, quais são o retorno esperado e o desvio padrão para esse portfólio?
   e. Qual dos portfólios dos itens (b), (c) e (d) você recomendaria a um investidor ousado? Qual você recomendaria para um investidor conservador? Por quê?

5.5 Distribuição de probabilidade binomial

Distribuição de probabilidade binomial é uma distribuição discreta de probabilidade que tem muitas aplicações. Ela está associada a um experimento em várias etapas, que denominamos experimento binomial.

Um experimento binomial

Um **experimento binomial** possui as quatro propriedades abaixo.

> **PROPRIEDADES DE UM EXPERIMENTO BINOMIAL**
> 1. O experimento consiste em uma sequência de n ensaios idênticos.
> 2. Dois resultados são possíveis em cada ensaio. Referimo-nos a um como *sucesso* e ao outro como *fracasso*.
> 3. A probabilidade de um sucesso, denotado por p, não se modifica de ensaio para ensaio. Consequentemente, a probabilidade de um fracasso, denotado por $1-p$, não se modifica de ensaio para ensaio.
> 4. Os ensaios são independentes.

Jakob Bernoulli (1654-1705), o primeiro Bernoulli da família de matemáticos suíços, publicou um tratado das probabilidades que continha a teoria das permutações e combinações, bem como o teorema binomial.

Se as propriedades 2, 3 e 4 estiverem presentes, dizemos que as tentativas são geradas por um processo de Bernoulli. Se, além disso, a propriedade 1 estiver presente, dizemos que temos um experimento binomial. A Figura 5.2 descreve uma sequência possível de sucessos e fracassos para um experimento binomial envolvendo oito tentativas.

Em um experimento binomial, nosso interesse é o *número de sucessos que ocorrem nos n ensaios*. Se x denota o número de sucessos que ocorrem nos n ensaios, vemos que x pode assumir os valores de 0, 1, 2, 3, ..., n. Uma vez que o número de valores é finito, x é uma variável aleatória *discreta*. A distribuição de probabilidade associada a essa variável aleatória é chamada **distribuição de probabilidade binomial**. Por exemplo, considere o experimento de jogar uma moeda cinco vezes e em cada arremesso observar se a moeda cai com coroa ou cara voltada para cima. Suponha que estejamos interessados em contar o número de caras que aparecem nos cinco arremessos. Este experimento tem as propriedades de um experimento binomial? Qual é a variável aleatória de interesse? Observe que:

1. O experimento consiste em cinco ensaios idênticos; cada ensaio envolve o lançamento de uma moeda.
2. Dois resultados são possíveis para cada ensaio: uma cara ou uma coroa. Podemos designar cara um sucesso e coroa um fracasso.
3. As probabilidades de se obter cara e de se obter coroa são as mesmas para cada ensaio, com $p = 0,5$ e $1 - p = 0,5$.
4. Os ensaios ou arremessos são independentes porque o resultado de qualquer um dos ensaios não é afetado pelo que acontece nos outros ensaios ou arremessos.

Desse modo as propriedades de um experimento binomial estão satisfeitas. A variável aleatória de interesse é $x =$ o número de caras que aparecem nos cinco ensaios. Neste caso, x pode assumir os valores 0, 1, 2, 3, 4 ou 5.

Como outro exemplo, considere um vendedor de seguros que visita dez famílias selecionadas aleatoriamente. O resultado associado a cada visita é classificado como sucesso se a família comprar uma apólice de seguros, e como

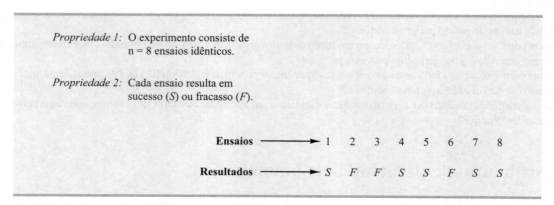

FIGURA 5.2 Uma possível sequência de sucessos e fracassos para um experimento binomial que consiste de oito ensaios

fracasso se a família não comprar. Por experiência, o vendedor sabe que a probabilidade de uma família selecionada aleatoriamente comprar uma apólice de seguros é igual a 0,10. Verificando as propriedades de um experimento binomial, observamos que:

1. O experimento consiste em dez ensaios idênticos; cada ensaio envolve contatar uma família.
2. Dois resultados são possíveis em cada ensaio: a família compra uma apólice (sucesso) ou a família não compra uma apólice (fracasso).
3. Considera-se que as probabilidades de uma compra e de uma não compra são as mesmas para cada contato de venda, com $p = 0,10$ e $1 - p = 0,90$.
4. Os ensaios são independentes porque as famílias são selecionadas aleatoriamente.

Como as quatro hipóteses estão satisfeitas, este exemplo é um experimento binomial. A variável aleatória de interesse é o número de vendas obtidas ao contatar as dez famílias. Neste caso, x pode assumir os valores 0, 1, 2, 3, 4, 5, 6, 7, 8, 9 e 10.

A propriedade 3 do experimento binomial é chamada *hipótese estacionária*, e é confundida algumas vezes com a propriedade 4, independência dos ensaios. Para ver como elas diferem, considere outra vez o caso do vendedor que contata famílias para vender apólices de seguro. Se, no decorrer do dia, o vendedor se cansar e perder o entusiasmo, a probabilidade de sucesso (vender uma apólice) pode cair para 0,05, por exemplo, lá pela décima ligação. Neste caso, a propriedade 3 (imutabilidade) não seria satisfeita, e não teríamos um experimento binomial. Mesmo que a propriedade 4 se mantivesse – isto é, as decisões de compra de cada família fossem tomadas independentemente –, não seria um experimento binomial se a propriedade 3 não fosse satisfeita.

Em aplicações que envolvem experimentos binomiais, uma fórmula matemática especial, denominada *função de probabilidade binomial*, pode ser usada para calcular a probabilidade de x sucessos nos n ensaios. Usando os conceitos de probabilidade apresentados no Capítulo 4 mostraremos no contexto de um problema ilustrativo como a fórmula pode ser desenvolvida.

O problema da Loja de Roupas do Martin

Consideremos as decisões de compra dos próximos três clientes que entram na Loja de Roupas do Martin. Com base em sua experiência, o gestor da loja estima que a probabilidade de qualquer um dos clientes comprar é de 0,30. Qual é a probabilidade de dois dos próximos três clientes realizarem uma compra?

Utilizando um diagrama em árvore (Figura 5.3), podemos ver que o experimento de observar os três clientes, cada um deles tomando uma decisão de compra, tem oito resultados possíveis. Usando S para denotar sucesso (uma compra) e F para denotar fracasso (nenhuma compra), estamos interessados nos resultados experimentais que envolvem dois sucessos nos três ensaios (decisões de compra). A seguir, vamos verificar se o experimento envolvendo a sequência de três decisões de compra pode ser visto como um experimento binomial. Verificando as quatro exigências para um experimento binomial, notamos que:

1. O experimento pode ser descrito como uma sequência de três ensaios idênticos, sendo um ensaio para cada um dos três clientes que entrarão na loja.
2. Dois resultados – o cliente faz uma compra (sucesso) ou o cliente não faz uma compra (fracasso) – são possíveis para cada ensaio.
3. A probabilidade de o cliente vir a fazer uma compra (0,30) ou não fazer uma compra (0,70) é considerada a mesma para todos os clientes.
4. A decisão de compra de cada cliente é independente das decisões de outros clientes.

Portanto, as propriedades de um experimento binomial estão presentes.

O número de resultados experimentais que resultam em exatamente x sucessos em n ensaios pode ser calculado a partir da seguinte fórmula.[2]

---

[2] Esta fórmula, apresentada no Capítulo 4, determina o número de combinações de n objetos selecionados x a cada vez. Para o experimento binomial, esta fórmula combinatória fornece o número de resultados experimentais (sequências de n ensaios) resultantes em x sucessos.

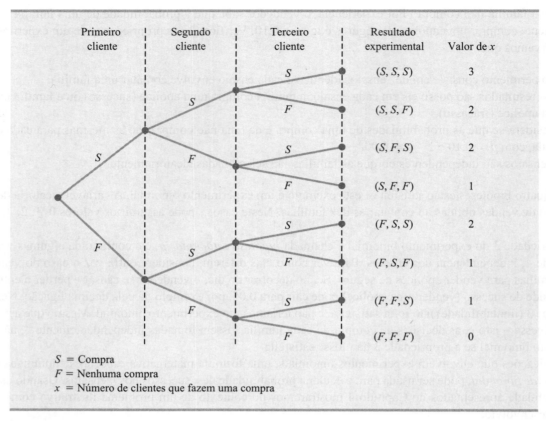

FIGURA 5.3 Diagrama em árvore para o problema da Loja de Roupas do Martin

NÚMERO DE RESULTADOS EXPERIMENTAIS QUE FORNECEM EXATAMENTE x SUCESSOS EM n ENSAIOS

$$\binom{n}{x} = \frac{n!}{x!(n-x)!} \quad (5.10)$$

onde

$$n! = n(n-1)(n-2)\cdots(2)(1)$$

e, por definição,

$$0! = 1$$

Retornemos agora ao experimento da Loja de Roupas do Martin envolvendo as decisões de compra tomadas por três clientes. A Equação (5.10) pode ser usada para determinar o número de resultados experimentais envolvendo duas compras; isto é, o número de modos de se obter $x = 2$ sucessos nos $n = 3$ ensaios. A partir da Equação (5.10), temos:

$$\binom{n}{x} = \binom{3}{2} = \frac{3!}{2!(3-2)!} = \frac{(3)(2)(1)}{(2)(1)(1)} = \frac{6}{2} = 3$$

A Equação (5.10) mostra que três dos resultados experimentais produzem dois sucessos. A partir da Figura 5.3 vemos que esses três resultados são denotados por (S, S, F), (S, F, S) e (F, S, S).

Usando a Equação (5.10) para determinar quantos resultados experimentais obtêm três sucessos (compras) nos três ensaios, obtemos

$$\binom{n}{x} = \binom{3}{3} = \frac{3!}{3!(3-3)!} = \frac{3!}{3!0!} = \frac{(3)(2)(1)}{3(2)(1)(1)} = \frac{6}{6} = 1$$

Distribuições discretas de probabilidade **219**

A partir da Figura 5.3, vemos que um resultado experimental com três sucessos é identificado por (S, S, S).

Sabemos que a Equação (5.10) pode ser utilizada para determinar o número de resultados experimentais que resultam em x sucessos em n ensaios. Mas, se quisermos estabelecer a probabilidade de x sucessos em n ensaios, precisamos também conhecer a probabilidade associada a cada um desses resultados experimentais. Uma vez que os ensaios de um experimento binomial são independentes, podemos simplesmente multiplicar as probabilidades associadas a cada resultado experimental para encontrar a probabilidade de uma sequência de sucessos e fracassos em particular.

A probabilidade de compras efetuadas pelos primeiros dois clientes e de nenhuma compra feita pelo terceiro cliente, denotada por (S, S, F), é dada por

$$pp(1 - p)$$

Com 0,30 de probabilidade de uma compra em qualquer um dos ensaios, a probabilidade de uma compra nos dois primeiros ensaios e de nenhuma compra no terceiro é dada por

$$(0{,}30)(0{,}30)(0{,}70) = (0{,}30)^2(0{,}70) = 0{,}063$$

Dois outros resultados experimentais também apresentam dois sucessos e um fracasso. As probabilidades referentes a todas as três sequências envolvendo dois sucessos são mostradas a seguir.

Resultados experimentais			Resultado experimental	Probabilidade de resultado experimental
1º cliente	**2º cliente**	**3º cliente**		
Compra	Compra	Não compra	(S, S, F)	$pp(1 - p) = p^2(1 - p)$ $= (0{,}30)^2(0{,}70) = 0{,}063$
Compra	Não compra	Compra	(S, F, S)	$p(1 - p)p = p^2(1 - p)$ $= (0{,}30)^2(0{,}70) = 0{,}063$
Não compra	Compra	Compra	(F, S, S)	$(1 - p)pp = p^2(1 - p)$ $= (0{,}30)^2(0{,}70) = 0{,}063$

Observe que todos os três resultados experimentais com dois sucessos têm exatamente a mesma probabilidade. Esta observação se mantém como regra. Em qualquer experimento binomial todas as sequências de resultados de ensaio que produzem x sucessos em n ensaios têm a *mesma probabilidade* de ocorrência. A probabilidade de cada sequência de ensaios produzir x sucessos em n ensaios é apresentada a seguir.

$$\text{Probabilidade de uma sequência de resultados de determinado ensaio} = p^x(1 - p)^{(n - x)} \tag{5.11}$$
$$\text{com } x \text{ sucessos em } n \text{ ensaios}$$

Em relação à Loja de Roupas do Martin, esta fórmula mostra que qualquer resultado experimental com dois sucessos tem a probabilidade $p^2(1 - p)^{(3 - 2)} = p^2(1 - p)^1 = (0{,}30)^2(0{,}70)^1 = 0{,}063$.

Como a Equação (5.10) mostra o número de resultados em um experimento binomial com x sucessos e a Equação (5.11) fornece a probabilidade referente a cada sequência envolvendo x sucessos, combinamos as Equações (5.10) e (5.11) para obter a seguinte **função de probabilidade binomial**.

FUNÇÃO DE PROBABILIDADE BINOMIAL

$$f(x) = \binom{n}{x} p^x(1 - p)^{(n-x)} \tag{5.12}$$

onde

x = o número de sucessos
p = a probabilidade de um sucesso em um ensaio
n = o número de ensaios
$f(x)$ = a probabilidade de x sucessos em n ensaios
$\binom{n}{x} = \dfrac{n!}{x!(n - x)!}$

Para a distribuição de probabilidade binomial, x é uma variável aleatória discreta com a função de probabilidade $f(x)$ aplicável para valores de $x = 0, 1, 2, \ldots, n$.

No exemplo da Loja de Roupas do Martin, vamos utilizar a Equação (5.12) para calcular a probabilidade de nenhum cliente fazer uma compra, de exatamente um cliente fazer uma compra, de exatamente dois clientes fazerem uma compra e de todos os três clientes fazerem uma compra. Os cálculos estão sintetizados na Tabela 5.13, que fornece a distribuição de probabilidade do número de clientes que fazem uma compra. A Figura 5.4 corresponde a um gráfico dessa distribuição de probabilidade.

A função de probabilidade binomial pode ser aplicada a *qualquer* experimento binomial. Se estivermos convencidos de que uma situação exibe as propriedades de um experimento binomial, e se conhecermos os valores de n e p, podemos usar a Equação (5.12) para calcular a probabilidade de x sucessos nos n ensaios.

Se considerarmos variações no experimento da Loja de Roupas do Martin, como dez clientes entrando na loja em vez de três, a função de probabilidade binomial dada pela Equação (5.12) ainda é aplicável. Suponha termos um

TABELA 5.13 Distribuição de probabilidade para o número de clientes fazendo uma compra

x	$f(x)$
0	$\dfrac{3!}{0!3!}(0,30)^0(0,70)^3 = 0,343$
1	$\dfrac{3!}{1!2!}(0,30)^1(0,70)^2 = 0,441$
2	$\dfrac{3!}{2!1!}(0,30)^2(0,70)^1 = 0,189$
3	$\dfrac{3!}{3!0!}(0,30)^3(0,70)^0 = \dfrac{0,027}{1,000}$

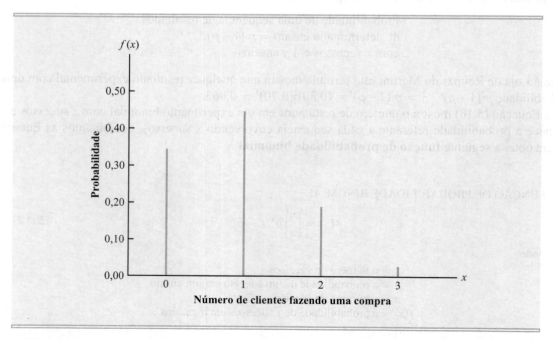

FIGURA 5.4 Representação gráfica da distribuição de probabilidade para o número de clientes fazendo uma compra

experimento binomial com $n = 10$, $x = 4$ e $p = 0,30$. A probabilidade de realizarmos exatamente quatro vendas para dez clientes que entram na loja é

$$f(4) = \frac{10!}{4!6!}(0,30)^4(0,70)^6 = 0,2001$$

Usando tabelas de propriedades binomiais

Foram desenvolvidas tabelas que fornecem a probabilidade de x sucessos em n ensaios de um experimento binomial. Em geral, as tabelas são fáceis de usar e mais rápidas que a equação (5.12). A Tabela 5 do Apêndice B é um exemplo de tabela de probabilidades binomiais. Uma parte dessa tabela aparece na Tabela 5.14. Para usá-la, precisamos especificar os valores de n, p e x do experimento binomial de interesse. No exemplo do topo da Tabela 5.14, vemos que a probabilidade de $x = 3$ sucessos em um experimento binomial com $n = 10$ e $p = 0,40$ é 0,2150. Você pode usar a equação (5.12) para verificar se chegaria à mesma resposta usando diretamente a função de probabilidade binomial.

Agora, vamos usar a Tabela 5.14 para verificar a probabilidade de 4 sucessos em 10 ensaios no problema da Martin Clothing Store. Observe que o valor de $f(4) = 0,2001$ pode ser lido diretamente na tabela de probabilidades binomiais, com $n = 10$, $x = 4$ e $p = 0,30$.

Embora as tabelas de probabilidades binomiais sejam relativamente fáceis de usar, é impossível ter tabelas que mostrem todos os valores possíveis de n e p que podem ser encontrados em um experimento binomial. No entanto, com as calculadoras atuais, usar a equação (5.12) para calcular a probabilidade desejada não é difícil, especialmente se o número de ensaios não for grande. Nos exercícios, você deve praticar usando a equação (5.12) para calcular as propriedades binomiais, a menos que o problema solicite especificamente que use a tabela de probabilidade binomial.

Pacotes de software estatísticos, como o Minitab, e pacotes de planilhas, como o Excel, também têm um recurso para calcular probabilidades binomiais. Considere o exemplo da Martin Clothing Store com $n = 10$ e $p = 0,30$. A Figura 5.5 mostra as probabilidades binomiais geradas pelo Minitab para todos os valores possíveis de x. Observe que esses

TABELA 5.14 Valores selecionados da tabela de probabilidade binomial
Exemplo: $n = 10$, $x = 3$, $p = 0,40$, $f(3) = 0,2150$

						p					
n	x	0,05	0,10	0,15	0,20	0,25	0,30	0,35	0,40	0,45	0,50
9	0	0,6302	0,3874	0,2316	0,1342	0,0751	0,0404	0,0207	0,0101	0,0046	0,0020
	1	0,2985	0,3874	0,3679	0,3020	0,2253	0,1556	0,1004	0,0605	0,0339	0,0176
	2	0,0629	0,1722	0,2597	0,3020	0,3003	0,2668	0,2162	0,1612	0,1110	0,0703
	3	0,0077	0,0446	0,1069	0,1762	0,2336	0,2668	0,2716	0,2508	0,2119	0,1641
	4	0,0006	0,0074	0,0283	0,0661	0,1168	0,1715	0,2194	0,2508	0,2600	0,2461
	5	0,0000	0,0008	0,0050	0,0165	0,0389	0,0735	0,1181	0,1672	0,2128	0,2461
	6	0,0000	0,0001	0,0006	0,0028	0,0087	0,0210	0,0424	0,0743	0,1160	0,1641
	7	0,0000	0,0000	0,0000	0,0003	0,0012	0,0039	0,0098	0,0212	0,0407	0,0703
	8	0,0000	0,0000	0,0000	0,0000	0,0001	0,0004	0,0013	0,0035	0,0083	0,0176
	9	0,0000	0,0000	0,0000	0,0000	0,0000	0,0000	0,0001	0,0003	0,0008	0,0020
10	0	0,5987	0,3487	0,1969	0,1074	0,0563	0,0282	0,0135	0,0060	0,0025	0,0010
	1	0,3151	0,3874	0,3474	0,2684	0,1877	0,1211	0,0725	0,0403	0,0207	0,0098
	2	0,0746	0,1937	0,2759	0,3020	0,2816	0,2335	0,1757	0,1209	0,0763	0,0439
	3	0,0105	0,0574	0,1298	0,2013	0,2503	0,2668	0,2522	**0,2150**	0,1665	0,1172
	4	0,0010	0,0112	0,0401	0,0881	0,1460	0,2001	0,2377	0,2508	0,2384	0,2051
	5	0,0001	0,0015	0,0085	0,0264	0,0584	0,1029	0,1536	0,2007	0,2340	0,2461
	6	0,0000	0,0001	0,0012	0,0055	0,0162	0,0368	0,0689	0,1115	0,1596	0,2051
	7	0,0000	0,0000	0,0001	0,0008	0,0031	0,0090	0,0212	0,0425	0,0746	0,1172
	8	0,0000	0,0000	0,0000	0,0001	0,0004	0,0014	0,0043	0,0106	0,0229	0,0439
	9	0,0000	0,0000	0,0000	0,0000	0,0000	0,0001	0,0005	0,0016	0,0042	0,0098
	10	0,0000	0,0000	0,0000	0,0000	0,0000	0,0000	0,0000	0,0001	0,0003	0,0010

x	P(X = x)
0	0,028248
1	0,121061
2	0,233474
3	0,266828
4	0,200121
5	0,102919
6	0,036757
7	0,009002
8	0,001447
9	0,000138
10	0,000006

FIGURA 5.5 Resultados do Minitab mostrando as probabilidades binomiais do problema da Loja de Roupas do Martin

valores são iguais aos que foram encontrados na coluna $p = 0,30$ da Tabela 5.14. O Apêndice 5.1 traz o passo a passo dos procedimentos necessários para usar o Minitab para gerar o resultado da Figura 5.5. O Apêndice 5.2 descreve como o Excel pode ser usado para calcular probabilidades binomiais.

Valor esperado e variância para a distribuição binomial

Na Seção 5.3 apresentamos fórmulas para calcular o valor esperado e a variância de uma variável aleatória discreta. No caso especial em que a variável aleatória tem uma distribuição binomial com um número conhecido de n ensaios e uma probabilidade p de sucesso conhecida, as fórmulas gerais do valor esperado e variância podem ser simplificadas. Os resultados são apresentados a seguir.

VALOR ESPERADO E VARIÂNCIA PARA A DISTRIBUIÇÃO BINOMIAL

$$E(x) = \mu = np \tag{5.13}$$

$$Var(x) = \sigma^2 = np(1-p) \tag{5.14}$$

Para o problema com três clientes da Loja de Roupas do Martin, podemos usar a Equação (5.13) para calcular o número esperado de clientes que farão uma compra.

$$E(x) = np = 3(0,30) = 0,9$$

Suponha que para o próximo mês a Loja de Roupas do Martin prevê que 1.000 clientes entrarão no estabelecimento. Qual é o número esperado de clientes que farão uma compra? A resposta é $\mu = np = (1.000)(0,3) = 300$. Assim, para aumentar o número esperado de vendas, Martin precisa convencer mais clientes a entrarem na loja e/ou, de algum modo, aumentar a probabilidade de um cliente individual qualquer fazer uma compra depois de entrar.

Para o problema com três clientes da Loja de Roupas do Martin, notamos que a variância e o desvio padrão do número de clientes que fazem uma compra são

$$\sigma^2 = np(1-p) = 3(0,3)(0,7) = 0,63$$
$$\sigma = \sqrt{0,63} = 0,79$$

Em relação aos próximos 1.000 clientes que entrarão na loja, a variância e o desvio padrão do número de clientes que farão uma compra são

$$\sigma^2 = np(1-p) = 1.000(0,3)(0,7) = 210$$
$$\sigma = \sqrt{210} = 14,49$$

NOTAS E COMENTÁRIOS

1. A tabela binomial do Apêndice B mostra valores de p até $p = 0{,}95$. Algumas fontes da tabela binomial só mostram valores de p até $p = 0{,}50$. Talvez pareça que esse tipo de tabela não pode ser usado quando a probabilidade de sucesso supera $p = 0{,}50$. No entanto, a tabela pode ser usada ao ressaltar que a probabilidade de $n - x$ falhas também é a probabilidade de x sucessos. Assim, quando a probabilidade de sucesso for maior que $p = 0{,}50$, podemos calcular a probabilidade de $n - x$ falhas. A probabilidade de falha, $1 - p$, será menor que $0{,}50$ quando $p > 0{,}50$.

2. Algumas fontes apresentam a tabela binomial em uma forma acumulada. Ao usar essa tabela, é preciso subtrair as entradas da tabela para encontrar a probabilidade exata de x sucessos em n ensaios. Por exemplo, $f(2) = P(x \leq 2) - P(x \leq 1)$. A tabela binomial que apresentamos no Apêndice B fornece $f(2)$ diretamente. Para calcular as probabilidades acumuladas usando a tabela binomial do Apêndice B, some as entradas da tabela. Por exemplo, para determinar a probabilidade acumulada de $P(x \leq 2)$, calcule a soma $f(0) + f(1) + f(2)$.

Exercícios

Métodos

31. Considere um experimento binomial com dois ensaios e $p = 0{,}4$.
    a. Desenhe um diagrama em árvore deste experimento (veja a Figura 5.3).
    b. Calcule a probabilidade de um sucesso, $f(1)$.
    c. Calcule $f(0)$.
    d. Calcule $f(2)$.
    e. Calcule a probabilidade de pelo menos um sucesso.
    f. Calcule o valor esperado, a variância e o desvio padrão.

32. Considere um experimento binomial com $n = 10$ e $p = 0{,}10$.
    a. Calcule $f(0)$.
    b. Calcule $f(2)$.
    c. Calcule $P(x \leq 2)$.
    d. Calcule $P(x \geq 1)$.
    e. Calcule $E(x)$.
    f. Calcule $Var(x)$ e σ.

33. Considere um experimento binomial com $n = 20$ e $p = 0{,}70$.
    a. Calcule $f(12)$.
    b. Calcule $f(16)$.
    c. Calcule $P(x \geq 16)$.
    d. Calcule $P(x \leq 15)$.
    e. Calcule $E(x)$.
    f. Calcule $Var(x)$ e σ.

Aplicações

34. Em sua pesquisa Music 360, a Nielsen Co. perguntou a adolescentes e adultos como cada grupo ouvia música nos últimos 12 meses. Quase dois terços dos adolescentes norte-americanos com menos de 18 anos disseram utilizar o site de compartilhamento de vídeos do Google para ouvir música, e 35% dos adolescentes afirmaram utilizar o serviço de rádio on-line personalizado da Pandora Media Inc. (*The Wall Street Journal*, 14 de agosto de 2012). Suponha que 10 adolescentes sejam selecionados aleatoriamente para ser entrevistados sobre como ouvem música.
    a. Selecionar aleatoriamente 10 adolescentes e perguntar se utilizam ou não o serviço on-line da Pandora Media Inc. é um experimento binomial?
    b. Qual é a probabilidade de que nenhum dos 10 adolescentes use o serviço de rádio on-line da Pandora Media?
    c. Qual é a probabilidade de 4 dos 10 adolescentes usarem o serviço de rádio on-line da Pandora Media?
    d. Qual é a probabilidade de que pelo menos 2 dos 10 adolescentes usem o serviço de rádio on-line da Pandora Media?

35. O Centro para Atendimento e Serviços Médicos (Medicare) informou que havia 295.000 solicitações de hospitalização e outros serviços da Parte A do Medicare. Para este grupo, 40% das apelações do primeiro turno foram bem-sucedidas (*The Wall Street Journal*, 22 de outubro de 2012). Suponha que 10 apelações iniciais tenham sido recebidas por um escritório do Medicare.
    a. Calcule a probabilidade de que nenhuma das apelações será bem-sucedida.
    b. Calcule a probabilidade de que exatamente uma das apelações seja bem-sucedida.

c. Qual é a probabilidade de que pelo menos duas das apelações sejam bem-sucedidas?
d. Qual é a probabilidade de que mais da metade das apelações seja bem-sucedida?

36. Quando uma nova máquina está funcionando corretamente, apenas 3% dos itens produzidos apresentam defeito. Suponha que vamos selecionar aleatoriamente duas peças produzidas na máquina e que estamos interessados no número de peças defeituosas encontradas.
    a. Descreva as condições sob as quais esta situação seria um experimento binomial.
    b. Desenhe um diagrama em árvore semelhante ao da Figura 5.3 mostrando este problema como um experimento com dois ensaios.
    c. Quantos resultados experimentais resultam em exatamente um defeito encontrado?
    d. Calcule as probabilidades associadas a não encontrar defeitos, exatamente um defeito e dois defeitos.

37. De acordo com o estudo feito em 2013 pelo Pew Research Center, 15% dos adultos nos Estados Unidos não utilizam Internet (site do *Pew Research Center*, 15 de dezembro de 2014). Suponha que 10 adultos nos Estados Unidos sejam aleatoriamente selecionados.
    a. A seleção dos 10 adultos é um experimento binomial? Explique.
    b. Qual é a probabilidade de que nenhum adulto use Internet?
    c. Qual é a probabilidade de 3 dos adultos utilizarem Internet?
    d. Qual é a probabilidade de que pelo menos 1 dos adultos use Internet?

38. Os sistemas militares de detecção de radar e mísseis são projetados para alertar um país sobre um ataque inimigo. Uma questão de confiabilidade é se um sistema de detecção será capaz de identificar um ataque e emitir um aviso. Suponha que determinado sistema de detecção tenha uma probabilidade de 0,90 de detectar o ataque de um míssil. Use a distribuição de probabilidade binomial para responder às seguintes perguntas.
    a. Qual é a probabilidade de um único sistema detectar um ataque?
    b. Se dois sistemas de detecção estão instalados na mesma área e operam independentemente, qual é a probabilidade de que pelo menos um deles detectará o ataque?
    c. Se três sistemas estiverem instalados, qual é a probabilidade de que pelo menos um deles detectará o ataque?
    d. Você recomendaria que vários sistemas de detecção fossem utilizados? Explique.

39. A empresa de análise de participação de mercado Net Applications monitora e reporta o uso de navegadores da Internet. De acordo com a Net Applications, no verão de 2014, o navegador Chrome, do Google, superou a fatia de mercado de 20% pela primeira vez, com uma participação de 20,37% no mercado de navegadores (site da *Forbes*, 15 de dezembro de 2014). Para um grupo de 20 usuários de navegadores da Internet, selecionados aleatoriamente, responda às seguintes perguntas.
    a. Calcule a probabilidade de que exatamente 8 dos 20 usuários usem o Chrome como navegador.
    b. Calcule a probabilidade de que pelo menos 3 dos 20 usuários usem o Chrome como navegador.
    c. Para a amostra de 20 usuários de navegadores, calcule o número esperado dos que usam o Chrome.
    d. Para a amostra de 20 usuários de navegadores, calcule a variação e o desvio padrão para o número de usuários do Chrome.

40. Um estudo conduzido pelo Pew Research Center mostrou que 75% dos jovens de 18 a 34 anos que moram com os pais dizem que contribuem para as despesas domésticas (*The Wall Street Journal*, 22 de outubro de 2012). Suponha que uma amostra aleatória de 15 destas pessoas seja selecionada para saber se ajudam nas despesas da casa.
    a. A seleção dos 15 jovens de 18 a 34 anos que vivem com seus pais é um experimento binomial? Explique.
    b. Se a amostra indicar que nenhuma dessas 15 pessoas de 18 a 34 anos ajudam nas despesas da casa, você questionaria os resultados do estudo do Pew Research? Explique.
    c. Qual é a probabilidade de que pelo menos 10 destes 15 jovens ajudem nas despesas domésticas?

41. Uma universidade descobriu que 20% de seus alunos desistem sem completar o curso de estatística introdutória. Suponha que 20 alunos se inscreveram no curso.
    a. Calcule a probabilidade de que 2 alunos ou menos irão desistir.
    b. Calcule a probabilidade de que exatamente 4 irão desistir.
    c. Calcule a probabilidade de que mais de 3 irão desistir.
    d. Calcule o número esperado de alunos que irão desistir.

42. Uma pesquisa do Gallup mostrou que 30% dos norte-americanos estão satisfeitos com a vida nos Estados Unidos (site da *Gallup*, 12 de setembro de 2012). Suponha que uma amostra de 20 norte-americanos seja selecionada como parte de um estudo sobre a situação do país.
    a. Calcule a probabilidade de que exatamente 4 dos 20 norte-americanos pesquisados estejam satisfeitos com a vida nos Estados Unidos.
    b. Calcule a probabilidade de que pelo menos 2 dos norte-americanos pesquisados estejam satisfeitos com a vida nos Estados Unidos.
    c. Para a amostra de 20 norte-americanos, calcule o número esperado de norte-americanos que estão satisfeitos com a vida nos Estados Unidos.
    d. Para a amostra de 20 norte-americanos, calcule a variação e o desvio padrão do número de norte-americanos que estão satisfeitos com a vida nos Estados Unidos.

43. De acordo com um estudo conduzido em 2010 pela Sysomos, uma empresa analista de mídia social sediada em Toronto, 71% de todos os *tweets* não obtiveram reação. Ou seja, estes são *tweets* não respondidos ou que foram reenviados (site da *Sysomos*, 5 de janeiro de 2015). Suponha que selecionamos aleatoriamente 100 *tweets*.
   a. Qual é o número esperado dos *tweets* que não obtiveram reação?
   b. Quais são a variação e o desvio padrão para o número dos *tweets* que não obtiveram reação?

 Distribuição de probabilidade de Poisson

Nesta seção consideraremos uma variável aleatória discreta que muitas vezes é útil para calcular o número de ocorrências ao longo de um intervalo de tempo ou espaço específico. Por exemplo, a variável aleatória de interesse pode ser o número de carros que chegam a um lava-rápido em uma hora, o número de reparos necessários em 16 quilômetros de uma rodovia ou o número de vazamentos em 160 quilômetros de tubulação. Se as duas propriedades a seguir forem satisfeitas, o número de ocorrências será uma variável aleatória descrita pela **distribuição de probabilidade de Poisson**.

A distribuição de probabilidade de Poisson frequentemente é utilizada para traçar um modelo de chegadas aleatórias em situações que ocorrem filas de espera.

TABELA 5.15 Valores selecionados a partir das tabelas de probabilidade de Poisson utilizadas como exemplo: $\mu = 10, x = 5; f(5) = 0,0378$

x	9,1	9,2	9,3	9,4	9,5	9,6	9,7	9,8	9,9	10
0	0,0001	0,0001	0,0001	0,0001	0,0001	0,0001	0,0001	0,0001	0,0001	0,0000
1	0,0010	0,0009	0,0009	0,0008	0,0007	0,0007	0,0006	0,0005	0,0005	0,0005
2	0,0046	0,0043	0,0040	0,0037	0,0034	0,0031	0,0029	0,0027	0,0025	0,0023
3	0,0140	0,0131	0,0123	0,0115	0,0107	0,0100	0,0093	0,0087	0,0081	0,0076
4	0,0319	0,0302	0,0285	0,0269	0,0254	0,0240	0,0226	0,0213	0,0201	0,0189
5	0,0581	0,0555	0,0530	0,0506	0,0483	0,0460	0,0439	0,0418	0,0398	**0,0378**
6	0,0881	0,0851	0,0822	0,0793	0,0764	0,0736	0,0709	0,0682	0,0656	0,0631
7	0,1145	0,1118	0,1091	0,1064	0,1037	0,1010	0,0982	0,0955	0,0928	0,0901
8	0,1302	0,1286	0,1269	0,1251	0,1232	0,1212	0,1191	0,1170	0,1148	0,1126
9	0,1317	0,1315	0,1311	0,1306	0,1300	0,1293	0,1284	0,1274	0,1263	0,1251
10	0,1198	0,1210	0,1219	0,1228	0,1235	0,1241	0,1245	0,1249	0,1250	0,1251
11	0,0991	0,1012	0,1031	0,1049	0,1067	0,1083	0,1098	0,1112	0,1125	0,1137
12	0,0752	0,0776	0,0799	0,0822	0,0844	0,0866	0,0888	0,0908	0,0928	0,0948
13	0,0526	0,0549	0,0572	0,0594	0,0617	0,0640	0,0662	0,0685	0,0707	0,0729
14	0,0342	0,0361	0,0380	0,0399	0,0419	0,0439	0,0459	0,0479	0,0500	0,0521
15	0,0208	0,0221	0,0235	0,0250	0,0265	0,0281	0,0297	0,0313	0,0330	0,0347
16	0,0118	0,0127	0,0137	0,0147	0,0157	0,0168	0,0180	0,0192	0,0204	0,0217
17	0,0063	0,0069	0,0075	0,0081	0,0088	0,0095	0,0103	0,0111	0,0119	0,0128
18	0,0032	0,0035	0,0039	0,0042	0,0046	0,0051	0,0055	0,0060	0,0065	0,0071
19	0,0015	0,0017	0,0019	0,0021	0,0023	0,0026	0,0028	0,0031	0,0034	0,0037
20	0,0007	0,0008	0,0009	0,0010	0,0011	0,0012	0,0014	0,0015	0,0017	0,0019
21	0,0003	0,0003	0,0004	0,0004	0,0005	0,0006	0,0006	0,0007	0,0008	0,0009
22	0,0001	0,0001	0,0002	0,0002	0,0002	0,0002	0,0003	0,0003	0,0004	0,0004
23	0,0000	0,0001	0,0001	0,0001	0,0001	0,0001	0,0001	0,0001	0,0002	0,0002
24	0,0000	0,0000	0,0000	0,0000	0,0000	0,0000	0,0000	0,0001	0,0001	0,0001

226 Estatística aplicada a administração e economia

> PROPRIEDADES DE UM EXPERIMENTO DE POISSON
>
> **1.** A probabilidade de uma ocorrência é a mesma para quaisquer dois intervalos de igual comprimento.
> **2.** A ocorrência ou não ocorrência em qualquer intervalo é independente da ocorrência ou não ocorrência em qualquer outro intervalo.

A **função de probabilidade de Poisson** é definida pela Equação (5.15).

Siméon Poisson lecionou Matemática na École Polytechnique de Paris de 1802 a 1808. Em 1837 ele publicou uma obra intitulada Pesquisa sobre a probabilidade de veredictos civis e criminais que inclui uma discussão daquilo que mais tarde passaria a ser conhecido como distribuição de Poisson.

> FUNÇÃO DE PROBABILIDADE DE POISSON
>
> $$f(x) = \frac{\mu^x e^{-\mu}}{x!} \qquad (5.15)$$
>
> onde
>
> $f(x) = $ a probabilidade de x ocorrências em um intervalo
> $\mu = $ valor esperado, ou número médio, de ocorrências em um intervalo
> $e = 2{,}71828$

Para a distribuição de probabilidade de Poisson, x é uma variável aleatória discreta que indica o número de ocorrências no intervalo. Uma vez que não existe um limite superior definido para o número de ocorrências, a função de probabilidade $f(x)$ é aplicável para valores de $x = 0, 1, 2, \ldots$ sem limite. Em aplicações práticas, x eventualmente se tornará suficientemente grande para que $f(x)$ seja aproximadamente zero e que a probabilidade de haver quaisquer valores maiores de x se torne desprezível.

Um exemplo envolvendo intervalos de tempo

Suponha que estejamos interessados no número de carros que chegam a um caixa automático, *drive-up,* de um banco durante um período de 15 minutos nas manhãs de fins de semana. Se considerarmos que a probabilidade de um carro chegar é a mesma para quaisquer dois períodos de igual duração e que o fato de carros ou não em qualquer período é independente da chegada ou não chegada de outro em qualquer outro período, a função de probabilidade de Poisson é aplicável. Considere que essas hipóteses sejam satisfeitas e que a análise dos dados históricos mostre que o número médio de carros que chegam no período de 15 minutos é 10; sendo assim, aplica-se a seguinte função de probabilidade:

A Bell Labs utiliza a distribuição de Poisson para modelar a recepção de chamadas telefônicas.

$$f(x) = \frac{10^x e^{-10}}{x!}$$

A variável aleatória neste caso é $x = $ o número de carros que chegam em um período qualquer de 15 minutos.

Se a administração quisesse saber a probabilidade de exatamente cinco carros chegarem em 15 minutos, definiríamos $x = 5$ e, desse modo, obteríamos

$$\begin{array}{c}\text{Probabilidade de exatamente}\\\text{5 chegadas em 15 minutos}\end{array} = f(5) = \frac{10^5 e^{-10}}{5!} = 0{,}0378$$

Embora esta probabilidade tenha sido determinada calculando-se a função de probabilidade com $\mu = 10$ e $x = 5$, muitas vezes é mais fácil consultar uma tabela da distribuição de Poisson. Ela fornece probabilidades para valores específicos de x e de μ. Este tipo de tabela é apresentado no Apêndice B como Tabela 7. Por conveniência, reproduzimos parte dela na Tabela 5.15. Observe que para usarmos a tabela de probabilidades de Poisson precisamos conhecer somente os valores de x e de μ. A partir da Tabela 5.15, sabemos que a probabilidade de chegar cinco carros em um período de 15 minutos é calculada encontrando-se o valor na linha da tabela correspondente a $x = 5$ e a coluna da tabela correspondente a $\mu = 10$. Portanto, obtemos $f(5) = 0{,}0378$.

No exemplo anterior, a média da distribuição de Poisson é $\mu = 10$ carros que chegam por período de 15 minutos. Uma propriedade da distribuição de Poisson é que a média da distribuição e a variância da distribuição são *iguais*. Sendo assim, a variância do número de carros que chegam durante períodos de 15 minutos é $\sigma^2 = 10$. O desvio padrão é $\sigma = \sqrt{10} = 3{,}16$.

> Uma propriedade da distribuição de Poisson é que a média e a variância são iguais.

Nossa ilustração envolve um período de 15 minutos, mas outros períodos podem ser utilizados. Suponha que queiramos calcular a probabilidade de um carro chegar em um período de três minutos. Uma vez que 10 é o número esperado de carros que chegam em um período de 15 minutos, observamos que $10/15 = 2/3$ é o número esperado de carros que chegam em um período de um minuto e que $(2/3)(3 \text{ minutos}) = 2$ é o número esperado de carros que chegam em um período de 3 minutos. Assim, a probabilidade de x carros chegarem em um período de três minutos, com $\mu = 2$, é dada pela seguinte função de probabilidade de Poisson:

$$f(x) = \frac{2^x e^{-2}}{x!}$$

A probabilidade de um carro chegar em um período de 3 minutos é calculada da seguinte maneira:

$$\begin{array}{c}\text{Probabilidade de exatamente}\\ \text{uma chegada em 3 minutos}\end{array} = f(1) = \frac{2^1 e^{-2}}{1!} = 0{,}2707$$

Calculamos anteriormente a probabilidade de cinco carros chegarem em um período de 15 minutos, ou seja, foi de 0,0378. Observe que a probabilidade de um carro chegar em um período de três minutos (0,2707) não é a mesma. Quando se calcula uma probabilidade de Poisson para um intervalo de tempo diferente, devemos primeiramente converter a taxa média de chegada para o período de interesse e depois calcular a probabilidade.

Um exemplo envolvendo intervalos de comprimento ou distância

Vamos ilustrar uma aplicação que não envolve intervalos de tempo na qual a distribuição de probabilidade de Poisson é útil. Suponha estarmos preocupados com a ocorrência de defeitos graves em uma rodovia um mês depois do recapeamento. Digamos que a probabilidade de ocorrer um defeito seja a mesma em dois intervalos quaisquer de igual extensão na rodovia e que a ocorrência ou não ocorrência de um defeito em qualquer intervalo seja independente da ocorrência ou não ocorrência de um defeito em outro intervalo qualquer. Assim, a distribuição de probabilidade de Poisson pode ser aplicada.

Suponha também que saibamos que defeitos graves ocorreram um mês depois do recapeamento à taxa média de dois defeitos por quilômetro. Vamos encontrar a probabilidade de não haver nenhum defeito grave em um trecho de três quilômetros, em especial na rodovia. Como estamos interessados em um intervalo com uma extensão de três quilômetros, $\mu = (2 \text{ defeitos/quilômetro})(3 \text{ quilômetros}) = 6$ representa o número esperado de defeitos graves no trecho de três quilômetros da rodovia. Usando a Equação (5.15), observamos que a probabilidade de não ocorrência de defeitos importantes é $f(0) = 6^0 e^{-6}/0! = 0{,}0025$. Assim, é improvável que nenhum defeito grave ocorra no trecho de três quilômetros. Na verdade, esse exemplo indica uma probabilidade de $1 - 0{,}0025 = 0{,}9975$ de pelo menos um defeito grave ocorrer em um trecho de três quilômetros da rodovia.

Exercícios

Métodos

44. Considere uma distribuição de Poisson com $\mu = 3$.
    a. Escreva a função de probabilidade de Poisson apropriada.
    b. Calcule $f(2)$.
    c. Calcule $f(1)$.
    d. Calcule $P(x \geq 2)$

45. Considere uma distribuição de Poisson com um número médio de duas ocorrências por período de tempo.
    a. Escreva a função de probabilidade de Poisson apropriada.
    b. Qual é o número esperado de ocorrências em três períodos?
    c. Escreva a função de probabilidade de Poisson apropriada para determinar a probabilidade de x ocorrências em três períodos.

228 Estatística aplicada a administração e economia

d. Calcule a probabilidade de duas ocorrências em um período.
e. Calcule a probabilidade de seis ocorrências em três períodos.
f. Calcule a probabilidade de cinco ocorrências em dois períodos.

Aplicações

46. Chamadas telefônicas são recebidas à taxa de 48 por hora no balcão de reservas da Regional Airways.
    a. Calcule a probabilidade de serem recebidas três chamadas em um intervalo de cinco minutos.
    b. Calcule a probabilidade de serem recebidas exatamente 10 chamadas em 15 minutos.
    c. Suponha não haver nenhuma chamada em espera no momento. Se o recepcionista demora cinco minutos para completar a chamada atual, quantas ligações você acha que permanecerão em espera nesse tempo? Qual é a probabilidade de não haver nenhuma ligação em espera?
    d. Se nenhuma chamada está em processamento no momento, qual é a probabilidade de o recepcionista ter três minutos de descanso sem ser interrompido por uma chamada?

47. Durante o período em que uma universidade local recebe inscrições por telefone, as chamadas telefônicas são recebidas a uma taxa de uma ligação a cada dois minutos.
    a. Qual é o número esperado de ligações recebidas em uma hora?
    b. Qual é a probabilidade de três ligações serem recebidas em cinco minutos?
    c. Qual é a probabilidade de nenhuma ligação ser recebida em um período de cinco minutos?

48. Em 2011, a cidade de Nova York teve um total de 11.232 acidentes automobilísticos que ocorreram de segunda a sexta-feira, entre as 15 e as 18 horas (site do Departamento de Veículos Motorizados do Estado de Nova York, 24 de outubro de 2012). Isso corresponde a uma média de 14,4 acidentes por hora.
    a. Calcule a probabilidade de nenhum acidente ocorrer em um período de 15 minutos.
    b. Calcule a probabilidade de pelo menos um acidente ocorrer em um período de 15 minutos.
    c. Calcule a probabilidade de quatro ou mais acidentes ocorrerem em um período de 15 minutos.

49. Os passageiros de uma empresa aérea chegam aleatória e independentemente ao balcão de controle de passageiros de um importante aeroporto internacional. A taxa média de chegada é de dez passageiros por minuto.
    a. Calcule a probabilidade de ninguém chegar no período de um minuto.
    b. Calcule a probabilidade de três ou menos passageiros chegarem no período de um minuto.
    c. Calcule a probabilidade de ninguém chegar em um período de 15 segundos.
    d. Calcule a probabilidade de pelo menos um passageiro chegar em um período de 15 segundos.

50. De acordo com a Administração Nacional Oceânica e Atmosférica (NOAA, na sigla em inglês), o estado do Colorado registra uma média de 18 tornados todo mês de junho (site da NOAA, 8 de novembro de 2012). (*Nota*: há 30 dias em junho.)
    a. Calcule o número médio de tornados por dia.
    b. Calcule a probabilidade de nenhum tornado durante um dia.
    c. Calcule a probabilidade de exatamente um tornado durante um dia.
    d. Calcule a probabilidade de mais de um tornado durante um dia.

51. Mais de 500 milhões de *tweets* são enviados por dia (site *Digital Ramblings Marketing*, 15 de dezembro de 2014). Suponha que o número de *tweets* por hora segue uma distribuição de Poisson, e que Bob recebe em média sete *tweets* durante sua hora de almoço.
    a. Qual é a probabilidade de Bob não receber *tweets* durante sua hora de almoço?
    b. Qual é a probabilidade de Bob receber pelo menos quatro *tweets* durante sua hora de almoço?
    c. Qual é o número esperado de *tweets* que Bob recebe durante os primeiros 30 minutos da sua hora de almoço?
    d. Qual é a probabilidade de Bob não receber *tweets* durante os primeiros 30 minutos da sua hora de almoço?

5.7 Distribuição de probabilidade hipergeométrica

A **distribuição de probabilidade hipergeométrica** está diretamente relacionada com a distribuição de probabilidade binomial. As duas distribuições de probabilidade diferem sob dois aspectos fundamentais. Quando se trata da distribuição hipergeométrica os ensaios não são independentes e a probabilidade de sucesso se modifica de ensaio para ensaio.

Na notação usual da distribuição de probabilidade hipergeométrica, r denota o número de elementos na população de tamanho N que são rotulados como sucesso e $N - r$ denota o número de elementos na população que são rotulados como fracasso. A **função de probabilidade hipergeométrica** é usada para calcular a probabilidade de obtermos x elementos rotulados de sucesso e $n - x$ elementos rotulados de fracasso em uma seleção aleatória de n elementos, selecionados sem reposição. Para que isso ocorra, precisamos obter x sucessos dos r sucessos na população e $n - x$ fracassos dos $N - r$ fracassos. A seguinte função de probabilidade hipergeométrica fornece $f(x)$, que é a probabilidade de obtermos x sucessos em uma amostra de tamanho n.

Distribuições discretas de probabilidade **229**

FUNÇÃO DE PROBABILIDADE HIPERGEOMÉTRICA

$$f(x) = \frac{\binom{r}{x}\binom{N-r}{n-x}}{\binom{N}{n}}$$ (5.16)

onde

$x =$ o número de sucessos

$n =$ número de ensaios

$f(x) =$ a probabilidade de x sucessos em n ensaios

$N =$ o número de elementos na população

$r =$ o número de sucessos na população

Observe que $\binom{N}{n}$ representa o número de maneiras pelas quais uma amostra de tamanho n pode ser selecionada de uma população de tamanho N; $\binom{r}{x}$ representa o número de maneiras pelas quais x sucessos podem ser selecionados de um total de r sucessos na população; e $\binom{N-r}{n-x}$ representa o número de maneiras pelas quais $n-x$ fracassos podem ser selecionados de um total de $N-r$ fracassos na população.

Para a distribuição de probabilidade hipergeométrica, x é uma variável aleatória discreta e a função de probabilidade $f(x)$ dada pela Equação (5.16) geralmente é aplicável para valores de $x = 0, 1, 2, \ldots, n$. Contudo, somente são válidos valores de x em que o número de sucessos observados for *menor ou igual* ao número de sucessos na população ($x \leq r$) e em que o número de fracassos observados for *menor ou igual* ao número de fracassos na população ($n - x \leq N - r$). Se estas duas condições não forem satisfeitas para um ou mais valores de x, o valor correspondente de $f(x) = 0$ indica que a probabilidade deste valor de x é zero.

Para ilustrarmos os cálculos envolvidos no uso da Equação (5.16), consideremos a seguinte aplicação de controle da qualidade. Os fusíveis elétricos produzidos pela Ontario Electric são embalados em caixas de 12 unidades cada uma. Suponha que um inspetor de qualidade selecione aleatoriamente 3 dos 12 fusíveis contidos em uma caixa para testá-los. Se a caixa contém exatamente cinco fusíveis defeituosos, qual é a probabilidade de o inspetor encontrar exatamente um dos três fusíveis defeituosos? Nesta aplicação, $n = 3$ e $N = 12$. Com $r = 5$ fusíveis defeituosos na caixa, a probabilidade de encontrar $x = 1$ fusível defeituoso é:

$$f(1) = \frac{\binom{5}{1}\binom{7}{2}}{\binom{12}{3}} = \frac{\left(\dfrac{5!}{1!4!}\right)\left(\dfrac{7!}{2!5!}\right)}{\left(\dfrac{12!}{3!9!}\right)} = \frac{(5)(21)}{220} = 0,4773$$

Suponha agora que queremos saber qual é a probabilidade de encontrar *pelo menos* um fusível defeituoso. A maneira mais fácil de responder a essa questão é calcular primeiramente a probabilidade de o inspetor de qualidade não encontrar nenhum fusível defeituoso. A probabilidade de $x = 0$ é

$$f(0) = \frac{\binom{5}{0}\binom{7}{3}}{\binom{12}{3}} = \frac{\left(\dfrac{5!}{0!5!}\right)\left(\dfrac{7!}{3!4!}\right)}{\left(\dfrac{12!}{3!9!}\right)} = \frac{(1)(35)}{220} = 0,1591$$

Com a probabilidade de não haver nenhum fusível defeituoso $f(0) = 0,1591$, concluímos que a probabilidade de encontrar pelo menos um fusível defeituoso deve ser $1 - 0,1591 = 0,8409$. Assim, existe uma probabilidade razoavelmente elevada de o inspetor de qualidade vir a encontrar pelo menos um fusível defeituoso.

A média e a variância de uma distribuição hipergeométrica são apresentadas a seguir.

$$E(x) = \mu = n\left(\frac{r}{N}\right) \tag{5.17}$$

$$Var(x) = \sigma^2 = n\left(\frac{r}{N}\right)\left(1 - \frac{r}{N}\right)\left(\frac{N-n}{N-1}\right) \tag{5.18}$$

No exemplo anterior, $n = 3$, $r = 5$ e $N = 12$. Assim, a média e a variância do número de fusíveis defeituosos são

$$\mu = n\left(\frac{r}{N}\right) = 3\left(\frac{5}{12}\right) = 1,25$$

$$\sigma^2 = n\left(\frac{r}{N}\right)\left(1 - \frac{r}{N}\right)\left(\frac{N-n}{N-1}\right) = 3\left(\frac{5}{12}\right)\left(1 - \frac{5}{12}\right)\left(\frac{12-3}{12-1}\right) = 0,60$$

O desvio padrão é $\sigma = \sqrt{0,60} = 0,77$.

NOTAS E COMENTÁRIOS

Considere uma distribuição hipergeométrica com n ensaios. Digamos que $p = (r/N)$ denote a probabilidade de um sucesso no primeiro ensaio. Se o tamanho da população for grande, o termo $(N-n)/(N-1)$ da Equação (5.18) aproxima-se de 1. Em consequência, o valor esperado e a variância podem ser escritos como $E(x) = np$ e $Var(x) = np(1-p)$. Note que essas expressões são similares àquelas usadas para calcular o valor esperado e a variância de uma distribuição binomial, como nas Equações (5.13) e (5.14). Quando o tamanho da população é grande, uma distribuição hipergeométrica pode ser aproximada por meio de uma distribuição binomial com n ensaios e uma probabilidade de sucesso $p = (r/N)$.

Exercícios

Métodos

52. Suponha $N = 10$ e $r = 3$. Calcule as probabilidades hipergeométricas para os seguintes valores de n e x.
    a. $n = 4, x = 1$.
    b. $n = 2, x = 2$.
    c. $n = 2, x = 0$.
    d. $n = 4, x = 2$.
    e. $n = 4, x = 4$.

53. Suponha $N = 15$ e $r = 4$. Qual é a probabilidade de $x = 3$ para $n = 10$?

Aplicações

54. Uma pesquisa recente mostrou que a maioria dos norte-americanos planeja fazer compras on-line porque não quer gastar dinheiro com gasolina dirigindo de loja em loja (site da SOASTA, 24 de outubro de 2012). Suponha que tenhamos um grupo de 10 compradores; 7 preferem fazer suas compras de Natal on-line e 3 preferem fazer suas compras de fim de ano nas lojas. Uma amostra aleatória de 3 desses 10 compradores é selecionada para um estudo mais aprofundado de como a economia impactou seu comportamento de compra.
    a. Qual é a probabilidade de exatamente 2 preferirem fazer compras on-line?
    b. Qual é a probabilidade de a maioria (2 ou 3) preferir fazer compras on-line?

55. Blackjack, ou vinte e um, como é frequentemente chamado, é um popular jogo de azar jogado em casinos de Las Vegas. Um jogador recebe duas cartas. As "cartas com rosto" (valetes, damas e reis) e dezenas têm um valor de 10 pontos. Ases têm um valor de pontos de 1 ou 11. Um baralho de 52 cartas contém 16 cartas com um valor de 10 pontos (valetes, rainhas, reis e dezenas) e quatro ases.
    a. Qual é a probabilidade de ambas as cartas serem ases ou cartas de 10 pontos?
    b. Qual é a probabilidade de ambas as cartas serem ases?
    c. Qual é a probabilidade de ambas as cartas terem um valor de 10 pontos?
    d. Um *blackjack* é quando o jogador tira uma carta de 10 pontos e um ás, obtendo 21 pontos. Use suas respostas aos itens (a), (b) e (c) para determinar a probabilidade de um jogador conseguir um *blackjack*. (*Dica*: o item (d) não é um problema hipergeométrico.

Desenvolva sua própria relação lógica de como as probabilidades hipergeométricas dos itens (a), (b) e (c) podem ser combinadas para responder a essa pergunta.)

56. A Axline Computers produz computadores pessoais em duas fábricas: uma no Texas e outra no Havaí. A fábrica do Texas tem 40 empregados e a do Havaí 20. Pede-se a 10 empregados de uma amostra aleatória para preencherem um questionário sobre benefícios.
    a. Qual é a probabilidade de nenhum dos empregados da amostra trabalhar na fábrica do Havaí?
    b. Qual é a probabilidade de 1 dos empregados da amostra trabalhar na fábrica do Havaí?
    c. Qual é a probabilidade de 2 ou mais dos empregados da amostra trabalharem na fábrica do Havaí?
    d. Qual é a probabilidade de 9 dos empregados da amostra trabalharem na fábrica do Texas?

57. O *Guia de Restaurantes Zagat* fornece classificações referentes à qualidade da comida, conforto e atendimento de alguns dos grandes restaurantes nos Estados Unidos. Para os 15 restaurantes mais bem classificados, localizados em Boston, o preço médio de um jantar, incluindo uma bebida e a gorjeta, era de US$ 48,60. Você chega a Boston em uma viagem de negócios e jantará em três desses restaurantes. Sua empresa vai reembolsar um valor máximo de US$ 50 por jantar. Seus colegas de negócios que têm familiaridade com esses restaurantes lhe disseram que o custo das refeições em um terço dos restaurantes ultrapassará o valor de US$ 50. Suponha que você escolha aleatoriamente três desses restaurantes para fazer suas refeições.
    a. Qual é a probabilidade de nenhuma das refeições ultrapassar o custo coberto por sua empresa?
    b. Qual é a probabilidade de uma das refeições ultrapassar o custo coberto por sua empresa?
    c. Qual é a probabilidade de duas refeições ultrapassarem o custo coberto por sua empresa?
    d. Qual é a probabilidade de todas as três refeições ultrapassarem o custo coberto por sua empresa?

58. O TARP (Troubled Asset Relief Program, ou Programa de Auxílio ao Patrimônio Comprometido), aprovado pelo Congresso dos Estados Unidos em outubro de 2008, distribuiu US$ 700 bilhões para o auxílio à economia norte-americana durante a crise. Mais de US$ 200 bilhões foram destinados a instituições financeiras que se encontravam em dificuldades, na esperança de que haveria um aumento nos empréstimos para ajudar a impulsionar a economia. Porém, três meses depois, uma pesquisa do Federal Reserve revelou que dois terços dos bancos que haviam recebido fundos do TARP tinham restringido os termos para a concessão de empréstimos a empresas (*The Wall Street Journal*, 3 de fevereiro de 2009). Dos 10 bancos que receberam as maiores quantias de fundos do TARP, somente 3 realmente aumentaram os empréstimos durante esse período.

Aumento de empréstimos	Redução de empréstimos
BB&T	Bank of America
Sun Trust Banks	Capital One
U.S. Bancorp	Citigroup
	Fifth Third Bancorp
	J.P. Morgan Chase
	Regions Financial
	Wells Fargo

Para os propósitos deste exercício, digamos que você tenha selecionado aleatoriamente 3 desses 10 bancos para um estudo que continuará a monitorar as práticas de empréstimo bancário. Suponha que x seja uma variável aleatória indicando o número de bancos no estudo que aumentaram seus empréstimos.
    a. Calcule $f(0)$? Qual é sua interpretação desse valor?
    b. Calcule $f(3)$? Qual é sua interpretação desse valor?
    c. Calcule $f(1)$ e $f(2)$. Mostre a distribuição de probabilidade para o número de bancos no estudo que aumentaram seus empréstimos. Que valor de x tem a maior probabilidade?
    d. Qual é a probabilidade de que o estudo tenha, pelo menos, um banco que aumentou seus empréstimos?
    e. Calcule o valor esperado, a variância e o desvio padrão para a variável aleatória.

Resumo

Uma variável aleatória fornece uma descrição numérica do resultado de um experimento. A distribuição de probabilidade de uma variável aleatória descreve a maneira pela qual as probabilidades se distribuem ao longo dos valores que a variável aleatória pode assumir. Para qualquer variável aleatória discreta x, a distribuição de probabilidade é definida por uma função de probabilidade, denotada por $f(x)$, que fornece a probabilidade associada a cada valor da variável aleatória.

Introduzimos dois tipos de distribuições de disponibilidades discretas. Um tipo envolve fornecer uma lista dos valores da variável aleatória e as probabilidades associadas em uma tabela. Mostramos como o método da frequência

232 Estatística aplicada a administração e economia

relativa de atribuição de probabilidades poderia ser utilizado para desenvolver distribuições discreta de probabilidades empíricas deste tipo. Distribuições empíricas bivariadas também foram discutidas. Com as distribuições bivariadas, o interesse se concentra na relação entre duas variáveis aleatórias. Mostramos como calcular a covariância e o coeficiente de correlação como medidas de tal relação. Também mostramos como distribuições bivariadas envolvendo retornos de mercado sobre ativos financeiros poderiam ser usadas para criar portfólios financeiros.

O segundo tipo de distribuição discreta de probabilidade que discutimos envolveu o uso de uma função matemática para fornecer as probabilidades da variável aleatória. As distribuições binomial, de Poisson e hipergeométrica discutidas foram todas desse tipo. A distribuição binomial pode ser usada para determinar a probabilidade de x sucessos em n tentativas sempre que o experimento tiver as seguintes propriedades:

1. O experimento consiste de uma sequência de n tentativas idênticas.
2. Dois resultados são possíveis em cada tentativa; um é chamado sucesso, e o outro fracasso.
3. A probabilidade de um sucesso p não muda de ensaio para ensaio. Consequentemente, a probabilidade de fracasso, $1 - p$, não muda de ensaio para ensaio.
4. Os ensaios são independentes.

Quando as quatro condições são válidas, a função de probabilidade binomial pode ser usada para determinar a probabilidade de se obter x sucessos em n ensaios. Também foram apresentadas fórmulas relativas à média e à variância da distribuição binomial.

A distribuição de Poisson é usada quando se quer determinar a probabilidade de obter x ocorrências ao longo de um intervalo de tempo ou de espaço. As seguintes condições são necessárias para que a distribuição de Poisson seja aplicável:

1. A probabilidade de uma ocorrência do evento é a mesma para dois intervalos quaisquer de igual comprimento.
2. A ocorrência ou não ocorrência do evento em qualquer intervalo é independente da ocorrência ou não ocorrência do evento em qualquer outro intervalo.

Uma terceira distribuição discreta de probabilidade, a hipergeométrica, foi apresentada na Seção 5.7. Assim como a distribuição binomial, ela é usada para calcular a probabilidade de x sucessos em n ensaios. Mas, ao contrário da binomial, a probabilidade de sucesso se modifica de ensaio para ensaio.

Glossário

Desvio padrão Raiz quadrada positiva da variância.

Distribuição de probabilidade Descrição de como as probabilidades se distribuem ao longo dos valores da variável aleatória.

Distribuição de probabilidade binomial Distribuição de probabilidade que mostra a probabilidade de x sucessos em n ensaios de um experimento binomial.

Distribuição de probabilidade bivariada Uma distribuição de probabilidade envolvendo duas variáveis aleatórias. Uma distribuição de probabilidade bivariada discreta fornece uma probabilidade para cada par de valores que podem ocorrer para as duas variáveis aleatórias.

Distribuição de probabilidade hipergeométrica Distribuição de probabilidade que mostra a probabilidade de x sucessos em n ensaios de uma população com r sucessos e $N - r$ fracassos.

Distribuição de probabilidade de Poisson Distribuição de probabilidade que mostra a probabilidade de x ocorrências de um evento em um intervalo de tempo ou de espaço específico.

Distribuição discreta de probabilidade uniforme Distribuição de probabilidade para a qual cada valor possível da variável aleatória tem a mesma probabilidade.

Distribuição discreta empírica Uma distribuição discreta de probabilidade para a qual o método de frequência relativa é utilizado para atribuir as probabilidades.

Experimento binomial Um experimento que tem as quatro propriedades definidas no início da Seção 5.5.

Função de probabilidade Função, denotada por $f(x)$ que fornece a probabilidade de x assumir um determinado valor para uma variável aleatória discreta.

Função de probabilidade binomial Função usada para calcular probabilidades binomiais.

Função de probabilidade de Poisson Função utilizada para calcular as probabilidades de Poisson.

Função de probabilidade hipergeométrica Função utilizada para calcular probabilidades hipergeométricas.

Valor esperado Medida da posição central de uma variável aleatória.

Variância Medida da variabilidade, ou dispersão, de uma variável aleatória

Variável aleatória Descrição numérica do resultado de um experimento.

Distribuições discretas de probabilidade **233**

Variável aleatória contínua Uma variável aleatória que pode assumir qualquer valor numérico em um intervalo ou grupo de intervalos.

Variável aleatória discreta Uma variável aleatória que pode assumir um número finito de valores ou uma sequência de valores infinitos.

Fórmulas-chave

Função de probabilidade discreta uniforme

$$f(x) = 1/n \tag{5.3}$$

Valor esperado de uma variável aleatória discreta

$$E(x) = \mu = \Sigma x f(x) \tag{5.4}$$

Variância de uma variável aleatória discreta

$$Var(x) = \sigma^2 = \Sigma(x - \mu)^2 f(x) \tag{5.5}$$

Covariância das variáveis aleatórias x e y

$$\sigma_{xy} = [Var(x + y) - Var(x) - Var(y)]/2 \tag{5.6}$$

Correlação entre as variáveis aleatórias x e y

$$\rho_{xy} = \frac{\sigma_{xy}}{\sigma_x \sigma_y} \tag{5.7}$$

Valor esperado de uma combinação linear de variáveis aleatórias x e y

$$E(ax + by) = aE(x) + bE(y) \tag{5.8}$$

Variância de uma combinação linear de variáveis aleatórias

$$Var(ax + by) = a^2 Var(x) + b^2 Var(y) + 2ab\sigma_{xy} \tag{5.9}$$

onde σ_{xy} é a covariância de x e y

Número de resultados experimentais que fornecem exatamente x sucessos em n ensaios

$$\binom{n}{x} = \frac{n!}{x!(n-x)!} \tag{5.10}$$

Função de probabilidade binomial

$$f(x) = \binom{n}{x} p^x (1-p)^{(n-x)} \tag{5.12}$$

234 Estatística aplicada a administração e economia

Valor esperado para a distribuição binomial

$$E(x) = \mu = np \tag{5.13}$$

Variância para a distribuição binomial

$$Var(x) = \sigma^2 = np(1 - p) \tag{5.14}$$

Função de probabilidade de Poisson

$$f(x) = \frac{\mu^x e^{-\mu}}{x!} \tag{5.15}$$

Função de probabilidade hipergeométrica

$$f(x) = \frac{\binom{r}{x}\binom{N - r}{n - x}}{\binom{N}{n}} \tag{5.16}$$

Valor esperado para a distribuição hipergeométrica

$$E(x) = \mu = n\,\frac{r}{N} \tag{5.17}$$

Variância para a distribuição hipergeométrica

$$Var(x) = \sigma^2 = n\left(\frac{r}{N}\right)\left(1 - \frac{r}{N}\right)\left(\frac{N - n}{N - 1}\right) \tag{5.18}$$

Exercícios suplementares

59. A Guarda Costeira dos Estados Unidos (USCG, na sigla em inglês) fornece uma ampla variedade de informações sobre acidentes de navegação, incluindo a condição dos ventos no momento do acidente. A tabela a seguir mostra os resultados obtidos para 4.401 acidentes (site da USCG, 8 de novembro de 2012).

Condição dos ventos	Porcentagem de acidentes
Nenhum	9,6
Fracos	57,0
Moderados	23,8
Fortes	7,7
Tempestade	1,9

Seja x uma variável aleatória refletindo a condição do vento conhecida no momento de cada acidente. Defina $x = 0$ para nenhum, $x = 1$ para fracos, $x = 2$ para moderados, $x = 3$ para fortes, e $x = 4$ para tempestade.

a. Desenvolva uma distribuição de probabilidade para x.

b. Calcule o valor esperado de x.

c. Calcule a variância e o desvio padrão para x.

d. Comente sobre o que seus resultados implicam quanto às condições dos ventos durante acidentes de barco.

Distribuições discretas de probabilidade **235**

60. O site da Car Repair Ratings fornece avaliações e classificações dos consumidores para oficinas nos Estados Unidos e no Canadá. O tempo que os clientes esperam para que o serviço seja concluído é uma das categorias classificadas. A tabela a seguir fornece um resumo das classificações do tempo de espera (1 = Lento/Atrasado; 10 = Rápido/No horário) para 40 oficinas selecionadas aleatoriamente, localizadas na província de Ontário, Canadá (site da Car Repair Ratings, 14 de novembro de 2012) .

Classificação quanto ao tempo de espera	Número de oficinas
1	6
2	2
3	3
4	2
5	5
6	2
7	4
8	5
9	5
10	6

a. Desenvolva uma distribuição de probabilidade para x = classificação do tempo de espera.
b. Qualquer oficina que receber uma classificação de tempo de espera de pelo menos 9 é considerada uma prestadora de serviços excepcional. Se um consumidor selecionar aleatoriamente uma das 40 oficinas para o próximo serviço, qual é a probabilidade de a oficina selecionada fornecer um excelente serviço quanto ao tempo de espera?
c. Qual é o valor esperado e a variância para x?
d. Suponha que 7 das 40 oficinas analisadas fossem concessionárias de carros novos. Das 7 novas concessionárias de automóveis, duas foram classificadas como excelentes prestadoras de serviços quanto ao tempo de espera. Compare a probabilidade de uma concessionária de automóveis novos obter uma classificação de serviço excelente quanto ao tempo de espera em comparação com outros tipos de prestadoras de serviços.

61. O processo de definição de orçamento de uma faculdade no meio-oeste dos Estados Unidos resultou em previsões das despesas para o próximo ano (em milhões de dólares) de US$ 9, US$ 10, US$ 11, US$ 12 e US$ 13. Como as despesas reais são desconhecidas, são atribuídas as seguintes probabilidades respectivas: 0,3, 0,2, 0,25, 0,05 e 0,2.
a. Mostre a distribuição de probabilidade para a previsão de despesas.
b. Qual é o valor esperado da previsão de despesas para o próximo ano?
c. Qual é a variância da previsão de despesas para o próximo ano?
d. Se as projeções de receita para o ano forem estimadas em US$ 12 milhões, comente sobre a situação financeira da faculdade.

62. Uma livraria no Aeroporto Hartsfield-Jackson, em Atlanta, vende material de leitura (livros de bolso, jornais, revistas) e lanches (amendoim, salgadinhos, doces etc.). Um terminal de ponto de venda coleta diversas informações sobre as compras de clientes. A seguir, é mostrada uma tabela com o número de lanches e material de leitura comprados pelos 600 clientes mais recentes.

		Material de leitura		
		0	**1**	**2**
	0	0	60	18
Lanches	**1**	240	90	30
	2	120	30	12

a. Usando os dados da tabela, construa uma distribuição de probabilidade bivariada discreta empírica para x = número de lanches e y = material de leitura em uma compra de cliente selecionada aleatoriamente. Qual é a probabilidade de uma compra consistir de um material de leitura e dois lanches? Qual é a probabilidade de um cliente comprar apenas um lanche? Por que a probabilidade é $f(x = 0, y = 0) = 0$?
b. Mostre a distribuição de probabilidade marginal para o número de lanches comprados. Calcule o valor esperado e a variância.
c. Qual é o valor esperado e a variância para o número de materiais de leitura comprados por um cliente?
d. Mostre a distribuição de probabilidade para t = número total de itens na compra de um cliente. Calcule seu valor esperado e a variância.

236 Estatística aplicada a administração e economia

e. Calcule a covariância e o coeficiente de correlação entre x e y. Qual é a relação, se houver, entre o número de materiais de leitura e o número de lanches comprados por um cliente?

63. O grupo Knowles/Armitage (KA), da Merrill Lynch, aconselha os clientes sobre como criar um portfólio de investimentos diversificado. Uma das alternativas de investimento disponibilizadas aos clientes é o All World Fund, composto de ações globais com bons dividendos. Um de seus clientes está interessado em um portfólio composto de investimentos no All World Fund e em um fundo de títulos do tesouro. O retorno percentual esperado de um investimento no All World Fund é de 7,80% com um desvio padrão de 18,90%. O retorno percentual esperado para um investimento em um fundo de títulos do Tesouro é de 5,50% e o desvio padrão é de 4,60%. A covariância entre um investimento no All World Fund e um investimento em um fundo de títulos do tesouro é de $-12,4$.

a. Qual dos fundos seria considerado o mais arriscado? Por quê?

b. Se a KA recomenda que o cliente invista 75% no All World Fund e 25% no Fundo de Títulos do Tesouro, qual é o retorno percentual esperado e o desvio padrão para este portfólio? Qual seria o retorno esperado e o desvio padrão, em dólares, para um cliente que investisse US$ 10.000 em um portfólio desse tipo?

c. Se a KA recomenda que o cliente invista 25% no All World Fund e 75% no Fundo de Títulos do Tesouro, qual é o retorno esperado e o desvio padrão para esse portfólio? Qual seria o retorno esperado e o desvio padrão, em dólares, para um cliente que investisse US$ 10.000 em um portfólio desse tipo?

d. Qual dos portfólios nos itens (b) e (c) você recomendaria para um investidor ousado? Qual você recomendaria para um investidor conservador? Por quê?

64. O Pew Research Center entrevistou adultos que têm/utilizam as seguintes tecnologias: Internet, smartphone, e-mail e telefone fixo (*USA Today*, 26 de março de 2014) e perguntou qual dessas tecnologias seria "muito difícil" deixar de utilizar. As seguintes respostas foram obtidas: Internet, 53%; smartphone, 49%; e-mail, 36%, telefone fixo, 28%.

a. Se 20 usuários adultos da Internet forem entrevistados, qual é a probabilidade de que 3 destes usuários relatem que seria muito difícil desistir da Internet?

b. Se 20 adultos que têm um telefone fixo forem entrevistados, qual é a probabilidade de que 5 ou menos relatem que seria muito difícil desistir de utilizar o telefone?

c. Se 2.000 proprietários de smartphones forem pesquisados, qual é o número esperado que relatará que seria muito difícil desistir do smartphone?

d. Se 2.000 usuários de e-mail forem pesquisados, qual é o número esperado que relatará que seria muito difícil desistir de utilizar e-mail? Qual é a variância e o desvio padrão?

65. A tabela a seguir mostra a porcentagem de indivíduos em cada faixa etária que utilizam um programa de impostos on-line para preparar sua declaração de imposto de renda (site da CompleteTax, 9 de novembro de 2012).

Idade	Programa de declaração de impostos on-line (%)
18-34	16
35-44	12
45-54	10
55-64	8
65+	2

Suponha que um estudo analítico que consiste de entrevistas pessoais seja conduzido para determinar os fatores mais importantes na escolha de um método para o preenchimento da declaração de impostos.

a. Quantos jovens de 18 a 34 anos devem ser amostrados para encontrar um número esperado de pelo menos 25 que usem um programa de impostos on-line para preparar sua declaração de imposto de renda?

b. Quantos adultos entre 35 e 44 anos devem ser amostrados para encontrar um número esperado de pelo menos 25 pessoas que utilizam um programa on-line para preparar sua declaração de imposto de renda?

c. Quantos adultos com mais de 65 anos devem ser amostrados para encontrar um número esperado de pelo menos 25 que utilizam um programa on-line para preparar sua declaração de imposto de renda?

d. Se o número de jovens com 18 a 34 anos da amostra for igual ao valor identificado no item (a), qual é o desvio padrão da porcentagem que utiliza um programa de impostos on-line?

e. Se o número de adultos com 35 a 44 anos de idade amostrados for igual ao valor identificado no item (b), qual é o desvio padrão da porcentagem que utiliza um programa de impostos on-line?

66. Muitas empresas utilizam uma técnica de controle da qualidade denominada *amostragem de aceitação* para monitorar as entregas de peças, matérias-primas e assim por diante. Na indústria eletrônica, os componentes comumente são despachados pelos fornecedores em grandes lotes. A inspeção de uma amostra de n componentes pode ser vista como os n ensaios de um experimento binomial. O resultado

Distribuições discretas de probabilidade **237**

de cada componente testado (ensaio) indicará que ele é classificado como um componente bom ou defeituoso. A Reynolds Electronics aceita lotes de determinado fornecedor se os componentes defeituosos de um lote não ultrapassarem 1%. Suponha que uma amostra aleatória de cinco itens de uma remessa recente seja testada.

a. Suponha que 1% da remessa apresente defeitos. Calcule a probabilidade de nenhum item da amostra estar com defeito.

b. Suponha que 1% da remessa apresente defeitos. Calcule a probabilidade de exatamente um item da amostra estar com defeito.

c. Qual é a probabilidade de observar um ou mais itens com defeito na amostra, se 1% da remessa tiver defeitos.

d. Você se sentiria à vontade em aceitar a remessa se um item tiver um defeito? Sim ou não? Por quê?

67. A *PBS News Hour* informou que 39,4% dos norte-americanos entre 25 e 64 anos têm pelo menos um diploma universitário em algum curso com duração de dois anos (site da *PBS*, 15 de dezembro de 2014). Suponha que 50 norte-americanos com idade entre 25 e 64 sejam selecionados aleatoriamente.

a. Qual é o número esperado de pessoas com pelo menos um diploma universitário em um curso universitário de dois anos?

b. Quais são a variação e o desvio padrão para o número de pessoas com pelo menos um diploma universitário de dois anos?

68. A Mahoney Custom Home Builders, Inc., no Lago Canyon, Texas, perguntou aos visitantes do seu site o que é mais importante na hora de escolher um construtor para suas casas. As possíveis respostas foram qualidade, preço, indicação de cliente, anos em atividade e características especiais. Os resultados mostraram que 23,5% dos entrevistados escolheram o preço como o fator mais importante (site da Mahoney Custom Homes, 13 de novembro de 2012). Suponha que uma amostra de 200 potenciais compradores de casas na área do Lago Canyon foi selecionada.

a. Quantas pessoas você espera escolheriam o preço como o fator mais importante na escolha de um construtor?

b. Qual é o desvio padrão do número de entrevistados que escolheria o preço como o fator mais importante na definição de um construtor de casas?

c. Qual é o desvio padrão do número de entrevistados que não consideram o preço como o fator mais importante na escolha de um construtor?

69. Os carros chegam a um lava-rápido de maneira aleatória e independente; a probabilidade de um carro chegar é a mesma para quaisquer dois intervalos de tempo de igual duração. A taxa média de chegada é de 15 carros por hora. Qual é a probabilidade de 20 ou mais carros chegarem durante qualquer intervalo de uma hora de funcionamento do lava-rápido?

70. Um novo processo automatizado de produção tem uma média de 1,5 pane por dia. Em virtude do custo associado a cada pane, a administração está preocupada com a possibilidade de haver três ou mais panes durante um dia. Suponha que as panes ocorram aleatoriamente, que a probabilidade de uma pane seja a mesma para quaisquer dois intervalos de tempo de igual duração e que as panes ocorridas em um período sejam independentes daquelas ocorridas em outros períodos. Qual é a probabilidade de haver três ou mais panes durante um dia?

71. Um diretor regional responsável pelo desenvolvimento dos negócios no estado da Pensilvânia está preocupado com o número de falências de pequenas empresas. Se o número médio dessas falências por mês for igual a 10, qual será a probabilidade de exatamente 4 pequenas empresas falirem durante determinado mês? Suponha que a probabilidade de falências seja a mesma para dois meses quaisquer e que a ocorrência ou não ocorrência de uma falência em determinado mês seja independente das falências em outro mês qualquer.

72. Clientes chegam a um banco de forma aleatória e independente; a probabilidade de um cliente chegar no período de um minuto qualquer é similar à probabilidade de outro cliente chegar em outro período de um minuto qualquer. Responda às seguintes questões, supondo uma taxa de chegada média igual a três clientes por minuto.

a. Qual é a probabilidade de exatamente três chegadas no período de um minuto?

b. Qual é a probabilidade de haver pelo menos três chegadas no período de um minuto?

73. Um baralho contém 52 cartas, das quais quatro são ases. Qual é a probabilidade de uma mão de cinco cartas apresentar:

a. Um par de ases?

b. Exatamente um ás?

c. Nenhum ás?

d. Pelo menos um ás?

74. A classificação definida pelo *U.S. News & World Report*'s para as melhores faculdades de Administração dos Estados Unidos mostrou que a Harvard University e a Stanford University ficaram empatadas em primeiro lugar. Além disso, 7 das 10 principais faculdades de Administração demonstraram que seus alunos graduados tiveram uma média geral de notas (GPA) de 3,50 ou mais (America's Best Graduate Schools, edição de 2009, *U.S. News & World Report*). Suponha que selecionemos aleatoriamente 2 das 10 principais faculdades de Administração.

a. Qual é a probabilidade de que exatamente uma faculdade tenha alunos graduados com uma GPA de 3,50 ou mais?

b. Qual é a probabilidade de que ambas as faculdades tenham alunos graduados com uma GPA de 3,50 ou mais?

c. Qual é a probabilidade de que nenhuma faculdade tenha alunos graduados com uma GPA de 3,50 ou mais?

238 Estatística aplicada a administração e economia

Estudo de caso   Go Bananas!

A Great Grasslands Grains, Inc. (GGG) fabrica e vende uma grande variedade de cereais matinais. O laboratório de desenvolvimento de produtos da GGG criou recentemente um novo cereal que consiste de flocos de arroz e marshmallows com sabor banana. O departamento de pesquisa de marketing da empresa testou o novo cereal extensivamente e descobriu que os consumidores ficam entusiasmados com o cereal quando caixas de 450 gramas contêm pelo menos 45 gramas e não mais do que 68 gramas dos marshmallows com sabor banana.

À medida que a GGG se prepara para começar a produzir e vender caixas de 450 gramas do novo cereal, que denominou *Go Bananas!*, a administração se preocupa com a quantidade de marshmallows com sabor banana, pois quer ter o cuidado de não incluir menos de 45 gramas ou mais de 68 gramas de marshmallows deste sabor em cada caixa de 450 gramas de *Go Bananas!* Tina Finkel, vice-presidente de produção da GGG, sugeriu que a empresa mensure o peso de marshmallows com sabor banana em uma amostra aleatória de 25 caixas de *Go Bananas!* semanalmente. A cada semana, a GGG pode contar o número de caixas das 25 caixas na amostra que contêm menos de 45 ou mais de 68 gramas desses marshmallows; se o número de caixas que não satisfizerem o peso padrão dos marshmallows for muito alto, a produção será encerrada e inspecionada.

A senhora Finkel e sua equipe projetaram o processo de produção de modo que apenas 8% de todas as caixas com 450 gramas deixem de atingir o peso padrão dos marshmallows com sabor banana. Depois de muito debate, a gerência da GGG decidiu encerrar a produção de *Go Bananas!* se pelo menos cinco caixas em uma amostra semanal deixarem de atingir o peso padrão estabelecido.

Relatório administrativo

Prepare um relatório gerencial que aborde os seguintes problemas.

1. Calcule a probabilidade de que uma amostra semanal resulte em uma desativação da produção se o processo estiver funcionando corretamente. Comente a política da gerência do GGG para decidir quando encerrar a produção do *Go Bananas!*.

2. A administração da GGG quer interromper a produção de *Go Bananas!* não mais do que 1% do tempo quando o processo de produção estiver funcionando corretamente. Sugira o número apropriado de caixas na amostra semanal que pode deixar de atingir o peso padrão dos marshmallows para que a produção seja interrompida se esta meta for alcançada.

3. A sra. Finkel sugeriu que se recebesse recursos suficientes poderia redesenhar o processo de produção para reduzir a porcentagem de caixas de 450 gramas de *Go Bananas!* que não atende ao peso padrão dos marshmallows quando o processo está funcionando corretamente. Até que nível a sra. Finkel deve reduzir a porcentagem de caixas de 450 gramas que não atendem ao peso padrão de marshmallows quando o processo estiver funcionando adequadamente para reduzir a probabilidade de pelo menos cinco das caixas da amostra não atenderem à norma de 0,01 ou menos?

Apêndice 5.1   Distribuições discretas de probabilidade com o Minitab

Pacotes de software estatístico como, por exemplo, o Minitab oferecem um procedimento relativamente fácil e eficiente para calcular probabilidades binomiais. Neste apêndice, ilustramos o procedimento etapa por etapa para determinar as probabilidades binomiais relativas ao problema da Loja de Roupas do Martin, apresentado na Seção 5.4. Lembre-se de que as probabilidades binomiais desejadas se baseiam em $n = 10$ e $p = 0,30$. Antes de iniciar a rotina do Minitab, o usuário deve inserir os valores desejados da variável aleatória x em uma coluna da planilha. Colocamos os valores 0, 1, 2, ..., 10 na coluna 1 (veja a Figura 5.5) para gerar toda a distribuição de probabilidade binomial. As etapas do Minitab para se obter as probabilidades binomiais desejadas são apresentadas a seguir.

Etapa 1. Selecione o menu **Calc**
Etapa 2. Escolha a opção **Probability Distributions**
Etapa 3. Escolha a opção **Binomial**
Etapa 4. Quando surgir a caixa de diálogo Binomial Distribution:
    Selecione **Probability**

Distribuições discretas de probabilidade **239**

> Digite 10 na caixa **Number of Trials**
> Digite 0,3 na caixa **Event Probability**
> Digite C1 na caixa **Input column**
> Clique em **OK**

Os resultados do Minitab com as probabilidades binomiais terão a aparência mostrada na Figura 5.5.

O Minitab fornece as probabilidades de Poisson e hipergeométrica de maneira similar. Por exemplo, para calcular probabilidades de Poisson, as únicas diferenças estão na etapa 3, em que a opção **Poisson** deve ser selecionada, e na etapa 4, em que se deve digitar a média no campo **Mean** em vez do número de ensaios e a probabilidade de sucesso.

Apêndice 5.2 Distribuições discretas de probabilidade com o Excel

O Excel fornece funções para calcular probabilidades para as distribuições binomial, de Poisson e hipergeométrica, apresentadas neste capítulo. A função do Excel para calcular probabilidades binomiais é a DISTR.BINOM Ela tem quatro argumentos: Núm_s (o número de sucessos), *Tentativas* (o número n de ensaios), Probabilidade_s (a probabilidade p de sucesso) e cumulativo. FALSO é usado no quarto argumento (cumulativo), se quisermos a probabilidade de x sucessos e VERDADEIRO é usado no quarto argumento se quisermos a probabilidade cumulativa de x sucessos ou menos. Mostramos aqui como calcular as probabilidades de zero a dez sucessos para o problema da Loja de Roupas do Martin, mostrado na Seção 5.4 (veja a Figura 5.5).

À medida que descrevermos o desenvolvimento da planilha, consulte a Figura 5.6; a planilha com as fórmulas é definida em segundo plano e a planilha com os valores aparece em primeiro plano. Digitamos o número de ensaios (10)

	A	B	C
1	Número n de ensaios	10	
2	Probabilidade p de sucesso	0,3	
3			
4		x	$f(x)$
5		0	=DISTR.BINOM(B5,B1.B2.FALSO)
6		1	=DISTR.BINOM(B6,B1.B2.FALSO)
7		2	=DISTR.BINOM(B7,B1.B2.FALSO)
8		3	=DISTR.BINOM(B8,B1.B2.FALSO)
9		4	=DISTR.BINOM(B9,B1.B2.FALSO)
10		5	=DISTR.BINOM(B10,B1.B2.FALSO)
11		6	=DISTR.BINOM(B11,B1.B2.FALSO)
12		7	=DISTR.BINOM(B12,B1.B2.FALSO)
13		8	=DISTR.BINOM(B13,B1.B2.FALSO)
14		9	=DISTR.BINOM(B14,B1.B2.FALSO)
15		10	=DISTR.BINOM(B15,B1.B2.FALSO)

	A	B	C
1	Número n de ensaios	10	
2		0,3	
3			
4		x	$f(x)$
5		0	0,0282
6		1	0,1211
7		2	0,2335
8		3	0,2668
9		4	0,2001
10		5	0,1029
11		6	0,0368
12		7	0,0090
13		8	0,0014
14		9	0,0001
15		10	0,0000

FIGURA 5.6 Planilha do Excel para calcular probabilidades binomiais

na célula B1; a probabilidade de sucesso na célula B2, e os valores da variável aleatória nas células B5:B15. As etapas a seguir gerarão as probabilidades desejadas:

Etapa 1. Utilize a função DISTR.BINOM para calcular a probabilidade de $x = 0$ digitando a seguinte fórmula na célula C5:

= DISTR.BINOM (B5,B1,B2,FALSO)

Etapa 2. Copie a formula da célula C5 nas células C6:C15.

A planilha de valores da Figura 5.6 mostra que as probabilidades obtidas são similares às apresentadas na Figura 5.5. As probabilidades de Poisson e hipergeométricas podem ser calculadas de maneira similar. São usadas as funções DIST.POISSON e DIST.HIPERGEOM.N. A ferramenta Inserir Função do Excel pode ajudar o usuário a introduzir os argumentos necessários para estas funções (veja o Apêndice E).

CAPÍTULO 6

Distribuições contínuas de probabilidade

CONTEÚDO

Estatística na prática: Procter & Gamble

6.1 Distribuição de probabilidade uniforme
Área como medida de probabilidade

6.2 Distribuição de probabilidade normal
Curva normal
Distribuição de probabilidade normal padrão
Como calcular probabilidades de qualquer distribuição de probabilidade normal
O problema da Grear Tire Company

6.3 Aproximação normal de probabilidades binomiais

6.4 Distribuição de probabilidade exponencial
Como calcular probabilidades para a distribuição exponencial
Relação entre as distribuições de Poisson e a exponencial

APÊNDICES

6.1 Distribuições contínuas de probabilidade com o Minitab

6.2 Distribuições contínuas de probabilidade com o Excel

ESTATÍSTICA na PRÁTICA

PROCTER & GAMBLE*
Cincinnati, Ohio

A Procter & Gamble (P&G) fabrica e comercializa produtos como detergentes, fraldas descartáveis, produtos farmacêuticos vendidos diretamente ao consumidor, cremes dentais, sabonetes, antissépticos bucais e toalhas de papel. Mundialmente, sua marca ocupa posição de liderança em mais categorias do que qualquer outra empresa de produtos de consumo. Desde sua fusão com a Gillette, a P&G também produz e comercializa lâminas de barbear e muitos outros produtos para o cuidado pessoal.

Como líder na aplicação de métodos estatísticos para a tomada de decisões, a P&G emprega pessoas com os mais diversos tipos de formação acadêmica: engenharia, estatística, pesquisa operacional e administração. As principais tecnologias quantitativas para as quais esses profissionais dão suporte são: decisão probabilística e análise de riscos, simulação avançada, melhoria da qualidade e métodos quantitativos (por exemplo, programação linear, análise de regressão, análise de probabilidade).

A Industrial Chemicals Division da P&G é a principal fornecedora de alcoóis graxos derivados de substâncias naturais como o óleo de coco e de petróleo. Essa divisão queria avaliar os riscos econômicos e as oportunidades de expandir suas instalações de produção de alcoóis graxos; portanto, foram convocados especialistas em decisão probabilística e análise de riscos da P&G para auxiliar. Depois de estruturar e esquematizar o problema, determinaram que a chave da lucratividade seria a diferença de custo entre as matérias-primas à base de petróleo e de óleo de coco. Os custos futuros eram desconhecidos, mas os analistas puderam representá-los com as seguintes variáveis aleatórias contínuas:

$x = $ o preço do óleo de coco por libra de álcool graxo.

e

$y = $ o preço da matéria-prima à base de petróleo por libra de álcool graxo.

Uma vez que a lucratividade era a diferença entre essas duas variáveis aleatórias, uma terceira variável aleatória, $d = x - y$, foi utilizada na análise. Especialistas foram entrevistados para determinar as distribuições de probabilidade de x e y. Por sua vez, essa informação obtida foi utilizada para desenvolver uma distribuição contínua de probabilidade da diferença de preços d. Essa distribuição contínua de probabilidade forneceu

A Procter & Gamble é líder na aplicação de métodos estatísticos para a tomada de decisões.

a probabilidade de 0,90 de a diferença de preço ser de US$ 0,0655 ou menos, e a probabilidade de 0,50 de a diferença de preço ser de US$ 0,035 ou menos. Além disso, havia somente 0,10 de probabilidade de a diferença de preço ser de US$ 0,0045 ou menos.**

A Industrial Chemicals Division acreditava que o fato de ser capaz de quantificar o impacto das diferenças de preço das matérias-primas seria fundamental para chegar a um consenso. As probabilidades obtidas foram utilizadas em uma análise de sensibilidade da diferença de preços das matérias-primas. A análise produziu *insight* suficiente para fundamentar uma recomendação à administração.

O uso de variáveis aleatórias contínuas e suas distribuições probabilísticas foi útil à P&G ao analisar os riscos econômicos associados à produção de alcoóis graxos. Neste capítulo você compreenderá o que são variáveis aleatórias contínuas e suas distribuições de probabilidade, incluindo uma das distribuições de probabilidade mais importantes da estatística: a distribuição normal.

---

* Os autores agradecem a Joel Kahn, da Procter & Gamble, por fornecer esta Estatística na Prática.

** As diferenças de preço aqui apresentadas foram modificadas para guardar dados protegidos por direitos de propriedade.

No capítulo anterior discutimos as variáveis aleatórias discretas e suas distribuições de probabilidade. Neste, voltamo-nos ao estudo das variáveis aleatórias contínuas. Especificamente, discutiremos três distribuições contínuas de probabilidade: uniforme, normal e exponencial.

Uma diferença fundamental separa as variáveis aleatórias discretas e as contínuas em relação a como as probabilidades são calculadas. Para uma variável aleatória discreta, a função de probabilidade $f(x)$ produz a probabilidade de a variável aleatória assumir um valor em particular. No que diz respeito às variáveis aleatórias contínuas, a equivalente da função de probabilidade é a **função densidade de probabilidade**, também expressa por $f(x)$. A diferença é que a função densidade de probabilidade não produz probabilidades diretamente. Entretanto, a área sob o gráfico de $f(x)$ correspondente a determinado intervalo produz a probabilidade de a variável aleatória contínua x assumir um valor nesse intervalo. Então, quando calculamos probabilidades de variáveis aleatórias contínuas, calculamos a probabilidade de a variável aleatória assumir qualquer valor nesse intervalo.

Uma das implicações da definição de probabilidade com respeito às variáveis aleatórias contínuas é o fato de a probabilidade de qualquer valor em particular da variável aleatória ser zero, porque a área sob o gráfico de $f(x)$ em qualquer ponto em particular é zero. Na Seção 6.1 demonstramos esses conceitos em relação a uma variável aleatória contínua que tem uma distribuição de probabilidade uniforme.

Grande parte deste capítulo dedica-se a descrever e ilustrar aplicações da distribuição de probabilidade normal. A distribuição de probabilidade normal tem importância fundamental em razão de sua ampla aplicabilidade e do extenso uso na inferência estatística. Este capítulo se encerra com uma discussão da distribuição de probabilidade exponencial. A distribuição exponencial é útil em aplicações envolvendo variáveis como tempos de espera e de serviço.

6.1 Distribuição de probabilidade uniforme

Suponha que a variável aleatória x represente o tempo de voo de um avião que vai de Chicago a Nova York. Suponha também que o tempo de voo possa ter qualquer valor no intervalo de 120 a 140 minutos. Uma vez que a variável aleatória x pode assumir qualquer valor nesse intervalo, x é uma variável aleatória contínua, não uma variável aleatória discreta. Suponha que dados suficientes de voos reais estejam disponíveis para podermos concluir que a probabilidade de tempo de voo no intervalo de 1 minuto qualquer tenha a mesma probabilidade de tempo de voo em outro intervalo de 1 minuto contido no espaço mais amplo de 120 a 140 minutos. Considerando que cada um dos intervalos de 1 minuto é igualmente provável, dizemos que a variável aleatória tem uma **distribuição de probabilidade uniforme**. A função densidade de probabilidade, que define a distribuição de probabilidade uniforme correspondente à variável aleatória "tempo de voo", é:

> Sempre que a probabilidade é proporcional ao comprimento do intervalo, a variável aleatória é uniformemente distribuída.

$$f(x) = \begin{cases} 1/20 & \text{para } 120 \leq x \leq b \\ 0 & \text{caso contrário} \end{cases}$$

A Figura 6.1 é um gráfico dessa função densidade de probabilidade. Genericamente, a função densidade de probabilidade uniforme de uma variável aleatória x é encontrada por meio da seguinte fórmula:

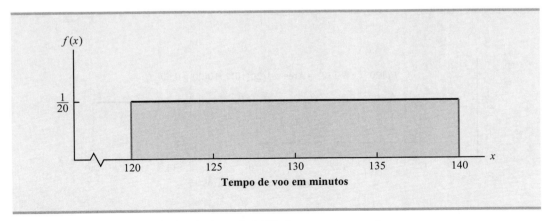

FIGURA 6.1 Distribuição uniforme de probabilidade para o tempo de voo

FUNÇÃO DENSIDADE DE PROBABILIDADE UNIFORME

$$f(x) = \begin{cases} \dfrac{1}{b-a} & \text{para } a \leq x \leq b \\ 0 & \text{caso contrário} \end{cases} \qquad (6.1)$$

Em relação à variável tempo de voo, $a = 120$ e $b = 140$.

Conforme observamos na introdução com relação a uma variável aleatória contínua, consideramos a probabilidade somente quanto à possibilidade de uma variável aleatória assumir um valor dentro de um intervalo específico. No exemplo do tempo de voo, uma questão de probabilidade aceitável é: qual é a probabilidade de o tempo de voo se situar entre 120 e 130 minutos? Ou seja, qual é $P(120 \leq x \leq 130)$? Visto que o tempo de voo precisa estar entre 120 e 140 minutos, e porque a probabilidade é descrita como uniforme neste intervalo, sentimo-nos à vontade para dizer que $P(120 \leq x \leq 130) = 0{,}50$. Na subseção seguinte mostramos que essa probabilidade pode ser calculada como a área sob o gráfico de $f(x)$, de 120 a 130 (veja a Figura 6.2).

Área como medida de probabilidade

Façamos uma observação a respeito do gráfico da Figura 6.2. Considere a área sob o gráfico de $f(x)$ no intervalo entre 120 e 130. A área é retangular e sabemos que a área de um retângulo é simplesmente a largura multiplicada pela altura. Sendo a largura do intervalo igual a $130 - 120 = 10$ e a altura igual ao valor da função densidade de probabilidade $f(x) = 1/20$, temos a área = largura × altura = $10(1/20) = 10/20 = 0{,}50$.

Qual observação você poderia fazer a respeito da área sob o gráfico de $f(x)$ e a probabilidade? Elas são idênticas! De fato, essa observação é verdadeira para todas as variáveis aleatórias contínuas. Tão logo a função densidade de probabilidade $f(x)$ seja identificada, a probabilidade de x assumir um valor entre algum valor x_1 mais baixo que x_2 e algum valor x_2 mais alto que x_1 pode ser encontrada calculando-se a área sob o gráfico de $f(x)$ no intervalo entre x_1 e x_2.

Dada a distribuição uniforme do tempo de voo e usando a área como uma probabilidade, podemos responder a quaisquer questões probabilísticas sobre os tempos de voo. Por exemplo, qual é a probabilidade de ocorrência de um tempo de voo entre 128 e 136 minutos? A largura do intervalo é $136 - 128 = 8$. Sendo a altura de $f(x) = 1/20$ uniforme, observamos que $P(128 \leq x \leq 136) = 8(1/20) = 0{,}40$.

Observe que $P(120 \leq x \leq 140) = 20(1/20) = 1$; ou seja, a área total sob o gráfico de $f(x)$ é igual a 1. Essa propriedade é válida para todas as distribuições contínuas de probabilidade e análoga à condição de que a soma das probabilidades deve ser igual a 1 em uma função discreta de probabilidade. No que se refere a uma função densidade contínua de probabilidade, também devemos impor que $f(x) \geq 0$ para todos os valores de x. Esse requisito é análogo à necessidade de se ter $f(x) \geq 0$ para funções discretas de probabilidades.

Duas importantes diferenças se colocam no tratamento das variáveis aleatórias contínuas e no tratamento de similares discretas.

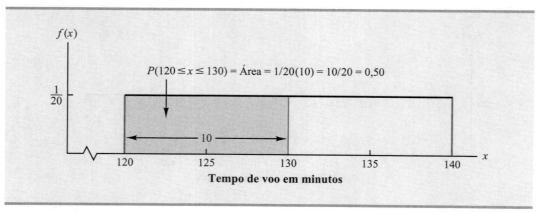

FIGURA 6.2 A área fornece probabilidade de um voo entre 120 e 130 minutos

1. Não falamos mais da probabilidade de a variável aleatória assumir um valor em particular. Ao contrário, falamos da probabilidade de a variável aleatória assumir um valor dentro de um intervalo determinado.
2. A probabilidade de uma variável aleatória contínua assumir um valor dentro de determinado intervalo entre x_1 e x_2 é definida como a área sob o gráfico da função densidade de probabilidade que se encontra entre x_1 e x_2. Uma vez que um único ponto é um intervalo que tem largura zero, isso implica que a probabilidade de uma variável aleatória contínua assumir de maneira exata qualquer valor em particular é zero. Significa também que a probabilidade de uma variável aleatória contínua assumir um valor em qualquer intervalo é a mesma se os pontos extremos estiverem incluídos ou não.

> Para constatar a veracidade de que a probabilidade de um único ponto qualquer é 0, consulte a Figura 6.2 e calcule a probabilidade de um único ponto, digamos, $x = 125$. $P(x = 125) = P(125 \leq x \leq 125) = 0(1/20) = 0$.

O cálculo do valor esperado e da variância de uma variável aleatória contínua é análogo ao que efetuamos para uma variável aleatória discreta. Entretanto, como o procedimento de cálculo envolve cálculo integral, deixamos a derivação das fórmulas apropriadas para os livros mais avançados.

Quanto à distribuição contínua de probabilidade uniforme introduzida nesta seção, as fórmulas do valor esperado e da variância são:

$$E(x) = \frac{a+b}{2}$$

$$Var(x) = \frac{(b-a)^2}{12}$$

Nestas fórmulas, a é o menor valor e b é o maior valor que a variável aleatória pode assumir.

Aplicando essas fórmulas à distribuição de probabilidade uniforme para o tempo de voo Chicago a Nova York, obtemos

$$E(x) = \frac{(120+140)}{2} = 130$$

$$Var(x) = \frac{(140-120)^2}{12} = 33,33$$

O desvio padrão do tempo de voo pode ser encontrado extraindo-se a raiz quadrada da variância. Desse modo, $\sigma = 5,77$ minutos.

NOTAS E COMENTÁRIOS

Para entender com mais clareza por que a altura de uma função densidade de probabilidade não é uma probabilidade, imagine uma variável aleatória com a seguinte distribuição de probabilidade uniforme:

$$f(x) = \begin{cases} 2 & \text{para } 0 \leq x \leq 0,5 \\ 0 & \text{caso contrário} \end{cases}$$

A altura da função densidade de probabilidade, $f(x)$, é 2 para os valores de x situados entre 0 e 0,5. Porém, sabemos que as probabilidades nunca podem ser maiores do que 1. Desse modo, notamos que $f(x)$ não pode ser interpretada como a probabilidade de x.

Exercícios

Métodos

1. Sabe-se que a variável aleatória x está distribuída uniformemente entre 1,0 e 1,5.
    a. Apresente o gráfico da função densidade de probabilidade.
    b. Calcule $P(x = 1,25)$.
    c. Calcule $P(1,0 \leq x \leq 1,25)$.
    d. Calcule $P(1,20 < x < 1,5)$.

246 Estatística aplicada a administração e economia

2. Sabe-se que a variável aleatória x está distribuída uniformemente entre 10 e 20.
   a. Apresente o gráfico da função densidade de probabilidade.
   b. Calcule $P(x < 15)$.
   c. Calcule $P(12 \leq x \leq 18)$.
   d. Calcule $E(x)$.
   e. Calcule $Var(x)$.

Aplicações

3. A Delta Airlines declara que seu tempo de voo de Cincinnati a Tampa é de 2 horas e 5 minutos. Suponha que acreditemos que os tempos de voo reais estejam uniformemente distribuídos no intervalo de 2 horas e 2 horas e 20 minutos.
   a. Apresente o gráfico da função densidade de probabilidade correspondente ao tempo de voo.
   b. Qual é a probabilidade de o voo ter não mais que cinco minutos de atraso?
   c. Qual é a probabilidade de o voo ter mais que dez minutos de atraso?
   d. Qual é o tempo de voo esperado?

4. A maioria das linguagens de computador contém uma função que pode ser usada para gerar números aleatórios. No Excel, a função ALEATÓRIO pode ser usada para gerar números aleatórios entre 0 e 1. Se admitirmos que x denota um número aleatório gerado pela função ALEATÓRIO, então x é uma variável aleatória contínua com a seguinte função densidade de probabilidade:

$$f(x) = \begin{cases} 1 & \text{para } 0 \leq x \leq 1 \\ 0 & \text{caso contrário} \end{cases}$$

   a. Trace o gráfico da função densidade de probabilidade.
   b. Qual é a probabilidade de ser gerado um número aleatório entre 0,25 e 0,75?
   c. Qual é a probabilidade de ser gerado um número aleatório com valor menor ou igual a 0,30?
   d. Qual é a probabilidade de ser gerado um número aleatório com valor maior que 0,60?
   e. Gere 50 números aleatórios digitando =ALEATÓRIO() em 50 células de uma planilha do Excel.
   f. Calcule a média e o desvio padrão para os números aleatórios do item (e).

5. Em outubro de 2012, a Apple apresentou uma variação muito menor de seu iPad, conhecido como iPad Mini. Pesando cerca de 310 gramas, ele era aproximadamente 50% mais leve que o iPad padrão. Testes de bateria com o iPad Mini mostraram uma duração média de 10,25 horas (*The Wall Street Journal*, 31 de outubro de 2012). Suponha que a duração da bateria do iPad Mini seja distribuída uniformemente entre 8,5 e 12 horas.
   a. Mostre uma expressão matemática para a função densidade de probabilidade da duração da bateria.
   b. Qual é a probabilidade de que a duração da bateria de um iPad Mini seja de 10 horas ou menos?
   c. Qual é a probabilidade de que a duração da bateria de um iPad Mini seja de pelo menos 11 horas?
   d. Qual é a probabilidade de que a duração da bateria de um iPad Mini fique entre 9,5 e 11,5 horas?
   e. Em uma remessa de 100 iPad Minis, quantos devem ter uma duração de bateria de pelo menos 9 horas?

6. Uma Pesquisa de Acompanhamento Diário, feita pelo Gallup, verificou que a média diária de gastos facultativos dos americanos que ganham mais de US$ 90.000 por ano era de US$ 136 (*USA Today*, 30 de julho de 2012). O gasto facultativo excluía a compra de casas, de veículos e faturas mensais regulares. Suponha que x = o gasto facultativo por dia e que uma função densidade de probabilidade uniforme se aplica, com $f(x) = 0{,}00625$ para $a \leq x \leq b$.
   a. Encontre os valores de a e b para a função densidade de probabilidade.
   b. Qual é a probabilidade de os consumidores deste grupo terem gastos diários facultativos entre US$ 100 e US$ 200?
   c. Qual é a probabilidade de que os consumidores deste grupo tenham gastos diários facultativos de US$ 150 ou mais?
   d. Qual é a probabilidade de que os consumidores desse grupo tenham um gasto diário facultativo de US$ 80 ou menos?

7. Suponha que estejamos interessados em apresentar uma oferta de compra de um lote de terra e sabemos que há outro comprador interessado.[1] O vendedor anunciou que a oferta mais alta, acima de US$ 10 mil, seria aceita. Suponha que a oferta x apresentada pelo concorrente seja uma variável aleatória que se distribui uniformemente entre US$ 10 mil e US$ 15 mil.
   a. Suponha que você faça uma oferta de US$ 12 mil. Qual é a probabilidade de o seu lance ser aceito?
   b. Suponha que você faça uma oferta de US$ 14 mil. Qual é a probabilidade de o seu lance ser aceito?
   c. Qual valor você deve oferecer para maximizar a probabilidade de obter a propriedade?
   d. Suponha que você conheça alguém que esteja disposto a pagar US$ 16 mil pela propriedade. Você consideraria fazer uma oferta menor que o valor envolvido no item (c)? Sim ou não? Por quê?

---

[1] Este exercício se baseia em um problema sugerido pelo professor Roger Myerson, da Northwestern University.

6.2 Distribuição de probabilidade normal

A mais importante distribuição de probabilidade para descrever uma variável aleatória contínua é a **distribuição de probabilidade normal**, que é utilizada em uma ampla variedade de aplicações práticas em que as variáveis aleatórias são a altura e o peso das pessoas, notas de exames, medições científicas, índices pluviométricos e outros valores similares. Também é amplamente usada na inferência estatística, que corresponde ao tópico principal do restante deste livro. Nestas aplicações, a distribuição normal fornece uma descrição dos resultados prováveis obtidos por meio de amostragem.

Abraham de Moivre, matemático francês, publicou The doctrine of chances em 1733. Foi ele quem deduziu a distribuição de probabilidade normal.

Curva normal

O formato, ou forma, da distribuição de probabilidade normal é ilustrado pela curva em forma de sino apresentada na Figura 6.3. A função densidade de probabilidade que define a curva em forma de sino da distribuição de probabilidade normal é a seguinte:

FUNÇÃO DENSIDADE DE PROBABILIDADE NORMAL

$$f(x) = \frac{1}{\sigma\sqrt{2\pi}} e^{-\frac{1}{2}\left(\frac{x-\mu}{\sigma}\right)^2} \tag{6.2}$$

onde

μ = média
σ = desvio padrão
$\pi = 3{,}14159$
$e = 2{,}71828$

Vamos fazer diversas observações sobre as características da distribuição normal.

1. A família inteira das distribuições de probabilidade normais é diferenciada por dois parâmetros: sua média μ e seu desvio padrão σ.
2. O ponto máximo da curva normal está na média, que é também a mediana e a moda da distribuição.
3. A média da distribuição pode ser qualquer valor numérico: negativo, zero ou positivo. Três distribuições normais com o mesmo desvio padrão, mas três diferentes médias, (−10, 0 e 20), são mostradas na figura com os três sinos:

A curva normal tem dois parâmetros, μ e σ, que determinam a posição e a forma da distribuição de probabilidade normal.

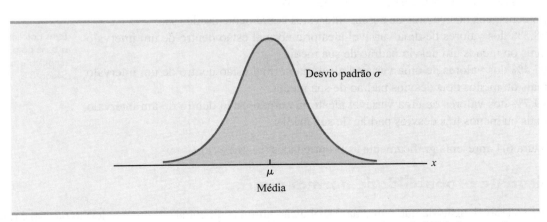

FIGURA 6.3 Curva em forma de sino correspondente à distribuição de probabilidade normal

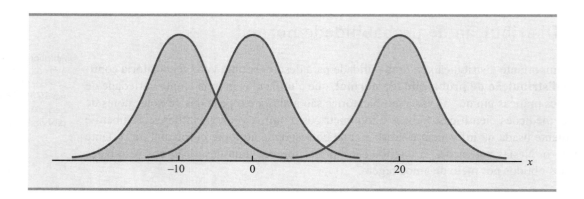

4. A distribuição normal é simétrica, sendo a forma da curva à esquerda da média uma imagem espelhada da forma da curva à direita da média. Os extremos (caudas) da curva tendem ao infinito em ambas as direções e, teoricamente, jamais tocam o eixo horizontal. Uma vez que é simétrica, a distribuição de probabilidade normal não apresenta assimetrias; sua medida de assimetria é zero.

5. O desvio padrão determina quanto uma curva é achatada ou larga. Valores maiores de desvio padrão resultam em curvas mais largas e mais achatadas, exibindo maior variabilidade dos dados. Duas distribuições normais com a mesma média, mas com desvios padrão diferentes, são apresentadas a seguir.

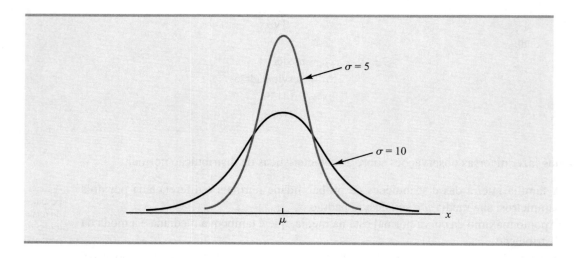

6. As probabilidades da variável aleatória normal são dadas por áreas sob a curva. A área total sob a curva correspondente à distribuição normal é 1. Já que a distribuição é simétrica, a área sob a curva, à esquerda da média, é 0,50, e a área sob a curva, à direita da média é 0,50.

7. As porcentagens dos valores de alguns intervalos comumente usados são:
    a. 68,3% dos valores de uma variável aleatória normal estão dentro de um intervalo mais ou menos um desvio padrão de sua média.
    b. 95,4% dos valores de uma variável aleatória normal estão dentro de um intervalo mais ou menos dois desvios padrão de sua média.
    c. 99,7% dos valores de uma variável aleatória normal estão dentro de um intervalo mais ou menos três desvios padrão de sua média.

> Estas porcentagens são a base para a regra empírica introduzida na Seção 3.3.

A Figura 6.4 apresenta graficamente as propriedades (a), (b) e (c).

Distribuição de probabilidade normal padrão

Dizemos que a variável aleatória que tem uma distribuição normal cuja média é zero e o desvio padrão é um tem uma **distribuição de probabilidade normal padrão**. Comumente, usamos a letra *z* para designar essa variável aleatória

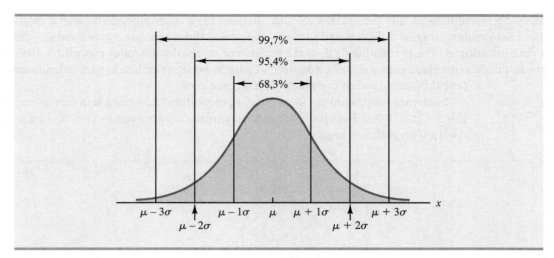

FIGURA 6.4 Áreas sob a curva para qualquer distribuição normal

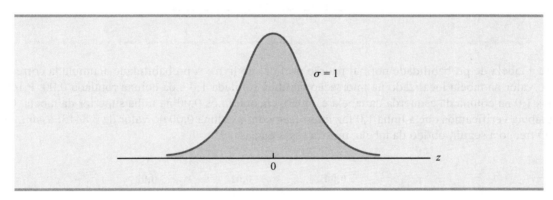

FIGURA 6.5 A distribuição normal padrão

normal em particular. A Figura 6.5 representa o gráfico da distribuição normal padrão. Ela tem a mesma aparência geral das outras distribuições normais, porém com as propriedades especiais de $\mu = 0$ e $\sigma = 1$.

Uma vez que $\mu = 0$ e $\sigma = 1$, a fórmula da função densidade de probabilidade normal padrão é uma versão mais simples da Equação (6.2).

> **FUNÇÃO DENSIDADE DE PROBABILIDADE NORMAL PADRÃO**
>
> $$f(z) = \frac{1}{\sqrt{2\pi}} e^{-\frac{z^2}{2}}$$

Assim como para outras variáveis aleatórias contínuas, os cálculos de probabilidade com quaisquer distribuições normais são feitos calculando-se as áreas sob o gráfico da função densidade de probabilidade. Desse modo, para encontrarmos a probabilidade de uma variável aleatória normal estar dentro de um intervalo específico devemos calcular a área sob a curva normal ao longo desse intervalo.

Para a distribuição normal padrão, as áreas sob a curva normal foram calculadas e estão disponíveis em tabelas que podem ser usadas no cálculo das probabilidades. Uma tabela como essa aparece em duas páginas no final deste livro. Uma contém áreas, ou probabilidades acumuladas, para valores de z menores ou iguais à média zero. A outra página contém áreas, ou probabilidades acumuladas, para valores de z maiores ou iguais à média zero.

> Para a função densidade de probabilidade normal, a altura da curva varia e são necessários cálculos matemáticos mais avançados para estimar as áreas que representam a probabilidade.

250 Estatística aplicada a administração e economia

Os três tipos de probabilidades que precisamos calcular incluem (1) a probabilidade de que a variável aleatória normal padrão z será menor ou igual a determinado valor; (2) a probabilidade de que z estará em um intervalo entre dois valores determinados; e (3) a probabilidade de que z será maior ou igual a um valor específico. Para ver como a tabela de probabilidade acumulada para a distribuição normal padrão pode ser utilizada para calcular esses tipos de probabilidades, vamos considerar alguns exemplos.

Como a variável aleatória normal padrão é contínua, $P(z \leq 1,00) = P(z < 1,00)$.

Iniciemos mostrando como calcular a probabilidade de que z seja menor ou igual a 1,00; isto é, $P(z \leq 1,00)$. Essa probabilidade acumulada é a área sob a curva normal à esquerda de $z = 1,00$ no gráfico a seguir.

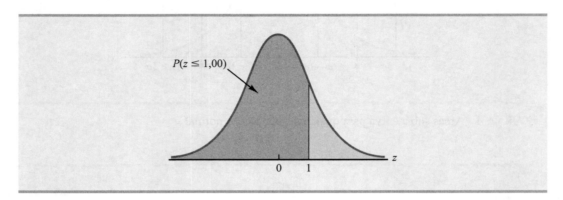

Consulte a tabela de probabilidade normal padrão no final do livro. A probabilidade acumulada correspondente a $z = 1,00$ é o valor na tabela localizado na interseção da linha rotulada 1,0 e da coluna rotulada 0,00. Primeiramente, encontramos 1,0 na coluna da esquerda da tabela e, então, encontramos 0,00 na linha superior da tabela. Observando o corpo da tabela verificamos que a linha 1,0 faz interseção com a coluna 0,00 no valor de 0,8413; assim, $P(z \leq 1,00) = 0,8413$. O trecho a seguir, obtido da tabela, mostra essas etapas.

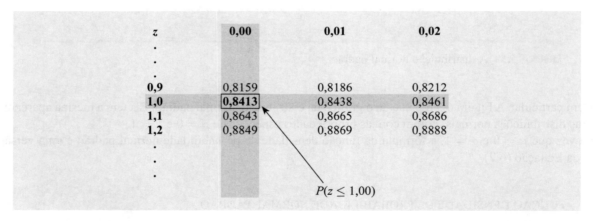

Para ilustrarmos o segundo tipo de cálculo de probabilidade, mostramos como calcular a probabilidade de que z esteja no intervalo entre −0,50 e 1,25; isto é, $P(−0,50 \leq z \leq 1,25)$. O gráfico a seguir mostra essa área ou probabilidade.

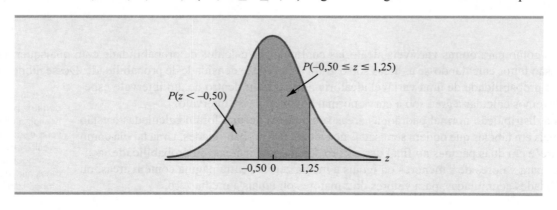

Três etapas são necessárias para calcular essa probabilidade. Primeiramente, encontramos a área sob a curva normal à esquerda de $z = 1,25$. Em segundo lugar, encontramos a área sob a curva normal à esquerda de $z = -0,50$. Por fim, subtraímos a área à esquerda de $z = -0,50$, da área à esquerda de $z = 1,25$ para encontrar $P(-0,50 \leq z \leq 1,25)$.

Para encontrarmos a área sob a curva normal à esquerda de $z = 1,25$, primeiro localizamos a linha 1,2 na tabela de probabilidade normal padrão e, então, prosseguimos até a coluna 0,05. Como o valor da tabela na linha 1,2 e na coluna 0,05 é 0,8944, $P(z \leq 1,25) = 0,8944$. De maneira similar, para encontrarmos a área sob a curva à esquerda de $z = -0,50$ utilizamos a tabela do final do livro para localizar o valor da tabela na linha $-0,50$ e na coluna 0,00; com um valor de tabela igual a 0,3085, $P(z \leq -0,50) = 0,3085$. Assim, $P(-0,50 \leq z \leq 1,25) = P(z \leq 1,25) - P(z \leq -0,50) = 0,8944 - 0,3085 = 0,5859$.

Vamos considerar outro exemplo de cálculo da probabilidade de que z esteja no intervalo entre os dois valores dados. Geralmente, é de interesse calcular a probabilidade de que uma variável aleatória normal assuma um valor dentro um determinado número de desvios padrão da média. Suponha que queiramos calcular a probabilidade de que a variável aleatória normal padrão esteja dentro de um desvio padrão da média; isto é, $P(-1,00 \leq z \leq 1,00)$. Para calcular essa probabilidade, precisamos encontrar a área sob a curva entre $-1,00$ e $1,00$. Antes, descobrimos que $P(z \leq 1,00) = 0,8413$. Consultando novamente a tabela no final do livro verificamos que a área sob a curva à esquerda de $z = -1,00$ é 0,1587, desse modo, $P(z \leq -1,00) = 0,1587$. Portanto, $P(-1,00 \leq z \leq 1,00) = P(z \leq 1,00) - P(z \leq -1,00) = 0,8413 - 0,1587 = 0,6826$. Essa probabilidade é mostrada graficamente na figura a seguir.

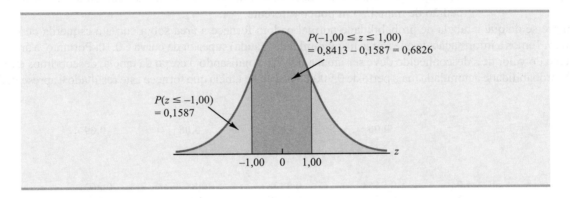

Para ilustrarmos como fazer o cálculo do terceiro tipo de probabilidade, suponha que queiramos calcular a probabilidade de obter um valor z de pelo menos 1,58; isto é, $P(z \geq 1,58)$. O valor na linha $z = 1,5$ e na coluna 0,08 da tabela normal cumulativa é 0,9429; portanto, $P(z < 1,58) = 0,9429$. Contudo, uma vez que a área total sob a curva normal é 1, $P(z \geq 1,58) = 1 - 0,9429 = 0,0571$. Essa probabilidade é mostrada na figura a seguir.

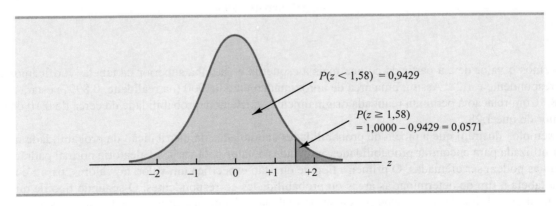

Nas ilustrações anteriores mostramos como calcular probabilidades com base em valores específicos de z. Em algumas situações, conhecemos uma probabilidade e estamos interessados em trabalhar inversamente para encontrar o valor correspondente de z. Suponha que queiramos encontrar um valor de z de modo que a probabilidade de obter um valor maior que z seja 0,10. A figura a seguir mostra esta situação graficamente.

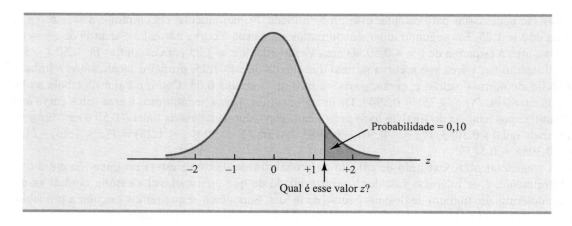

Dada uma probabilidade, podemos usar a tabela normal padrão de modo inverso para encontrar o valor de z correspondente.

Este problema é o inverso daquele que usamos nos outros exemplos. Anteriormente, especificamos o valor de z de interesse e depois encontramos a probabilidade, ou área, correspondente. Neste exemplo, fornecemos a probabilidade, ou área, e pedimos que se encontre o valor de z correspondente. Para fazer isso, usamos a tabela de probabilidade da distribuição normal padrão de maneira um pouco diferente.

Lembre-se de que a tabela de probabilidade normal padrão fornece a área sob a curva à esquerda de um valor de z específico. Temos a informação de que a área na extremidade (cauda) superior da curva é 0,10. Portanto, a área sob a curva à esquerda do valor de z desconhecido deve ser igual a 0,9000. Analisando o corpo da tabela, descobrimos que 0,8997 é o valor da probabilidade acumulada mais perto de 0,9000. A seção da tabela que fornece este resultado é apresentada a seguir.

z	0,06	0,07	0,08	0,09
.				
.				
.				
1,0	0,8554	0,8577	0,8599	0,8621
1,1	0,8770	0,8790	0,8810	0,8830
1,2	0,8962	0,8980	0,8997	0,9015
1,3	0,9131	0,9147	0,9162	0,9177
1,4	0,9279	0,9292	0,9306	0,9319
.				
.				
.				

Valor da probabilidade cumulativa mais próximo de 0,9000

Ao lermos o valor de z a partir da coluna mais à esquerda e da linha superior da tabela, verificamos que o valor de z correspondente é 1,28. Assim, uma área de aproximadamente 0,9000 (na realidade, 0,8997) estará à esquerda de $z = 1{,}28$.[2] Com relação à pergunta realizada originalmente, existe uma probabilidade de cerca de 0,10 de um valor de z ser maior do que 1,28.

Os exemplos ilustram que a tabela de probabilidades acumuladas da distribuição de probabilidade normal padrão pode ser utilizada para encontrar probabilidades associadas a valores da variável aleatória normal padrão z. Dois tipos de perguntas podem ser efetuadas. O primeiro tipo de questão especifica um valor, ou valores, para z e nos pede para utilizar a tabela a fim de determinar as áreas ou probabilidades correspondentes. O segundo tipo de questão fornece uma área, ou probabilidade, e nos pede para utilizar a tabela a fim de determinar o valor de z correspondente. Sendo assim, precisamos ser flexíveis ao utilizar a tabela de probabilidade normal padrão para responder à questão sobre a probabilidade desejada. Na maioria dos casos, elaborar um gráfico da distribuição de probabilidade normal padrão e sombrear a área apropriada ajudará a visualizar a situação e a determinar a resposta correta.

---

[2] Poderíamos usar interpolação no corpo da tabela para obtermos uma aproximação melhor do valor de z correspondente à área de 0,9000. Isso nos garantiria a precisão de mais uma casa decimal e produziria um valor z igual a 1,282. Entretanto, na maioria das situações práticas a precisão suficiente é obtida simplesmente usando-se os valores da tabela mais próximos da probabilidade desejada.

Distribuições contínuas de probabilidade **253**

Como calcular probabilidades de qualquer distribuição de probabilidade normal

A razão para discutirmos tão extensamente a distribuição normal padrão é que as probabilidades de todas as distribuições normais são calculadas usando-se a distribuição normal padrão. Ou seja, quando temos uma distribuição normal com uma média μ qualquer e um desvio padrão σ qualquer, respondemos às questões de probabilidade referentes à distribuição efetuando primeiramente a conversão para distribuição normal padrão. Então, podemos usar a tabela de probabilidades da distribuição normal padrão e os valores apropriados z para encontrar as probabilidades desejadas. A fórmula utilizada para converter qualquer variável aleatória normal x com média μ e desvio padrão σ em uma variável aleatória normal padrão z é apresentada a seguir:

COMO CONVERTER PARA A VARIÁVEL ALEATÓRIA NORMAL PADRÃO

$$z = \frac{x - \mu}{\sigma} \qquad (6.3)$$

> A fórmula da variável aleatória normal padrão é similar à que introduzimos no Capítulo 3 para calcular escores-z de um conjunto de dados.

Um valor de x igual à sua média μ resulta em $z = (\mu - \mu)/\sigma = 0$. Desse modo, vemos que um valor de x igual à sua média μ corresponde a $z = 0$. Suponha agora que x seja um desvio padrão maior que sua média; ou seja, $x = \mu + \sigma$. Aplicando a Equação (6.3), notamos que o valor z correspondente é $z = [(\mu + \sigma) - \mu]/\sigma = \sigma/\sigma = 1$. Assim, um valor de x que está um desvio padrão acima de sua média corresponde a $z = 1$. Em outras palavras, *podemos interpretar z como o número de desvios padrão que a variável aleatória normal* x *está afastada de sua média* μ.

Para ver como essa conversão nos possibilita calcular as probabilidades de qualquer distribuição normal, suponha que tenhamos uma distribuição normal com $\mu = 10$ e $\sigma = 2$. Qual é a probabilidade de a variável aleatória x estar entre 10 e 14? Usando a Equação (6.3), notamos que para $x = 10$, $z = (x - \mu)/\sigma = (10 - 10)/2 = 0$ e que para $x = 14$, $z = (14 - 10)/2 = 4/2 = 2$. Então, a resposta para a nossa questão sobre a probabilidade de x estar entre 10 e 14 é dada pela probabilidade equivalente de z estar entre 0 e 2 em relação à distribuição normal padrão. Em outras palavras, a probabilidade que procuramos é a de a variável aleatória x estar entre sua média e dois desvios padrão acima da média. Usando $z = 2,00$ e a tabela de probabilidades normal padrão no Apêndice B, observamos que $P(z \leq 2) = 0,9772$. Como $P(z \leq 0) = 0,5000$, podemos calcular $P(0,00 \leq z \leq 2,00) = P(z \leq 2) - P(z \leq 0) = 0,9772 - 0,5000 = 0,4772$. Por isso, a probabilidade de x estar entre 10 e 14 é 0,4772.

O problema da Grear Tire Company

Voltamo-nos agora a uma aplicação da distribuição normal. Suponha que a Grear Tire Company tenha desenvolvido um pneu radial com cinturão de aço que será vendido por meio de uma cadeia nacional de lojas de descontos. Uma vez que esse tipo de pneu é um novo produto, os gerentes da Grear acreditam que a durabilidade (quanto a milhas rodadas) oferecida com o pneu será um fator importante na aceitação do produto. Antes de definir os termos do contrato de garantia de durabilidade do pneu, os gerentes da Grear desejam obter informações de probabilidade a respeito do número de milhas que os pneus durarão.

Dos testes de rodagem na estrada com os pneus, a equipe de engenharia da Grear estima que a durabilidade média dos pneus seja $\mu = 36.500$ milhas e que o desvio padrão é $\sigma = 5.000$ milhas. Além disso, os dados coletados indicam que a distribuição normal é uma suposição razoável. Qual porcentagem dos pneus possivelmente duraria mais de 40.000 milhas? Em outras palavras, qual é a probabilidade de a durabilidade do pneu ultrapassar 40.000 milhas? Essa questão pode ser respondida encontrando-se a área da região com sombreamento mais forte na Figura 6.6.

Em $x = 40.000$, temos

$$z = \frac{x - \mu}{\sigma} = \frac{40.000 - 36.500}{5.000} = \frac{3.500}{5.000} = 0,70$$

Consultemos agora a parte inferior da Figura 6.6. Notamos que um valor $x = 40.000$ na distribuição normal da Grear Tire corresponde a um valor $z = 0,70$ na distribuição normal padrão. Usando a tabela de probabilidades normal padrão, observamos que a área à esquerda de $z = 0,70$ é 0,7580. Desse modo, $1,000 - 0,7580 = 0,2420$ é a probabilidade de que z irá exceder 0,70 e, portanto, x irá exceder 40.000. Podemos concluir que aproximadamente 24,2% dos pneus terão uma durabilidade maior que 40 mil milhas.

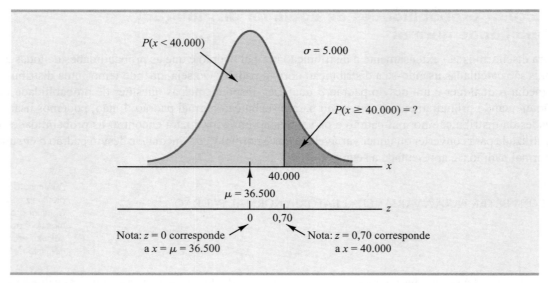

FIGURA 6.6 Distribuição da durabilidade dos pneus da Grear Tire Company em milhas

Suponhamos agora que a Grear esteja considerando a possibilidade de dar uma garantia que concede um desconto na troca de pneus se os originais não resistirem ao número de milhas estipulado na garantia. Qual deve ser o número de milhas coberto pela garantia levando-se em conta que a Grear quer que não mais de 10% dos pneus sejam habilitados à garantia do desconto? Essa questão é interpretada graficamente na Figura 6.7.

De acordo com a Figura 6.7, a área sob a curva à esquerda do número de milhas desconhecido deve ser 0,10. Assim, devemos encontrar o valor de z que corta uma área de 0,10 no extremo esquerdo de uma distribuição normal padrão. Utilizando a tabela de probabilidade normal padrão, verificamos que $z = -1,28$ corta uma área de 0,10 no extremo inferior. Portanto, $z = -1,28$ é o valor da variável aleatória normal padrão correspondente ao número de milhas coberto pela garantia que é desejado na distribuição normal da Grear Tire. Para encontrarmos o valor x correspondente a $z = -1,28$, temos

O número de milhas coberto pela garantia, que precisamos encontrar, é 1,28 desvios padrão abaixo da média. Portanto, $x = \mu - 1,28\sigma$.

$$z = \frac{x - \mu}{\sigma} = -1,28$$
$$x - \mu = -1,28\sigma$$
$$x = \mu - 1,28\sigma$$

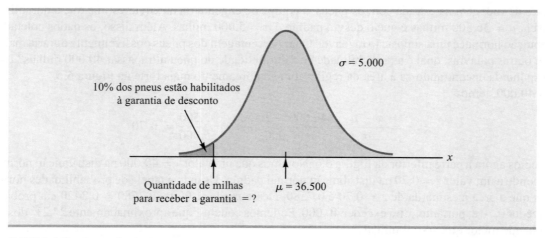

FIGURA 6.7 Garantia de desconto da Grear

Com $\mu = 36.500$ e $\sigma = 5.000$,

$$x = 36.500 - 1{,}28(5.000) = 30.100$$

Assim, uma garantia de 30.100 milhas cumprirá o requisito de que aproximadamente 10% dos pneus se habilitem à garantia. Talvez, com essa informação a empresa possa fixar a garantia de durabilidade de seus pneus em 30 mil milhas.

Com a garantia fixada em 30 mil milhas, a porcentagem real apta à garantia será de 9,68%.

Novamente, constatamos o importante papel que as distribuições de probabilidade desempenham quanto a produzir informações para a tomada de decisões. Ou seja, assim que uma distribuição de probabilidade é estabelecida para uma aplicação em particular, pode ser usada rápida e facilmente para se obter informações a respeito do problema. A probabilidade não implica diretamente a recomendação de uma decisão, mas fornece informações que ajudam o tomador de decisão a entender melhor os riscos e as incertezas associados ao problema. Certamente, essas informações podem auxiliá-lo a tomar uma boa decisão.

Exercícios

Métodos

8. Usando a Figura 6.4 como guia, esboce a curva normal de uma variável aleatória x que tem a média $\mu = 100$ e desvio padrão $\sigma = 10$. Rotule o eixo horizontal com valores 70, 80, 90, 100, 110, 120 e 130.

9. Uma variável aleatória é normalmente distribuída com uma média de $\mu = 50$ e um desvio padrão de $\sigma = 5$.
    a. Esboce uma curva normal para a função densidade de probabilidade. Rotule o eixo horizontal com os valores 35, 40, 45, 50, 55, 60 e 65. A Figura 6.4 mostra que a curva normal quase toca o eixo horizontal em três desvios padrão abaixo e em três desvios padrão acima da média (neste caso, em 35 e 65).
    b. Qual é a probabilidade de a variável aleatória assumir um valor entre 45 e 55?
    c. Qual é a probabilidade de a variável aleatória assumir um valor entre 40 e 60?

10. Trace um gráfico da distribuição normal padrão. Rotule o eixo horizontal com os valores –3, –2, –1, 0, 1, 2 e 3. Depois use a tabela de probabilidade da distribuição normal padrão para calcular as seguintes probabilidades:
    a. $P(z \leq 1{,}5)$
    b. $P(z \leq 1)$
    c. $P(1 \leq z \leq 1{,}5)$
    d. $P(0 < z < 2{,}5)$

11. Dado que z é uma variável aleatória normal padrão, calcule as seguintes probabilidades:
    a. $P(z \leq -1{,}0)$
    b. $P(z \geq -1)$
    c. $P(z \geq -1{,}5)$
    d. $P(-2{,}5 \leq z)$
    e. $P(-3 < z \leq 0)$

12. Dado que z é uma variável aleatória normal padrão, calcule as seguintes probabilidades:
    a. $P(0 \leq z \leq 0{,}83)$
    b. $P(-1{,}57 \leq z \leq 0)$
    c. $P(z > 0{,}44)$
    d. $P(z \geq -0{,}23)$
    e. $P(z < -1{,}20)$
    f. $P(z \leq -0{,}71)$

13. Dado que z é uma variável aleatória normal padrão, calcule as seguintes probabilidades:
    a. $P(-1{,}98 \leq z \leq 0{,}49)$.
    b. $P(0{,}52 \leq z \leq 1{,}22)$.
    c. $P(-1{,}75 \leq z \leq -1{,}04)$.

14. Dado que z é uma variável aleatória normal padrão, encontre z para cada uma das situações:
    a. A área à esquerda de z é 0,9750.
    b. A área entre 0 e z é 0,4750.
    c. A área à esquerda de z é 0,7291.
    d. A área à direita de z é 0,1314.
    e. A área à esquerda de z é 0,6700.
    f. A área à direita de z é 0,3300.

15. Dado que z é uma variável aleatória normal padrão, encontre z para cada uma das situações:
    a. A área à esquerda de z é 0,2119.

b. A área entre –z e z é 0,9030.
c. A área entre –z e z é 0,2052.
d. A área à esquerda de z é 0,9948.
e. A área à direita de z é 0,6915.

16. Dado que z é uma variável aleatória normal padrão, encontre z para cada uma das situações:
    a. A área à direita de z é 0,01.
    b. A área à direita de z é 0,025.
    c. A área à direita de z é 0,05.
    d. A área à direita de z é 0,10.

Aplicações

17. O custo médio unitário das passagens aéreas para voos domésticos nos Estados Unidos subiu para um recorde histórico de US$ 385 (site do Bureau of Transportation Statistics, 2 de novembro de 2012). As tarifas aéreas eram baseadas no valor total da passagem, que consistia do preço cobrado pelas companhias aéreas mais quaisquer impostos e taxas adicionais. Suponha que os preços das passagens aéreas para voos domésticos sejam normalmente distribuídas com um desvio padrão de US$ 110.
    a. Qual é a probabilidade de uma passagem aérea doméstica custar US$ 550 ou mais?
    b. Qual é a probabilidade de uma passagem aérea doméstica custar US$ 250 ou menos?
    c. Qual é a probabilidade de uma passagem aérea doméstica custar entre US$ 300 e US$ 500?
    d. Qual é o custo das 3% maiores tarifas domésticas?

18. O retorno médio dos fundos de ações de grande capitalização no triênio 2009-2011 foi de 14,4% (*AAII Journal*, fevereiro de 2012). Suponha que os retornos trienais fossem normalmente distribuídos entre os fundos com um desvio padrão de 4,4%.
    a. Qual é a probabilidade de um fundo de ações doméstico de grande capitalização individual ter um retorno de pelo menos 20% em três anos?
    b. Qual é a probabilidade de um fundo individual de ações de grande capitalização ter um retorno de três anos igual a 10% ou menos?
    c. Qual deve ser o retorno para colocar um fundo de ações doméstico nos 10% melhores para o período de três anos?

19. Os custos com reparo de automóveis continuam a subir, e o custo médio por conserto agora está em US$ 367 (site do *U.S. News & World Report*, 5 de janeiro de 2015). Suponha que o custo de um reparo seja normalmente distribuído com um desvio padrão de US$ 88. Responda às seguintes perguntas quanto ao custo destes reparos.
    a. Qual é a probabilidade de o custo ser superior a US$ 450?
    b. Qual é a probabilidade de o custo ser inferior a US$ 250?
    c. Qual é a probabilidade de o custo ser entre US$ 250 e US$ 450?
    d. Se o custo do reparo do seu carro estiver entre os 5% mais baixos, qual é este custo?

20. O preço médio de um galão de gasolina nos Estados Unidos é de US$ 3,73, e na Rússia é de US$ 3,40 (*Bloomberg Businessweek*, de 5 a 11 de março de 2012). Suponha que estas sejam as médias populacionais nos dois países e que as distribuições de probabilidade sejam normalmente distribuídas com um desvio padrão de US$ 0,25 nos Estados Unidos e um desvio padrão de US$ 0,20 na Rússia.
    a. Qual é a probabilidade de um posto de gasolina selecionado aleatoriamente nos Estados Unidos cobrar menos de US$ 3,50 por galão?
    b. Qual porcentagem de os postos de gasolina na Rússia cobrar menos de US$ 3,50 por galão?
    c. Qual é a probabilidade de um posto de gasolina selecionado aleatoriamente na Rússia cobrar mais do que o preço médio nos Estados Unidos?

21. Uma pessoa deve obter uma pontuação entre os 2% mais bem classificados da população em um teste de QI para se afiliar à Mensa, uma sociedade internacional de pessoas com QI elevado. Se as pontuações de QI forem normalmente distribuídas com uma média 100 e desvio padrão igual a 15, qual pontuação uma pessoa deve obter para poder afiliar-se à Mensa?

22. O hábito de assistir à TV atingiu uma nova marca quando a Nielsen Company relatou um tempo médio diário de 8,35 horas por espectador (*USA Today*, 11 de novembro de 2009). Utilize uma distribuição de probabilidade normal com um desvio padrão de 2,5 horas para responder às seguintes perguntas sobre o tempo diário assistindo à TV para cada espectador.
    a. Qual é a probabilidade de que um espectador assista à TV durante 5 a 10 horas por dia?
    b. Por quantas horas um espectador deve assistir à TV para estar entre os 3% que mais assistem TV dentre todos os espectadores?
    c. Qual é a probabilidade de que um telespectador assista à TV por mais de 3 horas por dia?

23. O tempo necessário para concluir um exame final em determinado curso universitário está distribuído normalmente com uma média de 80 minutos e desvio padrão de 10 minutos. Responda às seguintes questões:
    a. Qual é a probabilidade de alguém concluir o exame em uma hora ou menos?
    b. Qual é a probabilidade de um estudante concluir o exame em mais de 60 minutos, mas em menos de 75 minutos?
    c. Suponha que a classe tenha 60 alunos e que a duração do exame seja de 90 minutos. Quantos estudantes você pensa não conseguirão concluir o exame no tempo determinado?

24. A American Automobile Association (AAA) informou que as famílias que planejam viajar durante o fim de semana do Dia do Trabalho gastarão uma média de US$ 749 (*The Associated Press*, 12 de agosto de 2012). Suponha que o valor gasto é normalmente distribuído com um desvio padrão de US$ 225.

a. Qual é a probabilidade de as despesas familiares do fim de semana serem inferiores a US$ 400?
b. Qual é a probabilidade de as despesas familiares do fim de semana serem de US$ 800 ou mais?
c. Qual é a probabilidade de as despesas familiares do final de semana ficarem entre US$ 500 e US$ 1.000?
d. Quais seriam as despesas do fim de semana do Dia do Trabalho para os 5% das famílias com planos de viagem mais caros?

25. Nova York é a cidade mais cara dos Estados Unidos para hospedagem. A tarifa média do hotel é de US$ 204 por noite (*USA Today*, 30 de abril de 2012). Suponha que as tarifas sejam normalmente distribuídas com um desvio padrão de US$ 55.
    a. Qual é a probabilidade de um quarto de hotel custar US$ 225 ou mais por noite?
    b. Qual é a probabilidade de um quarto de hotel custar menos de US$ 140 por noite?
    c. Qual é a probabilidade de um quarto de hotel custar entre US$ 200 e US$ 300 por noite?
    d. Qual é o custo dos 20% quartos de hotel mais caros em Nova York?

6.3 Aproximação normal de probabilidades binomiais

Na Seção 5.5 apresentamos a distribuição discreta de probabilidade binomial. Lembre-se de que um experimento binomial consiste de uma sequência de n ensaios independentes e idênticos, tendo cada ensaio dois resultados possíveis: um sucesso ou um fracasso. A probabilidade de um sucesso em um ensaio é a mesma para todos os ensaios e é denotada por p. A variável aleatória binomial é o número de sucessos obtidos nos n ensaios, e as questões probabilísticas dizem respeito à probabilidade de x sucessos nos n ensaios.

Quando o número de ensaios se torna grande, é difícil calcular a função de probabilidade binomial manualmente ou com o auxílio de uma calculadora. Nos casos em que $np \geq 5$ e $n(1-p) \geq 5$, a distribuição normal fornece uma aproximação fácil de usar para as probabilidades binomiais. Quando usamos a aproximação normal para a probabilidade binomial, ajustamos $\mu = np$ e $\sigma = \sqrt{np(1-p)}$ na definição da curva normal.

Vamos ilustrar a aproximação normal para a probabilidade binomial supondo que uma empresa privada tenha em seu histórico o fato de cometer erros em 10% de suas faturas. Foi tomada uma amostra de 100 faturas, e queremos calcular a probabilidade de 12 faturas conterem erros. Ou seja, queremos encontrar a probabilidade binomial de 12 sucessos em 100 ensaios. Ao aplicarmos a aproximação normal nesse caso, determinamos que $\mu = np = (100)(0{,}10) = 10$ e $\sigma = \sqrt{np(1-p)} = \sqrt{(100)(0{,}1)(0{,}9)} = 3$. Uma distribuição normal com $\mu = 10$ e $\sigma = 3$ é mostrada na Figura 6.8.

Lembre-se de que, quando se trata de uma distribuição contínua de probabilidade, as probabilidades são calculadas como áreas sob a função densidade de probabilidade. Consequentemente, a probabilidade de um valor único qualquer para a variável aleatória é zero. Desse modo, para fazermos a aproximação para a probabilidade binomial de 12 sucessos, calculamos a área sob a curva normal correspondente, entre 11,5 e 12,5. O 0,5 que adicionamos e subtraímos de 12 é chamado **fator de correção de continuidade**. Ele é introduzido porque utilizamos uma distribuição contínua para

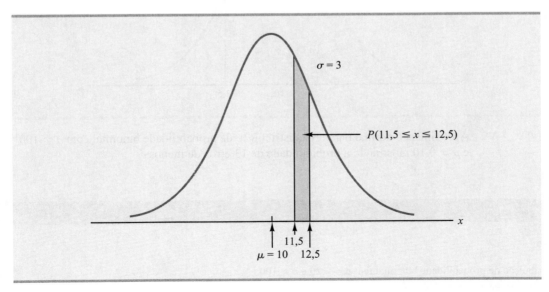

FIGURA 6.8 Aproximação normal para uma distribuição de probabilidade binomial com $n = 100$ e $p = 0{,}10$ mostrando a probabilidade de 12 erros

aproximar uma distribuição discreta. Então, o $P(x = 12)$ da distribuição *discreta* binomial é aproximado por $P(11,5 \leq x \leq 12,5)$, da distribuição *contínua* normal.

Efetuando a conversão para a distribuição normal padrão para calcularmos $P(11,5 \leq x \leq 12,5)$, obtemos:

$$z = \frac{x - \mu}{\sigma} = \frac{12,5 - 10,0}{3} = 0,83 \quad \text{para } x = 12,5$$

e

$$z = \frac{x - \mu}{\sigma} = \frac{11,5 - 10,0}{3} = 0,50 \quad \text{para } x = 11,5$$

Utilizando a tabela de probabilidades normal padrão, descobrimos que a área sob a curva (na Figura 6.8) à esquerda de 12,5 é 0,7967. De modo semelhante, a área sob a curva à esquerda de 11,5 é 0,6915. Portanto, a área entre 11,5 e 12,5 é $0,7967 - 0,6915 = 0,1052$. A aproximação normal para a probabilidade de 12 sucessos em 100 ensaios é de 0,1052.

Como outra ilustração, suponha que queiramos calcular a probabilidade de 13 erros ou menos na amostra de 100 faturas. A Figura 6.9 mostra a área sob a curva normal que se aproxima desta probabilidade. Observe que o uso do fator correção da continuidade resulta no valor de 13,5 sendo utilizado para calcular a probabilidade desejada. O valor de z correspondente a $x = 13,5$ é

$$z = \frac{13,5 - 10,0}{3,0} = 1,17$$

A tabela de probabilidades normal padrão mostra que a área sob a curva normal padrão à esquerda de $z = 1,17$ é 0,8790. A área sob a curva normal que se aproxima da probabilidade de 13 ou menos erros é dada pela parte sombreada do gráfico na Figura 6.9.

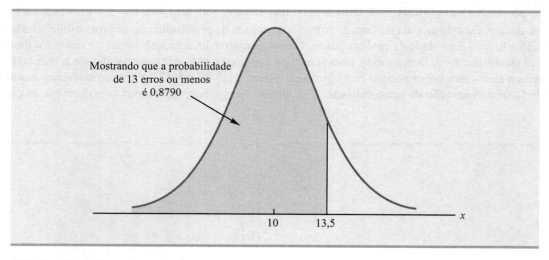

FIGURA 6.9 Aproximação normal para uma distribuição de probabilidade binomial com $n = 100$ e $p = 0,10$ mostrando a probabilidade de 13 erros ou menos

Exercícios

Métodos

26. Uma distribuição de probabilidade binomial tem $p = 0,20$ e $n = 100$.
    a. Qual é a média e o desvio padrão?
    b. Essa é uma daquelas situações em que as probabilidades binomiais podem ser aproximadas pela distribuição de probabilidade normal? Explique.

c. Qual é a probabilidade de haver exatamente 24 sucessos?
d. Qual é a probabilidade de 18 a 22 sucessos?
e. Qual é a probabilidade de 15 sucessos ou menos?

27. Suponha que uma distribuição de probabilidade binomial tem $p = 0,60$ e $n = 200$.
    a. Qual é a média e o desvio padrão?
    b. Esta é uma daquelas situações em que as probabilidades binomiais podem ser aproximadas pela distribuição de probabilidade normal? Explique.
    c. Qual é a probabilidade de 100 a 110 sucessos?
    d. Qual é a probabilidade de 130 sucessos ou mais?
    e. Qual é a vantagem de usarmos a distribuição de probabilidade normal para aproximar as probabilidades binomiais? Use o item (d) para explicar a vantagem.

Aplicações

28. Embora os estudos continuem a demonstrar que o hábito de fumar leva a graves problemas de saúde, 20% dos adultos nos Estados Unidos fumam. Considere um grupo de 250 adultos.
    a. Qual é o número esperado de adultos que fumam?
    b. Qual é a probabilidade de que menos de 40 adultos fumem?
    c. Qual é a probabilidade de que entre 55 e 60 adultos fumem?
    d. Qual é a probabilidade de que 70 ou mais adultos fumem?

29. Uma pesquisa da CBS News/*New York Times* descobriu que 97% dos norte-americanos acreditam que o ato de digitar no celular enquanto dirige deve ser proibido (site da *CBS News*, 5 de janeiro de 2015).
    a. Para uma amostra de 10 norte-americanos, qual é a probabilidade de que pelo menos oito digam acreditar que digitar ao dirigir deve ser uma prática proibida? Use a função de probabilidade de distribuição binomial, na Seção 5.5, para responder a esta pergunta.
    b. Para uma amostra de 100 norte-americanos, qual é a probabilidade de que pelo menos 95 digam acreditar que digitar enquanto dirige deve ser proibido? Use a aproximação normal à distribuição binomial para responder a esta pergunta.
    c. À medida que o número de ensaios em um aplicativo de distribuição binomial se torna grande, qual é a vantagem de usar a aproximação normal para a distribuição binomial para calcular as probabilidades?
    d. Quando o número de ensaios para uma aplicação de distribuição binominal se torna grande, os desenvolvedores de pacotes de softwares estatísticos preferem usar a função de probabilidade de distribuição binomial, mostrada na Seção 5.5, ou a aproximação normal para a distribuição binomial discutida na Seção 6.3? Explique.

30. Os jogos de videogames e computadores são muito populares, pois esta é uma atividade praticada por mais de 70% das pessoas. Dos indivíduos que jogam videogames e jogos de computador, 18% têm menos de 18 anos de idade, 53% têm entre 18 e 59 anos e 29% têm mais de 59 anos de idade (*The Wall Street Journal*, 6 de março de 2012).
    a. Para uma amostra de 800 pessoas que gostam desses jogos, quantas você esperaria ter menos de 18 anos de idade?
    b. Para uma amostra de 600 pessoas que gostam desses jogos, qual é a probabilidade de menos de 100 ser menores de 18 anos?
    c. Para uma amostra de 800 pessoas que gostam desses jogos, qual é a probabilidade de que 200 ou mais tenham mais de 59 anos?

31. O relatório denominado *Bank of America Trends in Consumer Mobility* indica que, em um dia típico, 51% dos usuários de telefones celulares os utilizam pelo menos uma vez por hora; 26% algumas vezes por dia; 8% pela manhã e à noite, e 13% quase nunca usam seus telefones. Os 2% restantes disseram não saber com que frequência usavam o celular (*USA Today*, 7 de julho de 2014). Considere uma amostra de 150 usuários de telefones celulares.
    a. Qual é a probabilidade de que pelo menos 70 usem o telefone pelo menos uma vez por hora?
    b. Qual é a probabilidade de que pelo menos 75, mas menos de 80, usem o telefone pelo menos uma vez por hora?
    c. Qual é a probabilidade de menos de 5 dos 150 usuários de telefone não saber com que frequência usam seu telefone?

6.4 Distribuição de probabilidade exponencial

A **distribuição de probabilidade exponencial** pode ser usada para variáveis aleatórias, como os intervalos de tempo de chegada dos carros a um lava-rápido, o tempo necessário para carregar um caminhão, a distância entre defeitos importantes em uma rodovia e assim por diante. A função densidade de probabilidade exponencial é apresentada a seguir:

FUNÇÃO DENSIDADE DE PROBABILIDADE EXPONENCIAL

$$f(x) = \frac{1}{\mu} e^{-x/\mu} \quad \text{para } x \geq 0 \tag{6.4}$$

onde μ = valor esperado ou média

Como um exemplo da distribuição exponencial, suponha que x represente o tempo de carga de um caminhão no terminal de carga da Schips e que siga esse tipo de distribuição. Se o valor médio, ou a média, do tempo de carga for 15 minutos ($\mu = 15$), a função densidade de probabilidade apropriada para x será:

$$f(x) = \frac{1}{15}e^{-x/15}$$

A Figura 6.10 é o gráfico dessa função densidade de probabilidade.

Como calcular probabilidades para a distribuição exponencial

Assim como com qualquer distribuição contínua de probabilidade, a área sob a curva correspondente a um intervalo fornece a probabilidade de a variável aleatória assumir um valor nesse intervalo. No exemplo do terminal de carga da Schips, a probabilidade de o carregamento de um caminhão demandar 6 minutos ou menos $P(x \leq 6)$ é definida como a área sob a curva representada na Figura 6.10, de $x = 0$ a $x = 6$. De modo similar, a probabilidade de o tempo de carregamento de um caminhão demandar 18 minutos ou menos $P(x \leq 18)$ é a área sob a curva de $x = 0$ a $x = 18$. Observe também que a probabilidade de o tempo de carregamento de um caminhão se situar entre 6 e 18 minutos $P(6 \leq x \leq 18)$ é dada pela área sob a curva de $x = 6$ a $x = 18$.

> Em aplicações de fila de espera, a distribuição exponencial frequentemente é usada para o tempo de atendimento.

Para calcular probabilidades exponenciais como as que acabamos de descrever usamos a fórmula apresentada a seguir. Ela fornece a probabilidade acumulada de obtermos um valor menor ou igual a um valor específico denotado por x_0 para a variável aleatória exponencial.

> **DISTRIBUIÇÃO EXPONENCIAL: PROBABILIDADES CUMULATIVAS**
>
> $$P(x \leq x_0) = 1 - e^{-x_0/\mu} \quad (6.5)$$

Para o exemplo do terminal de cargas da Schips, x = tempo de carregamento em minutos e $\mu = 15$ minutos. Utilizando a Equação (6.5),

$$P(x \leq x_0) = 1 - e^{-x_0/15}$$

Portanto, a probabilidade de o carregamento de um caminhão demandar 6 minutos ou menos é:

$$P(x \leq 6) = 1 - e^{-6/15} = 0{,}3297$$

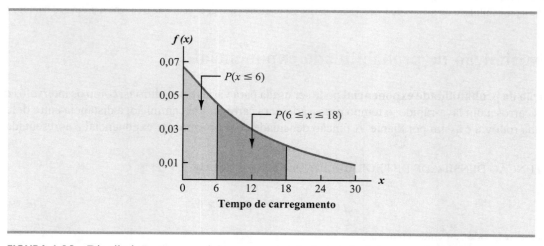

FIGURA 6.10 Distribuição exponencial para o exemplo do terminal de carga da Schips

Utilizando a Equação (6.5) calculamos a probabilidade de carregar um caminhão em 18 minutos ou menos.

$$P(x \leq 18) = 1 - e^{-18/15} = 0,6988$$

Desse modo, a probabilidade de o tempo de carregamento de um caminhão demandar entre 6 e 18 minutos é igual a 0,6988 − 0,3297 = 0,3691. As probabilidades correspondentes a qualquer outro intervalo podem ser calculadas de maneira similar.

No exemplo anterior, o tempo médio necessário para carregar um caminhão é $\mu = 15$ minutos. Uma propriedade da distribuição exponencial é que tanto a média quanto o desvio padrão da distribuição são *iguais*. Assim, o desvio padrão do tempo necessário para carregar um caminhão é $\sigma = 15$ minutos. A variância é $\sigma^2 = (15)^2 = 225$.

> Uma propriedade da distribuição exponencial é que a média e o desvio padrão são iguais.

Relação entre as distribuições de Poisson e a exponencial

Na Seção 5.6 introduzimos a distribuição de Poisson como uma distribuição discreta de probabilidade que muitas vezes é útil para examinarmos o número de ocorrências de um evento ao longo de um intervalo específico de tempo ou de espaço. Lembre-se de que a função de probabilidade de Poisson é:

$$f(x) = \frac{\mu^x e^{-\mu}}{x!}$$

onde

$$\mu = \text{valor esperado, ou número médio, de ocorrências}$$
$$\text{ao longo de um intervalo específico}$$

A distribuição contínua de probabilidade exponencial está relacionada à distribuição discreta de Poisson. Se a distribuição de Poisson fornece uma descrição apropriada do número de ocorrências por intervalo, a distribuição exponencial fornece uma descrição da extensão do intervalo entre as ocorrências.

> Se as chegadas seguem uma distribuição de Poisson, o tempo entre as chegadas deve seguir uma distribuição exponencial.

Para ilustrar esta relação, suponha que o número de carros que chegam a um lava-rápido durante uma hora seja descrito por uma distribuição de probabilidade de Poisson, com uma média de 10 carros por hora. A função de probabilidade de Poisson que dá a probabilidade de x chegadas por hora é:

$$f(x) = \frac{10^x e^{-10}}{x!}$$

Um vez que o número médio de carros que chegam ao lava-rápido é 10 por hora, o tempo médio entre a chegada de cada carro é

$$\frac{1 \text{ hora}}{10 \text{ carros}} = 0,1 \text{ hora/carro}$$

Desse modo, a distribuição exponencial correspondente que descreve o tempo entre as chegadas tem uma média de $\mu = 0,1$ hora por carro; em consequência, a função densidade de probabilidade exponencial apropriada é:

$$f(x) = \frac{1}{0,1} e^{-x/0,1} = 10e^{-10x}$$

NOTAS E COMENTÁRIOS

Como podemos observar na Figura 6.10, a distribuição exponencial é assimétrica à direita. De fato, a medida de assimetria das distribuições exponenciais é 2. A distribuição exponencial nos dá uma boa ideia de como se apresenta uma distribuição assimétrica.

Exercícios

Métodos

32. Considere a seguinte função densidade de probabilidade exponencial.

$$f(x) = \frac{1}{8}e^{-x/8} \quad \text{para } x \geq 0$$

   a. Encontre $P(x \leq 6)$.
   b. Encontre $P(x \leq 4)$.
   c. Encontre $P(x \geq 6)$.
   d. Encontre $P(4 \leq x \leq 6)$.

33. Considere a seguinte função densidade de probabilidade exponencial.

$$f(x) = \frac{1}{3}e^{-x/3} \quad \text{para } x \geq 0$$

   a. Escreva a fórmula para $P(x \leq x_0)$.
   b. Encontre $P(x \leq 2)$.
   c. Encontre $P(x \geq 3)$.
   d. Encontre $P(x \leq 5)$.
   e. Encontre $P(2 \leq x \leq 5)$.

Aplicações

34. A duração da bateria entre cargas para o smartphone Motorola Droid Razr Maxx é de 20 horas quando seu uso principal é o tempo de conversação (*The Wall Street Journal*, 7 de março de 2012). A duração da bateria cai para 7 horas quando este smartphone é utilizado principalmente para aplicativos de Internet pelo celular. Suponha que a duração da bateria em ambos os casos siga uma distribuição exponencial.
   a. Mostre a função densidade de probabilidade para a duração da bateria do smartphone Droid Razr Maxx quando seu uso principal for o tempo de conversação.
   b. Qual é a probabilidade de que a carga da bateria de um smartphone Droid Razr Maxx selecionado aleatoriamente não dure mais do que 15 horas quando seu uso principal for o tempo de conversação?
   c. Qual é a probabilidade de que a carga da bateria de um smartphone Droid Razr Maxx selecionado aleatoriamente durará mais de 20 horas quando seu uso principal for o tempo de conversação?
   d. Qual é a probabilidade de que a carga da bateria de um smartphone Droid Razr Maxx selecionado aleatoriamente durará não mais do que 5 horas quando o seu uso principal for aplicativos de Internet?

35. O tempo entre a chegada dos veículos a determinado cruzamento segue uma distribuição de probabilidade exponencial com uma média de 12 segundos.

   a. Apresente um esboço dessa distribuição de probabilidade exponencial.
   b. Qual é a probabilidade de o tempo de chegada entre os veículos ser de 12 segundos ou menos?
   c. Qual é a probabilidade de o tempo de chegada entre os veículos ser de 6 segundos ou menos?
   d. Qual é a probabilidade de transcorrer 30 segundos ou mais entre a chegada dos veículos?

36. A Comcast Corporation é a maior companhia de TV a cabo, a segunda maior provedora de serviços de Internet e a quarta maior operadora de serviços de telefonia nos Estados Unidos. Geralmente conhecida por seus serviços confiáveis e de qualidade, periodicamente a companhia sofre interrupções de serviço inesperadas. Em 14 de janeiro de 2009 ocorreu uma dessas interrupções de serviço para os clientes da Comcast do sudoeste da Flórida. Quando os clientes entraram em contato com o escritório da Comcast, uma mensagem gravada informava que a companhia estava ciente da falha de serviço e que o sistema seria restaurado em duas horas. Suponha que duas horas seja o tempo médio para fazer os reparos e que o tempo de reparo tenha uma distribuição de probabilidade exponencial.
   a. Qual é a probabilidade de que o serviço a cabo seja reparado em uma hora ou menos?
   b. Qual é a probabilidade de que os reparos sejam realizados entre uma e duas horas?
   c. Para um cliente que entra em contato com o escritório da Comcast às 13 horas, qual é a probabilidade de que o serviço a cabo não seja reparado até as 17 horas?

37. O restaurante da Wendy foi reconhecido por ter o tempo médio de atendimento mais rápido entre os restaurantes de *fast-food*. Em um estudo comparativo, o tempo médio de atendimento do Restaurante da Wendy, de 2,2 minutos, foi menor que o do Burger King, Chick-fil-A, Krystal, McDonald's, Taco Bell e Taco John's (site da *QSR Magazine*, dezembro de 2014). Suponha que o tempo de serviço do Restaurante da Wendy tenha uma distribuição exponencial.
   a. Qual é a probabilidade de o tempo de serviço ser menor ou igual a um minuto?
   b. Qual é a probabilidade de o tempo de serviço entre 30 segundos e um minuto?

Distribuições contínuas de probabilidade **263**

   c. Suponha que um gerente do Restaurante da Wendy esteja considerando a possibilidade de instituir uma política de tal forma que, se o tempo necessário para o atendimento exceder cinco minutos, a refeição será gratuita. Qual é a probabilidade de você receber sua refeição de graça? Comente.

38. O Corpo de Bombeiros de Boston recebe chamadas de emergência a uma taxa média de 1,6 chamada por hora (site Mass.gov, novembro de 2012). Suponha que o número de chamadas por hora siga uma distribuição de probabilidade de Poisson.
   a. Qual é o tempo médio entre as chamadas de emergência para o Corpo de Bombeiros de Boston em minutos?
   b. Usando a média no item (a), mostre a função densidade de probabilidade para o tempo entre as chamadas de emergência em minutos.
   c. Qual é a probabilidade de que haverá menos de uma hora entre as chamadas de emergência?
   d. Qual é a probabilidade de haver 30 minutos ou mais entre as chamadas de emergência?
   e. Qual é a probabilidade de haver mais de 5 minutos, mas menos de 20 minutos, entre as chamadas de emergência?

Resumo

Este capítulo ampliou a discussão sobre as distribuições de probabilidade para o caso de variáveis aleatórias contínuas. A principal diferença conceitual entre distribuições discretas de probabilidades e contínuas envolve o método ao calcular as probabilidades. Com distribuições discretas, a função de probabilidade $f(x)$ fornece a probabilidade de a variável aleatória x assumir vários valores. Com distribuições contínuas, a função densidade de probabilidade $f(x)$ não fornece valores de probabilidade diretamente. Em vez disso, as probabilidades são dadas por áreas sob a curva ou gráfico da função densidade de probabilidade $f(x)$. Como a área sob a curva acima de um único ponto é zero, observamos que a probabilidade de qualquer valor particular é zero para uma variável aleatória contínua.

Três distribuições contínuas de probabilidade – distribuições uniforme, normal e exponencial – foram tratadas em detalhes. A distribuição normal é amplamente empregada na inferência estatística e será extensivamente utilizada ao longo do restante deste livro.

Glossário

Distribuição de probabilidade exponencial Distribuição contínua de probabilidade usada para calcular probabilidades referentes ao tempo necessário para concluir uma tarefa.

Distribuição de probabilidade normal Distribuição contínua de probabilidade. Sua função densidade de probabilidade tem a forma de sino e é determinada por sua média μ e pelo desvio padrão σ.

Distribuição de probabilidade normal padrão Distribuição normal com média zero e desvio padrão um.

Distribuição de probabilidade uniforme Distribuição contínua de probabilidade em que a probabilidade de a variável aleatória

assumir um valor em um intervalo qualquer é a mesma para cada intervalo de igual extensão.

Fator de correção de continuidade O valor 0,5 que é adicionado e/ou subtraído de um valor de x quando a distribuição contínua de probabilidade normal é utilizada para fazer a aproximação para a distribuição discreta binomial.

Função densidade de probabilidade Função utilizada para calcular as probabilidades de uma variável aleatória contínua. A área sob o gráfico de uma função densidade de probabilidade ao longo de um intervalo representa a probabilidade.

Fórmulas-chave

Função densidade de probabilidade uniforme

$$f(x) = \begin{cases} \dfrac{1}{b-a} & \text{para } a \leq x \leq b \\[2mm] 0 & \text{caso contrário} \end{cases} \tag{6.1}$$

Função densidade de probabilidade normal

$$f(x) = \frac{1}{\sigma\sqrt{2\pi}} e^{-\frac{1}{2}\left(\frac{x-\mu}{\sigma}\right)^2} \tag{6.2}$$

264 Estatística aplicada a administração e economia

Conversão em uma variável aleatória normal padrão

$$z = \frac{x - \mu}{\sigma}$$ (6.3)

Função densidade de probabilidade exponencial

$$f(x) = \frac{1}{\mu} e^{-x/\mu} \quad \text{para } x \geq 0$$ (6.4)

Distribuição exponencial: probabilidades cumulativas

$$P(x \leq x_0) = 1 - e^{-x_0/\mu}$$ (6.5)

Exercícios suplementares

39. Uma executiva de negócios, transferida de Chicago para Atlanta, precisa vender rapidamente sua casa em Chicago. O empregador da executiva se ofereceu para comprar a casa por US$ 210 mil, mas a oferta se encerra no fim da semana. A executiva não tem uma oferta melhor atualmente, mas pode deixar a casa à venda por mais um mês. Em virtude das conversas que manteve com seu corretor de imóveis, a executiva acredita que o preço que obterá se deixar a casa à venda por mais um mês se distribui uniformemente entre US$ 200 mil e US$ 225 mil.
    a. Se ela deixar a casa à venda por mais um mês, qual é a expressão matemática correspondente à função densidade de probabilidade do preço de venda?
    b. Se ela deixar a casa à venda por mais um mês, qual é a probabilidade de vir a obter, no mínimo, US$ 215 mil pela casa?
    c. Se ela deixar a casa à venda por mais um mês, qual é a probabilidade de vir a obter menos de US$ 210 mil?
    d. A executiva deve deixar a casa à venda por mais um mês? Sim ou não? Por quê?

40. A NCAA estima que o valor anual de uma bolsa de estudos para atletas em universidades públicas estaduais seja de US$ 19.000 (*The Wall Street Journal*, 12 de março de 2012). Suponha que o valor da bolsa é normalmente distribuído com um desvio padrão de US$ 2.100.
    a. Para os 10% de bolsas de estudos com menor valor para atletas quanto elas valem?
    b. Qual a porcentagem de bolsas de estudos avaliadas em US$ 22.000 ou mais?
    c. Para os 3% de bolsas de estudos que são mais valiosas quanto elas valem?

41. A Motorola usou a distribuição normal para determinar a probabilidade de defeitos e o número de defeitos esperados em um processo de produção. Suponha que um processo de produção fabrique itens com um peso médio de 10 onças. Calcule a probabilidade de ocorrer um defeito e o número esperado de defeitos em uma rodada de produção de 1.000 unidades nas seguintes situações:
    a. O desvio padrão do processo é 0,15 onça e o controle do processo foi ajustado em mais ou menos um desvio padrão. As unidades com pesos inferiores a 9,85 onças ou superiores a 10,15 onças (287,74 g) serão classificadas como defeitos.
    b. Através de melhorias no projeto dos processos, o desvio padrão do processo pode ser reduzido para 0,05 onça. Suponha que o controle do processo permaneça o mesmo, com os pesos inferiores a 9,85 onças (279,24 g) ou superiores a 10,15 onças sendo considerados defeitos.
    c. Qual é a vantagem de reduzir a variação no processo e ajustar, portanto, os limites do controle de processo em um número maior de desvios padrão da média?

42. No início de 2012, as dificuldades econômicas estavam forçando os limites do sistema de bem-estar dos cidadãos da França. Um indicador do nível de dificuldade financeira foi o aumento no número de pessoas que levavam itens para uma casa de penhores de Paris, que aumentou para 658 por dia (*Bloomberg Businessweek*, de 5 a 11 de março de 2012). Suponha que o número de pessoas que levam itens para a casa de penhores por dia em 2012 seja normalmente distribuído com uma média de 658.
    a. Suponha que você saiba que em 3% dos dias 610 pessoas ou menos levavam itens para a casa de penhores. Qual é o desvio padrão do número destas pessoas por dia?
    b. Em qualquer dia, qual a probabilidade de que entre 600 e 700 pessoas levem itens para a casa de penhores?
    c. Quantas pessoas levam itens para a casa de penhores em 3% dos dias mais movimentados?

43. O porto de South Louisiana, localizado ao longo de 54 milhas do Rio Mississippi, entre Nova Orleans e Baton Rouge, é o maior porto de carga a granel do mundo. O Corpo de Engenheiros do Exército dos Estados Unidos informa que o porto lida com uma média de 4,5 milhões de toneladas de carga por semana (*USA Today*, 25 de setembro de 2012). Suponha que o número de toneladas de carga movimentadas por semana seja normalmente distribuído com um desvio padrão de 0,82 milhão de toneladas.
    a. Qual é a probabilidade de o porto manejar menos de 5 milhões de toneladas de carga por semana?
    b. Qual é a probabilidade de o porto movimentar 3 ou mais milhões de toneladas de carga por semana?

Distribuições contínuas de probabilidade **265**

   c. Qual é a probabilidade de o porto movimentar entre 3 e 4 milhões de toneladas de carga por semana?

   d. Suponha que em 85% do tempo o porto consiga manipular o volume de carga semanal sem prolongar as horas de operação. Qual é o número de toneladas de carga por semana que exigirá que o porto estenda seu horário de operação?

44. A Ward Doering Auto Sales está pensando em oferecer um contrato de serviço especial que cubra o custo total de qualquer trabalho de reparo necessário nos veículos alugados. Por experiência, o gerente da empresa estima que os custos de reparo anuais estão distribuídos de maneira aproximadamente normal, com uma média de US$ 150 e desvio padrão de US$ 25.

   a. Se a empresa oferecer o contrato de serviço aos clientes por um custo anual de US$ 200, qual é a probabilidade de os custos de serviço a qualquer cliente em particular ultrapassarem o preço de contrato, de US$ 200?

   b. b. Qual é o lucro esperado da Ward por contrato de serviço?

45. O XO Group Inc. realizou uma pesquisa com 13.000 noivas e noivos casados nos Estados Unidos e descobriu que o custo médio de um casamento é de US$ 29.858 (site do Grupo XO, 5 de janeiro de 2015). Suponha que o custo de um casamento seja normalmente distribuído com uma média de US$ 29.858 e um desvio padrão de US$ 5.600.

   a. Qual é a probabilidade de um casamento custar menos de US$ 20.000?

   b. Qual é a probabilidade de um casamento custar entre US$ 20.000 e US$ 30.000?

   c. Para um casamento estar entre os 5% mais caros, quanto custaria?

46. Considere que as pontuações obtidas nos exames de admissão à universidade estejam normalmente distribuídas, sendo a média 450 e o desvio padrão 100.

   a. Qual porcentagem das pessoas que fizeram os exames obtiveram pontuações entre 400 e 500?

   b. Suponha que alguém receba a pontuação 630. Das pessoas que fizeram os exames, qual porcentagem obteve uma pontuação melhor? Qual porcentagem obteve uma pontuação pior?

   c. Se uma universidade em particular não vai admitir pessoas com pontuação abaixo de 480, qual porcentagem de pessoas que fizeram o teste poderiam ser aceitas na universidade?

47. De acordo com a Associação Nacional de Faculdades e Empregadores, o salário inicial médio para novos graduados em Ciências da Saúde é de US$ 51.541. O salário inicial médio para novos graduados em Administração é de US$ 53.901 (site da Associação Nacional de Faculdades e Empregadores, 5 de janeiro de 2015). Suponha que os salários iniciais sejam normalmente distribuídos e que o desvio padrão para o início dos salários dos recém-formados em Ciências da Saúde seja de US$ 11.000. Suponha que o desvio padrão para o salário inicial de novos graduados em Administração seja de US$ 15.000.

   a. Qual é a probabilidade de que um novo graduado universitário em Administração ganhe um salário inicial de pelo menos US$ 65.000?

   b. Qual é a probabilidade de que um novo graduado em Ciências da Saúde ganhe um salário inicial de pelo menos US$ 65.000?

   c. Qual é a probabilidade de um novo graduado em Ciências da Saúde receber um salário inicial inferior a US$ 40.000?

   d. Quanto um novo graduado em Administração teria de receber para ter um salário inicial superior a 99% de todos os salários iniciais de recém-formados em Ciências da Saúde?

48. Uma máquina preenche recipientes com um produto específico. O desvio padrão dos pesos de preenchimento é conhecido, a partir de dados anteriores, como 0,6 onça. Se apenas 2% dos recipientes contiverem menos de 18 onças, qual é o peso médio de preenchimento da máquina? Isto é, μ deve ser igual a quanto? Suponha que os pesos de preenchimento tenham uma distribuição normal.

49. Considere um exame de múltipla escolha com 50 questões. Cada questão tem quatro respostas possíveis. Suponha que um estudante que fez seu trabalho de casa e participou de todas as aulas tenha 0,75% de probabilidade de responder corretamente a qualquer questão.

   a. Um estudante deve responder corretamente 43 questões ou mais para obter uma nota A. Qual porcentagem dos estudantes que fizeram seu trabalho de casa e participaram das aulas obterá notas A nesse exame de múltipla escolha?

   b. O estudante que responder corretamente a um número de 35 a 39 questões receberá uma nota C. Qual porcentagem dos estudantes que fizeram seu trabalho de casa e participaram das aulas obterá nota C nesse exame de múltipla escolha?

   c. Um estudante deve responder corretamente 30 questões ou mais para ser aprovado no exame. Qual porcentagem dos estudantes que fizeram seu trabalho de casa e participaram das aulas será aprovada no exame?

   d. Considere que um estudante não tenha participado das aulas nem tenha feito o trabalho de casa exigido pelo curso. Além disso, suponha que o estudante simplesmente *chutou* as respostas a cada questão. Qual é a probabilidade de esse estudante responder corretamente a 30 questões ou mais e ser aprovado?

50. Um jogador de *blackjack* em um cassino de Las Vegas soube que a casa oferecerá um quarto gratuito se o jogo se estender por quatro horas com uma aposta média de US$ 50. A estratégia do jogador apresenta uma probabilidade de 0,49 de ele ganhar qualquer *mão* do jogo, e o jogador sabe que 60 *mãos* são jogadas por hora. Suponha que ele jogue durante quatro horas, com apostas de US$ 50 por mão.

   a. Qual é a expectativa de ganho do jogador?

   b. Qual é a probabilidade de o jogador perder US$ 1.000 ou mais?

   c. Qual é a probabilidade de o jogador ganhar?

   d. Suponha que o jogador inicie com US$ 1.500. Qual é a probabilidade de ele perder tudo?

51. A Information Systems Audit and Control Association pesquisou trabalhadores de escritório para aprender sobre a utilização prevista de computadores para compras pessoais de férias (*USA Today*, 11 de novembro de 2009). Suponha que o número de horas que um funcionário gaste para fazer compras para as férias em um computador de escritório siga uma distribuição exponencial.

   a. O estudo relatou que existe uma probabilidade de 0,53 de que um funcionário utilize um computador de escritório para fazer suas compras para as férias durante 5 horas ou menos. O tempo médio gasto utilizando um computador de escritório para fazer compras para as férias é próximo de 5,8, 6,2, 6,6 ou 7 horas?

266 Estatística aplicada a administração e economia

b. Utilizando o tempo médio do item (a), qual é a probabilidade de que um funcionário utilize um computador de escritório para esta finalidade por mais de 10 horas?

c. Qual é a probabilidade de que um funcionário utilize um computador de escritório para as compras de férias entre 4 e 8 horas?

52. O site da empresa Bed and Breakfast Inns of North America tem aproximadamente sete visitantes por minuto (*Time,* setembro de 2001). Suponha que o número de visitas por minuto ao site siga uma distribuição de probabilidade de Poisson.

a. Qual é o tempo médio entre as visitas ao site?

b. Apresente a função densidade de probabilidade referente ao tempo entre as visitas ao site.

c. Qual é a probabilidade de ninguém acessar o site no período de 1 minuto?

d. Qual é a probabilidade de ninguém acessar o site no período de 12 segundos?

53. Você não gosta de esperar em filas? A rede de supermercados Kroger utilizou uma simulação por computador e tecnologia da informação para reduzir o tempo médio de espera dos clientes em 2.300 lojas. Usando um novo sistema chamado *QueVision*, que permite que a Kroger preveja melhor quando os compradores irão passar com suas compras nos caixas, a empresa conseguiu reduzir o tempo médio de espera do cliente para apenas 26 segundos (site da *InformationWeek* e *The Wall Street Journal*, 5 de janeiro de 2015).

a. Suponha que os tempos de espera do Kroger sejam distribuídos exponencialmente. Mostre a função de densidade de probabilidade do tempo de espera no Kroger.

b. Qual é a probabilidade de um cliente esperar entre 15 e 30 segundos?

c. Qual é a probabilidade de um cliente esperar mais de 2 minutos?

54. O tempo (em minutos) entre as chamadas telefônicas em um escritório de seguros tem a seguinte distribuição de probabilidade exponencial.

$$f(x) = 0,50e^{-0,50x} \qquad \text{para } x \geq 0$$

a. Qual é o tempo médio entre as chamadas telefônicas?

b. Qual é a probabilidade de decorrer 30 segundos ou menos entre as chamadas telefônicas?

c. Qual é a probabilidade de decorrer 1 minuto ou menos entre as chamadas telefônicas?

d. Qual é a probabilidade de decorrer 5 minutos ou mais sem um telefonema?

Estudo de caso   Specialty Toys

A Specialty Toys, Inc. vende uma grande variedade de novos e inovadores brinquedos infantis. A gerência percebeu que a temporada que antecede as festas de fim de ano é a melhor época para lançar um novo brinquedo no mercado, uma vez que é nesse período que muitas famílias procuram novas ideias de presentes para as comemorações de dezembro. Quando a Specialty descobre um novo brinquedo com bom potencial de mercado, escolhe uma data em outubro para efetuar seu lançamento.

Para colocar os brinquedos em suas lojas até outubro, a Specialty faz seus pedidos aos fabricantes de uma só vez no mês de junho ou julho de cada ano. A demanda por brinquedos infantis pode ser altamente volátil. Se um novo brinquedo obtiver grande sucesso, a sensação de escassez no mercado frequentemente aumenta a demanda a níveis elevados, e grandes lucros podem ser percebidos. Entretanto, novos brinquedos também podem encalhar, deixando a Specialty entulhada de grandes níveis de estoque que precisam ser vendidos a preços reduzidos. A questão mais importante que a empresa enfrenta é decidir quantas unidades de um novo brinquedo devem ser adquiridas para satisfazer à demanda de vendas prevista. Se comprar muito pouco, perderá vendas; se comprar demais, os lucros serão reduzidos em razão dos baixos preços realizados nas vendas para limpar o estoque.

Para a próxima temporada, a Specialty planeja lançar no mercado um novo produto, chamado Weather Teddy. Esta variação de ursinho falante é produzida por uma empresa de Taiwan. Quando a criança pressiona a mão do ursinho ele começa a falar. Um barômetro embutido seleciona uma das cinco respostas que dão uma previsão do tempo. As respostas variam de "Parece que o dia está muito bonito! Divirta-se!" a "Acho que pode chover hoje. Não se esqueça do seu guarda-chuva!". Os testes realizados com o produto mostram que, embora não seja uma previsão meteorológica perfeita, suas previsões do tempo são surpreendentemente boas. Diversos gerentes da Specialty afirmaram que o Teddy faz previsões do tempo tão boas quanto muitas das previsões meteorológicas locais apresentadas na televisão.

Assim como ocorre com outros produtos, a Specialty se defronta com a decisão de quantas unidades de Weather Teddy encomendar para o próximo período de festas. Membros da equipe administrativa sugeriram encomendar quantidades de 15 mil, 18 mil, 24 mil ou 28 mil unidades. A larga margem de lotes de compra sugeridos indica uma considerável discordância em relação ao potencial de mercado. A equipe da gerência de produto pede a você uma análise das probabilidades de "quebra" de estoque (*stock-out*) para os vários lotes de compra, uma estimativa do lucro potencial, e também para auxiliar a elaborar uma recomendação de lote de compra. A Specialty espera vender o Weather Teddy por US$ 24, baseando-se em um custo de US$ 16 por unidade. Se houver saldos de estoque depois do período de festas de

Distribuições contínuas de probabilidade **267**

fim de ano, a Specialty venderá todo o estoque restante a US$ 5 por unidade. Depois de revisar o histórico de vendas de produtos similares, o planejador sênior de vendas previu uma demanda esperada de 20 mil unidades, com 0,95 de probabilidade de a demanda se situar entre 10 mil e 30 mil unidades.

Relatório administrativo

Prepare um relatório gerencial que encaminhe as seguintes questões e recomende um lote de compra para o produto Weather Teddy.

1. Use a previsão do planejador de vendas para descrever uma distribuição de probabilidade normal que possa ser usada para fazer a aproximação à distribuição da demanda. Faça um esboço da distribuição e apresente a média e o desvio padrão.
2. Calcule a probabilidade de quebra de estoque para os lotes de compra sugeridos pelos membros da equipe administrativa.
3. Calcule o lucro projetado para os lotes de compra sugeridos pela equipe administrativa considerando três cenários: o pior caso, no qual as vendas são de 10 mil unidades; o caso mais provável, em que as vendas são de 20 mil unidades; e o melhor caso, em que as vendas são de 30 mil unidades.
4. Um dos gerentes da Specialty achava que o potencial de lucro era tão grande que o lote de compra poderia ter 70% de chance de satisfazer à demanda e somente 30% de chance de haver uma quebra de estoque. Qual lote deveria ser encomendado sob essa política, e qual é o lucro projetado sob os três cenários de vendas?
5. Apresente sua própria recomendação de lote de compra e anote as projeções de lucro associadas. Forneça um fundamento lógico para sua recomendação.

Apêndice 6.1   Distribuições contínuas de probabilidade com o Minitab

Vamos demonstrar o procedimento para se calcular probabilidades contínuas com o Minitab reportando-nos ao problema da Grear Tire Company, em que a durabilidade dos pneus com relação às milhas foi descrita por uma distribuição normal, com $\mu = 36.500$ e $\sigma = 5.000$. Uma das questões foi: qual é a probabilidade de a durabilidade dos pneus em milhas ultrapassar 40 mil milhas?

Em relação às distribuições contínuas de probabilidade o Minitab fornece uma probabilidade acumulada; isto é, oferece a probabilidade de a variável aleatória assumir um valor menor ou igual a uma constante específica. Quanto à questão da durabilidade dos pneus da Grear, o Minitab pode ser usado para determinar a probabilidade acumulada de a durabilidade em milhas ser menor ou igual a 40.000 milhas. Depois de obtermos a probabilidade acumulada do Minitab, precisamos subtraí-la de 1 para determinar a probabilidade de a durabilidade do pneu ultrapassar 40.000 milhas.

Antes de usar o Minitab para calcular uma probabilidade, precisamos inserir a constante específica em uma coluna da planilha. Quanto à questão da durabilidade dos pneus da Grear, inserimos a constante específica 40.000 na coluna C1. As etapas para usar o Minitab para calcular a probabilidade acumulada da variável aleatória normal, considerando um valor menor ou igual a 40.000, são apresentadas a seguir:

Etapa 1. Selecione o menu **Calc**
Etapa 2. Escolha **Probability Distributions**
Etapa 3. Escolha a opção **Normal**
Etapa 4. Quando a caixa de diálogo Normal Distribution aparecer:
    Selecione **Cumulative probability**
    Digite 36.500 na caixa **Mean**
    Digite 5.000 na caixa **Standard Deviation**
    Digite C1 na caixa **Input column** (a coluna que contém 40.000)
    Clique em **OK**

O Minitab mostra que essa probabilidade é de 0,7580. Como estamos interessados na probabilidade de a durabilidade do pneu ser maior que 40 mil, a probabilidade desejada é $1 - 0,7580 = 0,2420$.

268 Estatística aplicada a administração e economia

Uma segunda questão no problema da Grear Tire Company foi: qual garantia de durabilidade em milhas a Grear deve fixar para assegurar que não mais de 10% dos pneus se qualifiquem à garantia? Aqui nos é dada uma probabilidade e queremos descobrir o valor correspondente da variável aleatória. O Minitab usa uma rotina de cálculo inversa para encontrar o valor da variável aleatória associada a determinada probabilidade acumulada. Primeiramente, precisamos introduzir a probabilidade acumulada em uma coluna da planilha do Minitab. Nesse caso, a probabilidade acumulada desejada é de 0,10 e é digitada na coluna C1. Depois, as três primeiras etapas de procedimento do Minitab são idênticas às que já foram relatadas. Na etapa 4, selecionamos **Inverse cumulative probability**, ao invés de **Cumulative probability**, e concluímos as partes restantes da etapa. O Minitab exibirá, então, a garantia de durabilidade de 30.092 milhas.

O Minitab é capaz de calcular probabilidades para outras distribuições contínuas de probabilidade, até mesmo a distribuição de probabilidade exponencial. Para calcular as probabilidades exponenciais, siga o procedimento apresentado anteriormente referente à distribuição de probabilidade normal e escolha a opção **Exponential** na etapa 3. A etapa 4 é idêntica ao que foi descrito, com exceção de que não é necessário introduzir um desvio padrão. Os dados de saída (*output*) das probabilidades acumuladas e das inversas de probabilidades acumuladas são idênticos aos da distribuição de probabilidade normal.

Apêndice 6.2   Distribuições contínuas de probabilidade com o Excel

O Excel tem capacidade de calcular probabilidades de diversas distribuições contínuas de probabilidade, até mesmo as distribuições normal e exponencial. Neste apêndice descreveremos como o Excel pode ser usado para calcular probabilidades de qualquer distribuição de probabilidade normal. Os procedimentos referentes às distribuições exponenciais e outras distribuições contínuas são idênticos aos que descrevemos com relação à distribuição de probabilidade normal.

Retornemos ao problema da Grear Tire Company, em que a durabilidade dos pneus com relação às milhas foi descrita como uma distribuição normal de probabilidade, com $\mu = 36.500$ e $\sigma = 5.000$. Suponha que estejamos interessados na probabilidade de a durabilidade do pneu ultrapassar 40.000 milhas.

A função DIST.NORM.N do Excel pode ser utilizada para calcular as probabilidades acumuladas de uma distribuição normal. A forma geral da função é DIST.NORM.N (x, μ, σ, cumulativo). Quanto ao quarto argumento, VERDADEIRO é especificado se uma probabilidade acumulada for desejada. Desse modo, para calcularmos a probabilidade acumulada de a durabilidade do pneu ser menor ou igual a 40.000 milhas, introduziríamos a seguinte fórmula em qualquer célula de uma planilha do Excel:

$$= \text{DISTR.NORM.N(40000;36500;5000;VERDADEIRO)}$$

Neste ponto, aparecerá 0,7580 na célula em que a fórmula foi inserida, indicando que a probabilidade de a durabilidade do pneu ser menor ou igual a 40.000 milhas é de 0,7580. Portanto, a probabilidade de a durabilidade do pneu ultrapassar 40.000 milhas é de $1 - 0,7580 = 0,2420$.

A função INV.NORM.N do Excel usa um cálculo inverso para encontrar o valor de x correspondente a determinada probabilidade acumulada. Por exemplo, suponha que queiramos descobrir qual é o número de milhas que a Grear deve oferecer como garantia a fim de que não mais de 10% dos pneus se qualifiquem à garantia. Digitaríamos a seguinte fórmula em qualquer célula de uma planilha do Excel:

$$= \text{INV.NORM.N(0,1;36500;5000)}$$

Neste ponto aparecerá 30.092 na célula em que a fórmula foi inserida, indicando que a probabilidade de um pneu durar 30.092 milhas é inferior a 0,10.

A função do Excel para calcular probabilidades exponenciais é DISTR.EXPON. Ela requer três argumentos: x, o valor da variável; lâmbda, que é $1/\mu$; e VERDADEIRO, se você quiser a probabilidade acumulada. Por exemplo, considere uma distribuição de probabilidade exponencial com média $\mu = 15$. A probabilidade de que a variável exponencial seja menor ou igual a 6 pode ser calculada pela função do Excel

$$= \text{DISTR.EXPON (6;1/15;VERDADEIRO)}$$

Aqui, 0,3297 aparecerá na célula onde a fórmula foi digitada, indicando que a probabilidade de a variável exponencial ser menor ou igual a 6 é 0,3297. Se você precisar de ajuda para inserir funções em uma planilha, a caixa de diálogo Inserir Função do Excel pode ser utilizada. Veja o Apêndice E no final do livro.

CAPÍTULO 7

Amostragem e distribuições amostrais

CONTEÚDO

Estatística na prática: Meadwestvaco Corporation

7.1 O problema de amostragem da Electronics Associates

7.2 Selecionando uma amostra
Amostragem a partir de uma população finita
Amostragem a partir de uma população infinita

7.3 Estimação pontual
Recomendação prática

7.4 Introdução às distribuições amostrais

7.5 Distribuição amostral de $\bar{x}$
Valor esperado de $\bar{x}$
Desvio padrão de $\bar{x}$
Forma da distribuição amostral de $\bar{x}$
Distribuição amostral de $\bar{x}$ para o Problema da EAI
Valor prático da distribuição amostral de $\bar{x}$
Relação entre o tamanho da amostra e a distribuição amostral de $\bar{x}$

7.6 Distribuição amostral de $\bar{p}$
Valor esperado de $\bar{p}$
Desvio padrão de $\bar{p}$
Forma da distribuição amostral de $\bar{p}$
Valor prático da distribuição amostral de $\bar{p}$

7.7 Propriedades dos estimadores pontuais
Ausência de viés
Eficiência
Consistência

7.8 Outros métodos de amostragem
Amostragem aleatória estratificada
Amostragem por conglomerados
Amostragem sistemática
Amostragem por conveniência
Amostragem por julgamento

APÊNDICES

7.1 Valor esperado e desvio padrão de $\bar{x}$

7.2 Amostragem aleatória com o Minitab

7.3 Amostragem aleatória com o Excel

ESTATÍSTICA na PRÁTICA

MEADWESTVACO CORPORATION*
Stamford, Connecticut

A MeadWestvaco Corporation (MWV Rigesa), uma companhia líder na fabricação de papéis para embalagens, papéis especiais e revestidos, além de produtos químicos especiais, emprega mais de 17 mil pessoas. A companhia opera no mundo todo, em 30 países, e atende a clientes localizados em aproximadamente 100 países. O grupo de consultoria interna da MeadWestvaco utiliza amostragem para fornecer uma variedade de informações que possibilitam à companhia obter importantes benefícios quanto à produtividade e permanecer competitiva.

Por exemplo, a MeadWestvaco mantém grandes propriedades florestais, que fornecem as árvores ou a matéria-prima para muitos dos produtos que fabrica. Os gestores precisam dispor de informações precisas e confiáveis acerca das reservas florestais mantidas para fins industriais e florestas naturais, a fim de avaliar a capacidade da companhia de atender a suas futuras necessidades de matéria-prima. Qual é o volume atual nas florestas? Qual foi o crescimento anterior das florestas? Qual é o crescimento futuro projetado para as florestas? Com respostas a essas importantes questões os gestores da MeadWestvaco podem desenvolver planos para o futuro, incluindo a programação de plantio e derrubada em longo prazo de árvores.

Como a MeadWestvaco obtém as informações de que precisa sobre suas vastas propriedades com florestas naturais? Os dados coletados a partir de lotes de amostras de todas as florestas são a base para aprender a respeito da população das árvores que são de propriedade da companhia. Para se identificar os lotes de amostras, as propriedades com reservas florestais mantidas para fins industriais são, primeiramente, divididas em três seções com base na localização e nos tipos de árvores. Utilizando mapas e números aleatórios, os analistas da MeadWestvaco identificam amostras aleatórias de lotes de 1/5 a 1/7 acres em cada seção da floresta. Os engenheiros florestais da MeadWestvaco coletam dados dessas amostras para aprender acerca da população da floresta.

---
* Os autores agradecem ao Doutor Dr. Edward P. Winkofsky por fornecer esta Estatística na Prática.

A amostragem aleatória de suas florestas permite à MeadWestvaco Corporation atender às suas futuras necessidades de matéria-prima.

Os engenheiros florestais em toda a organização participam do processo de coleta de dados em campo. Periodicamente, duas equipes reúnem informações acerca de cada árvore em cada lote de amostra. Os dados amostrais são inseridos no sistema de computadores do IFC (Inventário Florestal Contínuo) da companhia. Os relatórios do sistema do IFC incluem uma série de resumos de distribuição de frequências contendo estatísticas a respeito dos tipos de árvores, o atual volume das florestas, as taxas anteriores de crescimento, e o crescimento e volume das florestas projetados para o futuro. A amostragem e os resumos estatísticos associados dos dados amostrais fornecem os relatórios essenciais para o efetivo gerenciamento das florestas e reservas florestais mantidas para fins industriais da MeadWestvaco.

Neste capítulo você aprenderá sobre a amostragem e o processo de seleção de amostras. Além disso, aprenderá de que modo estatísticas, como a média amostral e a proporção amostral, são utilizadas para estimar a média populacional e a proporção populacional. Também será apresentado o importante conceito de distribuição amostral.

No Capítulo 1 apresentamos as seguintes definições de um elemento, uma população e uma amostra.

- *Elemento* é a entidade acerca da qual os dados são coletados.
- *População* é o conjunto de todos os elementos de interesse.
- *Amostra* é um subconjunto da população.

A razão pela qual selecionamos uma amostra é coletar dados para fazer uma inferência e/ou responder a uma questão de pesquisa a respeito de uma população.

Vamos começar mencionando dois exemplos nos quais a amostragem foi utilizada para responder a uma questão de pesquisa a respeito de uma população.

1. Membros de um partido político no Texas estão considerando a possibilidade de apoiar determinado candidato nas eleições para o Senado dos Estados Unidos, e líderes do partido querem estimar a proporção de eleitores registrados no estado favoráveis ao candidato. Uma amostra de 400 eleitores registrados no Texas foi selecionada e 160 desses 400 indicaram preferência pelo candidato. Portanto, uma estimativa da proporção populacional de eleitores registrados favoráveis ao candidato é 160/400 = 0,40.
2. Um fabricante de pneus está considerando produzir um pneu projetado para proporcionar um aumento da durabilidade (em milhas) em relação à atual linha de pneus da empresa. Para estimar a durabilidade média dos novos pneus o fabricante produziu uma amostra de 120 pneus para testes. Os resultados dos testes apresentaram uma média amostral de 36.500 milhas. Portanto, uma estimativa da vida média útil para a população dos novos pneus foi de 36.500 milhas.

É importante perceber que os resultados da amostra fornecem apenas *estimativas* dos valores das características da população correspondente. Não esperamos exatamente 0,40, ou 40% da população de eleitores registrados favoráveis ao candidato nem que a média amostral de 36.500 milhas seja exatamente igual à média de durabilidade dos pneus (em milhas) para a população de todos os novos pneus produzidos. Isso porque a amostra contém somente uma parte da população. Ainda é esperado algum erro amostral. Com os métodos de amostragem apropriados, os resultados da amostra fornecerão "boas" estimativas para os parâmetros da população. Mas quão bons serão os resultados da amostra? Felizmente, os procedimentos estatísticos estão disponíveis para responder a essa questão.

> A média amostral fornece uma estimativa da média populacional, e a proporção amostral fornece uma estimativa de uma proporção populacional. Com estimativas como essas pode-se esperar algum erro de estimação. Este capítulo oferece a base para determinar quão grande esse erro pode ser.

Vamos definir alguns dos termos utilizados em amostragem. **População amostrada** é a população da qual a amostra é obtida, e **sistema de referência** é uma lista dos elementos dos quais a amostra será selecionada. No primeiro exemplo, a população amostral é composta de todos os eleitores registrados no Texas, e o sistema de referência é uma lista de todos os eleitores registrados. Como o número de eleitores registrados no Texas é um número finito, o primeiro exemplo é uma ilustração de amostragem a partir de uma população finita. Na Seção 7.2 discutimos como uma amostra aleatória simples pode ser selecionada quando a seleção é realizada a partir de uma população finita.

A população amostrada do exemplo da durabilidade dos pneus (quanto às milhas rodadas) é difícil de definir porque a amostra de 120 pneus foi obtida a partir de um processo de produção em determinado período. Podemos pensar na população amostrada como a população conceitual de todos os pneus que poderiam ter sido fabricados pelo processo de produção em um momento específico. Nesse sentido, a população amostrada é considerada infinita, tornando impossível construir um sistema de referência a partir do qual se poderia retirar a amostra. Na Seção 7.2 discutimos como selecionar uma amostra aleatória em uma situação como esta.

Neste capítulo mostramos como a amostragem aleatória simples pode ser utilizada para selecionar uma amostra a partir de uma população finita e descrevemos como uma amostra aleatória pode ser obtida a partir de uma população infinita gerada por um processo contínuo. Então mostramos como os dados obtidos de uma amostra podem ser utilizados para calcular estimativas para a média populacional, para o desvio padrão populacional e para uma proporção populacional. Além disso, apresentamos o importante conceito de distribuição amostral. Como iremos verificar, o conhecimento da distribuição amostral apropriada nos permite fazer afirmações acerca do quanto as estimativas amostrais estão próximas dos parâmetros populacionais correspondentes. A última seção discute algumas alternativas para a amostragem aleatória simples que são frequentemente empregadas na prática.

7.1 O problema de amostragem da Electronics Associates

O diretor do departamento pessoal da Electronics Associates Inc. (EAI) foi incumbido da tarefa de desenvolver um perfil dos 2.500 gestores da companhia. As características a serem identificadas incluem o salário médio anual destes gestores e a proporção daqueles que concluíram o programa de treinamento administrativo da empresa.

DATA *file*
EAI

Utilizando o total de 2.500 gestores como a população para este estudo, podemos encontrar o salário anual e o *status* do programa de treinamento de cada indivíduo consultando os registros do departamento pessoal da companhia. O conjunto de dados contendo essas informações para todos os 2.500 gestores na população está no arquivo denominado EAI.

Utilizando o conjunto de dados do EAI e as fórmulas apresentadas no Capítulo 3 calculamos a média populacional e o desvio padrão populacional para os dados relativos ao salário anual.

$$\text{Média populacional: } \mu = \text{US\$ } 51.800$$
$$\text{Desvio padrão populacional: } \sigma = \text{US\$ } 4.000$$

Os dados referentes ao *status* do programa de treinamento mostram que 1.500 dos 2.500 gestores completaram o programa de treinamento.

As características numéricas de uma população são chamadas **parâmetros**. Se p denotar a proporção da população que concluiu o programa de treinamento, vemos que $p = 1.500/2.500 = 0,60$. A média salarial anual populacional ($\mu = \text{US\$ } 51.800$), o desvio padrão salarial anual populacional ($\sigma = \text{US\$ } 4.000$) e a proporção populacional que concluiu o programa de treinamento ($p = 0,60$) são parâmetros populacionais de gestores da EAI.

Geralmente, o custo de coletar informações a partir de uma amostra é substancialmente menor do que a partir de uma população, especialmente quando entrevistas pessoais precisam ser realizadas para coletar as informações.

Agora, suponha que as informações necessárias a respeito de todos os gestores da EAI não estivessem prontamente disponíveis no banco de dados da companhia. A questão que consideramos agora é como o diretor do departamento pessoal da empresa pode obter estimativas dos parâmetros populacionais utilizando uma amostra de gestores, em vez de todos os 2.500 gestores na população. Suponha que uma amostra de 30 gestores seja utilizada. Claramente, o tempo e o custo de desenvolver um perfil serão substancialmente menor para 30 gestores do que para a população inteira. Se o diretor do departamento pessoal puder ter certeza de que uma amostra de 30 gestores fornecerá as informações adequadas a respeito da população de 2.500 gestores, trabalhar com uma amostra será preferível a trabalhar com a população inteira. Vamos explorar a possibilidade de utilizar uma amostra para o estudo da EAI, primeiro considerando como podemos identificar uma amostra de 30 gestores.

Selecionando uma amostra

Nesta seção descrevemos como selecionar uma amostra. Primeiramente, descrevemos como fazer a amostragem a partir de uma população finita e, depois, explicamos como selecionar uma amostra a partir de uma população infinita.

Amostragem a partir de uma população finita

Outros métodos de amostragem probabilística são descritos na Seção 7.8.

Os estatísticos recomendam selecionar uma amostra probabilística ao fazer a amostragem a partir de uma população finita porque uma amostra probabilística permite que façam inferências estatísticas válidas acerca da população. O tipo de amostra probabilística mais simples é aquela em que cada amostra de tamanho n tem a mesma probabilidade de ser selecionada. Esta é chamada amostra aleatória simples. Uma amostra aleatória simples de tamanho n a partir de uma população finita de tamanho N é definida como se segue.

> **AMOSTRA ALEATÓRIA SIMPLES (POPULAÇÃO FINITA)**
>
> Uma **amostra aleatória simples** de tamanho n obtida a partir de uma população finita de tamanho N é uma amostra selecionada de modo que cada possível amostra de tamanho n tenha a mesma probabilidade de ser selecionada.

Nos apêndices deste capítulo descrevemos como o Excel e o Minitab podem ser utilizados para gerar uma amostra aleatória simples.

Um procedimento para selecionar uma amostra aleatória simples a partir de uma população finita consiste em utilizar a tabela de números aleatórios para escolher os elementos da amostra um de cada vez, de maneira que, em cada etapa, cada um dos elementos remanescentes na população tenha a mesma probabilidade de ser selecionado. A amostragem de n elementos feita dessa maneira irá satisfazer a definição de uma amostra aleatória simples a partir de uma população finita.

Para selecionarmos uma amostra aleatória simples a partir de uma população finita dos gestores da EAI, primeiro construímos um sistema de referência atribuindo um número a cada gestor. Por exemplo, podemos atribuir aos gestores os números de 1 a 2.500 na ordem em que seus nomes aparecem no arquivo do departamento pessoal da EAI. Em seguida, consultamos os números aleatórios mostrados na Tabela 7.1. Utilizando a primeira linha da tabela, cada dígito, 6, 3, 2, ..., é um dígito aleatório que tem igual possibilidade de ocorrer. Como o maior número na lista da

TABELA 7.1 Números aleatórios

63.271	59.986	71.744	51.102	15.141	80.714	58.683	93.108	13.554	79.945
88.547	9.896	95.436	79.115	8.303	1.041	20.030	63.754	8.459	28.364
55.957	57.243	83.865	9.911	19.761	66.535	40.102	26.646	60.147	15.702
46.276	87.453	44.790	67.122	45.573	84.358	21.625	16.999	13.385	22.782
55.363	7.449	34.835	15.290	76.616	67.191	12.777	21.861	68.689	3.263
69.393	92.785	49.902	58.447	42.048	30.378	87.618	26.933	40.640	16.281
13.186	29.431	88.190	4.588	38.733	81.290	89.541	70.290	40.113	8.243
17.726	28.652	56.836	78.351	47.327	18.518	92.222	55.201	27.340	10.493
36.520	64.465	5.550	30.157	82.242	29.520	69.753	72.602	23.756	54.935
81.628	36.100	39.254	56.835	37.636	2.421	98.063	89.641	64.953	99.337
84.649	48.968	75.215	75.498	49.539	74.240	3.466	49.292	36.401	45.525
63.291	11.618	12.613	75.055	43.915	26.488	41.116	64.531	56.827	30.825
70.502	53.225	3.655	5.915	37.140	57.051	48.393	91.322	25.653	6.543
6.426	24.771	59.935	49.801	11.082	66.762	94.477	2.494	88.215	27.191
20.711	55.609	29.430	70.165	45.406	78.484	31.639	52.009	18.873	96.927
41.990	70.538	77.191	25.860	55.204	73.417	83.920	69.468	74.972	38.712
72.452	36.618	76.298	26.678	89.334	33.938	95.567	29.380	75.906	91.807
37.042	40.318	57.099	10.528	9.925	89.773	41.335	96.244	29.002	46.453
53.766	52.875	15.987	46.962	67.342	77.592	57.651	95.508	80.033	69.828
90.585	58.955	53.122	16.025	84.299	53.310	67.380	84.249	25.348	4.332
32.001	96.293	37.203	64.516	51.530	37.069	40.261	61.374	5.815	6.714
62.606	64.324	46.354	72.157	67.248	20.135	49.804	9.226	64.419	29.457
10.078	28.073	85.389	50.324	14.500	15.562	64.165	6.125	71.353	77.669
91.561	46.145	24.177	15.294	10.061	98.124	75.732	815	83.452	97.355
13.091	98.112	53.959	79.607	52.244	63.303	10.413	63.839	74.762	50.289

Os números aleatórios na tabela são mostrados em grupos de cinco para facilitar a leitura.

população de gestores da EAI, 2.500, tem quatro dígitos, selecionaremos números aleatórios da tabela em conjuntos ou grupos de quatro dígitos. Mesmo que possamos começar a seleção de números aleatórios em qualquer parte da tabela e mover sistematicamente em uma direção que escolhermos, utilizaremos a primeira linha da Tabela 7.1 e moveremos da esquerda para a direita. Os primeiros sete números aleatórios de quatro dígitos são:

$$6.327 \qquad 1.599 \qquad 8.671 \qquad 7.445 \qquad 1.102 \qquad 1.514 \qquad 1.807$$

Como os números na tabela são aleatórios, esses números de quatro dígitos são igualmente prováveis.

Podemos agora utilizar esses números aleatórios de quatro dígitos para dar a cada gestor na população igual oportunidade de ser incluído na amostra aleatória. O primeiro número, 6.327, é maior do que 2.500. Ele não corresponde a um dos gestores numerados na população, e, assim, é descartado. O segundo número, 1.599, está entre 1 e 2.500. Assim, o primeiro gestor selecionado para a amostra aleatória é o número 1.599 na lista de gestores da EAI. Continuando com este processo, ignoramos os números 8.671 e 7.445 antes de identificar os números de gestores 1.102, 1.514 e 1.807 para serem incluídos na amostra aleatória. Este processo continua até que a amostra aleatória simples de 30 gestores da EAI tenha sido obtida.

Ao implementarmos esse processo de seleção de uma amostra aleatória simples é possível que um número aleatório utilizado anteriormente apareça novamente na tabela antes que a amostra completa de 30 gestores da EAI tenha sido selecionada. Como não queremos selecionar um gestor mais de uma vez, quaisquer números aleatórios utilizados anteriormente são ignorados porque o gestor correspondente já está incluso na amostra. Selecionar uma amostra dessa maneira é um processo chamado **amostragem sem reposição**. Se selecionarmos uma amostra de modo que números aleatórios previamente utilizados sejam aceitáveis e que gestores específicos possam ser incluídos na amostra duas vezes ou mais, estaremos fazendo uma **amostragem com reposição**. A amostragem com reposição é uma maneira válida de identificar uma amostra aleatória simples. Contudo, a amostragem sem reposição é o procedimento de

274 Estatística aplicada a administração e economia

amostragem mais frequentemente utilizado na prática. Neste livro, quando nos referirmos à amostragem aleatória simples estaremos supondo que a amostragem é sem reposição.

Amostragem a partir de uma população infinita

Às vezes, queremos selecionar uma amostra a partir de uma população, mas a população é infinitamente grande ou os elementos da população estão sendo gerados por um processo contínuo para os quais não existe limite quanto ao número de elementos que podem ser gerados. Desse modo, não é possível desenvolver uma lista de todos os elementos na população. Este é considerado o caso de uma população infinita. Com uma população infinita não podemos selecionar uma amostra aleatória simples porque não podemos construir um sistema de referência consistindo em todos os elementos. No caso da população infinita, os estatísticos recomendam selecionar o que é chamado amostra aleatória.

> **AMOSTRA ALEATÓRIA (POPULAÇÃO INFINITA)**
>
> Uma **amostra aleatória** de tamanho n obtida a partir de uma população infinita é uma amostra selecionada de modo que as condições a seguir sejam satisfeitas.
>
> 1. Cada elemento selecionado origina-se da mesma população.
> 2. Cada elemento é selecionado independentemente.

É preciso ter cuidado e discernimento ao implementar o processo de seleção para obter uma amostra aleatória a partir de uma população infinita. Cada caso pode requerer um diferente processo de seleção. Vamos considerar dois exemplos para verificar o que queremos dizer com as condições (1) cada elemento selecionado é proveniente da mesma população e (2) cada elemento é selecionado independentemente.

Uma aplicação comum em controle de qualidade envolve um processo de produção no qual não existe limite quanto ao número de elementos que podem ser produzidos. A população conceitual da qual estamos fazendo amostragem consiste de todos os elementos que poderiam ser produzidos (não apenas os que são produzidos) pelo processo de produção contínuo. Uma vez que não podemos desenvolver uma lista de todos os elementos que poderiam ser produzidos, a população é considerada infinita. Para sermos mais específicos, vamos considerar uma linha de produção projetada para preencher caixas de um cereal matinal com peso médio de cerca de 680 gramas do cereal por caixa. Amostras de 12 caixas preenchidas por meio desse processo são periodicamente selecionadas por um inspetor de controle de qualidade para determinar se o processo está operando adequadamente ou se, talvez, uma máquina que não funciona adequadamente está preenchendo as caixas com cereal em excesso ou com cereal em falta em relação ao peso especificado.

Com um sistema de produção como este, a maior preocupação ao selecionar uma amostra aleatória é garantir que a condição 1, de que os elementos amostrados sejam selecionados a partir da mesma população, esteja satisfeita. Para assegurar que essa condição esteja satisfeita as caixas devem ser selecionadas aproximadamente no mesmo momento. Dessa maneira, o inspetor evita a possibilidade de selecionar algumas delas quando o processo operar apropriadamente, e outras quando o processo não operar adequadamente e estiver preenchendo as caixas com cereal em excesso ou em falta. Com esse tipo de processo de produção, a segunda condição, em que cada elemento deve ser selecionado independentemente, é satisfeita ao planejar que o processo de produção permita que cada caixa de cereal seja preenchida independentemente. Com essa suposição, o inspetor de controle de qualidade precisa apenas se preocupar em satisfazer a condição de procedência da mesma população.

Como outro exemplo de selecionar uma amostra aleatória a partir de uma população infinita, considere a população de clientes que chegam a um restaurante *fast-food*. Suponha que seja pedido a um funcionário para selecionar e entrevistar uma amostra de clientes a fim de desenvolver um perfil das pessoas que frequentam o restaurante. O processo de chegada de clientes está em andamento e não existe um meio de obter uma lista de todos os clientes na população. Desse modo, para propósitos práticos, a população, neste processo contínuo, é considerada infinita. Uma vez que um procedimento de amostragem é esboçado de modo que todos os elementos na amostra sejam clientes do restaurante e selecionados independentemente, a amostra aleatória será obtida. Nesse caso, o funcionário que coleta a amostra precisa selecioná-la a partir de pessoas que chegam ao restaurante e fazem uma compra para garantir que a condição de procedência da mesma população esteja satisfeita. Se, por exemplo, o funcionário tiver selecionado alguém para a amostra que tenha entrado no restaurante apenas para usar o banheiro, essa pessoa não será um cliente e a condição referente à procedência da mesma população estará violada. Assim, sempre que o entrevistador selecionar a amostra a partir de pessoas que fazem uma compra no restaurante a condição 1 é satisfeita. Assegurar que os clientes sejam selecionados independentemente pode ser mais difícil.

A finalidade da segunda condição no procedimento de seleção da amostra aleatória (cada elemento ser selecionado independentemente) é evitar o viés de seleção. Nesse caso, pode ocorrer viés de seleção se o entrevistador estiver livre para selecionar clientes para a amostra arbitrariamente. O entrevistador pode se sentir mais à vontade selecionando clientes de determinada faixa etária e evitar clientes de outras faixas etárias. O viés de seleção também ocorrerá se o entrevistador tiver selecionado um grupo de cinco clientes que entraram no restaurante juntos e solicitado a todos eles que participassem da amostra. Um grupo como esse provavelmente exibiria características similares, o que poderia fornecer informações distorcidas acerca da população de clientes. Esse tipo de viés de seleção pode ser evitado assegurando que a seleção de determinado cliente não influencia a de nenhum outro cliente. Em outras palavras, os elementos (clientes) são selecionados independentemente.

O McDonald's, restaurante líder do ramo de *fast-food*, implementou um procedimento de amostragem aleatória para esta situação. Tal procedimento teve como base o fato de que alguns clientes apresentaram cupons de desconto. Sempre que um cliente apresentava um cupom de desconto, foi solicitado ao seguinte que completasse um questionário referente ao perfil. Como os clientes que chegavam e apresentavam cupons de desconto eram aleatórios e independentes de outros clientes, este procedimento de amostragem garantiu que eles fossem selecionados independentemente. Como resultado, a amostra satisfez os requisitos de uma amostra aleatória a partir de uma população infinita.

Situações envolvendo amostragem a partir de uma população infinita geralmente estão associadas a um processo que ocorre ao longo do tempo. Exemplos incluem peças que são fabricadas em uma linha de produção, ensaios experimentais repetidos em laboratório, transações que ocorrem em um banco, chamadas telefônicas que chegam a uma central de suporte técnico e clientes que entram em uma loja varejista. Em cada um dos casos, a situação pode ser visualizada como um processo que gera elementos a partir de uma população infinita. Desde que os elementos amostrados sejam selecionados a partir da mesma população e independentemente, a amostra é considerada aleatória a partir de uma população infinita.

NOTAS E COMENTÁRIOS

1. Nesta seção temos de ser cuidadosos para definir dois tipos de amostras: uma amostra aleatória simples a partir de uma população finita e uma amostra aleatória a partir de uma população infinita. No restante do livro, geralmente nos referiremos a esses dois tipos como *amostra aleatória*, ou simplesmente *amostra*. Não faremos distinção entre amostra aleatória e amostra aleatória simples a menos que seja necessário para o exercício ou discussão.

2. Os estatísticos que se especializam em estudos amostrais a partir de populações finitas utilizam métodos de amostragem que oferecem amostras probabilísticas. Com uma amostra probabilística, cada possível amostra tem uma probabilidade conhecida de ser escolhida e um processo aleatório é utilizado para selecionar os elementos para a amostra. A amostragem aleatória simples é um desses métodos. Na Seção 7.8 descrevemos alguns outros métodos de amostragem probabilística: amostragem aleatória estratificada, amostragem por conglomerados e amostragem sistemática. Utilizamos o termo *simples* para amostragem aleatória simples para esclarecer que este é o método de amostragem probabilística que assegura que cada amostra de tamanho n tenha a mesma probabilidade de ser selecionada.

3. O número de diferentes amostras aleatórias simples de tamanho n que podem ser selecionadas a partir de uma população finita de tamanho N é

$$\frac{N!}{n!(N-n)!}$$

Nesta fórmula, $N!$ e $n!$ referem-se às notações fatoriais discutidas no Capítulo 4. Para o problema da EAI, com $N = 2.500$ e $n = 30$, essa expressão pode ser utilizada para mostrar que podem ser obtidas aproximadamente $2,75 \times 10^{69}$ diferentes amostras aleatórias simples de 30 gestores da EAI.

Exercícios

Métodos

1. Considere uma população finita com cinco elementos identificados como A, B, C, D e E. Dez possíveis amostras aleatórias simples de tamanho 2 podem ser selecionadas.
   a. Enumere as 10 amostras iniciando com AB, AC, e assim por diante.
   b. Utilizando a amostragem aleatória simples, qual é a probabilidade de que cada amostra de tamanho 2 seja selecionada?
   c. Suponha que o número aleatório 1 corresponda a A, que o número aleatório 2 corresponda a B, e assim por diante. Enumere a amostra aleatória simples de tamanho 2 que será selecionada utilizando os dígitos aleatórios 8 0 5 7 5 3 2.

2. Suponha que uma população finita tenha 350 elementos. Utilizando os últimos três dígitos de cada um dos seguintes números aleatórios de cinco dígitos (por exemplo, 601, 022, 448, ...), determine os primeiros quatro elementos que serão selecionados para a amostra aleatória simples.

$$98.601 \quad 73.022 \quad 83.448 \quad 02.147 \quad 34.229 \quad 27.553 \quad 84.147 \quad 93.289 \quad 14.209$$

Aplicações

3. A revista *Fortune* publica dados sobre vendas, lucros, ativos, patrimônio de acionistas, valor de mercado e lucros por ação para as 500 maiores corporações industriais dos Estados Unidos (*Fortune 500*, 2012). Suponha que você queira selecionar uma amostra aleatória simples de 10 corporações a partir da lista elaborada pela *Fortune 500*. Utilize os três últimos dígitos na coluna 9 da Tabela 7.1, iniciando com 554. Leia a coluna de cima para baixo e identifique os números das 10 corporações que seriam selecionadas.

4. As 10 ações mais ativas na Bolsa de Valores de Nova York em determinada semana são mostradas aqui.

AT&T	Alcatel Lucent	Exxon Mobile	Petrobras	Vale AS
Pfizer	Verizon	Gen. Elect.	Citigroup	Ford

Autoridades da Bolsa de Valores decidiram investigar práticas de comercialização utilizando uma amostra de três dessas ações.
   a. Começando com o primeiro dígito aleatório na coluna 6 da Tabela 7.1, leia toda a coluna para selecionar uma amostra aleatória simples de três ações para as autoridades da Bolsa de Valores.
   b. Utilizando as informações do terceiro item em Notas e Comentários, determine quantas diferentes amostras aleatórias simples de tamanho 3 podem ser selecionadas a partir da lista de 10 ações.

5. Um grêmio estudantil está interessado em estimar a proporção de estudantes que são a favor de uma política obrigatória de avaliação para *aprovação/reprovação* destinada a cursos eletivos. Uma lista de nomes e endereços de 645 estudantes matriculados durante o trimestre atual está disponível na secretaria da escola. Utilizando números aleatórios de três dígitos na linha 10 da Tabela 7.1 e movendo da esquerda para a direita, identifique os primeiros 10 estudantes que seriam selecionados utilizando amostragem aleatória simples. Os números aleatórios de três dígitos começam com 816, 283 e 610.

6. O *County and City Data Book*, publicado pelo Census Bureau, traz informações acerca de 3.139 municípios dos Estados Unidos. Suponha que um estudo nacional colete dados de 30 municípios selecionados aleatoriamente. Utilize números aleatórios de quatro dígitos da última coluna na Tabela 7.1 para identificar os números correspondentes aos primeiros cinco municípios selecionados para a amostra. Ignore os primeiros dígitos e comece com os números aleatórios de quatro dígitos 9.945, 8.364, 5.702, e assim por diante.

7. Suponha que queiramos identificar uma amostra aleatória simples de 12 dos 372 médicos que praticam medicina em determinada cidade. Os nomes dos médicos estão disponíveis em uma organização médica local. Utilize a oitava coluna de números aleatórios de cinco dígitos na Tabela 7.1 para identificar os 12 médicos para a amostra. Ignore os dois primeiros dígitos aleatórios em cada agrupamento de cinco dígitos dos números aleatórios. Este processo começa com o número aleatório 108 e prossegue coluna abaixo na lista de números aleatórios.

8. As seguintes ações compõem a Média Industrial do Índice Dow Jones (*Barron's*, 30 de julho de 2012).

1. 3M	11. Disney	21. McDonald's
2. AT&T	12. DuPont	22. Merck
3. Alcoa	13. ExxonMobil	23. Microsoft
4. American Express	14. General Electric	24. J.P. Morgan
5. Bank de America	15. Hewlett-Packard	25. Pfizer
6. Boeing	16. Home Depot	26. Procter & Gamble
7. Caterpillar	17. IBM	27. Travelers
8. Chevron	18. Intel	28. United Technologies
9. Cisco Systems	19. Johnson & Johnson	29. Verizon
10. Coca-Cola	20. Kraft Foods	30. Walmart

Suponha que você queira selecionar uma amostra de seis destas companhias para realizar um estudo aprofundado de práticas administrativas. Utilize os dois primeiros dígitos em cada linha na nona coluna da Tabela 7.1 para selecionar uma amostra aleatória simples de seis companhias.

9. O *The Wall Street Journal* fornece o valor do ativo líquido, o rendimento percentual atualizado anualmente e o rendimento percentual a cada três anos referentes a 748 fundos mútuos (*The Wall Street Journal*, 15 de dezembro de 2014). Suponha que uma amostra aleatória simples de 12 dos 748 fundos mútuos será selecionada para um estudo prospectivo acerca do tamanho e do desempenho dos fundos mútuos. Utilize a quarta coluna dos números aleatórios na Tabela 7.1, iniciando com 51.102, para selecionar a amostra aleatória simples de 12 fundos mútuos. Comece com o fundo mútuo 102 e utilize os *últimos* três dígitos em cada linha da quarta coluna para seu processo de seleção. Quais são os números dos 12 fundos mútuos na amostra aleatória simples?

10. Indique qual das seguintes situações envolve a amostragem a partir de uma população finita e qual envolve amostragem a partir de uma população infinita. Nos casos em que a população amostral é finita, descreva como você construiria um sistema de referência.

a. Obtenha uma amostra dos motoristas licenciados no estado de Nova York.
b. Obtenha uma amostra das caixas de cereal produzidas pela companhia Breakfast Choice.
c. Obtenha uma amostra dos carros que atravessam a Ponte Golden Gate em um dia de uma semana qualquer.
d. Obtenha uma amostra de estudantes em um curso de Estatística na Indiana University.
e. Obtenha uma amostra dos pedidos que são processados por uma empresa que atende a pedidos pelo correio.

 Estimação pontual

Agora que descrevemos como selecionar uma amostra aleatória simples, vamos voltar ao problema da EAI. Uma amostra aleatória simples de 30 gestores e os dados correspondentes ao salário anual e a participação no programa de treinamento administrativo são mostrados na Tabela 7.2. A notação x_1, x_2 etc. é utilizada para denotar o salário anual do primeiro gestor na amostra, o salário anual do segundo gestor na amostra, e assim por diante. A participação no programa de treinamento administrativo é indicada pelo Sim na coluna do programa de treinamento administrativo.

Para estimarmos o valor de um parâmetro populacional, calculamos uma característica correspondente da amostra, chamada **estatística amostral**. Por exemplo, para estimarmos a média populacional μ e o desvio padrão populacional σ para o salário anual dos gestores da EAI utilizamos os dados da Tabela 7.2 para calcular estatísticas amostrais correspondentes: a média amostral e o desvio padrão amostral s. Utilizando as fórmulas da média amostral e do desvio padrão amostral, apresentadas no Capítulo 3, a média amostral é

$$\bar{x} = \frac{\sum x_i}{n} = \frac{1.554.420}{30} = US\$\ 51.814$$

e o desvio padrão amostral é

$$s = \sqrt{\frac{\sum (x_i - \bar{x})^2}{n-1}} = \sqrt{\frac{325.009.260}{29}} = US\$\ 3.348$$

Para estimarmos p, a proporção de gestores na população que concluiu o programa de treinamento administrativo, utilizamos a proporção amostral correspondente $\bar{p}$. Suponha que x denote o número de gestores na amostra que

TABELA 7.2 Salário anual e *status* do programa de treinamento para uma amostra aleatória simples de 30 gestores da EAI

Salário anual (US$)	Programa de treinamento administrativo	Salário anual (US$)	Programa de treinamento administrativo
$x_1 = 49.094,30$	Sim	$x_{16} = 51.766,00$	Sim
$x_2 = 53.263,90$	Sim	$x_{17} = 52.541,30$	Não
$x_3 = 49.643,50$	Sim	$x_{18} = 44.980,00$	Sim
$x_4 = 49.894,90$	Sim	$x_{19} = 51.932,60$	Sim
$x_5 = 47.621,60$	Não	$x_{20} = 52.973,00$	Sim
$x_6 = 55.924,00$	Sim	$x_{21} = 45.120,90$	Sim
$x_7 = 49.092,30$	Sim	$x_{22} = 51.753,00$	Sim
$x_8 = 51.404,40$	Sim	$x_{23} = 54.391,80$	Não
$x_9 = 50.957,70$	Sim	$x_{24} = 50.164,20$	Não
$x_{10} = 55.109,70$	Sim	$x_{25} = 52.973,60$	Não
$x_{11} = 45.922,60$	Sim	$x_{26} = 50.241,30$	Não
$x_{12} = 57.268,40$	Não	$x_{27} = 52.793,90$	Não
$x_{13} = 55.688,80$	Sim	$x_{28} = 50.979,40$	Sim
$x_{14} = 51.564,70$	Não	$x_{29} = 55.860,90$	Sim
$x_{15} = 56.188,20$	Não	$x_{30} = 57.309,10$	Não

278 Estatística aplicada a administração e economia

completaram o programa de treinamento administrativo. Os dados na Tabela 7.2 mostram que $x = 19$. Portanto, com um tamanho de amostra de $n = 30$, a proporção amostral é

$$\bar{p} = \frac{x}{n} = \frac{19}{30} = 0,63$$

Ao fazermos os cálculos anteriores, realizamos o procedimento estatístico chamado *estimação pontual*. Referimo-nos à média amostral como o **estimador pontual** da média populacional μ, ao desvio padrão amostral s como o estimador pontual do desvio padrão populacional σ e a proporção amostral $\bar{p}$ como estimador pontual da proporção populacional p. O valor numérico obtido para $\bar{x}$, s ou $\bar{p}$ é chamado **estimativa pontual**. Assim, para a amostra aleatória simples de 30 gestores da EAI, mostrada na Tabela 7.2, US\$ 51.814 é a estimativa pontual de μ, US\$ 3.348 é a estimativa pontual de σ e 0,63 é a estimativa pontual de p. A Tabela 7.3 sintetiza os resultados da amostra e compara as estimativas pontuais aos valores reais dos parâmetros populacionais.

Como fica evidente na Tabela 7.3, as estimativas pontuais diferem um pouco dos parâmetros populacionais correspondentes. A diferença é esperada porque uma amostra, e não um censo da população inteira, está sendo utilizada para desenvolver as estimativas pontuais. No próximo capítulo mostraremos como construir uma estimativa intervalar a fim de fornecer informações referentes ao quanto a estimativa pontual está próxima do parâmetro populacional.

Recomendação prática

Na maior parte do restante deste livro, o tema é a inferência estatística. A estimação pontual é uma forma de inferência estatística. Utilizamos uma estatística amostral para fazer uma inferência acerca de um parâmetro populacional. Ao fazer inferências acerca de uma população com base em uma amostra, é importante que a população amostral e a população-alvo sejam muito próximas. **População-alvo** é aquela sobre a qual queremos fazer inferências, enquanto população amostrada é aquela a partir da qual a amostra realmente é obtida. Nesta seção, descrevemos o processo para obter uma amostra aleatória simples a partir da população de gestores da EAI e fazer estimativas pontuais das características dessa população. Portanto, a população amostrada e a população-alvo são idênticas, que é a situação desejada. Mas em outros casos não é tão fácil obter uma correspondência próxima entre a população amostrada e a população-alvo.

Considere o caso de um parque de diversões que seleciona uma amostra de seus clientes para conhecer características a respeito deles, tais como idade e tempo de permanência no parque. Suponha que todos os elementos da amostra foram selecionados em um dia em que a presença de pessoas no parque esteve restrita a funcionários de uma única companhia. Então, a população amostrada seria composta dos empregados dessa empresa e por membros de suas famílias. Se a população-alvo sobre a qual queremos fazer inferências for composta de quaisquer clientes do parque durante um verão qualquer, então podemos encontrar uma diferença significativa entre a população amostrada e a população-alvo. Nesse caso, poderíamos questionar a validade das estimativas pontuais que estão sendo efetuadas. A administração do parque estaria em melhor posição se tivesse obtido uma amostra em um dia qualquer de funcionamento. Isso provavelmente representaria melhor a população-alvo.

Em resumo, sempre que uma amostra for utilizada para fazer inferências sobre uma população, devemos nos assegurar de que o estudo seja planejado para que a população amostrada e a população-alvo estejam em estreita concordância. Um bom julgamento é um ingrediente necessário da boa prática estatística.

TABELA 7.3 Resumo das estimativas pontuais obtidas a partir de uma amostra aleatória simples de 30 gestores da EAI

Parâmetro populacional	Valor do parâmetro	Estimador pontual	Estimativa pontual
μ = Salário anual médio populacional	US\$ 51.800	$\bar{x}$ = Salário anual médio amostral	US\$ 51.814
σ = Desvio padrão populacional do salário anual	US\$ 4.000	s = Desvio padrão amostral para o salário anual	US\$ 3.348
p = Proporção da população que concluiu o programa de treinamento administrativo	0,60	$\bar{p}$ = Proporção amostral de quem concluiu o programa de treinamento administrativo	0,63

Exercícios

Métodos

11. Os dados a seguir são de uma amostra aleatória simples.

    5   8   10   7   10   14

    a. Qual é a estimativa pontual da média populacional?
    b. Qual é a estimativa pontual do desvio padrão populacional?

12. Uma questão de um estudo de uma amostra de 150 indivíduos gerou 75 respostas Sim, 55 respostas Não e 20 Sem opinião.
    a. Qual é a estimativa pontual da proporção na população que responde Sim?
    b. Qual é a estimativa pontual da proporção na população que responde Não?

Aplicações

13. Uma amostra aleatória simples de 5 meses de registro de dados de vendas forneceu as seguintes informações:

Mês:	1	2	3	4	5
Unidades vendidas:	94	100	85	94	92

    a. Desenvolva uma estimativa pontual do número médio populacional de unidades vendidas por mês.
    b. Desenvolva a estimativa pontual do desvio padrão populacional.

14. A Morningstar publica dados das classificações sobre 1.208 ações corporativas (site da Morningstar, 24 de outubro de 2012). Uma amostra de 40 destas ações está contida no arquivo de dados denominado Morningstar. Utilize o conjunto de dados para responder às seguintes questões.
    a. Desenvolva uma estimativa pontual da proporção das ações que recebem a maior classificação da Morningstar, que é de cinco estrelas.
    b. Desenvolva uma estimativa pontual da proporção de ações da Morningstar que são classificadas como Acima da Média com relação ao risco financeiro.
    c. Desenvolva uma estimativa pontual da proporção das ações da Morningstar que são classificadas com duas estrelas ou menos.

15. A National Football League (NFL) faz pesquisa com torcedores a fim de desenvolver uma classificação para cada jogo de futebol (site da NFL, 24 de outubro de 2012). Cada jogo é classificado em uma escala de 0 (sem importância) a 100 (memorável). As classificações dos fãs para uma amostra aleatória de 12 jogos estão a seguir.

57	61	86	74	72	73
20	57	80	79	83	74

    a. Desenvolva uma estimativa pontual da classificação média de fãs para a população de jogos da NFL.
    b. Desenvolva uma estimativa pontual do desvio padrão para a população de jogos da NFL.

16. Uma amostra de 426 adultos com 50 anos ou mais nos Estados Unidos foi questionada sobre a importância de uma variedade de questões na escolha do candidato em quem votar nas eleições presidenciais de 2012 (*Boletim AARP*, março de 2012).
    a. Qual é a população amostrada para este estudo?
    b. O Seguro Social e o Medicare foram citados como "muito importantes" por 350 entrevistados. Estime a proporção da população de adultos dos EUA com 50 anos ou mais que acreditam que esta questão é muito importante.
    c. Educação foi citada como "muito importante" por 74% dos entrevistados. Estime o número de entrevistados que acreditam que este problema é muito importante.
    d. O Desenvolvimento profissional foi citado como "muito importante" por 354 entrevistados. Estime a proporção de adultos dos EUA com 50 anos ou mais que acreditam que o desenvolvimento profissional é muito importante.
    e. Qual é a população-alvo para as inferências feitas nos itens (b) e (d)? É a mesma que a população amostrada identificada no item (a)? Suponha que você descubra depois que a amostra estava restrita a membros da Associação Americana de Aposentados (AARP). Você ainda acha que as inferências feitas nos itens (b) e (d) são válidas? Sim ou não? Por quê?

17. Uma das questões do Projeto Pew Internet & American Life perguntou aos adultos se usavam a Internet pelo menos ocasionalmente (site da Pew, 23 de outubro de 2012). Os resultados mostraram que 454 dos 478 adultos com idade entre 18 e 29 anos responderam Sim; 741 dos 833 adultos com idade entre 30 e 49 anos responderam Sim; 1.058 dos 1.644 adultos com 50 anos ou mais responderam Sim.
    a. Desenvolva uma estimativa pontual da proporção de adultos entre 18 e 29 anos que usam a Internet.
    b. Desenvolva uma estimativa pontual da proporção de adultos entre 30 e 49 anos que usam a Internet.
    c. Desenvolva uma estimativa pontual da proporção de adultos com 50 anos ou mais que usam a Internet.
    d. Comente sobre qualquer relação entre idade e uso da Internet que lhe pareça relevante.
    e. Suponha que sua população-alvo de interesse seja a de todos os adultos (18 anos de idade ou mais). Desenvolva uma estimativa da proporção da população que usa a Internet.

7.4 Introdução às distribuições amostrais

Na seção anterior dissemos que a média amostral é o estimador pontual da média populacional μ, e a proporção amostral $\bar{p}$ é o estimador pontual da proporção populacional p. Para a amostra aleatória simples de 30 gestores da EAI, mostrada na Tabela 7.2, a estimativa pontual de μ é $\bar{x}$ = US$ 51.814 e a estimativa pontual de p é $\bar{p}$ = 0,63. Suponha que selecionemos outra amostra aleatória simples de 30 gestores da EAI e que obtenhamos as seguintes estimativas pontuais:

$$\text{Média amostral: } \bar{x} = \text{US\$ } 52.670$$
$$\text{Proporção amostral: } \bar{p} = 0{,}70$$

> A capacidade de entender o conteúdo dos capítulos subsequentes depende muito da capacidade de entender e utilizar as distribuições amostrais apresentadas neste capítulo.

Observe que diferentes valores de $\bar{x}$ e $\bar{p}$ foram obtidos. Na verdade, não se pode esperar que uma segunda amostra aleatória simples de 30 gestores da EAI forneça a mesma estimativa pontual que a primeira amostra.

Agora, suponha que o processo de selecionar uma amostra aleatória simples de 30 gestores da EAI seja refeito repetidamente e, em cada repetição, os valores de $\bar{x}$ e $\bar{p}$ sejam calculados. A Tabela 7.4 contém uma parte dos resultados obtidos para 500 amostras aleatórias simples, e a Tabela 7.5 mostra a distribuição de frequências absolutas e a distribuição de frequências relativas para os 500 valores de $\bar{x}$. A Figura 7.1 mostra o histograma da frequência relativa para os valores de $\bar{x}$.

No Capítulo 5 definimos uma variável aleatória como uma descrição numérica do resultado de um experimento. Se considerarmos o processo de selecionar uma amostra aleatória simples como um experimento, a média amostral é a descrição numérica do resultado do experimento. Desse modo, a média amostral é uma variável aleatória. Como resultado, assim como acontece com outras variáveis aleatórias, $\bar{x}$ tem uma média ou um valor esperado, um desvio padrão e uma distribuição de probabilidade. Como os vários valores possíveis de $\bar{x}$ são resultados de diferentes amostras aleatórias simples, a distribuição de probabilidade de $\bar{x}$ é chamada **distribuição amostral** de $\bar{x}$. O conhecimento dessa distribuição amostral e de suas propriedades nos possibilitará fazer declarações probabilísticas acerca do quanto a média amostral está próxima da média populacional μ.

Vamos retornar à Figura 7.1. Precisamos enumerar todas as possíveis amostras de 30 gestores e calcular cada média amostral para determinar completamente a distribuição amostral de $\bar{x}$. Contudo, o histograma dos 500 valores de $\bar{x}$ fornece uma aproximação dessa distribuição amostral. A partir da aproximação, observamos a aparência da distribuição em forma de sino. Observamos que a maior concentração dos valores de $\bar{x}$ e a média dos 500 valores de $\bar{x}$ estão próximas da média populacional μ = US$ 51.800. Descreveremos as propriedades da distribuição amostral de $\bar{x}$ mais completamente na próxima seção.

Os 500 valores da proporção amostral $\bar{p}$ estão sintetizados pelo histograma da frequência relativa na Figura 7.2. Como no caso de $\bar{x}$, $\bar{p}$ é uma variável aleatória. Se todas as possíveis amostras de tamanho 30 forem selecionadas a partir da população e se um valor de $\bar{p}$ for calculado para cada amostra, a distribuição de probabilidade resultante seria a distribuição amostral de $\bar{p}$. O histograma da frequência relativa dos 500 valores amostrais na Figura 7.2, oferece uma ideia geral da aparência da distribuição amostral de $\bar{p}$.

TABELA 7.4 Valores de $\bar{x}$ e $\bar{p}$ a partir de 500 amostras aleatórias simples de 30 gestores da EAI

Número da amostra	Média amostral ($\bar{x}$)	Proporção amostral ($\bar{p}$)
1	51.814	0,63
2	52.670	0,70
3	51.780	0,67
4	51.588	0,53
.	.	.
.	.	.
.	.	.
500	51.752	0,50

TABELA 7.5 Distribuições de frequência e frequência relativa de $\bar{x}$ a partir de 500 amostras aleatórias simples de 30 gestores da EAI

Salário médio anual (US$)	Frequência	Frequência relativa
49.500,00-49.999,99	2	0,004
50.000,00-50.499,99	16	0,032
50.500,00-50.999,99	52	0,104
51.000,00-51.499,99	101	0,202
51.500,00-51.999,99	133	0,266
52.000,00-52.499,99	110	0,220
52.500,00-52.999,99	54	0,108
53.000,00-53.499,99	26	0,052
53.500,00-53.999,99	6	0,012
Totais	500	1,000

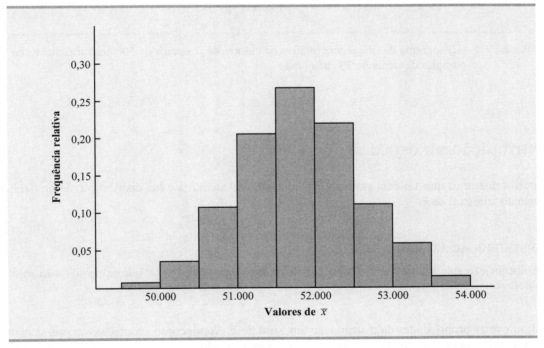

FIGURA 7.1 Histograma da frequência relativa de valores de $\bar{x}$ a partir de 500 amostras aleatórias simples de tamanho 30 cada uma

Na prática, selecionamos somente uma amostra aleatória simples a partir da população. Repetimos o processo de amostragem 500 vezes nesta seção simplesmente para ilustrar que muitas amostras diferentes são possíveis e que as diferentes amostras geram uma variedade de valores para as estatísticas amostrais $\bar{x}$ e $\bar{p}$. A distribuição de probabilidade de qualquer estatística amostral específica é chamada distribuição amostral da estatística. Na Seção 7.5 mostraremos as características da distribuição amostral de $\bar{x}$. Na Seção 7.6 mostraremos as características da distribuição amostral de $\bar{p}$.

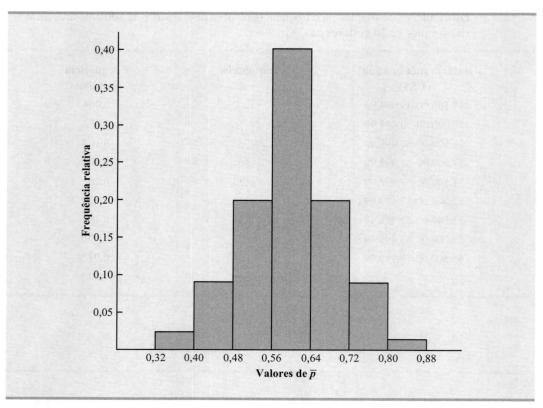

FIGURA 7.2 Histograma da frequência relativa de valores de $\bar{p}$ a partir de 500 amostras aleatórias simples de tamanho 30 cada uma

7.5 Distribuição amostral de $\bar{x}$

Na seção anterior dissemos que a média amostral $\bar{x}$ é uma variável aleatória e sua distribuição de probabilidade é chamada distribuição amostral de $\bar{x}$.

> **DISTRIBUIÇÃO AMOSTRAL DE $\bar{x}$**
>
> A distribuição amostral de $\bar{x}$ é a distribuição de probabilidade de todos os valores possíveis da média amostral $\bar{x}$.

Esta seção descreve as propriedades da distribuição amostral de $\bar{x}$. Assim como acontece com outras distribuições de probabilidade que estudamos, a distribuição amostral de $\bar{x}$ tem um valor esperado, ou média, um desvio padrão e um formato ou forma característica. Vamos iniciar considerando a média de todos os possíveis valores de $\bar{x}$, chamado valor esperado de $\bar{x}$.

Valor esperado de $\bar{x}$

No problema de amostragem da EAI, vimos que diferentes amostras aleatórias simples resultam em diversos valores para a média amostral $\bar{x}$. Como muitos diferentes valores da variável aleatória $\bar{x}$ são possíveis, geralmente estamos interessados na média de todos os valores possíveis de $\bar{x}$ que podem ser gerados pelas várias amostras aleatórias simples. A média da variável aleatória $\bar{x}$ é o valor esperado de $\bar{x}$. Digamos que $E(\bar{x})$ represente o valor esperado de $\bar{x}$ e μ represente a média populacional a partir da qual estamos selecionando uma amostra aleatória simples. Pode ser demonstrado que com amostragem aleatória simples, $E(\bar{x})$ e μ são iguais.

Amostragem e distribuições amostrais · **283**

VALOR ESPERADO DE $\bar{x}$

$$E(\bar{x}) = \mu \tag{7.1}$$

onde

$$E(\bar{x}) = \text{o valor esperado de } \bar{x}$$
$$\mu = \text{a média populacional}$$

> O valor esperado de $\bar{x}$ é igual à média populacional a partir da qual a amostra é selecionada.

Este resultado mostra que com amostragem aleatória simples o valor esperado ou média da distribuição amostral de $\bar{x}$ é igual à média populacional. Na Seção 7.1 vimos que o salário médio anual para a população de gestores da EAI é μ = US\$ 51.800. Desse modo, de acordo com a Equação (7.1), a média de todas as médias amostrais possíveis para o estudo da EAI também é de US\$ 51.800.

Quando o valor esperado de um estimador pontual é igual ao parâmetro populacional, dizemos que o estimador pontual é **não viesado**. Desse modo, a Equação (7.1) mostra que $\bar{x}$ é um estimador não viesado da média populacional μ.

Desvio padrão de $\bar{x}$

Vamos definir o desvio padrão da distribuição amostral de $\bar{x}$. Utilizaremos a seguinte notação.

$$\sigma_{\bar{x}} = \text{desvio padrão de } \bar{x}$$
$$\sigma = \text{desvio padrão da população}$$
$$n = \text{tamanho da amostra}$$
$$N = \text{tamanho da população}$$

Pode ser demonstrado que a fórmula para o desvio padrão de $\bar{x}$ depende de a população ser finita ou infinita. As duas fórmulas para o desvio padrão de $\bar{x}$ são as seguintes.

DESVIO PADRÃO DE $\bar{x}$

População finita   *População infinita*

$$\sigma_{\bar{x}} = \sqrt{\frac{N-n}{N-1}} \left(\frac{\sigma}{\sqrt{n}} \right) \qquad\qquad \sigma_{\bar{x}} = \frac{\sigma}{\sqrt{n}} \tag{7.2}$$

Ao compararmos as duas fórmulas em (7.2), percebemos que o fator $\sqrt{(N-n)/(N-1)}$ é necessário para o caso da população finita, mas não para o caso da população infinita. Em geral, esse fator é chamado **fator de correção da população finita**. Em muitas situações de amostragem prática descobrimos que a população envolvida, embora seja finita, é *grande*, ao passo que o tamanho da amostra é relativamente *pequeno*. Nesses casos, o fator de correção da população finita $\sqrt{(N-n)/(N-1)}$ é próximo de 1. Como resultado, a diferença entre os valores do desvio padrão de $\bar{x}$ para os casos da população finita e da população infinita se torna desprezível. Então, $\sigma_{\bar{x}} = \sigma/\sqrt{n}$ se torna uma boa aproximação para o desvio padrão de $\bar{x}$, mesmo que a população seja finita. Esta observação leva à seguinte diretriz geral, ou regra prática, para calcular o desvio padrão de $\bar{x}$.

USE A SEGUINTE EXPRESSÃO PARA CALCULAR O DESVIO PADRÃO DE $\bar{x}$

$$\sigma_{\bar{x}} = \frac{\sigma}{\sqrt{n}} \tag{7.3}$$

sempre que

1. A população for infinita; ou
2. A população for finita *e* o tamanho da amostra for menor ou igual a 5% do tamanho da população; isto é, $n/N \leq 0,05$.

284 Estatística aplicada a administração e economia

O Problema 21 mostra que quando $n/N \leq 0,05$, o fator de correção da população finita tem pouco efeito no valor de $\sigma_{\bar{x}}$.

O termo erro padrão é utilizado em toda inferência estatística para se referir ao desvio padrão de um estimador pontual.

Nos casos em que $n/N > 0,05$, a versão da fórmula para a população finita (7.2) deverá ser utilizada no cálculo de $\sigma_{\bar{x}}$. A menos que seja apontado de outra maneira, em todo o livro consideraremos que o tamanho populacional é *grande*, $n/N \leq 0,05$, e a Equação (7.3) pode ser empregada para calcular $\sigma_{\bar{x}}$.

Para calcularmos $\sigma_{\bar{x}}$ precisamos conhecer σ, o desvio padrão populacional. Para enfatizarmos ainda mais a diferença entre $\sigma_{\bar{x}}$ e σ, nos referimos ao desvio padrão de $\bar{x}$, $\sigma_{\bar{x}}$, como o **erro padrão** da média. Em geral, o termo *erro padrão* se refere ao desvio padrão de um estimador pontual. Posteriormente, veremos que o valor do erro padrão da média é útil para determinar quanto a média amostral pode estar longe da média populacional. Retornemos agora ao exemplo da EAI e calculemos o erro padrão da média associado com as amostras aleatórias simples de 30 gestores da EAI.

Na Seção 7.1 vimos que o desvio padrão salarial anual para a população de 2.500 gestores da EAI é $\sigma = 4.000$. Nesse caso, a população é finita, com $N = 2.500$. Contudo, com um tamanho amostral igual a 30, temos $n/N = 30/2.500 = 0,012$. Como o tamanho amostral é menor do que 5% do tamanho populacional, podemos ignorar o fator de correção da população finita e utilizar a Equação (7.3) para calcular o erro padrão.

$$\sigma_{\bar{x}} = \frac{\sigma}{\sqrt{n}} = \frac{4.000}{\sqrt{30}} = 730,3$$

Forma da distribuição amostral de $\bar{x}$

Os resultados anteriores relacionados ao valor esperado e ao desvio padrão para a distribuição amostral de $\bar{x}$ são aplicáveis para qualquer população. A etapa final na identificação das características da distribuição amostral de $\bar{x}$ consiste em determinar o formato ou forma da distribuição amostral. Consideraremos dois casos: (1) a população tem uma distribuição normal; e (2) a população não tem uma distribuição normal.

A população tem uma distribuição normal Em muitas situações, é razoável supor que a população da qual estamos selecionando uma amostra aleatória tem uma distribuição normal ou aproximadamente normal. Quando a população tem uma distribuição normal, a distribuição amostral de $\bar{x}$ é normalmente distribuída para qualquer tamanho amostral.

A população não tem uma distribuição normal Quando a população a partir da qual estamos selecionando uma amostra aleatória não tem uma distribuição normal, o **teorema do limite central** é eficiente na identificação da forma da distribuição amostral de $\bar{x}$. Uma declaração central de como o *teorema limite* se aplica à distribuição amostral de $\bar{x}$ é a seguinte:

> **TEOREMA DO LIMITE CENTRAL**
>
> Ao selecionar amostras aleatórias de tamanho n a partir de uma população, a distribuição amostral da média amostral $\bar{x}$ pode ser aproximada por uma *distribuição normal* à medida que o tamanho amostral se torna grande.

A Figura 7.3 mostra como o teorema do limite central funciona para três diferentes populações; cada coluna refere-se a uma das populações. O painel superior da figura mostra que nenhuma das populações é normalmente distribuída. A População I segue uma distribuição uniforme. A População II é, frequentemente, chamada distribuição do tipo *orelhas de coelho*. Ela é simétrica, mas os valores mais prováveis estão nos extremos da distribuição. A População III tem a forma da distribuição exponencial; é assimétrica à direita.

Os três painéis inferiores na Figura 7.3 mostram a forma da distribuição amostral para amostras de tamanho $n = 2$, $n = 5$ e $n = 30$. Quando o tamanho amostral é 2, vemos que a forma de cada distribuição amostral é diferente da forma da distribuição populacional correspondente. Para amostras de tamanho 5, verificamos que as formas das distribuições amostrais para as populações I e II começam a se parecer com a forma de uma distribuição normal. Mesmo que a forma da distribuição amostral para a população III comece a se parecer com a forma de uma distribuição normal, alguma assimetria à direita ainda está presente. Por fim, para amostras de tamanho 30 as formas de cada uma das três distribuições amostrais são aproximadamente normais.

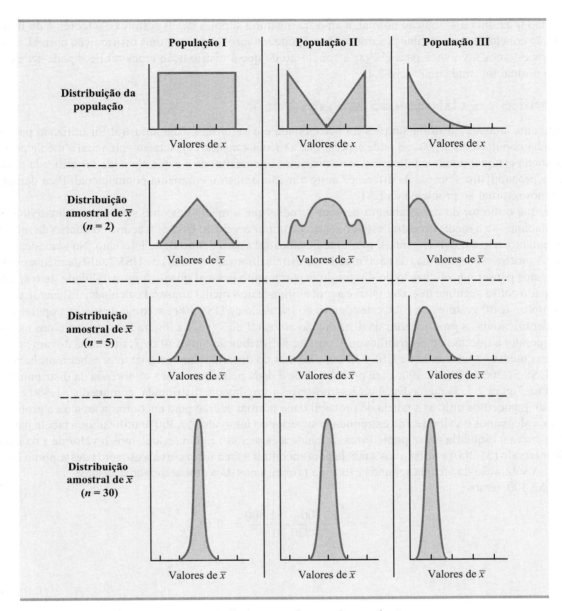

FIGURA 7.3 Ilustração do teorema do limite central para três populações

Do ponto de vista prático, geralmente queremos saber quanto o tamanho amostral precisa ser grande antes que o teorema do limite central se aplique e consideremos que a forma da distribuição amostral é aproximadamente normal. Pesquisadores estatísticos investigaram essa questão estudando a distribuição amostral $\bar{x}$ de uma variedade de populações e de uma variedade de tamanhos de amostra. Geralmente, a prática estatística consiste em supor que, para a maior parte das aplicações, a distribuição amostral de $\bar{x}$ pode ser aproximada por uma distribuição normal sempre que a amostra tiver tamanho 30 ou mais. Nos casos em que a população é muito assimétrica ou em que valores atípicos (*outliers*) estiverem presentes, amostras de tamanho 50 podem ser necessárias. Por fim, se a população for discreta, o tamanho amostral necessário para uma aproximação normal frequentemente depende da proporção populacional. Comentaremos mais a respeito dessa questão quando analisarmos a distribuição amostral de $\bar{p}$ na Seção 7.6.

Distribuição amostral de $\bar{x}$ para o problema da EAI

Vamos retornar ao problema da EAI, em que, anteriormente, mostramos que $E(\bar{x}) = $ US$ 51.800 e $\sigma_{\bar{x}} = 730,3$. Neste ponto, não temos nenhuma informação acerca da distribuição da população; ela pode ou não ser normalmente distribuída. Se a população tiver uma distribuição normal, a distribuição amostral de $\bar{x}$ será normalmente distribuída. Se a população não tiver uma distribuição normal, a amostra aleatória simples de 30 gestores e o teorema do limite central nos permitirão concluir que a distribuição amostral de $\bar{x}$ pode ser aproximada por uma distribuição normal. Em qualquer um dos casos estamos à vontade para chegar à conclusão de que a distribuição amostral de $\bar{x}$ pode ser descrita pela distribuição normal mostrada na Figura 7.4.

Valor prático da distribuição amostral de $\bar{x}$

Sempre que uma amostra aleatória simples for selecionada e o valor da média amostral for utilizado para estimar o valor da média populacional μ, não se pode esperar que a média amostral seja exatamente igual à média populacional. A razão prática pela qual estamos interessados na distribuição amostral de $\bar{x}$ é que ela pode ser utilizada para fornecer informações probabilísticas acerca da diferença entre a média amostral e a média populacional. Para demonstrarmos este uso vamos retornar ao problema da EAI.

Suponha que o diretor do departamento pessoal acredite que a média amostral será uma estimativa aceitável da média populacional se a média amostral estiver dentro de um intervalo de US$ 500 acima ou abaixo da média populacional. No entanto, não é possível garantir que a média amostral estará dentro deste intervalo. Na verdade, a Tabela 7.5 e a Figura 7.1 mostram que algumas das 500 médias amostrais diferiram em mais de US$ 2.000 da média populacional. Assim, devemos pensar na solicitação do diretor do departamento pessoal quanto à probabilidade. Isto é, esse diretor está preocupado com a seguinte questão: Qual é a probabilidade de a média amostral calculada, utilizando uma amostra aleatória simples de 30 gestores da EAI, estar dentro do intervalo de US$ 500 em torno da média populacional?

Como identificamos as propriedades da distribuição amostral de $\bar{x}$ (veja a Figura 7.4), utilizaremos essa distribuição para responder à questão de probabilidade. Consulte a distribuição amostral de $\bar{x}$, mostrada novamente na Figura 7.5. Com uma média populacional de US$ 51.800, o diretor do departamento pessoal quer saber a probabilidade de $\bar{x}$ estar entre US$ 51.300 e US$ 52.300. Essa probabilidade é dada pela área escura sombreada da distribuição amostral apresentada na Figura 7.5. Já que a distribuição amostral é normalmente distribuída, com média 51.800 e erro padrão da média 730,3, podemos utilizar a tabela de probabilidade normal padrão para encontrar a área ou a probabilidade.

Primeiro, calculamos o valor de z na extremidade superior do intervalo (52.300) e utilizamos a tabela para descobrir a área sob a curva à esquerda desse ponto (área da cauda à esquerda). Então, calculamos o valor de z na extremidade inferior do intervalo (51.300) e utilizamos a tabela para encontrar a área sob a curva à esquerda desse ponto (outra cauda à esquerda). A subtração da área da segunda cauda da primeira nos dá a probabilidade desejada.

Em $\bar{x} = 52.300$, temos

$$z = \frac{52.300 - 51.800}{730,30} = 0,68$$

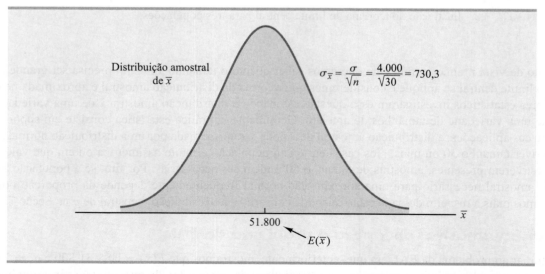

FIGURA 7.4 Distribuição amostral de $\bar{x}$ para a média salarial anual de uma amostra aleatória simples de 30 gestores da EAI

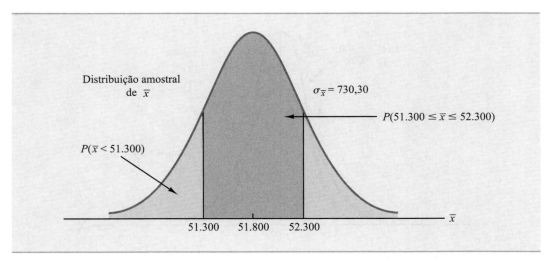

FIGURA 7.5 Probabilidade de uma média amostral estar dentro de um intervalo de US$ 500 em torno da média populacional para uma amostra aleatória simples de 30 gestores da EAI

Consultando a tabela de probabilidade normal padrão, encontramos uma probabilidade acumulada (área à esquerda de $z = 0{,}68$) de $0{,}7517$.

Em $\bar{x} = 51.300$, temos

$$z = \frac{51.300 - 51.800}{730{,}30} = -0{,}68$$

A área sob a curva à esquerda de $z = -0{,}68$ é $0{,}2483$. Portanto, $P(51.300 \leq \bar{x} \leq 52.300) = P(z \leq 0{,}68) - P(z < -0{,}68) = 0{,}7517 - 0{,}2483 = 0{,}5034$.

Os cálculos anteriores demonstram que uma amostra aleatória simples de 30 gestores da EAI tem uma probabilidade de 0,5034 de fornecer uma média amostral $\bar{x}$ que esteja dentro do intervalo de US$ 500 em torno da média populacional. Desse modo, existe uma probabilidade $1 - 0{,}5034 = 0{,}4966$ de que a diferença entre $\bar{x}$ e $\mu = $ US$ 51.800 seja maior do que US$ 500. Em outras palavras, uma amostra aleatória simples de 30 gestores da EAI tem aproximadamente uma chance de 50/50 de fornecer uma média amostral dentro do intervalo permitido de US$ 500. Talvez deva ser considerado um tamanho de amostra maior. Vamos explorar essa possibilidade considerando a relação entre o tamanho da amostra e a distribuição amostral de $\bar{x}$.

> A distribuição amostral de $\bar{x}$ pode ser utilizada para fornecer informações probabilísticas acerca do quanto a média amostral $\bar{x}$ está próxima da média populacional μ.

Relação entre o tamanho da amostra e a distribuição amostral de $\bar{x}$

Suponha que no problema de amostragem da EAI selecionamos uma amostra aleatória simples de 100 gestores da EAI, em vez dos 30 considerados originalmente. Intuitivamente, poderia parecer que com mais dados fornecidos pela amostra de tamanho maior a média amostral baseada em $n = 100$ deverá fornecer melhor estimativa da média populacional do que a média amostral baseada em $n = 30$. Para ver o quanto esta estimativa é melhor, vamos considerar a relação entre o tamanho amostral e a distribuição amostral de $\bar{x}$.

Primeiro, note que $E(\bar{x}) = \mu$, independentemente do tamanho da amostra. Assim, a média de todos os valores possíveis de $\bar{x}$ é igual à média populacional μ, independentemente do tamanho amostral n. Contudo, observe que o erro padrão da média, $\sigma_{\bar{x}} = \sigma/\sqrt{n}$, está inversamente proporcional à raiz quadrada do tamanho da amostra. Sempre que o tamanho da amostra aumentar, o erro padrão da média $\sigma_{\bar{x}}$ diminui. Com $n = 30$, o erro padrão da média para o problema da EAI é 730,3. Contudo, com o aumento no tamanho da amostra para $n = 100$, o erro padrão da média é diminuído para

$$\sigma_{\bar{x}} = \frac{\sigma}{\sqrt{n}} = \frac{4.000}{\sqrt{100}} = 400$$

As distribuições amostrais de $\bar{x}$ com $n = 30$ e $n = 100$ são mostradas na Figura 7.6. Como a distribuição amostral com $n = 100$ tem menor erro padrão, os valores de $\bar{x}$ têm menor variação e tendem a estar mais próximos da média populacional do que os valores de $\bar{x}$ com $n = 30$.

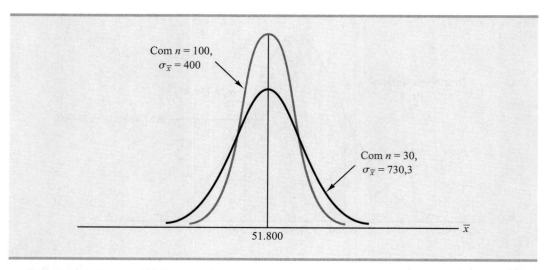

FIGURA 7.6 Uma comparação das distribuições amostrais de $\bar{x}$ para amostras aleatórias simples de $n = 30$ e $n = 100$ gestores da EAI

Podemos utilizar a distribuição amostral de $\bar{x}$ para o caso com $n = 100$ para calcular a probabilidade de que uma amostra aleatória simples de 100 gestores da EAI fornecerá uma média amostral que esteja dentro do intervalo de US$ 500 em torno da média populacional. Como a distribuição amostral é normal, com média 51.800 e erro padrão da média 400, podemos utilizar a tabela de probabilidade normal padrão para encontrar a área ou a probabilidade.

Em $\bar{x} = 52.300$ (veja a Figura 7.7), temos

$$z = \frac{52.300 - 51.800}{400} = 1,25$$

Consultando a tabela de probabilidade normal padrão descobrimos uma probabilidade acumulada correspondente a $z = 1,25$ de 0,8944.

Em $\bar{x} = 51.300$, temos

$$z = \frac{51.300 - 51.800}{400} = -1,25$$

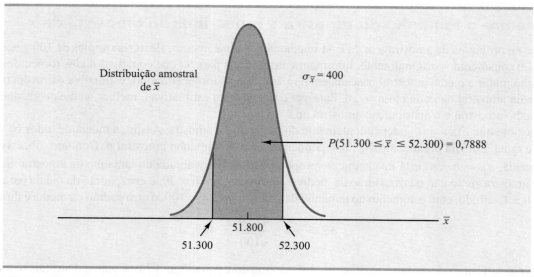

FIGURA 7.7 Probabilidade de uma média amostral estar dentro do intervalo de US$ 500 da média populacional para uma amostra de 100 gestores da EAI

A probabilidade acumulada correspondente a $z = -1,25$ é 0,1056. Portanto, $P(51.300 \leq \bar{x} \leq 52.300) = P(z \leq 1,25) - P(z < -1,25) = 0,8944 - 0,1056 = 0,7888$. Assim, aumentando o tamanho da amostra de 30 para 100 gestores da EAI, elevamos a probabilidade de obter uma média amostral dentro do intervalo de US$ 500 em torno da média populacional de 0,5034 para 0,7888.

O importante nesta discussão é que à medida que o tamanho amostral aumenta o erro padrão da média diminui. Como resultado, quanto maior o tamanho amostral maior será a probabilidade de que a média amostral esteja dentro de uma distância específica da média populacional.

NOTAS E COMENTÁRIOS

1. Ao apresentarmos a distribuição amostral de $\bar{x}$ para o problema da EAI, aproveitamos o fato de que a média populacional, $\mu = 51.800$ e o desvio padrão populacional, $\sigma = 4.000$ eram conhecidos. Entretanto, geralmente os valores da média populacional μ e o desvio padrão populacional σ necessários para determinar a distribuição amostral de $\bar{x}$, serão desconhecidos. No Capítulo 8 mostraremos como a média amostral $\bar{x}$ e o desvio padrão amostral s são utilizados quando μ e σ são desconhecidos.

2. A prova teórica do teorema do limite central requer observações independentes na amostra. Esta condição é atendida para populações infinitas e finitas, em que a amostragem é feita com reposição. Embora o teorema do limite central não se refira diretamente à amostragem sem reposição a partir de populações finitas, a prática geral da estatística utiliza os resultados do teorema do limite central para este caso, quando o tamanho da população é grande.

Exercícios

Métodos

18. Uma população tem uma média de 200 e um desvio padrão de 50. Uma amostra aleatória simples de tamanho 100 será obtida e a média amostral $\bar{x}$ utilizada para estimar a média populacional.
    a. Qual é o valor esperado de $\bar{x}$?
    b. Qual é o desvio padrão de $\bar{x}$?
    c. Mostre a distribuição amostral de $\bar{x}$.
    d. O que mostra a distribuição amostral de $\bar{x}$?

19. Uma população tem uma média de 200 e um desvio padrão de 50. Suponha que uma amostra aleatória simples de tamanho 100 seja selecionada e $\bar{x}$ utilizada para estimar μ.
    a. Qual é a probabilidade de que a média amostral esteja dentro de ± 5 da média populacional?
    b. Qual é a probabilidade de que a média amostral esteja dentro de ± 10 da média populacional?

20. Suponha que o desvio padrão populacional seja $\sigma = 25$. Calcule o erro padrão da média, $\sigma_{\bar{x}}$, para amostras de tamanho 50, 100, 150 e 200. O que você pode dizer a respeito do erro padrão da média à medida que o tamanho amostral aumenta?

21. Suponha que uma amostra aleatória simples de tamanho 50 seja selecionada a partir de uma população com $\sigma = 10$. Encontre o valor do erro padrão da média em cada um dos seguintes casos (utilize o fator de correção da população finita se for apropriado).
    a. O tamanho da população é infinito.
    b. O tamanho da população é $N = 50.000$.
    c. O tamanho da população é $N = 5.000$.
    d. O tamanho da população é $N = 500$.

Aplicações

22. Consulte o problema de amostragem da EAI. Suponha que uma amostra aleatória simples de 60 gestores seja utilizada.
    a. Esboce o esquema da distribuição amostral de $\bar{x}$ quando são utilizadas amostras aleatórias simples de tamanho 60.
    b. O que acontece à distribuição amostral de $\bar{x}$ se amostras aleatórias simples de tamanho 120 forem utilizadas?
    c. Qual declaração geral você pode fazer acerca do que acontece à distribuição amostral de $\bar{x}$ à medida que o tamanho amostral for aumentado? Essa generalização parece lógica? Explique.

23. No problema de amostragem da EAI (veja a Figura 7.5), mostramos que para $n = 30$ existe 0,5034 de probabilidade de se obter uma média amostral dentro de $\pm$US$ 500 da média populacional.
    a. Qual é a probabilidade de que $\bar{x}$ esteja dentro do intervalo de US$ 500 da média populacional, se for utilizada uma amostra de tamanho 60?
    b. Responda ao item (a) para uma amostra de tamanho 120.

290 Estatística aplicada a administração e economia

24. A Barron's relatou que o número médio de semanas em que um indivíduo fica desempregado é 17,5 semanas. Considere que para a população de todos os indivíduos desempregados o período médio populacional de desemprego seja de 17,5 semanas e que o desvio padrão populacional seja de 4 semanas. Suponha que você quisesse selecionar uma amostra aleatória de 50 indivíduos desempregados para um estudo prospectivo.

    a. Mostre a distribuição amostral de $\bar{x}$, a média amostral para uma amostra de 50 indivíduos desempregados.

    b. Qual é a probabilidade de que uma amostra aleatória simples de 50 indivíduos desempregados fornecerá uma média amostral dentro do intervalo de 1 semana em torno da média populacional?

    c. Qual é a probabilidade de que uma amostra aleatória simples de 50 indivíduos desempregados fornecerá uma média amostral dentro do intervalo de 1/2 semana em torno da média populacional?

25. O College Board relatou as seguintes pontuações médias para as três partes do teste SAT (Scholastic Aptitude Test) (*The World Almanac*, 2009):

Leitura crítica:	502
Matemática:	515
Redação:	494

Suponha que o desvio padrão populacional em cada parte do teste seja $\sigma = 100$.

    a. Qual é a probabilidade de que uma amostra aleatória de 90 pessoas que fizeram o teste forneça uma pontuação média amostral, dentro do intervalo de 10 pontos em torno da média populacional de 502, na parte que se refere à Leitura Crítica?

    b. Qual é a probabilidade de que uma amostra aleatória de 90 pessoas que fizeram o teste forneça uma pontuação média amostral, dentro do intervalo de 10 pontos em torno da média populacional de 515, na parte que se refere à Matemática? Compare esta probabilidade ao valor calculado no item (a).

    c. Qual é a probabilidade de que uma amostra aleatória de 100 pessoas que fizeram o teste forneça uma pontuação média amostral, dentro do intervalo de 10 pontos em torno da média populacional de 494, na parte que se refere à Redação? Comente a respeito das diferenças entre esta probabilidade e os valores calculados nos itens (a) e (b).

26. Para o ano de 2010, 33% dos contribuintes com renda bruta ajustada entre US$ 30.000 e US$ 60.000 discriminaram deduções em sua declaração de imposto de renda federal (*The Wall Street Journal*, 25 de outubro de 2012). A quantia média de deduções para esta população de contribuintes foi de US$ 16.642. Suponha que o desvio padrão seja $\sigma = $ US$ 2.400.

    a. Qual é a probabilidade de que uma amostra de contribuintes desse grupo de renda que tenha deduções discriminadas mostrará uma média amostral dentro de US$ 200 da média populacional para cada um desses tamanhos de amostra: 30, 50, 100 e 400?

    b. Qual é a vantagem de um tamanho de amostra maior ao se tentar estimar a média populacional?

27. O Instituto de Política Econômica publica periodicamente relatórios sobre salários de trabalhadores iniciantes. O instituto informou que os salários iniciais para graduados do sexo masculino eram US$ 21,68 por hora, e para mulheres formadas eram US$ 18,80 por hora em 2011 (site do Instituto de Política Econômica, 30 de março de 2012). Suponha que o desvio padrão para graduados do sexo masculino é de US$ 2,30, e para graduados do sexo feminino é de US$ 2,05.

    a. Qual é a probabilidade de que uma amostra de 50 graduados masculinos forneça uma média amostral dentro de US$ 0,50 da média populacional, US$ 21,68?

    b. Qual é a probabilidade de que uma amostra de 50 mulheres graduadas forneça uma média amostral dentro de US$ 0,50 da média populacional, US$ 18,80?

    c. Em qual dos dois casos anteriores, item (a) ou item (b), temos maior probabilidade de obter uma estimativa amostral dentro de US$ 0,50 da média populacional? Por quê?

    d. Qual é a probabilidade de que uma amostra de 120 mulheres graduadas forneça uma média amostral de mais de US$ 0,30 abaixo da média populacional?

28. O estado da Califórnia tem uma precipitação média anual de 22 polegadas, enquanto o estado de Nova York tem uma precipitação média anual de 42 polegadas (site da Current Results, 27 de outubro de 2012). Suponha que o desvio padrão para ambos os estados seja de 4 polegadas. Foi obtida uma amostra de 30 anos de índices pluviométricos para a Califórnia e uma amostra de 45 anos de índices pluviométricos para Nova York.

    a. Mostre a distribuição de probabilidade da precipitação média anual da amostra para a Califórnia.

    b. Qual é a probabilidade de que a média amostral esteja dentro de 1 polegada da média populacional da Califórnia?

    c. Qual é a probabilidade de que a média amostral esteja dentro de 1 polegada da média populacional de Nova York?

    d. Em que caso, item (b) ou item (c), a probabilidade de obter uma média amostral dentro de 1 polegada da média populacional é maior? Por quê?

29. A média da tarifa de preparação que a H&R Block cobrou dos clientes de varejo no ano passado foi de US$ 183 (*The Wall Street Journal*, 7 de março de 2012). Use este preço como a média populacional e assuma que o desvio padrão da população das tarifas de preparação é de US$ 50.

    a. Qual é a probabilidade de que o preço médio para uma amostra de 30 clientes de varejo da H&R Block esteja dentro da média populacional de US$ 8?

    b. Qual é a probabilidade de que o preço médio para uma amostra de 50 clientes de varejo da H&R Block esteja dentro da média populacional de US$ 8?

    c. Qual é a probabilidade de que o preço médio para uma amostra de 100 clientes de varejo da H&R Block esteja dentro da média populacional de US$ 8?

    d. Quais, se houver algum, dos tamanhos amostrais nos itens (a), (b) e (c) há pelo menos uma probabilidade de 0,95 de que a média amostral esteja dentro de US$ 8 da média populacional?

30. Para estimar a média de idade para uma população de 4.000 funcionários, uma amostra aleatória simples de 40 funcionários é selecionada.
    a. Você usaria o fator de correção de população finita no cálculo do erro padrão da média? Explique.
    b. Se o desvio padrão da população for $\sigma = 8,2$ anos, calcule o erro padrão com e sem o fator de correção da população finita. Qual é a razão para ignorar o fator de correção da população finita sempre que $n/N \leq 0,05$?
    c. Qual é a probabilidade de que a média de idade da amostra dos funcionários esteja dentro de um período de ± 2 anos da população?

 Distribuição amostral de $\bar{p}$

A proporção amostral $\bar{p}$ é o estimador pontual da proporção populacional p. A fórmula para calcular a proporção amostral é

$$\bar{p} = \frac{x}{n}$$

onde

$x =$ o número de elementos na amostra que têm a característica de interesse
$n =$ o tamanho amostral

Conforme observado na Seção 7.4, a proporção amostral $\bar{p}$ é uma variável aleatória e sua distribuição de probabilidade é chamada distribuição amostral de $\bar{p}$.

> **DISTRIBUIÇÃO AMOSTRAL DE $\bar{p}$**
>
> A distribuição amostral de $\bar{p}$ é a distribuição de probabilidade de todos os valores possíveis da proporção amostral $\bar{p}$.

Para determinarmos quanto a proporção amostral $\bar{p}$ está próxima da proporção populacional p precisamos entender as propriedades da distribuição amostral de $\bar{p}$: o valor esperado de $\bar{p}$, o desvio padrão de $\bar{p}$ e o formato ou forma da distribuição amostral de $\bar{p}$.

Valor esperado de $\bar{p}$

O valor esperado de $\bar{p}$, a média de todos os valores possíveis de $\bar{p}$, é igual à proporção populacional.

> **VALOR ESPERADO DE $\bar{p}$**
>
> $$E(\bar{p}) = p \qquad (7.4)$$
>
> onde
>
> $E(\bar{p}) =$ o valor esperado de $\bar{p}$
> $p =$ a proporção populacional

Como $E(\bar{p}) = p$, $\bar{p}$ é um estimador não viesado de p. Lembre-se, da Seção 7.1, que $p = 0,60$ para a população da EAI, em que p é a proporção populacional de gestores que participaram do programa de treinamento administrativo da companhia. Desse modo, o valor esperado de $\bar{p}$ para o problema de amostragem da EAI é 0,60.

Desvio padrão de $\bar{p}$

Assim como foi verificado para o desvio padrão de $\bar{x}$, o desvio padrão de $\bar{p}$ depende de a população ser finita ou infinita. As duas fórmulas para calcular o desvio padrão de $\bar{p}$ são apresentadas a seguir.

292 Estatística aplicada a administração e economia

> ### DESVIO PADRÃO DE $\bar{p}$
>
> *População finita*   *População infinita*
>
> $$\sigma_{\bar{p}} = \sqrt{\frac{N-n}{N-1}}\sqrt{\frac{p(1-p)}{n}} \qquad \sigma_{\bar{p}} = \sqrt{\frac{p(1-p)}{n}} \tag{7.5}$$

Comparando as duas fórmulas em (7.5), verificamos que a única diferença é o uso do fator de correção da população finita $\sqrt{(N-n)/(N-1)}$.

Assim como ocorre com a média amostral $\bar{x}$, a diferença entre as expressões para a população finita e a população infinita se torna desprezível se o tamanho da população finita for grande em comparação com o tamanho amostral. Seguimos a mesma regra prática que recomendamos para a média amostral. Ou seja, se a população for finita com $n/N \leq 0,05$, utilizaremos $\sigma_{\bar{p}} = \sqrt{p(1-p)/n}$. Contudo, se a população for finita com $n/N > 0,05$, deverá ser utilizado o fator de correção da população finita. Mais uma vez, a menos que seja apontado especificamente, em todo o livro assumiremos que o tamanho populacional é grande em relação ao tamanho amostral e, desse modo, o fator de correção da população finita é desnecessário.

Na Seção 7.5 empregamos o termo erro padrão da média para nos referirmos ao desvio padrão de $\bar{x}$. Declaramos que, em geral, este termo refere-se ao desvio padrão de um estimador pontual. Assim, para proporções utilizamos o *erro padrão da proporção* para nos referirmos ao desvio padrão de $\bar{p}$. Retornemos agora ao exemplo da EAI e calculemos o erro padrão da proporção associado a amostras aleatórias simples de 30 gestores da EAI.

Para o estudo da EAI, sabemos que a proporção populacional de gestores que participaram do programa de treinamento administrativo é $p = 0,60$. Com $n/N = 30/2.500 = 0,012$, podemos ignorar o fator de correção da população finita quando calculamos o erro padrão da proporção. Para a amostra aleatória simples de 30 gestores, $\sigma_{\bar{p}}$ é

$$\sigma_{\bar{p}} = \sqrt{\frac{p(1-p)}{n}} = \sqrt{\frac{0,60(1-0,60)}{30}} = 0,0894$$

Forma da distribuição amostral de $\bar{p}$

Agora que conhecemos a média e o desvio padrão da distribuição amostral de $\bar{p}$, a etapa final consiste em determinar o formato, ou a forma, da distribuição amostral. A proporção amostral é $\bar{p} = x/n$. Para uma amostra aleatória simples selecionada a partir de uma grande população, o valor de x é uma variável aleatória binomial que indica o número de elementos na amostra com a característica de interesse. Como n é uma constante, a probabilidade de x/n é idêntica à probabilidade binomial de x, o que significa que a distribuição amostral de $\bar{p}$ é também uma distribuição discreta de probabilidade e que a probabilidade correspondente a cada valor de x/n é idêntica à probabilidade de x.

No Capítulo 6 também mostramos que uma distribuição binomial pode ser aproximada por uma distribuição normal sempre que o tamanho amostral for grande o suficiente para satisfazer às duas seguintes condições:

$$np \geq 5 \quad \text{e} \quad n(1-p) \geq 5$$

Considerando que essas duas condições estejam satisfeitas, a distribuição de probabilidade de x na proporção amostral, $\bar{p} = x/n$, pode ser aproximada por uma distribuição normal. E como n é uma constante, a distribuição amostral de $\bar{p}$ também pode ser aproximada por uma distribuição normal. Esta aproximação é declarada da seguinte maneira:

> A distribuição amostral de $\bar{p}$ pode ser aproximada por uma distribuição normal sempre que $np \geq 5$ e $n(1-p) \geq 5$.

Em aplicações práticas, quando a estimativa de uma proporção populacional é desejada, verificamos que os tamanhos amostrais quase sempre são suficientemente grandes para permitir o uso de uma aproximação normal para a distribuição amostral de $\bar{p}$.

Lembre-se de que, para o problema de amostragem da EAI, sabemos que a proporção populacional de gestores que participaram do programa de treinamento é $p = 0,60$. Com uma amostra aleatória simples de tamanho 30, temos

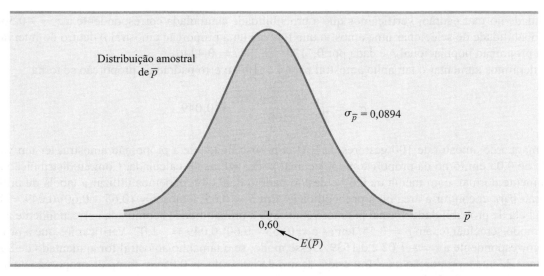

FIGURA 7.8 Distribuição amostral de $\bar{p}$ para a proporção de gestores da EAI que participaram do programa de treinamento administrativo

$np = 30(0,60) = 18$ e $n(1-p) = 30(0,40) = 12$. Sendo assim, a distribuição amostral de $\bar{p}$ pode ser aproximada pela distribuição normal apresentada na Figura 7.8.

Valor prático da distribuição amostral de $\bar{p}$

O valor prático da distribuição amostral de $\bar{p}$ é que ela pode ser utilizada para fornecer informações probabilísticas a respeito da diferença entre a proporção amostral e a proporção populacional. Por exemplo, suponha que no problema da EAI o diretor do departamento pessoal queira saber a probabilidade de obter um valor de $\bar{p}$ que esteja no intervalo de 0,05 para mais ou para menos em torno da proporção populacional de gestores da EAI que participaram do programa de treinamento. Ou seja, qual é a probabilidade de se obter uma amostra com uma proporção amostral entre 0,55 e 0,65? A área sombreada escura na Figura 7.9 mostra essa probabilidade. Utilizando o fato de que a distribuição amostral de $\bar{p}$ pode ser aproximada por uma distribuição normal com uma média de 0,60 e um erro padrão da proporção de $\sigma_{\bar{p}} = 0,0894$, verificamos que a variável aleatória normal padrão correspondente a $\bar{p} = 0,65$ tem um valor de $z = (0,65 - 0,60)/0,0894 = 0,56$. Consultando a tabela de probabilidade normal padrão, vemos que a probabilidade acumulada correspondente a $z = 0,56$ é 0,7123. De maneira similar, em $\bar{p} = 0,55$, verificamos que $z = (0,55 - 0,60)/0,0894 = -0,56$. A partir da tabela

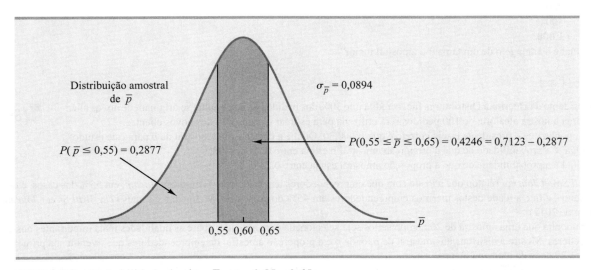

FIGURA 7.9 Probabilidade de obter $\bar{p}$ entre 0,55 e 0,65

de probabilidade normal padrão, verificamos que a probabilidade acumulada correspondente a $z = -0,56$ é 0,2877. Assim, a probabilidade de selecionar uma amostra que fornece uma proporção amostral $\bar{p}$ dentro do intervalo de 0,05 em torno da proporção populacional p é dada por $0,7123 - 0,2877 = 0,4246$.

Se considerarmos aumentar o tamanho amostral para $n = 100$, o erro padrão da proporção se torna

$$\sigma_{\bar{p}} = \sqrt{\frac{0,60(1 - 0,60)}{100}} = 0,049$$

Com um tamanho de amostra de 100 gestores da EAI, a probabilidade de a proporção amostral ter um valor dentro do intervalo de 0,05 em torno da proporção populacional pode, agora, ser calculada. Como a distribuição amostral é aproximadamente normal, com média de 0,60 e desvio padrão de 0,049, podemos utilizar a tabela de probabilidade normal padrão para encontrar a área ou a probabilidade. Em $\bar{p} = 0,65$, temos $z = (0,65 - 0,60)/0,049 = 1,02$. Consultando a tabela de probabilidade normal padrão, vemos que a probabilidade acumulada correspondente a $z = 1,02$ é 0,8461. De modo semelhante, em $\bar{p} = 0,55$, temos $z = (0,55 - 0,60)/0,049 = -1,02$. Verificamos que a probabilidade acumulada correspondente a $z = -1,02$ é 0,1539. Desse modo, se o tamanho amostral for aumentado de 30 para 100, a probabilidade de que a proporção amostral esteja dentro do intervalo de 0,05 em torno da proporção populacional p aumentará para $0,8461 - 0,1539 = 0,6922$.

Exercícios

Métodos

31. Uma amostra aleatória simples de tamanho 100 é selecionada a partir de uma população com $p = 0,40$.
    a. Qual é o valor esperado de $\bar{p}$?
    b. Qual é o erro padrão de $\bar{p}$?
    c. Mostre a distribuição amostral de $\bar{p}$.
    d. O que a distribuição amostral de $\bar{p}$ mostra?

32. Uma proporção populacional é 0,40. Uma amostra aleatória simples de tamanho 200 será obtida e uma proporção amostral $\bar{p}$ será utilizada para estimar a proporção populacional.
    a. Qual é a probabilidade de que a proporção amostral esteja dentro do intervalo de ± 0,03 em torno da proporção populacional?
    b. Qual é a probabilidade de que a proporção amostral esteja dentro do intervalo de ± 0,05 em torno da proporção populacional?

33. Suponha que a proporção populacional seja 0,55. Calcule o erro padrão da proporção, $\sigma_{\bar{p}}$, para tamanhos de amostra de 100, 200, 500 e 1.000. O que você pode dizer a respeito do tamanho do erro padrão da proporção à medida que o tamanho amostral aumenta?

34. A proporção populacional é de 0,30. Qual é a probabilidade de que uma proporção amostral esteja dentro do intervalo de ± 0,04 em torno da proporção populacional para cada um dos seguintes tamanhos de amostra?
    a. $n = 100$
    b. $n = 200$
    c. $n = 500$
    d. $n = 1.000$
    e. Qual é a vantagem de um tamanho amostral maior?

Aplicações

35. O presidente da Doerman Distributors Inc. acredita que 30% dos pedidos da companhia se originam de novos clientes. Uma amostra aleatória de 100 pedidos será utilizada para estimar a proporção dos novos clientes.
    a. Suponha que o presidente esteja correto e que $p = 0,30$. Qual é a distribuição amostral de $\bar{p}$ para este estudo?
    b. Qual é a probabilidade de que a proporção amostral $\bar{p}$ esteja entre 0,20 e 0,40?
    c. Qual é a probabilidade de que a proporção amostral esteja entre 0,25 e 0,35?

36. O *Wall Street Journal* relatou que a idade com que empreendedores têm sua primeira empresa *startup*, em 55% dos casos, é de 29 anos ou menos, e que a idade destes mesmos empreendedores em 45% dos casos era de 30 anos ou mais (*The Wall Street Journal*, 19 de março de 2012).
    a. Suponha que uma amostra de 200 empresários seja selecionada para aprender sobre as qualidades mais importantes dos empreendedores. Mostre a distribuição amostral de $\bar{p}$, onde $\bar{p}$ é a proporção amostral de empreendedores que tiveram sua primeira *startup* aos 29 anos de idade ou menos.
    b. Qual é a probabilidade de que a proporção amostral no item (a) esteja dentro de ±0,05 da sua proporção populacional?

Amostragem e distribuições amostrais **295**

c. Suponha que uma amostra de 200 empresários seja selecionada para aprender sobre as qualidades mais importantes dos empreendedores. Mostre a distribuição amostral de $\bar{p}$ onde $\bar{p}$ agora é a proporção da amostra de empreendedores que tiveram sua primeira *startup* aos 29 anos de idade ou mais.

d. Qual é a probabilidade de que a proporção amostral no item (c) esteja dentro de $\pm 0,05$ da sua proporção populacional?

e. A probabilidade é diferente nos itens (b) e (d)? Por quê?

f. Responda ao item (b) para uma amostra de tamanho 400. A probabilidade é menor? Por quê?

37. As pessoas terminam jogando fora cerca de 12% do que compram em supermercados (*Reader's Digest*, março de 2009). Suponha que essa seja a verdadeira proporção populacional e que você planeje realizar um estudo amostral de 540 compradores de supermercados para investigar melhor seu comportamento.

a. Forneça a distribuição amostral de $\bar{p}$, a proporção de mercadorias jogadas fora, de acordo com os respondentes de sua amostra.

b. Qual é a probabilidade de que seu estudo forneça uma proporção amostral dentro do intervalo de $\pm 0,03$ em torno da proporção populacional?

c. Qual é a probabilidade de que seu estudo forneça uma proporção amostral dentro do intervalo de $\pm 0,015$ em torno da proporção populacional?

38. Quarenta e dois por cento dos médicos que prestam cuidados primários acham que seus pacientes recebem atendimento médico desnecessário (*Reader's Digest*, dezembro de 2011/janeiro de 2012).

a. Suponha que uma amostra de 300 destes médicos tenha sido selecionada. Mostre a distribuição amostral da proporção dos médicos que pensam que seus pacientes recebem cuidados médicos desnecessários.

b. Qual é a probabilidade de que a proporção amostral esteja dentro de $\pm 0,03$ da proporção populacional?

c. Qual é a probabilidade de que a proporção amostral esteja dentro de $\pm 0,05$ da proporção populacional?

d. Qual seria o efeito de se obter uma amostra maior sobre as probabilidades nos itens (b) e (c)? Por quê?

39. Em 2008, o Better Business Bureau atendeu a 75% das queixas recebidas (*USA Today*, 2 de março de 2009). Suponha que você tenha contratado o Better Business Bureau para investigar as reclamações realizadas neste ano envolvendo novos distribuidores de automóveis. Você planeja selecionar uma amostra de reclamações referentes a novos distribuidores de automóveis para estimar a proporção de queixas com que a Better Business Bureau está em condições de lidar. Suponha que a proporção populacional de reclamações atendidas com relação a novos distribuidores de carros seja de 0,75, igual à proporção geral das reclamações atendidas em 2008.

a. Suponha que você tenha selecionado uma amostra de 450 reclamações envolvendo novos revendedores de carros. Mostre a distribuição amostral de $\bar{p}$.

b. Com base em uma amostra de 450 reclamações, qual é a probabilidade de que a proporção amostral esteja dentro do intervalo de $\pm 0,04$ em torno da proporção populacional?

c. Suponha que você tenha selecionado uma amostra de 200 reclamações envolvendo novos distribuidores de automóveis. Mostre a distribuição amostral de $\bar{p}$.

d. Com base em uma amostra menor de apenas 200 reclamações, qual é a probabilidade de que a proporção amostral esteja dentro do intervalo de 0,04 em torno da proporção populacional?

e. Conforme medido pelo aumento da probabilidade, quanto se pode ganhar quanto à precisão ao se obter uma amostra maior no item (b)?

40. A Grocery Manufacturers of America relatou que 76% dos consumidores leem a lista dos ingredientes enumerados no rótulo de produtos. Suponha que a proporção populacional seja $p = 0,76$ e que uma amostra de 400 consumidores seja selecionada a partir da população.

a. Mostre a distribuição amostral da proporção amostral $\bar{p}$, em que $\bar{p}$ é a proporção dos consumidores amostrados que leem a lista de ingredientes nos rótulos de produtos.

b. Qual é a probabilidade de que proporção amostral esteja dentro do intervalo de $\pm 0,03$ em torno da proporção populacional?

c. Responda ao item (b) para uma amostra de 750 consumidores.

41. O Food Marketing Institute mostrou que 17% das residências investem mais de US$ 100 por semana em mercadorias. Suponha que a proporção populacional seja $p = 0,17$ e que uma amostra aleatória simples de 800 residências será selecionada a partir da população.

a. Mostre a distribuição amostral de $\bar{p}$, a proporção amostral de residências que gastam mais de US$ 100 por semana em mercadorias.

b. Qual é a probabilidade de que a proporção amostral esteja dentro do intervalo de $\pm 0,02$ em torno da proporção populacional?

c. Responda ao item (b) para uma amostra de 1.600 residências.

7.7 Propriedades dos estimadores pontuais

Neste capítulo, mostramos como estatísticas amostrais, como média amostral $\bar{x}$, desvio padrão amostral s e proporção amostral $\bar{p}$, podem ser usadas como estimadores pontuais dos parâmetros populacionais correspondentes μ, σ e p. É intuitivo que cada uma dessas estatísticas amostrais seja o estimador pontual de seu parâmetro populacional correspondente. No entanto, antes de usar uma estatística amostral como estimador pontual, os estatísticos conferem para ver se a estatística amostral demonstra ter determinadas propriedades associadas com bons estimadores pontuais. Nesta seção, vamos discutir três propriedades de bons estimadores pontuais: não viesado, eficiente e consistente.

Como várias estatísticas amostrais diferentes podem ser usadas como estimadores pontuais de diferentes parâmetros populacionais, nesta seção, usamos a notação geral abaixo.

$$\theta = \text{parâmetro populacional de interesse}$$
$$\hat{\theta} = \text{estatística amostral ou estimador pontual de } \theta$$

A notação θ é a letra grega teta, e a notação $\hat{\theta}$ é chamada de *"teta-chapéu"*. Em geral, θ representa qualquer parâmetro populacional, como média, desvio padrão ou proporção da população etc. $\hat{\theta}$ representa a estatística amostral correspondente, como a média, o desvio padrão ou a proporção amostral.

Ausência de viés

Se o valor esperado da estatística amostral for igual ao parâmetro populacional que está sendo estimado, costuma-se dizer que a estatística amostral é um *estimador não viesado* do parâmetro populacional.

NÃO VIESADO

A estatística amostral $\hat{\theta}$ é um estimador não viesado do parâmetro populacional θ quando

$$E(\hat{\theta}) = \theta$$

onde

$$E(\hat{\theta}) = \text{o valor esperado da estatística amostral } \hat{\theta}$$

Portanto, o valor esperado, ou médio, de todos os valores possíveis de uma estatística amostral não viesada é igual ao parâmetro populacional que está sendo estimado.

A Figura 7.10 mostra os casos de estimadores pontuais não viesados e viesados. Na ilustração que mostra o estimador não viesado, a média da distribuição amostral é igual ao valor do parâmetro populacional. Os erros de estimação se equilibram neste caso, porque algumas vezes o valor do estimador pontual $\hat{\theta}$ pode ser menor que θ, enquanto em outras situações ele pode ser maior. No caso de um estimador viesado, a média da distribuição amostral é menor ou maior que o valor do parâmetro populacional. Na ilustração do Painel B da Figura 7.10, $E(\hat{\theta})$ é maior que θ. Assim, a estatística amostral tem uma grande probabilidade de superestimar o valor do parâmetro populacional. A quantidade de viés é mostrada na figura.

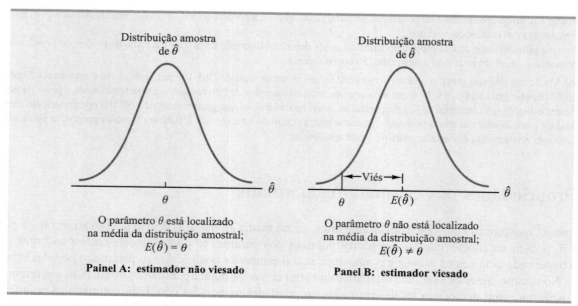

FIGURA 7.10 Exemplos de estimadores pontuais viesados e não viesados

Ao discutir as distribuições amostrais da média e da proporção da amostra, afirmamos que $E(\bar{x}) = \mu$ e $E(\bar{p}) = p$. Portanto, $\bar{x}$ e $\bar{p}$ são estimadores não viesados dos parâmetros populacionais correspondentes, μ e p.

No caso do desvio padrão amostral s e da variância amostral s^2, é possível demonstrar que $E(s^2) = \sigma^2$. Assim, concluímos que a variância amostral s^2 é um estimador não viesado da variância populacional σ^2. Na verdade, quando apresentamos as fórmulas da variância amostral e do desvio padrão amostral no Capítulo 3, $n - 1$ (e não n) foi usado no denominador. O motivo para usar $n - 1$ em vez de n é transformar a variância amostral em um estimador não viesado da variância populacional.

Eficiência

Suponha que uma amostra aleatória simples de n elementos possa ser usada para gerar dois estimadores pontuais não viesados do mesmo parâmetro populacional. Nesta situação, vamos preferir usar o estimador pontual com menor erro padrão, pois ele tende a fornecer estimativas mais próximas do parâmetro populacional. Considera-se que o estimador pontual com menor erro padrão tem maior eficiência relativa que o outro.

A Figura 7.11 mostra as distribuições amostrais de dois estimadores pontuais não viesados, $\hat{\theta}_1$ e $\hat{\theta}_2$. Observe que o erro padrão de $\hat{\theta}_1$ é menor que o erro padrão de $\hat{\theta}_2$. Portanto, os valores de $\hat{\theta}_1$ têm mais chance de estar próximos do parâmetro θ que os valores de $\hat{\theta}_2$. Como o erro padrão do estimador pontual $\hat{\theta}_1$ é menor que o erro padrão do estimador pontual $\hat{\theta}_2$, $\hat{\theta}_1$ é relativamente mais eficiente que $\hat{\theta}_2$ e o estimador pontual preferido.

> Ao extrair amostras de uma população normal, o erro padrão da média amostral é menor que o erro padrão da mediana amostral. Assim, a média amostral é mais eficiente que a mediana amostral.

Consistência

Uma terceira propriedade associada a bons estimadores pontuais é a consistência. Explicando vagamente, um estimador pontual é consistente quando os valores do estimador pontual tendem a ficar mais próximos do parâmetro populacional à medida que o tamanho da amostra aumenta. Em outras palavras, uma amostra maior tende a fornecer uma melhor estimativa pontual que uma amostra pequena. Observe que, para a média amostral $\bar{x}$, mostramos que o erro padrão de $\bar{x}$ é calculado por $\sigma_{\bar{x}} = \sigma/\sqrt{n}$. Como $\sigma_{\bar{x}}$ está relacionado com o tamanho da amostra de modo que amostras maiores fornecem valores menores de $\sigma_{\bar{x}}$, concluímos que uma amostra maior tende a fornecer estimadores pontuais mais próximos da média populacional μ. Neste sentido, podemos dizer que a média amostral $\bar{x}$ é um estimador consistente da média populacional μ. Usando um raciocínio parecido, também podemos concluir que a proporção amostral $\bar{p}$ é um estimador consistente da proporção populacional p.

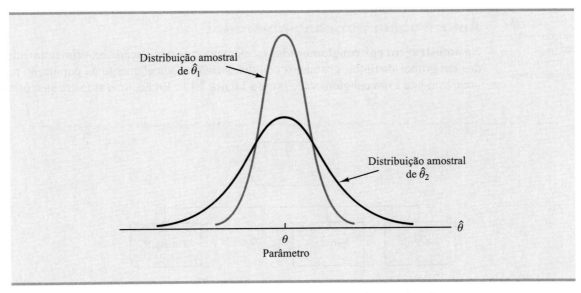

FIGURA 7.11 Distribuições amostrais de dois estimadores pontuais não viesados

NOTAS E COMENTÁRIOS

No Capítulo 3, afirmamos que a média e a mediana são duas medidas de localização central. Neste capítulo, discutimos somente a média. O motivo para isso é que na amostragem de uma população normal, em que a média e a mediana da população são iguais, o erro padrão da mediana é aproximadamente 25% maior que o erro padrão da média. Lembre-se que no problema da EAI, em que $n = 30$, o erro padrão da média era $\sigma_{\bar{x}} = 730{,}3$. O erro padrão da mediana neste problema seria $1{,}25 \times (730{,}3) = 913$. Consequentemente, a média amostral é mais eficiente e tem probabilidade maior de estar dentro de uma distância específica da média populacional.

 ## Outros métodos de amostragem

Esta seção oferece uma breve introdução ao estudo de outros métodos de amostragem diferentes da amostragem aleatória simples.

Descrevemos a amostragem aleatória simples como um procedimento para a amostragem de uma população finita e discutimos as propriedades das distribuições amostrais de $\bar{x}$ e $\bar{p}$ quando é utilizada uma amostragem aleatória simples. Outros métodos, tais como a amostragem aleatória estratificada, amostragem por conglomerados e amostragem sistemática apresentam vantagens em relação à amostragem aleatória simples em algumas dessas situações. Nesta seção apresentamos brevemente esses métodos de amostragem alternativos.

Amostragem aleatória estratificada

A amostragem aleatória estratificada funciona melhor quando a variância entre os elementos em cada estrato é relativamente pequena.

Na **amostragem aleatória estratificada** os elementos na população são, primeiramente, divididos em grupos chamados *estratos*, de modo que cada elemento na população pertença a um e somente a um estrato. A base para formar os estratos, como departamento, localização, idade, tipo de indústria, e assim por diante, fica a critério de quem planeja a amostra. Contudo, melhores resultados são obtidos quando os elementos dentro de cada estrato são os mais similares possíveis. A Figura 7.12 é o diagrama de uma população dividida em H estratos.

Depois que os estratos são formados, uma amostra aleatória simples é obtida de cada estrato. Existem fórmulas disponíveis para se combinar os resultados amostrais dos estratos individuais em uma única estimativa do parâmetro populacional de interesse. O valor da amostragem aleatória estratificada depende de quanto os elementos dentro do estrato são homogêneos. Se os elementos dentro do estrato forem semelhantes, o estrato terá baixa variabilidade. Sendo assim, tamanhos amostrais relativamente pequenos podem ser utilizados para obter boas estimativas das características do estrato. Se os estratos são homogêneos, o procedimento de amostragem aleatória estratificada oferece resultados tão precisos quanto os da amostragem aleatória simples, utilizando um tamanho total amostral menor.

Amostragem por conglomerados

A amostragem por conglomerados funciona melhor quando cada grupo fornece uma representação da população em menor escala.

Na **amostragem por conglomerados** os elementos na população são, primeiramente, divididos em grupos distintos, chamados *conglomerados*. Cada elemento da população pertence a um e somente a um conglomerado (veja a Figura 7.13). Então, uma amostra aleatória simples

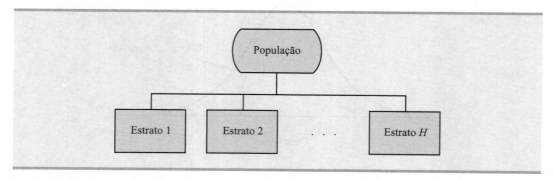

FIGURA 7.12 Diagrama para uma amostragem aleatória estratificada

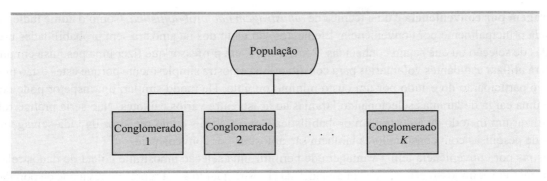

FIGURA 7.13 Diagrama para amostragem por conglomerados

dos conglomerados é obtida. Todos os elementos dentro de cada conglomerado selecionado formam a amostra. A amostragem por conglomerados tende a fornecer melhores resultados quando os elementos dentro dos conglomerados não são semelhantes. No caso ideal, cada conglomerado é uma versão representativa em menor escala de toda a população. O valor da amostragem por conglomerados depende de quanto cada conglomerado é representativo da população inteira. Se todos os conglomerados forem semelhantes nesse sentido, a amostragem de poucos conglomerados fornecerá boas estimativas dos parâmetros populacionais.

Uma das principais aplicações da amostragem por conglomerados é a amostragem por área, em que os conglomerados são os quarteirões da cidade ou outras áreas bem definidas. A amostragem por conglomerados geralmente requer um tamanho total amostral maior do que a amostragem aleatória simples ou a amostragem aleatória estratificada. Contudo, pode resultar em economia de custos em virtude do fato de que quando um entrevistador é enviado para um conglomerado selecionado (por exemplo, um quarteirão da cidade), muitas observações amostrais podem ser obtidas em um período relativamente curto. Desse modo, um tamanho amostral maior pode ser conseguido com um custo total significativamente menor.

Amostragem sistemática

Em algumas situações de amostragem, especialmente aquelas com grandes populações, é demorado selecionar uma amostra aleatória simples, primeiramente gerando um número aleatório e, então, fazendo uma contagem ou procurando em uma lista da população até que o elemento correspondente seja encontrado. Uma alternativa para a amostragem aleatória simples é a **amostragem sistemática**. Por exemplo, se for desejado um tamanho amostral igual a 50 a partir de uma população contendo 5.000 elementos, iremos amostrar um elemento para cada 5.000/50 = 100 elementos na população. Uma amostra sistemática para esse caso envolve selecionar aleatoriamente um dos 100 primeiros elementos da lista da população. Outros elementos da amostra são identificados iniciando com o primeiro elemento selecionado e, então, escolhendo cada centésimo elemento na sequência que aparece na lista da população. Na verdade, a amostra de 50 é identificada movendo-se sistematicamente por toda a população e identificando cada centésimo elemento após o primeiro elemento selecionado aleatoriamente. A amostra de 50 elementos geralmente é mais fácil de ser identificada dessa maneira do que se fosse utilizada a amostragem aleatória simples. Como o primeiro elemento selecionado é uma escolha aleatória, uma amostra sistemática em geral é considerada por ter as propriedades de uma amostra aleatória simples. Essa suposição é especialmente aplicável quando a lista de elementos na população é uma ordenação aleatória dos elementos.

Amostragem por conveniência

Os métodos de amostragem discutidos até este ponto são denominados técnicas de *amostragem probabilísticas*. Os elementos selecionados a partir da população têm uma probabilidade conhecida de estar incluídos na amostra. A vantagem da amostragem probabilística é que a distribuição amostral da estatística amostral apropriada pode ser identificada. Fórmulas como as que foram utilizadas para a amostragem aleatória simples, apresentadas neste capítulo, podem ser utilizadas para determinar as propriedades da distribuição amostral. Então, a distribuição amostral pode ser empregada para fazer declarações probabilísticas a respeito do erro associado ao uso de resultados da amostra para efetuar inferências a respeito da população.

300 Estatística aplicada a administração e economia

Amostragem por conveniência é uma técnica de *amostragem não probabilística*. Como o nome indica, a amostra é identificada principalmente por conveniência. Elementos são incluídos na amostra sem probabilidades previamente especificadas de seleção ou que sejam conhecidas. Por exemplo, um professor que fizer uma pesquisa em uma universidade poderá utilizar estudantes voluntários para constituir uma amostra simplesmente porque estes estão prontamente disponíveis e participarão do estudo por um custo mínimo ou nulo. De modo similar, um inspetor pode coletar uma amostra de uma carga de laranjas selecionando laranjas ao acaso entre vários caixotes. Não seria prático rotular cada laranja e utilizar um método de amostragem probabilística. Amostras tais como registros da vida selvagem e painéis voluntários de pesquisas com consumidores também são amostras por conveniência.

As amostras por conveniência têm a vantagem de permitir uma seleção amostral e coleta de dados relativamente mais fáceis; contudo, é impossível avaliar a "qualidade" da amostra quanto à sua representatividade da população. Uma amostra por conveniência pode ou não fornecer bons resultados; nenhum procedimento estatisticamente justificado possibilita uma análise probabilística e inferencial a respeito da qualidade dos resultados da amostra. Algumas vezes, pesquisadores aplicam métodos estatísticos apropriados para amostras probabilísticas a uma amostra por conveniência, argumentando que a amostra por conveniência pode ser tratada como se fosse uma amostra probabilística. Entretanto, esse argumento não pode ser reforçado, e devemos ser cuidadosos ao interpretar os resultados de amostras por conveniência que são empregados para fazer inferências a respeito das populações.

Amostragem por julgamento

Outra técnica de amostragem não probabilística é a **amostragem por julgamento**. Nesta abordagem, a pessoa com mais conhecimento acerca do tema do estudo seleciona os elementos da população que considerar mais representativos. Geralmente, este método é uma maneira relativamente mais fácil de selecionar uma amostra. Por exemplo, um repórter pode amostrar dois ou três senadores, julgando que estes refletem a opinião geral de todos os senadores. No entanto, a qualidade dos resultados da amostra depende do julgamento da pessoa que seleciona a amostra. Mais uma vez, é necessário ter muito cuidado ao tirar conclusões com base em amostras por julgamento utilizadas para fazer inferências a respeito das populações.

NOTAS E COMENTÁRIOS

Recomendamos utilizar métodos de amostragem probabilística ao fazer amostragem a partir de populações finitas: amostragem aleatória simples, amostragem aleatória estratificada, amostragem por conglomerados ou amostragem sistemática. Para esses métodos existem fórmulas disponíveis para avaliar a "qualidade" dos resultados da amostra quanto à proximidade entre os resultados e os parâmetros da população que estão sendo estimados. Uma avaliação com qualidade não pode ser feita com amostragem por conveniência ou com amostragem por julgamento. Assim, é preciso ter muito cuidado ao interpretar os resultados com base em métodos de amostragem não probabilísticos.

Resumo

Neste capítulo apresentamos os conceitos de amostragem e distribuições amostrais. Demonstramos como uma amostra aleatória simples pode ser selecionada a partir de uma população finita e discutimos como uma amostra aleatória pode ser coletada a partir de uma população infinita. Os dados coletados a partir de tais amostras podem ser utilizados para desenvolver uma estimativa pontual de parâmetros da população. Uma vez que diferentes amostras fornecem diferentes valores para os estimadores pontuais, estimadores pontuais como $\bar{x}$ e $\bar{p}$ são variáveis aleatórias. A distribuição de probabilidade de variáveis aleatórias como essas é chamada distribuição amostral. Específicamente, descrevemos as distribuições amostrais da média amostral $\bar{x}$ e da proporção amostral $\bar{p}$.

Ao considerarmos as características das distribuições amostrais de $\bar{x}$ e $\bar{p}$, declaramos que $E(\bar{x}) = \mu$ e $E(\bar{p}) = p$. Depois de desenvolvermos as fórmulas de desvio padrão ou erro padrão para esses estimadores, descrevemos as condições necessárias para as distribuições amostrais de $\bar{x}$ e $\bar{p}$ seguirem uma distribuição normal. Foram discutidos outros métodos de amostragem, incluindo amostragem aleatória estratificada, amostragem por conglomerados, amostragem sistemática, amostragem por conveniência e amostragem por julgamento.

Amostragem e distribuições amostrais **301**

Glossário

Amostra aleatória Amostra aleatória de uma população infinita selecionada, de modo que as seguintes condições sejam satisfeitas: (1) cada elemento selecionado origina-se da mesma população; (2) cada elemento é selecionado independentemente.

Amostra aleatória simples Amostra aleatória simples de tamanho n de uma população finita de tamanho N, selecionada de modo que cada amostra possível de tamanho n tenha a mesma probabilidade de ser selecionada.

Amostragem aleatória estratificada Método de amostragem probabilística no qual a população primeiramente é dividida em estratos e, então, uma amostra aleatória simples é obtida de cada estrato.

Amostragem com reposição Uma vez que um elemento tenha sido incluído na amostra, ele será devolvido à população. Um elemento selecionado anteriormente pode ser selecionado novamente e, portanto, aparecer na amostra mais de uma vez.

Amostragem por conglomerados Método de amostragem probabilística no qual a população, primeiramente, é dividida em conglomerados e, então, é obtida uma amostra aleatória simples dos conglomerados.

Amostragem por conveniência Método de amostragem não probabilístico pelo qual são selecionados elementos para a amostra tendo como base a conveniência.

Amostragem por julgamento Método de amostragem não probabilístico pelo qual são selecionados elementos para a amostra com base no julgamento da pessoa que está fazendo o estudo.

Amostragem sem reposição Uma vez que um elemento tenha sido incluído na amostra, ele será removido da população e não pode ser selecionado uma segunda vez.

Amostragem sistemática Método de amostragem probabilística no qual selecionamos aleatoriamente um dos primeiros k elementos e, então, selecionamos cada k-ésimo elemento a partir dele.

Distribuição amostral Distribuição de probabilidade que consiste em todos os valores possíveis de uma estatística amostral.

Erro padrão Desvio padrão de um estimador pontual.

Estatística amostral Característica amostral, como uma média amostral $\bar{x}$, um desvio padrão amostral s, uma proporção amostral $\bar{p}$, e assim por diante. O valor da estatística amostral é utilizado para estimar o valor do parâmetro populacional correspondente.

Estimador pontual Estatística amostral, como $\bar{x}$, s ou $\bar{p}$, que fornece a estimativa pontual do parâmetro populacional.

Estimativa pontual Valor de um estimador pontual utilizado em determinada amostra como uma estimativa de um parâmetro populacional.

Fator de correção da população finita Termo $\sqrt{(N-n)/(N-1)}$ que é utilizado nas fórmulas para $\sigma_{\bar{x}}$ e $\sigma_{\bar{p}}$ sempre que uma população finita, em vez de uma população infinita, estiver sendo amostrada. A regra prática geralmente aceita é ignorar o fator de correção da população finita sempre que $n/N \le 0,05$.

Não viesado Propriedade de um estimador pontual que está presente quando o valor esperado do estimador pontual é igual ao parâmetro populacional que ele estima.

Parâmetro Característica numérica de uma população, como uma média populacional μ, um desvio padrão populacional σ, uma proporção populacional p, e assim por diante.

População amostrada População da qual a amostra é obtida.

População-alvo População para a qual as inferências estatísticas, tais como as estimativas pontuais, são feitas. É importante que a população-alvo esteja tão próxima quanto possível da população amostrada.

Sistema de referência Listagem dos elementos dos quais a amostra será selecionada.

Teorema do limite central Teorema que possibilita utilizar a distribuição de probabilidade normal para aproximar a distribuição amostral de $\bar{x}$ sempre que o tamanho da amostra for grande.

Fórmulas-chave

Valor esperado de $\bar{x}$

$$E(\bar{x}) = \mu \tag{7.1}$$

Desvio padrão de $\bar{x}$ (Erro padrão)

População finita   *População infinita*

$$\sigma_{\bar{x}} = \sqrt{\frac{N-n}{N-1}}\left(\frac{\sigma}{\sqrt{n}}\right) \qquad \sigma_{\bar{x}} = \frac{\sigma}{\sqrt{n}} \tag{7.2}$$

Valor esperado de $\bar{p}$

$$E(\bar{p}) = p \tag{7.4}$$

Desvio padrão de $\bar{p}$ (Erro padrão)

$$\text{População finita} \qquad \text{População infinita}$$

$$\sigma_{\bar{p}} = \sqrt{\frac{N-n}{N-1}}\sqrt{\frac{p(1-p)}{n}} \qquad \sigma_{\bar{p}} = \sqrt{\frac{p(1-p)}{n}} \qquad (7.5)$$

Exercícios suplementares

42. Jack Lawler, um analista financeiro, quer preparar um artigo sobre o portfólio de Ações Sombra (*Shadow Stock*) desenvolvido pela Associação Americana de Investidores Individuais (AAII). Uma lista das 30 empresas no portfólio de Shadow Stock em março de 2014 está contida no Arquivo de Dados chamado ShadowStocks (site da AAII, 27 de março de 2014). Jack gostaria de selecionar uma amostra aleatória simples de cinco dessas empresas para uma entrevista sobre práticas de gestão.
    a. No arquivo de dados as empresas de Shadow Stock são enumeradas na coluna A de uma planilha do Excel. Na coluna B geramos um número aleatório para cada uma das empresas. Use esses números aleatórios para selecionar uma amostra aleatória simples de cinco dessas empresas para Jack.
    b. Gere um novo conjunto de números aleatórios e utilize-os para selecionar uma nova amostra aleatória simples. Você selecionou as mesmas empresas?

43. Os últimos dados disponíveis mostraram que os gastos com saúde foram de US$ 8.086 por pessoa nos Estados Unidos ou 17,6% do produto interno bruto (site do Centers for Medicare & Medicaid Services, 1º de abril de 2012). Use US$ 8.086 como a média populacional e suponha que uma empresa de pesquisas obterá uma amostra de 100 pessoas para investigar a natureza de seus gastos com saúde. Suponha que o desvio padrão populacional seja de US$ 2.500.
    a. Mostre a distribuição amostral da quantidade média de gastos com assistência médica para uma amostra de 100 pessoas.
    b. Qual é a probabilidade de que a média da amostra esteja dentro de ±US$ 200 da média populacional?
    c. Qual é a probabilidade de que a média amostral seja maior que US$ 9.000? Se a empresa de pesquisas reportar uma média amostral maior do que US$ 9.000, você questionaria se ela seguiu os procedimentos de amostragem corretos? Sim ou não? Por quê?

44. A Foot Locker usa vendas por metro quadrado como uma medida da produtividade da loja. As vendas estão atualmente a uma taxa anual de US$ 406 por metro quadrado (*The Wall Street Journal*, 7 de março de 2012). A administração solicitou que você conduzisse o estudo de uma amostra de 64 lojas da Foot Locker. Suponha que o desvio padrão em vendas anuais por metro quadrado para a população de todas as 3.400 lojas da Foot Locker seja de US$ 80.
    a. Apresente a distribuição amostral de $\bar{x}$, a média de vendas anuais da amostra por pé quadrado para uma amostra de 64 lojas da Foot Locker.
    b. Qual é a probabilidade de que a média da amostra esteja dentro de US$ 15 da média da população?
    c. Suponha que você encontre uma média amostral de US$ 380. Qual é a probabilidade de encontrar uma média amostral de US$ 380 ou menos? Você consideraria tal amostra como um grupo de lojas de desempenho incomumente baixo?

45. A Allegiant Airlines cobra uma tarifa base média de US$ 89. Além disso, a companhia aérea cobra para fazer uma reserva em seu site, despachando malas e servindo bebidas a bordo. Estes encargos adicionais custam em média US$ 39 por passageiro (*Bloomberg Businessweek*, 8 a 14 de outubro de 2012). Suponha que uma amostra aleatória de 60 passageiros seja obtida para determinar o custo total de seu voo na Allegiant Airlines. O desvio padrão populacional do custo total de voo é de US$ 40.
    a. Qual é o custo médio populacional por voo?
    b. Qual é a probabilidade de que a média amostral esteja dentro de US$ 10 do custo médio populacional por voo?
    c. Qual é a probabilidade de que a média amostral esteja dentro de US$ 5 do custo médio populacional por voo?

46. Após a dedução de subsídios com base na necessidade, o custo médio para cursar a University of Southern California (USC) é de US$ 27.175 (*US News & World Report, America's Best Colleges*, edição de 2009). Suponha que o desvio padrão populacional seja de US$ 7.400, e que uma amostra aleatória de 60 estudantes da USC seja obtida dessa população.
    a. Qual é o valor do erro padrão da média?
    b. Qual é a probabilidade de que a média amostral seja superior a US$ 27.175?
    c. Qual é a probabilidade de que a média amostral esteja dentro de US$ 1.000 da média populacional?
    d. Como a probabilidade no item (c) mudaria se o tamanho da amostra fosse aumentado para 100?

47. Três empresas realizam inventários que diferem em tamanho. O inventário da empresa A contém 2.000 itens, o inventário da empresa B tem 5.000 itens; e o da empresa C tem 10.000 itens. O desvio padrão populacional para o custo dos itens em cada inventário de empresa é $\sigma = 144$. Um consultor especializado em estatística recomenda que cada empresa obtenha uma amostra de 50 itens a partir de seu inventário para fornecer estimativas estatisticamente válidas do custo médio por item. Os gestores de pequenas empresas afirmam que uma vez que suas empresas têm populações menores, deveria ser possível fazer a estimativa a partir de uma amostra muito menor do que a requerida pelas empresas maiores. No entanto, o consultor declara que para obter o mesmo erro

padrão e, desse modo, a mesma precisão nos resultados da amostra, todas as empresas deverão utilizar o mesmo tamanho amostral, independentemente do tamanho populacional.

a. Utilizando o fator de correção da população finita, calcule o erro padrão para cada uma das três empresas, considerando uma amostra de tamanho 50.

b. Qual é a probabilidade de que para cada empresa a média amostral $\bar{x}$ esteja dentro do intervalo de ± 25 em torno da média populacional μ?

48. Um pesquisador relata resultados de estudo declarando que o erro padrão da média é de 20. O desvio padrão populacional é de 500.

a. Qual é o tamanho amostral utilizado neste estudo?

b. Qual é a probabilidade de que a estimativa pontual estivesse dentro do intervalo de ± 25 em torno da média populacional?

49. Um processo de produção é verificado periodicamente por um inspetor de controle de qualidade, que seleciona amostras aleatórias simples de 30 produtos acabados e calcula o peso médio amostral de $\bar{x}$ dos produtos. Se resultados de testes durante um longo período mostrarem que 5% dos valores de $\bar{x}$ são maiores do que 2,1 libras e que 5% são menores do que 1,9 libra, quais são a média e o desvio padrão populacionais de produtos fabricados com este processo?

50. Quinze por cento dos australianos fumam. Com a introdução de leis rigorosas proibindo rótulos de marcas em embalagens de cigarros, a Austrália espera reduzir a porcentagem de pessoas que fumam em até 10% até 2018 (site da Reuters, 23 de outubro de 2012). Responda às seguintes perguntas com base em uma amostra de 240 australianos.

a. Mostre a distribuição amostral de $\bar{p}$, a proporção de australianos que são fumantes.

b. Qual é a probabilidade de que a proporção amostral esteja dentro de $\pm 0,04$ da proporção da população?

c. Qual é a probabilidade de a proporção amostral estar dentro de $\pm 0,02$ da proporção da população?

51. Uma empresa de estudo de mercado conduz pesquisas por telefone obtendo uma taxa histórica de resposta de 40%. Qual é a probabilidade de que em uma nova amostra de 400 números de telefone pelo menos 150 indivíduos cooperem e respondam às questões? Em outras palavras, qual é a probabilidade de que a proporção amostral será de pelo menos 150/400 = 0,375?

52. Anunciantes contratam provedores de Internet e mecanismos de busca para colocar anúncios em seus sites. Eles pagam uma taxa com base no número de clientes potenciais que visitam seus anúncios. Infelizmente, fraudes envolvendo cliques – a prática de alguém clicar em um anúncio somente com o propósito de aumentar os rendimentos com a publicidade – têm se tornado um problema. Quarenta por cento dos anunciantes se queixam de ter sido vítimas de fraude envolvendo cliques (*BusinessWeek*, 13 de março de 2006). Suponha que uma amostra aleatória simples de 380 anunciantes será obtida para descobrir mais acerca de como eles são afetados por essa prática.

a. Qual é a probabilidade de que a proporção amostral esteja dentro do intervalo de $\pm 0,04$ em torno da proporção populacional vítima desse tipo de fraude?

b. Qual é a probabilidade de que a proporção amostral será maior do que 0,45?

53. A proporção de indivíduos segurados pela All-Driver Automobile Insurance Company que receberam pelo menos uma multa de trânsito no período de cinco anos é de 0,15.

a. Mostre a distribuição amostral de $\bar{p}$ se for utilizada uma amostra aleatória de 150 indivíduos segurados para estimar a proporção daqueles que receberam pelo menos uma multa.

b. Qual é a probabilidade de que a proporção amostral esteja dentro de $\pm 0,03$ em torno da proporção populacional?

54. Lori Jeffrey é uma representante de vendas bem-sucedida de uma importante editora de livros universitários. Historicamente, Lori obtém a adoção dos livros que representa em 25% de suas chamadas de vendas por telefone. Analisando suas chamadas referentes a um mês como uma amostra de todas as possíveis chamadas de vendas, considere que uma análise estatística dos dados gere um erro padrão da proporção de 0,0625.

a. Qual foi o tamanho amostral utilizado nessa análise? Isto é, quantas chamadas de vendas Lori fez durante o mês?

b. Seja $\bar{p}$ a proporção amostral de adoções de livros obtida durante o mês. Mostre a distribuição amostral de $\bar{p}$.

c. Utilizando a distribuição amostral de $\bar{p}$, calcule a probabilidade de que Lori obtenha adoções de livros em 30% ou mais de suas chamadas de vendas durante o período de um mês.

Estudo de caso   Marion Dairies

No ano passado, a Marion Dairies decidiu entrar no mercado de iogurtes e começou, com cautela, produzindo, distribuindo e comercializando um único sabor – um iogurte com sabor de mirtilo, denominado Blugurt. O empreendimento inicial da empresa no mercado de iogurtes foi muito bem-sucedido; as vendas do Blugurt foram superiores às esperadas, e as classificações dos consumidores do produto tiveram uma média de 80 e um desvio padrão de 25 em uma escala de 100 pontos, para os quais 100 é a pontuação mais favorável e zero é a pontuação menos favorável. Essa experiência também mostrou à Marion Dairies que um consumidor que classifica um de seus produtos com uma pontuação maior que 75 nessa escala considerará a compra do produto, e uma pontuação de 75 ou menos indica que o consumidor não considerará a compra do produto. Encorajada pelo sucesso e popularidade de seu iogurte com sabor de mirtilo, a gerência da Marion Dairies está considerando o lançamento de um segundo sabor.

304 Estatística aplicada a administração e economia

O departamento de marketing da Marion está pressionando para ampliar a linha de produtos com a introdução de um iogurte com sabor de morango que seria chamado Strawgurt, mas os gestores estão preocupados quanto a se o Strawgurt aumentará ou não a fatia de mercado da Marion apelando para clientes potenciais que não gostam do Blugurt. Ou seja, o objetivo de oferecer o novo produto é aumentar a participação de mercado, em vez de substituir as vendas atuais do Blugurt. O departamento de marketing propôs oferecer os sabores Blugurt e Strawgurt a uma amostra aleatória simples de 50 clientes e pedir a cada um deles que classifique os dois iogurtes em uma escala de 100 pontos. Se a pontuação média dada ao Blugurt por essa amostra de consumidores for de 75 ou menos, a administração da Marion acredita que a amostra pode ser usada para avaliar se o Strawgurt atrairá clientes em potencial que não gostam do Blugurt.

Relatório administrativo

Prepare um relatório administrativo que aborde os seguintes problemas.

1. Calcule a probabilidade de que a pontuação média do Blugurt dada pela amostra aleatória simples dos clientes da Marion Dairies seja de 75 ou menos.
2. Se o departamento de marketing aumentar o tamanho da amostra para 150, qual é a probabilidade de que a pontuação média do Blugurt dada pela amostra aleatória simples dos clientes da Marion Dairies seja 75 ou menos?
3. Explique à diretoria da Marion Dairies por que a probabilidade de que a pontuação média do Blugurt dada pela amostra aleatória simples dos clientes da Marion Dairies como 75 ou menos difere para esses dois tamanhos de amostra.

Apêndice 7.1 — Valor esperado e desvio padrão de $\bar{x}$

Neste apêndice, apresentamos a base matemática para as expressões de $E(\bar{x})$, o valor esperado de $\bar{x}$ conforme a equação (7.1), e $\sigma_{\bar{x}}$, o desvio padrão de $\bar{x}$ segundo a equação (7.2).

Valor esperado de $\bar{x}$

Suponha que haja uma população com média μ e variância σ^2. Uma amostra aleatória simples de tamanho n é selecionada com as observações individuais representadas por $x_1, x_2, \ldots, x_n$. A média amostral $\bar{x}$ é calculada segundo a fórmula abaixo.

$$\bar{x} = \frac{\Sigma x_i}{n}$$

Com repetidas amostras aleatórias simples de tamanho n, $\bar{x}$ é uma variável aleatória que assume valores numéricos diferentes dependendo dos n itens específicos selecionados. O valor esperado da variável aleatória $\bar{x}$ é a média de todos os valores possíveis de $\bar{x}$.

$$\text{Média de } \bar{x} = E(\bar{x}) = E\left(\frac{\Sigma x_i}{n}\right)$$

$$= \frac{1}{n}\left[E(x_1 + x_2 + \cdots + x_n)\right]$$

$$= \frac{1}{n}\left[E(x_1) + E(x_2) + \cdots + E(x_n)\right]$$

Para qualquer x_i, temos $E(x_i) = \mu$. Portanto, podemos escrever:

$$E(\bar{x}) = \frac{1}{n}(\mu + \mu + \cdots \mu)$$

$$= \frac{1}{n}(n\mu) = \mu$$

Este resultado mostra que a média de todos os valores de $\bar{x}$ possíveis é igual à média populacional μ. Ou seja, $E(\bar{x}_i) = \mu$.

Desvio padrão de $\overline{x}$

De novo, suponha que há uma população com média μ, variância σ^2 e média amostral dada por

$$\overline{x} = \frac{\Sigma x_i}{n}$$

Com repetidas amostras aleatórias simples de tamanho n, sabemos que $\overline{x}$ é uma variável aleatória que assume valores numéricos diferentes dependendo dos n itens específicos selecionados. O que vem agora é uma derivação da expressão para o desvio padrão dos valores de $\overline{x}$, $\sigma_{\overline{x}}$, para o caso de uma população infinita. A derivação da expressão para $\sigma_{\overline{x}}$ de uma população finita quando a amostragem é feita sem substituição é mais difícil e está fora do escopo deste livro.

Voltando ao caso da população infinita, lembre-se de que uma amostra aleatória simples de uma população infinita consiste em observações $x_1, x_2, \ldots, x_n$ que são independentes. As duas expressões a seguir são fórmulas gerais para a variância de variáveis aleatórias.

$$Var(ax) = a^2\, Var(x)$$

onde a é uma constante e x é uma variável aleatória e

$$Var(x + y) = Var(x) + Var(y)$$

onde x e y são variáveis aleatórias *independentes*. Usando as duas equações anteriores, podemos desenvolver a expressão para a variância da variável aleatória $\overline{x}$ como:

$$Var(\overline{x}) = Var\left(\frac{\Sigma x_i}{n}\right) = Var\left(\frac{1}{n}\Sigma x_i\right)$$

Depois, com $1/n$ constante, temos

$$Var(\overline{x}) = \left(\frac{1}{n}\right)^2 Var\left(\Sigma x_i\right)$$

$$= \left(\frac{1}{n}\right)^2 Var(x_1 + x_2 + \cdots + x_n)$$

No caso da população infinita, as variáveis aleatórias $x_1, x_2, \ldots, x_n$ são independentes, o que permite escrevermos

$$Var(\overline{x}) = \left(\frac{1}{n}\right)^2 \left[Var(x_1) + Var(x_2) + \cdots + Var(x_n)\right]$$

Para qualquer x_i, temos $Var(x_i) = \sigma^2$. Portanto, temos

$$Var(\overline{x}) = \left(\frac{1}{n}\right)^2 (\sigma^2 + \sigma^2 + \cdots + \sigma^2)$$

Com n valores de σ^2 nesta expressão, temos

$$Var(\overline{x}) = \left(\frac{1}{n}\right)^2 (n\sigma^2) = \frac{\sigma^2}{n}$$

Extrair a raiz quadrada fornece a fórmula do desvio padrão de $\overline{x}$.

$$\sigma_{\overline{x}} = \sqrt{Var(\overline{x})} = \frac{\sigma}{\sqrt{n}}$$

Apêndice 7.2 Amostragem aleatória com o Minitab

Se uma lista dos elementos em uma população estiver disponível em um arquivo do Minitab, este pode ser utilizado para selecionar uma amostra aleatória simples. Por exemplo, uma lista das 100 principais áreas metropolitanas dos Estados Unidos e do Canadá é fornecida na coluna 1 do conjunto de dados denominado MetAreas (*Places Rated Almanac – The Millennium Edition 2000*). A coluna 2 contém a classificação geral de cada área metropolitana. As 10 primeiras áreas metropolitanas no conjunto de dados e suas classificações correspondentes são mostradas na Tabela 7.6.

Suponha que você queira selecionar uma amostra aleatória simples de 30 áreas metropolitanas com a finalidade de realizar um estudo mais aprofundado do custo de vida nos Estados Unidos e no Canadá. As etapas a seguir podem ser empregadas para selecionar a amostra.

Etapa 1. Selecione o menu suspenso **Calc**
Etapa 2. Escolha **Random Data**
Etapa 3. Escolha **Sample From Columns**
Etapa 4. Quando aparecer a caixa de diálogo Sample From Columns:
    Digite 30 na caixa **Number of rows to sample**
    Digite C1 C2 na caixa **From columns**, abaixo
    Digite C3 C4 na caixa **Store samples in**
Etapa 5. Clique em **OK**

Uma amostra aleatória de 30 áreas metropolitanas aparecerá nas colunas C3 e C4.

Apêndice 7.3 Amostragem aleatória com o Excel

Se uma lista dos elementos em uma população estiver disponível em um arquivo do Excel, este pode ser utilizado para selecionar uma amostra aleatória simples. Por exemplo, uma lista das 100 principais áreas metropolitanas nos Estados Unidos e no Canadá é apresentada na coluna A do conjunto de dados MetAreas (*Places Rated Almanac-The Millennium Edition 2000*). A coluna B contém a classificação geral de cada área metropolitana. As 10 primeiras áreas metropolitanas no conjunto de dados e suas correspondentes classificações são apresentadas na Tabela 7.6. Suponha que você queira selecionar uma amostra aleatória simples de 30 áreas metropolitanas a fim de realizar um estudo aprofundado do custo de vida nos Estados Unidos e no Canadá.

As linhas de qualquer conjunto de dados do Excel podem ser colocadas em ordem aleatória adicionando uma coluna extra ao conjunto de dados e preenchendo a coluna com números aleatórios utilizando a função =ALEATÓRIO(). Em seguida, utilizando a capacidade de classificação em ordem crescente do Excel sobre a coluna de números aleatórios, as

TABELA 7.6 Classificação geral das primeiras 10 áreas metropolitanas no conjunto de dados denominado MetAreas

Área metropolitana	Classificação
Albany, NY	64,18
Albuquerque, NM	66,16
Appleton, WI	60,56
Atlanta, GA	69,97
Austin, TX	71,48
Baltimore, MD	69,75
Birmingham, AL	69,59
Boise City, ID	68,36
Boston, MA	68,99
Buffalo, NY	66,10

Amostragem e distribuições amostrais **307**

linhas do conjunto de dados serão reordenadas aleatoriamente. A amostra aleatória de tamanho n aparece nas primeiras n linhas do conjunto de dados reordenado.

No conjunto de dados MetAreas, os rótulos estão na linha 1 e as 100 áreas metropolitanas estão nas linhas de 2 a 101. As etapas a seguir podem ser utilizadas para selecionar uma amostra aleatória simples de 30 áreas metropolitanas.

Etapa 1. Digite =ALEATÓRIO() na célula C2

Etapa 2. Copie a célula C2 para as células C3:C101

Etapa 3. Selecione qualquer célula na Coluna C

Etapa 4. Clique na guia **Página Inicial** no Menu

Etapa 5. No grupo **Edição**, clique em **Classificar e Filtrar**

Etapa 6. Clique em **Classificar do menor para o maior**

A amostra aleatória de 30 áreas metropolitanas aparece nas linhas de 2 a 31 do conjunto de dados reordenado. Os números aleatórios na coluna C não mais são necessários e podem ser excluídos se isso for desejado.

CAPÍTULO 8

Estimação intervalar

CONTEÚDO

Estatística na prática: Food Lion

8.1 Média populacional: σ conhecido
Margem de erro e a estimativa intervalar
Conselho prático

8.2 Média populacional: σ desconhecido
Margem de erro e a estimativa intervalar
Conselho prático
Utilizando uma pequena amostra

Resumo dos procedimentos de estimação intervalar

8.3 Determinação do tamanho amostral

8.4 Proporção populacional
Determinação do tamanho amostral

APÊNDICES

8.1 Estimação intervalar com o Minitab

8.2 Estimação intervalar com o Excel

ESTATÍSTICA na PRÁTICA

FOOD LION*
Salisbury, Carolina do Norte

Fundada em 1957 com o nome de Food Town, a Food Lion é uma das maiores redes de supermercados dos Estados Unidos, com 1.300 lojas em 11 estados do Sudeste e da região conhecida como Médio Atlântico. A empresa vende mais de 24 mil diferentes produtos e oferece artigos de marca que têm publicidade em nível nacional e regional, bem como um crescente número de produtos com rótulo privado de alta qualidade manufaturados especialmente para a Food Lion. A empresa mantém sua liderança em preços baixos e garantia de qualidade pelas eficiências operacionais, como formatos de loja padronizados, projeto inovador de armazéns, instalações com uso eficiente da energia e sincronização de dados com os fornecedores. A Food Lion visa a um futuro de contínuas inovações, crescimento, liderança de preços e atendimento aos seus clientes.

Sendo integrante de um setor intensivo em inventários, a Food Lion decidiu adotar o método LIFO (*Last In, First Out* – último a entrar, primeiro a sair) de avaliação de inventários, que compara os custos atuais com as receitas atuais, o que minimiza os efeitos das variações radicais de preços sobre os resultados de lucros e prejuízos. Além disso, o método LIFO reduz a receita líquida, diminuindo assim os impostos sobre a renda durante os períodos de inflação.

A Food Lion estabelece um índice LIFO para cada um dos sete agrupamentos de inventário: artigos de mercearia, papelaria e produtos domésticos, suprimentos para animais de estimação, saúde e beleza, laticínios, cigarros e tabaco e cervejas e vinhos. Por exemplo, o índice LIFO de 1,008 para o agrupamento produtos de mercearia indicaria que o valor de estoque dos produtos de mercearia da empresa aos custos atuais reflete um aumento de 0,8% em virtude da inflação no período mais recente de um ano.

O estabelecimento de um índice LIFO para cada agrupamento de inventário exige que a contagem de estoque de fim de ano referente a cada produto seja avaliada ao custo do fim do ano corrente e ao custo do fim do ano anterior. Para evitar o tempo e os gastos excessivos associados à contagem de estoques em todas as 1.200 lojas, a Food Lion seleciona uma amostra aleatória de 50 lojas. São tomados os estoques físicos de fim de ano de cada uma das lojas da amostra. Os custos de cada item no ano corrente e no ano anterior são então utilizados para construir os índices LIFO necessários a cada agrupamento de inventário.

Em um ano recente, a estimativa amostral do índice LIFO referente ao agrupamento de inventário saúde e beleza foi de 1,015. Utilizando um grau de confiança de 95%, a Food Lion calculou a margem de erro de 0,006 para a estimativa amostral. Desse modo, o intervalo de 1,009 a 1,021 produziu uma estimativa intervalar do índice LIFO populacional com um grau de confiança de 95%. Esse índice de precisão foi considerado muito bom.

Neste capítulo você aprenderá a calcular a margem de erro associada a estimativas amostrais, e também a utilizar essa informação para construir e interpretar estimativas intervalares de uma média populacional e de uma proporção populacional.

Integrante de um setor intensivo em inventários, a Food Lion adotou o método LIFO (*Last In, First Out* – último a entrar, primeiro a sair) de avaliação de inventários.

---

* Os autores agradecem a Keith Cunningham, diretor do Departamento Fiscal da Food Lion, e a Bobby Harkey, da equipe de Contabilidade Fiscal da Food Lion, por fornecerem esta Estatística na Prática.

No Capítulo 7 afirmamos que um estimador pontual é uma estatística amostral utilizada para estimar um parâmetro populacional. Por exemplo, a média amostral $\bar{x}$ é um estimador pontual da média populacional μ, e a proporção amostral $\bar{p}$ é um estimador pontual da proporção p populacional. Uma vez que não se pode esperar que um estimador pontual produza o valor exato do parâmetro populacional, uma **estimativa intervalar** frequentemente é calculada adicionando-se e subtraindo-se um valor, denominado **margem de erro**, à estimativa pontual. A forma geral de uma estimativa intervalar é a seguinte:

$$\text{Estimativa pontual} \pm \text{Margem de erro}$$

A finalidade de uma estimativa intervalar é fornecer informações sobre quanto a estimativa pontual, produzida pela amostra, está próxima do valor do parâmetro populacional.

Neste capítulo mostraremos como calcular estimativas intervalares de uma média μ populacional e de uma proporção p populacional. A forma geral de uma estimativa intervalar de uma média populacional é:

$$\bar{x} \pm \text{Margem de erro}$$

De modo similar, a forma geral de uma estimativa intervalar de uma proporção populacional é:

$$\bar{p} \pm \text{Margem de erro}$$

As distribuições amostrais de $\bar{x}$ e $\bar{p}$ desempenham papéis fundamentais no cálculo dessas estimativas intervalares.

8.1 Média populacional: σ conhecido

Para desenvolver uma estimativa intervalar de uma média populacional, o desvio padrão populacional σ ou o desvio padrão amostral s deve ser usado para calcularmos a margem de erro. Na maioria das aplicações, σ não é conhecido, e usa-se s para calcular a margem de erro. Em algumas aplicações, entretanto, grandes quantidades de dados históricos relevantes estão disponíveis e podem ser utilizados para calcular o desvio padrão populacional antes de fazer a amostragem.

Igualmente, em aplicações de controle da qualidade nas quais supõe-se que um processo esteja operando corretamente, ou *sob controle*, é apropriado tratarmos o desvio padrão populacional como conhecido. Referimo-nos a esse tipo de caso como aquele que apresenta **σ conhecido**. Nesta seção apresentamos um exemplo em que é razoável tratarmos σ como conhecido e mostramos como construir uma estimativa intervalar para esse caso.

Semanalmente, a Lloyd's Department Store seleciona uma amostra aleatória simples de 100 clientes para saber qual quantia eles gastam em cada ida às compras. Com x representando a quantia gasta em cada ida às compras, a média amostral $\bar{x}$ fornece uma estimativa pontual de μ, que é a quantia média gasta em cada ida às compras pela população de todos os clientes da empresa. A Lloyd's usa essa pesquisa semanal há vários anos. Baseando-se nos dados históricos, a empresa assume agora um valor conhecido de σ = US$ 20 para o desvio padrão populacional. Os dados históricos também indicam que a população segue uma distribuição normal.

Durante a semana mais recente, a Lloyd's pesquisou 100 clientes (n =100) e obteve a média amostral $\bar{x}$ = US$ 82,00. A quantia média gasta pela amostra fornece uma estimativa pontual da quantia média gasta pela população em cada ida às compras, μ. Na discussão a seguir mostramos como calcular a margem de erro dessa estimativa e como desenvolver uma estimativa intervalar da média populacional.

Margem de erro e a estimativa intervalar

No Capítulo 7 mostramos que a distribuição amostral de $\bar{x}$ pode ser usada para calcularmos a probabilidade de $\bar{x}$ estar dentro de determinada distância de μ. No exemplo da Lloyd's, os dados históricos mostram que a população das quantias gastas está normalmente distribuída, com um desvio padrão σ = 20. Então, utilizando o que aprendemos no Capítulo 7, podemos concluir que a distribuição amostral de $\bar{x}$ segue uma distribuição normal, com um erro padrão de $\sigma_{\bar{x}} = \sigma/\sqrt{n} = 20/\sqrt{100} = 2$. Esta distribuição amostral é apresentada na Figura 8.1.[1] Uma vez que a distribuição amostral apresenta como os valores de $\bar{x}$ estão distribuídos nas proximidades da média populacional μ, a distribuição amostral de $\bar{x}$ fornece informações sobre as possíveis diferenças entre $\bar{x}$ e μ.

Utilizando a tabela de probabilidade normal padrão, descobrimos que 95% dos valores de qualquer variável aleatória normalmente distribuída estão dentro de ±1,96 desvios padrão da média. Desse modo, quando a distribuição amostral de $\bar{x}$ está normalmente distribuída, 95% dos valores de $\bar{x}$ devem estar dentro do intervalo de ±1,96 $\sigma_{\bar{x}}$ em torno da média μ. No exemplo da Lloyd's, sabemos que a distribuição amostral de $\bar{x}$ está normalmente distribuída, com um erro padrão de $\sigma_{\bar{x}} = 2$. Uma vez que ±1,96 $\sigma_{\bar{x}} = 1,96(2) = 3,92$, podemos concluir que 95% de todos os valores de $\bar{x}$, obtidos usando-se um tamanho de amostra n = 100, estarão dentro do intervalo de ±3,92 em torno da média populacional μ. Veja a Figura 8.2.

---

[1] Usamos o fato de que a população de quantias gastas tem uma distribuição normal para concluir que a distribuição amostral de $\bar{x}$ tem uma distribuição normal. Se a população não tivesse uma distribuição normal, poderíamos recorrer ao teorema do limite central e ao tamanho amostral de n = 100 para concluir que a distribuição amostral de $\bar{x}$ é aproximadamente normal. Em qualquer um dos casos, a distribuição amostral de $\bar{x}$ assemelhar-se-ia à que é apresentada na Figura 8.1.

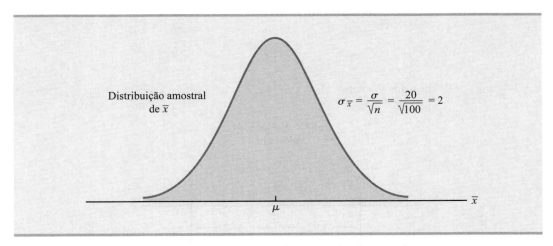

FIGURA 8.1   Distribuição amostral da quantia média que os integrantes da amostra gastaram obtida de amostras aleatórias simples de 100 clientes

Na introdução deste capítulo dissemos que a forma geral da estimativa intervalar da média populacional μ é $\bar{x} \pm$ margem de erro. No exemplo da Lloyd's, suponha que determinamos a margem de erro em 3,92 para calcular a estimativa intervalar de μ usando $\bar{x} \pm 3{,}92$. A fim de produzir uma interpretação para essa estimativa intervalar, vamos considerar os valores de $\bar{x}$ que poderiam ser obtidos se tivéssemos chegado a três *diferentes* amostras aleatórias simples, cada uma das quais consistindo em 100 clientes da Lloyd's. A primeira média amostral poderia assumir o valor apresentado como $\bar{x}_1$ na Figura 8.3. Nesse caso, a Figura 8.3 indica que o intervalo formado ao subtrairmos 3,92 de $\bar{x}_1$ e adicionarmos 3,92 a $\bar{x}_1$ inclui a média populacional μ. Considere agora o que acontece se a segunda média amostral assumir o valor apresentado como $\bar{x}_2$ na Figura 8.3. Apesar de essa média amostral diferir da primeira média amostral, notamos que o intervalo formado ao se subtrair 3,92 de $\bar{x}_2$ e adicionar 3,92 a $\bar{x}_2$ também inclui a média populacional μ. Entretanto, considere o que acontece se a terceira média amostral assumir o valor apresentado como $\bar{x}_3$ na Figura 8.3. Nesse caso, o intervalo formado ao se subtrair 3,92 de $\bar{x}_3$ e adicionar 3,92 a $\bar{x}_3$ não inclui a média populacional μ. Uma vez que $\bar{x}_3$ se situa na cauda superior da distribuição amostral e tem um afastamento maior que 3,92 de μ, subtrair ou adicionar 3,92 a $\bar{x}_3$ forma um intervalo que não inclui μ.

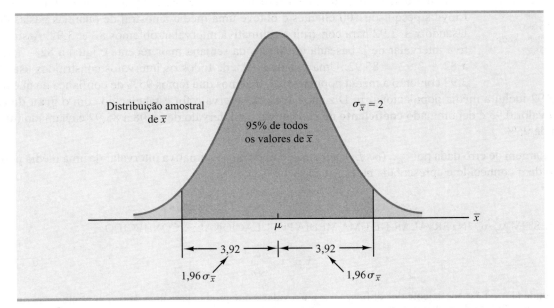

FIGURA 8.2   Distribuição amostral de $\bar{x}$ indicando a localização das médias amostrais que estão dentro do intervalo de 3,92 em torno de μ

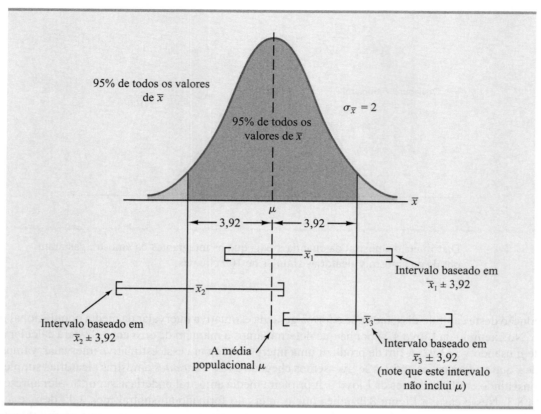

FIGURA 8.3 Intervalos formados a partir de médias amostrais selecionadas nas posições $\bar{x}_1, \bar{x}_2, e \bar{x}_3$

Qualquer média amostral $\bar{x}$ que esteja dentro da área com sombreamento mais escuro da Figura 8.3 fornecerá um intervalo que contém a média populacional μ. Visto que 95% de todas as médias amostrais possíveis estão na área com sombreamento mais escuro, 95% de todos os intervalos formados subtraindo-se 3,92 de $\bar{x}$ e adicionando-se 3,92 a $\bar{x}$ incluirão a média populacional μ.

Esta discussão nos dá subsídios para compreender por que o intervalo é chamado de intervalo de confiança de 95%.

Lembre-se de que durante a semana mais recente a equipe de garantia da qualidade da Lloyd's pesquisou 100 clientes e obteve uma média amostral de quantias gastas de $\bar{x} = 82$. Usando $\bar{x} \pm 3,92$ para construir a estimativa intervalar, obtemos $82 \pm 3,92$. Assim, a estimativa intervalar de μ baseada nos dados da semana mais recente é igual a $82 - 3,92 = 78,08$ a $82 + 3,92 = 85,92$. Uma vez que 95% de todos os intervalos construídos usando-se $\bar{x} \pm 3,92$ conterão a média populacional, dizemos que temos 95% de confiança de que o intervalo 78,08 a 85,92 inclui a média populacional μ. Dizemos que este intervalo foi estabelecido com o **grau de confiança** de 95%. O valor 0,95 é denominado **coeficiente de confiança**, e o intervalo de 78,08 a 85,92 é chamado **intervalo de confiança** de 95%.

Com a margem de erro dada por $z_{\alpha/2}(\sigma/\sqrt{n})$, a forma geral de uma estimativa intervalar de uma média populacional para o caso de σ conhecido é apresentada na Equação (8.1).

ESTIMAÇÃO INTERVALAR DE UMA MÉDIA POPULACIONAL: σ CONHECIDO

$$\bar{x} \pm z_{\alpha/2} \frac{\sigma}{\sqrt{n}} \qquad (8.1)$$

onde $(1 - \alpha)$ é o coeficiente de confiança e $z_{\alpha/2}$ é o valor z que produz uma área de $\alpha/2$ na cauda superior da distribuição de probabilidade normal padrão.

Vamos usar a Equação (8.1) para construir um intervalo de confiança de 95% para o exemplo da Lloyd's. Para um intervalo de confiança de 95%, o coeficiente de confiança é $(1 - \alpha) = 0,95$ e, desse modo, $\alpha = 0,05$. Usando a tabela de probabilidade normal padrão, uma área de $\alpha/2 = 0,05/2 = 0,025$ na cauda superior produz $z_{0,025} = 1,96$. Com a média amostral de $\bar{x} = 82$, $\sigma = 20$ e um tamanho amostral $n = 100$ para o caso da Lloyd's, obtemos

$$82 \pm 1,96 \frac{20}{\sqrt{100}}$$
$$82 \pm 3,92$$

Dessa forma, usando a Equação (8.1), a margem de erro é de 3,92 e o intervalo de confiança de 95% é de $82 - 3,92 = 78,08$ a $82 + 3,92 = 85,92$.

Apesar de o grau de confiança de 95% frequentemente ser usado, outros, por exemplo, 90% e 99%, podem ser considerados. A Tabela 8.1 apresenta os valores de $z_{\alpha/2}$ correspondentes aos graus de confiança mais comumente utilizados. Usando esses valores e a Equação (8.1) o intervalo de confiança de 90% para o exemplo da Lloyd's é:

$$82 \pm 1,645 \frac{20}{\sqrt{100}}$$
$$82 \pm 3,29$$

Assim, com um grau de confiança de 90%, a margem de erro é de 3,29 e o intervalo de confiança é de $82 - 3,29 = 78,71$ a $82 + 3,29 = 85,29$. De modo similar, o intervalo de confiança de 99% é:

$$82 \pm 2,576 \frac{20}{\sqrt{100}}$$
$$82 \pm 5,15$$

Portanto, com um grau de confiança de 99%, a margem de erro é 5,15 e o intervalo de confiança é de $82 - 5,15 = 76,85$ a $82 + 5,15 = 87,15$.

Comparando os resultados correspondentes aos graus de confiança de 90%, 95% e 99%, observamos que, para termos um grau de confiança mais elevado, a margem de erro e, portanto, a amplitude do intervalo de confiança devem ser maiores.

Conselho prático

Se a população segue uma distribuição normal, o intervalo de confiança produzido pela Equação (8.1) é exato. Em outras palavras, se a Equação (8.1) fosse usada repetidamente para gerar intervalos de confiança de 95%, exatamente 95% dos intervalos gerados conteriam a média populacional. Se a população não segue uma distribuição normal, o intervalo de confiança produzido pela Equação (8.1) será aproximado. Nesse caso, a qualidade da aproximação depende tanto da distribuição da população como do tamanho amostral.

Na maioria das aplicações, um tamanho amostral $n \geq 30$ é adequado quando se usa a Equação (8.1) para desenvolver uma estimativa intervalar de uma média populacional. Se a população não estiver normalmente distribuída, mas for aproximadamente simétrica, pode-se esperar que tamanhos de amostra pequenos, até mesmo de 15, produzam bons intervalos de confiança aproximados. Com tamanhos de amostra menores, a Equação (8.1) somente deve ser usada se o analista acreditar, ou estiver disposto a supor, que a distribuição populacional seja, no mínimo, aproximadamente normal.

TABELA 8.1 Valores de $z_{\alpha/2}$ para os níveis de confiança mais utilizados

Nível de confiança	α	$\alpha/2$	$z_{\alpha/2}$
90%	0,10	0,05	1,645
95%	0,05	0,025	1,960
99%	0,01	0,005	2,576

NOTAS E COMENTÁRIOS

1. O procedimento de estimação intervalar discutido nesta seção se baseia no pressuposto de que o desvio padrão populacional σ é conhecido. Por "σ conhecido" queremos dizer que há dados históricos ou outras informações disponíveis que nos permitem obter uma boa estimativa do desvio padrão populacional antes de obtermos a amostra que será usada para desenvolver uma estimativa da média populacional. Então, tecnicamente, não queremos dizer que σ seja, de fato, conhecido com certeza. Simplesmente, queremos dizer que obtivemos uma boa estimativa do desvio padrão antes de fazermos a amostragem e, desse modo, não usaremos a mesma amostra para estimar tanto a média populacional como o desvio padrão populacional.

2. O tamanho n da amostra aparece no denominador da equação da estimação intervalar (8.1). Assim, se uma amostra em particular produzir um intervalo demasiadamente amplo para ter uso prático, talvez seja melhor aumentar o tamanho amostral. Com n no denominador, um tamanho de amostra maior produzirá uma margem de erro menor, um intervalo mais estreito e uma precisão maior. O procedimento para determinar o tamanho de uma amostra aleatória simples necessária para se obter a precisão desejada será discutido na Seção 8.3.

Exercícios

Métodos

1. Uma amostra aleatória simples de 40 itens resultou em uma média amostral de 25. O desvio padrão populacional é $\sigma = 5$.
    a. Qual é o erro padrão da média, $\sigma_{\bar{x}}$?
    b. Para um grau de confiança de 95%, qual é a margem de erro?

2. Uma amostra aleatória simples de 50 itens de uma população, com $\sigma = 6$, resultou em uma média amostral igual a 32.
    a. Forneça um intervalo de confiança de 90% para a média populacional.
    b. Forneça um intervalo de confiança de 95% para a média populacional.
    c. Forneça um intervalo de confiança de 99% para a média populacional.

3. Uma amostra aleatória simples de 60 itens resultou em uma média amostral igual a 80. O desvio padrão populacional σ é igual a 15.
    a. Calcule o intervalo de confiança de 95% para a média populacional.
    b. Suponha que a mesma média amostral tenha sido obtida de uma amostra de 120 itens. Forneça um intervalo de confiança de 95% para a média populacional.
    c. Qual é o efeito de um tamanho amostral maior sobre a estimativa intervalar?

4. Sabe-se que o intervalo de confiança de 95% para uma média populacional é de 152 a 160. Se $\sigma = 15$, qual tamanho amostral foi utilizado nesse estudo?

Aplicações

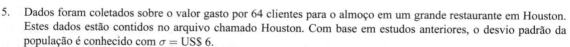

5. Dados foram coletados sobre o valor gasto por 64 clientes para o almoço em um grande restaurante em Houston. Estes dados estão contidos no arquivo chamado Houston. Com base em estudos anteriores, o desvio padrão da população é conhecido com $\sigma = $ US$ 6.
    a. Com 99% de confiança, qual é a margem de erro?
    b. Desenvolva uma estimativa de intervalo de confiança de 99% do valor médio gasto no almoço.

6. Na tentativa de avaliar o total de taxas de viagem diárias em várias cidades, a Global Business Travel Association realizou um estudo incluindo hospedagem, aluguel de carros e refeições (site da Fundação GBTA, 30 de outubro de 2012). Os dados contidos no arquivo TravelTax são consistentes com os resultados desse estudo sobre viagens de negócios para Chicago. Suponha que o desvio padrão populacional seja de US$ 8,50 e desenvolva um intervalo de confiança de 95% da população média de taxas de viagem diárias totais para Chicago.

7. O custo médio anual do primeiro ano com os cuidados necessários para se criar um cachorro grande é de US$ 1.843 (*US News and World Report*, 9 de setembro de 2013). A Associação para a Raça Setter Irlandês Vermelho e Branco solicitou um estudo a fim de estimar este custo médio anual para os proprietários de cães desta raça. Uma amostra de 50 cães será utilizada. Com base em estudos anteriores, o desvio padrão da população é assumido como conhecido, com $\sigma = $ US$ 255.
    a. Qual é a margem de erro para um intervalo de confiança de 95% do custo médio do primeiro ano de cuidados com um cão desta raça?
    b. O arquivo de dados Setters contém dados coletados de 50 proprietários de setters irlandeses, referentes aos gastos com eles no primeiro ano. Use este conjunto de dados para calcular a média amostral. Usando esta amostra, qual é o intervalo de confiança de 95% para o custo médio do primeiro ano com um cão da raça setter irlandês?

8. Estudos mostram que a massagem terapêutica tem diversos benefícios à saúde e não é muito cara (*The Wall Street Journal*, 13 de março de 2012). Uma amostra de 10 sessões típicas de massagem com duração de uma hora mostrou uma taxa média de US$ 59. O desvio padrão da população para uma sessão de uma hora é $\sigma = $ US$ 5,50.

a. Quais suposições sobre a população devemos estar dispostos a fazer se uma margem de erro for desejada?
b. Usando 95% de confiança, qual é a margem de erro?
c. Usando 99% de confiança, qual é a margem de erro?

9. O custo médio para reparar os danos causados pela fumaça e pelo fogo resultantes de incêndios domésticos, quaisquer que sejam suas causas, é de US$ 11.389 (site da HomeAdvisor, dezembro de 2014). Como os danos resultantes de incêndios domésticos causados pelo uso descuidado do tabaco se comparam aos dados acima? O arquivo de dados TobaccoFires fornece o custo para reparar os danos causados por fumaça e fogo resultantes de incêndios associados a uma amostra de 55 incêndios causados pelo uso descuidado de produtos de tabaco. Com base nos dados dos anos anteriores, o desvio padrão da população pode ser considerado conhecido com $\sigma = $ US$ 3.027. Qual é a estimativa do intervalo de confiança de 95% do custo médio para reparar os danos causados por fumaça e fogo que resultam de incêndios domésticos causados pelo uso descuidado do tabaco? Como isso se compara com o custo médio para reparar os danos relativos a incêndios domésticos resultantes de todas as causas?

TobaccoFires

10. Os custos estão aumentando para todos os tipos de planos de assistência médica. O aluguel médio mensal em instalações de vida assistida aumentou 17% nos últimos cinco anos, para US$ 3.486 (*The Wall Street Journal*, 27 de outubro de 2012). Suponha que esta estimativa de custo seja baseada em uma amostra de 120 instalações e, a partir de estudos anteriores, pode-se supor que o desvio padrão da população é $\sigma = $ US$ 650.
a. Desenvolva uma estimativa de intervalo de confiança de 90% da renda média mensal da população.
b. Desenvolva uma estimativa de intervalo de confiança de 95% da renda média mensal da população.
c. Desenvolva uma estimativa de intervalo de confiança de 99% da renda média mensal da população.
d. O que acontece com a largura do intervalo de confiança à medida que o grau de confiança aumenta? Isso parece razoável? Explique.

8.2 Média populacional: σ desconhecido

Quando desenvolvemos a estimativa intervalar de uma média populacional, geralmente não temos uma boa estimativa do desvio padrão populacional. Nesses casos, precisamos usar a mesma amostra para estimar μ e σ. Essa situação representa o caso que apresenta **σ desconhecido**. Quando s é usado para estimar σ, a margem de erro e a estimativa intervalar da média populacional se baseiam em uma distribuição de probabilidade conhecida como **distribuição t**. Apesar de o desenvolvimento matemático da distribuição t se basear na suposição de uma distribuição normal para a população da qual extraímos a amostra, pesquisas indicam que a distribuição t pode ser aplicada de maneira bem-sucedida em muitas situações em que a população se desvia significativamente da normal. Posteriormente, nesta seção, apresentaremos diretrizes para se usar a distribuição t se a população não estiver normalmente distribuída.

> William Sealy Gosset, escritor que usava o pseudônimo "Student", é o descobridor da distribuição t. Gosset, graduado em Matemática pela Universidade de Oxford, trabalhava para a Guinness Brewery (Cervejarias Guinness), em Dublin, Irlanda. Ele desenvolveu a distribuição t enquanto trabalhava em materiais de pequena escala e experimentos com temperatura.

Distribuição t é uma família de distribuições de probabilidade similares, com uma distribuição t específica dependendo de um parâmetro conhecido como **graus de liberdade**. A distribuição t com um grau de liberdade é única, assim como é a distribuição t com dois graus de liberdade, com três graus de liberdade, e assim por diante. À medida que o número de graus de liberdade aumenta, a diferença entre a distribuição t e a distribuição normal padrão se torna cada vez menor. A Figura 8.4 apresenta distribuições t com valores de 10 e 20 graus de liberdade e suas relações com a distribuição de probabilidade normal. Note que uma distribuição t com mais graus de liberdade exibe menos variabilidade e se assemelha mais estreitamente à distribuição normal padrão. Note também que a média da distribuição t é zero.

Colocamos um subscrito em t para indicar a área na cauda superior da distribuição t. Por exemplo, do mesmo modo que usamos $z_{0,025}$ para indicar o valor z que produz uma área de 0,025 na cauda superior de uma distribuição normal padrão, usaremos $t_{0,025}$ para indicar o valor t que produz uma área de 0,025 na cauda superior de uma distribuição t. Em geral, usaremos a notação $t_{\alpha/2}$ para representar um valor t com uma área de $\alpha/2$ na cauda superior da distribuição t. Veja a Figura 8.5.

O Apêndice B fornece a Tabela 2 para a distribuição t. Parte dela é mostrada na Tabela 8.2. Cada linha da tabela corresponde a uma distribuição t distinta com os graus de liberdade correspondentes. Por exemplo, para uma distribuição t com 9 graus de liberdade, $t_{0,025} = 2,262$. De maneira semelhante, para uma distribuição t com 60 graus de liberdade, $t_{0,025} = 2,000$. À medida que os graus de liberdade continuam a aumentar, $t_{0,025}$ se aproxima de $z_{0,025} = 1,96$. De fato, os valores z da distribuição normal padrão podem ser encontrados na linha de graus de liberdade infinitos (rotulada com ∞) da tabela de distribuições t. Se o grau de liberdade ultrapassar 100, a linha de graus de liberdade infinitos pode ser usada para aproximar o valor real t; em outras palavras, para mais de 100 graus de liberdade o valor z normal padrão fornece uma boa aproximação ao valor t.

> À medida que os graus de liberdade aumentam, a distribuição t se aproxima da distribuição normal padrão.

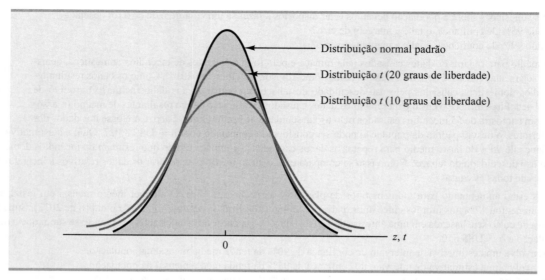

FIGURA 8.4 Comparação da distribuição normal padrão com distribuições t que têm 10 e 20 graus de liberdade

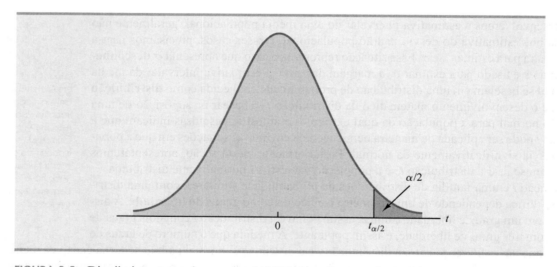

FIGURA 8.5 Distribuição t com área, ou probabilidade, $\alpha/2$ na cauda superior

Margem de erro e a estimativa intervalar

Na Seção 8.1 mostramos que a estimativa intervalar de uma média populacional para o caso de σ conhecido é

$$\bar{x} \pm z_{\alpha/2} \frac{\sigma}{\sqrt{n}}$$

Para calcular uma estimativa intervalar de μ para o caso de σ desconhecido, o desvio padrão amostral s é usado para estimar σ, e $z_{\alpha/2}$ é substituído pelo valor da distribuição t, $t_{\alpha/2}$. A margem de erro é dada então por $t_{\alpha/2} s/\sqrt{n}$. Com essa margem de erro, a expressão geral de uma estimativa intervalar de uma média populacional quando σ é desconhecido é a seguinte:

TABELA 8.2 Valores selecionados a partir da tabela da distribuição t*

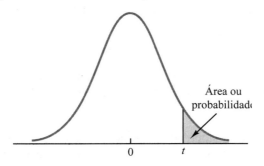

Graus de liberdade	\multicolumn{7}{c}{Área na cauda superior}
	0,20	0,10	0,05	0,025	0,01	0,05	0,005
1	1,376	3,078	6,314	12,706	31,821	31,821	63,656
2	1,061	1,886	2,920	4,303	6,965	6,965	9,925
3	0,978	1,638	2,353	3,182	4,541	4,541	5,841
4	0,941	1,533	2,132	2,776	3,747	3,747	4,604
5	0,920	1,476	2,015	2,571	3,365	3,365	4,032
6	0,906	1,440	1,943	2,447	3,143	3,143	3,707
7	0,896	1,415	1,895	2,365	2,998	2,998	3,499
8	0,889	1,397	1,860	2,306	2,896	2,896	3,355
9	0,883	1,383	1,833	2,262	2,821	2,821	3,250
⋮	⋮	⋮	⋮	⋮	⋮	⋮	⋮
60	0,848	1,296	1,671	2,000	2,390	2,390	2,660
61	0,848	1,296	1,670	2,000	2,389	2,389	2,659
62	0,847	1,295	1,670	1,999	2,388	2,388	2,657
63	0,847	1,295	1,669	1,998	2,387	2,387	2,656
64	0,847	1,295	1,669	1,998	2,386	2,386	2,655
65	0,847	1,295	1,669	1,997	2,385	2,385	2,654
66	0,847	1,295	1,668	1,997	2,384	2,384	2,652
67	0,847	1,294	1,668	1,996	2,383	2,383	2,651
68	0,847	1,294	1,668	1,995	2,382	2,382	2,650
69	0,847	1,294	1,667	1,995	2,382	2,382	2,649
⋮	⋮	⋮	⋮	⋮	⋮	⋮	⋮
90	0,846	1,291	1,662	1,987	2,368	2,368	2,632
91	0,846	1,291	1,662	1,986	2,368	2,368	2,631
92	0,846	1,291	1,662	1,986	2,368	2,368	2,630
93	0,846	1,291	1,661	1,986	2,367	2,367	2,630
94	0,845	1,291	1,661	1,986	2,367	2,367	2,629
95	0,845	1,291	1,661	1,985	2,366	2,366	2,629
96	0,845	1,290	1,661	1,985	2,366	2,366	2,628
97	0,845	1,290	1,661	1,985	2,365	2,365	2,627
98	0,845	1,290	1,661	1,984	2,365	2,365	2,627
99	0,845	1,290	1,660	1,984	2,364	2,364	2,626
100	0,845	1,290	1,660	1,984	2,364	2,364	2,626
∞	0,842	1,282	1,645	1,960	2,326	2,326	2,576

Nota: uma tabela mais extensa é apresentada na Tabela 2 do Apêndice B.

> **ESTIMAÇÃO INTERVALAR DE UMA MÉDIA POPULACIONAL: σ DESCONHECIDO**
>
> $$\bar{x} \pm t_{\alpha/2} \frac{s}{\sqrt{n}} \quad (8.2)$$
>
> onde s é o desvio padrão amostral, $(1 - \alpha)$ o coeficiente de confiança e $t_{\alpha/2}$ o valor t que produz uma área igual a $\alpha/2$ na cauda superior da distribuição t, com $n - 1$ graus de liberdade.

A razão pela qual o número de graus de liberdade associado ao valor t na Equação (8.2) é $n - 1$ refere-se ao uso de s como uma estimativa do desvio padrão populacional σ. A expressão do desvio padrão amostral é:

$$s = \sqrt{\frac{\sum (x_i - \bar{x})^2}{n - 1}}$$

Os graus de liberdade referem-se ao número de informações independentes que entram no cálculo de $\Sigma(x_i - \bar{x})^2$. As n informações independentes envolvidas no cálculo de $\Sigma(x_i - \bar{x})^2$ são: $x_1 - \bar{x}, x_2 - \bar{x}, \ldots, x_n - \bar{x}$. Na Seção 3.2 indicamos que $\Sigma(x_i - \bar{x}) = 0$ para qualquer conjunto de dados. Desse modo, somente $n - 1$ dos $x_i - \bar{x}$ valores são independentes; ou seja, se conhecermos $n - 1$ dos valores, o valor restante pode ser determinado de maneira exata utilizando-se a condição de que a soma dos $x_i - \bar{x}$ valores deve ser igual a 0. Assim, $n - 1$ é o número de graus de liberdade associados a $\Sigma(x_i - \bar{x})^2$ e, portanto, o número de graus de liberdade da distribuição t na Equação (8.2).

Para ilustrar o procedimento de estimação intervalar para o caso de σ desconhecido, consideraremos um estudo idealizado para estimar a média dos débitos de cartão de crédito da população de famílias norte-americanas. Uma amostra de $n = 70$ famílias forneceu os saldos de cartões de crédito mostrados na Tabela 8.3. Para esta situação, nenhuma estimativa anterior do desvio padrão populacional σ está disponível. Sendo assim, dados amostrais precisam ser utilizados para se estimar tanto a média populacional quanto o desvio padrão populacional. Utilizando-se os dados da Tabela 8.3, calculamos a média amostral $\bar{x} =$ US\$ 9.312 e o desvio padrão amostral $s =$ US\$ 4.007. Com 95% de confiança e $n - 1 = 69$ graus de liberdade, a Tabela 8.2 pode ser utilizada para se obter o valor apropriado para $t_{0,025}$. Queremos o valor de t na linha com 69 graus de liberdade e a coluna correspondente a 0,025 na cauda superior. O valor mostrado é $t_{0,025} = 1,995$.

Utilizamos a Equação (8.2) para calcular uma estimativa intervalar do saldo médio populacional dos cartões de crédito.

$$9.312 \pm 1,995 \frac{4.007}{\sqrt{70}}$$

$$9.312 \pm 955$$

A estimativa pontual da média populacional é de US\$ 9.312, a margem de erro é de US\$ 955 e o intervalo de confiança de 95% é de US\$ 9.312 − US\$ 955 = US\$ 8.357 a US\$ 9.312 + US\$ 955 = US\$ 10.267. Desse modo, temos 95% de confiança de que a média populacional dos saldos de cartão de crédito de todas as famílias está entre US\$ 8.357 e US\$ 10.267.

TABELA 8.3 Saldos de cartões de crédito para uma amostra de 70 famílias

NewBalance

9.430	14.661	7.159	9.071	9.691	11.032
7.535	12.195	8.137	3.603	11.448	6.525
4.078	10.544	9.467	16.804	8.279	5.239
5.604	13.659	12.595	13.479	5.649	6.195
5.179	7.061	7.917	14.044	11.298	12.584
4.416	6.245	11.346	6.817	4.353	15.415
10.676	13.021	12.806	6.845	3.467	15.917
1.627	9.719	4.972	10.493	6.191	12.591
10.112	2.200	11.356	615	12.851	9.743
6.567	10.746	7.117	13.627	5.337	10.324
13.627	12.744	9.465	12.557	8.372	
18.719	5.742	19.263	6.232	7.445	

```
Variable      N    Mean    StDev    SE Mean       95% CI
NewBalance   70   9.312    4.007       479    (8.357, 10.267)
```

FIGURA 8.6 Intervalo de confiança do Minitab para a pesquisa sobre saldo de cartões de crédito

Os procedimentos utilizados pelo Minitab e Excel para desenvolver intervalos de confiança para uma média populacional são descritos nos Apêndices 8.1 e 8.2. Para o estudo de saldos de cartão de crédito das famílias norte-americanas, os resultados do procedimento de estimação intervalar do Minitab estão apresentados na Figura 8.6. A amostra de 70 famílias produz uma média amostral de extratos de cartão de crédito igual a US$ 9.312, desvio padrão de US$ 4.007, um erro padrão da média de US$ 479, e um intervalo de confiança de 95% de US$ 8.357 a US$ 10.267.

Conselho prático

Se a população segue uma distribuição normal, o intervalo de confiança produzido pela Equação (8.2) é exato e pode ser usado para qualquer tamanho amostral. Se a população não segue uma distribuição normal, o intervalo de confiança produzido pela Equação (8.2) será aproximado. Nesse caso, a qualidade da aproximação depende tanto da distribuição da população quanto do tamanho amostral.

Na maioria das aplicações, um tamanho amostral $n \geq 30$ é adequado quando se usa a Equação (8.2) para desenvolver a estimativa intervalar de uma média populacional. Entretanto, se a distribuição populacional for muito assimétrica ou se contiver valores atípicos, a maioria dos estatísticos recomendaria aumentar o tamanho amostral para 50 ou mais. Se a população não estiver normalmente distribuída, mas for mais ou menos simétrica, pode-se esperar que tamanhos amostrais tão pequenos quanto 15 produzam bons intervalos de confiança aproximados. Com tamanhos de amostra menores, a Equação (8.2) somente deve ser usada se o analista acreditar, ou estiver disposto a supor, que a distribuição populacional seja, no mínimo, aproximadamente normal.

Tamanhos amostrais maiores são necessários se a distribuição da população for muito assimétrica ou se incluir valores atípicos (outliers).

Utilizando uma pequena amostra

No exemplo a seguir desenvolvemos uma estimativa intervalar de uma média populacional quando o tamanho amostral é pequeno. Conforme já observamos, um entendimento da distribuição populacional se torna fator importante ao decidirmos se o procedimento de estimação intervalar produz resultados aceitáveis.

A Scheer Industries está considerando usar um novo programa auxiliado por computador para treinar os funcionários do setor de manutenção a fazer reparos nas máquinas. A fim de avaliar plenamente o programa, o diretor do departamento de produção solicitou uma estimativa do tempo médio populacional necessário para que os funcionários do setor de manutenção concluam o treinamento auxiliado por computador.

Uma amostra de 20 funcionários é selecionada, tendo cada funcionário da amostra concluído o programa de treinamento. Os dados sobre o tempo de treinamento, em dias, correspondentes aos 20 funcionários, são mostrados na Tabela 8.4. Um histograma dos dados da amostra é apresentado na Figura 8.7. O que se pode dizer a respeito da distribuição da população com base nesse histograma? Primeiro, os dados da amostra não sustentam a conclusão de que a distribuição da população seja normal, porém não vemos nenhuma evidência de assimetria ou de valores atípicos. Portanto, usando as diretrizes apresentadas na subseção anterior, concluímos que uma estimativa intervalar baseada na distribuição *t* parece aceitável para a amostra de 20 funcionários.

TABELA 8.4 Tempo de treinamento em dias para uma amostra de 20 funcionários da Scheer Industries

52	59	54	42
44	50	42	48
55	54	60	55
44	62	62	57
45	46	43	56

Scheer

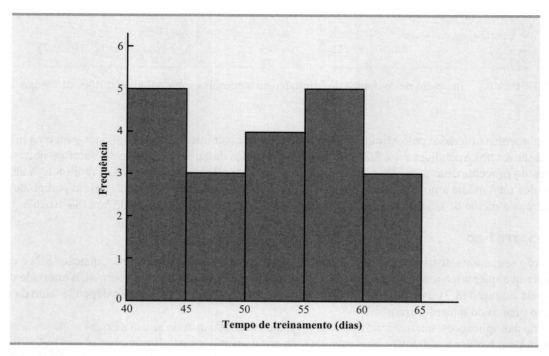

FIGURA 8.7 Histograma dos tempos de treinamento para a amostra da Scheer Industries

Continuamos a calcular a média amostral e o desvio padrão amostral da seguinte maneira:

$$\bar{x} = \frac{\sum x_i}{n} = \frac{1.030}{20} = 51,5 \text{ dias}$$

$$s = \sqrt{\frac{\sum (x_i - \bar{x})^2}{n-1}} = \sqrt{\frac{889}{20-1}} = 6,84 \text{ dias}$$

Para um intervalo de confiança de 95%, usamos a Tabela 2 do Apêndice B e $n - 1 = 19$ graus de liberdade para obter $t_{0,025} = 2,093$. A Equação (8.2) fornece a estimativa intervalar da média populacional.

$$51,5 \pm 2,093 \left(\frac{6,84}{\sqrt{20}} \right)$$

$$51,5 \pm 3,2$$

A estimativa pontual da média populacional é igual a 51,5 dias. A margem de erro é de 3,2 dias e o intervalo de confiança de 95% é de $51,5 - 3,2 = 48,3$ dias a $51,5 + 3,2 = 54,7$ dias.

Usar um histograma dos dados da amostra para conhecer a distribuição de uma população nem sempre é conclusivo, mas, em muitos casos, constitui a única informação disponível. O histograma, juntamente com o julgamento da parte do analista, frequentemente pode ser utilizado para decidir se a Equação (8.2) pode ser usada para desenvolver a estimativa intervalar.

Resumo dos procedimentos de estimação intervalar

Apresentamos duas abordagens para o desenvolvimento de uma estimativa intervalar de uma média populacional. Para o caso de σ conhecido, σ e a distribuição normal padrão são utilizados na Equação (8.1) para calcular a margem de erro e desenvolver a estimativa intervalar. Para o caso de σ desconhecido, o desvio padrão amostral s e a distribuição t são utilizados na Equação (8.2) para calcular a margem de erro e desenvolver a estimativa intervalar.

Um resumo dos procedimentos de estimação intervalar referente aos dois casos é apresentado na Figura 8.8. Na maioria das aplicações, um tamanho amostral $n \geq 30$ é adequado. Entretanto, se a população tiver uma distribuição normal ou aproximadamente normal, tamanhos amostrais menores poderão ser usados. Para o caso de σ desconhecido,

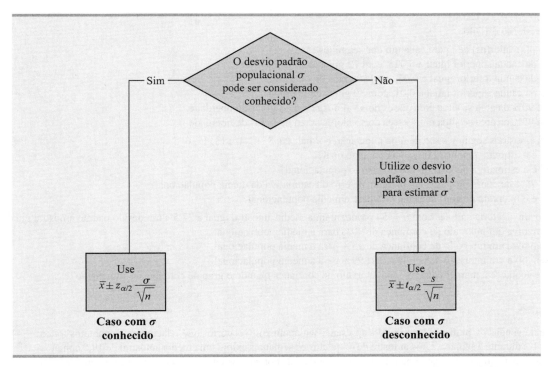

FIGURA 8.8 Resumo dos procedimentos de estimação intervalar para uma média populacional

um tamanho amostral $n \geq 50$ é recomendado quando acredita-se que a distribuição populacional é fortemente assimétrica ou tem valores atípicos (*outliers*).

NOTAS E COMENTÁRIOS

1. Quando σ é conhecido, a margem de erro, $z_{\alpha/2}(\sigma/\sqrt{n})$, é fixa e é a mesma para todas as amostras de tamanho n. Quando σ é desconhecido, a margem de erro, $t_{\alpha/2}(s/\sqrt{n})$, varia de amostra para amostra. Essa variação ocorre porque o desvio padrão amostral s varia dependendo da amostra selecionada. Um valor grande para s produz uma margem de erro maior, ao passo que um valor pequeno para s produz uma margem de erro menor.

2. O que acontece às estimativas do intervalo de confiança quando a população é assimétrica? Considere uma população que é assimétrica à direita com grandes valores de dados estendendo a distribuição à direita. Quando existe esse tipo de assimetria, a média amostral e o desvio padrão amostral s estão positivamente correlacionados. Valores maiores de s tendem a estar associados a valores maiores de $\bar{x}$. Desse modo, quando $\bar{x}$ é maior do que a média populacional, s tende a ser maior que σ. Essa assimetria faz que a margem de erro, $t_{\alpha/2}(s/\sqrt{n})$, seja maior do que seria com σ conhecido. O intervalo de confiança com margem de erro maior tende a incluir a média populacional μ mais frequentemente do que ocorreria se o valor verdadeiro de σ fosse utilizado. Mas quando $\bar{x}$ é menor do que a média populacional, a correlação entre $\bar{x}$ e s faz que a margem de erro seja pequena. Nesse caso, o intervalo de confiança com a margem de erro menor tende a não incluir a média populacional mais frequentemente do que ocorreria se soubéssemos o valor de σ e o utilizássemos. Por este motivo, recomendamos usar tamanhos amostrais maiores quando se trata de distribuições populacionais muito assimétricas.

Exercícios

Métodos

11. Para uma distribuição t com 16 graus de liberdade, encontre a área, ou probabilidade, para cada região.
    a. À direita de 2,120.
    b. À esquerda de 1,337.
    c. À esquerda de –1,746.
    d. À direita de 2,583.

e. Entre –2,120 e 2,120.
f. Entre –1,746 e 1,746.

12. Encontre o(s) valor(es) de *t* para cada um dos seguintes casos:
    a. Área da cauda superior igual a 0,025, com 12 graus de liberdade.
    b. Área da cauda inferior igual a 0,05, com 50 graus de liberdade.
    c. Área da cauda superior igual a 0,01, com 30 graus de liberdade.
    d. Onde 90% da área se situa entre esses dois valores *t* com 25 graus de liberdade.
    e. Onde 95% da área se situa entre esses dois valores *t* com 45 graus de liberdade.

13. Os dados amostrais seguintes são de uma população normal: 10, 8, 12, 15, 13, 11, 6, 5.
    a. Qual é a estimativa pontual da média populacional?
    b. Qual é a estimativa pontual do desvio padrão populacional?
    c. Com 95% de confiança, qual é a margem de erro da estimativa da média populacional?
    d. Qual é o intervalo de confiança de 95% para a média populacional?

14. Uma amostra aleatória simples com *n* = 54 produziu uma média amostral igual a 22,5 e um desvio padrão amostral igual a 4,4.
    a. Desenvolva um intervalo de confiança de 90% para a média populacional.
    b. Desenvolva um intervalo de confiança de 95% para a média populacional.
    c. Desenvolva um intervalo de confiança de 99% para a média populacional.
    d. O que acontece à margem de erro e ao intervalo de confiança quando o grau de confiança é aumentado?

Aplicações

15. A equipe de vendas da Skillings Distributors apresenta semanalmente relatórios que relacionam os contatos feitos com clientes durante a semana. Uma amostra de 65 relatórios semanais exibiu uma média amostral de 19,5 contatos com clientes por semana. O desvio padrão amostral foi de 5,2. Forneça os intervalos de confiança de 90% e 95% para o número médio populacional de contatos semanais com clientes feitos pela equipe de vendas.

16. Uma amostra contendo o tempo em anos para o vencimento e rendimento de 40 títulos corporativos estão contidos no arquivo de dados chamado CorporateBonds (Barron's, 2 de abril de 2012).
    a. Qual é a média amostral de anos para o vencimento dos títulos corporativos e qual é o desvio padrão da amostra?
    b. Desenvolva um intervalo de confiança de 95% para os anos médios da população até o vencimento.
    c. Qual é o rendimento médio da amostra em títulos corporativos e qual é o desvio padrão da amostra?
    d. Desenvolva um intervalo de confiança de 95% para o rendimento médio da população em títulos corporativos.

17. A International Air Transport Association consulta pessoas que viajam a negócios a fim de desenvolver avaliações da qualidade dos aeroportos internacionais. A avaliação máxima possível é 10. Suponha que uma amostra aleatória simples de 50 pessoas que viajam a negócios seja selecionada e que cada viajante seja solicitado a fornecer uma avaliação do Aeroporto Internacional de Miami. As avaliações obtidas da amostra de 50 viajantes de negócios são as seguintes:

    | 6 | 4 | 6 | 8 | 7 | 7 | 6 | 3 | 3 | 8 | 10 | 4 | 8 |
    | 7 | 8 | 7 | 5 | 9 | 5 | 8 | 4 | 3 | 8 | 5 | 5 | 4 |
    | 4 | 4 | 8 | 4 | 5 | 6 | 2 | 5 | 9 | 9 | 8 | 4 | 8 |
    | 9 | 9 | 5 | 9 | 7 | 8 | 3 | 10 | 8 | 9 | 6 |

    Desenvolva uma estimativa intervalar com 95% de confiança da avaliação média populacional para o aeroporto de Miami.

18. Pessoas com mais idade geralmente têm maior dificuldade em encontrar emprego. A AARP relatou sobre o tempo, em semanas, de demora para que um profissional com idade superior a 55 anos encontre um emprego. Os dados sobre o tempo, em semanas, dedicado à procura de emprego, contidos no arquivo JobSearch, são consistentes com as descobertas da AARP.
    a. Forneça uma estimativa pontual do tempo médio populacional, em semanas, que profissionais com mais de 55 anos levam para encontrar emprego.
    b. Com 95% de confiança, qual é a margem de erro?
    c. Qual é a estimativa intervalar com 95% de confiança para a média?
    d. Discuta o grau de assimetria encontrado nos dados amostrais. Que sugestão você daria para uma repetição deste estudo?

19. O custo médio de uma refeição para duas pessoas em um restaurante de médio porte em Tóquio é de US$ 40 (site da Numbeo.com, 14 de dezembro de 2014). Como os preços de refeições equivalentes em Hong Kong são comparados? O arquivo de dados HongKongMeals contém os custos recentes para uma amostra de 42 refeições para duas pessoas em restaurantes de médio porte de Hong Kong.
    a. Com 95% de confiança, qual é a margem de erro?
    b. Qual é a estimativa do intervalo de confiança de 95% da média populacional?
    c. Como os preços das refeições para duas pessoas em restaurantes de médio porte em Hong Kong se comparam aos preços de refeições equivalentes em restaurantes de Tóquio?

20. O prêmio anual médio para seguros de automóveis nos Estados Unidos é de US$ 1.503 (site da Insure.com, 6 de março de 2014). Os seguintes prêmios anuais (US$) são representativos das descobertas do site para o estado de Michigan.

AutoInsurance

1.905	3.112	2.312
2.725	2.545	2.981
2.677	2.525	2.627
2.600	2.370	2.857
2.962	2.545	2.675
2.184	2.529	2.115
2.332	2.442	

Suponha que a população seja aproximadamente normal.
a. Forneça uma estimativa pontual do prêmio médio anual de seguro de automóveis em Michigan.
b. Desenvolva um intervalo de confiança de 95% para o prêmio médio anual de seguro de automóvel em Michigan.
c. O intervalo de confiança de 95% para o prêmio anual de seguro de automóvel em Michigan inclui a média nacional para os Estados Unidos? Qual é a sua interpretação da relação entre os prêmios de seguro de automóveis em Michigan e a média nacional?

21. As seguradoras de saúde estão começando a oferecer serviços de telemedicina on-line que substituem a visita a consultórios comuns. A Wellpoint fornece um serviço de vídeo que permite que os assinantes se conectem a um médico on-line e recebam tratamentos prescritos (*Bloomberg Businessweek*, 4 e 9 de março de 2014). A Wellpoint afirma que os usuários do serviço LiveHealth Online economizaram uma quantia significativa de dinheiro em relação a uma visita típica. Os dados mostrados abaixo (US$), para uma amostra de 20 visitas médicas on-line, são consistentes com as economias por visita relatadas pela Wellpoint.

TeleHealth

92	34	40
105	83	55
56	49	40
76	48	96
93	74	73
78	93	100
53	82	

Assumindo que a população é aproximadamente simétrica, construa um intervalo de confiança de 95% para a economia média de uma televisita com o médico, em oposição a uma visita ao consultório.

22. O filme do Marvel Studio, *Guardiões da galáxia*, teve seus dois primeiros dias de estreia no fim de semana do Dia do Trabalho de 2014, conseguindo um recorde de US$ 94,3 milhões em receita com as vendas de ingressos na América do Norte (*The Hollywood Reporter*, 3 de agosto de 2014). A receita de vendas de ingressos em dólares para uma amostra de 30 cinemas é a seguinte:
a. Qual é a estimativa intervalar com 95% de confiança para a renda média das vendas de ingressos por sala de cinema? Interprete esse resultado.
b. Utilizando o preço de US$ 8.11 por ingresso, qual é a estimativa do número médio de clientes por sala de cinema?
c. O filme foi exibido em 4.080 salas. Estime o número total de clientes que assistiram ao filme *Guardiões da galáxia* e o total das vendas de bilheteria no fim de semana prolongado.

8.3 Determinação do tamanho amostral

Ao darmos o conselho prático nas duas seções anteriores, comentamos sobre o papel do tamanho amostral para produzir bons intervalos de confiança aproximados quando a população não está normalmente distribuída. Nesta seção concentramo-nos em outro aspecto da questão do tamanho amostral. Descrevemos como escolher um tamanho amostral grande o suficiente para produzir uma margem de erro desejada. Para entender como esse processo é feito, retornemos ao caso em que σ é conhecido apresentado na Seção 8.1. Utilizando a Equação (8.1), a estimativa intervalar é:

$$\bar{x} \pm z_{\alpha/2} \frac{\sigma}{\sqrt{n}}$$

> Se uma margem de erro desejada for escolhida antes da amostragem, os procedimentos desta seção poderão ser utilizados para determinar o tamanho amostral necessário para satisfazer os requisitos da margem de erro.

A quantidade $z_{\alpha/2}(\sigma/\sqrt{n})$ é a margem de erro. Desse modo, observamos que $z_{\alpha/2}$, o desvio padrão σ da população e o tamanho n da amostra são combinados para determinar a margem de erro. Uma vez que escolhemos um coeficiente

324 Estatística aplicada a administração e economia

de confiança, $1 - \alpha$, $z_{\alpha/2}$ pode ser determinado. Então, se tivermos um valor para σ, podemos estipular o tamanho n de amostra necessário para fornecer qualquer margem de erro desejada. O desenvolvimento da fórmula utilizada para calcular o tamanho n de amostra necessário é apresentado a seguir.

Seja E = a margem de erro desejada:

$$E = z_{\alpha/2} \frac{\sigma}{\sqrt{n}}$$

Resolvendo para $\sqrt{n}$, temos

$$\sqrt{n} = \frac{z_{\alpha/2}\sigma}{E}$$

Elevando ao quadrado ambos os termos dessa equação, obtemos a seguinte expressão para o tamanho amostral:

A Equação (8.3) pode ser usada para fornecer uma boa indicação de tamanho amostral. Entretanto, o julgamento feito pelo analista deve ser usado para determinar se o tamanho amostral final tem de ser ajustado para um valor maior.

> **TAMANHO AMOSTRAL DE UMA ESTIMATIVA INTERVALAR PARA UMA MÉDIA POPULACIONAL**
>
> $$n = \frac{(z_{\alpha/2})^2 \sigma^2}{E^2} \tag{8.3}$$

Este tamanho amostral fornece a margem de erro desejada no nível de confiança escolhido.

Na Equação (8.3), E é a margem de erro que o usuário está disposto a aceitar e o valor de $z_{\alpha/2}$ decorre diretamente do grau de confiança a ser usado no desenvolvimento da estimativa intervalar. Embora a preferência do usuário deva ser levada em consideração, 95% de confiança é o valor usado com maior frequência ($z_{0,025} = 1,96$).

Por fim, o uso da Equação (8.3) necessita de um valor para o desvio padrão populacional σ. Entretanto, mesmo que σ seja desconhecido, podemos utilizar a Equação (8.3) desde que tenhamos um valor preliminar, ou *valor planejado*, para σ. Na prática, um dos procedimentos a seguir pode ser escolhido.

Um valor planejado para o desvio padrão populacional σ deve ser especificado antes que o tamanho amostral possa ser determinado. Três métodos de obtenção de um valor planejado para σ são discutidos aqui.

1. Use a estimativa do desvio padrão populacional, calculada a partir de dados de estudos anteriores, como o valor planejado para σ.
2. Use um estudo-piloto para selecionar uma amostra preliminar. O desvio padrão amostral da amostra preliminar pode ser usado como o valor planejado para σ.
3. Use o julgamento ou o *melhor palpite* para o valor de σ. Por exemplo, poderíamos começar estimando os maiores e os menores valores de dados da população. A diferença entre os maiores e os menores valores fornece uma estimativa da amplitude dos dados. Por fim, muitas vezes a amplitude dividida por 4 é sugerida como uma aproximação grosseira do desvio padrão e, assim, um valor planejado aceitável para σ.

A Equação (8.3) fornece o tamanho mínimo de amostra necessário para satisfazer os requisitos da margem de erro desejada. Se o tamanho amostral calculado não for um número inteiro, arredondá-lo para o valor inteiro seguinte produzirá uma margem de erro ligeiramente menor que a desejada.

Vamos demonstrar o uso da Equação (8.3) para determinar o tamanho amostral considerando o seguinte exemplo: um estudo anterior que investigou o custo do aluguel de automóveis nos Estados Unidos revelou que o custo médio para alugar um carro de porte médio era de aproximadamente US$ 55 por dia. Suponha que a organização que o realizou queira realizar um novo estudo a fim de estimar a média populacional do custo diário de aluguel de automóveis de tamanho médio nos Estados Unidos. Ao projetar o novo estudo, o diretor do projeto especifica que a média populacional do custo de aluguel deve ser estimada com uma margem de erro de US$ 2 e um grau de confiança de 95%.

O diretor do projeto especificou uma margem de erro desejada de $E = 2$ e o grau de confiança de 95% indica $z_{0,025} = 1,96$. Desse modo, precisamos somente de um valor planejado para o desvio padrão populacional σ a fim de calcular o tamanho amostral necessário. Nesse ponto, o analista revisou os dados amostrais do estudo anterior e descobriu que o desvio padrão amostral do custo diário de aluguel era de US$ 9,65. Usando 9,65 como o valor planejado de σ, obtemos:

$$n = \frac{(z_{\alpha/2})^2 \sigma^2}{E^2} = \frac{(1,96)^2 (9,65)^2}{2^2} = 89,43$$

Assim, o tamanho amostral do novo estudo precisa ser, no mínimo, de 89,43 aluguéis de automóveis de tamanho médio para satisfazer a exigência de margem de erro igual a US$ 2 determinada pelo diretor do projeto. Nos casos em que o n calculado não for um número inteiro o arredondaremos para o valor inteiro seguinte; portanto, o tamanho amostral recomendado é de 90 aluguéis de automóveis de tamanho médio.

Exercícios

Métodos

23. Qual tamanho amostral deve ser selecionado para produzir um intervalo de confiança de 95% com uma margem de erro igual a 10? Suponha que o desvio padrão populacional seja de 40.

24. Estima-se que a amplitude de um conjunto de dados seja 36.
    a. Qual é o valor planejado do desvio padrão populacional?
    b. Com um grau de confiança de 95%, qual tamanho amostral forneceria uma margem de erro igual a 3?
    c. Com um grau de confiança de 95%, qual tamanho amostral forneceria uma margem de erro igual a 2?

Aplicações

25. Consulte o exemplo da Scheer Industries na Seção 8.2. Use 6,84 dias como o valor planejado para o desvio padrão populacional.
    a. Supondo um grau de confiança de 95%, qual tamanho amostral seria necessário para se obter uma margem de erro de 1,5 dia?
    b. Se a proposição da precisão fosse feita com 90% de confiança, qual tamanho amostral seria necessário para se obter uma margem de erro de 2 dias?

26. O Setor de Administração de Informações sobre Energia nos Estados Unidos (EIA – em inglês) relatou que o custo médio de um galão de gasolina comum é de US$ 3,94 (site do EIA, 6 de abril de 2012). O EIA nos Estados Unidos atualiza semanalmente suas estimativas do preço médio da gasolina. Suponha que o desvio padrão seja de US$ 0,25 para o preço de um galão de gasolina comum e recomende o tamanho amostral apropriado para o EIA utilizar caso deseje relatar uma margem de erro com grau de confiança de 95%.
    a. A margem de erro desejada é de US$ 10.
    b. A margem de erro desejada é de US$ 0,07.
    c. A margem de erro desejada é de US$ 0,05.

27. Geralmente espera-se que os salários anuais iniciais dos diplomados em cursos de pós-graduação de Administração estejam entre US$ 30 mil e US$ 45 mil. Suponha que se deseje uma estimativa intervalar com 95% de confiança para a média populacional dos salários anuais iniciais. Qual é o valor planejado para o desvio padrão populacional? Qual tamanho amostral deve ser tomado se a margem de erro desejada for de:
    a. US$ 500?
    b. US$ 200?
    c. US$ 100?
    d. Você recomendaria tentar obter a margem de erro de US$ 100? Explique.

28. Muitos profissionais médicos acreditam que comer muita carne vermelha aumenta o risco de doenças cardíacas e câncer (site da WebMD, 12 de março de 2014). Suponha que você queria realizar uma pesquisa para determinar o consumo anual de carne bovina por um norte-americano típico e utilizar 3 libras como a margem de erro desejada para uma estimativa do intervalo de confiança da quantidade média de carne consumida anualmente. Use 25 libras como um valor de planejamento para o desvio padrão da população e recomende um tamanho de amostra para cada uma das seguintes situações.
    a. Um intervalo de confiança de 90% é desejado para a quantidade média de carne consumida.
    b. Um intervalo de confiança de 95% é desejado para a quantidade média de carne consumida.
    c. Um intervalo de confiança de 99% é desejado para a quantidade média de carne consumida.
    d. Quando a margem de erro desejada é definida, o que acontece com o tamanho da amostra à medida que o nível de confiança aumenta? Você recomendaria usar um intervalo de confiança de 99% neste caso? Analise.

29. Os clientes chegam a uma sala de cinema no horário do filme anunciado e descobrem que precisam assistir a vários trailers e anúncios antes do início do filme. Muitos reclamam que o tempo dedicado às prévias é muito longo (*The Wall Street Journal*, 12 de outubro de 2012). Uma amostra preliminar conduzida pelo *The Wall Street Journal* mostrou que o desvio padrão da quantidade de tempo dedicado às prévias foi de 4 minutos. Use este como um valor de planejamento para o desvio padrão ao responder às seguintes perguntas.
    a. Se quisermos estimar o tempo médio populacional dos trailers nos cinemas com uma margem de erro de 75 segundos, qual tamanho de amostra deve ser usado? Assuma 95% de confiança.

b. Se quisermos estimar o tempo médio da população para a exibição de trailers em cinemas com margem de erro de 1 minuto, qual tamanho de amostra deve ser usado? Assuma 95% de confiança.

30. Tem havido uma tendência de dirigir menos nos últimos anos, especialmente pelos jovens. De 2001 a 2009, o número anual de milhas percorridas por pessoas de 16 a 34 anos diminuiu de 10.300 para 7.900 milhas por pessoa (site do PIRG nos Estados Unidos, e Fundo de Educação, 6 de abril de 2012). Suponha que o desvio padrão foi de 2.000 milhas em 2009 e que você gostaria de realizar uma pesquisa para desenvolver uma estimativa de intervalo de confiança de 95% de milhas/veículo anuais por pessoa para indivíduos de 16 a 34 anos de idade atualmente. Uma margem de erro de 100 milhas é desejada. Qual deve ser o tamanho da amostra utilizada para a pesquisa atual?

8.4 Proporção populacional

Na introdução deste capítulo dissemos que a forma geral da estimativa intervalar de uma proporção populacional p é:

$$\bar{p} \pm \text{Margem de erro}$$

A distribuição amostral de $\bar{p}$ desempenha papel fundamental no cálculo da margem de erro dessa estimativa intervalar.

No Capítulo 7 dissemos que a distribuição amostral de $\bar{p}$ pode ser aproximada por uma distribuição normal quando $np \geq 5$ e $n(1-p) \geq 5$. A Figura 8.9 mostra a aproximação normal para a distribuição amostral de $\bar{p}$. A média da distribuição amostral de $\bar{p}$ é a proporção populacional p e o erro padrão de $\bar{p}$ é

$$\sigma_{\bar{p}} = \sqrt{\frac{p(1-p)}{n}} \qquad (8.4)$$

Como a distribuição amostral de $\bar{p}$ é normalmente distribuída, se escolhermos $z_{\alpha/2}\,\sigma_{\bar{p}}$ como a margem de erro em uma estimativa intervalar de uma proporção populacional, sabemos que $100(1-\alpha)\%$ dos intervalos gerados irão conter a verdadeira proporção populacional. Mas $\sigma_{\bar{p}}$ não pode ser utilizado diretamente no cálculo da margem de erro porque p não será conhecido; p é o que estamos tentando estimar. Desse modo, $\bar{p}$ é substituído por p e a margem de erro para a estimativa intervalar de uma proporção populacional é dada por

$$\text{Margem de erro} = z_{\alpha/2}\sqrt{\frac{\bar{p}(1-\bar{p})}{n}} \qquad (8.5)$$

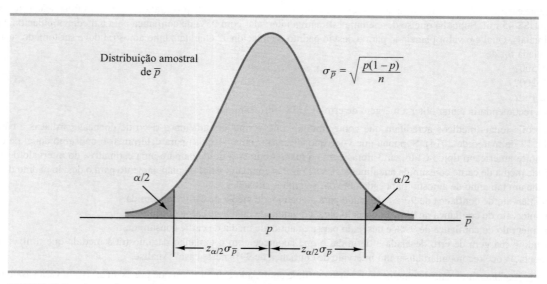

FIGURA 8.9 Aproximação normal da distribuição amostral de $\bar{p}$

Com essa margem de erro, a expressão geral para a estimativa intervalar de uma proporção populacional é a que segue.

ESTIMATIVA INTERVALAR DE UMA PROPORÇÃO POPULACIONAL

$$\bar{p} \pm z_{\alpha/2} \sqrt{\frac{\bar{p}(1 - \bar{p})}{n}} \qquad (8.6)$$

Ao desenvolvermos intervalos de confiança para proporções, a quantidade $z_{\alpha/2}\sqrt{\bar{p}(1 - \bar{p})/n}$ fornece a margem de erro.

onde $1 - \alpha$ é o coeficiente de confiança e $z_{\alpha/2}$ é o valor de z que produz uma área igual a $\alpha/2$ na cauda superior da distribuição normal padrão.

O exemplo a seguir ilustra o cálculo da margem de erro e a estimativa intervalar de uma proporção populacional. Foi realizada uma pesquisa nacional com 900 jogadoras de golfe para saber como as mulheres viam o tratamento que lhes era dado nos cursos de golfe nos Estados Unidos. A pesquisa revelou que 396 das golfistas estavam satisfeitas com a disponibilidade de *tee times*. Desse modo, a estimativa pontual da proporção populacional de mulheres golfistas que estão satisfeitas com a disponibilidade de *tee times* é de 396/900 = 0,44. Usando a Equação (8.6) e um grau de confiança de 95%,

DATA *file*
TeeTimes

$$\bar{p} \pm z_{\alpha/2} \sqrt{\frac{\bar{p}(1 - \bar{p})}{n}}$$

$$0,44 \pm 1,96 \sqrt{\frac{0,44(1 - 0,44)}{900}}$$

$$0,44 \pm 0,0324$$

Assim, a margem de erro é de 0,0324 e a estimativa intervalar com 95% de confiança para a proporção populacional é de 0,4076 a 0,4724. Utilizando porcentagens, os resultados da pesquisa nos possibilitam afirmar com 95% de confiança que entre 40,76% e 47,24% de todas as mulheres golfistas estão satisfeitas com a disponibilidade de *tee times*.

Determinação do tamanho amostral

Consideremos a questão de qual deve ser o tamanho amostral para obtermos uma estimativa da proporção populacional a um grau de confiança específico. O fundamento lógico para a determinação do tamanho amostral para desenvolvermos estimativas intervalares para p é análogo ao fundamento lógico utilizado na Seção 8.3 para estabelecermos o tamanho amostral para estimar uma média populacional.

Anteriormente, nesta seção, dissemos que a margem de erro associada a uma estimativa intervalar de uma proporção populacional é $z_{\alpha/2}\sqrt{\bar{p}(1 - \bar{p})/n}$. A margem de erro se baseia no valor de $z_{\alpha/2}$, na proporção amostral $\bar{p}$ e no tamanho n da amostra. Tamanhos amostrais maiores produzem uma margem de erro menor e uma precisão melhor.

Digamos que E denote a margem de erro desejada.

$$E = z_{\alpha/2} \sqrt{\frac{\bar{p}(1 - \bar{p})}{n}}$$

Resolver esta equação para n apresenta uma fórmula para o tamanho amostral que fornecerá uma margem de erro de tamanho E.

$$n = \frac{(z_{\alpha/2})^2 \, \bar{p}(1 - \bar{p})}{E^2}$$

Observe, entretanto, que não podemos usar esta fórmula para calcular o tamanho amostral que produzirá a margem de erro desejada porque $\bar{p}$ somente será conhecido depois de selecionarmos a amostra. O que precisamos, então, é de um valor planejado $\bar{p}$ que possa ser utilizado para fazermos o cálculo. Usando p^* para denotar o valor planejado de $\bar{p}$, podemos empregar a fórmula apresentada a seguir para calcular o tamanho amostral que produzirá uma margem de erro de tamanho E.

> **TAMANHO AMOSTRAL PARA A ESTIMATIVA INTERVALAR DE UMA PROPORÇÃO POPULACIONAL**
>
> $$n = \frac{(z_{\alpha/2})^2 p^*(1 - p^*)}{E^2} \qquad (8.7)$$

Na prática, o valor planejado de p^* pode ser escolhido por meio de um dos seguintes procedimentos.

1. Use a proporção amostral de uma amostra anterior das mesmas unidades ou de unidades similares.
2. Use um estudo-piloto para selecionar uma amostra preliminar. A proporção amostral desta amostra pode ser usada como o valor planejado, p^*.
3. Use o julgamento ou o *melhor palpite* para o valor de p^*.
4. Se nenhuma das alternativas anteriores for apropriada, use o valor planejado de $p^* = 0,50$.

Retornemos à pesquisa das mulheres golfistas e vamos supor que a empresa esteja interessada em realizar uma nova pesquisa para estimar a proporção populacional atual de mulheres golfistas que estão satisfeitas com a disponibilidade de *tee times*. Qual deve ser o tamanho amostral se o diretor de pesquisa quiser estimar a proporção populacional com uma margem de erro de 0,025 e 95% de confiança? Com $E = 0,025$ e $z_{\alpha/2} = 1,96$, precisamos de um valor planejado de p^* para responder à questão sobre o tamanho amostral. Utilizando o resultado da pesquisa anterior em que $\bar{p} = 0,44$ como o valor planejado de p^*, a Equação (8.7) mostra que:

$$n = \frac{(z_{\alpha/2})^2 p^*(1 - p^*)}{E^2} = \frac{(1,96)^2 (0,44)(1 - 0,44)}{(0,025)^2} = 1.514,5$$

Desse modo, o tamanho amostral deve ser, no mínimo, de 1.514,5 mulheres golfistas para que o requisito de margem de erro seja satisfeito. O arredondamento para o valor inteiro seguinte indica que uma amostra de 1.515 mulheres golfistas é recomendada para que o requisito de margem de erro seja cumprido.

A quarta alternativa sugerida para se escolher um valor planejado de p^* é usar $p^* = 0,50$. Este valor de p^* frequentemente é utilizado quando não há nenhuma outra informação disponível. Para entender o porquê, observe que o numerador da Equação (8.7) mostra que o tamanho amostral é proporcional à quantidade $p^*(1 - p^*)$. Um valor maior para a quantidade $p^*(1 - p^*)$ resultará em um tamanho amostral maior. A Tabela 8.5 apresenta alguns valores possíveis para $p^*(1 - p^*)$. Note que o maior valor de $p^*(1 - p^*)$ ocorre quando $p^* = 0,50$. Assim, no caso de qualquer incerteza a respeito de um valor planejado apropriado, sabemos que $p^* = 0,50$ apresentará a recomendação do maior tamanho amostral. De fato, é seguro recomendar o maior tamanho amostral necessário. Se a proporção amostral vier a ser diferente do valor planejado de 0,50, a margem de erro será menor que a prevista. Logo, ao usar $p^* = 0,50$ garantimos que o tamanho amostral será suficiente para obtermos a margem de erro desejada.

TABELA 8.5 Alguns possíveis valores para $p^*(1 - p^*)$

p^*	$p^*(1 - p^*)$	
0,10	$(0,10)(0,90) = 0,09$	
0,30	$(0,30)(0,70) = 0,21$	
0,40	$(0,40)(0,60) = 0,24$	
0,50	$(0,50)(0,50) = 0,25$	← O maior valor para $p^*(1 - p^*)$
0,60	$(0,60)(0,40) = 0,24$	
0,70	$(0,70)(0,30) = 0,21$	
0,90	$(0,90)(0,10) = 0,09$	

No exemplo das mulheres golfistas, um valor planejado de $p^* = 0,50$ teria produzido o seguinte tamanho amostral:

$$n = \frac{(z_{\alpha/2})^2 \, p^*(1 - p^*)}{E^2} = \frac{(1,96)^2(0,50)(1 - 0,50)}{(0,025)^2} = 1.536,6$$

Desse modo, um tamanho amostral ligeiramente maior, de 1.537 mulheres golfistas, seria recomendado.

NOTAS E COMENTÁRIOS

1. A margem de erro desejada para estimar uma proporção populacional é quase sempre 0,10 ou menos. Em pesquisas de opinião pública realizadas por organizações como o Instituto Gallup e a Harris, uma margem de erro de 0,03 ou 0,04 é comum. Com essas margens de erro, a Equação (8.7) quase sempre fornecerá um tamanho amostral que é grande o bastante para satisfazer à condição essencial de $np \geq 5$ e $n(1-p) \geq 5$ para que se possa usar uma distribuição normal como uma aproximação à distribuição amostral de $\bar{x}$.

2. A distribuição binomial também pode ser usada para calcular um intervalo de confiança exato para uma proporção. Este método é mais preciso e mais eficaz que o método de aproximação normal. No entanto, os cálculos para o método de aproximação normal são mais simples, e a precisão e a eficiência dos intervalos de confiança calculados usando o método de aproximação normal melhoram à medida que o tamanho da amostra aumenta.

Exercícios

Métodos

31. Uma amostra aleatória simples de 400 pessoas apresentou 100 respostas Sim.
    a. Qual é a estimativa pontual da proporção populacional que apresentaria respostas Sim?
    b. Qual é sua estimativa do erro padrão da proporção, $\sigma_{\bar{p}}$?
    c. Calcule o intervalo de confiança de 95% para a proporção populacional.

32. Uma amostra aleatória simples de 800 elementos gera uma proporção amostral $\bar{p} = 0,70$.
    a. Forneça um intervalo de confiança de 90% para a proporção populacional.
    b. Forneça um intervalo de confiança de 95% para a proporção populacional.

33. Em uma pesquisa, o valor planejado da proporção populacional é $p^* = 0,35$. Qual tamanho amostral deve ser considerado para produzir um intervalo de confiança de 95% com uma margem de erro de 0,05?

34. Com 95% de confiança, qual tamanho amostral deve ser considerado para se obter uma margem de erro de 0,03 para a estimação de uma proporção populacional? Suponha que não haja dados históricos disponíveis a fim de desenvolver um valor planejado para p^*.

Aplicações

35. O Consumer Reports National Research Center conduziu um estudo por telefone envolvendo 2.000 adultos para aprender sobre as principais preocupações econômicas quanto ao futuro (*Consumer Reports*, janeiro de 2009). Os resultados do estudo mostraram que 1.760 dos respondentes acreditam que o equilíbrio no futuro do Seguro Social é uma importante preocupação econômica.
    a. Qual é a estimativa pontual da proporção populacional de adultos que acreditam que o equilíbrio futuro do Seguro Social é uma importante preocupação econômica?
    b. Com 90% de confiança, qual é a margem de erro?
    c. Desenvolva um intervalo de confiança de 90% para a proporção populacional de adultos que acreditam que o equilíbrio no futuro do Seguro Social é uma importante preocupação econômica.
    d. Desenvolva um intervalo de confiança de 95% para essa proporção populacional.

36. De acordo com as estatísticas relatadas pelo CNBC, um número surpreendente de veículos a motor não tem cobertura de seguros. Resultados amostrais, consistentes com o relatório do CNBC, mostraram que 46 dos 200 veículos não tinham cobertura de seguros.
    a. Qual é a estimativa pontual da proporção de veículos que não têm cobertura de seguros?
    b. Desenvolva um intervalo de confiança de 95% para a proporção populacional.

37. Uma das questões de uma pesquisa feita com 1.000 adultos questionava se as crianças de hoje estarão em melhor situação do que seus pais (site da Rasmussen Reports, 26 de outubro de 2012). Dados representativos são mostrados no arquivo chamado ChildOutlook. Uma resposta Sim indica que os adultos pesquisados pensam que os filhos de

hoje estarão em melhor situação do que seus pais. Uma resposta Não indica que o adulto pesquisado não acredita que os filhos de hoje estarão em melhor situação do que seus pais. Uma resposta Não Sei foi dada por 23% dos adultos pesquisados.
   a. Qual é a estimativa pontual da proporção da população de adultos que acredita que os filhos de hoje estarão em melhor situação do que seus pais?
   b. Com 95% de confiança, qual é a margem de erro?
   c. Qual é o intervalo de confiança de 95% para a proporção de adultos que acreditam que os filhos de hoje estarão em melhor situação do que seus pais?
   d. Qual é o intervalo de confiança de 95% para a proporção de adultos que não acreditam que os filhos de hoje estarão em melhor situação do que seus pais?
   e. Qual dos intervalos de confiança nos itens (c) e (d) tem a menor margem de erro? Por quê?

38. De acordo com a *Franchise Business Review*, mais de 50% de todas as franquias de alimentos obtêm um lucro de menos de US$ 50.000 por ano. Em uma amostra de 142 restaurantes casuais, 81 tiveram um lucro de menos de US$ 50.000 no ano passado.
   a. Qual é a estimativa pontual da proporção desses restaurantes que obteve um lucro de menos de US$ 50.000 no ano passado?
   b. Determine a margem de erro e forneça um intervalo de confiança de 95% para a proporção de restaurantes que obteve um lucro de menos de US$ 50.000 no ano passado.
   c. Qual deve ser o tamanho da amostra necessário se a margem de erro desejada for 0,03?

39. Em 16% de todos os lares cujos pais ficam em casa, o pai, não a mãe, é o responsável que fica em casa (*Pew Research*, 5 de junho de 2014). Uma empresa de pesquisa independente foi encarregada de conduzir um estudo por amostragem para obter informações mais atualizadas.
   a. Qual tamanho da amostra é necessário se a meta da empresa de pesquisa é estimar a proporção atual de residências em que o pai é o responsável que fica em casa com uma margem de erro de 0,03? Use um nível de confiança de 95%.
   b. Repita o item (a) usando um nível de confiança de 99%.

40. Por muitos anos as empresas tiveram de lidar com a questão do aumento do custo dos cuidados com a saúde. Mas, recentemente, os aumentos diminuíram devido à menor inflação nos preços destes serviços e os funcionários passaram a pagar uma parcela maior dos benefícios de saúde. Uma pesquisa recente da Mercer mostrou que 52% dos empregadores nos EUA provavelmente exigiriam contribuições mais altas de seus funcionários para a cobertura de planos de saúde em 2009. Suponha que a pesquisa tenha sido baseada em uma amostra de 800 empresas. Calcule a margem de erro e um intervalo de confiança de 95% para a proporção de empresas que provavelmente exigirão contribuições mais altas de seus funcionários para a cobertura de planos de saúde em 2009.

41. Atualmente, menos jovens estão dirigindo. Em 1983, 87% dos jovens de 19 anos tinham carteira de motorista. Depois de 25 anos, esse percentual caiu para 75% (site do Instituto de Pesquisa de Transportes da Universidade de Michigan, 7 de abril de 2012). Suponha que esses resultados sejam baseados em uma amostra aleatória de 1.200 jovens de 19 anos em 1983 e novamente em 2008.
   a. Com 95% de confiança, qual é a margem de erro e a estimativa intervalar do número de motoristas com 19 anos em 1983?
   b. Com 95% de confiança, qual é a margem de erro e a estimativa intervalar do número de motoristas com 19 anos em 2008?
   c. A margem de erro é a mesma nos itens (a) e (b)? Sim ou não? Por quê?

42. Uma pesquisa para a campanha presidencial classificou 491 eleitores potenciais em junho. Um objetivo principal da pesquisa era obter uma estimativa da proporção de potenciais eleitores que votariam em cada candidato. Suponha um valor de planejamento de $p^* = 0,50$ e um nível de confiança de 95%.
   a. Para $p^* = 0,50$, qual foi a margem de erro planejada para a pesquisa de junho?
   b. Mais perto das eleições de novembro, melhor precisão e menores margens de erro são desejadas. Suponha que as seguintes margens de erro sejam solicitadas para as pesquisas a serem realizadas durante a campanha presidencial. Calcule o tamanho amostral recomendado para cada pesquisa.

Pesquisa	Margem de erro
Setembro	0,04
Outubro	0,03
Início de novembro	0,02
Um dia antes da eleição	0,01

43. O Projeto sobre a Internet, do Pew Research Center, realizado no 25º aniversário da Internet, envolveu uma pesquisa com 857 usuários da Internet (site do Pew Research Center, 1º de abril de 2014). Ele forneceu uma variedade de estatísticas sobre usuários da Internet. Por exemplo, em 2014, 87% dos adultos norte-americanos eram usuários da Internet. Em 1995, este número era de apenas 14%.
   a. A pesquisa mostrou que 90% dos entrevistados disseram que a Internet é uma coisa boa para eles pessoalmente. Desenvolva um intervalo de confiança de 95% para a proporção de entrevistados que dizem que a Internet é uma coisa boa para eles pessoalmente.
   b. A pesquisa amostral mostrou que 67% dos pesquisados disseram que a Internet geralmente fortaleceu seu relacionamento com familiares e amigos. Desenvolva um intervalo de confiança de 95% para a proporção de entrevistados que dizem que a Internet fortaleceu seu relacionamento com familiares e amigos.

Estimação intervalar **331**

c. Cinquenta e seis por cento dos usuários da Internet viram um grupo on-line se unir para ajudar uma pessoa ou comunidade a resolver um problema, enquanto apenas 25% deixaram um grupo on-line por causa de uma interação desagradável. Desenvolva um intervalo de confiança de 95% para a proporção de pesquisados que disseram que os grupos on-line ajudaram a resolver um problema.

d. Compare a margem de erro para as estimativas de intervalo nos itens (a), (b) e (c). Como a margem de erro está relacionada à proporção amostral?

Resumo

Neste capítulo apresentamos métodos para o desenvolvimento de estimativas intervalares de uma média populacional e de uma proporção populacional. Um estimador pontual pode ou não produzir uma boa estimativa de um parâmetro populacional. O uso de uma estimativa intervalar fornece uma medida da precisão de uma estimativa. Tanto a estimativa intervalar da média populacional como a da proporção populacional têm a seguinte forma: estimativa pontual $\pm$ margem de erro.

Apresentamos as estimativas intervalares de uma média populacional relativas a dois casos. No caso em que σ é conhecido, dados históricos ou outras informações são utilizados para desenvolver uma estimativa de σ antes de se extrair a amostra. Então, a análise dos novos dados amostrais é realizada com base no pressuposto de que σ é conhecido. No caso em que σ é desconhecido, os dados amostrais são utilizados para estimar tanto a média populacional como o desvio padrão populacional. A escolha final de qual procedimento de estimação intervalar se deve usar depende do entendimento do analista a respeito de qual método produz a melhor estimativa de σ.

No caso em que σ é conhecido, o procedimento de estimação intervalar se baseia no valor pressuposto de σ e no uso da distribuição normal padrão. No caso em que σ é desconhecido, o procedimento de estimação intervalar usa o desvio padrão amostral s e a distribuição t. Em ambos os casos, a qualidade das estimativas intervalares obtidas depende da distribuição da população e do tamanho amostral. Se a população estiver normalmente distribuída, as estimativas intervalares serão exatas em ambos os casos, até mesmo para tamanhos amostrais pequenos. Se a população não estiver normalmente distribuída, as estimativas intervalares obtidas serão aproximadas. Tamanhos amostrais maiores produzirão melhores aproximações, mas, quanto mais assimétrica for a população, maior deve ser o tamanho amostral para se obter uma boa aproximação. Um conselho prático a respeito do tamanho amostral necessário para se obter uma boa aproximação foi incluído nas Seções 8.1 e 8.2. Na maioria dos casos um tamanho amostral igual a 30 ou mais produzirá bons intervalos de confiança aproximados.

A forma geral da estimativa intervalar de uma proporção populacional é $\bar{p} \pm$ margem de erro. Na prática, os tamanhos amostrais usados nas estimativas intervalares de uma proporção populacional geralmente são grandes. Desse modo, um procedimento de estimação intervalar se baseia na distribuição normal padrão.

Uma margem de erro desejada, muitas vezes, é especificada antes de se desenvolver um plano de amostragem. Mostramos como escolher um tamanho amostral grande o bastante para produzir a precisão desejada.

Glossário

Coeficiente de confiança Grau de confiança expresso como um valor decimal. Por exemplo, 0,95 é o coeficiente de confiança de um grau de confiança de 95%.

Distribuição t Família de distribuições probabilísticas que pode ser usada para desenvolver a estimativa intervalar de uma média populacional quando o desvio padrão populacional σ for desconhecido e estimado pelo desvio padrão amostral s.

Estimativa intervalar Estimativa de um parâmetro populacional que fornece um intervalo no qual acredita-se que está o valor do parâmetro. Em relação às estimativas intervalares deste capítulo, elas têm a forma: estimativa pontual $\pm$ margem de erro.

Grau de confiança A confiança associada a uma estimativa intervalar. Por exemplo, se um procedimento de estimação intervalar produz intervalos de maneira que 95% deles incluem o parâmetro populacional, diz-se que a estimativa intervalar foi construída com um grau de confiança de 95%.

Graus de liberdade Parâmetro da distribuição t. Quando a distribuição t é usada no cálculo da estimativa intervalar de uma média populacional, a distribuição t apropriada tem $n - 1$ grau de liberdade, onde n é o tamanho da amostra.

Intervalo de confiança Outro nome para estimativa intervalar.

Margem de erro O valor $\pm$ que é adicionado e subtraído de uma estimativa pontual a fim de se desenvolver uma estimativa intervalar de um parâmetro populacional.

σ conhecido Caso em que dados históricos ou outras informações produzem um bom valor para o desvio padrão populacional antes de se tomar a amostra. O procedimento de estimação intervalar usa esse valor conhecido de σ para calcular a margem de erro.

σ desconhecido O caso mais comum, em que não existe nenhuma boa base para se estimar o desvio padrão populacional antes de se tomar a amostra. O procedimento de estimação intervalar usa o desvio padrão amostral s para calcular a margem de erro.

Fórmulas-chave

Estimativa intervalar de uma média populacional: σ conhecido

$$\bar{x} \pm z_{\alpha/2} \frac{\sigma}{\sqrt{n}} \qquad (8.1)$$

Estimativa intervalar de uma média populacional: σ desconhecido

$$\bar{x} \pm t_{\alpha/2} \frac{s}{\sqrt{n}} \qquad (8.2)$$

Tamanho amostral para uma estimativa intervalar de uma média populacional

$$n = \frac{(z_{\alpha/2})^2 \sigma^2}{E^2} \qquad (8.3)$$

Estimativa intervalar de uma proporção populacional

$$\bar{p} \pm z_{\alpha/2} \sqrt{\frac{\bar{p}(1-\bar{p})}{n}} \qquad (8.6)$$

Tamanho amostral para a estimativa intervalar de uma proporção populacional

$$n = \frac{(z_{\alpha/2})^2 p^*(1-p^*)}{E^2} \qquad (8.7)$$

Exercícios suplementares

44. Um estudo com uma amostra de 54 corretores indicou que o preço médio cobrado por uma negociação de 100 ações a US$ 50 por ação foi de US$ 33,77. O estudo é realizado anualmente. Com os dados históricos disponíveis, suponha um desvio padrão populacional conhecido de US$ 15.
    a. Utilizando os dados amostrais, qual é a margem de erro associada a um intervalo de confiança de 95%?
    b. Desenvolva um intervalo de confiança de 95% para o preço médio cobrado por corretores para uma negociação de 100 ações a US$ 50 por ação.

45. Uma pesquisa realizada pela American Automobile Association mostrou que uma família de quatro pessoas gasta em média US$ 215,60 por dia enquanto está em férias. Suponha que uma amostra de 64 famílias de quatro pessoas que tenham ido passar as férias em Niagara Falls resultasse em uma média amostral de US$ 252,45 por dia e um desvio padrão amostral de US$ 74,50.
    a. Desenvolva uma estimativa intervalar com 95% de confiança da quantia média gasta por dia por uma família de quatro pessoas que visita Niagara Falls.
    b. Com base no intervalo de confiança do item (a), parece que a quantia média populacional gasta por dia pelas famílias que visitam Niagara Falls difere da média registrada pela American Automobile Association. Explique.

46. Os 92 milhões de norte-americanos com idade de 50 anos ou mais controlam 50% de toda a renda discricionária. A ARP estimou que os gastos médios anuais em restaurantes e no preparo de refeições foram de US$ 1.873 para indivíduos nessa faixa etária. Suponha que essa estimativa seja baseada em uma amostra de 80 pessoas e que o desvio padrão amostral seja de US$ 550.
    a. Com um grau de confiança de 95%, qual é a margem de erro?
    b. Qual é o intervalo de confiança de 95% para a quantia média populacional gasta em restaurantes e no preparo de refeições?
    c. Qual é sua estimativa da quantia total gasta pelos norte-americanos com idade de 50 anos ou mais em restaurantes e no preparo de refeições?
    d. Se a quantidade gasta em restaurantes e no preparo de refeições for assimétrica à direita, você esperaria que a quantia média gasta fosse maior ou menor do que US$ 1.873?

47. Recentemente a Rússia começou uma iniciativa para implantar regulamentações mais rígidas quanto ao hábito de fumar, como as dos países ocidentais, no tocante à publicidade de cigarros, a fumar em lugares públicos, e assim por diante. O arquivo chamado Russia contém dados amostrais sobre o hábito de fumar dos russos que são consistentes

com os relatados pelo *The Wall Street Journal* (*The Wall Street Journal*, 16 de outubro de 2012). Analise os dados usando o Excel e faça o que se pede.
   a. Desenvolva uma estimativa pontual e um intervalo de confiança de 95% para a proporção de russos que fumam.
   b. Desenvolva uma estimativa pontual e um intervalo de confiança de 95% para o consumo médio anual *per capita* (número de cigarros) de um russo.
   c. Para os russos que fumam, estime o número de cigarros fumados por dia.

48. O Health Care Cost Institute rastreia os gastos com assistência médica para beneficiários com menos de 65 anos que são cobertos pelo seguro de saúde privado patrocinado pelo empregador (site do Health Care Cost Institute, 4 de novembro de 2012). Os dados contidos no arquivo chamado DrugCost são consistentes com as conclusões do instituto sobre os custos anuais com prescrições de medicamentos por funcionário. Analise os dados usando o Excel e faça o que se pede.
   a. Desenvolva um intervalo de confiança de 90% para o custo anual de medicamentos prescritos.
   b. Desenvolva um intervalo de confiança de 90% para a quantia de despesas extras por funcionário.
   c. Qual é a sua estimativa pontual da proporção de funcionários que não incorreram em custos com medicamentos prescritos?
   d. Qual dos intervalos de confiança nos itens (a) e (b), se for o caso, tem uma margem de erro maior. Por quê?

49. Um artigo recente relatou que existem aproximadamente 11 minutos de tempo de jogo efetivo em uma típica partida de futebol americano da National Football League (NFL) (*The Wall Street Journal*, 15 de janeiro de 2010). O artigo incluiu informações sobre o tempo total dedicado a *replays*, o tempo total dedicado a propagandas e o tempo total que os jogadores permanecem circulando entre jogadas. Dados consistentes com essas descobertas divulgadas no *The Wall Street Journal* estão no arquivo denominado Standing. Esses dados fornecem o tempo total que os jogadores permanecem circulando entre jogadas para uma amostra de 60 jogos da NFL.
   a. Utilize o conjunto de dados do arquivo Standing para desenvolver uma estimativa pontual do tempo, em minutos, durante um jogo da NFL em que os jogadores permanecem circulando entre jogadas. Compare este com o tempo real relatado no artigo. Você fica surpreso com isso?
   b. Qual é o desvio padrão amostral?
   c. Desenvolva um intervalo de confiança de 95% para o tempo, em minutos, que os jogadores permanecem circulando entre jogadas.

50. Testes de consumo foram conduzidos para determinado modelo de automóvel. Se um intervalo com 98% de confiança com uma margem de erro de 1 milha por galão for desejado, quantos automóveis deveriam ser utilizados no teste? Suponha que os testes de consumo preliminares indiquem que o desvio padrão seja de 2,6 milhas por galão.

51. Ao desenvolver um cronograma dos horários de consulta de pacientes, um centro médico quer estimar o tempo médio que um membro da equipe gasta com cada paciente. Qual tamanho amostral deve ser obtido se a margem de erro desejada for de dois minutos com um grau de confiança de 95%? Qual deve ser o tamanho amostral para um grau de confiança de 99%? Utilize um valor planejado para o desvio padrão populacional de oito minutos.

52. Os dados referentes a salário anual mais bônus de diretores executivos são apresentados na Pesquisa sobre Pagamento Anual da revista *Business-Week*. Uma amostra preliminar mostrou que o desvio padrão é de US$ 675, com dados fornecidos em milhares de dólares. Quantos diretores executivos devem estar em uma amostra se quisermos estimar o salário médio anual da população mais o bônus com uma margem de erro de US$ 100.000? (*Nota*: a margem de erro desejada seria $E = 100$ se os dados estivessem em milhares de dólares.) Use 95% de confiança.

53. O National Center for Education Statistics relatou que 47% dos estudantes universitários trabalham para pagar por seus estudos e despesas com moradia. Suponha que uma amostra de 450 estudantes universitários foi utilizada no estudo.
   a. Forneça um intervalo de confiança de 95% para a proporção populacional dos estudantes universitários que trabalham para pagar por seus estudos e despesas com moradia.
   b. Forneça um intervalo de confiança de 99% para a proporção populacional de estudantes universitários que trabalham para pagar por seus estudos e moradia.
   c. O que acontece à margem de erro à medida que a confiança aumenta de 95% para 99%?

54. Uma pesquisa do jornal *USA Today*, da CNN e do Instituto Gallup, realizada com 369 pais trabalhadores, revelou que 200 deles disseram dedicar pouquíssimo tempo aos filhos em razão dos seus compromissos de trabalho.
   a. Qual é a estimativa pontual da proporção populacional de pais trabalhadores que afirmam dedicar pouco tempo aos filhos em virtude dos compromissos de trabalho?
   b. Com 95% de confiança, qual é a margem de erro?
   c. Qual é a estimativa intervalar com 95% de confiança da proporção populacional de pais trabalhadores que afirmam dedicar pouco tempo aos filhos em consequência dos compromissos de trabalho?

55. O Pew Research Center realizou uma extensa pesquisa sobre a população adulta jovem (site do Pew Research, 6 de novembro de 2012). Uma descoberta foi que 93% dos adultos entre 18 e 29 anos usam a Internet. Outra constatação foi que 21% das pessoas entre 18 e 28 anos são casadas. Suponha que o tamanho da amostra associado a ambas as descobertas seja de 500.
   a. Desenvolva um intervalo de confiança de 95% para a proporção de adultos entre 18 e 29 anos que usam a Internet.
   b. Desenvolva um intervalo de confiança de 99% para a proporção de adultos entre 18 e 28 anos que são casados.
   c. Em qual caso, item (a) ou item (b), a margem de erro é maior? Explique por quê.

334 Estatística aplicada a administração e economia

56. Uma pesquisa com 750 prováveis eleitores em Ohio foi conduzida pela Rasmussen Poll logo antes da eleição geral (site da Rasmussen Reports, 4 de novembro de 2012). Considerou-se que a situação econômica era um fator determinante de como as pessoas votariam. Entre outras coisas, a pesquisa constatou que 165 dos entrevistados classificaram a economia como boa ou excelente e 315 a classificaram como ruim.
   a. Desenvolva uma estimativa pontual da proporção de prováveis eleitores em Ohio que classificaram a economia como boa ou excelente.
   b. Construa um intervalo de confiança de 95% para a proporção de prováveis eleitores em Ohio que classificaram a economia como boa ou excelente.
   c. Construa um intervalo de confiança de 95% para a proporção de prováveis eleitores em Ohio que classificaram a economia como ruim.
   d. Qual dos intervalos de confiança nos itens (b) e (c) é mais amplo? Por quê?

57. Os Centros de Controle de Doenças relataram o percentual de pessoas com 18 anos de idade ou mais que fumam (site do CDC, 14 de dezembro de 2014). Suponha que um estudo destinado a coletar novos dados sobre fumantes e não fumantes usa uma estimativa preliminar da proporção de fumantes de 0,30.
   a. Qual deve ser a amostra para estimar a proporção de fumantes na população com uma margem de erro de 0,02? Use 95% de confiança.
   b. Suponha que o estudo use sua recomendação de tamanho de amostra na parte (a) e encontre 520 fumantes. Qual é a estimativa pontual da proporção de fumantes na população?
   c. Qual é o intervalo de confiança de 95% para a proporção de fumantes na população?

58. Uma famosa empresa de cartões de crédito deseja estimar a proporção de portadores de cartão de crédito que apresentam um saldo diferente de zero no fim do mês e incorrem na cobrança de juros. Suponha que a margem de erro desejada seja de 0,03, com 98% de confiança.
   a. Qual tamanho amostral deveria ser selecionado considerando-se que há a previsão de que aproximadamente 70% dos portadores de cartão de crédito da empresa mantêm saldos diferentes de zero no fim do mês?
   b. Qual tamanho amostral deveria ser selecionado se nenhum valor planejado para a proporção pudesse ser especificado?

59. Profissionais de diversas indústrias foram pesquisados para determinar a proporção daqueles que sentem que sua indústria não tem funcionários suficientes. No setor governamental, 37% dos entrevistados afirmaram que este não tem funcionários suficientes; no setor de saúde, 33% disseram não haver profissionais suficientes, e na área da educação 28% declararam não haver funcionários suficientes (*USA Today*, 11 de janeiro de 2010). Suponha que 200 funcionários foram entrevistados em cada indústria.
   a. Construa um intervalo de confiança de 95% para a proporção de profissionais em cada uma dessas indústrias que sentem que em seu setor não há profissionais suficientes.
   b. Assumindo que o mesmo tamanho amostral será utilizado em cada indústria, qual tamanho amostral será necessário para assegurar que a margem de erro seja de 0,05 ou menos para cada um dos três intervalos de confiança?

60. Embora os cronogramas das empresas aéreas e o custo dos voos sejam importantes fatores para os viajantes a negócios no momento da escolha de uma companhia aérea, uma pesquisa do *USA Today* revelou que os viajantes a negócios identificam um programa de milhagem como o fator de maior importância. A partir de uma amostra de $n = 1.993$ viajantes comerciais que responderam ao estudo, 618 apontaram um programa de milhagem como o aspecto mais significativo.
   a. Qual é a estimativa pontual da proporção populacional de viajantes comerciais que acreditam que um programa de milhagem é o fator mais importante ao escolher uma companhia aérea?
   b. Desenvolva uma estimativa intervalar com 95% de confiança para a proporção populacional.
   c. Qual tamanho amostral seria necessário para relatar a margem de erro de 0,01 com grau de confiança de 95%? Você recomendaria que o *USA Today* tentasse fornecer esse grau de precisão? Sim ou não? Por quê?

Estudo de caso 1   Revista *Young Professional*

A revista *Young Professional* foi desenvolvida para um público-alvo de estudantes universitários formados há pouco tempo, que estão nos primeiros 10 anos de sua carreira de negócios/profissional. Em seus dois anos de publicação, a revista tem sido bastante bem-sucedida. Agora, o editor está interessado em expandir a base de anunciantes. Os anunciantes em potencial perguntam continuamente sobre os aspectos demográficos e os interesses dos assinantes da *Young Professional*. A fim de coletar essas informações, a revista planejou um estudo para poder desenvolver um perfil de seus assinantes. Os resultados do estudo serão utilizados para ajudá-la a escolher artigos de interesse e para fornecer aos anunciantes um perfil dos assinantes. Como novo funcionário da revista, foi solicitado que você ajudasse a analisar os resultados do estudo.

Algumas das questões do estudo são as seguintes:

1. Qual é sua idade?_____.

2. Gênero: Masculino _____ Feminino_____.

3. Você planeja fazer alguma compra de imóvel nos próximos dois anos? Sim_____ Não_____.

DATA *file*
Professional

TABELA 8.6 Resultados parciais dos estudos da revista *Young Professional*

Idade	Gênero	Compra de imóveis	Valor dos investimentos (US$)	Número de transações	Acesso à banda larga	Renda familiar (US$)	Filhos
38	Feminino	Não	12.200	4	Sim	75.200	Sim
30	Masculino	Não	12.400	4	Sim	70.300	Sim
41	Feminino	Não	26.800	5	Sim	48.200	Não
28	Feminino	Sim	19.600	6	Não	95.300	Não
31	Feminino	Sim	15.100	5	Não	73.300	Sim
⋮	⋮	⋮	⋮	⋮	⋮	⋮	⋮

4. Qual é o valor total aproximado dos investimentos financeiros, com exceção da sua casa, que são de sua propriedade ou dos membros da sua família?_____.
5. Quantas transações de ações/títulos/fundos mútuos você realizou no ano passado?_____.
6. Você tem acesso de banda larga à Internet em sua casa? Sim_____ Não_____.
7. Indique sua renda familiar total no ano passado._____.
8. Você tem filhos? Sim_____ Não_____.

O arquivo denominado Professional contém as respostas a essas questões. A Tabela 8.6 mostra a parte do arquivo pertencente aos primeiros cinco entrevistados no estudo.

Relatório administrativo

Prepare um relatório gerencial sintetizando os resultados do estudo. Além de resumos estatísticos, discuta como a revista pode utilizar esses resultados para atrair anunciantes. Você também pode comentar sobre como os resultados podem ser funcionários pelos editores da revista para identificar tópicos que seriam de interesse para os leitores. Seu relatório deve abordar as questões a seguir, mas você não deve limitar sua análise somente a essas áreas.

1. Desenvolva uma estatística descritiva apropriada para sintetizar os dados.
2. Desenvolva intervalos de confiança de 95% para as médias de idade e de renda familiar dos assinantes.
3. Desenvolva intervalos de confiança de 95% para a proporção de assinantes que têm acesso à banda larga em casa e para a proporção de assinantes que têm filhos.
4. A *Young Professional* seria um bom veículo de publicidade para corretores on-line? Justifique sua conclusão com dados estatísticos.
5. Esta revista seria um bom local de publicidade para companhias que vendem software educativo e jogos de computador para crianças pequenas?
6. Comente sobre os tipos de artigos que você acredita que seriam de interesse para os leitores da *Young Professional*.

Estudo de caso 2 Gulf Real Estate Properties

A Gulf Real Estate Properties, Inc., é uma empresa imobiliária localizada no sudoeste da Flórida. A empresa, que anuncia a si mesma como "especialista no mercado imobiliário", monitora as vendas em condomínios coletando dados sobre localização, preço de tabela, preço de venda e número de dias necessários para vender cada unidade. Cada condomínio é classificado como *Com vista para o Golfo* se estiver localizado diretamente de frente para o Golfo do México, ou *Sem vista para o Golfo* se estiver localizado na baía ou a caminho do Golfo, próximo, mas não no Golfo. Uma amostra do Multiple Listing Service de Naples, Flórida, forneceu dados de vendas recentes de 40 condomínios *Com Vista para o Golfo* e 18 condomínios *Sem vista para o Golfo*. Os preços estão expressos em milhares de dólares. Os dados estão na Tabela 8.7.

TABELA 8.7 Dados das vendas das propriedades da Gulf Real Estate

GulfProp

Condomínios com vista para o Golfo			Condomínios sem vista para o Golfo		
Preço de lista	Preço de venda	Dias necessários para vender	Preço de lista	Preço de venda	Dias necessários para vender
495,0	475,0	130	217,0	217,0	182
379,0	350,0	71	148,0	135,5	338
529,0	519,0	85	186,5	179,0	122
552,5	534,5	95	239,0	230,0	150
334,9	334,9	119	279,0	267,5	169
550,0	505,0	92	215,0	214,0	58
169,9	165,0	197	279,0	259,0	110
210,0	210,0	56	179,9	176,5	130
975,0	945,0	73	149,9	144,9	149
314,0	314,0	126	235,0	230,0	114
315,0	305,0	88	199,8	192,0	120
885,0	800,0	282	210,0	195,0	61
975,0	975,0	100	226,0	212,0	146
469,0	445,0	56	149,9	146,5	137
329,0	305,0	49	160,0	160,0	281
365,0	330,0	48	322,0	292,5	63
332,0	312,0	88	187,5	179,0	48
520,0	495,0	161	247,0	227,0	52
425,0	405,0	149			
675,0	669,0	142			
409,0	400,0	28			
649,0	649,0	29			
319,0	305,0	140			
425,0	410,0	85			
359,0	340,0	107			
469,0	449,0	72			
895,0	875,0	129			
439,0	430,0	160			
435,0	400,0	206			
235,0	227,0	91			
638,0	618,0	100			
629,0	600,0	97			
329,0	309,0	114			
595,0	555,0	45			
339,0	315,0	150			
215,0	200,0	48			
395,0	375,0	135			
449,0	425,0	53			
499,0	465,0	86			
439,0	428,5	158			

Relatório administrativo

1. Use uma estatística descritiva apropriada para sintetizar cada uma das três variáveis correspondentes aos 40 condomínios *Com vista para o Golfo*.
2. Utilize uma estatística descritiva apropriada para sintetizar cada uma das três variáveis correspondentes aos 18 condomínios *Sem vista para o Golfo*.
3. Compare os resultados de seu resumo estatístico. Discuta quaisquer resultados estatísticos específicos que possam ajudar um agente imobiliário a entender o mercado de condomínios.

4. Desenvolva uma estimativa intervalar com 95% de confiança para a média populacional dos preços de venda e para a média populacional do número de dias necessários para vender condomínios *Com vista para o Golfo*. Interprete os resultados que obteve.
5. Desenvolva uma estimativa intervalar com 95% de confiança para a média populacional dos preços de venda e para a média populacional do número de dias necessários para vender condomínios *Sem vista para o Golfo*. Interprete os resultados que obteve.
6. Suponha que o gestor de uma filial tenha solicitado estimativas do preço médio de venda de condomínios *Com vista para o Golfo* com uma margem de erro de US$ 40 mil, e o preço médio de venda de condomínios *Sem vista para o Golfo* com uma margem de erro de US$ 15 mil. Usando 95% de confiança, quais devem ser os tamanhos amostrais?
7. A Gulf Real Estate Properties assinou, há pouco tempo, contratos de duas novas intermediações de venda: um condomínio *Com vista para o Golfo* com preço de tabela de US$ 589 mil e um condomínio *Sem vista para o Golfo* com preço de tabela de US$ 285 mil. Qual é sua estimativa do preço de venda final e do número de dias necessários para vender cada uma dessas unidades?

Estudo de caso 3   Metropolitan Research, Inc.

Metropolitan Research, Inc., uma organização de pesquisa de consumo, realiza pesquisas planejadas para avaliar uma ampla variedade de produtos e serviços disponíveis aos consumidores. Em um estudo em particular, a Metropolitan queria avaliar a satisfação do consumidor com o desempenho dos automóveis produzidos por uma grande montadora de Detroit. Um questionário enviado aos proprietários de carros completamente equipados produzidos pela montadora revelou diversas reclamações sobre problemas prematuros na transmissão. Para saber mais sobre as falhas na transmissão, a Metropolitan usou uma amostra de reparos de transmissão reais fornecida por uma firma de reparo de caixas de câmbio da região de Detroit. Os dados a seguir apresentam o número de milhas rodadas de 50 veículos no momento em que ocorreu a falha na transmissão.

85.092	32.609	59.465	77.437	32.534	64.090	32.464	59.902
39.323	89.641	94.219	116.803	92.857	63.436	65.605	85.861
64.342	61.978	67.998	59.817	101.769	95.774	121.352	69.568
74.276	66.998	40.001	72.069	25.066	77.098	69.922	35.662
74.425	67.202	118.444	53.500	79.294	64.544	86.813	116.269
37.831	89.341	73.341	85.288	138.114	53.402	85.586	82.256
77.539	88.798						

Relatório administrativo

1. Use uma estatística descritiva apropriada para resumir os dados de falha de transmissão.
2. Desenvolva um intervalo de confiança de 95% para a distância média populacional, em milhas rodadas, até o momento de ocorrência na falha de transmissão dos automóveis. Apresente uma interpretação gerencial da estimativa intervalar.
3. Discuta a implicação da sua conclusão estatística a respeito da convicção de que alguns proprietários dos automóveis enfrentaram problemas prematuros na transmissão.
4. Quantos registros de reparos devem ser tomados como amostra se a empresa que realiza a pesquisa quiser que o número médio de milhas até a ocorrência da falha de transmissão seja estimado com uma margem de erro de 5 mil milhas? Use 95% de confiança.
5. Quais outras informações você gostaria de reunir para avaliar mais plenamente o problema de falhas de transmissão?

Apêndice 8.1   Estimação intervalar com o Minitab

Descrevemos o uso do Minitab para construir intervalos de confiança para uma média populacional e para uma proporção populacional.

Média populacional: σ conhecido

Ilustramos a estimação intervalar usando o exemplo da Lloyd's na Seção 8.1. As quantias gastas em cada ida às compras referentes à amostra de 100 clientes estão na coluna C1 de uma planilha do Minitab. Supõe-se que o desvio padrão populacional $\sigma = 20$ seja conhecido. As etapas a seguir podem ser usadas para calcular uma estimativa intervalar com 95% de confiança para a média populacional.

Lloyd's

Etapa 1. Selecione o menu **Stat**
Etapa 2. Escolha **Basic Statistics**
Etapa 3. Escolha **One-Sample Z**
Etapa 4. Quando a caixa de diálogo One-Sample Z aparecer:
   Selecione **One or more samples, each in a column** no menu suspenso
   Digite C1 na caixa imediatamente abaixo do menu suspenso
   Digite 20 na caixa **Know Standard deviation**
Etapa 5. Clique em **OK**

O padrão do Minitab é um grau de confiança de 95%. Para especificar um grau de confiança diferente, por exemplo, 90%, acrescente à etapa 4 o que se segue:

   Selecione **Options**
   Quando a caixa de diálogo One-Sample Z-Options aparecer:
      Digite 90 na caixa **Confidence level**
   Clique em **OK**

Média populacional: σ desconhecido

Ilustramos a estimação intervalar usando os dados da Tabela 8.3, que exibe os saldos de cartões de crédito de uma amostra de 70 famílias. Os dados estão na coluna C1 de uma planilha do Minitab. Nesse caso, o desvio padrão populacional σ será estimado por meio do desvio padrão amostral s. As etapas a seguir podem ser usadas para calcular uma estimativa intervalar com 95% de confiança para a média populacional.

NewBalance

Etapa 1. Selecione o menu **Stat**
Etapa 2. Escolha **Basic Statistics**
Etapa 3. Escolha **1-Sample t**
Etapa 4. Quando a caixa de diálogo One-Sample t aparecer:
   Selecione **One or more samples, each in a column** no menu suspenso
   Digite C1 na caixa imediatamente abaixo do menu suspenso
Etapa 5. Clique em **OK**

O padrão do Minitab é um grau de confiança de 95%. Para especificar um grau de confiança diferente, por exemplo 90%, acrescente o seguinte à etapa 4.

   Selecione **Options**
   Quando a caixa de diálogo One-Sample t-Options aparecer:
      Digite 90 na caixa **Confidence level**
   Clique em **OK**

Proporção populacional

Ilustramos a estimação intervalar usando os dados da pesquisa com mulheres golfistas apresentados na Seção 8.4. Os dados estão na coluna C1 de uma planilha do Minitab. As respostas individuais estão registradas como Sim se a golfista estiver satisfeita com a disponibilidade de *tee times*, e Não se não estiver. As etapas a seguir podem ser usadas para calcular uma estimativa intervalar com 95% de confiança para a proporção de mulheres golfistas que estão satisfeitas com a disponibilidade de *tee times*.

TeeTimes

Etapa 1. Selecione o menu **Stat**
Etapa 2. Escolha **Basic Statistics**

Etapa 3. Escolha **1 Proportion**
Etapa 4. Quando a caixa de diálogo One-Sample Proportion aparecer:
Selecione **One or more samples, each in a column** no menu suspenso
Digite C1 na caixa imediatamente abaixo do do menu suspenso
Etapa 5. Selecione **Options**
Etapa 6. Quando a caixa de diálogo One-Sample Proportion-Options aparecer:
Selecione **Normal approximation** no menu suspenso Method
Clique em **OK**
Etapa 7. Clique em **OK**

O padrão do Minitab é um grau de confiança de 95%. Para especificar um grau de confiança diferente, por exemplo, 90%, digite 90 na caixa **Confidence Level** quando a caixa de diálogo 1 Proportion-Options aparecer na etapa 6.

Nota: A rotina 1 Proportion do Minitab usa uma classificação em ordem alfabética das respostas e seleciona a *segunda resposta* para a proporção populacional de interesse. No exemplo das mulheres golfistas, o Minitab usou uma classificação em ordem alfabética Não-Sim e depois forneceu o intervalo de confiança relativo às respostas Sim. Uma vez que Sim era a resposta de interesse, a saída dos resultados do Minitab foi adequada. Entretanto, se a classificação em ordem alfabética do Minitab não produzir a resposta de interesse, selecione qualquer célula da coluna e use a sequência: Editor > Column > Value Order. Isso lhe apresentará a opção de digitar uma ordem especificada pelo usuário, mas você deve enumerar a resposta de interesse em segundo lugar na caixa "define-an-order".

> Você também pode selecionar o menu *Exact* no menu suspenso Method ao calcular um intervalo de confiança para uma proporção. Este método usa a distribuição binomial para calcular um intervalo de confiança para uma proporção da população.

Apêndice 8.2 Estimação intervalar com o Excel

Descrevemos o uso do Excel para construir intervalos de confiança para uma média populacional e uma proporção populacional.

Média populacional: σ conhecido

Ilustramos a estimação intervalar usando o exemplo da Lloyd's na Seção 8.1. Supõe-se que o desvio padrão populacional $\sigma = 20$ seja conhecido. As quantias gastas pela amostra de 100 clientes encontram-se na coluna A de uma planilha do Excel. As funções MÉDIA E INT.CONFIANÇA.NORM do Excel podem ser utilizadas para calcular a estimativa pontual e a margem de erro para uma estimativa da média populacional.

Lloyd's

Etapa 1. Selecione a célula C1 e digite a fórmula do Excel =MÉDIA(A2:A101)
Etapa 2. Selecione a célula C2 e digite a fórmula do Excel =INT.CONFIANÇA.NORM(0,05;20;100)

As três entradas da função INT.CONFIANÇA.NORM são

Alfa = 1 − coeficiente de confiança = 1 − 0,95 = 0,05
O desvio padrão da população = 20
O tamanho da amostra = 100

A estimação pontual da média populacional (82) na célula C1 e da margem de erro (3,92) na célula C2 permite que o intervalo de confiança para a média populacional seja facilmente calculado.

Média populacional: σ desconhecido

Ilustramos a estimação intervalar usando os dados da Tabela 8.3, que apresenta os saldos de cartões de crédito de uma amostra de 70 famílias. Os dados estão na coluna A de uma planilha do Excel. As etapas apresentadas a seguir podem ser usadas para calcular a estimativa pontual e a margem de erro da estimativa intervalar de uma média populacional. Usaremos a ferramenta Estatística Descritiva apresentada no Capítulo 3.

NewBalance

340 Estatística aplicada a administração e economia

Etapa 1. Clique na guia **Dados**, no Menu
Etapa 2. No grupo **Análise**, clique em **Análise de Dados**
Etapa 3. Escolha **Estatística Descritiva** na lista Ferramentas de Análise
Etapa 4. Quando a caixa Estatística Descritiva aparecer:
      Digite A1:A71 na caixa **Intervalo de Entrada**
      Selecione **Colunas**
      Selecione **Rótulos na Primeira Linha**
      Selecione **Intervalo de Saída**
      Digite C1 na caixa **Intervalo de Saída**
      Selecione **Resumo Estatístico**
      Selecione **Nível de Confiabilidade para Média**
        Digite 95 na caixa Nível de Confiabilidade para Média
      Clique em **OK**

O resumo estatístico aparecerá nas colunas C e D. A estimativa pontual da média populacional aparece na célula D3. A margem de erro, rotulada como "Nível de Confiança(95,0%)", aparecerá na célula D16. A estimativa pontual (US$ 9.312) e a margem de erro (US$ 955) permitem que o intervalo de confiança para a média populacional seja facilmente calculado. Os dados de saída desse procedimento do Excel estão na Figura 8.10.

Proporção populacional

Ilustramos a estimação intervalar usando os dados de pesquisa de mulheres golfistas apresentados na Seção 8.4. Os dados estão na coluna A de uma planilha do Excel. As respostas individuais estão registradas como Sim se a golfista estiver satisfeita com a disponibilidade de *tee times*, e como Não se não estiver. O Excel não oferece uma rotina própria para manipular a estimação de uma proporção populacional; entretanto, é relativamente fácil de desenvolver um modelo para que o Excel possa ser usado para essa

DATA *file*
Interval p

	A	B	C	D	E	F
1	**Saldo**		**Saldo**			
2	9430					
3	7535		Média	9312		Estimativa pontual
4	4078		Erro padrão	478.9281		
5	5604		Mediana	9466		
6	5179		Moda	13627		
7	4416		Desvio padrão	4007		
8	10676		Variância da amostra	16056048		
9	1627		Curtose	-0.2960		
10	10112		Assimetria	0.1879		
11	6567		Intervalo	18648		
12	13627		Mínimo	615		
13	18719		Máximo	19263		
14	14661		Soma	651840		
15	12195		Contagem	70		
16	10544		Nível de confiança (95,0%)	955		Margem de erro
17	13659					
70	9743					
71	10324					
72						

Nota: As linhas de 18 a 69 estão ocultas.

FIGURA 8.10 Estimação intervalar da média populacional dos saldos de cartões de crédito utilizando o Excel

Estimação intervalar **341**

finalidade. O modelo mostrado na Figura 8.11 fornece uma estimativa intervalar com 95% de confiança para a proporção de mulheres golfistas que estão satisfeitas com a disponibilidade de *tee times*. Observe que a planilha em segundo plano na Figura 8.11 exibe fórmulas nas células que produzem os resultados da estimação intervalar apresentados na planilha que está em primeiro plano. As etapas a seguir são necessárias para que se possa usar o modelo para esse conjunto de dados.

Etapa 1. Digite o intervalo de dados A2:A901 na fórmula =CONT.VALORES da célula D3
Etapa 2. Digite Sim como a resposta de interesse na célula D4
Etapa 3. Digite o intervalo de dados A2:A901 na fórmula =CONT.SE da célula D5
Etapa 4. Digite 0,95 como coeficiente de confiança na célula D8

O modelo fornece automaticamente o intervalo de confiança nas células D15 e D16.

Este modelo pode ser usado para calcular o intervalo de confiança para uma proporção populacional de outras aplicações. Por exemplo, para calcular a estimativa intervalar de um novo conjunto de dados, digite os novos dados

	A	B	C	D	E
1	Resposta		**Estimativa intervalar para uma proporção populacional**		
2	Sim				
3	Não		Tamanho amostral	=CONT.VALORES(A2:A901)	
4	Sim		Resposta de interesse	Sim	
5	Sim		Contagem da resposta	=CONT.SE(A2:A901.D4)	
6	Não		Proporção amostral	=D5/D3	
7	Não				
8	Não		Coeficiente de confiança	0,95	
9	Sim		Valor z	=INV.NORMP.N(0;5+D8/2)	
10	Sim				
11	Sim		Erro padrão	=RAIZ(D6*(1–D6)/D3)	
12	Não		Margem de erro	=D9*D11	
13	Não				
14	Sim		Estimativa pontual	=D6	
15	Não		Limite inferior	=D14–D12	
16	Não		Limite superior	=D14+D12	
17	Sim				
18	Não				
901	Sim				
902					

DATA *file*
TeeTimes

Nota: As linhas de 19 a 900 estão ocultas.

	A	B	C	D	E	F	G
1	Resposta		**Estimativa intervalar para uma proporção populacional**				
2	Sim						
3	Não		Tamanho amostral	900			
4	Sim		Resposta de interesse	Sim	Digite a resposta de interesse		
5	Sim		Contagem da resposta	396			
6	Não		Proporção amostral	0,4400			
7	Não						
8	Não		Coeficiente de confiança	0,95	Digite o coeficiente de confiança		
9	Sim		Valor z	1,960			
10	Sim						
11	Sim		Erro padrão	0,0165			
12	Não		Margem de erro	0,0324			
13	Não						
14	Sim		Estimativa pontual	0,4400			
15	Não		Limite inferior	0,4076			
16	Não		Limite superior	0,4724			
17	Sim						
18	Não						
901	Sim						
902							

FIGURA 8.11 Modelo do Excel para estimativa de intervalo de uma proporção populacional

amostrais na coluna A da planilha e depois faça as alterações nas quatro células, conforme mostrado. Se os novos dados amostrais já tiverem sido resumidos, eles não precisam ser introduzidos na planilha. Nesse caso, digite o tamanho da amostra na célula D3 e a proporção amostral na célula D6; o modelo de planilha produzirá então o intervalo de confiança da proporção populacional. A planilha da Figura 8.11 está disponível (em inglês) no arquivo Interval p, disponível no site deste livro.

CAPÍTULO 9

Testes de hipóteses

CONTEÚDO

Estatística na prática: John Morrell & Company

9.1 Desenvolvendo as hipóteses nula e alternativa
A hipótese alternativa como uma hipótese de pesquisa
A hipótese nula como uma suposição a ser desafiada
Resumo das formas para as hipóteses nula e alternativa

9.2 Erros do Tipo I e do Tipo II

9.3 Média populacional: σ **conhecido**
Teste unicaudal
Teste bicaudal
Resumo e conselho prático
Relação entre estimação intervalar e testes de hipóteses

9.4 Média populacional: σ **desconhecido**
Teste unicaudal
Teste bicaudal
Resumo e conselho prático

9.5 Proporção populacional
Resumo

9.6 Testes de hipóteses e tomada de decisão

9.7 Como calcular a probabilidade de erro do Tipo II

9.8 Determinando o tamanho da amostra para um teste de hipóteses de uma média populacional

APÊNDICES

9.1 Testes de hipóteses com o Minitab

9.2 Testes de hipóteses com o Excel

ESTATÍSTICA na PRÁTICA

JOHN MORRELL & COMPANY*
Cincinnati, Ohio

A John Morrell & Company, que teve início na Inglaterra em 1827, é considerada o mais antigo frigorífico em operação contínua nos Estados Unidos. Ela é uma subsidiária integral da Smithfield Foods, de Smithfield, Virgínia, gerenciada de forma independente. A John Morrell & Company oferece uma extensa linha de produtos frigoríficos e de carne de porco fresca a consumidores de 13 marcas regionais, entre as quais estão a John Morrell, E-Z-Cut, Tobin's First Prize, Dinner Bell, Hunter, Kretschmar, Rath, Rodeo, Shenson, Farmers Hickory Brand, Iowa Quality e Peyton's. Cada marca regional desfruta de elevado reconhecimento e fidelidade dos seus consumidores.

Pesquisas de mercado realizadas pela Morrell fornecem à administração informações atualizadas sobre os vários produtos da empresa e como estes se comparam às marcas concorrentes de produtos similares. Um estudo recente comparou a linha Beef Pot Roast, da Morrell, com produtos similares de duas grandes concorrentes. No teste comparativo desses três produtos, foi utilizada uma amostra de consumidores que avaliaram os produtos quanto ao sabor, aspecto, aroma e à preferência em geral.

Uma das preocupações da pesquisa era se a linha Beef Pot Roast da Morrell era a opção preferida de mais de 50% da população consumidora. Admitindo-se que p indique a proporção populacional de preferência pelo produto da Morrell, o teste de hipóteses referente à questão da pesquisa é o seguinte:

$$H_0: p \leq 0,50$$
$$H_a: p > 0,50$$

A hipótese nula H_0 indica que a preferência pelo produto da Morrell é menor ou igual a 50%. Se os dados amostrais sustentarem a opção de rejeitar H_0 em favor da hipótese alternativa H_a, a Morrell chegará à conclusão, com base na pesquisa,

---
* Os autores agradecem a Marty Butler, vice-presidente de Marketing da John Morrell & Company, por fornecer esta Estatística na Prática.

A pesquisa de mercado na Morrell fornece informações atualizadas sobre seus vários produtos e como eles se comparam às marcas mais comuns.

de que, em uma comparação de três produtos, os seus são os preferidos por mais de 50% da população consumidora.

Em um estudo independente de testes de sabor envolvendo uma amostra de 224 consumidores localizados em Cincinnati, Milwaukee e Los Angeles, 150 escolheram o Beef Pot Roast da Morrell como seu produto preferido. Com o uso de procedimentos estatísticos de testes de hipóteses, a hipótese nula H_0 foi rejeitada. O estudo produziu evidências estatísticas que dão suporte a H_a e à conclusão segundo a qual o produto da Morrell é o preferido por mais de 50% da população consumidora.

A estimativa pontual da proporção populacional foi $\bar{p} = 150/224 = 0,67$. Desse modo, os dados amostrais forneceram o suporte para que a empresa promovesse um anúncio em uma revista especializada mostrando que, em uma comparação do sabor de três produtos, o Beef Pot Roast da Morrell "apresentava uma preferência de 2 para 1 sobre a concorrência".

Neste capítulo discutiremos como formular hipóteses e como realizar testes idênticos aos utilizados pela Morrell. Por meio de análise dos dados amostrais seremos capazes de determinar se a hipótese deve ou não ser rejeitada.

Nos Capítulos 7 e 8, foi mostrado como uma amostra pode ser utilizada para desenvolver estimativas pontuais e intervalares dos parâmetros populacionais. Neste prosseguiremos a discussão sobre a inferência estatística, mostrando como o teste de hipóteses pode ser utilizado para determinar se uma declaração sobre o valor de um parâmetro populacional deve ou não ser rejeitada.

Ao testarmos hipóteses, iniciamos criando uma hipótese inicial a respeito de um parâmetro da população. Esta hipótese inicial é chamada **hipótese nula** e é denotada por H_0. Definimos, então, outra hipótese, denominada **hipótese alternativa**, que é o complemento daquilo que é formulado na hipótese nula. A hipótese alternativa é denotada por H_a. O procedimento de teste de hipóteses usa dados de uma amostra para testar as duas declarações antagônicas, indicadas por H_0 e H_a.

Este capítulo mostra como se pode realizar testes de hipóteses a respeito de uma média populacional e de uma proporção populacional. Iniciaremos apresentando exemplos que ilustram o desenvolvimento das hipóteses nula e alternativa.

Desenvolvendo as hipóteses nula e alternativa

Nem sempre é óbvio como as hipóteses nula e alternativa devem ser formuladas. É preciso tomar cuidado para estruturar as hipóteses apropriadamente, de modo que a conclusão do teste de hipótese forneça as informações que o pesquisador ou tomador de decisões quer. O contexto da situação é muito importante para determinar como a hipótese deve ser formulada. Todas as aplicações de testes de hipóteses envolvem coletar uma amostra e usar os resultados amostrais a fim de fornecer evidências para se chegar a uma conclusão. Boas questões a serem consideradas ao se formular as hipóteses nula e alternativa são: Qual é o objetivo pretendido ao se coletar a amostra? A quais conclusões esperamos chegar?

Na introdução deste capítulo declaramos que a hipótese nula H_0 representa uma suposição inicial feita a respeito de um parâmetro da população como uma média populacional ou uma proporção populacional. A hipótese alternativa H_a é uma declaração complementar ao que foi declarado na hipótese nula. Em algumas situações é mais fácil identificar, primeiro, a hipótese alternativa e então desenvolver a hipótese nula. Em outras situações é mais fácil identificar, primeiro, a hipótese nula e, depois, a hipótese alternativa. Ilustraremos estas situações nos exemplos a seguir.

Aprender a formular hipóteses corretamente é algo que demanda prática. Espera-se certa confusão inicial a respeito da escolha adequada das hipóteses nula e alternativa. Os exemplos nesta seção têm a intenção de oferecer diretrizes.

A hipótese alternativa como uma hipótese de pesquisa

Muitas das aplicações dos testes de hipóteses envolvem a tentativa de reunir evidências para apoiar uma hipótese de pesquisa. Nessas situações, geralmente é melhor começar com a hipótese alternativa para usá-la na conclusão que o pesquisador espera obter. Considere determinado automóvel cujo consumo médio de combustível atualmente é de 24 milhas por galão ao ser dirigido na cidade. Um grupo de pesquisa de produtos desenvolveu um novo sistema de injeção projetado para aumentar o desempenho em milhas por galão. O grupo realizará experimentos controlados com esse novo sistema procurando dar apoio estatístico à conclusão de que o novo sistema de injeção proporciona mais milhas por galão do que o sistema atual.

Diversas novas unidades de injeção serão produzidas, instaladas em automóveis de teste e submetidas a condições de direção controladas pela pesquisa. A média amostral, em milhas por galão, para esses automóveis será calculada e utilizada em um teste de hipóteses para determinar se é possível concluir que o novo sistema rende mais do que 24 milhas por galão. Em relação à média populacional, μ, em milhas por galão, a hipótese de pesquisa $\mu > 24$ se torna a alternativa. Como o sistema atual fornece uma média de 24 milhas por galão, faremos a suposição inicial de que o novo sistema não é melhor do que o atual e escolhemos $\mu \leq 24$ como a hipótese nula. As hipóteses nula e alternativa são:

$$H_0: \mu \leq 24$$
$$H_a: \mu > 24$$

Se os resultados amostrais levarem à conclusão de que se deve rejeitar H_0, pode-se inferir que $H_a: \mu > 24$ é verdadeiro. Os pesquisadores têm evidências estatísticas para afirmar que o novo sistema de injeção de combustível aumenta a média de milhas por galão. A produção de automóveis com o novo sistema de injeção de combustível deverá ser considerada. Contudo, se os resultados amostrais levarem à conclusão de que H_0 não pode ser rejeitada, os pesquisadores não podem concluir que o novo sistema de injeção de combustível é melhor do que o atual. Nesse caso, a produção de automóveis com o novo sistema de injeção de combustível baseado em melhor consumo de gasolina não pode ser justificada. Talvez, seja necessário efetuar mais testes e pesquisas.

Chegaremos à conclusão de que a hipótese de pesquisa é verdadeira se os dados amostrais fornecerem evidências suficientes para indicar que a hipótese nula pode ser rejeitada.

As empresas bem-sucedidas se mantêm competitivas desenvolvendo novos produtos, novos métodos e sistemas, e o que mais for necessário para que sejam melhores do que os atualmente disponíveis. Antes de adotar algo novo, é desejável conduzir pesquisas para determinar se existe evidência estatística que leve à conclusão de que a nova abordagem realmente é melhor. Nesses casos, a hipótese de pesquisa é formulada como a hipótese alternativa. Por exemplo, é desenvolvido um novo método de ensino que se acredita ser melhor do que o atual. A hipótese alternativa é de que o novo método é melhor. A hipótese nula é de que o novo método não é melhor do que o anterior. Para tentar aumentar as vendas, é desenvolvido um novo plano de bônus para a equipe de vendas. A hipótese alternativa é de que o novo plano de bônus aumentará as vendas. A hipótese nula é de que o novo plano de bônus não aumentará as vendas. É desenvolvido

346 Estatística aplicada a administração e economia

um novo medicamento com o objetivo de reduzir a pressão sanguínea mais do que um medicamento já existente. A hipótese alternativa é de que o novo medicamento reduz a pressão sanguínea mais do que o atual. A hipótese nula é de que o novo medicamento não diminui a pressão sanguínea mais do que o atual. Em cada um dos casos, a rejeição da hipótese nula H_0 proporciona evidências estatísticas a favor da hipótese de pesquisa. No restante deste capítulo e do livro veremos muitos exemplos de testes de hipóteses em situações de pesquisa como essas.

A hipótese nula com uma suposição a ser desafiada

Naturalmente, nem todos os testes de hipóteses envolvem hipóteses de pesquisa. Na discussão a seguir consideramos aplicações de testes de hipóteses em que iniciamos com uma crença ou uma suposição de que uma afirmação sobre o valor de um parâmetro populacional é verdadeiro. Então, utilizaremos um teste de hipóteses para desafiar a suposição e determinar se existem evidências estatísticas para concluir que a suposição é incorreta. Nessas situações é útil desenvolver primeiro a hipótese nula, H_0, que expressa a crença ou suposição sobre o valor do parâmetro populacional. A hipótese alternativa H_a é de que a crença ou suposição é incorreta.

Como exemplo, considere a situação de um fabricante de refrigerantes. O rótulo de uma garrafa de refrigerante afirma que ela contém 67,6 onças fluidas (ou líquidas; medida que corresponde a aproximadamente 2 litros). O entendimento correto dessa afirmação é de que o peso médio populacional de enchimento das garrafas é de *pelo menos* 67,6 onças fluidas. Sem nenhuma razão para duvidar dessa afirmação, damos ao fabricante o benefício da dúvida e supomos que a declaração fornecida no rótulo seja correta. Desse modo, no teste de hipóteses sobre o peso médio populacional de preenchimento por garrafa, começamos com a suposição de que o rótulo está correto e declaramos a hipótese nula como $\mu \geq 67,6$. Desafiar essa suposição implica que o rótulo está incorreto e as garrafas não estão sendo plenamente cheias. Esse desafio seria declarado como uma hipótese alternativa $\mu < 67,6$. Assim, as hipóteses nula e alternativa são:

$$H_0: \mu \geq 67,6$$
$$H_a: \mu < 67,6$$

As informações sobre o produto de um fabricante geralmente são consideradas verdadeiras e declaradas como a hipótese nula. A conclusão de que as informações são incorretas pode ser definida se a hipótese nula for rejeitada.

Uma agência do governo que tem a responsabilidade de validar as informações contidas nos rótulos do fabricante poderia selecionar uma amostra de garrafas de refrigerante, calcular o peso médio amostral de preenchimento e utilizar os resultados amostrais para testar as hipóteses apresentadas. Se os resultados amostrais levarem à conclusão de que se deve rejeitar H_0, é possível inferir que $H_a: \mu < 67,6$ é verdadeira. Com esse apoio estatístico, a agência tem condições de concluir que o rótulo está incorreto e as garrafas não estão sendo plenamente preenchidas. Dessa forma, é necessário tomar medidas apropriadas para forçar o fabricante a atender aos padrões de rotulagem. Contudo, se os resultados amostrais indicarem que H_0 não pode ser rejeitada, a suposição de que a rotulagem do fabricante é correta não pode ser rejeitada. Com esta conclusão não se deve tomar nenhuma iniciativa.

Vamos agora considerar uma variação do exemplo do preenchimento de garrafas de refrigerante analisando a mesma situação do ponto de vista do fabricante. A operação de preenchimento de garrafas foi elaborada para encher garrafas de refrigerante com 67,6 onças fluidas conforme declarado no rótulo. A companhia não quer que ocorra o preenchimento incompleto das garrafas porque isso poderia resultar em uma queixa por parte de seus clientes ou, talvez, da agência do governo. Entretanto, a companhia também não deseja preencher as garrafas em demasia porque colocar mais refrigerante do que o necessário nas garrafas seria um custo desnecessário. O objetivo da empresa deve ser ajustar a operação de preenchimento de modo que o peso médio populacional de preenchimento por garrafa seja de 67,6 onças fluidas conforme especificado no rótulo.

Embora este seja o objetivo da empresa, de tempos em tempos qualquer processo de produção pode ficar desajustado. Se isso acontecer em nosso exemplo, ocorrerá o preenchimento incompleto ou em demasia de garrafas de refrigerante. Em qualquer um dos casos, a empresa deverá ser notificada a fim de resolver a situação reajustando a operação de preenchimento para o volume planejado, de 67,6 onças fluidas. Em uma aplicação do teste de hipóteses, novamente começaremos com a suposição de que o processo de produção está operando corretamente e declaramos a hipótese nula como de $\mu = 67,6$ onças fluidas. A hipótese alternativa que desafia essa suposição é que $\mu \neq 67,6$, o que indica que está ocorrendo o preenchimento incompleto ou em demasia. As hipóteses nula e alternativa para o teste de hipóteses do fabricante são:

$$H_0: \mu = 67,6$$
$$H_a: \mu \neq 67,6$$

Suponha que o fabricante de refrigerantes utilize um procedimento de controle de qualidade que seleciona periodicamente uma amostra de garrafas durante a operação de preenchimento e calcula o peso líquido médio amostral de enchimento por garrafa. Se os resultados da amostra levarem à conclusão de que se deve rejeitar H_0, infere-se que H_a: $\mu \neq 67,6$ é verdadeiro. Concluímos que as garrafas não estão sendo preenchidas apropriadamente e que o processo de produção deve ser reajustado visando restaurar a média populacional para 67,6 onças fluidas por garrafa. No entanto, se os resultados amostrais indicarem que H_0 não pode ser rejeitada, a suposição de que a operação de preenchimento de garrafas está funcionando corretamente não pode ser rejeitada. Neste caso não deve ser tomada nenhuma providência e a operação de produção continuará em execução.

As duas formas anteriores do teste de hipóteses para a fabricação de refrigerantes mostram que as hipóteses nula e alternativa podem variar de acordo com o ponto de vista do pesquisador ou do tomador de decisão. Para formular hipóteses corretamente é importante compreender o contexto da situação e estruturar as hipóteses a fim de fornecer as informações que o pesquisador ou o tomador de decisões precisa.

Resumo das formas para as hipóteses nula e alternativa

Os testes de hipóteses neste capítulo envolvem dois parâmetros populacionais: a média populacional e a proporção populacional. Dependendo da situação, o teste de hipóteses a respeito de um parâmetro populacional pode assumir uma das três formas possíveis: duas delas usam desigualdades na hipótese nula; a terceira utiliza uma igualdade na hipótese nula. Em relação aos testes de hipóteses que envolvem uma média populacional, admitimos que μ_0 denota o valor hipotético a ser testado, e então precisamos escolher uma das três formas seguintes para o teste das hipóteses:

$$H_0: \mu \geq \mu_0 \qquad H_0: \mu \leq \mu_0 \qquad H_0: \mu = \mu_0$$
$$H_a: \mu < \mu_0 \qquad H_a: \mu > \mu_0 \qquad H_a: \mu \neq \mu_0$$

Por razões que se tornarão claras adiante, as duas primeiras formas são chamadas testes unicaudais. A terceira forma é denominada teste bicaudal.

Em muitas situações, a escolha de H_0 e H_a não é clara, e é necessário discernimento para selecionar a forma apropriada. Entretanto, como mostram as formas apresentadas anteriormente, o termo de igualdade da expressão ($\geq$, $\leq$ ou $=$) *sempre* aparece na hipótese nula. Ao selecionar a forma apropriada de H_0 e H_a, tenha em mente que a hipótese alternativa frequentemente é aquilo que o teste tenta estabelecer. Portanto, perguntar se o usuário está à procura de evidências que apoiem $\mu < \mu_0$, $\mu > \mu_0$ ou $\mu \neq \mu_0$ ajudará a determinar H_a. Os exercícios a seguir foram idealizados para que você adquira prática na escolha da forma apropriada do teste de hipóteses envolvendo uma média populacional.

> As três formas possíveis das hipóteses H_0 e H_a são apresentadas aqui. Observe que o sinal de igualdade sempre aparece na hipótese nula H_0.

Exercícios

1. O gerente do Danvers-Hilton Resort Hotel afirmou que o valor médio da conta dos hóspedes em um fim de semana é igual a US$ 600 ou menos. Um membro da equipe de contabilidade do hotel observou que o total cobrado nas contas dos hóspedes aumentou nos últimos meses. O contador usará uma amostra de contas dos hóspedes dos próximos fins de semana para testar a afirmação do gerente.
   a. Qual forma de hipótese deve ser usada para testar a afirmação do gerente? Explique.

$$H_0: \mu \geq 600 \qquad H_0: \mu \leq 600 \qquad H_0: \mu = 600$$
$$H_a: \mu < 600 \qquad H_a: \mu > 600 \qquad H_a: \mu \neq 600$$

   b. Qual conclusão é apropriada quando H_0 não pode ser rejeitada?
   c. Qual conclusão é apropriada quando H_0 pode ser rejeitada?

2. O gerente de uma concessionária de automóveis está pensando em um novo plano de bonificações para aumentar o volume de vendas. Atualmente, o volume médio de vendas é de 14 automóveis por mês. O gerente quer realizar uma pesquisa para verificar se o novo plano de bonificações pode aumentar o volume de vendas. Para coletar dados sobre o plano, uma amostra da equipe de vendas será autorizada a vender sob o novo plano de bonificação durante o período de um mês.
   a. Desenvolva as hipóteses nula e alternativa mais apropriadas a essa situação de pesquisa.
   b. Comente a conclusão relativa a quando H_0 não pode ser rejeitada.
   c. Comente a conclusão relativa a quando H_0 pode ser rejeitada.

3. Uma operação de linha de produção foi projetada para encher caixas de sabão em pó com um peso médio de 0,907 kg. Uma amostra das caixas é selecionada periodicamente e pesada para determinar se há ocorrência de preenchimentos abaixo ou acima do especificado. Se os dados amostrais levarem à conclusão de que há preenchimentos abaixo ou acima do especificado, a linha de produção será interrompida e ajustada para se obter o preenchimento apropriado.
   a. Formule as hipóteses nula e alternativa que ajudem a decidir se a linha de produção deve ser interrompida e ajustada.
   b. Comente a conclusão e a decisão de quando H_0 não pode ser rejeitada.
   c. Comente a conclusão e a decisão de quando H_0 pode ser rejeitada.

4. Em virtude do tempo e dos custos elevados de produção e transformação, um diretor de manufatura precisa convencer a administração de que um novo método proposto reduz os custos, antes de esse novo método ser implementado. O método de produção atual opera com um custo médio de US$ 220 por hora. Um estudo medirá o custo do novo método ao longo de um período de produção amostral.
   a. Desenvolva as hipóteses alternativa e nula mais apropriadas a esse estudo.
   b. Comente a conclusão de quando H_0 não pode ser rejeitada.
   c. Comente a conclusão de quando H_0 pode ser rejeitada.

Erros do Tipo I e do Tipo II

As hipóteses nula e alternativa são afirmações excludentes a respeito da população. Ou a hipótese nula H_0 é verdadeira ou a hipótese alternativa H_a é verdadeira, mas não ambas. Como ideal, o procedimento de teste de hipóteses deve levar à aceitação de H_0 quando H_0 é verdadeira, e à rejeição de H_0 quando H_a é verdadeira. Infelizmente, as conclusões corretas nem sempre são possíveis. Uma vez que os testes de hipóteses se baseiam em informações amostrais, devemos admitir a possibilidade de erros. A Tabela 9.1 ilustra os dois tipos de erro que podem ser cometidos no teste de hipóteses.

A primeira linha da Tabela 9.1 revela o que pode acontecer se a conclusão for aceitar H_0. Se H_0 for verdadeira, essa conclusão está correta. Entretanto, se H_a for verdadeira, cometemos um **erro do Tipo II**; ou seja, aceitamos H_0 quando ela é falsa. A segunda linha mostra o que pode acontecer se a conclusão for rejeitar H_0. Se H_0 for verdadeira, cometemos um **erro do Tipo I**; ou seja, rejeitamos H_0 quando ela é verdadeira. Entretanto, se H_a for verdadeira, rejeitar H_0 será a ação correta.

Lembre-se da ilustração do teste de hipóteses, discutida na Seção 9.1, na qual uma equipe de pesquisa de produtos automobilísticos desenvolveu um novo sistema de injeção de combustível projetado para aumentar a taxa de milhas por galão de determinado modelo de automóvel. Com o modelo atual que obtém uma média de 24 milhas por galão, a hipótese foi formulada da seguinte maneira:

$$H_0: \mu \leq 24$$
$$H_a: \mu > 24$$

A hipótese alternativa, $H_a: \mu > 24$, indica que os pesquisadores estão à procura de evidências amostrais que sustentem a conclusão de que a média populacional de milhas por galão com o novo sistema de injeção de combustível é superior a 24.

Nessa aplicação, o erro Tipo I de rejeitar H_0 quando ela é verdadeira corresponde aos pesquisadores afirmarem que o novo sistema melhora a taxa de milhas por galão ($\mu > 24$) quando, de fato, o novo sistema não é melhor que o sistema atual. Em contrapartida, o erro Tipo II de aceitar H_0 quando ela é falsa corresponde aos pesquisadores concluírem que o novo sistema não é melhor que o sistema atual ($\mu \leq 24$) quando, de fato, o novo sistema melhora o desempenho de milhas por galão.

TABELA 9.1 Erros e conclusões corretas no teste de hipóteses

		Condição da população	
		H_0 verdadeira	H_a verdadeira
Conclusão	Aceitar H_0	Conclusão correta	Erro do Tipo II
	Rejeitar H_0	Erro do Tipo I	Conclusão correta

Em relação ao teste da taxa de milhas por galão, a hipótese nula é $H_0: \mu \leq 24$. Suponha que a hipótese nula seja verdadeira como uma igualdade; ou seja, $\mu = 24$. A probabilidade de cometer um erro do Tipo I quando a hipótese nula é verdadeira é chamada **nível de significância**. Desse modo, em relação ao teste de hipóteses da taxa de milhas por galão, o nível de significância é a probabilidade de se rejeitar $H_0: \mu \leq 24$ quando $\mu = 24$. Por causa da importância desse conceito, reformulamos agora a definição de nível de significância.

> NÍVEL DE SIGNIFICÂNCIA
>
> Nível de significância é a probabilidade de cometermos um erro do Tipo I quando a hipótese nula é verdadeira como uma igualdade.

O símbolo grego α (alfa) é utilizado para denotar o nível de significância; as escolhas habituais para α são 0,05 e 0,01.

Na prática, a pessoa que realiza o teste de hipóteses especifica o nível de significância. Ao selecionar α, essa pessoa controla a probabilidade de cometer um erro do Tipo I. Se o custo de cometer um erro do Tipo I for alto, é preferível utilizar valores pequenos de α. Se o custo de cometer um erro do Tipo I não for alto, geralmente são utilizados valores maiores de α. Aplicações de testes de hipóteses que somente controlam o erro do Tipo I frequentemente são chamadas *testes de significância*. A maioria das aplicações de testes de hipóteses é desse tipo.

Apesar de a maioria das aplicações de testes de hipóteses controlarem a probabilidade de cometer um erro do Tipo I, elas nem sempre controlam a probabilidade de se cometer um erro do Tipo II. Portanto, se decidimos aceitar H_0, não poderemos determinar o quanto podemos estar confiantes a respeito dessa decisão. Em razão da incerteza associada à probabilidade de cometer um erro do Tipo II quando se realizam testes de significância, os estatísticos frequentemente recomendam que devemos usar a afirmação "não rejeitar H_0" em vez de "aceitar H_0". O uso da afirmação "não rejeitar H_0" transmite a recomendação de se manter tanto o julgamento como a ação. Com efeito, ao não aceitar diretamente H_0, o estatístico evita o risco de cometer um erro Tipo II. Sempre quando a probabilidade de cometer um erro do Tipo II não for determinada e controlada, não faremos a afirmação "aceitar H_0". Nesses casos, somente duas conclusões são possíveis: *não rejeitar H_0* ou *rejeitar H_0*.

> Se os dados amostrais forem coerentes com a hipótese nula H_0, seguiremos a prática de optar pela conclusão "não rejeitar H_0". Esta conclusão é preferível a "aceitar H_0", porque a conclusão de aceitar H_0 nos coloca em risco de cometer um erro do Tipo II.

Embora o controle de um erro do Tipo II em testes de hipóteses não seja comum, ele pode ser feito. Livros mais avançados descrevem procedimentos para determinar e controlar a probabilidade de cometer um erro do Tipo II. Se os controles apropriados tiverem sido estabelecidos para esse tipo de erro, ações baseadas na conclusão "aceitar H_0" podem ser apropriadas.

NOTAS E COMENTÁRIOS

Walter Williams, colunista sindicalizado e professor de Economia na George Mason University, afirma que a possibilidade de se cometer um erro do Tipo I ou do Tipo II está sempre presente na tomada de decisão (*The Cincinnati Enquirer*, 14 de agosto de 2005). Ele observa que a Food and Drug Administration (FDA) corre o risco de cometer esses erros em seu processo de aprovação de medicamentos. A FDA deve aprovar ou não uma nova medicação. Desse modo, ela corre o risco de aprovar um novo medicamento que não seja seguro nem efetivo, ou pode deixar de aprovar um novo remédio que seja seguro e efetivo. Independentemente da decisão tomada, não se pode eliminar a possibilidade de cometer um erro que causará prejuízos.

Exercícios

5. A Duke Energy informou que o custo da eletricidade para uma casa eficiente em determinado bairro de Cincinnati, Ohio, era de US$ 104 por mês (*Home Energy Report*, Duke Energy, março de 2012). Um pesquisador acredita que o custo da eletricidade para um bairro semelhante em Chicago, Illinois, é maior. Uma amostra de residências neste bairro de Chicago será tomada e o custo mensal médio de eletricidade da amostra será utilizado para testar as seguintes hipóteses nulas e alternativas.

$$H_0: \mu \leq 104$$
$$H_a: \mu > 104$$

a. Suponha que os dados da amostra levaram à rejeição da hipótese nula. Qual seria sua conclusão sobre o custo da eletricidade no bairro de Chicago?
b. Qual é o erro do Tipo I nesta situação? Quais são as consequências de cometer este erro?
c. Qual é o erro do Tipo II nesta situação? Quais são as consequências de cometer este erro?

6. O rótulo de um frasco de 2,83 litros de suco de laranja indica que o suco contém em média 1 grama ou menos de gordura. Responda às questões a seguir considerando um teste de hipóteses que possa ser usado para verificar a afirmação constante no rótulo.
    a. Desenvolva as hipóteses nula e alternativa apropriadas.
    b. Qual é o erro do Tipo I nesta situação? Quais são as consequências de cometer este erro?
    c. Qual é o erro do Tipo II nesta situação? Quais são as consequências de cometer este erro?

7. A equipe de vendas da Carpetland atinge uma média de US$ 8 mil em vendas por semana. Steve Contois, o vice-presidente da firma, propôs um programa de remuneração com novos incentivos de vendas. Steve espera que os resultados de um período experimental de vendas possibilitem concluir que o programa de remuneração aumente a média de vendas por vendedor.
    a. Desenvolva as hipóteses nula e alternativa apropriadas.
    b. Qual é o erro do Tipo I nesta situação? Quais são as consequências de cometer este erro?
    c. Qual é o erro do Tipo II nesta situação? Quais são as consequências de cometer este erro?

8. Suponha que um novo método de produção seja implementado se um teste de hipóteses sustentar a conclusão de que o novo método reduz a média de custo operacional por hora.
    a. Estabeleça as hipóteses nula e alternativa apropriadas considerando que o custo médio do método de produção atual seja igual a US$ 220 por hora.
    b. Qual é o erro do Tipo I nesta situação? Quais são as consequências de cometer este erro?
    c. Qual é o erro do Tipo II nesta situação? Quais são as consequências de cometer este erro?

Média populacional: σ conhecido

No Capítulo 8 dissemos que o caso em que σ é conhecido corresponde a aplicações nas quais dados históricos ou outras informações estão disponíveis e nos possibilitam obter uma boa estimativa do desvio padrão populacional antes da amostragem. Nesses casos, o desvio padrão populacional pode, para efeitos práticos, ser considerado conhecido. Nesta seção mostramos como realizar um teste de hipóteses sobre a média populacional, considerando o caso em que σ é conhecido.

Os métodos apresentados nesta seção são exatos se a amostra for selecionada de uma população que está normalmente distribuída. Nos casos em que não é razoável supormos que a população esteja normalmente distribuída, ainda assim esses métodos são aplicáveis se o tamanho amostral for grande o bastante. Apresentamos alguns conselhos práticos referentes à distribuição populacional e ao tamanho amostral no fim desta seção.

Teste unicaudal

Os **testes unicaudais** sobre uma média populacional assumem uma das duas seguintes formas:

Teste de cauda inferior	Teste de cauda superior
$H_0: \mu \geq \mu_0$	$H_0: \mu \leq \mu_0$
$H_a: \mu < \mu_0$	$H_a: \mu > \mu_0$

Consideremos um exemplo que envolve um teste da cauda inferior.

A Federal Trade Commission (FTC) realiza periodicamente estudos estatísticos concebidos para testar as afirmações feitas pelos fabricantes a respeito de seus produtos. Por exemplo, o rótulo de uma lata grande de Hilltop Coffee indica que a lata contém 3 libras (1,36 kg) de café. A FTC sabe que o processo de produção da Hilltop não consegue colocar exatamente 3 libras de café em cada lata, mesmo que o peso médio de preenchimento da população de todas as latas cheias seja de, no mínimo, 3 libras por lata. Porém, contanto que o peso médio populacional seja de, no mínimo, 3 libras por lata, os direitos dos consumidores estarão garantidos. Desse modo, a FTC interpreta a informação contida no rótulo de uma lata grande de café como uma afirmação da parte da empresa Hilltop de que o peso médio populacional de preenchimento é de, no mínimo, 3 libras por lata. Mostraremos como a FTC pode checar a afirmação da Hilltop realizando um teste de hipóteses da cauda inferior.

A primeira etapa consiste em desenvolver as hipóteses nula e alternativa para o teste. Se o peso médio populacional de preenchimento for, no mínimo, de 3 libras por lata, a afirmação da Hilltop está correta. Assim, estabelece-se a hipótese nula para o teste. Entretanto, se o peso médio populacional for inferior a 3 libras por lata, a afirmação da

Hilltop está incorreta. Desse modo, constrói-se a hipótese alternativa. Com μ denotando o peso médio populacional de preenchimento, as hipóteses nula e alternativa são as seguintes:

$$H_0: \mu \geq 3$$
$$H_a: \mu < 3$$

Observe que o valor hipotético da média populacional é $\mu_0 = 3$.

Se os dados amostrais indicarem que H_0 não pode ser rejeitada, as evidências estatísticas não sustentarão a conclusão de que ocorreu uma informação falsa no rótulo. Portanto, nenhuma ação deve ser praticada contra a Hilltop. No entanto, se os dados amostrais indicarem que H_0 pode ser rejeitada, concluiremos que a hipótese alternativa, $H_a: \mu < 3$, é verdadeira. Nesse caso, a conclusão de que há um volume menor de envasilhamento e uma acusação de informação falsa no rótulo se justificariam contra a Hilltop.

Suponha que uma amostra de 36 latas de café seja selecionada e que a média amostral $\bar{x}$ seja calculada como uma estimativa da média μ da população. Se o valor da média amostral $\bar{x}$ for inferior a 3 libras, os resultados da amostra lançarão dúvidas sobre a hipótese nula. O que queremos saber é quanto menor do que 3 libras deve ser o valor da média amostral $\bar{x}$ para nos dispormos a declarar que a diferença é significativa e nos arriscar a cometer um erro do Tipo I ao acusar indevidamente a Hilltop de dar informações falsas no rótulo do produto. Um fator fundamental quando se trata dessa questão é o valor que o tomador de decisão seleciona para o nível de significância.

Conforme observamos na seção anterior, o nível de significância, denotado por α, é a probabilidade de se cometer um erro do Tipo I ao rejeitar H_0 quando a hipótese nula é verdadeira como uma igualdade. O tomador de decisão deve especificar o nível de significância. Se o custo de cometer um erro do Tipo I for alto, um valor pequeno deve ser escolhido para o nível de significância. Se o custo não for elevado, um valor maior é mais apropriado. No estudo do Hilltop Coffee, o diretor do programa de testes da FTC fez a seguinte afirmação: "Se a empresa está cumprindo suas especificações de peso, com $\mu = 3$, não quero mover nenhum processo contra eles. Porém, estou disposto a arriscar uma chance de 1% de cometer esse erro". Devido à afirmação do diretor, definimos o nível de significância para o teste de hipóteses em $\alpha = 0{,}01$. Desse modo, devemos planejar o teste de hipóteses de forma que a probabilidade de cometermos um erro do Tipo I quando $\mu = 3$ seja $0{,}01$.

Quanto ao estudo do Hilltop Coffee, ao desenvolvermos as hipóteses nula e alternativa e especificarmos o nível de significância para o teste, executamos as duas primeiras etapas necessárias à realização de todo teste de hipóteses. Agora, estamos preparados para executar a terceira etapa do teste de hipóteses: coletar os dados amostrais e calcular o valor do que se denomina estatística de teste.

Estatística de teste Em relação ao estudo do Hilltop Coffee, testes anteriores realizados pela FTC mostram que o desvio padrão populacional pode ser considerado conhecido, sendo o valor de $\sigma = 0{,}18$. Além disso, esses testes também mostram que se pode supor que a população de pesos de enchimento tenha uma distribuição normal. Em razão do estudo das distribuições amostrais no Capítulo 7, sabemos que se a população da qual extraímos a amostra está normalmente distribuída, a distribuição amostral de $\bar{x}$ também estará. Assim, para o estudo do Hilltop Coffee, a distribuição amostral de $\bar{x}$ está normalmente distribuída. Com um valor conhecido de $\sigma = 0{,}18$ e o tamanho amostral $n = 36$, a Figura 9.1 apresenta a distribuição amostral de $\bar{x}$ quando a hipótese nula é verdadeira como uma igualdade; ou seja, quando $\mu = \mu_0 = 3$.[1]

> O erro padrão de $\bar{x}$ é o desvio padrão da distribuição amostral de $\bar{x}$.

Note que o erro padrão de $\bar{x}$ é dado por $\sigma_{\bar{x}} = \sigma/\sqrt{n} = 0{,}18/\sqrt{36} = 0{,}03$.

Uma vez que a distribuição amostral de $\bar{x}$ é normalmente distribuída, a distribuição amostral de

$$z = \frac{\bar{x} - \mu_0}{\sigma_{\bar{x}}} = \frac{\bar{x} - 3}{0{,}03}$$

é uma distribuição normal padrão. Um valor de $z = -1$ significa que o valor de $\bar{x}$ está posicionado um erro padrão abaixo do valor hipotético da média, $z = -2$ significa que o valor de $\bar{x}$ está dois erros padrão abaixo do valor hipotético da média, e assim por diante. Podemos usar a tabela de probabilidade normal padrão para encontrar a probabilidade da cauda inferior correspondente a qualquer valor de z. Por exemplo, a área da cauda inferior em $z = -3{,}00$ é $0{,}0013$. Portanto, a probabilidade de se obter um valor de z que esteja três ou mais erros padrão abaixo da média é de $0{,}0013$.

---

[1] Ao construir distribuições amostrais para testes de hipóteses assume-se que H_0 seja satisfeita como uma igualdade.

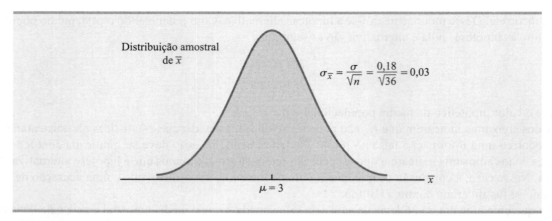

FIGURA 9.1 Distribuição amostral de $\bar{x}$ no estudo do Hilltop Coffee quando a hipótese nula é verdadeira como uma igualdade ($\mu = 3$)

Em consequência, a probabilidade de se obter um valor de $\bar{x}$ que esteja três ou mais erros padrão abaixo da média populacional hipotetizada $\mu_0 = 3$ também é 0,0013. Esse resultado é improvável se a hipótese nula for verdadeira.

Quanto aos testes de hipóteses sobre a média populacional para o caso em que σ é conhecido, usamos a variável aleatória z com distribuição normal padrão como **estatística de teste** para determinar se $\bar{x}$ desvia do valor hipotético μ o suficiente para justificar a rejeição da hipótese nula. Com $\sigma_{\bar{x}} = \sigma/\sqrt{n}$, a estatística de teste utilizada é como segue.

ESTATÍSTICA DE TESTE PARA TESTES DE HIPÓTESES A RESPEITO DE UMA MÉDIA POPULACIONAL: σ CONHECIDO

$$z = \frac{\bar{x} - \mu_0}{\sigma/\sqrt{n}} \tag{9.1}$$

A questão fundamental relativa a um teste de cauda inferior é: quão pequena deve ser a estatística de teste z antes de optarmos por rejeitar a hipótese nula? Duas abordagens podem ser utilizadas para respondermos a esta questão: o critério do valor-p e o critério do valor crítico.

Critério do valor-p O critério do valor-p utiliza o valor da estatística de teste z para calcular uma probabilidade denominada **valor-p**.

> Um valor-p pequeno indica que o valor da estatística de teste é incomum dada a suposição de que H_0 é verdadeira.

VALOR-p

Um valor-p é uma probabilidade que fornece uma medida de evidência contra a hipótese nula apresentada pela amostra. Valores-p pequenos indicam mais evidências contra H_0.

O valor-p é utilizado para determinar se a hipótese nula deve ser rejeitada.

Vamos agora verificar como o valor-p é calculado e utilizado. O valor da estatística de teste é empregado para calcular o valor-p. O método a ser empregado depende de o teste ser de cauda inferior, de cauda superior ou um teste bicaudal. Para um teste de cauda inferior, o valor-p é a probabilidade de obter um valor para a estatística de teste que seja pequeno ou menor do que o fornecido pela amostra. Desse modo, para calcular o valor-p relativo ao teste de cauda inferior no caso em que σ é conhecido devemos encontrar, usando a distribuição normal padrão, a probabilidade de que z seja menor ou igual ao valor da estatística de teste. Depois de calcular o valor-p, precisamos decidir se ele é pequeno o bastante para rejeitar a hipótese nula; conforme veremos, essa decisão envolve comparar o valor-p com o nível de significância.

Agora, vamos calcular o valor-*p* do teste de cauda inferior para o Hilltop Coffee. Suponha que a amostra de 36 latas de café Hilltop produza uma média amostral $\bar{x} = 2,92$ libras. Seria $\bar{x} = 2,92$ pequena o bastante para nos fazer rejeitar H_0? Uma vez que se trata de um teste de cauda inferior, o valor-*p* é a área sob a curva normal padrão para valores de $z \leq$ ao valor da estatística de teste (à esquerda da estatística de teste). Utilizando $\bar{x} = 2,92$, $\sigma = 0,18$ e $n = 36$, calculamos o valor da estatística de teste *z*.

$$z = \frac{\bar{x} - \mu_0}{\sigma/\sqrt{n}} = \frac{2,92 - 3}{0,18/\sqrt{36}} = -2,67$$

Dessa forma, o valor-*p* é a probabilidade de que *z* seja menor ou igual a –2,67 (a área da cauda inferior correspondente ao valor da estatística do teste).

Utilizando a tabela de probabilidade normal padrão, descobrimos que a área da cauda inferior em $z = -2,67$ é 0,0038. A Figura 9.2 mostra que $\bar{x} = 2,92$ corresponde a $z = -2,67$ e um valor-*p* = 0,0038. Este valor-*p* indica uma probabilidade pequena de se obter uma média amostral de $\bar{x} = 2,92$ (e uma estatística de teste de –2,67) ou menor quando se faz uma amostragem de uma população com $\mu = 3$. Esse valor-*p* não fornece um apoio muito consistente à hipótese nula, mas é pequeno o bastante para nos fazer rejeitar H_0? A resposta depende do nível de significância do teste.

Conforme observamos anteriormente, o diretor do programa de testes da FTC selecionou um valor igual a 0,01 para o nível de significância. A escolha de $\alpha = 0,01$ significa que o diretor está disposto a aceitar uma probabilidade de 0,01 de rejeitar a hipótese nula quando ela for verdadeira como uma igualdade ($\mu_0 = 3$). A amostra de 36 latas de café no estudo do Hilltop Coffee resultou em um valor-*p* = 0,0038, o que significa que a probabilidade de se obter um valor $\bar{x} = 2,92$ ou menor quando a hipótese nula for verdadeira como uma igualdade é 0,0038. Uma vez que 0,0038 é menor ou igual a $\alpha = 0,01$, rejeitamos H_0. Portanto, encontramos evidências estatísticas suficientes para rejeitar a hipótese nula dado o nível de significância de 0,01.

Agora, podemos formular a regra geral para determinar se a hipótese nula pode ser rejeitada quando se usa o critério do valor-*p*. Para um nível de significância α, a regra de rejeição, quando se usa o critério do valor-*p*, é como apresentado na página a seguir.

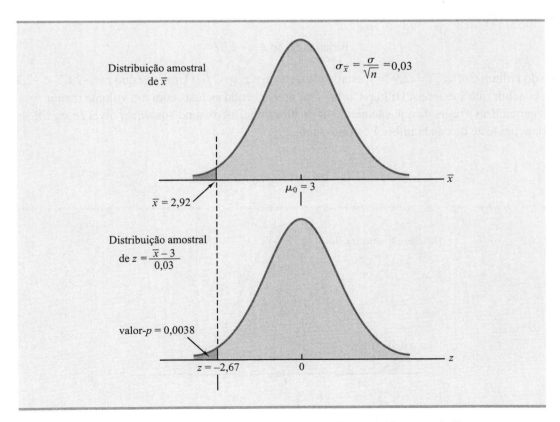

FIGURA 9.2 Valor-*p* para o estudo do Hilltop Coffee quando $\bar{x} = 2,92$ e $z = -2,67$

> **REGRA DE REJEIÇÃO QUANDO SE UTILIZA O VALOR-p**
>
> Rejeitar H_0 se o valor-$p \leq \alpha$

No teste do Hilltop Coffee, o valor-p igual a 0,0038 resultou na rejeição da hipótese nula. Embora o fundamento para tomar a decisão de rejeitar envolva uma comparação do valor-p com o nível de significância especificado pelo diretor da FTC, o valor-p observado de 0,0038 significa que rejeitaríamos H_0 para qualquer valor de $\alpha \geq 0,0038$. Por esse motivo, o valor-p também é chamado *nível observado de significância*.

Diferentes tomadores de decisão podem exprimir diferentes opiniões quanto ao custo de cometer um erro Tipo I e podem escolher um nível de significância diferente. Ao apresentar o valor-p como parte dos resultados de testes de hipóteses, outro tomador de decisão pode comparar o valor-p relatado com o seu próprio nível de significância e tomar uma decisão diferente no que diz respeito a rejeitar H_0.

Critério do valor crítico O critério do valor crítico requer, primeiro, que determinemos um valor para a estatística de teste, chamado **valor crítico**. Para um teste de cauda inferior, o valor crítico serve como base de comparação para determinar se o valor da estatística de teste é pequeno o suficiente para rejeitar a hipótese nula. É o valor da estatística de teste que corresponde a uma área de α (o nível de significância) localizada na cauda inferior da distribuição amostral da estatística de teste. Em outras palavras, o valor crítico é o maior valor da estatística de teste que resultará na rejeição da hipótese nula. Vamos retornar ao exemplo do Hilltop Coffee e verificar como funciona essa abordagem.

No caso em que σ é conhecido, a distribuição amostral da estatística de teste z é uma distribuição normal padrão. Portanto, o valor crítico é o valor da estatística de teste que corresponde a uma área $\alpha = 0,01$ na cauda inferior de uma distribuição normal padrão. Usando a tabela de probabilidade normal padrão, descobrimos que $z = -2,33$ produz uma área igual a 0,01 na cauda inferior (veja a Figura 9.3). Desse modo, se a amostra resultar em um valor da estatística de teste que seja menor ou igual a $-2,33$, o valor-p correspondente será menor ou igual a 0,01; neste caso deveríamos rejeitar a hipótese nula. Portanto, para o estudo do Hilltop Coffee, a regra de rejeição pelo critério do valor crítico com um nível de significância de 0,01 é

$$\text{Rejeitar } H_0 \text{ se } z \leq -2,33$$

No exemplo do Hilltop Coffee, $\bar{x} = 2,92$ e a estatística de teste é $z = -2,67$. Uma vez que $z = -2,67 < -2,33$, podemos rejeitar H_0 e concluir que a empresa Hilltop Coffee está preenchendo as latas com um volume menor.

Podemos generalizar a regra de rejeição pelo critério do valor crítico usando qualquer nível de significância. A regra de rejeição para um teste de cauda inferior é como segue:

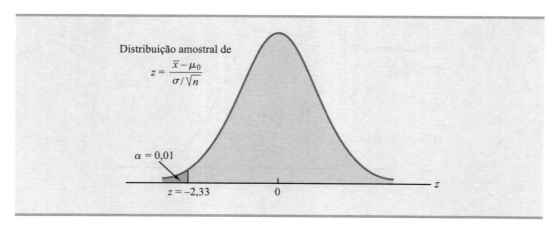

FIGURA 9.3 Valor crítico $= -2,33$ para o teste de hipóteses do Hilltop Coffee

> ### REGRA DE REJEIÇÃO PARA UM TESTE DE CAUDA INFERIOR: CRITÉRIO DO VALOR CRÍTICO
>
> $$\text{Rejeitar } H_0 \text{ se } z \leq -z_\alpha$$
>
> onde $-z_\alpha$ é o valor crítico; ou seja, o valor de z que produz uma área α na cauda inferior da distribuição normal padrão.

Resumo O critério do valor-p para testes de hipóteses e o critério do valor crítico sempre levarão à mesma decisão de rejeição; ou seja, sempre que o valor-p for menor ou igual a α, o valor da estatística de teste será menor ou igual ao valor crítico. A vantagem do critério do valor-p é que ele nos diz *quão* significativos são os resultados (o nível observado de significância). Se utilizarmos o critério do valor crítico, saberemos que os resultados são significativos ao nível declarado de significância.

No início desta seção dissemos que os testes unicaudais referentes à média populacional assumem uma das duas seguintes formas:

<table>
<tr><th>Teste de cauda inferior</th><th>Teste de cauda superior</th></tr>
<tr><td>$H_0: \mu \geq \mu_0$</td><td>$H_0: \mu \leq \mu_0$</td></tr>
<tr><td>$H_a: \mu < \mu_0$</td><td>$H_a: \mu > \mu_0$</td></tr>
</table>

Utilizamos o estudo referente ao Hilltop Coffee para ilustrar como conduzir um teste de cauda inferior. Podemos utilizar o mesmo critério geral para realizar um teste de cauda superior. A estatística de teste z ainda é calculada utilizando-se a Equação (9.1). Mas para um teste de cauda superior, o valor-p é a probabilidade de se obter um valor para a estatística de teste tão grande ou maior do que o fornecido pela amostra. Desse modo, para calcular o valor-p para o teste de cauda superior no caso em que σ é conhecido, devemos encontrar, utilizando a distribuição normal padrão, a probabilidade de z ser maior ou igual ao valor da estatística de teste. Utilizar o critério do valor crítico faz que rejeitemos a hipótese nula se o valor da estatística de teste for maior ou igual ao valor crítico z_α; em outras palavras, rejeitamos H_0 se $z \geq z_\alpha$.

Vamos resumir as etapas envolvidas no cálculo de valores-p para os testes de hipóteses unicaudais:

> ### CÁLCULO DE VALORES-p PARA TESTES UNICAUDAIS
>
> 1. Calcular o valor da estatística de teste utilizando a Equação (9.1).
> 2. **Teste de cauda inferior**: Utilizando a distribuição normal padrão, calcule a probabilidade de que z seja menor ou igual ao valor da estatística de teste (área na cauda inferior).
> 3. **Teste de cauda superior**: Utilizando a distribuição normal padrão, calcule a probabilidade de que z seja maior ou igual ao valor da estatística de teste (área na cauda superior).

Teste bicaudal

Nos testes de hipóteses, a forma geral para um **teste bicaudal** a respeito de uma média populacional é expressa da seguinte maneira:

$$H_0: \mu = \mu_0$$
$$H_a: \mu \neq \mu_0$$

Nesta subseção mostramos como realizar um teste bicaudal para uma média populacional para o caso em que σ é conhecido. Como ilustração, considere a situação de teste de hipóteses enfrentada pela MaxFlight, Inc.

A U.S. Golf Association (USGA) estabelece normas que os fabricantes de equipamentos de golfe devem cumprir para que seus produtos sejam aceitos e usados nos eventos da associação. A MaxFlight utiliza um processo de manufatura de alta tecnologia para produzir bolas de golfe que atingem uma distância média de arremesso (*driving distance*) de 295 jardas (269,7 m). Às vezes, porém, o processo se desajusta e produz bolas de golfe que atingem uma distância média de arremesso diferente de 295 jardas. Quando a distância média cai abaixo de 295 jardas, a empresa se preocupa com a possibilidade de perder vendas pelo fato de as bolas de golfe não atingirem a distância anunciada. Quando a distância média passa de 295 jardas, as bolas de golfe da MaxFlight podem ser rejeitadas pela USGA em virtude de excederem o padrão de distância total referente ao *carry and roll*.

O programa de controle da qualidade da MaxFlight envolve extrair amostras periódicas de 50 bolas de golfe para monitorar o processo de manufatura. Para cada amostra é realizado um teste de hipóteses com o objetivo de determinar se o processo se desajustou. Vamos desenvolver as hipóteses nula e alternativa. Iniciamos supondo que o processo esteja funcionando corretamente; ou seja, as bolas de golfe que são produzidas atingem uma distância média de 295 jardas. Esta suposição estabelece a hipótese nula. A hipótese alternativa é de que a distância média não seja igual a 295 jardas. Com um valor hipotético de $\mu_0 = 295$, as hipóteses nula e alternativa do teste de hipóteses da MaxFlight são as seguintes:

$$H_0: \mu = 295$$
$$H_a: \mu \neq 295$$

Se a média amostral $\bar{x}$ for significativamente menor do que 295 jardas ou significativamente maior que 295 jardas rejeitaremos H_0. Nesse caso, serão tomadas medidas corretivas para ajustar o processo de manufatura. No entanto, se $\bar{x}$ não se desviar da média $\mu_0 = 295$ por uma quantidade significativa, H_0 não será rejeitada e nenhuma providência será tomada para ajustar o processo de produção.

A equipe de controle da qualidade selecionou $\alpha = 0,05$ como o nível de significância para o teste. Dados de testes anteriores, realizados quando se sabia que o processo estava devidamente ajustado, mostram que se pode presumir que o desvio padrão populacional seja conhecido, tendo o valor $\sigma = 12$. Desse modo, com um tamanho amostral $n = 50$, o erro padrão de $\bar{x}$ é:

$$\sigma_{\bar{x}} = \frac{\sigma}{\sqrt{n}} = \frac{12}{\sqrt{50}} = 1,7$$

Uma vez que o tamanho amostral é grande, o teorema do limite central (veja o Capítulo 7) nos permite concluir que a distribuição amostral de $\bar{x}$ pode ser aproximada por uma distribuição normal. A Figura 9.4 apresenta a distribuição amostral de $\bar{x}$ referente ao teste de hipóteses da MaxFlight considerando uma média populacional hipotética de $\mu_0 = 295$.

GolfTest

Suponha que uma amostra de 50 bolas de golfe seja selecionada e que a média dessa amostra seja $\bar{x} = 297,6$ jardas. Essa média amostral sustenta a conclusão de que a média populacional é maior que 295 jardas. Esse valor de $\bar{x}$ é suficientemente maior do que 295 para nos fazer rejeitar H_0 ao nível de significância 0,05? Na seção anterior descrevemos dois critérios que podem ser usados para responder a essa pergunta: o critério do valor-p e o critério do valor crítico.

Critério do valor-p Lembre-se de que o valor-p é uma probabilidade utilizada para determinar se a hipótese nula deve ser rejeitada. Em um teste bicaudal, valores da estatística de teste que se encontram em *qualquer uma* das caudas indicam falta de suporte à hipótese nula. Em um teste bicaudal, o valor-p é a probabilidade de se obter um valor para a estatística de teste *tão ou mais improvável* do que aquele que é fornecido pela amostra. Vejamos como o valor-p é calculado para o teste de hipóteses da MaxFlight.

Primeiramente, calculamos o valor da estatística de teste. Para o caso em que σ é conhecido, a estatística de teste z é uma variável aleatória com distribuição normal padrão. Usando a Equação (9.1) com $\bar{x} = 297,6$, o valor da estatística de teste é:

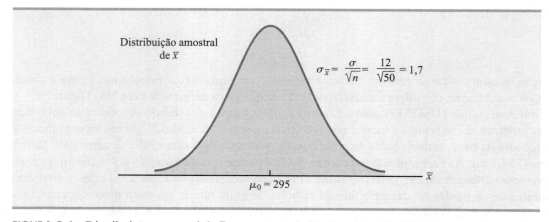

FIGURA 9.4 Distribuição amostral de $\bar{x}$ para o teste de hipóteses da MaxFlight

$$z = \frac{\bar{x} - \mu_0}{\sigma/\sqrt{n}} = \frac{297,6 - 295}{12/\sqrt{50}} = 1,53$$

Agora, para calcular o valor-*p* devemos encontrar a probabilidade de obtermos um valor para a estatística de teste que seja, *no mínimo, tão improvável quanto* $z = 1,53$. Evidentemente, valores de $z \geq 1,53$ são, *no mínimo, tão improváveis* quanto esse valor. Porém, já que este é um teste bicaudal, valores de $z \leq -1,53$ também são, *no mínimo, tão improváveis* quanto o valor da estatística de teste fornecido pela amostra. Consultando a Figura 9.5, notamos que o valor-*p* bicaudal, nesse caso, é dado por $P(z \leq -1,53) + P(z \geq 1,53)$. Uma vez que a curva normal é simétrica, podemos calcular essa probabilidade encontrando a área sob a curva normal padrão à direita de $z = 1,53$ e duplicando-a. A tabela de probabilidade normal padrão mostra que $P(z < 1,53) = 0,9370$. Assim, a área da cauda superior $P(z \geq 1,53)$ é $1,0000 - 0,9370 = 0,0630$. Duplicando esse valor, descobrimos que o valor-*p* para o teste de hipóteses bicaudal da MaxFlight é valor-*p* $= 2(0,0630) = 0,1260$.

Em seguida, comparamos o valor-*p* com o nível de significância para verificar se a hipótese nula deveria ser rejeitada. Com um nível de significância $\alpha = 0,05$, não rejeitamos H_0 porque o valor-*p* $= 0,1260 > 0,05$. Como a hipótese nula não é rejeitada, nenhuma ação será tomada para ajustar o processo de manufatura da MaxFlight.

O cálculo do valor-*p* para um teste bicaudal pode ser um pouco confuso em relação ao cálculo do valor-*p* para um teste unicaudal, mas ele pode ser simplificado utilizando-se as três seguintes etapas.

> **CÁLCULO DOS VALORES-*p* PARA DOIS TESTES BICAUDAIS**
> 1. Calcule o valor da estatística de teste utilizando a Equação (9.1).
> 2. Se o valor da estatística de teste estiver na cauda superior, calcule a probabilidade de que *z* seja maior ou igual ao valor da estatística de teste (área na cauda superior). Se o valor da estatística de teste estiver na cauda inferior, calcule a probabilidade de que *z* seja menor ou igual ao valor da estatística de teste (a área na cauda inferior).
> 3. Duplique a área da cauda, ou probabilidade, obtida na etapa 2 para obter o valor-*p*.

Critério do valor crítico Antes de encerrarmos esta seção, vejamos como a estatística de teste *z* pode ser comparada com um valor crítico para se tomar a decisão em um teste de hipóteses bicaudal. A Figura 9.6 indica que os valores críticos do teste ocorrerão tanto na cauda inferior quanto na cauda superior da distribuição normal padrão. Com um nível de significância $\alpha = 0,05$, a área em cada cauda, além dos valores críticos, é $\alpha/2 = 0,05/2 = 0,025$. Usando a tabela de probabilidade normal padrão descobrimos que os valores críticos da estatística de teste são $-z_{0,025} = -1,96$ e $z_{0,025} = 1,96$. Desse modo, utilizando o critério do valor crítico, a regra de rejeição bicaudal é:

Rejeitar H_0 se $z \leq -1,96$ ou se $z \geq 1,96$

Uma vez que o valor da estatística de teste do estudo da MaxFlight é $z = 1,53$, a evidência estatística não nos permitirá rejeitar a hipótese nula ao nível de significância 0,05.

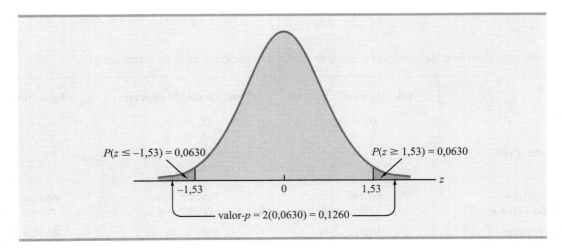

FIGURA 9.5 Valor-*p* para o teste de hipóteses da MaxFlight

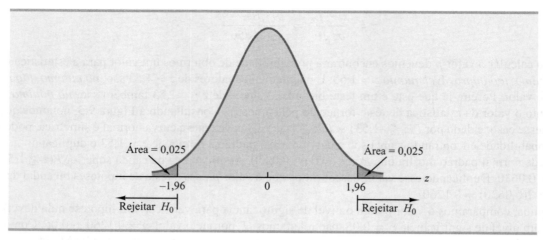

FIGURA 9.6   Valores críticos para o teste de hipóteses da MaxFlight

Resumo e conselho prático

Apresentamos exemplos de teste de cauda inferior e bicaudal a respeito de uma média populacional. Baseando-se nesses exemplos, agora podemos resumir os procedimentos de teste de hipóteses para uma média populacional para o caso em que σ é conhecido, como mostra a Tabela 9.2. Observe que μ_0 é o valor hipotético da média populacional.

As etapas do teste de hipóteses seguidas nos dois exemplos apresentados nesta seção são comuns a todos os testes de hipóteses.

ETAPAS DO TESTE DE HIPÓTESES

Etapa 1. Desenvolver as hipóteses nula e alternativa.
Etapa 2. Especificar o nível de significância.
Etapa 3. Coletar os dados da amostra e calcular o valor da estatística de teste.

Critério do valor-p

Etapa 4. Utilizar o valor da estatística de teste para calcular o valor-p.
Etapa 5. Rejeitar H_0 se o valor-$p \leq \alpha$.
Etapa 6. Interpretar a conclusão estatística no contexto da aplicação.

Critério do valor crítico

Etapa 4. Utilizar o nível de significância para estabelecer o valor crítico e a regra de rejeição.
Etapa 5. Utilizar o valor da estatística de teste e a regra de rejeição para determinar se devemos rejeitar H_0.
Etapa 6. Interpretar a conclusão estatística no contexto da aplicação.

TABELA 9.2   Resumo dos testes de hipóteses sobre uma média populacional: caso de σ conhecido

	Teste de cauda inferior	Teste de cauda superior	Teste bicaudal
Hipóteses	$H_0: \mu \geq \mu_0$ $H_a: \mu < \mu_0$	$H_0: \mu \leq \mu_0$ $H_a: \mu > \mu_0$	$H_0: \mu = \mu_0$ $H_a: \mu \neq \mu_0$
Estatística de teste	$z = \dfrac{\bar{x} - \mu_0}{\sigma/\sqrt{n}}$	$z = \dfrac{\bar{x} - \mu_0}{\sigma/\sqrt{n}}$	$z = \dfrac{\bar{x} - \mu_0}{\sigma/\sqrt{n}}$
Regra de rejeição: critério do valor-p	Rejeitar H_0 se valor-$p \leq \alpha$	Rejeitar H_0 se valor-$p \leq \alpha$	Rejeitar H_0 se valor-$p \leq \alpha$
Regra de rejeição: critério do valor crítico	Rejeitar H_0 se $z \leq -z_\alpha$	Rejeitar H_0 se $z \geq z_\alpha$	Rejeitar H_0 se $z \leq -z_{\alpha/2}$ ou se $z \geq z_{\alpha/2}$

Um conselho prático sobre o tamanho amostral para testes de hipóteses é idêntico àquele que apresentamos acerca do tamanho amostral para estimação intervalar no Capítulo 8. Na maioria das aplicações, um tamanho amostral $n \geq 30$ é adequado quando se usa o procedimento de teste de hipóteses descrito nesta seção. Nos casos em que o tamanho amostral é inferior a 30, a distribuição da população da qual extraímos a amostra se torna um fator importante. Se a população está normalmente distribuída, o procedimento de teste de hipóteses que acabamos de descrever é exato e pode ser usado para qualquer tamanho amostral. Se a população não está normalmente distribuída, mas é pelo menos aproximadamente simétrica, pode-se esperar que tamanhos amostrais pequenos, até mesmo iguais a 15, produzam resultados aceitáveis.

Relação entre estimação intervalar e testes de hipóteses

No Capítulo 8 mostramos como desenvolver uma estimativa intervalar para uma média populacional. Para o caso em que σ é conhecido, a estimativa intervalar com grau de confiança de $(1 - \alpha)\%$ para uma média populacional é dada por

$$\bar{x} \pm z_{\alpha/2} \frac{\sigma}{\sqrt{n}}$$

Neste capítulo mostramos que um teste de hipóteses bicaudal para uma média populacional assume a seguinte forma:

$$H_0: \mu = \mu_0$$
$$H_a: \mu \neq \mu_0$$

onde μ_0 é o valor hipotético da média populacional.

Suponha que sigamos o procedimento descrito no Capítulo 8 para construir um intervalo de confiança de $100(1 - \alpha)\%$ para a média populacional. Sabemos que $100(1 - \alpha)\%$ dos intervalos de confiança gerados irão conter a média populacional e que $100\alpha\%$ dos intervalos de confiança gerados não irão conter a média populacional. Desse modo, se rejeitarmos H_0 sempre que o intervalo de confiança não contiver μ_0 estaremos rejeitando a hipótese nula quando ela é verdadeira ($\mu = \mu_0$) com probabilidade α. Lembre-se de que o nível de significância é a probabilidade de rejeitar a hipótese nula quando ela é verdadeira. Desse modo, construir um intervalo de confiança $100(1 - \alpha)\%$ e rejeitar H_0 sempre que o intervalo não contiver μ_0 é equivalente a conduzir um teste de hipóteses bicaudal com α como o nível de significância. O procedimento para utilizar um intervalo de confiança com a finalidade de realizar um teste de hipótese bicaudal pode agora ser sintetizado.

CRITÉRIO DO INTERVALO DE CONFIANÇA PARA TESTAR UMA HIPÓTESE DA FORMA

$$H_0: \mu = \mu_0$$
$$H_a: \mu \neq \mu_0$$

1. Selecione uma amostra aleatória simples da população e use o valor da média amostral $\bar{x}$ para desenvolver o intervalo de confiança para a média populacional μ.

$$\bar{x} \pm z_{\alpha/2} \frac{\sigma}{\sqrt{n}}$$

2. Se o intervalo de confiança contiver o valor hipotético μ_0, não rejeite H_0. Caso contrário, rejeite[2] H_0.

Para um teste de hipóteses bicaudal a hipótese nula pode ser rejeitada se o intervalo de confiança não incluir μ_0.

Vamos ilustrar isso conduzindo o teste de hipóteses da MaxFlight utilizando o critério do intervalo de confiança. O teste de hipóteses da MaxFlight assume a seguinte forma:

$$H_0: \mu = 295$$
$$H_a: \mu \neq 295$$

---

[2] Para sermos consistentes com a regra para a rejeição de H_0 quando o valor-$p \leq \alpha$, também rejeitaremos H_0 utilizando o critério do intervalo de confiança se μ_0 coincidir com alguma das extremidades do intervalo de confiança $100(1 - \alpha)\%$.

360 Estatística aplicada a administração e economia

Para testarmos essas hipóteses com um nível de significância $\alpha = 0,05$, extraímos uma amostra de 50 bolas de golfe e encontramos uma distância média amostral $\bar{x} = 297,6$ jardas. Lembre-se de que o desvio padrão populacional é $\sigma = 12$. Usando esses resultados com $z_{0,025} = 1,96$, descobrimos que a estimativa intervalar com grau de confiança de 95% para a média populacional é:

$$\bar{x} \pm z_{0,025} \frac{\sigma}{\sqrt{n}}$$

$$297,6 \pm 1,96 \frac{12}{\sqrt{50}}$$

$$297,6 \pm 3,3$$

ou

$$294,3 \text{ a } 300,9$$

Este resultado possibilita ao gerente de controle da qualidade concluir com 95% de confiança que a distância média atingida pela população das bolas de golfe está entre 294,3 e 300,9 jardas (269,10 m e 275,14 m, respectivamente). Uma vez que o valor hipotético da média populacional, $\mu_0 = 295$, está contido nesse intervalo, a conclusão do teste de hipóteses é que a hipótese nula, H_0: $\mu = 295$, não pode ser rejeitada.

Note que essa discussão e exemplo pertencem a testes de hipótese bicaudais para uma média populacional. Entretanto, existe a mesma relação entre o intervalo de confiança e os testes de hipótese bicaudais para outros parâmetros populacionais. A relação também pode ser estendida para testes unicaudais a respeito de parâmetros populacionais. Para fazê-lo, porém, é necessário o desenvolvimento de intervalos de confiança unilaterais, os quais raramente são usados na prática.

NOTAS E COMENTÁRIOS

Mostramos como utilizar valores-p. Quanto menor o valor-p maior a evidência contra H_0, bem como a favor de H_a. Eis algumas diretrizes que os estatísticos sugerem para interpretar valores-p pequenos:

- Menor que 0,01 – Esmagadora evidência de que H_a é verdadeira.

- Entre 0,01 e 0,05 – Forte evidência de que H_a é verdadeira.
- Entre 0,05 e 0,10 – Fraca evidência de que H_a é verdadeira.
- Maior que 0,10 – Evidência insuficiente de que H_a é verdadeira.

Exercícios

Nota para o estudante: alguns dos exercícios apresentados a seguir pedem para usar o critério do valor-p e outros, o critério do valor crítico. Ambos os métodos produzirão a mesma conclusão de um teste de hipóteses. Apresentamos exercícios com os dois métodos para lhe dar a oportunidade de praticar ambos. Nas seções posteriores e no capítulo seguinte enfatizaremos o critério do valor-p como o método preferível, mas você pode escolher qualquer um dos dois baseando-se em sua preferência pessoal.

Métodos

9. Considere o seguinte teste de hipóteses:

$$H_0: \mu \geq 20$$
$$H_a: \mu < 20$$

Uma amostra de tamanho 50 produziu a média amostral 19,4. O desvio padrão populacional é 2.
a. Calcule o valor da estatística de teste.
b. Qual é o valor-p?
c. Usando $\alpha = 0,05$, qual é a sua conclusão?
d. Qual é a regra de rejeição utilizando-se o valor crítico? Qual é a sua conclusão?

10. Considere o seguinte teste de hipóteses:

$$H_0: \mu \leq 25$$
$$H_a: \mu > 25$$

Uma amostra de tamanho 40 produziu a média amostral de 26,4. O desvio padrão populacional é 6.
   a. Calcule o valor da estatística de teste.
   b. Qual é o valor-p?
   c. Com $\alpha = 0,01$, qual é a sua conclusão?
   d. Qual é a regra de rejeição usando-se o valor crítico? Qual é a sua conclusão?

11. Considere o seguinte teste de hipóteses:

$$H_0: \mu = 15$$
$$H_a: \mu \neq 15$$

Uma amostra de tamanho 50 produziu a média amostral de 14,15. O desvio padrão populacional é 3.
   a. Calcule o valor da estatística de teste.
   b. Qual é o valor-p?
   c. Com $\alpha = 0,05$, qual é a sua conclusão?
   d. Qual é a regra de rejeição usando-se o valor crítico? Qual é a sua conclusão?

12. Considere o seguinte teste de hipóteses:

$$H_0: \mu \geq 80$$
$$H_a: \mu < 80$$

Uma amostra de tamanho 100 é usada e o desvio padrão populacional é 12. Calcule o valor-p e apresente sua conclusão para cada um dos seguintes resultados amostrais. Use $\alpha = 0,01$.
   a. $\bar{x} = 78,5$
   b. $\bar{x} = 77$
   c. $\bar{x} = 75,5$
   d. $\bar{x} = 81$

13. Considere o seguinte teste de hipóteses:

$$H_0: \mu \leq 50$$
$$H_a: \mu > 50$$

Uma amostra de tamanho 60 é utilizada e o desvio padrão populacional é 8. Use o critério do valor crítico para apresentar sua conclusão para cada um dos seguintes resultados amostrais. Use $\alpha = 0,05$.
   a. $\bar{x} = 52,5$
   b. $\bar{x} = 51$
   c. $\bar{x} = 51,8$

14. Considere o seguinte teste de hipóteses:

$$H_0: \mu = 22$$
$$H_a: \mu \neq 22$$

Uma amostra de tamanho 75 é usada e o desvio padrão populacional é 10. Calcule o valor-p e apresente sua conclusão para cada um dos seguintes dados amostrais. Use $\alpha = 0,01$.
   a. $\bar{x} = 23$
   b. $\bar{x} = 25,1$
   c. $\bar{x} = 20$

Aplicações

15. As declarações do imposto de renda individuais entregues antes do dia 31 de março obtiveram uma restituição média de US$ 1.056. Considere a população de declarantes *de última hora* que entregam suas declarações durante os cinco últimos dias do período de entrega das declarações do imposto de renda (normalmente, de 10 a 15 de abril).
   a. Um pesquisador sugere que uma razão para que as pessoas esperem até os cinco últimos dias é que em média elas têm menores restituições a receber do que aquelas que entregam as declarações primeiro. Desenvolva as hipóteses apropriadas de tal forma que a rejeição de H_0 sustente a argumentação do pesquisador.
   b. Para uma amostra de 400 indivíduos que entregaram suas declarações entre 10 e 15 de abril a restituição média foi de US$ 910. Baseando-se em experiências anteriores, pode-se supor um desvio padrão populacional σ = US$ 1.600. Qual é o valor-p?
   c. Com $\alpha = 0,05$, qual é a sua conclusão?
   d. Repita o teste de hipóteses anterior utilizando o critério do valor crítico.

362 Estatística aplicada a administração e economia

16. Em um estudo intitulado *How undergraduate students use credit cards* (Como estudantes universitários utilizam cartões de crédito) foi relatado que estudantes universitários têm um saldo médio de cartão de crédito de US$ 3.173. Estes números representaram uma grande marca e aumentaram 44% nos cinco anos anteriores. Suponha que um estudo atual esteja sendo realizado para determinar se é possível concluir que o saldo médio de cartões de crédito para estudantes universitários tem aumentado em comparação com o relatório original. Com base em estudos anteriores, utilize um desvio padrão populacional $\sigma = $ US$ 1.000.
    a. Declare as hipóteses nula e alternativa.
    b. Qual é o valor-*p* para uma amostra de 180 estudantes universitários com um saldo médio de cartão de crédito de US$ 3.325?
    c. Utilizando um nível de significância de 0,05, qual é sua conclusão?

17. O salário médio por hora para empregados em indústrias de produção de bens é atualmente de US$ 24,57 (site do Bureau of Labor Statistics, 12 de abril de 2012). Suponha que consideremos uma amostra de empregados da indústria de manufatura para ver se o salário médio por hora difere da média reportada, de US$ 24,57, para as indústrias produtoras de bens.
    a. Declare as hipóteses nula e alternativa que devemos utilizar para testar se o salário médio por hora da população na indústria manufatureira difere do salário médio por hora da população nas indústrias produtoras de bens.
    b. Suponha que uma amostra de 30 empregados da indústria de manufatura tenha uma média amostral de US$ 23,89 por hora. Assuma um desvio padrão populacional de US$ 2,40 por hora e calcule o valor-*p*.
    c. Com $\alpha = 0,05$ como nível de significância, qual é a sua conclusão?
    d. Repita o teste de hipóteses anterior usando o critério do valor crítico.

18. Jovens adultos, atualmente com 18 a 34 anos, são vistos como o futuro da indústria de restaurantes. Durante 2011, este grupo consumiu uma média de 192 refeições em restaurantes por pessoa (site do NPD Group, 7 de novembro de 2012). Realize um teste de hipóteses para determinar se o declínio da economia causou uma mudança na frequência do consumo de refeições em restaurantes por estes jovens adultos em 2012.
    a. Formule hipóteses que podem ser utilizadas para determinar se o número médio anual de refeições em restaurantes por pessoa mudou para os jovens da geração do milênio em 2012.
    b. Com base em uma amostra, o NPD Group afirmou que o número médio de refeições consumidas pelos jovens da geração do milênio em 2012 foi de 182. Suponha que o tamanho da amostra fosse de 150 e que, com base em estudos anteriores, o desvio padrão da população pode ser considerado como $\sigma = 55$. Use os resultados da amostra para calcular a estatística de teste e o valor-*p* para seu teste de hipótese.
    c. Com $\alpha = 0,05$, qual é a sua conclusão?

19. O IRS (Internal Revenue Service, ou Serviço da Receita Federal) oferece um serviço gratuito de telefonia para o qual os contribuintes podem ligar e obter respostas às suas dúvidas sobre a preparação de suas declarações de imposto de renda. Nos últimos anos, o IRS tem sido inundado com chamadas dos contribuintes e teve de reprojetar seu serviço de telefonia, assim como divulgar as respostas no FAQ (perguntas realizadas com frequência) do seu site (*The Cincinnati Enquirer*, 7 de janeiro de 2010). De acordo com o relatório feito por um advogado defensor dos contribuintes, estes, ao recorrerem ao novo sistema, podem ter de esperar por muito tempo, até 12 minutos, antes de conseguirem falar com um atendente do IRS. Suponha que você selecione uma amostra de 50 contribuintes após o novo sistema ter sido implementado; os resultados amostrais indicam um tempo médio de espera de 10 minutos antes que o atendente do IRS atenda a uma ligação. Com base em dados dos últimos anos, você decide que é razoável assumir que o desvio padrão do tempo de espera seja de 8 minutos. Utilizando seus resultados amostrais, você pode concluir que o tempo médio real de espera seja significativamente menor do que o tempo de 12 minutos afirmado pelo defensor dos contribuintes? Utilize $\alpha = 0,05$.

20. O gasto anual com medicamentos prescritos foi de US$ 838 por pessoa no nordeste dos Estados Unidos (site do Hospital Care Cost Institute, 7 de novembro de 2012). Uma amostra de 60 pessoas na região centro-oeste mostrou uma despesa anual de US$ 745 por pessoa com medicamentos prescritos. Use um desvio padrão populacional de US$ 300 para responder às seguintes perguntas.
    a. Formule hipóteses para um teste a fim de determinar se os dados da amostra suportam a conclusão de que a despesa anual da população com medicamentos prescritos por pessoa é menor no centro-oeste do que no nordeste.
    b. Qual é o valor da estatística de teste?
    c. Qual é o valor-*p*?
    d. Com $\alpha = 0,01$, qual é a sua conclusão?

21. A Fowle Marketing Research, Inc. fundamenta os preços que cobra de seus clientes na suposição de que pesquisas feitas por telefone podem ser concluídas em um tempo médio de 15 minutos ou menos. Se for necessário um tempo médio de pesquisa mais longo, uma taxa adicional é cobrada. Suponha que uma amostra de 35 pesquisas apresente os tempos de pesquisa mostrados no arquivo denominado Fowle. Com base em estudos anteriores, o desvio padrão populacional é considerado como conhecido, $\sigma = 4$ minutos. A taxa adicional se justifica?
    a. Formule as hipóteses nula e alternativa para essa aplicação.
    b. Calcule o valor da estatística de teste.
    c. Qual é o valor-*p*?
    d. Com $\alpha = 0,01$, qual é a sua conclusão?

22. A CCN e a ActMedia criaram um canal de televisão destinado a pessoas que esperam nas filas do caixa de supermercados. O canal apresentava notícias, entrevistas breves e anúncios. A duração do programa se baseava na suposição de que o tempo médio que a população de compradores permanece em uma fila de supermercado é igual a 8 minutos. Uma amostra de tempos de espera reais será utilizada para testar essa suposição e determinar se o tempo médio de espera real difere desse padrão.
    a. Formule as hipóteses para esta aplicação.

b. Uma amostra de 120 compradores apresentou tempo médio de espera de 8,5 minutos. Suponha um desvio padrão populacional $\sigma = 3,2$ minutos. Qual é o valor-p?
c. Com $\alpha = 0,05$, qual é a sua conclusão?
d. Construa um intervalo de confiança de 95% para a média populacional. Ela sustenta sua conclusão?

Média populacional: σ desconhecido

Nesta seção, descrevemos como realizar testes de hipóteses para uma média populacional considerando o caso em que σ é desconhecido. Uma vez que o caso em que σ é desconhecido corresponde a situações em que não se pode desenvolver uma estimativa do desvio padrão populacional antes de se fazer a amostragem, a amostra deve ser utilizada para se obter uma estimativa tanto de μ como de σ. Assim, para se realizar um teste de hipóteses para uma média populacional no caso em que σ é desconhecido utilizamos a média amostral $\bar{x}$ como uma estimativa de μ e usamos o desvio padrão amostral s como uma estimativa de σ.

As etapas do procedimento de teste de hipóteses referentes ao caso em que σ é desconhecido são similares às do caso em que σ é conhecido, conforme descrevemos na Seção 9.3. Mas com σ desconhecido os cálculos da estatística de teste e do valor-p são um pouco diferentes. Lembre-se de que, neste caso, a distribuição amostral da estatística de teste tem uma distribuição normal padrão. Porém, para o caso em que σ é desconhecido a distribuição amostral da estatística de teste segue a distribuição t; ela tem uma variabilidade ligeiramente maior porque a amostra é utilizada para desenvolver estimativas tanto de μ quanto de σ.

Na Seção 8.2, mostramos que uma estimativa intervalar de uma média populacional para o caso em que σ é desconhecido se baseia em uma distribuição probabilística conhecida por distribuição t. Os testes de hipóteses para uma média populacional no caso em que σ é desconhecido também se baseiam na distribuição t. Para este caso a estatística de teste tem uma distribuição t com $n - 1$ grau de liberdade.

ESTATÍSTICA DE TESTE PARA TESTES DE HIPÓTESES EM UMA MÉDIA POPULACIONAL: σ DESCONHECIDO

$$t = \frac{\bar{x} - \mu_0}{s/\sqrt{n}} \tag{9.2}$$

No Capítulo 8 dissemos que a distribuição t se baseia na suposição de que a população da qual extraímos a amostra tem uma distribuição normal. Entretanto, as pesquisas mostram que essa suposição pode ser consideravelmente desprezada quando o tamanho amostral for suficientemente grande. Apresentamos alguns conselhos práticos referentes à distribuição populacional e ao tamanho amostral no fim desta seção.

Teste unicaudal

Consideremos um exemplo de teste unicaudal de uma média populacional para o caso em que σ é desconhecido. Uma revista de viagens de negócios quer classificar os aeroportos internacionais de acordo com a avaliação média da população de pessoas que viajam a negócios. Será usada uma escala de classificação, sendo 0 uma avaliação baixa e 10 uma avaliação elevada, e os aeroportos que receberem uma avaliação média populacional maior que 7 serão designados como aeroportos com atendimento de alto nível. A equipe da revista pesquisou uma amostra de 60 viajantes a negócios em cada aeroporto para obter os dados da avaliação. A amostra do aeroporto de Londres, Heathrow, produziu uma avaliação média amostral $\bar{x} = 7,25$ e um desvio padrão amostral $s = 1,052$. Os dados indicam que Heathrow deveria ser designado como um aeroporto com atendimento de alto nível?

Queremos desenvolver um teste de hipóteses para o qual a rejeição de H_0 acarretará a conclusão de que a avaliação média populacional de Heathrow seja *maior* que 7. Desse modo, um teste de cauda superior, com $H_a: \mu > 7$, é necessário. As hipóteses nula e alternativa para esse teste de cauda superior são as seguintes:

$$H_0: \mu \leq 7$$
$$H_a: \mu > 7$$

364 Estatística aplicada a administração e economia

Utilizaremos $\alpha = 0{,}05$ como nível de significância do teste.

Utilizando a Equação (9.2), com $\bar{x} = 7{,}25$, $\mu_0 = 7$, $s = 1{,}052$ e $n = 60$, o valor da estatística de teste é

$$t = \frac{\bar{x} - \mu_0}{s/\sqrt{n}} = \frac{7{,}25 - 7}{1{,}052/\sqrt{60}} = 1{,}84$$

A distribuição amostral de t tem $n - 1 = 60 - 1 = 59$ graus de liberdade. Uma vez que se trata de um teste de cauda superior, o valor-p é $P(t \geq 1{,}84)$; ou seja, a área na cauda superior correspondente ao valor da estatística de teste.

As tabelas de distribuição t apresentadas na maioria dos livros didáticos não conterão detalhes suficientes para determinarmos o valor-p exato, como é o caso do valor-p correspondente a $t = 1{,}84$. Por exemplo, ao usarmos a Tabela 2 do Apêndice B, a distribuição t com 59 graus de liberdade fornece as seguintes informações:

Área na cauda superior	0,20	0,10	0,05	0,025	0,01	0,005
Valor t (59 graus de liberdade)	0,848	1,296	1,671	2,001	2,391	2,662

$$t = 1{,}84$$

Vemos que $t = 1{,}84$ está entre 1,671 e 2,001. Apesar de a tabela não fornecer o valor-p exato, os valores apresentados na linha "Área na cauda superior" indicam que o valor-p deve ser menor que 0,05 e maior do que 0,025. Com um nível de significância $\alpha = 0{,}05$, essa localização é tudo de que precisamos conhecer para tomar a decisão de rejeitar a hipótese nula e concluir que Heathrow deve ser classificado como um aeroporto com atendimento de alto nível.

O Apêndice F mostra como calcular valores-p utilizando o Excel ou o Minitab.

Como é muito complicado utilizar uma tabela t para calcular valores-p pelo fato de obtermos *somente* valores aproximados, demonstramos como calcular o valor-p exato utilizando o Excel ou o Minitab. As instruções podem ser encontradas no Apêndice F, no final deste livro. Utilizar o Excel ou o Minitab com $t = 1{,}84$ fornece o valor-p de 0,0354 na cauda superior para o teste de hipóteses referente a Heathrow. Com $0{,}0354 < 0{,}05$ rejeitamos a hipótese nula e concluímos que o Heathrow deveria ser classificado como um aeroporto que tem serviço de atendimento de alto nível.

A decisão de rejeitar ou não a hipótese nula no caso de σ desconhecido também pode ser feita utilizando o critério de valor crítico. O valor crítico correspondente a uma área de $\alpha = 0{,}05$ na cauda superior de uma distribuição t com 59 graus de liberdade é $t_{0{,}05} = 1{,}671$. Assim, a regra de rejeição utilizando o critério de valor crítico é rejeitar H_0 se $t \geq 1{,}671$. Como $t = 1{,}84 > 1{,}671$, H_0 é rejeitada. Heathrow deve ser classificado como um aeroporto com serviço de nível superior.

Teste bicaudal

Para ilustrarmos como se realiza um teste bicaudal para uma média populacional para o caso em que σ é desconhecido, consideremos a situação de teste de hipóteses enfrentada pela Holiday Toys. A empresa fabrica seus produtos e os distribui para mais de mil pontos de revenda. Ao planejar os níveis de produção para a próxima estação de inverno, a Holiday precisa decidir quantas unidades de cada produto deve produzir antes de conhecer a demanda do varejo. Em relação ao novo brinquedo mais importante deste ano, o diretor de marketing da Holiday espera que a demanda média seja de 40 unidades por ponto de revenda. Antes de tomar a decisão final de produção com base nessa estimativa, a Holiday decidiu pesquisar uma amostra de 25 varejistas a fim de obter mais informações sobre a demanda pelo novo produto. Cada varejista recebeu informações sobre as características do novo brinquedo, além do custo e do preço de venda sugerido. Depois, cada um deles teve de prever uma quantidade para encomendar antecipadamente da fábrica. Considerando que μ denota o número médio populacional de brinquedos encomendados por ponto de revenda, os dados amostrais serão usados para realizar o seguinte teste de hipóteses bicaudal:

$$H_0: \mu = 40$$
$$H_a: \mu \neq 40$$

Se H_0 não puder ser rejeitada, a Holiday continuará seu planejamento da produção tendo como base a estimativa feita pelo diretor de marketing, segundo a qual a média populacional dos lotes encomendados por ponto de revenda será $\mu = 40$ unidades. Entretanto, se H_0 for rejeitada, a Holiday reavaliará imediatamente seu plano de manufatura do produto.

Um teste de hipóteses bicaudal é usado porque a Holiday quer reavaliar o plano de produção se o número médio populacional de encomendas por ponto de revenda for menor ou maior que o previsto. Uma vez que não há dados históricos disponíveis (trata-se de um novo produto), a média populacional μ e o desvio padrão populacional devem ser, ambos, estimados utilizando-se $\bar{x}$ e s dos dados amostrais.

A amostra de 25 varejistas produziu uma média $\bar{x} = 37{,}4$ e um desvio padrão $s = 11{,}79$ unidades. Antes de seguir em frente utilizando a distribuição t, o analista construiu um histograma dos dados amostrais a fim de verificar a forma da distribuição populacional. O histograma dos dados amostrais não apresentou nenhuma evidência de assimetria nem valores atípicos extremos, de forma que o analista concluiu que o uso da distribuição t com $n - 1 = 24$ graus de liberdade era apropriado. Usando a Equação (9.2), com $\bar{x} = 37{,}4$, $\mu_0 = 40$, $s = 11{,}79$ e $n = 25$, o valor da estatística de teste é:

$$t = \frac{\bar{x} - \mu_0}{s/\sqrt{n}} = \frac{37{,}4 - 40}{11{,}79/\sqrt{25}} = -1{,}10$$

Já que se trata de um teste bicaudal, o valor-p é duas vezes a área sob a curva da distribuição t à esquerda de $t \leq -1{,}10$. Ao usarmos a Tabela 2 do Apêndice B, notamos que a tabela da distribuição t correspondente a 24 graus de liberdade fornece as seguintes informações:

Área sobre a cauda superior	0,20	0,10	0,05	0,025	0,01	0,005
Valor t (24 graus de liberdade)	0,857	1,318	1,711	2,064	2,492	2,797

$t = 1{,}10$

A tabela de distribuição t contém somente valores t positivos. Entretanto, como a distribuição t é simétrica, a área na cauda superior em $t = 1{,}10$ é a mesma que a área na cauda inferior em $t = -1{,}10$. Notamos que $t = 1{,}10$ está entre 0,857 e 1,318. Na linha "Área na cauda superior", verificamos que a área na cauda à direita de $t = 1{,}10$ está entre 0,20 e 0,10. Duplicando esses valores, observamos que o valor-p deve estar entre 0,40 e 0,20. Com um nível de significância $\alpha = 0{,}05$, agora sabemos que o valor-p é maior que α. Portanto, H_0 não pode ser rejeitada. Não há evidências suficientes disponíveis para concluirmos que a Holiday deve alterar seu plano de produção para a próxima estação.

O Apêndice F mostra como o valor-p para este teste pode ser calculado utilizando-se o Excel ou o Minitab. O valor-p obtido é 0,2822. Com um nível de significância de $\alpha = 0{,}05$, não podemos rejeitar H_0 porque $0{,}2822 > 0{,}05$.

A estatística de teste também pode ser comparada com o valor crítico para se tomar a decisão em testes de hipóteses bicaudais. Com $\alpha = 0{,}05$ e a distribuição t com 24 graus de liberdade, $-t_{0{,}025} = -2{,}064$ e $t_{0{,}025} = 2{,}064$ são os valores críticos para o teste bicaudal. A regra de rejeição, utilizando a estatística de teste, é:

Rejeitar H_0 se $t \leq -2{,}064$ ou se $t \geq 2{,}064$

Com base na estatística de teste $t = -1{,}10$, H_0 não pode ser rejeitada. Esse resultado indica que a Holiday deve manter seu planejamento de produção para a próxima estação baseando-se na expectativa de que $\mu = 40$.

Resumo e conselho prático

A Tabela 9.3 apresenta um resumo dos procedimentos de teste de hipóteses para uma média populacional para o caso em que σ é desconhecido. A diferença fundamental entre esses procedimentos e aqueles em que σ é conhecido é que s é usado em vez de σ no cálculo da estatística de teste. Por esse motivo, a estatística de teste segue a distribuição t.

A aplicabilidade dos procedimentos de teste de hipóteses apresentados nesta seção depende da distribuição da população da qual se extrai a amostra e do tamanho amostral. Quando a população estiver normalmente distribuída, os testes de hipóteses descritos nesta seção produzirão resultados exatos para qualquer tamanho amostral. Quando a população não estiver normalmente distribuída, os procedimentos serão aproximações. Todavia, observamos que tamanhos amostrais maiores que 30 produzirão bons resultados em quase todos os casos. Se a população for aproximadamente normal, tamanhos amostrais pequenos (por exemplo, $n < 15$) podem produzir resultados aceitáveis. Se a população tiver uma assimetria elevada ou se contiver valores atípicos (*outliers*), tamanhos amostrais próximos de 50 são recomendados.

TABELA 9.3 Resumo dos testes de hipóteses sobre uma média populacional: caso de σ desconhecido

	Teste de cauda inferior	Teste de cauda superior	Teste bicaudal
Hipóteses	$H_0: \mu \geq \mu_0$ $H_a: \mu < \mu_0$	$H_0: \mu \leq \mu_0$ $H_a: \mu > \mu_0$	$H_0: \mu = \mu_0$ $H_a: \mu \neq \mu_0$
Estatística de teste	$t = \dfrac{\bar{x} - \mu_0}{s/\sqrt{n}}$	$t = \dfrac{\bar{x} - \mu_0}{s/\sqrt{n}}$	$t = \dfrac{\bar{x} - \mu_0}{s/\sqrt{n}}$
Regra de rejeição: critério do valor-p	Rejeitar H_0 se valor-$p \leq \alpha$	Rejeitar H_0 se valor-$p \leq \alpha$	Rejeitar H_0 se valor-$p \leq \alpha$
Regra de rejeição: critério do valor crítico	Rejeitar H_0 se $t \leq -t_\alpha$	Rejeitar H_0 se $t \geq t_\alpha$	Rejeitar H_0 se $t \leq -t_{\alpha/2}$ ou se $t \geq t_{\alpha/2}$

Exercícios

Métodos

23. Considere o seguinte teste de hipóteses:

    $$H_0: \mu \leq 12$$
    $$H_a: \mu > 12$$

    Uma amostra de tamanho 25 produziu a média amostral $\bar{x} = 14$ e um desvio padrão amostral $s = 4,32$.
    a. Calcule o valor da estatística de teste.
    b. Utilize a tabela de distribuição t (Tabela 2 do Apêndice B) para calcular o valor-p.
    c. Com $\alpha = 0,05$, qual é a sua conclusão?
    d. Qual é a regra de rejeição utilizando o valor crítico? Qual é a sua conclusão?

24. Considere o seguinte teste de hipóteses:

    $$H_0: \mu = 18$$
    $$H_a: \mu \neq 18$$

    Uma amostra de tamanho 48 produziu uma média amostral $\bar{x} = 17$ e um desvio padrão amostral $s = 4,5$.
    a. Calcule o valor da estatística de teste.
    b. Utilize a tabela de distribuição t (Tabela 2 do Apêndice B) para calcular o valor-p.
    c. Com $\alpha = 0,05$, qual é a sua conclusão?
    d. Qual é a regra de rejeição utilizando o valor crítico? Qual é a sua conclusão?

25. Considere o seguinte teste de hipóteses:

    $$H_0: \mu \geq 45$$
    $$H_a: \mu < 45$$

    Uma amostra de tamanho 36 é utilizada. Identifique o valor-p e apresente sua conclusão em relação a cada um dos seguintes resultados amostrais. Use $\alpha = 0,01$.
    a. $\bar{x} = 44$ e $s = 5,2$
    b. $\bar{x} = 43$ e $s = 4,6$
    c. $\bar{x} = 46$ e $s = 5,0$

26. Considere o seguinte teste de hipóteses:

    $$H_0: \mu = 100$$
    $$H_a: \mu \neq 100$$

    Uma amostra de tamanho 65 é utilizada. Identifique o valor-p e apresente sua conclusão em relação a cada um dos seguintes resultados amostrais. Use $\alpha = 0,05$.
    a. $\bar{x} = 103$ e $s = 11,5$
    b. $\bar{x} = 96,5$ e $s = 11,0$
    c. $\bar{x} = 102$ e $s = 10,5$

Aplicações

27. O que é mais barato: sair para jantar ou jantar em casa? O custo médio de uma refeição composta de um bife, brócolis e arroz, comprados no supermercado é de US$ 13,04 (site da Money.msn, 7 de novembro de 2012). Uma amostra de 100 restaurantes da vizinhança mostrou um preço médio de US$ 12,75 e um desvio padrão de US$ 2 para uma refeição de restaurante equivalente à mencionada.
    a. Desenvolva hipóteses apropriadas para um teste a fim de determinar se os dados amostrais apoiam a conclusão de que o custo médio de uma refeição em um restaurante é menor do que fazer uma refeição equivalente em casa.
    b. Utilizando a amostra de 100 restaurantes, qual é o valor-p?
    c. Com $\alpha = 0,05$, qual é a sua conclusão?
    d. Repita o teste de hipóteses anterior utilizando o critério do valor crítico.

28. Um grupo de acionistas, ao apresentar um protesto, alegou que o tempo médio pelo qual um diretor executivo (CEO) permanece no cargo era de pelo menos 9 anos. Um estudo realizado com empresas relatado no *The Wall Street Journal* apresentou uma média amostral do tempo de permanência de $\bar{x} = 7,27$ anos para CEOs, com um desvio padrão de $s = 6,38$ anos.
    a. Formule hipóteses que podem ser utilizadas para desafiar a validade da declaração feita pelo grupo de acionistas.
    b. Suponha que 85 companhias foram incluídas na amostra. Qual é o valor-p para seu teste de hipóteses?
    c. Com $\alpha = 0,01$, qual é sua conclusão?

29. O salário anual médio nacional de um gestor escolar é de US$ 90.000 por ano (*The Cincinnati Enquirer*, 7 de abril de 2012). Um funcionário da escola obteve uma amostra de 25 gestores escolares no estado de Ohio para saber sobre os salários naquele estado e verificar se diferiam da média nacional.
    a. Formule hipóteses que possam ser utilizadas para determinar se o salário anual médio da população de gestores em Ohio difere da média nacional, de US$ 90.000.
    b. Os dados amostrais de 25 gestores de Ohio está no arquivo denominado Administrator. Qual é o valor-p para seu teste de hipóteses no item (a)?
    c. Com $\alpha = 0,05$, sua hipótese nula pode ser rejeitada? Qual a sua conclusão?
    d. Repita o teste de hipóteses anterior utilizando o critério do valor crítico.

30. O tempo que os homens casados dedicam aos cuidados de seus filhos é de 6,4 horas por semana (*Time*, 12 de março de 2012). Você pertence a um grupo profissional de estudos sobre práticas familiares que gostaria de fazer sua própria pesquisa para determinar se o tempo que os homens casados, que moram em sua região, gastam com o cuidado de seus filhos por semana difere da média relatada acima. Uma amostra de 40 casais será utilizada, com os dados coletados mostrando as horas por semana que os maridos gastam cuidando de seus filhos. Os dados amostrais estão contidos no arquivo ChildCare.
    a. Quais são as hipóteses se o seu grupo quiser determinar se o número médio de horas que a população de homens casados gasta no cuidado de seus filhos é diferente da média relatada pela *Time* em sua região?
    b. Qual é a média amostral e o valor-p?
    c. Selecione seu próprio nível de significância. Qual é a sua conclusão?

31. A Coca-Cola Company divulgou que as vendas médias anuais *per capita* de suas bebidas nos Estados Unidos foi de 423 porções de 8 onças, sendo que 1 onça corresponde a aproximadamente 236,5 mililitros (site da Coca-Cola Company, 3 de fevereiro de 2009). Suponha que você esteja curioso para saber se o consumo de bebidas da Coca-Cola é maior em Atlanta, Geórgia, local onde fica a sede da Coca-Cola. Uma amostra de 36 indivíduos da região de Atlanta indicou uma média amostral do consumo anual de 460,4 porções de 8 onças, com um desvio padrão de $s = 101,9$ onças. Utilizando $\alpha = 0,05$, os resultados amostrais apoiam a conclusão de que a média de consumo anual das bebidas da Coca-Cola é maior em Atlanta?

32. De acordo com a National Automobile Dealers Association o preço médio dos carros usados é de US$ 10.192. O gerente de uma revendedora de carros usados de Kansas City revisou uma amostra de 50 vendas recentes de carros usados em sua revendedora, tentando determinar se o preço médio populacional dos carros usados vendidos em sua revendedora em particular diferia da média nacional. Os preços para a amostra de 50 carros estão no arquivo denominado UsedCars.
    a. Formule as hipóteses que podem ser usadas para determinar se existe uma diferença no preço médio de carros usados da revendedora.
    b. Qual é o valor-p?
    c. Com $\alpha = 0,05$, qual é a sua conclusão?

33. O prêmio anual médio para um seguro de automóvel nos Estados Unidos é de US$ 1.503 (site da Insure.com, 6 de março de 2014). Sendo da Pensilvânia, você acredita que o seguro de carros é mais barato e deseja desenvolver um apoio estatístico para sua opinião. Uma amostra de 25 apólices de seguros de automóvel do estado da Pensilvânia registrou um prêmio anual médio de US$ 1.440 com um desvio padrão de $s = $ US$ 165.
    a. Desenvolva um teste de hipótese que possa ser utilizado para determinar se o prêmio anual médio de um seguro na Pensilvânia é menor do que o prêmio anual médio nacional.
    b. Qual é a estimação pontual da diferença entre o prêmio anual médio na Pensilvânia e a média nacional?
    c. Com $\alpha = 0,05$, teste para verificar se há uma diferença significativa. Qual é a sua conclusão?

34. Joan's Nursery é especialista em paisagismo personalizado para áreas residenciais. O custo de mão de obra estimado de uma proposta de paisagismo em particular se baseia no número de plantações de árvores, arbustos etc. Para fins de estimação do custo, os gerentes

utilizam duas horas de mão de obra para o plantio de uma árvore de tamanho médio. Os tempos reais de uma amostra de 10 plantações durante o mês passado são apresentados a seguir (o tempo está expresso em horas).

1,7   1,5   2,6   2,2   2,4   2,3   2,6   3,0   1,4   2,3

Com um nível de significância de 0,05, teste se o tempo médio de plantio das árvores difere de duas horas.
a. Escreva as hipóteses nula e alternativa.
b. Calcule a média amostral.
c. Calcule o desvio padrão amostral.
d. Qual é o valor-p?
e. Qual é a sua conclusão?

Proporção populacional

Nesta seção mostramos como realizar um teste de hipóteses para uma proporção populacional p. Utilizando p_0 para denotar o valor hipotético da proporção populacional, as três formas de teste de hipóteses para uma proporção populacional são as seguintes:

$$H_0: p \geq p_0 \qquad H_0: p \leq p_0 \qquad H_0: p = p_0$$
$$H_a: p < p_0 \qquad H_a: p > p_0 \qquad H_a: p \neq p_0$$

A primeira forma é chamada teste de cauda inferior, a segunda teste de cauda superior, e a terceira teste bicaudal.

Os testes de hipóteses para uma proporção populacional se baseiam na diferença entre a proporção amostral $\bar{p}$ e a proporção populacional p_0 hipotética. Os métodos utilizados para realizar o teste de hipóteses são similares àqueles usados para os testes de hipóteses para uma média populacional. A única diferença é que utilizamos a proporção amostral e seu erro padrão para calcular a estatística de teste. O critério do valor-p ou o critério do valor crítico é então empregado para determinar se a hipótese nula deve ser rejeitada.

Consideremos um exemplo que envolve uma situação enfrentada pelo curso de golfe Pine Creek. No decorrer do ano passado, 20% dos jogadores no Pine Creek eram mulheres. Em um esforço para aumentar a proporção de mulheres jogadoras, o Pine Creek implementou uma promoção idealizada para atrair mulheres golfistas. Um mês depois que a promoção foi implementada, o gerente do curso solicitou um estudo estatístico para determinar se a proporção de mulheres golfistas no Pine Creek havia aumentado. Uma vez que o objetivo do estudo é determinar se a proporção de mulheres golfistas aumentou, um teste de cauda superior, com $H_a: p > 0{,}20$, é apropriado. As hipóteses nula e alternativa do teste de hipóteses do Pine Creek são as seguintes:

$$H_0: p \leq 0{,}20$$
$$H_a: p > 0{,}20$$

Se H_0 puder ser rejeitada, os resultados do teste darão apoio estatístico à conclusão de que a proporção de mulheres golfistas aumentou e que a promoção foi benéfica. O gerente do curso especificou que um nível de significância de $\alpha = 0{,}05$ deveria ser utilizado na execução desse teste de hipóteses.

A etapa seguinte do procedimento de teste de hipóteses é selecionar uma amostra e calcular o valor de uma estatística de teste apropriada. Para mostrar como essa etapa é feita, considerando o teste de cauda superior do Pine Creek, iniciamos com uma discussão geral de como é possível calcular o valor da estatística de teste para qualquer formulação do teste de uma proporção populacional. A distribuição amostral de $\bar{p}$, que é o estimador pontual do parâmetro populacional p, é a base para desenvolvermos a estatística de teste.

Quando a hipótese nula é verdadeira como uma igualdade, o valor esperado de $\bar{p}$ equivale ao valor hipotético p_0; ou seja, $E(\bar{p}) = p_0$. O erro padrão de $\bar{p}$ é dado por:

$$\sigma_{\bar{p}} = \sqrt{\frac{p_0(1 - p_0)}{n}}$$

No Capítulo 7, dissemos que se $np \geq 5$ e $n(1-p) \geq 5$, a distribuição amostral de $\bar{p}$ pode ser aproximada a uma distribuição normal.[3] Sob essas condições, que geralmente se aplicam na prática, a quantidade

---

[3] Na maioria das aplicações envolvendo testes de hipóteses de uma proporção populacional os tamanhos amostrais são suficientemente grandes para utilizar a aproximação normal. A distribuição amostral exata de $\bar{p}$ é discreta, com a probabilidade para cada valor de $\bar{p}$ dada pela distribuição binomial. Assim, o teste de hipóteses é um pouco mais complicado para pequenas amostras quando a aproximação normal não pode ser utilizada.

$$z = \frac{\bar{p} - p_0}{\sigma_{\bar{p}}} \qquad (9.3)$$

tem uma distribuição de probabilidade normal padrão. Com $\sigma_{\bar{p}} = \sqrt{p_0(1-p_0)/n}$, a variável aleatória z com distribuição normal padrão é a estatística de teste utilizada para se realizar testes de hipóteses para uma proporção populacional.

ESTATÍSTICA DE TESTE PARA TESTES DE HIPÓTESES DE UMA PROPORÇÃO POPULACIONAL

$$z = \frac{\bar{p} - p_0}{\sqrt{\dfrac{p_0(1-p_0)}{n}}} \qquad (9.4)$$

Agora podemos calcular a estatística de teste correspondente ao teste de hipóteses do Pine Creek. Suponha que uma amostra aleatória de 400 jogadores tenha sido selecionada e que 100 desses jogadores eram mulheres. A proporção de mulheres golfistas é:

$$\bar{p} = \frac{100}{400} = 0,25$$

Utilizando a Equação (9.4), o valor da estatística de teste é

$$z = \frac{\bar{p} - p_0}{\sqrt{\dfrac{p_0(1-p_0)}{n}}} = \frac{0,25 - 0,20}{\sqrt{\dfrac{0,20(1-0,20)}{400}}} = \frac{0,05}{0,02} = 2,50$$

Uma vez que o teste de hipóteses do Pine Creek é de cauda superior, o valor-p é a probabilidade de z ser maior ou igual a $z = 2,50$; ou seja, é a área sob a curva normal padrão correspondente a $z \geq 2,50$. Usando a tabela de probabilidade normal padrão, descobrimos que a área à esquerda de $z = 2,50$ é 0,9938. Desse modo, o valor-p para o teste do Pine Creek é $1,0000 - 0,9938 = 0,0062$. A Figura 9.7 apresenta esse cálculo do valor-p.

Lembre-se de que o gerente do curso especificou um nível de significância $\alpha = 0,05$. Um valor-$p = 0,0062 < 0,05$ fornece suficiente evidência estatística para rejeitarmos H_0 ao nível de significância 0,05. Assim, o teste fornece o suporte estatístico para a conclusão de que a promoção especial aumentou o número de jogadoras no curso de golfe Pine Creek.

A decisão de rejeitar ou não a hipótese nula também pode ser tomada usando-se o critério do valor crítico. O valor crítico correspondente a uma área de 0,05 na cauda superior de uma distribuição normal padrão é $z_{0,05} = 1,645$. Desse modo, a regra de rejeição usando-se o critério do valor crítico é rejeitar H_0 se $z \geq 1,645$. Uma vez que $z = 2,50 > 1,645$, H_0 é rejeitada.

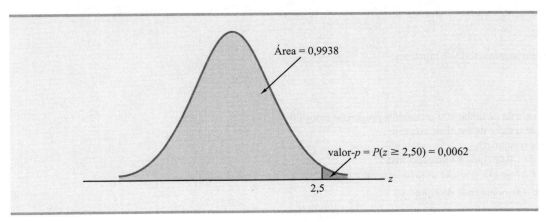

FIGURA 9.7 Cálculo do valor-p para o teste de hipóteses do Pine Creek

Novamente, notamos que o critério do valor-p e o critério do valor crítico levam à mesma conclusão do teste de hipóteses, mas o critério do valor-p fornece mais informações. Com um valor-p = 0,0062, a hipótese nula seria rejeitada para qualquer nível de significância maior ou igual a 0,0062.

Resumo

O procedimento utilizado para realizar um teste de hipóteses para uma proporção populacional é similar ao utilizado para realizar um teste de hipóteses de uma média populacional. Apesar de somente termos ilustrado a maneira de realizar um teste de hipóteses a respeito de uma proporção populacional para um teste de cauda superior, procedimentos semelhantes podem ser usados para testes de cauda inferior e para testes bicaudais. A Tabela 9.4 apresenta um resumo dos testes de hipóteses para uma proporção populacional. Assumimos que $np \geq 5$ e $n(1-p) \geq 5$; desse modo, a distribuição de probabilidade normal pode ser utilizada como uma aproximação para a distribuição amostral de $\bar{p}$.

TABELA 9.4 Resumo dos testes de hipóteses para uma proporção populacional

	Teste de cauda inferior	Teste de cauda superior	Teste bicaudal
Hipóteses	$H_0: p \geq p_0$ $H_a: p < p_0$	$H_0: p \leq p_0$ $H_a: p > p_0$	$H_0: p = p_0$ $H_a: p \neq p_0$
Estatística de teste	$z = \dfrac{\bar{p} - p_0}{\sqrt{\dfrac{p_0(1-p_0)}{n}}}$	$z = \dfrac{\bar{p} - p_0}{\sqrt{\dfrac{p_0(1-p_0)}{n}}}$	$z = \dfrac{\bar{p} - p_0}{\sqrt{\dfrac{p_0(1-p_0)}{n}}}$
Regra de rejeição: critério do valor-p	Rejeitar H_0 se valor-$p \leq \alpha$	Rejeitar H_0 se valor-$p \leq \alpha$	Rejeitar H_0 se valor-$p \leq \alpha$
Regra de rejeição: critério do valor crítico	Rejeitar H_0 se $z \leq -z_\alpha$	Rejeitar H_0 se $z \geq z_\alpha$	Rejeitar H_0 se $z \leq -z_{\alpha/2}$ ou se $z \geq z_{\alpha/2}$

NOTAS E COMENTÁRIOS

A distribuição binomial também pode ser utilizada para executar um teste de hipóteses exato para uma proporção. Este método é mais preciso e mais eficiente que o de aproximação normal. No entanto, os cálculos para o método de aproximação normal são mais simples, e a precisão e eficiência dos testes de hipóteses realizados utilizando o método de aproximação normal aumentam à medida que o tamanho da amostra aumenta.

Exercícios

Métodos

35. Considere o seguinte teste de hipóteses:

$$H_0: p = 0,20$$
$$H_a: p \neq 0,20$$

Uma amostra de tamanho 400 produziu a proporção amostral $\bar{p} = 0,175$.
   a. Calcule o valor da estatística de teste.
   b. Qual é o valor-p?
   c. Com $\alpha = 0,05$, qual é a sua conclusão?
   d. Qual é a regra de rejeição usando-se o valor crítico? Qual é a sua conclusão?

36. Considere o seguinte teste de hipóteses:

$$H_0: p \geq 0,75$$
$$H_a: p < 0,75$$

Uma amostra de 300 itens foi selecionada. Calcule o valor-*p* e apresente sua conclusão com respeito a cada um dos seguintes resultados amostrais. Use $\alpha = 0{,}05$.
  a. $\bar{p} = 0{,}68$
  b. $\bar{p} = 0{,}72$
  c. $\bar{p} = 0{,}70$
  d. $\bar{p} = 0{,}77$

Aplicações

37. A Agência de Estatísticas do Trabalho dos Estados Unidos relatou que 11,3% dos trabalhadores norte-americanos pertencem a sindicatos (site da Agência, janeiro de 2014). Suponha que uma amostra de 400 trabalhadores norte-americanos foi coletada em 2014 para determinar se os esforços dos sindicatos no sentido de se organizarem aumentaram a filiação a sindicatos.
    a. Formule as hipóteses que podem ser utilizadas para determinar se a filiação sindical aumentou em 2014.
    b. Se os resultados da amostra mostrarem que 52 dos trabalhadores pertenciam a sindicatos, qual é o valor-*p* para seu teste de hipótese?
    c. Com $\alpha = 0{,}05$, qual é a sua conclusão?

38. Um estudo realizado pela *Consumer Reports* mostrou que 64% das pessoas que fazem compras em supermercados acreditam que as marcas dos próprios supermercados são tão boas quanto as marcas de renome nacional. Para investigar se esse resultado se aplica ao seu próprio produto, o fabricante de uma marca de *ketchup* reconhecida nacionalmente perguntou a uma amostra de compradores se eles acreditavam que o *ketchup* de supermercado era tão bom quanto aquele de renome nacional.
    a. Formule as hipóteses que poderiam ser usadas para determinar se a porcentagem de pessoas que fazem compras em supermercados e que acreditam que o *ketchup* de supermercado era tão bom quanto o de marca nacional diferia de 64%.
    b. Se uma amostra de 100 compradores revelasse 52 pessoas que declaram que a marca de supermercado era tão boa quanto a marca nacional, qual é o valor-*p*?
    c. Com $\alpha = 0{,}05$, qual é a sua conclusão?
    d. O fabricante de *ketchup* de marca nacional devia ter ficado satisfeito com essa conclusão? Explique.

39. Qual porcentagem da população vive no mesmo estado em que nasceu? De acordo com a Pesquisa sobre a Comunidade Americana, feita pelo Departamento de Recenseamento dos EUA, o número varia de 25% em Nevada a 78,7% em Louisiana (*AARP Bulletin*, março de 2014). A porcentagem média em todos os estados e no Distrito de Columbia é de 57,7%. Os dados no arquivo de dados Homestate são consistentes com as descobertas feitas na pesquisa. Os dados são para uma amostra aleatória de 120 moradores do Arkansas e para uma amostra aleatória de 180 residentes na Virgínia.
    a. Formule hipóteses que possam ser utilizadas para determinar se a porcentagem de residentes nos dois estados difere da média geral de 57,7%.
    b. Estime a proporção de residentes nascidos e que residem no Arkansas. Essa proporção difere significativamente da proporção média para todos os estados? Use $\alpha = 0{,}05$.
    c. Estime a proporção de residentes nascidos e que residem na Virgínia. Essa proporção difere significativamente da proporção média para todos os estados? Use $\alpha = 0{,}05$.
    d. Você espera que a proporção de residentes nascidos e residentes seja maior na Virgínia do que em Arkansas? Apoie sua conclusão com os resultados obtidos nos itens (b) e (c).

40. No ano passado, 46% dos proprietários de empresas deram um presente de feriado aos seus funcionários. Um estudo efetuado com proprietários de empresas indicou que 35% planejavam oferecer um presente de feriado de Ação de Graças para seus funcionários. Suponha que os resultados do estudo sejam baseados em uma amostra de 60 proprietários de empresas.
    a. No estudo, quantos proprietários de empresas planejavam oferecer um presente de feriado de Ação de Graças para seus funcionários este ano?
    b. Suponha que os proprietários de empresas na amostra tenham feito conforme planejaram. Calcule o valor-*p* para um teste de hipóteses que pode ser utilizado para determinar se a proporção de proprietários de empresas oferecendo presente de feriado diminuiu em relação ao nível do ano passado.
    c. Utilizando um nível de significância de 0,05, você concluiria que a proporção de proprietários de empresas oferecendo presentes diminuiu? Qual é o menor nível de significância para o qual você chegaria a tal conclusão?

41. Há dez anos, 53% das famílias norte-americanas tinham ações ou fundos de ações. Dados amostrais coletados pelo Instituto de Empresas de Investimento indicam que o percentual agora é de 46% (*The Wall Street Journal*, 5 de outubro de 2012).
    a. Desenvolva hipóteses apropriadas de forma que a rejeição de H_0 sustente a conclusão de que uma proporção menor de famílias norte-americanas tem ações ou fundos de ações em 2012 do que há 10 anos.
    b. Suponha que o Instituto de Empresas de Investimento tenha examinado 300 famílias norte-americanas para estimar que o percentual de ações ou fundos de ações era de 46% em 2012. Qual é o valor-*p* para seu teste de hipóteses?
    c. Com $\alpha = 0{,}01$, qual é a sua conclusão?

42. De acordo com a University of Nevada Center para Administração de Logística, 6% de todas as mercadorias vendidas nos Estados Unidos são devolvidas. Uma loja de departamentos de Houston fez uma amostragem de 80 itens vendidos em janeiro e descobriu que 12 deles foram devolvidos.

372 Estatística aplicada à administração e economia

a. Calcule uma estimativa pontual da proporção de itens devolvidos para a população de transações de vendas na loja de Houston.
b. Construa um intervalo de confiança de 95% para a proporção de devoluções na loja de Houston.
c. A proporção de devoluções na loja de Houston é muito diferente das devoluções para o país como um todo? Forneça apoio estatístico para sua resposta.

43. A Eagle Outfitters é uma rede de lojas especializadas em vestuário e equipamentos para *camping*. A rede está considerando fazer uma promoção que envolve cupons de desconto enviados por correio para todos os seus clientes que têm o cartão de crédito da rede. Esta promoção será considerada um sucesso se mais de 10% dos clientes que receberem os cupons efetivamente utilizá-los. Antes de expandir essa promoção para todo o país, os cupons são enviados para uma amostra de 100 clientes que têm o cartão de crédito da rede.
    a. Desenvolva hipóteses que possam ser utilizadas para testar se a proporção populacional daqueles que utilizarão cupons é suficiente para ser ampliada em âmbito nacional.
    b. O arquivo Eagle contém os dados amostrais. Calcule uma estimativa pontual para a proporção populacional.
    c. Utilize $\alpha = 0{,}05$ para conduzir seu teste de hipóteses. A Eagle deve expandir a promoção para o âmbito nacional?

44. Uma das razões pelas quais os custos com cuidados com a saúde têm aumentado rapidamente nos últimos anos é o custo crescente do seguro contra negligência por parte de médicos. Além disso, o medo de ser processados faz que os médicos realizem mais testes preventivos (possivelmente desnecessários) apenas para garantir que não são culpados por algo passar despercebido (*Reader's Digest*, outubro de 2012). Estes testes preventivos também aumentam os custos da assistência médica. Os dados do arquivo chamado LawSuit são consistentes com o que relata o artigo da *Reader's Digest* e podem ser utilizados para estimar a proporção de médicos com mais de 55 anos que foram processados pelo menos uma vez.
    a. Formule hipóteses que possam ser utilizadas para ver se esses dados podem sustentar a descoberta de que mais da metade dos médicos com mais de 55 anos foram processados pelo menos uma vez.
    b. Use o Excel e o arquivo LawSuit para calcular a proporção amostral de médicos com mais de 55 anos que foram processados pelo menos uma vez. Qual é o valor-*p* para seu teste de hipótese?
    c. Com $\alpha = 0{,}01$, qual é a sua conclusão?

45. A Associação Norte-Americana de Investidores Individuais realiza uma pesquisa semanal com seus membros para medir os percentuais dos que são otimistas, pessimistas e neutros sobre o mercado de ações em relação aos seis meses seguintes. Na semana encerrada em 7 de novembro de 2012, os resultados da pesquisa mostraram que 38,5% estavam otimistas, 21,6% se mostravam neutros e 39,9% se sentiam pessimistas (site da AAII, 12 de novembro de 2012). Suponha que estes resultados sejam baseados em uma amostra de 300 membros do AAII.
    a. Em longo prazo, a proporção de membros otimistas da AAII é de 0,39. Realize um teste de hipótese no nível de significância de 5% para ver se os resultados da amostra atual indicam que o sentimento de otimismo difere de sua média em longo prazo de 0,39. Quais são suas conclusões?
    b. Em longo prazo, a proporção de membros pessimistas da AAII é 0,30. Realize um teste de hipótese no nível de significância de 1% para ver se os resultados da amostra atual indicam que o sentimento pessimismo é maior do que sua média em longo prazo, de 0,30. Quais são suas descobertas?
    c. Você se sentiria à vontade para estender esses resultados a todos os investidores? Sim ou não? Por quê?

9.6 Testes de hipóteses e tomada de decisão

Nas seções anteriores deste capítulo ilustramos as aplicações de testes de hipóteses que são considerados testes de significância. Após formular as hipóteses nula e alternativa, selecionamos uma amostra e calculamos o valor de uma estatística de teste e o valor-*p* associado. Em seguida, comparamos o valor-*p* a uma probabilidade controlada de um erro do Tipo I, α, que é chamado nível de significância para o teste. Se valor-$p \leq \alpha$, concluímos "rejeitar H_0" e declaramos os resultados como significativos; caso contrário, concluímos "não rejeitar H_0". Com um teste de significância, controlamos a probabilidade de cometer o erro do Tipo I, mas não do Tipo II. Assim, recomendamos a conclusão "não rejeitar H_0" em vez de "aceitar H_0" porque esta última nos coloca em risco de cometer o erro do Tipo II de aceitar H_0 quando ela é falsa. Com a conclusão "não rejeitar H_0", a evidência estatística é considerada inconclusiva e é geralmente uma indicação para adiar uma decisão ou ação até que novas pesquisas e testes possam ser realizados.

No entanto, se a finalidade de um teste de hipóteses é tomar uma decisão quando H_0 é verdadeira e uma decisão diferente quando H_a é verdadeira, o tomador de decisão pode querer e, em alguns casos, ser forçado a agir com ambas as conclusões – *não rejeitar H_0* e *rejeitar H_0*. Se esta situação ocorrer, os estatísticos geralmente recomendam controlar a probabilidade de cometer um erro do Tipo II. Com as probabilidades dos erros do Tipo I e Tipo II controlados, a conclusão do teste de hipótese é *aceitar H_0* ou *rejeitar H_0*. No primeiro caso, conclui-se que H_0 é verdadeira, enquanto no segundo conclui-se que H_a é verdadeira. Assim, uma decisão e uma ação apropriada podem ser tomadas quando qualquer conclusão é obtida.

Uma boa ilustração do teste de hipóteses para a tomada de decisão é a amostragem por aceitação de lotes. Por exemplo, um gerente de controle de qualidade deve decidir aceitar uma remessa de baterias de um fornecedor ou devolver a remessa devido à sua baixa qualidade. Suponha que as especificações do projeto exijam que as baterias do fornecedor tenham vida útil média de pelo menos 120 horas. Para avaliar a qualidade de uma remessa que está chegando, uma amostra de 36 baterias será selecionada e testada. Com base na amostra deverá ser tomada a decisão de aceitar a entrega das baterias ou devolvê-las ao fornecedor por causa de sua baixa qualidade. Denote μ como o número médio de horas de vida útil das baterias a ser entregues. As hipóteses nula e alternativa sobre a média da população estão a seguir.

$$H_0: \mu \geq 120$$
$$H_a: \mu < 120$$

Se H_0 for rejeitada, conclui-se que a hipótese alternativa é verdadeira. Esta conclusão indica que a ação apropriada é devolver a remessa ao fornecedor. No entanto, se H_0 não for rejeitada, o responsável pela decisão ainda deve determinar qual ação deve ser tomada. Assim, sem concluir diretamente que H_0 é verdadeira, mas simplesmente por não rejeitá-la, o tomador de decisões terá resolvido pela decisão de aceitar a remessa como de qualidade satisfatória.

Em tais situações de tomada de decisão recomenda-se que o procedimento de teste de hipóteses seja estendido para controlar a probabilidade de um erro do Tipo II. Como uma decisão será tomada e uma ação será realizada ao não rejeitarmos H_0, conhecer a probabilidade de cometer um erro do Tipo II será útil. Nas Seções 9.7 e 9.8 explicamos como calcular a probabilidade de cometer um erro do Tipo II e como o tamanho da amostra pode ser ajustado para ajudar a controlar a probabilidade de ocorrência deste erro.

Como calcular a probabilidade de erro do Tipo II

Nesta seção mostramos como calcular a probabilidade de cometer um erro do Tipo II para um teste de hipótese sobre uma média populacional. Ilustramos o procedimento utilizando o exemplo de aceitar o lote descrito na Seção 9.6. As hipóteses nula e alternativa sobre o número médio de horas de vida útil para uma remessa de baterias são $H_0: \mu \geq 120$ e $H_a: \mu < 120$. Se H_0 for rejeitada, a decisão será devolver a remessa ao fornecedor porque a média de horas de vida útil é inferior às 120 horas especificadas. Se H_0 não for rejeitada, a decisão será aceitar a remessa.

Suponha que um nível de significância de $\sigma = 0,05$ seja usado para conduzir o teste de hipóteses. A estatística de teste no caso de σ conhecido é

$$z = \frac{\bar{x} - \mu_0}{\sigma/\sqrt{n}} = \frac{\bar{x} - 120}{\sigma/\sqrt{n}}$$

Com base no critério do valor crítico e $z_{0,05} = 1,645$, a regra de rejeição para o teste da cauda inferior é

$$\text{Rejeitar } H_0 \text{ se } z \leq -1,645$$

Suponha que uma amostra de 36 baterias seja selecionada e, com base em testes anteriores, o desvio padrão populacional possa ser considerado conhecido com um valor de $\sigma = 12$ horas. A regra de rejeição indica que rejeitaremos H_0 se

$$z = \frac{\bar{x} - 120}{12/\sqrt{36}} \leq -1,645$$

Resolver para $\bar{x}$ na expressão anterior indica que rejeitaremos H_0 se

$$\bar{x} \leq 120 - 1,645 \left(\frac{12}{\sqrt{36}}\right) = 116,71$$

Rejeitar H_0 quando $\bar{x} \leq 116,71$ significa que tomaremos a decisão de aceitar a entrega sempre que

$$\bar{x} > 116,71$$

Com estas informações, estamos prontos para calcular as probabilidades associadas a um erro do Tipo II. Primeiro, lembre-se de que cometemos um erro Tipo II sempre que a média verdadeira da remessa for menor do que 120 horas e tomamos a decisão de aceitar $H_0: \mu \geq 120$. Portanto, para calcular a probabilidade de cometer um erro do Tipo II devemos selecionar o valor de μ inferior a 120 horas. Por exemplo, suponha que a remessa seja considerada de baixa qualidade se as baterias tiverem uma vida útil média de $\mu = 112$ horas. Se $\mu = 112$ for realmente verdadeira, qual é a probabilidade de aceitar $H_0: \mu \geq 120$ e, portanto, cometer um erro do Tipo II? Observe que esta probabilidade significa que a média amostral $\bar{x}$ seja maior que 116,71 quando $\mu = 112$.

A Figura 9.8 mostra que a distribuição amostral de $\bar{x}$ quando a média é $\mu = 112$. A área sombreada na cauda superior indica a probabilidade de se obter $\bar{x} > 116,71$. Utilizando a distribuição normal padrão, verificamos que em $\bar{x} = 116,71$

$$z = \frac{\bar{x} - \mu}{\sigma/\sqrt{n}} = \frac{116,71 - 112}{12/\sqrt{36}} = 2,36$$

A tabela de probabilidade normal padrão mostra que com $z = 2,36$ a área na cauda superior é $1.0000 - 0.9909 = 0.0091$. Desse modo, 0,0091 é a probabilidade de cometer um erro do Tipo II quando $\mu = 112$. Denotando a probabilidade de cometer um erro do Tipo II como as β, vemos que quando $\mu = 112$, $\beta = 0,0091$. Portanto, concluímos que se a média da população é 112 horas, a probabilidade de cometer um erro do Tipo II é somente 0,0091.

Podemos repetir estes cálculos para outros valores de μ menores do que 120. Fazer isso mostrará uma probabilidade diferente de cometer um erro do Tipo II para cada valor de μ. Por exemplo, suponha que a remessa de baterias tenha uma vida útil média de $\mu = 115$ horas. Uma vez que aceitaremos H_0 sempre que $\bar{x} > 116,71$, o valor z para $\mu = 115$ é dado por

$$z = \frac{\bar{x} - \mu}{\sigma/\sqrt{n}} = \frac{116,71 - 115}{12/\sqrt{36}} = 0,86$$

A partir da tabela de probabilidade normal padrão, descobrimos que a área na cauda superior da distribuição normal padrão para $z = 0,86$ é $1,0000 - 0,8051 = 0,1949$. Assim, a probabilidade de cometer um erro do Tipo II é $\beta = 0,1949$ quando a média verdadeira é $\mu = 115$.

Como mostra a Tabela 9.5, a probabilidade de um erro do Tipo II depende do valor da média populacional μ. Para valores de μ próximos de μ_0 a probabilidade de se cometer um erro do Tipo II pode ser grande.

Na Tabela 9.5 mostramos a probabilidade de cometer um erro do Tipo II para diversos valores de μ menores do que 120. Note que, à medida que μ aumenta em direção a 120, a probabilidade de cometer um erro do Tipo II aumenta para um limite superior de 0,95. No entanto, como μ diminui para valores menores do que 120, a probabilidade de se cometer um erro do Tipo II diminui. Este padrão é o que devemos esperar. Quando a média verdadeira da população μ é próxima do valor da hipótese nula de $\mu = 120$, é grande a probabilidade de que cometeremos um erro do Tipo II. No entanto, quando a média verdadeira da população μ está muito abaixo do valor da hipótese nula de $\mu = 120$, é pequena a probabilidade de que cometeremos um erro do Tipo II.

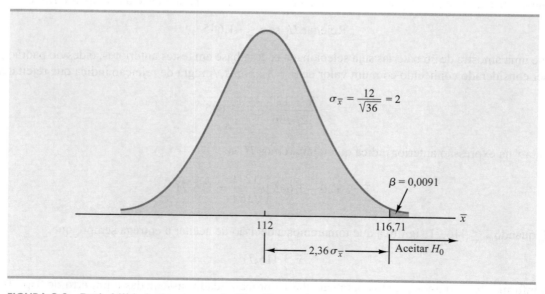

FIGURA 9.8 Probabilidade de um erro do Tipo II quando $\mu = 112$

TABELA 9.5 Probabilidade de cometer um erro do Tipo II para o teste de aceitação de lotes

Valor de μ	$z = \dfrac{116{,}71 - \mu}{12/\sqrt{36}}$	Probabilidade de um erro do Tipo II (β)	Potência ($1 - \beta$)
112	2,36	0,0091	0,9909
114	1,36	0,0869	0,9131
115	0,86	0,1949	0,8051
116,7	0,00	0,5000	0,5000
117	−0,15	0,5596	0,4404
118	−0,65	0,7422	0,2578
119,999	−1,645	0,9500	0,0500

A probabilidade de rejeitar corretamente H_0 quando ela é falsa é chamada **potência** do teste. Para qualquer valor particular de μ, a potência é $1 - \beta$; isto é, a probabilidade de rejeitar corretamente a hipótese nula é 1 menos a probabilidade de cometer um erro do Tipo II. Valores de potência também estão enumerados na Tabela 9.5. Com base nestes valores, a potência associada a cada valor de μ é mostrada graficamente na Figura 9.9. Este gráfico é chamado **curva de potência**. Note que a curva de potência se estende sobre os valores de μ para os quais a hipótese nula é falsa. A altura da curva de potência em qualquer valor de μ indica a probabilidade de rejeitar corretamente H_0 quando H_0 for falsa.[4]

Em resumo, o seguinte procedimento passo a passo pode ser utilizado para calcular a probabilidade de se cometer um erro do Tipo II em testes de hipóteses sobre uma média populacional.

1. Formule as hipóteses nula e alternativa.
2. Utilize o nível de significância α e o critério do valor crítico para determinar o valor crítico e a regra de rejeição para o teste.
3. Use a regra de rejeição para resolver o valor da média amostral correspondente ao valor crítico da estatística de teste.

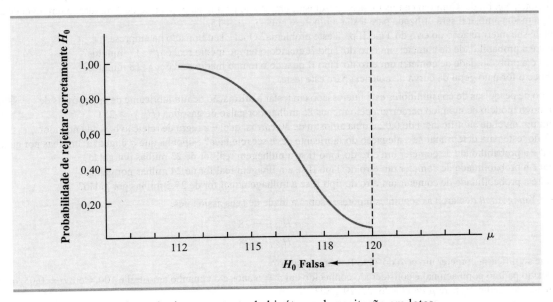

FIGURA 9.9 Curva de potência para o teste de hipóteses da aceitação em lotes

---

[4] Outro gráfico, chamado curva característica de operação, é usado às vezes para fornecer informações sobre a probabilidade de se cometer um erro do Tipo II. A curva característica de operação mostra a probabilidade de aceitar H_0 e, portanto, fornece β para os valores de μ onde a hipótese nula é falsa. A probabilidade de se cometer um erro do Tipo II pode ser lida diretamente a partir deste gráfico.

4. Use os resultados da etapa 3 para indicar os valores da média amostral que levam à aceitação de H_0. Estes valores definem a região de aceitação para o teste.
5. Use a distribuição amostral de $\bar{x}$ para um valor de μ satisfazendo a hipótese alternativa, e a região de aceitação da etapa 4 para calcular a probabilidade de que a média amostral esteja na região de aceitação. Esta probabilidade é a de cometer um erro do Tipo II no valor escolhido de μ.

Exercícios

Métodos

46. Considere o seguinte teste de hipóteses.

$$H_0: \mu \geq 10$$
$$H_a: \mu < 10$$

O tamanho amostral é 120 e o desvio padrão populacional é considerado conhecido com $\sigma = 5$. Use $\alpha = 0{,}05$.
 a. Se a média populacional for 9, qual é a probabilidade de que a média amostral leve à conclusão de *não rejeitar H_0*?
 b. Que tipo de erro seria cometido se a média populacional real fosse 9 e concluíssemos que $H_0: \mu \geq 10$ é verdadeira?
 c. Qual é a probabilidade de se cometer um erro do Tipo II se a média populacional real for 8?

47. Considere o seguinte teste de hipóteses.

$$H_0: \mu = 20$$
$$H_a: \mu \neq 20$$

Uma amostra de 200 itens será obtida e o desvio padrão populacional é $\sigma = 10$. Use $\alpha = 0{,}05$. Calcule a probabilidade de cometer um erro do Tipo II se a média populacional for:
 a. $\mu = 18{,}0$
 b. $\mu = 22{,}5$
 c. $\mu = 21{,}0$

Aplicações

48. A Fowle Marketing Research, Inc. fundamenta os preços que cobra de seus clientes na suposição de que pesquisas feitas por telefone podem ser concluídas em um tempo médio de 15 minutos ou menos. Se for necessário um tempo médio de pesquisa mais longo, uma taxa adicional é cobrada. Com uma amostra de 35 pesquisas, um desvio padrão da população de 4 minutos e um nível de significância de 0,01, a média amostral será utilizada para testar a hipótese nula $H_0: \mu \leq 15$.
 a. Qual é sua interpretação do erro do Tipo II para este problema? Qual é seu impacto na empresa.
 b. Qual é a probabilidade de cometer um erro do Tipo II quando o tempo médio real é $\mu = 17$ minutos?
 c. Qual é a probabilidade de cometer um erro do Tipo II quando o tempo médio real é $\mu = 18$ minutos?
 d. Esboce o formato geral da curva de potência para este teste.

49. Um grupo de pesquisas de consumidores está interessado em testar a afirmação de um fabricante de automóveis de que um novo modelo econômico percorrerá pelo menos 25 milhas por galão de gasolina ($H_0: \mu \geq 25$).
 a. Com um nível de significância de 0,02 e uma amostra de 30 carros, qual é a regra de rejeição baseada no valor de $\bar{x}$ do teste para determinar se a alegação do fabricante deve ser rejeitada? Suponha que σ é igual a 3 milhas por galão.
 b. Qual é a probabilidade de cometer um erro do Tipo II se a milhagem real for de 23 milhas por galão?
 c. Qual é a probabilidade de cometer um erro do Tipo II se a milhagem real for de 24 milhas por galão?
 d. Qual é a probabilidade de cometer um erro do tipo II se a milhagem real for de 25,5 milhas por galão?

50. A revista *Young Adult* declarou as seguintes hipóteses sobre a idade de seus assinantes.

$$H_0: \mu = 28$$
$$H_a: \mu \neq 28$$

 a. O que significaria cometer um erro do Tipo II nesta situação?
 b. O desvio padrão populacional é considerado conhecido em $\sigma = 6$ anos e o tamanho amostral é 100. Com $\alpha = 0{,}05$, qual é a probabilidade de aceitar H_0 para μ igual a 26, 27, 29 e 30?
 c. Qual é a potência em $\mu = 26$? O que este resultado lhe diz?

51. Uma operação de linha de produção é testada quanto à precisão do peso de preenchimento utilizando as seguintes hipóteses.

Hipótese	Conclusão e ação
$H_0: \mu = 16$	Preenchimento correto; prosseguir com a operação
$H_a: \mu \neq 16$	Preenchimento fora do padrão; interromper a operação e ajustar a máquina

O tamanho amostral é 30 e o desvio padrão da população é $\sigma = 0,8$. Use $\alpha = 0,05$.
  a. O que significaria um erro do Tipo II nesta situação?
  b. Qual é a probabilidade de cometer um erro do Tipo II quando a máquina está preenchendo excessivamente com 0,5 onças?
  c. Qual é a potência do teste estatístico quando a máquina está preenchendo excessivamente com 0,5 onças?
  d. Mostre a curva de potência para este teste de hipótese. Quais informações ele contém para o gerente de produção?

52. Consulte o Exercício 48. Suponha que a empresa selecione uma amostra de 50 estudos e repita os itens (b) e (c). Qual observação você pode fazer sobre como aumentar o tamanho da amostra afeta a probabilidade de se cometer um erro do Tipo II?

53. A Sparr Investments, Inc. é especializada em oportunidades de investimento com imposto diferido para seus clientes. Recentemente, a Sparr ofereceu um programa de investimentos em folha de pagamento para os funcionários de determinada empresa. A Sparr estima que os funcionários estão atualmente aplicando em média de US$ 100 ou menos por mês em investimentos com impostos diferidos. Uma amostra de 40 funcionários será utilizada para testar a hipótese da Sparr quanto ao nível atual de atividade de investimentos entre a população de funcionários. Suponha que os valores em investimento com impostos diferidos mensais dos funcionários tenham um desvio padrão de US$ 75 e que um nível de significância de 0,05 seja utilizado no teste de hipótese.
  a. Qual é o erro do Tipo II nesta situação?
  b. Qual é a probabilidade do erro do Tipo II se o investimento mensal médio real do empregado for de US$ 120?
  c. Qual é a probabilidade do erro do Tipo II se o investimento mensal médio real do empregado for de US$ 130?
  d. Suponha que um tamanho amostral de 80 funcionários é utilizado e repita os itens (b) e (c).

9.8 Determinando o tamanho da amostra para um teste de hipóteses de uma média populacional

Suponha que um teste de hipóteses seja realizado quanto ao valor de uma média populacional. O nível de significância especificado pelo usuário determina a probabilidade de cometer um erro do Tipo I para o teste. Ao controlar o tamanho da amostra, o usuário também pode controlar a probabilidade de cometer um erro do Tipo II. Vamos mostrar como um tamanho amostral pode ser determinado para o seguinte teste de cauda inferior sobre uma média populacional.

$$H_0: \mu \geq \mu_0$$
$$H_a: \mu < \mu_0$$

O painel superior da Figura 9.10 é a distribuição amostral de $\bar{x}$ quando H_0 é verdadeira com $\mu = \mu_0$. Para um teste de cauda inferior, o valor crítico da estatística de teste é denotado como $-z_\alpha$. No painel superior da figura a linha vertical, rotulada como c, é o valor correspondente de $\bar{x}$. Note que, se rejeitarmos H_0 quando $\bar{x} \leq c$, a probabilidade de um erro do Tipo I será α. Com z_α representando o valor de z correspondente a uma área de α na cauda superior da distribuição normal padrão, calculamos c utilizando a seguinte fórmula:

$$c = \mu_0 - z_\alpha \frac{\sigma}{\sqrt{n}} \tag{9.5}$$

O painel inferior da Figura 9.10 é a distribuição amostral de $\bar{x}$ quando a hipótese alternativa é verdadeira com $\mu = \mu_a < \mu_0$. A região sombreada mostra β, a probabilidade de um erro do Tipo II ao qual o tomador de decisão será exposto se a hipótese nula for aceita quando $\bar{x} > c$. Com z_β representando o valor de z correspondente a uma área de β na cauda superior da distribuição normal padrão, calculamos c usando a seguinte fórmula:

$$c = \mu_a + z_\beta \frac{\sigma}{\sqrt{n}} \tag{9.6}$$

Agora, o que queremos fazer é selecionar um valor para c de modo que, quando rejeitarmos H_0 e aceitarmos H_a, a probabilidade de um erro do Tipo I seja igual ao valor escolhido de α e a probabilidade de um erro do Tipo II seja igual ao valor escolhido de β. Portanto, ambas as equações (9.5) e (9.6) devem fornecer o mesmo valor para c, e a seguinte equação deve ser verdadeira.

$$\mu_0 - z_\alpha \frac{\sigma}{\sqrt{n}} = \mu_a + z_\beta \frac{\sigma}{\sqrt{n}}$$

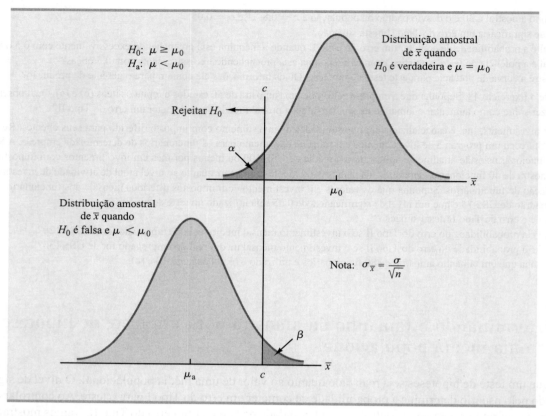

FIGURA 9.10 Determinando o tamanho amostral para níveis especificados de erros do Tipo I (α) e do Tipo II (β)

Para determinar o tamanho amostral requerido, primeiramente resolvemos para $\sqrt{n}$ da seguinte maneira.

$$\mu_0 - \mu_a = z_\alpha \frac{\sigma}{\sqrt{n}} + z_\beta \frac{\sigma}{\sqrt{n}}$$

$$\mu_0 - \mu_a = \frac{(z_\alpha + z_\beta)\sigma}{\sqrt{n}}$$

e

$$\sqrt{n} = \frac{(z_\alpha + z_\beta)\sigma}{(\mu_0 - \mu_a)}$$

Elevar ambos os lados da expressão ao quadrado proporciona a seguinte fórmula para o tamanho amostral de um teste de hipótese unicaudal referente a uma média populacional.

TAMANHO AMOSTRAL PARA UM TESTE DE HIPÓTESE UNICAUDAL DE UMA MÉDIA POPULACIONAL

$$n = \frac{(z_\alpha + z_\beta)^2 \sigma^2}{(\mu_0 - \mu_a)^2} \tag{9.7}$$

onde

z_α = valor de z que fornece uma área de α na cauda superior de uma distribuição normal padrão
z_β = valor de z que fornece uma área de β na cauda superior de uma distribuição normal padrão

---

(continua)

(continuação)

> σ = o desvio padrão da população
> μ_0 = o valor da média populacional na hipótese nula
> μ_a = o valor da média populacional utilizada para o erro do Tipo II
>
> *Nota*: em um teste de hipótese bicaudal, utilizamos a Equação (9.7) com $z_{\alpha/2}$ substituindo z_α.

Embora a lógica da Equação (9.7) tenha sido desenvolvida para o teste de hipóteses mostrado na Figura 9.10, ela vale para qualquer teste unilateral sobre uma média populacional. Em um teste de hipóteses bicaudal sobre uma média populacional, $z_{\alpha/2}$ é usado em vez de z_α na Equação (9.7).

Vamos retornar ao exemplo de aceitação de lote das Seções 9.6 e 9.7. A especificação do projeto para o envio de baterias indicava uma vida útil média de pelo menos 120 horas para as baterias. As entregas foram rejeitadas se $H_0: \mu \geq 120$ foi rejeitada. Vamos supor que o gerente de controle de qualidade faça as seguintes declarações sobre as probabilidades permitidas para os erros do Tipo I e do Tipo II.

Declaração de erro do Tipo I: se a vida média das baterias na remessa é $\mu = 120$, estou disposto a arriscar uma probabilidade $\alpha = 0,05$ de rejeitar a remessa.

Declaração de erro do Tipo II: se a vida média das baterias na remessa for de 5 horas abaixo da especificação (ou seja, $\mu = 115$), estou disposto a arriscar uma probabilidade $\beta = 0,10$ de aceitar a remessa.

Estas declarações são baseadas no julgamento do gerente. Alguém pode especificar restrições diferentes nas probabilidades. No entanto, as declarações sobre as probabilidades permitidas de ambos os erros devem ser feitas antes que o tamanho da amostra possa ser determinado.

No exemplo, $\alpha = 0,05$ e $\beta = 0,10$. Utilizando a distribuição de probabilidade padrão normal, temos $z_{0,05} = 1,645$ e $z_{0,10} = 1,28$. A partir das declarações sobre as probabilidades de erro, observamos que $\mu_0 = 120$ e $\mu_a = 115$. Por fim, o desvio padrão da população foi considerado conhecido em $\sigma = 12$. Utilizando a Equação (9.7) descobrimos que o tamanho amostral recomendado para o exemplo da aceitação do lote é

$$n = \frac{(1,645 + 1,28)^2 (12)^2}{(120 - 115)^2} = 49,3$$

Arredondando para cima, recomendamos um tamanho amostral de 50.

Como as probabilidades de erros do Tipo I e do Tipo II foram controladas em níveis permitidos com $n = 50$, o gerente de controle de qualidade agora está justificado ao utilizar as declarações *aceitar H_0* e *rejeitar H_0* para o teste de hipóteses. As inferências que acompanham são feitas com probabilidades permitidas de se cometer erros do Tipo I e do Tipo II.

Podemos fazer três observações sobre a relação entre α, β e o tamanho amostral n.

1. Uma vez que dois dos três valores são conhecidos, o outro pode ser calculado.
2. Para determinado nível de significância α, aumentar o tamanho da amostra reduzirá β.
3. Para determinado tamanho amostral, diminuir α aumentará β, ao passo que aumentar α diminuirá β.

A terceira observação deve ser lembrada quando a probabilidade de um erro do Tipo II não estiver sendo controlada. Sugere-se que não se deve escolher valores desnecessariamente pequenos para o nível de significância α. Para determinado tamanho de amostra, escolher um nível menor de significância significa mais exposição a um erro do Tipo II. Usuários inexperientes de testes de hipóteses geralmente acham que valores menores de α são sempre melhores. Eles são melhores se estivermos preocupados apenas com a possibilidade de cometer um erro do Tipo I. No entanto, valores menores de α têm a desvantagem de aumentar a probabilidade de causar um erro do Tipo II.

Exercícios

Métodos

54. Considere o seguinte teste de hipóteses.

$$H_0: \mu \geq 10$$
$$H_a: \mu < 10$$

O tamanho da amostra é 120 e o desvio padrão da população é 5. Utilize $\alpha = 0{,}05$. Se a média real da população for 9, a probabilidade de um erro do Tipo II é 0,2912. Suponha que o pesquisador queira reduzir a probabilidade de um erro do Tipo II para 0,10 quando a média real da população for 9. Qual tamanho de amostra é recomendado?

55. Considere o seguinte teste de hipóteses.

$$H_0: \mu = 20$$
$$H_a: \mu \neq 20$$

O desvio padrão da população é 10. Utilize $\alpha = 0{,}05$. Qual o tamanho da amostra que deve ser obtido se o pesquisador quiser aceitar uma probabilidade igual a 0,05 de cometer um erro do Tipo II quando a média populacional real for 22?

Aplicações

56. Suponha que o diretor do projeto para o estudo do Hilltop Coffee (veja a Seção 9.3) solicitasse uma probabilidade de 0,1% de alegar que a Hilltop não estava cometendo uma violação quando na verdade estava preenchendo as embalagens com 1 onça ($\mu_a = 2{,}9375$ libras) a menos. Qual tamanho de amostra teria sido recomendado?

57. Uma bateria industrial especial deve ter uma vida útil de pelo menos 400 horas. Um teste de hipótese deve ser realizado com um nível de significância de 0,02. Se as baterias de determinada produção tiverem uma vida útil média real de 385 horas, o gerente de produção deseja um procedimento de amostragem de que somente 10% do tempo mostre erroneamente que o lote é aceitável. Qual tamanho de amostra é recomendado para o teste de hipóteses? Use 30 horas como estimativa do desvio padrão da população

58. A revista *Young Adult* declarou as seguintes hipóteses sobre a média de idade de seus assinantes.

$$H_0: \mu = 28$$
$$H_a: \mu \neq 28$$

Se o gerente que está conduzindo o teste permitir uma probabilidade de erro do Tipo II quando a média de idade real for de 29, qual tamanho de amostra deve ser selecionado? Suponha $\sigma = 6$ e um nível de significância de 0,05.

59. Um estudo sobre a milhagem de automóveis testou as seguintes hipóteses.

Hipótese	Conclusão
$H_0: \mu \geq 25$ mpg	Declaração do fabricante apoiada
$H_a: \mu < 25$ mpg	Declaração do fabricante rejeitada; milhagem média por galão menor que o valor declarado

For $\sigma = 3$ e um nível de significância de $\alpha = 0{,}02$, que tamanho amostral seria recomendado se o pesquisador quiser uma possibilidade de 80% de detectar que μ é menor do que 25 milhas por galão quando na verdade é 24?

Resumo

O teste de hipóteses é um procedimento estatístico que usa dados amostrais para determinar se uma afirmação a respeito do valor de um parâmetro populacional deve ou não ser rejeitada. As hipóteses são duas afirmações antagônicas sobre um parâmetro populacional. Uma afirmação é denominada hipótese nula (H_0), e a outra hipótese alternativa (H_a). Na Seção 9.1 apresentamos diretrizes para o desenvolvimento de hipóteses relativas a três situações que são encontradas frequentemente na prática.

Sempre que dados históricos ou outras informações constituem uma base para se supor que o desvio padrão populacional é conhecido, o procedimento de teste de hipóteses se baseará na distribuição normal padrão. Sempre que σ for desconhecido, o desvio padrão amostral s será usado para estimar σ e o procedimento de teste de hipóteses se baseará na distribuição t. Em ambos os casos a qualidade dos resultados depende tanto da forma da distribuição populacional quanto do tamanho amostral. Se a população tiver uma distribuição normal, ambos os procedimentos de teste de hipóteses serão aplicáveis, até mesmo com tamanhos amostrais pequenos. Se a população não estiver normalmente distribuída, tamanhos amostrais maiores serão necessários. Diretrizes gerais sobre o tamanho amostral foram apresentadas nas seções 9.3 e 9.4. No caso de testes de hipóteses a respeito de uma proporção populacional o procedimento do teste de hipóteses utiliza uma estatística de teste baseada na distribuição normal padrão.

Em todos os casos o valor da estatística de teste é utilizado para calcular um valor-p para o teste. O valor-p é uma probabilidade usada para decidir se a hipótese nula deve ser rejeitada. Se o valor-p for menor ou igual ao nível de significância α a hipótese nula poderá ser rejeitada.

As conclusões do teste de hipóteses também podem ser tomadas comparando-se o valor da estatística de teste com um valor crítico. Para os testes de cauda inferior, a hipótese nula é rejeitada se o valor da estatística de teste for menor ou igual ao valor crítico. Em relação aos testes de cauda superior, a hipótese nula é rejeitada se o valor da estatística de teste for maior ou igual ao valor crítico. Os testes bicaudais possuem dois valores críticos: um na cauda inferior da distribuição amostral e outro na cauda superior. Nesse caso, a hipótese nula é rejeitada se o valor da estatística de teste for menor ou igual ao valor crítico na cauda inferior ou maior ou igual ao valor crítico na cauda superior.

Extensões dos procedimentos de testes de hipóteses para incluir uma análise do erro do Tipo II também foram apresentadas. Na Seção 9.7 mostramos como calcular a probabilidade de cometer um erro do Tipo II. Na Seção 9.8 mostramos como determinar um tamanho de amostra que controlará a probabilidade de cometer um erro do Tipo I e um erro do Tipo II.

Glossário

Curva de potência Gráfico da probabilidade de rejeitar H_0 para todos os valores possíveis do parâmetro populacional que não tisfazem a hipótese nula. A curva de potência fornece a probabilidade de rejeitar corretamente a hipótese nula.

Erro do Tipo I Erro de rejeitar H_0 quando ela é verdadeira.

Erro do Tipo II Erro de aceitar H_0 quando ela é falsa.

Estatística de teste Estatística cujo valor ajuda a determinar se a hipótese nula pode ser rejeitada.

Hipótese alternativa Hipótese considerada verdadeira se a hipótese nula for rejeitada.

Hipótese nula Hipótese inicialmente considerada verdadeira no procedimento de teste de hipóteses.

Nível de significância Probabilidade de se cometer um erro Tipo I quando a hipótese nula é verdadeira como uma igualdade.

Potência A probabilidade de rejeitar corretamente H_0 quando ela é falsa.

Teste bicaudal Teste de hipóteses no qual a rejeição da hipótese nula ocorre para valores da estatística de teste em qualquer uma das caudas de sua distribuição amostral.

Teste unicaudal Teste de hipóteses no qual a rejeição da hipótese nula ocorre para valores da estatística de teste em uma cauda de sua distribuição amostral.

Valor crítico Um valor que é comparado com a estatística de teste para determinar se H_0 deve ser rejeitada.

Valor-p Probabilidade que fornece uma medida de evidência contra a hipótese nula. Valores-p pequenos indicam maior evidência contra H_0. Para um teste de cauda inferior, o valor-p é a probabilidade de se obter um valor para a estatística de teste tão pequeno ou menor que aquele fornecido pela amostra. Em relação a um teste de cauda superior, o valor-p é a probabilidade de se obter um valor para a estatística de teste tão grande ou maior que aquele fornecido pela amostra. Para um teste bicaudal o valor-p é a probabilidade de se obter um valor para a estatística de teste tão improvável ou mais improvável que aquele fornecido pela amostra.

Fórmulas-chave

Estatística de teste para testes de hipóteses de uma média populacional: σ conhecido

$$z = \frac{\bar{x} - \mu_0}{\sigma/\sqrt{n}} \tag{9.1}$$

Estatística de teste para testes de hipóteses de uma média populacional: σ desconhecido

$$t = \frac{\bar{x} - \mu_0}{s/\sqrt{n}} \tag{9.2}$$

Estatística de teste para testes de hipóteses de uma proporção populacional

$$z = \frac{\bar{p} - p_0}{\sqrt{\dfrac{p_0(1 - p_0)}{n}}} \tag{9.4}$$

Tamanho amostral para um teste de hipóteses unicaudal de uma média populacional

$$n = \frac{(z_\alpha + z_\beta)^2 \sigma^2}{(\mu_0 - \mu_a)^2} \tag{9.7}$$

Em um teste bicaudal, substitua z_α por $z_{\alpha/2}$.

Exercícios suplementares

60. Uma linha de produção opera com um volume médio de preenchimento de 16 onças por recipiente. O enchimento abaixo ou acima do padrão representa um sério problema e, quando detectado, requer que o operador desative a linha de produção para reajustar o mecanismo de preenchimento. A partir de dados passados, supõe-se um desvio padrão populacional $\sigma = 0{,}8$ onça conhecido. Um inspetor de controle de qualidade seleciona uma amostra de 30 itens a cada hora e, nesse momento, toma a decisão quanto a se deve desligar ou não a linha para efetuar o devido reajuste. O nível de significância é $\alpha = 0{,}05$.
    a. Formule as hipóteses de teste para esta aplicação do controle de qualidade.
    b. Se foi encontrada uma média amostral de $\bar{x} = 16{,}32$ onças, qual é o valor-p? Que atitude você recomendaria?
    c. Se foi encontrada uma média amostral de $\bar{x} = 15{,}82$ onças, qual é o valor-p? Que atitude você recomendaria?
    d. Utilize o critério do valor crítico. Qual é a regra de rejeição para o procedimento de teste de hipóteses anterior? Repita os itens (b) e (c). Você chegou à mesma conclusão?

61. Na Western University, a média histórica das pontuações nos exames para obtenção de bolsas de estudo correspondente às inscrições feitas por calouros é de 900. Pelo histórico, assume-se que o desvio padrão populacional seja conhecido com $\sigma = 180$. Anualmente, o vice-reitor usa uma amostra das inscrições para determinar se a pontuação média nos exames correspondente às inscrições dos calouros se modificou.
    a. Estabeleça as hipóteses.
    b. Qual é a estimativa intervalar de 95% de confiança da média populacional de pontuação nos exames se uma amostra de 200 inscrições tiver produzido uma média amostral $\bar{x} = 935$?
    c. Use o intervalo de confiança para realizar um teste de hipóteses. Usando $\alpha = 0{,}05$, qual é a sua conclusão?
    d. Qual é o valor-p?

62. As crianças pequenas nos Estados Unidos estão expostas a uma média de 4 horas de televisão por dia enquanto realizam outras atividades (site da CNN, 13 de novembro de 2012). Deixar a televisão ligada enquanto as crianças estão fazendo outras atividades pode ter consequências adversas em seu bem-estar. Você tem uma hipótese de pesquisa de que crianças de famílias de baixa renda são expostas a mais de 4 horas diárias de televisão durante outras tarefas. Para testar essa hipótese, você coletou uma amostra aleatória de 60 crianças de famílias de baixa renda e descobriu que elas foram expostas a uma média amostral de 4,5 horas de televisão diariamente.
    a. Desenvolva hipóteses que possam ser utilizadas para testar sua hipótese de pesquisa.
    b. Com base em um estudo anterior, você está disposto a assumir que o desvio padrão populacional é de $\sigma = 0{,}5$ horas. Qual é o valor-p com base na sua amostra de 60 crianças de famílias de baixa renda?
    c. Use $\alpha = 0{,}01$ como o nível de significância. Qual é a sua conclusão?

63. O *Wall Street Journal* informou que os alunos que concluíram o curso de bacharelado com especialização em negócios receberam salários iniciais médios de US$ 53.900 em 2012 (*The Wall Street Journal*, 17 de março de 2014). Os resultados para uma amostra de 100 formandos de administração que receberam diploma de bacharel em 2013 mostraram um salário inicial médio de US$ 55.144 com um desvio padrão amostral de US$ 5.200. Realize um teste de hipóteses para determinar se o salário inicial médio desses formandos em 2013 é maior do que o salário inicial médio em 2012. Use $\alpha = 0{,}01$ como o nível de significância.

64. Dados do Departamento de Estatísticas Nacionais mostram que a média de idade na qual os homens na Grã-Bretanha se casam é de 30,8 anos (*The Guardian*, 15 de fevereiro de 2013). Um repórter observou que isso representa uma continuação da tendência de esperar até uma idade posterior para se casar. Uma nova amostra de 47 homens britânicos recém-casados forneceu sua idade na época do casamento. Esses dados estão contidos no arquivo Britain-Marriages e indicam que a média de idade dos homens britânicos no momento do casamento excede a média de idade em 2013? Teste essa hipótese em $\alpha = 0{,}05$. Qual é a sua conclusão?

65. Uma edição recente do *AARP Bulletin* relatou que a remuneração média semanal de uma mulher com Ensino Médio é de US$ 520 (*AARP Bulletin*, janeiro-fevereiro de 2010). Suponha que você queira determinar se a remuneração média semanal de todas as mulheres que trabalham é muito maior do que para aquelas que têm Ensino Médio. Dados informando a remuneração semanal de uma amostra de 50 trabalhadoras estão disponíveis no arquivo denominado WeeklyPay. Esses dados são consistentes com o que foi divulgado no artigo da *AARP*.
    a. Formule as hipóteses que devem ser utilizadas para testar se a remuneração média semanal de todas as mulheres é muito maior do que a remuneração média semanal das mulheres com Ensino Médio completo.
    b. Utilize os dados no arquivo denominado WeeklyPay para calcular a média amostral, a estatística de teste e o valor-p.
    c. Utilize $\alpha = 0{,}05$. Qual é a sua conclusão?
    d. Repita o teste de hipóteses utilizando o critério de valor crítico.

66. A câmara de comércio de uma comunidade litorânea do Golfo da Flórida anuncia que uma propriedade residencial na região está disponível a um custo médio de US$ 125 mil ou menos por lote. Suponha que uma amostra de 32 propriedades forneça uma média amostral de US$ 130 mil por lote e um desvio padrão amostral de US$ 12.500. Usando um nível de significância de 0,05, teste a validade da afirmação feita no anúncio.

67. Em Hamilton County, Ohio, o número médio de dias necessários para vender uma casa é 86 (Cincinnati Multiple Listing Service, abril de 2012). Os dados para a venda de 40 casas em um município próximo apresentaram uma média amostral de 80 dias com um desvio padrão amostral de 20 dias. Realize um teste de hipótese para determinar se o número médio de dias até que uma casa seja vendida é

diferente da média do condado de Hamilton de 86 dias no condado vizinho. Use $\alpha = 0,05$ para o nível de significância e declare sua conclusão.

68. Em 25 de dezembro de 2009, um passageiro de avião foi detido enquanto tentava detonar uma bomba em um voo da Northwest Airlines rumo a Detroit, Michigan. O passageiro, que havia escondido explosivos em sua cueca, passou por um detector de metal em um mecanismo de rastreamento instalado no aeroporto. Como resultado, a Transportation Security Administration (TSA) propôs instalar *scanners* de corpo inteiro para substituir os detectores de metal nos maiores aeroportos dos Estados Unidos. Essa proposta resultou em fortes objeções por parte dos defensores da privacidade, que consideraram o uso desses *scanners* uma invasão de privacidade. Em 5-6 de janeiro de 2010 o *USA Today* realizou uma pesquisa com 542 adultos para descobrir qual proporção dos passageiros de linhas aéreas aprovavam o uso de *scanners* de corpo inteiro (*USA Today*, 11 de janeiro de 2010). Os resultados da pesquisa mostraram que 455 dos entrevistados acreditavam que os *scanners* aumentariam a segurança das linhas aéreas e 423 indicaram aprovar o uso de dispositivos.
    a. Realize um teste de hipóteses para determinar se os resultados da pesquisa justificam concluir que mais de 80% dos passageiros de empresas aéreas consideravam que os *scanners* de corpo inteiro iriam aumentar a segurança das linhas aéreas. Utilize $\alpha = 0,05$.
    b. Suponha que a TSA prosseguirá com a instalação e o uso obrigatório de *scanners* de corpo inteiro se mais de 75% dos passageiros de empresas aéreas aprovarem o uso dispositivo. Foi pedido que você realizasse uma análise estatística utilizando os resultados da pesquisa para determinar se a TSA deveria exigir o uso obrigatório desses *scanners*. Como essa decisão é considerada muito delicada, utilize $\alpha = 0,01$. Qual é sua recomendação?

69. Uma promoção de companhias aéreas para viajantes de negócios se baseia no pressuposto de que dois terços dos viajantes a negócios utilizam um computador *laptop* em viagens de negócios durante a noite.
    a. Indique as hipóteses que podem ser utilizadas para testar a suposição.
    b. Qual é a proporção da amostra de uma pesquisa patrocinada pela American Express que descobriu que 355 dos 546 viajantes a negócios utilizam um computador *laptop* em viagens de negócios durante a noite?
    c. Qual é o valor-p?
    d. Use $\alpha = 0,05$. Qual é a sua conclusão?

70. Os membros da chamada geração do milênio continuam dependentes de seus pais (vivem ou recebem apoio dos pais) até a idade adulta (*The Enquirer*, 16 de março de 2014). Uma organização de pesquisa familiar afirmou que, nas gerações anteriores, não mais do que 30% dos indivíduos entre 18 e 32 anos continuavam dependentes dos pais. Suponhamos que uma amostra de 400 indivíduos com idade entre 18 e 32 anos mostrou que 136 deles continuam dependentes dos pais.
    a. Desenvolva hipóteses para um teste a fim de determinar se a proporção de membros da geração do milênio que continuam dependentes de seus pais é maior do que para as gerações anteriores.
    b. Qual é a sua estimação pontual da proporção de membros da geração do milênio que continuam dependentes de seus pais?
    c. Qual é o valor-p fornecido pelos dados da amostra?
    d. Qual é a sua conclusão do teste de hipóteses? Use $\alpha = 0,05$ como o nível de significância.

71. A taxa de desemprego entre adultos de 18 e 34 anos foi de 10,8% (The Cincinnati Enquirer, 6 de novembro de 2012). Suponha que este relatório foi baseado em uma amostra aleatória de 400 pessoas de 18 a 34 anos de idade.
    a. Um gerente de campanha política quer saber se os resultados da amostra podem ser utilizados para concluir que a taxa de desemprego entre 18 e 34 anos é significativamente maior do que a taxa de desemprego para todos os adultos. De acordo com a Agência de Estatísticas Trabalhistas, a taxa de desemprego para todos os adultos foi de 7,9%. Desenvolva um teste de hipóteses que possa ser utilizado para saber se a conclusão de que a taxa de desemprego é mais alta para pessoas de 18 a 34 anos pode ser sustentada.
    b. Use os dados de amostra coletados para adultos de 18 a 34 anos para calcular o valor-p para o teste de hipótese do item (a). Utilizando $\alpha = 0,05$, qual é a sua conclusão?
    c. Explique ao gerente de campanha o que pode ser dito sobre o nível de significância observado para os resultados dos testes de hipóteses utilizando o valor-p.

72. Uma estação de rádio de Myrtle Beach anunciou que pelo menos 90% dos hotéis e motéis estariam lotados no fim de semana do Memorial Day. A estação aconselhou os ouvintes a fazer reservas antecipadamente caso planejassem passar o fim de semana no balneário. No sábado à noite, uma amostra de 58 hotéis e motéis revelou que 49 exibiam o anúncio sem vagas e 9 com vagas. Qual é a sua reação à afirmação da estação de rádio depois de ver a evidência da amostra? Use $\alpha = 0,05$ ao realizar o teste estatístico. Qual é o valor-p?

73. Nos últimos anos mais pessoas continuaram a trabalhar depois dos 65 anos. Em 2005, 27% das pessoas com idade entre 65 e 69 anos ainda trabalhavam. Um relatório recente da Organização para Cooperação e Desenvolvimento Econômico (OCDE) afirmou que o percentual de pessoas trabalhando havia aumentado (*USA Today*, 16 de novembro de 2012). Os resultados relatados pela OCDE foram consistentes com uma amostra de 600 pessoas com idades entre 65 e 69 anos e verificaram que 180 delas estavam trabalhando.
    a. Desenvolva uma estimação pontual da proporção de pessoas entre 65 e 69 anos que ainda estão trabalhando.
    b. Faça um teste de hipóteses para que a rejeição de H_0 permita concluir que a proporção de pessoas com idade entre 65 e 69 anos aumentou desde 2005.
    c. Realize o seu teste de hipóteses usando $\alpha = 0,05$. Qual é a sua conclusão?

74. A Shorney Construction Company oferece lances em projetos assumindo que o tempo médio de inatividade por trabalhador é de 72 minutos ou menos por dia. Uma amostra de 30 trabalhadores da construção civil será utilizada para testar esta suposição. Suponha que o desvio padrão da população seja de 20 minutos.
    a. Declare as hipóteses a serem testadas.
    b. Qual é a probabilidade de se cometer um erro do Tipo II quando o tempo ocioso médio da população é de 80 minutos?
    c. Qual é a probabilidade de se cometer um erro do Tipo II quando o tempo ocioso médio da população é de 75 minutos?

d. Qual é a probabilidade de se cometer um erro do Tipo II quando o tempo ocioso médio da população é de 70 minutos?
e. Esboce a curva de potência para este problema.

75. Um programa de financiamento federal está disponível para comunidades de baixa renda. Para se qualificar ao financiamento, uma comunidade deve ter renda familiar média de menos de US$ 15.000 por ano. Comunidades com renda familiar anual média de US$ 15.000 ou mais não se qualificam. As decisões de financiamento são baseadas em uma amostra de moradores do bairro. Um teste de hipóteses com um nível de significância de 0,02 é conduzido. Se as diretrizes de financiamento exigirem uma probabilidade máxima de 0,05 de não financiar uma vizinhança com uma renda domiciliar anual média de US$ 14.000, que tamanho de amostra deve ser utilizado no estudo de decisão de financiamento? Use σ = US$ 4.000 como um valor de planejamento

76. H_0: μ = 120 e H_a: $\mu \neq$ 120 são usados para testar se um processo de produção de sabonete está atendendo à produção padrão de 120 barras por lote. Use um nível de significância de 0,05 para o teste e um valor de planejamento de 5 para o desvio padrão.
    a. Se a produção média cair para 117 barras por lote, a empresa quer ter 98% de chance de concluir que a produção padrão não está sendo atendida. Qual deve ser o tamanho da amostra?
    b. Com seu tamanho de amostra do item (a), qual é a probabilidade de concluir que o processo está operando satisfatoriamente para cada uma das seguintes produções médias reais: 117, 118, 119, 121, 122 e 123 barras por lote? Ou seja, qual é a probabilidade de um erro do Tipo II em cada caso?

Estudo de caso 1   Quality Associates, Inc.

A Quality Associates, Inc., uma firma de consultoria, orienta seus clientes a respeito de procedimentos amostrais e estatísticos que podem ser utilizados para controlar seus processos de manufatura. Em uma aplicação em particular, um cliente deu à Quality Associates uma amostra de 800 observações feitas durante um período em que o processo do cliente estava operando satisfatoriamente. O desvio padrão amostral para esses dados era de 0,21; portanto, com tantos dados assumiu-se que o desvio padrão populacional era de 0,21. A Quality Associates sugeriu então que amostras aleatórias de tamanho 30 fossem tomadas periodicamente para monitorar o processo continuamente. Ao analisar as novas amostras, o cliente poderia saber rapidamente se o processo estava operando satisfatoriamente. Quando o processo não estivesse operando satisfatoriamente medidas corretivas poderiam ser tomadas para eliminar o problema. A especificação do projeto indica que a média do processo devia ser 12. O teste de hipóteses sugerido pela Quality Associates foi o seguinte:

$$H_0: \mu = 12$$
$$H_a: \mu \neq 12$$

Medidas corretivas serão tomadas sempre que H_0 for rejeitada.

As amostras a seguir foram coletadas em intervalos de uma hora durante o primeiro dia de operação do novo procedimento de controle estatístico do processo. Esses dados estão disponíveis no arquivo de dados Quality.

Quality

Amostra 1	Amostra 2	Amostra 3	Amostra 4
11,55	11,62	11,91	12,02
11,62	11,69	11,36	12,02
11,52	11,59	11,75	12,05
11,75	11,82	11,95	12,18
11,90	11,97	12,14	12,11
11,64	11,71	11,72	12,07
11,80	11,87	11,61	12,05
12,03	12,10	11,85	11,64
11,94	12,01	12,16	12,39
11,92	11,99	11,91	11,65
12,13	12,20	12,12	12,11
12,09	12,16	11,61	11,90

(continua)

(*continuação*)

Amostra 1	Amostra 2	Amostra 3	Amostra 4
11,93	12,00	12,21	12,22
12,21	12,28	11,56	11,88
12,32	12,39	11,95	12,03
11,93	12,00	12,01	12,35
11,85	11,92	12,06	12,09
11,76	11,83	11,76	11,77
12,16	12,23	11,82	12,20
11,77	11,84	12,12	11,79
12,00	12,07	11,60	12,30
12,04	12,11	11,95	12,27
11,98	12,05	11,96	12,29
12,30	12,37	12,22	12,47
12,18	12,25	11,75	12,03
11,97	12,04	11,96	12,17
12,17	12,24	11,95	11,94
11,85	11,92	11,89	11,97
12,30	12,37	11,88	12,23
12,15	12,22	11,93	12,25

Relatório administrativo

1. Faça um teste de hipóteses para cada amostra com um nível de significância 0,01 e determine quais medidas, se for o caso, devem ser tomadas. Forneça a estatística de teste e o valor-p para cada teste.
2. Calcule o desvio padrão de cada uma das quatro amostras. A suposição de 0,21 para o desvio padrão populacional parece razoável?
3. Calcule os limites para a média amostral $\bar{x}$ em torno de $\mu = 12$ de forma que, estando a nova média amostral dentro desses limites, considerar-se-á que o processo está funcionando satisfatoriamente. Se $\bar{x}$ ultrapassar o limite superior ou se ficar abaixo do limite inferior, medidas corretivas serão tomadas. Esses limites denomina-se limites superior e inferior de controle para fins de controle da qualidade.
4. Discuta as implicações de se mudar o nível de significância para um valor maior. Qual equívoco ou erro poderia se avolumar se o nível de significância fosse aumentado?

Estudo de caso 2 Comportamento ético dos estudantes de Administração na Bayview University

Durante a recessão global, ocorrida em 2008 e 2009, houve muitas acusações de comportamento antiético por parte dos executivos, gestores financeiros e outros profissionais corporativos de Wall Street. Naquela época, foi publicado um artigo que sugeria que parte da razão para tal comportamento antiético podia se originar do fato de que as trapaças (ou fraudes) se tornaram frequentes entre os estudantes de Administração (*Chronicle of Higher Education*, 10 de fevereiro de 2009). O artigo relatou que 56% dos estudantes de Administração admitiram ter cometido algum tipo de fraude durante sua carreira acadêmica em comparação com 47% de estudantes de outros cursos.

A ocorrência de fraude se tornou uma preocupação para o reitor da Faculdade de Administração na Bayview University por vários anos. Alguns membros dessa faculdade acreditam que a ocorrência de fraudes é mais comum na Bayview do que em outras universidades, ao passo que outros pensam que as trapaças não são um problema crucial na faculdade. Para resolver algumas dessas questões, o reitor solicitou um estudo para avaliar o atual comportamento ético de estudantes de Administração na Bayview. Como parte desse estudo, uma investigação anônima foi dirigida a 90 desses estudantes da turma de formandos desse ano. As respostas às seguintes questões foram utilizadas para obter dados referentes a três tipos de fraudes.

Durante seu período na Bayview, você alguma vez apresentou um trabalho copiado da Internet como sendo de sua autoria?

Sim _____ Não _____

Durante seu período na Bayview, você alguma vez copiou respostas da prova de outro estudante?

Sim _____ Não _____

Durante seu período na Bayview, você colaborou com outros alunos para realizar trabalhos acadêmicos que deveriam ser feitos individualmente?

Sim _____ Não _____

Qualquer estudante que tenha respondido Sim a uma ou mais dessas questões foi considerado envolvido em algum tipo de fraude. A seguir está uma parte dos dados coletados. O conjunto de dados completo está no arquivo denominado Bayview.

Bayview

Estudante	Copiou da Internet	Colou na prova	Colaborou em um projeto individual	Gênero
1	Não	Não	Não	Feminino
2	Não	Não	Não	Masculino
3	Sim	Não	Sim	Masculino
4	Sim	Sim	Não	Masculino
5	Não	Não	Sim	Masculino
6	Sim	Não	Não	Feminino
.				
.				
.				
88	Não	Não	Não	Masculino
89	Não	Sim	Sim	Masculino
90	Não	Não	Não	Feminino

Relatório administrativo

Prepare um relatório para o reitor da faculdade, que sintetize sua avaliação da natureza da fraude cometida pelos estudantes de Administração na Bayview University. Certifique-se de incluir os seguintes itens em seu relatório.

1. Utilize estatísticas descritivas para sintetizar os dados e comente o que você descobriu.
2. Construa intervalos de confiança de 95% para a proporção de todos os estudantes, dos estudantes homens e das estudantes mulheres que estiveram envolvidos em algum tipo de trapaça.
3. Faça um teste de hipóteses para verificar se a proporção de estudantes de administração na Bayview University que estiveram envolvidos em algum tipo de fraude é menor do que os estudantes de Administração em outras instituições, conforme relatado pelo *Chronicle of Higher Education*.
4. Conduza um teste de hipóteses para verificar se a proporção de estudantes de Administração na Bayview University que estiveram envolvidos em algum tipo de fraude é menor do que a dos estudantes de outros cursos em outras instituições, conforme relatado no *Chronicle of Higher Education*.
5. Qual conselho você daria para o reitor com base em sua análise dos dados?

Apêndice 9.1 Testes de hipóteses com o Minitab

Descrevemos o uso do Minitab para realizar testes de hipóteses de uma média populacional e de uma proporção populacional.

Média populacional: σ conhecido

Ilustramos nossa exposição utilizando o exemplo da distância percorrida pela bola de golfe Max-Flight, apresentado na Seção 9.3. Os dados estão na coluna C1 da planilha do Minitab. Consideramos que o desvio padrão populacional $\sigma = 12$ seja conhecido e que o nível de significância seja $\alpha = 0{,}05$. As etapas a seguir podem ser usadas para testar as hipóteses $H_0: \mu = 295$ contra $H_a: \mu \neq 295$.

Etapa 1. Selecione o menu **Stat**
Etapa 2. Escolha **Basic Statistics**
Etapa 3. Escolha **1-Sample Z**
Etapa 4. Quando a caixa de diálogo One-Sample Z for the Mean aparecer:
    Selecione **One or more samples, each in a column** no menu suspenso
    Digite C1 na caixa logo abaixo do menu suspenso
    Digite 12 na caixa **Known standard deviation**
    Selecione **Perform Hypothesis Test**
    Digite 295 na caixa **Hypothesized mean**
    Selecione **Options**
Etapa 5. Quando a caixa de diálogo 1-Sample Z-Options aparecer:
    Digite 95 na caixa **Confidence level**[5]
    Selecione **Mean ≠ hypothesized mean** na caixa **Alternative hypothesis**
    Clique em **OK**
Etapa 6. Clique em **OK**

DATA *file* GolfTest

Além dos resultados do teste de hipóteses, o Minitab fornece um intervalo de confiança de 95% para a média populacional.

O procedimento pode ser facilmente modificado para um teste de hipóteses unicaudal ao selecionar a opção **Mean < hypothesized mean** ou **Mean > hypothesized mean** na caixa **Alternative hypothesis** na etapa 5.

Média populacional: σ desconhecido

As avaliações que 60 viajantes de negócios deram ao Aeroporto Heathrow foram inseridas na coluna C1 do arquivo AirRating. O nível de significância para o teste é $\alpha = 0{,}05$, e o desvio padrão populacional σ será estimado pelo desvio padrão amostral s. As etapas a seguir podem ser utilizadas para testar as hipóteses $H_0: \mu \leq 7$ contra $H_a: \mu > 7$.

AirRating

Etapa 1. Selecione o menu **Stat**
Etapa 2. Escolha **Basic Statistics**
Etapa 3. Escolha **1-Sample t**
Etapa 4. Quando a caixa de diálogo One-Sample t for the Mean aparecer:
    Selecione **One or more samples, each in a column** no menu suspenso
    Digite C1 na caixa logo abaixo do menu suspenso
    Selecione **Perform Hypothesis Test**
    Digite 7 na caixa **Hypothesized mean**
    Selecione **Options**
Etapa 5. Quando a caixa de diálogo One-Sample t: Options aparecer:
    Digite 95 na caixa **Confidence level**
    Selecione **Mean > hypothesized mean** na caixa **Alternative hypothesis**
    Clique em **OK**
Etapa 6. Clique em **OK**

---

[5] O Minitab fornece simultaneamente os resultados do teste de hipóteses e os da estimação intervalar. O usuário pode selecionar qualquer grau de confiança para a estimação intervalar da média populacional. Aqui, sugerimos um intervalo de confiança de 95%.

O estudo da avaliação do Aeroporto Heathrow envolveu uma hipótese alternativa *maior que*. As etapas anteriores podem ser facilmente modificadas para outros testes de hipóteses ao selecionar a opção **Mean ≠ hypothesized mean** ou **Mean < hypothesized mean** na caixa **Alternative hypothesis** na etapa 5.

Proporção populacional

Ilustramos nossa exposição usando o exemplo do curso de golfe Pine Creek apresentado na Seção 9.5. Os dados com as respostas Female (Feminino) e Male (Masculino) estão na coluna C1 do arquivo WomanGolf. O Minitab usa uma classificação em ordem alfabética para as respostas e seleciona a *segunda resposta* como a proporção populacional de interesse. Neste exemplo, o Minitab usa a classificação em ordem alfabética Female-Male (Feminino-Masculino) para fornecer os resultados correspondentes à proporção populacional de respostas Male (Masculino). Uma vez que Female (Feminino) é a resposta de interesse, modificamos a ordem de classificação do Minitab da seguinte maneira: selecione qualquer célula da coluna e use a sequência Editor > Column > Value Order. Depois, escolha a opção de introduzir uma ordem especificada pelo usuário. Digite Male-Female (Masculino-Feminino) na caixa **Define-an-order** e clique em OK. Assim, a rotina "1 Proportion" do Minitab fornecerá os resultados do teste de hipóteses correspondentes à proporção populacional de golfistas mulheres. Prosseguimos da seguinte maneira:

WomenGolf

Etapa 1. Selecione o menu **Stat**
Etapa 2. Escolha **Basic Statistics**
Etapa 3. Escolha **1 Proportion**
Etapa 4. Quando a caixa de diálogo One-Sample Proportion aparecer:
  Selecione **One or more samples, each in a column** no menu suspenso
  Digite C1 na caixa logo abaixo do menu suspenso
  Selecione **Perform Hypothesis Test**
  Digite 0,20 na caixa **Hypothesized proportion**
  Selecione **Options**
Etapa 5. Quando a caixa de diálogo One-Sample Proportion-Options aparecer:
  Digite 95 na caixa **Confidence level**
  Selecione **Proportion > hypothesized proportion** na caixa **Alternative hypothesis**
  Selecione **Normal approximation** na caixa **Method**
  Clique em **OK**
Etapa 6. Clique em **OK**

> Você também pode selecionar a opção *Exact* no menu suspenso Method ao testar uma hipótese para uma proporção. Este método usa a distribuição binomial para testar uma hipótese para uma proporção populacional.

Apêndice 9.2 Testes de hipóteses com o Excel

O Excel não oferece rotinas incorporadas para os testes de hipóteses apresentados neste capítulo. Para tratar dessas situações, apresentamos as planilhas do Excel que desenvolvemos para ser utilizadas como modelos destinados a testar hipóteses para uma média populacional e para uma proporção populacional. As planilhas são fáceis de utilizar e podem ser modificadas para se usar dados de qualquer amostra. As planilhas estão disponíveis no site deste livro.

Média populacional: σ conhecido

Ilustraremos nossa exposição usando o exemplo da distância percorrida pela bola de golfe MaxFlight, apresentado na Seção 9.3. Os dados estão na coluna A da planilha do Excel. Consideramos que o desvio padrão populacional $\sigma = 12$ seja conhecido e que o nível de significância seja $\alpha = 0,05$. As etapas a seguir podem ser usadas para testar as hipóteses $H_0: \mu = 295$ contra $H_a: \mu \neq 295$.

Consulte a Figura 9.11 à medida que descrevemos o procedimento. A planilha em segundo plano exibe nas células as fórmulas utilizadas para calcular os resultados apresentados na planilha em primeiro plano. Os dados são inseridos nas células A2:A51. As etapas a seguir são necessárias para usar o modelo (*template*) para esse conjunto de dados.

Hyp Sigma Known

Testes de hipóteses 389

	A	B	C	D	E
1	Jardas		Teste de hipóteses para uma média populacional		
2	303		para o caso em que σ é conhecido		
3	282				
4	289		Tamanho amostral	=CONT.NÚM(A2:A51)	
5	298		Média amostral	=MÉDIA(A2:A51)	
6	283				
7	317		Desvio padrão populacional	12	
8	297		Valor hipotético	295	
9	308				
10	317		Erro padrão	=D6/RAIZ(D4)	
11	293		Estatística de teste z	=(D5-D8)/D10	
12	284				
13	290		Valor-p (cauda inferior)	=DIST.NORMP.N(D11; VERDADEIRO)	
14	304		Valor-p (cauda superior)	=1-D13	
15	290		Valor-p (bicaudal)	=2*MÍNIMO(D13;D14)	
16	311				
17	305				
49	303				
50	301				
51	292				
52					

	A	B	C	D	E
1	Jardas		Teste de hipóteses para uma média populacional		
2	303		para o caso em que σ é conhecido		
3	282				
4	289		Tamanho amostral	50	
5	298		Média amostral	297,6	
6	283				
7	317		Desvio padrão populacional	12	
8	297		Valor hipotético	295	
9	308				
10	317		Erro padrão	1,70	
11	293		Estatística de teste z	1,53	
12	284				
13	290		Valor-p (cauda inferior)	0,9372	
14	304		Valor-p (cauda superior)	0,0628	
15	290		Valor-p (bicaudal)	0,1255	
16	311				
17	305				
49	303				
50	301				
51	292				
52					

Nota: As linhas 17 a 49 estão ocultas.

FIGURA 9.11 Planilha do Excel para testes de hipóteses sobre uma média populacional para o caso em que σ é conhecido

Etapa 1. Digite o intervalo de dados A2:A51 na fórmula =CONT.NÚM na célula D4.

Etapa 2. Digite o intervalo de dados A2:A51 na fórmula =MÉDIA na célula D5.

Etapa 3. Digite o desvio padrão populacional $\sigma = 12$ na célula D7.

Etapa 4. Digite o valor hipotético 295 da média populacional na célula D8.

As células com as demais fórmulas fornecerão automaticamente o erro padrão, o valor da estatística de teste z e três valores-p. Uma vez que a hipótese alternativa ($\mu_0 \neq 295$) indica um teste bicaudal, o valor-p (bicaudal) na célula D15 é usado para tomar a decisão de rejeição. Com o valor-$p = 0,1255 > \alpha = 0,05$, a hipótese nula não pode ser rejeitada. Os valores-p nas células D13 ou D14 seriam usados se as hipóteses envolvessem um teste unicaudal.

Esse modelo pode ser usado para se fazer os cálculos de testes de hipóteses para outras aplicações. Por exemplo, para realizar um teste de hipóteses para um novo conjunto de dados, insira os novos dados amostrais na coluna A da planilha. Modifique as fórmulas contidas nas células D4 e D5 para que correspondam ao novo intervalo de dados. Digite o desvio padrão populacional na célula D6 e o valor hipotético para a média populacional na célula D8 para obter os resultados. Se os novos dados amostrais já tiverem sido sintetizados, não precisam ser inseridos na planilha. Nesse caso, digite o tamanho amostral na célula D4, a média amostral na célula D5, o desvio padrão populacional na célula D6 e o valor hipotético da média populacional na célula D8 para obter os resultados. A planilha da Figura 9.11 está disponível no arquivo Hyp Sigma Known no site deste livro.

Média populacional: σ desconhecido

Ilustraremos nossa exposição usando o exemplo da avaliação do Aeroporto Heathrow apresentado na Seção 9.4. Os dados estão na coluna A da planilha do Excel. O desvio padrão populacional σ é desconhecido e será estimado por meio do desvio padrão amostral s. O nível de significância é $\alpha = 0{,}05$. As etapas a seguir podem ser utilizadas para testar as hipóteses $H_0: \mu \leq 7$ contra $H_a: \mu > 7$.

Consulte a Figura 9.12 à medida que descrevemos o procedimento. A planilha em segundo plano exibe nas células as fórmulas usadas para calcular os resultados apresentados na versão da planilha em primeiro plano. Os dados estão inseridos nas células A2:A61. As etapas a seguir são necessárias para se usar o modelo para esse conjunto de dados.

Hyp Sigma Unknown

Etapa 1. Digite o intervalo de dados A2:A61 na fórmula =CONT.NÚM na célula D4.
Etapa 2. Digite o intervalo de dados A2:A61 na fórmula =MÉDIA na célula D5.
Etapa 3. Digite o intervalo de dados A2:A61 na fórmula =DESVPAD.A na célula D6.
Etapa 4. Digite o valor hipotético 7 da média populacional na célula D8

As células com as demais fórmulas fornecerão automaticamente o erro padrão, o valor da estatística de teste t, o número de graus de liberdade e três valores-p. Uma vez que a hipótese alternativa ($\mu > 7$) indica um teste de cauda superior, o valor-p (cauda superior) na célula D15 é usado para tomar a decisão. Com o valor-$p = 0{,}0353 < \alpha = 0{,}05$, a hipótese nula é rejeitada. Os valores-p nas células D14 ou D16 seriam usados se as hipóteses envolvessem um teste de cauda inferior ou um teste bicaudal.

Este modelo pode ser usado para fazer os cálculos de testes de hipóteses para outras aplicações. Por exemplo, para realizar um teste de hipóteses para um novo conjunto de dados, insira os novos dados amostrais na coluna A da planilha e modifique as fórmulas contidas nas células D4, D5 e D6 para que correspondam ao novo intervalo de dados. Digite o valor hipotético da média populacional na célula D8 para obter os resultados. Se os novos dados amostrais já tiverem sido sintetizados, não precisam ser inseridos na planilha. Nesse caso, digite o tamanho amostral na célula D4, a média amostral na célula D5, o desvio padrão amostral na célula D6 e o valor hipotético da média populacional na célula D8 para obter os resultados. A planilha da Figura 9.12 está disponível no arquivo Hyp Sigma Unknown no site deste livro.

Proporção populacional

Ilustraremos nossa exposição usando os dados da pesquisa do curso de golfe Pine Creek apresentados na Seção 9.5. Os dados dos golfistas Male (Masculino) ou Female (Feminino) estão na coluna A da planilha do Excel. Consulte a Figura 9.13 à medida que descrevemos o procedimento. A planilha em segundo plano exibe as células com as fórmulas utilizadas para calcular os resultados apresentados na planilha em primeiro plano. Os dados estão inseridos nas células A2:A401. As etapas a seguir podem ser usadas para testar as hipóteses $H_0: p \leq 0{,}20$ contra $H_a: p > 0{,}20$.

Hypothesis p

Etapa 1. Digite o intervalo de dados A2:A401 na fórmula = CONT.VALORES na célula D3.
Etapa 2. Digite Feminino (Female) como a resposta de interesse na célula D4.
Etapa 3. Digite o intervalo de dados A2:A401 fórmula = CONT.SE na célula D5.
Etapa 4. Digite o valor hipotético 0,20 da proporção populacional na célula D8.

As fórmulas nas células restantes fornecerão automaticamente o erro padrão, o valor da estatística de teste z e três valores-p. Uma vez que a hipótese alternativa ($p > 0{,}20$) indica um teste de cauda superior, o valor-p (cauda superior) na célula D14 é usado para se tomar a decisão. Com o valor-$p = 0{,}0062 < \alpha = 0{,}05$ a hipótese nula é rejeitada. Os valores-p nas células D13 ou D15 seriam usados se a hipótese envolvesse um teste de cauda inferior ou um teste bicaudal.

Testes de hipóteses **391**

	A	B	C	D	E
1	Rating		Teste de hipóteses para uma média populacional		
2	5		para o caso em que σ é desconhecido		
3	7				
4	8		Tamanho amostral	=CONT.NÚM(A2:A61)	
5	7		Média amostral	=MÉDIA(A2:A61)	
6	8		Desvio padrão populacional	=DESVPAD.A(A2:A61)	
7	8				
8	8		Valor hipotético	7	
9	7				
10	8		Erro padrão	=D6/RAIZ(D4)	
11	10		Estatística de teste t	=(D5-D8)/D10	
12	6		Graus de liberdade	=D4-1	
13	7				
14	8		Valor-p (cauda inferior)	=DIST.T(D11;D12;VERDADEIRO)	
15	8		Valor-p (cauda superior)	=1-D14	
16	9		Valor-p (bicaudal)	=2*(MÍNIMO(D14;D15))	
17	7				
59	7				
60	7				
61	8				
62					

	A	B	C	D	E
1	Rating		Teste de hipóteses para uma média		
2	5		populacional para o caso em que σ é desconhecido		
3	7				
4	8		Tamanho amostral	60	
5	7		Média amostral	7,25	
6	8		Desvio padrão populacional	1,05	
7	8				
8	8		Valor hipotético	7	
9	7				
10	8		Erro padrão	0,136	
11	10		Estatística de teste t	1,841	
12	6		Graus de liberdade	59	
13	7				
14	8		Valor-p (cauda inferior)	0,9647	
15	8		Valor-p (cauda superior)	0,0353	
16	9		Valor-p (bicaudal)	0,0706	
17	7				
59	7				
60	7				
61	8				
62					

Nota: As linhas de 17 a 58 estão ocultas.

FIGURA 9.12 Planilha do Excel para testes de hipóteses sobre uma média populacional para o caso em que σ é desconhecido

Este modelo pode ser usado para fazer os cálculos de testes de hipóteses para outras aplicações. Por exemplo, para realizar um teste de hipóteses para um novo conjunto de dados, insira os novos dados amostrais na coluna A da planilha. Modifique as fórmulas contidas nas células D3 e D5 para que correspondam ao novo intervalo de dados. Digite a resposta de interesse na célula D4 e o valor hipotético da proporção populacional na célula D8 para obter os resultados. Se os novos dados amostrais já tiverem sido sintetizados, não precisam ser inseridos na planilha. Neste caso, digite o tamanho amostral na célula D3, a proporção amostral na célula D6 e o valor hipotético da proporção populacional na célula D8 para obter os resultados. A planilha da Figura 9.13 está disponível no arquivo Hypothesis p no site deste livro.

392 Estatística aplicada a administração e economia

	A	B	C	D	E
1	Golfista		Teste de hipótese para uma proporção populacional		
2	Feminino				
3	Masculino		Tamanho amostral	=CONT.VALORES(A2:A401)	
4	Feminino		Resposta de interesse	Feminino	
5	Masculino		Contagem da resposta	=CONT.SE(A2:A401;D4)	
6	Masculino		Proporção amostral	=D5/D3.	
7	Feminino				
8	Masculino		Valor hipotético	0,20	
9	Masculino				
10	Feminino		Erro padrão	=RAIZ(D8*(1-D8)/D3)	
11	Masculino		Estatística de teste z	=(D6-D8)/D10	
12	Masculino				
13	Masculino		Valor-p (cauda inferior)	=DIST. NORMP.N(D1;VERDADEIRO)	
14	Masculino		Valor-p (cauda superior)	=1-D13	
15	Masculino		Valor-p (bicaudal)	=2*MÍNIMO(D13;D14)	
16	Feminino				
400	Masculino				
401	Masculino				
402					

	A	B	C	D	E
1	Golfista		Teste de hipóteses para uma proporção populacional		
2	Feminino				
3	Masculino		Tamanho amostral	400	
4	Feminino		Resposta de interesse	Feminino	
5	Masculino		Contagem de resposta	100	
6	Masculino		Exemplo proporcional	0,2500	
7	Feminino				
8	Masculino		Valor hipotético	0,20	
9	Masculino				
10	Feminino		Erro padrão	0,0200	
11	Masculino		Estatística de teste z	2,50	
12	Masculino				
13	Masculino		Valor-p (cauda inferior)	0,9938	
14	Masculino		Valor-p (cauda superior)	0,0062	
15	Masculino		Valor-p (bicaudal)	0,0124	
16	Feminino				
400	Masculino				
401	Masculino				
402					

Nota: As linhas de 17 a 399 estão ocultas.

FIGURA 9.13 Planilha do Excel para testes de hipóteses sobre uma proporção populacional

CAPÍTULO 10

Inferência sobre médias e proporções com duas populações

CONTEÚDO

Estatística na prática: Food and Drug Administration

10.1 Inferências sobre a diferença entre duas médias populacionais: σ_1 e σ_2 conhecidos
Estimativa intervalar de $\mu_1 - \mu_2$
Teste de hipóteses sobre $\mu_1 - \mu_2$
Conselho prático

10.2 Inferências sobre a diferença entre duas médias populacionais: σ_1 e σ_2 desconhecidos
Estimativa intervalar de $\mu_1 - \mu_2$
Teste de hipóteses sobre $\mu_1 - \mu_2$
Conselho prático

10.3 Inferências sobre a diferença entre duas médias populacionais: amostras pareadas

10.4 Inferências sobre a diferença entre duas proporções populacionais
Estimativa intervalar de $p_1 - p_2$
Teste de hipóteses sobre $p_1 - p_2$

APÊNDICES

10.1 Inferências sobre duas populações usando o Minitab

10.2 Inferências sobre duas populações usando o Excel

ESTATÍSTICA na PRÁTICA

FOOD AND DRUG ADMINISTRATION
WASHINGTON, D.C.

É responsabilidade da Food and Drug Administration (FDA), através do seu Centro de Avaliação e Pesquisa de Medicamentos (CDER, na sigla em inglês), garantir que os medicamentos sejam seguros e eficazes. Mas não é o CDER que realiza os testes de novos medicamentos. A empresa que pretende comercializar um novo medicamento é responsável por testá-lo e apresentar evidências de que ele é seguro e eficaz. Em seguida, os estatísticos e cientistas do CDER avaliam as evidências enviadas.

As empresas que buscam a aprovação de uma nova droga conduzem estudos estatísticos abrangentes para respaldar o pedido. O processo de testes na indústria farmacêutica é, normalmente, composto por três etapas: (1) testes pré-clínicos, (2) teste de utilização em longo prazo e segurança e (3) teste de eficácia clínica. Em cada etapa sucessiva, a chance de o medicamento passar pelos rigorosos testes diminui. No entanto, o custo de realizar mais testes aumenta substancialmente. Levantamentos da indústria indicam que, em média, a etapa de pesquisa e desenvolvimento de uma nova droga custa US$ 250 milhões e leva 12 anos. Por isso, é importante eliminar novos medicamentos malsucedidos nas primeiras etapas do processo de testes, bem como identificar aqueles que são promissores para os testes adicionais.

As estatísticas têm um papel importante na pesquisa farmacêutica, área em que as normas governamentais são estritas e aplicadas com rigor. Nos testes pré-clínicos, em geral, um estudo estatístico com duas ou três populações é usado para determinar se uma nova droga deve continuar sendo estudada no programa de utilização em longo prazo e segurança. As populações podem ser formadas pelo novo medicamento, um grupo de controle e um medicamento padrão. O processo de teste pré-clínico começa quando o novo medicamento é enviado ao grupo de farmacologia para a avaliação de eficácia – a capacidade que a droga tem de produzir os efeitos desejados. Como parte desse processo, um estatístico deve projetar um experimento que possa ser usado para testar o novo medicamento. O projeto precisa especificar o tamanho da amostra e os métodos estatísticos da análise. Em um estudo com duas populações, uma amostra é usada para obter dados sobre a eficácia da nova droga (população 1), enquanto a segunda amostra obtém dados sobre a eficácia de uma droga padrão (população 2). Dependendo do uso pretendido, as drogas nova e padrão são testadas em disciplinas como neurologia,

Métodos estatísticos são usados para testar e desenvolver novos medicamentos.

cardiologia e imunologia. Na maioria dos estudos, o método estatístico inclui teste de hipóteses para obter a diferença entre as médias da população da nova droga e da população da droga padrão. Se o novo medicamento não for eficaz ou produzir efeitos indesejáveis em comparação com o medicamento padrão, ele será rejeitado e removido dos testes futuros. Somente os novos medicamentos que mostram comparações promissoras com os medicamentos padrão são encaminhados para o programa de teste de utilização em longo prazo e segurança.

Nos programas de utilização em longo prazo e segurança e nos testes clínicos, dados adicionais são coletados para a realização de estudos multipopulacionais. A FDA exige que os métodos estatísticos sejam definidos antes dos testes, para evitar distorções relacionadas com dados. Além disso, para evitar o viés humano, alguns dos ensaios clínicos são duplo ou triplo-cegos. Ou seja, nem o participante, nem o investigador sabem qual medicamento é administrado para quem. Caso a nova droga atenda todos os requisitos em relação à droga padrão, um registro de novo medicamento (NDA, na sigla em inglês) é entregue para a FDA. O registro é examinado rigorosamente por estatísticos e cientistas da agência.

Neste capítulo, você vai aprender a construir estimativas intervalares e fazer testes de hipóteses sobre médias e proporções com duas populações. Também serão apresentadas técnicas para analisar amostras aleatórias independentes e amostras pareadas.

Nos Capítulos 8 e 9, mostramos como desenvolver estimativas intervalares e conduzir testes de hipóteses para situações que envolvem uma única média populacional e uma única proporção populacional. Neste capítulo, continuamos nossa discussão sobre inferência estatística mostrando como desenvolver estimativas intervalares e testes de hipóteses para situações que envolvem duas populações quando a diferença entre as duas médias ou proporções populacionais tem

Inferência sobre médias e proporções com duas populações **395**

grande importância. Por exemplo, podemos querer desenvolver uma estimativa intervalar da diferença entre o salário inicial médio de uma população de homens e o salário inicial médio de uma população de mulheres; ou podemos querer conduzir um teste de hipóteses para determinar se há alguma diferença entre a proporção de peças defeituosas em uma população de peças produzidas pelo fornecedor A e a proporção de peças defeituosas em uma população de peças produzidas pelo fornecedor B. Começamos nossa discussão sobre inferência estatística de duas populações mostrando como desenvolver estimativas intervalares e conduzir testes de hipóteses sobre a diferença entre as médias de duas populações quando os desvios padrão de ambas as populações são conhecidos.

10.1 Inferências sobre a diferença entre duas médias populacionais: σ_1 e σ_2 conhecidos

Considerando que μ_1 representa a média da população 1 e μ_2 representa a média da população 2, vamos nos concentrar nas inferências sobre a diferença entre as médias: $\mu_1 - \mu_2$. Para fazer uma inferência sobre essa diferença, selecionamos uma amostra aleatória simples de n_1 unidades da população 1 e uma segunda amostra aleatória simples de n_2 unidades da população 2. As duas amostras, selecionadas de modo separado e independente, são chamadas de **amostras aleatórias simples independentes**. Nesta seção, presumimos que há informações disponíveis para que os desvios padrão das duas populações, σ_1 e σ_2, sejam considerados conhecidos antes da coleta das amostras. Chamamos essa situação de caso de σ_1 e σ_2 conhecidos. No exemplo a seguir, mostraremos como calcular a margem de erro e desenvolver uma estimativa intervalar da diferença entre as duas médias populacionais quando σ_1 e σ_2 são conhecidos.

Estimativa intervalar de $\mu_1 - \mu_2$

A Greystone Department Stores, Inc. administra duas lojas em Buffalo, Nova York: uma fica no centro da cidade e a outra em um shopping no subúrbio. O gerente regional percebeu que os produtos que vendem bem em uma loja nem sempre têm o mesmo desempenho na outra. Ele acredita que essa situação pode ser atribuída às diferenças nos fatores demográficos dos dois locais. Os clientes podem ter diferenças de idade, escolaridade, renda, e assim por diante. Suponha que o gerente nos peça para investigar a diferença entre as idades médias dos clientes que compram nas duas lojas.

Vamos definir a população 1 como todos os consumidores que compram na loja do centro e a população 2 como todos aqueles que compram na loja do subúrbio.

μ_1 = média da população 1 (isto é, a idade média de todos os clientes que compram na loja do centro da cidade)

μ_2 = média da população 2 (isto é, a idade média de todos os clientes que compram na loja do subúrbio)

A diferença entre as duas médias populacionais é $\mu_1 - \mu_2$.

Para estimar $\mu_1 - \mu_2$, vamos selecionar uma amostra aleatória simples de n_1 clientes da população 1 e uma amostra aleatória simples de n_2 clientes da população 2. Depois, calcularemos as duas médias amostrais.

$\bar{x}_1$ = idade média da amostra para a amostra aleatória simples de n_1 clientes do centro da cidade

$\bar{x}_2$ = idade média da amostra para a amostra aleatória simples de n_2 clientes do subúrbio

O estimador pontual da diferença entre as duas médias populacionais é a diferença entre as duas médias amostrais.

ESTIMADOR PONTUAL DA DIFERENÇA ENTRE DUAS MÉDIAS POPULACIONAIS

$$\bar{x}_1 - \bar{x}_2 \tag{10.1}$$

A Figura 10.1 traz um resumo do processo usado para estimar a diferença entre duas médias populacionais com base em duas amostras aleatórias simples independentes.

Tal como ocorre com outros estimadores pontuais, o estimador pontual $\bar{x}_1 - \bar{x}_2$ tem um erro padrão que descreve a variação na distribuição amostral do estimador.

Com duas amostras aleatórias simples independentes, o erro padrão de $\bar{x}_1 - \bar{x}_2$ é o seguinte:

O desvio padrão de $\bar{x}_1 - \bar{x}_2$ é o desvio padrão da distribuição amostral de $\bar{x}_1 - \bar{x}_2$.

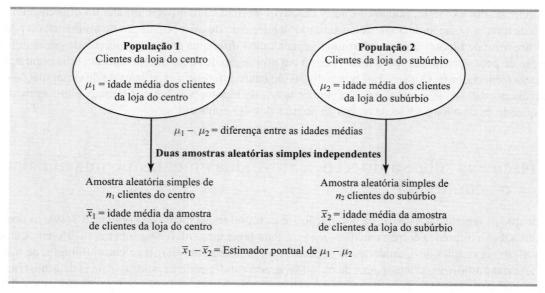

FIGURA 10.1 Estimando a diferença entre duas médias populacionais

---

ERRO PADRÃO DE $\bar{x}_1 - \bar{x}_2$

$$\sigma_{\bar{x}_1 - \bar{x}_2} = \sqrt{\frac{\sigma_1^2}{n_1} + \frac{\sigma_2^2}{n_2}} \quad (10.2)$$

Se as duas populações tiverem uma distribuição normal, ou se as amostras forem grandes o suficiente para o teorema do limite central permitir tirarmos a conclusão de que as distribuições amostrais de $\bar{x}_1$ e $\bar{x}_2$ podem ser aproximadas por uma distribuição normal, a distribuição amostral de $\bar{x}_1 - \bar{x}_2$ terá uma distribuição normal com média dada por $\mu_1 - \mu_2$.

Conforme mostramos no Capítulo 8, uma estimativa intervalar é dada por uma estimativa pontual ± uma margem de erro. No caso da estimação da diferença entre duas médias populacionais, a estimativa intervalar terá a seguinte forma:

$$\bar{x}_1 - \bar{x}_2 \pm \text{Margem de erro}$$

Como a distribuição amostral de $\bar{x}_1 - \bar{x}_2$ tem uma distribuição normal, podemos escrever a margem de erro da seguinte maneira:

A margem de erro é dada pela multiplicação do erro padrão por $z_{\alpha/2}$.

$$\text{Margem de erro} = z_{\alpha/2} \sigma_{\bar{x}_1 - \bar{x}_2} = z_{\alpha/2} \sqrt{\frac{\sigma_1^2}{n_1} + \frac{\sigma_2^2}{n_2}} \quad (10.3)$$

Assim, a estimativa intervalar da diferença entre duas médias populacionais é:

ESTIMATIVA INTERVALAR DA DIFERENÇA ENTRE DUAS MÉDIAS POPULACIONAIS: σ_1 E σ_2 CONHECIDOS

$$\bar{x}_1 - \bar{x}_2 \pm z_{\alpha/2} \sqrt{\frac{\sigma_1^2}{n_1} + \frac{\sigma_2^2}{n_2}} \quad (10.4)$$

onde $1 - \alpha$ é o coeficiente de confiança.

Vamos voltar para o exemplo da Greystone. Com base nos dados extraídos do estudo demográfico anterior, os desvios padrão das duas populações são conhecidos, $\sigma_1 = 9$ anos e $\sigma_2 = 10$ anos. Os dados coletados das duas amostras aleatórias simples independentes de clientes da Greystone geraram os resultados a seguir.

	Loja do centro	**Loja do subúrbio**
Tamanho da amostra	$n_1 = 36$	$n_2 = 49$
Média da amostra	$x_1 = 40$ anos	$x_2 = 35$ anos

Usando a expressão (10.1), descobrimos que o estimador pontual da diferença entre as idades médias das populações é $\bar{x}_1 - \bar{x}_2 = 40 - 35 = 5$ anos. Assim, estimamos que os clientes da loja do centro da cidade têm idade média cinco anos maior que a dos clientes da loja do subúrbio. Agora podemos usar a expressão (10.4) para calcular a margem de erro e fornecer a estimativa intervalar de $\mu_1 - \mu_2$. Usando 95% de confiança e $z_{\alpha/2} = z_{0,025} = 1,96$, temos:

$$\bar{x}_1 - \bar{x}_2 \pm z_{\alpha/2}\sqrt{\frac{\sigma_1^2}{n_1} + \frac{\sigma_2^2}{n_2}}$$

$$40 - 35 \pm 1,96\sqrt{\frac{9^2}{36} + \frac{10^2}{49}}$$

$$5 \pm 4,06$$

Portanto, a margem de erro é 4,06 anos e a estimativa do intervalo de confiança de 95% da diferença entre as duas médias populacionais é de $5 - 4,06 = 0,94$ anos a $5 + 4,06 = 9,06$ anos.

Teste de hipóteses sobre $\mu_1 - \mu_2$

Vamos avaliar testes de hipótese sobre a diferença entre duas médias populacionais. Usando D_0 para representar a diferença hipotética entre μ_1 e μ_2, as três formas de um teste de hipótese são:

$$H_0: \mu_1 - \mu_2 \geq D_0 \qquad H_0: \mu_1 - \mu_2 \leq D_0 \qquad H_0: \mu_1 - \mu_2 = D_0$$

$$H_a: \mu_1 - \mu_2 < D_0 \qquad H_a: \mu_1 - \mu_2 > D_0 \qquad H_a: \mu_1 - \mu_2 \neq D_0$$

Em muitas aplicações $D_0 = 0$. Usando o teste bicaudal como exemplo, quando $D_0 = 0$, a hipótese nula é $H_0: \mu_1 - \mu_2 = 0$. Neste caso, a hipótese nula é que μ_1 e μ_2 são iguais. A rejeição de H_0 leva à conclusão de que $H_a = \mu_1 - \mu_2 \neq 0$ é verdadeira, ou seja, μ_1 e μ_2 não são iguais.

As etapas para conduzir testes de hipóteses apresentadas no Capítulo 9 se aplicam aqui. É preciso escolher um nível de significância, calcular o valor da estatística de teste e encontrar o valor-p para determinar se a hipótese nula deverá ser rejeitada. Com duas amostras aleatórias simples independentes, demonstramos que o estimador pontual $\bar{x}_1 - \bar{x}_2$ tem um erro padrão $\sigma_{\bar{x}_1 - \bar{x}_2}$ dado pela expressão (10.2) e, quando as amostras são grandes o bastante, a distribuição de $\bar{x}_1 - \bar{x}_2$ pode ser descrita por uma distribuição normal. Neste caso, a estatística de teste para a diferença entre duas médias populacionais quando σ_1 e σ_2 são conhecidos é calculada do seguinte modo:

ESTATÍSTICA DE TESTE PARA TESTES DE HIPÓTESES SOBRE $\mu_1 - \mu_2$: σ_1 E σ_2 CONHECIDOS

$$z = \frac{(\bar{x}_1 - \bar{x}_2) - D_0}{\sqrt{\dfrac{\sigma_1^2}{n_1} + \dfrac{\sigma_2^2}{n_2}}} \qquad (10.5)$$

Vamos demonstrar o uso dessa estatística de teste no próximo exemplo de teste de hipóteses.

Como parte de um estudo para avaliar a diferença entre a qualidade educacional de dois centros de treinamento, um exame padronizado foi dado aos indivíduos treinados nos centros. A diferença entre as pontuações médias dos exames é usada para avaliar a diferença de qualidade nos centros. As médias populacionais dos dois centros são:

μ_1 = a pontuação média no exame da população de indivíduos treinados no centro A

μ_2 = a pontuação média no exame da população de indivíduos treinados no centro B

Começamos com a suposição preliminar de que não existe diferença na qualidade do treinamento oferecido nos dois centros. Então, em termos de pontuação média no exame, a hipótese nula é que $\mu_1 - \mu_2 = 0$. Se as evidências amostrais levarem à rejeição dessa hipótese, vamos concluir que as pontuações médias das duas populações no exame são diferentes. Essa conclusão indica um diferencial de qualidade entre os dois centros e sugere que um estudo de acompanhamento para investigar os motivos dessa diferença pode ser justificado. As hipóteses nula e alternativa desse teste bicaudal são escritas conforme mostrado a seguir.

$$H_0: \mu_1 - \mu_2 = 0$$
$$H_a: \mu_1 - \mu_2 \neq 0$$

O exame padronizado aplicado anteriormente em uma variedade de ambientes sempre resultou em um desvio padrão da pontuação próximo de 10 pontos. Assim, vamos usar essa informação para supor que os desvios padrão da população são conhecidos, com $\sigma_1 = 10$ e $\sigma_2 = 10$. Um nível de significância de $\alpha = 0{,}05$ foi especificado para o estudo.

Foram selecionadas amostras aleatórias simples independentes de $n_1 = 30$ indivíduos do centro de treinamento A e $n_2 = 40$ indivíduos do centro de treinamento B. As respectivas médias amostrais são $\bar{x}_1 = 82$ e $\bar{x}_2 = 78$. Esses dados sugerem que há uma diferença significativa entre as médias populacionais dos dois centros de treinamento? Para ajudar a responder essa pergunta, calculamos a estatística de teste usando a Equação (10.5).

$$z = \frac{(\bar{x}_1 - \bar{x}_2) - D_0}{\sqrt{\frac{\sigma_1^2}{n_1} + \frac{\sigma_2^2}{n_2}}} = \frac{(82 - 78) - 0}{\sqrt{\frac{10^2}{30} + \frac{10^2}{40}}} = 1{,}66$$

Depois, vamos calcular o valor-p desse teste bicaudal. Como a estatística de teste z está na cauda superior, primeiro calculamos a área abaixo da curva à direita de $z = 1{,}66$. Usando a tabela de distribuição normal padrão, a área à esquerda de $z = 1{,}66$ é $0{,}9515$. Assim, a área na cauda superior da distribuição é $1{,}0000 - 0{,}9515 = 0{,}0485$. Por se tratar de um teste bicaudal, precisamos dobrar a área da cauda: valor-$p = 2(0{,}0485) = 0{,}0970$. Seguindo a regra comum para rejeitar H_0 se o valor-$p \leq \alpha$, vemos que o valor-p de $0{,}0970$ não permite que H_0 seja rejeitada no nível de significância de $0{,}05$. Os resultados da amostra não fornecem evidências suficientes para concluir que os centros de treinamento diferem em qualidade.

Neste capítulo, usaremos o método do valor-p para testar hipóteses conforme descrito no Capítulo 9. No entanto, se você preferir, a estatística de teste e a regra de rejeição do valor crítico poderão ser usadas. Com $\alpha = 0{,}05$ e $z_{\alpha/2} = z_{0{,}025} = 1{,}96$, a regra de rejeição que emprega a abordagem do valor crítico seria rejeitar H_0 se $z \leq -1{,}96$ ou $z \geq 1{,}96$. Com $z = 1{,}66$, chegamos à mesma conclusão de não rejeitar H_0.

No exemplo anterior, mostramos um teste de hipóteses bicaudal sobre a diferença entre duas médias populacionais. Testes de cauda inferior e superior também podem ser considerados. Esses testes usam a mesma estatística de teste dada na Equação (10.5). O procedimento para calcular o valor-p e as regras de rejeição para esses testes unicaudais é o mesmo que foi apresentado no Capítulo 9.

Conselho prático

Na maioria das aplicações de estimação intervalar e procedimentos de teste de hipóteses apresentados nesta seção, amostras aleatórias com $n_1 \geq 30$ e $n_2 \geq 30$ são adequadas. Nos casos em que uma ou ambas as amostras são menores que 30, as distribuições populacionais se tornam considerações importantes. Em geral, com amostras menores, é mais importante que o analista concorde que é razoável assumir que as distribuições das duas populações são, pelo menos, aproximadamente normais.

Exercícios

Métodos

1. Os seguintes resultados vêm de duas amostras aleatórias independentes extraídas de duas populações.

Amostra 1	Amostra 2
$n_1 = 50$	$n_2 = 35$
$\bar{x}_1 = 13,6$	$\bar{x}_2 = 11,6$
$\sigma_1 = 2,2$	$\sigma_2 = 3,0$

   a. Qual é a estimativa pontual da diferença entre as duas médias populacionais?
   b. Forneça um intervalo de confiança de 90% para a diferença entre as duas médias populacionais.
   c. Forneça um intervalo de confiança de 95% para a diferença entre as duas médias populacionais.

2. Considere o seguinte teste de hipóteses.

$$H_0: \mu_1 - \mu_2 \leq 0$$
$$H_a: \mu_1 - \mu_2 > 0$$

SELF*test*

Os resultados a seguir são de duas amostras independentes retiradas das duas populações.

Amostra 1	Amostra 2
$n_1 = 40$	$n_2 = 50$
$\bar{x}_1 = 25,2$	$\bar{x}_2 = 22,8$
$\sigma_1 = 5,2$	$\sigma_2 = 6,0$

   a. Qual é o valor da estatística de teste?
   b. Qual é o valor-*p*?
   c. Com $\alpha = 0,05$, qual é sua conclusão do teste de hipótese?

3. Considere o teste de hipóteses a seguir.

$$H_0: \mu_1 - \mu_2 = 0$$
$$H_a: \mu_1 - \mu_2 \neq 0$$

Os resultados a seguir são de duas amostras independentes retiradas das duas populações.

Amostra 1	Amostra 2
$n_1 = 80$	$n_2 = 70$
$\bar{x}_1 = 104$	$\bar{x}_2 = 106$
$\sigma_1 = 8,4$	$\sigma_2 = 7,6$

   a. Qual é o valor da estatística de teste?
   b. Qual é o valor-*p*?
   c. Com $\alpha = 0,05$, qual é sua conclusão do teste de hipótese?

Aplicações

4. A Condé Nast Traveler conduz uma pesquisa anual em que os leitores avaliam seus navios de cruzeiro favoritos. Todos os navios são classificados em uma escala de 100 pontos, com os valores mais altos indicando melhor serviço. Uma amostra de 37 navios que transportam menos de 500 passageiros resultou em uma nota média de 85,36. Uma amostra de 44 navios que transportam 500 passageiros ou mais teve classificação média de 81,40. Suponha que o desvio padrão da população seja 4,55 para os navios que transportam menos de 500 passageiros e 3,97 para navios que transportam 500 passageiros ou mais.
   a. Qual é a estimativa pontual da diferença entre a classificação média da população dos navios que transportam menos de 500 passageiros e a classificação média da população de navios que transportam 500 passageiros ou mais?
   b. Com 95% de confiança, qual é a margem de erro?
   c. Qual é a estimativa intervalar com 95% de confiança para a diferença entre as duas classificações médias das populações dos dois tamanhos de navios?

5. O *USA Today* divulgou que o gasto médio no Dia dos Namorados é de US$ 100,89, mas existe diferença na quantia gasta por consumidores homens e mulheres? Em uma pesquisa amostral com 40 homens, o gasto médio foi US$ 135,67 enquanto em uma pesquisa amostral com 30 mulheres, o gasto médio foi US$ 68,64. Com base nas pesquisas anteriores, o desvio padrão para os homens é considerado US$ 35, e o das mulheres, US$ 20.
   a. Qual é a estimativa pontual da diferença entre o gasto médio da população de homens e o gasto médio da população de mulheres?

b. Com 99% de confiança, qual é a margem de erro?
c. Desenvolva um intervalo de confiança de 99% para a diferença entre as duas médias populacionais.

6. Suponha que você seja responsável por organizar uma convenção de negócios e ficou encarregado de escolher para um evento uma cidade que tivesse as opções de hospedagem mais baratas. Você reduziu as opções para Atlanta e Houston. O arquivo chamado Hotel contém amostras de preços de quartos em Atlanta e Houston que são compatíveis com os resultados relatados pela Smith Travel Research (*SmartMoney*, março de 2009). Como existe uma quantidade considerável de dados históricos sobre preços de quartos nas duas cidades, pode-se considerar que os desvios padrão da população de preços sejam US$ 20 em Atlanta e US$ 25 em Houston. Com base nos dados da amostra, é possível concluir que o preço médio de um quarto de hotel em Atlanta é menor que em Houston?

Hotel

7. O *Consumer Reports* usa uma pesquisa realizada com os leitores para obter índices de satisfação dos clientes em relação aos maiores varejistas do país (*Consumer Reports*, março de 2012). Cada participante da pesquisa deve avaliar um varejista especificado em seis fatores: qualidade dos produtos, seleção, valor, eficiência no caixa, atendimento e leiaute da loja. Um índice de satisfação geral resume a classificação de cada participante, com 100 significando que ele está totalmente satisfeito com os seis fatores. Dados amostrais que representam amostras independentes de consumidores das lojas Target e Walmart são apresentados abaixo.

Target	Walmart
$n_1 = 25$	$n_2 = 30$
$\bar{x}_1 = 79$	$\bar{x}_2 = 71$

a. Formule as hipóteses nula e alternativa para testar se há uma diferença entre a média populacional dos índices de satisfação dos clientes dos dois varejistas.
b. Suponha que a experiência com a escala de classificação de satisfação do Consumer Reports indique que um desvio padrão populacional de 12 é uma hipótese razoável para ambos os varejistas. Conduza um teste de hipóteses e registre o valor-p. Com um nível de significância de 0,05, qual é sua conclusão?
c. Qual varejista, se houver, parece ter a maior satisfação dos clientes? Forneça um intervalo de confiança de 95% para a diferença entre a média populacional dos índices de satisfação dos clientes dos dois varejistas.

8. A melhoria no atendimento ao consumidor resulta em um preço mais alto das ações das empresas que prestam esse melhor atendimento? "Quando o índice de satisfação de uma empresa melhora em relação aos resultados do ano anterior e fica acima da média nacional (75,7), estudos demonstraram que as ações da empresa têm uma boa chance de superar o desempenho no mercado de ações em longo prazo". Os índices de satisfação abaixo foram obtidos no American Customer Satisfaction Index e representam os valores de três empresas nos últimos dois anos. Considere que as pontuações são baseadas em uma pesquisa feita com 60 clientes de cada empresa. Como a pesquisa foi feita por vários anos, o desvio padrão pode ser presumido como 6 pontos em cada caso.

Empresa	Ano 1	Ano 2
Rite Aid	73	76
Expedia	75	77
J. C. Penney	77	78

a. Para a Rite Aid, o aumento no índice de satisfação do ano 1 para o ano 2 é estatisticamente significativo? Use $\alpha = 0,05$. O que você pode concluir?
b. É possível concluir que a pontuação da Rite Aid no ano 2 está acima da média nacional de 75,7? Use $\alpha = 0,05$.
c. Para a Expedia, o aumento do ano 1 para o ano 2 é estatisticamente significativo? Use $\alpha = 0,05$.
d. Ao conduzir um teste de hipóteses com os valores fornecidos para desvio padrão, tamanho da amostra e α, de quanto deve ser o aumento do ano 1 para o ano 2 para que ele seja considerado estatisticamente significativo?
e. Use o resultado da parte (d) para afirmar se o aumento da J.C. Penney do ano 1 para o ano 2 é estatisticamente significativo.

10.2 Inferências sobre a diferença entre duas médias populacionais: σ_1 e σ_2 desconhecidos

Nesta seção, ampliamos a discussão de inferências sobre a diferença entre duas médias populacionais para o caso em que os desvios padrão das duas populações, σ_1 e σ_2, são desconhecidos. Neste caso, vamos usar os desvios padrão da amostra, s_1 e s_2, para estimar os desvios padrão desconhecidos da população. Quando usamos os desvios padrão da amostra, os procedimentos de estimativa intervalar e teste de hipóteses se baseiam na distribuição t, e não na distribuição normal padrão.

Inferência sobre médias e proporções com duas populações **401**

Estimativa intervalar de $\mu_1 - \mu_2$

No exemplo abaixo, mostramos como calcular uma margem de erro e desenvolver uma estimativa intervalar da diferença entre duas médias populacionais quando σ_1 e σ_2 são desconhecidos. O Clearwater National Bank está conduzindo um estudo projetado para identificar diferenças entre práticas de conta corrente dos clientes em duas de suas agências bancárias. Uma amostra aleatória simples com 28 contas correntes foi selecionada na agência de Cherry Grove e uma amostra aleatória simples independente com 22 contas correntes foi selecionada na agência de Beechmont. O saldo atual de cada uma das contas correntes foi registrado. Um resumo dos saldos das contas é exibido a seguir:

	Cherry Grove	Beechmont
Sample Size	$n_1 = 28$	$n_2 = 22$
Sample Mean	$\bar{x}_1 = \$ 1.025$	$\bar{x}_2 = \$ 910$
Sample Standard Deviation	$s_1 = \$ 150$	$s_2 = \$ 125$

DATA *file*
CheckAcct

O Clearwater National Bank deseja estimar a diferença entre o saldo médio das contas correntes mantido pelas populações de clientes de Cherry Grove e de Beechmont. Vamos desenvolver a margem de erro e uma estimativa intervalar da diferença entre essas duas médias populacionais.

Na seção 10.1, fornecemos a seguinte estimativa intervalar para o caso em que os desvios padrão da população, σ_1 e σ_2, são conhecidos.

$$\bar{x}_1 - \bar{x}_2 \pm z_{\alpha/2} \sqrt{\frac{\sigma_1^2}{n_1} + \frac{\sigma_2^2}{n_2}}$$

Com σ_1 e σ_2 desconhecidos, usaremos os desvios padrão da amostra, s_1 e s_2, para estimar σ_1 e σ_2 e substituir $z_{\alpha/2}$ por $t_{\alpha/2}$. Consequentemente, a estimativa intervalar da diferença entre duas médias populacionais é dada pela expressão abaixo:

Quando σ_1 e σ_2 são estimados por s_1 e s_2, a distribuição t é usada para fazer inferências sobre a diferença entre duas médias populacionais.

> **ESTIMATIVA INTERVALAR DA DIFERENÇA ENTRE DUAS MÉDIAS POPULACIONAIS:** σ_1 e σ_2 **DESCONHECIDOS**
>
> $$\bar{x}_1 - \bar{x}_2 \pm t_{\alpha/2} \sqrt{\frac{s_1^2}{n_1} + \frac{s_2^2}{n_2}} \qquad (10.6)$$
>
> onde $1 - \alpha$ é o coeficiente de confiança.

Nesta expressão, o uso da distribuição t é uma aproximação, mas gera resultados excelentes e é relativamente fácil de usar. A única dificuldade que encontramos ao usar a expressão (10.6) é a determinação dos graus de liberdade apropriados para $t_{\alpha/2}$. Pacotes de softwares estatísticos calculam os graus de liberdade adequados automaticamente. A fórmula usada é mostrada abaixo:

> **GRAUS DE LIBERDADE: DISTRIBUIÇÃO t COM DUAS AMOSTRAS ALEATÓRIAS INDEPENDENTES**
>
> $$df = \frac{\left(\dfrac{s_1^2}{n_1} + \dfrac{s_2^2}{n_2}\right)^2}{\dfrac{1}{n_1 - 1}\left(\dfrac{s_1^2}{n_1}\right)^2 + \dfrac{1}{n_2 - 1}\left(\dfrac{s_2^2}{n_2}\right)^2} \qquad (10.7)$$

402 Estatística aplicada a administração e economia

Retornemos ao exemplo do Clearwater National Bank para mostrar como usar a expressão (10.6) para gerar uma estimativa de intervalo de confiança de 95% da diferença entre os saldos médios das contas correntes das populações das duas agências bancárias. Os dados da amostra dizem que $n_1 = 28$, $\bar{x}_1 = US\$ 1.025$ e $s_1 = US\$ 150$ para a agência de Cherry Grove e $n_2 = 22$, $\bar{x}_2 = US\$ 910$ e $s_2 = US\$ 125$ para a agência de Beechmont. O cálculo dos graus de liberdade para $t_{\alpha/2}$ é:

$$df = \frac{\left(\dfrac{s_1^2}{n_1} + \dfrac{s_2^2}{n_2}\right)^2}{\dfrac{1}{n_1 - 1}\left(\dfrac{s_1^2}{n_1}\right)^2 + \dfrac{1}{n_2 - 1}\left(\dfrac{s_2^2}{n_2}\right)^2} = \frac{\left(\dfrac{150^2}{28} + \dfrac{125^2}{22}\right)^2}{\dfrac{1}{28 - 1}\left(\dfrac{150^2}{28}\right)^2 + \dfrac{1}{22 - 1}\left(\dfrac{125^2}{22}\right)^2} = 47{,}8$$

Arredondamos *para baixo* os graus de liberdade que não são inteiros, chegando a 47, a fim de gerar um valor de t maior e uma estimativa intervalar mais conservadora. Usando a tabela da distribuição t com 47 graus de liberdade, encontramos $t_{0,025} = 2{,}012$. Usando a expressão (10.6), desenvolvemos a estimativa de intervalo de confiança de 95% da diferença entre as duas médias populacionais conforme mostrado abaixo.

$$\bar{x}_1 - \bar{x}_2 \pm t_{0,025}\sqrt{\frac{s_1^2}{n_1} + \frac{s_2^2}{n_2}}$$

$$1025 - 910 \pm 2{,}012\sqrt{\frac{150^2}{28} + \frac{125^2}{22}}$$

$$115 \pm 78$$

A estimativa pontual da diferença entre o saldo médio de contas correntes da população nas duas agências é US\$ 115. A margem de erro é US\$ 78 e a estimativa de intervalo de confiança de 95% da diferença entre as duas médias populacionais é de $115 - 78 = US\$ 37$ a $115 + 78 = US\$ 193$.

Essa sugestão pode ajudar caso você esteja usando a Equação (10.7) para calcular os graus de liberdade à mão.

O cálculo dos graus de liberdade [Equação (10.7)] é difícil se você estiver fazendo as contas à mão, mas é implementado com facilidade com um pacote de software de computador. Porém, observe que as expressões s_1^2/n_1 e s_2^2/n_2 aparecem na expressão (10.6) e na Equação (10.7). Esses valores só precisam ser calculados uma vez para avaliar (10.6) e (10.7).

Teste de hipóteses sobre $\mu_1 - \mu_2$

Vamos examinar testes de hipóteses sobre a diferença entre as médias de duas populações quando os desvios padrão, σ_1 e σ_2, são desconhecidos. Com D_0 representando a diferença hipotética entre μ_1 e μ_2, a Seção 10.1 mostrou que a estatística de teste usada para o caso em que σ_1 e σ_2 são conhecidos é:

$$z = \frac{(\bar{x}_1 - \bar{x}_2) - D_0}{\sqrt{\dfrac{\sigma_1^2}{n_1} + \dfrac{\sigma_2^2}{n_2}}}$$

A estatística de teste, z, segue a distribuição normal padrão.

Quando σ_1 e σ_2 são desconhecidos, usamos s_1 como um estimador de σ_1 e s_2 como estimador de σ_2. Substituindo σ_1 e σ_2 por esses desvios padrão amostrais, temos a estatística de teste abaixo quando σ_1 e σ_2 são desconhecidos.

ESTATÍSTICA DE TESTE PARA TESTES DE HIPÓTESES SOBRE $\mu_1 - \mu_2$: σ_1 E σ_2 DESCONHECIDOS

$$t = \frac{(\bar{x}_1 - \bar{x}_2) - D_0}{\sqrt{\dfrac{s_1^2}{n_1} + \dfrac{s_2^2}{n_2}}} \tag{10.8}$$

Os graus de liberdade de t são dados pela Equação (10.7).

Vamos demonstrar o uso dessa estatística de teste no próximo exemplo de teste de hipóteses.

Considere um novo pacote de software para computador desenvolvido para ajudar analistas de sistemas a reduzir o tempo necessário para projetar, desenvolver e implementar um sistema de informação. Para avaliar os benefícios do novo pacote de software, uma amostra aleatória de 24 analistas de sistemas foi selecionada. Cada analista recebeu especificações para um sistema de informação hipotético. Depois, 12 dos analistas foram instruídos a produzir o sistema de informação usando as tecnologias atuais. Os outros 12 analistas foram treinados para usar o novo pacote de software e instruídos a utilizá-lo para produzir o sistema de informação.

Esse estudo envolve duas populações: uma população de analistas de sistemas usando a tecnologia atual e outra composta por analistas de sistemas que usam o novo pacote de software. Em relação ao tempo necessário para concluir o projeto de desenvolvimento do sistema de informação, as médias populacionais são:

μ_1 = tempo médio de conclusão do projeto pelos analistas de sistemas que estão usando a tecnologia atual

μ_2 = tempo médio de conclusão do projeto pelos analistas de sistemas que estão usando o novo pacote de software

O pesquisador encarregado pelo projeto de avaliação do novo software espera demonstrar que o novo pacote gera um menor tempo médio de conclusão do projeto. Portanto, o pesquisador está procurando por evidências que concluam que μ_2 é menor que μ_1. Neste caso, a diferença entre as duas médias populacionais, $\mu_1 - \mu_2$, será maior que zero. A hipótese da pesquisa $\mu_1 - \mu_2 > 0$ é expressa como a hipótese alternativa. Assim, o teste de hipóteses será:

$$H_0: \mu_1 - \mu_2 \leq 0$$
$$H_a: \mu_1 - \mu_2 > 0$$

Vamos usar $\alpha = 0{,}05$ como o nível de significância.

Suponha que os 24 analistas completem o estudo com os resultados mostrados na Tabela 10.1. Usando a estatística de teste da Equação (10.8), temos

$$t = \frac{(\bar{x}_1 - \bar{x}_2) - D_0}{\sqrt{\frac{s_1^2}{n_1} + \frac{s_2^2}{n_2}}} = \frac{(325 - 286) - 0}{\sqrt{\frac{40^2}{12} + \frac{44^2}{12}}} = 2{,}27$$

TABELA 10.1 Dados de tempo de conclusão e estatísticas resumidas do estudo de teste do software

SoftwareTest

	Tecnologia atual	Novo software
	300	274
	280	220
	344	308
	385	336
	372	198
	360	300
	288	315
	321	258
	376	318
	290	310
	301	332
Estatísticas resumidas		
Tamanho da amostra	$n_1 = 12$	$n_2 = 12$
Média da amostra	$\bar{x}_1 = 325$ horas	$\bar{x}_2 = 286$ horas
Desvio padrão da amostra	$s_1 = 40$	$s_2 = 44$

404 Estatística aplicada a administração e economia

Calculando os graus de liberdade com a Equação (10.7), temos

$$df = \frac{\left(\dfrac{s_1^2}{n_1} + \dfrac{s_2^2}{n_2}\right)^2}{\dfrac{1}{n_1 - 1}\left(\dfrac{s_1^2}{n_1}\right)^2 + \dfrac{1}{n_2 - 1}\left(\dfrac{s_2^2}{n_2}\right)^2} = \frac{\left(\dfrac{40^2}{12} + \dfrac{44^2}{12}\right)^2}{\dfrac{1}{12 - 1}\left(\dfrac{40^2}{12}\right)^2 + \dfrac{1}{12 - 1}\left(\dfrac{44^2}{12}\right)^2} = 21,8$$

Arredondando para baixo, vamos usar uma distribuição t com 21 graus de liberdade. Essa linha da tabela da distribuição t será:

Área na cauda superior	0,20	0,10	0,05	0,025	0,01	0,005
Valor de t (21 graus de liberdade)	0,859	1,323	1,721	2,080	2,518	2,831

$$t = 2,27$$

Com a tabela da distribuição t, só conseguimos determinar um intervalo para o valor-p. O uso do Excel ou do Minitab revela o valor-p exato = 0,017.

Com um teste de cauda superior, o valor-p está na área da cauda superior à direita de $t = 2,27$. Com base nos resultados acima, vemos que o valor-p está entre 0,025 e 0,01. Assim, o valor-p é menor que $\alpha = 0,05$ e H_0 é rejeitada. Os resultados da amostra permitem que o pesquisador conclua que $\mu_1 - \mu_2 > 0$. Dessa forma, o estudo da pesquisa reforça a conclusão de que o novo pacote de software gera um menor tempo médio de conclusão para a população.

O Minitab ou o Excel podem ser usados para analisar dados com o objetivo de testar hipóteses sobre a diferença entre duas médias populacionais. O resultado do Minitab comparando a tecnologia atual e a do novo software é apresentado na Figura 10.2. A última linha do resultado mostra $t = 2,27$ e valor-$p = 0,017$. Observe que o Minitab usou a Equação (10.7) para calcular 21 graus de liberdade para essa análise.

Conselho prático

Sempre que possível, amostras com tamanhos iguais, $n_1 = n_2$, são recomendadas.

Os procedimentos de estimativa intervalar e teste de hipóteses apresentados nesta seção são robustos e podem ser usados com amostras relativamente pequenas. Na maior parte das aplicações, espera-se que amostras com tamanhos iguais ou praticamente iguais, em que o tamanho total da amostra ($n_1 + n_2$) seja ao menos igual a 20, forneçam resultados muito bons, mesmo quando as populações não forem normais. Amostras maiores são recomendadas quando as distribuições das populações são altamente assimétricas ou contêm *outliers*. Amostras menores só devem ser usadas se o analista concordar com o fato de as distribuições das populações serem, pelo menos, aproximadamente normais.

```
Two-sample T for Current vs New

             N      Mean    StDev  SE Mean
Current     12     325.0     40.0       12
New         12     286.0     44.0       13

Difference = mu Current - mu New
Estimate for difference:  39.000
95% lower bound for difference = 9.5
T-Test of difference = 0 (vs >):  T-Value = 2.27   P-Value = 0.017   DF = 21
```

FIGURA 10.2   Resultado do Minitab para o teste de hipótese da tecnologia atual e do novo software

NOTAS E COMENTÁRIOS

Outro método usado para fazer inferências sobre a diferença entre duas médias populacionais quando σ_1 e σ_2 são desconhecidos se baseia na suposição de que os dois desvios padrão das populações são iguais ($\sigma_1 = \sigma_2 = \sigma$). Sob essa suposição, os dois desvios padrão das amostras são combinados para gerar a *variância amostral agrupada*:

$$s_p^2 = \frac{(n_1 - 1)s_1^2 + (n_2 - 1)s_2^2}{n_1 + n_2 - 2}$$

A estatística t do teste passa a ser

$$t = \frac{(\bar{x}_1 - \bar{x}_2) - D_0}{s_p \sqrt{\frac{1}{n_1} + \frac{1}{n_2}}}$$

e tem $n_1 + n_2 - 2$ graus de liberdade. Aqui, o cálculo do valor-p e a interpretação dos resultados da amostra são iguais aos procedimentos discutidos anteriormente nesta seção.

Uma dificuldade deste procedimento é que normalmente é difícil verificar a suposição de que os dois desvios padrão das populações são iguais. Desvios padrão desiguais são encontrados com frequência. O uso do procedimento agrupado pode não fornecer resultados satisfatórios, especialmente se os tamanhos das amostras n_1 e n_2 forem muito diferentes.

O procedimento de t que apresentamos nesta seção não requer a suposição de desvios padrão iguais para as populações e pode ser aplicado quando os desvios padrão forem ou não iguais. Trata-se de um procedimento mais geral, recomendado para a maioria das aplicações.

Exercícios

Métodos

9. Os resultados abaixo foram obtidos em amostras aleatórias independentes extraídas de duas populações.

Amostra 1	Amostra 2
$n_1 = 20$	$n_2 = 30$
$\bar{x}_1 = 22{,}5$	$\bar{x}_2 = 20{,}1$
$s_1 = 2{,}5$	$s_2 = 4{,}8$

 a. Qual é a estimativa pontual da diferença entre as duas médias populacionais?
 b. Qual é o grau de liberdade da distribuição t?
 c. Com 95% de confiança, qual é a margem de erro?
 d. Qual é o intervalo de confiança de 95% para a diferença entre as duas médias populacionais?

10. Considere o teste de hipóteses abaixo.

$$H_0: \mu_1 - \mu_2 = 0$$
$$H_a: \mu_1 - \mu_2 \neq 0$$

Os resultados a seguir foram obtidos com amostras independentes extraídas de duas populações.

Amostra 1	Amostra 2
$n_1 = 35$	$n_2 = 40$
$\bar{x}_1 = 13{,}6$	$\bar{x}_2 = 10{,}1$
$s_1 = 5{,}2$	$s_2 = 8{,}5$

 a. Qual é o valor da estatística de teste?
 b. Qual é o grau de liberdade da distribuição t?
 c. Qual é o valor-p?
 d. Com $\alpha = 0{,}05$, qual é sua conclusão?

11. Considere os seguintes dados de duas amostras aleatórias independentes extraídas de duas populações normais.

Amostra 1	10	7	13	7	9	8
Amostra 2	8	7	8	4	6	9

 a. Calcule as duas médias amostrais.
 b. Calcule os dois desvios padrão amostrais.
 c. Qual é a estimativa pontual da diferença entre as duas médias populacionais?

d. Qual é a estimativa intervalar com 90% de confiança da diferença entre as duas médias populacionais?

Aplicações

12. O Departamento de Transportes dos EUA divulga o número de milhas que os moradores das 75 maiores regiões metropolitanas viajam de carro por dia. Suponha que, para uma amostra aleatória simples de 50 moradores de Buffalo, a média seja 22,5 milhas por dia e o desvio padrão seja 8,4 milhas por dia; e, para uma amostra aleatória simples independente de 40 moradores de Boston, a média seja 18,6 milhas por dia e o desvio padrão seja 7,4 milhas por dia.
    a. Qual é a estimativa pontual da diferença entre o número médio de milhas que os moradores de Buffalo viajam por dia e o número médio de milhas que os moradores de Boston viajam por dia.
    b. Qual é o intervalo de confiança de 95% da diferença entre as duas médias populacionais?

13. O custo anual médio (incluindo despesas com moradia, alimentação, livros e taxas) de frequentar uma universidade pública corresponde a aproximadamente um terço da renda anual de uma família típica com um jovem em idade universitária (*Money*, abril de 2012). Nas universidades privadas, o custo anual médio chega a cerca de 60% da renda da família típica. As amostras aleatórias abaixo mostram o custo anual de frequentar universidades públicas e privadas. Os dados estão em milhares de dólares.

Universidades privadas					
52,8	43,2	45,0	33,3	44,0	
30,6	45,8	37,8	50,5	42,0	
Universidades públicas					
20,3	22,0	28,2	15,6	24,1	28,5
22,8	25,8	18,5	25,6	14,4	21,8

a. Calcule a média amostral e o desvio padrão amostral das universidades públicas e privadas.
b. Qual é a estimativa pontual da diferença entre as duas médias populacionais? Interprete este valor em relação ao custo anual de frequentar universidades privadas e públicas.
c. Desenvolva um intervalo de confiança de 95% da diferença entre o custo anual médio de frequentar universidades públicas e privadas.

14. Os salários da área de enfermagem são menores em Tampa, Flórida, do que em Dallas, Texas? Conforme divulgado pelo Tampa Tribune, os dados salariais mostram que as enfermeiras de Tampa ganham menos que as enfermeiras de Dallas. Suponha que, em um estudo de acompanhamento com 40 enfermeiras em Tampa e 50 enfermeiras em Dallas, você obtenha os seguintes resultados.

Tampa	Dallas
$n_1 = 40$	$n_2 = 50$
$\bar{x}_1 = \$ 56.100$	$\bar{x}_2 = \$ 59.400$
$s_1 = \$ 6000$	$s_2 = \$ 7000$

a. Formule uma hipótese de modo que, se a hipótese nula for rejeitada, possamos concluir que os salários das enfermeiras de Tampa são significativamente mais baixos que o das enfermeiras de Dallas. Use $\alpha = 0,05$.
b. Qual é o valor da estatística de teste?
c. Qual é o valor-p?
d. Qual é sua conclusão?

15. Os preços de imóveis comerciais e taxas de aluguel sofreram quedas substanciais em 2008 e 2009 (*Newsweek*, 27 de julho de 2009). Essas quedas foram particularmente drásticas na Ásia. As taxas de locação anual em Tóquio, Hong Kong e Cingapura caíram 40% ou mais. Mesmo com quedas tão grandes, os valores de aluguel na Ásia ainda estão mais altos do que em muitas cidades da Europa. As taxas anuais de locação de uma amostra de 30 propriedades comerciais em Hong Kong mostraram uma média de US$ 1.114 por metro quadrado, com um desvio padrão de US$ 230. As taxas de locação anuais de uma amostra de 40 propriedades comerciais em Paris mostraram uma taxa média de US$ 989 por metro quadrado, com desvio padrão de US$ 195.
a. Com base nos resultados amostrais, é possível concluir que a taxa anual média de locação é mais alta em Hong Kong que em Paris? Desenvolva as hipóteses nula e alternativa adequadas.
b. Use $\alpha = 0,01$. Qual é sua conclusão?

16. O College Board fornece comparações de notas do Scholastic Aptitude Test (SAT) com base no nível mais alto de escolaridade obtido pelos pais do participante do teste. Uma hipótese da pesquisa era que os estudantes cujos pais obtiveram um nível mais alto de escolaridade teriam uma nota média mais alta no SAT. A nota média geral em matemática no SAT foi 514 (site do *College Board*, 8 de janeiro de 2012). As notas de matemática no SAT de amostras

independentes de alunos são mostradas abaixo. A primeira amostra exibe as notas do teste SAT de matemática de alunos cujos pais têm diploma universitário de bacharelado. A segunda amostra exibe as notas do teste SAT de matemática de alunos cujos pais são formados no ensino médio, mas não têm diploma universitário.

Pais dos alunos

Formados na universidade		Formados no ensino médio	
485	487	442	492
534	533	580	478
650	526	479	425
554	410	486	485
550	515	528	390
572	578	524	535
497	448		
592	469		

a. Formule a hipótese que pode ser usada para determinar se os dados da amostra reforçam a hipótese de que os alunos tiram uma nota média de matemática no SAT mais alta se os pais têm um nível maior de escolaridade.
b. Qual é a estimativa pontual da diferença entre as médias das duas populações?
c. Calcule o valor-p do teste de hipóteses.
d. Com $\alpha = 0{,}05$, qual é sua conclusão?

17. Periodicamente, os clientes da Merrill Lynch avaliam os consultores financeiros e serviços da Merrill Lynch. Notas mais altas na pesquisa de satisfação dos clientes indicam melhor atendimento, com 7 sendo a classificação máxima. As amostras independentes de avaliações de atendimento de dois consultores financeiros foram resumidas aqui. O consultor A tem 10 anos de experiência, enquanto o consultor B tem 1 ano de experiência. Use $\alpha = 0{,}05$ e teste para ver se o consultor com mais experiência tem maior classificação de atendimento médio da população.

Consultor A	Consultor B
$n_1 = 16$	$n_2 = 10$
$\bar{x}_1 = 6{,}82$	$\bar{x}_2 = 6{,}25$
$s_1 = 0{,}64$	$s_2 = 0{,}75$

a. Estabeleça as hipóteses nula e alternativa.
b. Calcule o valor da estatística de teste.
c. Qual é o valor-p?
d. Qual é a sua conclusão?

18. Pesquisadores da Purdue University e Wichita State University descobriram que as companhias aéreas estão se saindo melhor ao levar os passageiros para seus destinos a tempo (*Associated Press*, 2 de abril de 2012). A AirTran Airways e a Southwest Airlines estavam entre as líderes em chegadas pontuais, com 88% dos voos chegando na hora. Mas, e quanto aos 12% de voos atrasados, de quantos minutos era o atraso? Os dados amostrais que mostram o número de minutos de atraso dos voos são apresentados no arquivo chamado AirDelay. Os dados das duas companhias são informados.

AirDelay

a. Formule a hipótese que pode ser usada para testar se há uma diferença entre a média de minutos de atraso da população dos voos dessas duas companhias aéreas.
b. Qual é a média amostral do número de minutos de atraso nos voos para cada uma dessas duas companhias aéreas?
c. Usando um nível de significância de 0,05, qual é o valor-p e qual é a sua conclusão?

10.3 Inferências sobre a diferença entre duas médias populacionais: amostras pareadas

Suponha que os funcionários de uma fábrica possam usar dois métodos diferentes para realizar uma tarefa de produção. Para maximizar os resultados da produção, a companhia quer identificar o método que tem o menor tempo de conclusão médio da população. Neste caso, μ_1 representa o tempo de conclusão médio da população com o método de produção 1 e μ_2 representa o tempo de conclusão médio da população com o método 2. Sem indicação prévia do método de produção preferido, começamos partindo do pressuposto de que os dois métodos de produção têm o mesmo tempo de conclusão médio da população. Assim, a hipótese nula é H_0: $\mu_1 - \mu_2 = 0$. Se essa hipótese for rejeitada, podemos concluir que o tempo de conclusão médio das populações é diferente. Neste caso, o método que tem o menor tempo médio de conclusão seria o recomendado. As hipóteses nula e alternativa são escritas conforme mostrado abaixo.

$$H_0: \mu_1 - \mu_2 = 0$$
$$H_a: \mu_1 - \mu_2 \neq 0$$

Ao escolher o procedimento amostral que será usado para coletar os dados de tempo de produção e testar as hipóteses, levamos em consideração dois planejamentos alternativos. Um deles é baseado em amostras independentes e o outro em **amostras pareadas**.

1. *Planejamento de amostras independentes:* uma amostra aleatória simples de trabalhadores é selecionada e cada trabalhador dessa amostra usa o método 1. Uma segunda amostra aleatória simples independente de funcionários é selecionada e cada um dos integrantes usa o método 2. O teste da diferença entre as médias populacionais se baseia nos procedimentos da Seção 10.2.
2. *Planejamento de amostras pareadas:* uma amostra aleatória simples de trabalhadores é selecionada. Cada trabalhador usa um dos métodos primeiro e depois o outro. A ordem dos dois métodos é atribuída aleatoriamente aos funcionários, com alguns deles realizando o método 1 primeiro, enquanto outros começam com o método 2. Cada trabalhador fornece um par de valores de dados, um valor para o método 1 e outro para o método 2.

No planejamento de amostras pareadas, os dois métodos de produção são testados em condições semelhantes (isto é, com os mesmos trabalhadores). Consequentemente, esse planejamento normalmente gera um erro amostral menor que o planejamento de amostras independentes. O principal motivo é que, em um planejamento de amostras pareadas, a variação entre os trabalhadores é eliminada porque os mesmos funcionários são usados para os dois métodos de produção.

Vamos demonstrar a análise de um planejamento de amostras pareadas supondo que ele é o método utilizado para testar a diferença entre as médias populacionais dos dois métodos de produção. Uma amostra aleatória de seis funcionários é usada. Os dados sobre o tempo de conclusão dos seis trabalhadores são mostrados na Tabela 10.2. Observe que cada funcionário fornece um par de valores de dados, um valor para cada método de produção. Além disso, note que a última coluna contém a diferença entre os tempos de conclusão d_i de cada trabalhador da amostra.

A chave para analisar o planejamento de amostras pareadas é perceber que só consideramos a coluna das diferenças. Portanto, temos seis valores de dados (0,6; –0,2; 0,5; 0,3; 0,0; e 0,6) que serão usados para analisar a diferença entre as médias populacionais dos dois métodos de produção.

Seja μ_d = a média da *diferença* entre os valores da população de trabalhadores. Com essa notação, as hipóteses nula e alternativa são reescritas como:

$$H_0: \mu_d = 0$$
$$H_a: \mu_d \neq 0$$

TABELA 10.2 Tempo de conclusão da tarefa em um planejamento de amostras pareadas

Funcionário	Tempo de conclusão com o Método 1 (minutos)	Tempo de conclusão com o Método 2 (minutos)	Diferença entre os tempos de conclusão (d_i)
1	6,0	5,4	0,6
2	5,0	5,2	–0,2
3	7,0	6,5	0,5
4	6,2	5,9	0,3
5	6,0	6,0	0,0
6	6,4	5,8	0,6

Se H_0 for rejeitada, podemos concluir que os tempos de conclusão médios da população são diferentes.

A notação d é um lembrete de que a amostra combinada fornece dados da diferença. A média amostral e o desvio padrão amostral dos seis valores de diferença são mostrados na Tabela 10.2.

Além de usar a notação d, as fórmulas da média amostral e do desvio padrão amostral são as mesmas usadas anteriormente no livro.

$$\overline{d} = \frac{\sum d_i}{n} = \frac{1,8}{6} = 0,30$$

$$s_d = \sqrt{\frac{\sum (d_i - \overline{d})^2}{n-1}} = \sqrt{\frac{0,56}{5}} = 0,335$$

Com a amostra pequena de $n = 6$ funcionários, precisamos supor que a população de diferenças tem uma distribuição normal. Essa suposição é necessária para que possamos usar a distribuição t para os procedimentos de teste de hipóteses e estimativa intervalar. Com base nela, a estatística de teste abaixo tem uma distribuição t com $n - 1$ graus de liberdade.

Se a amostra é grande, não é necessário supor que a população tem uma distribuição normal. As diretrizes de tamanho da amostra para o uso da distribuição t foram apresentadas nos Capítulos 8 e 9.

ESTATÍSTICA DE TESTE PARA TESTES DE HIPÓTESES QUE ENVOLVEM AMOSTRAS PAREADAS

$$t = \frac{\overline{d} - \mu_d}{s_d / \sqrt{n}} \tag{10.9}$$

Vamos usar a Equação (10.9) para testar as hipóteses $H_0 : \mu_d = 0$ e $H_a : \mu_d \neq 0$, com $\alpha = 0,05$. Substituindo os resultados da amostra $\overline{d} = 0,30$, $s_d = 0,335$ e $n = 6$ na Equação (10.9), calculamos o valor da estatística de teste.

Depois que os dados da diferença tiverem sido calculados, o procedimento de para amostras pareadas utilizando a distribuição t é igual aos procedimentos de estimação e teste de hipóteses de uma população descritos nos Capítulo 8 e 9.

$$t = \frac{\overline{d} - \mu_d}{s_d / \sqrt{n}} = \frac{0,30 - 0}{0,335 / \sqrt{6}} = 2,20$$

Agora, vamos calcular o valor-p deste teste bicaudal. Como $t = 2,20 > 0$, a estatística de teste está na cauda superior da distribuição t. Com $t = 2,20$, a área na cauda superior direita da estatística de teste pode ser encontrada usando a tabela da distribuição t com graus de liberdade $= n - 1 = 6 - 1 = 5$. As informações da linha com 5 graus de liberdade da tabela da distribuição t é:

Área na cauda superior	0,20	0,10	0,05	0,025	0,01	0,005
Valor de t (5 graus de liberdade)	0,920	1,476	2,015	2,571	3,365	4,032

$$t = 2,20$$

Assim, vemos que a área na cauda superior está entre 0,05 e 0,025. Por se tratar de um teste bicaudal, nós dobramos esses valores para concluir que o valor-p está entre 0,10 e 0,05. Este valor-p é maior que $\alpha = 0,05$. Portanto, a hipótese nula $H_0: \mu_d = 0$ não é rejeitada. Usando o Excel ou o Minitab, juntamente com os dados da Tabela 10.2, encontramos o valor-p exato $= 0,080$.

Além disso, podemos obter uma estimativa intervalar da diferença entre as duas médias populacionais usando a metodologia da população única do Capítulo 8. Com 95% de confiança, o cálculo é mostrado abaixo.

$$\overline{d} \pm t_{0,025} \frac{s_d}{\sqrt{n}}$$

$$0,3 \pm 2,571 \left(\frac{0,335}{\sqrt{6}} \right)$$

$$0,3 \pm 0,35$$

410 Estatística aplicada a administração e economia

Dessa forma, a margem de erro é 0,35 e o intervalo de confiança de 95% para a diferença entre as médias populacionais dos dois métodos de produção é de –0,05 minutos a 0,65 minutos.

NOTAS E COMENTÁRIOS

1. No exemplo apresentado nesta seção, os trabalhadores realizaram a tarefa de produção com um método e depois com o outro. Este exemplo ilustra um planejamento de amostra pareada em que cada elemento da amostra (trabalhador) fornece um par de valores de dados. Também é possível usar elementos diferentes, mas "semelhantes", para fornecer o par de valores de dados. Por exemplo o trabalhador de um local pode ser pareado com um trabalhador parecido de outro local (semelhanças baseadas em idade, escolaridade, gênero, experiência etc.). Os pares de funcionários forneceriam os dados sobre as diferenças usados na análise de amostras pareadas.

2. Um procedimento de amostras pareadas para inferências sobre duas médias populacionais geralmente tem mais precisão que a abordagem de amostras independentes. Portanto, é o planejamento recomendado. Contudo, em algumas aplicações, não é possível fazer um pareamento ou talvez o tempo e os custos associados ao pareamento sejam excessivos. Nestes casos, o projeto de amostras independentes deve ser usado.

Exercícios

Métodos

19. Considere o teste de hipóteses abaixo.

$$H_0: \mu_d \leq 0$$
$$H_a: \mu_d > 0$$

Os dados a seguir foram obtidos em amostras pareadas extraídas de duas populações.

Elemento	População 1	População 2
1	21	20
2	28	26
3	18	18
4	20	20
5	26	24

a. Calcule o valor da diferença para cada elemento.
b. Calcule $\bar{d}$.
c. Calcule o desvio padrão s_d.
d. Conduza um teste de hipótese usando $\alpha = 0,05$. Qual é sua conclusão?

20. Os dados abaixo foram obtidos em amostras pareadas extraídas de duas populações.

Elemento	População 1	População 2
1	11	8
2	7	8
3	9	6
4	12	7
5	13	10
6	15	15
7	15	14

a. Calcule o valor da diferença para cada elemento.
b. Calcule $\bar{d}$.
c. Calcule o desvio padrão s_d.
d. Qual é a estimativa pontual da diferença entre as duas médias populacionais?
e. Forneça um intervalo de confiança de 95% para a diferenças entre as duas médias populacionais.

Aplicações

21. Uma empresa de pesquisa de mercado usou uma amostra de indivíduos para classificar o potencial de compra de um determinado produto antes e depois de os indivíduos assistirem a um novo comercial de televisão a respeito do produto. As classificações do potencial de compra se baseavam em uma escala de 0 a 10, com os valores maiores indicando um elevado potencial de compra. A hipótese nula declarava que a classificação média "depois" seria menor ou igual à classificação média "antes". A rejeição dessa hipótese demonstraria que o comercial aumentou a classificação média do potencial de compra. Use $\alpha = 0,05$ e os dados abaixo para testar a hipótese e comentar sobre o valor do comercial.

	Classificação da compra			Classificação da compra	
Indivíduo	Depois	Antes	Indivíduo	Depois	Antes
1	6	5	5	3	5
2	6	4	6	9	8
3	7	7	7	7	5
4	4	3	8	6	6

22. O preço por ação de uma amostra com 25 empresas foi registrado no início de 2012 e novamente no fim do primeiro trimestre de 2012 (*The Wall Street Journal*, 2 de abril de 2012). O desempenho das ações durante o primeiro trimestre é um indicador do que está por vir no mercado de ações e na economia. Use os dados da amostra no arquivo chamado StockPrices para responder às seguintes questões.
    a. Permita que d_i represente a mudança no preço por ação da empresa i, onde d_i = preço por ação do 1º trimestre de 2012 menos o preço por ação do início de 2012. Use a média amostral desses valores para estimar o valor em dólares da variação nas ações no primeiro trimestre.
    b. Qual é a estimativa intervalar com 95% de confiança da variação da média populacional no preço por ação durante o primeiro trimestre? Interprete esse resultado.

23. A pesquisa Consumer Spending Survey do Bank of America coletou dados sobre cobranças anuais de cartões de crédito em sete categorias diferentes de gastos: transportes, supermercado, restaurantes, despesas domésticas, móveis, roupas e entretenimento. Usando os dados de uma amostra com 42 contas de cartão de crédito, suponha que cada conta tenha sido usada para identificar as cobranças anuais de cartão de crédito em supermercados (população 1) e as cobranças anuais de cartão de crédito em restaurantes (população 2). Usando os dados da diferença, a diferença média da amostra era $\bar{d}$ = US$ 850 e o desvio padrão da amostra era s_d = US$ 1.123.
    a. Formule as hipóteses nula e alternativa para testar se não há diferença entre a média populacional de cobranças do cartão em supermercados e a média populacional de cobranças do cartão de crédito em restaurantes.
    b. Use um nível de significância de 0,05. É possível concluir que as médias populacionais são diferentes? Qual é o valor-p?
    c. Qual categoria, supermercado ou restaurante, tem a maior média populacional de cobranças de cartão de crédito? Qual é a estimativa pontual da diferença entre as médias populacionais? Qual é a estimativa intervalar com 95% de confiança da diferença entre as médias populacionais?

24. A Global Business Travel Association divulgou a tarifa aérea doméstica para viagens de negócios do ano corrente e do ano anterior (*INC. Magazine*, fevereiro de 2012). Abaixo apresentamos uma amostra de 12 voos com as tarifas aéreas domésticas dos dois anos.

Ano corrente	Ano anterior	Ano corrente	Ano anterior
345	315	635	585
526	463	710	650
420	462	605	545
216	206	517	547
285	275	570	508
405	432	610	580

   a. Formule as hipóteses e teste se há um aumento significativo na tarifa doméstica média para viagens de negócios no período de um ano. Qual é o valor-p? Usando um nível de significância de 0,05, qual é a sua conclusão?
   b. Qual é a média amostral da tarifa aérea doméstica para viagens de negócios em cada ano?
   c. Qual é a mudança percentual na tarifa aérea no período de um ano?

25. A prova do vestibular College Board SAT é formada por três partes: matemática, redação e leitura crítica (*The World Almanac*, 2012). Dados amostrais que informam as notas de matemática e redação de uma amostra de 12 estudantes que fizeram o SAT são exibidos a seguir.

Aluno	Matemática	Redação	Aluno	Matemática	Redação
1	540	474	7	480	430
2	432	380	8	499	459
3	528	463	9	610	615
4	574	612	10	572	541
5	448	420	11	390	335
6	502	526	12	593	613

TestScores

a. Use um nível de significância de 0,05 e teste para verificar se existe uma diferença entre a média populacional das notas em matemática e a média populacional das notas em redação. Qual é o valor-p? Qual é a sua conclusão?
b. Qual é a estimativa pontual da diferença entre as notas médias nos dois testes? Quais são as estimativas das médias populacionais das notas nos dois testes? Qual teste registra a maior nota média?

26. As pontuações da primeira e da quarta (última) rodada de uma amostra de 20 jogadores de golfe que competiram em torneios da PGA são exibidas na tabela abaixo. Suponha que você deseje determinar se a pontuação média a primeira rodada de um evento do torneio é significativamente diferente da pontuação média da quarta, e última, rodada. A pressão de jogar a rodada final faz a pontuação aumentar? Ou a concentração maior do jogador faz a pontuação diminuir?

Jogador	Primeira rodada	Última rodada	Jogador	Primeira rodada	Última rodada
Michael Letzig	70	72	Aron Price	72	72
Scott Verplank	71	72	Charles Howell	72	70
D. A. Points	70	75	Jason Dufner	70	73
Jerry Kelly	72	71	Mike Weir	70	77
Soren Hansen	70	69	Carl Pettersson	68	70
D. J. Trahan	67	67	Bo Van Pelt	68	65
Bubba Watson	71	67	Ernie Els	71	70
Reteif Goosen	68	75	Cameron Beckman	70	68
Jeff Klauk	67	73	Nick Watney	69	68
Kenny Perry	70	69	Tommy Armour III	67	71

GolfScores

a. Use $\alpha = 0,10$ para testar se há uma diferença significativa entre as médias populacionais das pontuações na primeira e na quarta rodada. Qual é o valor-p? Qual é a sua conclusão?
b. Qual é a estimativa pontual da diferença entre as duas médias populacionais? Em qual rodada a pontuação da média populacional é menor?
c. Qual é a margem de erro de uma estimativa do intervalo de confiança de 90% para a diferença entre as médias populacionais? Esse intervalo de confiança poderia ter sido usado para testar a hipótese da parte (a)? Explique sua resposta.

27. Um fabricante produz um modelo padrão e um modelo de luxo de uma lixadeira automática desenvolvida para uso doméstico. Os preços de venda obtidos em uma amostra de lojas de varejo são exibidos a seguir.

Loja de varejo	Preço do modelo (US$) Luxo	Padrão	Loja de varejo	Preço do modelo (US$) Luxo	Padrão
1	39	27	5	40	30
2	39	28	6	39	34
3	45	35	7	35	29
4	38	30			

a. Os preços de varejo sugeridos pelo fabricante para os dois modelos mostram um diferencial de US$ 10. Use um nível de significância de 0,05 e teste para verificar se a diferença média entre os preços dos dois modelos é US$ 10.
b. Qual é o intervalo de confiança de 95% para a diferença entre os preços médios dos dois modelos?

10.4 Inferências sobre a diferença entre duas proporções populacionais

Permita que p_1 represente a proporção da população 1 e p_2 represente a proporção da população 2. Em seguida, realizamos inferências sobre a diferença entre as duas proporções populacionais: $p_1 - p_2$. Para fazer uma inferência sobre

Inferência sobre médias e proporções com duas populações **413**

essa diferença, vamos selecionar duas amostras aleatórias independentes compostas por n_1 unidades da população 1 e n_2 unidades da população 2.

Estimativa intervalar de $p_1 - p_2$

No exemplo a seguir, mostramos como calcular uma margem de erro e desenvolver uma estimativa intervalar da diferença entre duas proporções populacionais.

Uma empresa de contabilidade especializada em impostos está interessada em comparar a qualidade do trabalho em dois dos seus escritórios regionais. Ao selecionar aleatoriamente amostras de declarações de impostos preparadas em cada escritório e verificar a precisão delas, a empresa conseguirá estimar a proporção de declarações incorretas preparadas em cada um dos escritórios. A diferença entre essas proporções é particularmente interessante.

$p_1 =$ proporção de declarações incorretas da população 1 (escritório 1)

$p_2 =$ proporção de declarações incorretas da população 2 (escritório 2)

$\bar{p}_1 =$ proporção amostral de uma amostra aleatória simples da população 1

$\bar{p}_2 =$ proporção amostral de uma amostra aleatória simples da população 2

A diferença entre as duas proporções populacionais é dada por $p_1 - p_2$. O estimador pontual de $p_1 - p_2$ é mostrado abaixo.

ESTIMADOR PONTUAL DA DIFERENÇA ENTRE DUAS PROPORÇÕES POPULACIONAIS

$$\bar{p}_1 - \bar{p}_2 \qquad \text{(10.10)}$$

Assim, o estimador pontual da diferença entre duas proporções populacionais é a diferença entre as proporções amostrais de duas amostras aleatórias simples independentes.

Assim como acontece com outros estimadores, o estimador pontual $\bar{p}_1 - \bar{p}_2$ tem uma distribuição amostral que reflete os possíveis valores de $\bar{p}_1 - \bar{p}_2$ se extrairmos, repetidamente, duas amostras aleatórias independentes. A média dessa distribuição amostral é $p_1 - p_2$ e o erro padrão de $\bar{p}_1 - \bar{p}_2$ é:

ERRO PADRÃO DE $\bar{p}_1 - \bar{p}_2$

$$\sigma_{\bar{p}_1 - \bar{p}_2} = \sqrt{\frac{p_1(1 - p_1)}{n_1} + \frac{p_2(1 - p_2)}{n_2}} \qquad \text{(10.11)}$$

Se as amostras forem grandes o suficiente para que $n_1 p_1$, $n_1(1 - p_1)$, $n_2 p_2$ e $n_2(1 - p_2)$ sejam maiores ou iguais a 5, a distribuição amostral de $\bar{p}_1 - \bar{p}_2$ poderá ser aproximada por uma distribuição normal.

Conforme mostrado anteriormente, uma estimativa intervalar é dada por uma estimativa pontual $\pm$ uma margem de erro. Na estimação da diferença entre duas proporções populacionais, a estimativa intervalar terá a seguinte forma:

$$\bar{p}_1 - \bar{p}_2 \pm \text{Margem de erro}$$

Com a distribuição amostral de $\bar{p}_1 - \bar{p}_2$ aproximada por uma distribuição normal, gostaríamos de usar $z_{\alpha/2} \sigma_{\bar{p}_1 - \bar{p}_2}$ como a margem de erro. Contudo, $\sigma_{\bar{p}_1 - \bar{p}_2}$ dado pela Equação (10.11) não pode ser usado diretamente porque as duas proporções populacionais, p_1 e p_2, são desconhecidas. Usando a proporção amostral $\bar{p}_1$ para estimar p_1 e a proporção amostral $\bar{p}_2$ para estimar p_2, a margem de erro será:

$$\text{Margem de erro} = z_{\alpha/2} \sqrt{\frac{\bar{p}_1(1 - \bar{p}_1)}{n_1} + \frac{\bar{p}_2(1 - \bar{p}_2)}{n_2}} \qquad \text{(10.12)}$$

A forma geral de uma estimativa intervalar da diferença entre duas proporções populacionais é apresentada abaixo.

414 Estatística aplicada a administração e economia

> **ESTIMATIVA INTERVALAR DA DIFERENÇA ENTRE DUAS PROPORÇÕES POPULACIONAIS**
>
> $$\bar{p}_1 - \bar{p}_2 \pm z_{\alpha/2} \sqrt{\frac{\bar{p}_1(1-\bar{p}_1)}{n_1} + \frac{\bar{p}_2(1-\bar{p}_2)}{n_2}} \quad (10.13)$$
>
> onde $1 - \alpha$ é o coeficiente de confiança.

Voltando para o exemplo do cálculo dos impostos, descobrimos que as amostras aleatórias simples independentes dos dois escritórios revelaram as seguintes informações.

Escritório 1	Escritório 2
$n_1 = 250$	$n_2 = 300$
Número de declarações com erro = 35	Número de declarações com erro = 27

TaxPrep

As proporções amostrais dos dois escritórios são:

$$\bar{p}_1 = \frac{35}{250} = 0,14$$

$$\bar{p}_2 = \frac{27}{300} = 0,09$$

A estimativa pontual da diferença entre as proporções das declarações de impostos incorretas das duas populações é $\bar{p}_1 - \bar{p}_2 = 0,14 - 0,09 = 0,05$. Dessa forma, estimamos que o escritório 1 tem uma taxa de erro 0,05 (ou 5%) maior que o escritório 2.

Agora, a expressão (10.13) pode ser usada para fornecer uma margem de erro e a estimativa intervalar da diferença entre as duas proporções populacionais. Usando um intervalo de confiança de 90% com $z_{\alpha/2} = z_{0,05} = 1,645$, temos:

$$\bar{p}_1 - \bar{p}_2 \pm z_{\alpha/2} \sqrt{\frac{\bar{p}_1(1-\bar{p}_1)}{n_1} + \frac{\bar{p}_2(1-\bar{p}_2)}{n_2}}$$

$$0,14 - 0,09 \pm 1,645 \sqrt{\frac{0,14(1-0,14)}{250} + \frac{0,09(1-0,09)}{300}}$$

$$0,05 \pm 0,045$$

Assim, a margem de erro é 0,045 e o intervalo de confiança de 90% vai de 0,005 a 0,095.

Teste de hipóteses sobre $p_1 - p_2$

Agora vamos considerar o teste de hipóteses sobre a diferença entre as proporções das duas populações. Nos concentramos nos testes que não envolvem diferença entre as duas proporções populacionais. Neste caso, as três formas de um teste de hipótese são:

Todas as hipóteses consideradas usam 0 como a diferença de interesse.

$H_0: p_1 - p_2 \geq 0$ $H_0: p_1 - p_2 \leq 0$ $H_0: p_1 - p_2 = 0$
$H_a: p_1 - p_2 < 0$ $H_a: p_1 - p_2 > 0$ $H_a: p_1 - p_2 \neq 0$

Quando presumimos que H_0 é verdadeira como uma igualdade, temos $p_1 - p_2 = 0$, que é o mesmo que dizer que as proporções populacionais são iguais, $p_1 = p_2$.

Vamos basear a estatística de teste na distribuição amostral do estimador pontual $\bar{p}_1 - \bar{p}_2$. Na Equação (10.11), mostramos que o erro padrão de $\bar{p}_1 - \bar{p}_2$ é dado por

$$\sigma_{\bar{p}_1 - \bar{p}_2} = \sqrt{\frac{p_1(1-p_1)}{n_1} + \frac{p_2(1-p_2)}{n_2}}$$

Inferência sobre médias e proporções com duas populações **415**

Sob o pressuposto de que H_0 é verdadeira como uma igualdade, as proporções populacionais serão iguais e $p_1 = p_2 = p$. Neste caso, $\sigma_{\bar{p}_1 - \bar{p}_2}$ passa a ser

---

ERRO PADRÃO DE $\bar{p}_1 - \bar{p}_2$ QUANDO $p_1 = p_2 = p$

$$\sigma_{\bar{p}_1 - \bar{p}_2} = \sqrt{\frac{p(1-p)}{n_1} + \frac{p(1-p)}{n_2}} = \sqrt{p(1-p)\left(\frac{1}{n_1} + \frac{1}{n_2}\right)} \qquad (10.14)$$

Com p desconhecido, nós combinamos, ou agrupamos, os estimadores pontuais das duas amostras ($\bar{p}_1$ e $\bar{p}_2$) para obter um único estimador pontual de p como mostra o quadro seguinte:

ESTIMADOR COMBINADO DE p QUANDO $p_1 = p_2 = p$

$$\bar{p} = \frac{n_1 \bar{p}_1 + n_2 \bar{p}_2}{n_1 + n_2} \qquad (10.15)$$

Esse **estimador combinado de p** é uma média ponderada de $\bar{p}_1$ e $\bar{p}_2$.

Substituindo $\bar{p}$ por p na Equação (10.14), obtemos uma estimativa do erro padrão de $\bar{p}_1 - \bar{p}_2$. Essa estimativa do erro padrão é usada na estatística de teste. A forma geral da estatística de teste para testes de hipóteses sobre a diferença entre duas proporções populacionais é o estimador pontual dividido pela estimativa de $\sigma_{\bar{p}_1 - \bar{p}_2}$:

ESTATÍSTICA DE TESTE PARA TESTE DE HIPÓTESES SOBRE $p_1 - p_2$

$$z = \frac{(\bar{p}_1 - \bar{p}_2)}{\sqrt{\bar{p}(1 - \bar{p})\left(\frac{1}{n_1} + \frac{1}{n_2}\right)}} \qquad (10.16)$$

Essa estatística de teste se aplica a situações de grandes amostras em que $n_1 p_1$, $n_1(1 - p_1)$, $n_2 p_2$ e $n_2(1 - p_2)$ são maiores ou iguais a 5.

Vamos retornar ao exemplo da empresa de impostos e supor que ela deseja usar um teste de hipóteses para determinar se as proporções de erro são diferentes nos dois escritórios. Um teste bicaudal é necessário. As hipóteses nula e alternativa são:

$$H_0: p_1 - p_2 = 0$$
$$H_a: p_1 - p_2 \neq 0$$

Se H_0 for rejeitada, a empresa poderá concluir que as taxas de erro nos dois escritórios são diferentes. Vamos usar $\alpha = 0,10$ como o nível de significância.

Os dados amostrais coletados anteriormente mostraram que $\bar{p}_1 = 0,14$ para $n_1 = 250$ declarações da amostra do escritório 1 e $\bar{p}_2 = 0,09$ para $n_2 = 300$ declarações da amostra do escritório 2. Continuamos calculando a estimativa combinada de p.

$$\bar{p} = \frac{n_1 \bar{p}_1 + n_2 \bar{p}_2}{n_1 + n_2} = \frac{250(0,14) + 300(0,09)}{250 + 300} = 0,1127$$

Usando essa estimativa combinada e a diferença entre as proporções amostrais, o valor da estatística de teste é mostrado a seguir.

$$z = \frac{(\bar{p}_1 - \bar{p}_2)}{\sqrt{\bar{p}(1-\bar{p})\left(\frac{1}{n_1} + \frac{1}{n_2}\right)} +} = \frac{(0,14 - 0,09)}{\sqrt{0,1127(1-0,1127)\left(\frac{1}{250} + \frac{1}{300}\right)}} = 1,85$$

Ao calcular o valor-p deste teste bicaudal, primeiro observamos que $z = 1,85$ está na cauda superior da distribuição normal padrão. Usando $z = 1,85$ e a tabela da distribuição normal padrão, descobrimos que a área na cauda superior é $1,0000 - 0,9678 = 0,0322$. Dobrando essa área para um teste bicaudal, encontramos o valor-$p = 2(0,0322) = 0,0644$. Com o valor-p menor que $\alpha = 0,10$, H_0 é rejeitada no nível de significância de 0,10. A empresa pode concluir que as taxas de erro são diferentes nos dois escritórios. A conclusão deste teste de hipóteses é compatível com os resultados da estimação intervalar anterior, que mostrou que a estimativa intervalar da diferença entre as taxas de erro das populações era de 0,005 a 0,095, com o escritório 1 tendo a maior taxa de erros.

Exercícios

Métodos

28. Considere os resultados abaixo de amostras independentes extraídas de duas populações.

Amostra 1	Amostra 2
$n_1 = 400$	$n_2 = 300$
$\bar{p}_1 = 0,48$	$\bar{p}_2 = 0,36$

   a. Qual é a estimativa pontual da diferença entre as duas proporções populacionais?
   b. Desenvolva um intervalo de confiança de 90% para a diferença entre as duas proporções populacionais.
   c. Desenvolva um intervalo de confiança de 95% para a diferença entre as duas proporções populacionais.

29. Considere este teste de hipóteses:

$$H_0: \bar{p}_1 - \bar{p}_2 \leq 0$$
$$H_a: \bar{p}_1 - \bar{p}_2 > 0$$

Os resultados abaixo referem-se a amostras independentes extraídas de duas populações.

Amostra 1	Amostra 2
$n_1 = 200$	$n_2 = 300$
$\bar{p}_1 = 0,22$	$\bar{p}_2 = 0,16$

   a. Qual é o valor-p?
   b. Com $\alpha = 0,05$, qual é sua conclusão do teste de hipóteses?

Aplicações

30. Uma pesquisa da *Businessweek*/Harris pediu a opinião de executivos sênior de grandes corporações a respeito da perspectiva econômica para o futuro. Uma das perguntas era: "Você acha que haverá um aumento no número de trabalhadores em período integral na sua empresa nos próximos 12 meses?". Na pesquisa atual, 220 dos 400 executivos responderam "sim", enquanto em uma pesquisa anterior, 192 dos 400 deram a resposta positiva. Forneça uma estimativa intervalar com 95% de confiança para a diferença entre as proporções nos dois momentos. Qual é a sua interpretação da estimativa intervalar?

31. A *Forbes* revelou que as mulheres confiam nas recomendações do Pinterest mais do que nas recomendações de qualquer outra plataforma de redes sociais (site da *Forbes*, 10 de abril de 2012). Mas a confiança no Pinterest muda de acordo com o gênero? Os dados amostrais a seguir mostram o número de homens e mulheres que afirmaram, em uma amostra recente, que confiam nas recomendações feitas no Pinterest.

	Mulheres	Homens
Amostra	150	170
Confia nas recomendações feitas no Pinterest	117	102

a. Qual é a estimativa pontual da proporção de mulheres que confiam nas recomendações do Pinterest?

b. Qual é a estimativa pontual da proporção de homens que confiam nas recomendações do Pinterest?

c. Forneça uma estimativa intervalar com 95% de confiança para a diferença entre a proporção de mulheres e homens que confiam nas recomendações feitas no Pinterest.

32. Pesquisadores do Oceana, um grupo dedicado a preservar o ecossistema oceânico, descobriram que 33% dos peixes vendidos em lojas de varejo, mercados e restaurantes de sushi nos Estados Unidos foram classificados incorretamente (site *San Francisco Chronicle*, 21 de fevereiro de 2013). Essa classificação incorreta muda em diferentes espécies de peixe? Os seguintes dados mostram o número de classificações incorretas em amostras de atum e dourado-do-mar.

	Atum	Dourado-do-mar
Amostra	220	160
Classificação incorreta	99	56

a. Qual é a estimativa pontual da proporção de atum que é classificada de forma incorreta?

b. Qual é a estimativa pontual da proporção de dourado-do-mar que é classificada de forma incorreta?

c. Forneça uma estimativa intervalar com 95% de confiança para a diferença entre a proporção de atum e dourado-do-mar classificada incorretamente.

33. O estado do Minnesota teve a maior taxa de comparecimento de eleitores nas eleições presidenciais de 2012 entre todos os estados (site United States Election Project, 9 de fevereiro de 2013). Analistas políticos questionam se o comparecimento na região rural de Minnesota foi maior que nas áreas urbanas do estado. Uma amostra aponta que 663 dos 884 eleitores registrados da região rural de Minnesota votaram nas eleições presidenciais de 2012, enquanto 414 de 575 eleitores registrados na parte urbana de Minnesota votaram.

a. Formule as hipóteses nula e alternativa que podem ser usadas para testar se os eleitores registrados na área rural eram mais propensos a votar nas eleições presidenciais de 2012 que os eleitores da parte urbana de Minnesota.

b. Qual é a proporção da amostragem feita dos eleitores registrados na área rural de Minnesota que votaram nas eleições presidenciais de 2012?

c. Qual é a proporção da amostragem feita dos eleitores registrados na área urbana de Minnesota que votaram nas eleições presidenciais de 2012?

d. Com $\alpha = 0,05$, teste a hipótese dos analistas políticos. Qual é o valor-p? Que conclusão você tira dos resultados?

34. A perfuração de poços de petróleo é cara e os poços secos são uma grande preocupação para as empresas exploradoras de petróleo. A produtora doméstica de petróleo e gás natural Aegis Oil, LLC descreve em seu site como melhorias nas tecnologias, como as imagens sísmicas tridimensionais, reduziram significativamente o número de poços secos (improdutivos) perfurados por ela e por outras empresas do setor de exploração de petróleo. Os dados amostrais de poços perfurados em 2005 e 2012 mostram o número de poços secos que foram perfurados em cada ano.

	2005	2012
Poços perfurados	119	162
Poços secos	24	18

a. Formule as hipóteses nula e alternativa que podem ser usadas para testar se os poços perfurados em 2005 eram mais propensos a estar secos do que aqueles que foram perfurados em 2012.

b. Qual é a estimativa pontual da proporção de poços perfurados em 2005 que estavam secos?

c. Qual é a estimativa pontual da proporção de poços perfurados em 2012 que estavam secos?

d. Qual é o valor-p do seu teste de hipóteses? Com $\alpha = 0,05$, qual é sua conclusão a partir dos resultados?

35. A Adecco Workplace Insights Survey criou uma amostra de trabalhadores homens e mulheres e perguntou se eles esperavam receber um aumento ou uma promoção naquele ano (*USA Today*, 16 de fevereiro de 2012). Suponha que a pesquisa tenha amostrado 200 homens e 200 mulheres. Se 104 dos homens e 74 das mulheres responderam "sim", os resultados são estatisticamente significativos para que você consiga concluir que uma proporção maior de homens espera receber um aumento ou uma promoção neste ano?

418 Estatística aplicada a administração e economia

a. Declare o teste de hipóteses em termos da proporção populacional de homens e da proporção populacional de mulheres.

b. Qual é a proporção amostral para homens? E para mulheres?

c. Use um nível de significância de 0,01. Qual é o valor-p? Qual é a sua conclusão?

36. O turismo no inverno é extremamente importante para a economia do sudoeste da Flórida. A ocupação de hotéis é uma medida comum do volume e das atividades dos visitantes (*Naples Daily News*, 22 de março de 2012). Os dados de ocupação de hotéis no mês de fevereiro em dois anos consecutivos são exibidos abaixo.

	Ano atual	Ano anterior
Quartos ocupados	1.470	1.458
Total de quartos	1.750	1.800

a. Formule o teste de hipóteses que pode ser usado para determinar se houve um aumento na proporção de quartos ocupados ao longo do período de um ano.

b. Qual é a proporção estimada de quartos de hotéis ocupados em cada ano?

c. Usando um nível de significância de 0,05, qual é a conclusão do teste de hipóteses? Qual é o valor-p?

d. Qual é a estimativa intervalar com 95% de confiança da mudança na ocupação no período de um ano? Você acha que os profissionais do setor ficariam satisfeitos com os resultados?

37. A Adecco Workplace Insights Survey criou uma amostra de trabalhadores homens e mulheres e perguntou se eles esperavam receber um aumento ou uma promoção naquele ano (*USA Today*, 16 de fevereiro de 2012). Suponha que a pesquisa tenha amostrado 200 homens e 200 mulheres. Se 104 dos homens e 74 das mulheres responderam "sim", os resultados são estatisticamente significativos para que você consiga concluir que uma proporção maior de homens espera receber um aumento ou uma promoção neste ano?

a. Declare o teste de hipóteses em termos da proporção populacional de homens e da proporção populacional de mulheres.

b. Qual é a proporção amostral para homens? E para mulheres?

c. Use um nível de significância de 0,01. Qual é o *valor-p*? Qual é a sua conclusão?

Resumo

Neste capítulo, discutimos procedimentos para desenvolver estimativas intervalares e conduzir testes de hipóteses envolvendo duas populações. Primeiro, mostramos como fazer inferências sobre a diferença entre duas médias populacionais quando amostras aleatórias simples independentes são selecionadas. Para começar, analisamos um caso em que os desvios padrão da população, σ_1 e σ_2, podiam ser considerados conhecidos. A distribuição normal padrão z foi usada para desenvolver a estimativa intervalar e atuou como a estatística de teste nos testes de hipóteses. Depois, analisamos um caso em que os desvios padrão da população eram desconhecidos e foram estimados pelos desvios padrão da amostra s_1 e s_2. Neste caso, a distribuição t foi usada para desenvolver a estimativa intervalar e atuou como a estatística de teste nos testes de hipóteses.

Inferências sobre a diferença entre duas médias populacionais foram discutidas segundo o projeto de amostras pareadas. No projeto de amostras pareadas, cada elemento fornece um par de valores de dados, um para cada população. Em seguida, a diferença entre os valores de dados pareados é usada na análise estatística. O projeto de amostras pareadas normalmente é preferido em relação ao projeto de amostras independentes porque, em geral, aumenta a precisão da estimativa.

Por fim, discutimos estimativas intervalares e testes de hipóteses sobre a diferença entre duas proporções populacionais. Os procedimentos estatísticos para analisar a diferença entre duas proporções populacionais são parecidos com os procedimentos usados para analisar a diferença entre duas médias populacionais.

Glossário

Amostras aleatórias simples independentes Amostras selecionadas de duas populações, de modo que os elementos que compõem uma amostra são escolhidos independentemente dos elementos que compõem a outra.

Amostras pareadas Amostras em que cada valor de dado de uma amostra é pareado com um valor de dado correspondente da outra amostra.

Estimador combinado de p Estimador de uma proporção populacional obtido através do cálculo de uma média ponderada dos estimadores pontuais obtidos em duas amostras independentes.

Inferência sobre médias e proporções com duas populações **419**

Fórmulas-chave

Estimador pontual da diferença entre duas médias populacionais

$$\bar{x}_1 - \bar{x}_2 \tag{10.1}$$

Erro padrão de $\bar{x}_1 - \bar{x}_2$

$$\sigma_{\bar{x}_1 - \bar{x}_2} = \sqrt{\frac{\sigma_1^2}{n_1} + \frac{\sigma_2^2}{n_2}} \tag{10.2}$$

Estimativa intervalar da diferença entre duas médias populacionais: σ_1 e σ_2 conhecidos

$$\bar{x}_1 - \bar{x}_2 \pm z_{\alpha/2} \sqrt{\frac{\sigma_1^2}{n_1} + \frac{\sigma_2^2}{n_2}} \tag{10.4}$$

Estatística de teste para testes de hipóteses sobre $\mu_1 - \mu_2$: σ_1 e σ_2 conhecidos

$$z = \frac{(\bar{x}_1 - \bar{x}_2) - D_0}{\sqrt{\frac{\sigma_1^2}{n_1} + \frac{\sigma_2^2}{n_2}}} \tag{10.5}$$

Estimativa intervalar da diferença entre duas médias populacionais: σ_1 e σ_2 desconhecidos

$$\bar{x}_1 - \bar{x}_2 \pm t_{\alpha/2} \sqrt{\frac{s_1^2}{n_1} + \frac{s_2^2}{n_2}} \tag{10.6}$$

Graus de liberdade: distribuição t com duas amostras aleatórias independentes

$$df = \frac{\left(\frac{s_1^2}{n_1} + \frac{s_2^2}{n_2}\right)^2}{\frac{1}{n_1 - 1}\left(\frac{s_1^2}{n_1}\right)^2 + \frac{1}{n_2 - 1}\left(\frac{s_2^2}{n_2}\right)^2} \tag{10.7}$$

Estatística de teste para testes de hipóteses sobre $\mu_1 - \mu_2$: σ_1 e σ_2 desconhecidos

$$t = \frac{(\bar{x}_1 - \bar{x}_2) - D_0}{\sqrt{\frac{s_1^2}{n_1} + \frac{s_2^2}{n_2}}} \tag{10.8}$$

Estatística de teste para testes de hipóteses que envolvem amostras pareadas

$$t = \frac{\bar{d} - \mu_d}{s_d / \sqrt{n}} \tag{10.9}$$

Estimador pontual da diferença entre duas proporções populacionais

$$\bar{p}_1 - \bar{p}_2 \tag{10.10}$$

Erro padrão de $\bar{p}_1 - \bar{p}_2$

$$\sigma_{\bar{p}_1 - \bar{p}_2} = \sqrt{\frac{p_1(1-p_1)}{n_1} + \frac{p_2(1-p_2)}{n_2}} \qquad (10.11)$$

Estimativa intervalar da diferença entre duas proporções populacionais

$$\bar{p}_1 - \bar{p}_2 \pm z_{\alpha/2} \sqrt{\frac{\bar{p}_1(1-\bar{p}_1)}{n_1} + \frac{\bar{p}_2(1-\bar{p}_2)}{n_2}} \qquad (10.13)$$

Erro padrão de $\bar{p}_1 - \bar{p}_2$ quando $p_1 = p_2 = p$

$$\sigma_{\bar{p}_1 - \bar{p}_2} = \sqrt{p(1-p)\left(\frac{1}{n_1} + \frac{1}{n_2}\right)} \qquad (10.14)$$

Estimador combinado de p quando $p_1 = p_2 = p$

$$\bar{p} = \frac{n_1 \bar{p}_1 + n_2 \bar{p}_2}{n_1 + n_2} \qquad (10.15)$$

Estatística de teste para testes de hipóteses sobre $p_1 - p_2$

$$z = \frac{(\bar{p}_1 - \bar{p}_2)}{\sqrt{\bar{p}(1-\bar{p})\left(\frac{1}{n_1} + \frac{1}{n_2}\right)}} \qquad (10.16)$$

Exercícios suplementares

38. A Safegate Foods, Inc. está reestruturando as filas dos caixas dos seus supermercados em todos o país. A empresa está examinando dois projetos. Testes sobre o tempo de pagamento dos clientes realizados nas duas lojas em que os dois novos sistemas foram instalados resultaram no resumo de dados abaixo.

Sistema A	Sistema B
$n_1 = 120$	$n_2 = 100$
$\bar{x}_1 = 4,1$ minutos	$\bar{x}_2 = 3,4$ minutos
$\sigma_1 = 2,2$ minutos	$\sigma_2 = 1,5$ minutos

    Faça um teste com o nível de significância de 0,05 para determinar se o tempo de pagamento médio da população dos dois sistemas é diferente. Qual sistema é preferível?

39. O valor das residências tende a aumentar ao longo do tempo em condições normais, mas a recessão de 2008 e 2009 supostamente fez o preço de venda dos imóveis existentes cair nos Estados Unidos (*Businessweek*, 9 de março de 2009). Você deve verificar se os dados confirmam essa conclusão. O arquivo HomePrices contém dados sobre a venda de 30 imóveis existentes em 2006 e 40 em 2009.
    a. Forneça uma estimativa pontual da diferença entre os preços médios da população nos dois anos.
    b. Desenvolva uma estimativa intervalar com 99% de confiança da diferença entre a revenda de imóveis em 2006 e 2009.
    c. Você acha que há razões para concluir que os preços de revenda de imóveis existentes caíram de 2006 para 2009? Justifique sua resposta.

40. Os fundos mútuos são classificados em *com* ou *sem* encargos. Fundos com encargos exigem que um investidor pague uma taxa inicial com base em uma porcentagem da quantidade investida no fundo. Os fundos sem encargos não exigem essa taxa inicial. Alguns consultores financeiros alegam que a taxa adicional dos fundos mútuos com encargos pode valer a pena porque eles proporcionam uma taxa de retorno mais elevada do que os fundos mútuos sem encargos. Foram selecionadas uma amostra com 30 fundos mútuos com encargos

e outra com 30 fundos mútuos sem encargos. Dados sobre o retorno anual dos fundos em um período de cinco anos foram coletados. Os dados estão agrupados no conjunto de dados Mutual. Os dados dos primeiros cinco fundos mútuos com e sem encargos são:

Fundo mútuo com encargos	Retorno	Fundo mútuo sem encargos	Retorno
American National Growth	15,51	Amana Income Fund	13,24
Arch Small Cap Equity	14,57	Berger One Hundred	12,13
Bartlett Cap Basic	17,73	Columbia International Stock	12,17
Calvert World International	10,31	Dodge & Cox Balanced	16,06
Colonial Fund A	16,23	Evergreen Fund	17,61

Mutual

a. Formule H_0 e H_a de modo que a rejeição de H_0 leve à conclusão de que os fundos mútuos com encargos têm um retorno anual médio mais elevado no período de cinco anos.
b. Use os 60 fundos mútuos do conjunto de dados Mutual para conduzir o teste de hipóteses. Qual é o valor-p? Com $\alpha = 0,05$, qual é a sua conclusão?

41. A National Association of Home Builders forneceu dados sobre o custo dos projetos de reforma residenciais mais comuns. Os dados amostrais de dois tipos de projetos de reforma em milhares de dólares são:

Cozinha	Quarto principal	Cozinha	Quarto principal
25,2	18,0	23,0	17,8
17,4	22,9	19,7	24,6
22,8	26,4	16,9	21,0
21,9	24,8	21,8	
19,7	26,9	23,6	

a. Desenvolva uma estimativa pontual da diferença entre o custo de reforma médio da população dos dois tipos de projetos.
b. Desenvolva um intervalo de confiança de 90% para a diferença entre as duas médias populacionais.

42. No estudo *Born Together – Reared Apart: The Landmark Minnesota Twin Study* (2012), Nancy Segal discute os esforços dos psicólogos pesquisadores da University of Minnesota para entender as semelhanças e diferenças entre irmãos gêmeos ao estudar conjuntos de gêmeos que foram criados separados. Abaixo, mostramos as notas na prova de leitura crítica do SAT de vários pares de gêmeos idênticos (gêmeos que compartilham todos os genes). No caso desses pares de gêmeos, um deles foi criado em uma família sem outras crianças (sem irmãos) e o outro foi criado em uma família com mais crianças (com irmãos).

Sem irmãos		Com irmãos	
Nome	Nota no SAT	Nome	Nota no SAT
Bob	440	Donald	420
Matthew	610	Ronald	540
Shannon	590	Kedriana	630
Tyler	390	Kevin	430
Michelle	410	Erin	460
Darius	430	Michael	490
Wilhelmina	510	Josephine	460
Donna	620	Jasmine	540
Drew	510	Kraig	460
Lucinda	680	Bernadette	650
Barry	580	Larry	450
Julie	610	Jennifer	640
Hannah	510	Diedra	460
Roger	630	Latishia	580
Garrett	570	Bart	490
Roger	630	Kara	640
Nancy	530	Rachel	560
Sam	590	Joey	610
Simon	500	Drew	520
Megan	610	Annie	640

Twins

a. Qual é a diferença média entre a nota na prova de leitura crítica no SAT dos gêmeos criados sem irmãos e a daqueles que foram criados com irmãos?
b. Forneça uma estimativa intervalar com 90% de confiança da diferença média entre a nota de leitura crítica no SAT dos gêmeos criados sem irmãos e a dos gêmeos criados com irmãos.
c. Conduza um teste de hipóteses da igualdade da nota de leitura crítica no SAT dos gêmeos criados sem irmãos e dos gêmeos criados com irmãos com $\alpha = 0{,}01$. Qual é a sua conclusão?

43. A Country Financial, uma empresa de serviços financeiros, usa pesquisas com adultos com mais de 18 anos para determinar se a condição financeira pessoal está mudando com o tempo (*USA Today*, 4 de abril de 2012). Em fevereiro de 2012, uma amostra com 1.000 adultos mostrou 410 pessoas indicando que a segurança financeira estava mais do que razoável. Em fevereiro de 2010, uma amostra com 900 adultos mostrou 315 pessoas indicando que a segurança financeira estava mais do que razoável.
    a. Declare as hipóteses que podem ser usadas para testar uma diferença significativa entre as proporções populacionais nos dois anos.
    b. Qual é a proporção da amostra indicando que a segurança financeira estava mais do que razoável em 2012? E em 2010?
    c. Conduza o teste de hipóteses e calcule o valor-*p*. Com um nível de significância de 0,05, qual é a sua conclusão?
    d. Qual é a estimativa intervalar com 95% de confiança da diferença entre as duas proporções populacionais?

44. Uma grande empresa de seguros automotivos selecionou amostras de homens segurados solteiros e casados e registrou o número de clientes que fizeram pedidos de indenização ao seguro nos últimos três anos.

Segurados solteiros	Segurados casados
$n_1 = 400$	$n_2 = 900$
Número de usuários que pediram indenização = 76	Número de usuários que pediram indenização = 90

a. Use $\alpha = 0{,}05$. Faça um teste para determinar se as taxas de pedido de indenização de segurados solteiros e casados são diferentes.
b. Forneça um intervalo de confiança de 95% para a diferença entre as proporções das duas populações.

45. Foram conduzidos testes médicos para estudar a tuberculose resistente a medicamentos. Dos 142 casos testados em Nova Jersey, 9 foram considerados resistentes a medicamentos. Dos 268 casos testados no Texas, foram encontrados 5 resistentes a medicamentos. Esses dados sugerem uma diferença estatisticamente significativa entre as proporções de casos resistentes a medicamentos nos dois estados? Use um nível de significância de 0,02. Qual é o valor-*p*? Qual é a sua conclusão?

46. Em março de 2008, esperava-se que a taxa de ocupação de Myrtle Beach, Carolina do Sul, aumentasse nas férias (*The Sun News*, 29 de fevereiro de 2008). Os dados do arquivo Occupancy permitirão que você reproduza as descobertas apresentadas no jornal. Os dados mostram as unidades alugadas e não alugadas de uma amostra aleatória de imóveis para temporada durante a primeira semana de março em 2007 e 2008.
    a. Estime a proporção de unidades alugadas durante a primeira semana de março de 2007 e de 2008.
    b. Forneça um intervalo de confiança de 95% para a diferença nas proporções.
    c. Com base nas suas descobertas, parece que a taxa de ocupação de março de 2008 é maior que a do ano anterior?

47. O turismo no inverno é extremamente importante para a economia do sudoeste da Flórida. A ocupação de hotéis é uma medida comum do volume e das atividades dos visitantes (*Naples Daily News*, 22 de março de 2012). Os dados de ocupação de hotéis no mês de fevereiro em dois anos consecutivos são exibidos a seguir.

	Ano atual	Ano anterior
Quartos ocupados	1470	1458
Total de quartos	1750	1800

a. Formule o teste de hipóteses que pode ser usado para determinar se houve um aumento na proporção de quartos ocupados ao longo do período de um ano.
b. Qual é a proporção estimada de quartos de hotéis ocupados em cada ano?
c. Usando um nível de significância de 0,05, qual é a conclusão do teste de hipóteses? Qual é o valor-*p*?
d. Qual é a estimativa intervalar com 95% de confiança da mudança na ocupação no período de um ano? Você acha que os profissionais do setor ficariam satisfeitos com os resultados?

Estudo de caso Par, Inc.

A Par, Inc. é uma grande fabricante de equipamentos de golfe. A direção da empresa acredita que a participação de mercado da Par poderia ser maior com a introdução de uma bola de golfe mais durável e resistente a cortes. Por isso, o grupo de pesquisa da empresa está investigando um novo revestimento para as bolas de golfe, projetado para resistir a cortes e dar origem a uma bola mais durável. Os testes feitos com o revestimento têm sido promissores.

Um dos pesquisadores disse estar preocupado com o efeito do novo revestimento sobre as distâncias das jogadas. A Par espera que a nova bola resistente a cortes ofereça distâncias comparáveis às do modelo atual das bolas. Para comparar as distâncias percorridas pelos dois modelos, 40 bolas do modelo novo e atual foram submetidas a testes de distância. O teste foi realizado com uma máquina batedora mecânica, de modo que as diferenças entre as distâncias médias dos dois modelos pudessem ser atribuídas a uma diferença nos modelos. Os resultados dos testes, com as distâncias medidas até a jarda mais próxima, são exibidos a seguir. Esses dados estão disponíveis na página deste livro no site da Cengage.

Modelo Atual	Modelo Novo	Modelo Atual	Modelo Novo	Modelo Atual	Modelo Novo	Modelo Atual	Modelo Novo
264	277	270	272	263	274	281	283
261	269	287	259	264	266	274	250
267	263	289	264	284	262	273	253
272	266	280	280	263	271	263	260
258	262	272	274	260	260	275	270
283	251	275	281	283	281	267	263
258	262	265	276	255	250	279	261
266	289	260	269	272	263	274	255
259	286	278	268	266	278	276	263
270	264	275	262	268	264	262	279

Golf

Relatório administrativo

1. Formule e apresente o raciocínio para um teste de hipóteses que a Par poderia usar para comparar as distâncias percorridas pelas bolas de golfe atuais e novas.
2. Analise os dados para gerar a conclusão do teste de hipóteses. Qual é o valor-p do seu teste? Qual é a sua recomendação para a empresa?
3. Forneça resumos estatísticos descritivos dos dados de cada modelo.
4. Qual é o intervalo de confiança de 95% da distância média da população percorrida por cada modelo? Qual é o intervalo de confiança de 95% da diferença entre as médias das duas populações?
5. Você acha que é necessário ter amostras maiores e fazer mais testes com as bolas de golfe? Analise essa questão.

Apêndice 10.1 Inferências sobre duas populações usando o Minitab

Descrevemos o uso do Minitab para desenvolver estimativas intervalares e conduzir testes de hipóteses sobre a diferença entre duas médias populacionais e entre duas proporções populacionais. O Minitab oferece resultados de estimativas intervalares e testes de hipóteses dentro do mesmo módulo. Por isso, o procedimento para os dois tipos de inferência no Minitab é o mesmo. Nos exemplos a seguir, vamos demonstrar a estimativa intervalar e o teste de hipóteses para as mesmas duas amostras. Vale destacar que o Minitab não fornece uma rotina para inferências sobre a diferença entre duas médias populacionais quando os desvios padrão da população, σ_1 e σ_2, são conhecidos.

Diferença entre duas médias populacionais: σ_1 e σ_2 desconhecidos

Vamos usar os dados para conferir o exemplo dos saldos de contas correntes apresentado na Seção 10.2. Os saldos de contas correntes da agência de Cherry Grove estão na coluna C1, enquanto os saldos de contas correntes da agência de Beechmont estão na coluna C2. Neste exemplo, vamos usar o procedimento 2-Sample t do Minitab para fornecer uma estimativa de intervalo de confiança de 95% da diferença entre as médias populacionais dos saldos das contas correntes das duas agências bancárias.
O resultado do procedimento também fornece o valor-p do teste de hipóteses: $H_0: \mu_1 - \mu_2 = 0$ versus $H_a: \mu_1 - \mu_2 \neq 0$. As etapas abaixo são necessárias para executar o procedimento:

CheckAcct

Etapa 1. Selecione o menu **Stat**
Etapa 2. Escolha **Basic Statistics**

Etapa 3. Selecione **2-Sample t**
Etapa 4. Quando a caixa de diálogo Two-Sample t for the Mean aparecer:
Selecione **Each sample is in its own column**
Digite C1 na caixa **Sample 1**
Digite C2 na caixa **Sample 2**
Selecione **Options**
Etapa 5. Quando a Caixa de diálogo Two-Sample t: Options aparecer:
Digite 95 na caixa **Confidence level**
Digite 0 na caixa **Hypothesized difference**
Selecione **Difference ≠ hypothesized difference** na caixa **Alternative hypothesis**
Clique em **OK**
Etapa 6. Clique em **OK**

A estimativa do intervalo de confiança de 95% é de US$ 37 a US$ 193, conforme descrito na Seção 10.2. O valor-$p = 0,005$ mostra que a hipótese nula de médias populacionais iguais pode ser rejeitada com o nível de significância $\alpha = 0,01$. Em outras aplicações, a etapa 5 pode ser alterada para gerar diferentes níveis de confiança, valores hipotéticos e formas de hipóteses.

Diferença entre duas médias populacionais com amostras pareadas

Usamos os dados de tempo de produção da Tabela 10.2 para ilustrar o procedimento de amostras pareadas. Os tempos de conclusão com o método 1 são inseridos na coluna C1, enquanto os tempos de conclusão com o método 2 são inseridos na coluna C2. As etapas do Minitab para amostras pareadas são:

Matched

Etapa 1. Selecione o menu **Stat**
Etapa 2. Escolha **Basic Statistics**
Etapa 3. Selecione **Paired t**
Etapa 4. Quando a caixa de diálogo Paired t for the Mean aparecer:
Selecione **Each sample is in a column**
Digite C2 na caixa **Sample 1**
Digite C3 na caixa **Sample 2**
Selecione **Options**
Etapa 5. Quando a caixa de diálogo Paired t: Options aparecer:
Digite 95 em **Confidence level**
Digite 0 na caixa **Hypothesized difference**
Selecione **Difference ≠ hypothesized difference** na caixa **Alternative hypothesis**
Clique em **OK**
Etapa 6. Clique em **OK**

A estimativa do intervalo de confiança de 95% é de –0,05 a 0,65, conforme descrito na Seção 10.3. O valor-$p = 0,08$ mostra que a hipótese nula de que não há diferença entre os tempos de conclusão não pode ser rejeitada com $\alpha = 0,05$. A etapa 5 pode ser alterada para fornecer diferentes níveis de confiança, valores hipotéticos e formas de hipóteses.

Diferença entre duas proporções populacionais

Vamos usar os dados sobre erros no cálculo dos impostos apresentados na Seção 10.4. Os resultados amostrais de 250 declarações de impostos preparadas no Escritório 1 estão na coluna C1, enquanto os resultados amostrais de 300 declarações de impostos preparadas no Escritório 2 estão na coluna C2. "Sim" indica que um erro foi encontrado na declaração e "Não" indica que nenhum erro foi encontrado. O procedimento que descrevemos fornece uma estimativa de intervalo de confiança de 95% da diferença entre as duas proporções populacionais e os resultados do teste de hipóteses para $H_0: p_1 - p_2 = 0$ e $H_a: p_1 - p_2 \neq 0$.

TaxPrep

Etapa 1. Selecione o menu **Stat**
Etapa 2. Escolha **Basic Statistics**
Etapa 3. Selecione **2 Proportions**
Etapa 4. Quando a caixa de diálogo Two-Sample Proportion aparecer:

Selecione **Each sample is in its own column**
Digite C1 na caixa **Sample 1**
Digite C2 na caixa **Sample 2**
Selecione **Options**

Etapa 5. Quando a caixa de diálogo Two-Sample Proportion: Options aparecer:
Digite 90 na caixa **Confidence level**
Digite 0 na caixa **Hypothesized difference**
Selecione **Difference ≠ hypothesized difference** na caixa **Alternative hypothesis**
Selecione **Use the pooled estimate of the proportion** na caixa **Test method**
Clique em **OK**

Etapa 6. Clique em **OK**

A estimativa do intervalo de confiança de 90% é de 0,005 a 0,095, conforme descrito na Seção 10.4. O valor-$p = 0,065$ mostra que a hipótese nula de que não há diferença nas taxas de erro pode ser rejeitada com $\alpha = 0,10$. A etapa 5 pode ser alterada para fornecer diferentes níveis de confiança, valores hipotéticos e formas de hipóteses.

No exemplo do cálculo de impostos, os dados são categóricos. Os termos "Sim" e "Não" são usados para indicar se um erro está presente. Nos módulos que envolvem proporções, o Minitab calcula as proporções da resposta que aparece em segundo lugar na ordem alfabética. Por isso, no exemplo dos impostos, o Minitab calcula a proporção de respostas "Sim", que é a proporção que desejamos.

Se a ordem alfabética do Minitab não calcular a proporção da resposta de interesse, é possível corrigir isso. Selecione qualquer célula da coluna de dados, vá até a barra de menu do Minitab e clique em Editor > Column > Value Order. Essa sequência vai gerar a opção de digitar uma ordem especificada pelo usuário. Só verifique se a resposta de interesse está listada em segundo lugar na caixa define-an-order. A rotina 2 Proportion do Minitab fornece o intervalo de confiança e os resultados do teste de hipóteses para a proporção populacional de interesse.

Por fim, destacamos que a rotina 2 Proportion do Minitab usa um procedimento de cálculo diferente do que foi descrito no texto. Por isso, pode-se esperar que o resultado do Minitab forneça estimativas intervalares e valores-p ligeiramente diferentes. No entanto, os resultados dos dois métodos devem ser próximos e proporcionar a mesma interpretação e conclusão.

Apêndice 10.2 Inferências sobre duas populações usando o Excel

Descrevemos o uso do Excel para conduzir testes de hipóteses sobre a diferença entre duas médias populacionais.[1] Começamos com inferências sobre a diferença entre as médias de duas populações quando os desvios padrão da população, σ_1 e σ_2, são conhecidos.

Diferença entre duas médias populacionais: σ_1 e σ_2 conhecidos

Vamos usar as notas nos exames dos dois centros de treinamento discutidos na Seção 10.1. O rótulo Centro A está na célula A1 e o rótulo Centro B está na célula B1. As notas dos exames do Centro A estão nas células A2:A31 e as notas dos exames do Centro B estão nas células B2:B41. Os desvios padrão da população são considerados conhecidos, com $\sigma_1 = 10$ e $\sigma_2 = 10$. A rotina do Excel vai solicitar a inserção de variâncias, que são $\sigma_1^2 = 100$ e $\sigma_2^2 = 100$. As etapas a seguir podem ser usadas para conduzir um teste de hipóteses sobre a diferença entre as duas médias populacionais.

Etapa 1. Clique na guia **Dados** na Faixa de Opções
Etapa 2. No grupo **Análise**, clique em **Análise de dados**
Etapa 3. Quando a caixa de diálogo Análise de dados aparecer:
Escolha **Teste-z: amostra dupla para médias**
Clique em **OK**
Etapa 4. Quando a caixa de diálogo Teste z: amostra dupla para médias aparecer:

---

[1] As ferramentas de análise de dados do Excel fornecem procedimentos de testes de hipóteses para a diferença entre duas médias populacionais. Não existem rotinas disponíveis para a estimação intervalar da diferença entre duas médias populacionais, nem para inferências sobre a diferença entre duas proporções populacionais.

Digite A1:A31 na caixa **Intervalo da Variável 1**
Digite B1:B41 na caixa **Intervalo da Variável 2**
Digite 0 na caixa **Diferença média hipotética**
Digite 100 na caixa **Variância da variável 1 (conhecida)**
Digite 100 na caixa **Variância da variável 2 (conhecida)**
Selecione **Rótulos**
Digite 0,05 na caixa **Alfa**
Selecione **Intervalo de saída** e digite C1 na caixa
Clique em **OK**

O valor-*p* bicaudal é indicado por P(Z<=z) bicaudal. O valor de 0,0977 não permite que rejeitemos a hipótese nula com $\alpha = 0,05$.

Diferença entre duas médias populacionais: σ_1 e σ_2 desconhecidos

Usamos os dados do estudo do teste de software da Tabela 10.1. Os dados já estão inseridos em uma planilha do Excel com o rótulo Atual na célula A1 e o rótulo Novo na célula B1. Os tempos de conclusão da tecnologia atual estão nas células A2:A13. Os tempos de conclusão do novo software estão nas células B2:B13. As etapas abaixo podem ser usadas para conduzir um teste de hipóteses sobre a diferença entre duas médias populacionais com σ_1 e σ_2 desconhecidos.

SoftwareTest

Etapa 1. Clique na guia **Dados** na Faixa de Opções
Etapa 2. No grupo **Análise**, clique em **Análise de dados**
Etapa 3. Quando a caixa de diálogo Análise de dados aparecer:
Escolha **Teste-z: amostra dupla para médias**
Escolha **Teste-*t*: amostra dupla presumindo variações diferentes**
Clique em **OK**
Etapa 4. Quando a caixa de diálogo Teste *t*: amostra dupla presumindo variações diferentes aparecer:
Digite A1:A13 na caixa **Intervalo da Variável 1**
Digite B1:B13 na caixa **Intervalo da Variável 2**
Digite 0 na caixa **Diferença média hipotética**
Selecione **Rótulos**
Digite 0,05 na caixa **Alfa**
Selecione **Intervalo de saída** e digite C1 na caixa
Clique em **OK**

O valor-*p* apropriado é indicado por P(T<=t) unicaudal. O valor de 0,017 permite que rejeitemos a hipótese nula com $\alpha = 0,05$.

Diferença entre duas médias populacionais com amostras pareadas

Usamos as amostras pareadas de tempos de conclusão da Tabela 10.2 para ilustrar. Os dados estão inseridos em uma planilha com o rótulo Método 1 na célula A1 e o rótulo Método 2 na célula B2. Os tempos de conclusão do Método 1 estão nas células A2:A7, enquanto os tempos de conclusão do Método 2 estão nas células B2:B7. O procedimento do Excel usa as etapas descritas anteriormente para o teste *t*, só que o usuário escolhe a ferramenta de análise de dados **Teste-*t*: amostra dupla em par para médias** na etapa 3. O intervalo da variável 1 é A1:A7 e o da variável 2 é B1:B7.

Matched

O valor-*p* apropriado é indicado por P(T<=t) bicaudal. O valor de 0,08 não permite que rejeitemos a hipótese nula com $\alpha = 0,05$.

CAPÍTULO 11

Inferências sobre variâncias populacionais

CONTEÚDO

Estatística na prática: Government Accountability Office dos EUA

11.1 Inferências sobre a variância de uma população
Estimativa intervalar
Teste de hipóteses

11.2 Inferências sobre as variâncias de duas populações

APÊNDICES

11.1 Variâncias populacionais com o Minitab

11.2 Variâncias populacionais com o Excel

ESTATÍSTICA na PRÁTICA

GOVERNMENT ACCOUNTABILITY OFFICE DOS EUA*
Washington, D.C.

O Government Accountability Office (GAO) é uma organização de auditoria independente e apolítica do setor legislativo do governo federal dos Estados Unidos. Os avaliadores do GAO determinam a eficácia de programas federais propostos e em vigor. Para realizar suas obrigações, os avaliadores devem ser especialistas em revisão de registros, pesquisa legislativa e técnicas de análise estatística.

Em um caso, os avaliadores do GAO estudaram um programa do Departamento do Interior estabelecido para ajudar a limpar rios e lagos do país. Como parte desse programa, subsídios federais eram concedidos a pequenas cidades dos Estados Unidos. O Congresso pediu que o GAO determinasse a eficácia das operações do programa. Para isso, o GAO examinou registros e visitou a sede de várias estações de tratamento de resíduos.

O efluente desta instalação deve estar estatisticamente dentro de uma faixa de pH determinada.

Um objetivo da auditoria do GAO era garantir que os efluentes (esgoto tratado) das estações atendessem a determinados padrões. Entre outras coisas, os auditores revisaram dados de amostras sobre o teor de oxigênio, o nível de pH e a quantidade de sólidos suspensos no efluente. Um requisito do programa era que uma variedade de testes fosse realizada diariamente em cada estação. Além disso, os dados coletados deveriam ser enviados periodicamente para o departamento de engenharia do estado. A investigação dos dados por parte do GAO mostrou que várias características do efluente estavam dentro de limites aceitáveis.

Por exemplo, o nível de pH médio do efluente foi examinado com atenção. Além disso, a variância dos níveis de pH relatados foi revisada. O teste de hipóteses abaixo, sobre a variância do nível de pH da população de efluentes, foi conduzido.

$$H_0: \sigma^2 = \sigma_0^2$$
$$H_a: \sigma^2 \neq \sigma_0^2$$

Neste teste, σ_0^2 é a variância populacional do nível de pH esperada em uma estação com funcionamento adequado. Em uma determinada estação, a hipótese nula foi rejeitada. Análises posteriores mostraram que essa estação tinha uma variância no nível de pH significativamente menor que o normal.

Os auditores visitaram a estação para examinar os equipamentos de medição e discutir as descobertas estatísticas com o gerente. Os auditores descobriram que o equipamento de medição não estava sendo usado porque o operador não sabia como fazer isso. Em vez disso, um engenheiro dizia ao operador qual era o nível de pH aceitável e ele simplesmente registrava valores semelhantes, sem conduzir, de fato, o teste. A variância extraordinariamente baixa dos dados dessa estação resultou na rejeição de H_0. O GAO suspeitou que outras estações poderiam ter problemas parecidos e recomendou um programa de treinamento para os operadores, a fim de melhorar o aspecto de coleta de dados do programa de controle de poluição.

Neste capítulo, você aprenderá a conduzir inferências estatísticas sobre as variâncias de uma e duas populações. Duas novas distribuições, a distribuição qui-quadrado e a distribuição F, serão apresentadas e usadas para fazer estimativas intervalares e testes de hipóteses sobre variâncias populacionais.

---
* Os autores agradecem Art Foreman e Dale Ledman, do *Government Accountability Office* dos EUA, por fornecer os dados para o quadro Estatística na Prática.

Nos quatro últimos capítulos, examinamos métodos de inferência estatística que envolvem médias e proporções populacionais. Neste capítulo, vamos expandir a discussão para situações que envolvem inferências sobre variâncias populacionais. Como um exemplo de caso em que a variância pode fornecer informações importantes para a tomada de decisões, considere o processo de produção de encher recipientes com um produto detergente líquido. O mecanismo de enchimento do processo é ajustado de modo que o peso médio do enchimento seja 470 ml por recipiente. Embora a média de 470 ml seja desejada, a variância do peso do enchimento também é fundamental. Isto é, mesmo com o mecanismo de enchimento ajustado corretamente para a média de 470 ml, não podemos esperar que todos os recipientes tenham exatamente 470 ml. Ao selecionar uma amostra de recipientes, podemos calcular a variância amostral do número de mililitros colocados em um recipiente. Este valor atua como uma estimativa da variância da população de recipientes que estão sendo enchidos pelo processo de produção. Se a variância amostral for modesta, o processo de produção continuará. Porém, se a variância amostral for excessiva, pode ocorrer excesso ou falta de líquido, mesmo que a média esteja correta em 470 ml. Neste caso, o mecanismo de enchimento será reajustado em uma tentativa de reduzir a variância do enchimento dos recipientes.

Em muitas aplicações de manufatura, controlar a variância do processo é extremamente importante para manter a qualidade.

Na primeira seção, vamos analisar inferências sobre a variância de uma única população. Posteriormente, discutiremos procedimentos que podem ser usados para fazer inferências sobre as variâncias de duas populações.

Inferências sobre a variância de uma população

A variância amostral

$$s^2 = \frac{\sum(x_i - \bar{x})^2}{n-1} \tag{11.1}$$

é o estimador pontual da variância populacional σ^2. Ao usar a variância amostral como uma base para fazer inferências sobre uma variância populacional, a distribuição amostral da quantidade $(n-1)s^2/\sigma^2$ é útil. Essa distribuição amostral é descrita conforme mostrado abaixo.

DISTRIBUIÇÃO AMOSTRAL DE $(n-1)s^2/\sigma^2$

Sempre que uma amostra aleatória simples de tamanho n é extraída de uma população normal, a distribuição amostral de

$$\frac{(n-1)s^2}{\sigma^2} \tag{11.2}$$

é uma distribuição qui-quadrado com $n-1$ graus de liberdade.

A distribuição qui-quadrado é baseada na amostragem de uma população normal.

A Figura 11.1 apresenta algumas formas possíveis da distribuição amostral de $(n-1)s^2/\sigma^2$.

Já que sabemos que a distribuição amostral de $(n-1)s^2/\sigma^2$ tem uma distribuição qui-quadrado sempre que uma amostra aleatória simples de tamanho n é extraída de uma população normal, podemos usar a distribuição qui-quadrado para desenvolver estimativas intervalares e conduzir testes de hipóteses sobre a variância de uma população.

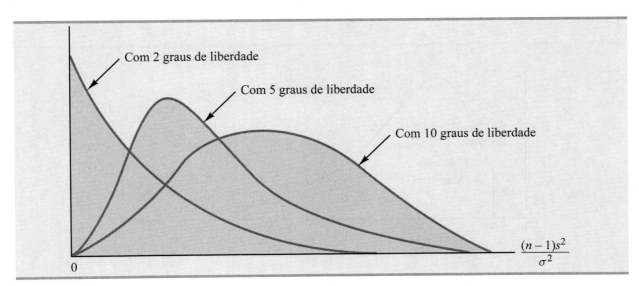

FIGURA 11.1 Exemplos da distribuição amostral de $(n-1)s^2/\sigma^2$ (uma distribuição qui-quadrado)

Estimativa intervalar

Para mostrar como a distribuição qui-quadrado pode ser usada para desenvolver uma estimativa de intervalo de confiança de uma variância populacional σ^2, suponha que estejamos interessados em estimar a variância populacional do processo de enchimento mencionado no início deste capítulo. Uma amostra com 20 recipientes é selecionada. Descobre-se que a variância amostral das quantidades preenchidas é $s^2 = 0{,}0025$. No entanto, sabemos que não se pode esperar que a variância de uma amostra de 20 recipientes forneça o valor exato da variância da população de recipientes enchidos pelo processo de produção. Portanto, nosso interesse está em desenvolver uma estimativa intervalar da variância da população.

Vamos usar a notação χ^2_α para representar o valor da distribuição qui-quadrado que fornece uma área ou probabilidade de α à direita do valor de χ^2_α. Por exemplo, na Figura 11.2, a distribuição qui-quadrado com 19 graus de liberdade é demonstrada com $\chi^2_{0{,}025} = 32{,}852$, indicando que 2,5% dos valores de qui-quadrado estão à direita de 32,852, e $\chi^2_{0{,}975} = 8{,}907$, indicando que 97,5% dos valores de qui-quadrado estão à direita de 8,907. É fácil encontrar tabelas de áreas ou probabilidades da distribuição qui-quadrado. Consulte a Tabela 11.1 e verifique se esses valores de qui-quadrado com 19 graus de liberdade (19ª linha da tabela) estão corretos. A Tabela 3 do Apêndice B apresenta um conjunto mais abrangente de valores de qui-quadrado.

Segundo o gráfico da Figura 11.2, vemos que 0,95 ou 95% dos valores de qui-quadrado estão entre $\chi^2_{0{,}975}$ e $\chi^2_{0{,}025}$. Ou seja, há uma probabilidade de 0,95 de obter um valor de χ^2 como

$$\chi^2_{0{,}975} \leq \chi^2 \leq \chi^2_{0{,}025}$$

Afirmamos na expressão (11.2) que $(n-1)s^2/\sigma^2$ segue uma distribuição qui-quadrado. Portanto, podemos substituir $(n-1)s^2/\sigma^2$ por χ^2 e escrever

$$\chi^2_{0{,}975} \leq \frac{(n-1)s^2}{\sigma^2} \leq \chi^2_{0{,}025} \tag{11.3}$$

Na verdade, a expressão (11.3) fornece uma estimativa intervalar de que 0,95, ou 95%, de todos os valores possíveis de $(n-1)s^2/\sigma^2$ que estejam no intervalo $\chi^2_{0{,}975}$ a $\chi^2_{0{,}025}$. Agora precisamos fazer algumas manipulações algébricas com a expressão (11.3) para desenvolver uma estimativa intervalar para a variância populacional, σ^2. Trabalhando com a desigualdade à esquerda da expressão (11.3), temos

$$\chi^2_{0{,}975} \leq \frac{(n-1)s^2}{\sigma^2}$$

Assim,

$$\sigma^2 \chi^2_{0{,}975} \leq (n-1)s^2$$

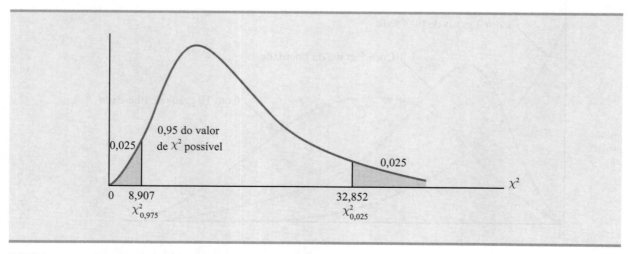

FIGURA 11.2 Uma distribuição qui-quadrado com 19 graus de liberdade

TABELA 11.1 Valores selecionados da tabela da distribuição qui-quadrado*

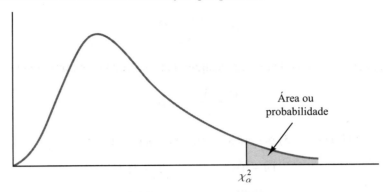

Graus de liberdade	\multicolumn{8}{c}{Área na cauda superior}
	0,99	0,975	0,95	0,90	0,10	0,05	0,025	0,01
1	0,000	0,001	0,004	0,016	2,706	3,841	5,024	6,635
2	0,020	0,051	0,103	0,211	4,605	5,991	7,378	9,210
3	0,115	0,216	0,352	0,584	6,251	7,815	9,348	11,345
4	0,297	0,484	0,711	1,064	7,779	9,488	11,143	13,277
5	0,554	0,831	1,145	1,610	9,236	11,070	12,832	15,086
6	0,872	1,237	1,635	2,204	10,645	12,592	14,449	16,812
7	1,239	1,690	2,167	2,833	12,017	14,067	16,013	18,475
8	1,647	2,180	2,733	3,490	13,362	15,507	17,535	20,090
9	2,088	2,700	3,325	4,168	14,684	16,919	19,023	21,666
10	2,558	3,247	3,940	4,865	15,987	18,307	20,483	23,209
11	3,053	3,816	4,575	5,578	17,275	19,675	21,920	24,725
12	3,571	4,404	5,226	6,304	18,549	21,026	23,337	26,217
13	4,107	5,009	5,892	7,041	19,812	22,362	24,736	27,688
14	4,660	5,629	6,571	7,790	21,064	23,685	26,119	29,141
15	5,229	6,262	7,261	8,547	22,307	24,996	27,488	30,578
16	5,812	6,908	7,962	9,312	23,542	26,296	28,845	32,000
17	6,408	7,564	8,672	10,085	24,769	27,587	30,191	33,409
18	7,015	8,231	9,390	10,865	25,989	28,869	31,526	34,805
19	7,633	8,907	10,117	11,651	27,204	30,144	32,852	36,191
20	8,260	9,591	10,851	12,443	28,412	31,410	34,170	37,566
21	8,897	10,283	11,591	13,240	29,615	32,671	35,479	38,932
22	9,542	10,982	12,338	14,041	30,813	33,924	36,781	40,289
23	10,196	11,689	13,091	14,848	32,007	35,172	38,076	41,638
24	10,856	12,401	13,848	15,659	33,196	36,415	39,364	42,980
25	11,524	13,120	14,611	16,473	34,382	37,652	40,646	44,314
26	12,198	13,844	15,379	17,292	35,563	38,885	41,923	45,642
27	12,878	14,573	16,151	18,114	36,741	40,113	43,195	46,963
28	13,565	15,308	16,928	18,939	37,916	41,337	44,461	48,278
29	14,256	16,047	17,708	19,768	39,087	42,557	45,722	49,588
30	14,953	16,791	18,493	20,599	40,256	43,773	46,979	50,892
40	22,164	24,433	26,509	29,051	51,805	55,758	59,342	63,691
60	37,485	40,482	43,188	46,459	74,397	79,082	83,298	88,379
80	53,540	57,153	60,391	64,278	96,578	101,879	106,629	112,329
100	70,065	74,222	77,929	82,358	118,498	124,342	129,561	135,807

Observação: uma tabela mais abrangente é apresentada como a Tabela 3 do Apêndice B.

432 Estatística aplicada a administração e economia

ou

$$\sigma^2 \le \frac{(n-1)s^2}{\chi^2_{0,975}}$$ (11.4)

Realizando manipulações algébricas semelhantes na desigualdade à direita da expressão (11.3), temos

$$\frac{(n-1)s^2}{\chi^2_{0,025}} \le \sigma^2$$ (11.5)

Os resultados das expressões (11.4) e (11.5) podem ser combinados para gerar

$$\frac{(n-1)s^2}{\chi^2_{0,025}} \le \sigma^2 \le \frac{(n-1)s^2}{\chi^2_{0,975}}$$ (11.6)

Como a expressão (11.3) é verdadeira para 95% dos valores de $(n-1)s^2/\sigma^2$, a expressão (11.6) fornece uma estimativa de intervalo de confiança de 95% para a variância populacional σ^2.

Vamos voltar para o problema de gerar uma estimativa intervalar para a variância populacional da quantidade de enchimento. Lembre-se de que a amostra de 20 recipientes gerou uma variância amostral de $s^2 = 0,0025$. Com um tamanho de amostra de 20, temos 19 graus de liberdade. Conforme mostrado na Figura 11.2, já determinamos que $\chi^2_{0,975} = 8,907$ e $\chi^2_{0,025} = 32,852$. Usando esses valores na expressão (11.6), temos a estimativa intervalar para a variância populacional a seguir.

$$\frac{(19)(0,0025)}{32,852} \le \sigma^2 \le \frac{(19)(0,0025)}{8,907}$$

> Um intervalo de confiança de um desvio padrão populacional pode ser descoberto pelo cálculo da raiz quadrada dos limites inferior e superior do intervalo de confiança da variância populacional.

ou

$$0,0014 \le \sigma^2 \le 0,0053$$

Extrair a raiz quadrada desses valores fornece o seguinte intervalo de confiança de 95% para o desvio padrão da população.

$$0,0380 \le \sigma \le 0,0730$$

Assim, ilustramos o processo de usar a distribuição qui-quadrado para estabelecer estimativas intervalares de uma variância populacional e um desvio padrão populacional. Observe, especificamente, que, como $\chi^2_{0,975}$ e $\chi^2_{0,025}$ foram usados, a estimativa intervalar tem um coeficiente de confiança de 0,95. Estendendo a expressão (11.6) para o caso geral de qualquer coeficiente de confiança, temos a estimativa intervalar abaixo para a variância de uma população.

ESTIMATIVA INTERVALAR DE UMA VARIÂNCIA POPULACIONAL

$$\frac{(n-1)s^2}{\chi^2_{\alpha/2}} \le \sigma^2 \le \frac{(n-1)s^2}{\chi^2_{(1-\alpha/2)}}$$ (11.7)

onde os valores de χ^2 são baseados em uma distribuição qui-quadrado com $n-1$ graus de liberdade e $1-\alpha$ é o coeficiente de confiança.

Teste de hipóteses

Usando σ_0^2 para indicar o valor hipotético da variância da população, as três formas de um teste de hipóteses para a variância de uma população são:

$$H_0: \sigma^2 \ge \sigma_0^2 \qquad H_0: \sigma^2 \le \sigma_0^2 \qquad H_0: \sigma^2 = \sigma_0^2$$
$$H_a: \sigma^2 < \sigma_0^2 \qquad H_a: \sigma^2 > \sigma_0^2 \qquad H_a: \sigma^2 \ne \sigma_0^2$$

Inferências sobre variâncias populacionais **433**

Essas três formas são parecidas com aquelas que usamos para conduzir testes de hipóteses unicaudais e bicaudais sobre médias e proporções populacionais nos Capítulos 9 e 10.

O procedimento para conduzir um teste de hipóteses sobre a variância de uma população usa o valor hipotético da variância populacional, σ_0^2, e a variância amostral, s^2, para calcular o valor de uma estatística de teste de χ^2. Supondo que a população tenha uma distribuição normal, a estatística de teste é:

> **ESTATÍSTICA DE TESTE PARA TESTES DE HIPÓTESES SOBRE A VARIÂNCIA DE UMA POPULAÇÃO**
>
> $$\chi^2 = \frac{(n-1)s^2}{\sigma_0^2} \qquad (11.8)$$
>
> onde χ^2 tem uma distribuição qui-quadrado com $n-1$ graus de liberdade.

Depois de calcular o valor da estatística de teste de χ^2, os critérios do valor-p ou do valor crítico podem ser usados para determinar se a hipótese nula pode ser rejeitada.

Vamos considerar o exemplo a seguir. A St. Louis Metro Bus Company quer promover uma imagem de confiabilidade encorajando seus motoristas a manter cronogramas regulares. Como uma política padrão, a empresa quer que os horários de chegada nos pontos de ônibus tenham pouca variabilidade. Em termos da variância dos horários de chegada, o padrão da empresa especifica uma variância de 4 ou menos quando os horários de chegada são medidos em minutos. O teste de hipóteses a seguir é formulado para ajudar a empresa a determinar se a variância da população de horários de chegada é excessiva.

$$H_0: \sigma^2 \le 4$$
$$H_a: \sigma^2 > 4$$

Ao supor, temporariamente, que H_0 é verdadeira, estamos supondo que a variância populacional dos horários de chegada está dentro da diretriz da empresa. Rejeitamos H_0 se as evidências da amostra indicarem que a variância da população supera a diretriz. Neste caso, etapas de acompanhamento devem ser empregadas para reduzir a variância populacional. Conduzimos o teste de hipóteses usando um nível de significância de $\alpha = 0,05$.

Suponha que uma amostra aleatória de 24 chegadas de ônibus em um cruzamento no centro da cidade forneça uma variância amostral de $s^2 = 4,9$. Considerando que a distribuição populacional dos horários de chegada seja aproximadamente normal, o valor da estatística de teste é:

DATA *file*
BusTimes

$$\chi^2 = \frac{(n-1)s^2}{\sigma_0^2} = \frac{(24-1)(4,9)}{4} = 28,18$$

A distribuição qui-quadrado com $n-1 = 24-1 = 23$ graus de liberdade é mostrada na Figura 11.3. Por se tratar de um teste de cauda superior, a área abaixo da curva à direita da estatística de teste $\chi^2 = 28,18$ é o valor-p do teste.

Assim como a tabela da distribuição t, a tabela da distribuição qui-quadrado não contém detalhes suficientes para permitir a determinação do valor-p exato. Contudo, podemos usar a tabela da distribuição qui-quadrado para obter um intervalo para o valor-p. Por exemplo, usando a Tabela 11.1, encontramos as seguintes informações para uma distribuição qui-quadrado com 23 graus de liberdade:

Área na cauda superior	0,10	0,05	0,025	0,01
Valor de χ^2 (23 graus de liberdade)	32,007	35,172	38,076	41,638

$\chi^2 = 28,18$

Como $\chi^2 = 28,18$ é menor que 32,007, a área na cauda superior (o valor-p) é maior que 0,10. Com o valor-$p > \alpha = 0,05$, não é possível rejeitar a hipótese nula. A amostra não reforça a conclusão de que a variância populacional dos horários de chegada é excessiva.

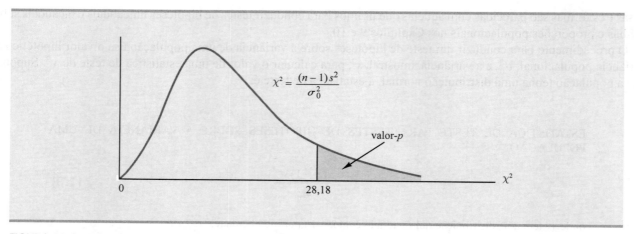

FIGURA 11.3   Distribuição qui-quadrado para o exemplo da St. Louis Metro Bus

Devido à dificuldade de determinar o valor-*p* exato diretamente a partir da tabela da distribuição qui-quadrado, um pacote de software para computadores, como o Minitab ou o Excel, pode ser útil. O Apêndice F, no final do livro, descreve como calcular valores-*p*. No apêndice, mostramos que o valor-*p* exato que corresponde a $\chi^2 = 28,18$ é 0,2091.

Assim como nos outros procedimentos de teste de hipóteses, o critério do valor crítico também pode ser usado para extrair a conclusão do teste de hipóteses. Com $\alpha = 0,05$, $\chi^2_{0,05}$ fornece o valor crítico para o teste de hipóteses da cauda superior. Usando a Tabela 11.1 e 23 graus de liberdade, $\chi^2_{0,05} = 35,172$. Assim, a regra de rejeição para esse exemplo do horário de chegada de ônibus é:

$$\text{Rejeitar } H_0 \text{ se } \chi^2 \geq 35,172$$

Como o valor da estatística de teste é $\chi^2 = 28,18$, não é possível rejeitar a hipótese nula.

Na prática, os testes de cauda superior apresentados aqui são os testes mais encontrados quando se trata de variância populacional. Em situações que envolvem horário de chegada, tempo de produção, peso de enchimentos, dimensão de peças, e assim por diante, variâncias pequenas são desejáveis e variâncias grandes são inaceitáveis. Com uma declaração da variância populacional máxima permitida, podemos testar a hipótese nula de que a variância da população é menor ou igual ao valor máximo permitido em relação à hipótese alternativa de que a variância da população é maior que o valor máximo permitido. Com essa estrutura de teste, medidas corretivas serão aplicadas sempre que a rejeição da hipótese nula indicar a presença de variância populacional excessiva.

Conforme vimos com as médias e proporções populacionais, outras formas de testes de hipóteses podem ser desenvolvidas. Vamos mostrar um teste bicaudal sobre uma variância populacional ao considerar a situação enfrentada por um departamento de veículos motorizados. Historicamente, a variância da nota das pessoas que solicitam a carteira de motorista no teste tem sido $\sigma^2 = 100$. Um novo exame com novas perguntas foi desenvolvido. Os administradores do departamento de veículos motorizados desejam que a variância da nota no novo exame continue no nível histórico. Para avaliar a variância das notas no novo exame, o seguinte teste de hipóteses bicaudal foi proposto.

$$H_0: \sigma^2 = 100$$
$$H_a: \sigma^2 \neq 100$$

A rejeição de H_0 indica que ocorreu uma mudança na variância e sugere que algumas perguntas do novo exame talvez precisem de revisão para tornar a variância da nota no novo exame parecida com a variância da nota no exame antigo. Uma amostra com 30 candidatos à carteira de motorista receberá a nova versão do exame. Vamos usar um nível de significância de $\alpha = 0,05$ para conduzir o teste de hipóteses.

A amostra de 30 notas no exame gerou uma variância amostral de $s^2 = 162$. O valor da estatística de teste qui-quadrado é calculado abaixo:

$$\chi^2 = \frac{(n-1)s^2}{\sigma_0^2} = \frac{(30-1)(162)}{100} = 46,98$$

Agora, vamos calcular o valor-p. Usando a Tabela 11.1 e $n - 1 = 30 - 1 = 29$ graus de liberdade, encontramos o resultado a seguir.

Área na cauda superior	0,10	0,05	0,025	0,01
Valor de χ^2 (29 graus de liberdade)	39,087	42,557	45,722	49,588

$$\chi^2 = 46,98$$

Assim, o valor da estatística de teste $\chi^2 = 46,98$ fornece uma área entre 0,025 e 0,01 na cauda superior da distribuição qui-quadrado. Dobrar esses valores mostra que o valor-p bicaudal está entre 0,05 e 0,02. Programas como Excel ou Minitab podem ser usados para mostrar o valor-p exato = 0,0374. Com o valor-$p \leq \alpha = 0,05$, rejeitamos H_0 e concluímos que as notas no novo exame têm uma variância populacional diferente da variância histórica de $\sigma^2 = 100$. Um resumo dos procedimentos de teste de hipóteses de uma variância populacional é apresentado na Tabela 11.2.

TABELA 11.2 Resumo de um teste de hipóteses sobre a variância de uma população

	Teste de cauda inferior	Teste de cauda superior	Teste bicaudal
Hipótese	$H_0: \sigma^2 \geq \sigma_0^2$ $H_a: \sigma^2 < \sigma_0^2$	$H_0: \sigma^2 \leq \sigma_0^2$ $H_a: \sigma^2 > \sigma_0^2$	$H_0: \sigma^2 = \sigma_0^2$ $H_a: \sigma^2 \neq \sigma_0^2$
Estatística de teste	$\chi^2 = \dfrac{(n-1)s^2}{\sigma_0^2}$	$\chi^2 = \dfrac{(n-1)s^2}{\sigma_0^2}$	$\chi^2 = \dfrac{(n-1)s^2}{\sigma_0^2}$
Regra de rejeição: critério do valor-p	Rejeitar H_0 se valor-$p \leq \alpha$	Rejeitar H_0 se valor-$p \leq \alpha$	Rejeitar H_0 se valor-$p \leq \alpha$
Regra de rejeição: critério do valor crítico	Rejeitar H_0 se $\chi^2 \leq \chi^2_{(1-\alpha)}$	Rejeitar H_0 se $\chi^2 \geq \chi^2_{\alpha}$	Rejeitar H_0 se $\chi^2 \leq \chi^2_{(1-\alpha/2)}$ ou se $\chi^2 \geq \chi^2_{\alpha/2}$

Exercícios

Métodos

1. Descubra os valores abaixo da distribuição qui-quadrado usando a Tabela 11.1 ou a Tabela 3 do Apêndice B.
    a. $\chi^2_{0,05}$ com gl = 5
    b. $\chi^2_{0,025}$ com gl = 15
    c. $\chi^2_{0,975}$ com gl = 20
    d. $\chi^2_{0,01}$ com gl = 10
    e. $\chi^2_{0,95}$ com gl = 18

2. Uma amostra de 20 itens fornece um desvio padrão de 5.
    a. Calcule a estimativa do intervalo de confiança de 90% da variância da população.
    b. Calcule a estimativa do intervalo de confiança de 95% da variância da população.
    c. Calcule a estimativa do intervalo de confiança de 95% do desvio padrão da população.

3. Uma amostra de 16 itens fornece um desvio padrão de 9,5. Teste a hipótese a seguir usando $\alpha = 0,05$. Qual é a sua conclusão? Use o critério do valor-p e o critério do valor crítico.

$$H_0: \sigma^2 \leq 50$$
$$H_a: \sigma^2 > 50$$

Aplicações

4. A variância do peso dos medicamentos é fundamental para a indústria farmacêutica. Para um medicamento específico com o peso medido em gramas, uma amostra de 18 unidades forneceu uma variância amostral de $s^2 = 0,36$.
   a. Construa uma estimativa intervalar com 90% de confiança da variância populacional do peso deste medicamento.
   b. Construa uma estimativa intervalar com 90% de confiança do desvio padrão da população.

5. John Calipari, principal treinador de basquete do campeão nacional de 2012, os University of Kentucky Wildcats, é o treinador mais bem pago do basquete universitário, com salário anual de US$ 5,4 milhões (*USA Today*, 29 de março de 2012). A amostra a seguir traz o salário dos treinadores de basquete de 10 escolas que disputam a Divisão I da NCAA. Os dados salariais estão em milhões de dólares.

Universidade	Salário do treinador	Universidade	Salário do treinador
Indiana	2,2	Syracuse	1,5
Xavier	0,5	Murray State	0,2
Texas	2,4	Florida State	1,5
Connecticut	2,7	South Dakota State	0,1
West Virginia	2,0	Vermont	0,2

   a. Use a média amostral das 10 escolas para estimar o salário anual médio da população dos principais treinadores de basquete em faculdades e universidades que disputam a Divisão I da NCAA.
   b. Use os dados para estimar o desvio padrão populacional do salário anual dos principais treinadores de basquete.
   c. Qual é o intervalo de confiança de 95% da variância da população?
   d. Qual é o intervalo de confiança de 95% do desvio padrão da população?

6. Os norte-americanos gastam cerca de US$ 7 bilhões em fantasias e decorações para o Halloween (*The Wall Street Journal*, 27 de outubro de 2011). Os dados amostrais que informam o valor (em dólares) gasto por 16 adultos em fantasias de Halloween são:

Halloween

12	69	22	64
33	36	31	44
52	16	13	98
45	32	63	26

   a. Qual é a estimativa da média populacional do valor que os adultos gastam em uma fantasia de Halloween?
   b. Qual é o desvio padrão da amostra?
   c. Forneça uma estimativa intervalar com 95% de confiança do desvio padrão amostral para o valor que os adultos gastam em uma fantasia de Halloween.

7. Para analisar o risco, ou a volatilidade, associado ao investimento em ações ordinárias da General Electric, uma amostra com oito retornos percentuais totais trimestrais foi identificada conforme mostramos abaixo (site *Charles Schwab*, janeiro de 2012). O retorno percentual total inclui a variação do preço da ação mais o pagamento de dividendos do trimestre.

   20,0   −20,5   12,2   12,6   10,5   −5,8   −18,7   15,3

   a. Qual é o valor da média amostral? Qual é a interpretação deste valor?
   b. Calcule a variância amostral e o desvio padrão amostral como medidas de volatilidade para o retorno trimestral da General Electric.
   c. Construa um intervalo de confiança de 95% para a variância da população.
   d. Construa um intervalo de confiança de 95% para o desvio padrão da população.

8. Considere um dia em que o Dow Jones Industrial Average subiu para 149,82 pontos. A tabela a seguir mostra as variações no preço de uma amostra com 12 empresas naquele dia.
   a. Calcule a variância amostral da variação diária de preço.
   b. Calcule o desvio padrão amostral da variação de preço.

Empresa	Variação do preço (US$)	Empresa	Variação do preço (US$)
Aflac	0,81	John.&John.	1,46
Bank of Am.	−0,05	Loews Cp	0,92
Cablevision	0,41	Nokia	0,21
Diageo	1,32	SmpraEngy	0,97
Flour Cp	2,37	Sunoco	0,52
Goodrich	0,3	Tyson Food	0,12

PriceChange

c. Forneça estimativas do intervalo de confiança de 95% da variância da população e do desvio padrão da população.

9. Uma peça automotiva precisa ser usinada segundo tolerâncias rigorosas para ser aceitável para os clientes. As especificações de produção exigem que a variância máxima no comprimento das peças seja 0,0004. Suponha que a variância de 30 peças seja revelada como $s^2 = 0,0005$. Use $\alpha = 0,05$ para testar se a especificação de variância da população está sendo violada.

10. O *Consumer Reports* usa uma avaliação de 100 pontos da satisfação do consumidor para classificar as principais redes de lojas dos EUA. Suponha que, com base em uma experiência passada com a pontuação no índice de satisfação, um desvio padrão populacional de $\sigma = 12$ é esperado. Em 2012, a Costco, com seus 432 armazéns em 40 estados, foi a única loja de rede a conseguir uma classificação de qualidade geral excelente (*Consumer Reports*, março de 2012). Uma amostra com 15 pontuações de satisfação do cliente da Costco é apresentada abaixo.

Costco

95	90	83	75	95
98	80	83	82	93
86	80	94	64	62

a. Qual é a média amostral da pontuação de satisfação dos clientes da Costco?
b. Qual é a variância amostral?
c. Qual é o desvio padrão amostral?
d. Construa um teste de hipóteses para determinar se o desvio padrão da população de $\sigma = 12$ deve ser rejeitado para a Costco. Com um nível de significância de 0,05, qual é a sua conclusão?

11. No final de 2008, a variância dos rendimentos semestrais dos títulos do governo no exterior era $\sigma^2 = 0,70$. Um grupo de investidores em títulos se encontrou na época para discutir tendências futuras para os rendimentos de títulos no exterior. Alguns esperavam que a variabilidade dos rendimentos de títulos no exterior aumentasse, enquanto outros tinham a visão oposta. A tabela abaixo mostra os rendimentos semestrais de 12 países estrangeiros em 6 de março de 2009 (*Barron's*, 9 de março de 2009).

País	Rendimento (%)	País	Rendimento (%)
Austrália	3,98	Itália	4,51
Bélgica	3,78	Japão	1,32
Canadá	2,95	Países Baixos	3,53
Dinamarca	3,55	Espanha	3,90
França	3,44	Suécia	2,48
Alemanha	3,08	Reino Unido	3,76

Yields

a. Calcule a média, a variância e o desvio padrão dos rendimentos de títulos do exterior em 6 de março de 2009.
b. Desenvolva um teste de hipóteses para testar se os dados amostrais indicam que a variância nos rendimentos dos títulos é diferente da que havia no final de 2008.
c. Use $\alpha = 0,05$ para conduzir o teste de hipóteses formulado na parte (b). Qual é a sua conclusão?

12. Um estudo da *Fortune* revelou que a variância no número de veículos próprios ou alugados por assinantes da revista *Fortune* é 0,94. Suponha que uma amostra de 12 assinantes de outra revista revelou os dados a seguir sobre o número de veículos próprios ou alugados: 2, 1, 2, 0, 3, 2, 2, 1, 2, 1, 0 e 1.
a. Calcule a variância amostral do número de veículos próprios ou alugados pelos 12 assinantes.
b. Teste a hipótese $H_0: \sigma^2 = 0,94$ para determinar se a variância no número de veículos próprios ou alugados por assinantes da outra revista é diferente de $\sigma^2 = 0,94$ para a *Fortune*. Com um nível de significância de 0,05, qual é a sua conclusão?

11.2 Inferências sobre as variâncias de duas populações

Em algumas aplicações estatísticas, podemos querer comparar as variâncias na qualidade de produtos resultantes de dois processos de produção diferentes, as variâncias no tempo de montagem com dois métodos diferentes ou as variâncias na temperatura de dois dispositivos de aquecimento. Ao fazer comparações entre duas variâncias populacionais, utilizamos dados coletados de duas amostras aleatórias independentes, uma da população 1 e outra da população 2. As duas variâncias amostrais, s_1^2 e s_2^2, serão a base para fazer inferências sobre as duas variâncias populacionais, σ_1^2 e σ_2^2. Sempre que as variâncias de duas populações normais forem iguais ($\sigma_1^2 = \sigma_2^2$), a distribuição amostral da relação entre as duas variâncias amostrais s_1^2/s_2^2 será:

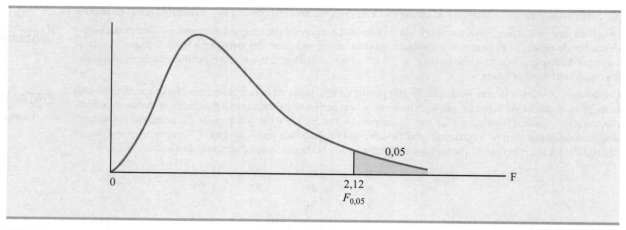

FIGURA 11.4 Distribuição F com 20 graus de liberdade no numerador e 20 graus de liberdade no denominador

---

DISTRIBUIÇÃO AMOSTRAL DE s_1^2/s_2^2 QUANDO $\sigma_1^2 = \sigma_2^2$

Sempre que amostras aleatórias simples independentes de tamanhos n_1 e n_2 forem selecionadas de duas populações normais com variâncias iguais, a distribuição amostral de

$$\frac{s_1^2}{s_2^2} \quad (11.9)$$

é uma distribuição F com $n_1 - 1$ graus de liberdade no numerador e $n_2 - 1$ graus de liberdade no denominador; s_1^2 é a variância amostral da amostra aleatória de n_1 itens da população 1; e s_2^2 é a variância amostral da amostra aleatória de n_2 itens da população 2.

A distribuição F se baseia na amostragem de duas populações normais.

A Figura 11.4 é um gráfico da distribuição F com 20 graus de liberdade no numerador e no denominador. Conforme indicado pelo gráfico, a distribuição F não é simétrica e os valores F nunca podem ser negativos. O formato de qualquer distribuição F em particular depende dos graus de liberdade do numerador e do denominador.

Vamos usar F_α para representar o valor de F que gera uma área ou probabilidade de α na cauda superior da distribuição. Por exemplo, conforme destacado na Figura 11.4, $F_{0,05}$ representa a área da cauda superior de 0,05 para uma distribuição F com 20 graus de liberdade no numerador e 20 graus de liberdade no denominador. O valor específico de $F_{0,05}$ pode ser descoberto consultando a tabela da distribuição F. Uma parte dela foi apresentada na Tabela 11.3. Usando 20 graus de liberdade no numerador, 20 graus de liberdade no denominador e a linha correspondente a uma área de 0,05 na cauda superior, encontramos $F_{0,05} = 2,12$. Lembre-se que a tabela pode ser usada para encontrar valores F para as áreas da cauda superior de 0,10, 0,05, 0,025 e 0,01. Consulte a Tabela 4 do Apêndice B para uma versão mais abrangente dos dados da distribuição F.

Vamos mostrar como a distribuição F pode ser usada para conduzir um teste de hipóteses sobre as variâncias de duas populações. Começamos com um teste da igualdade de duas variâncias populacionais. As hipóteses são expressas conforme mostrado a seguir.

$$H_0: \sigma_1^2 = \sigma_2^2$$
$$H_a: \sigma_1^2 \neq \sigma_2^2$$

Fazemos a suposição temporária de que as variâncias populacionais são iguais. Se H_0 for rejeitada, chegaremos à conclusão de que as variâncias populacionais não são iguais.

O procedimento usado para conduzir o teste de hipóteses requer duas amostras aleatórias independentes, uma de cada população. Depois, as duas variâncias amostrais são calculadas. Chamamos a população com *maior* variância populacional de população 1. Assim, um tamanho de amostra de n_1 e uma variância amostral de s_1^2 corresponde à população 1; e um tamanho de amostra de n_2 e uma variância amostral de s_2^2 corresponde à população 2. Com base na

TABELA 11.3 Valores selecionados da tabela da distribuição F*

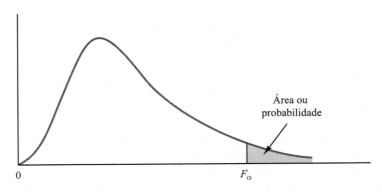

Graus de liberdade no denominador	Área na cauda superior	\multicolumn{5}{c}{Graus de liberdade no numerador}
		10	15	20	25	30
10	0,10	2,32	2,24	2,20	2,17	2,16
	0,05	2,98	2,85	2,77	2,73	2,70
	0,025	3,72	3,52	3,42	3,35	3,31
	0,01	4,85	4,56	4,41	4,31	4,25
15	0,10	2,06	1,97	1,92	1,89	1,87
	0,05	2,54	2,40	2,33	2,28	2,25
	0,025	3,06	2,86	2,76	2,69	2,64
	0,01	3,80	3,52	3,37	3,28	3,21
20	0,10	1,94	1,84	1,79	1,76	1,74
	0,05	2,35	2,20	2,12	2,07	2,04
	0,025	2,77	2,57	2,46	2,40	2,35
	0,01	3,37	3,09	2,94	2,84	2,78
25	0,10	1,87	1,77	1,72	1,68	1,66
	0,05	2,24	2,09	2,01	1,96	1,92
	0,025	2,61	2,41	2,30	2,23	2,18
	0,01	3,13	2,85	2,70	2,60	2,54
30	0,10	1,82	1,72	1,67	1,63	1,61
	0,05	2,16	2,01	1,93	1,88	1,84
	0,025	2,51	2,31	2,20	2,12	2,07
	0,01	2,98	2,70	2,55	2,45	2,39

*Observação: uma tabela mais abrangente é apresentada como a Tabela 4 do Apêndice B.

suposição de que ambas as populações têm uma distribuição normal, a relação entre as variâncias amostrais fornece a estatística de teste F abaixo.

ESTATÍSTICA DE TESTE PARA TESTES DE HIPÓTESES SOBRE VARIÂNCIAS POPULACIONAIS COM $\sigma_1^2 = \sigma_2^2$

$$F = \frac{s_1^2}{s_2^2} \tag{11.10}$$

Classificando a população com maior variância amostral como população 1, a estatística de teste terá uma distribuição F com $n_1 - 1$ graus de liberdade no numerador e $n_2 - 1$ graus de liberdade no denominador.

Como a estatística de teste F é construída com a maior variância amostral, s_1^2, no numerador, o valor da estatística de teste estará na cauda superior da distribuição F. Portanto, a tabela da distribuição F mostrada na Tabela 11.3 (e na Tabela 4 do Apêndice B) só precisa fornecer áreas ou probabilidades da cauda superior. Se não construíssemos a estatística de teste dessa maneira, as áreas ou probabilidades da cauda inferior seriam necessárias. Neste caso, precisaríamos de cálculos adicionais ou tabelas da distribuição F mais abrangentes. Agora, vamos analisar um exemplo de teste de hipóteses sobre a igualdade de duas variâncias populacionais.

A Dullus County School está renovando o contrato do serviço de ônibus escolares para o ano seguinte e precisa selecionar uma das duas empresas de ônibus, a Milbank Company ou a Gulf Park Company. Vamos usar a variância dos horários de chegada ou retirada/entrega como principal medida da qualidade do serviço. Valores de variância baixos indicam serviço de maior qualidade e regularidade. Se as variâncias dos horários de chegada associadas com os dois serviços forem iguais, os administradores da Dullus School selecionarão a empresa que oferece os melhores termos financeiros. No entanto, se os dados amostrais de horários de chegada dos ônibus das duas empresas indicarem uma diferença significativa entre as variâncias, talvez os administradores queiram dar uma atenção especial à empresa que tem o melhor serviço, ou menor variância. As hipóteses apropriadas são:

$$H_0: \sigma_1^2 = \sigma_2^2$$
$$H_a: \sigma_1^2 \neq \sigma_2^2$$

Se H_0 puder ser rejeitada, a conclusão de qualidade de serviços desigual é adequada. Vamos usar um nível de significância de $\alpha = 0{,}10$ para conduzir o teste de hipóteses.

Uma amostra com 26 horários de chegada da empresa Milbank fornece uma variância amostral de 48, enquanto uma amostra de 16 horários de chegada da empresa Gulf Park fornece uma variância amostral de 20. Como a amostra de Milbank gerou a maior variância amostral, vamos representá-la como população 1. Usando a Equação (11.10), descobrimos o valor da estatística de teste:

$$F = \frac{s_1^2}{s_2^2} = \frac{48}{20} = 2{,}40$$

A distribuição F correspondente tem $n_1 - 1 = 26 - 1 = 25$ graus de liberdade no numerador e $n_2 - 1 = 16 - 1 = 15$ graus de liberdade no denominador.

Assim como acontece em outros procedimentos de teste de hipóteses, podemos usar os critérios do valor-p ou do valor crítico para obter a conclusão do teste de hipóteses. A Tabela 11.3 mostra as áreas abaixo na cauda superior e os valores F correspondentes para uma distribuição F com 25 graus de liberdade no numerador e 15 graus de liberdade no denominador.

Área na cauda superior	0,10	0,05	0,025	0,01
Valor de F ($gl_1 = 25$, $gl_2 = 15$)	1,89	2,28	2,69	3,28

$F = 2{,}40$

Como $F = 2{,}40$ está entre 2,28 e 2,69, a área na cauda superior da distribuição está entre 0,05 e 0,025. Para este teste bicaudal, dobramos a área da cauda superior, que resulta em um valor-p entre 0,10 e 0,05. Já que selecionamos $\alpha = 0{,}10$ como o nível de significância, o valor-$p < \alpha = 0{,}10$. Assim, a hipótese nula é rejeitada. Essa descoberta leva à conclusão de que os dois serviços de ônibus são diferentes em termos de variâncias de horários de retirada/entrega. A recomendação é que os administradores da Dullus County School deem uma atenção especial ao melhor serviço (ou com menor variância) oferecido pela Gulf Park Company.

Podemos usar o Excel ou o Minitab para mostrar que a estatística de teste $F = 2{,}40$ fornece um valor-p bicaudal $= 0{,}0811$. Com $0{,}0811 < \alpha = 0{,}10$, a hipótese nula de variâncias populacionais iguais é rejeitada.

Para usar o critério do valor crítico para conduzir o teste de hipóteses bicaudal com o nível de significância de $\alpha = 0{,}10$, selecionaríamos valores críticos com uma área de $\alpha/2 = 0{,}10/2 = 0{,}05$ em cada cauda da distribuição. Como o valor da estatística de teste calculada usando a Equação (11.10) sempre estará na cauda superior, só precisamos determinar o valor crítico da cauda superior. A partir da Tabela 11.3, vemos que $F_{0{,}05} = 2{,}28$. Assim, mesmo que usemos um teste bicaudal, a regra de rejeição é expressa como:

$$\text{Rejeitar } H_0 \text{ se } F \geq 2{,}28$$

Inferências sobre variâncias populacionais **441**

Já que a estatística de teste $F = 2,40$ é maior que 2,28, nós rejeitamos H_0 e concluímos que os dois serviços de ônibus são diferentes em termos de variância de horários de retirada/entrega.

Testes unicaudais que envolvem duas variâncias populacionais também são possíveis. Neste caso, usamos a distribuição F para determinar se uma variância populacional é significativamente maior que a outra. Um teste de hipóteses unicaudal sobre duas variâncias populacionais sempre será formulado como um teste *de cauda superior*:

$$H_0: \sigma_1^2 \leq \sigma_2^2$$
$$H_a: \sigma_1^2 > \sigma_2^2$$

> Um teste de hipóteses unicaudal sobre duas variâncias populacionais sempre pode ser formulado como um teste de cauda superior. Essa técnica elimina a necessidade de ter valores F de cauda inferior.

Essa forma de teste de hipóteses sempre coloca o valor-p e o valor crítico na cauda superior da distribuição F. Consequentemente, apenas os valores F da cauda superior serão necessários, simplificando os cálculos e a tabela para a distribuição F.

Vamos demonstrar o uso da distribuição F para conduzir um teste unicaudal sobre as variâncias de duas populações ao considerar uma pesquisa de opinião pública. Amostras de 31 homens e 41 mulheres serão usadas para estudar atitudes acerca de questões políticas atuais. O pesquisador que está conduzindo o estudo quer testar para ver se os dados amostrais indicam que as mulheres mostram maior variação de atitude em relação às questões políticas que os homens. Na forma do teste de hipóteses unicaudal apresentado anteriormente, as mulheres serão classificadas como a população 1 e os homens como a população 2. O teste de hipóteses é expresso como:

$$H_0: \sigma_{\text{mulheres}}^2 \leq \sigma_{\text{homens}}^2$$
$$H_a: \sigma_{\text{mulheres}}^2 > \sigma_{\text{homens}}^2$$

A rejeição de H_0 dá ao pesquisador o suporte estatístico necessário para concluir que as mulheres mostram maior variação de atitude em relação a questões políticas.

Com a variância amostral das mulheres no numerador e a variância amostral dos homens no denominador, a distribuição F terá $n_1 - 1 = 41 - 1 = 40$ graus de liberdade no numerador e $n_2 - 1 = 31 - 1 = 30$ graus de liberdade no denominador. Vamos usar um nível de significância $\alpha = 0,05$ para conduzir o teste de hipóteses. Os resultados da pesquisa fornecem uma variância amostral de $s_1^2 = 120$ para as mulheres e $s_2^2 = 80$ para os homens. A estatística de teste é mostrada a seguir.

$$F = \frac{s_1^2}{s_2^2} = \frac{120}{80} = 1,50$$

Consultando a Tabela 4 do Apêndice B, descobrimos que a distribuição F com 40 graus de liberdade no numerador e 30 graus de liberdade no denominador tem $F_{0,10} = 1,57$. Como a estatística de teste $F = 1,50$ é menor que 1,57, a área na cauda superior deve ser maior que 0,10. Assim, podemos concluir que o valor-p é maior que 0,10. Usando o Excel ou o Minitab, temos o valor-$p = 0,1256$. Como o valor-$p > \alpha = 0,05$, H_0 não pode ser rejeitada. Portanto, os resultados amostrais não confirmam a conclusão de que as mulheres apresentam maior variação na atitude em relação a questões políticas que os homens. A Tabela 11.4 traz um resumo dos testes de hipóteses sobre duas variâncias populacionais.

TABELA 11.4 Resumo dos testes de hipóteses sobre as variâncias de duas populações

	Teste de cauda superior	Teste bicaudal
Hipótese	$H_0: \sigma_1^2 \leq \sigma_2^2$ $H_a: \sigma_1^2 > \sigma_2^2$	$H_0: \sigma_1^2 = \sigma_2^2$ $H_a: \sigma_1^2 \neq \sigma_2^2$ Observação: a população 1 tem maior variância amostral
Estatística de teste	$F = \dfrac{s_1^2}{s_2^2}$	$F = \dfrac{s_1^2}{s_2^2}$
Regra de rejeição: critério do valor-p	Rejeitar H_0 se valor-$p \leq \alpha$	Rejeitar H_0 se valor-$p \leq \alpha$
Regra de rejeição: critério do valor crítico	Rejeitar H_0 se $F \geq F_\alpha$	Rejeitar H_0 se $F \geq F_{\alpha/2}$

NOTAS E COMENTÁRIOS

Pesquisas confirmam o fato de que a distribuição F é sensível à suposição de populações normais. A distribuição F não deve ser usada, a não ser que seja razoável supor que as duas populações tenham distribuições ao menos aproximadamente normais.

Exercícios

Métodos

13. Encontre os valores da distribuição F abaixo na Tabela 4 do Apêndice B.
    a. $F_{0,05}$ com graus de liberdade 5 e 10.
    b. $F_{0,025}$ com graus de liberdade 20 e 14.
    c. $F_{0,01}$ com graus de liberdade 8 e 12.
    d. $F_{0,10}$ com graus de liberdade 10 e 20.

14. Uma amostra com 16 itens da população 1 tem variância amostral $s_1^2 = 5,8$ e uma amostra com 21 itens da população 2 tem variância amostral $s_2^2 = 2,4$. Teste as hipóteses abaixo com um nível de significância de 0,05.

$$H_0: \sigma_1^2 \leq \sigma_2^2$$
$$H_a: \sigma_1^2 > \sigma_2^2$$

   a. Qual é a sua conclusão usando o critério do valor-p?
   b. Repita o teste usando o critério do valor crítico.

15. Considere o teste de hipóteses abaixo.

$$H_0: \sigma_1^2 = \sigma_2^2$$
$$H_a: \sigma_1^2 \neq \sigma_2^2$$

   a. Qual é sua conclusão se $n_1 = 21$, $s_1^2 = 8,2$, $n_2 = 26$ e $s_2^2 = 4,0$? Use $\alpha = 0,05$ e o critério do valor-p.
   b. Repita o teste usando o critério do valor crítico.

Aplicações

16. Os investidores normalmente usam o desvio padrão do retorno percentual mensal de um fundo mútuo como medida do risco daquele fundo. Nesses casos, o fundo que tem maior desvio padrão é considerado mais arriscado que um fundo que tem um desvio padrão baixo. Recentemente, os desvios padrão dos fundos American Century Equity Growth e Fidelity Growth Discovery foram registrados como 15,0% e 18,9%, respectivamente. Suponha que cada um desses desvios padrão seja baseado em uma amostra de 60 meses de retornos. Os resultados amostrais confirmam a conclusão de que o fundo Fidelity tem maior variância populacional que o fundo American Century? Qual fundo é mais arriscado?

17. A maioria das pessoas está ciente do fato de que o custo anual médio dos reparos de um automóvel depende da idade do veículo. Um pesquisador está interessado em descobrir se a variância do custo anual dos reparos também aumenta com a idade do veículo. Uma amostra com 26 automóveis de 4 anos mostrou um desvio padrão amostral de US$ 170 para o custo anual dos reparos, enquanto uma amostra com 25 automóveis de 2 anos mostrou um desvio padrão de US$ 100 para o custo anual dos reparos.
    a. Escreva as versões nula e alternativa da hipótese de pesquisa que diz que a variância do custo anual dos reparos é maior para os veículos mais antigos.
    b. Com um nível de significância de 0,01, qual é a sua conclusão? Qual é o valor-p? Discuta a razoabilidade das suas descobertas.

18. Dados dos 1.000 principais consultores financeiros foram coletados pela *Barron's*. A Merrill Lynch tinha 239 pessoas na lista e a Morgan Stanley tinha 121. Uma amostra com 16 consultores da Merrill Lynch e 10 da Morgan Stanley mostrou que os consultores administravam diversas contas muito grandes, com uma variância significativa no valor total de fundos administrados. O desvio padrão do valor administrado pelos consultores da Merrill Lynch era s_1 = US$ 587 milhões. O desvio padrão do valor administrado pelos consultores da Morgan Stanley era s_2 = US$ 489 milhões. Conduza um teste de hipóteses com $\alpha = 0,10$ para determinar se há uma diferença significativa entre as variâncias populacionais dos valores administrados pelas duas empresas. Qual é a sua conclusão a respeito da variabilidade do valor dos fundos administrados pelos consultores das duas empresas?

19. A variância de um processo de produção é uma medida importante da qualidade do processo. Maior variância normalmente indica uma oportunidade de melhoria do processo ao descobrir maneiras para reduzir a variância existente. Conduza um teste estatístico para

determinar se há uma diferença significativa entre as variâncias dos pesos de duas máquinas. Use um nível de significância de 0,05. Qual é a sua conclusão? Qual máquina, se houver, proporciona a maior oportunidade para melhorias de qualidade?

Máquina 1	2,95	3,45	3,50	3,75	3,48	3,26	3,33	3,20
	3,16	3,20	3,22	3,38	3,90	3,36	3,25	3,28
	3,20	3,22	2,98	3,45	3,70	3,34	3,18	3,35
	3,12							
Máquina 2	3,22	3,30	3,34	3,28	3,29	3,25	3,30	3,27
	3,38	3,34	3,35	3,19	3,35	3,05	3,36	3,28
	3,30	3,28	3,30	3,20	3,16	3,33		

Bags

20. Com base nos dados fornecidos por uma pesquisa salarial da Romac, a variância nos salários anuais de funcionários de nível sênior de empresas de contabilidade pública é de aproximadamente 2,1 e a variância nos salários anuais de gerentes de empresas de contabilidade pública é de aproximadamente 11,1. Os dados salariais foram fornecidos em milhares de dólares. Supondo que os dados salariais se baseiem em amostras de 25 funcionários de nível sênior e 26 gerentes, teste a hipótese de as variâncias populacionais dos salários serem iguais. Com um nível de significância de 0,05, qual é a sua conclusão?

21. Muitos smartphones, especialmente aqueles com LTE ativado, ganharam uma má reputação pela vida útil da bateria extremamente baixa. A duração da bateria entre as cargas do Motorola Droid Razr Max é, em média, 20 horas quando o principal uso é com ligações e 7 horas quando o principal uso é com aplicativos da Internet (*The Wall Street Journal*, 7 de março de 2012). Como as horas médias de utilização em ligações são maiores que as horas médias de uso na Internet, a dúvida levantada é se a variância de horas de utilização também é maior quando o principal uso é em ligações. Dados amostrais que apresentam as horas de uso da bateria nas duas aplicações são exibidos a seguir.

Battery Time

Uso principal: ligações					
35,8	22,2	4,0	32,6	8,5	42,5
8,0	3,8	30,0	12,8	10,3	35,5

Uso principal: internet				
14,0	12,5	16,4	1,9	9,9
5,4	1,0	15,2	4,0	4,7

a. Formule hipóteses sobre as duas variâncias populacionais que possam ser usadas para determinar se a variância populacional das horas de uso da bateria é maior na aplicação de ligações.
b. Quais são os desvios padrão das horas de uso da bateria para as duas amostras?
c. Conduza o teste de hipóteses e calcule o valor-*p*. Usando um nível de significância de 0,05, qual é a sua conclusão?

22. Uma hipótese de pesquisa é que a variância das distâncias de parada dos automóveis no asfalto molhado é substancialmente maior que a variância das distâncias de parada de automóveis no asfalto seco. No estudo da pesquisa, as distâncias de parada de 16 veículos viajando na mesma velocidade foram testadas em asfalto molhado e depois em asfalto seco. No asfalto molhado, o desvio padrão das distâncias de parada é 9,75 metros. No asfalto seco, o desvio padrão é 4,87 metros.
a. Com um nível de significância de 0,05, os dados amostrais justificam a conclusão de que a variância nas distâncias de parada em asfalto molhado é maior que no asfalto seco? Qual é o valor-*p*?
b. Quais são as implicações das suas conclusões estatísticas quanto às recomendações de segurança no trânsito?

Resumo

Neste capítulo, apresentamos procedimentos estatísticos que podem ser usados para fazer inferências sobre variâncias populacionais. No processo, apresentamos duas novas distribuições de probabilidade: a distribuição qui-quadrado e a distribuição F. A distribuição qui-quadrado pode ser usada como a base para a estimativa intervalar e os testes de hipóteses sobre a variância de uma população normal.

Ilustramos o uso da distribuição F nos testes de hipóteses sobre as variâncias de duas populações normais. Em especial, mostramos que, com amostras aleatórias simples independentes de tamanhos n_1 e n_2 selecionadas de duas populações normais com variâncias iguais, $\sigma_1^2 = \sigma_2^2$, a distribuição amostral da relação entre as duas variâncias amostrais, s_1^2/s_2^2, tem uma distribuição F com $n_1 - 1$ graus de liberdade no numerador e $n_2 - 1$ graus de liberdade no denominador.

444 Estatística aplicada a administração e economia

Fórmulas-chave

Estimativa intervalar de uma variância populacional

$$\frac{(n-1)s^2}{\chi^2_{\alpha/2}} \le \sigma^2 \le \frac{(n-1)s^2}{\chi^2_{(1-\alpha/2)}}$$

(11.7)

Estatística de teste para testes de hipóteses sobre a variância de uma população

$$\chi^2 = \frac{(n-1)s^2}{\sigma_0^2}$$

(11.8)

Estatística de teste para testes de hipóteses sobre variâncias populacionais com $\sigma_1^2 = \sigma_2^2$

$$F = \frac{s_1^2}{s_2^2}$$

(11.10)

Exercícios suplementares

23. Devido a decisões de pessoal, os gerentes do Gibson-Marimont Hotel estão interessados na variabilidade no número de quartos ocupados por dia durante uma determinada época do ano. Uma amostra de 20 dias de operações mostra média amostral de 290 quartos ocupados por dia e um desvio padrão amostral de 30 quartos.
    a. Qual é a estimativa pontual da variância da população?
    b. Forneça uma estimativa intervalar com 90% de confiança da variância da população.
    c. Forneça uma estimativa intervalar com 90% de confiança do desvio padrão da população.

24. As ofertas públicas iniciais (IPOs) de ações são, em média, subvalorizadas. O desvio padrão mede a dispersão, ou variação, do indicador de subvalorização-supervalorização. Uma amostra com 13 IPOs canadenses que foram vendidas posteriormente na Bolsa de Valores de Toronto tinha um desvio padrão de 14,95. Desenvolva uma estimativa intervalar com 95% de confiança do desvio padrão da população para o indicador de subvalorização-supervalorização.

25. O custo de vida diário estimado de um executivo que viaja para várias grandes cidades é mostrado abaixo. As estimativas incluem quarto individual em um hotel quatro estrelas, bebidas, café da manhã, tarifas de táxi e custos eventuais.

Cidade	Custo de vida diário (US$)	Cidade	Custo de vida diário (US$)
Bangcoc	242,87	Cidade do México	212,00
Bogotá	260,93	Milão	284,08
Cairo	194,19	Mumbai	139,16
Dublin	260,76	Paris	436,72
Frankfurt	355,36	Rio de Janeiro	240,87
Hong Kong	346,32	Seul	310,41
Joanesburgo	165,37	Tel Aviv	223,73
Lima	250,08	Toronto	181,25
Londres	326,76	Varsóvia	238,20
Madri	283,56	Washington, D.C.	250,61

DATA *file*
Travel

   a. Calcule a média amostral.
   b. Calcule o desvio padrão amostral.
   c. Calcule um intervalo de confiança de 95% para o desvio padrão da população.

26. A variabilidade das peças é fundamental para a fabricação de rolamentos de esferas. Grandes variâncias no tamanho dos rolamentos de esferas causam falhas na peça e desgaste rápido. Os padrões de produção exigem uma variância máxima de 0,0001 quando o tamanho dos rolamentos é medido em polegadas. Uma amostra de 15 rolamentos exibe um desvio padrão amostral de 0,014 polegadas.

Inferências sobre variâncias populacionais **445**

   a. Use $\alpha = 0,10$ para determinar se a amostra indica que a variância máxima aceitável está sendo excedida.

   b. Calcule a estimativa intervalar com 90% de confiança da variância dos rolamentos de esferas na população.

27. A variância do enchimento de caixas de cereal é projetada para ser 0,02 ou menos. Uma amostra de 41 caixas de cereal mostra um desvio padrão amostral de 4,5 g. Use $\alpha = 0,05$ para determinar se a variância do enchimento das caixas de cereal está superando as especificações do projeto.

28. A City Trucking, Inc. afirma ter horários de entrega regulares para suas entregas de rotina para os clientes. Uma amostra com 22 entregas de caminhão exibe uma variância amostral de 1,5. Teste para determinar se $H_0: \sigma^2 \leq 1$ pode ser rejeitada. Use $\alpha = 0,10$.

29. Uma amostra de 9 dias nos últimos seis meses mostrou que um dentista tratou o seguinte número de pacientes: 22, 25, 20, 18, 15, 22, 24, 19 e 26. Se o número de pacientes atendidos por dia é normalmente distribuído, o analista desses dados amostrais poderia rejeitar a hipótese de que a variância no número de pacientes atendidos por dia é igual a 10? Use um nível de significância de 0,10. Qual é a sua conclusão?

30. O desvio padrão amostral do número de passageiros que embarca em um voo de uma determinada companhia aérea é 8. Uma estimativa do intervalo de confiança de 95% do desvio padrão da população é de 5,86 a 12,62 passageiros.

   a. Uma amostra com tamanho 10 ou 15 foi usada na análise estatística?

   b. Suponha que o desvio padrão amostral de $s = 8$ foi baseado em uma amostra de 25 voos. Quais mudanças você espera no intervalo de confiança do desvio padrão da população? Calcule uma estimativa intervalar com 95% de confiança para σ com um tamanho amostral igual a 25.

31. Existe alguma diferença na variabilidade da pontuação de jogadores de golfe da LPGA Tour (o campeonato profissional de golfe feminino) e da PGA Tour (o campeonato profissional de golfe masculino)? Uma amostra com 20 pontuações de torneios de eventos da LPGA mostrou um desvio padrão de 2,4623 tacadas. Uma amostra com 30 pontuações de torneios de eventos da PGA mostrou um desvio padrão de 2,2118 (*Golfweek*, 7 de fevereiro de 2009 e 7 de março de 2009). Conduza um teste de hipóteses para variâncias populacionais iguais para determinar se há uma diferença estatisticamente significativa na variabilidade da pontuação de golfistas profissionais homens e mulheres. Use $\alpha = 0,10$. Qual é a sua conclusão?

32. O rendimento acadêmico de 352 estudantes que concluíram um curso universitário de contabilidade financeira tem um desvio padrão de 0,940. As médias das notas de 73 alunos que desistiram do mesmo curso têm um desvio padrão de 0,797. Os dados indicam uma diferença entre as variâncias das médias de notas dos alunos que concluíram e aqueles que desistiram do curso de contabilidade financeira? Use um nível de significância de 0,05. *Observação*: $F_{0,025}$ com 351 e 72 graus de liberdade é 1,466.

33. O departamento de contabilidade analisa a variância dos custos unitários semanais registrados por dois departamentos de produção. Uma amostra de 16 relatórios de custos de cada um dos dois departamentos mostrou variâncias de custo de 2,3 e 5,4, respectivamente. Essa amostra é suficiente para concluir que os dois departamentos de produção são diferentes quanto à variância do custo unitário? Use $\alpha = 0,10$.

34. Dois novos métodos de montagem foram testados. As variâncias dos períodos de montagem foram registradas. Use $\alpha = 0,10$ e teste para ver se há igualdade entre as duas variâncias populacionais.

	Método A	Método B
Tamanho da amostra	$n_1 = 31$	$n_2 = 25$
Variação da amostra	$s_1^2 = 25$	$s_2^2 = 12$

Estudo de caso   # Programa de treinamento da Força Aérea

Um curso introdutório de eletrônica da Força Aérea usa um sistema personalizado de ensino, em que cada aluno assiste a uma aula gravada e depois recebe um texto instrucional programado. Depois, os alunos trabalham de maneira independente com o texto até a conclusão do treinamento e a aprovação em um teste. Uma preocupação é o ritmo variável com que os alunos completam essa parte do programa de treinamento. Alguns alunos conseguem abordar o texto instrucional programado relativamente rápido, enquanto outros trabalham muito mais tempo nessa etapa e precisam de tempo adicional para concluir o curso. Os alunos mais rápidos esperam os mais lentos concluírem o curso introdutório para que o grupo todo prossiga junto pelos outros aspectos do treinamento.

Um sistema alternativo proposto envolve o uso de ensino assistido por computador. Neste método, todos os estudantes veem a mesma aula gravada e cada um deles é designado a um terminal de computador para mais instruções. O computador guia o aluno, que trabalha de maneira independente, na parte de autoformação do curso.

Para comparar os métodos de ensino proposto e atual, uma classe nova de 122 alunos foi atribuída aleatoriamente a um dos dois métodos. Um grupo de 61 alunos usou o método atual de texto programado e o outro grupo de 61 alunos usou o método proposto de ensino assistido por computador. O tempo de cada aluno no estudo foi registrado em horas. Os dados abaixo são fornecidos no conjunto de dados Training.

Tempo de conclusão do curso (horas) com o método de treinamento atual

76	76	77	74	76	74	74	77	72	78	73
78	75	80	79	72	69	79	72	70	70	81
76	78	72	82	72	73	71	70	77	78	73
79	82	65	77	79	73	76	81	69	75	75
77	79	76	78	76	76	73	77	84	74	74
69	79	66	70	74	72					

DATA *file*
Training

Tempo de conclusão do curso (horas) com o método assistido por computador proposto

74	75	77	78	74	80	73	73	78	76	76
74	77	69	76	75	72	75	72	76	72	77
73	77	69	77	75	76	74	77	75	78	72
77	78	78	76	75	76	76	75	76	80	77
76	75	73	77	77	77	79	75	75	72	82
76	76	74	72	78	71					

Relatório administrativo

1. Use a estatística descritiva adequada para resumir os dados de tempo de treinamento para cada método. Quais semelhanças ou diferenças você observa nos dados amostrais?
2. Use os métodos do Capítulo 10 para comentar sobre alguma diferença entre as médias populacionais dos dois métodos. Discuta suas descobertas.
3. Calcule o desvio padrão e a variância de cada método de treinamento. Conduza um teste de hipóteses sobre a igualdade das variâncias populacionais dos dois métodos de treinamento. Discuta suas descobertas.
4. Qual conclusão pode ser extraída a respeito das diferenças entre os dois métodos? Qual é a sua recomendação? Explique.
5. Você pode sugerir outros dados ou testes que talvez sejam desejáveis antes de tomar uma decisão final sobre o programa de treinamento que será usado no futuro?

Apêndice 11.1 Variâncias populacionais com o Minitab

Aqui, descrevemos como usar o Minitab para conduzir um teste de hipóteses que envolve duas variâncias populacionais.

Vamos usar os dados do estudo sobre ônibus da Dullus County School da Seção 11.2. Os horários de chegada de Milbank aparecem na coluna C1 e os horários de chegada de Gulf Park aparecem na coluna C2. O procedimento abaixo pode ser usado para conduzir o teste das hipóteses $H_0: \sigma_1^2 = \sigma_2^2$ e $H_0: \sigma_1^2 \neq \sigma_2^2$.

SchoolBus

Etapa 1. Selecione o menu **Stat**
Etapa 2. Escolha **Basic Statistics**
Etapa 3. Escolha **2 Variances**
Etapa 4. Quando a caixa de diálogo Two-Sample Variance aparecer:
  Selecione **Each sample is in its own column**
  Digite C1 na caixa **Sample 1**
  Digite C2 na caixa **Sample 2**
  Selecione **Options**

Etapa 5. Quando a caixa de diálogo Two-Sample Variance: Options aparecer:
  Selecione **(sample 1 variance)/(sample 2 variance)** na caixa **Ratio**
  Digite 95 na caixa **Confidence level**
  Digite 1 na caixa **Hypothesized ratio**
  Selecione **Ratio ≠ hypothesized ratio** na caixa **Alternative hypothesis**
  Selecione **Use test and confidence intervals based on the normal distribution**
  Clique em **OK**
Etapa 6. Clique em **OK**

Os resultados do teste F mostram que a estatística de teste $F = 2,40$ e o valor-$p = 0,081$. O procedimento pode ser usado para testes unicaudais ou bicaudais e o resultado fornece intervalos de confiança para a relação entre as variâncias, bem como a relação entre os desvios padrão.

Apêndice 11.2 Variâncias populacionais com o Excel

Aqui, descrevemos como usar o Excel para conduzir um teste de hipóteses que envolve duas variâncias populacionais.

Vamos usar os dados do estudo sobre ônibus da Dullus County School da Seção 11.2. A planilha do Excel tem o rótulo Milbank na célula A1 e o rótulo Gulf Park na célula B1. Os horários de chegada da amostra de Milbank estão nas células A2:A27 e os horários de chegada da amostra de Gulf Park estão nas células B2:B27. As etapas para conduzir o teste das hipóteses $H_0: \sigma_1^2 = \sigma_2^2$ e $H_0: \sigma_1^2 \neq \sigma_2^2$ são:

Etapa 1. Clique na guia **Dados** na Faixa de opções
Etapa 2. No grupo **Análise,** clique em **Análise de dados**
Etapa 3. Quando a caixa de diálogo Análise de dados aparecer:
  Escolha **Teste F: duas amostras para variâncias**
  Clique em **OK**
Etapa 4. Quando a caixa de diálogo Teste F: duas amostras para variâncias aparecer:
  Digite A1:A27 na caixa **Intervalo da variável 1**
  Digite B1:B17 na caixa **Intervalo da variável 2**
  Selecione **Rótulos**
  Digite 0,05 na caixa **Alfa**
    (*Observação:* este procedimento do Excel usa alfa como a área na cauda superior.)
  Selecione **Intervalo de saída** e digite C1 na caixa
  Clique em **OK**

O resultado P(F<=f) unicaudal = 0,0405 é a área unicaudal associada à estatística de teste $F = 2,40$. Assim, o valor-p bicaudal é $2(0,0405) = 0,081$. Se o teste de hipótese for um teste unicaudal, a área unicaudal da célula chamada P(F<=f) unicaudal fornecerá as informações necessárias para determinar o valor-p do teste.

CAPÍTULO 12

Comparação de proporções múltiplas, teste de independência e qualidade do ajuste

CONTEÚDO

Estatística na prática: United Way

12.1 Testando a igualdade de proporções populacionais de três ou mais populações
Um procedimento de comparação múltipla

12.2 Teste de independência

12.3 Teste de qualidade do ajuste
Distribuição de probabilidade multinomial
Distribuição de probabilidade normal

APÊNDICES

12.1 Testes qui-quadrado usando o Minitab

12.2 Testes qui-quadrado usando o Excel

ESTATÍSTICA na PRÁTICA

UNITED WAY*
Rochester, Nova York

A United Way of Greater Rochester é uma organização sem fins lucrativos dedicada a melhorar a qualidade de vida de todas as pessoas nos sete condados em que atua, satisfazendo as necessidades de cuidados humanos mais importantes da comunidade.

A campanha de arrecadação de fundos anual da United Way/Cruz Vermelha financia centenas de programas oferecidos por mais de 200 prestadores de serviços. Esses prestadores satisfazem uma variedade de necessidades humanas – físicas, mentais e sociais – e atendem pessoas de todas as idades, panoramas e meios econômicos.

A United Way of Greater Rochester decidiu conduzir uma pesquisa para saber mais sobre a percepção da comunidade acerca das instituições de caridade. Entrevistas com grupos focais foram promovidas com grupos de profissionais, de trabalhadores do setor de atendimento e setores gerais para obter informações preliminares sobre as percepções. As informações obtidas foram, então, usadas para ajudar a desenvolver o questionário da pesquisa. O questionário foi apresentado, modificado e distribuído para 440 pessoas.

Uma série de estatísticas descritivas, incluindo distribuições de frequência e tabulação cruzada, foram geradas a partir dos dados coletados. Uma parte importante da análise envolveu o uso de testes de independência qui-quadrado. Uma utilização desses testes estatísticos era determinar se as percepções a respeito de gastos administrativos eram independentes da ocupação do respondente.

As hipóteses do teste de independência eram:

H_0: Percepção a respeito dos gastos administrativos da United Way é independente da ocupação do respondente.

H_a: Percepção a respeito dos gastos administrativos da United Way não é independente da ocupação do respondente.

---
* Os autores são gratos ao Dr. Philip R. Tyler, consultor de marketing da United Way, por possibilitar o quadro Estatística na prática.

Os programas da United Way atendem às necessidades de crianças e adultos.

Duas perguntas da pesquisa forneciam dados categóricos para a estatística de teste. Uma pergunta obteve dados sobre percepções acerca da porcentagem de fundos que ia para gastos administrativos (até 10%, 11-20% e 21% ou mais). A outra questionava a ocupação do respondente.

O teste de independência levou à rejeição da hipótese nula e à conclusão de que a percepção dos gastos administrativos da United Way não é independente da ocupação do respondente. Os gastos administrativos reais eram menores que 9%, mas 35% dos respondentes interpretavam os gastos como sendo 21% ou mais. Portanto, muitos respondentes tinham percepções equivocadas a respeito dos gastos administrativos. Neste grupo, funcionários de linha de produção, setores administrativos, vendas e áreas profissionais técnicas tinham as percepções mais erradas.

O estudo de percepções da comunidade ajudou a United Way of Rochester a desenvolver ajustes para seus programas e atividades de arrecadação de fundos. Neste capítulo, você vai aprender como os testes descritos aqui são conduzidos.

Nos Capítulos 9, 10 e 11, apresentamos métodos de inferência estatística para testes de hipóteses sobre as médias, proporções e variâncias de uma e duas populações. Neste capítulo, vamos introduzir três procedimentos adicionais de teste de hipóteses que ampliam nossa capacidade de fazer inferências estatísticas sobre populações.

A estatística de teste usada para conduzir os testes de hipóteses deste capítulo se baseia na distribuição qui-quadrado (χ^2). Em todos os casos, os dados são categóricos. Esses testes qui-quadrado são versáteis e ampliam o teste de hipóteses com as seguintes aplicações.

1. Testar a igualdade de proporções populacionais de três ou mais populações
2. Testar a independência de duas variáveis categorizadas
3. Testar se a distribuição de probabilidade de uma população segue uma distribuição de probabilidade histórica ou teórica específica

Começamos analisando testes de hipóteses para a igualdade de proporções populacionais de três ou mais populações.

12.1 Testando a igualdade de proporções populacionais de três ou mais populações

Na Seção 10.2, introduzimos métodos de inferência estatística para proporções populacionais com duas populações, em que a conclusão do teste de hipóteses se baseava na estatística de teste normal padrão (z). Agora, vamos mostrar como a estatística de teste qui-quadrado (χ^2) pode ser usada para fazer inferências estatísticas sobre a igualdade de proporções populacionais de três ou mais populações. Usando a notação

$$p_1 = \text{proporção populacional da população 1}$$
$$p_2 = \text{proporção populacional da população 2}$$

e

$$p_k = \text{proporção populacional da população } k$$

as hipóteses para a igualdade de proporções populacionais de $k \geq 3$ populações são:

$$H_0: p_1 = p_2 = ... = p_k$$
H_a: Nem todas as proporções populacionais são iguais

Se os dados amostrais e os cálculos do teste qui-quadrado indicarem que H_0 não pode ser rejeitada, não conseguiremos detectar uma diferença entre as k proporções populacionais. No entanto, se os dados amostrais e os cálculos do teste qui-quadrado indicarem que H_0 pode ser rejeitada, teremos evidências estatísticas para concluir que nem todas as k proporções populacionais são iguais. Ou seja, uma ou mais proporções populacionais são diferentes das outras. Análises adicionais podem ser realizadas para concluir qual proporção (ou proporções) populacional é significativamente diferente das outras. Vamos demonstrar esse teste qui-quadrado analisando uma aplicação.

Organizações como a J. D. Power and Associates usam a proporção de proprietários propensos a recomprar um determinado automóvel como um indicador da lealdade do cliente ao carro. Conclui-se que um veículo com maior proporção de proprietários propensos a recomprar tem maior lealdade. Suponha que, em um determinado estudo, desejamos comparar a lealdade do cliente em relação a três automóveis: Chevrolet Impala, Ford Fusion e Honda Accord. Os proprietários atuais de cada um dos três veículos formam as três populações do estudo. As três proporções populacionais de interesse são:

p_1 = proporção propensa a recomprar um Impala na população de proprietários do Chevrolet Impala
p_2 = proporção propensa a recomprar um Fusion na população de proprietários do Ford Fusion
p_3 = proporção propensa a recomprar um Accord na população de proprietários do Honda Accord

As hipóteses são expressas como:

$$H_0: p_1 = p_2 = p_3$$
H_a: Nem todas as proporções populacionais são iguais

> Em estudos como esses, normalmente usamos o mesmo tamanho de amostra para cada população. Escolhemos tamanhos de amostras diferentes neste exemplo para mostrar que o teste qui-quadrado não é restrito a amostras com tamanhos iguais para cada uma das k populações.

Para conduzir esse teste de hipóteses, começamos extraindo uma amostra de proprietários de cada uma das três populações. Assim, teremos uma amostra de donos de Chevrolet Impala, uma amostra de donos de Ford Fusion e uma amostra de donos de Honda Accord. Cada amostra fornece dados categóricos que indicam se os respondentes são propensos ou não a recomprar o automóvel. Os dados de amostras de 125 proprietários de Chevrolet Impala, 200 proprietários de Ford Fusion e 175 proprietários de Honda Accord são resumidos em formato tabular na Tabela 12.1. Essa tabela tem duas linhas para as respostas "Sim" e "Não" e três colunas, uma correspondente a cada população. As frequências observadas são resumidas nas seis células da tabela correspondentes a cada combinação de respostas de probabilidade de recompra e as três populações.

Usando a Tabela 12.1, vemos que 69 dos 125 donos de Chevrolet Impala indicaram que estavam propensos a recomprar o modelo. Já 120 dos 200 donos de Ford Fusion e 123 dos 175 donos de Honda Accord indicaram que estavam propensos a recomprar o veículo atual. Além

Comparação de proporções múltiplas, teste de independência e qualidade do ajuste **451**

TABELA 12.1 Resultados amostrais de probabilidade de recompra das três populações de proprietários de automóveis (frequências observadas)

		Proprietários de automóveis			
		Chevrolet Impala	**Ford Fusion**	**Honda Accord**	**Total**
Probabilidade	**Sim**	69	120	123	312
de recompra	**Não**	56	80	52	188
	Total	125	200	175	500

DATA *file*
AutoLoyalty

disso, em todas as três amostras, 312 dos 500 proprietários do estudo indicaram que estavam propensos a recomprar o modelo de automóvel atual. A questão agora é: como analisar os dados da Tabela 12.1 para determinar se a hipótese $H_0: p_1 = p_2 = p_3$ deve ser rejeitada?

Os dados da Tabela 12.1 são as *frequências observadas* de cada uma das seis células que representam as seis combinações entre as respostas de probabilidade de recompra e a população de proprietários. Se pudermos determinar as *frequências esperadas supondo que H_0 é verdadeira*, conseguiremos usar a estatística de teste qui-quadrado para determinar se há uma diferença significativa entre as frequências observadas e esperadas. Se houver uma diferença significativa entre as frequências observadas e esperadas, a hipótese H_0 poderá ser rejeitada e teremos evidências de que nem todas as proporções populacionais são iguais.

As frequências esperadas para as seis células da tabela se baseiam no seguinte raciocínio. Primeiro, supomos que a hipótese nula de proporções populacionais iguais é verdadeira. Depois, observamos que na amostra completa de 500 proprietários, um total de 312 deles indicaram que estavam propensos a recomprar o modelo atual de veículo. Assim, $312/500 = 0,624$ é a proporção amostral geral de proprietários que indicaram estar propensos a recomprar o automóvel atual. Se $H_0: p_1 = p_2 = p_3$ é verdadeira, 0,624 seria a melhor estimativa da proporção respondente propensa a recomprar em cada uma das populações de donos de veículos. Então, se a suposição de H_0 fosse verdadeira, esperaríamos que 0,624 dos 125 donos de Chevrolet Impala, ou $0,624(125) = 78$ donos, indicassem a propensão a recomprar o Impala. Usando a proporção amostral geral de 0,624, esperaríamos que $0,624(200) = 124,8$ dos 200 donos de Ford Fusion e $0,624(175) = 109,2$ dos 175 donos de Honda Accord respondessem que estão propensos a recomprar seus respectivos modelos de automóvel.

Vamos generalizar a abordagem para calcular as frequências esperadas com e_{ij} indicando a frequência esperada para a célula na linha i e coluna j da tabela. Com essa notação, reconsidere o cálculo da frequência esperada para a resposta de probabilidade de recompra "Sim" (linha 1) dos donos de Chevrolet Impala (coluna 1). Ou seja, a frequência esperada e_{11}.

Note que 312 é o número total de respostas "Sim" (total da linha 1), 125 é o tamanho total da amostra de proprietários de Chevrolet Impala (total da coluna 1) e 500 é o tamanho total da amostra. Seguindo a lógica do parágrafo anterior, podemos mostrar que:

$$e_{11} = \left(\frac{\text{Total da linha 1}}{\text{Tamanho total da amostra}} \right)(\text{Total da coluna 1}) = \left(\frac{312}{500} \right)125 = (0,624)125 = 78$$

Começando com a primeira parte dessa expressão, podemos escrever

$$e_{11} = \frac{(\text{Total da linha 1})(\text{Total da coluna 1})}{\text{Tamanho total da amostra}}$$

Generalizar essa expressão mostra que a fórmula abaixo pode ser usada para fornecer as frequências esperadas supondo que H_0 é verdadeira.

FREQUÊNCIAS ESPERADAS SUPONDO QUE H_0 É VERDADEIRA

$$e_{ij} = \frac{(\text{Total da linha } i)(\text{Total da coluna } j)}{\text{Tamanho total da amostra}}$$

(12.1)

452 Estatística aplicada a administração e economia

Usando a Equação (12.1), vemos que a frequência esperada de respostas "Sim" (linha 1) para os proprietários de Honda Accord (coluna 3) seria e_{13} = (total da linha 1) (total da coluna 3) / (tamanho total da amostra) = (312) (175) / (500) = 109,2. Use a Equação (12.1) para verificar as outras frequências esperadas conforme mostra a Tabela 12.2.

O procedimento de teste para comparar as frequências observadas da Tabela 12.1 com as frequências esperadas da Tabela 12.2 envolve o cálculo da estatística qui-quadrado abaixo:

ESTATÍSTICA DE TESTE QUI-QUADRADO

$$\chi^2 = \sum_i \sum_j \frac{(f_{ij} - e_{ij})^2}{e_{ij}} \qquad (12.2)$$

onde

f_{ij} = frequência observada para a célula na linha i e coluna j
e_{ij} = frequência esperada para a célula na linha i e coluna j supondo que H_0 é verdadeira

Observação: em um teste qui-quadrado que envolve a igualdade de k proporções populacionais, a estatística de teste acima terá uma distribuição qui-quadrado com $k - 1$ graus de liberdade desde que a frequência esperada seja 5 *ou mais* para cada célula.

Ao revisar as frequências esperadas na Tabela 12.2, vemos que a frequência esperada é pelo menos cinco em cada célula da tabela. Portanto, prosseguimos com os cálculos da estatística de teste qui-quadrado. Os cálculos necessários para chegar ao valor da estatística de teste são apresentados na Tabela 12.3. Neste caso, vemos que o valor da estatística de teste é $\chi^2 = 7,89$.

TABELA 12.2 Frequências esperadas para a probabilidade de recompra de três populações de proprietários de automóveis se H_0 for verdadeira

		Proprietários de automóveis			
		Chevrolet Impala	**Ford Fusion**	**Honda Accord**	**Total**
Probabilidade de recompra	**Sim**	78	124,8	109,2	312
	Não	47	75,2	65,8	188
	Total	125	200	175	500

TABELA 12.3 Cálculo da estatística de teste qui-quadrado para o teste de proporções populacionais iguais

Probabilidade de recompra?	Proprietário do automóvel	Frequência observada (f_{ij})	Frequência esperada (e_{ij})	Diferença $(f_{ij} - e_{ij})$	Diferença ao quadrado $(f_{ij} - e_{ij})^2$	Diferença ao quadrado dividida pela frequência esperada $(f_{ij} - e_{ij})^2/e_{ij}$
Sim	Impala	69	78,0	–9,0	81,00	1,04
Sim	Fusion	120	124,8	–4,8	23,04	0,18
Sim	Accord	123	109,2	13,8	190,44	1,74
Não	Impala	56	47,0	9,0	81,00	1,72
Não	Fusion	80	75,2	4,8	23,04	0,31
Não	Accord	52	65,8	–13,8	190,44	2,89
	Total	500	500			$\chi^2 = 7,89$

TABELA 12.4 Valores selecionados da distribuição qui-quadrado

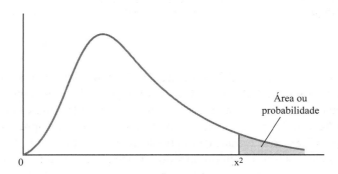

Graus de liberdade	\multicolumn{5}{c}{Área na cauda superior}
	0,10	0,05	0,025	0,01	0,005
1	2,706	3,841	5,024	6,635	7,879
2	4,605	5,991	7,378	9,210	10,597
3	6,251	7,815	9,348	11,345	12,838
4	7,779	9,488	11,143	13,277	14,860
5	9,236	11,070	12,832	15,086	16,750
6	10,645	12,592	14,449	16,812	18,548
7	12,017	14,067	16,013	18,475	20,278
8	13,362	15,507	17,535	20,090	21,955
9	14,684	16,919	19,023	21,666	23,589
10	15,987	18,307	20,483	23,209	25,188
11	17,275	19,675	21,920	24,725	26,757
12	18,549	21,026	23,337	26,217	28,300
13	19,812	22,362	24,736	27,688	29,819
14	21,064	23,685	26,119	29,141	31,319
15	22,307	24,996	27,488	30,578	32,801

Para entender se $\chi^2 = 7,89$ nos leva ou não a rejeitar $H_0: p_1 = p_2 = p_3$, você precisará entender e consultar os valores da distribuição qui-quadrado. A Tabela 12.4 mostra o formato geral da distribuição qui-quadrado, mas observe que a forma de uma distribuição qui-quadrado específica depende do número de graus de liberdade. A tabela mostra as áreas da cauda superior de 0,10, 0,05, 0,025, 0,01 e 0,005 para distribuições qui-quadrado com até 15 graus de liberdade. Essa versão da tabela de qui-quadrado permitirá que você conduza os testes de hipóteses apresentados neste capítulo.

Como as frequências esperadas mostradas na Tabela 12.2 se baseiam na suposição de que $H_0: p_1 = p_2 = p_3$ é verdadeira, as frequências observadas, f_{ij}, que estão de acordo com as frequências esperadas, e_{ij}, fornecem valores baixos de $(f_{ij} - e_{ij})^2$ na Equação (12.2). Se este for o caso, o valor da estatística de teste qui-quadrado será relativamente baixo e H_0 não poderá ser rejeitada. Por outro lado, se as diferenças entre as frequências observadas e esperadas forem *altas*, os valores de $(f_{ij} - e_{ij})^2$ e o valor calculado da estatística de teste serão altos. Neste caso, a hipótese nula de proporções populacionais iguais poderá ser rejeitada. Assim, um teste qui-quadrado para proporções populacionais iguais sempre será um teste de cauda superior com a rejeição de H_0 ocorrendo quando a estatística de teste estiver na cauda superior da distribuição qui-quadrado.

Podemos usar a área da cauda superior da distribuição qui-quadrado adequada e o critério do valor-*p* para determinar se a hipótese nula pode ser rejeitada. No estudo de lealdade aos automóveis, as três populações de proprietários indicam que a distribuição qui-quadrado adequada tem $k - 1 = 3 - 1 = 2$ graus de liberdade. Usando a linha dois da tabela da distribuição qui-quadrado, temos:

> O teste qui-quadrado apresentado nesta seção é sempre um teste unicaudal com a rejeição de H_0 ocorrendo na cauda superior da distribuição qui-quadrado.

Área na cauda superior	0,10	0,05	0,025	0,01	0,005
Valor do χ^2 (2 *gl*)	4,605	5,991	7,378	9,210	10,597

$$\chi^2 = 7,89$$

Vemos que a área na cauda superior em $\chi^2 = 7,89$ está entre 0,025 e 0,01. Portanto, a área na cauda superior correspondente (ou valor-p) precisa estar entre 0,025 e 0,01. Com o valor-$p \leq 0,05$, rejeitamos H_0 e concluímos que as três proporções não são todas iguais e, portanto, existe uma diferença na lealdade à marca dos proprietários de Chevrolet Impala, Ford Fusion e Honda Accord. Os procedimentos no Minitab ou no Excel apresentados no Apêndice F podem ser usados para mostrar que $\chi^2 = 7,89$ com 2 graus de liberdade gera um valor-$p = 0,0193$.

Em vez de usar o valor-p, podemos usar o critério do valor crítico para chegar à mesma conclusão. Com $\alpha = 0,05$ e 2 graus de liberdade, o valor crítico da estatística de teste qui-quadrado é $\chi^2 = 5,991$. A região de rejeição da cauda superior passa a ser

$$\text{Rejeitar } H_0 \text{ se } \chi^2 \geq 5,991$$

Com $7,89 \geq 5,991$, rejeitamos H_0. Assim, o critério do valor-p e o critério do valor crítico fornecem a mesma conclusão para o teste de hipóteses.

Vamos resumir as etapas gerais que podem ser usadas para conduzir um teste qui-quadrado para a igualdade de proporções populacionais de três ou mais populações.

UM TESTE QUI-QUADRADO PARA A IGUALDADE DE PROPORÇÕES POPULACIONAIS PARA $k \geq 3$ POPULAÇÕES

1. Expresse as hipóteses nula e alternativa

    H_0: $p_1 = p_2 = ... = p_k$
    H_a: Nem todas as proporções populacionais são iguais

2. Selecione uma amostra aleatória de cada uma das populações e registre as frequências observadas, f_{ij}, em uma tabela com 2 linhas e k colunas
3. Suponha que a hipótese nula é verdadeira e calcule as frequências esperadas, e_{ij}
4. Se a frequência esperada, e_{ij}, for 5 ou mais para cada célula, calcule a estatística de teste:

$$\chi^2 = \sum_i \sum_j \frac{(f_{ij} - e_{ij})^2}{e_{ij}}$$

5. Regra de rejeição

    Critério do valor-p: Rejeitar H_0 se valor-$p \leq \alpha$
    Critério do valor crítico: Rejeitar H_0 se $\chi^2 \geq \chi^2_\alpha$

onde a distribuição qui-quadrado tem $k - 1$ graus de liberdade e α é o nível de significância do teste.

Um procedimento de comparação múltipla

Usamos um teste qui-quadrado para concluir que as proporções populacionais das três populações de proprietários de automóveis não eram iguais. Consequentemente, existem algumas diferenças entre as proporções populacionais e o estudo indica que a lealdade dos clientes não é igual para proprietários dos modelos Chevrolet Impala, Ford Fusion e Honda Accord. Para identificar onde estão as diferenças entre as proporções populacionais, podemos começar calculando as três proporções amostrais seguindo o procedimento abaixo:

Proporções amostrais de lealdade à marca

Chevrolet Impala	$\bar{p}_1 = 69/125 = 0,5520$
Ford Fusion	$\bar{p}_2 = 120/200 = 0,6000$
Honda Accord	$\bar{p}_3 = 123/175 = 0,7029$

Comparação de proporções múltiplas, teste de independência e qualidade do ajuste **455**

Como o teste qui-quadrado indicou que nem todas as proporções populacionais são iguais, é razoável prosseguirmos tentando determinar onde estão as diferenças entre as proporções populacionais. Para isso, contamos com um procedimento de comparação múltipla que pode ser usado para conduzir testes estatísticos entre todos os pares de proporções populacionais. A seguir, vamos discutir um procedimento de comparação múltipla conhecido como **procedimento de Marascuilo**. Trata-se de um procedimento relativamente simples para fazer comparações por pares de proporções populacionais. Vamos demonstrar os cálculos necessários para este procedimento de teste de comparação múltipla no estudo de lealdade dos clientes de automóveis.

Começamos calculando o valor absoluto em pares da diferença entre as proporções populacionais de cada par de populações do estudo. No estudo da lealdade à marca de automóveis com três populações, comparamos as populações 1 e 2, 1 e 3 e, por fim, 2 e 3 usando as proporções amostrais da seguinte forma:

Chevrolet Impala e Ford Fusion

$$|\bar{p}_1 - \bar{p}_2| = |0{,}5520 - 0{,}6000| = 0{,}0480$$

Chevrolet Impala e Honda Accord

$$|\bar{p}_1 - \bar{p}_3| = |0{,}5520 - 0{,}7029| = 0{,}1509$$

Ford Fusion e Honda Accord

$$|\bar{p}_2 - \bar{p}_3| = |0{,}6000 - 0{,}7029| = 0{,}1029$$

Em uma segunda etapa, selecionamos um nível de significância e calculamos o valor crítico correspondente para cada comparação em par usando a expressão abaixo.

VALORES CRÍTICOS PARA O PROCEDIMENTO DE COMPARAÇÃO EM PARES DE MARAS-CUILO PARA k PROPORÇÕES POPULACIONAIS

Para cada comparação em par, calcule um valor crítico da seguinte forma:

$$CV_{ij} = \sqrt{\chi_\alpha^2} \sqrt{\frac{\bar{p}_i\,(1 - \bar{p}_i)}{n_i} + \frac{\bar{p}_j\,(1 - \bar{p}_j)}{n_j}} \qquad (12.3)$$

onde

χ_α^2 = qui-quadrado com um nível de significância α e $k - 1$ graus de liberdade

$\bar{p}_i$ e $\bar{p}_j$ = proporções amostrais das populações i e j

n_i e n_j = tamanhos amostrais das populações i e j

Usando a distribuição qui-quadrado da Tabela 12.4, $k - 1 = 3 - 1 = 2$ graus de liberdade e um nível de significância de 0,05, temos $\chi_{0,05}^2 = 5{,}991$. Agora, usando as proporções amostrais $\bar{p}_1 = 0{,}5520$, $\bar{p}_2 = 0{,}6000$ e $\bar{p}_3 = 0{,}7029$, os valores críticos dos três testes de comparação em pares são:

Chevrolet Impala e Ford Fusion

$$CV_{12} = \sqrt{5{,}991}\sqrt{\frac{0{,}5520(1 - 0{,}5520)}{125} + \frac{0{,}6000(1 - 0{,}6000)}{200}} = 0{,}1380$$

Chevrolet Impala e Honda Accord

$$CV_{13} = \sqrt{5{,}991}\sqrt{\frac{0{,}5520(1 - 0{,}5520)}{125} + \frac{0{,}7029(1 - 0{,}7029)}{175}} = 0{,}1379$$

TABELA 12.5 Testes de comparação em pares do estudo de lealdade à marca de automóveis

Comparação em pares	$|\bar{p}_i - \bar{p}_j|$	CV_{ij}	Significativa se $|\bar{p}_i - \bar{p}_j| > CV_{ij}$
Chevrolet Impala e Ford Fusion	0,0480	0,1380	Não significativa
Chevrolet Impala e Honda Accord	0,1509	0,1379	Significativa
Ford Fusion e Honda Accord	0,1029	0,1198	Não significativa

Ford Fusion e Honda Accord

$$CV_{23} = \sqrt{5,991}\sqrt{\frac{0,6000(1-0,6000)}{200} + \frac{0,7029(1-0,7029)}{175}} = 0,1198$$

Se o valor absoluto da diferença de qualquer proporção amostral em pares, $|\bar{p}_i - \bar{p}_j|$, superar seu valor crítico correspondente, CV_{ij}, a diferença entre os pares será significativa no nível de significância de 0,05 e nós poderemos concluir que as duas proporções populacionais correspondentes são diferentes. A etapa final do procedimento de comparação em pares é resumida na Tabela 12.5.

A conclusão do procedimento de comparação em pares é que a única diferença significativa na lealdade dos consumidores ocorre entre o Chevrolet Impala e o Honda Accord. Nossos resultados amostrais indicam que o Honda Accord tem maior proporção populacional de donos que dizem estar propensos a recomprar o modelo. Assim, podemos concluir que o Honda Accord ($\bar{p}_3 = 0,7029$) tem mais lealdade do cliente que o Chevrolet Impala ($\bar{p}_1 = 0,5520$).

Os resultados do estudo são inconclusivos em relação à lealdade comparativa do Ford Fusion. Embora o Ford Fusion não tenha mostrado resultados significativamente diferentes em comparação com o Chevrolet Impala ou com o Honda Accord, uma amostra maior poderia ter revelado uma diferença significativa entre o Ford Fusion e os outros dois modelos quanto à lealdade do cliente. Não é incomum que um procedimento de comparação múltipla demonstre significância em algumas comparações em pares do estudo e não aponte significância em outras.

NOTAS E COMENTÁRIOS

1. No Capítulo 10, usamos a distribuição normal padrão e a estatística de teste z para conduzir testes de hipóteses sobre as proporções de duas populações. No entanto, o teste qui-quadrado apresentado nesta seção também pode ser usado para conduzir o teste da hipótese de as proporções de duas populações serem iguais. Os resultados serão os mesmos com os dois procedimentos de teste e o valor da estatística de teste χ^2 será igual ao quadrado do valor da estatística de teste z. Uma vantagem da metodologia do Capítulo 10 é que ela pode ser usada para hipóteses unicaudais ou bicaudais sobre as proporções de duas populações, enquanto o teste qui-quadrado desta seção só pode ser usado em testes bicaudais. O Exercício 12.6 dará uma chance de você usar o teste qui-quadrado para a hipótese de as proporções de duas populações serem iguais.
2. Cada uma das k populações desta seção tem dois resultados de resposta, Sim ou Não. Na verdade, cada população teve uma distribuição binomial com parâmetro p para a proporção populacional de respostas Sim. Uma ampliação do procedimento de qui-quadrado desta seção é aplicável quando cada uma das k populações tem três ou mais respostas possíveis. Neste caso, costuma-se dizer que cada população tem distribuição multinomial. Os cálculos de qui-quadrado das frequências esperadas, e_{ij}, e a estatística de teste, χ^2, são os mesmos mostrados nas expressões (12.1) e (12.2). A única diferença é que a hipótese nula supõe que a distribuição binomial da variável de resposta é a mesma para todas as populações. Com r respostas para cada uma das k populações, a estatística de teste qui-quadrado tem $(r-1)(k-1)$ graus de liberdade. O Exercício 12.8 dará uma chance de usar o teste qui-quadrado para comparar três populações com distribuições multinomiais.

Exercícios

Métodos

1. Use os dados amostrais abaixo para testar as hipóteses

$H_0: p_1 = p_2 = p_3$
H_a: Nem todas as proporções populacionais são iguais

Comparação de proporções múltiplas, teste de independência e qualidade do ajuste **457**

onde p_i é a proporção populacional de respostas Sim da população i. Usando um nível de significância de 0,05, qual é o valor-p e qual é a sua conclusão?

	Populações		
Resposta	1	2	3
Sim	150	150	96
Não	100	150	104

2. Reconsidere as frequências observadas no exercício 1.
   a. Calcule a proporção amostral de cada população.
   b. Use o procedimento de comparação múltipla para determinar quais proporções populacionais têm diferenças significativas. Use um nível de significância de 0,05.

Aplicações

3. Os seguintes dados amostrais representam o número de voos atrasados e pontuais das empresas Delta, United e US Airways (*Bureau of Transportation Statistics*, março de 2012).

	Companhia aérea		
Voo	Delta	United	US Airways
Atrasado	39	51	56
Pontual	261	249	344

   a. Formule as hipóteses para um teste que vai determinar se a proporção populacional de voos atrasados é igual para todas as três companhias aéreas.
   b. Conduza o teste de hipóteses com um nível de significância de 0,05. Qual é o valor-p e qual é a sua conclusão?
   c. Calcule a proporção amostral de voos atrasados de cada companhia aérea. Qual é a proporção geral de voos atrasados das três empresas?

4. A Benson Manufacturing está avaliando a possibilidade de encomendar componentes eletrônicos de três fornecedores diferentes. Os fornecedores podem ter diferenças em termos de qualidade, de modo que a proporção ou o percentual de componentes com defeito pode ser diferente entre os fornecedores. Para avaliar a proporção de componentes com defeito dos fornecedores, a Benson solicitou um carregamento amostral de 500 componentes de cada fornecedor. O número de componentes com defeito e em bom estado encontrados em cada carregamento é:

	Fornecedor		
Componente	A	B	C
Com defeito	15	20	40
Bom estado	485	480	460

   a. Formule as hipóteses que podem ser usadas para testar se há proporções iguais de componentes com defeito fornecidos pelas três empresas.
   b. Usando um nível de significância de 0,05, conduza o teste de hipóteses. Qual é o valor-p e qual é a sua conclusão?
   c. Conduza um teste de comparação múltipla para determinar se há um fornecedor geral melhor ou se algum fornecedor pode ser eliminado devido à baixa qualidade.

5. Kate Sanders, uma pesquisadora do departamento de biologia da IPFW University, estudou os efeitos dos contaminantes agrícolas sobre o fluxo da população de peixes no nordeste de Indiana (abril de 2012). Armadilhas projetadas especialmente para este fim coletaram amostras de peixes em cada um dos quatro locais de fluxo. Uma das questões da pesquisa era: as diferenças nos contaminantes agrícolas encontrados nos quatro locais alteram a proporção de população de peixes por gênero? As frequências observadas são exibidas abaixo.

	Locais de fluxo			
Gênero	A	B	C	D
Macho	49	44	49	39
Fêmea	41	46	36	44

458 Estatística aplicada a administração e economia

a. Concentrando-se na proporção de peixes machos em cada local, teste a hipótese de as proporções populacionais serem iguais nos quatro locais. Use um nível de significância de 0,05. Qual é o valor-p e qual é a sua conclusão?

b. Parece que as diferenças nos contaminantes agrícolas encontrados nos quatro locais alteraram a população de peixes por gênero?

> O Exercício 6 mostra um teste qui-quadrado que pode ser usado quando a hipótese trata da igualdade de duas proporções populacionais.

6. Uma empresa de contabilidade fiscal está interessada em comparar a qualidade do trabalho em dois dos seus escritórios regionais. As frequências observadas que mostram o número de amostras de declarações com erros e o número de amostras de declarações corretas são exibidas abaixo.

	Escritório regional	
Declaração	Escritório 1	Escritório 2
Errada	35	27
Correta	215	273

a. Quais são as proporções amostrais de declarações com erros nos dois escritórios?

b. Use o procedimento de teste qui-quadrado para verificar se há uma diferença significativa entre a proporção populacional de taxas de erro dos dois escritórios. Teste a hipótese nula H_0: $p_1 = p_2$ com um nível de significância de 0,10. Qual é o valor-p e qual é a sua conclusão? Observação: em geral, usamos o teste qui-quadrado de proporções iguais quando existem três ou mais populações, mas este exemplo mostra que o mesmo teste qui-quadrado pode ser usado para testar proporções iguais com duas populações.

c. Na Seção 10.2, um teste z foi usado para conduzir o teste acima. Uma estatística de teste χ^2 ou uma estatística de teste z pode ser usada para testar a hipótese. No entanto, quando queremos fazer inferências sobre as proporções de duas populações, normalmente preferimos o procedimento de estatística de teste z. Consulte as Notas e comentários no fim desta seção e comente por que a estatística de teste z proporciona ao usuário mais opções para inferências sobre as proporções de duas populações.

7. As redes sociais estão se tornando cada vez mais populares ao redor do mundo. O Pew Research Center usou uma pesquisa realizada com adultos de vários países para determinar a porcentagem de adultos que usam sites de redes sociais (*USA Today*, 8 de fevereiro de 2012). Suponha que os resultados das pesquisas na Grã-Bretanha, Israel, Rússia e Estados Unidos sejam:

	País			
Uso de sites de redes sociais	Grã-Bretanha	Israel	Rússia	Estados Unidos
Sim	344	265	301	500
Não	456	235	399	500

a. Conduza um teste de hipóteses para determinar se a proporção de adultos que usa sites de redes sociais é igual em todos os quatro países. Qual é o valor-p? usando um nível de significância de 0,05, qual é a sua conclusão?

b. Quais são as proporções amostrais de cada um dos quatro países? Qual país tem a maior proporção de adultos usando sites de redes sociais?

c. Usando um nível de significância de 0,05, conduza testes de comparação múltipla em pares entre os quatro países. Qual é a sua conclusão?

8. Um fabricante está considerando a possibilidade de adquirir peças de três fornecedores diferentes. As peças recebidas dos fornecedores são classificadas como tendo pequenos defeitos, grandes defeitos ou sem defeitos. Os resultados de testes de amostras das peças recebidas de cada um dos três fornecedores são exibidos a seguir. Observe que qualquer teste com esses dados não é mais um teste de proporções das três populações de fornecedores porque a variável de resposta categorizada tem três resultados: pequenos defeitos, grandes defeitos e sem defeitos.

> O Exercício 8 mostra que um teste qui-quadrado também pode ser usado para testes de populações múltiplas quando a variável de resposta categorizada tem três ou mais resultados.

	Fornecedor		
Peça testada	A	B	C
Pequeno defeito	15	13	21
Grande defeito	5	11	5
Sem defeito	130	126	124

Usando os dados acima, conduza um teste de hipóteses para determinar se a distribuição dos defeitos é a mesma para os três fornecedores. Use os cálculos do teste qui-quadrado apresentados nesta seção, exceto pelo fato de que uma tabela com r linhas e c colunas resulta em uma estatística de teste qui-quadrado com $(r-1)(c-1)$ graus de liberdade. Usando um nível de significância de 0,05, qual é o valor-p e qual é a sua conclusão?

12.2 Teste de independência

Uma aplicação importante do teste qui-quadrado envolve o uso de dados amostrais para testar a independência de duas variáveis categorizadas. Para este teste, extraímos uma amostra de uma população e registramos as observações de duas variáveis categorizadas. Vamos resumir os dados contando o número de respostas para cada combinação de uma categoria para a variável 1 e uma categoria para a variável 2. A hipótese nula para este teste é a de que as duas variáveis categorizadas são independentes. Assim, o teste é chamado de **teste de independência.** Vamos ilustrar o teste com o exemplo abaixo.

Uma associação da indústria cervejeira conduz uma pesquisa para determinar as preferências dos consumidores de cerveja pelos tipos leve, comum e escura. Uma amostra com 200 consumidores de cerveja foi selecionada. Cada pessoa da amostra deve indicar a preferência por um dos três tipos de cerveja: leve, comum ou escura. No fim do questionário da pesquisa, o respondente precisa fornecer informações sobre uma série de dados demográficos, inclusive gênero: masculino ou feminino. Uma pergunta da pesquisa importante para a associação é se a preferência pelos três tipos de cerveja é independente do gênero do consumidor. Se as duas variáveis categorizadas, preferências pela cerveja e gênero, forem independentes, a preferência pela cerveja não depende do gênero. Assim, pode-se esperar que a preferência por cerveja leve, comum e escura seja a mesma para consumidores homens e mulheres. No entanto, se a conclusão do teste for a de que as duas variáveis categorizadas não são independentes, temos evidências de que a preferência pela cerveja está associada ou é dependente do gênero do consumidor. Consequentemente, podemos esperar que as preferências por cerveja sejam diferentes para homens e mulheres. Neste caso, o fabricante poderia usar essas informações para personalizar promoções e anúncios para os diferentes mercados-alvo de consumidores homens e mulheres.

As hipóteses para esse teste de independência são:

H_0: A preferência por cerveja é independente do gênero

H_a: A preferência por cerveja não é independente do gênero

Os dados amostrais serão resumidos em uma tabela de duas vias com a preferência por cerveja leve, comum e escura como uma das variáveis e o gênero (masculino e feminino) como a outra variável. Como um dos objetivos do estudo é determinar se existe diferença entre a preferência por cerveja de consumidores homens e mulheres, consideramos o gênero como uma variável explicativa e seguimos a prática comum de manter a variável explicativa na variável da coluna na tabela de tabulação de dados. A preferência pela cerveja é a variável de resposta categorizada, mostrada como a variável da linha. Os resultados amostrais dos 200 consumidores de cerveja do estudo são resumidos na Tabela 12.6.

Os dados amostrais são resumidos com base na combinação entre a preferência por cerveja e o gênero dos participantes individuais. Por exemplo, 51 participantes do estudo eram homens que preferiam cerveja leve, 56 eram homens que preferiam cerveja comum, e assim por diante. Agora, vamos analisar os dados da tabela e testar a independência entre preferência por cerveja e gênero.

Em primeiro lugar, já que selecionamos uma amostra de consumidores de cerveja, resumir os dados de cada variável separadamente vai fornecer alguns *insights* sobre as características da população de consumidores de cerveja. Para a variável categorizada gênero, vemos que 132 das 200 pessoas da amostra eram homens. Isso nos dá a estimativa de que 132/200 = 0,66, ou 66%, da população de consumidores de cerveja são homens. Da mesma forma, estimamos que 68/200 = 0,34, ou 34%, da população de consumidores de cerveja são mulheres. Assim, os consumidores de cerveja

TABELA 12.6 Resultados amostrais da preferência por cerveja de consumidores homens e mulheres (frequências observadas)

		Gênero		
		Masculino	**Feminino**	**Total**
Preferência por cerveja	Leve	51	39	90
	Comum	56	21	77
	Escura	25	8	33
	Total	132	68	200

460 Estatística aplicada a administração e economia

homens parecem superar as mulheres em aproximadamente 2 para 1. As proporções amostrais ou porcentagens para os três tipos de cerveja são:

$$\text{Prefere cerveja leve} = 90/200 = 0,450 \text{ ou } 45,0\%$$
$$\text{Prefere cerveja comum} = 77/200 = 0,385 \text{ ou } 38,5\%$$
$$\text{Prefere cerveja escura} = 33/200 = 0,165 \text{ ou } 16,5\%$$

Entre todos os consumidores de cerveja da amostra, a cerveja leve é preferida com mais frequência, enquanto a cerveja escura o é com menos frequência.

Agora, vamos conduzir o teste qui-quadrado para determinar se a preferência por cerveja e o gênero são independentes. Os cálculos e as fórmulas usados são os mesmos aplicados no teste qui-quadrado da Seção 12.1. Ao utilizar as frequências observadas da Tabela 12.6 para a linha i e a coluna j, f_{ij}, calculamos as frequências esperadas, e_{ij}, supondo que a preferência por cerveja e o gênero são independentes. O cálculo das frequências esperadas segue a mesma lógica e fórmula usadas na Seção 12.1. Assim, a frequência esperada para a linha i e a coluna j é dada por:

$$e_{ij} = \frac{(\text{Total da linha } i)(\text{Total da coluna } j)}{\text{Tamanho da amostra}} \tag{12.4}$$

Por exemplo, $e_{11} = (90)(132)/200 = 59,40$ é a frequência esperada de consumidores de cerveja que preferem cerveja leve se a preferência for independente do gênero. Mostre que a Equação (12.4) pode ser usada para encontrar as outras frequências esperadas apresentadas na Tabela 12.7.

Seguindo o procedimento de teste qui-quadrado discutido na Seção 12.1, usamos a seguinte expressão para calcular o valor da estatística de teste qui-quadrado.

$$\chi^2 = \sum_i \sum_j \frac{(f_{ij} - e_{ij})^2}{e_{ij}} \tag{12.5}$$

Com r linhas e c colunas na tabela, a distribuição qui-quadrado terá $(r-1)(c-1)$ graus de liberdade, desde que a frequência esperada seja ao menos 5 para cada célula. Assim, nessa aplicação, vamos usar uma distribuição qui-quadrado com $(3-1)(2-1) = 2$ graus de liberdade. As etapas completas para concluir a estatística de teste qui-quadrado são resumidas na Tabela 12.8.

Podemos usar a área da cauda superior da distribuição qui-quadrado com 2 graus de liberdade e o critério do valor-p para determinar se a hipótese nula de que a preferência por cerveja é independente do gênero pode ser rejeitada. Usando a segunda linha da tabela da distribuição qui-quadrado na Tabela 12.4, temos as seguintes informações:

Área na cauda superior	0,10	0,05	0,025	0,01	0,005
Valor do χ^2 (2 gl)	4,605	5,991	7,378	9,210	10,597

$$\chi^2 = 6,45$$

TABELA 12.7 Frequências esperadas se a preferência por cerveja for independente do gênero do consumidor

		Gênero		
		Maculino	Feminino	Total
Preferência por cerveja	**Leve**	59,40	30,60	90
	Comum	50,82	26,18	77
	Escura	21,78	11,22	33
	Total	132	68	200

Comparação de proporções múltiplas, teste de independência e qualidade do ajuste **461**

TABELA 12.8 Cálculo da estatística de teste qui-quadrado para o teste de independência entre a preferência por cerveja e o gênero

Preferência por cerveja	Gênero	Frequência observada f_{ij}	Frequência esperada e_{ij}	Diferença $(f_{ij} - e_{ij})$	Frequência ao quadrado $(f_{ij} - e_{ij})^2$	Diferença ao quadrado dividida pela frequência esperada $(f_{ij} - e_{ij})^2/e_{ij}$
Leve	Masculino	51	59,40	−8,40	70,56	1,19
Leve	Feminino	39	30,60	8,40	70,56	2,31
Comum	Masculino	56	50,82	5,18	26,83	0,53
Comum	Feminino	21	26,18	−5,18	26,83	1,02
Escura	Masculino	25	21,78	3,22	10,37	0,48
Escura	Feminino	8	11,22	−3,22	10,37	0,92
	Total	200	200			$\chi^2 = 6,45$

Assim, vemos que a área da cauda superior em $\chi^2 = 6,45$ está entre 0,05 e 0,025, e, portanto, a área da cauda superior correspondente ou o valor-p devem estar entre 0,05 e 0,025. Com o valor-$p \leq 0,05$, rejeitamos H_0 e concluímos que a preferência por cerveja não é independente do gênero do consumidor. Expressando de outra forma, o estudo mostra que é possível esperar que a preferência por cerveja seja diferente entre consumidores homens e mulheres. Os procedimentos no Minitab ou no Excel apresentados no Apêndice F podem ser usados para demonstrar que $\chi^2 = 6,45$ com dois graus de liberdade fornece um valor-$p = 0,0398$.

Em vez de usar o valor-p, podemos usar o critério do valor crítico para chegar à mesma conclusão. Com $\alpha = 0,05$ e 2 graus de liberdade, o valor crítico para a estatística de teste qui-quadrado é $\chi^2_{0,05} = 5,991$. A região de rejeição da cauda superior passa a ser:

$$\text{Rejeitar } H_0 \text{ se} \geq 5,991$$

Com $6,45 \geq 5,991$, rejeitamos H_0. Mais uma vez, vemos que o critério do valor-p e o critério do valor crítico chegam à mesma conclusão.

Embora agora nós tenhamos evidências de que a preferência por cervejas e o gênero não sejam independentes, vamos precisar obter *insights* adicionais dos dados para avaliar a natureza da associação entre essas duas variáveis. Uma maneira de fazer isso é calculando a probabilidade das respostas de preferência por cerveja de homens e mulheres separadamente. Os cálculos são mostrados abaixo.

Preferência por cerveja	Homens	Mulheres
Leve	51/132 = 0,3864 ou 38,64%	39/68 = 0,5735 ou 57,35%
Comum	56/132 = 0,4242 ou 42,42%	21/68 = 0,3088 ou 30,88%
Escura	25/132 = 0,1894 ou 18,94%	8/68 = 0,1176 ou 11,76%

O gráfico de barras que representa os consumidores (homens e mulheres) dos três tipos de cerveja é exibido na Figura 12.1.

Quais observações você pode fazer a respeito da associação entre a preferência por cerveja e o gênero? Entre as mulheres da amostra, a preferência maior é por cerveja leve, com 57,35%. Entre os homens da amostra, a cerveja comum é preferida com mais frequência, com 42,42%. Enquanto as mulheres consumidoras de cerveja têm uma preferência por cerveja leve maior que os homens, os homens têm uma maior preferência por cerveja comum e escura. A visualização dos dados por gráficos de barras, como aquele mostrado na Figura 12.1, é útil para obter *insights* sobre a associação das duas variáveis categorizadas.

Antes de encerrarmos essa discussão, resumimos as etapas de um teste de independência.

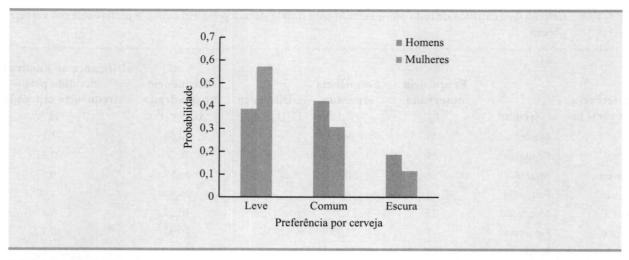

FIGURA 12.1 Gráfico de barras com a comparação entre a preferência por cerveja de acordo com o gênero

---

As frequências esperadas precisam ser 5 ou mais para que o teste qui-quadrado seja válido.

Este teste qui-quadrado também é um teste unicaudal com a rejeição de H_0 ocorrendo na cauda superior de uma distribuição qui-quadrado com $(r-1)(c-1)$ graus de liberdade.

TESTE QUI-QUADRADO DE INDEPENDÊNCIA DE DUAS VARIÁVEIS CATEGORIZADAS

1. Expresse as hipóteses nula e alternativa.

   H_0: As duas variáveis categorizadas são independentes
   H_a: As duas variáveis categorizadas não são independentes

2. Selecione uma amostra aleatória da população e colete dados das duas variáveis para cada elemento da amostra. Registe as frequências observadas, f_{ij}, em uma tabela com r linhas e c colunas.
3. Suponha que a hipótese nula é verdadeira e calcule as frequências esperadas, e_{ij}.
4. Se a frequência esperada, e_{ij}, for 5 ou mais em cada célula, calcule a estatística de teste:

$$\chi^2 = \sum_i \sum_j \frac{(f_{ij} - e_{ij})^2}{e_{ij}}$$

5. Regra de rejeição:

   Critério do valor-p: Rejeitar H_0 se valor-$p \leq \alpha$

   Critério do valor crítico: Rejeitar H_0 se $\chi^2 \geq \chi^2_\alpha$

   onde a distribuição qui-quadrado tem $(r-1)(c-1)$ graus de liberdade e α é o nível de significância do teste.

Por fim, se a hipótese nula de independência for rejeitada, o resumo das probabilidades como mostrado no exemplo anterior ajudará o analista a determinar onde há uma associação ou dependência entre as duas variáveis categorizadas.

Exercícios

Métodos

9. A tabela abaixo contém frequências observadas para uma amostra de 200. Teste para ver se há independência entre as variáveis da linha e da coluna usando $\alpha = 0{,}05$.

	Variável da coluna		
Variável da linha	A	B	C
P	20	44	50
Q	30	26	30

10. A tabela abaixo contém as frequências observadas de uma amostra de 240. Teste para ver se há independência entre as variáveis da linha e da coluna usando $\alpha = 0{,}05$.

	Variável da coluna		
Variável da linha	A	B	C
P	20	30	20
Q	30	60	25
R	10	15	30

Aplicações

11. Um estudo realizado com assinantes da *Bloomberg Businessweek* questionou: "Nos últimos 12 meses, ao viajar a negócios, que tipo de passagem aérea você comprou com mais frequência?". A segunda pergunta feita era se o tipo de passagem comprada com mais frequência era para viagens domésticas ou internacionais. Os dados amostrais obtidos são apresentados na tabela a seguir.

	Tipo de voo	
Tipo de passagem	Doméstico	Internacional
Primeira classe	29	22
Classe executiva	95	121
Classe econômica	518	135

   a. Usando um nível de significância de 0,05, o tipo de passagem comprada é independente do tipo de voo? Qual é a sua conclusão?
   b. Discuta a dependência que pode existir entre o tipo de passagem e o tipo de voo.

12. Uma pesquisa da Deloitte sobre empregos perguntou a uma amostra de executivos de recursos humanos como a empresa deles planejava mudar a força de trabalho nos próximos 12 meses. Uma variável categorizada de resposta exibiu três opções: a companhia planeja contratar e aumentar o número de funcionários, a companhia não planeja mudar o número de funcionários ou a companhia planeja demitir e reduzir o número de funcionários. Outra variável categorizada indicava se a empresa era privada ou pública. Os dados amostrais de 180 empresas foram resumidos abaixo.

	Empresa	
Plano de emprego	Privada	Pública
Contratar funcionário	37	32
Sem alterações	19	34
Demitir funcionários	16	42

   a. Conduza um teste de independência para determinar se o plano de emprego para os próximos 12 meses é independente do tipo de empresa. Com um nível de significância de 0,05, qual é a sua conclusão?
   b. Discuta as diferenças nos planos de emprego de empresas privadas e públicas nos próximos 12 meses.

13. Os benefícios do plano saúde variam de acordo com o tamanho da empresa (*Atlanta Business Chronicle*, 31 de dezembro de 2010). Os dados amostrais abaixo apresentam o número de empresas que oferecem plano de saúde em empresas pequenas, médias e grandes. Para os objetivos do estudo, empresas pequenas são aquelas que têm menos de 100 funcionários; empresas médias têm entre 100 e 999 funcionários; e empresas grandes têm 1.000 ou mais funcionários. O questionário enviado para 225 funcionários perguntava se eles tinham ou não plano de saúde e depois pedia para que os trabalhadores indicassem o tamanho da empresa.

Plano de saúde	Tamanho da empresa		
	Pequena	Média	Grande
Sim	36	65	88
Não	14	10	12

a. Conduza um teste de independência para determinar se a cobertura do plano de saúde é independente do tamanho da empresa. Qual é o valor-p? Usando um nível de significância de 0,05, qual é a sua conclusão?

b. Um artigo de jornal indicou que os funcionários de pequenas empresas têm maior probabilidade de não ter cobertura de plano de saúde. Use as porcentagens com base nos dados acima para confirmar essa conclusão.

14. Uma pesquisa de qualidade veicular fez uma série de perguntas a novos proprietários sobre os automóveis recém-adquiridos. Uma delas era a avaliação do veículo por parte do proprietário usando as respostas categorizadas regular, excelente e excepcional. Outra pergunta era o nível de escolaridade do proprietário, com as respostas categorizadas ensino médio incompleto, ensino médio completo, ensino superior incompleto e ensino superior completo. Suponha que os dados amostrais abaixo representem 500 pessoas que compraram um automóvel recentemente.

Classificação de qualidade	Escolaridade			
	Ensino médio incompleto	Ensino médio completo	Ensino superior incompleto	Ensino superior completo
Regular	35	30	20	60
Excelente	45	45	50	90
Excepcional	20	25	30	50

a. Use um nível de significância de 0,05 e um teste de independência para determinar se a avaliação de qualidade de um novo proprietário em relação ao veículo é independente da escolaridade dele. Qual é o valor-p e qual é a sua conclusão?

b. Use a porcentagem geral de classificações como regular, excelente e excepcional para comentar sobre como os novos proprietários avaliam a qualidade do automóvel recém-adquirido.

15. A pesquisa Corporate Perceptions Study 2011 do *The Wall Street Journal* entrevistou leitores e questionou como cada um deles classificava a qualidade da gestão e a reputação da empresa em mais de 250 corporações em todo o mundo. A qualidade da gestão e a reputação da empresa foram classificadas em uma escala categorizada de excelente, boa e satisfatória. Suponha que os dados amostrais de 200 respondentes abaixo se apliquem a esse estudo.

Qualidade da gestão	Reputação da empresa		
	Excelente	Boa	Satisfatória
Excelente	40	25	5
Boa	35	35	10
Satisfatória	25	10	15

a. Use um nível de significância de 0,05 e teste a independência da qualidade da gestão e da reputação da empresa. Qual é o valor-p e qual é a sua conclusão?

b. Se houver dependência ou associação entre as duas avaliações, discuta e use probabilidades para justificar sua resposta.

16. A corrida pelo prêmio do Oscar de Melhor Atriz de 2013 foi extremamente acirrada, apresentando diversas atuações valiosas (ABC News online, 22 de fevereiro de 2013). As indicadas foram Jessica Chastain, por *A hora mais escura*, Jennifer Lawrence, por *O lado bom da vida*, Emmanuelle Riva, por *Amor*, Quvenzhané Wallis, por *Indomável sonhadora*, e Naomi Watts, por *O impossível*. Em uma pesquisa, fãs de cinema que tinham assistido a todos os filmes pelos quais essas cinco atrizes foram indicadas deveriam selecionar aquela que mais merecesse o prêmio de Melhor Atriz de 2013. As respostas são apresentadas abaixo.

	18-30	31-44	45-58	Mais de 58
Jessica Chastain	51	50	41	42
Jennifer Lawrence	63	55	37	50
Emmanuelle Riva	15	44	56	74
Quvenzhané Wallis	48	25	22	31
Naomi Watts	36	65	62	33

a. Qual foi o tamanho da amostra nessa pesquisa?
b. Jennifer Lawrence levou o Oscar de Melhor Atriz em 2013 por sua atuação em *O lado bom da vida*. Os respondentes prefeririam essa atriz?
c. Com α = 0,05, conduza um teste de hipóteses para determinar se a atitude das pessoas em relação à atriz que mais merecia o prêmio é independente da idade do respondente. Qual é a sua conclusão?

17. A National Sleep Foundation usou uma pesquisa para determinar se as horas de sono por noite são independentes da idade. Uma amostra de indivíduos foi escolhida para indicar o número de horas de sono por noite com opções categorizadas: menos de 6 horas, 6 a 6,9 horas, 7 a 7,9 horas e 8 horas ou mais. Depois, as pessoas deveriam indicar sua idade com opções categorizadas: 39 ou menos e 40 ou mais. Os dados amostrais são exibidos a seguir.

	Faixa etária	
Horas de sono	39 ou menos	40 ou mais
Menos de 6	38	36
6 a 6,9	60	57
7 a 7,9	77	75
8 ou mais	65	92

a. Conduza um teste de independência para determinar se as horas de sono são independentes da idade. Usando um nível de significância de 0,05, qual é o valor-*p*? Qual é a sua conclusão?
b. Qual é a sua estimativa do percentual de indivíduos que dormem menos de 6 horas, de 6 a 6,9 horas, de 7 a 7,9 horas e 8 horas ou mais por noite?

18. Em um programa de TV independente, os dois apresentadores normalmente criam a impressão de que discordam totalmente quanto aos melhores filmes. A resenha de cada filme é categorizada como A favor ("curtida"), Contra ("descurtida") ou Mista.

	Apresentador B		
Apresentador A	Contra	Mista	A favor
Contra	24	8	13
Mista	8	13	11
A favor	10	9	64

Use um teste de independência com nível de significância de 0,01 para analisar os dados. Qual é a sua conclusão?

12.3 Teste de qualidade do ajuste

Nesta seção, usamos um teste qui-quadrado para determinar se a população que está sendo amostrada tem uma distribuição de probabilidade específica. Primeiro, consideramos uma população com um histórico de distribuição de probabilidade multinomial e usamos um teste de qualidade do ajuste para determinar se a nova amostra indica que houve alguma mudança na distribuição populacional em comparação com a distribuição histórica. Depois, consideramos uma situação em que supõe-se que a população tem uma distribuição de probabilidade normal. Neste caso, usamos o teste de qualidade do ajuste para determinar se os dados amostrais indicam que a suposição de distribuição de probabilidade normal é ou não apropriada. Ambos os testes são chamados de **testes de qualidade do ajuste**.

Distribuição de probabilidade multinomial

Com uma **distribuição de probabilidade multinomial**, cada elemento de uma população é designado a uma (e somente uma) das três ou mais categorias. Por exemplo, considere o estudo de participação de mercado conduzido pela Scott Marketing Research. No último ano, a participação de mercado de um determinado produto se estabilizou em 30% para a empresa A, 50% para a empresa B e 20% para a empresa C. Já que cada cliente é classificado como comprador de uma dessas empresas, temos uma distribuição de probabilidade multinomial com três resultados possíveis. A probabilidade de cada um dos três resultados é a seguinte:

A distribuição de probabilidade multinomial é uma extensão da distribuição de probabilidade binomial para o caso em que existem três ou mais resultados por ensaio.

466 Estatística aplicada a administração e economia

p_A = probabilidade de um cliente comprar o produto da empresa A

p_B = probabilidade de um cliente comprar o produto da empresa B

p_C = probabilidade de um cliente comprar o produto da empresa C

A soma das probabilidades de uma distribuição de probabilidade multinomial é igual a 1.

Usando a participação de mercado histórica, temos a distribuição de probabilidade multinomial com $p_A = 0,30$, $p_B = 0,50$ e $p_C = 0,20$.

A empresa C planeja introduzir um produto "novo e melhorado" para substituir sua oferta atual no mercado. A empresa C contratou a Scott Marketing Research para determinar se o novo produto vai alterar ou modificar a participação das três empresas no mercado. Especificamente, o estudo da Scott Marketing Research vai apresentar o novo produto da empresa C a uma amostra de clientes e depois pedir para que eles indiquem a preferência pelos produtos das empresas A, B ou C. Com base nos dados amostrais, o teste de hipóteses abaixo poderá ser usado para determinar se o novo produto da empresa C tem probabilidade de mudar o histórico de participação de mercado das três empresas.

H_0: $p_A = 0,30$, $p_B = 0,50$ e $p_C = 0,20$

H_a: As proporções populacionais não são $p_A = 0,30$, $p_B = 0,50$ e $p_C = 0,20$

A hipótese nula se baseia na distribuição de probabilidade multinomial histórica da participação no mercado. Se os resultados amostrais levarem à rejeição de H_0, a Scott Marketing Research terá evidências para concluir que a introdução do novo produto da empresa C vai mudar a participação de mercado.

Vamos supor que a empresa de pesquisa de mercado tenha usado um painel de clientes formado por 200 pessoas. Cada consumidor deveria especificar uma preferência de compra entre as três alternativas: produto da empresa A, produto da empresa B e novo produto da empresa C. As 200 respostas são resumidas aqui.

Frequência observada		
Produto da empresa A	**Produto da empresa B**	**Produto da empresa C**
48	98	54

Agora, Podemos realizar um teste de qualidade do ajuste que irá determinar se a amostra de preferências de compra dos 200 clientes é compatível com a hipótese nula. Assim como outros teste qui-quadrado, o teste de qualidade do ajuste é baseado em uma comparação das frequências observadas com as frequências esperadas supondo que a hipótese nula é verdadeira. Assim, a próxima etapa é calcular as preferências de compra esperadas para os 200 consumidores supondo que $p_A = 0,30$, $p_B = 0,50$ e $p_C = 0,20$ é verdadeiro. Fazer isso gera as seguintes frequências esperadas.

Frequência esperada		
Produto da empresa A	**Produto da empresa B**	**Novo produto da empresa C**
$200(0,30) = 60$	$200(0,50) = 100$	$200(0,20) = 40$

Observe que a frequência esperada de cada categoria é encontrada multiplicando o tamanho da amostra de 200 pela proporção hipotética da categoria.

O teste de qualidade do ajuste agora se concentra nas diferenças entre as frequências observadas e as frequências esperadas. Com a ajuda da estatística de teste qui-quadrado abaixo, saberemos se a diferença entre as frequências observadas e esperadas é "grande" ou "pequena":

ESTATÍSTICA DE TESTE PARA QUALIDADE DO AJUSTE

$$\chi^2 = \sum_{i=1}^{k} \frac{(f_i - e_i)^2}{e_i}$$

(12.6)

Comparação de proporções múltiplas, teste de independência e qualidade do ajuste **467**

onde

$$f_i = \text{frequência observada da categoria } i$$
$$e_i = \text{frequência esperada da categoria } i$$
$$k = \text{número de categorias}$$

Observação: a estatística de teste terá uma distribuição qui-quadrado com $k - 1$ graus de liberdade desde que as frequências esperadas sejam 5 *ou mais* em todas as categorias.

Vamos continuar com o exemplo da Scott Marketing Research e usar os dados amostrais para testar a hipótese de que a população multinomial tem as proporções de participação de mercado $p_A = 0,30$, $p_B = 0,50$ e $p_C = 0,20$. Vamos usar um nível de significância de $\alpha = 0,05$. Seguimos usando as frequências observadas e esperadas para calcular o valor da estatística de teste. Com as frequências esperadas em 5 ou mais, o cálculo da estatística de teste qui-quadrado é mostrado na Tabela 12.9. Assim, temos $\chi^2 = 7,34$.

Rejeitaremos a hipótese nula se as diferenças entre as frequências observadas e esperadas forem grandes. Portanto, o teste de qualidade do ajuste sempre será um teste de cauda superior. Podemos usar a área da cauda superior para a estatística de teste e o critério do valor-p para determinar se a hipótese nula pode ser rejeitada. Com $k - 1 = 3 - 1 = 2$ graus de liberdade, a linha dois da tabela da distribuição qui-quadrado na Tabela 12.4 fornece os seguintes dados:

> O teste para a qualidade do ajuste sempre será um teste unicaudal com a rejeição ocorrendo na cauda superior da distribuição qui-quadrado.

Área na cauda superior	0,10	0,05	0,025	0,01	0,005
Valor do χ^2 (2 gl)	4,605	5,991	7,378	9,210	10,597

$$\chi^2 = 7,34$$

A estatística de teste $\chi^2 = 7,34$ está entre 5,991 e 7,378. Portanto, a área da cauda superior correspondente ou valor-p precisa estar entre 0,05 e 0,025. Com o valor-$p \leq 0,05$, rejeitamos H_0 e concluímos que a introdução do novo produto pela empresa C vai alterar o histórico de participação no mercado. Os procedimentos do Minitab ou do Excel apresentados no Apêndice F podem ser usados para mostrar que $\chi^2 = 7,34$ fornece um valor-$p = 0,0255$.

Em vez de usar o valor-p, podemos usar o critério do valor crítico para chegar à mesma conclusão. Com $\alpha = 0,05$ e 2 graus de liberdade, o valor crítico para a estatística de teste é $\chi^2_{0,05} = 5,991$. A regra de rejeição da cauda superior passa a ser:

$$\text{Rejeitar } H_0 \text{ se } \chi^2 \geq 5,991$$

Com $7,34 > 5,991$, rejeitamos H_0. O critério do valor-p e o critério do valor crítico fornecem a mesma conclusão para o teste de hipóteses.

TABELA 12.9 Cálculo da estatística de teste qui-quadrado para o estudo de participação de mercado da Scott Marketing Research

Categoria	Proporção hipotética	Frequência observada f_i	Frequência esperada e_i	Diferença $(f_i - e_i)$	Frequência ao quadrado $(f_i - e_i)^2$	Diferença ao quadrado dividida pela frequência esperada $(f_i - e_i)^2/e_i$
Empresa A	0,30	48	60	−12	144	2,40
Empresa B	0,50	98	100	−2	4	0,04
Empresa C	0,20	54	40	14	196	4,90
Total		200				$\chi^2 = 7,34$

Agora que já concluímos que a introdução de um novo produto da empresa C vai alterar a participação de mercado das três empresas, estamos interessados em saber mais sobre como a participação de mercado tende a mudar. Usando o histórico de participação de mercado e os dados amostrais, resumimos os dados da seguinte forma:

Empresa	Participação de mercado histórica	Participação de mercado dos dados amostrais (%)
A	30	48/200 = 0,24 ou 24
B	50	98/200 = 0,49 ou 49
C	20	54/200 = 0,27 ou 27

A participação de mercado histórica e a participação de mercado da amostra são comparadas no gráfico de barras da Figura 12.2. Esse processo de visualização de dados mostra que o novo produto vai, provavelmente, aumentar a participação de mercado da empresa C. Comparações entre as outras duas empresas indicam que o ganho de participação de mercado da empresa C vai prejudicar mais a empresa A do que a empresa B.

Vamos resumir as etapas que podem ser usadas para conduzir um teste de qualidade do ajuste para uma distribuição populacional multinomial hipotética.

TESTE DE QUALIDADE DO AJUSTE DE UMA DISTRIBUIÇÃO DE PROBABILIDADE MULTINOMIAL

1. Expresse as hipóteses nula e alternativa

    H_0: a população segue uma distribuição de probabilidade multinomial com probabilidades especificadas para cada uma das k categorias

    H_a: a população não segue uma distribuição multinomial com as probabilidades especificadas para cada uma das k categorias

2. Selecione uma amostra aleatória e registre as frequências observadas, f_i, de cada categoria.
3. Suponha que a hipótese nula é verdadeira e determine a frequência esperada, e_i, de cada categoria, multiplicando a probabilidade da categoria pelo tamanho da amostra.
4. Se a frequência esperada, e_i, for pelo menos 5 para cada categoria, calcule o valor da estatística de teste.

$$\chi^2 = \sum_{i=1}^{k} \frac{(f_i - e_i)^2}{e_i}$$

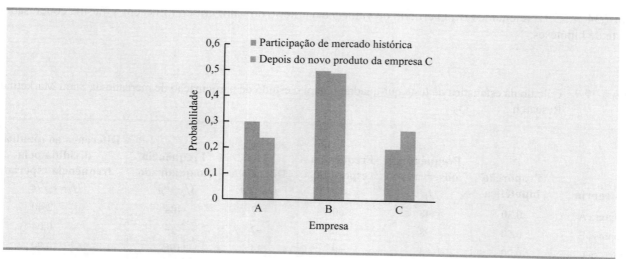

FIGURA 12.2 Gráfico de barras da participação de mercado por empresa antes e depois do novo produto da empresa C

5. Regra de rejeição

   Critério do valor-p: Rejeitar H_0 se valor-$p \leq \alpha$
   Critério do valor crítico: Rejeitar H_0 se $\chi^2 \geq \chi_\alpha^2$

   onde α é o nível de significância para o teste e existem $k - 1$ graus de liberdade.

Distribuição de probabilidade normal

O teste de qualidade do ajuste para uma distribuição de probabilidade normal também se baseia no uso da distribuição qui-quadrado. Em especial, as frequências observadas de diversas categorias de dados amostrais são comparadas com as frequências esperadas supondo que a população tem uma distribuição de probabilidade normal. Como a distribuição de probabilidade normal é contínua, é preciso modificar a maneira como as categorias são definidas e como as frequências esperadas são calculadas. Vamos demonstrar o teste de qualidade do ajuste para uma distribuição normal considerando os dados de testes de candidatos a um emprego da Chemline, Inc., mostrados na Tabela 12.10.

A Chemline contrata aproximadamente 400 novos funcionários todos os anos em suas quatro fábricas espalhadas pelos Estados Unidos. O diretor de pessoal questiona se uma distribuição normal se aplica à população de notas nos testes. Se esse tipo de distribuição puder ser usado, a distribuição será útil para avaliar notas específicas dos testes. Ou seja, as notas dos primeiros 20%, dos últimos 40%, e assim por diante, poderão ser identificadas rapidamente. Portanto, queremos testar a hipótese nula de que a população de notas dos testes tem uma distribuição normal.

TABELA 12.10

Notas no teste de aptidão de funcionários da Chemline de 50 candidatos escolhidos aleatoriamente

71	66	61	65	54	93
60	86	70	70	73	73
55	63	56	62	76	54
82	79	76	68	53	58
85	80	56	61	61	64
65	62	90	69	76	79
77	54	64	74	65	65
61	56	63	80	56	71
79	84

Primeiro, vamos usar os dados da Tabela 12.10 para desenvolver estimativas da média e do desvio padrão da distribuição normal, que serão consideradas na hipótese nula. Vamos usar a média amostral $\bar{x}$ e o desvio padrão amostral s como estimadores pontuais da média e do desvio padrão da distribuição normal. O cálculo é mostrado a seguir.

$$\bar{x} = \frac{x_i}{n} = \frac{3.421}{50} = 68,42$$

$$s = \sqrt{\frac{\sum(x_i - \bar{x})^2}{n-1}} = \sqrt{\frac{5310,0369}{49}} = 10,41$$

Usando esses valores, expressamos as hipóteses a seguir sobre a distribuição das notas no teste de candidatura a um emprego.

Chemline

H_0: A população de notas no teste tem uma distribuição normal com média 68,42 e desvio padrão de 10,41

H_a: A população de notas no teste não tem uma distribuição normal com média 68,42 e desvio padrão de 10,41

A distribuição normal hipotética é exibida na Figura 12.3.

Com a distribuição de probabilidade normal contínua, é preciso usar um procedimento diferente para definir as categorias. Precisamos definir as categorias quanto aos *intervalos* das notas no teste.

Lembre-se da regra de ouro da frequência esperada de, no mínimo, cinco para cada intervalo ou categoria. Definimos as categorias de notas no teste de modo que as frequências esperadas sejam ao menos cinco em cada categoria. Com um tamanho de amostra de 50, uma forma de estabelecer categorias é dividir a distribuição de probabilidade normal em 10 intervalos com probabilidades iguais (ver Figura 12.4). Com uma amostra de tamanho 50, esperaríamos ter cinco resultados em cada intervalo ou categoria e a regra de ouro das frequências esperadas seria satisfeita.

> Com uma distribuição contínua de probabilidade, estabeleça intervalos de modo que cada intervalo tenha uma frequência esperada de cinco ou mais.

Vamos analisar mais atentamente o procedimento para calcular os limites das categorias. Quando considera-se que há uma distribuição de probabilidade normal, as tabelas de probabilidade normal padrão podem ser usadas para

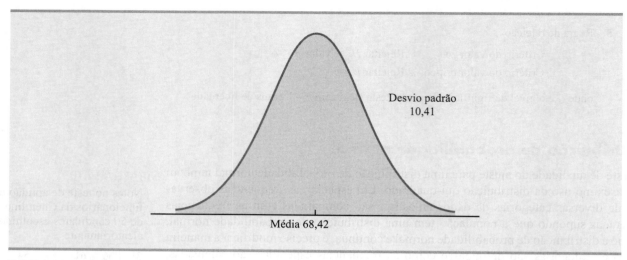

FIGURA 12.3 Distribuição normal hipotética das notas no teste de candidatos a emprego na Chemline

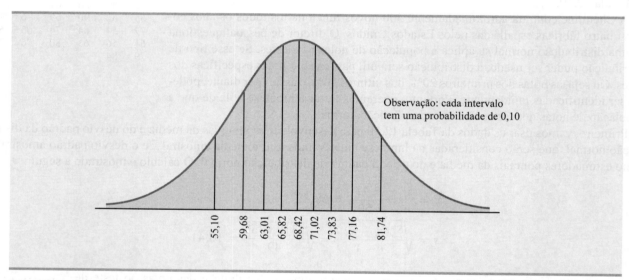

FIGURA 12.4 Distribuição normal para o exemplo da Chemline com 10 intervalos com probabilidades iguais

determinar esses limites. Primeiro, imagine as notas do teste cortando as 10% mais baixas. Na tabela da distribuição normal padrão, descobrimos que o valor z para essa nota no teste é –1,28. Portanto, a nota no teste de $x = 68,42 - 1,28(10,41) = 55,10$ fornece esse valor de corte para as 10% mais baixas. Para as 20% mais baixas, encontramos $z = -0,84$ e, portanto, $x = 68,42 - 0,84(10,41) = 59,68$. Trabalhar com a distribuição normal dessa forma gera os valores de nota no teste a seguir.

Porcentagem	z	Nota no teste
10%	–1,28	68,42 – 1,28(10,41) = 55,10
20%	–0,84	68,42 – 0,84(10,41) = 59,68
30%	–0,52	68,42 – 0,52(10,41) = 63,01
40%	–0,25	68,42 – 0,25(10,41) = 65,82
50%	0,00	68,42 – 0(10,41) = 68,42
60%	+0,25	68,42 + 0,25(10,41) = 71,02

Comparação de proporções múltiplas, teste de independência e qualidade do ajuste **471**

Porcentagem	z	Nota no teste
70%	+0,52	68,42 + 0,52(10,41) = 73,83
80%	+0,84	68,42 + 0,84(10,41) = 77,16
90%	+1,28	68,42 + 1,28(10,41) = 81,74

Esses pontos de corte ou de limite do intervalo são identificados no gráfico da Figura 12.4.

Com as categorias ou intervalos das notas no teste definidas e a frequência esperada conhecida de cinco por categoria, podemos voltar para os dados amostrais da Tabela 12.10 e determinar as frequências observadas das categorias. Fazer isso gera os resultados da Tabela 12.11.

Com os resultados da Tabela 12.11, os cálculos da qualidade do ajuste ocorrem exatamente como antes. Ou seja, comparamos os resultados observados e esperados calculando um valor de χ^2. Os cálculos necessários para chegar à estatística de teste qui-quadrado são apresentados na Tabela 12.12. vemos que o valor da estatística de teste é $\chi^2 = 7,2$.

Para determinar se o valor calculado de 7,2 para o χ^2 é grande o suficiente para rejeitar H_0, precisamos consultar a tabela da distribuição qui-quadrado adequada. Usando a regra do cálculo do número de graus de liberdade para o teste de qualidade do ajuste, temos $k - p - 1 = 10 - 2 - 1 = 7$ graus de liberdade com base em $k = 10$ categorias e $p = 2$ parâmetros (média e desvio padrão) estimados a partir dos dados amostrais.

TABELA 12.11 Frequências observadas e esperadas para as notas de candidatos a emprego no teste da Chemline

Intervalo da nota no teste	Frequência observada (f_i)	Frequência esperada (e_i)
Menos que 55,10	5	5
55,10 a 59,68	5	5
59,68 a 63,01	9	5
63,01 a 65,82	6	5
65,82 a 68,42	2	5
68,42 a 71,02	5	5
71,02 a 73,83	2	5
73,83 a 77,16	5	5
77,16 a 81,74	5	5
81,74 e mais	6	5
Total	50	50

TABELA 12.12 Cálculo da estatística de teste qui-quadrado para o exemplo do candidato a emprego na Chemline

Intervalo da nota no teste	Frequência observada (f_i)	Frequência esperada (e_i)	Diferença ($f_i - e_i$)	Frequência ao quadrado ($f_i - e_i$)²	Diferença ao quadrado dividida pela frequência esperada $(f_i - e_i)^2/e_i$
Menos que 55,10	5	5	0	0	0,0
55,10 a 59,68	5	5	0	0	0,0
59,68 a 63,01	9	5	4	16	3,2
63,01 a 65,82	6	5	1	1	0,2
65,82 a 68,42	2	5	−3	9	1,8
68,42 a 71,02	5	5	0	0	0,0
71,02 a 73,83	2	5	−3	9	1,8
73,83 a 77,16	5	5	0	0	0,0
77,16 a 81,74	5	5	0	0	0,0
81,74 e mais	6	5	1	1	0,2
Total	50	50			$\chi^2 = 7,2$

472 Estatística aplicada a administração e economia

A estimativa dos dois parâmetros da distribuição normal causará uma perda de dois graus de liberdade no teste χ^2.

Suponha que testemos a hipótese nula de que a distribuição das notas no teste é uma distribuição normal com um nível de significância de 0,10. Para testar essa hipótese, precisamos determinar o valor-p da estatística de teste $\chi^2 = 7,2$ encontrando a área na cauda superior de uma distribuição qui-quadrado com 7 graus de liberdade. Usando a linha sete da Tabela 12.4, descobrimos que $\chi^2 = 7,2$ fornece uma área na cauda superior maior que 0,10. Assim, sabemos que o valor-p é maior que 0,10. Os procedimentos do Minitab ou do Excel mostrados no Apêndice F podem ser usados para mostrar que $\chi^2 = 7,2$ fornece um valor-$p = 0,4084$. Com o valor-$p > 0,10$, a hipótese de a distribuição de probabilidade das notas no teste de candidatura a um emprego na Chemline ser uma distribuição de probabilidade normal não pode ser rejeitada. A distribuição de probabilidade normal pode ser aplicada para auxiliar na interpretação das notas no teste. Um resumo do teste de qualidade do ajuste para uma distribuição de probabilidade normal é apresentado a seguir.

TESTE DE QUALIDADE DO AJUSTE PARA UMA DISTRIBUIÇÃO DE PROBABILIDADE NORMAL

1. Expresse as hipóteses nula e alternativa

    H_0: A população tem uma distribuição de probabilidade normal
    H_a: A população não tem uma distribuição de probabilidade normal

2. Selecione uma amostra aleatória e
    a. Calcule a média amostral e o desvio padrão da amostra.
    b. Defina k intervalos de valores, de modo que a frequência esperada seja ao menos cinco para cada intervalo. Usar intervalos de probabilidades iguais é uma boa técnica.
    c. Registre a frequência observada dos valores de dados, f_i, em cada intervalo definido.
3. Calcule o número esperado de ocorrências, e_i, para cada intervalo de valores definido na etapa 2(b). Multiplique o tamanho da amostra pela probabilidade de uma variável aleatória normal estar no intervalo.
4. Calcule o valor da estatística de teste.

$$\chi^2 = \sum_{i=1}^{k} \frac{(f_i - e_i)^2}{e_i}$$

5. Regra de rejeição

    Critério do valor-p: Rejeitar H_0 se valor-$p \leq \alpha$
    Critério do valor crítico: Rejeitar H_0 se $\chi^2 \geq \chi^2_\alpha$

onde α é o nível de significância. Os graus de liberdade $= k - p - 1$, onde p é o número de parâmetros da distribuição estimada pela amostra. Na etapa 2(a), a amostra é usada para estimar a média e o desvio padrão. Assim, $p = 2$ e os graus de liberdade $= k - 2 - 1 = k - 3$.

Exercícios

Métodos

19. Teste as hipóteses abaixo usando o teste de qualidade do ajuste χ^2.

    $H_0: p_A = 0,40, p_B = 0,40$ e $p_C = 0,20$
    H_a: As proporções populacionais não são $p_A = 0,40, p_B = 0,40$ e $p_C = 0,20$

    Uma amostra de tamanho 200 gerou 60 na categoria A, 120 na categoria B e 20 na categoria C. Use $\alpha = 0,01$ e teste para verificar se as proporções são aquelas expressas na H_0.
    a. Use o critério do valor-p.
    b. Repita o teste usando o critério do valor crítico.

20. Acredita-se que os dados abaixo vieram de uma distribuição normal. Use o teste de qualidade do ajuste e $\alpha = 0,05$ para testar essa afirmação.

| 17 | 23 | 22 | 24 | 19 | 23 | 18 | 22 | 20 | 13 | 11 | 21 | 18 | 20 | 21 |
| 21 | 18 | 15 | 24 | 23 | 23 | 43 | 29 | 27 | 26 | 30 | 28 | 33 | 23 | 29 |

Aplicações

21. Durante as primeiras 13 semanas da temporada televisiva, as proporções de audiência das noites de sábado entre 20h e 21h foram registradas como: ABC 29%, CBS 28%, NBC 25% e independentes 18%. Uma amostra de 300 lares duas semanas após uma revisão da programação do sábado à noite gerou os seguintes dados de audiência: ABC = 95 lares, CBS = 70 lares, NBC = 89 lares e independentes = 46 lares. Teste com $\alpha = 0,05$ para determinar se as proporções de público espectador mudaram.

22. A Mars, Inc. fabrica os M&M's, um dos doces mais famosos do mundo. A versão de chocolate ao leite vem em uma variedade de cores, entre elas, azul, marrom, verde, cor de laranja, vermelho e amarelo. As proporções gerais das cores são 0,24 azul, 0,13 marrom, 0,20 verde, 0,16 cor de laranja, 0,13 vermelho e 0,14 amarelo. Em um estudo amostral, vários pacotes de chocolate ao leite M&M's foram abertos e a contagem de cores abaixo foi obtida.

Azul	Marrom	Verde	Laranja	Vermelho	Amarelo
105	72	89	84	70	80

Use um nível de significância de 0,05 e os dados amostrais para testar a hipótese de que as proporções gerais das cores são as mesmas apontadas acima. Qual é a sua conclusão?

23. O Painel de avaliação dos acionistas do *The Wall Street Journal* acompanha o desempenho das 1.000 maiores empresas dos EUA. O desempenho de cada empresa é avaliado de acordo com o retorno total anual, incluindo variações nos preços das ações e o reinvestimento de dividendos. As classificações são atribuídas dividindo as 1.000 empresas em cinco grupos, de A (maiores 20%), B (próximos 20%), até E (últimos 20%). Aqui, apresentamos as classificações de um ano de uma amostra de 60 das maiores empresas. As maiores empresas têm um desempenho diferente do que foi apresentado pelas 1.000 empresas do Painel de avaliação dos acionistas? Use $\alpha = 0,05$.

A	B	C	D	E
5	8	15	20	12

24. A National Highway Traffic Safety Administration registrou o percentual de acidentes de trânsito que ocorrem em cada dia da semana. Suponha que uma amostra de 420 acidentes forneceu os dados abaixo.

Domingo	Segunda-feira	Terça-feira	Quarta-feira	Quinta-feira	Sexta-feira	Sábado
66	50	53	47	55	69	80

a. Conduza um teste de hipóteses para determinar se a proporção de acidentes de trânsito é a mesma em cada dia da semana. Qual é o valor-*p*? Usando um nível de significância de 0,05, qual é a sua conclusão?

b. Calcule o percentual de acidentes de trânsito ocorridos em cada dia da semana. Que dia tem o maior percentual de acidentes de trânsito? Isso parece razoável? Discuta.

25. Use $\alpha = 0,01$ e conduza um teste de qualidade do ajuste para ver se a amostra abaixo aparenta ter sido selecionada em uma distribuição de probabilidade normal.

| 55 | 86 | 94 | 58 | 55 | 95 | 55 | 52 | 69 | 95 | 90 | 65 | 87 | 50 | 56 |
| 55 | 57 | 98 | 58 | 79 | 92 | 62 | 59 | 88 | 65 |

Depois de concluir os cálculos de qualidade do ajuste, construa um histograma dos dados. A representação do histograma reforça a conclusão obtida pelo teste de qualidade do ajuste? (*Observação*: $\bar{x} = 71$ e $s = 17$.)

26. Acredita-se que a demanda semanal por um produto seja normalmente distribuída. Use um teste de qualidade do ajuste e os dados abaixo para testar essa suposição. Use $\alpha = 0,10$. A média amostral é 24,5 e o desvio padrão amostral é 3.

18	20	22	27	22
25	22	27	25	24
26	23	20	24	26
27	25	19	21	25
26	25	31	29	25
25	28	26	28	24

474 Estatística aplicada a administração e economia

Resumo

Neste capítulo, apresentamos testes de hipóteses para as seguintes aplicações:

1. Testar a igualdade de proporções populacionais de três ou mais populações
2. Testar a independência de duas variáveis categorizadas
3. Testar se a distribuição de probabilidade de uma população segue uma distribuição de probabilidade histórica ou teórica

Todos os testes se aplicam a variáveis categorizadas e usam uma estatística de teste qui-quadrado (χ^2) baseada nas diferenças entre as frequências observadas e esperadas. Em todos os casos, as frequências esperadas são calculadas supondo que a hipótese nula é verdadeira. Esses testes qui-quadrados são testes de cauda superior. Grandes diferenças entre as frequências observadas e esperadas proporcionam um valor alto para a estatística de teste qui-quadrado e indicam que a hipótese nula deve ser rejeitada.

O teste da igualdade das proporções populacionais para três ou mais populações se baseia em amostras aleatórias independentes selecionadas em cada uma das populações. Os dados amostrais mostram a contagem de cada uma das duas respostas categorizadas de cada população. A hipótese nula é que as proporções populacionais são iguais. A rejeição da hipótese nula sustenta a conclusão de que as proporções populacionais não são todas iguais.

O teste da independência entre duas variáveis categorizadas usa uma amostra de uma população com os dados mostrando a contagem de cada combinação de duas variáveis categorizadas. A hipótese nula é que as duas variáveis são independentes e o teste é chamado de teste de independência. Se a hipótese nula for rejeitada, existem evidências estatísticas de uma associação ou dependência entre as duas variáveis.

O teste de qualidade do ajuste é usado para testar a hipótese de uma população ter uma distribuição de probabilidade histórica ou teórica específica. Mostramos aplicações para populações com uma distribuição de probabilidade multinomial e uma distribuição de probabilidade normal. Como a distribuição de probabilidade normal é válida para dados contínuos, intervalos de valores de dados foram estabelecidos para criar as categorias da variável categorizada necessárias para o teste de qualidade do ajuste.

Glossário

Distribuição de probabilidade multinomial Uma distribuição de probabilidade em que cada resultado pertence a uma entre três ou mais categorias. A distribuição de probabilidade multinomial amplia a probabilidade binomial de duas a três ou mais resultados por ensaio.

Procedimento de Marascuilo Um procedimento de comparação múltipla que pode ser usado para testar se há uma diferença significativa entre pares de proporções populacionais. Pode ser útil para identificar diferenças entre pares de proporções populacionais sempre que a hipótese de haver proporções populacionais iguais tiver sido rejeitada.

Teste de independência Um teste qui-quadrado que pode ser usado para testar a independência de duas variáveis categorizadas. Se a hipótese de independência for rejeitada, vai ser possível concluir que as variáveis categorizadas são associadas ou dependentes.

Teste de qualidade do ajuste Um teste qui-quadrado que pode ser usado para testar se a distribuição de probabilidade de uma população tem uma distribuição de probabilidade histórica ou teórica específica. Foi demonstrado em uma distribuição de probabilidade multinomial e em uma normal.

Fórmulas-chave

Frequências esperadas supondo que H_0 é verdadeira

$$e_{ij} = \frac{(\text{Total da linha } i)(\text{Total da coluna } j)}{\text{Tamanho da amostra}} \tag{12.1}$$

Estatística de teste qui-quadrado

$$\chi^2 = \sum_i \sum_j \frac{(f_{ij} - e_{ij})^2}{e_{ij}} \tag{12.2}$$

Comparação de proporções múltiplas, teste de independência e qualidade do ajuste **475**

Valores críticos para o procedimento de comparação em pares de Marascuilo

$$CV_{ij} = \sqrt{\chi_\alpha^2} \sqrt{\frac{\overline{p}_i\,(1-\overline{p}_i)}{n_i} + \frac{\overline{p}_j\,(1-\overline{p}_j)}{n_j}}$$

(12.3

Estatística de teste qui-quadrado para o teste de qualidade do ajuste

$$\chi^2 = \sum_i \frac{(f_i - e_i)^2}{e_i}$$

(12.6)

Exercícios suplementares

27. Em um teste de controle de qualidade de peças fabricadas na Dabco Corporation, um engenheiro coletou amostras de peças produzidas no primeiro, no segundo e no terceiro turno. O estudo de pesquisa foi projetado para determinar se a proporção populacional de peças boas era igual em todos os três turnos. Os dados amostrais são:

	Turno de produção		
Qualidade	Primeiro	Segundo	Terceiro
Boa	285	368	175
Com defeito	15	32	24

a. Usando um nível de significância de 0,05, conduza um teste de hipóteses para determinar se a proporção populacional de peças boas é igual nos três turnos. Qual é o valor-p? Qual é a sua conclusão?

b. Se você concluir que as proporções populacionais não são iguais, use um procedimento de comparação múltipla para determinar como os turnos diferem em termos de qualidade. Qual turno ou turnos precisam melhorar a qualidade das peças produzidas?

28. A Phoenix Marketing International identificou Bridgeport, em Connecticut, Los Alamos, no Novo México, Naples, na Flórida, e Washington D.C. como as quatro cidades norte-americanas com o maior percentual de milionários. Dados compatíveis com esse estudo mostram o seguinte número de milionários para amostras de indivíduos de cada uma das quatro cidades.

	Cidade			
Milionários	Bridgeport	Los Alamos	Naples	Washington D. C.
Sim	44	35	36	34
Não	456	265	364	366

a. Qual é a estimativa do percentual de milionários em cada uma dessas cidades?

b. Usando um nível de significância de 0,05, teste a igualdade da proporção populacional de milionários dessas quatro cidades. Qual é o valor-p e qual é a sua conclusão?

29. Os cinco museus de arte mais famosos do mundo são o Musée du Louvre, o Metropolitan Museum of Art, o British Museum, a National Gallery e o Tate Modern (*The Art Newspaper*, abril de 2012). Qual desses cinco museus os visitantes classificam como espetacular com mais frequência? Amostras de visitantes recentes de cada um desses museus foram selecionadas e os resultados são apresentados abaixo.

	Musée du Louvre	Metropolitan Museum of Art	British Museum	National Gallery	Tate Modern
Classificou como espetacular	113	94	96	78	88
Não classificou como espetacular	37	46	64	42	22

a. Use os dados amostrais para calcular a estimativa pontual da proporção populacional de visitantes que classificaram cada um desses museus como espetacular.

b. Conduza um teste de hipóteses para determinar se a proporção populacional de visitantes que classificaram o museu como espetacular é igual nos cinco museus. Usando um nível de significância de 0,05, qual é o valor-p e qual é a sua conclusão?

30. Uma pesquisa do Pew Research Center perguntou aos participantes se eles prefeririam viver em um local com um ritmo de vida mais calmo ou mais agitado. A pesquisa também perguntou o gênero dos participantes. Considere os dados amostrais a seguir.

	Gênero	
Ritmo de vida preferido	Masculino	Feminino
Mais calmo	230	218
Sem preferência	20	24
Mais agitado	90	48

  a. O ritmo de vida preferido é independente do gênero? Usando um nível de significância de 0,05, qual é o valor-p? Qual é a sua conclusão?
  b. Discuta as diferenças entre as preferências de homens e mulheres.

31. O Bara Research Group conduziu uma pesquisa sobre assiduidade na igreja. Os participantes da pesquisa foram questionados a respeito da assiduidade deles na igreja e deveriam indicar suas idades. Use os dados amostrais para determinar se a assiduidade na igreja é independente da idade. Usando um nível de significância de 0,05, qual é o valor-p e qual é a sua conclusão? Qual conclusão você pode tirar sobre a assiduidade na igreja à medida que as pessoas ficam mais velhas?

	Idade			
Assiduidade na igreja	20 a 29	30 a 39	40 a 49	50 a 59
Sim	31	63	94	72
Não	69	87	106	78

32. Um serviço de ambulância responde a chamados de emergência de dois condados na Virgínia. Um condado é urbano e o outro é rural. Uma amostra com 471 chamados de ambulância nos últimos dois anos mostra o condado e o dia da semana em que ocorreu cada chamado de emergência. Os dados são os seguintes:

Ambulance

	Dia da semana						
Condado	Dom	Seg	Ter	Qua	Qui	Sex	Sáb
Urbano	61	48	50	55	63	73	43
Rural	7	9	16	13	9	14	10

Teste para ver se há independência entre o condado e o dia da semana. Usando um nível de significância de 0,05, qual é o valor-p? Qual é a sua conclusão?

33. Com base nas vendas de um período de seis meses, os cinco veículos compactos mais vendidos são Chevy Cruze, Ford Focus, Hyundai Elantra, Honda Civic e Toyota Corolla (*Motor Trend*, 2 de novembro de 2011). De acordo com as vendas totais, a participação de mercado desses cinco modelos compactos era: Chevy Cruze 24%, Ford Focus 21%, Hyundai Elantra 20%, Honda Civic 18% e Toyota Corolla 17%. Uma amostra de 400 vendas de carros compactos em Chicago mostrou os seguintes números de veículos vendidos.

Chevy Cruze	108
Ford Focus	92
Hyundai Elantra	64
Honda Civic	84
Toyota Corolla	52

Use um teste de qualidade do ajuste para determinar se os dados amostrais indicam que a participação de mercado dos cinco veículos compactos em Chicago é diferente do que foi divulgado pela *Motor Trend*. Usando um nível de significância de 0,05, qual é o valor-p e qual é a sua conclusão? Quais diferenças, se houver alguma, existem em Chicago?

Grades

34. Uma amostra aleatória de notas na prova final de um curso universitário é reproduzida abaixo.

```
55  85  72  99  48  71  88  70  59  98  80  74  93  85  74
82  90  71  83  60  95  77  84  73  63  72  95  79  51  85
76  81  78  65  75  87  86  70  80  64
```

Use $\alpha = 0{,}05$ e teste para determinar se uma distribuição de probabilidade normal poderia ser rejeitada como representativa da distribuição populacional de notas.

35. Um vendedor faz quatro ligações por dia. Uma amostra de 100 dias fornece as frequências de volume de vendas abaixo.

Número de vendas	Frequência observada (dias)
0	30
1	32
2	25
3	10
4	3
Total	100

Os registros mostram que as vendas correspondem a 30% das ligações de vendas. Supondo que haja chamadas de vendas independentes, o número de vendas por dia deve seguir uma distribuição de probabilidade binomial. A função de probabilidade binomial apresentada no Capítulo 5 é:

$$f(x) = \frac{n!}{x!(n-x)!} p^x (1-p)^{n-x}$$

Para este exercício, considere que a população tem uma distribuição de probabilidade binomial com $n = 4$, $p = 0{,}30$ e $x = 0, 1, 2, 3$ e 4.

a. Calcule as frequências esperadas para $x = 0, 1, 2, 3$ e 4 usando a função de probabilidade binomial. Combine as categorias, se necessário, para cumprir o requisito de a frequência esperada ser cinco ou mais em todas as categorias.

b. Use o teste de qualidade do ajuste para determinar se a hipótese de uma distribuição de probabilidade binomial deve ser rejeitada. Use $\alpha = 0{,}05$. Como nenhum parâmetro da distribuição de probabilidade binomial foi estimado a partir dos dados amostrais, os graus de liberdade serão $k - 1$ quando k for o número de categorias.

Estudo de caso — Uma agenda de mudança bipartidária

Em um estudo conduzido pela Zogby International para o *Democrat and Chronicle*, mais de 700 nova-iorquinos foram entrevistados para determinar se o governo estadual de Nova York funciona. Os participantes da pesquisa responderam a perguntas sobre cortes de salários de legisladores estaduais, restrições para lobistas, limites de mandato para legisladores e se os cidadãos deveriam poder colocar questões diretamente em pauta para votação. Os resultados relativos a várias reformas propostas tiveram amplo apoio, cruzando todas as linhas demográficas e políticas.

Suponha que uma pesquisa de acompanhamento com 100 pessoas que vivem na região ocidental de Nova York tenha sido conduzida. A filiação partidária (Democrata, Independente, Republicano) de cada pessoa entrevistada foi registrada, bem como as respostas fornecidas para as três perguntas abaixo.

1. O salário legislativo deveria ser cortado com base em cada dia de atraso do orçamento estadual?
   Sim _____ Não _____
2. Deveria haver mais restrições aos lobistas?
   Sim _____ Não _____
3. Deveria haver limites de mandato exigindo que os legisladores cumpram um número fixo de anos?
   Sim _____ Não _____

As respostas foram codificadas usando 1 para a resposta Sim e 2 para Não. O conjunto de dados completo está disponível no arquivo chamado NYReform.

NYReform

Relatório administrativo

1. Use estatísticas descritivas para resumir os dados deste estudo. Quais são suas conclusões preliminares a respeito da independência da resposta (Sim ou Não) e a filiação partidária em cada uma das três perguntas da pesquisa?
2. Em relação à questão 1, teste a independência da resposta (Sim ou Não) e a filiação partidária. Use $\alpha = 0{,}05$.
3. Em relação à questão 2, teste a independência da resposta (Sim ou Não) e a filiação partidária. Use $\alpha = 0{,}05$.
4. Em relação à questão 3, teste a independência da resposta (Sim ou Não) e a filiação partidária. Use $\alpha = 0{,}05$.
5. Parece que há um apoio amplo às mudanças em todas as linhas políticas? Explique.

Apêndice 12.1 Testes qui-quadrado usando o Minitab

Teste da igualdade das proporções populacionais e Teste de independência

O procedimento do Minitab é idêntico para essas duas aplicações. Vamos descrever os procedimentos para as situações abaixo.

1. Um conjunto de dados mostra as respostas de cada elemento da amostra.
2. Um resumo tabular dos dados mostra as frequências observadas nas categorias de resposta.

Começamos com o exemplo de lealdade aos veículos apresentado na Seção 12.1. As respostas de uma amostra de 500 proprietários de automóveis é apresentada no DATAfile chamado AutoLoyalty. A coluna C1 mostra a população à qual o proprietário pertence (Chevrolet Impala, Ford Fusion ou Honda Accord) e a coluna C2 contém a resposta de probabilidade de compra (Sim ou Não). As etapas do Minitab para conduzir um teste qui-quadrado usando o conjunto de dados são as seguintes.

Etapa 1. Selecione o menu **Stat**
Etapa 2. Selecione **Tables**
Etapa 3. Escolha **Cross Tabulation and Chi-Square**
Etapa 4. Quando a Caixa de diálogo Cross Tabulation and Chi-Square aparecer:
  Selecione **Raw data (categorical variables)**
  Digite C2 na caixa **Rows**
  Digite C1 na caixa **Columns**
  Nas opções **Display,** selecione **Counts**
  Selecione **Chi-Square**
Etapa 5. Quando a caixa de diálogo Cross Tabulation: Chi-Square aparecer:
  Selecione **Chi-square test**
  Clique em **OK**
Etapa 6. Clique em **OK**

> Você pode usar o Minitab para realizar um teste de independência de (i) um conjunto de dados que mostra as respostas de cada elemento da amostra ou (ii) um resumo tabular dos dados que exibe as frequências observadas das categorias de resposta. Escolha Chi-Square Test for Association na etapa 3 e siga as etapas indicadas para o Teste de igualdade de proporções populacionais. Use o DATAfile *BeerPreference* para conduzir o teste para o exemplo da Seção 12.2.

O produto mostra um resumo tabular dos dados e os resultados do teste qui-quadrado.

Depois, vamos mostrar como conduzir o teste quando o resumo tabular dos dados que mostram frequências observadas já tiver sido obtido. Começamos com uma nova planilha do Minitab e nomeamos as colunas C2 a C4 com os títulos das três populações: Chevrolet Impala, Ford Fusion e Honda Accord. Depois, digitamos os rótulos Sim e Não, respectivamente, nas primeiras duas células da coluna C1. Por fim, inserimos as frequências observadas das respostas Sim e Não de cada população na coluna correspondente. Assim, digitamos 69 e 56 nas primeiras duas células da coluna 2, 120 e 80 nas primeiras duas células da coluna 3, e 123 e 52 nas primeiras duas células da coluna 4. As etapas do Minitab para esse teste são as seguintes.

Etapa 1. Selecione o menu **Stat**
Etapa 2. Selecione **Tables**
Etapa 3. Escolha **Cross Tabulation and Chi-Square**
Etapa 4. Quando a caixa de diálogo Cross Tabulation and Chi-Square aparecer:
  Selecione **Summarized data in a two-way table**
  Digite C2-C4 na caixa **Columns containing the table**
  Digite C1 na caixa **Rows**
  Digite Auto Owner Population na caixa **Columns**
  Selecione **Chi-Square**
Etapa 5. Quando a caixa de diálogo Cross Tabulation–Chi-Square aparecer:
  Selecione **Chi-square test**
  Clique em **OK**
Etapa 6. Clique em **OK**

Teste de qualidade do ajuste

Para usar o Minitab com o objetivo de conduzir um teste de qualidade do ajuste, primeiro o usuário deve obter uma amostra da população e determinar a frequência observada de cada uma das *k* categorias. Supondo que a distribuição populacional hipotética seja verdadeira, o usuário também precisa determinar a proporção hipotética ou esperada de cada uma das *k* categorias. Usando uma nova planilha do Minitab, as frequências esperadas são inseridas na coluna C1 e as proporções hipotéticas correspondentes são inseridas na coluna C2.

Usando o exemplo da Scott Marketing Research apresentado na Seção 12.3, a amostra de 200 preferências de consumidores pelos produtos A, B e C forneceu as frequências observadas de 48, 98 e 54. Essas frequências são inseridas na coluna C1. Usando os dados históricos de participação de mercado, as proporções hipotéticas, 0,30, 0,50 e 0,20, são inseridas na coluna C2. As etapas do Minitab para o teste de qualidade do ajuste dessa distribuição de probabilidade multinomial são as seguintes.

Etapa 1. Selecione o menu **Stat**
Etapa 2. Selecione **Tables**
Etapa 3. Escolha **Chi-Square Goodness-of-Fit Test (One Variable)**
Etapa 4. Quando a caixa de diálogo Chi-Square Goodness-of-Fit Test aparecer:
Selecione **Observed counts**
Digite C1 na caixa **Observed counts**
Selecione **Specific proportions**
Digite C2 na caixa **Specific proportions**
Clique em **OK**

Se em alguma aplicação do teste de qualidade do ajuste a hipótese nula for de proporções *iguais* para as *k* categorias, a coluna C2 não será necessária. Neste caso, o usuário pode selecionar **Equal proportions** em vez de **Specific proportions** na etapa 4.

Apêndice 12.2 Testes qui-quadrado usando o Excel

O procedimento do Excel para testes da igualdade de proporções populacionais, testes de independência e testes de qualidade do ajuste são praticamente os mesmos, já que todos eles usam a função de qui-quadrado do Excel, TESTE. CHIQ. Independentemente da aplicação, antes de criar uma planilha no Excel para realizar o teste, o usuário precisa fazer o seguinte:

1. Selecionar uma amostra da população ou populações e registrar os dados.
2. Resumir os dados para mostrar as frequências observadas em um formato tabular.

A Tabela Dinâmica do Excel pode ser usada para resumir os dados na etapa 2 acima. Como esse procedimento já foi apresentado anteriormente, no Apêndice 2.2, não vamos descrevê-lo neste apêndice. Em vez disso, vamos começar o procedimento de teste qui-quadrado no Excel deduzindo que o usuário já determinou as frequências observadas para o estudo.

Demonstraremos o teste qui-quadrado no Excel considerando o exemplo de lealdade aos veículos apresentado na Seção 12.1. Usando os dados do DATAfile AutoLoyalty e o procedimento de Tabela Dinâmica do Excel, obtivemos as frequências observadas exibidas na planilha do Excel da Figura 12.5. Em seguida, o usuário precisa inserir fórmulas do Excel na planilha para calcular as frequências esperadas. Usando a Equação (12.1), as fórmulas do Excel para frequências esperadas são apresentadas na planilha secundária da Figura 12.5.

A última etapa é inserir a função do Excel TESTE.CHIQ. O formato desta função é:

= TESTE.CHIQ(Células de frequência observada, Células de frequência esperada)

Na Figura 12.5, as células de frequência observada são B7 a D8, escritas como B7:D8. Já as células de frequência esperada são B16 a D17, escritas como B16:D17. A função = TESTE.CHIQ(B7:D8,B16:D17) é exibida na célula E20 da planilha secundária. Essa função faz todos os cálculos do teste qui-quadrado e retorna o valor-*p* do teste.

480 Estatística aplicada a administração e economia

O teste de independência resume as frequências observadas em um formato tabular muito parecido com o que foi mostrado na Figura 12.5. As fórmulas para calcular as frequências esperadas também são muito parecidas com as fórmulas apresentadas na planilha secundária. Para o teste de qualidade do ajuste, o usuário fornece as frequências observadas em uma coluna, e não em uma tabela. O usuário também precisa fornecer as frequências esperadas associadas em outra coluna. Por fim, a função TESTE.CHIQ é usada para obter o valor-*p* conforme descrito anteriormente.

A planilha do Excel mostrada na Figura 12.5 está disponível no DATAfile *ChiSquare*.

	A	B	C	D	E	F
1	Teste qui-quadrado					
2						
3	Frequências observadas					
4						
5			Populações			
6	Probabilidade de compra	Chevrolet Impala	Ford Fusion	Honda Accord	Total	
7	Sim	69	120	123	312	
8	Não	56	80	52	188	
9	Total	125	200	175	500	
10						
11						
12	Frequências esperadas					
13						
14			Populações			
15	Probabilidade de compra	Chevrolet Impala	Ford Fusion	Honda Accord	Total	
16	Sim	78	124,8	109,2	312	
17	Não	47	75,2	65,8	188	
18	Total	125	200	175	500	
19						
20				valor-*p*	0,0193	
21						

DATA *file*
Chi Square

	A	B	C	D	E	F
1	Teste qui-quadrado					
2						
3	Frequências observadas					
4						
5			Populações			
6	Probabilidade de compra	Chevrolet Impala	Ford Fusion	Honda Accord	Total	
7	Sim	69	120	123	=SOMA(B7:D7)	
8	Não	56	80	52	=SOMA(B8:D8)	
9	Total	=SOMA(B7:B8)	=SOMA(C7:C8)	=SOMA(D7:D8)	=SOMA(E7:E8)	
10						
11						
12	Frequências esperadas					
13						
14			Populações			
15	Probabilidade de compra	Chevrolet Impala	Ford Fusion	Honda Accord	Total	
16	Sim	=E7*B9/E9	=E7*C9/E9	=E7*D9/E9	=SOMA(B16:D16)	
17	Não	=E8*B9/E9	=E8*C9/E9	=E8*D9/E9	=SOMA(B17:D17)	
18	Total	=SOMA(B16:B17)	=SOMA(C16:C17)	=SOMA(D16:D17)	=SOMA(E16:E17)	
19						
20				valor-*p*	=TESTE.QUI(B7:D8,B16:D17)	
21						

FIGURA 12.5 Planilha do Excel para o estudo de lealdade aos automóveis

CAPÍTULO 13

Delineamento experimental e análise de variância

CONTEÚDO

Estatística na prática: Burke Marketing Services, Inc.

13.1 Uma introdução ao delineamento experimental e à análise de variância
Coleta de dados
Pressupostos para a análise de variância
Análise de variância: um resumo conceitual

13.2 Análise de variância e o delineamento completamente aleatorizado
Estimativa da variância populacional entre tratamentos
Estimativa da variância populacional dentro dos tratamentos
Comparando estimativas da variância: o teste F
Tabela da ANOVA
Resultados de computador para análise de variância

Testando a igualdade de k médias populacionais: um estudo observacional

13.3 Procedimentos de comparação múltipla
MDS de Fisher
Taxas de erro Tipo I

13.4 Delineamento em blocos aleatorizados
Teste de estresse de controladores de tráfego aéreo
Procedimento ANOVA
Cálculos e conclusões

13.5 Experimento fatorial
Procedimento ANOVA
Cálculos e conclusões

APÊNDICES

13.1 Análise de variância com o Minitab

13.2 Análise de variância com o Excel

ESTATÍSTICA na PRÁTICA

Burke Marketing Services, Inc.*
Cincinnati, Ohio

A Bruke Marketing Services, Inc. é uma das empresas de pesquisa de mercado mais experientes do setor. Todos os dias, a Burke escreve mais propostas sobre mais projetos do que qualquer outra empresa de pesquisa de mercado do mundo. Com o apoio de tecnologia de ponta, a Burke oferece uma ampla variedade de recursos de pesquisa, fornecendo respostas para praticamente todas as questões de marketing.

Em um estudo, uma empresa contratou a Burke para avaliar possíveis novas versões de um cereal infantil. Para manter a confidencialidade, chamaremos o fabricante de cereal de Anon Company. Os quatro principais fatores que os desenvolvedores de produtos da Anon acreditavam que melhorariam o sabor dos cereais eram:

1. Proporção de trigo para milho no floco de cereal
2. Tipo de adoçante: açúcar, mel ou artificial
3. Presença ou ausência de pedaços com sabor de frutas
4. Tempo de cozimento curto ou longo

A Burke desenvolveu um experimento para determinar quais efeitos esses quatro fatores tinham sobre o sabor do cereal. Por exemplo, um cereal de teste foi criado com uma determinada proporção de trigo para milho, açúcar como adoçante, pedaços de sabor e pouco tempo de cozimento. Outro cereal de teste foi fabricado com uma proporção diferente de trigo para milho e os outros três fatores iguais, e assim por diante. Depois, grupos de crianças provaram os cereais e disseram o que acharam do sabor de cada um deles.

* Os autores agradecem ao Dr. Ronald Tatham, da Burke Marketing Services, pelas informações do quadro Estatística na prática.

A Burke usa testes de sabor para fornecer informações estatísticas valiosas sobre o que os consumidores desejam de um produto.

A análise de variância foi o método estatístico usado para estudar os dados obtidos nos testes de sabor. Os resultados das análises mostraram que:

- A composição do floco e o tipo de adoçante tinham grande influência sobre a avaliação de sabor.
- Os pedaços de sabor, na verdade, prejudicavam o sabor do cereal.
- O tempo de cozimento não tinha efeito sobre o sabor.

Essas informações ajudaram a Anon a identificar os fatores que levariam ao cereal com melhor sabor.

O delineamento experimental empregado pela Burke e a análise de variância posterior foram úteis para fazer uma recomendação de design de produto. Neste capítulo, vamos ver como esses procedimentos são realizados.

No Capítulo 1, dissemos que os estudos estatísticos podem ser classificados como experimentais ou observacionais. Em um estudo estatístico experimental, um experimento é conduzido para gerar os dados. Um experimento começa com a identificação da variável de interesse. Depois, uma ou mais variáveis, consideradas relacionadas, são identificadas e controladas. Por fim, dados sobre como essas variáveis influenciam a variável de interesse são coletados.

Em um estudo observacional, normalmente os dados são obtidos por meio de pesquisas amostrais, e não em um experimento controlado. Bons princípios de delineamento ainda são empregados, mas os rigorosos controles associados a um estudo estatístico experimental muitas vezes não são possíveis. Por exemplo, em um estudo da relação entre fumar e câncer de pulmão, o pesquisador não pode atribuir o hábito de fumar aos participantes. O pesquisador fica restrito a simplesmente observar os efeitos de fumar nas pessoas que já têm esse hábito e os efeitos de não fumar naquelas que não têm.

Sir Ronald Aylmer Fisher (1890-1962) inventou o ramo da estatística conhecido como delineamento experimental. Além do talento em estatística, ele era um conhecido cientista na área de genética.

Neste capítulo, apresentamos três tipos de delineamentos experimentais: um delineamento completamente aleatorizado, um delineamento em blocos aleatorizados e um experimento fatorial. Para cada delineamento, demonstramos como um procedimento estatístico chamado análise de variância (ANOVA) pode ser usado para examinar os dados disponíveis. A ANOVA também pode ser usada para analisar os dados obtidos por um estudo observacional. Vamos ver, por exemplo, que o procedimento ANOVA usado em um delineamento experimental completamente aleatorizado também funciona para testar a igualdade de três ou mais médias populacionais quando os dados forem obtidos em um estudo observacional. Nos capítulos posteriores, veremos que a ANOVA desempenha um papel fundamental na análise dos resultados de estudos de regressão que envolvem dados experimentais e observacionais.

Na primeira seção, introduzimos princípios básicos de um estudo experimental e mostramos como eles são empregados em um delineamento completamente aleatorizado. Na segunda seção, mostramos como a ANOVA pode ser usada para analisar os dados de um delineamento experimental completamente aleatorizado. Nas seções posteriores, discutiremos procedimentos de comparação múltipla e dois outros delineamentos experimentais amplamente utilizados, o delineamento em blocos aleatorizados e o experimento fatorial.

13.1 Uma introdução ao delineamento experimental e à análise de variância

Como exemplo de um estudo estatístico experimental, vamos considerar o problema enfrentado pela Chemitech, Inc. A Chemitech desenvolveu um novo sistema de filtragem para o abastecimento municipal de água. Os componentes do novo sistema de filtragem serão comprados de diferentes fornecedores e a Chemitech os montará em sua fábrica em Columbia, Carolina do Sul. O grupo de engenharia industrial é responsável por determinar o melhor método de montagem para o novo sistema de filtragem. Depois de avaliar uma série de métodos possíveis, o grupo reduz as alternativas a três: método A, método B e método C. A diferença entre esses métodos é a sequência de etapas usadas para montar o sistema. Os gerentes da Chemitech querem determinar qual método de montagem produz o maior número de sistemas de filtragem por semana.

> Pode ser difícil estabelecer relações de causa e efeito em estudos observacionais. É mais fácil estabelecer esse tipo de relação em estudos experimentais.

No experimento da Chemitech, o método de montagem é a variável independente ou **fator**. Como três métodos de montagem correspondem a esse fator, dizemos que três tratamentos estão associados a esse experimento. Cada **tratamento** corresponde a um dos três métodos de montagem. O caso da Chemitech é um exemplo de **experimento de fator único**. Ele envolve um fator categórico (método de montagem). Experimentos mais complexos podem ser formados por fatores múltiplos. Alguns fatores podem ser categóricos, e outros, quantitativos.

Os três métodos de montagem ou tratamentos definem as três populações de interesse para o experimento da Chemitech. Uma população contém todos os funcionários da Chemitech que usam o método de montagem A, a outra contém aqueles que usam o método B e a terceira contém os que usam o método C. Observe que, em cada população, a variável dependente, ou **variável resposta**, é o número de sistemas de filtragem montados por semana, e o principal objetivo estatístico do experimento é determinar se o número médio de unidades produzidas por semana é o mesmo em todas as três populações (métodos).

Suponha que uma amostra aleatória de três funcionários seja selecionada entre todos os trabalhadores da linha de montagem da fábrica da Chemitech. Seguindo a terminologia do delineamento experimental, os três trabalhadores selecionados aleatoriamente são as **unidades experimentais**. O delineamento experimental que usaremos para o experimento da Chemitech é chamado de **delineamento completamente aleatorizado**. Este tipo de delineamento exige que cada um dos três métodos de montagem, ou tratamentos, seja designado aleatoriamente a uma das unidades experimentais, ou trabalhadores. Por exemplo, o método A pode ser atribuído aleatoriamente ao segundo trabalhador, o método B ao primeiro e o método C ao terceiro. O conceito de *aleatorização*, conforme ilustrado neste exemplo, é um princípio importante de todos os delineamentos experimentais.

> Aleatorização é o processo de designar tratamentos às unidades experimentais de maneira aleatória. Antes do trabalho do *Sir* R. A. Fisher, os tratamentos eram designados de maneira sistemática ou subjetiva.

Observe que esse experimento resultaria em apenas uma medição ou número de unidades montadas para cada tratamento. Para obter dados adicionais de cada método de montagem, precisamos repetir ou replicar o processo experimental básico. Suponha, por exemplo, que, em vez de selecionar apenas três funcionários ao acaso, nós selecionamos 15 trabalhadores. Depois, atribuímos aleatoriamente cada um dos três tratamentos a 5 funcionários. Como cada método de montagem foi designado a 5 trabalhadores, dizemos que 5 réplicas foram obtidas. O processo de *replicação* é outro princípio importante do delineamento experimental. A Figura 13.1 mostra o delineamento completamente aleatorizado do experimento da Chemitech.

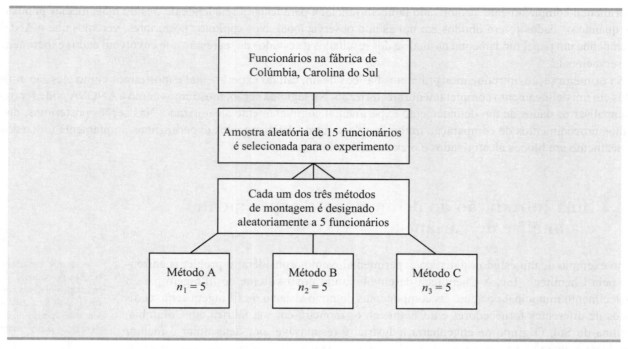

FIGURA 13.1 Delineamento completamente aleatorizado para avaliar o experimento de método de montagem da Chemitech

Coleta de dados

Assim que ficarmos satisfeitos com o delineamento experimental, prosseguiremos coletando e analisando os dados. No caso da Chemitech, os funcionários seriam instruídos sobre como executar o método de montagem atribuído a eles e depois começariam a montar os novos sistemas de filtragem usando aquele método. Depois da atribuição e do treinamento, o número de unidades montadas por cada funcionário durante uma semana é exibido na Tabela 13.1. As médias amostrais, variâncias amostrais e desvios padrão amostrais de cada método de montagem também são fornecidos. Assim, o número médio da amostra de unidades produzidas usando o método A é 62; o número médio da amostra usando o método B é 66; e o número médio da amostra usando o método C é 52. Segundo esses dados, o método B parece resultar em taxas de produção maiores do que os outros dois métodos.

TABELA 13.1 Número de unidades produzidas por 15 trabalhadores

	Método A	Método B	Método C
	58	58	48
	64	69	57
	55	71	59
	66	64	47
	67	68	49
Média amostral	62	66	52
Variância amostral	27,5	26,5	31,10
Desvio padrão amostral	5,244	5,148	5,568

Delineamento experimental e análise de variância   **485**

O problema real é se as três médias amostrais observadas são diferentes o bastante para concluirmos que as médias das populações correspondentes aos três métodos de montagem são diferentes. Para escrever essa questão em termos estatísticos, introduzimos a notação abaixo.

μ_1 = número médio de unidades produzidas por semana usando o método A

μ_2 = número médio de unidades produzidas por semana usando o método B

μ_3 = número médio de unidades produzidas por semana usando o método C

Embora nunca saibamos quais são os valores reais de μ_1, μ_2 e μ_3, queremos usar as médias amostrais para testar as seguintes hipóteses:

$$H_0: \mu_1 = \mu_2 = \mu_3$$
$$H_a: \text{Nem todas as médias populacionais são iguais}$$

Conforme demonstraremos brevemente, a análise de variância (ANOVA) é o procedimento estatístico usado para determinar se as diferenças observadas nas três médias amostrais são grandes o suficiente para rejeitar H_0.

> Se H_0 for rejeitada, não poderemos concluir que todas as médias populacionais são diferentes. A rejeição da H_0 significa que ao menos duas médias populacionais têm valores diferentes.

Pressupostos para a análise de variância

Três pressupostos são necessários para usar a análise de variância.

1. **Para cada população, a variável resposta é normalmente distribuída.** Implicação: no experimento da Chemitech, o número de unidades produzidas por semana (variável reposta) precisa ser normalmente distribuído em cada método de montagem.
2. **A variância da variável resposta, indicada por σ^2, é a mesma em todas as populações.** Implicação: no experimento da Chemitech, a variância do número de unidades produzidas por semana precisa ser a mesma em todos os métodos de montagem.
3. **As observações devem ser independentes.** Implicação: no experimento da Chemitech, o número de unidades produzidas por semana por cada funcionário deve ser independente do número de unidades produzidas por semana por qualquer outro trabalhador.

> Se as amostras tiverem tamanhos iguais, a análise de variância não será sensível a desvios da suposição de populações normalmente distribuídas.

Análise de variância: um resumo conceitual

Se as médias das três populações fossem iguais, poderíamos esperar que as três médias amostrais estivessem próximas. Na verdade, quanto mais próximas as três médias amostrais estiverem umas das outras, mais fracas serão as evidências que teremos para concluir que as médias populacionais são diferentes. Por outro lado, quanto mais diferentes forem as médias amostrais, mais fortes serão as evidências que teremos para concluir que as médias populacionais são diferentes. Em outras palavras, se a variabilidade entre as médias amostrais for "pequena", ela reforçará a H_0; se a variabilidade entre as médias amostrais for "grande", ela reforçará a H_a.

Se a hipótese nula, $H_0: \mu_1 = \mu_2 = \mu_3$, é verdadeira, é possível usar a variabilidade entre as médias amostrais para desenvolver uma estimativa de σ^2. Primeiro, observe que, se as suposições para a análise de variância forem satisfeitas e a hipótese nula for verdadeira, cada amostra terá vindo da mesma distribuição normal com média μ e variância σ^2. Lembre-se do Capítulo 7, em que a distribuição amostral da média amostral $\bar{x}$ se uma amostra aleatória simples de tamanho n extraída de uma população normal será normalmente distribuída com média μ e variância σ^2/n. A Figura 13.2 ilustra esse tipo de distribuição amostral.

Assim, se a hipótese nula for verdadeira, podemos pensar em cada uma das três médias amostrais, $\bar{x}_1 = 62$, $\bar{x}_2 = 66$ e $\bar{x}_3 = 52$, da Tabela 13.1 como valores extraídos ao acaso da distribuição amostral exibida na Figura 13.2. Neste caso, a média e a variância dos três valores de $\bar{x}$ podem ser usadas para estimar a média e a variância da distribuição amostral. Quando as amostras têm tamanhos iguais, assim como no experimento da Chemitech, a melhor estimativa da média da distribuição amostral de $\bar{x}$ é a média das médias da amostra. No experimento da Chemitech, uma estimativa da média da distribuição amostral de $\bar{x}$ é $(62 + 66 + 52)/3 = 60$. Chamamos essa estimativa de *média amostral global*. Uma estimativa da variância da distribuição amostral de $\bar{x}$, $\sigma_{\bar{x}}^2$, é fornecida pela variância das três médias amostrais.

$$s_{\bar{x}}^2 = \frac{(62 - 60)^2 + (66 - 60)^2 + (52 - 60)^2}{3 - 1} = \frac{104}{2} = 52$$

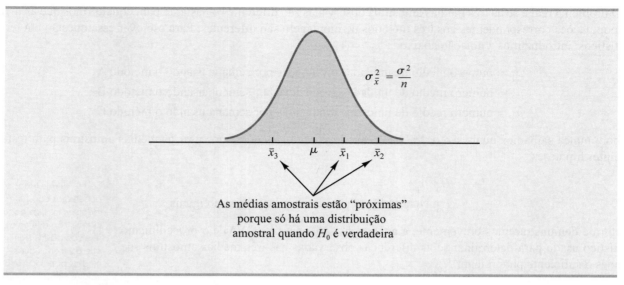

FIGURA 13.2 Distribuição amostral de $\bar{x}$ visto que H_0 é verdadeira

Como $\sigma_{\bar{x}}^2 = \sigma^2/n$, o cálculo de σ^2 gera

$$\sigma^2 = n\sigma_{\bar{x}}^2$$

Portanto,

$$\text{Estimativa de } \sigma^2 = n(\text{Estimativa de } \sigma_{\bar{x}}^2) = ns_{\bar{x}}^2 = 5(52) = 260$$

O resultado, $ns_{\bar{x}}^2 = 260$, é chamado de estimativa de σ^2 *entre tratamentos*.

A estimativa de σ^2 entre tratamentos se baseia no pressuposto de que a hipótese nula é verdadeira. Neste caso, cada amostra vem da mesma população e só existe uma única distribuição amostral de $\bar{x}$. Para ilustrar o que acontece quando H_0 é falsa, suponha que as médias populacionais sejam todas diferentes. Observe que, como as três amostras são provenientes de populações normais com médias diferentes, elas resultarão em três distribuições amostrais diferentes. A Figura 13.3 mostra que, neste caso, as médias amostrais não estão tão próximas quanto estavam quando H_0 era verdadeira. Assim, $s_{\bar{x}}^2$ será maior, fazendo a estimativa de σ^2 entre tratamentos ser maior. Em geral, quando as médias populacionais não são iguais, a estimativa entre tratamentos superestima a variância populacional σ^2.

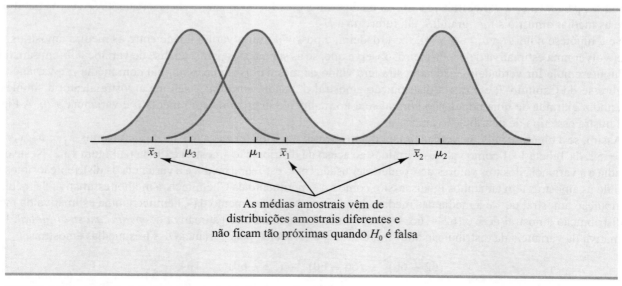

FIGURA 13.3 Distribuições amostrais de $\bar{x}$ visto que H_0 é falsa

A variação dentro de cada uma das amostras também tem um efeito sobre a conclusão que obtemos na análise de variância. Quando uma amostra aleatória simples é selecionada em cada população, cada uma das variâncias amostrais fornece uma estimativa não viesada de σ^2. Portanto, podemos combinar ou agrupar as estimativas individuais de σ^2 em uma estimativa geral. A estimativa de σ^2 obtida dessa maneira é chamada de estimativa de σ^2 *agrupada* ou *dentro dos tratamentos*. Visto que cada variância amostral fornece uma estimativa de σ^2 baseada apenas na variação dentro de cada amostra, a estimativa de σ^2 dentro dos tratamentos não é afetada pelo fato de as médias populacionais serem iguais. Quando as amostras têm tamanhos iguais, a estimativa de σ^2 dentro dos tratamentos pode ser obtida ao calcular a média das variâncias amostrais individuais. Para o experimento da Chemitech, temos

$$\text{Estimativa de } \sigma^2 \text{ dentro dos tratamentos} = \frac{27{,}5 + 26{,}5 + 31{,}0}{3} = \frac{85}{3} = 28{,}33$$

No experimento da Chemitech, a estimativa de σ^2 entre tratamentos (260) é muito maior que a estimativa de σ^2 dentro dos tratamentos (28,33). Na verdade, a relação entre essas duas estimativas é 260/28,33 = 9,18. Lembre-se, no entanto, que o método entre tratamentos só fornece uma boa estimativa de σ^2 se a hipótese nula for verdadeira. Se a hipótese nula for falsa, o método entre tratamentos vai superestimar σ^2. Já o método dentro dos tratamentos fornece uma boa estimativa de σ^2 em ambos os casos. Portanto, se a hipótese nula for verdadeira, as duas estimativas serão parecidas e a relação entre eles será próxima de 1. Se a hipótese nula for falsa, a estimativa entre tratamentos será maior que a estimativa dentro dos tratamentos e a proporção entre elas será maior. Na próxima seção, vamos mostrar qual deve ser o tamanho dessa proporção para rejeitar H_0.

Em suma, a lógica por trás da ANOVA se baseia no desenvolvimento de duas estimativas independentes da variância populacional comum, σ^2. Uma estimativa de σ^2 tem como base a variabilidade entre as próprias médias amostrais, enquanto a outra leva em conta a variabilidade dos dados dentro de cada amostra. Ao comparar essas duas estimativas de σ^2, conseguiremos determinar se as médias populacionais são iguais.

NOTAS E COMENTÁRIOS

1. A aleatorização no delineamento experimental é análoga à amostragem probabilística em um estudo observacional.
2. Em muitos experimentos médicos, o possível viés é eliminado ao usar um delineamento experimental duplo-cego. Com esse modelo, nem o médico que aplica o tratamento e nem os participantes sabem qual tratamento está sendo aplicado. Muitos outros tipos de experimentos podem se beneficiar com esse tipo de delineamento.
3. Nesta seção, apresentamos um resumo conceitual de como a análise de variância pode ser usada para testar a igualdade de k médias populacionais em um delineamento experimental completamente aleatorizado. Veremos que o mesmo procedimento também pode ser usado para testar a igualdade de k médias populacionais em um estudo observacional ou não experimental.
4. Nas Seções 10.1 e 10.2, apresentamos métodos estatísticos para testar a hipótese de as médias de duas populações serem iguais. A ANOVA também pode ser usada para testar a hipótese de as médias de duas populações serem iguais. Na prática, porém, a análise de variância não é usada normalmente, a não ser quando lidamos com três ou mais médias populacionais.

Análise de variância e o delineamento completamente aleatorizado

Nesta seção, mostramos como a análise de variância pode ser usada para testar a igualdade de k médias populacionais em um delineamento completamente aleatorizado. A forma geral das hipóteses testadas é:

$$H_0: \mu_1 = \mu_2 = ... = \mu_k$$
H_a: Nem todas as médias populacionais são iguais

onde

$$\mu_j = \text{média da } j\text{-ésima população}$$

Consideramos que uma amostra aleatória simples de tamanho nj foi selecionada de cada uma das k populações ou tratamentos. Para os dados amostrais resultantes:

488 Estatística aplicada a administração e economia

$$x_{ij} = \text{valor da observação } i \text{ do tratamento } j$$
$$n_j = \text{número de observações do tratamento } j$$
$$\bar{x}_j = \text{média amostral do tratamento } j$$
$$s_j^2 = \text{variância amostral do tratamento } j$$
$$s_j = \text{desvio padrão amostral do tratamento } j$$

As fórmulas para a média amostral e a variância amostral do tratamento j são:

$$\bar{x}_j = \frac{\sum\limits_{i=1}^{n_j} x_{ij}}{n_j} \tag{13.1}$$

$$s_j^2 = \frac{\sum\limits_{i=1}^{n_j} (x_{ij} - \bar{x}_j)^2}{n_j - 1} \tag{13.2}$$

A média amostral global, representada por $\bar{\bar{x}}$, é a soma de todas as observações dividida pelo número total de observações. Isto é,

$$\bar{\bar{x}} = \frac{\sum\limits_{j=1}^{k} \sum\limits_{i=1}^{n_j} x_{ij}}{n_T} \tag{13.3}$$

onde

$$n_T = n_1 + n_2 + \cdots + n_k \tag{13.4}$$

Se o tamanho de cada amostra for n, $n_T = kn$. Neste caso, a Equação (13.3) será reduzida para

$$\bar{\bar{x}} = \frac{\sum\limits_{j=1}^{k} \sum\limits_{i=1}^{n_j} x_{ij}}{kn} = \frac{\sum\limits_{j=1}^{k} \sum\limits_{i=1}^{n_j} x_{ij} / n}{k} = \frac{\sum\limits_{j=1}^{k} \bar{x}_j}{k} \tag{13.5}$$

Em outras palavras, sempre que o tamanho das amostras for igual, a média amostral global será apenas a média de k médias amostrais.

Como cada amostra do experimento da Chemitech consiste em $n = 5$ observações, a média amostral global pode ser calculada usando a Equação (13.5). Para os dados da Tabela 13.1, obtivemos os seguintes resultados:

$$\bar{\bar{x}} = \frac{62 + 66 + 52}{3} = 60$$

Se a hipótese nula for verdadeira ($\mu_1 = \mu_2 = \mu_3 = \mu$), a média amostral global de 60 será a melhor estimativa da média populacional μ.

Estimativa da variância populacional entre tratamentos

Na seção anterior, introduzimos o conceito de estimativa de σ^2 entre tratamentos e mostramos como calcular esse valor quando as amostras têm tamanhos iguais. Essa estimativa de σ^2 é chamada de *quadrado médio devido aos tratamentos* e representada pela sigla QMTra. A fórmula geral para calcular o QMTra é

$$\text{QMTra} = \frac{\sum\limits_{j=1}^{k} n_j (\bar{x}_j - \bar{\bar{x}})^2}{k - 1} \tag{13.6}$$

Delineamento experimental e análise de variância **489**

O numerador da Equação (13.6) é chamado *soma dos quadrados devido aos tratamentos* e é representado por SQTra. O denominador, $k - 1$, representa os graus de liberdade associados a SQTra. Portanto, o quadrado médio devido aos tratamentos pode ser calculado usando a fórmula abaixo.

QUADRADO MÉDIO DEVIDO AOS TRATAMENTOS

$$QMTra = \frac{SQTra}{k-1} \tag{13.7}$$

onde

$$SQTra = \sum_{j=1}^{k} n_j \, (\bar{x}_j - \bar{\bar{x}})^2 \tag{13.8}$$

Quando H_0 é verdadeira, o QMTra fornece uma estimativa não viesada de σ^2. Porém, se as médias das k populações não forem iguais, o QMTra não será uma estimativa não viesada de σ^2. Na verdade, neste caso, o QMTra deve superestimar σ^2. Para os dados da Chemitech da Tabela 13.1, obtemos os seguintes resultados:

$$SQTra = \sum_{j=1}^{k} n_j (\bar{x}_j - \bar{\bar{x}})^2 = 5(62 - 60)^2 + 5(66 - 60)^2 + 5(52 - 60)^2 = 520$$

$$QMTra = \frac{SQTra}{k-1} = \frac{520}{2} = 260$$

Estimativa da variância populacional dentro dos tratamentos

Anteriormente, introduzimos o conceito de estimativa de σ^2 dentro dos tratamentos e mostramos como calcular esse valor quando as amostras têm tamanhos iguais. Essa estimativa de σ^2 é chamada de *quadrado médio dos resíduos* e é representada por QMRes. A fórmula geral para calcular o QMRes é:

$$QMRes = \frac{\sum_{j=1}^{k} (n_j - 1) s_j^2}{n_T - k} \tag{13.9}$$

O numerador da Equação (13.9) é chamado de *soma dos quadrados devido ao erro* e é indicado por SQRes. O denominador de QMRes representa os graus de liberdade associados com o SQRes. Portanto, a fórmula do QMRes também pode ser expressa como:

QUADRADO MÉDIO DOS RESÍDUOS

$$QMRes = \frac{SQRes}{n_T - k} \tag{13.10}$$

onde

$$SQRes = \sum_{j=1}^{k} (n_j - 1) s_j^2 \tag{13.11}$$

Observe que o QMRes se baseia na variação dentro de cada um dos tratamentos. Ele não é influenciado pelo fato de a hipótese nula ser ou não verdadeira. Portanto, o QMRes sempre fornece uma estimativa não viesada de σ^2.

Para os dados da Chemitech da Tabela 13.1, obtemos os seguintes resultados:

$$SQRes = \sum_{j=1}^{k} (n_j - 1) s_j^2 = (5-1)27,5 + (5-1)26,5 + (5-1)31 = 340$$

$$QMRes = \frac{SQRes}{n_T - k} = \frac{340}{15 - 3} = \frac{340}{12} = 28,33$$

Comparando estimativas da variância: o teste F

Uma introdução à distribuição F e ao uso da tabela de distribuição F foi apresentada na Seção 11.2.

Se a hipótese nula for verdadeira, QMTra e QMRes fornecerão duas estimativas independentes e não viesadas de σ^2. Com base no material abordado no Capítulo 11, sabemos que, para populações normais, a distribuição amostral da razão entre duas estimativas independentes de σ^2 segue uma distribuição F. Assim, se a hipótese nula for verdadeira e as suposições da ANOVA forem válidas, a distribuição amostral de QMTra/QMRes será uma distribuição F com $k-1$ graus de liberdade no numerador e $n_T - k$ graus de liberdade no denominador. Em outras palavras, se a hipótese nula for verdadeira, o valor de QMTra/QMRes parecerá ter sido selecionado dessa distribuição F.

No entanto, se a hipótese nula for falsa, o valor de QMTra/QMRes será inflado, pois o QMTra superestima σ^2. Portanto, rejeitaremos H_0 se o valor resultante de QMTra/QMRes aparentar ser grande demais para ter sido selecionado em uma distribuição F com $k-1$ graus de liberdade no numerador e $n_T - k$ graus de liberdade no denominador. Como a decisão de rejeitar H_0 se baseia no valor de QMTra/QMRes, a estatística de teste usada para testar a igualdade de k médias populacionais é:

ESTATÍSTICA DE TESTE PARA A IGUALDADE DE k MÉDIAS POPULACIONAIS

$$F = \frac{\text{QMTra}}{\text{QMRes}} \qquad (13.12)$$

A estatística de teste segue uma distribuição F com $k-1$ graus de liberdade no numerador e $n_T - k$ graus de liberdade no denominador.

Vamos retornar para o experimento da Chemitech e usar um nível de significância $\alpha = 0,05$ para conduzir o teste de hipóteses. O valor da estatística de teste é

$$F = \frac{\text{QMTra}}{\text{QMRes}} = \frac{260}{28,33} = 9,18$$

Os graus de liberdade do numerador são $k - 1 = 3 - 1 = 2$ e os graus de liberdade do denominador são $n_T - k = 15 - 3 = 12$. Como só vamos rejeitar a hipótese nula para valores altos da estatística de teste, o valor-p é a área superior da distribuição F à direita da estatística de teste $F = 9,18$. A Figura 13.4 mostra a distribuição amostral de $F =$ QMTra/QMRes, o valor da estatística de teste e a área da cauda superior, que é o valor-p do teste de hipóteses.

Na Tabela 4 do Apêndice B, encontramos as áreas abaixo na cauda superior de uma distribuição F com 2 graus de liberdade no numerador e 12 graus de liberdade no denominador.

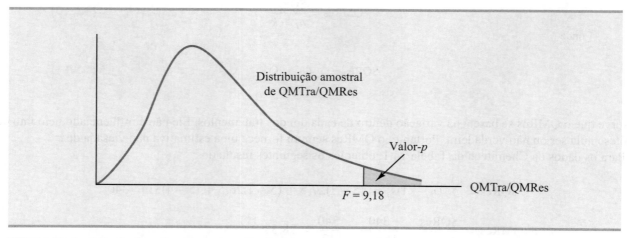

FIGURA 13.4 Cálculo do valor-p usando a distribuição amostral de QMTra/QMRes

Delineamento experimental e análise de variância **491**

Área na cauda superior	0,10	0,05	0,025	0,01
Valor F ($gl_1 = 2$, $gl_2 = 12$)	2,81	3,89	5,10	6,93

$$F = 9,18$$

Como $F = 9,18$ é maior que 6,93, a área na cauda superior em $F = 9,18$ é menor que 0,01. Dessa forma, o valor-p é menor que 0,01. O Minitab ou o Excel podem ser usados para mostrar que o valor-p exato é 0,004. Com o valor-$p \leq \alpha = 0,05$, H_0 é rejeitada. O teste fornece evidências suficientes para concluir que as médias das três populações não são iguais. Em outras palavras, a análise de variância reforça a conclusão de que o número médio da população de unidades produzidas por semana com os três métodos de montagem não é igual.

O Apêndice F mostra como calcular valores-p usando o Minitab ou o Excel.

Assim como com outros procedimentos de teste de hipóteses, o critério do valor crítico também pode ser usado. Com $\alpha = 0,05$, o valor F crítico ocorre com uma área de 0,05 na cauda superior de uma distribuição F com 2 e 12 graus de liberdade. Na tabela de distribuição F, encontramos $F_{0,05} = 3,89$. Portanto, a regra de rejeição da cauda superior apropriada para o experimento da Chemitech é:

$$\text{Rejeitar } H_0 \text{ se } F \geq 3,89$$

Com $F = 9,18$, rejeitamos H_0 e concluímos que as médias das três populações não são iguais. Um resumo do procedimento geral para testar a igualdade de k médias populacionais é mostrado abaixo.

TESTE DA IGUALDADE DE k MÉDIAS POPULACIONAIS

H_0: $\mu_1 = \mu_2 = ... = \mu_k$

H_a: Nem todas as médias populacionais são iguais

ESTATÍSTICA DE TESTE

$$F = \frac{\text{QMTra}}{\text{QMRes}}$$

REGRA DE REJEIÇÃO

Critério do valor-p: Rejeitar H_0 se valor-$p \leq \alpha$

Critério do valor crítico: Rejeitar H_0 se $F \geq F_\alpha$

onde o valor de F_α se baseia em uma distribuição F com $k - 1$ graus de liberdade no numerador e $n_T - k$ graus de liberdade no denominador.

Tabela da ANOVA

Os resultados dos cálculos anteriores podem ser apresentados de maneira conveniente em uma tabela chamada de análise de variância ou **tabela da ANOVA**. A forma geral da tabela da ANOVA para um delineamento completamente aleatorizado é exibida na Tabela 13.2. A Tabela 13.3 é a tabela da ANOVA correspondente ao experimento da Chemitech. A soma dos quadrados associados com a fonte de variação designada como "Total" é chamada de soma dos quadrados total (SQTot). Note que os resultados do experimento da Chemitech sugerem que SQTot = SQTra + SQRes. Além disso, os graus de liberdade associados com essa soma dos quadrados total são a soma dos graus de liberdade associados com a soma dos quadrados devido aos tratamentos e à soma dos quadrados devido ao erro.

Ressaltamos que a SQTot dividida por seus graus de liberdade $n_T - 1$ não é nada mais que a variância amostral global que seria obtida se tratássemos todo o conjunto de 15 observações como um único conjunto de dados. Com todo o conjunto de dados como uma amostra, a fórmula para calcular a soma dos quadrados total, SQTot, é

492 Estatística aplicada a administração e economia

TABELA 13.2 Tabela da Anova para um delineamento completamente aleatorizado

Fonte de variação	Soma dos quadrados	Graus de liberdade	Quadrado médio	F	Valor-p
Tratamentos	SQTra	$k-1$	$\text{QMTra} = \dfrac{\text{SQTra}}{k-1}$	$\dfrac{\text{QMTra}}{\text{QMRes}}$	
Erro	SQRes	$n_T - k$	$\text{QMRes} = \dfrac{\text{SQRes}}{n_T - k}$		
Total	SQTot	$n_T - 1$			

TABELA 13.3 Tabela de análise de variância para o experimento da Chemitech

Fonte de variação	Soma dos quadrados	Graus de liberdade	Quadrado médio	F	Valor-p
Tratamentos	520	2	260,00	9,18	0,004
Erro	340	12	28,33		
Total	860	14			

$$\text{SQTot} = \sum_{j=1}^{k}\sum_{i=1}^{n_j}(\overline{x}_{ij} - \overline{\overline{x}})^2 \tag{13.13}$$

É possível demonstrar que os resultados que observamos para a tabela de análise de variância do experimento da Chemitech também se aplicam a outros problemas. Isto é,

$$\text{SQTot} = \text{SQTra} + \text{SQRes} \tag{13.14}$$

A análise de variância pode ser pensada como um procedimento estatístico para particionar a soma dos quadrados total em componentes separados.

Em outras palavras, SQTot pode ser particionada em duas somas dos quadrados: a soma dos quadrados devido aos tratamentos e a soma dos quadrados devido ao erro. Observe, também, que os graus de liberdade correspondentes a SQTot, $n_T - 1$, podem ser divididos entre os graus de liberdade correspondentes a SQTra, $k-1$, e os graus de liberdade correspondentes a SQRes, $n_T - k$. A análise de variância pode ser vista como o processo de **partição** da soma dos quadrados total e dos graus de liberdade em suas fontes correspondentes: tratamentos e erro. A divisão da soma dos quadrados pelos graus de liberdade apropriados gera as estimativas de variância, o valor F e o valor-p usados para testar a hipótese de médias populacionais iguais.

Resultados de computador para análise de variância

Usando pacotes estatísticos de computador, os cálculos da análise de variância com amostras grandes ou um grande número de populações podem ser realizados com facilidade. Os Apêndices 13.1 e 13.2 apresentam as etapas necessárias para usar o Minitab e o Excel para realizar cálculos de análise de variância. Na Figura 13.5, mostramos o resultado do experimento da Chemitech obtido no Minitab. A primeira parte do resultado contém o formato de tabela da ANOVA familiar. Ao comparar a Figura 13.5 e a Tabela 13.3, vemos que as mesmas informações estão disponíveis, embora alguns dos cabeçalhos sejam um pouco diferentes. O título Source é usado para a coluna de fonte de variação; Factor identifica a linha de tratamentos; e as colunas de soma dos quadrados e graus de liberdade estão alternadas.

Repare que, depois da tabela da ANOVA, o resultado do computador contém os respectivos tamanhos das amostras, as médias amostrais e os desvios padrão. Além disso, o Minitab fornece um número que mostra estimativas individuais de intervalo de confiança de 95% para cada média populacional. Ao desenvolver essas estimativas de intervalo de

```
Source      DF    Adj SS    Adj MS    F-Value    P-Value
Factor       2     520.0    260.00       9.18      0.004
Error       12     340.0     28.33
Total       14     860.0

Model Summary

      S      R-sq    R-sq (adj)    R-sq(pred)
5.32291    60.47%      53.88%        38.23%

Means

Factor       N     Mean    StDev       95% CI
Method A     5    62.00     5.24   (56.81, 67.19)
Method B     5    66.00     5.15   (60.81, 71.19)
Method C     5    52.00     5.57   (46.81, 57.19)


Pooled StDev = 5,32291
```

Para delineamentos completamente aleatorizados, Adj SS e Adj MS no resultado do Minitab são iguais aos valores de SQ e MQ descritos neste capítulo.

FIGURA 13.5 Resultado do Minitab para a análise de variância do experimento da Chemitech

confiança, o Minitab usa o QMRes como estimativa de σ^2. Assim, a raiz quadrada de QMRes gera a melhor estimativa do desvio padrão da população, σ. Essa estimativa de σ no resultado do computador é o Pooled StDev, que é igual a 5,323. Para ilustrar como essas estimativas intervalares são desenvolvidas, vamos calcular uma estimativa de intervalo de confiança de 95% da média populacional do método A.

Segundo nosso estudo de estimativa intervalar no Capítulo 8, sabemos que a forma geral de uma estimativa intervalar de uma média populacional é

$$\bar{x} \pm t_{\alpha/2} \frac{s}{\sqrt{n}}$$

(13.15)

onde s é a estimativa do desvio padrão da população, σ. Como a melhor estimativa de σ é fornecida pelo Pooled StDev, usamos um valor de 5,323 para s na expressão (13.15). Os graus de liberdade para o valor t são 12, os graus de liberdade associados com a soma dos quadrados dos erros. Assim, com $t_{0,025} = 2,179$, obtemos

$$62 \pm 2,179 \frac{5,323}{\sqrt{5}} = 62 \pm 5,19$$

Portanto, o intervalo de confiança individual de 95% para o método A vai de $62 - 5,19 = 56,81$ a $62 + 5,19 = 67,19$. E já que as amostras têm tamanhos iguais no experimento da Chemitech, os intervalos de confiança individuais para os Métodos B e C também são construídos somando ou subtraindo 5,19 de cada média amostral. Portanto, no valor fornecido pelo Minitab, vemos que as amplitudes dos intervalos de confiança são iguais.

Testando a igualdade de k médias populacionais: um estudo observacional

Mostramos como a análise de variância pode ser usada para testar a igualdade de k médias populacionais em um delineamento experimental completamente aleatorizado. É importante entender que a ANOVA também pode ser usada para testar a igualdade de três ou mais médias populacionais usando dados obtidos em um estudo observacional. Como exemplo, vamos examinar a situação da National Computer Products, Inc. (NCP).

A NCP fabrica impressoras e equipamentos de fax em fábricas localizadas em Atlanta, Dallas e Seattle. Para avaliar o que os funcionários dessas fábricas sabem sobre gestão de qualidade, uma amostra aleatória de 6 funcionários foi

TABELA 13.4 Notas de 18 funcionários no teste

NCP

	Fábrica 1 Atlanta	Fábrica 2 Dallas	Fábrica 3 Seattle
	85	71	59
	75	75	64
	82	73	62
	76	74	69
	71	69	75
	85	82	67
Média amostral	79	74	66
Variância amostral	34	20	32
Desvio padrão amostral	5,83	4,47	5,66

selecionada em cada unidade. Os funcionários selecionados receberam um teste de percepção de qualidade. As notas do teste desses 18 funcionários são exibidas na Tabela 13.4. As médias amostrais, as variâncias amostrais e os desvios padrão amostrais de cada grupo também são fornecidos. Os gerentes querem usar esses dados para testar a hipótese de a nota média no teste ser a mesma para todas as três fábricas.

Definimos população 1 como todos os funcionários da unidade de Atlanta, população 2 como todos os funcionários de Dallas e população 3 como todos os funcionários de Seattle. Seja

μ_1 = nota média da população 1 no teste
μ_2 = nota média da população 2 no teste
μ_3 = nota média da população 3 no teste

Embora nunca saibamos quais são os valores reais de μ_1, μ_2 e μ_3, queremos usar os resultados amostrais para testar as hipóteses seguintes:

$H_0: \mu_1 = \mu_2 = \mu_3$
$H_a:$ Nem todas as médias populacionais são iguais

O exercício 8 pedirá que você analise os dados da NCP usando o procedimento de análise de variância.

Observe que o teste de hipóteses do estudo observacional da NCP é exatamente igual ao teste de hipóteses do experimento da Chemitech. Na verdade, a mesma metodologia de análise de variância que usamos para examinar o experimento da Chemitech também pode ser usada para analisar os dados do estudo observacional da NCP.

Embora a mesma metodologia da ANOVA seja usada para a análise, vale a pena destacar a diferença entre o estudo estatístico observacional da NCP e o estudo estatístico experimental da Chemitech. As pessoas que conduziram o estudo da NCP não tinham controle sobre como as fábricas foram designadas aos funcionários individuais. Isto é, as fábricas já estavam em operação e um determinado funcionário trabalhava em uma das três unidades. Tudo o que a NCP poderia fazer era selecionar uma amostra aleatória com 6 funcionários de cada fábrica e administrar o teste de percepção de qualidade. Para ser classificado como um estudo experimental, a NCP deveria ser capaz de selecionar aleatoriamente 18 funcionários e, depois, designar as fábricas a cada um deles de forma aleatorizada.

NOTAS E COMENTÁRIOS

1. A média amostral global também pode ser calculada como uma média ponderada de k médias amostrais.

$$\bar{\bar{x}} = \frac{n_1 \bar{x}_1 + n_2 \bar{x}_2 + \cdots n_k \bar{x}_k +}{n_T}$$

Nos problemas em que as médias amostrais são fornecidas, essa fórmula é mais simples que a Equação (13.3) para calcular a média global.

2. Se cada amostra consistir em n observações, a Equação (13.6) poderá ser escrita como

$$\text{QMTra} = \frac{n \sum_{j=1}^{k} (\bar{x}_j - \bar{\bar{x}})^2}{k-1} = n \left[\frac{\sum_{j=1}^{k} (\bar{x}_j - \bar{\bar{x}})^2}{k-1} \right]$$
$$= n s_{\bar{x}}^2$$

Note que este resultado é o mesmo apresentado na Seção 13.1, quando introduzimos o conceito de estimativa de σ^2 entre tratamentos. A Equação (13.6) é simplesmente uma generalização desse resultado para o caso de tamanhos de amostras desiguais.

3. Se cada amostra tiver n observações, $n_T = kn$; portanto, $n_T - k = k(n-1)$ e a Equação (13.9) poderá ser reescrita como

$$\text{QMRes} = \frac{\sum_{j=1}^{k}(n-1)s_j^2}{k(n-1)} = \frac{(n-1)\sum_{j=1}^{k}s_j^2}{k(n-1)} = \frac{\sum_{j=1}^{k}s_j^2}{k}$$

Em outras palavras, se as amostras tiverem tamanhos iguais, QMRes será a média das k variâncias amostrais. Note que este é o mesmo resultado que usamos na Seção 13.1 quando introduzimos o conceito de estimativa de σ^2 dentro dos tratamentos.

Exercícios

Métodos

1. Os dados abaixo são de um delineamento completamente aleatorizado.

	Tratamento		
	A	**B**	**C**
	162	142	126
	142	156	122
	165	124	138
	145	142	140
	148	136	150
	174	152	128
Média amostral	156	142	134
Variância amostral	164,4	131,2	110,4

   a. Calcule a soma dos quadrados entre tratamentos.
   b. Calcule o quadrado médio entre tratamentos.
   c. Calcule a soma dos quadrados devido ao erro.
   d. Calcule o quadrado médio dos resíduos.
   e. Crie uma tabela da ANOVA para esse problema.
   f. Com um nível de significância de $\alpha = 0,05$, teste para ver se as médias dos três tratamentos são iguais.

2. Em um delineamento completamente aleatorizado, sete unidades experimentais foram usadas para cada um dos cinco níveis do fator. Complete a tabela da ANOVA abaixo.

Fonte de variação	Soma dos quadrados	Graus de liberdade	Quadrado médio	F	Valor-p
Tratamentos	300				
Erro					
Total	460				

3. Consulte o exercício 2.
   a. Quais hipóteses estão implícitas neste problema?
   b. Com o nível de significância de $\alpha = 0,05$, é possível rejeitar a hipótese nula da parte (a)? Explique.

4. Em um experimento projetado para testar os níveis de produção de três tratamentos diferentes, os seguintes resultados foram obtidos: SQTot = 400, SQTra = 150, $n_T = 19$. Elabore a tabela da ANOVA e teste para ver se há alguma diferença significativa entre os níveis médios de produção dos três tratamentos. Use $\alpha = 0{,}05$.

5. Em um delineamento completamente aleatorizado, 12 unidades experimentais foram usadas para o primeiro tratamento, 15 para o segundo e 20 para o terceiro. Complete a análise de variância abaixo. Com um nível de significância de 0,05, existe uma diferença significativa entre tratamentos?

Fonte de variação	Soma dos quadrados	Graus de liberdade	Quadrado médio	F	Valor-p
Tratamentos	1.200				
Erro					
Total	1.800				

6. Desenvolva os cálculos da análise de variância do delineamento completamente aleatorizado abaixo. Com $\alpha = 0{,}05$, existe uma diferença significativa entre as médias dos tratamentos?

	Tratamento		
	A	B	C
	136	107	92
	120	114	82
	113	125	85
	107	104	101
	131	107	89
	114	109	117
	129	97	110
	102	114	120
		104	98
		89	106
$\bar{x}_j$	119	107	100
s_j^2	146,86	96,44	173,78

Aplicações

7. Três métodos diferentes de montagem de um produto foram propostos por um engenheiro industrial. Para investigar o número de unidades montadas corretamente com cada método, 30 funcionários foram selecionados e designados aleatoriamente aos três métodos propostos, de modo que cada método foi usado por dez trabalhadores. O número de unidades montadas corretamente foi registrado e o procedimento de análise de variância foi aplicado ao conjunto de dados resultante. Os seguintes resultados foram obtidos: SQTot = 10.800; SQTra = 4.560.
   a. Elabore a tabela da ANOVA para este problema.
   b. Use $\alpha = 0{,}05$ para testar se há alguma diferença significativa nas médias dos três métodos de montagem.

8. Volte aos dados da NCP na Tabela 13.4. Prepare a tabela da ANOVA e teste para ver se há alguma diferença significativa na nota média do teste nas três fábricas. Use $\alpha = 0{,}05$.

9. Para estudar os efeitos da temperatura sobre a produção em um processo químico, cinco lotes foram produzidos em cada um dos três níveis de temperatura. Os resultados estão no quadro abaixo. Construa uma tabela da análise de variância. Use um nível de significância de 0,05 para testar se o nível de temperatura tem um efeito sobre a produção média do processo.

Temperatura		
50 °C	60 °C	70 °C
34	30	23
24	31	28
36	34	28
39	23	30
32	27	31

10. Os auditores precisam avaliar diversos aspectos de uma auditoria com base em suas próprias experiências diretas, experiências indiretas, ou em uma combinação dos dois tipos. Um estudo solicitou que os auditores avaliassem a frequência de erros que seriam encontrados em uma auditoria. As avaliações dos auditores foram comparadas com os resultados reais. Suponha que os seguintes dados tenham sido obtidos em um estudo semelhante. Pontuações mais baixas indicam avaliações melhores.

Direta	Indireta	Combinação
17,0	16,6	25,2
18,5	22,2	24,0
15,8	20,5	21,5
18,2	18,3	26,8
20,2	24,2	27,5
16,0	19,8	25,8
13,3	21,2	24,2

AudJudg

Use $\alpha = 0,05$ para testar se a base para a avaliação afeta a qualidade dela. Qual é a sua conclusão?

11. Quatro tintas diferentes foram anunciadas como se tivessem o mesmo tempo de secagem. Para verificar as afirmações do fabricante, cinco amostras de cada tinta foram testadas. Os pesquisadores registraram o tempo em minutos até a tinta secar o suficiente para receber a aplicação de uma segunda camada. Os dados abaixo foram obtidos.

Tinta 1	Tinta 2	Tinta 3	Tinta 4
128	144	133	150
137	133	143	142
135	142	137	135
124	146	136	140
141	130	131	153

Paint

Com um nível de significância de $\alpha = 0,05$, teste para ver se o tempo médio de secagem é o mesmo para todos os tipos de tinta.

12. O estudo Restaurant Customer Satisfaction Survey do *Consumer Reports* se baseia em 148.599 visitas a redes de restaurantes *a la carte* (site do *Consumer Reports*). Uma das variáveis do estudo é o preço das refeições, o valor médio pago por pessoa pelo jantar e pelas bebidas menos a gorjeta. Suponha que uma repórter do *Sun Coast Times* acreditasse que seria interessante para os leitores se ela conduzisse um estudo parecido com os restaurantes localizados na região da Grand Strand, em Myrtle Beach, Carolina do Sul. A repórter selecionou uma amostra de 8 restaurantes de frutos do mar, 8 restaurantes italianos e 8 churrascarias. Os dados abaixo mostram os preços das refeições (US$) obtidos para os 24 restaurantes amostrados. Use $\alpha = 0,05$ para testar se há uma diferença significativa entre o preço médio das refeições nos três tipos de restaurantes.

Italiano	Frutos do mar	Churrascaria
$ 12	$ 16	$ 24
13	18	19
15	17	23
17	26	25
18	23	21
20	15	22
17	19	27
24	18	31

GrandStrand

13.3 Procedimentos de comparação múltipla

Quando usamos a análise de variância para testar se as médias de k populações são iguais, a rejeição da hipótese nula nos permite concluir apenas que as médias populacionais *não são iguais*. Em alguns casos, vamos querer dar um passo a mais e determinar onde ocorrem as diferenças entre as médias. O objetivo desta seção é mostrar como os **procedimentos de comparação múltipla** podem ser usados para conduzir comparações estatísticas entre pares de médias populacionais.

MDS de Fisher

Suponha que a análise de variância forneça evidências estatísticas para rejeitar a hipótese nula de médias populacionais iguais. Neste caso, o procedimento da mínima diferença significativa de Fisher (MDS) pode ser usado para determinar onde ocorrem as diferenças. Para ilustrar o uso do método MDS de Fisher para fazer comparações em pares das médias populacionais, lembre-se do experimento da Chemitech apresentado na Seção 13.1. Usando a análise de variância, concluímos que o número médio de unidades produzidas por semana não é igual para os três métodos de montagem. Neste caso, a questão de acompanhamento é: nós acreditamos que os métodos de montagem são diferentes, mas onde ocorrem essas diferenças? Isto é, as médias das populações 1 e 2 são diferentes? Ou a diferença ocorre entre as populações 1 e 3? Ou a diferença ocorre entre as populações 2 e 3? O quadro abaixo resume o Método MDS de Fisher para comparar pares de médias populacionais.

MÉTODO MDS DE FISHER

$$H_0: \mu_i = \mu_j$$
$$H_a: \mu_i \neq \mu_j$$

ESTATÍSTICA DE TESTE

$$t = \frac{\bar{x}_i - \bar{x}_j}{\sqrt{\text{QMRes}\left(\frac{1}{n_i} + \frac{1}{n_j}\right)}} \qquad (13.16)$$

REGRA DE REJEIÇÃO

Critério do valor-p: Rejeitar H_0 se valor-$p \leq \alpha$

Critério do valor crítico: Rejeitar H_0 se $t \leq -t_{\alpha/2}$ ou $t \geq t_{\alpha/2}$

onde o valor de $t_{\alpha/2}$ se baseia em uma distribuição t com $n_T - k$ graus de liberdade.

Agora, vamos aplicar esse método para determinar se há uma diferença significativa entre as médias da população 1 (método A) e da população 2 (método B) com nível de significância de $\alpha = 0,05$. A Tabela 13.1 mostrou que a média amostral é 62 para o método A e 66 para o método B. A Tabela 13.3 apontou que o valor do QMRes é 28,33. Trata-se da estimativa de σ^2 e se baseia em 12 graus de liberdade. Para os dados da Chemitech, o valor da estatística de teste é

$$t = \frac{62 - 66}{\sqrt{28,33\left(\frac{1}{5} + \frac{1}{5}\right)}} = -1,19$$

Como temos um teste bicaudal, o valor-p é duas vezes a área sob a curva da distribuição t à esquerda de $t = -1,19$. Usando a Tabela 2 do Apêndice B, a tabela de distribuição t para 12 graus de liberdade fornece as informações abaixo.

Área na cauda superior	0,20	0,10	0,05	0,025	0,01	0,005
Valor t (12 gl)	0,873	1,356	1,782	2,179	2,681	3,055

$t = 1,19$

O Apêndice F mostra como calcular valores-p usando o Excel ou o Minitab.

A tabela de distribuição t só contém valores positivos de t. No entanto, já que a distribuição t é simétrica, podemos encontrar a área abaixo da curva à direita de $t = 1,19$ e dobrá-la para descobrir o valor-p correspondente a $t = -1,19$. Vemos que $t = 1,19$ está entre 0,20 e 0,10. Ao dobrar esses valores, descobrimos que o valor-p deve estar entre 0,40 e 0,20. Programas como Excel ou Minitab podem ser usados para mostrar que o valor-p exato é 0,2571. Como o valor-p é maior que $\alpha = 0,05$, não é possível rejeitar a hipótese nula. Portanto, não podemos concluir que o número médio da população de unidades produzidas por semana com o método A é diferente da média populacional do método B.

Muitos analistas consideram mais fácil determinar a magnitude que a diferença entre as médias amostrais precisa ter para rejeitar H_0. Neste caso a estatística de teste é $\bar{x}_i - \bar{x}_j$, e o teste é conduzido seguindo o procedimento abaixo.

MÉTODOS MDS DE FISHER BASEADO NA ESTATÍSTICA DE TESTE $\bar{x}_i - \bar{x}_j$

$$H_0: \mu_i = \mu_j$$
$$H_a: \mu_i \neq \mu_j$$

ESTATÍSTICA DE TESTE

$$\bar{x}_i - \bar{x}_j$$

REGRA DE REJEIÇÃO COM UM NÍVEL DE SIGNIFICÂNCIA α

$$\text{Rejeitar } H_0 \text{ se } |\bar{x}_i - \bar{x}_j| \geq \text{MDS}$$

onde

$$\text{MDS} = t_{\alpha/2}\sqrt{\text{QMRes}\left(\frac{1}{n_i} + \frac{1}{n_j}\right)} \qquad \textbf{(13.17)}$$

No experimento da Chemitech, o valor de MDS é

$$\text{MDS} = 2{,}179\sqrt{28{,}33\left(\frac{1}{5} + \frac{1}{5}\right)} = 7{,}34$$

Repare que, quando as amostras têm tamanhos iguais, somente um valor de MDS é calculado. Nesses casos, podemos simplesmente comparar a magnitude da diferença entre duas médias amostrais quaisquer com o valor de MDS. Por exemplo, a diferença entre as médias amostrais da população 1 (método A) e a da população 3 (método C) é $62 - 52 = 10$. Essa diferença é maior que MDS $= 7{,}34$, o que significa que podemos rejeitar a hipótese nula de que o número médio da população de unidades produzidas por semana com o método A é igual à média populacional do método C. Da mesma forma, com a diferença entre as médias amostrais das populações 2 e 3 como $66 - 52 = 14 > 7{,}34$, também podemos rejeitar a hipótese de que a média populacional do método B é igual à média populacional do método C. Na verdade, nossa conclusão é que as médias populacionais dos Métodos A e B são diferentes da média populacional do Método C.

O método MDS de Fisher também pode ser usado para desenvolver uma estimativa do intervalo de confiança da diferença entre as médias de duas populações. O procedimento geral é o seguinte.

ESTIMATIVA DO INTERVALO DE CONFIANÇA DA DIFERENÇA ENTRE DUAS MÉDIAS POPU-LACIONAIS USANDO O MÉTODO MDS DE FISHER

$$\bar{x}_i - \bar{x}_j \pm \text{MDS} \qquad \textbf{(13.18)}$$

onde

$$\text{MDS} = t_{\alpha/2}\sqrt{\text{QMRes}\left(\frac{1}{n_i} + \frac{1}{n_j}\right)} \qquad \textbf{(13.19)}$$

e $t_{\alpha/2}$ se baseia em uma distribuição t com $n_T - k$ graus de liberdade.

Se o intervalo de confiança da expressão (13.18) incluir o valor zero, não poderemos rejeitar a hipótese de as duas médias populacionais serem iguais. Porém, se o intervalo de confiança não incluir o valor zero, concluiremos que existe uma diferença entre as médias populacionais. Para o experimento da Chemitech, lembre-se de que MDS $= 7{,}34$

(correspondente a $t_{0,025} = 2,179$). Assim, uma estimativa de intervalo de confiança de 95% da diferença entre as médias das populações 1 e 2 é de $62 - 66 \pm 7,34 = -11,34$ a 3,34. Como $\pm$ esse intervalo inclui zero, não é possível rejeitar a hipótese de que as duas médias populacionais são iguais.

Taxas de erro Tipo I

Começamos a discussão do método MDS de Fisher com a premissa de que a análise de variância nos deu evidências estatísticas para rejeitar a hipótese nula de médias populacionais iguais. Mostramos como o método MDS de Fisher pode ser usado nesses casos para determinar onde ocorrem essas diferenças. Tecnicamente, ele é chamado de teste MDS *protegido* ou *restrito* porque só é empregado se, antes dele, encontrarmos um valor F significativo usando a análise de variância. Para verificar por que essa distinção é importante em testes de comparação múltipla, precisamos explicar a diferença entre uma taxa de erro Tipo I *por comparação* e uma taxa de erro Tipo I *por experimento*.

No experimento da Chemitech, usamos o método MDS de Fisher para fazer três comparações em pares.

Teste 1	**Teste 2**	**Teste 3**
$H_0: \mu_1 = \mu_2$	$H_0: \mu_1 = \mu_3$	$H_0: \mu_2 = \mu_3$
$H_a: \mu_1 \neq \mu_2$	$H_a: \mu_1 \neq \mu_3$	$H_a: \mu_2 \neq \mu_3$

Em cada um dos casos, usamos um nível de significância de $\alpha = 0,05$. Portanto, para cada teste, se a hipótese nula for verdadeira, a probabilidade de cometermos um erro Tipo I é $\alpha = 0,05$. Consequentemente, a probabilidade de não cometermos um erro Tipo I em cada teste é $1 - 0,05 = 0,95$. Ao discutir procedimentos de comparação múltipla, chamamos essa probabilidade de ocorrer um erro Tipo I ($\alpha = 0,05$) de **taxa de erro Tipo I por comparação**. Essa taxa indica o nível de significância associado a uma única comparação em pares.

Agora, vamos analisar uma questão um pouco diferente. Ao fazermos três comparações em pares, qual é a probabilidade de cometermos um erro Tipo I em pelo menos um dos três testes? Para responder essa pergunta, observe que a probabilidade de não cometermos um erro Tipo I em qualquer um dos três testes é $(0,95)(0,95)(0,95) = 0,8574$.[1] Portanto, a probabilidade de cometer ao menos um erro Tipo I é $1 - 0,8574 = 0,1426$. Assim, quando usamos o método MDS de Fisher para fazer as três comparações em pares, a taxa de erro Tipo I associada com esse método não é 0,05. Na verdade, é 0,1426. Chamamos essa taxa de erro de **taxa de erro Tipo I por experimento** ou *geral*. Para evitar confusão, representamos a taxa de erro Tipo I por experimento como α_{EW}.

A taxa de erro Tipo I por experimento fica maior em problemas com mais populações. Por exemplo, um problema com cinco populações tem 10 comparações em pares possíveis. Se testássemos todas as comparações em pares possíveis usando o MDS de Fisher com uma taxa de erro por comparação de $\alpha = 0,05$, a taxa de erro Tipo I por experimento seria $1 - (1 - 0,05)^{10} = 0,40$. Nesses casos, os profissionais buscam alternativas que proporcionam mais controle sobre a taxa de erro por experimento.

Uma alternativa para controlar a taxa de erro por experimento geral, chamada de correção de Bonferroni, envolve o uso de uma taxa de erro por comparação menor em cada teste. Por exemplo, se quisermos testar C comparações em pares e com a probabilidade máxima de cometer um erro Tipo I em todo o experimento sendo α_{EW}, nós simplesmente usamos uma taxa de erro por comparação igual a α_{EW}/C. No experimento da Chemitech, se quisermos usar o método MDS de Fisher para testar todas as três comparações em pares com uma taxa máxima de erro por experimento de $\alpha_{EW} = 0,05$, definimos a taxa de erro por comparação como $\alpha = 0,05/3 = 0,017$. Para um problema com cinco populações e 10 comparações possíveis, a correção de Bonferroni sugeriria uma taxa de erro por comparação de $0,05/10 = 0,005$. Lembre-se da nossa discussão sobre teste de hipóteses no Capítulo 9, em que, para um tamanho de amostras fixo, qualquer queda na probabilidade de cometer um erro Tipo I resultará em um aumento na probabilidade de cometer um erro Tipo II, que corresponde a aceitar a hipótese de que as duas médias populacionais são iguais quando, na verdade, elas não são. Consequentemente, muitos profissionais relutam em realizar testes individuais com uma taxa de erro Tipo I por comparação baixa devido ao maior risco de cometer um erro Tipo II.

Vários outros procedimentos, como o teste de Tukey e o teste de amplitudes múltiplas de Duncan, foram desenvolvidos para ajudar nessas situações. No entanto, há muita controvérsia na comunidade estatística sobre qual procedimento é o "melhor". A verdade é que nenhum procedimento é o melhor para todos os tipos de problemas.

---

[1] Consideramos que os três testes são independentes e, portanto, a probabilidade conjunta dos três pode ser obtida pela simples multiplicação das probabilidades individuais. Na verdade, os três testes não são independentes porque QMRes é usado em cada teste. Então, o erro envolvido é ainda maior que o mostrado.

Exercícios

Métodos

13. Os dados a seguir são de um delineamento completamente aleatorizado.

	Tratamento A	Tratamento B	Tratamento C
	32	44	33
	30	43	36
	30	44	35
	26	46	36
	32	48	40
Média amostral	30	45	36
Variância amostral	6,00	4,00	6,50

   a. Com um nível de significância de $\alpha = 0,05$, podemos rejeitar a hipótese nula de as médias dos três tratamentos serem iguais?
   b. Use o método MDS de Fisher para testar se há uma diferença significativa entre as médias dos tratamentos A e B, A e C e B e C. Use $\alpha = 0,05$.
   c. Use o método MDS de Fisher para desenvolver uma estimativa de intervalo de confiança de 95% da diferença entre as médias dos tratamentos A e B.

14. Os dados abaixo são de um delineamento completamente aleatorizado. Nos cálculos posteriores, use $\alpha = 0,05$.

	Tratamento 1	Tratamento 2	Tratamento 3
	63	82	69
	47	72	54
	54	88	61
	40	66	48
$\bar{x}_j$	51	77	58
s_j^2	96,67	97,34	81,99

   a. Use a análise de variância para testar se há uma diferença significativa entre as médias dos três tratamentos.
   b. Use o método MDS de Fisher para determinar quais médias são diferentes.

Aplicações

15. Para testar se o tempo médio necessário para misturar um lote de materiais é o mesmo para as máquinas produzidas por três fabricantes, a Jacobs Chemical Company obteve os seguintes dados sobre o tempo (em minutos) necessário para misturar o material.

Fabricante		
1	2	3
20	28	20
26	26	19
24	31	23
22	27	22

   a. Use esses dados para testar se o tempo médio da população para misturar um lote de materiais é diferente entre os três fabricantes. Use $\alpha = 0,05$.
   b. Com um nível de significância de $\alpha = 0,05$, use o método MDS de Fisher para testar a igualdade das médias dos fabricantes 1 e 3. Qual é a sua conclusão após a realização desse teste?

16. Consulte o exercício 15. Use o método MDS de Fisher para desenvolver uma estimativa de intervalo de confiança de 95% da diferença entre as médias dos fabricantes 1 e 2.

17. Os dados a seguir são de um experimento desenvolvido para investigar a percepção de valores éticos corporativos entre pessoas especializadas em marketing (notas mais altas indicam valores éticos mais elevados).

Gerentes de marketing	Pesquisa de marketing	Publicidade
6	5	6
5	5	7
4	4	6
5	4	5
6	5	6
4	4	6

a. Use $\alpha = 0,05$ para testar se há diferenças significativas na percepção entre os três grupos.
b. Com o nível de significância de $\alpha = 0,05$, podemos concluir que existem diferenças na percepção de gerentes de marketing, especialistas em pesquisa de marketing e especialistas em publicidade. Use os procedimentos explicados nesta seção para determinar onde as diferenças ocorrem. Use $\alpha = 0,05$.

18. Para testar a existência de diferenças significativas no número de horas entre as paralisações de quatro máquinas, os dados abaixo foram obtidos.

Máquina 1	Máquina 2	Máquina 3	Máquina 4
6,4	8,7	11,1	9,9
7,8	7,4	10,3	12,8
5,3	9,4	9,7	12,1
7,4	10,1	10,3	10,8
8,4	9,2	9,2	11,3
7,3	9,8	8,8	11,5

a. Com o nível de significância de $\alpha = 0,05$, qual é a diferença, se houver, nos tempos médios da população das quatro máquinas?
b. Use o método MDS de Fisher para testar a igualdade das médias das máquinas 2 e 4. Use um nível de significância de 0,05.

19. Consulte o exercício 18. Use a correção de Bonferroni para testar a existência de uma diferença significativa entre todos os pares de médias. Considere que uma taxa de erro por experimento geral máxima de 0,05 seja desejada.

20. A Liga Internacional da classe AAA da liga menor de beisebol é composta por 14 times organizados em três divisões: norte, sul e oeste. Os dados abaixo mostram a participação média dos 14 times na Liga Internacional. Além disso, os registros dos times também são apresentados: V indica o número de vitórias, D indica o número de derrotas e PCT é a proporção de partidas que foram vencidas.

Nome do time	Divisão	V	D	PCT	Participação
Buffalo Bisons	Norte	66	77	0,462	8.812
Lehigh Valley IronPigs	Norte	55	89	0,382	8.479
Pawtucket Red Sox	Norte	85	58	0,594	9.097
Rochester Red Wings	Norte	74	70	0,514	6.913
Scranton-Wilkes Barre Yankees	Norte	88	56	0,611	7.147
Syracuse Chiefs	Norte	69	73	0,486	5.765
Charlotte Knights	Sul	63	78	0,447	4.526
Durham Bulls	Sul	74	70	0,514	6.995
Norfolk Tides	Sul	64	78	0,451	6.286
Richmond Braves	Sul	63	78	0,447	4.455
Columbus Clippers	Oeste	69	73	0,486	7.795
Indianapolis Indians	Oeste	68	76	0,472	8.538
Louisville Bats	Oeste	88	56	0,611	9.152
Toledo Mud Hens	Oeste	75	69	0,521	8.234

Triple-A

a. Use $\alpha = 0,05$ para testar a existência de diferenças na participação média nas três divisões.
b. Use o método MDS de Fisher para determinar onde ocorrem as diferenças. Use $\alpha = 0,05$.

13.4 Delineamento em blocos aleatorizados

Até aqui, analisamos o delineamento experimental completamente aleatorizado. Lembre-se que, para testar se há uma diferença entre as médias dos tratamentos, calculamos um valor F usando a relação

$$F = \frac{\text{QMTra}}{\text{QMRes}} \tag{13.20}$$

Um problema pode surgir sempre que as diferenças decorrentes de fatores externos (aqueles que não são considerados no experimento) fizerem o termo QMRes dessa relação ficar maior. Nesses casos, o valor F da Equação (13.20) pode ficar menor, indicando que não há diferença entre as médias dos tratamentos quando, na verdade, há uma diferença.

Nesta seção, apresentamos um delineamento experimental conhecido como **delineamento em blocos aleatorizados**. O objetivo desse modelo é controlar algumas das fontes externas de variação ao remover a variação do termo QMRes. Esse delineamento tende a gerar melhor estimativa da variância real do erro e leva a um teste de hipóteses mais poderoso quanto à capacidade de detectar diferenças entre as médias dos tratamentos. Para ilustrar, vamos analisar um estudo sobre o estresse de controladores de tráfego aéreo.

O delineamento completamente aleatorizado é útil quando as unidades experimentais são homogêneas. Se as unidades experimentais forem heterogêneas, a criação de blocos é usada normalmente para formar grupos homogêneos.

Teste de estresse de controladores de tráfego aéreo

Um estudo que media a fadiga e o estresse de controladores de tráfego aéreo resultou em propostas de mudança e reestruturação das estações de trabalho desses profissionais. Depois de levar em consideração vários projetos para as estações de trabalho, três alternativas específicas foram selecionadas por terem o maior potencial de redução do estresse dos controladores. A principal questão é: em que medida essas três alternativas diferem em relação ao efeito delas sobre o estresse dos controladores? Para responder a essa pergunta, precisamos desenvolver um experimento que forneça medições do estresse do controlador de tráfego aéreo sob cada alternativa.

Em um delineamento completamente aleatorizado, uma amostra aleatória de controladores seria designada a cada alternativa de estação de trabalho. No entanto, acredita-se que os controladores tenham diferenças substanciais em sua capacidade de lidar com situações de estresse. O que é altamente estressante para um controlador pode ser apenas moderado ou até mesmo causar pouco estresse em outro. Portanto, quando consideramos a fonte de variação dentro do grupo (QMRes), é preciso entender que essa variação inclui erros aleatórios e erros decorrentes das diferenças entre os controladores individuais. Na verdade, os gerentes esperavam que a variabilidade dos controladores fosse um dos principais contribuintes para o termo QMRes.

Estudos experimentais em empresas normalmente envolvem unidades experimentais altamente heterogêneas. Consequentemente, o delineamento em blocos aleatorizados é empregado com frequência.

Uma forma de separar o efeito das diferenças individuais é usar um delineamento em blocos aleatorizados. Esse tipo de modelo identifica a variabilidade derivada das diferenças individuais entre os controladores e a remove do termo QMRes. O delineamento em blocos aleatorizados exige uma única amostra de controladores. Cada controlador da amostra é testado com cada uma das três alternativas de estação de trabalho. Na terminologia do delineamento experimental, a estação de trabalho é o *fator de interesse* e os controladores são os *blocos*. Os três tratamentos (ou populações) associados ao fator da estação de trabalho correspondem às três alternativas de estação de trabalho. Para simplificar, chamaremos as alternativas de estação de trabalho de sistema A, sistema B e sistema C.

A criação de blocos em um delineamento experimental é parecida com a estratificação na amostragem.

O aspecto *aleatorizado* do delineamento em blocos aleatorizados é a ordem aleatória em que os tratamentos (sistemas) são designados aos controladores. Se todo controlador testasse os três sistemas na mesma ordem, qualquer diferença observada nos sistemas poderia ser decorrente da ordem do teste, e não de diferenças reais nos sistemas.

Para fornecer os dados necessários, as três estações de trabalho alternativas foram instaladas no Cleveland Control Center, em Oberlin, Ohio. Seis controladores foram selecionados ao acaso e escalados para operar cada um dos sistemas. Uma entrevista de acompanhamento e um exame médico de cada controlador participante do estudo geraram uma medida do estresse de cada controlador em cada sistema. Os dados são exibidos na Tabela 13.5.

AirTrafficMTB
AirTrafficExcel

O Minitab e o Excel usam arranjos de dados diferentes para a análise de um delineamento em blocos aleatorizados. Selecione a versão AirTrafficMTB dos dados quando usar o Minitab e a versão AirTrafficExcel quando usar o Excel.

TABELA 13.5 Delineamento em blocos aleatorizados para o teste de estresse de controladores de tráfego aéreo

		Tratamentos		
		Sistema A	Sistema B	Sistema C
Blocos	Controlador 1	15	15	18
	Controlador 2	14	14	14
	Controlador 3	10	11	15
	Controlador 4	13	12	17
	Controlador 5	16	13	16
	Controlador 6	13	13	13

A Tabela 13.6 é um resumo dos dados sobre estresse coletados. Nesta tabela, incluímos totais de colunas (tratamentos) e totais de linhas (blocos), além de algumas médias amostrais que serão úteis para fazer os cálculos de soma dos quadrados do procedimento ANOVA. Como os níveis de estresse menores são vistos como melhores, os dados amostrais parecem favorecer o sistema B, com nível médio de estresse de 13. Porém, a questão comum permanece a mesma: os resultados da amostra justificam a conclusão de que os níveis de estresse médios da população são diferentes nos três sistemas? Isto é, as diferenças são estatisticamente significativas? Um cálculo de análise de variância parecido com aquele realizado no delineamento completamente aleatorizado pode ser aplicado para responder a essa questão estatística.

Procedimento ANOVA

O procedimento ANOVA para o delineamento em blocos aleatorizados requer a divisão da soma dos quadrados total (SQTot) em três grupos: soma dos quadrados devido aos tratamentos (SQTra), soma dos quadrados devido aos blocos (SQBlo) e soma dos quadrados devido ao erro (SQRes). A fórmula para essa divisão é a seguinte:

$$SQTot = SQTra + SQBlo + SQRes \qquad (13.21)$$

TABELA 13.6 Resumo dos dados sobre estrresse do teste de estresse de controladores de tráfego aéreo

		Tratamentos			Total das linhas ou blocos	Média dos blocos
		Sistema A	Sistema B	Sistema C		
Blocos	Controlador 1	15	15	18	48	$\bar{x}_{1\cdot} = 48/3 = 16{,}0$
	Controlador 2	14	14	14	42	$\bar{x}_{2\cdot} = 42/3 = 14{,}0$
	Controlador 3	10	11	15	36	$\bar{x}_{3\cdot} = 36/3 = 12{,}0$
	Controlador 4	13	12	17	42	$\bar{x}_{4\cdot} = 42/3 = 14{,}0$
	Controlador 5	16	13	16	45	$\bar{x}_{5\cdot} = 45/3 = 15{,}0$
	Controlador 6	13	13	13	59	$\bar{x}_{6\cdot} = 39/3 = 13{,}0$
Total das colunas ou tratamentos		81	78	93	252	$\bar{\bar{x}} = \dfrac{252}{18} = 14{,}0$
Médias dos tratamentos		$\bar{x}_{\cdot 1} = \dfrac{81}{6}$ $= 13{,}5$	$\bar{x}_{\cdot 2} = \dfrac{78}{6}$ $= 13{,}0$	$\bar{x}_{\cdot 3} = \dfrac{93}{6}$ $= 15{,}5$		

Delineamento experimental e análise de variância **505**

TABELA 13.7   Tabela da ANOVA do delineamento em blocos aleatorizados com k tratamentos e b blocos

Fonte de variação	Soma dos quadrados	Graus de liberdade	Quadrado médio	F	Valor-p
Tratamentos	SQTra	$k-1$	$\text{QMTra} = \dfrac{\text{SQTra}}{k-1}$	$\dfrac{\text{QMTra}}{\text{QMRes}}$	
Blocos	SQBlo	$b-1$	$\text{QMBlo} = \dfrac{\text{SQBlo}}{b-1}$		
Erro	SQRes	$(k-1)(b-1)$	$\text{QMRes} = \dfrac{\text{SQRes}}{(k-1)(b-1)}$		
Total	SQTot	$n_T - 1$			

Essa partição da soma dos quadrados é resumida na tabela da ANOVA do delineamento em blocos aleatorizados na Tabela 13.7. A notação usada na tabela é

$$k = \text{número de tratamentos}$$
$$b = \text{número de blocos}$$
$$n_T = \text{tamanho total da amostra } (n_T = kb)$$

Observe que a tabela da ANOVA também mostra como os $n_T - 1$ graus de liberdade são divididos, de modo que $k-1$ graus de liberdade vão para os tratamentos, $b-1$ vão para os blocos e $(k-1)(b-1)$ vão para o termo erro. A coluna de quadrado médio mostra a soma dos quadrados dividida pelos graus de liberdade e $F = \text{QMTra/QMRes}$ é a relação F usada para testar a presença de uma diferença significativa entre as médias dos tratamentos. A principal contribuição do delineamento em blocos aleatorizados é que, ao incluir os blocos, nós removemos as diferenças individuais dos controladores do termo QMRes e obtemos um teste mais poderoso das diferenças de estresse nas três opções de estação de trabalho.

Cálculos e conclusões

Para calcular a estatística F necessária para testar a diferença entre médias de tratamentos com um delineamento em blocos aleatorizados, precisamos calcular QMTra e QMRes. Para calcular esses dois quadrados médios, primeiro, é preciso calcular SQTra e SQRes. Ao fazer isso, também vamos calcular SQBlo e SQTot. Para simplificar a apresentação, realizamos os cálculos em quatro etapas. Além de k, b e n_T, definidos anteriormente, a notação abaixo é usada.

$$x_{ij} = \text{valor da observação correspondente ao tratamento } j \text{ no bloco } i$$
$$\bar{x}_{.j} = \text{média amostral do } j\text{-ésimo tratamento}$$
$$\bar{x}_{i.} = \text{média amostral o } i\text{-ésimo bloco}$$
$$\bar{\bar{x}} = \text{média amostral global}$$

Etapa 1. Calcule a soma dos quadrados total (SQTot)

$$\text{SQTot} = \sum_{i=1}^{b} \sum_{j=1}^{k} (x_{ij} - \bar{\bar{x}})^2 \tag{13.22}$$

Etapa 2. Calcule a soma dos quadrados devido aos tratamentos (SQTra).

$$\text{SQTra} = b \sum_{j=1}^{k} (\bar{x}_{.j} - \bar{\bar{x}})^2 \tag{13.23}$$

506 Estatística aplicada a administração e economia

TABELA 13.8 Tabela da ANOVA para o teste de estresse de controladores de tráfego aéreo

Fonte de variação	Soma dos quadrados	Graus de liberdade	Quadrado médio	F	Valor-p
Tratamentos	21	2	10,5	10,5/1,9 = 5,53	0,024
Blocos	30	5	6,0		
Erro	19	10	1,9		
Total	70	17			

Etapa 3. Calcule a soma dos quadrados devido aos blocos (SQBlo).

$$SQBlo = k \sum_{i=1}^{b} (\bar{x}_{i.} - \bar{\bar{x}})^2 \qquad (13.24)$$

Etapa 4. Calcule a soma dos quadrados devido ao erro (SQRes).

$$SQRes = SQTot - SQTra - SQBlo \qquad (13.25)$$

Para os dados de controladores de tráfego aéreo da Tabela 13.6, essas etapas levam às seguintes somas dos quadrados.

Etapa 1. $SQTot = (15 - 14)^2 + (15 - 14)^2 + (18 - 14)^2 + \cdots + (13 - 14)^2 = 70$

Etapa 2. $SQTra = 6[(13,5 - 14)^2 + (13,0 - 14)^2 + (15,5 - 14)^2] = 21$

Etapa 3. $SQBlo = 3[(16 - 14)^2 + (14 - 14)^2 + (12 - 14)^2 + (14 - 14)^2 + (15 - 14)^2 + (13 - 14)^2] = 30$

Etapa 4. $SQRes = 70 - 21 - 30 = 19$

Essas somas dos quadrados divididas por seus graus de liberdade geram os valores de quadrados médios correspondentes exibidos na Tabela 13.8.

Vamos usar um nível de significância $\alpha = 0,05$ para conduzir o teste de hipóteses. O valor da estatística de teste é:

$$F = \frac{QMTra}{QMRes} = \frac{10,5}{1,9} = 5,53$$

Os graus de liberdade do numerador são $k - 1 = 3 - 1 = 2$. Os graus de liberdade do denominador são $(k - 1)(b - 1) = (3 - 1)(6 - 1) = 10$. Já que nós só rejeitaremos a hipótese nula com valores altos de estatística de teste, o valor-p será a área abaixo da distribuição F, à direita de $F = 5,53$. Segundo a Tabela 4 do Apêndice B, com 2 e 10 graus de liberdade, $F = 5,53$ está entre $F_{0,025} = 5,46$ e $F_{0,01} = 7,56$. Consequentemente, a área na cauda superior, ou o valor-p, está entre 0,01 e 0,025. Como alternativa, podemos usar o Excel ou o Minitab para mostrar que o valor-p exato para $F = 5,53$ é 0,024. Com o valor-$p \leq \alpha = 0,05$, rejeitamos a hipótese nula H_0: $\mu_1 = \mu_2 = \mu_3$ e concluímos que os níveis de estresse médios da população são diferentes para as três alternativas de estações de trabalho.

Alguns comentários gerais podem ser feitos sobre o delineamento em blocos aleatorizados. O delineamento experimental descrito nesta seção é um delineamento em blocos *completos*. A palavra "completos" indica que cada bloco é sujeito a todos os k tratamentos. Ou seja, todos os controladores (blocos) foram testados com todos os três sistemas (tratamentos). Os delineamentos experimentais em que alguns dos tratamentos, mas nem todos, são aplicados a cada bloco são chamados de delineamento em blocos *incompletos*. A discussão sobre delineamentos em blocos incompletos está fora do escopo deste livro.

Como cada controlador do estudo sobre estresse dos controladores de tráfego aéreo foi obrigado a usar os três sistemas, essa técnica garante um delineamento em blocos completos. Em alguns casos, no entanto, o delineamento em blocos é realizado com unidades experimentais "parecidas" em cada bloco. Por exemplo, consideremos que, em um teste prévio com os controladores de tráfego, a população de controladores tenha sido dividida em grupos que variavam de indivíduos com alto nível de estresse a indivíduos com baixo nível de estresse. O delineamento em blocos ainda pode ser obtido com três controladores de cada uma das classificações de estresse participando do estudo. Cada bloco consistiria, então, em três controladores do mesmo grupo de estresse. O aspecto aleatorizado do delineamento em blocos seria a designação aleatória dos três controladores de cada bloco para os três sistemas.

Por fim, observe que a tabela da ANOVA mostrada na Tabela 13.7 traz um valor F para testar os efeitos do tratamento, mas *não* os blocos. Isso acontece porque o experimento foi projetado para testar um único fator – o projeto da estação de trabalho. A criação de blocos com base na diferença nos níveis de estresse dos indivíduos foi conduzida para remover essa variação do termo QMRes. Porém, o estudo não foi desenvolvido para testar, especificamente, as diferenças individuais no nível de estresse.

Alguns analistas calculam $F = \text{QMBlo}/\text{QMRes}$ e usam essa estatística para testar a significância dos blocos. Depois, eles usam o resultado como guia para saber se o mesmo tipo de bloco seria desejado em experimentos futuros. Contudo, se a diferença no nível de estresse dos indivíduos for um fator do estudo, um delineamento experimental diferente deverá ser usado. Não se deve realizar um teste de significância nos blocos como uma base para conclusão sobre um segundo fator.

NOTAS E COMENTÁRIOS

Os graus de liberdade do erro são menores em um delineamento em blocos aleatorizados porque $b - 1$ graus de liberdade são perdidos para os b blocos. Se n for pequeno, os possíveis efeitos decorrentes dos blocos poderão ser encobertos devido à perda dos graus de liberdade do erro. Com n grande, os efeitos são minimizados.

Exercícios

Métodos

21. Considere os resultados experimentais do delineamento em blocos aleatorizados a seguir. Faça os cálculos necessários para montar a tabela de análise de variância.

		Tratamentos		
		A	B	C
	1	10	9	8
	2	12	6	5
Blocos	3	18	15	14
	4	20	18	18
	5	8	7	8

Use $\alpha = 0,05$ para testar a existência de diferenças significativas.

22. Os dados a seguir foram obtidos em um delineamento em blocos aleatorizados envolvendo cinco tratamentos e três blocos: SQTot = 430, SQTra = 310, SQBlo = 85. Elabore a tabela da ANOVA e teste a existência de diferenças significativas. Use $\alpha = 0,05$.

23. Um experimento com quatro tratamentos e oito blocos foi conduzido. Complete a tabela de análise de variância abaixo.

Fonte de variação	Soma dos quadrados	Graus de liberdade	Quadrado médio	F
Tratamentos	900			
Blocos	400			
Erro				
Total	1.800			

Use $\alpha = 0,05$ para testar se há diferenças significativas.

Aplicações

24. Uma revendedora de automóveis conduziu um teste para determinar se o tempo (em minutos) necessário para concluir um pequeno ajuste no motor depende do fato de usar um analisador de motor computadorizado ou eletrônico. Como o tempo de ajuste varia entre veículos compactos, intermediários e grandes, os três tipos de carros foram usados como blocos no experimento. Os dados obtidos são:

		Analisador	
		Computadorizado	Eletrônico
Carro	Compacto	50	42
	Intermediário	55	44
	Grande	63	46

Use $\alpha = 0{,}05$ para testar se há diferenças significativas.

25. O preço que os motoristas pagam por gasolina varia bastante de acordo com a região nos Estados Unidos. Os dados abaixo mostram o preço da gasolina comum por galão em uma amostra aleatória de postos de combustível das três principais marcas de gasolina (Shell, BP e Marathon) localizados em 11 áreas metropolitanas da região superior do Meio Oeste (OhioGasPrices.com website, 18 de março de 2012).

Região metropolitana	Shell	BP	Marathon
Akron, Ohio	3,77	3,83	3,78
Cincinnati, Ohio	3,72	3,83	3,87
Cleveland, Ohio	3,87	3,85	3,89
Columbus, Ohio	3,76	3,77	3,79
Ft. Wayne, Indiana	3,83	3,84	3,87
Indianapolis, Indiana	3,85	3,84	3,87
Lansing, Michigan	3,93	4,04	3,99
Lexington, Kentucky	3,79	3,78	3,79
Louisville, Kentucky	3,78	3,84	3,79
Muncie, Indiana	3,81	3,84	3,86
Toledo, Ohio	3,69	3,83	3,86

MidwestGasMTB
MidwestGasExcel

a. Use $\alpha = 0{,}05$ para testar se há uma diferença significativa no preço médio da gasolina das três marcas.

26. O Scholastic Aptitude Test (SAT) contém três áreas: leitura crítica, matemática e redação. Cada área é avaliada em uma escala de 800 pontos. Uma amostra das notas de seis estudantes no SAT é apresentada abaixo.

Estudante	Leitura crítica	Matemática	Redação
1	526	534	530
2	594	590	586
3	465	464	445
4	561	566	553
5	436	478	430
6	430	458	420

SATScoresMTB
SATScoresExcel

a. Usando um nível de significância de 0,05, o desempenho dos estudantes é diferente nas três áreas do SAT?
b. Qual área do teste parece ser mais difícil para os estudantes? Explique.

27. Um estudo divulgado no *Journal of the American Medical Association* examinou a demanda cardíaca da remoção de neve pesada. Dez homens saudáveis passaram por testes de exercícios em uma esteira e em uma bicicleta ergométrica modificada para usar os braços. Os homens que limparam dois terrenos de neve pesada e molhada usaram uma pá de neve plástica leve e um atirador de neve elétrico. Dados de frequência cardíaca, pressão sanguínea, absorção de oxigênio e esforço percebido durante a remoção da neve de cada participante foram comparados com os valores obtidos nos testes físicos na esteira e na bicicleta. Suponha que a tabela abaixo mostre a frequência cardíaca dos dez participantes em batimentos por minuto.

Participante	Esteira	Bicicleta ergométrica modificada	Pá de neve	Atirador de neve
1	177	205	180	98
2	151	177	164	120
3	184	166	167	111
4	161	152	173	122
5	192	142	179	151
6	193	172	205	158
7	164	191	156	117
8	207	170	160	123
9	177	181	175	127
10	174	154	191	109

SnowShovelingMTB
SnowShovelingExcel

Com um nível de significância de 0,05, teste a existência de diferenças significativas.

Experimento fatorial

Os delineamentos experimentais que analisamos até aqui permitem que tiremos conclusões estatísticas sobre um fator. No entanto, em alguns experimentos, queremos tirar conclusões sobre mais de uma variável ou fator. Um **experimento fatorial** é um delineamento experimental que possibilita conclusões simultâneas sobre dois ou mais fatores. O termo *fatorial* é usado porque as condições experimentais incluem todas as combinações possíveis dos fatores. Por exemplo, para a níveis do fator A e b níveis do fator B, o experimento envolverá a coleta de dados sobre ab combinações de tratamentos. Nesta seção, vamos mostrar a análise de um experimento fatorial com dois fatores. O método básico pode ser ampliado para experimentos que envolvem mais de dois fatores.

Como ilustração para um experimento fatorial com dois fatores, vamos analisar um estudo que envolve o Graduate Management Admissions Test (GMAT), um teste padronizado usado por escolas de pós-graduação em negócios para avaliar a capacidade de um candidato realizar um programa de pós-graduação naquela área. As notas no GMAT variam de 200 a 800, com notas mais altas indicando maior aptidão. Para tentar melhorar o desempenho dos estudantes no GMAT, uma grande universidade do Texas está considerando a possibilidade de oferecer os três seguintes programas preparatórios para o GMAT:

1. Uma sessão de revisão de três horas, abordando os tipos de perguntas que geralmente caem no GMAT.
2. Um programa de um dia que aborda materiais relevantes da prova, além da realização e avaliação de um simulado.
3. Um curso intensivo de dez semanas que envolve a identificação das dificuldades de cada aluno e a definição de programas de melhoria individuais.

Portanto, um fator deste estudo é o programa preparatório para o GMAT, que tem três tratamentos: revisão de três horas, programa de um dia e curso de dez semanas. Antes de selecionar o programa preparatório a ser adotado, mais estudos serão conduzidos para determinar como os programas propostos afetam as notas no GMAT.

Em geral, o GMAT é feito por estudantes de três áreas: faculdade de negócios, faculdade de engenharia e faculdade de artes e ciências. Assim, um segundo fator de interesse do experimento é se a área de graduação do estudante afeta a nota no GMAT. Este segundo fator, área da graduação, também tem três tratamentos: negócios, engenharia e artes e ciências. O delineamento fatorial deste experimento com três tratamentos correspondentes ao fator A, o programa preparatório, e três tratamentos correspondentes ao fator B, a área de graduação, terá um total de $3 \times 3 = 9$ combinações de tratamentos. Essas combinações de tratamentos ou condições experimentais são resumidas na Tabela 13.9.

Suponha que vamos selecionar uma amostra de dois alunos correspondentes a cada uma das nove combinações de tratamentos mostrada na Tabela 13.8: dois alunos da faculdade de negócios farão a revisão de três horas, dois participarão do programa de um dia e dois farão o curso de dez semanas. Além disso, dois estudantes de engenharia e dois de artes e ciências vão fazer cada um dos três programas preparatórios. Na terminologia do delineamento experimental, o tamanho da amostra de dois para cada combinação de tratamento indica que temos duas **replicações**. Mais replicações e amostras maiores podem ser usadas facilmente, mas optamos por minimizar os aspectos de cálculo neste exemplo.

Este delineamento experimental requer que seis alunos que planejam fazer cursos de pós-graduação sejam selecionados aleatoriamente em *cada uma* das três áreas de graduação. Depois, dois alunos de cada faculdade seriam designados aleatoriamente a cada um dos programas preparatórios, resultando em um total de 18 estudantes usados no estudo.

Vamos supor que os estudantes selecionados aleatoriamente tenham participado dos programas preparatórios e feito a prova do GMAT. As notas obtidas foram registradas na Tabela 13.10.

TABELA 13.9 Nove combinações de tratamentos para o experimento de dois fatores do GMAT

		Fator B: faculdade		
		Negócios	**Engenharia**	**Artes e ciências**
Fator A:	**Revisão de três horas**	1	2	3
programa	**Programa de um dia**	4	5	6
preparatório	**Curso de dez semanas**	7	8	9

DATA file
GMATStudyMTB
GMATStudyExcel

O Minitab e o Excel usam arranjos de dados diferentes para a análise de um experimento fatorial. Use a versão dos dados GMATStuduMTB para o Minitab e a versão GMATStudyExcel para o Excel.

TABELA 13.10 Notas no GMAT para o experimento de dois fatores

		Fator B: faculdade		
		Negócios	Engenharia	Artes e ciências
Fator A: programa preparatório	Revisão de três horas	500 580	540 460	480 400
	Programa de um dia	460 540	560 620	420 480
	Curso de dez semanas	560 600	600 580	480 410

Os cálculos de análise de variância dos dados da Tabela 13.10 fornecerão respostas para as seguintes perguntas:

- **Efeito principal (fator A):** Os programas de preparação são diferentes em relação aos efeitos sobre a nota no GMAT?
- **Efeito principal (fator B):** As áreas da graduação são diferentes em relação aos efeitos sobre a nota no GMAT?
- **Efeito de interação (fatores A e B):** Os estudantes de algumas faculdades se saem melhor com um tipo de programa preparatório enquanto outros têm um desempenho melhor com um programa diferente?

O termo **interação** refere-se a um novo efeito que podemos estudar agora porque usamos um experimento fatorial. Se o efeito de interação tiver um impacto significativo sobre as notas no GMAT, poderemos concluir que o efeito do tipo de programa preparatório depende da área da graduação.

Procedimento ANOVA

O procedimento ANOVA para o experimento fatorial com dois fatores exige a divisão da soma total quadrados total (SQTot) em quatro grupos: soma dos quadrados do fator A (SQA), soma dos quadrados do fator B (SQB), soma dos quadrados da interação (SQAB) e soma dos quadrados devido ao erro (SQRes). A fórmula dessa divisão é a seguinte.

$$\text{SQTot} = \text{SQA} + \text{SQB} + \text{SQAB} + \text{SQRes} \tag{13.26}$$

A divisão da soma dos quadrados e graus de liberdade é resumida na Tabela 13.11. A notação a seguir é utilizada.

a = número de níveis do fator A
b = número de níveis do fator B

TABELA 13.11 Tabela da ANOVA para o experimento fatorial de dois fatores com r replicações

Fonte de variação	Soma dos quadrados	Graus de liberdade	Quadrado médio	F	Valor-p
Fator A	SQA	$a-1$	$\text{QMA} = \dfrac{\text{SQA}}{a-1}$	$\dfrac{\text{QMA}}{\text{QMRes}}$	
Fator B	SQB	$b-1$	$\text{QMB} = \dfrac{\text{SQB}}{b-1}$	$\dfrac{\text{QMB}}{\text{QMRes}}$	
Interação	SQAB	$(a-1)(b-1)$	$\text{QMAB} = \dfrac{\text{SQAB}}{(a-1)(b-1)}$	$\dfrac{\text{QMAB}}{\text{QMRes}}$	
Erro	SQRes	$ab(r-1)$	$\text{QMRes} = \dfrac{\text{SQRes}}{ab(r-1)}$		
Total	SQTot	$n_T - 1$			

Delineamento experimental e análise de variância **511**

r = número de replicações

n_T = número total de observações realizadas no experimento; $n_T = abr$

Cálculos e conclusões

Para calcular a estatística F necessária para testar a significância do fator A, fator B e da interação, é preciso calcular QMA, QMB, QMAB e QMRes. Para calcular esses quatro quadrados médios, primeiro, precisamos calcular SQA, SQB, SQAB e SQRes. Fazendo isso, também calcularemos SQTot. Para simplificar a apresentação, realizamos os cálculos em cinco etapas. Além de a, b, r e n_T, definidos anteriormente, a notação abaixo também é utilizada.

x_{ijk} = observação correspondente à k-ésima replicação extraída do tratamento i do fator A e do tratamento j do fator B.

$\bar{x}_{i\cdot}$ = média amostral das observações no tratamento i (fator A)

$\bar{x}_{\cdot j}$ = média amostral das observações no tratamento j (fator B)

$\bar{x}_{ij}$ = média amostral das observações correspondentes à combinação do tratamento i (fator A) como tratamento j (fator B)

$\bar{\bar{x}}$ = média amostral global de todas as n_T observações

Etapa 1. Calcule a soma dos quadrados total.

$$\text{SQTot} = \sum_{i=1}^{a} \sum_{j=1}^{b} \sum_{k=1}^{r} (x_{ijk} - \bar{\bar{x}})^2 \qquad (13.27)$$

Etapa 2. Calcule a soma dos quadrados do fator A.

$$\text{SQA} = br \sum_{i=1}^{a} (\bar{x}_{i\cdot} - \bar{\bar{x}})^2 \qquad (13.28)$$

Etapa 3. Calcule a soma dos quadrados do fator B.

$$\text{SQB} = ar \sum_{j=1}^{b} (\bar{x}_{\cdot j} - \bar{\bar{x}})^2 \qquad (13.29)$$

Etapa 4. Calcule a soma dos quadrados da interação.

$$\text{SQAB} = r \sum_{i=1}^{a} \sum_{j=1}^{b} (\bar{x}_{ij} - \bar{x}_{i\cdot} - \bar{x}_{\cdot j} + \bar{\bar{x}})^2 \qquad (13.30)$$

Etapa 5. Calcule a soma dos quadrados devido ao erro.

$$\text{SQRes} = \text{SQTot} - \text{SQA} - \text{SQB} - \text{SQAB} \qquad (13.31)$$

A Tabela 13.12 registra os dados coletados no experimento e as várias somas que vão nos ajudar com os cálculos de soma dos quadrados. Usando as equações (13.27) a (13.31), calculamos as seguintes somas dos quadrados para o experimento fatorial de dois fatores do GMAT.

Etapa 1. $\text{SQTot} = (500 - 515)^2 + (580 - 515)^2 + (540 - 515)^2 + \ldots + (410 - 515)^2 = 82.450$

Etapa 2. $\text{SQA} = (3)(2)[(493{,}33 - 515)^2 + (513{,}33 - 515)^2 + (538{,}33 - 515)^2] = 6.100$

Etapa 3. $\text{SQB} = (3)(2)[(540 - 515)^2 + (560 - 515)^2 + (445 - 515)^2] = 45.300$

Etapa 4. $\text{SQAB} = 2[(540 - 493{,}33 - 540 + 515)^2 + (500 - 493{,}33 - 560 + 515)^2 + \ldots + (445 - 538{,}33 - 445 + 515)^2] = 11.200$

Etapa 5. $\text{SQRes} = 82.450 - 6.100 - 45.300 - 11.200 = 19.850$

Essas somas dos quadrados divididas por seus graus de liberdade correspondentes fornecem os valores apropriados de quadrados médios para testar os dois principais efeitos (programa preparatório e área de graduação) e o efeito de interação.

TABELA 13.12 Resumo de dados do GMAT para o experimento de dois fatores

		Fator B: faculdade				
	Total da combinação de tratamentos	**Negócios**	**Engenharia**	**Artes e ciência**	**Total das linhas**	**Médias do fator A**
	Revisão de três horas	500 / 580 / $\overline{1.080}$	540 / 460 / $\overline{1.000}$	480 / 400 / $\overline{880}$	2.960	$\overline{x}_{1.} = \dfrac{2.960}{6} = 493,33$
		$\overline{x}_{11} = \dfrac{1.080}{2} = 540$	$\overline{x}_{12} = \dfrac{1.000}{2} = 500$	$\overline{x}_{13} = \dfrac{880}{2} = 440$		
Fator A: programa preparatório	**Programa de um dia**	460 / 540 / $\overline{1.000}$	560 / 620 / $\overline{1.180}$	420 / 480 / $\overline{900}$	3.080	$\overline{x}_{2.} = \dfrac{3.080}{6} = 513,33$
		$\overline{x}_{21} = \dfrac{1.000}{2} = 500$	$\overline{x}_{22} = \dfrac{1.180}{2} = 590$	$\overline{x}_{23} = \dfrac{900}{2} = 450$		
		560 / 600 / $\overline{1.160}$	600 / 580 / $\overline{1.180}$	480 / 410 / $\overline{890}$	3.230	$\overline{x}_{3.} = \dfrac{3.230}{6} = 538,33$
	Curso de dez semanas	$\overline{x}_{31} = \dfrac{1.160}{2} = 580$	$\overline{x}_{32} = \dfrac{1.180}{2} = 590$	$\overline{x}_{33} = \dfrac{890}{2} = 445$		
	Total das colunas	3.240	3.360	2.670	9.270 ← Total geral	
	Médias do fator B	$\overline{x}_{.1} = \dfrac{3.240}{6} = 540$	$\overline{x}_{.2} = \dfrac{3.360}{6} = 560$	$\overline{x}_{.3} = \dfrac{2.670}{6} = 445$	$\overline{\overline{x}} = \dfrac{9.270}{18} = 515$	

```
SOURCE          DF      SS       MS       F       P
Factor A        2       6100     3050     1.38    0.299
Factor B        2       45300    22650    10.27   0.005
Interaction     4       11200    2800     1.27    0.350
Error           9       19850    2206
Total           17      82450
```

FIGURA 13.6 Resultado do Minitab para o delineamento de dois fatores do GMAT

Devido aos esforços de cálculos envolvidos em qualquer experimento fatorial de tamanho médio a grande, o computador normalmente desempenha um papel importante na realização dos cálculos de análise de variância mostrados acima e no cálculo dos valores-p usados para tomar as decisões de teste de hipóteses. A Figura 13.6 mostra o resultado do Minitab para a análise de variância do experimento fatorial de dois fatores do GMAT. Vamos usar o resultado do Minitab e um nível de significância de $\alpha = 0,05$ para conduzir o teste de hipóteses para o estudo de dois fatores do GMAT. O valor-p usado para testar se há diferenças significativas entre os três programas preparatórios (fator A) é 0,299. Já que o valor-$p = 0,299$ é maior que $\alpha = 0,05$, não há uma diferença significativa entre as notas médias do GMAT para os três programas preparatórios. No entanto, para o efeito da área de graduação, o valor-$p = 0,005$ é menor que $\alpha = 0,05$. Assim, há uma diferença significativa entre as notas médias do GMAT para as três áreas de graduação.

Por fim, como o valor-p de 0,350 para o efeito de interação é maior que $\alpha = 0,05$, não há nenhum efeito de interação significativo. Portanto, o estudo não dá nenhum motivo para acreditar que os três programas preparatórios são diferentes em sua capacidade de preparar os estudantes de diferentes faculdades para o GMAT.

A área da graduação mostrou-se um fator significativo. Conferindo os cálculos da Tabela 13.12, vemos que as médias amostrais são: alunos de negócios $\bar{x}_{.1} = 540$, alunos de engenharia $\bar{x}_{.2} = 560$ e alunos de artes e ciências $\bar{x}_{.3} = 445$. É possível conduzir testes sobre tratamentos individuais, ainda que, depois de analisar as três médias amostrais, não esperaríamos nenhuma diferença na preparação de formados em negócios e engenharia. Porém, os alunos de artes e ciências parecem estar significativamente menos preparados para o GMAT que os estudantes de outras áreas. Talvez essa observação leve a universidade a considerar outras opções para auxiliar esses alunos na preparação para o Graduate Management Admission Test.

Exercícios

Métodos

28. Um experimento fatorial envolvendo dois níveis do fator A e três níveis do fator B resultou nos dados abaixo.

		Fator B		
		Nível 1	Nível 2	Nível 3
Fator A	Nível 1	135	90	75
		165	66	63
	Nível 2	125	127	120
		95	105	136

Teste a existência de efeitos principais significativos e interação. Use $\alpha = 0,05$.

29. Os cálculos de um experimento fatorial envolvendo quatro níveis do fator A, três níveis do fator B e três replicações resultaram nos seguintes dados: SQTot = 280, SQA = 26, SQB = 23, SQAB = 175. Elabore a tabela da ANOVA e teste a existência de efeitos principais significativos e efeitos de interação. Use $\alpha = 0,05$.

Aplicações

30. Uma empresa de catálogos de compras por correio desenvolveu um experimento fatorial para testar o efeito do tamanho de um anúncio de revista e do design do anúncio sobre o número de solicitações de catálogo recebidas (dados em milhares). Três designs de anúncios e

dois tamanhos diferentes foram considerados. Os dados obtidos são mostrados abaixo. Use o procedimento ANOVA para delineamentos fatoriais para testar se há algum efeito significativo devido ao tipo de design, ao tamanho do anúncio ou à interação. Use $\alpha = 0{,}05$.

		Tamanho do anúncio	
		Pequeno	Grande
Design	A	8 12	12 8
	B	22 14	26 30
	C	10 18	18 14

31. Um parque de diversões estudou métodos para reduzir o tempo de espera (minutos) para entrar nos brinquedos ao carregar e descarregar os brinquedos com mais eficiência. Dois métodos alternativos de entrada/saída foram propostos. Para levar em consideração as possíveis diferenças devido ao tipo de brinquedo e a potencial interação entre o método de entrada e saída e o tipo de brinquedo, um experimento fatorial foi desenvolvido. Use os dados abaixo para testar se há algum efeito significativo devido ao método de carregamento/descarregamento, ao tipo de brinquedo e à interação. Use $\alpha = 0{,}05$.

	Tipo de brinquedo		
	Montanha-russa	Looping	Splash
Método 1	41 43	52 44	50 46
Método 2	49 51	50 46	48 44

32. Como parte de um estudo desenvolvido para comparar veículos híbridos e convencionais equipados de maneira semelhante, o *Consumer Reports* testou uma variedade de classes de modelos de veículos padrão e SUVs, híbridos e a gasolina. Os dados a seguir mostram a classificação de milhas por galão que o *Consumer Reports* obteve para dois carros compactos híbridos, dois carros médios híbridos, dois SUVs compactos híbridos e dois SUVs médios híbridos. A tabela também mostra as milhas por galão obtidas por oito modelos convencionais equipados de maneira semelhante.

Marca-Modelo	Classe	Tipo	MPG
Honda Civic	Compacto	Híbrido	37
Honda Civic	Compacto	Convencional	28
Toyota Prius	Compacto	Híbrido	44
Toyota Corolla	Compacto	Convencional	32
Chevrolet Malibu	Veículo médio	Híbrido	27
Chevrolet Malibu	Veículo médio	Convencional	23
Nissan Altima	Veículo médio	Híbrido	32
Nissan Altima	Veículo médio	Convencional	25
Ford Escape	SUV compacto	Híbrido	27
Ford Escape	SUV compacto	Convencional	21
Saturn Vue	SUV compacto	Híbrido	28
Saturn Vue	SUV compacto	Convencional	22
Lexus RX	SUV médio	Híbrido	23
Lexus RX	SUV médio	Convencional	19
Toyota Highlander	SUV médio	Híbrido	24
Toyota Highlander	SUV médio	Convencional	18

DATA *file*
HybridTestMTB
HybridTestExcel

Com nível de significância $\alpha = 0{,}05$, teste a existência de efeitos significativos devido à classe, ao tipo e à interação.

33. Um estudo divulgado pela *The Accounting Review* examinou os efeitos isolados e conjuntos de dois níveis de pressão do tempo (baixa e moderada) e três níveis de conhecimento (ingênuo, declarativo e processual) sobre o comportamento de seleção de palavra-chave na pesquisa tributária. Os participantes recebiam um caso tributário que continha um conjunto de fatos, uma questão tributária e um índice

Delineamento experimental e análise de variância **515**

de palavras-chave com 1.336 termos. Os participantes deveriam selecionar as palavras-chave que, na opinião deles, encaminhariam a uma autoridade tributária relevante para resolver o caso. Antes do experimento um grupo de especialistas em impostos determinou que o texto continha 19 palavras-chave relevantes. Os membros do grupo ingênuo tinham pouco ou nenhum conhecimento declarativo ou processual. Já os membros do grupo declarativo tinham conhecimento declarativo significativo, mas pouco ou nenhum conhecimento processual, enquanto os membros do grupo processual tinham conhecimento declarativo e processual significativo. Conhecimento declarativo é o conhecimento das regras tributárias aplicáveis e dos termos técnicos usados para descrevê-las. Conhecimento processual é o conhecimento das regras que guiam a busca do pesquisador tributário por palavras-chave relevantes. Os participantes na situação de baixa pressão de tempo tinham 25 minutos para completar o problema, período que deveria ser "mais que suficiente" para concluir o caso. Os participantes na situação de pressão de tempo moderada recebiam "apenas" 11 minutos para concluir o caso. Suponha que 25 participantes tenham sido selecionados para cada uma das seis combinações de tratamentos e que as médias amostrais de cada combinação sejam mostradas a seguir (desvios padrão em parêntesis).

		Conhecimento		
		Ingênuo	Declarativo	Processual
	Baixa	1,13 (1,12)	1,56 (1,33)	2,00 (1,54)
Pressão do tempo	Moderada	0,48 (0,80)	1,68 (1,36)	2,86 (1,80)

Use o procedimento da ANOVA para testar a existência de diferenças significativas devido à pressão do tempo, ao conhecimento e à interação. Use um nível de significância de 0,05. Suponha que a soma dos quadrados total do experimento seja 327,50.

Resumo

Neste capítulo, mostramos como a análise de variância pode ser usada para testar diferenças entre médias de várias populações ou tratamentos. Apresentamos o delineamento completamente aleatorizado, o delineamento em blocos aleatorizados e o experimento fatorial com dois fatores. O delineamento completamente aleatorizado e o delineamento em blocos aleatorizados são usados para extrair conclusões sobre diferenças nas médias de um único fator. O principal objetivo da criação de blocos no delineamento em blocos aleatorizados é remover fontes externas de variação do termo erro. Os blocos fornecem melhor estimativa da variância de erro real e um teste melhor para determinar se as médias da população ou dos tratamentos do fator são significativamente diferentes.

Mostramos que a base dos testes estatísticos usados na análise de variância e no delineamento experimental é o desenvolvimento de duas estimativas independentes da variância populacional σ^2. No caso do fator único, um estimador se baseia na variação entre tratamentos. Este estimador só fornece uma estimativa não viesada de σ^2 se as médias μ_1, μ_2, ... μ_k forem iguais. Um segundo estimador de σ^2 se baseia na variação das observações dentro de cada amostra. Este estimador sempre fornece uma estimativa não viesada de σ^2. Ao calcular a relação entre esses dois estimadores (a estatística F), desenvolvemos uma regra de rejeição para determinar se devemos rejeitar ou não a hipótese nula de as médias da população ou dos tratamentos serem iguais. Em todos os delineamentos experimentais analisados, a partição da soma dos quadrados e dos graus de liberdade em suas várias fontes permitiu que calculássemos os valores apropriados para os cálculos e testes da análise de variância. Também mostramos como o método MDS de Fisher e a correção de Bonferroni podem ser usados para realizar comparações em pares e determinar quais médias são diferentes.

Glossário

Criação de blocos Processo de usar as mesmas unidades experimentais ou unidades experimentais parecidas para todos os tratamentos. O objetivo dos blocos é remover uma fonte de variação do termo erro e, consequentemente, gerar um teste mais poderoso para uma diferença entre as médias de uma população ou tratamento.

Delineamento completamente aleatorizado Delineamento experimental em que os tratamentos são atribuídos aleatoriamente às unidades experimentais.

Delineamento em blocos aleatorizados Delineamento experimental que emprega a criação de blocos.

Experimento de fator único Experimento que envolve apenas um fator com k populações ou tratamentos.

Experimento fatorial Delineamento experimental que possibilita conclusões simultâneas sobre dois ou mais fatores.

Fator Outro nome para a variável independente de interesse.

516 Estatística aplicada a administração e economia

Interação O efeito produzido quando os níveis de um fator interagem com os níveis de outro fator para influenciar a variável resposta.

Partição Processo de alocar a soma dos quadrados total e os graus de liberdade aos vários componentes.

Procedimentos de comparação múltipla Procedimentos estatísticos que podem ser usados para conduzir comparações estatísticas entre pares de médias populacionais.

Replicações O número de vezes que cada condição experimental é repetida em um experimento.

Tabela da ANOVA Uma tabela usada para resumir os cálculos e resultados da análise de variância. Contém colunas que mostram a fonte de variação, a soma dos quadrados, os graus de liberdade, o quadrado médio e os valores F.

Taxa de erro Tipo I por comparação A probabilidade de cometer um erro Tipo I associado com uma única comparação em pares.

Taxa de erro Tipo I por experimento A probabilidade de cometer um erro Tipo I em pelo menos uma das várias comparações em pares.

Tratamentos Diferentes níveis de um fator.

Unidades experimentais Os objetos de interesse do experimento.

Variável resposta Outra palavra para a variável dependente de interesse.

Fórmulas-chave

Delineamento completamente aleatorizado

Média amostral do tratamento j

$$\bar{x}_j = \frac{\sum_{i=1}^{n_j} x_{ij}}{n_j} \tag{13.1}$$

Variância amostral do tratamento j

$$s_j^2 = \frac{\sum_{i=1}^{n_j} (x_{ij} - \bar{x}_j)^2}{n_j - 1} \tag{13.2}$$

Média amostral global

$$\bar{\bar{x}} = \frac{\sum_{j=1}^{k} \sum_{i=1}^{n_j} x_{ij}}{n_T} \tag{13.3}$$

$$n_T = n_1 + n_2 + \cdots + n_k \tag{13.4}$$

Quadrado médio devido aos tratamentos

$$\text{QMTra} = \frac{\text{SQTra}}{k-1} \tag{13.7}$$

Soma dos quadrados devido aos tratamentos

$$\text{SQTra} = \sum_{j=1}^{k} n_j (\bar{x}_j - \bar{\bar{x}})^2 \tag{13.8}$$

Quadrado médio dos resíduos

$$\text{QMRes} = \frac{\text{SQRes}}{n_T - k} \tag{13.10}$$

Soma dos quadrados devido ao erro

$$SQRes = \sum_{j=1}^{k}(n_j - 1)s_j^2 \qquad (13.11)$$

Estatística de teste para a igualdade de k médias populacionais

$$F = \frac{QMTra}{QMRes} \qquad (13.12)$$

Soma dos quadrados total

$$SQTot = \sum_{j=1}^{k}\sum_{i=1}^{n_j}(\overline{x}_{ij} - \overline{\overline{x}})^2 \qquad (13.13)$$

Partição da soma dos quadrados

$$SQTot = SQTra + SQRes \qquad (13.14)$$

Procedimentos de comparação múltipla

Estatística de teste para o método MDS de Fisher

$$t = \frac{\overline{x}_i - \overline{x}_j}{\sqrt{QMRes\left(\dfrac{1}{n_i} + \dfrac{1}{n_j}\right)}} \qquad (13.16)$$

MDS de Fisher

$$MDS = t_{\alpha/2}\sqrt{QMRes\left(\frac{1}{n_i} + \frac{1}{n_j}\right)} \qquad (13.17)$$

Delineamento em blocos aleatorizados

Soma dos quadrados total

$$SQTot = \sum_{i=1}^{b}\sum_{j=1}^{k}(x_{ij} - \overline{\overline{x}})^2 \qquad (13.22)$$

Soma dos quadrados devido aos tratamentos

$$SQTra = b\sum_{j=1}^{k}(\overline{x}_{.j} - \overline{\overline{x}})^2 \qquad (13.23)$$

Soma dos quadrados devido aos blocos

$$SQBlo = k\sum_{i=1}^{b}(\overline{x}_{i.} - \overline{\overline{x}})^2 \qquad (13.24)$$

Soma dos quadrados devido ao erro

$$SQRes = SQTot - SQTra - SQBlo \qquad (13.25)$$

518 Estatística aplicada a administração e economia

Experimento fatorial

Soma dos quadrados total

$$\text{SQTot} = \sum_{i=1}^{a}\sum_{j=1}^{b}\sum_{k=1}^{r}(x_{ijk} - \overline{\overline{x}})^2 \qquad (13.27)$$

Soma dos quadrados do fator A

$$\text{SQA} = br\sum_{i=1}^{a}(\overline{x}_{i.} - \overline{\overline{x}})^2 \qquad (13.28)$$

Soma dos quadrados do fator B

$$\text{SQB} = ar\sum_{j=1}^{b}(\overline{x}_{.j} - \overline{\overline{x}})^2 \qquad (13.29)$$

Soma dos quadrados da interação

$$\text{SQAB} = r\sum_{i=1}^{a}\sum_{j=1}^{b}(\overline{x}_{ij} - \overline{x}_{i.} - \overline{x}_{.j} + \overline{\overline{x}})^2 \qquad (13.30)$$

Soma dos quadrados devido ao erro

$$\text{SQRes} = \text{SQTot} - \text{SQA} - \text{SQB} - \text{SQAB} \qquad (13.31)$$

Exercícios suplementares

34. Em um delineamento experimental completamente aleatorizado, a capacidade de absorção de água de três marcas de toalha de papel foi testada. Foram utilizadas toalhas de tamanhos iguais, com quatro pedaços de toalhas testados por marca. Os dados sobre a classificação de absorção são exibidos abaixo. Com um nível de significância de 0,05, parece haver uma diferença na capacidade de absorção de água entre as marcas?

	Marca	
x	y	z
91	99	83
100	86	88
88	94	89
89	99	76

35. Um estudo divulgado no *Journal of Small Business Management* concluiu que profissionais autônomos não têm mais satisfação no trabalho que as pessoas que não são autônomas. Neste estudo, a satisfação no trabalho foi medida usando 18 itens, cada um deles avaliado com uma escala do tipo Likert com 1-5 opções de resposta variando de concordo totalmente a discordo totalmente. Uma pontuação mais alta nesta escala indica um maior grau de satisfação no trabalho. A soma das avaliações dos 18 itens, que varia de 18 a 90, é usada para medir a satisfação no trabalho. Suponha que esta técnica tenha sido usada para medir a satisfação no trabalho de advogados, fisioterapeutas, marceneiros e analistas de sistemas. Os resultados obtidos em uma amostra de 10 pessoas de cada profissão são:

Advogado	Fisioterapeuta	Marceneiro	Analista de sistemas
44	55	54	44
42	78	65	73
74	80	79	71
42	86	69	60
53	60	79	64
50	59	64	66
45	62	59	41
48	52	78	55
64	55	84	76
38	50	60	62

SatisJob

Com um nível de significância de $\alpha = 0{,}05$, teste se há alguma diferença na satisfação no trabalho entre as quatro profissões.

36. A U.S. Environmental Protection Agency (EPA) monitora os níveis de poluentes no ar nas cidades dos Estados Unidos. Os níveis de poluição por ozônio são medidos com uma escala de 500 pontos. Pontuações mais baixas indicam pouco risco à saúde, enquanto pontuações mais altas indicam maior risco. Os seguintes dados mostram os níveis máximos de poluição por ozônio em quatro cidades (Birmingham, Alabama; Memphis, Tennessee; Little Rock, Arkansas; e Jackson, Mississippi) em 10 dias do último ano.

	Cidade			
Data	Birmingham AL	Memphis TN	Little Rock AR	Jackson MS
9 de janeiro	18	20	18	14
17 de janeiro	23	31	22	30
18 de janeiro	19	25	22	21
31 de janeiro	29	36	28	35
1º de fevereiro	27	31	28	24
6 de fevereiro	26	31	31	25
14 de fevereiro	31	24	19	25
17 de fevereiro	31	31	28	28
20 de fevereiro	33	35	35	34
29 de fevereiro	20	42	42	21

OzoneLevelsMTB
OzoneLevelsExcel

Use $\alpha = 0{,}05$ para testar se há alguma diferença significativa nos níveis médios de ozônio entre as quatro cidades.

37. Os dados abaixo mostram a porcentagem de pessoas entre 17 e 24 anos que estudam em universidades em diversas áreas metropolitanas estatísticas de quatro regiões geográficas dos Estados Unidos (site do U.S. Census Bureau, abril de 2015).

Nordeste	Meio Oeste	Sul	Oeste
28,6	36,7	59,9	16,4
39,9	33,4	37,2	33,5
31,9	22,8	28,0	22,3
46,3	43,8	41,1	12,4
32,5	32,1	33,9	43,7
14,9	58,3	18,8	26,8
36,8	31,1	30,3	57,3
36,3	64,0	67,4	14,3
37,7	27,6	32,6	37,0
58,4	55,5	30,0	28,1
60,6	78,8	39,1	17,5
	42,2	29,7	32,3
	74,7	29,8	52,4
	36,5	23,7	51,5
	28,7	34,0	25,4

CollegeRates

continua

520 Estatística aplicada a administração e economia

Nordeste	Meio Oeste	Sul	Oeste
	60,4	24,5	29,6
	58,2	54,2	27,6
	21,0	31,0	31,5
	28,8	41,9	22,8
	25,5	70,2	34,6
	73,9	22,7	33,0
	36,8	30,7	37,0
	28,4	30,8	33,8
	27,2	21,6	28,7
	31,8	31,5	21,8
	56,8	38,2	
	28,3	40,2	
	33,3	35,4	
	39,4	21,6	
	39,2	35,5	
		26,1	
		32,7	

Use $\alpha = 0,05$ para testar se a porcentagem média de pessoas com 17 a 24 anos que vão à universidade é igual nas quatro regiões geográficas.

38. Três métodos de montagem diferentes foram propostos para um novo produto. Um delineamento experimental completamente aleatorizado foi escolhido para determinar qual método de montagem resulta no maior número de peças produzidas por hora. Trinta trabalhadores foram selecionados aleatoriamente e orientados a usar um dos métodos propostos. O número de unidades produzidas por trabalhador é apresentado abaixo.

	Método	
A	B	C
97	93	99
73	100	94
93	93	87
100	55	66
73	77	59
91	91	75
100	85	84
86	73	72
92	90	88
95	83	86

DATA *file*
Assembly

Use esses dados para testar e verificar se o número médio de peças produzidas é o mesmo para todos os métodos. Use $\alpha = 0,05$.

39. Em um estudo conduzido para analisar a atividade de procura dos compradores, cada comprador foi classificado inicialmente nas categorias: sem procura, pouca procura ou muita procura. Para cada comprador, o estudo obteve uma medida para determinar o conforto do comprador em uma loja. Pontuações mais altas indicam mais conforto. Suponha que os dados a seguir tenham sido coletados.

Sem procura	Pouca procura	Muita procura
4	5	5
5	6	7
6	5	5
3	4	7
3	7	4
4	4	6
5	6	5
4	5	7

DATA *file*
Browsing

a. Use $\alpha = 0{,}05$ para testar a existência de diferenças entre os níveis de conforto dos três tipos de compradores.
b. Use o método MDS de Fisher para comparar os níveis de conforto dos membros das categorias sem procura e pouca procura. Use $\alpha = 0{,}05$. Qual é a sua conclusão?

40. Uma empresa de pesquisa testa as características de rendimento de três marcas de gasolina. Devido às diferentes características de desempenho das diversas marcas de automóveis, cinco marcas foram selecionadas e tratadas como blocos no experimento. Isto é, cada marca de automóvel foi testada com cada tipo de gasolina. Os resultados do experimento (em milhas por galão) são:

		Marcas de gasolina		
		I	II	III
Automóveis	A	18	21	20
	B	24	26	27
	C	30	29	34
	D	22	25	24
	E	20	23	24

a. Com $\alpha = 0{,}05$, existe uma diferença significativa nas características de rendimento das três marcas de gasolina?
b. Analise os dados experimentais usando o procedimento ANOVA para delineamentos completamente aleatorizados. Compare suas descobertas com as obtidas na parte (a). Qual é a vantagem de tentar remover o efeito dos blocos?

41. O mercado de veículos compactos é extremamente competitivo nos Estados Unidos. Dados das vendas dos principais modelos em seis meses de 2011 são mostrados a seguir (*Motor Trend*, 2 de novembro de 2011).

	Cidade					
Mês	Chevy Cruze	Ford Focus	Hyundai Elantra	Honda Civic	Toyota Corolla	VW Jetta
Maio	22.711	22.303	20.006	18.341	16.985	16.671
Junho	24.896	21.385	19.992	18.872	17.485	17.105
Julho	24.468	17.577	15.713	15.181	14.889	14.006
Agosto	21.897	16.420	15.054	14.500	14.093	12.083
Setembro	18.097	16.147	15.023	14.386	13.724	10.309
Outubro	16.244	16.173	14.295	13.058	13.000	12.386

CompactCarsMTB
CompactCarsExcel

Com um nível de significância de 0,05, teste a existência de alguma diferença significativa no número médio de carros vendidos por mês dos seis modelos.

42. Um grande fabricante de equipamentos de golfe está considerando três designs para um novo taco: Design A, Design B e Design C. Cada design tem uma pequena diferença quanto ao material utilizado para fabricar a cabeça e a vara do taco. A empresa quer saber se há alguma diferença na distância de lançamento geral dos três designs. Doze jogadores da PGA Tour que representam a empresa foram selecionados para testar cada modelo. Depois de um período de aquecimento, cada atleta fez uma jogada com um dos tacos com os novos designs em uma ordem aleatória e a distância geral (em jardas) foi registrada. Os resultados são:

Design A	Design B	Design C
306	323	320
279	313	289
293	318	314
277	288	282
281	286	287
272	312	283
297	326	332
271	306	284
279	325	294
323	319	289
301	307	293

ClubHead

Com um nível de significância de 0,05, teste para descobrir se a distância média de lançamento é igual para os três designs.

43. Um experimento fatorial foi projetado para testar se existem diferenças significativas no tempo necessário para realizar traduções de inglês para idiomas estrangeiros com dois tradutores computadorizados. Já que o tipo de idioma traduzido também era considerado um fator significativo, as traduções foram feitas com os dois sistemas em três idiomas diferentes: espanhol, francês e alemão. Use os dados a seguir para o tempo de tradução em horas.

522 Estatística aplicada a administração e economia

	Idioma		
	Espanhol	**Francês**	**Alemão**
Sistema 1	8	10	12
	12	14	16
Sistema 2	6	14	16
	10	16	22

Teste a existência de diferenças significativas devido ao tradutor, ao tipo de idioma e à interação. Use $\alpha = 0,05$.

44. Uma fábrica desenvolveu um experimento fatorial para determinar se o número de peças produzidas com defeito por duas máquinas era diferente e se esse número também dependia do fato de a matéria-prima necessária ser inserida manualmente ou por um sistema automático de alimentação. Os dados abaixo mostram os números de peças produzidas com defeito. Use $\alpha = 0,05$ para testar se há algum efeito significativo devido à máquina, ao sistema de carregamento e à interação.

	Sistema de carregamento	
	Manual	**Automático**
Máquina 1	30	30
	34	26
Máquina 2	20	24
	22	28

Estudo de caso 1 Wentworth Medical Center

Como parte de um longo estudo de indivíduos com 65 anos ou mais, sociólogos e médicos do Wentworth Medical Center, no norte do estado de Nova York, investigaram a relação entre a localização geográfica e a depressão. Uma amostra com 60 pessoas, todas com a saúde razoavelmente boa, foi selecionada. Entre elas, 20 moravam na Flórida, 20 moravam em Nova York e 20 na Carolina do Norte. Cada um dos indivíduos da amostra recebeu um teste padronizado para avaliar a depressão. Os dados coletados são apresentados abaixo. Notas mais altas no teste indicam níveis mais elevados de depressão. Esses dados estão no arquivo Medical1.

A segunda parte do estudo considerou a relação entre a localização geográfica e a depressão em indivíduos com 65 anos ou mais e uma condição médica crônica, como artrite, hipertensão e/ou doenças cardíacas. Uma amostra de 60 pessoas com essas condições foi identificada. Novamente, 20 eram moradores da Flórida, 20 de Nova York e 20 da Carolina do Norte. Os níveis de depressão registrados neste estudo são apresentados a seguir. Os dados estão no arquivo chamado Medical2.

Dados do Medical1			Dados do Medical2		
Flórida	**Nova York**	**Carolina do Norte**	**Flórida**	**Nova York**	**Carolina do Norte**
3	8	10	13	14	10
7	11	7	12	9	12
7	9	3	17	15	15
3	7	5	17	12	18
8	8	11	20	16	12
8	7	8	21	24	14
8	8	4	16	18	17
5	4	3	14	14	8
5	13	7	13	15	14
2	10	8	17	17	16
6	6	8	12	20	18
2	8	7	9	11	17
6	12	3	12	23	19
6	8	9	15	19	15
9	6	8	16	17	13
7	8	12	15	14	14
5	5	6	13	9	11
4	7	3	10	14	12
7	7	8	11	13	13
3	8	11	17	11	11

DATA *file*
Medical1

DATA *file*
Medical2

Relatório administrativo

1. Use estatística descritiva para resumir os dados dos dois estudos. Quais são suas observações preliminares sobre as pontuações de depressão?
2. Use a análise de variância nos dois conjuntos de dados. Expresse as hipóteses que estão sendo testadas em cada caso. Quais são as suas conclusões?
3. Use inferências sobre médias de tratamentos individuais, quando apropriado. Quais são as suas conclusões?

Estudo de caso 2 Remuneração de profissionais de vendas

Suponha que uma divisão local de profissionais de vendas da região da grande São Francisco tenha conduzido uma pesquisa com seus membros para estudar a relação que há, se houver, entre os anos de experiência e o salário de indivíduos empregados em cargos de vendas internas e externas. Na pesquisa, os participantes tinham de especificar um dos três níveis de experiência: baixo (1-10 anos), médio (11-20 anos), alto (21 anos ou mais). Uma parte dos dados obtidos é apresentada abaixo. O conjunto de dados completo, composto por 120 observações, está no arquivo chamado SalesSalary.

Observação	Salário (US$)	Cargo	Experiência
1	53.938	Interno	Média
2	52.694	Interno	Média
3	70.515	Externo	Baixa
4	52.031	Interno	Média
5	62.283	Externo	Baixa
6	57.718	Interno	Baixa
7	79.081	Externo	Alta
8	48.621	Interno	Baixa
9	72.835	Externo	Alta
10	54.768	Interno	Média
⋮	⋮	⋮	⋮
115	58.080	Interno	Alta
116	78.702	Externo	Média
117	83.131	Externo	Média
118	57.788	Interno	Alta
119	53.070	Interno	Média
120	60.259	Externo	Baixa

DATA *file*
SalesSalaryMTB
SalesSalaryExcel

Relatório administrativo

1. Use estatística descritiva para resumir os dados.
2. Desenvolva uma estimativa do intervalo de confiança de 95% do salário anual médio de todos os vendedores, independentemente dos anos de experiência e do tipo de cargo.
3. Desenvolva uma estimativa do intervalo de confiança de 95% do salário médio de vendedores internos.
4. Desenvolva uma estimativa do intervalo de confiança de 95% do salário médio de vendedores externos.
5. Use a análise de variância para testar se há alguma diferença significativa devido ao cargo. Use um nível de significância de 0,05 e, por enquanto, ignore os efeitos dos anos de experiência.
6. Use a análise de variância para testar se há alguma diferença significativa devido aos anos de experiência. Use um nível de significância de 0,05 e, por enquanto, ignore os efeitos do cargo.
7. Com um nível de significância de 0,05, teste para ver se há alguma diferença significativa devido ao cargo, aos anos de experiência e à interação.

Apêndice 13.1 Análise de variância com o Minitab

Delineamento completamente aleatorizado

Na Seção 13.2, mostramos como a análise de variância pode ser usada para testar a igualdade de *k* médias populacionais usando dados de um delineamento completamente aleatorizado. Para ilustrar como o Minitab pode ser usado para este tipo de delineamento experimental, mostramos como testar

DATA *file*
Chemitech

524 Estatística aplicada a administração e economia

se o número médio de unidades produzidas por semana é o mesmo com cada método de montagem no experimento da Chemitech apresentado na Seção 13.1. Os dados amostrais são inseridos nas primeiras três colunas de uma planilha do Minitab. A coluna 1 é nomeada como Método A, a coluna 2 é o Método B e a coluna 3 é o Método C. As etapas a seguir produzem o resultado do Minitab da Figura 13.5.

Etapa 1. Selecione o menu **Stat**
Etapa 2. Escolha **ANOVA**
Etapa 3. Escolha **One-Way**
Etapa 4. Quando a Caixa de diálogo One-Way Analysis of Variance aparecer:
  Selecione **Response data are in a separate column for each factor level**
  Digite C1-C3 na caixa **Responses**
  Clique em **OK**

Se o nível do fator de cada unidade experimental for inserido em uma coluna e a resposta de cada unidade experimental for inserida em outra, poderemos usar o Minitab para realizar uma análise de variância para testar a igualdade de k médias populacionais usando os dados de um delineamento completamente aleatorizado. Para o experimento da Chemitech, se inserirmos o método de montagem de cada funcionário na coluna C1 e o número de unidades produzidas por semana por cada funcionário na coluna C2, as seguintes etapas também produzirão o resultado do Minitab da Figura 13.5.

Etapa 1. Selecione o menu **Stat**
Etapa 2. Escolha **ANOVA**
Etapa 3. Escolha **One-Way**
Etaoa 4. Quando a caixa de diálogo One-Way Analysis of Variance aparecer:
  Selecione **Response data are in one column for all factor levels**
  Digite C2 na caixa **Response**
  Digite C1 na caixa **Factor**
  Clique em **OK**

Delineamento em blocos aleatorizados

Na Seção 13.4, mostramos como a análise de variância pode ser usada para testar a igualdade de k médias populacionais usando os dados de um delineamento em blocos aleatorizados. Para ilustrar como o Minitab pode ser usado para este tipo de delineamento experimental, mostramos como testar se os níveis médios de estresse de controladores de tráfego aéreo são iguais em três estações de trabalho usando os dados da Tabela 13.5. Os blocos (controladores), tratamentos (sistema) e classificações de nível de estresse mostrados na Tabela 13.5 são inseridos nas colunas C1, C2 e C3 de uma planilha do Minitab, respectivamente. As etapas seguintes produzem o resultado do Minitab correspondente à tabela da ANOVA da Tabela 13.8.

Etapa 1. Selecione o menu **Stat**
Etapa 2. Escolha **ANOVA**
Etapa 3. Escolha **Balanced ANOVA**
Etapa 4. Quando a caixa de diálogo Balanced Analysis of Variance aparecer:
  Digite C3 na caixa **Responses**
  Digite C1 C2 na caixa **Model**
  Clique em **OK**

Experimento fatorial

Na Seção 13.5, mostramos como a análise de variância pode ser usada para testar a igualdade de k médias populacionais usando os dados de um experimento fatorial. Para ilustrar como o Minitab pode ser usado para este tipo de delineamento experimental, mostramos como analisar os dados do experimento de dois fatores do GMAT apresentado naquela seção. As notas no GMAT mostradas na Tabela 13.10 são inseridas na coluna 1 de uma

DATA *file*
AirTrafficMTB

Lembre-se que o Minitab e o Excel usam arranjos de dados diferentes para a análise de um delineamento em blocos aleatorizados. Use a versão AirTrafficMTB dos dados no Minitab.

DATA *file*
GMATStudyMTB

Lembre-se que o Minitab e o Excel usam arranjos de dados diferentes para a análise de um experimento fatorial. Use a versão GMATStudyMTB dos dados no Minitab.

Para incluir uma interação entre o Programa e a Faculdade neste modelo fatorial, digite também C2*C3 na caixa **Model**.

Delineamento experimental e análise de variância **525**

planilha do Minitab. A coluna 1 é nomeada como Nota, a coluna 2 é o Programa e a coluna 3 é a Faculdade. As etapas abaixo produzem o resultado do Minitab correspondente à tabela da ANOVA da Figura 13.6.

Etapa 1. Selecione o menu **Stat**
Etapa 2. Escolha **ANOVA**
Etapa 3. Escolha **Balanced ANOVA**
Etapa 4. Quando a caixa de diálogo Balanced Analysis of Variance aparecer:
Digite C1 na caixa **Responses**
Digite C2 C3 na caixa **Model**
Clique em **OK**

Apêndice 13.2 Análise de variância com o Excel

Delineamento completamente aleatorizado

Na Seção 13.2, mostramos como a análise de variância pode ser usada para testar a igualdade de k médias populacionais usando dados de um delineamento completamente aleatorizado. Para ilustrar como o Excel pode ser usado para testar a igualdade de k médias populacionais com este tipo de delineamento experimental, mostramos como testar se o número médio de unidades produzidas por semana é o mesmo com cada método de montagem no experimento da Chemitech apresentado na Seção 13.1. Os dados amostrais são inseridos nas linhas 2 a 6 das colunas A, B e C da planilha, como mostra a Figura 13.7. As etapas abaixo são usadas para obter o resultado mostrado nas células A8:G22. A seção ANOVA deste resultado corresponde à tabela da ANOVA apresentada na Tabela 13.3

Etapa 1. Clique na guia **Dados** na Faixa de Opções
Etapa 2. No grupo **Análise**, clique em **Análise de dados**
Etapa 3. Escolha **Anova: fator único** na lista de Ferramentas de Análise

	A	B	C	D	E	F	G	H
1	Método A	Método B	Método C					
2	58	58	48					
3	64	69	57					
4	55	71	59					
5	66	64	47					
6	67	68	49					
7								
8	Anova: Fator único							
9								
10	RESUMO							
11	*Grupos*	*Contagem*	*Soma*	*Média*	*Variável*			
12	Método A	5	310	62	27,5			
13	Método B	5	330	66	26,5			
14	Método C	5	260	52	31			
15								
16								
17	ANOVA							
18	*Fonte de variação*	*SQ*	*gl*	*MQ*	*F*	*Valor P*	*F crítico*	
19	Entre grupos	520	2	260	9,1767	0,0038	3,8853	
20	Dentro de grupos	340	12	28,3333				
21								
22	Total	860	14					
23								

FIGURA 13.7 Solução do Excel para o experimento da Chemitech

526 Estatística aplicada a administração e economia

Clique em **OK**

Etapa 4. Quando a caixa de diálogo Anova: fator único aparecer:

Digite A1:C6 na caixa **Intervalo de entrada**

Selecione **Colunas**

Selecione **Rótulos na primeira linha**

Digite 0,05 na caixa **Alfa**

Selecione **Intervalo de saída** e digite A8 na caixa

Clique em **OK**

Delineamento em blocos aleatorizados

Na Seção 13.4, mostramos como a análise de variância pode ser usada para testar a igualdade de k médias populacionais usando os dados de um delineamento em blocos aleatorizados. Para ilustrar como o Excel pode ser usado para este tipo de delineamento experimental, mostramos como testar se os níveis médios de estresse de controladores de tráfego aéreo são iguais em três estações de trabalho. As classificações de estresse da Tabela 13.5 são inseridas nas linhas 2 a 7 das colunas B, C e D da planilha, como mostra a Figura 13.8. As células das linhas 2 a 7 da coluna A contêm o número de cada controlador (1, 2, 3, 4, 5, 6). As etapas abaixo produzem o resultado do Excel exibido nas células A9:G30. A seção ANOVA deste resultado corresponde à tabela da ANOVA apresentada na Tabela 13.8.

DATA *file*
AirTrafficExcel

Lembre-se que o Minitab e o Excel usam arranjos de dados diferentes para a análise de um delineamento em blocos aleatorizados. Use a versão AirTrafficExcel dos dados no Excel.

	A	B	C	D	E	F	G	H
1	Controller	Sistema A	Sistema B	Sistema C				
2	1	15	15	18				
3	2	14	14	14				
4	3	10	11	15				
5	4	13	12	17				
6	5	16	13	16				
7	6	13	13	13				
8								
9	Anova: Fator duplo sem repetição							
10								
11	*RESUMO*	*Contagem*	*Soma*	*Média*	*Variável*			
12	1	3	48	16	3			
13	2	3	42	14	0			
14	3	3	36	12	7			
15	4	3	42	14	7			
16	5	3	45	15	3			
17	6	3	39	13	0			
18								
19	Método A	6	81	13,5	4,3			
20	Método B	6	78	13	2			
21	Método C	6	93	15,5	3,5			
22								
23								
24	ANOVA							
25	*Fonte de variação*	*SQ*	*gl*	*MQ*	*F*	*Valor P*	*F crítico*	
26	Linhas	30	5	6	3,1579	0,0574	3,3259	
27	Colunas	21	2	10,5	5,5263	0,0242	4,1028	
28	Erro	19	10	1,9				
29								
30	Total	70	17					
31								

FIGURA 13.8 Solução do Excel para o teste de estresse de controladores de tráfego aéreo

Etapa 1. Clique na guia **Dados** na Faixa de Opções
Etapa 2. No grupo **Análise**, clique em **Análise de dados**
Etapa 3. Escolha **Anova: fator duplo sem repetição** na lista de Ferramentas de Análise
   Clique em **OK**
Etapa 4. Quando a caixa de diálogo Anova: fator duplo sem repetição aparecer:
   Digite A1:D7 na caixa **Intervalo de entrada**
   Selecione **Rótulos**
   Digite 0,05 na caixa **Alfa**
   Selecione **Intervalo de saída** e digite A9 na caixa
   Clique em **OK**

Experimento fatorial

Na Seção 13.5, mostramos como a análise de variância pode ser usada para testar a igualdade de k médias populacionais usando os dados de um experimento fatorial. Para ilustrar como o Excel pode ser usado para este tipo de delineamento experimental, mostramos como analisar os dados do experimento de dois fatores do GMAT apresentado naquela seção. As notas do GMAT apresentadas na Tabela 13.10 são inseridas nas linhas 2 a 7 das colunas B, C e D da planilha, como mostra a Figura 13.9. As etapas abaixo são usadas para obter o resultado exibido nas células A9:G44. A seção ANOVA deste resultado corresponde ao resultado do Minitab da Figura 13.6

GMATStudyExcel

Lembre-se que o Minitab e o Excel usam arranjos de dados diferentes para a análise de um experimento fatorial. Use a versão GMATStudyExcel dos dados no Excel.

Etapa 1. Clique na guia **Dados** na Faixa de Opções
Etapa 2. No grupo **Análise**, clique em **Análise de dados**
Etapa 3. Escolha **Anova: fator duplo com repetição** na lista de Ferramentas de Análise
   Clique em **OK**
Etapa 4. Quando a caixa de diálogo Anova: fator duplo com repetição aparecer:
   Digite A1:D7 na caixa **Intervalo de entrada**
   Digite 2 na caixa **Linhas por amostra**
   Digite 0,05 na caixa **Alfa**
   Selecione **Intervalo de saída** e digite A9 na caixa
   Clique em **OK**

528 Estatística aplicada a administração e economia

	A	B	C	D	E	F	G	H
1	**Controller**	**Negócios**	**Engenharia**	**Arte e Ciências**				
2	Revisão de 3 horas	500	540	480				
3		580	460	400				
4	Programa de 1 dia	460	560	420				
5		540	620	480				
6	Curso de 10 semanas	560	600	480				
7		600	580	410				
8								
9	Anova: Fator duplo sem repetição							
10								
11	RESUMO	Negócios	Engenharia	Arte e Ciências	Total			
12	*Revisão de 3 horas*							
13	Contagem	2	2	2	6			
14	Soma	1080	1000	880	2960			
15	Média	540	500	440	493,3333			
16	Variável	3200	3200	3200	3946,667			
17								
18	*Programa de 1 dia*							
19	Contagem	2	2	2	6			
20	Soma	1000	1180	900	3080			
21	Média	500	590	450	513,3333			
22	Variável	3200	1800	1800	5386,667			
23								
24	*Curso de 10 semanas*							
25	Contagem	2	2	2	6			
26	Soma	1160	1180	890	3230			
27	Média	580	590	445	538,3333			
28	Variável	800	200	2450	5936,667			
29								
30	*Total*							
31	Contagem	6	6	6				
32	Soma	3240	3360	2670				
33	Média	540	560	445				
34	Variável	2720	3200	1510				
35								
36								
37	ANOVA							
38	*Fonte de variação*	*SQ*	*gl*	*MQ*	*F*	*Valor P*	*F crítico*	
39	Amostra	6100	2	3050	1,3829	0,2994	4,2565	
40	Colunas	45300	2	22650	10,2695	0,0048	4,2565	
41	Interação	11200	4	2800	1,2695	0,3503	3,6331	
42	Dentro	19850	9	2205,5556				
43								
44	Total	82450	17					
45								

FIGURA 13.9 Solução do Excel para o experimento de dois fatores do GMAT

CAPÍTULO 14

Regressão linear simples

CONTEÚDO

Estatística na prática: Alliance Data Systems

14.1 Modelo de regressão linear simples
Modelo de regressão e equação de regressão
Equação de regressão estimada

14.2 Método dos mínimos quadrados

14.3 Coeficiente de determinação
Coeficiente de correlação

14.4 Suposições do modelo

14.5 Teste de significância
Estimativa de σ^2
Teste t
Intervalo de confiança para β_1
Teste F
Alguns cuidados quanto à interpretação de testes de significância

14.6 Utilizando a equação de regressão estimada para estimação e previsão
Estimação intervalar
Intervalo de confiança para o valor médio de y

Intervalo de previsão para um valor individual de y

14.7 Solução utilizando o computador

14.8 Análise de resíduos: validação das suposições do modelo
Gráfico de resíduos em relação a x
Gráfico de resíduos em relação a $\hat{y}$
Resíduos padronizados
Gráfico de probabilidade normal

14.9 Análise de resíduos: *outliers* e observações influentes
Detecção de *outliers*
Detecção de observações influentes

APÊNDICES

14.1 Derivação das fórmulas de mínimos quadrados

14.2 Um teste de signicância utilizando correlação

14.3 Análise de regressão com o Minitab

14.4 Análise de regressão com o Excel

ESTATÍSTICA na PRÁTICA

ALLIANCE DATA SYSTEMS*
Dallas, Texas

A Alliance Data Systems (ADS) fornece serviços de processamento de transações, de crédito e de marketing para clientes no crescente setor de CRM (customer relationship management, ou gestão de relacionamento com clientes). A ADS opera por meio de três empresas: LoyaltyOne, Epsilon e Private Label Services and Credit. A empresa LoyaltyOne oferece serviços de fidelização de clientes, como análise de clientes, serviços criativos e soluções móveis. A Epsilon é focada em programas de marketing que utilizam dados transacionais e incluem tecnologias de bancos de dados de clientes e modelagem preditiva. A Private Label Services and Credit fornece, entre outros serviços, processamento de cartões de crédito, processamento de faturas/pagamento e serviços de cobrança para varejistas de marca própria. Criada em 1996, com sede em Plano, Texas, a ADS tem hoje 15.000 funcionários em tempo integral.

Como um de seus serviços de marketing, a ADS cria campanhas e promoções de mala direta. Com seu banco de dados contendo informações sobre os hábitos de consumo de mais de 100 milhões de consumidores, a ADS pode direcionar os consumidores com maior probabilidade de se beneficiarem de uma promoção de mala direta. O Grupo de Desenvolvimento Analítico utiliza a análise de regressão para construir modelos que medem e preveem a capacidade de resposta dos consumidores a fim de direcionar campanhas de mercado. Alguns modelos de regressão preveem a probabilidade de compra de indivíduos que recebem uma promoção, e outros preveem o valor a ser gasto pelos consumidores ao fazer uma compra.

Para uma campanha específica, uma cadeia de lojas de varejo queria atrair novos clientes. A fim de prever o efeito da campanha, os analistas da ADS selecionaram uma amostra do banco de dados de consumidores, enviaram os materiais promocionais aos indivíduos da amostra e, em seguida, coletaram dados da transação sobre a resposta dos consumidores. Dados amostrais foram coletados quanto ao valor das compras realizadas pelos consumidores respondentes da campanha, assim como diversas variáveis específicas dos que consideraram ser úteis na previsão de vendas. A variável específica dos consumidores que mais contribuiu para prever

Analistas da Alliance Data Systems discutem o uso de um modelo de regressão para prever as vendas em uma campanha de marketing direto.

o valor das aquisições foi o total de compras a crédito em lojas relacionadas nos 39 meses anteriores. Os analistas da ADS desenvolveram uma equação de regressão estimada relacionando o valor da compra ao valor gasto em lojas relacionadas:

$$\hat{y} = 26,7 + 0,00205x$$

onde

$\hat{y}$ = valor da compra

x = quantia gasta em lojas relacionadas

Utilizando esta equação, poderíamos prever que alguém que gastasse US$ 10.000 nos últimos 39 meses em lojas relacionadas gastaria US$ 47,20 ao responder à promoção de mala direta. Neste capítulo você aprenderá como desenvolver este tipo de equação de regressão estimada.

O modelo final desenvolvido pelos analistas da ADS também incluiu diversas outras variáveis que aumentaram o poder de previsão da equação anterior. Algumas dessas variáveis incluíam a ausência/presença de um cartão de crédito, a receita estimada e o valor médio gasto por viagem em uma loja escolhida.

---

*Os autores agradecem a Philip Clemance, diretor do Departamento Analítico na Alliance Data Systems, por fornecer esta Estatística na Prática.

As decisões gerenciais muitas vezes se baseiam na relação entre duas ou mais variáveis. Por exemplo, depois de considerar as despesas com publicidade e vendas, um gestor de marketing pode tentar prever as vendas para um dado nível de gastos com propaganda. Em outro caso, um serviço de utilidade pública pode utilizar a relação entre a alta da temperatura diária e a demanda por eletricidade para prever o consumo de eletricidade com base nas altas temperaturas diárias previstas para o próximo mês. Às vezes um gestor confia na intuição para julgar como duas variáveis estão relacionadas. No entanto, se for possível obter dados, um procedimento estatístico chamado *análise de regressão* pode ser utilizado para desenvolver uma equação mostrando como as variáveis são relacionadas.

Na terminologia da regressão, a variável que está sendo prevista é chamada **variável dependente**. A variável ou as variáveis utilizadas para prever o valor da variável dependente são chamadas **variáveis independentes**. Por exemplo, ao analisar o efeito dos gastos com publicidade nas vendas, o desejo de um gestor de marketing de prever vendas sugeriria utilizar as vendas como variável dependente. O gasto com propaganda seria a variável independente utilizada para ajudar a prever as vendas. Em notação estatística, y denota a variável dependente e x denota a variável independente.

Neste capítulo consideramos o tipo mais simples de análise de regressão envolvendo uma variável independente e uma variável dependente, e a relação entre as variáveis é aproximada por uma linha reta. Este método é chamado **regressão linear simples**. A análise de regressão envolvendo duas ou mais variáveis independentes é denominada análise de regressão múltipla.

Os métodos estatísticos utilizados ao se estudar a relação entre duas variáveis foram empregados pela primeira vez por Sir Francis Galton (1822-1911). Galton estava interessado em estudar a relação entre a altura de um pai e a altura de seu filho. O discípulo de Galton, Karl Pearson (1857-1936), analisou a relação entre a altura do pai e a altura do filho para 1.078 pares de indivíduos.

 Modelo de regressão linear simples

Armand's Pizza Parlors é uma cadeia de restaurantes especializada em comida italiana, localizada em uma área abrangendo cinco estados. Os locais mais bem-sucedidos da rede Armand's estão próximos aos *campi* universitários. Os gestores acreditam que as vendas trimestrais destes restaurantes (denotadas por y) estão relacionadas positivamente com o tamanho da população de estudantes (denotada por x); ou seja, restaurantes próximos a *campi* com uma grande população estudantil tendem a gerar mais vendas do que aqueles localizados próximos a *campi* com uma pequena população estudantil. Utilizando a análise de regressão, podemos desenvolver uma equação mostrando como a variável dependente y está relacionada à variável independente x.

Modelo de regressão e equação de regressão

No exemplo da rede Armand's Pizza Parlors a população é composta de todos os seus restaurantes. Para todos os restaurantes na população, existe um valor de x (população de estudantes) e um valor correspondente de y (vendas trimestrais). A equação que descreve como y está relacionado a x e um termo de erro é chamada **modelo de regressão**. O modelo de regressão utilizado na regressão linear simples é o seguinte.

MODELO DE REGRESSÃO LINEAR SIMPLES

$$y = \beta_0 + \beta_1 x + \varepsilon \qquad (14.1)$$

β_0 e β_1 são denominados parâmetros do modelo, e ε é uma variável aleatória denominada termo de erro, o que explica a variabilidade em y que não pode ser explicada pela relação linear entre as variáveis x e y.

A população de todos os restaurantes da rede Armand's também pode ser vista como um conjunto de subpopulações, uma para cada valor distinto de x. Por exemplo, uma subpopulação consiste de todos os restaurantes da rede Armand's localizados próximos de *campi* universitários com 8.000 alunos; outra subpopulação consiste de todos os restaurantes Armand's situados perto de *campi* universitários com 9.000 estudantes, e assim por diante. Cada subpopulação tem uma distribuição correspondente de valores de y. Assim, a distribuição de valores de y está associada a restaurantes localizados perto de *campi* com 8.000 alunos; a distribuição de valores de y está associada a restaurantes situados próximos a *campi* com 9.000 alunos, e assim por diante. Cada distribuição de valores de y tem seu próprio valor médio ou esperado. A equação que descreve como o valor esperado de y, denotado por $E(y)$, está relacionado com x é chamada **equação de regressão**. A equação de regressão para a regressão linear simples é a seguinte.

EQUAÇÃO DE REGRESSÃO LINEAR SIMPLES

$$E(y) = \beta_0 + \beta_1 x \qquad (14.2)$$

O gráfico da equação de regressão linear simples é uma reta; β_0 é o intercepto em y da linha de regressão, β_1 é a inclinação, e $E(y)$ é a média ou o valor esperado de y para um determinado valor de x.

Exemplos de possíveis linhas de regressão são mostrados na Figura 14.1. A linha de regressão no painel A mostra que o valor médio de y está relacionado positivamente com x, com valores maiores de $E(y)$ associados a valores maiores de x. A linha de regressão no painel B mostra que o valor médio de y está relacionado negativamente a x, com valores menores de $E(y)$ associados a valores maiores de x. A linha de regressão no painel C mostra o caso em que o valor médio de y não está relacionado a x; isto é, o valor médio de y é o mesmo para todo valor de x.

Equação de regressão estimada

Se os valores dos parâmetros da população β_0 e β_1 fossem conhecidos, poderíamos utilizar a Equação (14.2) para calcular o valor médio de y para um dado valor de x. Na prática, os valores dos parâmetros não são conhecidos e devem ser estimados utilizando-se dados amostrais. As estatísticas amostrais (designadas B_0 e B_1) são calculadas como estimativas dos parâmetros da população β_0 e β_1. Substituindo os valores das estatísticas amostrais b_0 e b_1 por β_0 e β_1 na equação de regressão, obtém-se a **equação de regressão estimada**. A equação de regressão estimada para regressão linear simples é a seguinte.

> EQUAÇÃO DE REGRESSÃO LINEAR SIMPLES ESTIMADA
>
> $$\hat{y} = b_0 + b_1 x \qquad (14.3)$$

A Figura 14.2 fornece um resumo do processo de estimação para regressão linear simples.

O gráfico da equação estimada de regressão linear simples é chamado *linha de regressão estimada*; b_0 é o intercepto em y e b_1 é a inclinação. Na próxima seção, mostramos como o método dos mínimos quadrados pode ser utilizado para calcular os valores de b_0 e b_1 na equação de regressão estimada.

O valor de $\hat{y}$ fornece tanto uma estimativa pontual de $E(y)$ para um dado valor de x como a previsão de um valor individual de y para um determinado valor de x.

Em geral, $\hat{y}$ é o estimador pontual de $E(y)$, o valor médio de y para um dado valor de x. Assim, para estimar o valor médio ou esperado das vendas trimestrais de todos os restaurantes localizados próximos a *campi* com 10.000 alunos, a rede Armand's substituirá o valor 10.000 por x na Equação (14.3). Em alguns casos, no entanto, o Armand's pode estar mais interessado em prever as vendas de um restaurante específico. Por exemplo, suponha que a rede Armand's quisesse prever as vendas trimestrais de um futuro restaurante que estão pensando em construir próximo de Talbot College, uma escola com 10.000 alunos. Acontece que o melhor previsor de y para um dado valor de x também é fornecido por $\hat{y}$. Assim, para prever as vendas trimestrais do restaurante localizado próximo de Talbot College, o Armand's também substituiria o valor 10.000 por x na Equação (14.3).

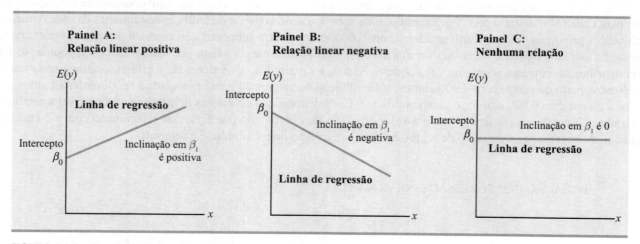

FIGURA 14.1 Possíveis linhas de regressão na regressão linear simples

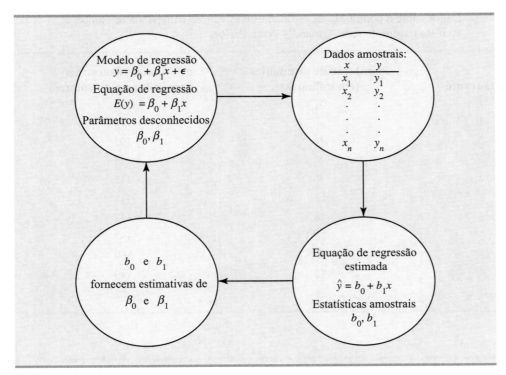

A estimação de β_0 e β_1 é um processo estatístico muito semelhante à estimação de μ, discutida no Capítulo 7. β_0 e β_1 são os parâmetros de interesse desconhecidos, e b_0 e b_1 são as estatísticas amostrais utilizadas para estimar os parâmetros.

FIGURA 14.2 O processo de estimação na regressão linear simples

NOTAS E COMENTÁRIOS

1. A análise de regressão não pode ser interpretada como um procedimento para estabelecer uma relação de causa e efeito entre variáveis. Ela só pode indicar como ou em que medida as variáveis estão associadas umas às outras. Quaisquer conclusões sobre causa e efeito devem se basear no julgamento das pessoas mais bem informadas sobre a aplicação.

2. A equação de regressão na regressão linear simples é $E(y) = \beta_0 + \beta_1 x$. Livros mais avançados sobre análise de regressão frequentemente dão a equação de regressão como $E(y|x) = \beta_0 + \beta_1 x$ para enfatizar que a equação de regressão fornece o valor médio de y para determinado valor de x.

Método dos mínimos quadrados

Método dos mínimos quadrados é um procedimento para o uso de dados amostrais com a finalidade de encontrar a equação de regressão estimada. Para ilustrar o método dos mínimos quadrados, suponha que foram coletados dados de uma amostra de 10 restaurantes da rede Armand's Pizza Parlor localizados perto de *campi* universitários. Para a *i*-ésima observação ou restaurante na amostra, x_i é o tamanho da população de estudantes (em milhares) e y_i as vendas trimestrais (em milhares de dólares). Os valores de x_i e y_i para os 10 restaurantes na amostra estão resumidos na Tabela 14.1. Vemos que o restaurante 1, com $x_1 = 2$ e $y_1 = 58$, fica perto de um *campus* com 2.000 alunos e tem vendas trimestrais de US$ 58.000. O restaurante 2, com $x_2 = 6$ e $y_2 = 105$, fica perto de um *campus* com 6.000 alunos e tem vendas trimestrais de US$ 105.000. O maior valor de vendas é do restaurante 10, que fica perto de um *campus* com 26.000 alunos e tem vendas trimestrais de US$ 202.000.

Na regressão linear simples cada observação consiste de dois valores: um para a variável independente e outro para a variável dependente.

A Figura 14.3 é um diagrama de dispersão dos dados na Tabela 14.1. A população de estudantes é mostrada no eixo horizontal e as vendas trimestrais são mostradas no eixo vertical. **Diagramas de dispersão** para análise de regressão são construídos com a variável independente x no eixo horizontal e a variável dependente y no eixo vertical. O diagrama de dispersão permite observar graficamente os dados e extrair conclusões preliminares sobre a possível relação entre as variáveis.

TABELA 14.1 Dados sobre a população de estudantes e as vendas trimestrais referentes a 10 restaurantes da rede Armand's Pizza Parlors

Restaurante i	População de estudantes (em milhares) x_i	Vendas trimestrais (em milhares de dólares) y_i
1	2	58
2	6	105
3	8	88
4	8	118
5	12	117
6	16	137
7	20	157
8	20	169
9	22	149
10	26	202

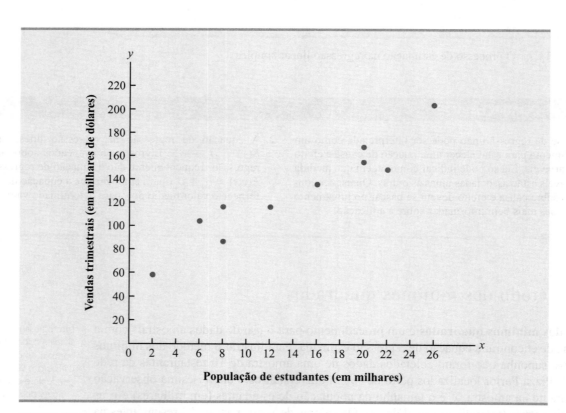

FIGURA 14.3 Diagrama de dispersão da população de estudantes e das vendas trimestrais da rede Armand's Pizza Parlors

Que conclusões preliminares podem ser obtidas a partir da Figura 14.3? As vendas trimestrais parecem ser maiores em *campi* com maiores populações de estudantes. Além disso, para estes dados a relação entre o tamanho da população de estudantes e as vendas trimestrais parece ser aproximada por uma linha reta; de fato, uma relação linear positiva é indicada entre x e y. Escolhemos, portanto, o modelo de regressão linear simples para representar a relação entre as vendas trimestrais e a população de estudantes. Dada esta escolha, nossa próxima tarefa é utilizar os dados amostrais na Tabela 14.1 para determinar os valores de b_0 e b_1 na equação de regressão linear simples estimada. Para o i-ésimo restaurante, a equação de regressão estimada fornece

$$\hat{y}_i = b_0 + b_1 x_i \tag{14.4}$$

onde

$\hat{y}_i$ = valor previsto das vendas trimestrais (em milhares de dólares) para o i-ésimo restaurante
b_0 = o intercepto em y da linha de regressão estimada
b_1 = a inclinação da linha de regressão estimada
x_i = tamanho da população de estudantes (em milhares) para o i-ésimo restaurante

Com y_i denotando as vendas (reais) observadas para o restaurante i e $\hat{y}_i$ na Equação (14.4) representando o valor previsto das vendas para o restaurante i, cada restaurante na amostra terá um valor de vendas y_i observado e um valor de vendas previsto $\hat{y}_i$. Para que a linha de regressão estimada forneça um bom ajuste para os dados, queremos que as diferenças entre os valores de vendas observados e os valores de vendas previstos sejam pequenas.

O método dos mínimos quadrados utiliza os dados amostrais para fornecer os valores de b_0 e b_1 que minimizam a *soma dos quadrados dos desvios* entre os valores observados da variável dependente y_i e os valores previstos da variável dependente $\hat{y}_i$. O critério para o método dos mínimos quadrados é dado pela Equação (14.5).

CRITÉRIO DOS MÍNIMOS QUADRADOS

$$\text{mín } \Sigma(y_i - \hat{y}_i)^2 \tag{14.5}$$

onde

y_i = valor observado da variável dependente para a i-ésima observação

$\hat{y}_i$ = valor previsto da variável dependente para a i-ésima observação

Carl Friedrich Gauss (1777-1855) propôs o método dos mínimos quadrados.

O cálculo diferencial pode ser utilizado para mostrar (veja o Apêndice 14.1) que os valores de b_0 e b_1 que minimizam a Equação (14.5) podem ser encontrados utilizando as equações (14.6) e (14.7).

INCLINAÇÃO E INTERCEPTO EM y PARA A EQUAÇÃO DE REGRESSÃO ESTIMADA[1]

$$b_1 = \frac{\Sigma(x_i - \bar{x})(y_i - \bar{y})}{\Sigma(x_i - \bar{x})^2} \tag{14.6}$$

$$b_0 = \bar{y} - b_1\bar{x} \tag{14.7}$$

onde

x_i = valor da variável independente para a i-ésima observação

y_i = valor da variável dependente para a i-ésima observação

$\bar{x}$ = valor médio para a variável independente

$\bar{y}$ = valor médio para a variável dependente

n = número total de observações

Ao utilizar uma calculadora para calcular b_1 insira tantos algarismos significativos quanto possível nos cálculos intermediários. Recomendamos inserir pelo menos quatro dígitos significativos.

Alguns dos cálculos necessários para desenvolver a equação de regressão estimada dos mínimos quadrados para a rede Armand's Pizza Parlors são mostrados na Tabela 14.2. Com a amostra de 10 restaurantes, temos $n = 10$ observações. Como as equações (14.6) e (14.7) requerem $\bar{x}$ e $\bar{y}$ começamos calculando $\bar{x}$ e $\bar{y}$.

---

[1] Uma fórmula alternativa para b_1 é

$$b_1 = \frac{\Sigma x_i y_i - (\Sigma x_i \Sigma y_i)/n}{\Sigma x_i^2 - (\Sigma x_i)^2/n}$$

Esta forma da Equação (14.6) geralmente é recomendada quando se utiliza uma calculadora para calcular b_1.

536 Estatística aplicada a administração e economia

TABELA 14.2 Cálculos para a equação de regressão estimada a partir dos mínimos quadrados para a rede Armand's Pizza Parlors

Restaurante i	x_i	y_i	$x_i - \bar{x}$	$y_i - \bar{y}$	$(x_i - \bar{x})(y_i - \bar{y})$	$(x_i - \bar{x})^2$
1	2	58	−12	−72	864	144
2	6	105	−8	−25	200	64
3	8	88	−6	−42	252	36
4	8	118	−6	−12	72	36
5	12	117	−2	−13	26	4
6	16	137	2	7	14	4
7	20	157	6	27	162	36
8	20	169	6	39	234	36
9	22	149	8	19	152	64
10	26	202	12	72	864	144
Totais	140	1.300			2.840	568
	Σx_i	Σy_i			$\Sigma(x_i - \bar{x})(y_i - \bar{y})$	$\Sigma(x_i - \bar{x})^2$

$$\bar{x} = \frac{\Sigma x_i}{n} = \frac{140}{10} = 14$$

$$\bar{y} = \frac{\Sigma y_i}{n} = \frac{1.300}{10} = 130$$

Utilizando as equações (14.6) e (14.7) e as informações da Tabela 14.2 podemos calcular a inclinação e a interceptação da equação de regressão estimada para a Armand's Pizza Parlors. O cálculo da inclinação (b_1) procede da seguinte maneira.

$$b_1 = \frac{\Sigma(x_i - \bar{x})(y_i - \bar{y})}{\Sigma(x_i - \bar{x})^2}$$

$$= \frac{2.840}{568}$$

$$= 5$$

O cálculo da interceptação em y (b_0) é o seguinte.

$$b_0 = \bar{y} - b_1\bar{x}$$

$$= 130 - 5(14)$$

$$= 60$$

Desse modo, a equação de regressão estimada é

$$\hat{y} = 60 + 5x$$

O uso da equação de regressão estimada para fazer previsões fora da amplitude dos valores da variável independente deverá ocorrer cuidadosamente, porque fora desta amplitude não podemos assegurar que a mesma relação seja válida.

A Figura 14.4 mostra o gráfico sobre o diagrama de dispersão.

A inclinação da equação de regressão estimada ($b_1 = 5$) é positiva, o que implica que à medida que a população de estudantes aumenta as vendas aumentam. De fato, podemos concluir (com base nas vendas medidas em US\$ 1.000 e na população de estudantes em milhares) que um aumento de 1.000 na população de estudantes está associado a um aumento de US\$ 5.000 nas vendas esperadas; isto é, as vendas trimestrais deverão aumentar US\$ 5 por estudante.

Se acreditarmos que a equação de regressão estimada a partir dos mínimos quadrados descreve adequadamente a relação entre as variáveis x e y, parecerá razoável utilizar a equação de regressão estimada para prever o valor de y para um dado valor de x. Por exemplo, se quiséssemos prever vendas trimestrais para um restaurante localizado próximo de um *campus* com 16.000 alunos, calcularíamos

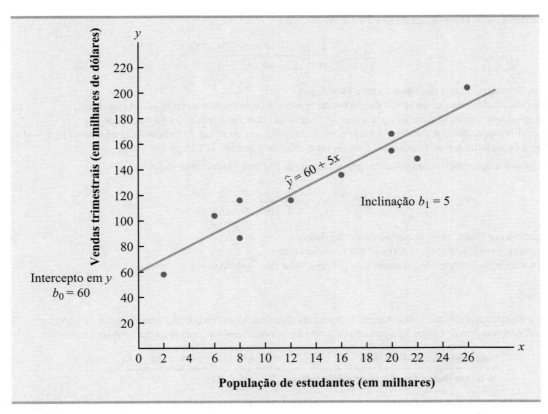

FIGURA 14.4 Gráfico da equação de regressão estimada para o Armand's Pizza Parlors: $\hat{y} = 60 + 5x$

$$\hat{y} = 60 + 5(16) = 140$$

Assim, preveríamos vendas trimestrais de US$ 140.000 para este restaurante. Nas seções a seguir, discutiremos métodos para avaliar a adequação de se utilizar a equação de regressão estimada para estimação e predição.

NOTAS E COMENTÁRIOS

O método dos mínimos quadrados fornece uma equação de regressão estimada que minimiza a soma dos desvios quadrados entre os valores observados da variável dependente y_i e os valores previstos da variável dependente $\hat{y}_i$. Este critério dos mínimos quadrados é utilizado para escolher a equação que proporciona o melhor ajuste. Se outro critério fosse utilizado, como minimizar a soma dos desvios absolutos entre y_i e $\hat{y}_i$, uma equação diferente seria obtida. Na prática, o método dos mínimos quadrados é o mais utilizado.

Exercícios

Métodos

1. Considerando as cinco observações para as duas variáveis, x e y

x_i	1	2	3	4	5
y_i	3	7	5	11	14

a. Desenvolva um diagrama de dispersão para estes dados.
b. O que indica o diagrama de dispersão desenvolvido no item (a) sobre a relação entre as duas variáveis?
c. Tente aproximar a relação entre as variáveis x e y desenhando uma linha reta ao longo dos dados.
d. Desenvolva a equação de regressão estimada calculando os valores de b_0 and b_1 utilizando as equações (14.6) e (14.7).
e. Utilize a equação de regressão estimada para prever o valor de y quando $x = 4$.

2. Considerando as cinco observações para as duas variáveis, x e y

x_i	3	12	6	20	14
y_i	55	40	55	10	15

   a. Desenvolva um diagrama de dispersão para estes dados.
   b. O que indica o diagrama de dispersão desenvolvido no item (a) sobre a relação entre as duas variáveis?
   c. Tente aproximar a relação entre as variáveis x e y desenhando uma linha reta ao longo dos dados.
   d. Desenvolva a equação de regressão estimada calculando os valores de b_0 and b_1 utilizando as equações (14.6) e (14.7).
   e. Utilize a equação de regressão estimada para prever o valor de y quando $x = 10$.

3. Considerando as cinco observações coletadas em um estudo de regressão sobre duas variáveis

x_i	2	6	9	13	20
y_i	7	18	9	26	23

   a. Desenvolva um diagrama de dispersão para estes dados.
   b. Desenvolva a equação de regressão estimada para estes dados.
   c. Utilize a equação de regressão estimada para prever o valor de y quando $x = 6$.

Aplicações

4. Os dados a seguir apresentam a porcentagem de mulheres trabalhando em cinco empresas do setor de varejo e comércio. A porcentagem de cargos administrativos ocupados por mulheres em cada empresa também é mostrada.

%de mulheres trabalhando	67	45	73	54	61
% de mulheres em cargos administrativos	49	21	65	47	33

   a. Desenvolva um diagrama de dispersão para estes dados definindo a porcentagem de mulheres trabalhando na empresa como a variável independente.
   b. O que o diagrama de dispersão desenvolvido no item (a) indica sobre a relação entre as duas variáveis?
   c. Tente aproximar a relação entre a porcentagem de mulheres trabalhando na empresa e a porcentagem de mulheres em cargos administrativos nesta empresa.
   d. Desenvolva a equação de regressão estimada calculando os valores de b_0 e b_1.
   e. Preveja a porcentagem de mulheres em cargos administrativos em uma empresa que tem 60% de funcionárias.

5. A Brawdy Plastics, Inc. produz retentores plásticos de cintos de segurança para a General Motors na fábrica da Brawdy Plastics situada em Buffalo, Nova York. Após a montagem final e pintura, as peças são colocadas em uma correia transportadora que as move para uma estação de inspeção final. A rapidez com que as peças chegam à estação de inspeção final depende da velocidade linear da correia transportadora (em pés por minuto). Embora velocidades lineares mais rápidas sejam desejáveis, a gerência está preocupada com a possibilidade de que aumentar demais a velocidade linear pode não proporcionar tempo suficiente para que os inspetores identifiquem quais peças estão realmente com defeito. Para testar esta teoria, a Brawdy Plastics conduziu um experimento no qual o mesmo lote de peças, com um número conhecido de peças com defeito, foi inspecionado utilizando-se diversas velocidades lineares. Foram coletados os seguintes dados.

Velocidade linear	Número de peças com defeito encontradas
20	23
20	21
30	19
30	16
40	15
40	17
50	14
50	11

   a. Desenvolva um diagrama de dispersão com a velocidade linear como a variável independente.
   b. O que o diagrama de dispersão desenvolvido no item (a) indica sobre a relação entre as duas variáveis?
   c. Use o método dos mínimos quadrados para desenvolver a equação de regressão estimada.
   d. Preveja o número de peças com defeito encontradas para uma velocidade linear de 25 pés por minuto.

6. A National Football League (NFL) registra uma variedade de dados de desempenho para indivíduos e equipes. A fim de investigar a importância do avanço de jardas nos jogos ganhos por uma equipe, os dados a seguir mostram o número médio de jardas avançadas por tentativa (jardas/tentativa) e a porcentagem de jogos ganhos (%vitórias) para uma amostra aleatória de 10 times de futebol americano da NFL na temporada de 2011 (site da NFL, 12 de fevereiro de 2012).

Time	Jardas/tentativa	% Vitórias
Arizona Cardinals	6,5	50
Atlanta Falcons	7,1	63
Carolina Panthers	7,4	38
Chicago Bears	6,4	50
Dallas Cowboys	7,4	50
New England Patriots	8,3	81
Philadelphia Eagles	7,4	50
Seattle Seahawks	6,1	44
St. Louis Rams	5,2	13
Tampa Bay Buccaneers	6,2	25

DATA *file*
NFLPassing

a. Desenvolva um diagrama de dispersão com o número de jardas avançadas por tentativa no eixo horizontal e a porcentagem de jogos ganhos no eixo vertical.
b. O que o diagrama de dispersão desenvolvido no item (a) indica sobre a relação entre as duas variáveis?
c. Desenvolva a equação de regressão estimada que possa ser utilizada para prever a porcentagem de jogos ganhos considerando o número médio de jardas avançadas por tentativa.
d. Forneça uma interpretação para a inclinação da equação de regressão estimada.
e. Para a temporada de 2011, o número médio de jardas avançadas por tentativa para o time do Kansas City Chiefs foi de 6,2. Utilize a equação de regressão estimada desenvolvida no item (c) para prever a porcentagem de jogos ganhos pelo Kansas City Chiefs. (*Nota*: para a temporada de 2011, o Kansas City Chiefs conseguiu 7 vitórias e 9 derrotas.) Compare sua previsão com a porcentagem real de jogos ganhos pelo Kansas City Chiefs.

7. Um gestor de vendas coletou os seguintes dados sobre as vendas anuais para novas contas de clientes e o número de anos de experiência para uma amostra de 10 vendedores
a. Desenvolva um diagrama de dispersão para estes dados definindo os anos de experiência como a variável independente.
b. Desenvolva uma equação de regressão estimada que possa ser utilizada para prever as vendas anuais considerando os anos de experiência.
c. Use a equação de regressão estimada para prever as vendas anuais de um vendedor com nove anos de experiência.

Vendedor	Anos de experiência	Vendas anuais (milhares de dólares)
1	1	80
2	3	97
3	4	92
4	4	102
5	6	103
6	8	111
7	10	119
8	10	123
9	11	117
10	13	136

DATA *file*
Sales

8. Na Pesquisa On-line sobre Corretores de Descontos, feita pela Associação Americana de Investidores Individuais (AAII, na sigla em inglês), ela questionou seus membros quanto às suas experiências com corretores de descontos. Como parte da pesquisa, os membros tiveram de avaliar a qualidade da velocidade de execução do seu corretor, bem como fornecer um índice de satisfação geral em relação às transações eletrônicas. As possíveis respostas (pontuações) foram sem opinião (0), insatisfeito (1), pouco satisfeito (2), satisfeito (3) e muito satisfeito (4). Para cada resumo, os escores dos corretores foram calculados recorrendo a uma média ponderada das pontuações fornecidas por cada respondente. Uma parte dos resultados da pesquisa está a seguir (site da AAII, 7 de fevereiro de 2012).
a. Desenvolva um diagrama de dispersão para estes dados definindo a velocidade de execução como a variável independente.
b. O que o diagrama de dispersão desenvolvido no item (a) indica sobre a relação entre as duas variáveis?

c. Desenvolva a equação de regressão estimada a partir dos mínimos quadrados.
d. Forneça um interpretação para a inclinação da equação de regressão estimada.
e. Suponha que a Zecco.com tenha desenvolvido um novo software para aumentar sua taxa de velocidade de execução. Se o novo software for capaz de aumentar sua taxa de velocidade de execução do valor atual de 2,5 para a taxa média de outras 10 corretoras pesquisadas, qual valor você preveria para o índice geral de satisfação?

Corretora	Velocidade	Satisfação
Scottrade, Inc.	3,4	3,5
Charles Schwab	3,3	3,4
Fidelity Brokerage Services	3,4	3,9
TD Ameritrade	3,6	3,7
E*Trade Financial	3,2	2,9
Vanguard Brokerage Services	3,8	2,8
USAA Brokerage Services	3,8	3,6
Thinkorswim	2,6	2,6
Wells Fargo Investments	2,7	2,3
Interactive Brokers	4,0	4,0
Zecco.com	2,5	2,5

9. As empresas do setor de aluguel de carros nos Estados Unidos variam muito quanto ao tamanho da frota, número de pontos de locação e receita anual. Em 2011, a Hertz tinha 320.000 carros em serviço e receita anual de aproximadamente US$ 4,2 bilhões. Os dados a seguir mostram o número de carros em serviço (em milhares) e a receita anual (em milhões de dólares) de seis empresas de pequeno porte no setor de locação de veículos (site da *Auto Rental News*, 7 de agosto de 2012).

Empresa	Carros (milhares)	Receita (milhões de dólares)
U-Save Auto Rental System, Inc.	11,5	118
Payless Car Rental System, Inc.	10,0	135
ACE Rent A Car	9,0	100
Rent-A-Wreck de America	5,5	37
Triangle Rent-A-Car	4,2	40
Affordable/Sensible	3,3	32

a. Desenvolva um diagrama de dispersão com o número de carros em serviço como a variável independente.
b. O que o diagrama de dispersão desenvolvido no item (a) indica sobre a relação entre as duas variáveis?
c. Use o método dos mínimos quadrados para desenvolver a equação de regressão estimada.
d. Para cada carro adicional colocado em serviço, estime em quanto a receita anual se modificará.
e. A Fox Rent A Car tem 11.000 carros em serviço. Use a equação de regressão estimada desenvolvida no item (c) para prever a receita anual da Fox Rent A Car.

10. Em 31 de março de 2009, as ações da Ford Motor Company estavam sendo negociadas a US$ 2,63, o valor mais baixo em 26 anos. A diretoria da Ford deu ao CEO uma concessão de opções e ações restritas com um valor estimado de US$ 16 milhões. Em 26 de abril de 2011, o preço de uma ação da Ford aumentou para US$ 15,58, e a do CEO passou a valer US$ 202,8 milhões, um aumento de US$ 186,8 milhões. A tabela a seguir mostra o preço das ações em 2009 e 2011 referente a 10 empresas, as opções e concessões de ações para os CEOs no final de 2008 e 2009, e também o valor das opções e concessões em 2011. Também são apresentados os aumentos percentuais no preço das ações e os ganhos percentuais nos valores das opções (*The Wall Street Journal*, 27 de abril de 2011).
    a. Desenvolva um diagrama de dispersão para estes dados definindo o aumento percentual no preço das ações como a variável independente.
    b. O que o diagrama de dispersão desenvolvido no item (a) indica quanto à relação entre as duas variáveis?
    c. Desenvolva a equação de regressão estimada a partir dos mínimos quadrados.
    d. Forneça uma interpretação para a inclinação da equação de regressão estimada.
    e. As recompensas para o CEO parecem ter como base o aumento do desempenho medido pelo preço das ações?

Empresa	Preço das ações 2009 (US$)	Preço das ações 2011 (US$)	Aumento (%) no preço das ações	Valor das opções e concessões 2009 (milhões de US$)	Valor das opções e concessões 2009 (milhões de US$)	Ganho em valor de opções (%)
Ford Motor	2,63	15,58	492	16,0	202,8	1.168
Abercrombie & Fitch	23,80	70,47	196	46,2	196,1	324
Nabors Industries	9,99	32,06	221	37,2	132,2	255
Starbucks	9,99	32,06	221	12,4	75,9	512
Salesforce.com	32,73	137,61	320	7,8	67,0	759
Starwood Hotels	12,70	60,28	375	5,8	57,1	884
Caterpillar	27,96	111,94	300	4,0	47,5	1.088
Oracle	18,07	34,97	94	61,9	97,5	58
Capital One	12,24	54,61	346	6,0	40,6	577
Dow Chemical	8,43	39,97	374	5,0	38,8	676

CEOGrants

11. Para ajudar os consumidores a comprar um laptop, o *Consumer Reports* calcula uma pontuação geral de teste para cada computador testado com base em fatores de classificação, como ergonomia, portabilidade, desempenho, monitor e duração da bateria. Pontuações gerais mais altas indicam melhores resultados nos testes. Os dados a seguir mostram o preço médio de varejo e a pontuação geral de dez modelos com 13 polegadas (site do *Consumer Reports*, 25 de outubro de 2012).

Marca e modelo	Preço (US$)	Pontuação geral
Samsung Ultrabook NP900X3C-A01US	1.250	83
Apple MacBook Air MC965LL/A	1.300	83
Apple MacBook Air MD231LL/A	1.200	82
HP ENVY 13-2050nr Spectre XT	950	79
Sony VAIO SVS13112FXB	800	77
Acer Aspire S5-391-9880 Ultrabook	1.200	74
Apple MacBook Pro MD101LL/A	1.200	74
Apple MacBook Pro MD313LL/A	1.000	73
Dell Inspiron I13Z-6591SLV	700	67
Samsung NP535U3C-A01US	600	63

Computer

a. Desenvolva um diagrama de dispersão com o preço como a variável independente.
b. O que o diagrama de dispersão desenvolvido no item (a) indica sobre a relação entre as duas variáveis?
c. Use o método dos mínimos quadrados para desenvolver a equação de regressão estimada.
d. Forneça uma interpretação da inclinação da equação de regressão estimada.
e. Outro laptop que o *Consumer Reports* testou foi o Acer Aspire S3-951-6646 Ultrabook; o preço deste laptop era US$ 700. Preveja a pontuação geral deste laptop utilizando a equação de regressão estimada desenvolvida no item (c).

12. A Concur Technologies, Inc. é uma grande empresa de gestão de despesas localizada em Redmond, Washington. O *Wall Street Journal* pediu à Concur para examinar os dados de 8,3 milhões de relatórios de despesas para fornecer percepções sobre as despesas de viagens de negócios. Sua análise dos dados mostrou que Nova York era a cidade mais cara, com uma diária média em hotel de US$ 198 e um valor médio de gastos com entretenimento, incluindo refeições em grupo e ingressos para shows, esportes e outros eventos de US$ 172. Em comparação, as médias dos Estados Unidos para essas duas categorias foram US$ 89 para a diária e US$ 99 para os gastos com entretenimento. A tabela a seguir mostra a diária média do quarto de hotel e o valor gasto em entretenimento para uma amostra aleatória de 9 das 25 cidades mais visitadas dos Estados Unidos (*The Wall Street Journal*, 18 de agosto de 2011).

a. Desenvolva um diagrama de dispersão para estes dados definindo a diária de um quarto de hotel como a variável independente.
b. O que o diagrama de dispersão desenvolvido no item (a) indica sobre a relação entre as duas variáveis?
c. Desenvolva a equação de regressão estimada a partir dos mínimos quadrados.
d. Forneça uma interpretação para a inclinação da equação de regressão estimada.
e. A diária média de um quarto em Chicago é de US$ 128, consideravelmente superior à média nos EUA. Preveja as despesas com entretenimento por dia em Chicago.

Cidade	Diária de um quarto (US$)	Gastos com entretenimento (US$)
Boston	148	161
Denver	96	105
Nashville	91	101
New Orleans	110	142
Phoenix	90	100
San Diego	102	120
San Francisco	136	167
San Jose	90	140
Tampa	82	98

13. Para o Serviço de Arrecadação da Receita Federal, a razoabilidade do total de deduções detalhadas depende da receita bruta ajustada do contribuinte. Grandes deduções, que incluem doações e deduções de despesas médicas, são mais razoáveis para os contribuintes com grandes rendimentos brutos ajustados. Se um contribuinte declarar deduções detalhadas maiores que a média para um determinado nível de renda as chances de ocorrer uma auditoria da Receita Federal aumentam. Dados (em milhares de dólares) sobre a receita bruta ajustada e a quantidade média ou razoável de deduções detalhadas estão a seguir.

Receita bruta ajustada (milhares de US$)	Quantidade razoável de deduções detalhadas (milhares de US$)
22	9,6
27	9,6
32	10,1
48	11,1
65	13,5
85	17,7
120	25,5

a. Desenvolva um diagrama de dispersão para estes dados definindo a receita bruta ajustada como a variável independente.
b. Use o método dos mínimos quadrados para desenvolver a equação de regressão estimada.
c. Preveja o nível razoável do total de deduções detalhadas para um contribuinte com uma receita bruta ajustada de US$ 52.500. Se este contribuinte reivindicasse deduções detalhadas de US$ 20.400, o pedido do agente da Receita Federal para a realização de uma auditoria pareceria justificado? Explique.

14. Um hospital de uma grande cidade realizou um estudo para investigar a relação entre o número de dias em que ocorreram ausências não autorizadas de alguns funcionários durante o ano, e a distância (em milhas) entre a residência destes funcionários e o local de trabalho. Uma amostra de 10 funcionários foi selecionada e os seguintes dados foram coletados.

Distância entre a casa e o trabalho (milhas)	Número de dias ausente
1	8
3	5
4	8
6	7
8	6
10	3
12	5
14	2
14	4
18	2

a. Desenvolva um diagrama de dispersão para estes dados. Uma relação linear parece razoável? Explique.
b. Desenvolva a equação de regressão estimada a partir dos mínimos quadrados que relaciona a distância entre a casa e o trabalho com o número de dias em que houve ausência de funcionários.
c. Preveja o número de dias em que ocorreu ausência para um funcionário que mora a 5 milhas do hospital.

Coeficiente de determinação

Para o exemplo da rede Armand's Pizza Parlors, estimamos a equação de regressão $\hat{y} = 60 + 5x$ para aproximar a relação linear entre o tamanho da população de estudantes x e vendas trimestrais y. A pergunta agora é: quão bem a equação de regressão estimada se ajusta aos dados? Nesta seção mostramos que o **coeficiente de determinação** fornece uma medida da qualidade do ajuste para a equação de regressão estimada.

Para a i-ésima observação, a diferença entre o valor observado da variável dependente, y_i, e o valor previsto da variável dependente, $\hat{y}_i$, é chamada de i-**ésimo resíduo**. O i-ésimo resíduo representa o erro em utilizar $\hat{y}_i$ para estimar y_i. Assim, para a i-ésima observação, o resíduo é $y_i - \hat{y}_i$. A soma dos quadrados destes resíduos ou erros é a quantidade que é minimizada pelo método dos mínimos quadrados. Esta quantidade, também conhecida como *soma de quadrados devido a erro*, é denotada por SQRes.

SOMA DE QUADRADOS DEVIDO A ERRO

$$SQRes = \Sigma(y_i - \hat{y}_i)^2 \qquad (14.8)$$

O valor de SQRes é uma medida do erro em utilizar a equação de regressão estimada para predizer os valores da variável dependente na amostra.

Na Tabela 14.3 mostramos os cálculos necessários para determinar a soma de quadrados devido a erro para o exemplo da rede Armand's Pizza Parlors. Por exemplo, para o restaurante 1, os valores das variáveis dependentes e independentes são $x_1 = 2$ e $y_1 = 58$. Utilizando a equação de regressão estimada, descobrimos que o valor previsto para as vendas trimestrais do restaurante 1 é $\hat{y}_1 = 60 + 5(2) = 70$. Assim, o erro em utilizar $\hat{y}_1$ para predizer y_1 para o restaurante 1 é $y_1 - \hat{y}_1 = 58 - 70 = -12$. O erro ao quadrado, $(-12)^2 = 144$, é mostrado na última coluna de Tabela 14.3. Depois de calcular e elevar ao quadrado os resíduos para cada restaurante da amostra, os somamos para obter SQRes = 1.530. Assim, SQRes = 1.530 mede o erro em utilizar a equação de regressão estimada $\hat{y} = 60 + 5x$ para prever as vendas.

TABELA 14.3 Cálculo de SQRes para a rede Armand's Pizza Parlors

Restaurante i	x_i = População de estudantes (em milhares)	y_i = Vendas trimestrais (milhares de US$)	Vendas previstas $\hat{y}_i = 60 + 5x_i$	Erro $y_i - \hat{y}_i$	Erro ao quadrado $(y_i - \hat{y}_i)^2$
1	2	58	70	−12	144
2	6	105	90	15	225
3	8	88	100	−12	144
4	8	118	100	18	324
5	12	117	120	−3	9
6	16	137	140	−3	9
7	20	157	160	−3	9
8	20	169	160	9	81
9	22	149	170	−21	441
10	26	202	190	12	144
					SQRes = 1.530

544 Estatística aplicada a administração e economia

TABELA 14.4 Cálculo da soma de quadrados total para a rede Armand's Pizza Parlors

Restaurante i	x_i = População de estudantes (em milhares)	y_i = Vendas trimestrais (milhares de US$)	Desvio $y_i - \bar{y}$	Desvio ao quadrado $(y_i - \bar{y})^2$
1	2	58	−72	5.184
2	6	105	−25	625
3	8	88	−42	1.764
4	8	118	−12	144
5	12	117	−13	169
6	16	137	7	49
7	20	157	27	729
8	20	169	39	1.521
9	22	149	19	361
10	26	202	72	5.184
				SQTot = 15.730

Agora suponha que nos seja pedido para desenvolver uma estimativa das vendas trimestrais sem conhecer o tamanho da população de estudantes. Sem o conhecimento de quaisquer variáveis relacionadas, usaríamos a média da amostra como uma estimativa de vendas trimestrais em qualquer restaurante. A Tabela 14.2 mostrou que, para os dados das vendas, $\Sigma y_i = 1.300$. Assim, o valor médio das vendas trimestrais para a amostra de 10 restaurantes da rede Armand's é $\bar{y} = \Sigma y_i / n = 1.300/10 = 130$. Na Tabela 14.4 mostramos a soma dos desvios ao quadrado obtida por meio da utilização da média amostral $\bar{y} = 130$ para prever o valor de vendas trimestrais para cada restaurante na amostra. Para o i-ésimo restaurante da amostra, a diferença $y_i - \bar{y}$ fornece uma medida do erro envolvido na utilização de $\bar{y}$ para prever as vendas. A soma de quadrados correspondente, chamada *soma de quadrados total*, é denominada SQTot.

> **SOMA DE QUADRADOS TOTAL**
>
> $$SQTot = \Sigma(y_i - \bar{y})^2 \tag{14.9}$$

A soma na parte inferior da última coluna na Tabela 14.4 é a soma de quadrados total para a rede Armand's Pizza Parlors; isto é, SQTot = 15.730.

Com SQTot = 15.730 e SQRes = 1.530, a linha de regressão estimada fornece um ajuste muito melhor para os dados do que a linha $y = \bar{y}$.

Na Figura 14.5 mostramos a linha de regressão estimada $\hat{y} = 60 + 5x$ e a linha correspondente a $\bar{y} = 130$. Note que os pontos se agrupam mais próximos da linha de regressão estimada do que da linha $\bar{y} = 130$. Por exemplo, para o décimo restaurante da amostra vemos que o erro é muito maior quando $\bar{y} = 130$ é utilizado para prever y_{10} do que quando $\hat{y}_{10} = 60 + 5(26) = 190$ é utilizado. Podemos pensar em SQTot como uma medida do quanto as observações de agrupam bem sobre a linha $\bar{y}$, e em SQRes como uma medida do quanto observações se agrupam bem sobre a linha $\hat{y}$.

Para medirmos quanto os valores de $\hat{y}$ sobre a linha de regressão estimada se desviam de $\bar{y}$ outra soma de quadrados é calculada. Esta soma de quadrados, chamada *soma de quadrados devido à regressão*, é denotada por SQReg.

> **SOMA DE QUADRADOS DEVIDA À REGRESSÃO**
>
> $$SQReg = \Sigma(\hat{y}_i - \bar{y})^2 \tag{14.10}$$

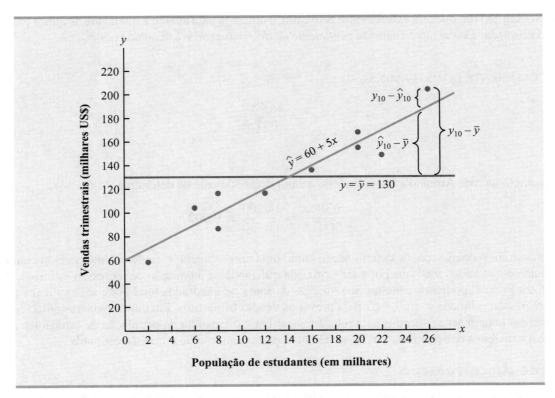

FIGURA 14.5 Desvios sobre a linha de regressão estimada e a linha $y = \bar{y}$ para a rede Armand's Pizza Parlors

A partir da análise anterior, devemos esperar que SQTot, SQReg e SQRes estejam relacionadas. De fato, a relação entre estas três somas de quadrados fornece um dos resultados mais importantes na estatística.

RELAÇÃO ENTRE SQTot, SQReg e SQRes

$$\text{SQTot} = \text{SQReg} + \text{SQRes} \qquad (14.11)$$

onde

SQTot = soma de quadrados total
SQReg = soma de quadrados devido à regressão
SQRes = soma de quadrados devido a erro

Podemos considerar SQReg como a parte explicada de SQTot, e SQRes pode ser considerada como a parte não explicada de SQTot.

A Equação (14.11) mostra que a soma de quadrados total pode ser dividida em dois componentes, a soma dos quadrados devido à regressão e a soma dos quadrados devido a erro. Portanto, se os valores de quaisquer dois destes somatórios de quadrados forem conhecidos, a terceira soma de quadrados pode ser calculada facilmente. Por exemplo, para a rede Armand's Pizza Parlors, já sabemos que SQRes = 1.530 e SQTot = 15.730; portanto, resolvendo para a SQReg na Equação (14.11), descobrimos que a soma dos quadrados devido à regressão é

$$\text{SQReg} = \text{SQTot} - \text{SQRes} = 15.730 - 1.530 = 14.200$$

Agora, vejamos como as três somas de quadrados, SQTot, SQReg e SQRes, podem ser usadas para fornecer uma medida da qualidade do ajuste para a equação de regressão estimada. A equação de regressão estimada forneceria um ajuste perfeito se todos os valores da variável dependente y_i estivessem na linha de regressão estimada. Neste caso, $y_i - \hat{y}_i$ seria zero para cada observação, resultando em SQRes = 0. Como SQTot = SQReg + SQRes, vemos que para um ajuste perfeito, a SQReg deve ser igual à SQTot, e a razão (SQReg/SQTot) deve ser igual a um. Ajustes não tão bons resultarão em valores maiores para a SQRes. Resolvendo a SQRes na Equação (14.11), vemos que SQRes = SQTot − SQReg. Portanto, o maior valor para SQRes (e, portanto, o pior ajuste) ocorre quando SQReg = 0 e SQRes = SQTot.

546 Estatística aplicada a administração e economia

A razão SQReg/SQTot, que terá valores entre zero e um, é utilizada para avaliar a qualidade de ajuste para a equação de regressão estimada. Esta razão é chamada *coeficiente de determinação* e é denotada por r^2.

COEFICIENTE DE DETERMINAÇÃO

$$r^2 = \frac{SQReg}{SQTot}$$

(14.12)

Para o exemplo da rede Armand's Pizza Parlors, o valor do coeficiente de determinação é

$$r^2 = \frac{SQReg}{SQTot} = \frac{14.200}{15.730} = 0,9027$$

Quando expressamos o coeficiente de determinação como uma porcentagem, r^2 pode ser interpretado como a porcentagem da soma de quadrados total que pode ser explicada utilizando-se a equação de regressão estimada. Para a rede Armand's Pizza Parlors, podemos concluir que 90,27% da soma de quadrados total pode ser explicada por meio da equação de regressão estimada $\hat{y} = 60 + 5x$ para prever as vendas trimestrais. Em outras palavras, 90,27% da variabilidade nas vendas podem ser explicados pela relação linear entre o tamanho da população de estudantes e as vendas. Devemos ficar satisfeitos em encontrar um ajuste tão bom para a equação de regressão estimada.

Coeficiente de correlação

No Capítulo 3 apresentamos o **coeficiente de correlação** como uma medida descritiva da força da associação linear entre duas variáveis, x e y. Os valores do coeficiente de correlação estão sempre entre -1 e $+1$. Um valor de $+1$ indica que as duas variáveis x e y estão perfeitamente relacionadas em um sentido linear positivo. Ou seja, todos os pontos de dados estão em uma linha reta que tem uma inclinação positiva. Um valor de -1 indica que x e y estão perfeitamente relacionados em um sentido linear negativo, com todos os pontos de dados em uma linha reta que tem uma inclinação negativa. Valores do coeficiente de correlação próximos de zero indicam que x e y não estão linearmente relacionados.

Na Seção 3.5, apresentamos a equação para calcular o coeficiente de correlação amostral. Se uma análise de regressão já tiver sido realizada e o coeficiente de determinação r^2 sido calculado, o coeficiente de correlação amostral pode ser calculado da seguinte maneira:

COEFICIENTE DE CORRELAÇÃO AMOSTRAL

$$r_{xy} = (\text{sinal de } b_1)\sqrt{\text{Coeficiente de determinação}}$$
$$= (\text{sinal de } b_1)\sqrt{r^2}$$

(14.13)

onde

$$b_1 = \text{a inclinação da equação de regressão estimada } \hat{y} = b_0 + b_1 x$$

O sinal para o coeficiente de correlação amostral é positivo se a equação de regressão estimada tiver uma inclinação positiva ($b_1 > 0$), e negativo se a equação de regressão estimada tiver uma inclinação negativa ($b_1 < 0$).

Para o exemplo da rede Armand's Pizza Parlor, o valor do coeficiente de determinação correspondente à equação de regressão estimada $\hat{y} = 60 + 5x$ é 0,9027. Como a inclinação da equação de regressão estimada é positiva, a Equação (14.13) mostra que o coeficiente de correlação da amostra é $+\sqrt{0,9027} = +0,9501$. Com um coeficiente de correlação amostral de $r_{xy} = +0,9501$ concluiríamos que existe uma forte associação linear positiva entre x e y.

No caso de uma relação linear entre duas variáveis, tanto o coeficiente de determinação quanto o coeficiente de correlação amostral fornecem medidas da força da relação. O coeficiente de determinação fornece uma medida entre zero e um, enquanto o coeficiente de correlação amostral fornece uma medida entre -1 e $+1$. Embora o coeficiente de correlação amostral esteja restrito a uma relação linear entre duas variáveis, o coeficiente de determinação pode ser usado para relações não lineares e para relações que tenham duas ou mais variáveis independentes. Assim, o coeficiente de determinação proporciona um intervalo de aplicabilidade mais amplo.

NOTAS E COMENTÁRIOS

1. Ao desenvolver a equação de regressão estimada a partir dos mínimos quadrados e calcular o coeficiente de determinação não fizemos suposições probabilísticas sobre o termo de erro ε, e não foram realizados testes estatísticos para a significância da relação entre as variáveis x e y. Valores maiores de r^2 implicam que a linha de mínimos quadrados fornece um melhor ajuste para os dados; isto é, as observações são agrupadas mais de perto sobre a linha dos mínimos quadrados. Mas, utilizando-se apenas r^2 não podemos concluir se a relação entre as variáveis x e y é estatisticamente significativa. Tal conclusão deve ser baseada em considerações que envolvam o tamanho da amostra e as propriedades das distribuições amostrais apropriadas dos mínimos quadrados.

2. Na prática, para os dados encontrados comumente nas ciências sociais, valores de r^2 tão baixos quanto 0,25 geralmente são considerados eficientes. Para dados na área das ciências físicas e biológicas, valores de r^2 iguais a 0,60 ou mais são encontrados frequentemente; de fato, em alguns casos, valores de r^2 maiores que 0,90 podem ser encontrados. Em aplicações de negócios os valores de r^2 variam muito, dependendo das características exclusivas de cada aplicação.

Exercícios

Métodos

15. Os dados do exercício 1 são os seguintes.

x_i	1	2	3	4	5
y_i	3	7	5	11	14

    A equação de regressão estimada para estes dados é $\hat{y} = 0{,}20 + 2{,}60x$.
    a. Calcule SQRes, SQTot e SQReg utilizando as equações (14.8), (14.9) e (14.10).
    b. Calcule o coeficiente de determinação r^2. Comente sobre a qualidade do ajuste.
    c. Calcule o coeficiente de correlação da amostra.

16. Os dados do exercício 2 são os seguintes.

x_i	3	12	6	20	14
y_i	55	40	55	10	15

    A equação de regressão estimada para estes dados é $\hat{y} = 68 - 3x$.
    a. Calcule SQRes, SQTot e SQReg.
    b. Calcule o coeficiente de determinação r^2. Comente sobre a qualidade do ajuste.
    c. Calcule o coeficiente de correlação da amostra.

17. Os dados do exercício 3 são os seguintes.

x_i	2	6	9	13	20
y_i	7	18	9	26	23

    A equação de regressão estimada para estes dados é $\hat{y} = 7{,}6 + 0{,}9x$. Qual porcentagem da soma de quadrados total pode ser explicada pela equação de regressão estimada? Qual é o valor do coeficiente de correlação da amostra?

Aplicações

18. Os dados a seguir mostram a marca, o preço (US$) e a pontuação geral de seis fones de ouvido que foram testados pelo *Consumer Reports* (site do *Consumer Reports*, 5 de março de 2012). A pontuação geral é baseada na qualidade do som e na eficácia da redução do ruído do ambiente. As pontuações variam de 0 (mais baixa) a 100 (mais alta). A equação de regressão estimada para esses dados é $\hat{y} = 23{,}194 + 0{,}318x$, onde x = preço (US$) e y = pontuação geral.

Marca	Preço (US$)	Pontuação
Bose	180	76
Skullcandy	150	71
Koss	95	61
Phillips/O'Neill	70	56
Denon	70	40
JVC	35	26

a. Calcule SQTot, SQReg e SQRes.
b. Calcule o coeficiente de determinação r^2. Comente sobre a qualidade do ajuste.
c. Qual é o valor do coeficiente de correlação da amostra?

19. No exercício 7, um gestor de vendas coletou os seguintes dados sobre x = vendas anuais e y = anos de experiência. A equação de regressão estimada para estes dados é $\hat{y} = 80 + 4x$.

Vendedor	Anos de experiência	Vendas anuais (milhares US$)
1	1	80
2	3	97
3	4	92
4	4	102
5	6	103
6	8	111
7	10	119
8	10	123
9	11	117
10	13	136

Sales

a. Calcule SQTot, SQReg e SQRes.
b. Calcule o coeficiente de determinação r^2. Comente sobre a qualidade do ajuste.
c. Qual é o valor do coeficiente de correlação da amostra?

20. A revista *Bicycling*, líder mundial entre as publicações sobre ciclismo, analisa centenas de bicicletas ao longo do ano. Sua categoria "Corrida em estradas" contém análises das bicicletas utilizadas por ciclistas interessados principalmente em corridas. Um dos fatores mais importantes na seleção de uma bicicleta de corrida é o peso. Os dados a seguir mostram o peso (em libras) e o preço (US$) de 10 bicicletas de corrida analisadas pela revista (site da *Bicycling*, 8 de março de 2012).

Marca	Peso	Preço (US$)
FELT F5	17,8	2.100
PINARELLO Paris	16,1	6.250
ORBEA Orca GDR	14,9	8.370
EDDY MERCKX EMX-7	15,9	6.200
BH RC1 Ultegra	17,2	4.000
BH Ultralight 386	13,1	8.600
CERVELO S5 Team	16,2	6.000
GIANT TCR Advanced 2	17,1	2.580
WILIER TRIESTINA Gran Turismo	17,6	3.400
SPECIALIZED S-Works Amira SL4	14,1	8.000

RacingBicycles

a. Utilize os dados para desenvolver uma equação de regressão estimada que possa ser utilizada para calcular o preço de uma bicicleta considerando o peso.
b. Calcule r^2. A equação de regressão estimada forneceu um bom ajuste?
c. Preveja o preço de uma bicicleta que pesa 15 libras.

21. Uma importante aplicação da análise de regressão na área de contabilidade está na estimação de custo. Por meio da coleta de dados sobre volume e custo, e utilizando o método dos mínimos quadrados para desenvolver uma equação de regressão estimada relacionando volume e custo, um contador pode estimar o custo associado a um volume de produção específico. Considere a seguinte amostra de volumes de produção e dados de custo total para uma operação de manufatura.
a. Use esses dados para desenvolver uma equação de regressão estimada que possa ser utilizada para prever o custo total de um determinado volume de produção.
b. Qual é o custo variável por unidade produzida?
c. Calcule o coeficiente de determinação. Qual porcentagem da variação no custo total pode ser explicada pelo volume de produção?

Regressão linear simples **549**

d. O cronograma de produção da empresa mostra que 500 unidades devem ser produzidas no próximo mês. Preveja o custo total para esta operação.

Volume de produção (unidades)	Custo total (US$)
400	4.000
450	5.000
550	5.400
600	5.900
700	6.400
750	7.000

22. Consulte o exercício 9, no qual os dados a seguir foram utilizados para investigar a relação entre o número de carros em serviço (em milhares) e a receita anual (US$ milhões) para seis pequenas empresas de aluguel de carros (site da *Auto Rental News*, 7 de agosto de 2012).

Empresa	Carros (em milhares)	Receita (milhões de US$)
U-Save Auto Rental System, Inc.	11,5	118
Payless Car Rental System, Inc.	10,0	135
ACE Rent A Car	9,0	100
Rent-A-Wreck de America	5,5	37
Triangle Rent-A-Car	4,2	40
Affordable/Sensible	3,3	32

Com x = carros em serviço (em milhares) e y = receita anual (US$ milhões), a equação de regressão estimada é $\hat{y} = 17,005 + 12,966x$. Para estes dados SQRes = 1.043,03.

a. Calcule o coeficiente de determinação r^2.
b. A equação de regressão estimada proporcionou um bom ajuste? Explique.
c. Qual é o valor do coeficiente de correlação da amostra? Isto reflete uma relação forte ou fraca entre o número de carros em serviço e a receita anual?

14.4 Suposições do modelo

Na condução de uma análise de regressão, partimos de um pressuposto sobre o modelo apropriado para a relação entre a variável dependente e a variável independente. Para o caso de regressão linear simples, o modelo de regressão assumido é

$$y = \beta_0 + \beta_1 x + \varepsilon$$

Então o método dos mínimos quadrados é utilizado para desenvolver valores para b_0 e b_1, as estimativas dos parâmetros do modelo β_0 e β_1 respectivamente. A equação de regressão estimada resultante é

$$\hat{y} = b_0 + b_1 x$$

Vimos que o valor do coeficiente de determinação (r^2) é uma medida da qualidade de ajuste da equação de regressão estimada. Entretanto, mesmo com um valor grande de r^2 a equação de regressão estimada não deve ser usada até que uma análise mais aprofundada da adequação do modelo assumido tenha sido conduzida. Um passo importante para determinar se o modelo assumido é apropriado envolve testar o significado da relação. Os testes de significância na análise de regressão são baseados nas seguintes hipóteses sobre o termo de erro ε.

SUPOSIÇÕES SOBRE O TERMO DE ERRO ε NO MODELO DE REGRESSÃO

$$y = \beta_0 + \beta_1 x + \varepsilon$$

1. O termo de erro ε é uma variável aleatória com uma média ou um valor esperado igual a zero; isto é, $E(\varepsilon) = 0$.
   Implicação: β_0 e β_1 são constantes, portanto, $E(\beta_0) = \beta_0$ e $E(\beta_1) = \beta_1$; desse modo, para determinado valor de x, o valor esperado de y é

   $$E(y) = \beta_0 + \beta_1 x \tag{14.14}$$

   Como indicamos anteriormente, a Equação (14.14) é denominada equação de regressão.
2. A variância de ε, denotada por σ^2, é a mesma para todos os valores de x.
   Implicação: a variação de y sobre a linha de regressão é igual a σ^2 e é a mesma para todos os valores de x.
3. Os valores de ε são independentes.
   Implicação: O valor de ε para determinado valor de x não está relacionado com o valor de ε para qualquer outro valor de x; assim, o valor de y para determinado valor de x não está relacionado ao valor de y para qualquer outro valor de x.
4. O termo de erro ε é uma variável aleatória normalmente distribuída para todos os valores de x.
   Implicação: Como y é uma função linear de ε, y também é uma variável aleatória normalmente distribuída para todos os valores de x.

A Figura 14.6 ilustra as suposições do modelo e suas implicações; note que nesta interpretação gráfica o valor de $E(y)$ muda de acordo com o valor específico de x que é considerado. No entanto, independentemente do valor de x, a distribuição de probabilidade de ε e, portanto, as distribuições de probabilidade de y são normalmente distribuídas, cada uma com a mesma variação. O valor específico do erro ε em qualquer ponto determinado depende de se o valor real de y é maior ou menor do que $E(y)$.

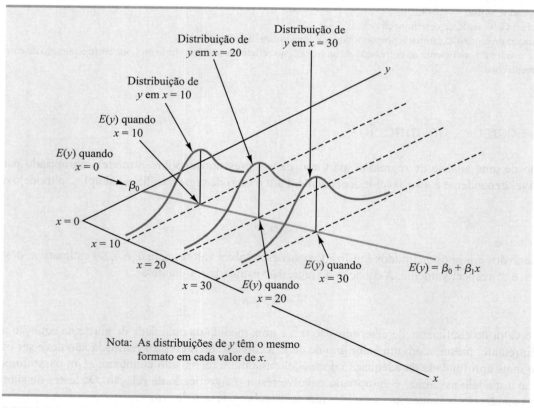

FIGURA 14.6 Suposições para o modelo de regressão

Neste ponto devemos ter em mente que também estamos fazendo uma suposição ou hipótese sobre a forma da relação entre as variáveis x e y. Isto é, assumimos que uma linha reta representada por $\beta_0 + \beta_1 x$ é a base para a relação entre as variáveis. Não devemos perder de vista o fato de que algum outro modelo, por exemplo $y = \beta_0 + \beta_1 x^2 + \varepsilon$, pode se tornar melhor para a relação em questão.

14.5 Teste de significância

Em uma equação de regressão linear simples, a média ou o valor esperado de y é uma função linear de x: $E(y) = \beta_0 + \beta_1 x$. Se o valor de β_1 for zero, $E(y) = \beta_0 + (0)x = \beta_0$. Nesse caso, o valor médio de y não depende do valor de x e, portanto, concluiríamos que x e y não estão linearmente relacionados. Como alternativa, se o valor de β_1 não for igual a zero, concluiremos que as duas variáveis estão relacionadas. Assim, para testar uma relação de regressão significativa devemos conduzir um teste de hipóteses para determinar se o valor de β_1 é zero. Dois testes são comumente utilizados. Ambos requerem uma previsão de σ^2, a variância de ε no modelo de regressão.

Estimativa de σ^2

A partir do modelo de regressão e de suas suposições, podemos concluir que σ^2, a variância de ε, também representa a variância dos valores de y sobre a linha de regressão. Lembre-se de que os desvios dos valores de y sobre a linha de regressão estimada são chamados resíduos. Assim, SQRes, a soma dos resíduos ao quadrado, é uma medida da variabilidade das observações reais sobre a linha de regressão estimada. O **quadrado médio dos resíduos** (QMRes) fornece uma estimativa de σ^2; trata-se de SQRes dividido por seus graus de liberdade.

Com $\hat{y}_i = b_0 + b_1 x_i$, SQRes pode ser escrito da seguinte maneira

$$\text{SQRes} = \Sigma(y_i - \hat{y}_i)^2 = \Sigma(y_i - b_0 - b_1 x_i)^2$$

Toda soma de quadrados é associada a um número chamado graus de liberdade. Os estatísticos mostraram que a SQRes tem $n-2$ graus de liberdade porque dois parâmetros (β_0 e β_1) devem ser estimados para calcular a SQRes. Assim, o erro quadrático médio é calculado dividindo-se a SQRes por $n-2$. O QMRes fornece um estimador não viesado de σ^2. Como o valor de QMRes fornece uma estimativa de σ^2, a notação s^2 também é usada.

QUADRADO MÉDIO DOS RESÍDUOS (ESTIMATIVA DE σ^2)

$$s^2 = \text{QMRes} = \frac{\text{SQRes}}{n-2} \qquad (14.15)$$

Na Seção 14.3 mostramos que para o exemplo da rede Armand's Pizza Parlors, SQRes = 1.530; portanto,

$$s^2 = \text{QMRes} = \frac{1.530}{8} = 191,25$$

fornece uma estimativa não viesada de σ^2.

Para estimar σ extraímos a raiz quadrada de σ^2. O valor resultante, s, é chamado **erro padrão da estimativa**.

ERRO PADRÃO DA ESTIMATIVA

$$s = \sqrt{\text{QMRes}} = \sqrt{\frac{\text{SQRes}}{n-2}} \qquad (14.16)$$

Para o exemplo da rede Armand's Pizza Parlors, $s = \sqrt{\text{QMRes}} = \sqrt{191,25} = 13,829$. Na análise a seguir utilizamos o erro padrão da estimativa nos testes para uma relação significativa entre x e y.

552 Estatística aplicada a administração e economia

Teste *t*

O modelo de regressão linear simples é $y = \beta_0 + \beta_1 x + \varepsilon$. Se x e y estão linearmente relacionadas, devemos ter $\beta_1 \neq 0$. O propósito do teste *t* é verificar se podemos concluir que $\beta_1 \neq 0$. Utilizaremos os dados amostrais para testar as seguintes hipóteses sobre o parâmetro β_1.

$$H_0: \beta_1 = 0$$
$$H_a: \beta_1 \neq 0$$

Se H_0 for rejeitada, concluiremos que $\beta_1 \neq 0$ e que existe uma relação estatisticamente significativa entre as duas variáveis. No entanto, se H_0 não puder ser rejeitada, não teremos provas suficientes para concluir que existe uma relação significativa. As propriedades da distribuição amostral de β_1, o estimador de mínimos quadrados de β_1, fornecem a base para o teste de hipóteses.

Primeiro, vamos considerar o que aconteceria se utilizássemos uma amostra aleatória diferente para o mesmo estudo de regressão. Por exemplo, suponha que a rede Armand's Pizza Parlors utilizou os registros de vendas de uma amostra diferente de 10 restaurantes. Uma análise de regressão desta nova amostra pode resultar em uma equação de regressão estimada semelhante à nossa equação de regressão estimada $\hat{y} = 60 + 5x$. No entanto, é duvidoso que obtivéssemos exatamente a mesma Equação (com um intercepto de exatamente 60 e uma inclinação de exatamente 5). De fato, b_0 e b_1, os estimadores de mínimos quadrados, são estatísticas de amostragem com suas próprias distribuições amostrais. As propriedades da distribuição amostral de b_1 são as seguintes.

DISTRIBUIÇÃO AMOSTRAL DE b_1

Valor esperado

$$E(b_1) = \beta_1$$

Desvio padrão

$$\sigma_{b_1} = \frac{\sigma}{\sqrt{\Sigma (x_i - \bar{x})^2}} \qquad (14.17)$$

Forma da distribuição

Normal

Note que o valor esperado de b_1 é igual β_1, portanto b_1 é um estimador não viesado de β_1.

Como não conhecemos o valor de σ, desenvolvemos uma estimativa de σ_{b_1}, denotada por s_{b_1}, estimando σ com s na Equação (14.17). Desse modo, obtemos a seguinte estimativa de σ_{b_1}.

> O desvio padrão de b_1 também é chamado erro padrão de b_1. Assim, s_{b_1} fornece uma estimativa do erro padrão de b_1.

DESVIO PADRÃO ESTIMADO DE b_1

$$s_{b_1} = \frac{s}{\sqrt{\Sigma (x_i - \bar{x})^2}} \qquad (14.18)$$

Para o exemplo da rede Armand's Pizza Parlors, $s = 13.829$. Portanto, utilizando $\Sigma(x_i - \bar{x})^2 = 568$ como mostra a Tabela 14.2, temos

$$s_{b_1} = \frac{13{,}829}{\sqrt{568}} = 0{,}5803$$

como o desvio padrão estimado de b_1.

O teste *t* para uma relação significativa é baseado no fato de que a estatística do teste

$$\frac{b_1 - \beta_1}{s_{b_1}}$$

Regressão linear simples **553**

segue uma distribuição t com $n - 2$ graus de liberdade. Se a hipótese nula for verdadeira, então $\beta_1 = 0$ e $t = b_1/s_{b_1}$.

Vamos conduzir este teste de significância para a rede Armand's Pizza Parlors no nível de significância $\alpha = 0,01$. A estatística do teste é

$$t = \frac{b_1}{s_{b_1}} = \frac{5}{0,5803} = 8,62$$

A tabela de distribuição t (Tabela 2 do Apêndice D) mostra que com $n - 2 = 10 - 2 = 8$ graus de liberdade, $t = 3,355$ fornece uma área de 0,005 na cauda superior. Assim, a área na cauda superior da distribuição t correspondente à estatística de teste $t = 8,62$ deve ser menor do que 0,005. Como este é um teste bicaudal, duplicamos este valor para concluir que o valor-p associado a $t = 8,62$ deve ser menor que $2(0,005) = 0,01$. O Excel ou o Minitab mostra o valor-$p = 0,000$. Como o valor-p é menor do que $\alpha = 0,01$, rejeitamos H_0 e concluímos que β_1 não é igual a zero. Esta evidência é suficiente para concluir que existe uma relação significativa entre a população de estudantes e as vendas trimestrais. Um resumo do teste t de significância em regressão linear simples é apresentado a seguir.

Os apêndices 10.3 e 10.4 mostram como o Minitab e o Excel podem ser utilizados para calcular o valor-p.

TESTE t PARA SIGNIFICÂNCIA EM REGRESSÃO LINEAR SIMPLES

$$H_0: \beta_1 = 0$$
$$H_a: \beta_1 \neq 0$$

ESTATÍSTICA DO TESTE

$$t = \frac{b_1}{s_{b_1}} \qquad (14.19)$$

REGRA DE REJEIÇÃO

Critério do valor-p: Rejeitar H_0 se o valor-$p \leq \alpha$

Critério do valor crítico: Rejeitar H_0 se $t \leq -t_{\alpha/2}$ ou se $t \geq t_{\alpha/2}$

onde $t_{\alpha/2}$ é baseado em uma distribuição t com $n - 2$ graus de liberdade.

Intervalo de confiança para β_1

A forma de um intervalo de confiança para β_1 é a seguinte:

$$b_1 \pm t_{\alpha/2} s_{b_1}$$

O estimador pontual é b_1 e a margem de erro é $t_{\alpha/2} s_{b_1}$. O coeficiente de confiança associado com este intervalo é $1 - \alpha$, e $t_{\alpha/2}$ é o valor de t que fornece uma área de $\alpha/2$ na cauda superior da uma distribuição t com $n - 2$ graus de liberdade. Por exemplo, suponha que queremos desenvolver a estimativa de um intervalo de confiança de 99% de β_1 para a rede Armand's Pizza Parlors. A partir da Tabela 2 do Apêndice B, verificamos que o valor t correspondente a $\alpha = 0,01$ e $n - 2 = 10 - 2 = 8$ graus de liberdade é $t_{0,005} = 3,355$. Assim, a estimativa do intervalo de confiança de 99% para β_1 é

$$b_1 \pm t_{\alpha/2} s_{b_1} = 5 \pm 3,355(0,5803) = 5 \pm 1,95$$

ou 3,05 a 6,95.

Ao utilizar o teste t para significância, as hipóteses testadas eram

$$H_0: \beta_1 = 0$$
$$H_a: \beta_1 \neq 0$$

No nível de significância $\alpha = 0,01$, podemos usar o intervalo de confiança de 99% como uma alternativa para obter a conclusão do teste de hipótese para os dados da rede Armand's. Como 0, o valor hipotético de β_1, não está incluído no intervalo de confiança (3,05 a 6,95), podemos rejeitar H_0 e concluir que existe uma relação estatística significativa

554 Estatística aplicada a administração e economia

entre o tamanho da população de estudantes e as vendas trimestrais. Em geral, um intervalo de confiança pode ser usado para testar qualquer hipótese bilateral sobre β_1. Se o valor hipotético de β_1 estiver contido no intervalo de confiança não rejeite H_0. Caso contrário rejeite H_0.

Teste *F*

Um teste F, baseado na distribuição de probabilidade F, também pode ser usado para testar a significância na regressão. Com apenas uma variável independente, o teste F fornecerá a mesma conclusão que o teste t; ou seja, se o teste t indicar que $\beta_1 \neq 0$ e, portanto, uma relação significativa, o teste F também indicará uma relação significativa. Mas com mais de uma variável independente, somente o teste F pode ser utilizado para testar uma relação global significativa.

A lógica por trás do uso do teste F para determinar se a relação de regressão é estatisticamente significativa tem como base o desenvolvimento de duas estimativas independentes de σ^2. Explicamos como o QMRes fornece uma estimativa de σ^2. Se a hipótese nula H_0: $\beta_1 = 0$ for verdadeira, a soma de quadrados devido à regressão, SQReg, dividida por seus graus de liberdade, fornece outra estimativa independente de σ^2. Esta estimativa é chamada de *quadrado médio devido à regressão*, ou simplesmente *quadrado médio de regressão*, que é denotada por QMReg. Em geral,

$$QMReg = \frac{SQReg}{\text{Graus de liberdade da regressão}}$$

Para os modelo que consideramos neste livro, os graus de liberdade da regressão são sempre iguais ao número de variáveis independentes no modelo:

$$QMReg = \frac{SQReg}{\text{Número de variáveis independentes}} \tag{14.20}$$

Por considerarmos apenas os modelos de regressão com uma variável independente neste capítulo, temos que QMReg = SQReg/1 = SQReg. Assim, para a rede Armand's Pizza Parlors, QMReg = SQReg = 14.200.

Se a hipótese nula (H_0: $\beta_1 = 0$) for verdadeira, QMReg e QMRes são duas estimativas independentes de σ^2 e a distribuição numérica de QMReg/QMRes segue uma distribuição F com graus de liberdade no numerador igual a um e graus de liberdade no denominador igual a $n - 2$. Portanto, quando $\beta_1 = 0$, o valor de QMReg/QMRes deve estar próximo de um. No entanto, se a hipótese nula for falsa ($\beta_1 \neq 0$), a QMReg irá superestimar σ^2 e o valor de QMReg/QMRes será inflacionado; assim, grandes valores de QMReg/QMRes levam à rejeição de H_0 e à conclusão de que a relação entre variáveis x e y é estatisticamente significativa.

Vamos realizar o teste F para o exemplo da rede Armand's. A estatística do teste é

$$F = \frac{QMReg}{QMRes} = \frac{14.200}{191,25} = 74,25$$

O teste *F* e o teste *t* fornecem resultados idênticos para a regressão linear simples.

A tabela da distribuição F (Tabela 4 do Apêndice B) mostra que com o grau de liberdade 1 no numerador e $n - 2 = 10 - 2 = 8$ graus de liberdade no denominador, $F = 11,26$ fornece uma área de 0,01 na cauda superior. Assim, a área na cauda superior da distribuição F correspondente à estatística do teste $F = 74,25$ deve ser menor do que 0,01. Desse modo, concluímos que o valor-p deve ser menor do que 0,01. O Excel ou o Minitab mostra o valor-$p = 0,000$. Como o valor-p é menor do que $\alpha = 0,01$, rejeitamos H_0 e concluímos que existe uma relação significativa entre o tamanho da população de estudantes e as vendas trimestrais. Um resumo do teste F para a significância na regressão linear simples é o seguinte.

Se H_0 for falsa, QMRes ainda fornecerá uma estimativa não viesada de σ^2 e QMReg irá superestimar σ^2. Se H_0 for falsa, tanto QMRes quanto QMReg fornecem estimativas não viesadas de σ^2; neste caso, o valor de QMReg/QMRes deverá estar próximo de 1.

TESTE *F* PARA A SIGNIFICÂNCIA NA REGRESSÃO LINEAR SIMPLES

$$H_0: \beta_1 = 0$$
$$H_a: \beta_1 \neq 0$$

ESTATÍSTICA DE TESTE

$$F = \frac{QMReg}{QMRes} \tag{14.21}$$

continua

Regressão linear simples **555**

continuação

REGRA DE REJEIÇÃO

Critério do valor-p:	Rejeitar H_0 se o valor-$p \leq \alpha$
Critério do valor crítico:	Rejeitar H_0 se $F \geq F_\alpha$

onde F_α tem como base uma distribuição F com 1 grau de liberdade no numerador e $n - 2$ graus de liberdade no denominador.

Uma técnica denominada análise de variância (ANOVA) pode ser utilizada para fornecer um resumo conveniente dos aspectos computacionais de tal análise. Uma **Tabela ANOVA** pode ser usada para resumir os resultados do teste F quanto à significância na regressão. A Tabela 14.5 é a forma geral da Tabela ANOVA para regressão linear simples. A Tabela 14.6 é a Tabela ANOVA com os cálculos do teste F realizados para a rede Armand's. Regressão, Erro (ou Resíduo) e Total são os rótulos das três fontes de variação, com SQReg, SQRes e SQTot aparecendo como a soma correspondente de quadrados na coluna 2. Os graus de liberdade, 1 para SQReg, $n - 2$ para SQRes, e $n - 1$ para SQTot são mostrados na coluna 3. A coluna 4 contém os valores de QMReg e QMRes, a coluna 5 contém o valor de $F =$ QMReg/QMRes e a coluna 6 contém o valor-p correspondente ao valor F na coluna 5. Quase todas as impressões por computador da análise de regressão incluem um resumo da Tabela ANOVA do teste F para significância.

Alguns cuidados quanto à interpretação de testes de significância

Rejeitar a hipótese nula H_0: $\beta_1 = 0$ e concluir que a relação entre variáveis x e y é significativa não nos permite concluir que uma relação de causa e efeito está presente entre x e y. A conclusão de uma relação de causa e efeito é garantida apenas se o analista puder fornecer algum tipo de justificativa teórica de que a relação é de fato causal. No exemplo da Armand's Pizza Parlors, podemos concluir que existe uma relação significativa entre as variáveis: tamanho da população de estudantes, x, e vendas trimestrais, y. Além disso, a equação de regressão estimada $\hat{y} = 60 + 5x$ fornece a estimativa dos mínimos quadrados da relação. Não podemos, contudo, concluir que as mudanças na população de estudantes,

TABELA 14.5 Forma geral da tabela ANOVA para regressão linear simples

Fonte de variação	Soma de quadrados	Graus de liberdade	Quadrado médio	F	valor-p
Regressão	SQReg	1	$QMReg = \dfrac{SQReg}{1}$	$F = \dfrac{QMReg}{QMRes}$	
Erro	SQRes	$n - 2$	$QMRes = \dfrac{SQRes}{n - 2}$		
Total	SQTot	$n - 1$			

Em toda tabela ANOVA vale a relação SQTot = SQReg + SQRes. Além disso, o total de graus de liberdade é a soma dos graus de liberdade da regressão e dos graus de liberdade dos resíduos.

TABELA 14.6 Tabela ANOVA para o problema da rede Armand's Pizza Parlors

Fonte de variação	Soma de quadrados	Graus de liberdade	Quadrado médio	F	valor-p
Regressão	14.200	1	$\dfrac{14.200}{1} = 14.200$	$\dfrac{14.200}{191,25} = 74,25$	0,000
Erro	1.530	8	$\dfrac{1.530}{8} = 191,25$		
Total	15.730	9			

A análise de regressão, que pode ser utilizada para identificar como as variáveis estão associadas entre si, não podem ser utilizadas como evidência de uma relação de causa e efeito.

x, *causam* mudanças nas vendas trimestrais, y, apenas porque identificamos uma relação estatisticamente significativa. A adequação de tal conclusão de causa e efeito é deixada para sustentar a justificação teórica e o bom-senso por parte do analista. Os gestores da rede Armand's perceberam que o aumento na população de estudantes era uma causa provável do aumento nas vendas trimestrais. Assim, o resultado do teste de significância permitiu concluir que havia uma relação de causa e efeito.

Além disso, só porque somos capazes de rejeitar $H_0: \beta_1 = 0$ e demonstrar significância estatística, isso não nos permite concluir que a relação entre as variáveis x e y seja linear. Podemos afirmar apenas que x e y estão relacionadas e que uma relação linear explica uma parte significativa da variabilidade em y sobre a amplitude de valores para x observada na amostra. A Figura 14.7 ilustra esta situação. O teste de significância requer a rejeição da hipótese nula $H_0: \beta_1 = 0$ e leva à conclusão de que x e y estão significativamente relacionadas, mas a figura mostra que a relação real entre as variáveis x e y não é linear. Embora a aproximação linear fornecida por $\hat{y} = b_0 + b_1 x$ seja boa em relação à amplitude dos valores de x observados na amostra, ela se torna fraca para valores de x fora dessa amplitude. Dada uma relação significativa, devemos nos sentir confiantes em utilizar a equação de regressão estimada para previsões correspondentes a valores de x dentro do intervalo dos valores de x observados na amostra. Para o caso da rede Armand's, esse intervalo corresponde aos valores de x entre 2 e 26. A menos que outras razões indiquem que o modelo é válido além deste intervalo, as previsões fora do intervalo da variável independente devem ser feitas com cautela. Para a rede Armand's, como a relação de regressão foi considerada significativa no nível 0,01, devemos nos sentir confiantes em usá-la para prever vendas nos restaurantes em que a população de estudantes associada esteja entre 2.000 e 26.000.

NOTAS E COMENTÁRIOS

1. As suposições feitas sobre o termo de erro (Seção 10.4) são aquelas que possibilitam os testes de significância estatística nesta seção. As propriedades da distribuição amostral de b_1 e os testes t e F subsequentes, seguem diretamente a partir dessas premissas.
2. Não confunda significância estatística com significância prática. Com amostras muito grandes, resultados estatisticamente significativos podem ser obtidos para valores pequenos de b_1; nesses casos deve-se ter cuidado ao concluir que a relação tem significado prático.
3. Um teste de significância para uma relação linear entre x e y também pode ser realizado utilizando-se o coeficiente de correlação da amostra r_{xy}. Com ρ_{xy} denotando o coeficiente de correlação da população, as hipóteses são as seguintes.

$$H_0: \rho_{xy} = 0$$
$$H_a: \rho_{xy} \neq 0$$

Uma relação significativa pode ser concluída se H_0 for rejeitada. Os detalhes deste teste são fornecidos no Apêndice 10.2. No entanto, os testes t e F apresentados anteriormente nesta seção dão o mesmo resultado que o teste de significância utilizando o coeficiente de correlação. A realização de um teste de significância utilizando o coeficiente de correlação, portanto, não é necessária se um teste t ou F já tiver sido realizado.

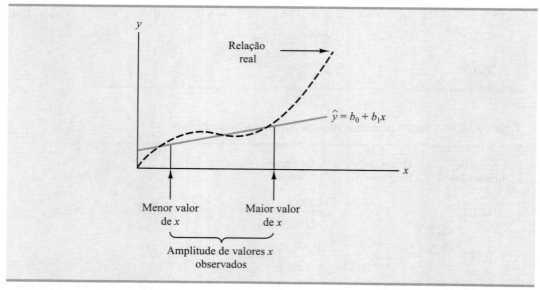

FIGURA 14.7 Exemplo de uma aproximação linear a uma relação não linear

Exercícios

Métodos

23. Os dados do exercício 1 são os seguintes.

x_i	1	2	3	4	5
y_i	3	7	5	11	14

  a. Calcule o quadrado médio dos resíduos utilizando a Equação (14.15).
  b. Calcule o erro padrão da estimativa utilizando a Equação (14.16).
  c. Calcule o desvio padrão estimado de b_1 utilizando a Equação (14.18).
  d. Use o teste t para testar as seguintes hipóteses ($\alpha = 0{,}05$):
$$H_0: \beta_1 = 0$$
$$H_a: \beta_1 \neq 0$$
  e. Use o teste F para testar as hipóteses no item (d) em 0,05 nível de significância. Apresente os resultados no formato de tabela de análise de variância.

24. Os dados do exercício 2 são os seguintes.

x_i	3	12	6	20	14
y_i	55	40	55	10	15

  a. Calcule o quadrado médio dos resíduos utilizando a Equação (14.15).
  b. Calcule o erro padrão da estimativa utilizando a Equação (14.16).
  c. Calcule o desvio padrão estimado de b_1 utilizando a Equação (14.18).
  d. Use o teste t para testar as seguintes hipóteses ($\alpha = 0{,}05$):
$$H_0: \beta_1 = 0$$
$$H_a: \beta_1 \neq 0$$
  e. Use o teste F para testar as hipóteses no item (d) em 0,05 nível de significância. Apresente os resultados no formato de tabela de análise de variância.

25. Os dados do exercício 3 são os seguintes.

x_i	2	6	9	13	20
y_i	7	18	9	26	23

  a. Qual é o valor do erro padrão da estimativa?
  b. Teste se há uma relação significativa utilizando o teste t. Utilize $\alpha = 0{,}05$.
  c. Utilize o teste F para testar a relação significativa. Utilize $\alpha = 0{,}05$. Qual é a sua conclusão?

Aplicações

26. No exercício 18, os dados sobre os preços (US$) e a pontuação geral para seis fones de ouvido estéreo testados pela *Consumer Reports* são os seguintes (site da *Consumer Reports*, 5 de março de 2012).

Marca	Preço (US$)	Pontuação
Bose	180	76
Skullcandy	150	71
Koss	95	61
Phillips/O'Neill	70	56
Denon	70	40
JVC	35	26

  a. O teste t indica uma relação significativa entre as variáveis preço e pontuação geral? Qual é a sua conclusão? Utilize $\alpha = 0{,}05$.
  b. Teste se há uma relação significativa utilizando o Teste F. Qual é a sua conclusão? Utilize $\alpha = 0{,}05$.
  c. Monte a tabela ANOVA para estes dados.

27. A fim de identificar cargos com altos salários para pessoas que não gostam de estresse, os seguintes dados foram coletados mostrando o salário médio anual (US$ 1.000) e a tolerância ao estresse para uma variedade de ocupações (*Business Insider*, 8 de novembro de 2013). A tolerância ao estresse referente a cada trabalho é classificada em uma escala de 0 a 100, na qual uma classificação mais baixa indica menos estresse.

Cargo	Salário médio anual (milhares de US$)	Tolerância a estresse
Diretores de arte	81	69,0
Astrônomos	96	62,0
Audiologistas	70	67,5
Higienistas dentais	70	71,3
Economistas	92	63,3
Engenheiros	92	69,5
Professores de Direito	100	62,8
Optometristas	98	65,5
Cientistas políticos	102	60,1
Planejadores urbanos e regionais	65	69,0

SalaryStress

a. Desenvolva um diagrama de dispersão para esses dados assumindo o salário médio anual como a variável independente. O que o diagrama de dispersão indica sobre a relação entre as duas variáveis?
b. Use esses dados para desenvolver uma equação de regressão estimada que possa ser utilizada para prever a tolerância ao estresse considerando o salário médio anual.
c. No nível de significância de 0,05, parece haver uma diferença estatística significativa entre as duas variáveis?
d. Você se sentiria confortável em prever a tolerância ao estresse para uma ocupação diferente considerando o salário médio anual para a ocupação? Explique.
e. A relação entre o salário médio anual e a tolerância ao estresse para esses dados lhe parece razoável? Explique.

28. No exercício 8, os dados das avaliações sobre x = a qualidade da velocidade de execução e y = satisfação geral com as transações eletrônicas forneceram a equação de regressão estimada $\hat{y} = 0,2046 + 0,9077x$. No nível de significância de 0,05, teste se a velocidade de execução e a satisfação geral estão relacionadas. Monte a tabela ANOVA. Qual é a sua conclusão?
BrokerRatings

29. Consulte o exercício 21, em que os dados do volume de produção e custo foram utilizados para desenvolver uma equação de regressão estimada relacionando volume de produção e custo para determinada operação de fabricação. Use $\alpha = 0,05$ para testar se o volume de produção está significativamente relacionado ao custo total. Mostre a tabela ANOVA. Qual é a sua conclusão?

30. Consulte o exercício 9, no qual os seguintes dados foram utilizados para investigar a relação entre o número de carros em serviço (em milhares) e a receita anual (US$ milhões) para seis pequenas empresas de aluguel de carros (site da *Auto Rental News*, 7 de agosto, 2012).

Empresa	Carros (em milhares)	Receita (milhões de US$)
U-Save Auto Rental System, Inc.	11,5	118
Payless Car Rental System, Inc.	10,0	135
ACE Rent A Car	9,0	100
Rent-A-Wreck de America	5,5	37
Triangle Rent-A-Car	4,2	40
Affordable/Sensible	3,3	32

Com x = carros em serviço (em milhares) e y = receita anual (US$ milhões), a equação de regressão estimada é $\hat{y} = -17,005 + 12,966x$. Para estes dados SQRes = 1.043,03 e SQTot = 10.568. Estes resultados indicam uma relação significativa entre o número de carros em serviço e a receita anual?

31. No exercício 20, dados sobre x = peso (libras) e y = preço (US$) de 10 bicicletas de corrida em estradas forneceram a equação de regressão estimada $\hat{y} = 28.574 - 1.439x$. (site da *Bicycling*, 8 de março de 2012). Para estes dados, SQRes = 7.102.922,54 e SQTot = 52.120.800. Use o teste F para determinar se o peso e o preço de uma bicicleta estão relacionados no nível de significância de 0,05.
RacingBicycles

14.6 Utilizando a equação de regressão estimada para estimação e previsão

Ao utilizarmos o modelo de regressão linear simples, estamos fazendo uma suposição sobre a relação entre x e y. Em seguida, usamos o método dos mínimos quadrados para obter a equação de regressão linear simples estimada. Se existir uma relação significativa entre x e y e o coeficiente de determinação mostrar que o ajuste é bom, a equação de regressão estimada deverá ser útil para estimação e previsão.

Para o exemplo da rede Armand's Parlor's Pizza Parlors, a equação de regressão estimada é $\hat{y} = 60 + 5x$. No final da Seção 14.1, afirmamos que $\hat{y}$ pode ser utilizado como *estimador pontual de $E(y)$*, a média ou valor esperado de y para dado valor de x, e como um previsor de um valor individual de y. Por exemplo, suponha que os gestores da Armand's desejem estimar as vendas médias trimestrais de *todos* os restaurantes localizados próximos a *campi* universitários com 10 mil alunos. Utilizando a equação de regressão estimada $\hat{y} = 60 + 5x$, vemos que para $x = 10$ (10.000 alunos), $\hat{y} = 60 + 5(10) = 110$. Assim, uma *estimativa pontual* das vendas trimestrais médias para todos os restaurantes próximos a *campi* com 10.000 alunos é de US$ 110.000. Neste caso, estamos utilizando $\hat{y}$ como o estimador pontual do valor médio de y quando $x = 10$.

Podemos também utilizar a equação de regressão estimada para *prever* um valor individual de y para dado valor de x. Por exemplo, para prever as vendas trimestrais de um novo restaurante que a rede Armand's está considerando construir perto da Talbot College, um *campus* com 10.000 alunos, calcularíamos $\hat{y} = 60 + 5(10) = 110$. Portanto, preveríamos vendas trimestrais de US$ 110.000 para este novo restaurante. Neste caso, estamos utilizando $\hat{y}$ como o *previsor de y* para uma nova observação quando $x = 10$.

Quando estamos utilizando a equação de regressão estimada para estimar o valor médio de y ou para prever um valor individual de y, fica claro que a estimativa ou previsão depende do valor dado de x. Por esta razão, à medida que discutirmos mais profundamente as questões relativas à estimação e à previsão, a seguinte notação ajudará a esclarecer as questões.

x^* = o valor dado da variável independente x

y^* = a variável aleatória que denota os valores possíveis da variável dependente y quando $x = x^*$

$E(y^*)$ = a média ou o valor esperado da variável dependente y quando $x = x^*$

$\hat{y}^* = b_0 + b_1 x^*$ = estimador pontual de $E(y^*)$ e o previsor de um valor individual de y^* quando $x = x^*$

Para ilustrar o uso desta notação, suponha que queremos estimar o valor médio das vendas trimestrais para *todos* os restaurantes da rede Armand's localizados perto de um *campus* com 10.000 alunos. Para este caso, $x^* = 10$ e $E(y^*)$ denotam o valor médio desconhecido das vendas trimestrais para todos os restaurantes em que $x^* = 10$. Assim, a estimativa pontual de $E(y^*)$ é fornecida por $\hat{y}^* = 60 + 5(10) = 110$, ou US$ 110.000. Mas, utilizando esta notação, $\hat{y}^* = 110$ também é o previsor das vendas trimestrais para o novo restaurante localizado perto da Talbot College, uma escola com 10 mil alunos.

Estimação intervalar

Os estimadores e previsores pontuais não fornecem nenhuma informação sobre a precisão associada à estimativa e/ou previsão. Para isso devemos desenvolver intervalos de confiança e intervalos de previsão. **Intervalo de confiança** é uma estimativa intervalar de *valor médio de y* para um dado valor de x. Um **intervalo de previsão** é utilizado sempre que queremos *prever um valor individual de y* para uma nova observação correspondente a determinado valor de x. Embora o previsor de y para um dado valor de x seja o mesmo que o estimador pontual do valor médio de y para um dado valor de x, as estimativas intervalares que obtemos para os dois casos são diferentes. Como mostraremos, a margem de erro é maior para um intervalo de previsão. Começamos mostrando como desenvolver uma estimativa intervalar de valor médio de y.

> Intervalos de confiança e intervalos de previsão mostram a precisão dos resultados da regressão. Intervalos menores fornecem maior grau de precisão.

Intervalo de confiança para o valor médio de y

Em geral, não podemos esperar que $\hat{y}^*$ seja exatamente igual a $E(y^*)$. Se quisermos fazer uma inferência sobre quanto $\hat{y}^*$ está próximo do valor médio $E(y^*)$, teremos de estimar a variância de $\hat{y}^*$. A fórmula para estimar a variância de $\hat{y}^*$, denotada por $s^2_{\hat{y}^*}$, é

560 Estatística aplicada a administração e economia

$$s_{\hat{y}^*}^2 = s^2 \left[\frac{1}{n} + \frac{(x^* - \bar{x})^2}{\Sigma(x_i - \bar{x})^2} \right] \qquad \textbf{(14.22)}$$

A estimativa do desvio padrão de $\hat{y}^*$ é dada pela raiz quadrada da Equação (14.22).

$$s_{\hat{y}^*} = s \left[\sqrt{\frac{1}{n} + \frac{(x^* - \bar{x})^2}{\Sigma(x_i - \bar{x})^2}} \right] \qquad \textbf{(14.23)}$$

Os resultados computacionais para a rede Armand's, na Seção 14.5, forneceram $s = 13{,}829$. Com $x^* = 10$, $\bar{x} = 14$ e $\Sigma(x_i - \bar{x})^2 = 568$ podemos utilizar a Equação (14.23) para obter

$$s_{\hat{y}^*} = 13{,}829 \sqrt{\frac{1}{10} + \frac{(10 - 14)^2}{568}}$$

$$= 13{,}829 \sqrt{0{,}1282} = 4{,}95$$

A expressão geral para um intervalo de confiança é a seguinte.

A margem de erro associada a este intervalo de confiança é $t_{\alpha/2} s_{\hat{y}^*}$.

> **INTERVALO DE CONFIANÇA PARA $E(y^*)$**
>
> $$\hat{y}^* \pm t_{\alpha/2} s_{\hat{y}^*} \qquad \textbf{(14.24)}$$
>
> onde o coeficiente de confiança é $1 - \alpha$ e $t_{\alpha/2}$ é baseado na distribuição t com $n - 2$ graus de liberdade.

Utilizando a Equação (14.24) para desenvolver um intervalo de confiança de 95% das vendas trimestrais médias para todos os restaurantes da rede Armand's localizados próximo de *campi* com 10.000 estudantes, precisamos do valor de t para $\alpha/2 = 0{,}025$ e $n - 2 = 10 - 2 = 8$ graus de liberdade. Utilizando a Tabela 2 do Apêndice B, temos $t_{0{,}025} = 2{,}306$. Desse modo, com $\hat{y}^* = 110$ e uma margem de erro de $t_{\alpha/2} s_{\hat{y}^*} = 2{,}306(4{,}95) = 11{,}415$, a estimativa do intervalo de confiança de 95% é

$$110 \pm 11{,}415$$

Em dólares, o intervalo de confiança de 95% para a média das vendas trimestrais de todos os restaurantes próximos de *campi* com 10.000 estudantes é US\$ 110.000 $\pm$ US\$ 11.415. Portanto, o intervalo de confiança de 95% para as vendas trimestrais médias em relação aos estudantes é 10.000 é de US\$ 98.585 a US\$ 121.415.

Note que o desvio padrão estimado de $\hat{y}^*$ dado pela Equação (14.23) é menor quando $x^* - \bar{x} = 0$. Neste caso, o desvio padrão estimado de $\hat{y}^*$ se torna

$$s_{\hat{y}^*} = s \sqrt{\frac{1}{n} + \frac{(\bar{x} - \bar{x})^2}{\Sigma(x_i - \bar{x})^2}} = s \sqrt{\frac{1}{n}}$$

Este resultado implica que podemos fazer a melhor e mais precisa estimativa do valor médio de y sempre que $x^* = \bar{x}$. De fato, quanto mais longe x^* estiver de $\bar{x}$, maior $x^* - \bar{x}$ se torna. Como resultado, o intervalo de confiança para o valor médio de y se tornará mais amplo à medida que x^* se desviar mais de $\bar{x}$. Este padrão é mostrado graficamente na Figura 14.8.

Intervalo de previsão para um valor individual de y

Em vez de estimar o valor médio das vendas trimestrais para todos os restaurantes da rede Armand's localizados próximos a *campi* com 10.000 estudantes, suponha que queremos prever as vendas trimestrais para um novo restaurante que a Armand's está considerando construir perto da Talbot College, um *campus* com 10.000 estudantes. Como foi observado anteriormente, o previsor de y^*, o valor de y correspondente a determinado x^*, é $\hat{y}^* = b_0 + b_1 x^*$. Para o novo restaurante localizado perto da Talbot College, $x^* = 10$ e a previsão de vendas trimestrais é $\hat{y}^* = 60 + 5(10) = 110$, ou

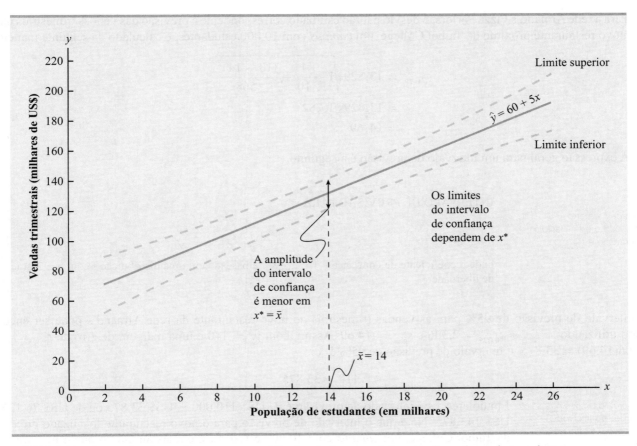

FIGURA 14.8 Intervalos de confiança para a média de vendas y em determinados valores da população de estudantes x

US$ 110.000. Observe que a previsão de vendas trimestrais para este novo restaurante da Armand's é igual à estimativa pontual da média das vendas para todos os restaurantes da Armand's localizados próximos a *campi* com 10.000 alunos.

Para desenvolver um intervalo de previsão, vamos primeiro determinar a variância associada ao uso de $\hat{y}^*$ como um previsor de y quando $x = x^*$. Esta variação é composta da soma dos dois componentes a seguir.

1. A variância dos valores de y^* em torno da média $E(y^*)$, uma estimativa que é dada por s^2
2. A variância associada com o uso de $\hat{y}^*$ para estimar $E(y^*)$, uma estimativa que é dada por $s_{\hat{y}^*}^2$

A fórmula para estimar a variância correspondente à previsão do valor de y quando $x = x^*$, denotada por s_{prev}^2, é

$$s_{prev}^2 = s^2 + s_{\hat{y}^*}^2$$

$$= s^2 + s^2\left[\frac{1}{n} + \frac{(x^* - \bar{x})^2}{\Sigma(x_i - \bar{x})^2}\right]$$

$$= s^2\left[1 + \frac{1}{n} + \frac{(x^* - \bar{x})^2}{\Sigma(x_i - \bar{x})^2}\right] \quad (14.25)$$

Desse modo, uma estimativa do desvio padrão correspondente à previsão do valor de y^* é

$$s_{prev} = s\sqrt{1 + \frac{1}{n} + \frac{(x^* - \bar{x})^2}{\Sigma(x_i - \bar{x})^2}} \quad (14.26)$$

Para a rede Armand's Pizza Parlors, o desvio padrão estimado correspondente à previsão das vendas trimestrais para um novo restaurante próximo da Talbot College, um *campus* com 10.000 estudantes, é calculado da seguinte maneira.

$$s_{prev} = 13,829\sqrt{1 + \frac{1}{10} + \frac{(10-14)^2}{568}}$$
$$= 13,829\sqrt{1,282}$$
$$= 14,69$$

A expressão geral para um intervalo de previsão é a seguinte.

A margem de erro associada a este intervalo de previsão é $t_{\alpha/2}s_{prev}$.

INTERVALO DE PREVISÃO PARA y^*

$$\hat{y}^* \pm t_{\alpha/2}s_{prev} \tag{14.27}$$

onde o coeficiente de confiança é $1 - \alpha$ e $t_{\alpha/2}$ é baseado em uma distribuição t com $n - 2$ graus de liberdade.

O intervalo de previsão de 95% para as vendas trimestrais do novo restaurante da rede Armand's pode ser encontrado utilizando-se $t_{\alpha/2} = t_{0,025} = 2,306$ e $s_{prev} = 14,69$. Assim, com $\hat{y}^* = 110$ e uma margem de erro de $t_{0,025}s_{prev} = 2,306(14,69) = 33,875$, o intervalo de previsão de 95% é

$$110 \pm 33,875$$

Em geral, as linhas para os limites do intervalo de confiança e os limites do intervalo de previsão têm, ambas, uma curvatura.

Em dólares, este intervalo de previsão é de US$ 110.000 ± US$ 33.875 ou de US$ 76.125 a US$ 143.875. Note que o intervalo de previsão para o novo restaurante localizado próximo da Talbot College, um *campus* com 10.000 estudantes, é mais amplo do que o intervalo de confiança para a média das vendas trimestrais de todos os restaurantes próximos de *campi* com 10.000 estudantes. A diferença reflete o fato de que conseguimos estimar o valor médio de y mais precisamente do que somos capazes de prever um valor individual de y.

Os intervalos de confiança e de previsão são mais precisos quando o valor da variável independente x^* está mais perto de $\bar{x}$. Os formatos, em geral, dos intervalos de confiança e os intervalos de maiores são mostrados juntos na Figura 14.9.

NOTAS E COMENTÁRIOS

Um intervalo de previsão é utilizado para prever o valor da variável dependente y para uma *nova observação*. Como ilustração, mostramos como desenvolver um intervalo de previsão de vendas trimestrais para um novo restaurante que a Armand's está considerando construir perto do Talbot College, um *campus* com 10.000 estudantes. O fato de que o valor de $x = 10$ não é um dos valores da população de estudantes para os dados amostrais da Armand's na Tabela 10.1 não implica que intervalos de previsão não possam ser desenvolvidos para valores de x fora dos dados amostrais. Mas para os dez restaurantes que compõem os dados na Tabela 10.1, desenvolver um intervalo de previsão para as vendas trimestrais de *um desses restaurantes* não faz sentido, pois já sabemos o valor das vendas trimestrais para cada um deles. Em outras palavras, um intervalo de previsão só tem significado para algo novo; neste caso, uma nova observação correspondente a um valor particular de x que pode ou não ser igual a um dos valores de x na amostra

Exercícios

Métodos

32. Os dados do exercício 1 são os seguintes.

x_i	1	2	3	4	5
y_i	3	7	5	11	14

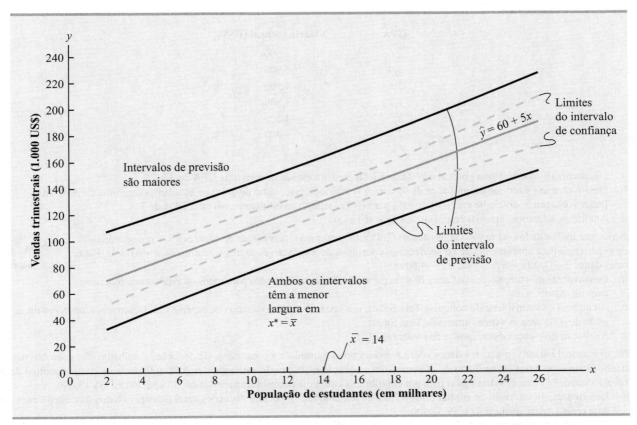

FIGURA 14.9 Intervalos de confiança e de previsão para as vendas y em determinados valores da população de estudantes x

a. Use a Equação (14.23) para estimar o desvio padrão de $\hat{y}^*$ quando $x = 4$.
b. Use a Equação (14.24) para desenvolver um intervalo de confiança de 95% para o valor esperado de y quando $x = 4$.
c. Use a Equação (14.26) para estimar o desvio padrão de um valor individual de y quando $x = 4$.
d. Use a Equação (14.27) para desenvolver um intervalo de previsão de 95% para y quando $x = 4$.

33. Os dados do exercício 2 são os seguintes.

x_i	3	12	6	20	14
y_i	55	40	55	10	15

a. Estime o desvio padrão de $\hat{y}^*$ quando $x = 8$.
b. Desenvolva um intervalo de confiança de 95% para o valor esperado de y quando $x = 8$.
c. Estime o desvio padrão de um valor individual de y quando $x = 8$.
d. Desenvolva um intervalo de previsão de 95% para y quando $x = 8$.

34. Os dados do exercício 3 são os seguintes.

x_i	2	6	9	13	20
y_i	7	18	9	26	23

Desenvolva o intervalo de confiança de 95% e o intervalo de previsão quando $x = 12$. Explique por que estes dois intervalos são diferentes.

Aplicações

35. Os dados a seguir referem-se aos salários mensais y e às notas médias (GPA) x para estudantes que conquistaram a graduação de bacharel em Administração de empresas.
A equação de regressão estimada para estes dados é $\hat{y} = 2.090,5 + 581,1x$ e QMRes = 21.284

GPA	Salário mensal (US$)
2,6	3.600
3,4	3.900
3,6	4.300
3,2	3.800
3,5	4.200
2,9	3.900

a. Desenvolva uma estimativa pontual do salário inicial para um estudante com uma GPA de 3,0.
b. Desenvolva um intervalo de confiança de 95% para o salário inicial médio de todos os estudantes com uma GPA de 3,0.
c. Desenvolva um intervalo de previsão de 95% para Ryan Dailey, um estudante com uma GPA de 3.0.
d. Analise as diferenças em suas respostas nos itens (b) e (c).

36. No exercício 7 os dados sobre y = vendas anuais (US$ milhares) para novas contas de clientes e x = número de anos de experiência para uma amostra de 10 vendedores, considerando a equação de regressão estimada $\hat{y} = 80 + 4x$. Para estes dados $\bar{x} = 7$, $\Sigma(x_i - \bar{x})^2 = 142$, e $s = 4,6098$.
a. Desenvolva um intervalo de confiança de 95% para a média anual de vendas para todos os vendedores com nove anos de experiência.
b. A empresa está considerando contratar Tom Smart, um vendedor com nove anos de experiência. Desenvolva um intervalo de previsão de 95% para as vendas anuais de Tom Smart.
c. Analise as diferenças das respostas aos itens (a) e (b).

37. No exercício 13 foram fornecidos dados sobre a receita bruta ajustada x e o montante de deduções detalhadas dos contribuintes. Os dados foram reportados em milhares de dólares. Com a equação de regressão estimada $\hat{y} = 4,68 + 0,16x$, a estimativa pontual de um nível razoável de deduções detalhadas para um contribuinte com uma renda bruta ajustada de US$ 52.500 é US$ 13.080.
a. Desenvolva um intervalo de confiança de 95% para a quantidade média de deduções detalhadas para todos os contribuintes com uma receita bruta ajustada de US$ 52.500.
b. Desenvolva uma estimativa do intervalo de previsão de 95% para o montante total de deduções detalhadas para determinado contribuinte com um rendimento bruto ajustado de US$ 52.500.
c. Se o referido contribuinte no item (b) declarasse deduções detalhadas totais de US$ 20.400, o pedido do agente do IRS para uma auditoria seria justificado?
d. Use sua resposta no item (b) para dar ao agente do IRS uma orientação quanto à quantidade total de deduções detalhadas que um contribuinte com uma renda bruta ajustada de US$ 52.500 deve declarar antes que uma auditoria seja recomendada.

38. Consulte o exercício 21, no qual os dados sobre o volume de produção x e o custo total y para uma operação de produção específica foram utilizados para desenvolver a equação de regressão estimada $\hat{y} = 1.246,67 + 7,6x$.
a. O cronograma de produção da empresa mostra que 500 unidades devem ser produzidas no próximo mês. Qual é a estimativa pontual do custo total para o próximo mês?
b. Desenvolva um intervalo de previsão de 99% para o custo total do próximo mês.
c. Se um relatório de custos contábeis no final do próximo mês mostrar que o custo real de produção durante o mês foi de US$ 6.000, os gestores deverão se preocupar por terem incorrido em um custo total tão alto no mês? Analise.

39. No exercício 12, os dados abaixo sobre x = preço da diária média de um quarto de hotel e y = quantia gasta com entretenimento (*The Wall Street Journal*, 18 de agosto de 2011) levaram à equação de regressão estimada $\hat{y} = 17,49 + 1.0334x$. Para estes dados, SQRes = 1.541,4.

Cidade	Preço da diária do hotel (US$)	Entretenimento (US$)
Boston	148	161
Denver	96	105
Nashville	91	101
New Orleans	110	142
Phoenix	90	100
San Diego	102	120
San Francisco	136	167
San Jose	90	140
Tampa	82	98

a. Preveja o valor gasto com entretenimento para uma cidade específica que tem uma diária de quarto de hotel de US$ 89,00.
b. Desenvolva um intervalo de confiança de 95% para o valor médio gasto em entretenimento para todas as cidades que têm uma diária de quarto de hotel de US$ 89,00.
c. A diária média de um quarto em Chicago é de US$ 128. Desenvolva um intervalo de previsão de 95% para o valor gasto em entretenimento em Chicago.

Solução utilizando o computador

Realizar cálculos da análise de regressão sem a ajuda de um computador pode ser bastante demorado. Nesta seção discutiremos como a carga de cálculos pode ser minimizada utilizando-se um pacote de software como o Minitab.

Digitamos os dados sobre a população de estudantes e das vendas da Armand's em uma planilha do Minitab. A variável independente foi denominada Population e a variável dependente Sales para auxiliar na interpretação do resultado do computador. Utilizando o Minitab obtivemos o relatório impresso da rede Armand's mostrado na Figura 14.10.[2]

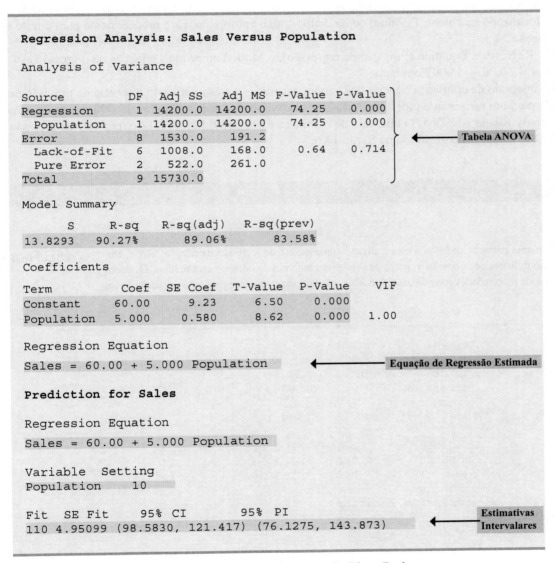

Para regressão linear simples, Adj SS e Adj MS são os mesmos que os valores de SS(SQ) e MS(QM) descritos neste capítulo.

FIGURA 14.10 Resultado do Minitab para a rede Armand's Pizza Parlors

---

[2] As etapas necessárias no Minitab para gerar o resultado dado estão no Apêndice 14.3.

Destacamos as partes do resultado que são tópicos analisados anteriormente neste capítulo (as que não foram destacadas estão além do foco deste livro, mas podem ser encontradas em livros de estatística mais avançados).

A interpretação da parte aqui destacada é a seguinte.

1. A Tabela ANOVA é impressa abaixo do cabeçalho Analysis de Variance (Análise de Variância). O Minitab usa o rótulo Error (Erro) para a fonte de variação do resíduo. Observe que DF (GL) é uma abreviação para *degrees of freedom* (graus de liberdade) e que o QMReg é fornecido na linha Regression (Regressão) sob a coluna Adj MS como 14.200 e o QMRes é fornecido na linha Error (Erro) em Adj MS como 191,2. A razão desses dois valores fornece o valor F de 74,25 e o valor-p correspondente de 0,000. Como o valor-p é zero (com três casas decimais), a relação entre vendas e população é considerada estatisticamente significativa.
2. Sob o título Model Summary (Resumo do Modelo), o Minitab imprime o erro padrão da estimativa, $s = 13,8293$, bem como informações sobre a qualidade do ajuste. Note que "R-sq = 90,27%" é o coeficiente de determinação expresso como porcentagem. O valor "R-Sq (adj) = 89,06%" é um coeficiente ajustado ou corrigido.
3. É impressa uma tabela que mostra os valores dos coeficientes b_0 e b_1, o desvio padrão de cada coeficiente, o valor t obtido dividindo-se cada valor de coeficiente por seu desvio padrão, e o valor-p associado ao teste t. Isso aparece sob o cabeçalho Coefficients (Coeficientes). Como o valor-p é zero (até três casas decimais), os resultados da amostra indicam que a hipótese nula ($H_0: \beta_1 = 0$) deve ser rejeitada. Como alternativa, poderíamos comparar 8,62 (localizado na coluna T-Value) com o valor crítico apropriado. Este procedimento para o teste t foi descrito na Seção 14.5.
4. Sob o cabeçalho Regression Equation (Equação de regressão), o Minitab imprime a equação de regressão estimada como Sales = 60,00 + 5.000 Population.
5. A estimativa do intervalo de confiança de 95% das vendas esperadas e a estimativa do intervalo de previsão de 95% das vendas para um restaurante individual localizado próximo de um *campus* com 10.000 estudantes são impressos abaixo da Tabela ANOVA. O intervalo de confiança é (98,5830; 121,4417) e o intervalo de previsão é (76,1275; 143,873), conforme mostrado na Seção 14.6.

Exercícios

Aplicações

40. A divisão comercial de uma empresa imobiliária está realizando uma análise de regressão da relação entre x, aluguéis brutos anuais (em milhares de dólares) e y, preço de venda (em milhares de dólares) para prédios. Os dados foram coletados em várias propriedades recentemente vendidas, e foi obtido o seguinte resultado por meio de um computador.

```
Analysis of Variance

SOURCE          DF       Adj SS
Regression      1        41587.3
Error           7
Total           8        51984.1

Predictor       Coef     SE Coef     T-Value
Constant        20.000   3.2213      6.21
X               7.210    1.3626      5.29

Regression Equation

Y = 20.0 + 7.21 X
```

a. Quantos prédios estão na amostra?
b. Escreva uma equação de regressão estimada.
c. Qual é o valor de s_{b_1}?

Regressão linear simples **567**

d. Use a estatística F para testar a significância da relação no nível de significância 0,05.

e. Preveja o preço de venda de um prédio de apartamentos com aluguéis anuais brutos de US$ 50.000.

41. A seguir está a parte de um resultado obtido em um computador para uma análise de regressão relacionando y = despesas com manutenção (dólares por mês) a x = utilização (horas por semana) de determinada marca de terminal de computador.

```
Analysis of Variance

SOURCE          DF          Adj SS          Adj MS
Regression      1           1575.76         1575.76
Error           8           349.14           43.64
Total           9           1924.90

Predictor       Coef        SE Coef
Constant        6.1092      0.9361
X               0.8951      0.1490

Regression Equation

Y = 6.1092 + .8951 X
```

a. Escreva a equação de regressão estimada.

b. Use um teste t para determinar se as despesas mensais de manutenção estão relacionadas à utilização no nível de significância 0,05.

c. Use a equação de regressão estimada para prever as despesas mensais com manutenção para qualquer terminal que seja utilizado 25 horas por semana.

42. Um modelo de regressão relacionando x, número de vendedores em uma filial do escritório, para y, vendas anuais no escritório (em milhares de dólares) forneceu o seguinte resultado obtido por computador a partir de uma análise de regressão dos dados.

```
Analysis of Variance

SOURCE          DF          Adj SS          Adj MS
Regression      1           6828.6          6828.6
Error           28          2298.8           82.1
Total           29          9127.4

Predictor       Coef        SE Coef         T
Constant        80.0        11.333          7.06
X               50.0         5.482          9.12

Regression Equation

Y = 80.0 + 50.00 X
```

a. Escreva a equação de regressão estimada.

b. Quantos escritórios de filiais estavam envolvidos no estudo?

c. Calcule a estatística F e teste a significância da relação no nível de significância 0,05.

d. Preveja as vendas anuais no escritório da filial em Memphis. Esta filial emprega 12 vendedores.

43. Um estudo conduzido em 2012 pela Idea Works forneceu dados mostrando a porcentagem de assentos disponíveis quando os clientes tentam resgatar pontos ou milhas para viagens gratuitas. Para cada empresa relacionada, a coluna identificada como Porcentagem 2011 mostra a porcentagem de assentos disponíveis em 2011, e a coluna denominada 2012 mostra a porcentagem correspondente em 2012 (*The Wall Street Journal*, 17 de maio de 2012).

a. Desenvolva um diagrama de dispersão definindo Porcentagem em 2011 como a variável independente.

b. O que o diagrama de dispersão desenvolvido no item (a) indica sobre a relação entre as duas variáveis?

c. Desenvolva a equação de regressão estimada.

d. Teste quanto a uma relação significativa. Use $\alpha = 0,05$.

e. A equação de regressão estimada proporcionou um bom ajuste?

Empresa aérea	Porcentagem em 2011	Porcentagem em 2012
AirBerlin	96,4	100,0
Air Canada	82,1	78,6
Air France, KLM	65,0	55,7
AirTran Airways	47,1	87,1
Alaska Airlines	64,3	59,3
American Airlines	62,9	45,7
British Airways	61,4	79,3
Cathay Pacific	66,4	70,7
Delta Air Lines	27,1	27,1
Emirates	35,7	32,9
GOL Airlines (Brasil)	100,0	97,1
Iberia	70,7	63,6
JetBlue	79,3	86,4
Lan (Chile)	75,7	78,6
Lufthansa, Suíça, Áustria	85,0	92,1
Qantas	75,0	78,6
SAS Scandinavian	52,9	57,9
Singapore Airlines	90,7	90,7
Southwest	99,3	100,0
Turkish Airways	49,3	38,6
United Airlines	71,4	87,1
US Airways	25,7	33,6
Virgin Australia	91,4	90,0

DATA file
AirlineSeats

44. Corridas automobilísticas, autoescolas com alto desempenho e programas de educação para motoristas utilizados por clubes de automóveis continuam a crescer em sua popularidade. Todas essas atividades exigem que o participante use um capacete certificado pela Snell Memorial Foundation, uma organização sem fins lucrativos dedicada a pesquisa, educação, testes e desenvolvimento de padrões de segurança para capacetes. Os capacetes profissionais aprovados pela Snell "SA" (Sports Application) são projetados para automobilismo e fornecem extrema resistência ao impacto e alta proteção contra incêndio. Um dos principais fatores na escolha de um capacete é o peso, uma vez que os capacetes de menor peso tendem a aplicar menos tensão no pescoço. Considere os seguintes dados que mostram o peso e o preço de 18 capacetes da SA.

Peso (onças)	Preço (US$)
64	248
64	278
64	200
64	200
58	300
47	700
49	900
59	340
66	199
58	299
58	299
52	479
52	479
63	369
62	369
54	559
63	250
63	280

DATA file
RaceHelmets

a. Desenvolva um diagrama de dispersão com peso que seja definido como a variável independente.
b. Parece haver alguma relação entre estas duas variáveis?
c. Desenvolva a equação de regressão estimada que poderia ser usada para prever o preço considerando o peso.
d. Teste a significância da relação no nível de significância de 0,05.
e. A equação de regressão estimada proporcionou um bom ajuste? Explique.

Análise de resíduos: validação das suposições do modelo

Como observamos anteriormente, o *resíduo* da observação i é a diferença entre o valor observado da variável dependente (y_i) e o valor previsto da variável dependente ($\hat{y}_i$).

Análise de resíduo é a principal ferramenta para determinar se o modelo de regressão assumido é apropriado.

RESÍDUO DA OBSERVAÇÃO i

$$y_i - \hat{y}_i \qquad (14.28)$$

onde

y_i é o valor observado da variável dependente
$\hat{y}_i$ é o valor previsto da variável dependente

Em outras palavras, o i-ésimo resíduo é o erro resultante da utilização da equação de regressão estimada para prever o valor da variável dependente. Os resíduos do exemplo da rede Armand's Pizza Parlor são calculados na Tabela 14.7. Os valores observados da variável dependente estão na segunda coluna e os valores previstos da variável dependente, obtidos com a equação de regressão estimada $\hat{y} = 60 + 5x$, estão na terceira coluna. Uma análise dos resíduos correspondentes na quarta coluna ajudará a determinar se as suposições feitas sobre o modelo de regressão são apropriadas.

Vamos agora revisar as hipóteses de regressão para o exemplo da Armand's Pizza Parlors. Foi presumido um modelo de regressão linear.

$$y = \beta_0 + \beta_1 x + \varepsilon \qquad (14.29)$$

Este modelo indica que supomos que as vendas trimestrais (y) sejam uma função linear do tamanho da população de estudantes (x) mais um termo de erro ε. Na Seção 14.4 fizemos as seguintes suposições sobre o termo de erro ε.

1. $E(\varepsilon) = 0$.
2. A variância de ε, denotada por σ^2, é a mesma para todos os valores de x.

TABELA 14.7 Resíduos para a rede Armand's Pizza Parlors

População de estudantes x_i	Vendas y_i	Vendas previstas $\hat{y}_i = 60 + 5x_i$	Resíduos $y_i - \hat{y}_i$
2	58	70	−12
6	105	90	15
8	88	100	−12
8	118	100	18
12	117	120	−3
16	137	140	−3
20	157	160	−3
20	169	160	9
22	149	170	−21
26	202	190	12

3. Os valores de ε são independentes.
4. O termo de erro ε tem uma distribuição normal.

Estas premissas fornecem a base teórica para o teste t e o teste F utilizado para determinar se a relação entre x e y é significativa, e para as estimativas de intervalo de confiança e intervalo de previsão apresentadas na Seção 14.6. Se as suposições sobre o termo de erro ε parecerem questionáveis, os testes de hipóteses sobre a significância da relação de regressão e os resultados da estimação intervalar podem não ser válidos.

Os resíduos fornecem as melhores informações sobre ε; portanto, uma análise dos resíduos é um passo importante para determinar se as suposições para ε são apropriadas. Grande parte da análise residual é baseada em um exame de representações gráficas. Nesta seção analisamos os seguintes gráficos de resíduos:

1. Um gráfico dos resíduos em relação aos valores da variável independente x
2. Um gráfico dos resíduos em relação aos valores previstos da variável dependente y
3. Um gráfico de resíduos padronizados
4. Um gráfico de probabilidade normal

Gráfico de resíduos em relação a x

Uma **gráfico de resíduos** em relação à variável independente x é um gráfico no qual os valores da variável independente são representados pelo eixo horizontal e os valores residuais correspondentes são representados pelo eixo vertical. Um ponto é assinalado para cada resíduo. A primeira coordenada para cada ponto é dada pelo valor de x_i e a segunda coordenada é dada pelo valor correspondente do resíduo $y_i - \hat{y}_i$. Para um gráfico em relação a x com os dados do exemplo da rede Armand's Pizza Parlors, na Tabela 14.7, as coordenadas do primeiro ponto são (2, −12), correspondentes a $x_1 = 2$ e $y_1 - \hat{y}_1 = -12$; as coordenadas do segundo ponto são (6, 15), correspondentes a $x_2 = 6$ e $y_2 - \hat{y}_2 = 15$; e assim por diante. A Figura 14.11 mostra o gráfico residual resultante.

Antes de interpretar os resultados para este gráfico, consideremos alguns padrões gerais que podem ser observados em qualquer plotagem residual. Três exemplos aparecem na Figura 14.12. Se a suposição de que a variância de ε é a mesma para todos os valores de x e o modelo de regressão assumido é uma representação adequada da relação entre as variáveis, o gráfico residual deve dar uma impressão geral de uma faixa horizontal de pontos como no painel A de Figura 14.12. Entretanto, se a variância de ε não for a mesma para todos os valores de x – por exemplo, se a variabilidade

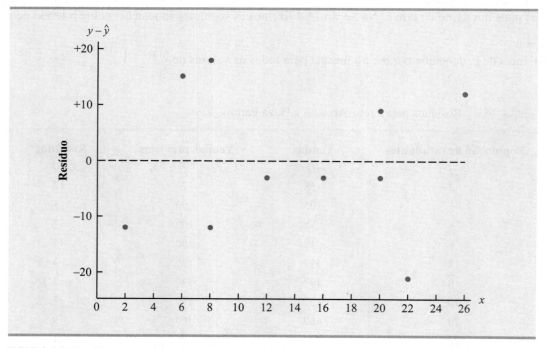

FIGURA 14.11 Representação em gráfico dos resíduos em relação à variável independente x para a rede Armand's Pizza Parlors

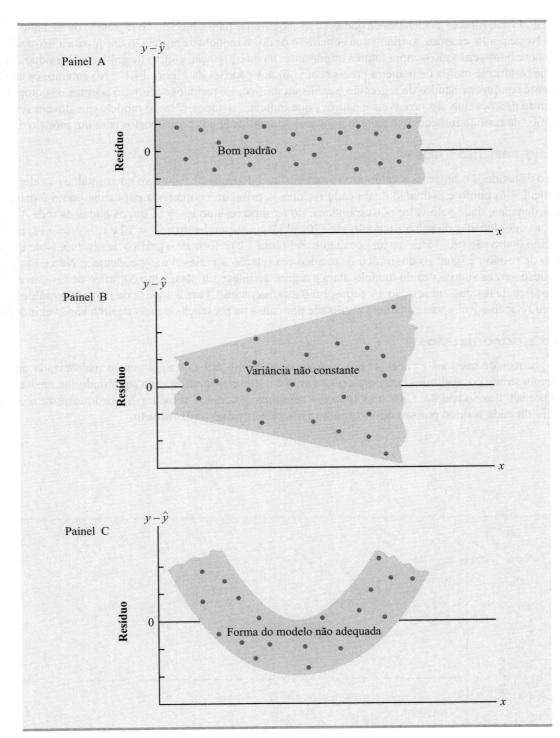

FIGURA 14.12 Gráficos de resíduos a partir de três estudos de regressão

sobre a linha de regressão for maior para valores maiores de x – um padrão como o do painel B da Figura 14.12 pode ser observado. Neste caso, a suposição de uma variação constante de ε é violada. Outro possível gráfico residual é mostrado no painel C. Neste caso, concluiríamos que o modelo de regressão assumido não é uma representação adequada da relação entre as variáveis. Um modelo de regressão curvilíneo ou modelo de regressão múltipla deve ser considerado.

Agora vamos retornar ao gráfico de resíduo para o exemplo da rede Armand's Pizza Parlors, mostrada na Figura 14.11. Os resíduos parecem se aproximar do padrão horizontal no Painel A da Figura 14.12. Assim, concluímos que o gráfico de resíduo não fornece evidências de que as suposições feitas para a modelo de regressão da Armand's devam ser contestadas. Neste ponto, estamos confiantes na conclusão de que o modelo de regressão linear para a Armand's é válido.

Experiência e bom-senso são sempre fatores importantes na interpretação efetiva de gráficos de resíduos. Raramente um gráfico de resíduo se molda de maneira precisa com um dos padrões da Figura 14.12. No entanto, os analistas que frequentemente conduzem estudos de regressão e analisam gráficos de resíduos se tornam adeptos da compreensão das diferenças entre padrões que são razoáveis e padrões que indicam as suposições do modelo que devem ser questionadas. Um gráfico de resíduo fornece uma técnica para avaliar a validade dos pressupostos para um modelo de regressão.

Gráfico de resíduos em relação a $\hat{y}$

Outro gráfico de resíduos representa o valor previsto da variável dependente $\hat{y}$ no eixo horizontal, e os valores residuais no eixo vertical. Um ponto é assinalado para cada resíduo. A primeira coordenada para cada ponto é dada por $\hat{y}_i$ e a segunda coordenada é dada pelo valor correspondente do i-ésimo resíduo $y_i - \hat{y}_i$. Com os dados da rede Armand's, da Tabela 14.7, as coordenadas do primeiro ponto são (70, −12), correspondendo a $\hat{y}_1 = 70$ e $y_1 - \hat{y}_1 = -12$; as coordenadas do segundo ponto são (90, 15); e assim por diante. A Figura 14.13 fornece o gráfico de resíduo. Note que o padrão deste gráfico de resíduo é igual ao do gráfico de resíduo em relação à variável independente x. Não é um padrão que nos leva a questionar as suposições do modelo. Para a regressão linear simples, tanto o gráfico de resíduo em relação a x quanto o gráfico de resíduo em relação a $\hat{y}$ fornecem o mesmo padrão. Para a análise de regressão múltipla, o gráfico de resíduo em relação a $\hat{y}$ é mais amplamente utilizada por causa da presença de mais de uma variável independente.

Resíduos padronizados

Muitos dos gráficos de resíduos fornecidos por pacotes de software utilizam uma versão padronizada dos resíduos. Como foi demonstrado nos capítulos anteriores, uma variável aleatória é padronizada subtraindo sua média e dividindo o resultado por seu desvio padrão. Com o método dos mínimos quadrados, a média dos resíduos é zero. Assim, simplesmente dividir cada resíduo por seu desvio padrão fornece o **resíduo padronizado**.

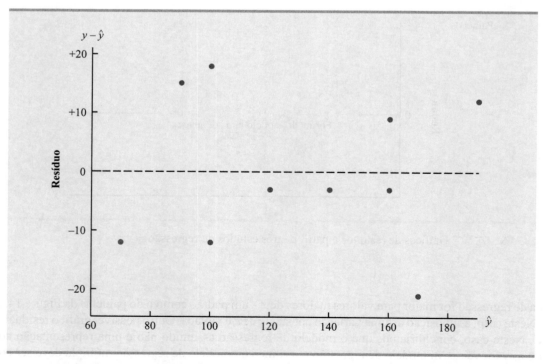

FIGURA 14.13 Representação gráfica dos resíduos em relação aos valores previstos $\hat{y}$ para a rede Armand's Pizza Parlors

Regressão linear simples **573**

Pode ser demonstrado que o desvio padrão do resíduo i depende do erro padrão da estimativa s e do valor correspondente da variável independente x_i.

DESVIO PADRÃO DO i-ÉSIMO RESÍDUO[3]

$$s_{y_i - \hat{y}_i} = s\sqrt{1 - h_i} \qquad (14.30)$$

onde

$$s_{y_i - \hat{y}_i} = \text{o desvio padrão do resíduo } i$$
$$s = \text{o erro padrão da estimativa}$$

$$h_i = \frac{1}{n} + \frac{(x_i - \overline{x})^2}{\sum(x_i - \overline{x})^2} \qquad (14.31)$$

Note que a Equação (14.30) mostra que o desvio padrão do i-ésimo resíduo depende de x_i por causa da presença de h_i na fórmula.[4] Uma vez que o desvio padrão de cada resíduo é calculado, podemos calcular o resíduo padronizado dividindo cada resíduo por seu desvio padrão correspondente.

RESÍDUO PADRONIZADO DA OBSERVAÇÃO i

$$\frac{y_i - \hat{y}_i}{s_{y_i - \hat{y}_i}} \qquad (14.32)$$

A Tabela 14.8 mostra o cálculo dos resíduos padronizados para a rede Armand's. Lembre-se de que os cálculos anteriores mostraram $s = 13.829$. Figura 14.14 é o gráfico de resíduos padronizados em relação à variável independente x.

O gráfico de resíduo padronizado pode fornecer uma percepção sobre a suposição de que o termo de erro ε tem uma distribuição normal. Se esta suposição for satisfeita, a distribuição dos resíduos padronizados devem parecer com uma distribuição de probabilidade normal padrão.[5]

> Pequenos desvios da normalidade não têm grande efeito nos testes estatísticos utilizados na análise de regressão.

TABELA 14.8 Cálculo dos resíduos padronizados para a rede Armand's Pizza Parlors

Restaurante i	x_i	$x_i - \overline{x}$	$(x_i - \overline{x})^2$	$\dfrac{(x_i - \overline{x})^2}{\sum(x_i - \overline{x})^2}$	h_i	$s_{y_i - \hat{y}_i}$	$y_i - \hat{y}_i$	Resíduo padronizado
1	2	−12	144	0,2535	0,3535	11,1193	−12	−1,0792
2	6	−8	64	0,1127	0,2127	12,2709	15	1,2224
3	8	−6	36	0,0634	0,1634	12,6493	−12	−0,9487
4	8	−6	36	0,0634	0,1634	12,6493	18	1,4230
5	12	−2	4	0,0070	0,1070	13,0682	−3	−0,2296
6	16	2	4	0,0070	0,1070	13,0682	−3	−0,2296
7	20	6	36	0,0634	0,1634	12,6493	−3	−0,2372
8	20	6	36	0,0634	0,1634	12,6493	9	0,7115
9	22	8	64	0,1127	0,2127	12,2709	−21	−1,7114
10	26	12	144	0,2535	0,3535	11,1193	12	1,0792
		Total	568					

Nota: os valores dos resíduos foram calculados na Tabela 14.7.

---

[3] Esta equação realmente fornece uma estimativa do desvio padrão do i-ésimo resíduo porque s é utilizado, em vez de σ.

[4] h_i é chamado alavanca da observação i. A alavanca será discutida mais a fundo quando considerarmos as observações influentes na Seção 14.9.

[5] Como s é usado em vez de σ na Equação (14.30), a distribuição de probabilidade dos resíduos padronizados não é tecnicamente normal. No entanto, na maioria dos estudos de regressão o tamanho da amostra é grande o suficiente para que uma aproximação normal seja muito boa.

574 Estatística aplicada a administração e economia

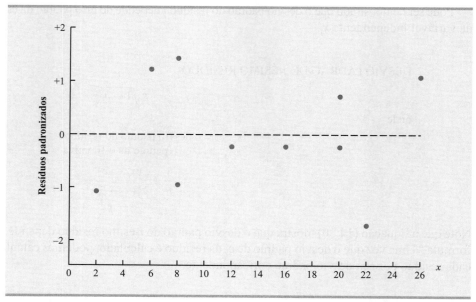

FIGURA 14.14 Gráfico dos resíduos padronizados em relação à variável independente x para a Armand's Pizza Parlors

TABELA 14.9
Escores normais para $n = 10$

Estatística de ordem	Escore normal
1	−1,55
2	−1,00
3	−0,65
4	−0,37
5	−0,12
6	0,12
7	0,37
8	0,65
9	1,00
10	1,55

TABELA 14.10
Escores normais e resíduos padronizados ordenados para a rede Armand's Pizza Parlors

Escores normais	Resíduos padronizados ordenados
−1,55	−1,7114
−1,00	−1,0792
−0,65	−0,9487
−0,37	−0,2372
−0,12	−0,2296
0,12	−0,2296
0,37	0,7115
0,65	1,0792
1,00	1,2224
1,55	1,4230

Assim, ao olharmos para um gráfico dos resíduos padronizados, devemos esperar ver cerca de 95% desses resíduos entre −2 e +2. Vemos na Figura 14.14 que para o exemplo da rede Armand's todos estão entre −2 e +2. Portanto, com base nos resíduos padronizados, este gráfico não nos dá razão para questionar a hipótese de que ε tem uma distribuição normal.

Devido ao esforço necessário para calcular os valores estimados de $\hat{y}$, os resíduos e os resíduos padronizados, a maioria dos pacotes estatísticos fornece esses valores como saída opcional da regressão. Assim, os gráficos de resíduos podem ser facilmente obtidos. Para grandes problemas, os pacotes de software são o único meio prático para o desenvolvimento dos gráficos de resíduos discutidos nesta seção.

Gráfico de probabilidade normal

Outra abordagem para determinar a validade da suposição de que o termo de erro tem uma distribuição normal é o **gráfico de probabilidade normal**. Para mostrar como um gráfico de probabilidade normal é desenvolvido, introduzimos o conceito de *escores normais*.

Suponha que 10 valores sejam selecionados aleatoriamente de uma distribuição de probabilidade normal com uma média igual a zero e um desvio padrão de um processo de amostragem que é repetido diversas vezes com os valores sorteados de amostras com 10 elementos ordenados do menor para o maior. Por enquanto, vamos considerar apenas o menor valor obtido em cada amostra. A variável aleatória que representa o menor valor obtido em amostragens repetidas é chamada de estatística de primeira ordem.

Os estatísticos mostram que, para amostras de tamanho 10 de uma distribuição de probabilidade normal padrão, o valor esperado da estatística de primeira ordem é −1,55. Esse valor esperado é chamado de escore normal. Para o caso com uma amostra de tamanho $n = 10$, existem 10 estatísticas de ordem e 10 escores normais (veja a Tabela 14.9). Em geral, um conjunto de dados que consiste de n observações terá estatísticas de ordem n e, portanto, n pontuações normais.

Vamos agora mostrar como os 10 escores normais podem ser utilizados para determinar se os resíduos padronizados para o exemplo da Armand's Pizza Parlors parecem vir de uma distribuição de probabilidade normal padrão. Iniciamos ordenando os 10 resíduos padronizados da Tabela 14.8. Os 10 escores normais e os resíduos ordenados padronizados são apresentados juntos na Tabela 14.10. Se a suposição de normalidade for satisfeita, o menor resíduo padronizado

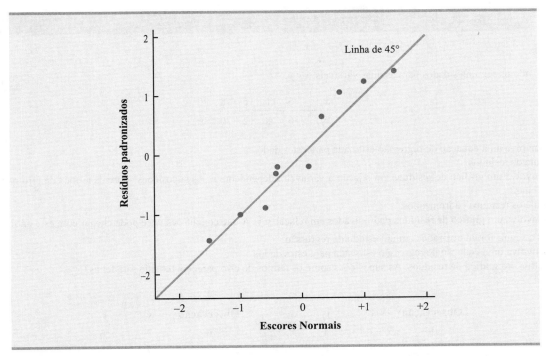

FIGURA 14.15 Gráfico de probabilidade normal para o exemplo da Armand's Pizza Parlors

deve estar próximo do menor escore normal, o menor resíduo padronizado seguinte deve estar perto da menor pontuação normal seguinte, e assim por diante. Se fôssemos desenvolver um gráfico com os escores normais no eixo horizontal e os resíduos padronizados correspondentes no eixo vertical, os pontos representados deveriam se agrupar estritamente em torno de uma linha de 45 graus passando pela origem se os resíduos padronizados forem, aproximadamente, normalmente distribuídos. Tal gráfico é chamado *gráfico de probabilidade normal*.

A Figura 14.15 é o gráfico de probabilidade normal para o exemplo da rede Armand's Pizza Parlors. Utiliza-se o discernimento para determinar se o padrão observado se desvia da linha o suficiente para concluir que os resíduos padronizados não são de uma distribuição de probabilidade normal padrão. Na Figura 14.15 vemos que os pontos estão agrupados perto da linha. Portanto, concluímos que a suposição de que o termo de erro tenha uma distribuição de probabilidade normal é razoável. Em geral, quanto mais próximos os pontos estiverem agrupados em torno da linha de 45 graus, mais fortes são as evidências que sustentam a suposição de normalidade. Qualquer curvatura substancial no gráfico de probabilidade normal é evidência de que os resíduos não vieram de uma distribuição normal. Os escores normais e o gráfico de probabilidade normal associado podem ser obtidos facilmente a partir de softwares estatísticos, como o Minitab.

NOTAS E COMENTÁRIOS

1. Utilizamos gráficos de probabilidade normal e de resíduos para validar as suposições de um modelo de regressão. Se nossa análise indicar que uma ou mais suposições são questionáveis, um diferente modelo de regressão ou uma transformação dos dados deve ser considerada. A ação corretiva apropriada quando as suposições são violadas deve ser baseada no bom-senso; recomendações de um estatístico experiente podem ser valiosas.

2. A análise de resíduos é o principal método utilizado pelos estatísticos para verificar se as suposições associadas a um modelo de regressão são válidas. Mesmo que nenhuma violação seja encontrada, isso não significa necessariamente que o modelo produzirá boas previsões. No entanto, se outros testes estatísticos apoiarem a conclusão de significância e de que o coeficiente de determinação é grande, deveremos ser capazes de desenvolver boas estimativas e previsões usando a equação de regressão estimada.

Exercícios

Métodos

45. Considerando os seguintes dados para as duas variáveis, x e y.

x_i	6	11	15	18	20
y_i	6	8	12	20	30

   a. Desenvolva uma equação de regressão estimada para estes dados.
   b. Calcule os resíduos.
   c. Desenvolva um gráfico de resíduos em relação à variável independente x. As suposições sobre os termos de erro parecer ter sido satisfeitas?
   d. Calcule os resíduos padronizados.
   e. Desenvolva um gráfico de resíduos padronizados em relação a $\hat{y}$. A que conclusões você pode chegar com este gráfico?

46. Os dados a seguir foram utilizados em um estudo de regressão.
   a. Desenvolva uma equação de regressão estimada para estes dados.
   b. Construa um gráfico de resíduos. As suposições sobre os termos de erro parecem ter sido satisfeitas?

Observação	x_i	y_i	Observação	x_i	y_i
1	2	4	6	7	6
2	3	5	7	7	9
3	4	4	8	8	5
4	5	6	9	9	11
5	7	4			

Aplicações

47. Os dados sobre gastos com publicidade e receita (em milhares de dólares) para o Restaurante Four Seasons são os seguintes.

Gastos com publicidade	Receita
1	19
2	32
4	44
6	40
10	52
14	53
20	54

   a. Suponha que x é igual aos gastos com publicidade e y é igual à receita. Use o método dos mínimos quadrados para desenvolver uma aproximação em linha reta da relação entre as duas variáveis.
   b. Teste se a receita e as despesas com publicidade estão relacionadas em um nível de significância de 0,05.
   c. Construa um gráfico de resíduos de $y - \hat{y}$ versus $\hat{y}$. Use o resultado do item (a) para obter os valores de $\hat{y}$.
   d. Que conclusões você pode tirar da análise de resíduo? Este modelo deve ser utilizado ou devemos procurar um melhor?

48. Consulte o exercício 7, no qual foi desenvolvida uma equação de regressão estimada relacionando anos de experiência e vendas anuais.
   a. Calcule os resíduos e construa um gráfico de resíduo para este problema.
   b. As suposições sobre os termos de erro parecem razoáveis à luz dos gráficos construídos?

49. Em 2011, os preços das casas e as taxas hipotecárias caíram tanto que, em algumas cidades, o custo mensal de ser proprietário de uma casa era menor do que o aluguel. Os dados a seguir mostram a média de aluguéis para 10 mercados e a hipoteca mensal de casas com preços medianos (incluindo impostos e seguros) para 10 cidades onde o pagamento médio mensal da hipoteca era menor do que a média dos aluguéis (*The Wall Street Journal*, 26-27 de novembro de 2011).
   a. Desenvolva a equação de regressão estimada que pode ser utilizada para prever a hipoteca mensal considerando o preço médio de aluguéis.

b. Construa um gráfico de resíduo em relação à variável independente.
c. As suposições sobre o termo de erro e a forma do modelo parecem razoáveis à luz do gráfico construído?

Cidade	Aluguel (US$)	Hipoteca (US$)
Atlanta	840	539
Chicago	1.062	1.002
Detroit	823	626
Jacksonville, Flórida	779	711
Las Vegas	796	655
Miami	1.071	977
Minneapolis	953	776
Orlando, Flórida	851	695
Phoenix	762	651
St. Louis	723	654

RentMortgage

14.9 Análise de resíduos: *outliers* e observações influentes

Na Seção 14.8 mostramos como a análise de resíduos poderia ser usada para determinar quando ocorrem violações de suposições sobre um modelo de regressão. Nesta seção discutiremos como a análise de resíduos pode ser utilizada para identificar observações que podem ser classificadas como *outliers* ou como especialmente influentes na determinação da equação de regressão estimada. Veja algumas etapas que devem ser realizadas quando ocorrerem tais observações.

Detecção de *outliers*

A Figura 14.16 é um diagrama de dispersão para um conjunto de dados que contém um **outlier**, um ponto de dados (observação) que não se encaixa na tendência mostrada pelos demais dados. Os *outliers* representam as observações que são suspeitas e exigem um exame cuidadoso. Eles podem representar dados errados; se assim for, os dados devem ser corrigidos. Eles podem sinalizar uma violação de suposições de um modelo; se assim for, outro modelo deve ser considerado. Por fim, eles podem simplesmente ser valores incomuns que ocorreram por acaso. Nesse caso, devem ser mantidos.

Para ilustrar o processo de detecção de *outliers*, considere o conjunto de dados da Tabela 14.11; a Figura 14.17 é um diagrama de dispersão. Com exceção da observação 4 ($x_4 = 3$, $y_4 = 75$), um padrão sugerindo uma relação linear negativa é aparente. De fato, dado o padrão do restante dos dados, esperaríamos que y_4 fosse muito menor e, portanto, identificaria a observação correspondente como um *outlier*. Para o caso da regressão linear simples, pode-se frequentemente detectar *outliers* simplesmente examinando o diagrama de dispersão.

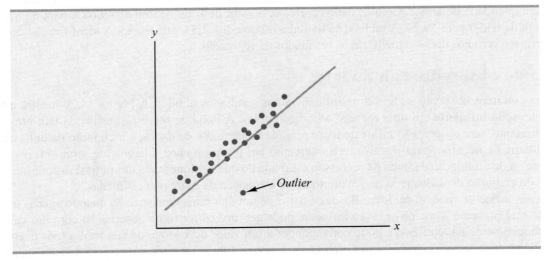

FIGURA 14.16 Conjunto de dados com um *outlier*

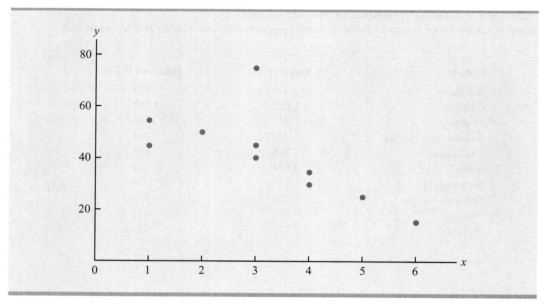

FIGURA 14.17 Diagrama de dispersão para o conjunto de dados de um *outlier*

TABELA 14.11
Conjunto de dados ilustrando o efeito de um *outlier*

x_i	y_i
1	45
1	55
2	50
3	75
3	40
3	45
4	30
4	35
5	25
6	15

Os resíduos padronizados também podem ser usados para identificar *outliers*. Se uma observação se desvia muito do padrão do restante dos dados (por exemplo, o *outlier* na Figura 14.16), o resíduo padronizado correspondente será grande em valor absoluto. Muitos pacotes de software identificam automaticamente observações com resíduos padronizados que são grandes em valor absoluto. Na Figura 14.18 mostramos uma parte da saída do Minitab a partir de uma análise de regressão dos dados da Tabela 14.11. A porção destacada da saída mostra que o resíduo padronizado para a observação 4 é 2,67. O Minitab fornece uma lista de cada observação com um valor de resíduo padronizado menor que −2 ou maior que +2 na seção Unusual Observations da saída; nesses casos, a observação é impressa em uma linha separada com um R próximo ao resíduo padronizado, como mostra a Figura 14.18. Com erros normalmente distribuídos, os resíduos padronizados devem estar fora desses limites em aproximadamente 5% das vezes.

Ao decidir como lidar com um *outlier*, devemos primeiro verificar se é uma observação válida. Talvez tenha ocorrido um erro no registro inicial dos dados ou na inserção dos dados no arquivo do computador. Por exemplo, suponha que ao verificar os dados do *outlier* na Tabela 14.17 encontramos um erro; o valor correto para a observação 4 é $x_4 = 3, y_4 = 30$. A Figura 14.19 é uma parte da saída do Minitab obtida após a correção do valor de y_4. Vemos que o uso incorreto do valor dos dados afetou substancialmente a qualidade do ajuste. Com os dados corretos, o valor de r^2 aumentou de 49,68% para 83,8%, e o valor de b_0 diminuiu de 64,96 para 59,24. A inclinação da linha mudou de −7,33 para −6,95. A identificação do *outlier* nos permitiu corrigir o erro nos dados e melhorar os resultados da regressão.

Detecção de observações influentes

Às vezes, uma ou mais observações têm forte influência nos resultados obtidos. A Figura 14.20 mostra um exemplo de uma **observação influente** em uma regressão linear simples. A linha de regressão estimada tem uma inclinação negativa. Entretanto, se a observação influente fosse retirada do conjunto de dados, a inclinação da linha de regressão estimada mudaria de negativa para positiva, e o intercepto em y seria menor. Claramente, esta observação é muito mais influente na determinação da linha de regressão estimada do que qualquer uma das outras; excluir uma das outras observações do conjunto de dados teria pouco efeito sobre a equação de regressão estimada.

Observações influentes podem ser identificadas a partir de um diagrama de dispersão quando apenas uma variável independente está presente. Uma observação influente pode ser um *outlier* (uma observação com um valor y que se desvia substancialmente da tendência), pode corresponder a um valor de x longe de sua média (por exemplo, veja a Figura 14.20), ou pode ser causado por uma combinação dos dois (um valor y um pouco fora da tendência e um valor x um tanto quanto extremo).

```
Regression Analysis: y Versus x

Analysis of Variance

Source          DF      Adj SS    Adj MS    F-Value    P-Value
Regression       1      1268.2    1268.2      7.90      0.023
Error            8      1284.3     160.5
Total            9      2552.5

Model Summary

       S        R-sq     R-sq(adj)
  12.6704      49.68%      43.39%

Coefficients

Term          Coef    SE Coef   T-Value    P-Value
Constant     64.96       9.26      7.02      0.000
x            -7.33       2.61     -2.81      0.023

Regression Equation

y = 64.96 - 7.33 x

Fits and Diagnostics for Unusual Observations

                              Std
Obs           y       Fit    Resid       Resid
 4        75.00     42.97    32.03        2.67 R

R Large residual
```

FIGURA 14.18   Saída do Minitab de uma análise de regressão do conjunto de dados do *outlier*

```
Regression Analysis: y Versus x

Analysis of Variance

Source       DF     Adj SS     Adj MS    F-Value    P-Value
Regression    1    1139.66    1139.66     41.38      0.000
Error         8     220.34      27.54
Total         9    1360.00

Model Summary

       S       R-sq     R-sq(adj)
  5.24808     83.80%      81.77%

Coefficients

Term         Coef    SE Coef   T-Value    P-Value
Constant    59.24       3.83     15.45      0.000
x           -6.95       1.08     -6.43      0.000

Regression Equation

y = 59.24 - 6.95 x
```

FIGURA 14.19   Saída do Minitab do conjunto de dados do *outlier* revisado

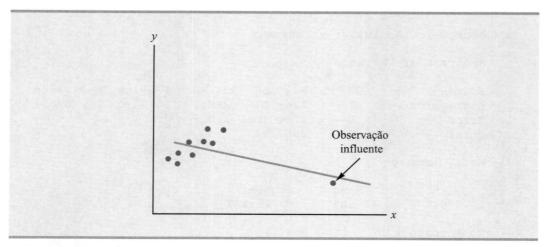

FIGURA 14.20 Conjunto de dados com uma observação influente

Uma vez que observações influentes podem ter um efeito tão drástico sobre a equação de regressão estimada, elas devem ser examinadas cuidadosamente. Devemos primeiro verificar se não foi cometido nenhum erro ao coletar ou registrar os dados. Caso tenha ocorrido um erro, ele pode ser corrigido e uma nova equação de regressão estimada ser desenvolvida. Se a observação é válida, podemos nos considerar afortunados por tê-la. Tal ponto, se válido, pode contribuir para um melhor entendimento do modelo apropriado e pode levar a uma melhor equação de regressão estimada. A presença da figura influente na Figura 14.20, se válida, sugeriria tentar obter dados sobre valores intermediários de x para entender melhor a relação entre x e y.

Observações com valores extremos para as variáveis independentes são chamados **pontos de alta alavancagem** ou pontos de alavanca. A observação influente na Figura 14.20 é um ponto com alta alavancagem. A alavanca de uma observação é determinada por quão distante os valores das variáveis independentes estão de seus valores médios. Para o caso de variável independente única, a alavanca da i-ésima observação, denotada por h_i, pode ser calculada por meio da utilização da Equação (14.33).

ALAVANCA DA OBSERVAÇÃO i

$$h_i = \frac{1}{n} + \frac{(x_i - \bar{x})^2}{\Sigma(x_i - \bar{x})^2} \quad (14.33)$$

A partir da fórmula fica claro que, quanto mais longe x_i estiver de sua média x maior a alavanca da observação i.

Muitos softwares estatísticos identificam automaticamente as observações com alta alavancagem como parte da saída da regressão padrão. Como ilustração de como o software estatístico do Minitab identifica pontos com alta alavancagem, vamos considerar o conjunto de dados na Tabela 14.12.

A partir da Figura 14.21, um diagrama de dispersão para o conjunto de dados na Tabela 14.12, fica claro que a observação 7 ($x = 70$, $y = 100$) é uma observação com um valor extremo de x. Assim, esperamos que seja identificado como um ponto com alta alavancagem. Para esta observação, a alavanca é calculada pelo uso da Equação (14.33) conforme está a seguir.

TABELA 14.12
Conjunto de dados com uma observação de alta alavancagem

x_i	y_i
10	125
10	130
15	120
20	115
20	120
25	110
70	100

$$h_7 = \frac{1}{n} + \frac{(x_7 - \bar{x})^2}{\Sigma(x_i - \bar{x})^2} = \frac{1}{7} + \frac{(70 - 24,286)^2}{2.621,43} = 0,94$$

Para o caso da regressão linear simples, o Minitab identifica as observações como tendo alta alavancagem se $h_i > 6/n$ ou 0,99, o que for menor. Para o conjunto de dados da Tabela 14.12, $6/n = 6/7 = 0,86$. Pelo fato de $h_7 = 0,94 > 0,86$, o Minitab identificará a observação 7 como uma observação cujo valor x lhe dá grande influência. A Figura 14.22 mostra uma parte da saída do Minitab para uma análise de regressão deste conjunto de dados. A observação 7

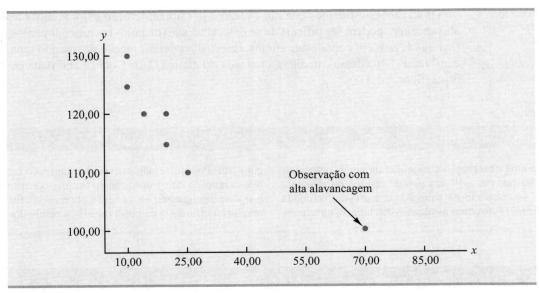

FIGURA 14.21   Diagrama de dispersão para o conjunto de dados com uma observação de alta alavancagem

```
Regression Analysis: y Versus x

Analysis of Variance

Source        DF    Adj SS    Adj MS    F-Value    P-Value
Regression     1    473.65    473.65     19.87      0.007
Error          5    119.21     23.84
Total          6    592.86

Model Summary

      S      R-sq    R-sq(adj)
4.88282    79.89%      75.87%

Coefficients

Term          Coef    SE Coef    T-Value    P-Value
Constant    127.47       2.96      43.04      0.000
x           -0.4251     0.0954     -4.46      0.007

Regression Equation

y = 127.47 - 0.4251 x

Fits and Diagnostics for Unusual Observations

                                      Std
Obs          y       Fit     Resid    Resid
  7     100.00     97.71      2.29     1.91  X

X Unusual X
```

FIGURA 14.22   Saída do Minitab para o conjunto de dados com observação de alta alavancagem

($x = 70$, $y = 100$) é identificada como uma observação incomum com um valor x incomum. Ela é impressa em uma linha separada na parte inferior, com um X na margem direita.

Pacotes de software são essenciais para se realizar os cálculos que identifiquem observações influentes. A regra de seleção do Minitab é discutida aqui.

Observações influentes que são causadas por uma interação entre grandes resíduos e alta alavancagem podem ser difíceis de se detectar. Estão disponíveis procedimentos de diagnóstico que levam em conta estes ambos aspectos na determinação de quando uma observação é influente. Uma dessas medidas, chamada estatística D, de Cook, é abordada em livros mais específicos.

NOTAS E COMENTÁRIOS

Uma vez que uma observação é identificada como potencialmente influente por causa de um grande resíduo ou uma alta alavancagem, seu impacto na equação de regressão estimada deve ser avaliado. Livros mais avançados discutem diagnósticos para isto. Porém, se não estiver familiarizado com o material mais avançado, um procedimento simples consiste em executar a análise de regressão com e sem a observação. Esta abordagem revelará a influência da observação nos resultados.

Exercícios

Métodos

50. Considere os seguintes dados para duas variáveis, x e y.

x_i	135	110	130	145	175	160	120
y_i	145	100	120	120	130	130	110

a. Calcule os resíduos padronizados para estes dados. Os dados incluem quaisquer *outliers*? Explique.
b. Represente os resíduos padronizados em relação a $\hat{y}$. Este gráfico revela quaisquer *outliers*?
c. Desenvolva um diagrama de dispersão para estes dados. O diagrama de dispersão indica quaisquer *outliers* nos dados? Em geral, quais implicações esta descoberta tem para a regressão linear simples?

51. Considere os seguintes dados para duas variáveis, x e y.

x_i	4	5	7	8	10	12	12	22
y_i	12	14	16	15	18	20	24	19

a. Calcule os resíduos padronizados para estes dados. Os dados incluem quaisquer *outliers*? Explique.
b. Calcule os valores de alavanca para estes dados. Parece haver quaisquer observações influentes nestes dados? Explique.
c. Desenvolva um diagrama de dispersão para estes dados. O diagrama de dispersão indica quaisquer observações influentes? Explique.

Aplicações

52. Charity Navigator é o principal avaliador independente de caridade nos Estados Unidos. Os dados a seguir mostram as despesas totais (US$), a porcentagem do orçamento total gasto em despesas administrativas, a porcentagem gasta em captação de recursos, e a porcentagem gasta em despesas do programa para 10 atividades beneficentes de grande porte (site do Charity Navigator, 12 de abril de 2012). As despesas administrativas incluem gastos gerais, pessoal administrativo e custos associados, e ainda reuniões organizacionais. As despesas de angariação de fundos são o que uma instituição de caridade gasta para arrecadar dinheiro, e as despesas do programa são o que uma instituição caridade gasta com os programas e serviços que existem para ser oferecidos. A soma das três porcentagens não totaliza 100% por causa do arredondamento.

a. Desenvolva um diagrama de dispersão com as despesas de captação de recursos (%) no eixo horizontal e as despesas do programa (%) no eixo vertical. Observando os dados, parece haver quaisquer *outliers* e/ou observações influentes?
b. Desenvolva uma equação de regressão estimada que possa ser usada para prever as despesas do programa (%) considerando as despesas com captação de recursos (%).
c. O valor da inclinação da equação de regressão estimada faz sentido no contexto desta situação?
d. Use a análise de resíduo para determinar se existem quaisquer *outliers* e/ou observações influentes. Resuma brevemente suas descobertas e conclusões.

Instituição beneficente	Despesas totais (US$)	Despesas administrativas (%)	Despesas com angariação de fundos (%)	Despesas com o programa (%)
American Red Cross	3.354.177.445	3,9	3,8	92,1
World Vision	1.205.887.020	4,0	7,5	88,3
Smithsonian Institution	1.080.995.083	23,5	2,6	73,7
Food For The Poor	1.050.829.851	0,7	2,4	96,8
American Cancer Society	1.003.781.897	6.1	22,2	71,6
Volunteers of America	929.158.968	8,6	1,9	89,4
Dana-Farber Cancer Institute	877.321.613	13,1	1,6	85,2
AmeriCares	854.604.824	0,4	0,7	98,8
ALSAC – St. Jude Children's Research Hospital	829.662.076	9,6	16,9	73,4
City de Hope	736.176.619	13,7	3,0	83,1

53. Muitos países, especialmente os da Europa, têm valores significativos em ouro. Mas muitos desses países também têm dívidas enormes. Os dados a seguir mostram o valor total das participações de ouro em bilhões de dólares norte-americanos e a dívida como porcentagem do produto interno bruto de nove países (sites da *WordPress* e *Trading Economics*, 24 de fevereiro de 2012).

País	Valor da participação em ouro (bilhões de US$)	Dívida (% do PIB)
China	63	17,7
França	146	81,7
Alemanha	203	83,2
Indonésia	33	69,2
Itália	147	119,0
Países Baixos	36	63,7
Rússia	50	9,9
Suíça	62	55,0
Estados Unidos	487	93,2

DATA *file*

GoldHoldings

a. Desenvolva um diagrama de dispersão para o valor total das participações em ouro de um país (US$ bilhões) como a variável independente.

b. O que o diagrama de dispersão desenvolvido no item (a) indica sobre a relação entre as duas variáveis? Parece haver quaisquer *outliers* e/ou observações influentes? Explique.

c. Utilizando o conjunto completo de dados, desenvolva a equação de regressão estimada que pode ser usada para prever a dívida de um país dado o valor total de suas participações em ouro.

d. Use a análise de resíduos para determinar se quaisquer *outliers* ou observações influentes estão presentes.

e. Suponha que, depois de observar o diagrama de dispersão do item (a), você tenha conseguido identificar visualmente o que parece ser uma observação influente. Elimine esta observação do conjunto de dados e ajuste uma equação de regressão estimada aos dados restantes. Compare a inclinação estimada para a nova equação de regressão estimada com a inclinação estimada obtida no item (c). Esta abordagem confirma a conclusão que você obteve no item (d)? Explique.

54. Os dados a seguir mostram a receita anual (US$ milhões) e o valor estimado das equipes (US$ milhões) para as 30 equipes de beisebol da Major League (site da *Forbes*, 16 de janeiro de 2014).

a. Desenvolva um diagrama de dispersão com a Receita no eixo horizontal e Valor no eixo vertical. Olhando para o diagrama de dispersão, parece haver quaisquer *outliers* e/ou observações influentes nos dados?

b. Desenvolva a equação de regressão estimada que pode ser usada para prever o valor da equipe, dada a receita anual.

c. Use a análise de resíduos para determinar se existem quaisquer *outliers* e/ou observações influentes. Resuma brevemente suas descobertas e conclusões.

Equipe	Receita (US$ milhões)	Valor (US$ milhões)
Arizona Diamondbacks	195	584
Atlanta Braves	225	629
Baltimore Orioles	206	618
Boston Red Sox	336	1.312
Chicago Cubs	274	1.000
Chicago White Sox	216	692
Cincinnati Reds	202	546
Cleveland Indians	186	559
Colorado Rockies	199	537
Detroit Tigers	238	643
Houston Astros	196	626
Kansas City Royals	169	457
Los Angeles Angels de Anaheim	239	718
Los Angeles Dodgers	245	1.615
Miami Marlins	195	520
Milwaukee Brewers	201	562
Minnesota Twins	214	578
New York Mets	232	811
New York Yankees	471	2.300
Oakland Athletics	173	468
Philadelphia Phillies	279	893
Pittsburgh Pirates	178	479
San Diego Padres	189	600
San Francisco Giants	262	786
Seattle Mariners	215	644
St. Louis Cardinals	239	716
Tampa Bay Rays	167	451
Texas Rangers	239	764
Toronto Blue Jays	203	568
Washington Nationals	225	631

MLBValues

Resumo

Neste capítulo mostramos como a análise de regressão pode ser utilizada para determinar como uma variável dependente y está relacionada a uma variável independente x. Na regressão linear simples, o modelo de regressão é $y = \beta_0 + \beta_1 x + \varepsilon$. A equação de regressão linear simples $E(y) = \beta_0 + \beta_1 x$ descreve como a média ou valor esperado de y está relacionado a x. Utilizamos dados amostrais e o método dos mínimos quadrados para desenvolver a equação de regressão estimada $\hat{y} = b_0 + b_1 x$. Com efeito, b_0 e b_1 são as estatísticas amostrais utilizadas para estimar os parâmetros do modelo desconhecido β_0 e β_1.

O coeficiente de determinação foi apresentado como uma medida de qualidade do ajuste para a equação de regressão estimada; ele pode ser interpretado como a proporção da variação na variável dependente y que pode ser explicada pela equação de regressão estimada. Analisamos a correlação como uma medida descritiva da força de uma relação linear entre duas variáveis.

As suposições sobre um modelo de regressão e seu termo de erro associado ε foram discutidas, e os testes t e F baseados nessas premissas foram apresentados como um meio de determinar se a relação entre duas variáveis é estatisticamente significativa. Mostramos como utilizar a equação de regressão estimada para desenvolver estimativas de intervalo de confiança do valor médio de y e estimativas do intervalo de previsão de valores individuais de y.

O capítulo concluiu com uma seção sobre os problemas de solução de regressão em computadores e duas seções sobre o uso da análise de resíduo para validar as suposições do modelo e identificar *outliers* e observações influentes.

Glossário

Análise de resíduos Análise dos resíduos utilizados para determinar se as suposições feitas sobre o modelo de regressão parecem ser válidas. A análise residual também é utilizada para identificar *outliers* e observações influentes.

Regressão linear simples **585**

Coeficiente de correlação Uma medida da força da relação linear entre duas variáveis (anteriormente discutido no Capítulo 3).

Coeficiente de determinação Uma medida da qualidade do ajuste da equação de regressão estimada. Pode ser interpretado como a proporção da variabilidade na variável dependente y que é explicada pela equação de regressão estimada.

Diagrama de dispersão Um gráfico de dados bivariados no qual a variável independente está no eixo horizontal e a variável dependente está no eixo vertical.

Equação de regressão A equação que descreve como o valor médio ou esperado da variável dependente está relacionado à variável independente; em regressão linear simples, $E(y) = \beta_0 + \beta_1 x$.

Equação de regressão estimada A estimativa da equação de regressão desenvolvida a partir dos dados amostrais utilizando o método dos mínimos quadrados. Para a regressão linear simples, a equação de regressão estimada é $\hat{y} = b_0 + b_1 x$.

Erro padrão da estimativa A raiz quadrada do quadrado médio dos resíduos, denotado por ε. É a estimativa de σ, o desvio padrão do termo de erro ε.

Gráfico de probabilidade normal Um gráfico dos resíduos padronizados representados em relação aos valores das pontuações normais. Este gráfico ajuda a determinar se a suposição de que o termo de erro tem uma distribuição de probabilidade normal parece ser válida.

Gráfico de resíduos Representação gráfica dos resíduos que pode ser utilizada para determinar se as suposições feitas sobre o modelo de regressão parecem ser válidas.

***i*-ésimo resíduo** A diferença entre o valor observado da variável dependente e o valor previsto utilizando-se a equação de regressão estimada; para a i-ésima observação o i-ésimo residual é $y_i - \hat{y}_i$.

Intervalo de confiança A estimativa intervalar do valor médio de y para um determinado valor de x.

Intervalo de previsão A estimativa intervalar de um valor individual de y para um dado valor de x.

Método dos mínimos quadrados Procedimento utilizado para desenvolver a equação de regressão estimada. O objetivo é minimizar $\Sigma (y_i - \hat{y}_i)^2$.

Modelo de regressão A equação que descreve como y está relacionado a x e um termo de erro; em regressão linear simples, o modelo de regressão é $y = \beta_0 + \beta_1 x + \varepsilon$.

Observação influente Uma observação que tem forte influência ou efeito nos resultados da regressão.

Outlier Um ponto ou observação de dados que não se ajusta à tendência mostrada pelos dados restantes.

Pontos de alta alavancagem Observações com valores extremos para as variáveis independentes.

Quadrado médio dos resíduos A estimativa não viesada da variância do termo de erro σ^2. Ele é denotado por QMRes ou s^2.

Regressão linear simples Análise de regressão envolvendo uma variável independente e uma variável dependente na qual a relação entre as variáveis é aproximada por uma linha reta.

Resíduo padronizado O valor obtido dividindo-se um resíduo por seu desvio padrão.

Tabela ANOVA A tabela de análise de variância utilizada para resumir os cálculos associados ao teste F de significância.

Variável dependente A variável que está sendo prevista ou explicada. Ela é denotada por y.

Variável independente A variável que está fazendo a previsão ou explicando. Ela é denotada por x.

Fórmulas-chave

Modelo de regressão linear simples

$$y = \beta_0 + \beta_1 x + \varepsilon \tag{14.1}$$

Equação de regressão linear simples

$$E(y) = \beta_0 + \beta_1 x \tag{14.2}$$

Equação de regressão linear simples estimada

$$\hat{y} = b_0 + b_1 x \tag{14.3}$$

Critério dos mínimos quadrados

$$\text{mín } \Sigma (y_i - \hat{y}_i)^2 \tag{14.5}$$

Inclinação e intercepto para a equação de regressão estimada

$$b_1 = \frac{\Sigma (x_i - \bar{x})(y_i - \bar{y})}{\Sigma (x_i - \bar{x})^2} \tag{14.6}$$

$$b_0 = \bar{y} - b_1 \bar{x} \tag{14.7}$$

586 Estatística aplicada a administração e economia

Soma dos quadrados dos resíduos

$$SQRes = \Sigma(y_i - \hat{y}_i)^2 \tag{14.8}$$

Soma de quadrados total

$$SQTot = \Sigma(y_i - \bar{y})^2 \tag{14.9}$$

Soma dos quadrados devida à regressão

$$SQReg = \Sigma(\hat{y}_i - \bar{y})^2 \tag{14.10}$$

Relação entre SQTot, SQReg e SSE

$$SQTot = SQReg + SQRes \tag{14.11}$$

Coeficiente de determinação

$$r^2 = \frac{SQReg}{SQTot} \tag{14.12}$$

Coeficiente de correlação da amostra

$$\begin{aligned} r_{xy} &= (\text{sinal de } b_1)\sqrt{\text{Coeficiente de determinação}} \\ &= (\text{sinal de } b_1)\sqrt{r^2} \end{aligned} \tag{14.13}$$

Quadrado médio do resíduo (Estimativa de σ^2)

$$s^2 = QMRes = \frac{SQRes}{n-2} \tag{14.15}$$

Erro padrão da estimativa

$$s = \sqrt{QMRes} = \sqrt{\frac{SQRes}{n-2}} \tag{14.16}$$

Desvio padrão de b_1

$$\sigma_{b_1} = \frac{\sigma}{\sqrt{\Sigma(x_i - \bar{x})^2}} \tag{14.17}$$

Desvio padrão estimado de b_1

$$s_{b_1} = \frac{s}{\sqrt{\Sigma(x_i - \bar{x})^2}} \tag{14.18}$$

Estatística de teste t

$$t = \frac{b_1}{s_{b_1}} \tag{14.19}$$

Quadrado médio de regressão

$$\text{QMReg} = \frac{\text{SQReg}}{\text{Número de variáveis independentes}} \qquad (14.20)$$

Estatística de teste F

$$F = \frac{\text{QMReg}}{\text{QMRes}} \qquad (14.21)$$

Desvio padrão estimado de $\hat{y}*$

$$s_{\hat{y}*} = s\left[\sqrt{\frac{1}{n} + \frac{(x* - \bar{x})^2}{\Sigma(x_i - \bar{x})^2}}\right] \qquad (14.23)$$

Intervalo de confiança para $E(y*)$

$$\hat{y}* \pm t_{\alpha/2} s_{\hat{y}*} \qquad (14.24)$$

Desvio padrão estimado de um valor individual

$$s_{\text{prev}} = s\sqrt{1 + \frac{1}{n} + \frac{(x* - \bar{x})^2}{\Sigma(x_i - \bar{x})^2}} \qquad (14.26)$$

Intervalo de previsão para $y*$

$$\hat{y}* \pm t_{\alpha/2} s_{\text{prev}} \qquad (14.27)$$

Resíduo da observação i

$$y_i - \hat{y}_i \qquad (14.28)$$

Desvio padrão do i-ésimo resíduo

$$s_{y_i - \hat{y}_i} = s\sqrt{1 - h_i} \qquad (14.30)$$

Resíduo padronizado da observação i

$$\frac{y_i - \hat{y}_i}{s_{y_i - \hat{y}_i}} \qquad (14.32)$$

Alavanca da observação i

$$h_i = \frac{1}{n} + \frac{(x_i - \bar{x})^2}{\Sigma(x_i - \bar{x})^2} \qquad (14.33)$$

Exercícios suplementares

55. Um valor elevado de r^2 implica que duas variáveis são causalmente relacionadas? Explique.
56. Em suas próprias palavras, explique a diferença entre uma estimativa intervalar do valor médio de y para um dado x e uma estimativa intervalar para um valor individual de y para determinado x.
57. Qual é o propósito de testar se $\beta_1 = 0$? Se rejeitarmos $\beta_1 = 0$ isto implica um bom ajuste?
58. Os índices Dow Jones Industrial Average (DJIA) e Standard & Poor's 500 (S&P 500) são utilizados como medidas de movimento geral no mercado de ações. O DJIA é baseado nos movimentos de preços de 30 grandes empresas; o S&P 500 é um índice composto de 500 ações. Alguns dizem que o S&P 500 é uma medida melhor do desempenho do mercado de ações porque é mais amplo. O preço de fechamento para o DJIA e o S&P 500 por 15 semanas, começando em 6 de janeiro de 2012, está a seguir (site de *Barron's*, 17 de abril de 2012).

DJIAS&P500

Data	DJIA	S&P
6 de janeiro	12.360	1.278
13 de janeiro	12.422	1.289
20 de janeiro	12.720	1.315
27 de janeiro	12.660	1.316
3 de fevereiro	12.862	1.345
10 de fevereiro	12.801	1.343
17 de fevereiro	12.950	1.362
24 de fevereiro	12.983	1.366
2 de março	12.978	1.370
9 de março	12.922	1.371
16 de março	13.233	1.404
23 de março	13.081	1.397
30 de março	13.212	1.408
5 de abril	13.060	1.398
13 de abril	12.850	1.370

    a. Desenvolva um diagrama de dispersão com o DJIA definido como a variável independente.
    b. Desenvolva uma equação de regressão estimada.
    c. Teste quanto a uma relação significativa. Use $\alpha = 0,05$.
    d. A equação de regressão estimada proporcionou um bom ajuste? Explique.
    e. Suponha que o preço de fechamento do DJIA seja de 13.500. Preveja o preço de fechamento para o S&P 500.
    f. Devemos nos preocupar que o valor de 13.500 do DJIA utilizado para prever o valor do S&P 500 no item (e) esteja além da amplitude dos dados usados para desenvolver a equação de regressão estimada?

59. A área em pés quadrados de espaço de convivência é um bom indicador do preço de venda de uma casa? Os dados a seguir mostram a área e o preço de venda de 15 casas em Winston Salem, Carolina do Norte (*Zillow.com*, 5 de abril de 2015).
    a. Desenvolva um diagrama de dispersão com a área como a variável independente e preço de venda como variável dependente. O que o diagrama de dispersão indica sobre a relação entre a dimensão de uma casa e o preço de venda?
    b. Desenvolva a equação de regressão estimada que pode ser utilizada para prever o preço de venda dada a área de espaço de convivência.
    c. No nível 0,05, existe uma diferença significativa entre as duas variáveis?
    d. Use a equação de regressão estimada para prever o preço de venda de uma casa de 2.000 pés quadrados em Winston Salem, Carolina do Norte.
    e. Você acredita que a equação de regressão estimada desenvolvida no item (b) fornecerá uma boa previsão do preço de venda de determinada casa em Winston Salem, Carolina do Norte? Explique.
    f. Você ficaria confortável usando a equação de regressão estimada desenvolvida na parte (b) para prever o preço de venda de uma determinada casa em Seattle, Washington? Sim ou não? Por quê?

Área (milhares de pés quadrados)	Preço de venda (milhares de US$)
1,26	117,5
3,02	299,9
1,99	139,0
0,91	45,6
1,87	129,9
2,63	274,9
2,60	259,9
2,27	177,0
2,30	175,0
2,08	189,9
1,12	95,0
1,38	82,1
1,80	169,0
1,57	96,5
1,45	114,9

WSHouses

60. Uma das maiores mudanças no Ensino Superior nos últimos anos tem sido o crescimento das universidades on-line. Online Education Database é uma organização independente cuja missão é construir uma lista abrangente das principais faculdades on-line credenciadas. A tabela a seguir mostra as taxas de retenção (%) e graduação (%) para 29 faculdades on-line.

Índice de retenção (%)	Índice de graduação (%)
7	25
51	25
4	28
29	32
33	33
47	33
63	34
45	36
60	36
62	36
67	36
65	37
78	37
75	38
54	39
45	41
38	44
51	45
69	46
60	47
37	48
63	50
73	51
78	52
48	53
95	55
68	56
100	57
100	61

OnlineEdu

a. Desenvolva um diagrama de dispersão com a taxa de retenção definida como a variável independente. O que o diagrama de dispersão indica sobre a relação entre as duas variáveis?
b. Desenvolva a equação de regressão estimada.
c. Teste quanto a uma relação significativa. Use $\alpha = 0{,}05$.

590 Estatística aplicada a administração e economia

d. A equação de regressão estimada proporcionou um bom ajuste?

e. Suponha que você fosse o presidente da South University. Depois de analisar os resultados, teria alguma preocupação com o desempenho de sua universidade em comparação com outras universidades on-line?

f. Suponha que você fosse o presidente da Universidade de Phoenix. Depois de analisar os resultados, teria alguma preocupação com o desempenho de sua universidade em comparação com outras universidades on-line?

61. A Jensen Tire & Auto está no processo de decidir se adquire um contrato de manutenção para sua nova máquina de alinhamento e balanceamento de rodas. Os gestores acham que as despesas de manutenção devem estar relacionadas ao uso e coletaram as seguintes informações sobre o uso semanal (horas) e a despesa anual de manutenção (em centenas de dólares).

Uso semanal (horas)	Despesas anuais com manutenção
13	17,0
10	22,0
20	30,0
28	37,0
32	47,0
17	30,5
24	32,5
31	39,0
40	51,5
38	40,0

DATA *file*

Jensen

a. Desenvolva a equação de regressão estimada que relaciona as despesas anuais de manutenção com o uso semanal.

b. Teste a significância da relação no item (a) com um nível de significância de 0,05.

c. A Jensen espera usar a nova máquina 30 horas por semana. Desenvolva um intervalo de previsão de 95% para as despesas anuais de manutenção da empresa.

d. Se o contrato de manutenção custa US$ 3.000 por ano, você recomendaria adquiri-lo? Sim ou não? Por quê?

62. Em um processo de fabricação, a velocidade da linha de montagem (pés por minuto) afetou o número de peças com defeito encontradas durante o processo de inspeção. Para testar essa teoria, os gestores criaram uma situação na qual o mesmo lote de peças era inspecionado visualmente em diversas velocidades da linha de montagem. Eles coletaram os dados a seguir.

Velocidade da linha de montagem	Número de peças com defeito encontradas
20	21
20	19
40	15
30	16
60	14
40	17

a. Desenvolva a equação de regressão estimada que relacione a velocidade da linha ao número de peças defeituosas encontradas.

b. Em um nível de significância de 0,05, determine se a velocidade da linha e o número de peças defeituosas encontradas estão relacionados.

c. A equação de regressão estimada forneceu um bom ajuste para os dados?

d. Desenvolva um intervalo de confiança de 95% para prever o número médio de peças defeituosas para uma velocidade de linha de 50 pés por minuto.

63. Um sociólogo foi contratado por um grande hospital da cidade para investigar a relação entre o número de dias em que ocorreram faltas não autorizadas dos funcionários por ano e a distância (milhas) entre a casa e o trabalho para os funcionários. Uma amostra de 10 funcionários foi escolhida e os seguintes dados foram coletados.

a. Desenvolva um diagrama de dispersão para esses dados. Um relacionamento linear parece razoável? Explique.

b. Desenvolva a equação de regressão estimada a partir dos mínimos quadrados.

c. Existe uma diferença significativa entre as duas variáveis? Use $\alpha = 0,05$.

d. A equação de regressão estimada proporcionou um bom ajuste? Explique.

e. Use a equação de regressão estimada desenvolvida na parte (b) para desenvolver um intervalo de confiança de 95% para o número esperado de dias de ausência para funcionários que residem a 5 milhas da empresa.

Distância do trabalho (milhas)	Número de dias ausente
1	8
3	5
4	8
6	7
8	6
10	3
12	5
14	2
14	4
18	2

DATA *file*
Absent

64. A autoridade de trânsito regional de uma grande área metropolitana deseja determinar se existe alguma diferença entre a idade de um ônibus e o custo anual de manutenção. Uma amostra de 10 ônibus resultou nos seguintes dados.

Idade do ônibus (anos)	Custo de manutenção (US$)
1	350
2	370
2	480
2	520
2	590
3	550
4	750
4	800
5	790
5	950

DATA *file*
AgeCost

a. Desenvolva a equação de regressão estimada dos mínimos quadrados.
b. Teste para ver se as duas variáveis estão significativamente relacionadas com $\alpha = 0{,}05$.
c. A linha dos mínimos quadrados forneceu um bom ajuste para os dados observados? Explique.
d. Desenvolva um intervalo de previsão de 95% para o custo de manutenção de um ônibus com 4 anos de idade.

65. Um professor de Marketing da Givens College está interessado nas diferenças entre as horas dedicadas ao estudo e o total de pontos obtidos em um curso. Os dados coletados de 10 alunos que fizeram o curso no último trimestre estão a seguir.

Horas gastas estudando	Pontos ganhos
45	40
30	35
90	75
60	65
105	90
65	50
90	90
80	80
55	45
75	65

DATA *file*
HoursPts

a. Desenvolva uma equação de regressão estimada mostrando como o total de pontos ganhos está relacionado às horas gastas estudando.
b. Teste a significância do modelo com $\alpha = 0{,}05$.
c. Preveja o total de pontos de Mark Sweeney que passou 95 horas estudando.
d. Desenvolva um intervalo de previsão de 95% para o total de pontos ganhos por Mark Sweeney.

592 Estatística aplicada a administração e economia

66. Os betas de mercado para ações individuais são determinados por regressão linear simples. Para cada ação, a variável dependente é a sua porcentagem de retorno trimestral (valorização do capital mais dividendos) menos o retorno percentual que poderia ser obtido de um investimento livre de riscos (a taxa das Notas do Tesouro é utilizada como taxa livre de riscos). A variável independente é o retorno trimestral da porcentagem (valorização do capital mais dividendos) para o mercado de ações (S&P 500) menos o retorno da porcentagem de um investimento livre de riscos. Uma equação de regressão estimada é desenvolvida com dados trimestrais; o beta de mercado para o estoque é a inclinação da equação de regressão estimada (b_1). O valor do beta de mercado é frequentemente interpretado como uma medida do risco associado às ações. Os betas de mercado superiores a 1 indicam que a ação é mais volátil do que a média do mercado; betas de mercado inferiores a 1 indicam que a ação é menos volátil do que a média do mercado. Suponha que os números a seguir sejam as diferenças entre o retorno da porcentagem e o retorno livre de riscos em 10 trimestres para o S&P 500 e a Horizon Technology.

S&P 500	Horizon
1,2	−7
−2,5	−2,0
−3,0	−5,5
2,0	4,7
5,0	1,8
1,2	4,1
3,0	2,6
−1,0	2,0
0,5	−1,3
2,5	5,5

MktBeta

a. Desenvolva uma equação de regressão estimada que possa ser usada para prever o beta de mercado para a Horizon Technology. Qual é o beta de mercado da Horizon Technology?
b. Teste quanto a uma relação significativa no nível de significância de 0,05.
c. A equação de regressão estimada proporcionou um bom ajuste? Explique.
d. Use os betas de mercado da Xerox e da Horizon Technology para comparar o risco associado às duas ações.

67. A Central de Acesso a Registros Transacionais na Syracuse University relatou dados mostrando as probabilidades de uma auditoria feita pelo Internal Revenue Service. A tabela a seguir mostra a receita bruta média ajustada e a porcentagem dos retornos que foram auditados para 20 distritos selecionados pela Receita Federal.

Distrito	Renda bruta ajustada (US$)	Porcentagem auditada
Los Angeles	36.664	1,3
Sacramento	38.845	1,1
Atlanta	34.886	1,1
Boise	32.512	1,1
Dallas	34.531	1,0
Providence	35.995	1,0
San Jose	37.799	0,9
Cheyenne	33.876	0,9
Fargo	30.513	0,9
New Orleans	30.174	0,9
Oklahoma City	30.060	0,8
Houston	37.153	0,8
Portland	34.918	0,7
Phoenix	33.291	0,7
Augusta	31.504	0,7
Albuquerque	29.199	0,6
Greensboro	33.072	0,6
Columbia	30.859	0,5
Nashville	32.566	0,5
Buffalo	34.296	0,5

IRSAudit

a. Desenvolva a equação de regressão estimada que poderia ser usada para prever o percentual auditado dada a renda bruta média ajustada relatada.
b. No nível de significância de 0,05, determine se a receita bruta ajustada e o percentual auditado estão relacionados.
c. A equação de regressão estimada proporcionou um bom ajuste? Explique.
d. Use a equação de regressão estimada desenvolvida na parte (a) para calcular um intervalo de confiança de 95% para o percentual esperado auditado nos distritos com renda bruta média ajustada de US$ 35.000.

68. Toyota Camry é um dos carros mais vendidos na América do Norte. O custo de um Camry usado depende de muitos fatores, incluindo o ano do modelo, a quilometragem e a condição geral. Para investigar a diferença entre a quilometragem do carro e o preço de venda de um Camry modelo 2007, os dados a seguir mostram a quilometragem e o preço de 19 vendas (site PriceHub, 24 de fevereiro de 2012).

Quilometragem (em milhares)	Preço (milhares de US$)
22	16,2
29	16,0
36	13,8
47	11,5
63	12,5
77	12,9
73	11,2
87	13,0
92	11,8
101	10,8
110	8,3
28	12,5
59	11,1
68	15,0
68	12,2
91	13,0
42	15,6
65	12,7
110	8,3

a. Desenvolva um diagrama de dispersão com a quilometragem do carro no eixo horizontal e o preço no eixo vertical.
b. O que o diagrama de dispersão desenvolvido no item (a) indica sobre a relação entre as duas variáveis?
c. Desenvolva a equação de regressão estimada que poderia ser usada para prever o preço (milhares US$) considerando a quilometragem (em milhares).
d. Teste quanto a uma relação significativa no nível de significância de 0,05.
e. A equação de regressão estimada proporcionou um bom ajuste? Explique.
f. Forneça uma interpretação para a inclinação da equação de regressão estimada.
g. Suponha que você esteja pensando em comprar um Camry 2007 usado que tenha percorrido 60.000 quilômetros. Utilizando a equação de regressão estimada desenvolvida na parte (c) calcule o preço deste carro. É este o preço que você ofereceria ao vendedor?

Estudo de caso 1 Medindo o risco do mercado de ações

Uma medida do risco ou volatilidade de uma ação individual é o desvio padrão do retorno total (valorização do capital mais dividendos) ao longo de vários períodos. Embora o desvio padrão seja fácil de ser calculado, ele não leva em consideração até que ponto o preço de uma determinada ação varia em função de um índice de mercado padrão, como o S&P 500. Como resultado, muitos analistas financeiros preferem utilizar outra medida de risco, denominada *beta*.

Betas para estoques individuais são determinados por regressão linear simples. A variável dependente é o retorno total da ação e a variável independente é o retorno total do mercado de ações.[6]

---
[6] Várias fontes usam abordagens diferentes para calcular betas. Por exemplo, algumas fontes subtraem o retorno que poderia ser obtido de um investimento livre de riscos (por exemplo, títulos do tesouro) da variável dependente e da variável independente, antes de calcular a equação de regressão estimada. Algumas também usam índices diferentes para o retorno total do mercado de ações; por exemplo, a Value Line calcula betas usando o índice composto da Bolsa de Valores de Nova York.

Para este caso usaremos o índice S&P 500 como medida de retorno total do mercado de ações, e uma equação de regressão estimada será desenvolvida com base em dados mensais. O beta da ação é a inclinação da equação de regressão estimada (b_1). Os dados contidos no arquivo chamado Beta fornecem o retorno total (valorização do capital mais dividendos) ao longo de 36 meses para oito ações ordinárias amplamente negociadas e o S&P 500.

O valor de beta para o mercado de ações será sempre 1; assim, ações que tendem a subir e descer com o mercado de ações também terão um beta próximo de 1. Betas maiores que 1 indicam que a ação é mais volátil que o mercado, e betas menores que 1 indicam que a ação é menos volátil que o mercado. Por exemplo, se uma ação tiver um beta de 1,4, ela será 40% mais volátil do que o mercado, e se uma ação tiver um beta de 0,4 será 60% menos volátil que o mercado.

Relatório administrativo

Você precisa analisar as características de risco destas ações. Prepare um relatório que inclua, mas não se limite, os seguintes itens.

a. Calcule a estatística descritiva para cada ação e o S&P 500. Comente seus resultados. Quais ações são as mais voláteis?
b. Calcule o valor de beta para cada ação. Quais dessas ações você acha que teria o melhor desempenho em um mercado em alta? Qual você acha que manteria seu melhor valor em um mercado em baixa?
c. Comente sobre quanto o retorno das ações individuais é explicado pelo mercado.

Estudo de caso 2   Departamento de Transportes dos Estados Unidos

Como parte de um estudo sobre segurança no transporte, o Departamento de Transportes dos Estados Unidos coletou dados sobre o número de acidentes fatais por 1.000 licenças e a porcentagem de motoristas licenciados com menos de 21 anos em uma amostra de 42 cidades. Dados coletados ao longo do período de um ano estão a seguir. Estes dados estão contidos no arquivo chamado Safety.

Percentual de menores de 21 anos	Acidentes fatais por 1.000 licenças	Percentual de menores de 21 anos	Acidentes fatais por 1.000 licenças
13	2,962	17	4,100
12	0,708	8	2,190
8	0,885	16	3,623
12	1,652	15	2,623
11	2,091	9	0,835
17	2,627	8	0,820
18	3,830	14	2,890
8	0,368	8	1,267
13	1,142	15	3,224
8	0,645	10	1,014
9	1,028	10	0,493
16	2,801	14	1,443
12	1,405	18	3,614
9	1,433	10	1,926
10	0,039	14	1,643
9	0,338	16	2,943
11	1,849	12	1,913
12	2,246	15	2,814
14	2,855	13	2,634
14	2,352	9	0,926
11	1,294	17	3,256

Relatório administrativo

1. Desenvolva resumos numéricos e gráficos dos dados.
2. Use a análise de regressão para investigar a relação entre o número de acidentes fatais e a porcentagem de motoristas menores de 21. Discuta suas conclusões.
3. Que conclusão e recomendações podem ser derivadas de sua análise?

Estudo de caso 3 — Selecionando uma câmera digital do tipo "apontar e clicar"

A *Consumer Reports* testou 166 câmeras digitais do tipo "apontar e clicar". Com base em fatores como o número de megapixels, o peso (onças), a qualidade da imagem e a facilidade de uso, desenvolveram uma pontuação geral para cada câmera testada. A pontuação geral varia de 0 a 100, com pontuações mais altas indicando melhores resultados gerais do teste. Selecionar uma câmera com muitas opções pode ser um processo difícil, e o preço é certamente uma questão fundamental para a maioria dos consumidores. Gastando mais um consumidor realmente obterá uma câmera superior? E câmeras que têm mais megapixels, um fator muitas vezes considerado uma boa medida de qualidade de imagem, custam mais do que câmeras com menos megapixels? A Tabela 14.13 mostra a marca, o preço médio de varejo (US$),

TABELA 14.13 Dados para 28 câmeras digitais do tipo "apontar e clicar"

Observação	Marca	Preço (US$)	Megapixels	Peso (onças)	Pontuação
1	Canon	330	10	7	66
2	Canon	200	12	5	66
3	Canon	300	12	7	65
4	Canon	200	10	6	62
5	Canon	180	12	5	62
6	Canon	200	12	7	61
7	Canon	200	14	5	60
8	Canon	130	10	7	60
9	Canon	130	12	5	59
10	Canon	110	16	5	55
11	Canon	90	14	5	52
12	Canon	100	10	6	51
13	Canon	90	12	7	46
14	Nikon	270	16	5	65
15	Nikon	300	16	7	63
16	Nikon	200	14	6	61
17	Nikon	400	14	7	59
18	Nikon	120	14	5	57
19	Nikon	170	16	6	56
20	Nikon	150	12	5	56
21	Nikon	230	14	6	55
22	Nikon	180	12	6	53
23	Nikon	130	12	6	53
24	Nikon	80	12	7	52
25	Nikon	80	14	7	50
26	Nikon	100	12	4	46
27	Nikon	110	12	5	45
28	Nikon	130	14	4	42

Cameras

o número de megapixels, o peso (onças) e a pontuação geral de 13 câmeras subcompactas Canon e 15 Nikon, testadas pelo *Consumer Reports* (site do *Consumer Reports*, 7 de fevereiro de 2012).

Relatório administrativo

1. Desenvolva resumos numéricos dos dados.
2. Utilizando a pontuação geral como a variável dependente, desenvolva três diagramas de dispersão, um utilizando o preço como a variável independente, outro utilizando o número de megapixels como a variável independente, e o terceiro utilizando o peso como a variável independente. Qual das três variáveis independentes parece ser o melhor previsor da pontuação geral?
3. Utilizando regressão linear simples, desenvolva uma equação de regressão estimada que possa ser usada para predizer a pontuação geral dado o preço da câmera. Para esta equação de regressão estimada faça uma análise dos resíduos e discuta suas descobertas e conclusões.
4. Analise os dados utilizando apenas as observações para as câmeras Canon. Discuta a adequação da regressão linear simples e faça quaisquer recomendações quanto à previsão da pontuação geral utilizando apenas o preço da câmera.

Estudo de caso 4 Como encontrar o melhor valor de um carro

Ao tentar decidir qual carro comprar, o valor real não é necessariamente determinado pelo quanto você gasta na compra inicial. Em vez disso, os carros que são confiáveis e cuja compra não custa muito geralmente representam os melhores valores. Mas não importa quão confiável ou barato um carro possa ser, ele também deve ter um bom desempenho.

Para medir o valor, a *Consumer Reports* desenvolveu uma estatística denominada pontuação de valor. A pontuação de valor é baseada nos custos de propriedade durante cinco anos, nos resultados gerais dos testes de estrada e nas avaliações de confiabilidade previstas. Os custos de propriedade de cinco anos são baseados nas despesas nestes primeiros cinco anos, incluindo depreciação, combustível, manutenção e reparos e assim por diante. Utilizando uma média nacional de 12.000 milhas por ano, um custo médio por milha percorrida é usado como a medida dos custos de propriedade por cinco anos. As pontuações dos testes de estrada são os resultados de mais de 50 testes e avaliações, e se baseiam em uma escala de 100 pontos, com pontuações mais altas indicando melhor desempenho, conforto, conveniência e economia de combustível. A maior pontuação obtida nos testes de estrada realizados pelo *Consumer Reports* foi de 99 para um Lexus LS 460L. As classificações quanto à confiabilidade prevista (1 = Fraco, 2 = Regular, 3 = Bom, 4 = Muito Bom e 5 = Excelente) são baseadas nos dados da Pesquisa Anual de Automóveis *Consumer Reports*.

Um carro com uma pontuação 1,0 é considerado como de "valor médio". Um carro com uma pontuação de 2,0 é considerado duas vezes melhor que um carro com uma pontuação de 1,0; um carro com uma pontuação de 0,5 é considerado metade da média; e assim por diante. Os dados para 20 sedans familiares, incluindo o preço (US$) de cada carro testado, estão a seguir.

Carro	Preço (US$)	Custo/milhas	Pontuação no teste de estrada	Confiabilidade prevista	Pontuação quanto ao valor
Nissan Altima 2.5 S (4 cil.)	23.970	0,59	91	4	1,75
Kia Optima LX (2.4)	21.885	0,58	81	4	1,73
Subaru Legacy 2.5i Premium	23.830	0,59	83	4	1,73
Ford Fusion Hybrid	32.360	0,63	84	5	1,70
Honda Accord LX-P (4 cil.)	23.730	0,56	80	4	1,62
Mazda6 i Sport (4 cil.)	22.035	0,58	73	4	1,60
Hyundai Sonata GLS (2.4)	21.800	0,56	89	3	1,58
Ford Fusion SE (4 cil.)	23.625	0,57	76	4	1,55
Chevrolet Malibu LT (4 cil.)	24.115	0,57	74	3	1,48
Kia Optima SX (2.0T)	29.050	0,72	84	4	1,43
Ford Fusion SEL (V6)	28.400	0,67	80	4	1,42

DATA file
FamilySedans

(continua)

Regressão linear simples **597**

(continução)

Carro	Preço (US$)	Custo/ milhas	Pontuação no teste de estrada	Confiabilidade prevista	Pontuação quanto ao valor
Nissan Altima 3.5 SR (V6)	30.335	0,69	93	4	1,42
Hyundai Sonata Limited (2.0T)	28.090	0,66	89	3	1,39
Honda Accord EX-L (V6)	28.695	0,67	90	3	1,36
Mazda6 s Grand Touring (V6)	30.790	0,74	81	4	1,34
Ford Fusion SEL (V6, AWD)	30.055	0,71	75	4	1,32
Subaru Legacy 3.6R Limited	30.094	0,71	88	3	1,29
Chevrolet Malibu LTZ (V6)	28.045	0,67	83	3	1,20
Chrysler 200 Limited (V6)	27.825	0,70	52	5	1,20
Chevrolet Impala LT (3.6)	28.995	0,67	63	3	1,05

Relatório administrativo

1. Desenvolva resumos numéricos dos dados.
2. Use a análise de regressão para desenvolver uma equação de regressão estimada que possa ser usada para prever a pontuação do valor dado o preço do carro.
3. Use a análise de regressão para desenvolver uma equação de regressão estimada que possa ser usada para predizer a pontuação de valor dados os custos de propriedade durante cinco anos (custo/milha).
4. Use a análise de regressão para desenvolver uma equação de regressão estimada que possa ser usada para prever a pontuação de valor dada a pontuação nos testes de estrada.
5. Use a análise de regressão para desenvolver uma equação de regressão estimada que possa ser usada para prever a pontuação de valor dada a confiabilidade prevista.
6. Que conclusões você pode tirar da sua análise?

Estudo de caso 5 — Parque de diversões Buckeye Creek

O Parque de Diversões Buckeye Creek permanece aberto anualmente desde o início de maio até o final de outubro, e depende muito da venda de ingressos por temporada. Estes ingressos geram uma receita significativa antes da abertura do parque em cada estação, e os portadores de ingressos contribuem com uma parte substancial das vendas de alimentos, bebidas e novidades no parque. Greg Ross, diretor de marketing do Buckeye Creek, precisa desenvolver uma campanha de marketing direcionada a aumentar as vendas de ingressos para a temporada.

Greg tem os dados da última temporada, que mostram o número de compradores de ingressos de acordo com cada CEP dentro de 50 milhas de distância do Buckeye Creek. Ele também obteve a população total da região de cada CEP no site do Departamento de Recenseamento dos Estados Unidos. Greg acha que é possível usar a análise de regressão para prever o número de compradores de ingressos na área de um código postal dada a população total dessa área. Se isso for possível, ele poderá conduzir uma campanha de mala direta que seria direcionada a áreas de CEP com menos do que o número esperado de compradores de ingressos para a temporada.

DATA *file*
BuckeyeCreek

Relatório administrativo

1. Calcule a estatística descritiva e construa um diagrama de dispersão para os dados. Discuta suas descobertas.
2. Utilizando a regressão linear simples, desenvolva uma equação de regressão estimada que possa ser usada para prever o número de compradores de ingressos para a temporada na área de um determinado código postal dada a população total desta área.
3. Teste quanto a uma relação significativa no nível de significância de 0,05.
4. A equação de regressão estimada proporcionou um bom ajuste?
5. Use a análise de resíduos para determinar se o modelo de regressão assumido é apropriado.
6. Discuta se/como a equação de regressão estimada deve ser usada para orientar a campanha de marketing.

598 Estatística aplicada a administração e economia

7. Quais outros dados podem ser úteis para prever o número de compradores de ingressos da temporada em uma determinada área de CEP?

Apêndice 14.1 Derivação das fórmulas de mínimos quadrados

Conforme mencionamos neste capítulo, o método dos mínimos quadrados é um procedimento para determinar os valores de b_0 e b_1 que minimizem a soma dos resíduos ao quadrado. A soma dos resíduos ao quadrado é dada por

$$\Sigma(y_i - \hat{y}_i)^2$$

Substituindo $\hat{y}_i = b_0 + b_1 x_i$, obtemos

$$\Sigma(y_i - b_0 - b_1 x_i)^2 \tag{14.34}$$

como a expressão que deve ser minimizada.

Para minimizar a expressão (14.34), precisamos considerar derivadas parciais com relação a b_0 e b_1, defini-las como iguais a zero e resolver. Fazendo isso obtemos

$$\frac{\partial \Sigma (y_i - b_0 - b_1 x_i)^2}{\partial b_0} = -2\Sigma (y_i - b_0 - b_1 x_i) = 0 \tag{14.35}$$

$$\frac{\partial \Sigma (y_i - b_0 - b_1 x_i)^2}{\partial b_1} = -2\Sigma x_i (y_i - b_0 - b_1 x_i) = 0 \tag{14.36}$$

Dividindo a Equação (14.35) por dois e somando cada termo individualmente, temos

$$-\Sigma y_i + \Sigma b_0 + \Sigma b_1 x_i = 0$$

Trazendo Σy_i para o outro lado e observando que $\Sigma b_0 = nb_0$, obtemos

$$nb_0 + (\Sigma x_i)b_1 = \Sigma y_i \tag{14.37}$$

Uma simplificação algébrica similar aplicada à Equação (14.36) gera

$$(\Sigma x_i)b_0 + (\Sigma x_i^2)b_1 = \Sigma x_i y_i \tag{14.38}$$

As equações (14.37) e (14.38) são conhecidas como equações *normais*. Resolvendo a Equação (14.37) para b_0 obtemos

$$b_0 = \frac{\Sigma y_i}{n} - b_1 \frac{\Sigma x_i}{n} \tag{14.39}$$

Utilizando a Equação (14.39) para substituir b_0 na Equação (14.38) fornece

$$\frac{\Sigma x_i \Sigma y_i}{n} - \frac{(\Sigma x_i)^2}{n}b_1 + (\Sigma x_i^2)b_1 = \Sigma x_i y_i \tag{14.40}$$

Rearranjando os termos na Equação (14.40), temos

$$b_1 = \frac{\Sigma x_i y_i - (\Sigma x_i \Sigma y_i)/n}{\Sigma x_i^2 - (\Sigma x_i)^2 /n} = \frac{\Sigma (x_i - \bar{x})(y_i - \bar{y})}{\Sigma (x_i - \bar{x})^2} \tag{14.41}$$

Como $\bar{y} = \Sigma y_i/n$ e $\bar{x} = \Sigma x_i/n$, podemos reescrever a Equação (14.39) como

$$b_0 = \bar{y} - b_1 \bar{x} \tag{14.42}$$

As equações (14.41) e (14.42) são as fórmulas (14.6) e (14.7) que utilizamos no capítulo para calcular os coeficientes na equação de regressão estimada.

Apêndice 14.2 Um teste de significância utilizando correlação

Utilizando o coeficiente de correlação da amostra r_{xy} podemos determinar se a relação linear entre x e y é significativa testando as seguintes hipóteses sobre o coeficiente de correlação da população ρ_{xy}.

$$H_0: \rho_{xy} = 0$$
$$H_a: \rho_{xy} \neq 0$$

Se H_0 for rejeitada, podemos concluir que o coeficiente de correlação da população não é igual a zero e que a relação linear entre as duas variáveis é significativa. Este teste de significância está a seguir.

UM TESTE DE SIGNIFICÂNCIA UTILIZANDO CORRELAÇÃO

$$H_0: \rho_{xy} = 0$$
$$H_a: \rho_{xy} \neq 0$$

ESTATÍSTICA DE TESTE

$$t = r_{xy} \sqrt{\frac{n-2}{1-r_{xy}^2}} \qquad (14.43)$$

REGRA DE REJEIÇÃO

Critério do valor-p: Rejeitar H_0 se valor-$p \leq \alpha$

Critério do valor crítico: Rejeitar H_0 se $t \leq -t_{\alpha/2}$ ou se $t \geq t_{\alpha/2}$

onde $t_{\alpha/2}$ é baseado em uma distribuição t com $n-2$ graus de liberdade.

Na Seção 14.3 verificamos que a amostra com $n = 10$ forneceu o coeficiente de correlação da amostra para a população de estudantes e as vendas trimestrais de $r_{xy} = 0,9501$. A estatística de teste é

$$t = r_{xy}\sqrt{\frac{n-2}{1-r_{xy}^2}} = 0,9501\sqrt{\frac{10-2}{1-(0,9501)^2}} = 8,61$$

A tabela da distribuição t mostra que com $n - 2 = 10 - 2 = 8$ graus de liberdade, $t = 3,355$ fornece uma área de 0,005 na cauda superior. Assim, a área na cauda superior da distribuição t correspondente à estatística de teste $t = 8,61$ deve ser menor do que 0,005. Como este é um teste bicaudal, duplicamos este valor para concluir que o valor-p associado a $t = 8,61$ deve ser menor do que $2(0,005) = 0,01$. O Excel ou o Minitab mostra o valor-$p = 0,000$. Como o valor-p é menor que $\alpha = 0,01$, rejeitamos H_0 e concluímos que ρ_{xy} não é igual a zero. Esta evidência é suficiente para concluir que existe uma relação linear significativa entre a população de estudantes e as vendas trimestrais.

Observe que, com exceção do arredondamento, a estatística de teste t e a conclusão de uma relação significativa são idênticas aos resultados obtidos na Seção 14.5 para o teste t realizado com a utilização da equação de regressão estimada para a rede Armand's, $\hat{y} = 60 + 5x$. A realização da análise de regressão fornece a conclusão de uma relação significativa entre x e y, e, além disso, fornece a equação que mostra como as variáveis estão relacionadas. A maioria dos analistas, portanto, usa pacotes de software modernos para realizar uma análise de regressão e verificam que o uso de um teste de significância é desnecessário.

Apêndice 14.3 Análise de regressão com o Minitab

Na Seção 14.7 discutimos a solução utilizando computadores para a regressão mostrando a saída do Minitab para o exemplo da rede Armand's Pizza Parlors. Neste apêndice descrevemos as etapas necessárias para gerar a solução de computador com o Minitab. Primeiro, os dados devem ser inseridos em uma planilha do Minitab. Conforme mostra a Tabela 14.1, os dados de restaurante, da população de estudantes e das vendas são inseridos nas colunas C1, C2 e C3. Os nomes da variável Restaurant,

Population e Sales inseridos como os títulos das colunas na planilha. Nas etapas seguintes, nos referimos aos dados utilizando os nomes das variáveis Population e Sales, ou os indicadores de coluna C1, C2 e C3. As etapas a seguir descrevem como usar o Minitab para produzir os resultados de regressão mostrados na Figura 14.10.

Etapa 1. Selecione o menu **Stat**
Etapa 2. Selecione o menu **Regression**
Etapa 3. Escolha **Regression**
Etapa 4. Escolha **Fit Regression Model**
Etapa 5. Quando aparecer a caixa de diálogo Regression:
　　Digite Sales na caixa Responses
　　Digite Population na caixa Continuous predictors
　　Clique em **OK**

A caixa de diálogo Regression do Minitab fornece recursos adicionais que podem ser obtidos selecionando as opções desejadas. Por exemplo, para obter um gráfico de resíduo que mostre o valor previsto da variável dependente $\hat{y}$ no eixo horizontal e os valores residuais padronizados no eixo vertical, a etapa 5 deverá ser da seguinte maneira:

Etapa 5. Quando aparecer a caixa de diálogo Regression:
　　Digite Sales na caixa Responses
　　Digite Population na caixa Continuous predictors
　　Clique no botão **Graphs**
　　Quando aparecer a caixa de diálogo Regression-Graphs:
　　　Selecione **Standardized** sob Residuals for Plots
　　　Selecione **Residuals versus fits** sob Residual Plots
　　　Clique em **OK**
　　Quando aparecer a caixa de diálogo Regression:
　　　Clique em **OK**

Depois que o modelo de regressão tiver sido estimado, as etapas a seguir podem ser utilizadas para se obter intervalos de confiança e intervalos de previsão, conforme discutido na Seção 14.6.

Etapa 1. Selecione o menu **Stat**
Etapa 2. Selecione o menu **Regression**
Etapa 3. Escolha **Regression**
Etapa 4. Escolha **Predict**
Etapa 5. Quando aparecer a caixa de diálogo Predict:
　　Selecione Sales no menu suspendo na caixa Response
　　Selecione Enter individual values no menu suspenso na caixa ao lado
　　Digite 10 na primeira caixa, sob Population
　　Clique em **OK**

Apêndice 14.4 Análise de regressão com o Excel

Neste apêndice vamos ilustrar como a ferramenta Regressão, do Excel, pode ser utilizada para executar os cálculos da análise de regressão para o problema da rede Armand's Pizza Parlors. Consulte a Figura 14.23 à medida que descrevemos as etapas envolvidas. Os rótulos Restaurante, População e Vendas são inseridos nas células A1:C1 da planilha. Para identificar cada uma das 10 observações, inserimos os números de 1 a 10 nas células A2:A11. Os dados amostrais são inseridos nas células B2:C11. As etapas a seguir descrevem como usar o Excel para produzir os resultados da regressão.

Etapa 1. Clique na guia **Dados** na Faixa
Etapa 2. No grupo **Análise**, clique **Análises de dados**
Etapa 3. Escolha **Regressão** na lista de Ferramentas de Análises
Etapa 4. Clique em **OK**

	A	B	C	D	E	F	G	H	I	J
1	Restaurante	População	Vendas							
2	1	2	58							
3	2	6	105							
4	3	8	88							
5	4	8	118							
6	5	12	117							
7	6	16	137							
8	7	20	157							
9	8	20	169							
10	9	22	149							
11	10	26	202							
12										
13	RESUMO DOS RESULTADOS									
14										
15	*Estatística de regressão*									
16	R-Múltiplo	0,9501								
17	R-Quadrado	0,9027								
18	R-Quadrado Ajustado									
19	Erro Padrão	13,8293								
20	Observações	10								
21										
22	ANOVA									
23		*gl*	*SQ*	*MQ*	*F*	*F de Significação*				
24	Regressão	1	14200	14200	74,2484	2,55E-05				
25	Resíduo	8	1530	191,25						
26	Total	9	15730							
27										
28		*Coeficientes*	*Erro Padrão*	*Stat t*	*Valor-p*	*95% inferiores*	*95% superiores*	*Inferior 99,0%*	*Superior 99,0%*	
29	Interseção	60	9,2260	6,5033	0,0002	38,7247	81,2753	29,0431	90,9569	
30	População	5	0,5803	8,6167	2,55E-05	3,6619	6,3381	3,0530	6,9470	
31										

FIGURA 14.23   Solução do Excel para o exemplo da Armand's Pizza Parlors

Etapa 5.   Quando aparecer a caixa de diálogo Regressão:
  Digite C1:C11 na caixa **Inserir intervalo Y**
  Digite B1:B11 na caixa **Inserir intervalo X**
  Selecione **Rótulos**
  Selecione **Nível de confiança**
  Digite 99 na caixa **Nível de confiança**
  Selecione **Intervalo de saída**
  Digite A13 na caixa **Intervalo de saída**
    (Qualquer célula no canto superior à esquerda indicando onde a saída deve começar pode ser inserida aqui.)
  Clique em **OK**

A primeira seção da saída, intitulada *Estatística de Regress*ão, contém estatísticas resumidas, como o coeficiente de determinação (R-quadrado). A segunda seção da saída, intitulada ANOVA, contém a tabela de análise de variância. A última seção da saída, que não é intitulada, contém os coeficientes de regressão estimados e informações relacionadas. Começaremos nossa discussão sobre a interpretação da saída de regressão com a informação contida nas células A28:I30.

Interpretação da saída para equação de regressão estimada

O intercepto em y da linha de regressão estimada, $b_0 = 60$ é mostrado na célula B29, e a inclinação da linha de regressão estimada, $b_1 = 5$, é mostrada na célula B30. Os rótulos Intercepto na célula A29 e População na célula A30 são utilizados para identificar estes dois valores.

602 Estatística aplicada a administração e economia

Na Seção 14.5 mostramos que o desvio padrão estimado de b_1 é $s_{b_1} = 0,5803$. Note que o valor na célula C30 é 0,5803. O rótulo Erro Padrão na célula C28 é o meio de o Excel indicar que o valor na célula C30 é o erro padrão, ou desvio padrão, de b_1. Lembre-se de que o teste t para uma relação significativa exigiu o cálculo da estatística t, $t = b_1/s_{b_1}$. Para os dados do exemplo da Armand's o valor de t que calculamos era $t = 5/0,5803 = 8,62$. O rótulo na célula D28, *Stat t*, nos lembra que a célula D30 contém o valor da estatística de teste t.

O valor na célula E30 é o valor-p associado ao teste t para significância. O Excel exibiu o valor-p na célula E30 usando notação científica. Para obter o valor decimal, movemos o ponto decimal cinco posições para a esquerda, obtendo um valor de 0,0000255. Como o valor-$p = 0,0000255 < \alpha = 0,01$, podemos rejeitar H_0 e concluir que temos uma diferença significativa entre a população de estudantes e as vendas trimestrais.

As informações nas células F28:I30 podem ser usadas para desenvolver estimativas do intervalo de confiança do intercepto e da inclinação da equação de regressão estimada. O Excel sempre fornece os limites inferior e superior para um intervalo de confiança de 95%. Lembre-se de que, na Etapa 4, selecionamos Nível de Confiança e inserimos 99 na caixa Nível de Confiança. Como resultado, a ferramenta Regressão do Excel também fornece os limites inferior e superior para um intervalo de confiança de 99%. O valor na célula H30 é o limite inferior para a estimativa do intervalo de confiança de 99% de b_1, e o valor na célula I30 é o limite superior. Assim, após o arredondamento, o intervalo de confiança de 99% é de 3,05 a 6,95. Os valores nas células F30 e G30 fornecem os limites inferior e superior para o intervalo de confiança de 95%. Assim, o intervalo de confiança de 95% é de 3,66 a 6,34.

Interpretação da saída ANOVA

As informações nas células A22:F26 é um resumo dos cálculos da análise de variância. As três fontes de variação são denominadas Regressão, Resíduo e Total. O rótulo *gl* na célula B23 representa graus de liberdade, o rótulo *SQ* na célula C23 representa soma de quadrados, e o rótulo *QM* na célula D23 significa quadrado médio.

O rótulo Significação F pode ser mais significativo se você considerar que o valor na célula F24 é o nível de significância observado para o teste F.

Na Seção 14.5, afirmamos que o erro quadrático médio, obtido pela divisão do erro ou soma residual de quadrados por seus graus de liberdade, fornece uma estimativa de σ^2. O valor na célula D25, 191,25, é o erro quadrático médio para a saída de regressão da rede Armand's. Na Seção 14.5 mostramos também que um teste F poderia ser usado para testar a significância na regressão. O valor na célula F24, 0,0000255, é o valor-p associado ao teste F para a significância. Como o valor-$p = 0,0000255 < \alpha = 0,01$, podemos rejeitar H_0 e concluir que temos uma relação significativa entre a população de estudantes e as vendas trimestrais. O rótulo que o Excel usa para identificar o valor-p para o teste F de significância, mostrado na célula F23, é de *Significação F*.

Interpretação da saída das estatísticas de regressão

O coeficiente de determinação, 0,9027, aparece na célula B17; o rótulo correspondente, R-quadrado, é mostrado na célula A17. A raiz quadrada do coeficiente de determinação fornece o coeficiente de correlação da amostra de 0,9501 mostrado na célula B16. Observe que o Excel usa o rótulo R Múltiplo (célula A16) para identificar esse valor. Na célula A19, o rótulo Erro Padrão é usado para identificar o valor do erro padrão da estimativa mostrada na célula B19. Assim, o erro padrão da estimativa é 13,8293. Advertimos o leitor que tenha em mente que, na saída do Excel, o rótulo Erro Padrão aparece em duas posições diferentes. Na seção Estatísticas de Regressão da saída, o rótulo Erro Padrão refere-se à estimativa de σ. Na seção Equação de regressão estimada da saída o rótulo Erro Padrão refere-se a s_{b_1}, o desvio padrão da distribuição amostral de b_1.

CAPÍTULO 15

Regressão múltipla

CONTEÚDO

Estatística na prática: dunnhumby

15.1 Modelo de regressão múltipla
Modelo de regressão e equação de regressão
Equação de regressão múltipla estimada

15.2 Método dos mínimos quadrados
Um exemplo: Butler Trucking Company
Notas sobre a interpretação de coeficientes

15.3 Coeficiente de determinação múltiplo

15.4 Suposições do modelo

15.5 Teste de significância
Teste F
Teste t
Multicolinearidade

15.6 Utilizando a equação de regressão estimada para estimação e previsão

15.7 Variáveis categorizadas independentes
Um exemplo: Johnson Filtration, Inc.

Interpretando os parâmetros
Variáveis categorizadas mais complexas

15.8 Análise dos resíduos
Detectando *outliers*
Resíduos estudentizados excluídos e *outliers*
Observações influentes
Usando a medida da distância de Cook para identificar observações influentes

15.9 Regressão logística
Equação de regressão logística
Estimando a equação de regressão logística
Testando a significância
Uso gerencial
Interpretando a equação de regressão logística
Transformação logit

APÊNDICES

15.1 Regressão múltipla com o Minitab

15.2 Regressão múltipla com o Excel

15.3 Regressão logística com o Minitab

ESTATÍSTICA na PRÁTICA

dunnhumby*
Londres, Inglaterra

Fundada em 1989 pelo casal Clive Humby (matemático) e Edwina Dunn (vendedora), a dunnhumby combina habilidades naturais comprovadas com grandes ideias para encontrar pistas e padrões relacionados com o que os consumidores estão comprando e por quê. A empresa transforma essas percepções em estratégias práticas que criam grande crescimento e lealdade sustentável, melhorando o valor da marca e a experiência do cliente. Empregando mais de 950 funcionários na Europa, Ásia e nas Américas, a dunnhumby atende a uma lista de empresas de prestígio, como Kroger, Tesco, Coca-Cola, General Mills, Kimberly-Clark, PepsiCo, Procter & Gamble e Home Depot. A dunnhumbyUSA é uma *joint venture* entre a Kroger Company e a dunnhumby e tem escritórios em Nova York, Chicago, Atlanta, Minneapolis, Cincinnati e Portland.

As pesquisas da dunnhumby começam com dados coletados sobre os consumidores da empresa cliente. Os dados são provenientes de registros de benefícios ou compras com cartões de descontos dos clientes, transações no ponto de venda eletrônico e pesquisa de mercado tradicional. Frequentemente, a análise dos dados converte bilhões de pontos de dados em percepções detalhadas sobre comportamento, preferências e estilo de vida dos consumidores. Essas percepções permitem que programas de comercialização mais eficazes sejam implementados, incluindo recomendações de estratégias sobre preço, promoção, publicidade e decisões de variedade de produtos.

Os pesquisadores usaram uma técnica de regressão múltipla chamada de regressão logística para ajudar na análise de dados com base nos consumidores. Usando a regressão logística, uma equação de regressão múltipla estimada com a seguinte forma é desenvolvida.

$$\hat{y} = b_0 + b_1 x_1 + b_2 x_2 + b_3 x_3 + \ldots + b_p x_p$$

A variável dependente $\hat{y}$ é uma previsão da probabilidade de um cliente pertencer a um determinado grupo de consumidores. As variáveis independentes $x_1, x_2, x_3, \ldots, x_p$ são medidas do comportamento real de compra do cliente e podem incluir os itens específicos adquiridos, o número de itens, a quantidade adquirida, o dia da semana, a hora do dia, e assim por diante. A análise ajuda a identificar as variáveis independentes que são mais relevantes para prever o grupo do consumidor e gera um melhor entendimento da população de clientes, possibilitando análises adicionais com muito mais confiança. O foco da análise é entender o consumidor ao ponto de desenvolver programas de comercialização, marketing e marketing direto que vão maximizar a relevância e o atendimento ao grupo de consumidores.

Neste capítulo, vamos apresentar a regressão múltipla e mostrar como os conceitos da regressão linear simples, introduzidos no Capítulo 14, podem ser ampliados para esses casos. Além disso, vamos mostrar como os pacotes de software são usados para a regressão múltipla. Na seção final do capítulo, apresentamos a regressão logística usando um exemplo que ilustra como a técnica é utilizada em uma aplicação de pesquisa de marketing.

A dunnhumby usa regressão logística para prever o comportamento de compras dos consumidores.

* Os autores agradecem a Paul Hunter, vice-presidente sênior de soluções da dunnhumby pelas informações do quadro Estatística na prática.

No Capítulo 14, apresentamos a regressão linear simples e demonstramos a utilização dessa técnica para desenvolver uma equação de regressão estimada que descreve a relação entre duas variáveis. Lembre-se que a variável que está sendo prevista ou explicada é chamada de variável dependente, enquanto a variável que está sendo usada para prever ou explicar a variável dependente é chamada de variável independente. Neste capítulo, continuaremos nosso estudo sobre análise de regressão ao avaliar situações que envolvem duas ou mais variáveis independentes. O tema, **análise** de regressão múltipla, permite a avaliação de mais fatores e, consequentemente, a obtenção de previsões melhores do que aquelas que são possíveis com a regressão linear simples.

Modelo de regressão múltipla

A análise de regressão múltipla é o estudo de como uma variável dependente y está relacionada com duas ou mais variáveis independentes. No caso geral, usamos p para indicar o número de variáveis independentes.

Modelo de regressão e equação de regressão

Os conceitos de um modelo de regressão e uma equação de regressão apresentados no capítulo anterior se aplicam ao caso de regressão múltipla. A equação que descreve como a variável dependente y está relacionada com as variáveis independentes $x_1, x_2, ..., x_p$ e um termo de erro é chamada de **modelo de regressão múltipla**. Começamos com a suposição de que o modelo de regressão múltipla assume a seguinte forma.

MODELO DE REGRESSÃO MÚLTIPLA

$$y = \beta_0 + \beta_1 x_1 + \beta_2 x_2 + \cdots + \beta_p x_p + \varepsilon \quad (15.1)$$

No modelo de regressão múltipla $\beta_0, \beta_1, \beta_2, ..., \beta_p$ são os parâmetros e o termo de erro ε (a letra grega épsilon) é uma variável aleatória. Um exame minucioso deste modelo revela que y é uma função linear de $x_1, x_2, ..., x_p$ (a parte $\beta_0 + \beta_1 x_1 + \beta_2 x_2 + \cdots + \beta_p x_p$) mais o termo de erro ε. O termo de erro corresponde à variabilidade de y que não pode ser explicada pelo efeito linear das p variáveis independentes.

Na Seção 15.4, vamos discutir as suposições a respeito do modelo de regressão múltipla e de ε. Uma das suposições é que o valor médio ou esperado de ε é zero. Uma consequência dessa suposição é que o valor médio ou esperado de y, representado por $E(y)$, é igual a $\beta_0 + \beta_1 x_1 + \beta_2 x_2 + \cdots + \beta_p x_p$. A equação que descreve como o valor médio de y se relaciona com $x_1, x_2, ..., x_p$ é chamada de **equação de regressão múltipla**.

EQUAÇÃO DE REGRESSÃO MÚLTIPLA

$$E(y) = \beta_0 + \beta_1 x_1 + \beta_2 x_2 + \cdots + \beta_p x_p \quad (15.2)$$

Equação de regressão múltipla estimada

Se os valores de $\beta_0, \beta_1, \beta_2, ..., \beta_p$ fossem conhecidos, a Equação (15.2) poderia ser usada para calcular o valor médio de y com determinados valores de $x_1, x_2, ..., x_p$. Infelizmente, em geral, os valores desses parâmetros não serão conhecidos e precisarão ser estimados a partir de dados amostrais. Uma amostra aleatória simples é usada para calcular as estatísticas amostrais $b_0, b_1, b_2, ..., b_p$, que são usadas como estimadores pontuais dos parâmetros $\beta_0, \beta_1, \beta_2, ..., \beta_p$. Essas estatísticas amostrais fornecem a **equação de regressão múltipla estimada** abaixo.

EQUAÇÃO DE REGRESSÃO MÚLTIPLA ESTIMADA

$$\hat{y} = b_0 + b_1 x_1 + b_2 x_2 + \cdots + b_p x_p \quad (15.3)$$

onde

$b_0, b_1, b_2, ..., b_p$ são as estimativas de $\beta_0, \beta_1, \beta_2, ..., \beta_p$

$\hat{y}$ = valor previsto da variável dependente

O processo de estimação da regressão múltipla é mostrado na Figura 15.1.

Na regressão linear simples, b_0 e b_1 eram as estatísticas amostrais usadas para estimar os parâmetros β_0 e β_1. A regressão múltipla é semelhante a este processo de inferência estatística, com b_0, b_1, b_2, ..., b_p representando a estatística amostral usada para estimar os parâmetros β_0, β_1, β_2, ..., β_p.

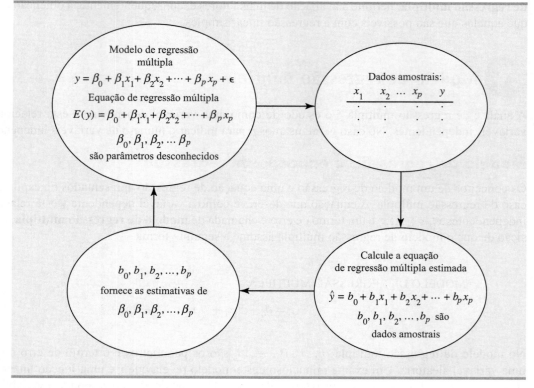

FIGURA 15.1 Processo de estimação da regressão múltipla

15.2 Método dos mínimos quadrados

No Capítulo 14, usamos o **método dos mínimos quadrados** para desenvolver a equação de regressão estimada que calculasse melhor a relação em linha reta entre as variáveis dependente e independente. A mesma abordagem é usada para desenvolver a equação de regressão múltipla estimada. O critério dos mínimos quadrados é reformulado como:

> **CRITÉRIO DOS MÍNIMOS QUADRADOS**
>
> $$\min \Sigma(y_i - \hat{y}_i)^2 \quad (15.4)$$
>
> onde
>
> y_i = valor observado da variável dependente para a i-ésima observação
> $\hat{y}_i$ = valor previsto da variável dependente para a i-ésima observação

Os valores previstos da variável dependente são calculados usando a equação de regressão múltipla estimada,

$$\hat{y} = b_0 + b_1 x_1 + b_2 x_2 + \ldots + b_p x_p$$

Como mostra a expressão (15.4), o método dos mínimos quadrados usa dados amostrais para fornecer os valores de b_0, b_1, b_2, ..., b_p que mantêm a soma dos resíduos ao quadrado [os desvios entre os valores observados da variável dependente (y_i) e os valores previstos da variável dependente ($\hat{y}_i$)] no mínimo.

No Capítulo 14, apresentamos fórmulas para calcular os estimadores de mínimos quadrados b_0 e b_1 para a equação de regressão linear simples estimada $\hat{y} = b_0 + b_1 x$. Com conjuntos de dados relativamente pequenos, conseguimos usar aquelas fórmulas para calcular b_0 e b_1 por cálculos manuais. Na regressão múltipla, no entanto, a apresentação das

Regressão múltipla **607**

fórmulas para os coeficientes de regressão b_0, b_1, b_2, ..., b_p envolve o uso de álgebra matricial e está além do escopo deste livro. Portanto, ao apresentar a regressão múltipla, nos concentraremos em como os pacotes de software para computadores podem ser usados para obter a equação de regressão estimada e outras informações. A ênfase ficará em como interpretar os resultados do computador, e não em como fazer os cálculos da regressão múltipla.

Um exemplo: Butler Trucking Company

Para ilustrar a análise de regressão múltipla, vamos analisar um problema enfrentado pela Butler Trucking Company, uma transportadora independente do sul da Califórnia. Grande parte dos negócios da Butler envolve entregas em sua região local. Para desenvolver melhor os cronogramas de trabalho, os gerentes querem prever o tempo total de viagens diário dos motoristas.

Inicialmente, os gerentes acreditavam que o tempo total de viagens diário estaria intimamente ligado ao número de quilômetros percorridos para fazer as entregas do dia. Uma amostra aleatória simples de 10 tarefas de entrega forneceram os dados da Tabela 15.1 e o diagrama de dispersão da Figura 15.2. Depois de revisar o diagrama de dispersão, os gerentes formularam a hipótese de que o modelo de regressão linear simples $y = \beta_0 + \beta_1 x_1 + \varepsilon$ pode ser usado para descrever a relação entre o tempo total de viagem (y) e o número de quilômetros percorridos (x_1). Para estimar os parâmetros β_0 e β_1, o método dos mínimos quadrados foi usado para desenvolver a equação de regressão estimada.

$$\hat{y} = b_0 + b_1 x_1 \tag{15.5}$$

Na Figura 15.3, mostramos o resultado do Minitab para a aplicação de regressão linear simples aos dados da Tabela 15.1. A equação de regressão estimada é

$$\hat{y} = 1{,}27 + 0{,}0678 x_1$$

Com o nível de significância de 0,05, o valor F de 15,81 e o valor-p correspondente de 0,004 indicam que a relação é significativa, ou seja, que podemos rejeitar H_0: $\beta_1 = 0$ porque o valor-p é menor que $\alpha = 0{,}05$. Observe que a mesma conclusão é obtida a partir do valor t de 3,98 e o valor-p associado de 0,004. Assim, podemos concluir que a relação entre o tempo total das viagens e o número de quilômetros percorridos é significativa. Um maior tempo de viagem é associado a mais quilômetros percorridos. Com um coeficiente de determinação (expresso como porcentagem) de R-Sq = 66,41%, vemos que 66,41% da variabilidade no tempo de viagem podem ser explicados pelo efeito linear do número de quilômetros percorridos. Essa descoberta é muito boa, mas talvez os gerentes queiram adicionar uma segunda variável independente para explicar o restante da variabilidade da variável dependente.

Ao tentar identificar outra variável independente, os gerentes sentiram que o número de entregas também poderia contribuir para o tempo total de viagem. Os dados da Butler Trucking, com o número de entregas adicionado, são

TABELA 15.1 Dados preliminares da Butler Trucking

Tarefa de entrega	x_1 = quilômetros percorridos	y = tempo de viagem (horas)
1	100	9,3
2	50	4,8
3	100	8,9
4	100	6,5
5	50	4,2
6	80	6,2
7	75	7,4
8	65	6,0
9	90	7,6
10	90	6,1

DATA *file*

Butler

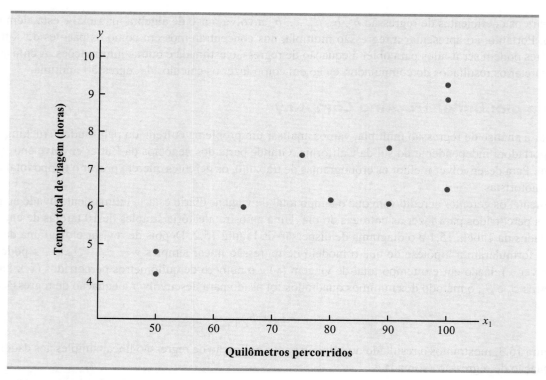

FIGURA 15.2 Diagrama de dispersão dos dados preliminares da Butler Trucking

No resultado do Minitab, os nomes de variáveis *Miles* e *Time* foram inseridos como cabeçalhos das colunas na planilha; portanto, $x_1 = $ *Miles* e $y = $ *Time*.

```
Analysis of Variance

Source          DF   Adj SS   Adj MS   F-Value   P-Value
Regression       1   15.871   15.8713    15.81     0.004
  Miles          1   15.871   15.8713    15.81     0.004
Error            8    8.029    1.0036
  Lack-of-Fit    4    2.137    0.5343     0.36     0.825
  Pure Error    4    5.892    1.4729
Total            9   23.900


Model Summary

      S      R-sq    R-sq (adj)    R-sq(pred)
1.00179    66.41%       62.21%        48.89%


Coefficients

Term       Coef    SE Coef   T-Value   P-Value    VIF
Constant   1.27      1.40      0.91     0.390
Miles     0.0678    0.0171     3.98     0.004     1.00


Regression Equation

Time = 1.27 + 0.0678 Miles
```

FIGURA 15.3 Resultado do Minitab para a Butler Trucking com uma variável independente

mostrados na Tabela 15.2. A solução do Minitab com os quilômetros percorridos (x_1) e o número de entregas (x_2) como variáveis independentes aparece na Figura 15.4. A equação de regressão estimada é

$$\hat{y} = -0,869 + 0,06113x_1 + 0,923x_2 \qquad (15.6)$$

As etapas do Minitab necessárias para gerar o resultado mostrado na Figura 15.4 são fornecidas no Apêndice 15.1.

TABELA 15.2 Dados da Butler Trucking com quilômetros percorridos (x_1) e número de entregas (x_2) como variáveis independentes

Tarefa de entrega	x_1 = quilômetros percorridos	x_2 = número de entregas	y = tempo de viagem (horas)
1	100	4	9,3
2	50	3	4,8
3	100	4	8,9
4	100	2	6,5
5	50	2	4,2
6	80	2	6,2
7	75	3	7,4
8	65	4	6,0
9	90	3	7,6
10	90	2	6,1

Butler

```
Analysis of Variance

Source        DF   Adj SS   Adj MS   F-Value   P-Value
Regression     2  21.6006  10.8003     32.88     0.000
  Miles        1  12.5556  12.5556     38.22     0.000
  Deliveries   1   5.7293   5.7293     17.44     0.004
Error          7   2.2994   0.3285
  Lack-of-Fit  6   2.2194   0.3699      4.62     0.342
  Pure Error   1   0.0800   0.0800
Total          9  23.9000


Model Summary

      S     R-sq   R-sq(adj)   R-sq(pred)
0.53142   90.38%      87.63%       80.76%


Coefficients

Term          Coef   SE Coef   T-Value   P-Value   VIF
Constant    -0.869     0.952     -0.91     0.392
Miles       0.06113   0.00989     6.18     0.000  1.03
Deliveries   0.923     0.221      4.18     0.004  1.03


Regression Equation

Time = -0.869 + 0.06113 Miles + 0.923 Deliveries
```

No resultado do Minitab, os nomes de variáveis *Miles*, *Deliveries* e *Time* foram inseridos como cabeçalhos das colunas na planilha; portanto, x_1 = *Miles*, x_2 = *Deliveries* e y = *Time*.

FIGURA 15.4 Resultado do Minitab para a Butler Trucking com duas variáveis independentes

Na próxima seção, discutiremos o uso do coeficiente de determinação múltiplo para medir a qualidade do ajuste fornecido por essa equação de regressão estimada. Antes de fazer isso, vamos examinar com mais atenção os valores de $b_1 = 0{,}06113$ e $b_2 = 0{,}923$ na Equação (15.6).

Notas sobre a interpretação de coeficientes

Neste ponto, é possível fazer uma observação sobre a relação entre a equação de regressão estimada com somente os quilômetros percorridos como variável independente e a equação que inclui o número de entregas como segunda variável independente. O valor de b_1 não é o mesmo nos dois casos. Na regressão linear simples, essa interpretação precisa ser levemente modificada. Isto é, na análise de regressão múltipla, nós interpretamos cada coeficiente de regressão da seguinte forma: b_i representa uma estimativa da mudança em y correspondente a uma variação unitária em x_i quando todas as outras variáveis independentes são mantidas constantes. No exemplo da Butler Trucking que envolve duas variáveis independentes, $b_1 = 0{,}06113$. Assim, 0,06113 horas é a estimativa do aumento esperado no tempo de viagem correspondente ao aumento de um quilômetro na distância percorrida quando o número de entregas é mantido constante. De forma similar, como $b_2 = 0{,}923$, uma estimativa do aumento esperado no tempo de viagem correspondente a um aumento de uma entrega quando o número de quilômetros percorridos é mantido constante é 0,923 horas.

Exercícios

Nota para o estudante: os exercícios que envolvem dados nesta seção e nas próximas foram criados para serem resolvidos usando um programa de computador.

Métodos

1. A equação de regressão estimada para um modelo que inclui duas variáveis independentes e 10 observações é:

$$\hat{y} = 29{,}1270 + 0{,}5906x_1 + 0{,}4980x_2$$

   a. Interprete b_1 e b_2 nessa equação de regressão estimada.
   b. Preveja y quando $x_1 = 180$ e $x_2 = 310$.

2. Considere os dados abaixo para uma variável dependente y e duas variáveis independentes, x_1 e x_2.

x_1	x_2	y
30	12	94
47	10	108
25	17	112
51	16	178
40	5	94
51	19	175
74	7	170
36	12	117
59	13	172
76	16	211

Exer2

   a. Desenvolva uma equação de regressão estimada relacionando y a x_1. Preveja y se $x_1 = 45$.
   b. Desenvolva uma equação de regressão estimada relacionando y a x_2. Preveja y se $x_2 = 15$.
   c. Desenvolva uma equação de regressão estimada relacionando y a x_1 e x_2. Preveja y se $x_1 = 45$ e $x_2 = 15$.

3. Em uma análise de regressão que envolve 30 observações, a equação de regressão estimada abaixo foi obtida.

$$\hat{y} = 17{,}6 + 3{,}8x_1 - 2{,}3x_2 + 7{,}6x_3 + 2{,}7x_4$$

   a. Interprete b_1, b_2, b_3 e b_4 nessa equação de regressão estimada.
   b. Preveja y quando $x_1 = 10$, $x_2 = 5$, $x_3 = 1$ e $x_4 = 2$.

Aplicações

4. Uma loja de calçados desenvolveu a equação de regressão estimada abaixo para relacionar as vendas ao investimento em estoque e aos gastos com publicidade.

$$\hat{y} = 25 + 10x_1 + 8x_2$$

onde

x_1 = investimento em estoque (em milhares de dólares)
x_2 = gastos com publicidade (em milhares de dólares)
y = vendas (em milhares de dólares)

a. Preveja as vendas resultantes de um investimento de US$ 15.000 em estoque e um orçamento de publicidade de US$ 10.000.
b. Interprete b_1 e b_2 nessa equação de regressão estimada.

5. O proprietário da Showtime Movie Theaters, Inc., gostaria de prever a receita bruta semanal como uma função dos gastos com publicidade. Dados históricos de uma amostra de oito semanas são mostrados na tabela abaixo.

Receita bruta semanal (em milhares de dólares)	Publicidade na televisão (em milhares de dólares)	Publicidade nos jornais (em milhares de dólares)
96	5,0	1,5
90	2,0	2,0
95	4,0	1,5
92	2,5	2,5
95	3,0	3,3
94	3,5	2,3
94	2,5	4,2
94	3,0	2,5

a. Desenvolva uma equação de regressão estimada com o valor de publicidade na televisão como variável independente.
b. Desenvolva uma equação de regressão estimada com a publicidade na televisão e nos jornais como variáveis independentes.
c. O coeficiente da equação de regressão estimada para os gastos com publicidade na TV é o mesmo na parte (a) e na parte (b)? Interprete o coeficiente em cada um dos casos.
d. Preveja a receita bruta semanal de uma semana em que foram gastos US$ 3.500 em anúncios na televisão e US$ 1.800 em anúncios nos jornais.

6. A National Football League (NFL) registra uma variedade de dados de desempenho individuais e de equipes. Para investigar a importância dos passes para a porcentagem de partidas ganhas por uma equipe, os dados abaixo mostram a conferência (Conf.), o número médio de jardas percorridas em passes por lançamento (Jardas/Tent.), o número de interceptações por lançamento (Interc./Tent.) e a porcentagem de jogos vencidos (%Vit.) de uma amostra aleatória de 16 equipes da NFL em uma temporada completa.

Equipe	Conf.	Jardas/Tent.	Interc./Tent.	% Vit.
Arizona Cardinal	NFC	6,5	0,042	50,0
Atlanta Falcons	NFC	7,1	0,022	62,5
Carolina Panthers	NFC	7,4	0,033	37,5
Cincinnati Bengals	AFC	6,2	0,026	56,3
Detroit Lions	NFC	7,2	0,024	62,5
Green Bay Packers	NFC	8,9	0,014	93,8
Houstan Texans	AFC	7,5	0,019	62,5
Indianapolis Colts	AFC	5,6	0,026	12,5
Jacksonville Jaguars	AFC	4,6	0,032	31,3
Minnesota Vikings	NFC	5,8	0,033	18,8
New England Patriots	AFC	8,3	0,020	81,3
New Orleans Saints	NFC	8,1	0,021	81,3
Oakland Raiders	AFC	7,6	0,044	50,0
San Francisco 49ers	NFC	6,5	0,011	81,3
Tennessee Titans	AFC	6,7	0,024	56,3
Washington Redskins	NFC	6,4	0,041	31,3

a. Desenvolva a equação de regressão estimada que pode ser usada para prever o percentual de jogos ganhos dado o número médio de jardas percorridas em passes por lançamento.
b. Desenvolva a equação de regressão estimada que pode ser usada para prever o percentual de jogos ganhos dado o número de interceptações por lançamento.
c. Desenvolva a equação de regressão estimada que pode ser usada para prever o percentual de jogos ganhos dado o número médio de jardas em passes e o número de interceptações por lançamento.
d. O número médio de jardas percorridas em passes por lançamento do Kansas City Chiefs foi 6,2 e o número de interceptações por lançamento foi 0,036. Use a equação de regressão estimada desenvolvida na parte (c) para prever o percentual de jogos vencidos pelo Kansas City Chiefs. (*Observação*: nessa temporada, o Kansas City Chiefs teve 7 vitórias e 9 derrotas.) Compare sua previsão com o percentual real de jogos vencidos pelo time.

7. A *PC Magazine* divulgou avaliações de várias características de monitores para computadores, incluindo uma classificação geral (site da PC Magazine, abril de 2015). Os dados abaixo mostram a avaliação do índice de contraste, a resolução e a classificação geral de dez monitores testados usando uma escala de 0 a 100 pontos. O monitor com melhor classificação foi o BenQ BL3201PH, com classificação geral de 87.

Modelo	Índice de contraste	Resolução	Classificação geral
BenQ BL3201PH	78	89	87
AOC U2868PQU	98	87	86
NEC MultiSynk PA322UHD	84	82	85
Acer XB280HK	78	77	82
Asus ROG Swift PG278Q	65	82	82
AOC E1759Fwu	57	78	82
Dell UltraSharp UZ2715H	56	83	81
NEC MultiSync EA244UHD	77	75	79
HP DreamColor Z27x	47	81	77
Dell UltraSharp UZ2315H	55	70	76

a. Desenvolva a equação de regressão estimada que pode ser usada para prever a Classificação geral usando a avaliação do Índice de contraste.
b. Desenvolva a equação de regressão que pode ser usada para prever a Classificação geral usando as avaliações do Índice de contraste e da Resolução.
c. Preveja a Classificação geral de um monitor que tem avaliação do Índice de contraste de 85 e de Resolução de 74.

8. A Lista de Ouro da *Condé Nast Traveler* divulga avaliações dos 20 principais navios de cruzeiro. Os dados exibidos a seguir são as notas que cada navio recebeu com base nos resultados da Pesquisa anual de opinião dos leitores da *Condé Nast Traveler*. Cada nota representa a porcentagem de respondentes que avaliou um navio como excelente ou muito bom em vários critérios, incluindo Excursões no litoral e Comida/Refeições. Uma nota geral também foi divulgada e usada para classificar os navios em ordem. O navio que liderava o ranking, o *Seabourn Odyssey*, teve nota geral de 94,4, e o componente com maior nota foi Comida/Refeições, com 97,8.

Navio	Geral	Excursões no litoral	Comida/Refeições
Seabourn Odyssey	94,4	90,9	97,8
Seabourn Pride	93,0	84,2	96,7
National Geographic Endeavor	92,9	100,0	88,5
Seabourn Sojourn	91,3	94,8	97,1
Paul Gauguim	90,5	87,9	91,2
Seabourn Legend	90,3	82,1	98,8
Seabourn Spirit	90,2	86,3	92,0
Silver Explorer	89,9	92,6	88,9
Silver Spirit	89,4	85,9	90,8
Seven Seans Navigator	89,2	83,3	90,5
Silver Whisperer	89,2	82,0	88,6
National Geographic Explorer	89,1	93,1	89,7
Silver Cloud	88,7	78,3	91,3
Celetrity Xpedition	87,2	91,7	73,6
Silver Shadow	87,2	75,0	89,7
Silver Wind	86,6	78,1	91,6
Sea Dream II	86,2	77,4	90,9
Wind Star	86,1	76,5	91,5
Wind Surf	86,1	72,3	89,3
Wind Spirit	85,2	77,4	91,9

a. Determine uma equação de regressão estimada que pode ser usada para prever a nota geral dada a nota no quesito Excursões no litoral.
b. Considere a adição da variável independente Comida/Refeições. Desenvolva a equação de regressão estimada que pode ser usada para prever a nota geral dadas as notas nos quesitos Excursões no litoral e Comida/Refeições.
c. Preveja a nota geral de um navio de cruzeiro com nota 80 no quesito Excursões no litoral e nota 90 em Comida/Refeições.

9. A Professional Golfers Association (PGA) mantém dados sobre o desempenho e os rendimentos dos membros da PGA Tour. Na temporada de 2012, Bubba Watson liderava o ranking de jogadores na distância total de tacadas, com uma média de 309,2 jardas por tacada. Acreditava-se que alguns dos fatores responsáveis por influenciar a distância das tacadas eram a velocidade da cabeça do taco, a

velocidade da bola e o ângulo da tacada. Na temporada de 2012, Bubba Watson tinha uma velocidade média da cabeça do taco de 124,69 milhas por hora, velocidade média da bola de 184,98 milhas por hora e ângulo médio de tacada de 8,79 graus. O DATAfile nomeado como PGADrivingDist contém dados sobre a distância total das tacadas e outros fatores relacionados de 190 membros da PGA Tour (site da PGA Tour, 1º de novembro de 2012). As descrições das variáveis do conjunto de dados são apresentadas abaixo.

Velocidade da cabeça do taco: velocidade com que o taco impacta a bola (mph)
Velocidade da bola: velocidade máxima da bola de golfe durante a tacada (mph)
Ângulo da tacada: ângulo vertical da tacada da bola imediatamente após deixar o taco (graus)
Distância total: número médio de jardas por tacada

a. Desenvolva uma equação de regressão estimada que possa ser usada para prever o número médio de jardas por tacada dada a velocidade da cabeça do taco.
b. Desenvolva uma equação de regressão estimada que possa ser usada para prever o número médio de jardas por tacada dada a velocidade da bola.
c. Você recebeu uma recomendação para desenvolver uma equação de regressão estimada que usa a velocidade da cabeça do taco e a velocidade da bola para prever o número médio de jardas por tacada. Você concorda com isso? Explique.
d. Desenvolva uma equação de regressão estimada que possa ser usada para prever o número médio de jardas por tacada dada a velocidade da bola e o ângulo da tacada.
e. Suponha que um novo membro da PGA Tour de 2013 tenha os seguintes registros: velocidade da bola de 170 milhas por hora e ângulo de tacada de 11 graus. Use a equação de regressão estimada da parte (d) para prever o número médio de jardas por tacada desse jogador.

10. A Major League Baseball (MLB) é formada por equipes que jogam na American League e na National League. A MLB coleta uma grande variedade de estatísticas sobre equipes e jogadores. Algumas das estatísticas usadas com frequência para avaliar o desempenho de arremesso são:

ERA: número médio de corridas merecidas pelo arremessador por nove ciclos. Uma corrida merecida é uma corrida em que o oponente tem vantagem sobre um determinado arremessador, exceto em corridas pontuadas como um resultado de erros.
SO/IP: número médio de *strikeouts* por entrada arremessada.
HR/IP: número médio de *homeruns* por entrada arremessada.
R/IP: número de corridas cedidas por entrada arremessada.

Os dados abaixo mostram os valores dessas estatísticas para uma amostra aleatória de 20 arremessadores da American League em uma temporada completa.

Jogador	Equipe	V	D	ERA	SO/IP	HR/IP	R/IP
Verlander, J	DET	24	5	2,40	1,00	0,10	0,29
Beckett, J	BOS	13	7	2,89	0,91	0,11	0,34
Wilson, C	TEX	16	7	2,94	0,92	0,07	0,40
Sabathia, C	NYY	19	8	3,00	0,97	0,07	0,37
Haren, D	LAA	16	10	3,17	0,81	0,08	0,38
McCarthy, B	OAK	9	9	3,32	0,72	0,06	0,43
Santana, E	LAA	11	12	3,38	0,78	0,11	0,42
Lester, J	BOS	15	9	3,47	0,95	0,10	0,40
Hernandez, F	SEA	14	14	3,47	0,95	0,08	0,42
Buehrle, M	CWS	13	9	3,59	0,53	0,10	0,45
Pineda, M	SEA	9	10	3,74	1,01	0,11	0,44
Colon, B	NYY	8	10	4,00	0,82	0,13	0,52
Tomlin, J	CLE	12	7	4,25	0,54	0,15	0,48
Pavano, C	MIN	9	13	4,30	0,46	0,10	0,55
Danks, J	CWS	8	12	4,33	0,79	0,11	0,52
Guthrie, J	BAL	9	17	4,33	0,63	0,13	0,54
Lewis, C	TEX	14	10	4,40	0,84	0,17	0,51
Scherzer, M	DET	15	9	4,43	0,89	0,15	0,52
Davis, W	TB	11	10	4,45	0,57	0,13	0,52
Porcello, R	DET	14	9	4,75	0,57	0,10	0,57

a. Desenvolva uma equação de regressão estimada que possa ser usada para prever o número médio de corridas cedidas por entrada dado o número médio de *strikeouts* por entrada arremessada.
b. Desenvolva uma equação de regressão estimada que possa ser usada para prever o número médio de corridas cedidas por entrada dado o número médio de *homeruns* por entrada arremessada.
c. Desenvolva uma equação de regressão estimada que possa ser usada para prever o número médio de corridas cedidas por entrada dado o número médio de *strikeouts* e o número médio de *homeruns* por entrada arremessada.

d. A. J. Burnett, um arremessador do New York Yankees, tinha um número médio de 0,91 *strikeouts* por entrada arremessada e número médio de *homeruns* por entrada arremessada de 0,16. Use a equação de regressão estimada desenvolvida na parte (c) para prever o número médio de corridas cedidas por entrada de A. J. Burnett. (*Observação*: o valor real de R/IP era 0,6.)
e. Suponha que você tenha recebido uma sugestão para usar também a média de corridas merecidas como outra variável independente na parte (c). O que você acha dessa sugestão?

 Coeficiente de determinação múltiplo

Na regressão linear simples, mostramos que a soma total dos quadrados pode ser dividida em dois componentes: a soma dos quadrados devido à regressão e a soma dos quadrados devido ao erro. O mesmo procedimento se aplica à soma dos quadrados na regressão múltipla.

RELAÇÃO ENTRE SQTot, SQReg E SQRes

$$SQTot = SQReg + SQRes \qquad (15.7)$$

onde

$SQTot$ = soma dos quadrados total = $\Sigma(y_i - \bar{y}_i)^2$
$SQReg$ = soma dos quadrados devido à regressão = $\Sigma(\hat{y}_i - \bar{y}_i)^2$
$SQRes$ = soma dos quadrados devido ao erro = $\Sigma(y_i - \hat{y}_i)^2$

Devido à dificuldade de calcular as três somas dos quadrados, contamos com programas de computador para determinar esses valores. A parte de análise de variância do resultado do Minitab da Figura 15.4 mostra os três valores para o problema da Butler Trucking com duas variáveis independentes: $SQTot = 23,900$, $SQReg = 21,6006$ e $SQRes = 2,2994$. Com apenas uma variável independente (número de quilômetros percorridos), o resultado do Minitab da Figura 15.3 mostra que $SQTot = 23,900$, $SQReg = 15,871$ e $SQRes = 8,029$. O valor da SQTot é o mesmo nos dois casos porque a soma não depende de $\hat{y}$, mas a SQReg aumenta e a SQRes diminui quando uma segunda variável independente (número de entregas) é adicionada. A implicação é que a equação de regressão múltipla estimada proporciona um melhor ajuste para os dados observados.

No Capítulo 14, usamos o coeficiente de determinação, $r^2 = SQReg/SQTot$ para medir a qualidade do ajuste da equação de regressão estimada. O mesmo conceito se aplica à regressão múltipla. O termo **coeficiente de determinação múltiplo** indica que estamos medindo a qualidade do ajuste de uma equação de regressão múltipla estimada. O coeficiente de determinação múltiplo, representado por R^2, é calculado como:

COEFICIENTE DE DETERMINAÇÃO MÚLTIPLO

$$R^2 = \frac{SQReg}{SQTot} \qquad (15.8)$$

O coeficiente de determinação múltiplo pode ser interpretado como a proporção da variabilidade na variável dependente que pode ser explicada pela equação de regressão múltipla estimada. Assim, quando multiplicado por 100, ele pode ser interpretado como o percentual de variabilidade em y que pode ser explicado pela equação de regressão estimada.

No exemplo da Butler Trucking com duas variáveis, com $SQReg = 21,6006$ e $SQTot = 23,900$, temos

$$R^2 = \frac{21,6006}{23,900} = 0,9038$$

Portanto, 90,38% da variabilidade no tempo de viagem y é explicado pela equação de regressão múltipla estimada com quilômetros percorridos e número de entregas como variáveis independentes. Na Figura 15.4, vemos que o coeficiente de determinação múltiplo (expresso como uma porcentagem) também é fornecido pelo resultado do Minitab; ele é representado por R-sq = 90,38%.

A Figura 15.3 mostra que o valor do R-quadrado para a equação de regressão estimada com apenas uma variável independente, o número de quilômetros percorridos (x_1), é 66,41%. Assim, a porcentagem de variabilidade no tempo de viagem que é explicada pela equação de regressão estimada aumenta de 66,41% para 90,38% quando o número de entregas é adicionado como uma segunda variável independente. Em geral, o R^2 sempre aumenta quando variáveis independentes são adicionadas ao modelo.

Muitos analistas preferem ajustar o R^2 para o número de variáveis independentes, a fim de evitar superestimar o impacto da adição de uma variável independente sobre a quantidade de variabilidade explicada pela equação de regressão estimada. Com n representando o número de observações e p o número de variáveis independentes, o **coeficiente de determinação múltiplo ajustado** é calculado como:

A adição de variáveis independentes faz com que os erros de previsão sejam menores, reduzindo, assim, a soma dos quadrados devido ao erro, SQRes. Como SQReg = SQTot − SQRes, quando SQRes diminui, SQReg aumenta, fazendo R^2 = SQReg/SQTot aumentar.

COEFICIENTE DE DETERMINAÇÃO MÚLTIPLO AJUSTADO

$$R_a^2 = 1 - (1 - R^2)\frac{n-1}{n-p-1} \qquad (15.9)$$

Se uma variável for adicionada ao modelo, R^2 ficará maior, mesmo que a variável adicionada não seja estatisticamente significativa. O coeficiente de determinação múltiplo ajustado compensa o número de variáveis independentes do modelo.

Para o exemplo da Butler Trucking com $n = 10$ e $p = 2$, temos:

$$R_a^2 = 1 - (1 - 0{,}9038)\frac{10-1}{10-2-1} = 0{,}8763$$

Portanto, depois de fazer ajustes para as duas variáveis independentes, temos um coeficiente de determinação múltiplo ajustado de 0,8763. Este valor, expresso como porcentagem, é fornecido no resultado do Minitab da Figura 15.4 como R-Sq(adj) = 87,63%.

NOTAS E COMENTÁRIOS

Se o valor do R^2 for pequeno e o modelo contiver um grande número de variáveis independentes, o coeficiente de determinação ajustado poderá assumir um valor negativo. Nesses casos, o Minitab define o coeficiente de determinação ajustado como zero.

Exercícios

Métodos

11. No exercício 1, foi apresentada a equação de regressão estimada, a seguir, com base em 10 observações.

$$\hat{y} = 29{,}1270 + 0{,}5906x_1 + 0{,}4980x_2$$

Os valores de SQTot e SQReg são 6724,125 e 6216,375, respectivamente.
   a. Calcule a SQRes.
   b. Calcule o R^2.
   c. Calcule o R_a^2.
   d. Comente sobre a qualidade do ajuste.

12. No exercício 2, fornecemos 10 observações para uma variável dependente y e duas variáveis independentes x_1 e x_2. Para esses dados, SQTot = 15.182,9 e SQReg = 14.052,2.
   a. Calcule o R^2.
   b. Calcule o R_a^2.
   c. A equação de regressão estimada explica uma grande quantidade de variabilidade nos dados? Explique.

13. No exercício 3, foi apresentada a equação de regressão estimada abaixo com base em 30 observações.

$$\hat{y} = 17{,}6 + 3{,}8x_1 + 2{,}3x_2 + 7{,}6x_3 + 2{,}7x_4$$

Os valores de SQTot e SQReg são 1805 e 1760, respectivamente.
a. Calcule o R^2.
b. Calcule o R_a^2.
c. Comente sobre a qualidade do ajuste.

Aplicações

14. No exercício 4, foi apresentada a equação de regressão estimada abaixo, que relaciona vendas aos investimentos em estoque e gastos com publicidade.

$$\hat{y} = 25 + 10x_1 + 8x_2$$

Os dados usados para desenvolver o modelo vieram de uma pesquisa realizada com dez lojas. Para esses dados, SQTot = 16.000 e SQReg = 12.000.
a. Para a equação de regressão estimada fornecida, calcule o R^2.
b. Calcule o R_a^2.
c. O modelo parece explicar uma grande parte da variabilidade dos dados? Explique.

15. No exercício 5, o proprietário da Showtime Movie Theaters, Inc., usou análise de regressão múltipla para prever a receita bruta (y) em função da publicidade na televisão (x_1) e nos jornais (x_2). A equação de regressão estimada foi

$$\hat{y} = 83,2 + 2,29x_1 + 1,30x_2$$

Showtime

A solução do computador forneceu os valores de SQTot = 25,5 e SQReg = 23,435.
a. Calcule e interprete o R^2 e o R_a^2.
b. Quando a publicidade na TV era a única variável independente, $R^2 = 0,653$ e $R_a^2 = 0,595$. Você prefere os resultados da regressão múltipla? Explique.

16. No exercício 6, fornecemos dados sobre o número médio de jardas percorridas por tentativa (Jardas/Tent.), o número de interceptações por tentativa (Interc./Tent.) e a porcentagem de partidas ganhas (% Vit.) de uma amostra aleatória de 16 equipes da National Football League (NFL) durante uma temporada inteira.

NFLPassing

a. A equação de regressão estimada que usa somente o número de jardas percorridas por tentativa como variável independente para prever a porcentagem de partidas ganhas fornece um bom ajuste?
b. Discuta os benefícios de usar o número médio de jardas percorridas por tentativa e o número de interceptações por tentativa para prever a porcentagem de jogos ganhos.

17. Na parte (d) do exercício 9, os dados do DATAfile PGADrivingDist (site do PGA Tour, 1º de novembro de 2012) foram usados para desenvolver uma equação de regressão estimada para prever o número médio de jardas por tacada considerando a velocidade da bola e o ângulo da tacada.

PGADrivingDist

a. A equação de regressão estimada fornece um bom ajuste para os dados? Explique.
b. Na parte (b) do exercício 9, foi desenvolvida uma equação de regressão estimada usando apenas a velocidade da bola para prever o número médio de jardas por tacada. Compare o ajuste obtido com apenas essa variável com aquele que foi obtido usando a velocidade da bola e o ângulo da tacada.

18. Consulte o exercício 10, onde as estatísticas de arremessos da Major League Baseball (MLB) de uma amostra aleatória de 20 arremessadores da American League foram registradas durante uma temporada.

MLBPitching

a. Na parte (c) do exercício 10, foi desenvolvida uma equação de regressão estimada para relacionar o número médio de corridas cedidas por entrada arremessada considerando o número médio de *strikeouts* e o número médio de *homeruns* por entrada arremessada. Quais são os valores de R^2 e R_a^2?
b. A equação de regressão estimada fornece um bom ajuste para os dados? Explique.
c. Suponha que a média de corridas merecidas (ERA) seja usada como a variável dependente na parte (c) em vez do número médio de corridas cedidas por entrada arremessada. A equação de regressão estimada que usa a ERA fornece um bom ajuste para os dados? Explique.

15.4 Suposições do modelo

Na Seção 15.1, apresentamos o modelo de regressão múltipla abaixo.

MODELO DE REGRESSÃO MÚLTIPLA

$$y = \beta_0 + \beta_1 x_1 + \beta_2 x_2 + \cdots + \beta_p x_p + \varepsilon \tag{15.10}$$

As suposições a respeito do termo de erro ε no modelo de regressão múltipla correspondem àquelas do modelo de regressão linear simples.

> **SUPOSIÇÕES SOBRE O TERMO DE ERRO ε NO MODELO DE REGRESSÃO MÚLTIPLA** $y = \beta_0 + \beta_1 x_1 + \cdots + \beta_p x_p + \varepsilon$
>
> 1. O termo de erro ε é uma variável aleatória com valor médio ou esperado igual a zero; isto é, $E(\varepsilon) = 0$.
>   *Implicação:* para determinados valores de $x_1, x_2, ..., x_p$, o valor esperado, ou médio, de y é dado por
>
> $$E(y) = \beta_0 + \beta_1 x_1 + \beta_2 x_2 + \ldots + \beta_p x_p \qquad (15.11)$$
>
>   A Equação (15.11) é a equação de regressão múltipla que apresentamos na Seção 15.1. Nesta equação, $E(y)$ representa a média de todos os valores positivos de y que podem ocorrer para os valores dados de $x_1, x_2, ..., x_p$.
> 2. A variância de ε é representada por σ^2 e é a mesma para todos os valores das variáveis independentes $x_1, x_2, ..., x_p$.
>   *Implicação:* a variância de y sobre a linha de regressão é igual a σ^2 e é a mesma para todos os valores de $x_1, x_2, ..., x_p$.
> 3. Os valores de ε são independentes.
>   *Implicação:* o valor de ε de um determinado conjunto de valores para as variáveis independentes não está relacionado com o valor de ε de nenhum outro conjunto de valores.
> 4. O termo de erro ε é uma variável aleatória normalmente distribuída que reflete o desvio entre o valor de y e o valor esperado de y segundo $\beta_0 + \beta_1 x_1 + \beta_2 x_2 + \ldots + \beta_p x_p$.
>   *Implicação:* como $\beta_0, \beta_1, ..., \beta_p$ são constantes para os valores dados de $x_1, x_2, ..., x_p$, a variável dependente y também é uma variável aleatória normalmente distribuída.

Para obter mais insights sobre a forma da relação dada pela Equação (15.11), considere a equação de regressão múltipla com duas variáveis independentes a seguir.

$$E(y) = \beta_0 + \beta_1 x_1 + \ldots + \beta_2 x_2$$

O gráfico dessa equação é um plano em espaço tridimensional. A Figura 15.5 traz um exemplo desse tipo de gráfico. Note que o valor de ε mostrado é a diferença entre o valor real de y e o valor esperado de y, $E(y)$, quando $x_1 = x_1^*$ e $x_2 = x_2^*$.

Na análise de regressão, o termo *variável resposta* é usado com frequência no lugar de *variável dependente*. Além disso, como a equação de regressão múltipla gera um plano ou superfície, o gráfico é chamado de *superfície de resposta*.

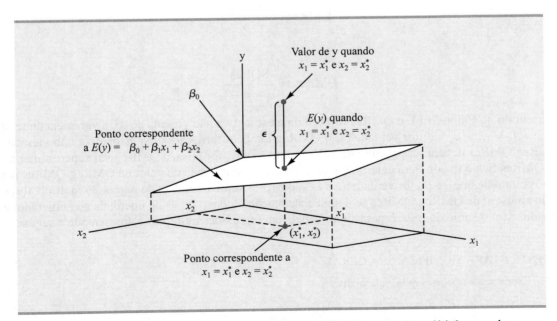

FIGURA 15.5 Gráfico da equação de regressão para a análise de regressão múltipla com duas variáveis independentes

618 Estatística aplicada a administração e economia

15.5 Teste de significância

Nesta seção, mostramos como conduzir testes de significância para uma relação de regressão múltipla. Os testes de significância que utilizamos para a regressão linear simples foram um teste t e um teste F. Na regressão linear simples, os dois testes chegam à mesma conclusão. Ou seja, se a hipótese nula for rejeitada, concluímos que $\beta_1 \neq 0$. Na regressão múltipla, o teste t e o teste F têm objetivos diferentes.

1. O teste F é usado para determinar se há uma relação significativa entre a variável dependente e o conjunto de todas as variáveis independentes. Chamamos o teste F de teste de *significância geral*.
2. Se o teste F mostra a significância geral, o teste t é usado para determinar se cada uma das variáveis independentes é significativa. Um teste t separado é conduzido para cada variável independente do modelo. Chamamos cada um desses testes t de teste de *significância individual*.

No material a seguir, vamos explicar os testes F e t e aplicar cada um deles ao exemplo da Butler Trucking Company.

Teste F

O modelo de regressão múltipla definido na Seção 15.4 é

$$y = \beta_0 + \beta_1 x_1 + \beta_2 x_2 + \ldots + \beta_p x_p + \varepsilon$$

A hipótese para o teste F envolve os parâmetros do modelo de regressão múltipla.

$$H_0: \beta_1 = \beta_2 = \ldots = \beta_p = 0$$
$$H_a: \text{Um ou mais parâmetros não são iguais a zero}$$

Se H_0 for rejeitada, o teste fornecerá evidências estatísticas suficientes para concluir que um ou mais parâmetros não são iguais a zero e que a relação geral entre y e o conjunto de variáveis independentes $x_1, x_2, \ldots, x_p$ é significativa. No entanto, se H_0 não puder ser rejeitada, não teremos evidências suficientes para concluir que uma relação significativa está presente.

Antes de descrever as etapas do teste F, precisamos revisar o conceito de *quadrado médio*. Um quadrado médio é a soma dos quadrados dividida pelos seus graus de liberdade correspondentes. No caso da regressão múltipla, a soma total dos quadrados tem $n-1$ graus de liberdade; a soma dos quadrados devido à regressão (SQReg) tem p graus de liberdade; e a soma dos quadrados devido ao erro tem $n-p-1$ graus de liberdade. Portanto, o quadrado médio devido à regressão (QMReg) é SQReg/p e o quadrado médio dos resíduos (QMRes) é SQRes/$(n-p-1)$.

$$QMReg = \frac{SQReg}{p} \tag{15.12}$$

e

$$QMRes = \frac{SQRes}{n-p-1} \tag{15.13}$$

Conforme discutido no Capítulo 14, o QMRes fornece uma estimativa não viesada de σ^2, a variância do termo de erro ε. Se $H_0: \beta_1 = \beta_2 = \ldots = \beta_p = 0$ for verdadeira, o QMReg também fornecerá uma estimativa não viesada de σ^2 e o valor de QMReg/QMRes deverá ser próximo de 1. No entanto, se H_0 for falsa, o QMReg vai superestimar σ^2 e o valor de QMReg/QMRes ficará maior. Para determinar qual deve ser a magnitude do valor de QMReg/QMRes para rejeitar H_0, utilizamos o fato de que, se H_0 for verdadeira e as suposições sobre o modelo de regressão múltipla forem válidas, a distribuição amostral de QMReg/QMRes será uma distribuição F com p graus de liberdade no numerador e $n-p-1$ no denominador. Um resumo do teste F para significância em regressões múltiplas é apresentado a seguir.

TESTE F PARA SIGNIFICÂNCIA GERAL

1. Expresse as hipóteses nula e alternativa

$$H_0: \beta_1 = \beta_2 = \ldots = \beta_p = 0$$
$$H_a: \text{Um ou mais parâmetros não são iguais a zero}$$

ESTATÍSTICA DO TESTE

$$F = \frac{\text{QMReg}}{\text{QMRes}}$$

(15.14)

REGRA DE REJEIÇÃO

Critério do valor-p: Rejeitar H_0 se valor-$p \leq \alpha$

Critério do valor crítico: Rejeitar H_0 se $F \geq F_\alpha$

onde F_α é baseado em uma distribuição F com p graus de liberdade no numerador e $n-p-1$ no denominador.

Vamos aplicar o teste F ao problema de regressão múltipla da Butler Trucking Company. Com duas variáveis independentes, as hipóteses são escritas como:

$$H_0: \beta_1 = \beta_2 = 0$$
$$H_a: \beta_1 \text{ e/ou } \beta_2 \text{ não são iguais a zero}$$

A Figura 15.6 é o resultado do Minitab para o modelo de regressão múltipla com quilômetros percorridos (x_1) e número de entregas (x_2) como as duas variáveis independentes. Na parte de análise de variância do resultado, vemos que QMReg $= 10,8003$ e QMRes $= 0,3285$. Usando a Equação (15.14), nós obtemos a estatística de teste.

$$F = \frac{10,8003}{0,3285} = 32,88$$

```
Analysis of Variance

Source        DF    Adj SS    Adj MS    F-Value    P-Value
Regression     2   21.6006   10.8003     32.88      0.000
  Miles        1   12.5556   12.5556     38.22      0.000
  Deliveries   1    5.7293    5.7293     17.44      0.004
Error          7    2.2994    0.3285
  Lack-of-Fit  6    2.2194    0.3699      4.62      0.342
  Pure Error   1    0.0800    0.0800
Total          9   23.9000


Model Summary

       S      R-sq    R-sq (adj)    R-sq(pred)
0.573142    90.38%       87.63%        80.76%


Coefficients

Term          Coef    SE Coef    T-Value    P-Value    VIF
Constant    -0.869      0.952      -0.91      0.392
Miles       0.06113    0.00989      6.18      0.000    1.03
Deliveries   0.923      0.221       4.18      0.004    1.03


Regression Equation

Time = -0.869 + 0.06113 Miles + 0.923 Deliveries
```

FIGURA 15.6   Resultado do Minitab para a Butler Trucking com duas variáveis independentes, quilômetros percorridos (x_1) e número de entregas (x_2)

620 Estatística aplicada a administração e economia

Usando $\alpha = 0,01$, o valor-$p = 0,000$ da última coluna da tabela de análise de variância (Figura 15.6) indica que podemos rejeitar H_0: $\beta_1 = \beta_2 = 0$ porque o valor-p é menor que $\alpha = 0,01$. Como alternativa, a Tabela 4 do Apêndice B mostra que, com dois graus de liberdade no numerador e sete graus de liberdade no denominador, $F_{0,01} = 9,55$. Com $32,88 > 9,55$, rejeitamos H_0: $\beta_1 = \beta_2 = 0$ e concluímos que há uma relação significativa entre o tempo de viagem y e as duas variáveis independentes, quilômetros percorridos e número de entregas.

Conforme mencionado anteriormente, o erro quadrático médio fornece uma estimativa não viesada de σ^2, a variância do termo de erro ε. Voltando à Figura 15.6, vemos que a estimativa de σ^2 é QMRes = 0,3285. A raiz quadrada do QMRes é a estimativa do desvio padrão do termo de erro. Conforme definido na Seção 14.5, esse desvio padrão é chamado de erro padrão da estimativa e representado por s. Assim, temos $s = \sqrt{\text{QMRes}} = \sqrt{0,3285} = 0,5731$. Observe que o valor do erro padrão da estimativa aparece no resultado do Minitab da Figura 15.6.

A Tabela 15.3 é a tabela de análise de variância (ANOVA) geral que fornece os resultados do teste F para um modelo de regressão múltipla. O valor da estatística de teste F aparece na última coluna e pode ser comparado com F_α com p graus de liberdade no numerador e $n - p - 1$ graus de liberdade no denominador para chegar à conclusão do teste de hipóteses. Ao revisar o resultado do Minitab para a Butler Trucking Company na Figura 15.6, vemos que a tabela de análise de variância do Minitab contém essas informações. Além disso, o Minitab também fornece o valor-p correspondente à estatística de teste F.

TABELA 15.3 Tabela ANOVA para um modelo de regressão múltipla com p variáveis independentes

Fonte	Soma dos quadrados	Graus de liberdade	Quadrado médio	F
Regressão	SQReg	p	$\text{QMReg} = \dfrac{\text{SQReg}}{p}$	$F = \dfrac{\text{QMReg}}{\text{QMRes}}$
Erro	SQRes	$n - p - 1$	$\text{QMRes} = \dfrac{\text{SQRes}}{n - p - 1}$	
Total	SQTot	$n - 1$		

Teste t

Se o teste F mostrar que a relação da regressão múltipla é significativa, o teste t poderá ser conduzido para determinar a significância de cada um dos parâmetros individuais. O teste t para significância individual é mostrado abaixo.

TESTE t PARA SIGNIFICÂNCIA INDIVIDUAL

Para qualquer parâmetro β_i

$$H_0: \beta_i = 0$$
$$H_a: \beta_i \neq 0$$

ESTATÍSTICA DO TESTE

$$t = \frac{b_i}{s_{b_i}}$$

$$(15.15)$$

REGRA DE REJEIÇÃO

Critério do valor-p: Rejeitar H_0 se valor-$p \leq \alpha$

Critério do valor crítico: Rejeitar H_0 se $t \leq -t_{\alpha/2}$ ou se $t \geq t_{\alpha/2}$

onde $t_{\alpha/2}$ é baseado em uma distribuição t com $n - p - 1$ graus de liberdade.

Na estatística de teste, s_{b_i} é a estimativa do desvio padrão de b_i. O valor de s_{b_i} será fornecido pelo programa de computador.

Vamos conduzir o teste t para o problema de regressão da Butler Trucking. Consulte a seção da Figura 15.6 que mostra o resultado do Minitab para os cálculos da razão t. Os valores de b_1, b_2, s_{b_1} e s_{b_2} são:

$$b_1 = 0{,}06113 \qquad s_{b_1} = 0{,}00989$$
$$b_2 = 0{,}923 \qquad s_{b_2} = 0{,}221$$

Usando a Equação (15.15), obtemos a estatística de teste para a hipótese que envolve os parâmetros β_1 e β_2.

$$t = 0{,}06113/0{,}00989 = 6{,}18$$
$$t = 0{,}923/0{,}221 = 4{,}18$$

Observe que esses dois valores de razão t e os valores-p correspondentes são fornecidos pelo resultado do Minitab da Figura 15.6. Usando $\alpha = 0{,}01$, os valores-p de 0,000 e 0,004 do resultado do Minitab indicam que podemos rejeitar H_0: $\beta_1 = 0$ e H_0: $\beta_2 = 0$. Portanto, os dois parâmetros são estatisticamente significativos. Como alternativa, a Tabela 2 do Apêndice B mostra que, com $n - p - 1 = 10 - 2 - 1 = 7$ graus de liberdade, $t_{0,005} = 3{,}499$. Com $6{,}18 > 3{,}499$, rejeitamos H_0: $\beta_1 = 0$. Da mesma forma, com $4{,}18 > 3{,}499$, rejeitamos H_0: $\beta_2 = 0$.

Multicolinearidade

Usamos o termo *variável independente* na análise de regressão para representar qualquer variável que está sendo usada para prever ou explicar o valor da variável dependente. O termo não significa, entretanto, que as variáveis independentes são independentes em todos os sentidos estatísticos. Pelo contrário, a maioria das variáveis independentes de um problema de regressão múltipla é correlacionada em algum grau com as outras. Por exemplo, no caso da Butler Trucking que envolve duas variáveis independentes, x_1 (quilômetros percorridos) e x_2 (número de entregas), podemos tratar os quilômetros percorridos como a variável dependente e o número de entregas como a variável independente para determinar se essas duas variáveis são relacionadas. Depois, podemos calcular o coeficiente de correlação amostral $r_{x_1 x_2}$ para determinar o grau em que essas variáveis estão relacionadas. Esse cálculo resulta em $r_{x_1 x_2} = 0{,}16$. Assim, descobrimos um certo grau de associação linear entre as duas variáveis independentes. Na análise de regressão múltipla, a **multicolinearidade** é a correlação entre as variáveis independentes.

Para gerar uma perspectiva melhor dos possíveis problemas da multicolinearidade, vamos considerar uma alteração do exemplo da Butler Trucking. Em vez de x_2 ser o número de entregas, x_2 vai representar o número de galões de combustível consumidos. É claro que x_1 (os quilômetros percorridos) e x_2 são relacionadas, isto é, sabemos que o número de galões de combustível usados depende do número de quilômetros percorridos. Portanto, concluímos, por lógica, que x_1 e x_2 são variáveis independentes altamente correlacionadas.

Suponha que tenhamos obtido a equação $\hat{y} = b_0 + b_1 x_1 + b_2 x_2$ e descoberto que o teste F mostra que a relação é significativa. Depois, conduzimos um teste t em β_1 para determinar se $\beta_1 \neq 0$, e não conseguimos rejeitar H_0: $\beta_1 = 0$. Este resultado indica que o tempo da viagem não está relacionado com os quilômetros percorridos? Não necessariamente. O que ele indica, provavelmente, é que, com x_2 no modelo, x_1 não faz uma contribuição significativa para determinar o valor de y. Essa interpretação faz sentido no nosso exemplo. Se soubermos a quantidade de combustível consumida, não teremos muitas informações adicionais úteis para prever y ao saber quantos quilômetros foram percorridos. Da mesma forma, um teste t pode nos levar a concluir que $\beta_2 = 0$, pois, com x_1 no modelo, saber a quantidade de combustível consumida não acrescenta muito.

Em suma, nos testes t da significância de parâmetros individuais, a dificuldade causada pela multicolinearidade é que é possível concluir que nenhum dos parâmetros individuais é significativamente diferente de zero quando um teste F da equação de regressão múltipla geral indica uma relação significativa. Este problema é evitado quando há pouca correlação entre as variáveis independentes.

Os estatísticos desenvolveram diversos testes para determinar se a multicolinearidade é grande o bastante para causar problemas. De acordo com o teste da regra de ouro, a multicolinearidade é um possível problema quando o valor absoluto do coeficiente de correlação amostral supera 0,7 para qualquer par de variáveis independentes. Os outros tipos de testes são mais avançados e estão fora do escopo deste texto.

> Um coeficiente de correlação amostral maior que +0,7 ou menor que –0,7 para duas variáveis independentes é uma regra de ouro que alerta para os possíveis problemas da multicolinearidade.

> Quando as variáveis independentes são altamente correlacionadas, não é possível determinar o efeito separado de uma determinada variável independente sobre a variável dependente.

622 Estatística aplicada a administração e economia

Deve-se tentar todo o possível para evitar incluir variáveis independentes altamente correlacionadas. Na prática, porém, raramente conseguimos seguir essa regra com rigidez. Quando os responsáveis pela tomada de decisões tiverem motivos para acreditar que há multicolinearidade substancial presente, é preciso entender que é difícil separar os efeitos das variáveis independentes individuais sobre a variável dependente.

NOTAS E COMENTÁRIOS

Normalmente, a multicolinearidade não afeta a forma como realizamos nossa análise de regressão ou interpretamos os resultados de um estudo. No entanto, quando a multicolinearidade é grave – ou seja, quando duas ou mais variáveis independentes são altamente correlacionadas umas com as outras –, podemos ter dificuldades para interpretar os resultados dos testes t nos parâmetros individuais. Além do tipo de problema ilustrado nesta seção, casos graves de multicolinearidade demonstraram resultar em estimativas de mínimos quadrados com o sinal errado. Isto é, em estudos simulados em que os pesquisadores criaram o modelo de regressão subjacente e depois aplicaram a técnica de mínimos quadrados para desenvolver estimativas de $\beta_0, \beta_1, \beta_2$, e assim por diante, foi comprovado que, sob condições de alta multicolinearidade, as estimativas de mínimos quadrados podem ter o sinal oposto ao do parâmetro que está sendo estimado. Por exemplo, β_2 pode ser, na verdade, $+10$ e sua estimativa, b_2, acabar sendo -2. Por isso, não se pode dar muito crédito aos coeficientes individuais se houver multicolinearidade em grau elevado.

Exercícios

Métodos

19. No exercício 1, apresentamos a equação de regressão estimada abaixo com base em 10 observações.

$$\hat{y} = 29{,}1270 + 0{,}5906x_1 + 0{,}4980x_2$$

Aqui, SQTot = 6724,125, SQReg = 6216,375, $s_{b_1} = 0{,}0813$ e $s_{b_2} = 0{,}0567$.
   a. Calcule QMReg e QMRes.
   b. Calcule F e faça o teste F adequado. Use $\alpha = 0{,}05$.
   c. Faça um teste t da significância de β_1. Use $\alpha = 0{,}05$.
   d. Faça um teste t da significância de β_2. Use $\alpha = 0{,}05$.

20. Consulte os dados apresentados no exercício 2. A equação de regressão estimada desses dados é:

$$\hat{y} = -18{,}37 + 2{,}01x_1 + 4{,}74x_2$$

Aqui, SQTot = 15.182,9, SQReg = 14.052,2, $s_{b_1} = 0{,}2471$ e $s_{b_2} = 0{,}9484$.
   a. Teste para ver se há uma relação significativa entre x_1, x_2 e y. Use $\alpha = 0{,}05$.
   b. β_1 é significativo? Use $\alpha = 0{,}05$.
   c. β_2 é significativo? Use $\alpha = 0{,}05$.

21. A equação de regressão estimada, a seguir, foi desenvolvida para um modelo que inclui duas variáveis independentes.

$$\hat{y} = 40{,}7 + 8{,}63x_1 + 2{,}71x_2$$

Depois que x_2 foi retirada do modelo, o método dos mínimos quadrados foi usado para obter uma equação de regressão estimada que incluísse apenas x_1 como variável independente.

$$\hat{y} = 42{,}0 + 9{,}01x_1$$

   a. Faça uma interpretação do coeficiente de x_1 nos dois modelos.
   b. A multicolinearidade é capaz de explicar por que o coeficiente de x_1 é diferente nos dois modelos? Em caso positivo, como?

Aplicações

22. No exercício 4, apresentamos a equação de regressão estimada abaixo para relacionar as vendas ao investimento em estoque e gastos com publicidade.

$$\hat{y} = 25 + 10x_1 + 8x_2$$

Os dados usados para desenvolver o modelo são provenientes de uma pesquisa feita com dez lojas. Para esses dados, SQTot = 16.000 e SQReg = 12.000.

a. Calcule SQRes, QMRes e QMReg.
b. Use um teste *F* e nível de significância de 0,05 para determinar se há uma relação entre as variáveis.

23. Consulte o exercício 5.
    a. Use $\alpha = 0,01$ para testar as hipóteses

    $$H_0: \beta_1 = \beta_2 = 0$$
    $$H_a = \beta_1 \text{ e/ou } \beta_2 \text{ não são iguais a zero}$$

    Para o modelo $y = \beta_0 + \beta_1 x_1 + \beta_2 x_2 + \varepsilon$, onde

    x_1 = publicidade na televisão (em milhares de dólares)

    x_2 = publicidade nos jornais (em milhares de dólares).

    b. Use $\alpha = 0,05$ para testar a significância de β_1. Você acha que x_1 deve ser removida do modelo?
    c. Use $\alpha = 0,05$ para testar a significância de β_2. Você acha que x_2 deve ser removida do modelo?

24. A National Football League (NFL) registra uma variedade de dados sobre o desempenho de indivíduos e equipes. Uma parte dos dados que mostram o número médio de jardas percorridas em passes obtidos em ataques por jogo (JardasPasseAtaque/Jogo), o número médio de jardas cedidas por jogo em defesas (JardasDef/Jogo) e a porcentagem de partidas ganhas (% Vit.) em uma temporada é exibida a seguir.

NFL

Equipe	JardasPasseAtaque/Jogo	JardasDef/Jogo	% Vit.
Arizona	222,9	355,1	50,0
Atlanta	262,0	333,6	62,5
Baltimore	213,9	288,9	75,0
.	.	.	.
.	.	.	.
St. Louis	179,4	358,4	12,5
Tampa Bay	228,1	394,4	25,0
Tennessee	245,2	355,1	56,3
Washington	235,8	339,8	31,3

a. Desenvolva uma equação de regressão estimada que possa ser usada para prever o percentual de jogos ganhos dado o número médio de jardas percorridas em passes de ataque por jogo e o número médio de jardas cedidas por jogo na defesa.
b. Use o teste *F* para determinar a significância geral da relação. Qual é a sua conclusão com nível de significância de 0,05?
c. Use o teste *t* para determinar a significância de cada variável independente. Qual é a sua conclusão com nível de significância de 0,05?

25. A Lista de Ouro da *Condé Nast Traveler* divulga avaliações dos 20 principais navios de cruzeiro (site da Condé Nast Traveler, 1º de março de 2012). Os dados exibidos abaixo são as notas que cada navio recebeu com base nos resultados da Pesquisa anual de opinião dos leitores da *Condé Nast Traveler*. Cada nota representa a porcentagem de respondentes que avaliou um navio como excelente ou muito bom em vários critérios, incluindo Roteiros/Programação, Excursões no litoral e Comida/Refeições. Uma nota geral também foi divulgada e usada para classificar os navios em ordem. O navio que liderava o ranking, o *Seabourn Odyssey*, teve nota geral de 94,4, e o componente com maior nota foi Comida/Refeições, com 97,8.

Navio	Geral	Roteiros/Programação	Excursões no litoral	Comida/Refeições
Seabourn Odyssey	94,4	94,6	90,9	97,8
Seabourn Pride	93,0	96,7	84,2	96,7
National Geographic Endeavor	92,9	100,0	100,0	88,5
Seabourn Sojourn	91,3	88,6	94,8	97,1
Paul Gauguin	90,5	95,1	87,9	91,2
Seabourn Legend	90,3	92,5	82,1	98,8
Seabourn Spirit	90,2	96,0	86,3	92,0
Silver Explorer	89,9	92,6	92,6	88,9
Silver Spirit	89,4	94,7	85,9	90,8
Seven Seas Navigator	89,2	90,6	83,3	90,5
Silver Whisperer	89,2	90,9	82,0	88,6
National Geographic Explorer	89,1	93,1	93,1	89,7
Silver Cloud	88,7	92,6	78,3	91,3

CruiseShips

continua

Navio	Geral	Roteiros/Programação	Excursões no litoral	Comida/Refeições
Celebrity Xpedition	87,2	93,1	91,7	73,6
Silver Shadow	87,2	91,0	75,0	89,7
Silver Wind	86,6	94,4	78,1	91,6
SeaDream II	86,2	95,5	77,4	90,9
Wind Star	86,1	94,9	76,5	91,5
Wind Surf	86,1	92,1	72,3	89,3
Wind Spirit	85,2	93,5	77,4	91,9

a. Determine a equação de regressão estimada que pode ser usada para prever a nota geral dadas as notas nos quesitos Roteiros/Programação, Excursões no litoral e Comida/Refeições.
b. Use o teste F para determinar a significância geral da relação. Qual é a sua conclusão com nível de significância de 0,05?
c. Use o teste t para determinar a significância de cada variável independente. Qual é a sua conclusão com nível de significância de 0,05?
d. Remova as variáveis independentes que não são significativas da equação de regressão estimada. Qual é a sua equação de regressão estimada recomendada?

26. No exercício 10, foram apresentados dados que mostram os valores de diversas estatísticas de arremessos de uma amostra aleatória de 20 arremessadores da American League da Major League Baseball. Na parte (c) daquele exercício, foi desenvolvida uma equação de regressão estimada para prever o número médio de corridas cedidas por entrada arremessada (R/IP) considerando o número médio de *strikeouts* por entrada arremessada (SO/IP) e o número médio de *homeruns* por entrada arremessada (HR/IP). MLBPitching

a. Use o teste F para determinar a significância geral da relação. Qual é a sua conclusão com nível de significância de 0,05?
b. Use o teste t para determinar a significância de cada variável independente. Qual é a sua conclusão com nível de significância de 0,05?

15.6 Utilizando a equação de regressão estimada para estimação e previsão

Os procedimentos para estimar o valor médio de y e prever um valor individual de y na regressão múltipla são parecidos com aqueles usados na análise de regressão que envolve uma variável independente. Primeiro, lembre-se de que no Capítulo 14, mostramos que a estimativa pontual do valor esperado de y para um determinado valor de x era igual à estimativa pontual de um valor individual de y. Em ambos os casos, usamos $\hat{y} = b_0 + b_1 x$ como estimativa pontual.

Na regressão múltipla, usamos o mesmo procedimento. Isto é, substituímos os valores dados de $x_1, x_2, ..., x_p$ na equação de regressão estimada e usamos o valor correspondente de $\hat{y}$ como estimativa pontual. Suponha que, para o exemplo da Butler Trucking, nós queiramos usar a equação de regressão estimada que inclui x_1 (quilômetros percorridos) e x_2 (número de entregas) para desenvolver duas estimativas intervalares:

1. Um *intervalo de confiança* do tempo médio de viagens para todos os caminhões que percorrem 100 quilômetros e fazem duas entregas.
2. Um *intervalo de previsão* do tempo de viagem para *um caminhão específico* que percorre 100 quilômetros e faz duas entregas.

Usando a equação de regressão estimada $\hat{y} = -0,869 + 0,06113x_1 + 0,923x_2$ com $x_1 = 100$ e $x_2 = 2$, obtemos o seguinte valor de $\hat{y}$.

$$\hat{y} = -0,869 + 0,06113(100) + 0,923(2) = 7,09$$

Assim, a estimativa pontual do tempo de viagem em ambos os casos é aproximadamente sete horas.

Para desenvolver estimativas intervalares do valor médio de y e para um valor individual de y, utilizamos um procedimento parecido com o da análise de regressão que inclui uma variável independente. As fórmulas necessárias estão além do escopo deste livro, mas os programas de computador usados para análise de regressão múltipla normalmente fornecem intervalos de confiança desde que os valores de $x_1, x_2, ..., x_p$ sejam especificados pelo usuário. Na Tabela 15.4, mostramos os intervalos de confiança e de previsão de 95% para o exemplo da Butler Trucking com valores selecionados de x_1 e x_2. Esses valores foram obtidos usando o Minitab. Observe que a estimativa intervalar de um valor individual de y é mais ampla que a estimativa intervalar do valor esperado de y. Essa diferença reflete o fato

TABELA 15.4 Intervalos de confiança e de previsão de 95% para a Butler Trucking

Valor de x_1	Valor de x_2	Intervalo de confiança Limite inferior	Limite superior	Intervalo de previsão Limite inferior	Limite superior
50	2	3,146	4,924	2,414	5,656
50	3	4,127	5,789	3,368	6,548
50	4	4,815	6,948	4,157	7,607
100	2	6,258	7,926	5,500	8,683
100	3	7,385	8,645	6,520	9,510
100	4	8,135	9,742	7,362	10,515

de que, para determinados valores de x_1 e x_2, podemos estimar o tempo médio das viagens de todos os caminhões com mais precisão do que de apenas um caminhão específico.

Exercícios

Métodos

27. No exercício 1, apresentamos a equação de regressão estimada abaixo com base em 10 observações.

$$\hat{y} = 29{,}1270 + 0{,}5906x_1 + 0{,}4980x_2$$

   a. Desenvolva uma estimativa pontual do valor médio de y quando $x_1 = 180$ e $x_2 = 310$.
   b. Desenvolva uma estimativa pontual de um valor individual de y quando $x_1 = 180$ e $x_2 = 310$.

28. Consulte os dados do exercício 2. A equação de regressão estimada desses dados é:

$$\hat{y} = -18{,}4 + 2{,}01x_1 + 4{,}74x_2$$

   a. Desenvolva um intervalo de confiança de 95% para o valor médio de y quando $x_1 = 45$ e $x_2 = 15$.
   b. Desenvolva um intervalo de previsão de 95% para y quando $x_1 = 45$ e $x_2 = 15$.

Aplicações

29. No exercício 5, o proprietário da Showtime Movie Theaters, Inc., usou análise de regressão múltipla para prever a receita bruta (y) como uma função da publicidade na televisão (x_1) e nos jornais (x_2). A equação de regressão estimada era:

$$\hat{y} = 83{,}2 + 2{,}29x_1 + 1{,}30x_2$$

   a. Qual é a receita bruta esperada para uma semana em que US$ 3.500 foram gastos em anúncios na televisão ($x_1 = 3{,}5$) e US$ 1.800 em anúncios nos jornais ($x_2 = 1{,}8$)?
   b. Forneça um intervalo de confiança de 95% para a receita média de todas as semanas com os gastos listados na parte (a).
   c. Forneça um intervalo de previsão de 95% para a receita da próxima semana, supondo que os gastos com publicidade serão alocados conforme a parte (a).

30. No exercício 24, foi desenvolvida uma equação de regressão estimada que relacionava o percentual de jogos ganhos por uma equipe da National Football League na temporada de 2011 dado o número médio de jardas percorridas em passes em ataques por jogo e o número médio de jardas cedidas na defesa por jogo (site da ESPN, 3 de novembro de 2012).
   a. Preveja a porcentagem de jogos ganhos por uma determina equipe que tem média de 225 jardas de passe em ataques e média de 300 jardas cedidas na defesa por jogo.
   b. Desenvolva um intervalo de previsão de 95% para a porcentagem de jogos ganhos por uma determinada equipe que tem média de 225 jardas de passe em ataques e média de 300 jardas cedidas na defesa por jogo.

31. A Pesquisa on-line com corretoras de descontos da American Association of Individual Investors (AAII) questiona os membros em relação às experiências deles com o comércio eletrônico negociado por corretoras de descontos. Como parte da pesquisa, os membros devem classificar a satisfação com o preço da transação e a velocidade da execução, além de fornecer uma nota de satisfação geral. As possíveis respostas (notas) eram: não tenho opinião a respeito (0), insatisfeito (1), pouco satisfeito (2), satisfeito (3) e muito satisfeito (4). Para cada corretora, o resumo das notas foi calculado pela média ponderada das notas dadas por cada participante. Uma parte dos resultados da pesquisa é apresentada a seguir (site da AAII, 7 de fevereiro de 2012).

Corretora	Preço da transação	Velocidade da execução	Satisfação com o comércio eletrônico
Scottrade, Inc.	3,4	3,4	3,5
Charles Schwab	3,2	3,3	3,4
Fidelity Brokerage Services	3,1	3,4	3,9
TD Ameritrade	2,9	3,6	3,7
E*Trade Financial	2,9	3,2	2,9
(Not listed)	2,5	3,2	2,7
Vanguard Brokerage Services	2,6	3,8	2,8
USAA Brokerage Services	2,4	3,8	3,6
Thinkorswim	2,6	2,6	2,6
Wells Fargo Investments	2,3	2,7	2,3
Interactive Brokers	3,7	4,0	4,0
Zecco.com	2,5	2,5	2,5
Firstrade Securities	3,0	3,0	4,0
Banc of America Investment Services	4,0	1,0	2,0

Broker

a. Desenvolva uma equação de regressão estimada usando o preço da venda e a velocidade da execução para prever a satisfação geral com a corretora.
b. A Finger Lakes Investments desenvolveu um novo sistema de comércio eletrônico e quer prever a satisfação geral dos clientes supondo que eles consigam fornecer níveis satisfatórios de atendimento (3) nos quesitos preço da transação e velocidade da execução. Use a equação de regressão estimada desenvolvida na parte (a) para prever o nível de satisfação geral da Finger Lakes Investments se a empresa conseguir alcançar esses níveis de desempenho.
c. Desenvolva uma estimativa de intervalo de confiança de 95% para a satisfação geral com comércio eletrônico de todas as corretoras que apresentam níveis satisfatórios de atendimento nos quesitos preço da transação e velocidade da execução.
d. Desenvolva um intervalo de previsão de 95% da satisfação geral para a Finger Lakes Investments supondo que eles alcancem o nível 3 de atendimento nos quesitos preço da transação e velocidade da execução.

 ## Variáveis categorizadas independentes

As variáveis independentes podem ser categorizadas ou quantitativas.

Até agora, os exemplos que analisamos envolviam variáveis independentes quantitativas, como população de alunos, distância percorrida e número de entregas. Em muitas situações, no entanto, precisamos trabalhar com **variáveis categorizadas independentes**, como gênero (masculino, feminino), método de pagamento (dinheiro, cartão de crédito, cheque) etc.

O objetivo desta seção é mostrar como lidar com variáveis categorizadas na análise de regressão. Para ilustrar o uso e a interpretação de uma variável categorizada independente, vamos considerar um problema enfrentado pelos gerentes da Johnson Filtration, Inc.

Um exemplo: Johnson Filtration, Inc.

A Johnson Filtration, Inc., presta serviços de manutenção para sistemas de filtragem de água na região sul da Flórida. Os clientes entram em contato com a Johnson para solicitar serviços de manutenção em seus sistemas de filtragem de água. Para estimar o tempo e o custo do serviço, os gerentes da Johnson querem prever o tempo de reparo necessário para cada solicitação de manutenção. Por isso, o tempo de reparo em horas é a variável dependente. Acredita-se que o tempo de reparo seja relacionado com dois fatores: o número de meses desde a última manutenção e o tipo de problema a ser reparado (mecânico ou elétrico). Os dados de uma amostra de 10 chamados de serviço foram registrados na Tabela 15.5.

Com y representando o tempo do reparo em horas e x_1 sendo o número de meses deste a última manutenção, o modelo de regressão que usa apenas x_1 para prever y é

$$y = \beta_0 + \beta_1 x_1 + \varepsilon$$

Usando o Minitab para desenvolver a equação de regressão estimada, obtivemos o resultado mostrado na Figura 15.7. A equação de regressão estimada é

$$\hat{y} = 2{,}147 + 0{,}304 x_1$$

(15.16)

TABELA 15.5 Dados para o exemplo da Johnson Filtration

Chamado de serviço	Meses desde a última manutenção	Tipo de reparo	Tempo do reparo em horas
1	2	elétrico	2,9
2	6	mecânico	3,0
3	8	elétrico	4,8
4	3	mecânico	1,8
5	2	elétrico	2,9
6	7	elétrico	4,9
7	9	mecânico	4,2
8	8	mecânico	4,8
9	4	elétrico	4,4
10	6	elétrico	4,5

```
Analysis of Variance

Source                        DF   Adj SS   Adj MS   F-Value   P-Value
Regression                     1    5.596   5.5960      9.17     0.016
  Months Since_Last Service    1    5.596   5.5960      9.17     0.016
Error                          8    4.880   0.6100
  Lack-of-Fit                  5    3.755   0.7510      2.00     0.301
  Pure Error                   3    1.125   0.3750
Total                          9   10.476


Model Summary

       S      R-sq    R-sq (adj)    R-sq(pred)
0.781022    53.42%        47.59%        31.36%


Coefficients

Term                          Coef   SE Coef   T-Value   P-Value    VIF
Constant                     2.147     0.605      3.55     0.008
Months Since_Last Service    0.304     0.100      3.03     0.016   1.00


Regression Equation

Repair Time_(hours) = 2.147 + 0.304 Months Since_Last Service
```

No resultado do Minitab, os nomes das variáveis Months e Time foram inseridas como cabeçalhos das colunas na planilha, portanto, x_1 = Months e y = Time.

FIGURA 15.7 Resultado do Minitab para a Johnson Filtration com meses desde a última manutenção (x_1) como a variável independente

Com nível de significância de 0,05, o valor-p de 0,016 do teste t (ou F) indica que o número de meses desde a última manutenção é significativamente relacionado ao tempo de reparo. O R-sq = 53,42% indica que apenas x_1 explica 53,42% da variabilidade no tempo de reparo.

Para incorporar o tipo de reparo ao modelo de regressão, definimos a variável abaixo.

$$x_2 = \begin{cases} 0 \text{ se o tipo de reparo for mecânico} \\ 1 \text{ se o tipo de reparo for elétrico} \end{cases}$$

Na análise de regressão, x_2 é chamado de **variável *dummy*** ou *indicador*. Usando essa variável *dummy*, podemos escrever o modelo de regressão múltipla como

$$y = \beta_0 + \beta_1 x_1 + \beta_2 x_2 + \varepsilon$$

A Tabela 15.6 é o conjunto de dados revisado que inclui os valores da variável *dummy*. Usando o Minitab e os dados da Tabela 15.6, podemos desenvolver estimativas dos parâmetros do modelo. O resultado do Minitab da Figura 15.8 mostra que a equação de regressão múltipla estimada é

$$\hat{y} = 0{,}93 + 0{,}3876 x_1 + 1{,}263 x_2 \tag{15.17}$$

Com nível de significância de 0,05, o valor-*p* de 0,001 associado ao teste F ($F = 21{,}36$) indica que a relação de regressão é significativa. A parte do teste *t* do registro da Figura 15.8 mostra que os meses desde a última manutenção (valor-*p* = 0,000) e o tipo de reparo (valor-*p* = 0,005) são estatisticamente significativos. Além disso, R-Sq = 85,92% e R-Sq (adj) = 81,9% indicam que a equação de regressão estimada faz um bom trabalho ao explicar a variabilidade dos tempos de reparo. Assim, a Equação (15.17) deve ser útil para prever o tempo de reparo necessário para diferentes chamados de serviço.

Interpretando os parâmetros

A equação de regressão múltipla para o exemplo da Johnson Filtration é

$$E(y) = \beta_0 + \beta_1 x_1 + \beta_2 x_2 \tag{15.18}$$

Para entender como interpretar os parâmetros β_0, β_1 e β_2 quando uma variável categorizada estiver presente, considere o caso em que $x_2 = 0$ (reparo mecânico). Usando $E(y \mid \text{mecânico})$ para indicar o valor médio ou esperado do tempo de reparo *dado* um reparo mecânico, temos

$$E(y \mid \text{mecânico}) = \beta_0 + \beta_1 x_1 + \beta_2(0) = \beta_0 + \beta_1 x_1 \tag{15.19}$$

Johnson

TABELA 15.6 Dados para o exemplo da Johnson Filtration com o tipo de reparo indicado por uma variável *dummy* ($x_2 = 0$ PARA mecânico e $x_2 = 1$ para elétrico)

Chamado de serviço	Meses desde a última manutenção (x_1)	Tipo de reparo (x_2)	Tempo do reparo em horas (y)
1	2	1	2,9
2	6	0	3,0
3	8	1	4,8
4	3	0	1,8
5	2	1	2,9
6	7	1	4,9
7	9	0	4,2
8	8	0	4,8
9	4	1	4,4
10	6	1	4,5

Da mesma forma, para um reparo elétrico ($x_2 = 1$), temos

$$E(y \mid \text{elétrico}) = \beta_0 + \beta_1 x_1 + \beta_2(1) = \beta_0 + \beta_1 x_1 + \beta_2$$
$$= (\beta_0 + \beta_2) + \beta_1 x_1$$

(15.20)

Comparando as Equações (15.19) e (15.20), vemos que o tempo médio de reparo é uma função linear de x_1 para reparos mecânicos e elétricos. A inclinação das duas equações é β_1, mas o intercepto em y é diferente. Na Equação (15.19) para reparos mecânicos, o intercepto em y é β_0. Já na Equação (15.20) para reparos elétricos, é $(\beta_0 + \beta_2)$. A interpretação de β_2 é que ele indica a diferença entre o tempo médio de um reparo elétrico e o tempo médio de um reparo mecânico.

Se β_2 for positivo, o tempo médio de um reparo elétrico será maior que o de um reparo mecânico. Se β_2 for negativo, o tempo médio de um reparo elétrico será menor que o de um reparo mecânico. Por fim, se $\beta_2 = 0$, não há diferença entre o tempo médio de reparos elétricos e mecânicos, e isso significa que o tipo de reparo não está relacionado com o tempo do reparo.

Usando a equação de regressão múltipla estimada $\hat{y} = 0{,}93 + 0{,}3876x_1 + 1{,}263x_2$, vemos que 0,93 é a estimativa de β_0 e 1,263 é a estimativa de β_2. Assim, quando $x_2 = 0$ (reparo mecânico),

$$\hat{y} = 0{,}93 + 0{,}3876x_1$$

(15.21)

e quando $x_2 = 1$ (reparo elétrico)

$$\hat{y} = 0{,}93 + 0{,}3876x_1 + 1{,}263(1) = 2{,}193 + 0{,}3876x_1$$

(15.22)

```
Analysis of Variance

Source                        DF   Adj SS   Adj MS   F-Value  P-Value
Regression                     2   9.0009   4.50046    21.36    0.001
  Months Since_Last Service    1   8.0883   8.08826    38.38    0.000
  Type of_Repair               1   3.4049   3.40489    16.16    0.005
Error                          7   1.4751   0.21073        *        *
  Lack-of-Fit                  6   1.4751   0.24585
  Pure Error                   1   0.0000   0.00000
Total                          9  10.4760


Model Summary

       S    R-sq   R-sq (adj)   R-sq(pred)
0.459048   85.92%      81.90%       71.61%


Coefficients

Term                          Coef  SE Coef  T-Value  P-Value   VIF
Constant                     0.930    0.467     1.99    0.087
Months Since_Last Service   0.3876   0.0626     6.20    0.000  1.12
Type of_Repair               1.263    0.314     4.02    0.005  1.12


Regression Equation

Repair Time_(hours) = 0.930 + 0.3876 Months Since_Last
Service + 1.263 Type of_Repair
```

No resultado do Minitab, os nomes das variáveis Months, Type e Time foram inseridas como cabeçalhos das colunas na planilha, portanto, $x_1 =$ Months, $x_2 =$ Type e $y =$ Time.

FIGURA 15.8 Resultado do Minitab para a Johnson Filtration com meses desde a última manutenção (x_1) e tipo de reparo (x_2) como variáveis independentes

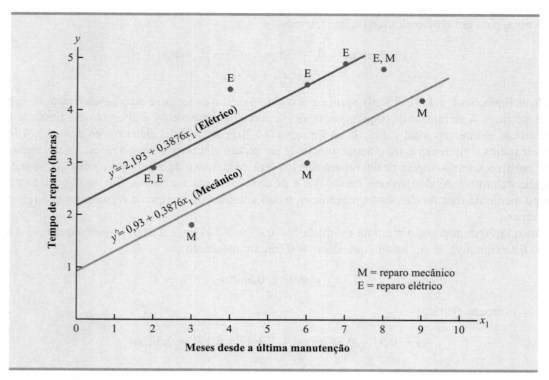

FIGURA 15.9 Diagrama de dispersão dos dados de reparos da Johnson Filtration da Tabela 15.6

Na verdade, o uso de uma variável *dummy* para o tipo de reparo fornece duas equações de regressão estimadas que podem ser usadas para prever o tempo de reparo, uma correspondente aos reparos mecânicos e a outra aos reparos elétricos. Além disso, com $\beta_2 = 1{,}263$, descobrimos que, em média, os reparos elétricos exigem 1,263 horas a mais que os reparos mecânicos.

A Figura 15.9 é o gráfico dos dados da Johnson retirados da Tabela 15.6. O tempo de reparo em horas (y) é representado pelo eixo vertical e os meses desde a última manutenção (x_1) pelo eixo horizontal. Um ponto de dados para um reparo mecânico é indicado por M, já um ponto de dados para um reparo elétrico é indicado por E. As equações (15.21) e (15.22) são traçadas no gráfico para mostrar as duas equações que podem ser usadas para prever o tempo de reparo, uma correspondente aos reparos mecânicos e a outra aos elétricos.

Variáveis categorizadas mais complexas

Como a variável categorizada do exemplo da Johnson Filtration tem dois níveis (mecânico e elétrico), definir uma variável *dummy* como zero para indicar reparo mecânico e a outra como um para indicar reparo elétrico foi fácil. Porém, quando uma variável categorizada tem mais de dois níveis, é preciso ter cuidado ao definir e interpretar as variáveis *dummy*. Conforme vamos mostrar, se uma variável categorizada tiver k níveis, $k-1$ variáveis *dummy* serão necessárias, com cada uma delas sendo codificada como 0 ou 1.

> Uma variável categorizada com k níveis deve ser modelada usando $k-1$ variáveis *dummy*. É preciso ter cuidado ao definir e interpretar as variáveis *dummy*.

Por exemplo, suponha que um fabricante de copiadoras tenha organizado os territórios de vendas de um determinado estado em três regiões: A, B e C. Os gerentes querem usar análise de regressão para ajudar a prever o número de copiadoras vendidas por semana. Com o número de unidades vendidas como a variável dependente, eles estão considerando diversas variáveis independentes (número de vendedores, gastos com publicidade, e por aí vai). Suponha que os gerentes acreditem que a região de vendas também é um fator importante para prever o número de copiadoras vendidas. Como a região de vendas é uma variável categorizada com três níveis (A, B e C), vamos precisar de $3 - 1 = 2$ variáveis *dummy* para representar a região de vendas. Cada variável pode ser codificada em 0 ou 1 conforme mostrado a seguir.

$$x_1 = \begin{cases} 1 \text{ para a região de vendas B} \\ 0 \text{ para outras regiões} \end{cases}$$

$$x_2 = \begin{cases} 1 \text{ para a região de vendas C} \\ 0 \text{ para outras regiões} \end{cases}$$

Com essa definição, temos os seguintes valores de x_1 e x_2.

Região	x_1	x_2
A	0	0
B	1	0
C	0	1

As observações correspondentes à região A seriam codificadas como $x_1 = 0$, $x_2 = 0$. As observações correspondentes à região B seriam $x_1 = 1$, $x_2 = 0$. As observações correspondentes à região C seriam $x_1 = 0$, $x_2 = 1$.

A equação de regressão que relaciona o valor esperado do número de unidades vendidas, $E(y)$, com as variáveis *dummy* seria escrita como

$$E(y) = \beta_0 + \beta_1 x_1 + \beta_2 x_2$$

Para nos ajudar a interpretar os parâmetros β_0, β_1 e β_2, considere as três variações da equação de regressão abaixo.

$$E(y \mid \text{região A}) = \beta_0 + \beta_1(0) + \beta_2(0)$$
$$E(y \mid \text{região B}) = \beta_0 + \beta_1(1) + \beta_2(0) = \beta_0 + \beta_1$$
$$E(y \mid \text{região C}) = \beta_0 + \beta_1(0) + \beta_2(1) = \beta_0 + \beta_2$$

Assim, β_0 é o valor médio ou esperado das vendas da região A; β_1 é a diferença entre o número médio de unidades vendidas na região B e o número médio de unidades vendidas na região A; e β_2 é a diferença entre o número médio de unidades vendidas na região C e o número médio de unidades vendidas na região A.

Foram necessárias duas variáveis *dummy* porque a região de vendas é uma variável categorizada com três níveis. Mas a atribuição de $x_1 = 0$, $x_2 = 0$ para a região A, $x_1 = 1$, $x_2 = 0$ para a região B e $x_1 = 0$, $x_2 = 1$ para a região C foi arbitrária. Poderíamos ter escolhido, por exemplo $x_1 = 1$, $x_2 = 0$ para indicar a região A, $x_1 = 0$, $x_2 = 0$ para a região B e $x_1 = 0$, $x_2 = 1$ para a região C. Neste caso, β_1 seria interpretado como a diferença média entre as regiões A e B e β_2 como a diferença média entre as regiões C e B.

O ponto importante a se lembrar é que, quando uma variável categorizada tem k níveis, são necessárias $k - 1$ variáveis *dummy* para a análise de regressão múltipla. Portanto, se o exemplo da região de vendas tivesse uma quarta região, chamada D, três variáveis *dummy* poderiam ser codificadas da seguinte forma.

$$x_1 = \begin{cases} 1 \text{ para a região de vendas B} \\ 0 \text{ para outras regiões} \end{cases} \quad x_2 = \begin{cases} 1 \text{ para a região de vendas C} \\ 0 \text{ para outras regiões} \end{cases} \quad x_2 = \begin{cases} 1 \text{ para a região de vendas D} \\ 0 \text{ para outras regiões} \end{cases}$$

Exercícios

Métodos

32. Considere um estudo de regressão que envolve uma variável dependente y, uma variável independente quantitativa x_1 e uma variável independente categorizada com dois níveis (nível 1 e nível 2).
    a. Escreva uma equação de regressão múltipla que relaciona x_1 e a variável categorizada a y.
    b. Qual é o valor esperado de y que corresponde ao nível 1 da variável categorizada?
    c. Qual é o valor esperado de y que corresponde ao nível 2 da variável categorizada?
    d. Interprete os parâmetros da sua equação de regressão.

33. Considere um estudo de regressão que envolve uma variável dependente y, uma variável independente quantitativa x_1 e uma variável independente categorizada com três níveis possíveis (nível 1, nível 2 e nível 3).
    a. Quantas variáveis *dummy* são necessárias para representar a variável categorizada?
    b. Escreva uma equação de regressão múltipla relacionando x_1 e a variável categorizada a y.
    c. Interprete os parâmetros da sua equação de regressão.

Aplicações

34. A gerência propôs o modelo de regressão abaixo para prever as vendas de um restaurante *fastfood*.

$$y = \beta_0 + \beta_1 x_1 + \beta_2 x_2 + \beta_3 x_3 + \varepsilon$$

onde

x_1 = número de concorrentes no raio de 1,5 km

x_2 = população no raio de 1,5 km (em milhares)

$x_3 = \begin{cases} 1 \text{ se tiver } drive\text{-}thru \\ 0 \text{ se não tiver} \end{cases}$

x_4 = vendas (em milhares de dólares)

A equação de regressão estimada a seguir foi desenvolvida depois de uma pesquisa envolvendo 20 restaurantes.

$$\hat{y} = 10{,}1 - 4{,}2 x_1 + 6{,}8 x_2 + 15{,}3 x_3$$

a. Qual é a quantidade de vendas esperadas atribuída ao sistema de *drive-thru*?
b. Preveja as vendas de uma loja com dois concorrentes e população de 8.000 no raio de 1,5 km e sem *drive-thru*.
c. Preveja as vendas de uma loja com um concorrente, população de 3.000 no raio de 1,5 km e *drive-thru*.

35. Consulte o problema da Johnson Filtration apresentado nesta seção. Suponha que, além das informações sobre o número de meses desde a última manutenção do equipamento e se um reparo mecânico ou elétrico foi necessário, os gerentes conseguiram uma lista que mostrava qual técnico realizou o serviço. Os dados revisados são mostrados abaixo.

Tempo de reparo em horas	Meses desde a última manutenção	Tipo de reparo	Técnico
2,9	2	Elétrico	Dave Newton
3,0	6	Mecânico	Dave Newton
4,8	8	Elétrico	Bob Jones
1,8	3	Mecânico	Dave Newton
2,9	2	Elétrico	Dave Newton
4,9	7	Elétrico	Bob Jones
4,2	9	Mecânico	Bob Jones
4,8	8	Mecânico	Bob Jones
4,4	4	Elétrico	Bob Jones
4,5	6	Elétrico	Dave Newton

a. Por enquanto, ignore os meses desde a última manutenção (x_1) e o técnico que realizou o serviço. Desenvolva a equação de regressão linear simples para prever o tempo de reparo (y) dado o tipo de reparo (x_2). Lembre-se que $x_2 = 0$ se o tipo de reparo for mecânico e 1 se o reparo for elétrico.
b. A equação que você desenvolveu na parte (a) fornece um bom ajuste para os dados observados? Explique.
c. Por enquanto, ignore os meses desde a última manutenção e o tipo de reparo da máquina. Desenvolva a equação de regressão linear simples para prever o tempo de reparo considerando o técnico que realizou o serviço. Defina $x_3 = 0$ se Bob Jones realizou o serviço e $x_3 = 1$ se Dave Newton realizou o serviço.
d. A equação que você desenvolveu na parte (c) fornece um bom ajuste para os dados observados? Explique.

36. Este problema é uma ampliação da situação descrita no exercício 35.
a. Desenvolva a equação de regressão estimada para prever o tempo de reparo dado o número de meses desde a última manutenção, o tipo de reparo e o técnico que fez o serviço.
b. Com nível de significância de 0,05, teste se a equação de regressão estimada desenvolvida na parte (a) representa uma relação significativa entre as variáveis independentes e a variável dependente.
c. A adição da variável independente x_3 (o técnico que realizou o serviço) é estatisticamente significativa? Use $\alpha = 0{,}05$. Qual explicação você pode dar para os resultados observados?

37. A Pesquisa de satisfação dos consumidores realizada pela *Consumer Reports* se baseia em 148.599 visitas a redes de restaurantes à *la carte* (site da *Consumer Reports*, 11 de fevereiro de 2009). Suponha que os dados abaixo representem os resultados divulgados. A variável tipo indica se o restaurante é de comida italiana ou frutos do mar/churrascaria. Preço indica o valor médio pago por pessoa pelo jantar e bebidas, menos a gorjeta. Nota reflete a satisfação geral do cliente, com valores mais altos para maior satisfação geral. Uma nota 80 pode ser interpretada como muito satisfeito.

Restaurante	Tipo	Preço (US$)	Nota
Bertucci's	Italiano	16	77
Black Angus Steakhouse	Frutos do mar/churrascaria	24	79
Bonefish Grill	Frutos do mar/churrascaria	26	85
Bravo! Cucina Italiana	Italiano	18	84
Buca di Beppo	Italiano	17	81
Bugaboo Creek Steak House	Frutos do mar/churrascaria	18	77
Carrabba's Italian Grill	Italiano	23	86
Charlie Brown's Steakhouse	Frutos do mar/churrascaria	17	75
Il Fornaio	Italiano	28	83
Joe's Crab Shack	Frutos do mar/churrascaria	15	71
Jonny Carino's Italian	Italiano	17	81
Lone Star Steakhouse & Saloon	Frutos do mar/churrascaria	17	76
LongHorn Steakhouse	Frutos do mar/churrascaria	19	81
Maggiano's Little Italy	Italiano	22	83
McGrath's Fish House	Frutos do mar/churrascaria	16	81
Olive Garden	Italiano	19	81
Outback Steakhouse	Frutos do mar/churrascaria	20	80
Red Lobster	Frutos do mar/churrascaria	18	78
Romano's Macaroni Grill	Italiano	18	82
The Old Spaghetti Factory	Italiano	12	79
Uno Chicago Grill	Italiano	16	76

a. Desenvolva a equação de regressão estimada para mostrar como a satisfação geral do cliente se relaciona com a variável independente preço médio das refeições.
b. Com nível de significância de 0,05, teste se a equação de regressão estimada desenvolvida na parte (a) indica uma relação significativa entre a satisfação geral do cliente e o preço médio das refeições.
c. Desenvolva uma variável *dummy* que corresponda ao tipo de restaurante (italiano ou frutos do mar/churrascaria).
d. Desenvolva a equação de regressão estimada para mostrar como a satisfação geral do cliente se relaciona com o preço médio das refeições e o tipo de restaurante.
e. O tipo de restaurante é um fator significativo para a satisfação geral do cliente?
f. Preveja a nota de satisfação do cliente da *Consumer Reports* para um restaurante de frutos do mar/churrascaria que tem preço médio de US$ 20. Qual é a diferença entre esse valor e a nota prevista para um restaurante italiano?

38. Um estudo com duração de dez anos conduzido pela American Heart Association gerou dados sobre como idade, pressão arterial e fumo se relacionam ao risco de derrame cerebral. Suponha que os dados abaixo façam parte deste estudo. O risco é interpretado como a probabilidade (vezes 100) de um paciente ter um derrame nos próximos dez anos. Para a variável fumo, defina uma variável *dummy* com 1 indicando fumante e 0 não fumante.

Risco	Idade	Pressão	Fumante
12	57	152	Não
24	67	163	Não
13	58	155	Não
56	86	177	Sim
28	59	196	Não
51	76	189	Sim
18	56	155	Sim
31	78	120	Não
37	80	135	Sim
15	78	98	Não
22	71	152	Não
36	70	173	Sim
15	67	135	Sim
48	77	209	Sim
15	60	199	Não
36	82	119	Sim
8	66	166	Não
34	80	125	Sim
3	62	117	Não
37	59	207	Sim

a. Desenvolva uma equação de regressão estimada que relacione o risco de derrame à idade, pressão sanguínea e o fato de a pessoa ser ou não fumante.
b. O fumo é um fator significativo para o risco de derrame? Explique. Use $\alpha = 0{,}05$.
c. Qual é a probabilidade de Art Speen, fumante de 68 anos e com pressão 175, ter um derrame nos próximos dez anos? Quais medidas o médico recomendaria a este paciente?

15.8 Análise dos resíduos

No Capítulo 14, destacamos que os resíduos padronizados são usados com frequência em gráficos de resíduos e na identificação de *outliers*. A fórmula geral do resíduo padronizado da observação i é

RESÍDUO PADRONIZADO DA OBSERVAÇÃO i

$$\frac{y_i - \hat{y}_i}{s_{y_i - \hat{y}_i}} \tag{15.23}$$

onde

$s_{y_i - \hat{y}_i}$ = o desvio padrão do resíduo i

A fórmula geral do desvio padrão do resíduo i é definida abaixo.

DESVIO PADRÃO DO RESÍDUO i

$$s_{y_i - \hat{y}_i} = s\sqrt{1 - h_i} \tag{15.24}$$

onde

s = desvio padrão da estimativa
h_i = alavanca da observação i

Conforme definimos no Capítulo 14, a **alavanca** de uma observação é determinada pela distância dos valores das variáveis em relação aos seus valores médios. O cálculo de h_i, $s_{y_i - \hat{y}_i}$ e, portanto, o resíduo padronizado da observação i na análise de regressão múltipla, é complexo demais para ser feito à mão. No entanto, os resíduos padronizados podem ser obtidos facilmente como parte do resultado de pacotes de softwares estatísticos. A Tabela 15.7 lista os valores previstos, os resíduos e os resíduos padronizados do exemplo da Butler Trucking apresentado anteriormente neste capítulo. Obtivemos esses valores usando o software estatístico Minitab. Os valores previstos da tabela são baseados na equação de regressão estimada $\hat{y} = -0{,}869 + 0{,}06113x_1 + 0{,}923x_2$.

Os resíduos padronizados e os valores previstos de y da Tabela 15.7 são usados na Figura 15.10, o gráfico de resíduos padronizados do exemplo de regressão múltipla da Butler Trucking. Este gráfico de resíduos padronizados não indica nenhuma anormalidade. Além disso, todos os resíduos padronizados estão entre -2 e $+2$. Assim, não temos motivos para questionar a suposição de que o termo de erro ε é normalmente distribuído. Concluímos que as suposições do modelo são cabíveis.

Também é possível usar um gráfico de probabilidade normal para determinar se a distribuição de ε aparenta ser normal. Os procedimentos para desenvolver e interpretar um gráfico de probabilidade normal foram discutidos na Seção 14.8. Os mesmos procedimentos se aplicam à regressão múltipla. De novo, vamos usar um software estatístico para realizar os cálculos e gerar o gráfico de probabilidade normal.

TABELA 15.7 Resíduos e resíduos padronizados para a análise de regressão da Butler Trucking

Quilômetros percorridos (x_1)	Entregas (x_2)	Tempo de viagem (y)	Valor previsto ($\hat{y}$)	Resíduos ($y - \hat{y}$)	Resíduos padronizados
100	4	9,3	8,93846	0,361541	0,78344
50	3	4,8	4,95830	–0,158304	–0,34962
100	4	8,9	8,93846	–0,038460	–0,08334
100	2	6,5	7,09161	–0,591609	–1,30929
50	2	4,2	4,03488	0,165121	0,38167
80	2	6,2	5,86892	0,331083	0,65431
75	3	7,4	6,48667	0,913331	1,68917
65	4	6,0	6,79875	–0,798749	–1,77372
90	3	7,6	7,40369	0,196311	0,36703
90	2	6,1	6,48026	–0,380263	–0,77639

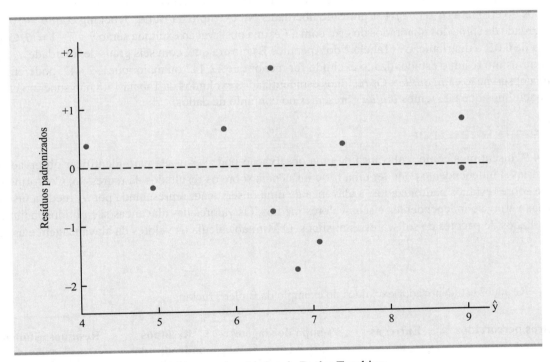

FIGURA 15.10 Gráfico de resíduos padronizados da Butler Trucking

Detectando *outliers*

Um ***outlier*** é uma observação que é incomum em comparação com os outros dados. Em outras palavras, um *outlier* não se encaixa no padrão dos outros dados. No Capítulo 14, mostramos um exemplo de *outlier* e discutimos como os resíduos padronizados podem ser usados para detectá-los. O Minitab classifica uma observação como *outlier* se o valor do resíduo padronizado for menor que –2 ou maior que +2. Ao aplicar essa regra aos resíduos padronizados do exemplo da Butler Trucking (ver Tabela 15.7), não detectamos nenhum *outlier* no conjunto de dados.

Em geral, a presença de um ou mais *outliers* no conjunto de dados tende a aumentar s, o erro padrão da estimativa, e, consequentemente, aumentar $s_{y-\hat{y}_i}$, o desvio padrão do resíduo i. Como $s_{y_i-\hat{y}_i}$ aparece no denominador da fórmula

636 Estatística aplicada a administração e economia

do resíduo padronizado (15.23), o tamanho do resíduo padronizado diminui à medida que s aumenta. Como resultado, mesmo que um resíduo seja extraordinariamente grande, o grande denominador na expressão (15.23) pode fazer com que a regra dos resíduos padronizados não consiga identificar a observação como sendo um *outlier*. Podemos contornar essa dificuldade usando um tipo de resíduo padronizado chamado de **resíduo estudentizado excluído**.

Resíduos estudentizados excluídos e *outliers*

Suponha que a i-ésima observação seja excluída do conjunto de dados e uma nova equação de regressão estimada seja desenvolvida com as $n - 1$ observações restantes. Considere que $s_{(i)}$ representa o erro padrão da estimativa com base no conjunto de dados com a i-ésima observação excluída. Se calcularmos o desvio padrão do resíduo i usando $s_{(i)}$ em vez de s e depois calcularmos o resíduo padronizado da observação i usando o valor de $s_{y_i - \hat{y}_i}$ revisado, o resíduo padronizado resultante será chamado de resíduo estudentizado excluído. Se a i-ésima observação for um *outlier*, $s_{(i)}$ será menor que s. O valor absoluto do i-ésimo resíduo estudentizado excluído será, portanto, maior que o valor absoluto do resíduo padronizado. Nesse sentido, os resíduos estudentizados excluídos conseguem detectar *outliers* que os resíduos padronizados não detectam.

Muitos softwares estatísticos têm uma opção para obter os resíduos estudentizados excluídos. Usando o Minitab, obtivemos os resíduos estudentizados excluídos do exemplo da Butler Trucking. Os resultados foram mostrados na Tabela 15.8. Pode-se usar a distribuição t para determinar se os resíduos estudentizados excluídos indicam a presença de *outliers*. Lembre-se que p representa o número de variáveis independentes e n, o número de observações. Assim, se excluirmos a i-ésima observação, o número de observações do conjunto de dados reduzido será $n - 1$. Neste caso a soma dos quadrados do erro terá $(n - 1) - p - 1$ graus de liberdade. No exemplo da Butler Trucking com $n = 10$ e $p = 2$, os graus de liberdade da soma dos quadrados do erro com a i-ésima observação excluída serão $9 - 2 - 1 = 6$. Com nível de significância de 0,05, a distribuição t (Tabela 2 do Apêndice B) mostra que, com seis graus de liberdade, $t_{0,025} = 2,447$. Se o valor do i-ésimo resíduo estudentizado excluído for menor que $-2,447$ ou maior que $+2,447$, poderemos concluir que a i-ésima observação é um *outlier*. Os resíduos estudentizados excluídos da Tabela 15.8 não superam esses limites, portanto, concluímos que não temos *outliers* presentes no conjunto de dados.

Observações influentes

Na Seção 14.9, discutimos como a alavanca de uma observação pode ser usada para identificar observações em que o valor da variável independente pode ter uma forte influência sobre os resultados da regressão. Conforme indicamos na discussão sobre resíduos padronizados, a alavanca de uma observação, representada por h_i, mede a distância entre os valores das variáveis independentes e seus valores médios. Os valores das alavancas são obtidos facilmente como parte de resultados de pacotes de softwares estatísticos. O Minitab calcula os valores da alavancagem e usa a regra de

TABELA 15.8 Resíduos estudentizados excluídos do exemplo da Butler Trucking

Quilômetros percorridos (x_1)	Entregas (x_2)	Tempo de viagem (y)	Resíduos padronizados	Resíduos estudentizados excluídos
100	4	9,3	0,78344	0,75939
50	3	4,8	−0,34962	−0,32654
100	4	8,9	−0,08334	−0,07720
100	2	6,5	−1,30929	−1,39494
50	2	4,2	0,38167	0,35709
80	2	6,2	0,65431	0,62519
75	3	7,4	1,68917	2,03187
65	4	6,0	−1,77372	−2,21314
90	3	7,6	0,36703	0,34312
90	2	6,1	−0,77639	−0,75190

Regressão múltipla **637**

TABELA 15.9 Alavanca e medidas da distância de Cook para a Butler Trucking

Quilômetros percorridos (x_1)	Entregas (x_2)	Tempo de viagem (y)	Alavanca (h_i)	Distância de Cook (D_i)
100	4	9,3	0,351704	0,110994
50	3	4,8	0,375863	0,024536
100	4	8,9	0,351704	0,001256
100	2	6,5	0,378451	0,347923
50	2	4,2	0,430220	0,036663
80	2	6,2	0,220557	0,040381
75	3	7,4	0,110009	0,117562
65	4	6,0	0,382657	0,650029
90	3	7,6	0,129098	0,006656
90	2	6,1	0,269737	0,074217

ouro $h_i > 3(p + 1)/n$ para identificar **observações influentes**. No exemplo da Butler Trucking, com $p = 2$ variáveis independentes e $n = 10$ observações, o valor crítico da alavanca é $3(2 + 1)/10 = 0,9$. Os valores de alavancagem do exemplo da Butler Trucking obtidos usando o Minitab são registrados na Tabela 15.9. Como h_i não é maior que 0,9, não detectamos observações influentes no conjunto de dados.

Usando a medida da distância de Cook para identificar observações influentes

Um problema que pode surgir com o uso da alavanca para identificar observações influentes é que uma observação pode ser identificada como tendo alta alavancagem e não ser necessariamente influente quanto à equação de regressão estimada resultante. Por exemplo, a Tabela 15.10 é um conjunto de dados composto por oito observações e seus valores de alavanca correspondentes (obtidos com o Minitab). Como a alavanca da oitava observação é $0,91 > 0,75$ (o valor crítico de alavancagem), essa observação é identificada como influente. Antes de chegar a uma conclusão final, porém, vamos avaliar a situação por uma perspectiva diferente.

A Figura 15.11 mostra o diagrama de dispersão correspondente ao conjunto de dados da Tabela 15.10. Usamos o Minitab para desenvolver a equação de regressão estimada abaixo para esses dados.

$$\hat{y} = 18,2 + 1,39x$$

A linha reta da Figura 15.11 é o gráfico desta equação. Agora, vamos excluir a observação $x = 15$, $y = 39$ do conjunto de dados e ajustar uma nova equação de regressão estimada às sete observações restantes. A nova equação de regressão estimada é

$$\hat{y} = 18,1 + 1,42x$$

TABELA 15.10

Conjunto de dados que ilustra o possível problema de se usar o critério de alavancagem

x_i	y_i	Alavanca h_i
1	18	0,204170
1	21	0,204170
2	22	0,164205
3	21	0,138141
4	23	0,125977
4	24	0,125977
5	26	0,127715
15	39	0,909644

Notamos que o intercepto em y e a inclinação da nova equação de regressão estimada são muito próximos dos valores obtidos usando todos os dados. Embora os critérios de alavancagem tenham identificado as oito observações como influentes, essa observação claramente tem pouca influência sobre os resultados obtidos. Assim, em algumas situações, usar somente a alavanca para identificar observações influentes pode levar a conclusões equivocadas.

A **medida de distância de Cook** usa a observação da alavanca i, h_i, e os resíduos da observação i, $(y_i - \hat{y}_i)$, para determinar se a observação é influente.

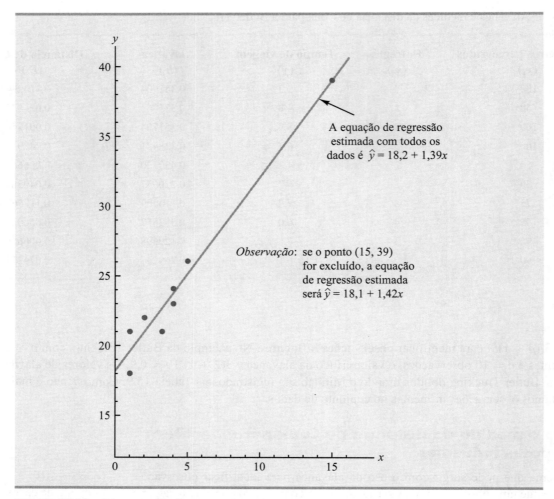

FIGURA 15.11 Diagrama de dispersão do conjunto de dados da Tabela 15.10

MEDIDA DA DISTÂNCIA DE COOK

$$D_i = \frac{(y_i - \hat{y}_i)^2}{(p+1)s^2}\left[\frac{h_i}{(1-h_i)^2}\right] \quad (15.25)$$

onde

D_i = medida da distância de Cook para a observação i
$y_i - \hat{y}_i$ = resíduos da observação i
h_i = alavanca da observação i
p = número de variáveis independentes
s = erro padrão da estimativa

O valor da distância de Cook será maior e indicará uma observação influente quando os resíduos ou a alavanca forem altos. Como regra de ouro, valores de $D_i > 1$ indicam que a i-ésima observação é influente e deve ser estudada com mais atenção. A última coluna da Tabela 15.9 mostra as medidas da distância de Cook para o problema da Butler Trucking calculadas pelo Minitab. A observação 8, com $D_i = 0,650029$ tem maior influência. No entanto, aplicando a regra $D_i > 1$, não devemos nos preocupar com a presença de observações influentes no conjunto de dados da Butler Trucking.

NOTAS E COMENTÁRIOS

1. Os procedimentos para identificar *outliers* e observações influentes fornecem alertas sobre os possíveis efeitos que algumas observações podem ter sobre os resultados da regressão. Cada *outlier* e observação influente justifica um análise mais atenciosa. Se forem encontrados erros nos dados, eles poderão ser corrigidos e a análise de regressão repetida. Em geral, *outliers* e observações influentes não devem ser removidos do conjunto de dados, a menos que haja evidências claras de que eles não se baseiam em elementos da população que está sendo estudada e não deveriam ter sido incluídos no conjunto de dados original.

2. Para determinar se o valor da distância de Cook, D_i, é grande o suficiente para concluir que a i-ésima observação é influente, também podemos comparar o valor de D_i com o 50º percentil de uma distribuição F (representado por $F_{0,50}$) com $p+1$ graus de liberdade no numerador e $n-p-1$ graus de liberdade no denominador. É preciso ter tabelas F correspondentes ao nível de significância de 0,50 disponíveis para conduzir o teste. A regra de ouro que fornecemos ($D_i > 1$) se baseia no fato de que o valor da tabela fica próximo de um em uma grande variedade de casos.

Exercícios

Métodos

39. Dados de duas variáveis, x e y, são exibidos abaixo.

x_1	1	2	3	4	5
y_1	3	7	5	11	14

a. Desenvolva a equação de regressão estimada para esses dados.
b. Elabore um gráfico com os resíduos padronizados *versus* $\hat{y}$. Parece haver algum *outlier* nesses dados? Explique.
c. Calcule os resíduos estudentizados excluídos desses dados. Com nível de significância de 0,05, alguma dessas observações pode ser classificada como um *outlier*? Explique.

40. Dados de duas variáveis, x e y, são exibidos a seguir.

x_1	22	24	26	28	40
y_1	12	21	31	35	70

a. Desenvolva a equação de regressão estimada para esses dados.
b. Calcule os resíduos estudentizados excluídos desses dados. Com nível de significância de 0,05, alguma dessas observações pode ser classificada como um *outlier*? Explique.
c. Calcule os valores de alavanca desses dados. Parece haver alguma observação influente nesses dados? Explique.
d. Calcule a distância de Cook desses dados. Existe alguma observação influente? Explique.

Aplicações

41. O exercício 5 forneceu os dados seguintes sobre receita bruta semanal, publicidade na televisão e publicidade nos jornais da Showtime Movie Theaters.

Receita bruta semanal (em milhares de dólares)	Publicidade na televisão (em milhares de dólares)	Publicidade nos jornais (em milhares de dólares)
96	5,0	1,5
90	2,0	2,0
95	4,0	1,5
92	2,5	2,5
95	3,0	3,3
94	3,5	2,3
94	2,5	4,2
94	3,0	2,5

Showtime

a. Encontre uma equação de regressão estimada que relacione a receita semanal bruta com a publicidade na TV e nos jornais.
b. Elabore o gráfico dos resíduos padronizados em relação a $\hat{y}$. O gráfico de resíduos confirma as suposições sobre ε? Explique.

c. Verifique se há *outliers* nesses dados. Quais são as suas conclusões?
d. Existe alguma observação influente? Explique.

42. Os dados a seguir mostram o peso em ordem de marcha, a potência e a velocidade em 1/4 de milha de 16 veículos esportivos e GT famosos. Suponha que o preço de cada veículo também esteja disponível. O conjunto de dados completo é:

Veículo esportivo e GT	Preço (em milhares de dólares)	Peso em ordem de marcha (libras)	Potência	Velocidade em 1/4 de milha (mph)
Acura Integra Type R	25,035	2.577	195	90,7
Acura NSX-T	93,758	3.066	290	108,0
BMW Z3 2.8	40,900	2.844	189	93,2
Chevrolet Camaro Z28	24,865	3.439	305	103,2
Chevrolet Corvette Conversível	50,144	3.246	345	102,1
Dodge Viper RT/10	69,742	3.319	450	116,2
Ford Mustang GT	23,200	3.227	225	91,7
Honda Prelude Type SH	26,382	3.042	195	89,7
Mercedes-Benz CLK320	44,988	3.240	215	93,0
Mercedes-Benz SLK230	42,762	3.025	185	92,3
Mitsubishi 3000GT VR-4	47,518	3.737	320	99,0
Nissan 240SX SE	25,066	2.862	155	84,6
Pontiac Firebird Trans Am	27,770	3.455	305	103,2
Porsche Boxster	45,560	2.822	201	93,2
Toyota Supra Turbo	40,989	3.505	320	105,0
Volvo C70	41,120	3.285	236	97,0

a. Encontre a equação de regressão estimada que usa preço e potência para prever a velocidade em ¼ de milha.
b. Elabore o gráfico de resíduos padronizados em relação a $\hat{y}$. O gráfico de resíduos confirma as suposições sobre ε? Explique.
c. Verifique se há *outliers*. Quais são as suas conclusões?
d. Existe alguma observação influente? Explique.

43. A Ladies Professional Golfers Association (LPGA) mantém estatísticas sobre o desempenho e os rendimentos dos membros da LPGA Tour. As estatísticas de desempenho de 134 golfistas no final do ano de 2014 são apresentadas no arquivo chamado 2014LPGAStats (site da LPGA, abril de 2015). O item Earnings ($1000s) refere-se aos rendimentos totais em milhares de dólares; Scoring Avg. é a média de pontos em todos os eventos; Greens in Reg. é a porcentagem de vezes que o jogador conseguiu chegar ao *green* com o número de tacadas estabelecidas no regulamento; e Putting Avg. é o número médio de *putts* nos *greens* em regulação. Um *green* é considerado em regulação quando qualquer parte da bola estiver tocando a superfície de *putt* e a diferença entre o par do buraco e o número de tacadas até chegar ao *green* for, no mínimo, 2.

a. Desenvolva uma equação de regressão estimada que possa ser usada para prever a média de pontos dada a porcentagem de tempo que o jogador consegue chegar aos *greens* em regulação e o número de *putts* nos *greens* em regulação.
b. Elabore o gráfico de resíduos padronizados em relação a $\hat{y}$. O gráfico de resíduos confirma as suposições sobre ε? Explique.
c. Verifique se há *outliers*. Quais são as suas conclusões?
d. Existe alguma observação influente? Explique.

15.9 Regressão logística

Em muitas aplicações de regressão, a variável dependente só pode assumir dois valores discretos. Por exemplo, um banco pode querer desenvolver uma equação de regressão estimada para prever se a solicitação de cartão de crédito de uma pessoa será aprovada. A variável dependente pode ser codificada como $y = 1$ se o banco aprovar a solicitação de cartão de crédito e $y = 0$ se o banco rejeitar a solicitação. Usando regressão logística, podemos estimar a probabilidade de o banco aprovar a solicitação de cartão de crédito com base em um determinado conjunto de valores das variáveis independentes escolhidas.

Vamos considerar uma aplicação de regressão logística que envolve uma promoção de mala direta usada pela rede Simmons Stores. A Simmons detém e opera uma rede nacional de lojas de roupas femininas. Foram impressas 5 mil cópias de um caro catálogo de vendas colorido. Cada catálogo inclui um cupom que dá um desconto de US$ 50 nas compras de US$ 200 ou mais. Os catálogos são caros e a Simmons gostaria de enviá-los apenas para os clientes que têm alta probabilidade de usar o cupom.

A gerência acredita que os gastos anuais nas lojas e o fato de o cliente ter ou não um cartão de crédito da Simmons são duas variáveis que podem ser úteis para prever se o consumidor que receber o catálogo vai usar o cupom. A Simmons conduziu um estudo piloto usando uma amostra aleatória de 50 clientes com cartões de crédito Simmons e 50 que não tinham este cartão. A Simmons enviou o catálogo a todos os 100 consumidores selecionados. No fim do período de testes, a Simmons verificou se os clientes tinham usado o cupom. Os dados amostrais dos 10 primeiros clientes que receberam o catálogo são apresentados na Tabela 15.11. O valor que cada cliente gastou no último ano na Simmons é mostrado em milhares de dólares. As informações sobre o cartão de crédito foram codificadas como 1 se o consumidor tem o cartão de crédito da Simmons e 0 se não tem. Na coluna Cupom, o valor 1 indica que o cliente da amostra usou o cupom e 0 mostra que ele não usou.

Podemos pensar na criação de um modelo de regressão múltipla usando os dados da Tabela 15.11 para ajudar a Simmons a estimar se o cliente que recebeu o catálogo vai usar o cupom. Usaríamos os gastos anuais e o cartão de crédito da loja como variáveis independentes e o cupom como variável dependente. No entanto, como a variável dependente só pode assumir os valores de 0 ou 1, o modelo de regressão múltipla comum não é aplicável. Este exemplo mostra o tipo de situação para a qual a regressão logística foi desenvolvida. Vamos ver como a regressão logística pode ser usada para ajudar a Simmons a estimar que tipo de cliente tem maior probabilidade de aproveitar a promoção.

Equação de regressão logística

A regressão logística se parece com a regressão comum em muitos aspectos. Ela requer uma variável dependente, y, e uma ou mais variáveis independentes. Na análise de regressão múltipla, o valor médio ou esperado de y é chamado de equação de regressão múltipla.

$$E(y) = \beta_0 + \beta_1 x_1 + \beta_2 x_2 + \cdots + \beta_p x_p \tag{15.26}$$

Na regressão logística, a teoria e a prática estatística demonstraram que a relação entre $E(y)$ e $x_1, x_2, \ldots, x_p$ é melhor descrita pela equação não linear abaixo.

EQUAÇÃO DE REGRESSÃO LOGÍSTICA

$$E(y) = \frac{e^{\beta_0 + \beta_1 x_1 + \beta_2 x_2 + \cdots + \beta_p x_p}}{1 + e^{\beta_0 + \beta_1 x_1 + \beta_2 x_2 + \cdots + \beta_p x_p}} \tag{15.27}$$

TABELA 15.11 Dados amostrais parciais do exemplo da Simmons Stores

Cliente	Gastos anuais (em milhares de dólares)	Cartão da Simmons	Cupom
1	2,291	1	0
2	3,215	1	0
3	2,135	1	0
4	3,924	0	0
5	2,528	1	0
6	2,473	0	1
7	2,384	0	0
8	7,076	0	0
9	1,182	1	1
10	3,345	0	0

DATA*file*
Simmons

Se os dois valores da variável dependente y forem codificados como 0 ou 1, o valor de $E(y)$ na Equação (15.27) fornecerá a *probabilidade* de $y = 1$ dado um determinado conjunto de valores para as variáveis independentes $x_1, x_2, ..., x_p$. Devido à interpretação de $E(y)$ como uma probabilidade, a **equação de regressão logística** normalmente é escrita como:

INTERPRETAÇÃO DE *E(y)* COMO UMA PROBABILIDADE NA REGRESSÃO LOGÍSTICA

$$E(y) = P(y = 1 | x_1, x_2, ..., x_p) \tag{15.28}$$

Para melhorar a compreensão das características da equação de regressão logística, suponha que o modelo envolva apenas a variável independente x e que os valores dos parâmetros do modelo sejam $\beta_0 = -7$ e $\beta_1 = 3$. A equação de regressão logística correspondente a esses valores de parâmetros é

$$E(y) = P(y = 1 | x) = \frac{e^{\beta_0 + \beta_1 x}}{1 + e^{\beta_0 + \beta_1 x}} = \frac{e^{-7+3x}}{1 + e^{-7+3x}} \tag{15.29}$$

A Figura 15.12 mostra o gráfico da Equação (15.29). Note que o gráfico tem forma de S. O valor de $E(y)$ varia de 0 a 1. Por exemplo, quando $x = 2$, $E(y)$ é aproximadamente 0,27. Observe, ainda, que o valor de $E(y)$ se aproxima gradualmente de 1 à medida que o valor de x fica maior e de 0 à medida que o valor de x fica menor. Por exemplo, quando $x = 2$, $E(y) = 0,269$. Repare também que os valores de $E(y)$, que representam a probabilidade, aumentam rapidamente à medida que x passa de 2 para 3. Como esses valores de $E(y)$ variam de 0 a 1 e a curva tem forma de S, a Equação (15.29) é ideal para modelar a probabilidade de a variável dependente ser igual a 1.

Estimando a equação de regressão logística

Em regressões lineares simples e múltiplas, o método dos mínimos quadrados é usado para calcular $b_0, b_1, ..., b_p$ como estimativas dos parâmetros modelo ($\beta_0, \beta_1, ..., \beta_p$). A forma não linear da equação de regressão logística torna o método de cálculo de estimativas mais complexo e ele está além do escopo deste livro. Vamos usar softwares de computadores para gerar as estimativas. A **equação de regressão logística estimada** é

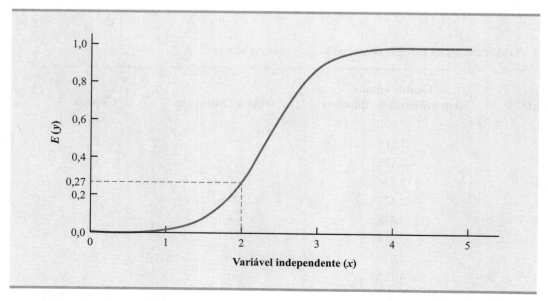

FIGURA 15.12   Equação de regressão logística para $\beta_0 = -7$ e $\beta_1 = 3$

> **EQUAÇÃO DE REGRESSÃO LOGÍSTICA ESTIMADA**
>
> $$\hat{y} = \text{estimativa de } P(y = 1 \mid x_1, x_2, \ldots, x_p) = \frac{e^{b_0 + b_1 x_1 + b_2 x_2 + \cdots + b_p x_p}}{1 + e^{b_0 + b_1 x_1 + b_2 x_2 + \cdots + b_p x_p}} \qquad (15.30)$$

Aqui, $\hat{y}$ fornece uma estimativa da probabilidade de $y = 1$ dado um determinado conjunto de valores das variáveis independentes.

Vamos voltar ao exemplo da Simmons Stores. As varáveis do estudo são definidas como:

$$y = \begin{cases} 0 \text{ se o cliente não usar o cupom} \\ 1 \text{ se o cliente usar o cupom} \end{cases}$$

$$x_1 = \text{gasto anual na Simmons Stores (em milhares de dólares)}$$

$$x_2 = \begin{cases} 0 \text{ se o cliente não tem um cartão de crédito da Simmons} \\ 1 \text{ se o cliente tem um cartão de crédito da Simmons} \end{cases}$$

Assim, escolhemos uma equação de regressão logística com duas variáveis independentes.

$$E(y) = \frac{e^{\beta_0 + \beta_1 x_1 + \beta_2 x_2}}{1 + e^{\beta_0 + \beta_1 x_1 + \beta_2 x_2}} \qquad (15.31)$$

Usando os dados amostrais (veja Tabela 15.11), o procedimento de regressão logística binária do Minitab foi usado para calcular estimativas dos parâmetros do modelo β_0, β_1 e β_2. Uma parte do resultado obtido é mostrada na Figura 15.13. Vemos que $b_0 = -2{,}146$, $b_1 = 0{,}342$ e $b_2 = 1{,}099$. Portanto, a equação de regressão logística estimada é

No Apêndice 15.3, mostramos como o Minitab é usado para gerar o resultado da Figura 15.13.

$$\hat{y} = \frac{e^{b_0 + b_1 x_1 + b_2 x_2}}{1 + e^{b_0 + b_1 x_1 + b_2 x_2}} = \frac{e^{-2{,}146 + 0{,}342 \, x_1 + 1{,}099 \, x_2}}{1 + e^{-2{,}146 + 0{,}342 \, x_1 + 1{,}099 \, x_2}} \qquad (15.32)$$

Agora podemos usar a Equação (15.32) para estimar a probabilidade de um determinado tipo de cliente usar o cupom. Por exemplo, para estimar a probabilidade de clientes que gastam US\$ 2.000 por ano e não têm cartão de crédito da Simmons usarem o cupom, substituímos $x_1 = 2$ e $x_2 = 0$ na Equação (15.32).

$$\hat{y} = \frac{e^{-2{,}146 + 0{,}342 \, (2) + 1{,}099 \, (0)}}{1 + e^{-2{,}146 + 0{,}342 \, (2) + 1{,}099 \, (0)}} = \frac{e^{-1{,}462}}{1 + e^{-1{,}462}} = \frac{0{,}2318}{1{,}2318} = 0{,}1882$$

Assim, uma estimativa da probabilidade desse determinado grupo de clientes usar o cupom é aproximadamente 0,19. Da mesma forma, para estimar a probabilidade de clientes que gastaram US\$ 2.000 no último ano e têm o cartão de crédito da Simmons usarem o cupom, substituímos $x_1 = 2$ e $x_2 = 1$ na Equação (15.32).

$$\hat{y} = \frac{e^{-2{,}146 + 0{,}342 \, (2) + 1{,}099 \, (1)}}{1 + e^{-2{,}146 + 0{,}342 \, (2) + 1{,}099 \, (1)}} = \frac{e^{-0{,}363}}{1 + e^{-0{,}363}} = \frac{0{,}6956}{1{,}6956} = 0{,}4102$$

Portanto, para este grupo de clientes, a probabilidade de usar o cupom é aproximadamente 0,41. Parece que a probabilidade de usar o cupom é muito maior para os clientes que têm o cartão de crédito da Simmons. Antes de chegar a qualquer conclusão, porém, precisamos avaliar a significância estatística do nosso modelo.

Testando a significância

Testar a significância na regressão logística é parecido com testar a significância na regressão múltipla. Primeiro, conduzimos um teste de significância geral. Para o exemplo da Simmons Stores, as hipóteses para testar a significância geral são:

$$H_0: \beta_1 = \beta_2 = 0$$
$$H_a: \text{Um dos parâmetros (ou ambos) não é igual a zero}$$

Note (margin): No resultado do Minitab, x_1 = Spending e x_2 = Card.

```
Deviance Table

Source           DF   Adj Dev   Adj Mean   Chi-Square   P-Value
Regression        2    13.628      6.814        13.63     0.001
  Spending        1     7.556      7.556         7.56     0.006
  Card            1     6.410      6.410         6.41     0.011
Error            97   120.974      1.247
Total            99   134.602


Model Summary

Deviance   Deviance
   R-Sq    R-Sq(adj)      AIC
  10.12%       8.64%    126.97


Coefficients

Term               Coef   SE Coef      VIF
Constant         -2.146     0.577
Spending          0.342     0.129     1.02
Card
1                 1.099     0.445     1.02


Odds Ratios for Continuous Predictors

            Odds Ratio          95% CI
Spending        1.4073   (1.0936, 1.8109)


Odds Ratios for Categorical Predictors

Level A  Level B   Odds Ratio          95% CI
Card
1           0          3.0004   (1.2550, 7.1730)

Odds Ratios for level A relative to level B


Regression Equation

P(1) = exp(Y')/(1 + exp(Y'))


Card

0     Y' = -2.146 + 0.3416 Spending

1     Y' = -1.048 + 0.3416 Spending
```

FIGURA 15.13 Resultado parcial da regressão logística do exemplo da Simmons Stores

Regressão múltipla **645**

O teste da significância geral se baseia no valor de uma estatística de teste χ^2. Se a hipótese nula for verdadeira, a distribuição amostral de χ^2 seguirá uma distribuição qui-quadrado com graus de liberdade iguais ao número de variáveis independentes no modelo. Embora o cálculo do χ^2 esteja além do escopo do livro, o valor de χ^2 e o valor-p correspondente são fornecidos no resultado da regressão logística binária do Minitab. Ao consultar a linha Regression e a coluna Chi-Square da Deviance Table da Figura 15.13, vemos que o valor de χ^2 é 13,63, com 2 graus de liberdade e valor-$p = 0,001$. Assim, em qualquer nível de significância $\alpha \geq 0,001$, vamos rejeitar a hipótese nula e concluir que o modelo geral é significativo.

Se o teste χ^2 mostrar significância geral, outro teste χ^2 pode ser usado para determinar se cada uma das variáveis independentes está fazendo uma contribuição significativa no modelo geral. Para as variáveis independentes x_i, as hipóteses são:

$$H_0: \beta_i = 0$$
$$H_a: \beta_i \neq 0$$

O teste de significância de uma variável independente também se baseia no valor de uma estatística de teste χ^2. Se a hipótese nula for verdadeira, a distribuição amostral de χ^2 segue uma distribuição qui-quadrado com um grau de liberdade. As colunas nomeadas como Chi-Square e p-Value na Deviance Table do resultado do Minitab contêm os valores do χ^2 e dos testes de valores-p correspondentes para cada um dos coeficientes estimados. Suponha que usemos $\alpha = 0,05$ para testar a significância das variáveis independentes do modelo da Simmons. Para a variável independente x_1, o valor de χ^2 é 7,56 e o valor-p correspondente é 0,006. Assim, com nível de significância de 0,05, podemos rejeitar $H_0: \beta_1 = 0$. De modo similar, também podemos rejeitar $H_0: \beta_2 = 0$ porque o valor-p correspondente ao $\chi^2 = 6,41$ é 0,011. Portanto, com nível de significância de 0,05, as duas variáveis independentes são estatisticamente significativas.

No Apêndice 15.3, mostramos como definir o nível de confiança ao criar intervalos de confiança para razões de chances no Minitab. Definir o intervalo de confiança permite que você teste a hipótese nula das variáveis independentes em qualquer nível de significância desejado.

Uso gerencial

Descrevemos como desenvolver a equação de regressão logística estimada e como testar a significância dela. Agora, vamos usá-la para fazer uma recomendação de decisão relacionada com a promoção do catálogo da Simmons Stores. Para a empresa, já calculamos $P(y = 1 | x_1 = 2, x_2 = 1) = 0,4102$ e $P(y = 1 | x_1 = 2, x_2 = 0) = 0,1881$. Essas probabilidades indicam que, para clientes com gastos anuais de US$ 2.000, a presença de um cartão de crédito da Simmons aumenta a probabilidade de usar o cupom. Na Tabela 15.12, mostramos probabilidades estimadas para valores de gastos anuais que variam de US$ 1.000 a US$ 7.000 de clientes que têm ou não o cartão de crédito da loja. Como a Simmons pode usar essas informações para segmentar melhor os clientes para a nova promoção? Suponha que a Simmons queira enviar o catálogo promocional somente para os clientes que têm probabilidade de 0,40 ou mais de usar o cupom. Usando as probabilidades estimadas da Tabela 15.12, a estratégia de promoção da Simmons seria:

Clientes que têm cartão de crédito da Simmons: enviar o catálogo a todos os clientes que gastaram US$ 2.000 ou mais no último ano.

Clientes que não têm cartão de crédito da Simmons: enviar o catálogo a todos os clientes que gastaram US$ 6.000 ou mais no último ano.

Analisando melhor as probabilidades estimadas, vemos que a probabilidade de clientes que não têm o cartão da loja mas gastam US$ 5.000 ao ano utilizarem o cupom é 0,3922. Assim, talvez a Simmons queira revisar essa estratégia para incluir clientes que não têm o cartão de crédito, desde que eles tenham gastos US$ 5.000 ou mais no último ano.

TABELA 15.12 Probabilidades estimadas para a Simmons Stores

		Gastos anuais						
		US$ 1.000	US$ 2.000	US$ 3.000	US$ 4.000	US$ 5.000	US$ 6.000	US$ 7.000
Cartão de crédito	Sim	0,3307	0,4102	0,4948	0,5796	0,6599	0,7320	0,7936
	Não	0,1414	0,1881	0,2460	0,3148	0,3927	0,4765	0,5617

646 Estatística aplicada a administração e economia

Interpretando a equação de regressão logística

A interpretação de uma equação de regressão envolve relacionar as variáveis independentes à questão de negócios que a equação foi desenvolvida para responder. Com a regressão logística, é difícil interpretar a relação entre as variáveis independentes e a probabilidade de $y = 1$ porque a equação de regressão logística não é linear. No entanto, os estatísticos demonstraram que a relação pode ser interpretada de maneira indireta, usando um conceito chamado razão de chances.

As **chances de um evento ocorrer** são definidas como a probabilidade de um evento ocorrer dividida pela probabilidade de ele não ocorrer. Na regressão logística, o evento de interesse é sempre $y = 1$. Dado um determinado conjunto de valores para as variáveis independentes, as chances de $y = 1$ podem ser calculadas como:

$$\text{chances} = \frac{P(y = 1|x_1, x_2, ..., x_p)}{P(y = 0|x_1, x_2, ..., x_p)} = \frac{P(y = 1|x_1, x_2, ..., x_p)}{1 - P(y = 1|x_1, x_2, ..., x_p)} \tag{15.33}$$

A **razão de chances** mede o impacto de um aumento de uma unidade em apenas uma das variáveis independentes sobre as chances. A razão de chances é a chance de $y = 1$ visto que uma das variáveis independentes teve um aumento de uma unidade (chance_1) dividida pela chance de $y = 1$ sem nenhuma alteração nos valores das variáveis independentes (chance_0).

> RAZÃO DE CHANCES
>
> $$\text{Razão de chances} = \frac{\text{chance}_1}{\text{chance}_0} \tag{15.34}$$

Por exemplo, suponha estejamos interessados em comparar as chances de clientes que gastam US\$ 2.000 por ano e têm o cartão de crédito da Simmons ($x_1 = 2$ e $x_2 = 1$) com as chances de clientes que gastam o mesmo valor mas não têm o cartão da loja ($x_1 = 2$ e $x_2 = 0$) utilizarem o cupom. Nós queremos interpretar o efeito de um aumento de uma unidade na variável independente x_2. Neste caso,

$$\text{chance}_1 = \frac{P(y = 1|x_1 = 2, x_2 = 1)}{1 - P(y = 1|x_1 = 2, x_2 = 1)}$$

e

$$\text{chance}_0 = \frac{P(y = 1|x_1 = 2, x_2 = 0)}{1 - P(y = 1|x_1 = 2, x_2 = 0)}$$

Anteriormente, mostramos que a estimativa da probabilidade de $y = 1$ visto que $x_1 = 2$ e $x_2 = 1$ é 0,4102 e a estimativa da probabilidade de $y = 1$ visto que $x_1 = 2$ e $x_2 = 0$ é 0,1881. Assim,

$$\text{Estimativa de chance}_1 = \frac{0,4102}{1 - 0,4102} = 0,6956$$

e

$$\text{Estimativa de chance}_0 = \frac{0,1881}{1 - 0,1881} = 0,2318$$

A razão de chances estimada é

$$\text{Razão de chances estimada} = \frac{0,6956}{0,2318} = 3,00$$

Dessa forma, podemos concluir que as chances estimadas de clientes que gastaram US$ 2.000 no último ano e têm cartão de crédito da Simmons utilizarem o cupom são três vezes maiores que as chances daqueles que gastaram o mesmo valor mas não têm o cartão da loja.

A razão de chances de cada variável independente é calculada mantendo todas as outras variáveis constantes, não importa quais sejam os valores constantes usados. Por exemplo, se calculássemos a razão de chances da variável do cartão de crédito da Simmons (x_2) usando US$ 3.000 em vez de US$ 2.000 para a variável de gastos anuais (x_1), ainda obteríamos o mesmo valor de razão de chances estimada (3,00). Assim, podemos concluir que as chances estimadas de clientes que têm cartão de crédito da Simmons utilizarem o cupom são três vezes maiores que as daqueles que não têm o cartão.

A razão de chances é um resultado padrão dos pacotes de software de regressão logística. Consulte o resultado do Minitab da Figura 15.13. A coluna com cabeçalho Odds Ratio contém as razões de chances estimadas para cada uma das variáveis independentes. A razão de chances estimada de x_1 é 1,4073 e de x_2 é 3,0004. Já demonstramos como interpretar a razão de chances estimada da variável independente binária x_2. Agora, vamos analisar a interpretação da razão de chances estimada da variável independente contínua x_1.

O valor de 1,4073 na coluna Odds Ratio do resultado do Minitab nos diz que as chances estimadas de clientes que gastaram US$ 3.000 no último ano utilizarem o cupom é 1,4073 vezes maior que as chances de clientes que gastaram US$ 2.000. Além disso, essa interpretação é válida para qualquer mudança de uma unidade em x_1. Por exemplo, as chances estimadas de alguém que gastou US$ 5.000 no último ano utilizar o cupom são 1,4073 vezes maiores que as chances de alguém que gastou US$ 4.000 no mesmo período. Porém, suponha que estejamos interessados na variação das chances para um aumento de mais de uma unidade em uma variável independente. Observe que x_1 pode variar de 1 a 7. A razão de chances dada pelo resultado do Minitab não responde a essa pergunta. Para isso, precisamos explorar a relação entre a razão de chances e os coeficientes de regressão.

Existe uma relação singular entre a razão de chances de uma variável e o coeficiente de regressão correspondente a ela. Para cada variável independente de uma equação de regressão logística, é possível demonstrar que

$$\text{Razão de chances} = e^{\beta_i}$$

Para ilustrar essa relação, considere a variável independente x_1 no exemplo da Simmons. A razão de chances estimada para x_1 é

$$\text{Razão de chances estimada} = e^{b_1} = e^{0,342} = 1,407$$

Da mesma forma, a razão de chances estimada para x_2 é

$$\text{Razão de chances estimada} = e^{b_2} = e^{1,099} = 3,001$$

Essa relação entre a razão de chances e os coeficientes das variáveis independentes facilita o cálculo das razões de chances estimadas depois de desenvolver estimativas dos parâmetros do modelo. Além disso, ela também proporciona a capacidade de investigar mudanças na razão de chances de uma variável independente contínua de mais ou menos que uma unidade.

A razão de chances de uma variável independente representa a mudança nas chances de uma alteração de uma unidade em uma variável independente mantendo todas as outras variáveis independentes constantes. Suponha que nossa intenção seja avaliar os efeitos de uma mudança de mais de uma unidade, digamos, c unidades. Suponha, por exemplo, que no caso da Simmons nosso interesse seja comparar as chances de clientes que gastam US$ 5.000 por ano ($x_1 = 5$) utilizarem o cupom com as chances de clientes que gastam US$ 2.000 por ano ($x_1 = 2$). Neste caso, $c = 5 - 2 = 3$ e a razão de chances estimada correspondente é

$$e^{cb_1} = e^{3(0,342)} = e^{1,026} = 2,79$$

Este resultado indica que as chances estimadas de clientes que gastam US$ 5.000 por ano utilizarem o cupom são 2,79 vezes maiores que as dos clientes que gastam US$ 2.000 por ano. Em outras palavras, a razão de chances estimada para um aumento de US$ 3.000 nos gastos anuais é 2,79.

Em geral, a razão de chances permite a comparação das chances de ocorrência de dois eventos diferentes. Se o valor da razão de chances for 1, a possibilidade de ocorrência dos dois eventos será a mesma. Portanto, se a variável independente que está sendo analisada (como o *status* do cartão de crédito da Simmons) tiver um impacto positivo sobre a probabilidade de ocorrência do evento, a razão de chances correspondente será maior que 1. A maioria dos pacotes de software de regressão logística fornece um intervalo de confiança para a razão de chances. O resultado do Minitab da

648 Estatística aplicada a administração e economia

Figura 15.13 apresenta um intervalo de confiança de 95% de cada uma das razões de chances. Por exemplo, a estimativa pontual da razão de chances de x_1 é 1,4073 e o intervalo de confiança de 95% é de 1,0936 a 1,8109. Como o intervalo de confiança não contém o valor 1, podemos concluir que x_1 tem uma relação significativa com a razão de chances estimada. Da mesma forma, o intervalo de confiança de 95% da razão de chances de x_2 vai de 1,255 a 7,173. Como este intervalo não contém o valor 1, também podemos concluir que x_2 tem uma relação significativa com a razão de chances.

Transformação logit

Uma relação interessante pode ser observada entre as chances de ocorrência de $y = 1$ e o expoente de e na equação de regressão logística. Pode-se demonstrar que

$$\ln(\text{chances}) = \beta_0 + \beta_1 x_1 + \beta_2 x_2 + \ldots + \beta_p x_p$$

Esta equação mostra que o logaritmo natural das chances de sucesso de $y = 1$ é uma função linear das variáveis independentes. Essa função linear é chamada de **logit**. Usaremos a notação $g(x_1, x_2, \ldots, x_p)$ para representar o logit.

LOGIT

$$g(x_1, x_2, \ldots, x_p) = \beta_0 + \beta_1 x_1 + \beta_2 x_2 + \cdots + \beta_p x_p \tag{15.35}$$

Substituindo $\beta_0 + \beta_1 x_1 + \beta_2 x_2 + \ldots + \beta_p x_p$ por $g(x_1, x_2, \ldots, x_p)$ na Equação (15.27), podemos escrever a equação de regressão logística como

$$E(y) = \frac{e^{g(x_1, x_2, \ldots, x_p)}}{1 + e^{g(x_1, x_2, \ldots, x_p)}} \tag{15.36}$$

Depois de estimar os parâmetros da equação de regressão logística, podemos calcular uma estimativa de logit. Usando $\hat{g}(x_1, x_2, \ldots, x_p)$ para representar o **logit estimado**, temos

---

LOGIT ESTIMADO

$$\hat{g}(x_1, x_2, \ldots, x_p) = b_0 + b_1 x_1 + b_2 x_2 + \cdots + b_p x_p \tag{15.37}$$

Dessa forma, quanto ao logit estimado, a equação de regressão é:

$$\hat{y} = \frac{e^{b_0 + b_1 x_1 + b_2 x_2 + \cdots + b_p x_p}}{1 + e^{b_0 + b_1 x_1 + b_2 x_2 + \cdots + b_p x_p}} = \frac{e^{\hat{g}(x_1, x_2, \ldots, x_p)}}{1 + e^{\hat{g}(x_1, x_2, \ldots, x_p)}} \tag{15.38}$$

Para o exemplo da Simmons Stores, o logit estimado é

$$\hat{g}(x_1, x_2) = -2,146 + 0,342 x_1 + 1,099 x_2$$

e a equação de regressão estimada é

$$\hat{y} = \frac{e^{\hat{g}(x_1, x_2)}}{1 + e^{\hat{g}(x_1, x_2)}} = \frac{e^{-2,146 + 0,342 x_1 + 1,099 x_2}}{1 + e^{-2,146 + 0,342 x_1 + 1,099 x_2}}$$

Então, graças à relação única entre o logit estimado e a equação de regressão logística estimada, podemos calcular as probabilidades estimadas da Simmons Stores dividindo $e^{\hat{g}(x_1, x_2)}$ por $1 + e^{\hat{g}(x_1, x_2)}$.

NOTAS E COMENTÁRIOS

1. Devido à relação singular entre os coeficientes estimados no modelo e as razões de chances correspondentes, o teste geral de significância com base na estatística χ^2 também é um teste da significância geral das razões de chances. Além disso, o teste χ^2 de significância individual de um parâmetro do modelo também fornece um teste estatístico de significância da razão de chances correspondente.

2. Nas regressões simples e múltiplas, o coeficiente de determinação é usado para medir a qualidade do ajuste. Na regressão logística, nenhuma medida única fornece uma interpretação como essa. Uma discussão sobre a qualidade do ajuste está além do escopo da nossa introdução à regressão logística.

Exercícios

Aplicações

44. Volte ao exemplo da Simmons Stores apresentado nesta seção. A variável dependente é codificada como $y = 1$ quando o cliente usa o cupom, e 0 quando ele não usa. Suponha que a única informação disponível para ajudar a prever se o cliente vai usar o cupom seja o *status* do cartão de crédito, classificado como $x = 1$ se o cliente tem um cartão de crédito da Simmons e $x = 0$ quando não tem.

    Simmons

    a. Escreva a equação de regressão logística que relaciona x a y.
    b. Qual é a interpretação de $E(y)$ quando $x = 0$?
    c. Com os dados da Simmons da Tabela 15.11, use o Minitab para calcular o logit estimado.
    d. Use o logit estimado calculado na parte (c) para estimar a probabilidade de clientes que têm e que não têm o cartão de crédito da loja utilizarem o cupom.
    e. Qual é a razão de chances estimada? Como você a interpreta?

45. Na Tabela 15.12, fornecemos estimativas da probabilidade de uso do cupom da promoção no catálogo da Simmons Stores. Cada combinação de valores das variáveis independentes gera um valor diferente.
    a. Calcule as chances de usar o cupom no caso de um cliente com gastos anuais de US$ 4.000 que não tem o cartão de crédito da Simmons ($x_1 = 4, x_2 = 0$).
    b. Use as informações da Tabela 15.12 e da parte (a) para calcular a razão de chances da variável cartão de crédito da Simmons $x_2 = 0$, mantendo os gastos constantes em $x_1 = 4$.
    c. No texto, a razão de chances da variável cartão de crédito foi calculada usando as informações da coluna de US$ 2.000 da Tabela 15.12. Você chegou ao mesmo valor de razão de chances na parte (b)?

46. O Community Bank deseja aumentar o número de clientes que usam depósito direto da folha de pagamento. A gerência está avaliando uma nova campanha de vendas que vai exigir que o gerente de cada agência ligue para todos os clientes que não usam essa modalidade de depósito atualmente. Como incentivo para adotar o depósito direto da folha de pagamento, cada cliente contatado receberá uma oferta de conta corrente grátis por dois anos. Devido ao tempo e ao custo associados à nova campanha, a gerência quer concentrar os esforços nos clientes com maior probabilidade de adotar o depósito direto da folha de pagamento. A direção acredita que o saldo médio mensal da conta corrente do cliente pode ser útil para prever se ele vai ou não adotar o depósito direto. Para investigar a relação entre essas duas variáveis, o Community Bank testou a nova campanha com uma amostra de 50 clientes com contas correntes que ainda não usam o depósito direto da folha de pagamento. Os dados amostrais mostram o saldo mensal médio da conta corrente (em centenas de dólares) e se o cliente adotou ou não o depósito direto (codificado em 1 se ele adotou e 0 em caso negativo). Os dados estão no conjunto de dados chamado Bank. Uma parte deles é exibida abaixo.

Cliente	$x =$ Saldo mensal	$y =$ Depósito direto
1	1,22	0
2	1,56	0
3	2,10	0
4	2,25	0
5	2,89	0
6	3,55	0
7	3,56	0
8	3,65	1
.	.	.
.	.	.
48	18,45	1
49	24,98	0
50	26,05	1

Bank

a. Escreva a equação de regressão logística que relaciona x a y.
b. Para os dados do Community Bank, use o Minitab para calcular a equação de regressão logística estimada.
c. Conduza um teste de significância usando a estatística de teste χ^2. Use $\alpha = 0{,}05$.
d. Estime a probabilidade de clientes com saldo mensal médio de US$ 1.000 adotarem o depósito direto da folha de pagamento.
e. Suponha que o Community Bank queira entrar em contato somente com clientes que tenham probabilidade de 0,50 ou mais de adotar o depósito direto. Qual é o saldo mensal médio necessário para alcançar esse nível de probabilidade?
f. Qual é a razão de chances estimada? Como você a interpreta?

47. Nos últimos anos, a porcentagem de estudantes que saem da Lakeland College no final do primeiro ano aumentou. No último ano, a Lakeland iniciou um programa voluntário de orientação com duração de uma semana para ajudar alunos do primeiro ano a se adaptarem à vida no câmpus. Se conseguir demonstrar que o programa de orientação teve um efeito positivo sobre a retenção, a direção da universidade vai avaliar a possibilidade de tornar o programa obrigatório para todos os alunos do primeiro ano. A administração da Lakeland também suspeita que alunos com notas mais baixas no GPA têm maior probabilidade de sair da faculdade no fim do primeiro ano. Para investigar a relação dessas variáveis com a retenção, a universidade selecionou uma amostra aleatória com 100 estudantes calouros do último ano. Os dados estão no conjunto de dados Lakeland. Uma parte desses dados é apresentada a seguir.

Estudante	GPA	Programa	Retorno
1	3,78	1	1
2	2,38	0	1
3	1,30	0	0
4	2,19	1	0
5	3,22	1	1
6	2,68	1	1
...	...	...	...
98	2,57	1	1
99	1,70	1	1
100	3,85	1	1

Lakeland

A variável dependente foi codificada como $y = 1$ quando o aluno voltou para Lakeland no segundo ano e $y = 0$ quando não. As duas variáveis independentes são:

$x_1 = $ GPA no fim do primeiro semestre

$x_2 = \begin{cases} 0 \text{ se o aluno não frequentou o programa de orientação} \\ 1 \text{ se o aluno frequentou o programa de orientação} \end{cases}$

a. Escreva a equação de regressão logística que relaciona x_1 e x_2 a y.
b. Qual é a interpretação de $E(y)$ quando $x_2 = 0$?
c. Use as duas variáveis independentes e o Minitab para calcular o logit estimado.
d. Conduza um teste de significância geral usando $\alpha = 0{,}05$.
e. Use $\alpha = 0{,}05$ para determinar se cada uma das variáveis independentes é significativa.
f. Use o logit estimado calculado na parte (c) para estimar a probabilidade de alunos com GPA de 2,5 e que não frequentaram o programa de orientação retornarem à Lakeland para o segundo ano. Qual é a probabilidade no caso de alunos com GPA de 2,5 que participaram do programa de orientação?
g. Qual é a razão de chances estimada do programa de orientação? Interprete-a.
h. Você recomendaria que o programa de orientação fosse transformado em uma atividade obrigatória? Justifique sua resposta.

48. A Tire Rack mantém uma pesquisa de consumidores independente para auxiliar os motoristas a se ajudarem, compartilhando suas experiências de longo prazo com pneus. Os dados contidos no arquivo TireRatings mostram os resultados da pesquisa com 68 pneus *all-season*. As características de desempenho são classificadas usando a escala de dez pontos abaixo.

Superior		Excelente		Bom		Satisfatório		Inaceitável
10	9	8	7	6	5	4	3	2	1

TireRatings

Os valores da variável nomeada como "Solo molhado" são a média das notas do desempenho de tração em solo molhado de cada pneu. Já os valores da variável "Ruído" são as notas médias do nível de ruído gerado por cada pneu. Os participantes também tinham de responder se comprariam o pneu novamente usando a seguinte escala de dez pontos:

Certamente		Provavelmente		Possivelmente		Provavelmente não		Definitivamente não	
10	9	8	7	6	5	4	3	2	1

Os valores da variável "Recompra" são as respostas médias de recompra. Para este exercício, criamos a seguinte variável dependente binária:

$$\text{Compra} = \begin{cases} 1 \text{ se o valor da variável Recompra for 7 ou mais} \\ 0 \text{ se o valor da variável Recompra for menor que 7} \end{cases}$$

Assim, se Compra = 1, o participante provável ou certamente compraria o pneu de novo.

a. Escreva a equação de regressão logística que relaciona x_1 = classificação do desempenho em solo molhado e x_2 = classificação do nível de ruído a y = compra.
b. Use o Minitab para calcular o logit estimado.
c. Use o logit estimado para calcular uma estimativa da probabilidade de um cliente recomprar (provável ou certamente) um determinado pneu com classificação de desempenho em solo molhado 8 e de nível de ruído 8.
d. Suponha que as classificações de desempenho em piso molhado e ruído fossem 7. Como isso afeta a probabilidade de um cliente recomprar um determinado pneu com essas avaliações de desempenho?
e. Se você fosse CEO de uma empresa de pneus, o que os resultados das partes (c) e (d) indicam?

Resumo

Neste capítulo, introduzimos a análise de regressão múltipla como uma extensão da análise de regressão linear apresentada no Capítulo 14. A análise de regressão múltipla permite entender como uma variável dependente se relaciona com duas ou mais variáveis independentes. A equação de regressão múltipla $E(y) = \beta_0 + \beta_1 x_1 + \beta_2 x_2 + \ldots + \beta_p x_p$ mostra que o valor médio ou esperado da variável dependente y, representado por $E(y)$, está relacionado com os valores das variáveis independentes $x_1, x_2, \ldots, x_p$. Dados amostrais e o método dos mínimos quadrados são usados para desenvolver a equação de regressão múltipla estimada $\hat{y} = b_0 + b_1 x_1 + b_2 x_2 + \ldots + b_p x_p$. Na verdade, $b_0, b_1, b_2, \ldots, b_p$ são estatísticas amostrais usadas para estimar os parâmetros desconhecidos do modelo, $\beta_0, \beta_1, \beta_2, \ldots, \beta_p$. Ao longo do capítulo, foram usados resultados de computadores para enfatizar o fato de que pacotes de softwares estatísticos são os únicos meios realistas de realizar os inúmeros cálculos necessários para a análise de regressão múltipla.

O coeficiente de determinação múltiplo foi apresentado como uma medida da qualidade de ajuste da equação de regressão estimada. Ele determina a proporção de variação de y que pode ser explicada pela equação de regressão estimada. O coeficiente de determinação múltiplo ajustado é uma medida semelhante de qualidade de ajuste que se adapta ao número de variáveis independentes, evitando, assim, superestimar o impacto da adição de mais variáveis independentes.

Os testes F e t foram apresentados como maneiras de determinar estatisticamente se a relação entre as variáveis é significativa. O teste F é usado para determinar se há uma relação geral significativa entre a variável dependente e o conjunto de variáveis independentes. O teste t é usado para determinar se há uma relação significativa entre a variável dependente e uma variável dependente individual dadas as outras variáveis independentes do modelo de regressão. A correlação entre as variáveis independentes, conhecida como multicolinearidade, também foi discutida.

A seção sobre variáveis independentes categorizadas mostrou como as variáveis *dummy* podem ser usadas para incorporar dados categóricos na análise de regressão múltipla. A seção sobre análise dos resíduos mostrou como ela pode ser usada para validar as suposições do modelo, detectar *outliers* e identificar observações influentes. Temas como resíduos padronizados, alavanca, resíduos estudentizados excluídos e a medida da distância de Cook foram discutidos. O capítulo termina com uma seção sobre como a regressão logística pode ser usada para modelar situações em que a variável dependente só pode assumir dois valores.

Glossário

Alavanca Medida da distância dos valores das variáveis independentes em relação aos seus valores médios.

Análise de regressão múltipla Análise de regressão que envolve duas ou mais variáveis independentes.

Chance de um evento ocorrer A probabilidade de um evento ocorrer dividida pela probabilidade de ele não ocorrer.

Coeficiente de determinação múltiplo Medida da qualidade do ajuste da equação de regressão múltipla estimada. Pode ser interpretado como a proporção de variabilidade na variável dependente que é explicada pela equação de regressão estimada.

Coeficiente de determinação múltiplo ajustado Medida da qualidade do ajuste da equação de regressão múltipla estimada que se adapta ao número de variáveis independentes do modelo, evitando, assim, superestimar o impacto da adição de mais variáveis independentes.

Equação de regressão logística Equação matemática que relaciona $E(y)$, a probabilidade de $y = 1$, com os valores das variáveis independentes. Ou seja, $E(y) = P(y = 1|x_1, x_2, ..., x_p) = \dfrac{e^{\beta_0 + \beta_1 x_1 + \beta_2 x_2 + \cdots + \beta_p x_p}}{1 + e^{\beta_0 + \beta_1 x_1 + \beta_2 x_2 + \cdots + \beta_p x_p}}$.

Equação de regressão logística estimada Estimativa da equação de regressão logística com base nos dados amostrais. Ou seja, $\hat{y}$ = estimativa de $P(y = 1|x_1, x_2, ..., x_p) = \dfrac{e^{b_0 + b_1 x_1 + b_2 x_2 + \cdots + b_p x_p}}{1 + e^{b_0 + b_1 x_1 + b_2 x_2 + \cdots + b_p x_p}}$.

Equação de regressão múltipla Equação matemática que relaciona o valor esperado ou valor médio da variável dependente com os valores das variáveis independentes. Ou seja, $E(y) = \beta_0 + \beta_1 x_1 + \beta_2 x_2 + \cdots + \beta_p x_p$.

Equação de regressão múltipla estimada Estimativa da equação de regressão múltipla com base nos dados amostrais e no método dos mínimos quadrados: $= b_0 + b_1 x_1 + b_2 x_2 + \cdots + b_p x_p$.

Logit Logaritmo natural das chances de sucesso de $y = 1$. Ou seja, $g(x_1, x_2, ..., x_p) = \beta_0 + \beta_1 x_1 + \beta_2 x_2 + \cdots + \beta_p x_p$.

Logit estimado Estimativa do logit com base nos dados amostrais. Ou seja, $\hat{g} = (x_1, x_2, ..., x_p) = b_0 + b_1 x_1 + b_2 x_2 + \cdots + b_p x_p$.

Medida da distância de Cook Medida da influência de uma observação com base na alavanca e nos resíduos da observação i.

Método dos mínimos quadrados Método usado para desenvolver a equação de regressão estimada. Ele minimiza a soma dos resíduos ao quadrado (os desvios entre os valores observados da variável dependente, y_i, e os valores previstos da variável dependente, $\hat{y}_i$).

Modelos de regressão múltipla Equação matemática que descreve como a variável dependente y está relacionada com as variáveis independentes $x_1, x_2, ..., x_p$ e um termo de erro ε.

Multicolinearidade Termo usado para descrever a correlação entre as variáveis independentes.

Observação influente Uma observação que tem forte influência sobre os resultados da regressão.

Outlier Observação que não se encaixa no padrão dos outros dados.

Razão de chances A chance de $y = 1$ visto que uma das variáveis independentes aumentou em uma unidade (chances$_1$) dividida pela chance de $y = 1$ quando não há nenhuma alteração nos valores das variáveis independentes (chances$_0$). Ou seja, Razão de chances = chances$_1$/chances$_0$.

Resíduos estudentizados excluídos Resíduos padronizados baseados em um erro padrão revisado da estimativa, obtido ao excluir a observação i do conjunto de dados e realizar a análise de regressão e os cálculos.

Variável categorizada independente Variável independente com dados categóricos.

Variável *dummy* Variável usada para modelar o efeito de variáveis independentes categorizadas. Uma variável *dummy* só pode assumir os valores zero ou um.

Fórmulas-chave

Modelo de regressão múltipla

$$y = \beta_0 + \beta_1 x_1 + \beta_2 x_2 + \cdots + \beta_p x_p + \varepsilon \qquad (15.1)$$

Equação de regressão múltipla

$$E(y) = \beta_0' + \beta_1 x_1 + \beta_2 x_2 + \cdots + \beta_p x_p \qquad (15.2)$$

Equação de regressão múltipla estimada

$$\hat{y} = b_0 + b_1 x_1 + b_2 x_2 + \cdots + b_p x_p \qquad (15.3)$$

Critério dos mínimos quadrados

$$\text{mín } \Sigma(y_i - \hat{y}_i)^2 \qquad (15.4)$$

Relação entre SQTot, SQReg e SQRes

$$\text{SQTot} = \text{SQReg} + \text{SQRes} \qquad (15.7)$$

Coeficiente de determinação múltiplo

$$R^2 = \frac{\text{SQReg}}{\text{SQTot}} \qquad \text{(15.8)}$$

Coeficiente de determinação múltiplo ajustado

$$R_\text{a}^2 = 1 - (1 - R^2)\frac{n-1}{n-p-1} \qquad \text{(15.9)}$$

Quadrado médio devido à regressão

$$\text{QMReg} = \frac{\text{SQReg}}{p} \qquad \text{(15.12)}$$

Quadrado médio dos resíduos

$$\text{QMRes} = \frac{\text{SQRes}}{n-p-1} \qquad \text{(15.13)}$$

Estatística do teste F

$$F = \frac{\text{QMReg}}{\text{QMRes}} \qquad \text{(15.14)}$$

Estatística do teste t

$$t = \frac{b_i}{s_{b_i}} \qquad \text{(15.15)}$$

Resíduo padronizado da observação i

$$\frac{y_i - \hat{y}_i}{s_{y_i - \hat{y}_i}} \qquad \text{(15.23)}$$

Desvio padrão do resíduo i

$$s_{y_i - \hat{y}_i} = s\sqrt{1 - h_i} \qquad \text{(15.24)}$$

Medida da distância de Cook

$$D_i = \frac{(y_i - \hat{y}_i)^2}{(p+1)s^2}\left[\frac{h_i}{(1-h_i)^2}\right] \qquad \text{(15.25)}$$

Equação de regressão logística

$$E(y) = \frac{e^{\beta_0 + \beta_1 x_1 + \beta_2 x_2 + \cdots + \beta_p x_p}}{1 + e^{\beta_0 + \beta_1 x_1 + \beta_2 x_2 + \cdots + \beta_p x_p}} \qquad \text{(15.27)}$$

654 Estatística aplicada a administração e economia

Equação de regressão logística estimada

$$\hat{y} = \text{estimativa de } P(y = 1 \mid x_1, x_2, \ldots, x_p) = \frac{e^{b_0 + b_1 x_1 + b_2 x_2 + \cdots + b_p x_p}}{1 + e^{b_0 + b_1 x_1 + b_2 x_2 + \cdots + b_p x_p}} \qquad \textbf{(15.30)}$$

Razão de chances

$$\text{Razão de chances} = \frac{\text{chance}_1}{\text{chance}_0} \qquad \textbf{(15.34)}$$

Logit

$$g(x_1, x_2, \ldots, x_p) = \beta_0 + \beta_1 x_1 + \beta_2 x_2 + \cdots + \beta_p x_p \qquad \textbf{(15.35)}$$

Logit estimado

$$\hat{g}(x_1, x_2, \ldots, x_p) = b_0 + b_1 x_1 + b_2 x_2 + \cdots + b_p x_p \qquad \textbf{(15.37)}$$

Exercícios suplementares

49. O responsável pelas admissões na Clearwater College desenvolveu a equação de regressão estimada abaixo para relacionar o GPA do fim da faculdade à nota de matemática do estudante no SAT e ao GPA do ensino médio.

$$\hat{y} = -1,41 + 0,0235x_1 + 0,00486x_2$$

onde

$$x_1 = \text{GPA no ensino médio}$$
$$x_2 = \text{nota de matemática no SAT}$$
$$y = \text{GPA no fim da faculdade}$$

   a. Interprete os coeficientes dessa equação de regressão estimada.
   b. Preveja o GPA no fim da faculdade de um estudante que tem média 84 no ensino médio e tirou 540 no teste de matemática do SAT.

50. O diretor de pessoal da Electronics Associates desenvolveu a equação de regressão estimada abaixo para relacionar a nota de um funcionário no teste de satisfação no trabalho com o tempo de serviço e a faixa salarial.

$$\hat{y} = 14,4 - 8,69x_1 + 13,5x_2$$

onde

$$x_1 = \text{tempo de serviço (em anos)}$$
$$x_2 = \text{faixa salarial (em dólares)}$$
$$y = \text{nota no teste de satisfação no trabalho}$$
$$\text{(notas mais altas indicam maior satisfação)}$$

   a. Interprete os coeficientes dessa equação de regressão estimada.
   b. Preveja a nota de satisfação no trabalho de um funcionário que tem quatro anos de serviço e ganha US$ 13,00 por hora.

51. Um resultado parcial de uma análise de regressão calculada por computador é mostrado a seguir.
   a. Calcule as entradas que faltam nesse resultado.
   b. Use o teste F e $\alpha = 0,05$ para ver se há uma relação significativa presente.
   c. Use o teste t e $\alpha = 0,05$ para testar $H_0: \beta_1 = 0$ e $H_0: \beta_2 = 0$.

```
Analysis of Variance

Source        DF    Adj SS    Adj MS    F-Value    P-Value
Regression    __     1612     _____   _____    0.000
x1             1    146.366   146.366    13.042     0.004
x2             1    289.047   289.047    25.756     0.000
Error         12    _____    11.223
Total         __    _____


Model Summary
     S      R-sq     R-sq (adj)    R-sq(pred)
   3.35    92.30%      _____%         85.12%


Coefficients

Term          Coef    SE Coef   T-Value    P-Value    VIF
Constant    _____    2.667    _____     0.010
x1          _____    2.105    _____     0.004     1.62
x2          _____    0.613    _____     0.000     1.62


Regression Equation
y = 8.103 + 7.602 X1 + 3.111 X2
```

52. Lembre-se que, no exercício 49, o responsável pelas admissões da Clearwater College desenvolveu a equação de regressão estimada, a seguir, para relacionar o GPA do fim da faculdade às notas do estudante na prova de matemática do SAT e no GPA do ensino médio.

$$\hat{y} = -1,41 + 0,0235x_1 + 0,00486x_2$$

onde

$$x_1 = \text{GPA no ensino médio}$$
$$x_2 = \text{nota de matemática no SAT}$$
$$y = \text{GPA no fim da faculdade}$$

Uma parte do resultado do cálculo do Minitab é exibida a seguir.

```
Analysis of Variance

Source        DF    Adj SS     Adj MS    F-Value    P-Value
Regression    __    1.76209   _____   _____    0.000
X1             1    0.12389   0.12389      7.35      0.030
X2             1    0.34308   0.34308     20.36      0.003
Error         __    _____   _____
Total          9    1.88003


Model Summary
     S      R-sq     R-sq (adj)    R-sq(pred)
   3.35    _____%      _____%         85.12%


Coefficients

Term          Coef    SE Coef   T-Value    P-Value    VIF
Constant     -1.41    0.4848    _____     0.000
x1           0.0235   0.0087    _____     0.030     1.54
x2          _____   0.0011    _____     0.003     1.54


Regression Equation
y = -1.41 + 0.0235 X1 + 0.00486 X2
```

a. Complete as entradas que faltam nesse resultado.
b. Use o teste F e nível de significância de 0,05 para ver se há uma relação significativa.
c. Use o teste t e $\alpha = 0,05$ para testar $H_0: \beta_1 = 0$ e $H_0: \beta_2 = 0$.
d. A equação de regressão estimada fornece um bom ajuste para os dados? Explique.

53. Lembre-se que, no exercício 50, o diretor de pessoal da Electronics Associates desenvolveu a equação de regressão estimada abaixo para relacionar a nota de um funcionário no teste de satisfação no trabalho com o tempo de serviço e a faixa salarial.

$$\hat{y} = 14{,}41 - 8{,}69x_1 + 13{,}5x_2$$

onde

$x_1 =$ tempo de serviço (em anos)
$x_2 =$ faixa salarial (em dólares)
$y =$ nota no teste de satisfação no trabalho
(notas mais altas indicam maior satisfação)

Uma parte do resultado do cálculo do Minitab é exibida a seguir.

```
Analysis of Variance
Source          DF    Adj SS    Adj MS    F-Value    P-Value
Regression       2    _____    _____    _____      0.003
X1               1    444.58    444.58     31.23      0.003
X2               1    598.57    598.57     42.05      0.001
Error           __     71.18    _____
Total            7    720.00


Model Summary
      S        R-sq      R-sq (adj)     R-sq(pred)
   3.773      ____%        ____%          69.93%


Coefficients
Term          Coef    SE Coef    T-Value    P-Value    VIF
Constant     14.41     8.191      1.76       0.139
x1           _____     1.555      _____      0.003     1.95
x2           13.52     2.085      _____      0.001     1.95


Regression Equation
y = 14.41 - 8.69 X1 + 13.52 X2
```

a. Complete as entradas que faltam nesse resultado.
b. Calcule F e teste usando $\alpha = 0,05$ para ver se uma relação significativa está presente.
c. A equação de regressão estimada fornece um bom ajuste para os dados? Explique.
d. Use o teste t e $\alpha = 0,05$ para testar $H_0: \beta_1 = 0$ e $H_0: \beta_2 = 0$.

54. A Tire Rack, empresa líder na distribuição on-line de pneus e rodas nos EUA, conduz testes extensos para fornecer aos clientes os produtos certos para seus veículos, estilos de direção e condições de rodagem. Além disso, a Tire Rack mantém uma pesquisa de consumidores independente para auxiliar os motoristas a se ajudarem, compartilhando suas experiências de longo prazo com os pneus. Os dados abaixo mostram as classificações da pesquisa (escala de 1 a 10, com 10 sendo a nota mais alta) para 18 pneus de alto desempenho. A variável Direção avalia a capacidade de resposta do pneu, Desgaste mede a rapidez do desgaste com base nas expectativas do cliente e Recompra classifica a satisfação geral do motorista com o pneu e o desejo de comprar o mesmo modelo de novo.

Pneu	Direção	Desgaste	Recompra
Goodyear Assurance TripleTred	8,9	8,5	8,1
Michelin HydroEdge	8,9	9,0	8,3
Michelin Harmony	8,3	8,8	8,2
Dunlop SP 60	8,2	8,5	7,9

continua

Pneu	Direção	Desgaste	Recompra
Goodyear Assurance ComforTred	7,9	7,7	7,1
Yokohama Y372	8,4	8,2	8,9
Yokohama Aegis LS4	7,9	7,0	7,1
Kumho Power Star 758	7,9	7,9	8,3
Goodyear Assurance	7,6	5,8	4,5
Hankook H406	7,8	6,8	6,2
Michelin Energy LX4	7,4	5,7	4,8
Michelin MX4	7,0	6,5	5,3
Michelin Symmetry	6,9	5,7	4,2
Kumho 722	7,2	6,6	5,0
Dunlop SP 40 A/S	6,2	4,2	3,4
Bridgestone Insignia SE200	5,7	5,5	3,6
Goodyear Integrity	5,7	5,4	2,9
Dunlop SP20 FE	5,7	5,0	3,3

a. Desenvolva uma equação de regressão estimada que possa ser usada para prever a classificação de Recompra com base na classificação de direção. Com nível de significância de 0,05, teste se há uma relação significativa.
b. A equação de regressão estimada desenvolvida na parte (a) fornece um bom ajuste para os dados? Explique.
c. Desenvolva uma equação de regressão estimada que possa ser usada para prever a classificação de Recompra dadas as classificações de Direção e Desgaste.
d. A adição da variável independente desgaste é significativa? Use $\alpha = 0,05$.

55. O documento *2012 Fuel Economy Guide*, do Departamento de Energia e da Agência de Proteção Ambiental dos EUA, fornece dados de eficiência de combustível de carros e caminhões de modelos do ano de 2012 (site do Departamento de Energia dos EUA, 16 de abril de 2012). O arquivo chamado 2012FuelEcon traz uma parte dos dados de 309 carros. A coluna Fabricante mostra o nome da empresa que fabricou o carro; a coluna Cilindradas apresenta o deslocamento do motor em litros; a coluna Combustível informa o tipo necessário ou recomendado de combustível (gasolina comum ou *premium*); a coluna Tração identifica o tipo de tração (D para dianteira, T para traseira e Q para quatro rodas); e a coluna Estrada mostra a classificação da eficiência do combustível na estrada com relação a milhas por galão.
a. Desenvolva uma equação de regressão estimada que possa ser usada para prever a eficiência do combustível na estrada dadas as cilindradas do motor. Teste a significância usando $\alpha = 0,05$.
b. Considere a adição da variável *dummy* CombustívelPremium, cujo valor é 1 quando o tipo necessário ou recomendado de combustível é gasolina *premium* e 0 quando o tipo é gasolina comum. Desenvolva a equação de regressão estimada que pode ser usada para prever a eficiência do combustível na estrada considerando as cilindradas e a variável *dummy* CombustívelPremium.
c. Use $\alpha = 0,05$ para determinar se a variável *dummy* adicionada na parte (b) é significativa.
d. Considere a adição das variáveis *dummy* TraçãoDianteira e TraçãoTraseira. O valor de TraçãoDianteira é 1 quando o carro tem tração dianteira e 0 quando não tem. O valor de TraçãoTraseira é 1 quando o carro tem esse tipo de tração e 0 quando não tem. Assim, para um veículo com tração nas quatro rodas, o valor de TraçãoDianteira e TraçãoTraseira será 0. Desenvolva a equação de regressão estimada que pode ser usada para prever a eficiência do combustível na estrada considerando as cilindradas e as variáveis *dummy* CombustívelPremium, TraçãoDianteira e TraçãoTraseira.
e. Na equação de regressão estimada desenvolvida na parte (d), teste a significância geral e a significância individual usando $\alpha = 0,05$.

56. Uma parte de um conjunto de dados que contém informações sobre 45 fundos mútuos que fazem parte dos *Morningstar Funds 500* é apresentada a seguir. O conjunto de dados completo está disponível no arquivo MutualFunds. Esses dados incluem as seguintes cinco variáveis:
Tipo de fundo: o tipo de fundo, nomeado como CD (capital doméstico), CI (capital internacional) e RF (renda fixa).
Valor líquido dos ativos (US$): preço de fechamento por ação em 31 de dezembro de 2007.
Retorno médio em 5 anos (%): retorno anual médio do fundo nos últimos cinco anos.
Taxa de despesas (%): porcentagem de ativos deduzidos em cada ano fiscal para despesas do fundo.
Ranking da Morningstar: a classificação de cada fundo (por estrelas) ajustada ao risco. As classificações da Morningstar vão de 1 a 5 estrelas.

Nome do fundo	Tipo de fundo	Valor líquido do ativo (US$)	Retorno médio em 5 anos (%)	Taxa de despesas (%)	Ranking da Morningstar
Amer Cent Inc & Growth Inv	CD	28,88	12,39	0,67	2 estrelas
American Century Intl. Disc	CI	14,37	30,53	1,41	3 estrelas
American Century Tax-Free Bond	RF	10,73	3,34	0,49	4 estrelas

continua

658 Estatística aplicada a administração e economia

Nome do fundo	Tipo de fundo	Valor líquido do ativo (US$)	Retorno médio em 5 anos (%)	Taxa de despesas (%)	Ranking da Morningstar
American Century Ultra	CD	24,94	10,88	0,99	3 estrelas
Ariel	CD	46,39	11,32	1,03	2 estrelas
Artisan Intl Val	CI	25,52	24,95	1,23	3 estrelas
Artisan Small Cap	CD	16,92	15,67	1,18	3 estrelas
Baron Asset	CD	50,67	16,77	1,31	5 estrelas
Brandywine	CD	36,58	18,14	1,08	4 estrelas
⋮	⋮	⋮	⋮	⋮	⋮

a. Desenvolva uma equação de regressão estimada que possa ser usada para prever o retorno médio em cinco anos dado o tipo de fundo. Com nível de significância de 0,05, teste a existência de uma relação significativa.
b. A equação de regressão estimada desenvolvida na parte (a) fornece um bom ajuste para os dados? Explique.
c. Desenvolva a equação de regressão estimada que pode ser usada para prever o retorno médio em cinco anos considerando o tipo de fundo, o valor líquido do ativo e a taxa de despesas. Com nível de significância de 0,05, teste a existência de uma relação significativa. Você acha que alguma variável deve ser excluída da equação de regressão estimada? Explique.
d. O Ranking da Morningstar é uma variável categorizada. Já que o conjunto de dados só contém fundos com quatro avaliações (de 2 a 5 estrelas), use as seguintes variáveis *dummy*: 3-Estrelas = 1 se for um fundo de 3 estrelas, 0 se não for; 4-Estrelas = 1 se for um fundo de 4 estrelas, 0 se não for; 5-Estrelas = 1 se for um fundo de 5 estrelas, 0 se não for. Desenvolva uma equação de regressão estimada que possa ser usada para prever o retorno médio em cinco anos considerando o tipo de fundo, a taxa de despesas e o ranking da Morningstar. Usando $\alpha = 0,05$, remova as variáveis independentes que não são significativas.
e. Use a equação de regressão estimada desenvolvida na parte (d) para prever o retorno médio em cinco anos de um fundo de capital doméstico com taxa de despesas de 1,05% e 3 estrelas no ranking da Morningstar.

57. A revista *Fortune* publica uma lista anual das 100 melhores empresas para se trabalhar. Os dados do arquivo chamado FortuneBest mostram uma parte dos dados de uma amostra com 30 empresas que compõem a lista das 100 principais de 2012 (*Fortune*, 6 de fevereiro de 2012). A coluna Classificação mostra a classificação da empresa na lista da Fortune 100; a coluna Tamanho indica se a empresa é pequena, média ou grande; a coluna Assalariado (em milhares de dólares) mostra o salário anual médio dos funcionários assalariados arredondado para o milhar mais próximo; e a coluna Horista (em milhares de dólares) mostra o salário anual médio de funcionários horistas arredondado para o milhar mais próximo. Para a *Fortune*, empresas grandes têm mais de 10.000 funcionários, médias têm entre 2.500 e 10.000 e pequenas têm menos de 2.500 funcionários.

Classificação	Empresa	Tamanho	Assalariado (milhares de dólares)	Horista (milhares de dólares)
4	Wegmans Food Markets	Grande	56	29
6	NetApp	Média	143	76
7	Camden Property Trust	Pequena	71	37
8	Recreational Equipment (REI)	Grande	103	28
10	Quicken Loans	Média	78	54
11	Zappos.com	Média	48	25
12	Mercedes-Benz USA	Pequena	118	50
20	USAA	Grande	96	47
22	The Container Store	Média	71	45
25	Ultimate Software	Pequena	166	56
37	Plante Moran	Pequena	73	45
42	Baptist Health South Florida	Grande	126	80
50	World Wide Technology	Pequena	129	31
53	Metodist Hospital	Grande	100	83
58	Perkins Coie	Pequena	189	63
60	American Express	Grande	114	35
64	TDIndustries	Pequena	93	47
66	QuikTrip	Grande	69	44
72	EOG Resources	Pequena	189	81
75	FactSet Research Systems	Pequena	103	51
80	Stryker	Grande	71	43

DATA *file*

FortuneBest

continua

Classificação	Empresa	Tamanho	Assalariado (milhares de dólares)	Horista (milhares de dólares)
81	SRC	Pequena	84	33
84	Booz Allen Hamilton	Grande	105	77
91	CarMax	Grande	57	34
93	GoDaddy.com	Média	105	71
94	KPMG	Grande	79	59
95	Navy Federal Credit Union	Média	77	39
97	Schweitzer Engineering Labs	Pequena	99	28
99	Darden Restaurants	Grande	57	24
100	Intercontinental Hotels Group	Grande	63	26

FortuneBest

a. Use esses dados para desenvolver uma equação de regressão estimada que possa ser usada para prever o salário anual médio de funcionários assalariados considerando o salário anual médio dos horistas.
b. Use $\alpha = 0{,}05$ para testar a significância geral.
c. Para incorporar o efeito do tamanho, uma variável categorizada com três níveis, usamos duas variáveis *dummy*: Tamanho-Médio e Tamanho-Pequeno. O valor de Tamanho-Médio = 1 quando a empresa é media e 0 quando não é. Já o valor de Tamanho-Pequeno = 1 quando a empresa é pequena e 0 quando não é. Desenvolva uma equação de regressão estimada que possa ser usada para prever o salário anual médio dos funcionários assalariados considerando o salário anual médio dos horistas e o tamanho da empresa.
d. Para a equação de regressão estimada desenvolvida na parte (c), use o teste *t* para determinar a significância das variáveis independentes. Use $\alpha = 0{,}05$.
e. Com base nas suas descobertas da parte (d), desenvolva uma equação de regressão estimada que possa ser usada para prever o salário anual médio de funcionários assalariados considerando o salário anual médio dos horistas e o tamanho da empresa.

Estudo de caso 1   Consumer Research, Inc.

A Consumer Research, Inc., é uma agência independente que conduz pesquisas sobre atitudes e comportamentos de consumidores para uma variedade de empresas. Em um estudo, um cliente pediu para investigar características dos consumidores que podem ser usadas para prever o valor da fatura de usuários de cartões de crédito. Foram coletados dados sobre renda anual, tamanho da família e cobranças anuais de cartão de crédito de uma amostra de 50 consumidores. Os dados abaixo estão contidos no arquivo chamado Consumer.

Renda (milhares de dólares)	Tamanho da família	Valor cobrado (US$)	Renda (milhares de dólares)	Tamanho da família	Valor cobrado (US$)
54	3	4.016	54	6	5.573
30	2	3.159	30	1	2.583
32	4	5.100	48	2	3.866
50	5	4.742	34	5	3.586
31	2	1.864	67	4	5.037
55	2	4.070	50	2	3.605
37	1	2.731	67	5	5.345
40	2	3.348	55	6	5.370
66	4	4.764	52	2	3.890
51	3	4.110	62	3	4.705
25	3	4.208	64	2	4.157
48	4	4.219	22	3	3.579
27	1	2.477	29	4	3.890
33	2	2.514	39	2	2.972
65	3	4.214	35	1	3.121
63	4	4.965	39	4	4.183
42	6	4.412	54	3	3.730
21	2	2.448	23	6	4.127

Consumer

continua

Renda (milhares de dólares)	Tamanho da família	Valor cobrado (US$)	Renda (milhares de dólares)	Tamanho da família	Valor cobrado (US$)
44	1	2.995	27	2	2.921
37	5	4.171	26	7	4.603
62	6	5.678	61	2	4.273
21	3	3.623	30	2	3.067
55	7	5.301	22	4	3.074
42	2	3.020	46	5	4.820
41	7	4.828	66	4	5.149

Relatório administrativo

1. Use métodos de estatística descritiva para resumir os dados. Comente sobre as descobertas.
2. Desenvolva equações de regressão estimadas, primeiro usando a renda anual e depois o tamanho da família como a variável independente. Qual variável é o melhor previsor das cobranças de cartão de crédito anuais? Discuta suas descobertas.
3. Desenvolva uma equação de regressão estimada com renda anual e tamanho da família como variáveis independentes. Discuta suas descobertas.
4. Qual é a cobrança anual de cartão de crédito prevista para uma família de três pessoas com renda anual de US$ 40 mil?
5. Discuta a necessidade de outras variáveis independentes que poderiam ser adicionadas ao modelo. Quais variáveis adicionais seriam úteis?

Estudo de caso 2   Prevendo os ganhos dos pilotos da NASCAR

Matt Kenseth venceu a Daytona 500 de 2012, a corrida mais importante da temporada da NASCAR. A vitória dele não foi nenhuma surpresa, já que na temporada de 2011 ele terminou em quarto lugar, com 2.330 pontos, atrás de Tony Stewart (2.403 pontos), Carl Edward (2.403 pontos) e Kevin Harvick (2.345 pontos). Em 2011, ele ganhou US$ 6.183.580 ao conseguir três *pole positions* (piloto mais rápido na qualificação), vencer três corridas, terminar entre os cinco primeiros 12 vezes e entre os dez primeiros 20 vezes. O sistema de pontos de 2011 da NASCAR dava 43 pontos ao piloto que chegasse em primeiro, 42 ao que chegasse em segundo, e assim por diante até chegar a 1 ponto para o piloto em 43º lugar. Além disso, qualquer motorista que liderasse uma volta recebia um ponto de bônus, o motorista que liderasse o maior número de voltas recebia mais um ponto de bônus e o vencedor da corrida era premiado com três pontos de bônus. Porém, o número máximo de pontos que o piloto poderia receber em uma corrida era 48. A Tabela 15.13 mostra dados dos 35 principais pilotos na temporada de 2011 (site da NASCAR, 28 de fevereiro de 2011).

Relatório administrativo

1. Suponha que você queira prever os Ganhos (US$) usando somente o número de *pole positions* (*Poles*) o número de vitórias (Vitórias), o número de corridas entre os cinco (Top 5) ou o número de corridas entre os dez primeiros (Top 10). Qual dessas quatro variáveis fornece o melhor previsor único de ganhos?
2. Desenvolva uma equação de regressão estimada que possa ser usada para prever os ganhos considerando o número de *pole positions* (*Poles*), o número de vitórias (Vitórias), o número de corridas entre os cinco (Top 5) e o número de corridas entre os dez primeiros (Top 10). Teste a significância individual e discuta suas descobertas e conclusões.
3. Crie duas novas variáveis independentes: Top 2-5 e Top 6-10. Top 2-5 representa o número de vezes que o piloto chegou entre a segunda e a quinta posição. Top 6-10 é o número de vezes que o piloto chegou entre a sexta e a décima colocação. Desenvolva uma equação de regressão estimada que possa ser usada para prever os Ganhos (US$) usando Poles, Vitórias, Top 2-5 e Top 6-10. Teste a significância individual e discuta suas descobertas e conclusões.
4. Com base nos resultados da sua análise, qual equação de regressão estimada você recomendaria para prever os Ganhos (US$)? Apresente uma interpretação dos coeficientes de regressão estimada dessa equação.

TABELA 15.13 Resultados da NASCAR na temporada de 2011

Piloto	Pontos	*Poles*	Vitórias	Top 5	Top 10	Ganhos (US$)
Tony Stewart	2.403	1	5	9	19	6.529.870
Carl Edwards	2.403	3	1	19	26	8.485.990
Kevin Harvick	2.345	0	4	9	19	6.197.140
Matt Kenseth	2.330	3	3	12	20	6.183.580
Brad Keselowski	2.319	1	3	10	14	5.087.740
Jimmie Johnson	2.304	0	2	14	21	6.296.360
Dale Earnhardt Jr.	2.290	1	0	4	12	4.163.690
Jeff Gordon	2.287	1	3	13	18	5.912.830
Denny Hamlin	2.284	0	1	5	14	5.401.190
Ryan Newman	2.284	3	1	9	17	5.303.020
Kurt Busch	2.262	3	2	8	16	5.936.470
Kyle Busch	2.246	1	4	14	18	6.161.020
Clint Bowyer	1.047	0	1	4	16	5.633.950
Kasey Kahne	1.041	2	1	8	15	4.775.160
A. J. Allmendinger	1.013	0	0	1	10	4.825.560
Greg Biffle	997	3	0	3	10	4.318.050
Paul Menard	947	0	1	4	8	3.853.690
Martin Truex Jr.	937	1	0	3	12	3.955.560
Marcos Ambrose	936	0	1	5	12	4.750.390
Jeff Burton	935	0	0	2	5	3.807.780
Juan Montoya	932	2	0	2	8	5.020.780
Mark Martin	930	2	0	2	10	3.830.910
David Ragan	906	2	1	4	8	4.203.660
Joey Logano	902	2	0	4	6	3.856.010
Brian Vickers	846	0	0	3	7	4.301.880
Regan Smith	820	0	1	2	5	4.579.860
Jamie McMurray	795	1	0	2	4	4.794.770
David Reutimann	757	1	0	1	3	4.374.770
Bobby Labonte	670	0	0	1	2	4.505.650
David Gilliland	572	0	0	1	2	3.878.390
Casey Mears	541	0	0	0	0	2.838.320
Dave Blaney	508	0	0	1	1	3.229.210
Andy Lally	398	0	0	0	0	2.868.220
Robby Gordon	268	0	0	0	0	2.271.890
J. J. Yeley	192	0	0	0	0	2.559.500

DATA *file*
NASCAR

Estudo de caso 3 Descobrindo o valor do melhor carro

Ao tentar decidir qual veículo comprar, o valor real não é necessariamente determinado por quanto você gasta na compra inicial. Em vez disso, carros que são confiáveis e não têm alto custo de manutenção representam os melhores valores. Porém, não importa quão confiável ou barato um carro seja, ele também precisa ter bom desempenho.

Para medir o valor, a *Consumer Reports* desenvolveu uma estatística chamada de pontuação de valor. A pontuação de valor se baseia nos custos para o proprietário em cinco anos, na nota de testes gerais na estrada e na avaliação de confiabilidade prevista. Os custos para o proprietário em cinco anos são baseados nos gastos incorridos nos primeiros cinco anos com o veículo, incluindo depreciação, combustível, reparos e manutenção etc. Usando uma média nacional de 19 mil quilômetros por ano, o custo médio por quilômetro percorrido é usado como medida dos custos para o proprietário em cinco anos. A nota de testes na estrada é resultado de mais de 50 testes e avaliações e se baseia em uma escala de 100 pontos, com notas maiores indicando melhor desempenho, conforto, conveniência e economia de combustível. A maior nota nos testes na estrada conduzidos pela *Consumer Reports* foi 99 para um Lexus LS 460L.

A classificação de confiabilidade prevista (1 = Baixa, 2 = Moderada, 3 = Alta, 4 = Muito alta e 5 = Excelente) se baseia nos dados da Pesquisa anual de automóveis da *Consumer Reports*.

CarValues

Um carro com pontuação de valor 1,0 é considerado um carro com "valor médio". Considera-se que um carro com pontuação de valor 2,0 tenha o dobro de valor de um carro com pontuação de valor 1,0; já um veículo com pontuação 0,5 é considerado como tendo metade do valor de um veículo médio, e assim por diante. Os dados de três tamanhos de veículos (13 sedans pequenos, 20 sedans familiares e 21 sedans de luxo), inclusive o preço (US$) testados, estão reunidos no arquivo CarValues (site da *Consumer Reports*, 18 de abril de 2012). Para incorporar os efeitos do tamanho do carro, uma variável categorizada com três valores (sedan pequeno, sedan familiar e sedan de luxo), use as variáveis *dummy* abaixo:

$$\text{Sedan familiar} = \begin{cases} 1 \text{ se o carro for um sedan familiar} \\ 0 \text{ se não for} \end{cases}$$

$$\text{Sedan de luxo} = \begin{cases} 1 \text{ se o carro for um sedan de luxo} \\ 0 \text{ se não for} \end{cases}$$

Relatório administrativo

1. Tratando o custo por quilômetro como variável dependente, desenvolva uma regressão estimada com sedans familiares e sedans de luxo como variáveis independentes. Discuta suas descobertas.
2. Tratando a pontuação de valor como variável dependente, desenvolva uma equação de regressão estimada usando custo por quilômetro, nota dos testes na estrada, confiabilidade prevista, sedan familiar e sedan de luxo como variáveis independentes.
3. Exclua toda variável independente que não for significativa da equação de regressão estimada na parte 2 usando um nível de significância de 0,05. Depois de excluir as variáveis independentes que não são significativas, desenvolva uma nova equação de regressão estimada.
4. Suponha que alguém afirme que "carros menores têm mais valor que os maiores". Para os dados deste caso, os sedans pequenos representam o menor tipo de veículo, enquanto os sedans de luxo são o maior. Sua análise confirma essa afirmação?
5. Use a análise de regressão para desenvolver uma equação de regressão estimada que possa ser usada para prever a pontuação de valor dada a nota nos testes na estrada.
6. Use a análise de regressão para desenvolver uma equação de regressão estimada que possa ser usada para prever a pontuação de valor dada a confiabilidade prevista.
7. Quais conclusões você consegue extrair da sua análise?

Apêndice 15.1 Regressão múltipla com o Minitab

Na Seção 15.2, discutimos a solução computadorizada de problemas de regressão múltipla ao mostrar o resultado do Minitab para o problema da Butler Trucking Company. Neste apêndice, descrevemos as etapas necessárias para gerar a solução do Minitab. Primeiro, os dados precisam ser inseridos em uma planilha do Minitab. Os quilômetros percorridos são digitados na coluna C1, o número de entregas na coluna C2 e os tempos de viagem (em horas) na coluna C3. Os nomes das variáveis Miles, Deliveries e Time foram inseridos como cabeçalhos das colunas na planilha. Nas próximas etapas, vamos nos referir aos dados usando os nomes das variáveis ou os indicadores das colunas C1, C2 e C3. As etapas abaixo descrevem como usar o Minitab para produzir os resultados de regressão mostrados na Figura 15.4.

Butler

Etapa 1. Selecione o menu **Stat**
Etapa 2. Selecione o menu **Regression**
Etapa 3. Escolha **Regression**
Etapa 4. Escolha **Fit Regression Model**
Etapa 5. Quando a caixa de diálogo **Regression** aparecer:
  Digite Time na caixa **Responses**
  Digite Miles e Deliveries na caixa **Continuous Predictors**
  Clique em **OK**

*O Minitab cria e usa variáveis dummy adequadas automaticamente para todas as variáveis independentes categorizadas que são incluídas na caixa **Categorical Predictors** da caixa de diálogo **Regression**.*

Apêndice 15.2 Regressão múltipla com o Excel

Na Seção 15.2, discutimos a solução computadorizada de problemas de regressão múltipla ao mostrar o resultado do Minitab para o problema da Butler Trucking Company. Neste apêndice, descrevemos como usar a ferramenta Regressão do Excel para desenvolver a equação de regressão múltipla estimada para o problema da Butler Trucking. Consulte a Figura 15.14 enquanto descrevemos as tarefas envolvidas. Primeiro, os rótulos Tarefa, Milhas, Entregas e Tempo são inseridos nas células A1:D1 da planilha, e os dados amostrais nas células B2:D11. Os números 1-10 nas células A2:A11 identificam cada observação.

As etapas abaixo descrevem como usar a ferramenta Regressão para a análise de regressão múltipla.

Etapa 1. Clique na guia **Dados** na Faixa de opções
Etapa 2. No grupo **Análise**, clique em **Análise de dados**
Etapa 3. Escolha **Regressão** na lista de Ferramentas de análise
  Clique em **OK**
Etapa 4. Quando a caixa de diálogo Regressão aparecer:
  Digite D1:D11 na caixa **Intervalo Y de entrada**
  Digite B1:C11 na caixa **Intervalo X de entrada**
  Selecione **Rótulos**
  Selecione **Nível de confiança**

	A	B	C	D	E	F	G	H	I	J
1	Tarefa	Milhas	Entregas	Tempo						
2	1	100	4	9,3						
3	2	50	3	4,8						
4	3	100	4	8,9						
5	4	100	2	6,5						
6	5	50	2	4,2						
7	6	80	2	6,2						
8	7	75	3	7,4						
9	8	65	4	6						
10	9	90	3	7,6						
11	10	90	2	6,1						
12										
13	RESUMO DOS RESULTADOS									
14										
15	*Estatística de regressão*									
16	R-Múltiplo	0,9507								
17	R-Quadrado	0,9038								
18	R-Quadrado Ajustado	0,8763								
19	Erro padrão	0,5731								
20	Observações	10								
21										
22	ANOVA									
23		gl	SQ	QM	F	F de Significação				
24	Regressão	2	21,6006	10,8003	32,8784	0,0003				
25	Resíduo	7	2,2994	0,3285						
26	Total	9	23,9							
27										
28		Coeficientes	Erro padrão	Stat t	Valor P	95% Inferiores	95% Superiores	99% Inferiores	99% Superior	
29	Interseção	-0,8687	0,9515	-0,9129	0,3916	-3,1188	1,3813	-4,1986	2,4612	
30	Milhas	0,0611	0,0099	6,1824	0,0005	0,0378	0,0845	0,0265	0,0957	
31	Entregas	0,9234	0,2211	4,1763	0,0042	0,4006	1,4463	0,1496	1,6972	
32										

FIGURA 15.14 Resultado do Excel para a Butler Trucking com duas variáveis independentes

Digite 99 na caixa **Nível de confiança**
Selecione **Intervalo de saída**
Digite A13 na caixa **Intervalo de saída** (para identificar o canto superior esquerdo da seção da planilha em que o resultado será exibido)
Clique em **OK**

No resultado do Excel mostrado na Figura 15.14, o rótulo da variável independente x_1 é Quilômetros (ver célula A30) e o rótulo da variável independente x_2 é Entregas (ver célula A31). A equação de regressão estimada é

$$\hat{y} = -0{,}8687 + 0{,}0611x_1 + 0{,}9234x_2$$

Repare que usar a ferramenta de Regressão do Excel para regressão múltipla é quase igual a utilizá-la para regressão linear simples. A principal diferença é que, no caso da regressão múltipla, uma faixa maior de células é necessária para identificar as variáveis independentes.

Apêndice 15.3 Regressão logística com o Minitab

O Minitab chama a regressão logística com uma variável dependente que só pode assumir os valores 0 e 1 de Binary Logistic Regression. Neste apêndice, descrevemos as etapas necessárias para usar o procedimento de regressão logística binária do Minitab para gerar o resultado do problema das Simmons Stores mostrado na Figura 15.13. Primeiro, os dados precisam ser inseridos em uma planilha do Minitab. Os valores gastos pelos clientes no último ano na Simmons (em milhares de dólares) são inseridos na coluna C2, os dados de cartão de crédito (1 quando tem o cartão da loja e 0 quando não tem) vão para a coluna C3 e os dados sobre o uso do cupom (1 se o cliente usou e 0 se não usou) são colocados na coluna C4. Os nomes das variáveis Spending, Card e Coupon são digitados como cabeçalhos das colunas da planilha. Nas próximas etapas, vamos nos referir aos dados usando os nomes das variáveis ou os indicadores das colunas C2, C3 e C4. As etapas abaixo vão gerar o resultado da regressão logística.

Etapa 1. Selecione o menu **Stat**
Etapa 2. Selecione o menu **Regression**
Etapa 3. Escolha **Binary Logistic Regression**
Etapa 4. Escolha **Fit Binary Logistic Model**
Etapa 5. Quando a caixa de diálogo **Binary Logistic Regression** aparecer:
  Escolha **Response in binary response/frequency format**
  Digite Coupon na caixa **Response**
  Digite Spending na caixa **Continuous predictors**
  Digite Card na caixa **Categorical predictors**
  Clique em **OK**

O Minitab cria e usa variáveis *dummy* adequadas automaticamente para todas as variáveis independentes categorizadas que são incluídas na caixa **Categorical Predictors** da caixa de diálogo **Binary Logistic Regression**.

Agora, as informações da Figura 15.13 serão exibidas como parte do resultado.

APÊNDICES

APÊNDICE A
Referências e bibliografia

APÊNDICE B
Tabelas

APÊNDICE C
Notação de somatório

APÊNDICE D
Soluções dos autotestes (SELF *test.*) e respostas dos exercícios pares

APÊNDICE E
Microsoft Excel 2016 e ferramentas para análise estatística

APÊNDICE F
Como calcular valores-p com o Minitab e o Excel

Apêndice A: Referências e bibliografia

Geral

Freedman, D.; Pisani, R.; Purves, R. *Statistics*. 4. ed. W. W. Norton, 2007.

Hogg R. V.; Tanis, E. A.; Zimmerman, D. L. *Probability and statistical inference*. 9. ed. Prentice Hall, 2015.

McKean, J. W.; Hogg, R. V.; Craig, A. T. *Introduction to mathematical statistics*. 7. ed. Prentice Hall, 2012.

Miller, I.; Miller, M. *John E. Freund's mathematical statistics*. 7. ed. Pearson Prentice Hall, 2014.

Moore, D. S.; McCabe, G. P.; Craig B. *Introduction to the practice of statistics*. 7. ed. Freeman, 2010.

Wackerly, D. D.; Mendenhall, W.; Scheaffer, R. L. *Mathematical statistics with applications*. 7. ed. Cengage Learning, 2007.

Delineamento experimental

Cochran, W. G.; Cox, M. Experimental design. 2. ed. Wiley, 1992.

Hicks, C. R.; Turner, K. V. Fundamental concepts in the design of experiments. 5. ed. Oxford University Press, 1999.

Montgomery, D. C. Design and analysis of experiments. 8. ed. Wiley, 2012.

Winer, B. J.; Michels, K. M.; Brown, D. R. Statistical principles in experimental design. 3. ed. McGraw-Hill, 1991.

Wu, C. F. Jeff; Hamada, M. Experiments: planning, analysis, and optimization. 2. ed. Wiley, 2009.

Séries temporais e previsão

Bowerman, B. L.; O'Connell, R. T.; Koehler, A. *Forecasting and Time Series*: An applied approach. 4. ed. Thomson Learning, 2004.

Box, G. E. P.; Jenkins, G. M.; Reinsel, G. C. *Time series analysis*: Forecasting and control. 4. ed. Wiley, 2008.

Makridakis, S. G.; Wheelwright, S. C.; Hyndman, R. J. *Forecasting methods and applications*. 3. ed. Wiley, 1997.

Wilson, J. H.; Keating, B;. John Galt solutions, Inc. *Business Forecasting with Accompanying Excel-Based Forecast X™*. 5. ed. McGraw-Hill/Irwin, 2007.

Números de índices

U.S. Department of Commerce. *Survey of current business*.

U.S. Department of Labor, Bureau of Labor Statistics. *CPI detailed report*.

U.S. Department of Labor. *Producer price indexes*.

Métodos não paramétricos

Conover, W. J. Practical nonparametric statistics. 3. ed. Wiley, 1999.

Corder, G. W.; Foreman, D. I. Nonparametric statistics: a step-by-step approach. 2. Ed. Wiley, 2014.

Gibbons, J. D.; Chakraborti, S. Nonparametric statistical inference. 5. ed. CRS Press, 2010.

Higgins, J. J. Introduction to modern nonparametrics statistics. Thomson-Brooks/Cole, 2004.

Hollander, M.; Wolfe, D. A.; Chicken, E. Non-parametric statistical methods. 3. ed. Wiley, 2013.

Jureckova, J.; Sen, P. K.; Picek, J. Methodology in robust and nonparametric statistics. 7. ed. CRC Press, 2012.

Probabilidade

Hogg, R. V.; Tanis, E. A.; Zimmerman, D. L. *Probability and statistical inference*. 9. ed. Prentice Hall, 2015.

Ross, S. M. *Introduction to probability models*. 11. ed. Academic Press, 2014.

Wackerly, D. D.; Mendenhall, W.; Scheaffer, R. L. *Mathematical statistics with applications*. 7. ed. Cengage Learning, 2007.

Análise de regressão

Chatterjee, S.; Hadi, A. S. *Regression analysis by example*. 5. ed. Wiley, 2012.

Draper, N. R.; Smith, H. *Applied regression analysis*. 3. ed. Wiley, 1998.

Graybill, F. A.; Iyer, H. K. *Regression analysis*: Concepts and applications. Wadsworth, 1994.

Hosmer, D. W.; Lemeshow, S. *Applied logistic regression*. 2. ed. Wiley, 2000.

Kleinbaum, D. G.; Kupper, L. L.; Muller, K. E. *Applied regression analysis and multivariate methods*. 4. ed. Cengage Learning, 2007.

Mendenhall, M.; Sincich, T.; Dye, T. R. *A second course in statistics*: Regression analysis. 7. ed. Prentice Hall, 2011.

Neter, J. et al. *Applied linear statistical models*. 5. ed. McGraw-Hill, 2004.

Análise de decisão

Clemen, R. T.; Reilly, T. *Making hard decisions with decision tools*. 3. ed. Cengage Learning, 2014.

Goodwin, P.; Wright, G. *Decision analysis for management judgment*. 5. ed. Wiley, 2014.

Pratt, J. W.; Raiffa, H.; Schlaifer, R. *Introduction to statistical decision theory*. MIT Press, 1995.

Amostragem

Cochran, W. G. *Sampling techniques*. 3. ed. Wiley, 1977.

Hansen, M. H. et al. *Sample survey methods and theory*. Wiley, 1993.

Kish, L. *Survey sampling*. Wiley, 2008.

Levy, P. S.; Lemeshow, S. *Sampling of populations*: Methods and applications. 4. ed. Wiley, 2009.

Scheaffer, R. L.; Mendenhall, W.; Ott, L. *Elementary survey sampling*. 7. ed. Duxbury Press, 2011.

Visualização de dados

Cleveland, W. S. *Visualizing data*. Hobart Press, 1993.

_____. *The elements of graphing data*. 2. ed. Hobart Press, 1994.

Few, S. *Show me the numbers:* Designing tables and graphs to enlighten. 2. ed. Analytics Press, 2012.

_____. *Information dashboard design*: The effective visual communication of data. 2. ed. O'Reilly Media, 2012.

_____. *Now you see it*: Simple visualization techniques for quantitative analysis. Analytics Press, 2009.

Fry, B. *Visualizing data*: Exploring and explaining data with the processing environment. O'Reilly Media, 2008.

Robbins, N. B. *Creating more effective graphs*. Chart House, 2013.

Telea, A. C. *Data visualization principles and practice*. A. K. Peters Ltd., 2008.

Tufte, E. R. *Envisioning information*. Graphics Press, 1990.

_____. *The visual display of quantitative information*. 2. ed. Graphics Press, 1990.

_____. *Visual explanations*: Images and quantities, evidence and narrative. Graphics Press, 1997.

_____. *Visual and statistical thinking*: Displays of evidence for making decisions. Graphics Press, 1997.

_____. *Beautiful evidence*. Graphics Press, 2006.

Wong, D. M. *The Wall Street Journal Guide to Information Graphics*. W. W. Norton & Company, 2010.

Young, F. W., Valero-Mora, P. M.; Friendly, M. *Visual statistics*: Seeing data with dynamic interactive graphics. Wiley, 2006.

Análise de negócios

Camm, J. D. et al. *Essentials of business analytics*. 1. ed. Cengage Learning, 2014

Apêndice B: Tabelas

TABELA 1 Probabilidades acumuladas para a distribuição normal padrão

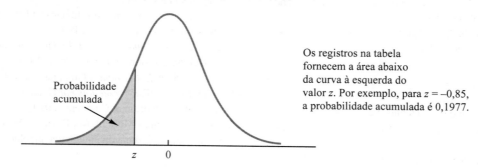

Os registros na tabela fornecem a área abaixo da curva à esquerda do valor z. Por exemplo, para z = –0,85, a probabilidade acumulada é 0,1977.

z	0,00	0,01	0,02	0,03	0,04	0,05	0,06	0,07	0,08	0,09
–3,0	0,0013	0,0013	0,0013	0,0012	0,0012	0,0011	0,0011	0,0011	0,0010	0,0010
–2,9	0,0019	0,0018	0,0018	0,0017	0,0016	0,0016	0,0015	0,0015	0,0014	0,0014
–2,8	0,0026	0,0025	0,0024	0,0023	0,0023	0,0022	0,0021	0,0021	0,0020	0,0019
–2,7	0,0035	0,0034	0,0033	0,0032	0,0031	0,0030	0,0029	0,0028	0,0027	0,0026
–2,6	0,0047	0,0045	0,0044	0,0043	0,0041	0,0040	0,0039	0,0038	0,0037	0,0036
–2,5	0,0062	0,0060	0,0059	0,0057	0,0055	0,0054	0,0052	0,0051	0,0049	0,0048
–2,4	0,0082	0,0080	0,0078	0,0075	0,0073	0,0071	0,0069	0,0068	0,0066	0,0064
–2,3	0,0107	0,0104	0,0102	0,0099	0,0096	0,0094	0,0091	0,0089	0,0087	0,0084
–2,2	0,0139	0,0136	0,0132	0,0129	0,0125	0,0122	0,0119	0,0116	0,0113	0,0110
–2,1	0,0179	0,0174	0,0170	0,0166	0,0162	0,0158	0,0154	0,0150	0,0146	0,0143
–2,0	0,0228	0,0222	0,0217	0,0212	0,0207	0,0202	0,0197	0,0192	0,0188	0,0183
–1,9	0,0287	0,0281	0,0274	0,0268	0,0262	0,0256	0,0250	0,0244	0,0239	0,0233
–1,8	0,0359	0,0351	0,0344	0,0336	0,0329	0,0322	0,0314	0,0307	0,0301	0,0294
–1,7	0,0446	0,0436	0,0427	0,0418	0,0409	0,0401	0,0392	0,0384	0,0375	0,0367
–1,6	0,0548	0,0537	0,0526	0,0516	0,0505	0,0495	0,0485	0,0475	0,0465	0,0455
–1,5	0,0668	0,0655	0,0643	0,0630	0,0618	0,0606	0,0594	0,0582	0,0571	0,0559
–1,4	0,0808	0,0793	0,0778	0,0764	0,0749	0,0735	0,0721	0,0708	0,0694	0,0681
–1,3	0,0968	0,0951	0,0934	0,0918	0,0901	0,0885	0,0869	0,0853	0,0838	0,0823
–1,2	0,1151	0,1131	0,1112	0,1093	0,1075	0,1056	0,1038	0,1020	0,1003	0,0985
–1,1	0,1357	0,1335	0,1314	0,1292	0,1271	0,1251	0,1230	0,1210	0,1190	0,1170
–1,0	0,1587	0,1562	0,1539	0,1515	0,1492	0,1469	0,1446	0,1423	0,1401	0,1379
–0,9	0,1841	0,1814	0,1788	0,1762	0,1736	0,1711	0,1685	0,1660	0,1635	0,1611
–0,8	0,2119	0,2090	0,2061	0,2033	0,2005	0,1977	0,1949	0,1922	0,1894	0,1867
–0,7	0,2420	0,2389	0,2358	0,2327	0,2296	0,2266	0,2236	0,2206	0,2177	0,2148
–0,6	0,2743	0,2709	0,2676	0,2643	0,2611	0,2578	0,2546	0,2514	0,2483	0,2451
–0,5	0,3085	0,3050	0,3015	0,2981	0,2946	0,2912	0,2877	0,2843	0,2810	0,2776
–0,4	0,3446	0,3409	0,3372	0,3336	0,3300	0,3264	0,3228	0,3192	0,3156	0,3121
–0,3	0,3821	0,3783	0,3745	0,3707	0,3669	0,3632	0,3594	0,3557	0,3520	0,3483
–0,2	0,4207	0,4168	0,4129	0,4090	0,4052	0,4013	0,3974	0,3936	0,3897	0,3859
–0,1	0,4602	0,4562	0,4522	0,4483	0,4443	0,4404	0,4364	0,4325	0,4286	0,4247
–0,0	0,5000	0,4960	0,4920	0,4880	0,4840	0,4801	0,4761	0,4721	0,4681	0,4641

TABELA 1 Probabilidades acumuladas para a distribuição normal padrão (*continuação*)

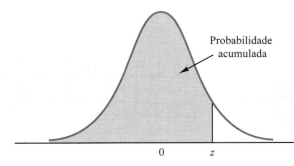

Probabilidade acumulada

Os registros na tabela fornecem a área abaixo da curva à esquerda do valor z. Por exemplo, para $z = 1,25$, a probabilidade acumulada é 0,8944.

z	0,00	0,01	0,02	0,03	0,04	0,05	0,06	0,07	0,08	0,09
0,0	0,5000	0,5040	0,5080	0,5120	0,5160	0,5199	0,5239	0,5279	0,5319	0,5359
0,1	0,5398	0,5438	0,5478	0,5517	0,5557	0,5596	0,5636	0,5675	0,5714	0,5753
0,2	0,5793	0,5832	0,5871	0,5910	0,5948	0,5987	0,6026	0,6064	0,6103	0,6141
0,3	0,6179	0,6217	0,6255	0,6293	0,6331	0,6368	0,6406	0,6443	0,6480	0,6517
0,4	0,6554	0,6591	0,6628	0,6664	0,6700	0,6736	0,6772	0,6808	0,6844	0,6879
0,5	0,6915	0,6950	0,6985	0,7019	0,7054	0,7088	0,7123	0,7157	0,7190	0,7224
0,6	0,7257	0,7291	0,7324	0,7357	0,7389	0,7422	0,7454	0,7486	0,7517	0,7549
0,7	0,7580	0,7611	0,7642	0,7673	0,7704	0,7734	0,7764	0,7794	0,7823	0,7852
0,8	0,7881	0,7910	0,7939	0,7967	0,7995	0,8023	0,8051	0,8078	0,8106	0,8133
0,9	0,8159	0,8186	0,8212	0,8238	0,8264	0,8289	0,8315	0,8340	0,8365	0,8389
1,0	0,8413	0,8438	0,8461	0,8485	0,8508	0,8531	0,8554	0,8577	0,8599	0,8621
1,1	0,8643	0,8665	0,8686	0,8708	0,8729	0,8749	0,8770	0,8790	0,8810	0,8830
1,2	0,8849	0,8869	0,8888	0,8907	0,8925	0,8944	0,8962	0,8980	0,8997	0,9015
1,3	0,9032	0,9049	0,9066	0,9082	0,9099	0,9115	0,9131	0,9147	0,9162	0,9177
1,4	0,9192	0,9207	0,9222	0,9236	0,9251	0,9265	0,9279	0,9292	0,9306	0,9319
1,5	0,9332	0,9345	0,9357	0,9370	0,9382	0,9394	0,9406	0,9418	0,9429	0,9441
1,6	0,9452	0,9463	0,9474	0,9484	0,9495	0,9505	0,9515	0,9525	0,9535	0,9545
1,7	0,9554	0,9564	0,9573	0,9582	0,9591	0,9599	0,9608	0,9616	0,9625	0,9633
1,8	0,9641	0,9649	0,9656	0,9664	0,9671	0,9678	0,9686	0,9693	0,9699	0,9706
1,9	0,9713	0,9719	0,9726	0,9732	0,9738	0,9744	0,9750	0,9756	0,9761	0,9767
2,0	0,9772	0,9778	0,9783	0,9788	0,9793	0,9798	0,9803	0,9808	0,9812	0,9817
2,1	0,9821	0,9826	0,9830	0,9834	0,9838	0,9842	0,9846	0,9850	0,9854	0,9857
2,2	0,9861	0,9864	0,9868	0,9871	0,9875	0,9878	0,9881	0,9884	0,9887	0,9890
2,3	0,9893	0,9896	0,9898	0,9901	0,9904	0,9906	0,9909	0,9911	0,9913	0,9916
2,4	0,9918	0,9920	0,9922	0,9925	0,9927	0,9929	0,9931	0,9932	0,9934	0,9936
2,5	0,9938	0,9940	0,9941	0,9943	0,9945	0,9946	0,9948	0,9949	0,9951	0,9952
2,6	0,9953	0,9955	0,9956	0,9957	0,9959	0,9960	0,9961	0,9962	0,9963	0,9964
2,7	0,9965	0,9966	0,9967	0,9968	0,9969	0,9970	0,9971	0,9972	0,9973	0,9974
2,8	0,9974	0,9975	0,9976	0,9977	0,9977	0,9978	0,9979	0,9979	0,9980	0,9981
2,9	0,9981	0,9982	0,9982	0,9983	0,9984	0,9984	0,9985	0,9985	0,9986	0,9986
3,0	0,9987	0,9987	0,9987	0,9988	0,9988	0,9989	0,9989	0,9989	0,9990	0,9990

TABELA 2 Distribuição t

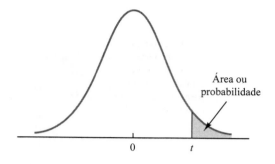

Os registros na tabela fornecem valores de t para uma área ou probabilidade na cauda superior da distribuição t. Por exemplo, com 10 graus de liberdade e uma área igual 0,05 na cauda superior, $t_{0,05} = 1{,}812$.

Graus de liberdade	\multicolumn{6}{c}{Área na cauda superior}
	0,20	0,10	0,05	0,025	0,01	0,005
1	1,376	3,078	6,314	12,706	31,821	63,656
2	1,061	1,886	2,920	4,303	6,965	9,925
3	0,978	1,638	2,353	3,182	4,541	5,841
4	0,941	1,533	2,132	2,776	3,747	4,604
5	0,920	1,476	2,015	2,571	3,365	4,032
6	0,906	1,440	1,943	2,447	3,143	3,707
7	0,896	1,415	1,895	2,365	2,998	3,499
8	0,889	1,397	1,860	2,306	2,896	3,355
9	0,883	1,383	1,833	2,262	2,821	3,250
10	0,879	1,372	1,812	2,228	2,764	3,169
11	0,876	1,363	1,796	2,201	2,718	3,106
12	0,873	1,356	1,782	2,179	2,681	3,055
13	0,870	1,350	1,771	2,160	2,650	3,012
14	0,868	1,345	1,761	2,145	2,624	2,977
15	0,866	1,341	1,753	2,131	2,602	2,947
16	0,865	1,337	1,746	2,120	2,583	2,921
17	0,863	1,333	1,740	2,110	2,567	2,898
18	0,862	1,330	1,734	2,101	2,552	2,878
19	0,861	1,328	1,729	2,093	2,539	2,861
20	0,860	1,325	1,725	2,086	2,528	2,845
21	0,859	1,323	1,721	2,080	2,518	2,831
22	0,858	1,321	1,717	2,074	2,508	2,819
23	0,858	1,319	1,714	2,069	2,500	2,807
24	0,857	1,318	1,711	2,064	2,492	2,797
25	0,856	1,316	1,708	2,060	2,485	2,787
26	0,856	1,315	1,706	2,056	2,479	2,779
27	0,855	1,314	1,703	2,052	2,473	2,771
28	0,855	1,313	1,701	2,048	2,467	2,763
29	0,854	1,311	1,699	2,045	2,462	2,756
30	0,854	1,310	1,697	2,042	2,457	2,750
31	0,853	1,309	1,696	2,040	2,453	2,744
32	0,853	1,309	1,694	2,037	2,449	2,738
33	0,853	1,308	1,692	2,035	2,445	2,733
34	0,852	1,307	1,691	2,032	2,441	2,728

TABELA 2 Distribuição *t* (*continuação*)

Graus de liberdade	Área na cauda superior					
	0,20	0,10	0,05	0,025	0,01	0,005
35	0,852	1,306	1,690	2,030	2,438	2,724
36	0,852	1,306	1,688	2,028	2,434	2,719
37	0,851	1,305	1,687	2,026	2,431	2,715
38	0,851	1,304	1,686	2,024	2,429	2,712
39	0,851	1,304	1,685	2,023	2,426	2,708
40	0,851	1,303	1,684	2,021	2,423	2,704
41	0,850	1,303	1,683	2,020	2,421	2,701
42	0,850	1,302	1,682	2,018	2,418	2,698
43	0,850	1,302	1,681	2,017	2,416	2,695
44	0,850	1,301	1,680	2,015	2,414	2,692
45	0,850	1,301	1,679	2,014	2,412	2,690
46	0,850	1,300	1,679	2,013	2,410	2,687
47	0,849	1,300	1,678	2,012	2,408	2,685
48	0,849	1,299	1,677	2,011	2,407	2,682
49	0,849	1,299	1,677	2,010	2,405	2,680
50	0,849	1,299	1,676	2,009	2,403	2,678
51	0,849	1,298	1,675	2,008	2,402	2,676
52	0,849	1,298	1,675	2,007	2,400	2,674
53	0,848	1,298	1,674	2,006	2,399	2,672
54	0,848	1,297	1,674	2,005	2,397	2,670
55	0,848	1,297	1,673	2,004	2,396	2,668
56	0,848	1,297	1,673	2,003	2,395	2,667
57	0,848	1,297	1,672	2,002	2,394	2,665
58	0,848	1,296	1,672	2,002	2,392	2,663
59	0,848	1,296	1,671	2,001	2,391	2,662
60	0,848	1,296	1,671	2,000	2,390	2,660
61	0,848	1,296	1,670	2,000	2,389	2,659
62	0,847	1,295	1,670	1,999	2,388	2,657
63	0,847	1,295	1,669	1,998	2,387	2,656
64	0,847	1,295	1,669	1,998	2,386	2,655
65	0,847	1,295	1,669	1,997	2,385	2,654
66	0,847	1,295	1,668	1,997	2,384	2,652
67	0,847	1,294	1,668	1,996	2,383	2,651
68	0,847	1,294	1,668	1,995	2,382	2,650
69	0,847	1,294	1,667	1,995	2,382	2,649
70	0,847	1,294	1,667	1,994	2,381	2,648
71	0,847	1,294	1,667	1,994	2,380	2,647
72	0,847	1,293	1,666	1,993	2,379	2,646
73	0,847	1,293	1,666	1,993	2,379	2,645
74	0,847	1,293	1,666	1,993	2,378	2,644
75	0,846	1,293	1,665	1,992	2,377	2,643
76	0,846	1,293	1,665	1,992	2,376	2,642
77	0,846	1,293	1,665	1,991	2,376	2,641
78	0,846	1,292	1,665	1,991	2,375	2,640
79	0,846	1,292	1,664	1,990	2,374	2,639

TABELA 2 Distribuição *t* (*continuação*)

Graus de liberdade	Área na cauda superior					
	0,20	0,10	0,05	0,025	0,01	0,005
80	0,846	1,292	1,664	1,990	2,374	2,639
81	0,846	1,292	1,664	1,990	2,373	2,638
82	0,846	1,292	1,664	1,989	2,373	2,637
83	0,846	1,292	1,663	1,989	2,372	2,636
84	0,846	1,292	1,663	1,989	2,372	2,636
85	0,846	1,292	1,663	1,988	2,371	2,635
86	0,846	1,291	1,663	1,988	2,370	2,634
87	0,846	1,291	1,663	1,988	2,370	2,634
88	0,846	1,291	1,662	1,987	2,369	2,633
89	0,846	1,291	1,662	1,987	2,369	2,632
90	0,846	1,291	1,662	1,987	2,368	2,632
91	0,846	1,291	1,662	1,986	2,368	2,631
92	0,846	1,291	1,662	1,986	2,368	2,630
93	0,846	1,291	1,661	1,986	2,367	2,630
94	0,845	1,291	1,661	1,986	2,367	2,629
95	0,845	1,291	1,661	1,985	2,366	2,629
96	0,845	1,290	1,661	1,985	2,366	2,628
97	0,845	1,290	1,661	1,985	2,365	2,627
98	0,845	1,290	1,661	1,984	2,365	2,627
99	0,845	1,290	1,660	1,984	2,364	2,626
100	0,845	1,290	1,660	1,984	2,364	2,626
∞	0,842	1,282	1,645	1,960	2,326	2,576

TABELA 3   Distribuição do qui-quadrado

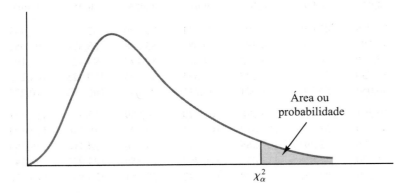

As entradas da tabela fornecem valores de χ^2_α onde α é a área ou probabilidade na cauda superior da distribuição do qui--quadrado. Por exemplo, com 10 graus de liberdade e área de 0,01 na cauda superior, $\chi^2_{0,01} = 23,209$.

Graus de liberdade	0,995	0,99	0,975	0,95	0,90	0,10	0,05	0,025	0,01	0,005
1	0,000	0,000	0,001	0,004	0,016	2,706	3,841	5,024	6,635	7,879
2	0,010	0,020	0,051	0,103	0,211	4,605	5,991	7,378	9,210	10,597
3	0,072	0,115	0,216	0,352	0,584	6,251	7,815	9,348	11,345	12,838
4	0,207	0,297	0,484	0,711	1,064	7,779	9,488	11,143	13,277	14,860
5	0,412	0,554	0,831	1,145	1,610	9,236	11,070	12,832	15,086	16,750
6	0,676	0,872	1,237	1,635	2,204	10,645	12,592	14,449	16,812	18,548
7	0,989	1,239	1,690	2,167	2,833	12,017	14,067	16,013	18,475	20,278
8	1,344	1,647	2,180	2,733	3,490	13,362	15,507	17,535	20,090	21,955
9	1,735	2,088	2,700	3,325	4,168	14,684	16,919	19,023	21,666	23,589
10	2,156	2,558	3,247	3,940	4,865	15,987	18,307	20,483	23,209	25,188
11	2,603	3,053	3,816	4,575	5,578	17,275	19,675	21,920	24,725	26,757
12	3,074	3,571	4,404	5,226	6,304	18,549	21,026	23,337	26,217	28,300
13	3,565	4,107	5,009	5,892	7,041	19,812	22,362	24,736	27,688	29,819
14	4,075	4,660	5,629	6,571	7,790	21,064	23,685	26,119	29,141	31,319
15	4,601	5,229	6,262	7,261	8,547	22,307	24,996	27,488	30,578	32,801
16	5,142	5,812	6,908	7,962	9,312	23,542	26,296	28,845	32,000	34,267
17	5,697	6,408	7,564	8,672	10,085	24,769	27,587	30,191	33,409	35,718
18	6,265	7,015	8,231	9,390	10,865	25,989	28,869	31,526	34,805	37,156
19	6,844	7,633	8,907	10,117	11,651	27,204	30,144	32,852	36,191	38,582
20	7,434	8,260	9,591	10,851	12,443	28,412	31,410	34,170	37,566	39,997
21	8,034	8,897	10,283	11,591	13,240	29,615	32,671	35,479	38,932	41,401
22	8,643	9,542	10,982	12,338	14,041	30,813	33,924	36,781	40,289	42,796
23	9,260	10,196	11,689	13,091	14,848	32,007	35,172	38,076	41,638	44,181
24	9,886	10,856	12,401	13,848	15,659	33,196	36,415	39,364	42,980	45,558
25	10,520	11,524	13,120	14,611	16,473	34,382	37,652	40,646	44,314	46,928
26	11,160	12,198	13,844	15,379	17,292	35,563	38,885	41,923	45,642	48,290
27	11,808	12,878	14,573	16,151	18,114	36,741	40,113	43,195	46,963	49,645
28	12,461	13,565	15,308	16,928	18,939	37,916	41,337	44,461	48,278	50,994
29	13,121	14,256	16,047	17,708	19,768	39,087	42,557	45,722	49,588	52,335
30	13,787	14,953	16,791	18,493	20,599	40,256	43,773	46,979	50,892	53,672
35	17,192	18,509	20,569	22,465	24,797	46,059	49,802	53,203	57,342	60,275
40	20,707	22,164	24,433	26,509	29,051	51,805	55,758	59,342	63,691	66,766
45	24,311	25,901	28,366	30,612	33,350	57,505	61,656	65,410	69,957	73,166
50	27,991	29,707	32,357	34,764	37,689	63,167	67,505	71,420	76,154	79,490

Graus de liberdade	Área na cauda superior									
	0,995	0,99	0,975	0,95	0,90	0,10	0,05	0,025	0,01	0,005
55	31,735	33,571	36,398	38,958	42,060	68,796	73,311	77,380	82,292	85,749
60	35,534	37,485	40,482	43,188	46,459	74,397	79,082	83,298	88,379	91,952
65	39,383	41,444	44,603	47,450	50,883	79,973	84,821	89,177	94,422	98,105
70	43,275	45,442	48,758	51,739	55,329	85,527	90,531	95,023	100,425	104,215
75	47,206	49,475	52,942	56,054	59,795	91,061	96,217	100,839	106,393	110,285
80	51,172	53,540	57,153	60,391	64,278	96,578	101,879	106,629	112,329	116,321
85	55,170	57,634	61,389	64,749	68,777	102,079	107,522	112,393	118,236	122,324
90	59,196	61,754	65,647	69,126	73,291	107,565	113,145	118,136	124,116	128,299
95	63,250	65,898	69,925	73,520	77,818	113,038	118,752	123,858	129,973	134,247
100	67,328	70,065	74,222	77,929	82,358	118,498	124,342	129,561	135,807	140,170

TABELA 4 Distribuição F

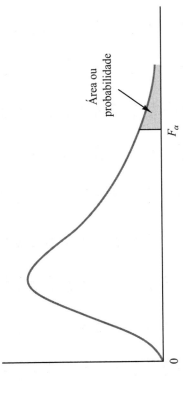

Os registros na tabela fornecem valores de F_α, onde α é a área ou probabilidade na cauda superior da distribuição F. Por exemplo, com 4 graus de liberdade no numerador, 8 graus de liberdade no denominador, e uma área de 0,05 na cauda superior, $F_{0,05} = 3,84$.

Área ou probabilidade

F_α

Graus de liberdade no denominador	Área na cauda superior	\multicolumn{14}{c}{Graus de liberdade no numerador}
		1	2	3	4	5	6	7	8	9	10	15	20	25	30	40	60	100	1.000
1	0,10	39,86	49,50	53,59	55,83	57,24	58,20	58,91	59,44	59,86	60,19	61,22	61,74	62,05	62,26	62,53	62,79	63,01	63,30
	0,05	161,45	199,50	215,71	224,58	230,16	233,99	236,77	238,88	240,54	241,88	245,95	248,02	249,26	250,10	251,14	252,20	253,04	254,19
	0,025	647,79	799,48	864,15	899,60	921,83	937,11	948,20	956,64	963,28	968,63	984,87	993,08	998,09	1.001,40	1.005,60	1.009,79	1.013,16	1.017,76
	0,01	4.052,18	4.999,34	5.403,53	5.624,26	5.763,96	5.858,95	5.928,33	5.980,95	6.022,40	6.055,93	6.156,97	6.208,66	6.239,86	6.260,35	6.286,43	6.312,97	6.333,92	6.362,80
2	0,10	8,53	9,00	9,16	9,24	9,29	9,33	9,35	9,37	9,38	9,39	9,42	9,44	9,45	9,46	9,47	9,47	9,48	9,49
	0,05	18,51	19,00	19,16	19,25	19,30	19,33	19,35	19,37	19,38	19,40	19,43	19,45	19,46	19,46	19,47	19,48	19,49	19,49
	0,025	38,51	39,00	39,17	39,25	39,30	39,33	39,36	39,37	39,39	39,40	39,43	39,45	39,46	39,46	39,47	39,48	39,49	39,50
	0,01	98,50	99,00	99,16	99,25	99,30	99,33	99,36	99,38	99,39	99,40	99,43	99,45	99,46	99,47	99,48	99,48	99,49	99,50
3	0,10	5,54	5,46	5,39	5,34	5,31	5,28	5,27	5,25	5,24	5,23	5,20	5,18	5,17	5,17	5,16	5,15	5,14	5,13
	0,05	10,13	9,55	9,28	9,12	9,01	8,94	8,89	8,85	8,81	8,79	8,70	8,66	8,63	8,62	8,59	8,57	8,55	8,53
	0,025	17,44	16,04	15,44	15,10	14,88	14,73	14,62	14,54	14,47	14,42	14,25	14,17	14,12	14,08	14,04	13,99	13,96	13,91
	0,01	34,12	30,82	29,46	28,71	28,24	27,91	27,67	27,49	27,34	27,23	26,87	26,69	26,58	26,50	26,41	26,32	26,24	26,14
4	0,10	4,54	4,32	4,19	4,11	4,05	4,01	3,98	3,95	3,94	3,92	3,87	3,84	3,83	3,82	3,80	3,79	3,78	3,76
	0,05	7,71	6,94	6,59	6,39	6,26	6,16	6,09	6,04	6,00	5,96	5,86	5,80	5,77	5,75	5,72	5,69	5,66	5,63
	0,025	12,22	10,65	9,98	9,60	9,36	9,20	9,07	8,98	8,90	8,84	8,66	8,56	8,50	8,46	8,41	8,36	8,32	8,26
	0,01	21,20	18,00	16,69	15,98	15,52	15,21	14,98	14,80	14,66	14,55	14,20	14,02	13,91	13,84	13,75	13,65	13,58	13,47
5	0,10	4,06	3,78	3,62	3,52	3,45	3,40	3,37	3,34	3,32	3,30	3,324	3,21	3,19	3,17	3,16	3,14	3,13	3,11
	0,05	6,61	5,79	5,41	5,19	5,05	4,95	4,88	4,82	4,77	4,74	4,62	4,56	4,52	4,50	4,46	4,43	4,41	4,37
	0,025	10,01	8,43	7,76	7,39	7,15	6,98	6,85	6,76	6,68	6,62	6,43	6,33	6,27	6,23	6,18	6,12	6,08	6,02
	0,01	16,26	13,27	12,06	11,39	10,97	10,67	10,46	10,29	10,16	10,05	9,72	9,55	9,45	9,38	9,29	9,20	9,13	9,03

TABELA 4 Distribuição F *(continuação)*

Graus de liberdade no numerador

Graus de liberdade no denominador	Área na cauda superior	1	2	3	4	5	6	7	8	9	10	15	20	25	30	40	60	100	1.000
6	0,10	3,78	3,46	3,29	3,18	3,11	3,05	3,01	2,98	2,96	2,94	2,87	2,84	2,81	2,80	2,78	2,76	2,75	2,72
	0,05	5,99	5,14	4,76	4,53	4,39	4,28	4,21	4,15	4,10	4,06	3,94	3,87	3,83	3,81	3,77	3,74	3,71	3,67
	0,025	8,81	7,26	6,60	6,23	5,99	5,82	5,70	5,60	5,52	5,46	5,27	5,17	5,11	5,07	5,01	4,96	4,92	4,86
	0,01	13,75	10,92	9,78	9,15	8,75	8,47	8,26	8,10	7,98	7,87	7,56	7,40	7,30	7,23	7,14	7,06	6,99	6,89
7	0,10	3,59	3,26	3,07	2,96	2,88	2,83	2,78	2,75	2,72	2,70	2,63	2,59	2,57	2,56	2,54	2,51	2,50	2,47
	0,05	5,59	4,74	4,35	4,12	3,97	3,87	3,79	3,73	3,68	3,64	3,51	3,44	3,40	3,38	3,34	3,30	3,27	3,23
	0,025	8,07	6,54	5,89	5,52	5,29	5,12	4,99	4,90	4,82	4,76	4,57	4,47	4,40	4,36	4,31	4,25	4,21	4,15
	0,01	12,25	9,55	8,45	7,85	7,46	7,19	6,99	6,84	6,72	6,62	6,31	6,16	6,06	5,99	5,91	5,82	5,75	5,66
8	0,10	3,46	3,11	2,92	2,81	2,73	2,67	2,62	2,59	2,56	2,54	2,46	2,42	2,40	2,38	2,36	2,34	2,32	2,30
	0,05	5,32	4,46	4,07	3,84	3,69	3,58	3,50	3,44	3,39	3,35	3,22	3,15	3,11	3,08	3,04	3,01	2,97	2,93
	0,025	7,57	6,06	5,42	5,05	4,82	4,65	4,53	4,43	4,36	4,30	4,10	4,00	3,94	3,89	3,84	3,78	3,74	3,68
	0,01	11,26	8,65	7,59	7,01	6,63	6,37	6,18	6,03	5,91	5,81	5,52	5,36	5,26	5,20	5,12	5,03	4,96	4,87
9	0,10	3,36	3,01	2,81	2,69	2,61	2,55	2,51	2,47	2,44	2,42	2,34	2,30	2,27	2,25	2,23	2,21	2,19	2,16
	0,05	5,12	4,26	3,86	3,63	3,48	3,37	3,29	3,23	3,18	3,14	3,01	2,94	2,89	2,86	2,83	2,79	2,76	2,71
	0,025	7,21	5,71	5,08	4,72	4,48	4,32	4,20	4,10	4,03	3,96	3,77	3,67	3,60	3,56	3,51	3,45	3,40	3,34
	0,01	10,56	8,02	6,99	6,42	6,06	5,80	5,61	5,47	5,35	5,26	4,96	4,81	4,71	4,65	4,57	4,48	4,41	4,32
10	0,10	3,29	2,92	2,73	2,61	2,52	2,46	2,41	2,38	2,35	2,32	2,24	2,20	2,17	2,16	2,13	2,11	2,09	2,06
	0,05	4,96	4,10	3,71	3,48	3,33	3,22	3,14	3,07	3,02	2,98	2,85	2,77	2,73	2,70	2,66	2,62	2,59	2,54
	0,025	6,94	5,46	4,83	4,47	4,24	4,07	3,95	3,85	3,78	3,72	3,52	3,42	3,35	3,31	3,26	3,20	3,15	3,09
	0,01	10,04	7,56	6,55	5,99	5,64	5,39	5,20	5,06	4,94	4,85	4,56	4,41	4,31	4,25	4,17	4,08	4,01	3,92
11	0,10	3,23	2,86	2,66	2,54	2,45	2,39	2,34	2,30	2,27	2,25	2,17	2,12	2,10	2,08	2,05	2,03	2,01	1,98
	0,05	4,84	3,98	3,59	3,36	3,20	3,09	3,01	2,95	2,90	2,85	2,72	2,65	2,60	2,57	2,53	2,49	2,46	2,41
	0,025	6,72	5,26	4,63	4,28	4,04	3,88	3,76	3,66	3,59	3,53	3,33	3,23	3,16	3,12	3,06	3,00	2,96	2,89
	0,01	9,65	7,21	6,22	5,67	5,32	5,07	4,89	4,74	4,63	4,54	4,25	4,10	4,01	3,94	3,86	3,78	3,71	3,61
12	0,10	3,18	2,81	2,61	2,48	2,39	2,33	2,28	2,24	2,21	2,19	2,10	2,06	2,03	2,01	1,99	1,96	1,94	1,91
	0,05	4,75	3,89	3,49	3,26	3,11	3,00	2,91	2,85	2,80	2,75	2,62	2,54	2,50	2,47	2,43	2,38	2,35	2,30
	0,025	6,55	5,10	4,47	4,12	3,89	3,73	3,61	3,51	3,44	3,37	3,18	3,07	3,01	2,96	2,91	2,85	2,80	2,73
	0,01	9,33	6,93	5,95	5,41	5,06	4,82	4,64	4,50	4,39	4,30	4,01	3,86	3,76	3,70	3,62	3,54	3,47	3,37
13	0,10	3,14	2,76	2,56	2,43	2,35	2,28	2,23	2,20	2,16	2,14	2,05	2,01	1,98	1,96	1,93	1,90	1,88	1,85
	0,05	4,67	3,81	3,41	3,18	3,03	2,92	2,83	2,77	2,71	2,67	2,53	2,46	2,41	2,38	2,34	2,30	2,26	2,21
	0,025	6,41	4,97	4,35	4,00	3,77	3,60	3,48	3,39	3,31	3,25	3,05	2,95	2,88	2,84	2,78	2,72	2,67	2,60
	0,01	9,07	6,70	5,74	5,21	4,86	4,62	4,44	4,30	4,19	4,10	3,82	3,66	3,57	3,51	3,43	3,34	3,27	3,18
14	0,10	3,10	2,73	2,52	2,39	2,31	2,24	2,19	2,15	2,12	2,10	2,01	1,96	1,93	1,91	1,89	1,86	1,83	1,80
	0,05	4,60	3,74	3,34	3,11	2,96	2,85	2,76	2,70	2,65	2,60	2,46	2,39	2,34	2,31	2,27	2,22	2,19	2,14
	0,025	6,30	4,86	4,24	3,89	3,66	3,50	3,38	3,29	3,21	3,15	2,95	2,84	2,78	2,73	2,67	2,61	2,56	2,50
	0,01	8,86	6,51	5,56	5,04	4,69	4,46	4,28	4,14	4,03	3,94	3,66	3,51	3,41	3,35	3,27	3,18	3,11	3,02

Apêndice B: Tabelas **677**

TABELA 4 Distribuição *F* (*continuação*)

Graus de liberdade no denominador	Área na cauda superior	Graus de liberdade no numerador																	
		1	2	3	4	5	6	7	8	9	10	15	20	25	30	40	60	100	1.000
15	0,10	3,07	2,70	2,49	2,36	2,27	2,21	2,16	2,12	2,09	2,06	1,97	1,92	1,89	1,87	1,85	1,82	1,79	1,76
	0,05	4,54	3,68	3,29	3,06	2,90	2,79	2,71	2,64	2,59	2,54	2,40	2,33	2,28	2,25	2,20	2,16	2,12	2,07
	0,025	6,20	4,77	4,15	3,80	3,58	3,41	3,29	3,20	3,12	3,06	2,86	2,76	2,69	2,64	2,59	2,52	2,47	2,40
	0,01	8,68	6,36	5,42	4,89	4,56	4,32	4,14	4,00	3,89	3,80	3,52	3,37	3,28	3,21	3,13	3,05	2,98	2,88
16	0,10	3,05	2,67	2,46	2,33	2,24	2,18	2,13	2,09	2,06	2,03	1,94	1,89	1,86	1,84	1,81	1,78	1,76	1,72
	0,05	4,49	3,63	3,24	3,01	2,85	2,74	2,66	2,59	2,54	2,49	2,35	2,28	2,23	2,19	2,15	2,11	2,07	2,02
	0,025	6,12	4,69	4,08	3,73	3,50	3,34	3,22	3,12	3,05	2,99	2,79	2,68	2,61	2,57	2,51	2,45	2,40	2,32
	0,01	8,53	6,23	5,29	4,77	4,44	4,20	4,03	3,89	3,78	3,69	3,41	3,26	3,16	3,10	3,02	2,93	2,86	2,76
17	0,10	3,03	2,64	2,44	2,31	2,22	2,15	2,10	2,06	2,03	2,00	1,91	1,86	1,83	1,81	1,78	1,75	1,73	1,69
	0,05	4,45	3,59	3,20	2,96	2,81	2,70	2,61	2,55	2,49	2,45	2,31	2,23	2,18	2,15	2,10	2,06	2,02	1,97
	0,025	6,04	4,62	4,01	3,66	3,44	3,28	3,16	3,06	2,98	2,92	2,72	2,62	2,55	2,50	2,44	2,38	2,33	2,26
	0,01	8,40	6,11	5,19	4,67	4,34	4,10	3,93	3,79	3,68	3,59	3,31	3,16	3,07	3,00	2,92	2,83	2,76	2,66
18	0,10	3,01	2,62	2,42	2,29	2,20	2,13	2,08	2,04	2,00	1,98	1,89	1,84	1,80	1,78	1,75	1,72	1,70	1,66
	0,05	4,41	3,55	3,16	2,93	2,77	2,66	2,58	2,51	2,46	2,41	2,27	2,19	2,14	2,11	2,06	2,02	1,98	1,92
	0,025	5,98	4,56	3,95	3,61	3,38	3,22	3,10	3,01	2,93	2,87	2,67	2,56	2,49	2,44	2,38	2,32	2,27	2,20
	0,01	8,29	6,01	5,09	4,58	4,25	4,01	3,84	3,71	3,60	3,51	3,23	3,08	2,98	2,92	2,84	2,75	2,68	2,58
19	0,10	2,99	2,61	2,40	2,27	2,18	2,11	2,06	2,02	1,98	1,96	1,86	1,81	1,78	1,76	1,73	1,70	1,67	1,64
	0,05	4,38	3,52	3,13	2,90	2,74	2,63	2,54	2,48	2,42	2,38	2,23	2,16	2,11	2,07	2,03	1,98	1,94	1,88
	0,025	5,92	4,51	3,90	3,56	3,33	3,17	3,05	2,96	2,88	2,82	2,62	2,51	2,44	2,39	2,33	2,27	2,22	2,14
	0,01	8,18	5,93	5,01	4,50	4,17	3,94	3,77	3,63	3,52	3,43	3,15	3,00	2,91	2,84	2,76	2,67	2,60	2,50
20	0,10	2,97	2,59	2,38	2,25	2,16	2,09	2,04	2,00	1,96	1,94	1,84	1,79	1,76	1,74	1,71	1,68	1,65	1,61
	0,05	4,35	3,49	3,10	2,87	2,71	2,60	2,51	2,45	2,39	2,35	2,20	2,12	2,07	2,04	1,99	1,95	1,91	1,85
	0,025	5,87	4,46	3,86	3,51	3,29	3,13	3,01	2,91	2,84	2,77	2,57	2,46	2,40	2,35	2,29	2,22	2,17	2,09
	0,01	8,10	5,85	4,94	4,43	4,10	3,87	3,70	3,56	3,46	3,37	3,09	2,94	2,84	2,78	2,69	2,61	2,54	2,43
21	0,10	2,96	2,57	2,36	2,23	2,14	2,08	2,02	1,98	1,95	1,92	1,83	1,78	1,74	1,72	1,69	1,66	1,63	1,59
	0,05	4,32	3,47	3,07	2,84	2,68	2,57	2,49	2,42	2,37	2,32	2,18	2,10	2,05	2,01	1,96	1,92	1,88	1,82
	0,025	5,83	4,42	3,82	3,48	3,25	3,09	2,97	2,87	2,80	2,73	2,53	2,42	2,36	2,31	2,25	2,18	2,13	2,05
	0,01	8,02	5,78	4,87	4,37	4,04	3,81	3,64	3,51	3,40	3,31	3,03	2,88	2,79	2,72	2,64	2,55	2,48	2,37
22	0,10	2,95	2,56	2,35	2,22	2,13	2,06	2,01	1,97	1,93	1,90	1,81	1,76	1,73	1,70	1,67	1,64	1,61	1,57
	0,05	4,30	3,44	3,05	2,82	2,66	2,55	2,46	2,40	2,34	2,30	2,15	2,07	2,02	1,98	1,94	1,89	1,85	1,79
	0,025	5,79	4,38	3,78	3,44	3,22	3,05	2,93	2,84	2,76	2,70	2,50	2,39	2,32	2,27	2,21	2,14	2,09	2,01
	0,01	7,95	5,72	4,82	4,31	3,99	3,76	3,59	3,45	3,35	3,26	2,98	2,83	2,73	2,67	2,58	2,50	2,42	2,32
23	0,10	2,94	2,55	2,34	2,21	2,11	2,05	1,99	1,95	1,92	1,89	1,80	1,74	1,71	1,69	1,66	1,62	1,59	1,55
	0,05	4,28	3,42	3,03	2,80	2,64	2,53	2,44	2,37	2,32	2,27	2,13	2,05	2,00	1,96	1,91	1,86	1,82	1,76
	0,025	5,75	4,35	3,75	3,41	3,18	3,02	2,90	2,81	2,73	2,67	2,47	2,36	2,29	2,24	2,18	2,11	2,06	1,98
	0,01	7,88	5,66	4,76	4,26	3,94	3,71	3,54	3,41	3,30	3,21	2,93	2,78	2,69	2,62	2,54	2,45	2,37	2,27

TABELA 4 Distribuição F (continuação)

Graus de liberdade no denominador	Área na cauda superior	Graus de liberdade no numerador																	
		1	2	3	4	5	6	7	8	9	10	15	20	25	30	40	60	100	1.000
24	0,10	2,93	2,54	2,33	2,19	2,10	2,04	1,98	1,94	1,91	1,88	1,78	1,73	1,70	1,67	1,64	1,61	1,58	1,54
	0,05	4,26	3,40	3,01	2,78	2,62	2,51	2,42	2,36	2,30	2,25	2,11	2,03	1,97	1,94	1,89	1,84	1,80	1,74
	0,025	5,72	4,32	3,72	3,38	3,15	2,99	2,87	2,78	2,70	2,64	2,44	2,33	2,26	2,21	2,15	2,08	2,02	1,94
	0,01	7,82	5,61	4,72	4,22	3,90	3,67	3,50	3,36	3,26	3,17	2,89	2,74	2,64	2,58	2,49	2,40	2,33	2,22
25	0,10	2,92	2,53	2,32	2,18	2,09	2,02	1,97	1,93	1,89	1,87	1,77	1,72	1,68	1,66	1,63	1,59	1,56	1,52
	0,05	4,24	3,39	2,99	2,76	2,60	2,49	2,40	2,34	2,28	2,24	2,09	2,01	1,96	1,92	1,87	1,82	1,78	1,72
	0,025	5,69	4,29	3,69	3,35	3,13	2,97	2,85	2,75	2,68	2,61	2,41	2,30	2,23	2,18	2,12	2,05	2,00	1,91
	0,01	7,77	5,57	4,68	4,18	3,85	3,63	3,46	3,32	3,22	3,13	2,85	2,70	2,60	2,54	2,45	2,36	2,29	2,18
26	0,10	2,91	2,52	2,31	2,17	2,08	2,01	1,96	1,92	1,88	1,86	1,76	1,71	1,67	1,65	1,61	1,58	1,55	1,51
	0,05	4,23	3,37	2,98	2,74	2,59	2,47	2,39	2,32	2,27	2,22	2,07	1,99	1,94	1,90	1,85	1,80	1,76	1,70
	0,025	5,66	4,27	3,67	3,33	3,10	2,94	2,82	2,73	2,65	2,59	2,39	2,28	2,21	2,16	2,09	2,03	1,97	1,89
	0,01	7,72	5,53	4,64	4,14	3,82	3,59	3,42	3,29	3,18	3,09	2,81	2,66	2,57	2,50	2,42	2,33	2,25	2,14
27	0,10	2,90	2,51	2,30	2,17	2,07	2,00	1,95	1,91	1,87	1,85	1,75	1,70	1,66	1,64	1,60	1,57	1,54	1,50
	0,05	4,21	3,35	2,96	2,73	2,57	2,46	2,37	2,31	2,25	2,20	2,06	1,97	1,92	1,88	1,84	1,79	1,74	1,68
	0,025	5,63	4,24	3,65	3,31	3,08	2,92	2,80	2,71	2,63	2,57	2,36	2,25	2,18	2,13	2,07	2,00	1,94	1,86
	0,01	7,68	5,49	4,60	4,11	3,78	3,56	3,39	3,26	3,15	3,06	2,78	2,63	2,54	2,47	2,38	2,29	2,22	2,11
28	0,10	2,89	2,50	2,29	2,16	2,06	2,00	1,94	1,90	1,87	1,84	1,74	1,69	1,65	1,63	1,59	1,56	1,53	1,48
	0,05	4,20	3,34	2,95	2,71	2,56	2,45	2,36	2,29	2,24	2,19	2,04	1,96	1,91	1,87	1,82	1,77	1,73	1,66
	0,025	5,61	4,22	3,63	3,29	3,06	2,90	2,78	2,69	2,61	2,55	2,34	2,23	2,16	2,11	2,05	1,98	1,92	1,84
	0,01	7,64	5,45	4,57	4,07	3,75	3,53	3,36	3,23	3,12	3,03	2,75	2,60	2,51	2,44	2,35	2,26	2,19	2,08
29	0,10	2,89	2,50	2,28	2,15	2,06	1,99	1,93	1,89	1,86	1,83	1,73	1,68	1,64	1,62	1,58	1,55	1,52	1,47
	0,05	4,18	3,33	2,93	2,70	2,55	2,43	2,35	2,28	2,22	2,18	2,03	1,94	1,89	1,85	1,81	1,75	1,71	1,65
	0,025	5,59	4,20	3,61	3,27	3,04	2,88	2,76	2,67	2,59	2,53	2,32	2,21	2,14	2,09	2,03	1,96	1,90	1,82
	0,01	7,60	5,42	4,54	4,04	3,73	3,50	3,33	3,20	3,09	3,00	2,73	2,57	2,48	2,41	2,33	2,23	2,16	2,05
30	0,10	2,88	2,49	2,28	2,14	2,05	1,98	1,93	1,88	1,85	1,82	1,72	1,67	1,63	1,61	1,57	1,54	1,51	1,46
	0,05	4,17	3,32	2,92	2,69	2,53	2,42	2,33	2,27	2,21	2,16	2,01	1,93	1,88	1,84	1,79	1,74	1,70	1,63
	0,025	5,57	4,18	3,59	3,25	3,03	2,87	2,75	2,65	2,57	2,51	2,31	2,20	2,12	2,07	2,01	1,94	1,88	1,80
	0,01	7,56	5,39	4,51	4,02	3,70	3,47	3,30	3,17	3,07	2,98	2,70	2,55	2,45	2,39	2,30	2,21	2,13	2,02
40	0,10	2,84	2,44	2,23	2,09	2,00	1,93	1,87	1,83	1,79	1,76	1,66	1,61	1,57	1,54	1,51	1,47	1,43	1,38
	0,05	4,08	3,23	2,84	2,61	2,45	2,34	2,25	2,18	2,12	2,08	1,92	1,84	1,78	1,74	1,69	1,64	1,59	1,52
	0,025	5,42	4,05	3,46	3,13	2,90	2,74	2,62	2,53	2,45	2,39	2,18	2,07	1,99	1,94	1,88	1,80	1,74	1,65
	0,01	7,31	5,18	4,31	3,83	3,51	3,29	3,12	2,99	2,89	2,80	2,52	2,37	2,27	2,20	2,11	2,02	1,94	1,82
60	0,10	2,79	2,39	2,18	2,04	1,95	1,87	1,82	1,77	1,74	1,71	1,60	1,54	1,50	1,48	1,44	1,40	1,36	1,30
	0,05	4,00	3,15	2,76	2,53	2,37	2,25	2,17	2,10	2,04	1,99	1,84	1,75	1,69	1,65	1,59	1,53	1,48	1,40
	0,025	5,29	3,93	3,34	3,01	2,79	2,63	2,51	2,41	2,33	2,27	2,06	1,94	1,87	1,82	1,74	1,67	1,60	1,49
	0,01	7,08	4,98	4,13	3,65	3,34	3,12	2,95	2,82	2,72	2,63	2,35	2,20	2,10	2,03	1,94	1,84	1,75	1,62

TABELA 4 Distribuição *F* (*continuação*)

Graus de liberdade no denominador	Área na cauda superior	Graus de liberdade no numerador																		
		1	2	3	4	5	6	7	8	9	10	15	20	25	30	40	60	100	1.000
100	0,10	2,76	2,36	2,14	2,00	1,91	1,83	1,78	1,73	1,69	1,66	1,56	1,49	1,45	1,42	1,38	1,34	1,29	1,22
	0,05	3,94	3,09	2,70	2,46	2,31	2,19	2,10	2,03	1,97	1,93	1,77	1,68	1,62	1,57	1,52	1,45	1,39	1,30
	0,025	5,18	3,83	3,25	2,92	2,70	2,54	2,42	2,32	2,24	2,18	1,97	1,85	1,77	1,71	1,64	1,56	1,48	1,36
	0,01	6,90	4,82	3,98	3,51	3,21	2,99	2,82	2,69	2,59	2,50	2,22	2,07	1,97	1,89	1,80	1,69	1,60	1,45
1.000	0,10	2,71	2,31	2,09	1,95	1,85	1,78	1,72	1,68	1,64	1,61	1,49	1,43	1,38	1,35	1,30	1,25	1,20	1,08
	0,05	3,85	3,00	2,61	2,38	2,22	2,11	2,02	1,95	1,89	1,84	1,68	1,58	1,52	1,47	1,41	1,33	1,26	1,11
	0,025	5,04	3,70	3,13	2,80	2,58	2,42	2,30	2,20	2,13	2,06	1,85	1,72	1,64	1,58	1,50	1,41	1,32	1,13
	0,01	6,66	4,63	3,80	3,34	3,04	2,82	2,66	2,53	2,43	2,34	2,06	1,90	1,79	1,72	1,61	1,50	1,38	1,16

680 Estatística aplicada a administração e economia

TABELA 5 Probabilidades binomiais

As entradas da tabela fornecem a probabilidade de x sucessos em n ensaios de um experimento binomial, onde p é a probabilidade de um sucesso em um ensaio. Por exemplo, com seis ensaios e $p = 0,05$, a probabilidade de dois sucessos é 0,0305.

						p				
n	x	0,01	0,02	0,03	0,04	0,05	0,06	0,07	0,08	0,09
2	0	0,9801	0,9604	0,9409	0,9216	0,9025	0,8836	0,8649	0,8464	0,8281
	1	0,0198	0,0392	0,0582	0,0768	0,0950	0,1128	0,1302	0,1472	0,1638
	2	0,0001	0,0004	0,0009	0,0016	0,0025	0,0036	0,0049	0,0064	0,0081
3	0	0,9703	0,9412	0,9127	0,8847	0,8574	0,8306	0,8044	0,7787	0,7536
	1	0,0294	0,0576	0,0847	0,1106	0,1354	0,1590	0,1816	0,2031	0,2236
	2	0,0003	0,0012	0,0026	0,0046	0,0071	0,0102	0,0137	0,0177	0,0221
	3	0,0000	0,0000	0,0000	0,0001	0,0001	0,0002	0,0003	0,0005	0,0007
4	0	0,9606	0,9224	0,8853	0,8493	0,8145	0,7807	0,7481	0,7164	0,6857
	1	0,0388	0,0753	0,1095	0,1416	0,1715	0,1993	0,2252	0,2492	0,2713
	2	0,0006	0,0023	0,0051	0,0088	0,0135	0,0191	0,0254	0,0325	0,0402
	3	0,0000	0,0000	0,0001	0,0002	0,0005	0,0008	0,0013	0,0019	0,0027
	4	0,0000	0,0000	0,0000	0,0000	0,0000	0,0000	0,0000	0,0000	0,0001
5	0	0,9510	0,9039	0,8587	0,8154	0,7738	0,7339	0,6957	0,6591	0,6240
	1	0,0480	0,0922	0,1328	0,1699	0,2036	0,2342	0,2618	0,2866	0,3086
	2	0,0010	0,0038	0,0082	0,0142	0,0214	0,0299	0,0394	0,0498	0,0610
	3	0,0000	0,0001	0,0003	0,0006	0,0011	0,0019	0,0030	0,0043	0,0060
	4	0,0000	0,0000	0,0000	0,0000	0,0000	0,0001	0,0001	0,0002	0,0003
	5	0,0000	0,0000	0,0000	0,0000	0,0000	0,0000	0,0000	0,0000	0,0000
6	0	0,9415	0,8858	0,8330	0,7828	0,7351	0,6899	0,6470	0,6064	0,5679
	1	0,0571	0,1085	0,1546	0,1957	0,2321	0,2642	0,2922	0,3164	0,3370
	2	0,0014	0,0055	0,0120	0,0204	0,0305	0,0422	0,0550	0,0688	0,0833
	3	0,0000	0,0002	0,0005	0,0011	0,0021	0,0036	0,0055	0,0080	0,0110
	4	0,0000	0,0000	0,0000	0,0000	0,0001	0,0002	0,0003	0,0005	0,0008
	5	0,0000	0,0000	0,0000	0,0000	0,0000	0,0000	0,0000	0,0000	0,0000
	6	0,0000	0,0000	0,0000	0,0000	0,0000	0,0000	0,0000	0,0000	0,0000
7	0	0,9321	0,8681	0,8080	0,7514	0,6983	0,6485	0,6017	0,5578	0,5168
	1	0,0659	0,1240	0,1749	0,2192	0,2573	0,2897	0,3170	0,3396	0,3578
	2	0,0020	0,0076	0,0162	0,0274	0,0406	0,0555	0,0716	0,0886	0,1061
	3	0,0000	0,0003	0,0008	0,0019	0,0036	0,0059	0,0090	0,0128	0,0175
	4	0,0000	0,0000	0,0000	0,0001	0,0002	0,0004	0,0007	0,0011	0,0017
	5	0,0000	0,0000	0,0000	0,0000	0,0000	0,0000	0,0000	0,0001	0,0001
	6	0,0000	0,0000	0,0000	0,0000	0,0000	0,0000	0,0000	0,0000	0,0000
	7	0,0000	0,0000	0,0000	0,0000	0,0000	0,0000	0,0000	0,0000	0,0000
8	0	0,9227	0,8508	0,7837	0,7214	0,6634	0,6096	0,5596	0,5132	0,4703
	1	0,0746	0,1389	0,1939	0,2405	0,2793	0,3113	0,3370	0,3570	0,3721
	2	0,0026	0,0099	0,0210	0,0351	0,0515	0,0695	0,0888	0,1087	0,1288
	3	0,0001	0,0004	0,0013	0,0029	0,0054	0,0089	0,0134	0,0189	0,0255
	4	0,0000	0,0000	0,0001	0,0002	0,0004	0,0007	0,0013	0,0021	0,0031
	5	0,0000	0,0000	0,0000	0,0000	0,0000	0,0000	0,0001	0,0001	0,0002
	6	0,0000	0,0000	0,0000	0,0000	0,0000	0,0000	0,0000	0,0000	0,0000
	7	0,0000	0,0000	0,0000	0,0000	0,0000	0,0000	0,0000	0,0000	0,0000
	8	0,0000	0,0000	0,0000	0,0000	0,0000	0,0000	0,0000	0,0000	0,0000

TABELA 5 Probabilidades binomiais (*continuação*)

n	x	0,01	0,02	0,03	0,04	0,05	0,06	0,07	0,08	0,09
9	0	0,9135	0,8337	0,7602	0,6925	0,6302	0,5730	0,5204	0,4722	0,4279
	1	0,0830	0,1531	0,2116	0,2597	0,2985	0,3292	0,3525	0,3695	0,3809
	2	0,0034	0,0125	0,0262	0,0433	0,0629	0,0840	0,1061	0,1285	0,1507
	3	0,0001	0,0006	0,0019	0,0042	0,0077	0,0125	0,0186	0,0261	0,0348
	4	0,0000	0,0000	0,0001	0,0003	0,0006	0,0012	0,0021	0,0034	0,0052
	5	0,0000	0,0000	0,0000	0,0000	0,0000	0,0001	0,0002	0,0003	0,0005
	6	0,0000	0,0000	0,0000	0,0000	0,0000	0,0000	0,0000	0,0000	0,0000
	7	0,0000	0,0000	0,0000	0,0000	0,0000	0,0000	0,0000	0,0000	0,0000
	8	0,0000	0,0000	0,0000	0,0000	0,0000	0,0000	0,0000	0,0000	0,0000
	9	0,0000	0,0000	0,0000	0,0000	0,0000	0,0000	0,0000	0,0000	0,0000
10	0	0,9044	0,8171	0,7374	0,6648	0,5987	0,5386	0,4840	0,4344	0,3894
	1	0,0914	0,1667	0,2281	0,2770	0,3151	0,3438	0,3643	0,3777	0,3851
	2	0,0042	0,0153	0,0317	0,0519	0,0746	0,0988	0,1234	0,1478	0,1714
	3	0,0001	0,0008	0,0026	0,0058	0,0105	0,0168	0,0248	0,0343	0,0452
	4	0,0000	0,0000	0,0001	0,0004	0,0010	0,0019	0,0033	0,0052	0,0078
	5	0,0000	0,0000	0,0000	0,0000	0,0001	0,0001	0,0003	0,0005	0,0009
	6	0,0000	0,0000	0,0000	0,0000	0,0000	0,0000	0,0000	0,0000	0,0001
	7	0,0000	0,0000	0,0000	0,0000	0,0000	0,0000	0,0000	0,0000	0,0000
	8	0,0000	0,0000	0,0000	0,0000	0,0000	0,0000	0,0000	0,0000	0,0000
	9	0,0000	0,0000	0,0000	0,0000	0,0000	0,0000	0,0000	0,0000	0,0000
	10	0,0000	0,0000	0,0000	0,0000	0,0000	0,0000	0,0000	0,0000	0,0000
12	0	0,8864	0,7847	0,6938	0,6127	0,5404	0,4759	0,4186	0,3677	0,3225
	1	0,1074	0,1922	0,2575	0,3064	0,3413	0,3645	0,3781	0,3837	0,3827
	2	0,0060	0,0216	0,0438	0,0702	0,0988	0,1280	0,1565	0,1835	0,2082
	3	0,0002	0,0015	0,0045	0,0098	0,0173	0,0272	0,0393	0,0532	0,0686
	4	0,0000	0,0001	0,0003	0,0009	0,0021	0,0039	0,0067	0,0104	0,0153
	5	0,0000	0,0000	0,0000	0,0001	0,0002	0,0004	0,0008	0,0014	0,0024
	6	0,0000	0,0000	0,0000	0,0000	0,0000	0,0000	0,0001	0,0001	0,0003
	7	0,0000	0,0000	0,0000	0,0000	0,0000	0,0000	0,0000	0,0000	0,0000
	8	0,0000	0,0000	0,0000	0,0000	0,0000	0,0000	0,0000	0,0000	0,0000
	9	0,0000	0,0000	0,0000	0,0000	0,0000	0,0000	0,0000	0,0000	0,0000
	10	0,0000	0,0000	0,0000	0,0000	0,0000	0,0000	0,0000	0,0000	0,0000
	11	0,0000	0,0000	0,0000	0,0000	0,0000	0,0000	0,0000	0,0000	0,0000
	12	0,0000	0,0000	0,0000	0,0000	0,0000	0,0000	0,0000	0,0000	0,0000
15	0	0,8601	0,7386	0,6333	0,5421	0,4633	0,3953	0,3367	0,2863	0,2430
	1	0,1303	0,2261	0,2938	0,3388	0,3658	0,3785	0,3801	0,3734	0,3605
	2	0,0092	0,0323	0,0636	0,0988	0,1348	0,1691	0,2003	0,2273	0,2496
	3	0,0004	0,0029	0,0085	0,0178	0,0307	0,0468	0,0653	0,0857	0,1070
	4	0,0000	0,0002	0,0008	0,0022	0,0049	0,0090	0,0148	0,0223	0,0317
	5	0,0000	0,0000	0,0001	0,0002	0,0006	0,0013	0,0024	0,0043	0,0069
	6	0,0000	0,0000	0,0000	0,0000	0,0000	0,0001	0,0003	0,0006	0,0011
	7	0,0000	0,0000	0,0000	0,0000	0,0000	0,0000	0,0000	0,0001	0,0001
	8	0,0000	0,0000	0,0000	0,0000	0,0000	0,0000	0,0000	0,0000	0,0000
	9	0,0000	0,0000	0,0000	0,0000	0,0000	0,0000	0,0000	0,0000	0,0000
	10	0,0000	0,0000	0,0000	0,0000	0,0000	0,0000	0,0000	0,0000	0,0000
	11	0,0000	0,0000	0,0000	0,0000	0,0000	0,0000	0,0000	0,0000	0,0000
	12	0,0000	0,0000	0,0000	0,0000	0,0000	0,0000	0,0000	0,0000	0,0000
	13	0,0000	0,0000	0,0000	0,0000	0,0000	0,0000	0,0000	0,0000	0,0000
	14	0,0000	0,0000	0,0000	0,0000	0,0000	0,0000	0,0000	0,0000	0,0000
	15	0,0000	0,0000	0,0000	0,0000	0,0000	0,0000	0,0000	0,0000	0,0000

TABELA 5 Probabilidades binomiais (*continuação*)

						p				
n	x	0,01	0,02	0,03	0,04	0,05	0,06	0,07	0,08	0,09
18	0	0,8345	0,6951	0,5780	0,4796	0,3972	0,3283	0,2708	0,2229	0,1831
	1	0,1517	0,2554	0,3217	0,3597	0,3763	0,3772	0,3669	0,3489	0,3260
	2	0,0130	0,0443	0,0846	0,1274	0,1683	0,2047	0,2348	0,2579	0,2741
	3	0,0007	0,0048	0,0140	0,0283	0,0473	0,0697	0,0942	0,1196	0,1446
	4	0,0000	0,0004	0,0016	0,0044	0,0093	0,0167	0,0266	0,0390	0,0536
	5	0,0000	0,0000	0,0001	0,0005	0,0014	0,0030	0,0056	0,0095	0,0148
	6	0,0000	0,0000	0,0000	0,0000	0,0002	0,0004	0,0009	0,0018	0,0032
	7	0,0000	0,0000	0,0000	0,0000	0,0000	0,0000	0,0001	0,0003	0,0005
	8	0,0000	0,0000	0,0000	0,0000	0,0000	0,0000	0,0000	0,0000	0,0001
	9	0,0000	0,0000	0,0000	0,0000	0,0000	0,0000	0,0000	0,0000	0,0000
	10	0,0000	0,0000	0,0000	0,0000	0,0000	0,0000	0,0000	0,0000	0,0000
	11	0,0000	0,0000	0,0000	0,0000	0,0000	0,0000	0,0000	0,0000	0,0000
	12	0,0000	0,0000	0,0000	0,0000	0,0000	0,0000	0,0000	0,0000	0,0000
	13	0,0000	0,0000	0,0000	0,0000	0,0000	0,0000	0,0000	0,0000	0,0000
	14	0,0000	0,0000	0,0000	0,0000	0,0000	0,0000	0,0000	0,0000	0,0000
	15	0,0000	0,0000	0,0000	0,0000	0,0000	0,0000	0,0000	0,0000	0,0000
	16	0,0000	0,0000	0,0000	0,0000	0,0000	0,0000	0,0000	0,0000	0,0000
	17	0,0000	0,0000	0,0000	0,0000	0,0000	0,0000	0,0000	0,0000	0,0000
	18	0,0000	0,0000	0,0000	0,0000	0,0000	0,0000	0,0000	0,0000	0,0000
20	0	0,8179	0,6676	0,5438	0,4420	0,3585	0,2901	0,2342	0,1887	0,1516
	1	0,1652	0,2725	0,3364	0,3683	0,3774	0,3703	0,3526	0,3282	0,3000
	2	0,0159	0,0528	0,0988	0,1458	0,1887	0,2246	0,2521	0,2711	0,2818
	3	0,0010	0,0065	0,0183	0,0364	0,0596	0,0860	0,1139	0,1414	0,1672
	4	0,0000	0,0006	0,0024	0,0065	0,0133	0,0233	0,0364	0,0523	0,0703
	5	0,0000	0,0000	0,0002	0,0009	0,0022	0,0048	0,0088	0,0145	0,0222
	6	0,0000	0,0000	0,0000	0,0001	0,0003	0,0008	0,0017	0,0032	0,0055
	7	0,0000	0,0000	0,0000	0,0000	0,0000	0,0001	0,0002	0,0005	0,0011
	8	0,0000	0,0000	0,0000	0,0000	0,0000	0,0000	0,0000	0,0001	0,0002
	9	0,0000	0,0000	0,0000	0,0000	0,0000	0,0000	0,0000	0,0000	0,0000
	10	0,0000	0,0000	0,0000	0,0000	0,0000	0,0000	0,0000	0,0000	0,0000
	11	0,0000	0,0000	0,0000	0,0000	0,0000	0,0000	0,0000	0,0000	0,0000
	12	0,0000	0,0000	0,0000	0,0000	0,0000	0,0000	0,0000	0,0000	0,0000
	13	0,0000	0,0000	0,0000	0,0000	0,0000	0,0000	0,0000	0,0000	0,0000
	14	0,0000	0,0000	0,0000	0,0000	0,0000	0,0000	0,0000	0,0000	0,0000
	15	0,0000	0,0000	0,0000	0,0000	0,0000	0,0000	0,0000	0,0000	0,0000
	16	0,0000	0,0000	0,0000	0,0000	0,0000	0,0000	0,0000	0,0000	0,0000
	17	0,0000	0,0000	0,0000	0,0000	0,0000	0,0000	0,0000	0,0000	0,0000
	18	0,0000	0,0000	0,0000	0,0000	0,0000	0,0000	0,0000	0,0000	0,0000
	19	0,0000	0,0000	0,0000	0,0000	0,0000	0,0000	0,0000	0,0000	0,0000
	20	0,0000	0,0000	0,0000	0,0000	0,0000	0,0000	0,0000	0,0000	0,0000

TABELA 5   Probabilidades binomiais (*continuação*)

n	x	0,10	0,15	0,20	0,25	0,30	0,35	0,40	0,45	0,50
2	0	0,8100	0,7225	0,6400	0,5625	0,4900	0,4225	0,3600	0,3025	0,2500
	1	0,1800	0,2550	0,3200	0,3750	0,4200	0,4550	0,4800	0,4950	0,5000
	2	0,0100	0,0225	0,0400	0,0625	0,0900	0,1225	0,1600	0,2025	0,2500
3	0	0,7290	0,6141	0,5120	0,4219	0,3430	0,2746	0,2160	0,1664	0,1250
	1	0,2430	0,3251	0,3840	0,4219	0,4410	0,4436	0,4320	0,4084	0,3750
	2	0,0270	0,0574	0,0960	0,1406	0,1890	0,2389	0,2880	0,3341	0,3750
	3	0,0010	0,0034	0,0080	0,0156	0,0270	0,0429	0,0640	0,0911	0,1250
4	0	0,6561	0,5220	0,4096	0,3164	0,2401	0,1785	0,1296	0,0915	0,0625
	1	0,2916	0,3685	0,4096	0,4219	0,4116	0,3845	0,3456	0,2995	0,2500
	2	0,0486	0,0975	0,1536	0,2109	0,2646	0,3105	0,3456	0,3675	0,3750
	3	0,0036	0,0115	0,0256	0,0469	0,0756	0,1115	0,1536	0,2005	0,2500
	4	0,0001	0,0005	0,0016	0,0039	0,0081	0,0150	0,0256	0,0410	0,0625
5	0	0,5905	0,4437	0,3277	0,2373	0,1681	0,1160	0,0778	0,0503	0,0312
	1	0,3280	0,3915	0,4096	0,3955	0,3602	0,3124	0,2592	0,2059	0,1562
	2	0,0729	0,1382	0,2048	0,2637	0,3087	0,3364	0,3456	0,3369	0,3125
	3	0,0081	0,0244	0,0512	0,0879	0,1323	0,1811	0,2304	0,2757	0,3125
	4	0,0004	0,0022	0,0064	0,0146	0,0284	0,0488	0,0768	0,1128	0,1562
	5	0,0000	0,0001	0,0003	0,0010	0,0024	0,0053	0,0102	0,0185	0,0312
6	0	0,5314	0,3771	0,2621	0,1780	0,1176	0,0754	0,0467	0,0277	0,0156
	1	0,3543	0,3993	0,3932	0,3560	0,3025	0,2437	0,1866	0,1359	0,0938
	2	0,0984	0,1762	0,2458	0,2966	0,3241	0,3280	0,3110	0,2780	0,2344
	3	0,0146	0,0415	0,0819	0,1318	0,1852	0,2355	0,2765	0,3032	0,3125
	4	0,0012	0,0055	0,0154	0,0330	0,0595	0,0951	0,1382	0,1861	0,2344
	5	0,0001	0,0004	0,0015	0,0044	0,0102	0,0205	0,0369	0,0609	0,0938
	6	0,0000	0,0000	0,0001	0,0002	0,0007	0,0018	0,0041	0,0083	0,0156
7	0	0,4783	0,3206	0,2097	0,1335	0,0824	0,0490	0,0280	0,0152	0,0078
	1	0,3720	0,3960	0,3670	0,3115	0,2471	0,1848	0,1306	0,0872	0,0547
	2	0,1240	0,2097	0,2753	0,3115	0,3177	0,2985	0,2613	0,2140	0,1641
	3	0,0230	0,0617	0,1147	0,1730	0,2269	0,2679	0,2903	0,2918	0,2734
	4	0,0026	0,0109	0,0287	0,0577	0,0972	0,1442	0,1935	0,2388	0,2734
	5	0,0002	0,0012	0,0043	0,0115	0,0250	0,0466	0,0774	0,1172	0,1641
	6	0,0000	0,0001	0,0004	0,0013	0,0036	0,0084	0,0172	0,0320	0,0547
	7	0,0000	0,0000	0,0000	0,0001	0,0002	0,0006	0,0016	0,0037	0,0078
8	0	0,4305	0,2725	0,1678	0,1001	0,0576	0,0319	0,0168	0,0084	0,0039
	1	0,3826	0,3847	0,3355	0,2670	0,1977	0,1373	0,0896	0,0548	0,0312
	2	0,1488	0,2376	0,2936	0,3115	0,2965	0,2587	0,2090	0,1569	0,1094
	3	0,0331	0,0839	0,1468	0,2076	0,2541	0,2786	0,2787	0,2568	0,2188
	4	0,0046	0,0185	0,0459	0,0865	0,1361	0,1875	0,2322	0,2627	0,2734
	5	0,0004	0,0026	0,0092	0,0231	0,0467	0,0808	0,1239	0,1719	0,2188
	6	0,0000	0,0002	0,0011	0,0038	0,0100	0,0217	0,0413	0,0703	0,1094
	7	0,0000	0,0000	0,0001	0,0004	0,0012	0,0033	0,0079	0,0164	0,0313
	8	0,0000	0,0000	0,0000	0,0000	0,0001	0,0002	0,0007	0,0017	0,0039

684 Estatística aplicada a administração e economia

TABELA 5 Probabilidades binomiais (*continuação*)

n	x	0,10	0,15	0,20	0,25	0,30	0,35	0,40	0,45	0,50
9	0	0,3874	0,2316	0,1342	0,0751	0,0404	0,0207	0,0101	0,0046	0,0020
	1	0,3874	0,3679	0,3020	0,2253	0,1556	0,1004	0,0605	0,0339	0,0176
	2	0,1722	0,2597	0,3020	0,3003	0,2668	0,2162	0,1612	0,1110	0,0703
	3	0,0446	0,1069	0,1762	0,2336	0,2668	0,2716	0,2508	0,2119	0,1641
	4	0,0074	0,0283	0,0661	0,1168	0,1715	0,2194	0,2508	0,2600	0,2461
	5	0,0008	0,0050	0,0165	0,0389	0,0735	0,1181	0,1672	0,2128	0,2461
	6	0,0001	0,0006	0,0028	0,0087	0,0210	0,0424	0,0743	0,1160	0,1641
	7	0,0000	0,0000	0,0003	0,0012	0,0039	0,0098	0,0212	0,0407	0,0703
	8	0,0000	0,0000	0,0000	0,0001	0,0004	0,0013	0,0035	0,0083	0,0176
	9	0,0000	0,0000	0,0000	0,0000	0,0000	0,0001	0,0003	0,0008	0,0020
10	0	0,3487	0,1969	0,1074	0,0563	0,0282	0,0135	0,0060	0,0025	0,0010
	1	0,3874	0,3474	0,2684	0,1877	0,1211	0,0725	0,0403	0,0207	0,0098
	2	0,1937	0,2759	0,3020	0,2816	0,2335	0,1757	0,1209	0,0763	0,0439
	3	0,0574	0,1298	0,2013	0,2503	0,2668	0,2522	0,2150	0,1665	0,1172
	4	0,0112	0,0401	0,0881	0,1460	0,2001	0,2377	0,2508	0,2384	0,2051
	5	0,0015	0,0085	0,0264	0,0584	0,1029	0,1536	0,2007	0,2340	0,2461
	6	0,0001	0,0012	0,0055	0,0162	0,0368	0,0689	0,1115	0,1596	0,2051
	7	0,0000	0,0001	0,0008	0,0031	0,0090	0,0212	0,0425	0,0746	0,1172
	8	0,0000	0,0000	0,0001	0,0004	0,0014	0,0043	0,0106	0,0229	0,0439
	9	0,0000	0,0000	0,0000	0,0000	0,0001	0,0005	0,0016	0,0042	0,0098
	10	0,0000	0,0000	0,0000	0,0000	0,0000	0,0000	0,0001	0,0003	0,0010
12	0	0,2824	0,1422	0,0687	0,0317	0,0138	0,0057	0,0022	0,0008	0,0002
	1	0,3766	0,3012	0,2062	0,1267	0,0712	0,0368	0,0174	0,0075	0,0029
	2	0,2301	0,2924	0,2835	0,2323	0,1678	0,1088	0,0639	0,0339	0,0161
	3	0,0853	0,1720	0,2362	0,2581	0,2397	0,1954	0,1419	0,0923	0,0537
	4	0,0213	0,0683	0,1329	0,1936	0,2311	0,2367	0,2128	0,1700	0,1208
	5	0,0038	0,0193	0,0532	0,1032	0,1585	0,2039	0,2270	0,2225	0,1934
	6	0,0005	0,0040	0,0155	0,0401	0,0792	0,1281	0,1766	0,2124	0,2256
	7	0,0000	0,0006	0,0033	0,0115	0,0291	0,0591	0,1009	0,1489	0,1934
	8	0,0000	0,0001	0,0005	0,0024	0,0078	0,0199	0,0420	0,0762	0,1208
	9	0,0000	0,0000	0,0001	0,0004	0,0015	0,0048	0,0125	0,0277	0,0537
	10	0,0000	0,0000	0,0000	0,0000	0,0002	0,0008	0,0025	0,0068	0,0161
	11	0,0000	0,0000	0,0000	0,0000	0,0000	0,0001	0,0003	0,0010	0,0029
	12	0,0000	0,0000	0,0000	0,0000	0,0000	0,0000	0,0000	0,0001	0,0002
15	0	0,2059	0,0874	0,0352	0,0134	0,0047	0,0016	0,0005	0,0001	0,0000
	1	0,3432	0,2312	0,1319	0,0668	0,0305	0,0126	0,0047	0,0016	0,0005
	2	0,2669	0,2856	0,2309	0,1559	0,0916	0,0476	0,0219	0,0090	0,0032
	3	0,1285	0,2184	0,2501	0,2252	0,1700	0,1110	0,0634	0,0318	0,0139
	4	0,0428	0,1156	0,1876	0,2252	0,2186	0,1792	0,1268	0,0780	0,0417
	5	0,0105	0,0449	0,1032	0,1651	0,2061	0,2123	0,1859	0,1404	0,0916
	6	0,0019	0,0132	0,0430	0,0917	0,1472	0,1906	0,2066	0,1914	0,1527
	7	0,0003	0,0030	0,0138	0,0393	0,0811	0,1319	0,1771	0,2013	0,1964
	8	0,0000	0,0005	0,0035	0,0131	0,0348	0,0710	0,1181	0,1647	0,1964
	9	0,0000	0,0001	0,0007	0,0034	0,0016	0,0298	0,0612	0,1048	0,1527
	10	0,0000	0,0000	0,0001	0,0007	0,0030	0,0096	0,0245	0,0515	0,0916
	11	0,0000	0,0000	0,0000	0,0001	0,0006	0,0024	0,0074	0,0191	0,0417
	12	0,0000	0,0000	0,0000	0,0000	0,0001	0,0004	0,0016	0,0052	0,0139
	13	0,0000	0,0000	0,0000	0,0000	0,0000	0,0001	0,0003	0,0010	0,0032
	14	0,0000	0,0000	0,0000	0,0000	0,0000	0,0000	0,0000	0,0001	0,0005
	15	0,0000	0,0000	0,0000	0,0000	0,0000	0,0000	0,0000	0,0000	0,0000

Apêndice B: Tabelas **685**

TABELA 5   Probabilidades binomiais (*continuação*)

						p				
n	x	**0,10**	**0,15**	**0,20**	**0,25**	**0,30**	**0,35**	**0,40**	**0,45**	**0,50**
18	0	0,1501	0,0536	0,0180	0,0056	0,0016	0,0004	0,0001	0,0000	0,0000
	1	0,3002	0,1704	0,0811	0,0338	0,0126	0,0042	0,0012	0,0003	0,0001
	2	0,2835	0,2556	0,1723	0,0958	0,0458	0,0190	0,0069	0,0022	0,0006
	3	0,1680	0,2406	0,2297	0,1704	0,1046	0,0547	0,0246	0,0095	0,0031
	4	0,0700	0,1592	0,2153	0,2130	0,1681	0,1104	0,0614	0,0291	0,0117
	5	0,0218	0,0787	0,1507	0,1988	0,2017	0,1664	0,1146	0,0666	0,0327
	6	0,0052	0,0301	0,0816	0,1436	0,1873	0,1941	0,1655	0,1181	0,0708
	7	0,0010	0,0091	0,0350	0,0820	0,1376	0,1792	0,1892	0,1657	0,1214
	8	0,0002	0,0022	0,0120	0,0376	0,0811	0,1327	0,1734	0,1864	0,1669
	9	0,0000	0,0004	0,0033	0,0139	0,0386	0,0794	0,1284	0,1694	0,1855
	10	0,0000	0,0001	0,0008	0,0042	0,0149	0,0385	0,0771	0,1248	0,1669
	11	0,0000	0,0000	0,0001	0,0010	0,0046	0,0151	0,0374	0,0742	0,1214
	12	0,0000	0,0000	0,0000	0,0002	0,0012	0,0047	0,0145	0,0354	0,0708
	13	0,0000	0,0000	0,0000	0,0000	0,0002	0,0012	0,0045	0,0134	0,0327
	14	0,0000	0,0000	0,0000	0,0000	0,0000	0,0002	0,0011	0,0039	0,0117
	15	0,0000	0,0000	0,0000	0,0000	0,0000	0,0000	0,0002	0,0009	0,0031
	16	0,0000	0,0000	0,0000	0,0000	0,0000	0,0000	0,0000	0,0001	0,0006
	17	0,0000	0,0000	0,0000	0,0000	0,0000	0,0000	0,0000	0,0000	0,0001
	18	0,0000	0,0000	0,0000	0,0000	0,0000	0,0000	0,0000	0,0000	0,0000
20	0	0,1216	0,0388	0,0115	0,0032	0,0008	0,0002	0,0000	0,0000	0,0000
	1	0,2702	0,1368	0,0576	0,0211	0,0068	0,0020	0,0005	0,0001	0,0000
	2	0,2852	0,2293	0,1369	0,0669	0,0278	0,0100	0,0031	0,0008	0,0002
	3	0,1901	0,2428	0,2054	0,1339	0,0716	0,0323	0,0123	0,0040	0,0011
	4	0,0898	0,1821	0,2182	0,1897	0,1304	0,0738	0,0350	0,0139	0,0046
	5	0,0319	0,1028	0,1746	0,2023	0,1789	0,1272	0,0746	0,0365	0,0148
	6	0,0089	0,0454	0,1091	0,1686	0,1916	0,1712	0,1244	0,0746	0,0370
	7	0,0020	0,0160	0,0545	0,1124	0,1643	0,1844	0,1659	0,1221	0,0739
	8	0,0004	0,0046	0,0222	0,0609	0,1144	0,1614	0,1797	0,1623	0,1201
	9	0,0001	0,0011	0,0074	0,0271	0,0654	0,1158	0,1597	0,1771	0,1602
	10	0,0000	0,0002	0,0020	0,0099	0,0308	0,0686	0,1171	0,1593	0,1762
	11	0,0000	0,0000	0,0005	0,0030	0,0120	0,0336	0,0710	0,1185	0,1602
	12	0,0000	0,0000	0,0001	0,0008	0,0039	0,0136	0,0355	0,0727	0,1201
	13	0,0000	0,0000	0,0000	0,0002	0,0010	0,0045	0,0146	0,0366	0,0739
	14	0,0000	0,0000	0,0000	0,0000	0,0002	0,0012	0,0049	0,0150	0,0370
	15	0,0000	0,0000	0,0000	0,0000	0,0000	0,0003	0,0013	0,0049	0,0148
	16	0,0000	0,0000	0,0000	0,0000	0,0000	0,0000	0,0003	0,0013	0,0046
	17	0,0000	0,0000	0,0000	0,0000	0,0000	0,0000	0,0000	0,0002	0,0011
	18	0,0000	0,0000	0,0000	0,0000	0,0000	0,0000	0,0000	0,0000	0,0002
	19	0,0000	0,0000	0,0000	0,0000	0,0000	0,0000	0,0000	0,0000	0,0000
	20	0,0000	0,0000	0,0000	0,0000	0,0000	0,0000	0,0000	0,0000	0,0000

TABELA 5 Probabilidades binomiais (*continuação*)

n	x	0,55	0,60	0,65	0,70	0,75	0,80	0,85	0,90	0,95
2	0	0,2025	0,1600	0,1225	0,0900	0,0625	0,0400	0,0225	0,0100	0,0025
	1	0,4950	0,4800	0,4550	0,4200	0,3750	0,3200	0,2550	0,1800	0,0950
	2	0,3025	0,3600	0,4225	0,4900	0,5625	0,6400	0,7225	0,8100	0,9025
3	0	0,0911	0,0640	0,0429	0,0270	0,0156	0,0080	0,0034	0,0010	0,0001
	1	0,3341	0,2880	0,2389	0,1890	0,1406	0,0960	0,0574	0,0270	0,0071
	2	0,4084	0,4320	0,4436	0,4410	0,4219	0,3840	0,3251	0,2430	0,1354
	3	0,1664	0,2160	0,2746	0,3430	0,4219	0,5120	0,6141	0,7290	0,8574
4	0	0,0410	0,0256	0,0150	0,0081	0,0039	0,0016	0,0005	0,0001	0,0000
	1	0,2005	0,1536	0,1115	0,0756	0,0469	0,0256	0,0115	0,0036	0,0005
	2	0,3675	0,3456	0,3105	0,2646	0,2109	0,1536	0,0975	0,0486	0,0135
	3	0,2995	0,3456	0,3845	0,4116	0,4219	0,4096	0,3685	0,2916	0,1715
	4	0,0915	0,1296	0,1785	0,2401	0,3164	0,4096	0,5220	0,6561	0,8145
5	0	0,0185	0,0102	0,0053	0,0024	0,0010	0,0003	0,0001	0,0000	0,0000
	1	0,1128	0,0768	0,0488	0,0284	0,0146	0,0064	0,0022	0,0005	0,0000
	2	0,2757	0,2304	0,1811	0,1323	0,0879	0,0512	0,0244	0,0081	0,0011
	3	0,3369	0,3456	0,3364	0,3087	0,2637	0,2048	0,1382	0,0729	0,0214
	4	0,2059	0,2592	0,3124	0,3601	0,3955	0,4096	0,3915	0,3281	0,2036
	5	0,0503	0,0778	0,1160	0,1681	0,2373	0,3277	0,4437	0,5905	0,7738
6	0	0,0083	0,0041	0,0018	0,0007	0,0002	0,0001	0,0000	0,0000	0,0000
	1	0,0609	0,0369	0,0205	0,0102	0,0044	0,0015	0,0004	0,0001	0,0000
	2	0,1861	0,1382	0,0951	0,0595	0,0330	0,0154	0,0055	0,0012	0,0001
	3	0,3032	0,2765	0,2355	0,1852	0,1318	0,0819	0,0415	0,0146	0,0021
	4	0,2780	0,3110	0,3280	0,3241	0,2966	0,2458	0,1762	0,0984	0,0305
	5	0,1359	0,1866	0,2437	0,3025	0,3560	0,3932	0,3993	0,3543	0,2321
	6	0,0277	0,0467	0,0754	0,1176	0,1780	0,2621	0,3771	0,5314	0,7351
7	0	0,0037	0,0016	0,0006	0,0002	0,0001	0,0000	0,0000	0,0000	0,0000
	1	0,0320	0,0172	0,0084	0,0036	0,0013	0,0004	0,0001	0,0000	0,0000
	2	0,1172	0,0774	0,0466	0,0250	0,0115	0,0043	0,0012	0,0002	0,0000
	3	0,2388	0,1935	0,1442	0,0972	0,0577	0,0287	0,0109	0,0026	0,0002
	4	0,2918	0,2903	0,2679	0,2269	0,1730	0,1147	0,0617	0,0230	0,0036
	5	0,2140	0,2613	0,2985	0,3177	0,3115	0,2753	0,2097	0,1240	0,0406
	6	0,0872	0,1306	0,1848	0,2471	0,3115	0,3670	0,3960	0,3720	0,2573
	7	0,0152	0,0280	0,0490	0,0824	0,1335	0,2097	0,3206	0,4783	0,6983
8	0	0,0017	0,0007	0,0002	0,0001	0,0000	0,0000	0,0000	0,0000	0,0000
	1	0,0164	0,0079	0,0033	0,0012	0,0004	0,0001	0,0000	0,0000	0,0000
	2	0,0703	0,0413	0,0217	0,0100	0,0038	0,0011	0,0002	0,0000	0,0000
	3	0,1719	0,1239	0,0808	0,0467	0,0231	0,0092	0,0026	0,0004	0,0000
	4	0,2627	0,2322	0,1875	0,1361	0,0865	0,0459	0,0185	0,0046	0,0004
	5	0,2568	0,2787	0,2786	0,2541	0,2076	0,1468	0,0839	0,0331	0,0054
	6	0,1569	0,2090	0,2587	0,2965	0,3115	0,2936	0,2376	0,1488	0,0515
	7	0,0548	0,0896	0,1373	0,1977	0,2670	0,3355	0,3847	0,3826	0,2793
	8	0,0084	0,0168	0,0319	0,0576	0,1001	0,1678	0,2725	0,4305	0,6634

Apêndice B: Tabelas **687**

TABELA 5   Probabilidades binomiais (*continuação*)

						p				
n	x	**0,55**	**0,60**	**0,65**	**0,70**	**0,75**	**0,80**	**0,85**	**0,90**	**0,95**
9	0	0,0008	0,0003	0,0001	0,0000	0,0000	0,0000	0,0000	0,0000	0,0000
	1	0,0083	0,0035	0,0013	0,0004	0,0001	0,0000	0,0000	0,0000	0,0000
	2	0,0407	0,0212	0,0098	0,0039	0,0012	0,0003	0,0000	0,0000	0,0000
	3	0,1160	0,0743	0,0424	0,0210	0,0087	0,0028	0,0006	0,0001	0,0000
	4	0,2128	0,1672	0,1181	0,0735	0,0389	0,0165	0,0050	0,0008	0,0000
	5	0,2600	0,2508	0,2194	0,1715	0,1168	0,0661	0,0283	0,0074	0,0006
	6	0,2119	0,2508	0,2716	0,2668	0,2336	0,1762	0,1069	0,0446	0,0077
	7	0,1110	0,1612	0,2162	0,2668	0,3003	0,3020	0,2597	0,1722	0,0629
	8	0,0339	0,0605	0,1004	0,1556	0,2253	0,3020	0,3679	0,3874	0,2985
	9	0,0046	0,0101	0,0207	0,0404	0,0751	0,1342	0,2316	0,3874	0,6302
10	0	0,0003	0,0001	0,0000	0,0000	0,0000	0,0000	0,0000	0,0000	0,0000
	1	0,0042	0,0016	0,0005	0,0001	0,0000	0,0000	0,0000	0,0000	0,0000
	2	0,0229	0,0106	0,0043	0,0014	0,0004	0,0001	0,0000	0,0000	0,0000
	3	0,0746	0,0425	0,0212	0,0090	0,0031	0,0008	0,0001	0,0000	0,0000
	4	0,1596	0,1115	0,0689	0,0368	0,0162	0,0055	0,0012	0,0001	0,0000
	5	0,2340	0,2007	0,1536	0,1029	0,0584	0,0264	0,0085	0,0015	0,0001
	6	0,2384	0,2508	0,2377	0,2001	0,1460	0,0881	0,0401	0,0112	0,0010
	7	0,1665	0,2150	0,2522	0,2668	0,2503	0,2013	0,1298	0,0574	0,0105
	8	0,0763	0,1209	0,1757	0,2335	0,2816	0,3020	0,2759	0,1937	0,0746
	9	0,0207	0,0403	0,0725	0,1211	0,1877	0,2684	0,3474	0,3874	0,3151
	10	0,0025	0,0060	0,0135	0,0282	0,0563	0,1074	0,1969	0,3487	0,5987
12	0	0,0001	0,0000	0,0000	0,0000	0,0000	0,0000	0,0000	0,0000	0,0000
	1	0,0010	0,0003	0,0001	0,0000	0,0000	0,0000	0,0000	0,0000	0,0000
	2	0,0068	0,0025	0,0008	0,0002	0,0000	0,0000	0,0000	0,0000	0,0000
	3	0,0277	0,0125	0,0048	0,0015	0,0004	0,0001	0,0000	0,0000	0,0000
	4	0,0762	0,0420	0,0199	0,0078	0,0024	0,0005	0,0001	0,0000	0,0000
	5	0,1489	0,1009	0,0591	0,0291	0,0115	0,0033	0,0006	0,0000	0,0000
	6	0,2124	0,1766	0,1281	0,0792	0,0401	0,0155	0,0040	0,0005	0,0000
	7	0,2225	0,2270	0,2039	0,1585	0,1032	0,0532	0,0193	0,0038	0,0002
	8	0,1700	0,2128	0,2367	0,2311	0,1936	0,1329	0,0683	0,0213	0,0021
	9	0,0923	0,1419	0,1954	0,2397	0,2581	0,2362	0,1720	0,0852	0,0173
	10	0,0339	0,0639	0,1088	0,1678	0,2323	0,2835	0,2924	0,2301	0,0988
	11	0,0075	0,0174	0,0368	0,0712	0,1267	0,2062	0,3012	0,3766	0,3413
	12	0,0008	0,0022	0,0057	0,0138	0,0317	0,0687	0,1422	0,2824	0,5404
15	0	0,0000	0,0000	0,0000	0,0000	0,0000	0,0000	0,0000	0,0000	0,0000
	1	0,0001	0,0000	0,0000	0,0000	0,0000	0,0000	0,0000	0,0000	0,0000
	2	0,0010	0,0003	0,0001	0,0000	0,0000	0,0000	0,0000	0,0000	0,0000
	3	0,0052	0,0016	0,0004	0,0001	0,0000	0,0000	0,0000	0,0000	0,0000
	4	0,0191	0,0074	0,0024	0,0006	0,0001	0,0000	0,0000	0,0000	0,0000
	5	0,0515	0,0245	0,0096	0,0030	0,0007	0,0001	0,0000	0,0000	0,0000
	6	0,1048	0,0612	0,0298	0,0116	0,0034	0,0007	0,0001	0,0000	0,0000
	7	0,1647	0,1181	0,0710	0,0348	0,0131	0,0035	0,0005	0,0000	0,0000
	8	0,2013	0,1771	0,1319	0,0811	0,0393	0,0138	0,0030	0,0003	0,0000
	9	0,1914	0,2066	0,1906	0,1472	0,0917	0,0430	0,0132	0,0019	0,0000
	10	0,1404	0,1859	0,2123	0,2061	0,1651	0,1032	0,0449	0,0105	0,0006
	11	0,0780	0,1268	0,1792	0,2186	0,2252	0,1876	0,1156	0,0428	0,0049
	12	0,0318	0,0634	0,1110	0,1700	0,2252	0,2501	0,2184	0,1285	0,0307
	13	0,0090	0,0219	0,0476	0,0916	0,1559	0,2309	0,2856	0,2669	0,1348
	14	0,0016	0,0047	0,0126	0,0305	0,0668	0,1319	0,2312	0,3432	0,3658
	15	0,0001	0,0005	0,0016	0,0047	0,0134	0,0352	0,0874	0,2059	0,4633

688 Estatística aplicada a administração e economia

TABELA 5 Probabilidades binomiais (*continuação*)

						p				
n	*x*	0,55	0,60	0,65	0,70	0,75	0,80	0,85	0,90	0,95
18	0	0,0000	0,0000	0,0000	0,0000	0,0000	0,0000	0,0000	0,0000	0,0000
	1	0,0000	0,0000	0,0000	0,0000	0,0000	0,0000	0,0000	0,0000	0,0000
	2	0,0001	0,0000	0,0000	0,0000	0,0000	0,0000	0,0000	0,0000	0,0000
	3	0,0009	0,0002	0,0000	0,0000	0,0000	0,0000	0,0000	0,0000	0,0000
	4	0,0039	0,0011	0,0002	0,0000	0,0000	0,0000	0,0000	0,0000	0,0000
	5	0,0134	0,0045	0,0012	0,0002	0,0000	0,0000	0,0000	0,0000	0,0000
	6	0,0354	0,0145	0,0047	0,0012	0,0002	0,0000	0,0000	0,0000	0,0000
	7	0,0742	0,0374	0,0151	0,0046	0,0010	0,0001	0,0000	0,0000	0,0000
	8	0,1248	0,0771	0,0385	0,0149	0,0042	0,0008	0,0001	0,0000	0,0000
	9	0,1694	0,1284	0,0794	0,0386	0,0139	0,0033	0,0004	0,0000	0,0000
	10	0,1864	0,1734	0,1327	0,0811	0,0376	0,0120	0,0022	0,0002	0,0000
	11	0,1657	0,1892	0,1792	0,1376	0,0820	0,0350	0,0091	0,0010	0,0000
	12	0,1181	0,1655	0,1941	0,1873	0,1436	0,0816	0,0301	0,0052	0,0002
	13	0,0666	0,1146	0,1664	0,2017	0,1988	0,1507	0,0787	0,0218	0,0014
	14	0,0291	0,0614	0,1104	0,1681	0,2130	0,2153	0,1592	0,0700	0,0093
	15	0,0095	0,0246	0,0547	0,1046	0,1704	0,2297	0,2406	0,1680	0,0473
	16	0,0022	0,0069	0,0190	0,0458	0,0958	0,1723	0,2556	0,2835	0,1683
	17	0,0003	0,0012	0,0042	0,0126	0,0338	0,0811	0,1704	0,3002	0,3763
	18	0,0000	0,0001	0,0004	0,0016	0,0056	0,0180	0,0536	0,1501	0,3972
20	0	0,0000	0,0000	0,0000	0,0000	0,0000	0,0000	0,0000	0,0000	0,0000
	1	0,0000	0,0000	0,0000	0,0000	0,0000	0,0000	0,0000	0,0000	0,0000
	2	0,0000	0,0000	0,0000	0,0000	0,0000	0,0000	0,0000	0,0000	0,0000
	3	0,0002	0,0000	0,0000	0,0000	0,0000	0,0000	0,0000	0,0000	0,0000
	4	0,0013	0,0003	0,0000	0,0000	0,0000	0,0000	0,0000	0,0000	0,0000
	5	0,0049	0,0013	0,0003	0,0000	0,0000	0,0000	0,0000	0,0000	0,0000
	6	0,0150	0,0049	0,0012	0,0002	0,0000	0,0000	0,0000	0,0000	0,0000
	7	0,0366	0,0146	0,0045	0,0010	0,0002	0,0000	0,0000	0,0000	0,0000
	8	0,0727	0,0355	0,0136	0,0039	0,0008	0,0001	0,0000	0,0000	0,0000
	9	0,1185	0,0710	0,0336	0,0120	0,0030	0,0005	0,0000	0,0000	0,0000
	10	0,1593	0,1171	0,0686	0,0308	0,0099	0,0020	0,0002	0,0000	0,0000
	11	0,1771	0,1597	0,1158	0,0654	0,0271	0,0074	0,0011	0,0001	0,0000
	12	0,1623	0,1797	0,1614	0,1144	0,0609	0,0222	0,0046	0,0004	0,0000
	13	0,1221	0,1659	0,1844	0,1643	0,1124	0,0545	0,0160	0,0020	0,0000
	14	0,0746	0,1244	0,1712	0,1916	0,1686	0,1091	0,0454	0,0089	0,0003
	15	0,0365	0,0746	0,1272	0,1789	0,2023	0,1746	0,1028	0,0319	0,0022
	16	0,0139	0,0350	0,0738	0,1304	0,1897	0,2182	0,1821	0,0898	0,0133
	17	0,0040	0,0123	0,0323	0,0716	0,1339	0,2054	0,2428	0,1901	0,0596
	18	0,0008	0,0031	0,0100	0,0278	0,0669	0,1369	0,2293	0,2852	0,1887
	19	0,0001	0,0005	0,0020	0,0068	0,0211	0,0576	0,1368	0,2702	0,3774
	20	0,0000	0,0000	0,0002	0,0008	0,0032	0,0115	0,0388	0,1216	0,3585

TABELA 6 Valores de $e^{-\mu}$

μ	$e^{-\mu}$	μ	$e^{-\mu}$	μ	$e^{-\mu}$
0,00	1,0000	2,00	0,1353	4,00	0,0183
0,05	0,9512	2,05	0,1287	4,05	0,0174
0,10	0,9048	2,10	0,1225	4,10	0,0166
0,15	0,8607	2,15	0,1165	4,15	0,0158
0,20	0,8187	2,20	0,1108	4,20	0,0150
0,25	0,7788	2,25	0,1054	4,25	0,0143
0,30	0,7408	2,30	0,1003	4,30	0,0136
0,35	0,7047	2,35	0,0954	4,35	0,0129
0,40	0,6703	2,40	0,0907	4,40	0,0123
0,45	0,6376	2,45	0,0863	4,45	0,0117
0,50	0,6065	2,50	0,0821	4,50	0,0111
0,55	0,5769	2,55	0,0781	4,55	0,0106
0,60	0,5488	2,60	0,0743	4,60	0,0101
0,65	0,5220	2,65	0,0707	4,65	0,0096
0,70	0,4966	2,70	0,0672	4,70	0,0091
0,75	0,4724	2,75	0,0639	4,75	0,0087
0,80	0,4493	2,80	0,0608	4,80	0,0082
0,85	0,4274	2,85	0,0578	4,85	0,0078
0,90	0,4066	2,90	0,0550	4,90	0,0074
0,95	0,3867	2,95	0,0523	4,95	0,0071
1,00	0,3679	3,00	0,0498	5,00	0,0067
1,05	0,3499	3,05	0,0474	6,00	0,0025
1,10	0,3329	3,10	0,0450	7,00	0,0009
1,15	0,3166	3,15	0,0429	8,00	0,000335
1,20	0,3012	3,20	0,0408	9,00	0,000123
				10,00	0,000045
1,25	0,2865	3,25	0,0388		
1,30	0,2725	3,30	0,0369		
1,35	0,2592	3,35	0,0351		
1,40	0,2466	3,40	0,0334		
1,45	0,2346	3,45	0,0317		
1,50	0,2231	3,50	0,0302		
1,55	0,2122	3,55	0,0287		
1,60	0,2019	3,60	0,0273		
1,65	0,1920	3,65	0,0260		
1,70	0,1827	3,70	0,0247		
1,75	0,1738	3,75	0,0235		
1,80	0,1653	3,80	0,0224		
1,85	0,1572	3,85	0,0213		
1,90	0,1496	3,90	0,0202		
1,95	0,1423	3,95	0,0193		

690 Estatística aplicada a administração e economia

TABELA 7 Probabilidades de Poisson

As entradas da tabela fornecem a probabilidade de x ocorrências de um processo de Poisson com média μ. Por exemplo, quando $\mu = 2,5$, a probabilidade de quatro ocorrências é 0,1136.

	μ									
x	0,1	0,2	0,3	0,4	0,5	0,6	0,7	0,8	0,9	1,0
0	0,9048	0,8187	0,7408	0,6703	0,6065	0,5488	0,4966	0,4493	0,4066	0,3679
1	0,0905	0,1637	0,2222	0,2681	0,3033	0,3293	0,3476	0,3595	0,3659	0,3679
2	0,0045	0,0164	0,0333	0,0536	0,0758	0,0988	0,1217	0,1438	0,1647	0,1839
3	0,0002	0,0011	0,0033	0,0072	0,0126	0,0198	0,0284	0,0383	0,0494	0,0613
4	0,0000	0,0001	0,0002	0,0007	0,0016	0,0030	0,0050	0,0077	0,0111	0,0153
5	0,0000	0,0000	0,0000	0,0001	0,0002	0,0004	0,0007	0,0012	0,0020	0,0031
6	0,0000	0,0000	0,0000	0,0000	0,0000	0,0000	0,0001	0,0002	0,0003	0,0005
7	0,0000	0,0000	0,0000	0,0000	0,0000	0,0000	0,0000	0,0000	0,0000	0,0001

	μ									
x	1,1	1,2	1,3	1,4	1,5	1,6	1,7	1,8	1,9	2,0
0	0,3329	0,3012	0,2725	0,2466	0,2231	0,2019	0,1827	0,1653	0,1496	0,1353
1	0,3662	0,3614	0,3543	0,3452	0,3347	0,3230	0,3106	0,2975	0,2842	0,2707
2	0,2014	0,2169	0,2303	0,2417	0,2510	0,2584	0,2640	0,2678	0,2700	0,2707
3	0,0738	0,0867	0,0998	0,1128	0,1255	0,1378	0,1496	0,1607	0,1710	0,1804
4	0,0203	0,0260	0,0324	0,0395	0,0471	0,0551	0,0636	0,0723	0,0812	0,0902
5	0,0045	0,0062	0,0084	0,0111	0,0141	0,0176	0,0216	0,0260	0,0309	0,0361
6	0,0008	0,0012	0,0018	0,0026	0,0035	0,0047	0,0061	0,0078	0,0098	0,0120
7	0,0001	0,0002	0,0003	0,0005	0,0008	0,0011	0,0015	0,0020	0,0027	0,0034
8	0,0000	0,0000	0,0001	0,0001	0,0001	0,0002	0,0003	0,0005	0,0006	0,0009
9	0,0000	0,0000	0,0000	0,0000	0,0000	0,0000	0,0001	0,0001	0,0001	0,0002

	μ									
x	2,1	2,2	2,3	2,4	2,5	2,6	2,7	2,8	2,9	3,0
0	0,1225	0,1108	0,1003	0,0907	0,0821	0,0743	0,0672	0,0608	0,0550	0,0498
1	0,2572	0,2438	0,2306	0,2177	0,2052	0,1931	0,1815	0,1703	0,1596	0,1494
2	0,2700	0,2681	0,2652	0,2613	0,2565	0,2510	0,2450	0,2384	0,2314	0,2240
3	0,1890	0,1966	0,2033	0,2090	0,2138	0,2176	0,2205	0,2225	0,2237	0,2240
4	0,0992	0,1082	0,1169	0,1254	0,1336	0,1414	0,1488	0,1557	0,1622	0,1680
5	0,0417	0,0476	0,0538	0,0602	0,0668	0,0735	0,0804	0,0872	0,0940	0,1008
6	0,0146	0,0174	0,0206	0,0241	0,0278	0,0319	0,0362	0,0407	0,0455	0,0504
7	0,0044	0,0055	0,0068	0,0083	0,0099	0,0118	0,0139	0,0163	0,0188	0,0216
8	0,0011	0,0015	0,0019	0,0025	0,0031	0,0038	0,0047	0,0057	0,0068	0,0081
9	0,0003	0,0004	0,0005	0,0007	0,0009	0,0011	0,0014	0,0018	0,0022	0,0027
10	0,0001	0,0001	0,0001	0,0002	0,0002	0,0003	0,0004	0,0005	0,0006	0,0008
11	0,0000	0,0000	0,0000	0,0000	0,0000	0,0001	0,0001	0,0001	0,0002	0,0002
12	0,0000	0,0000	0,0000	0,0000	0,0000	0,0000	0,0000	0,0000	0,0000	0,0001

TABELA 7 Probabilidades de Poisson (*continuação*)

					μ					
x	3,1	3,2	3,3	3,4	3,5	3,6	3,7	3,8	3,9	4,0
0	0,0450	0,0408	0,0369	0,0344	0,0302	0,0273	0,0247	0,0224	0,0202	0,0183
1	0,1397	0,1304	0,1217	0,1135	0,1057	0,0984	0,0915	0,0850	0,0789	0,0733
2	0,2165	0,2087	0,2008	0,1929	0,1850	0,1771	0,1692	0,1615	0,1539	0,1465
3	0,2237	0,2226	0,2209	0,2186	0,2158	0,2125	0,2087	0,2046	0,2001	0,1954
4	0,1734	0,1781	0,1823	0,1858	0,1888	0,1912	0,1931	0,1944	0,1951	0,1954
5	0,1075	0,1140	0,1203	0,1264	0,1322	0,1377	0,1429	0,1477	0,1522	0,1563
6	0,0555	0,0608	0,0662	0,0716	0,0771	0,0826	0,0881	0,0936	0,0989	0,1042
7	0,0246	0,0278	0,0312	0,0348	0,0385	0,0425	0,0466	0,0508	0,0551	0,0595
8	0,0095	0,0111	0,0129	0,0148	0,0169	0,0191	0,0215	0,0241	0,0269	0,0298
9	0,0033	0,0040	0,0047	0,0056	0,0066	0,0076	0,0089	0,0102	0,0116	0,0132
10	0,0010	0,0013	0,0016	0,0019	0,0023	0,0028	0,0033	0,0039	0,0045	0,0053
11	0,0003	0,0004	0,0005	0,0006	0,0007	0,0009	0,0011	0,0013	0,0016	0,0019
12	0,0001	0,0001	0,0001	0,0002	0,0002	0,0003	0,0003	0,0004	0,0005	0,0006
13	0,0000	0,0000	0,0000	0,0000	0,0001	0,0001	0,0001	0,0001	0,0002	0,0002
14	0,0000	0,0000	0,0000	0,0000	0,0000	0,0000	0,0000	0,0000	0,0000	0,0001

					μ					
x	4,1	4,2	4,3	4,4	4,5	4,6	4,7	4,8	4,9	5,0
0	0,0166	0,0150	0,0136	0,0123	0,0111	0,0101	0,0091	0,0082	0,0074	0,0067
1	0,0679	0,0630	0,0583	0,0540	0,0500	0,0462	0,0427	0,0395	0,0365	0,0337
2	0,1393	0,1323	0,1254	0,1188	0,1125	0,1063	0,1005	0,0948	0,0894	0,0842
3	0,1904	0,1852	0,1798	0,1743	0,1687	0,1631	0,1574	0,1517	0,1460	0,1404
4	0,1951	0,1944	0,1933	0,1917	0,1898	0,1875	0,1849	0,1820	0,1789	0,1755
5	0,1600	0,1633	0,1662	0,1687	0,1708	0,1725	0,1738	0,1747	0,1753	0,1755
6	0,1093	0,1143	0,1191	0,1237	0,1281	0,1323	0,1362	0,1398	0,1432	0,1462
7	0,0640	0,0686	0,0732	0,0778	0,0824	0,0869	0,0914	0,0959	0,1002	0,1044
8	0,0328	0,0360	0,0393	0,0428	0,0463	0,0500	0,0537	0,0575	0,0614	0,0653
9	0,0150	0,0168	0,0188	0,0209	0,0232	0,0255	0,0280	0,0307	0,0334	0,0363
10	0,0061	0,0071	0,0081	0,0092	0,0104	0,0118	0,0132	0,0147	0,0164	0,0181
11	0,0023	0,0027	0,0032	0,0037	0,0043	0,0049	0,0056	0,0064	0,0073	0,0082
12	0,0008	0,0009	0,0011	0,0014	0,0016	0,0019	0,0022	0,0026	0,0030	0,0034
13	0,0002	0,0003	0,0004	0,0005	0,0006	0,0007	0,0008	0,0009	0,0011	0,0013
14	0,0001	0,0001	0,0001	0,0001	0,0002	0,0002	0,0003	0,0003	0,0004	0,0005
15	0,0000	0,0000	0,0000	0,0000	0,0001	0,0001	0,0001	0,0001	0,0001	0,0002

					μ					
x	5,1	5,2	5,3	5,4	5,5	5,6	5,7	5,8	5,9	6,0
0	0,0061	0,0055	0,0050	0,0045	0,0041	0,0037	0,0033	0,0030	0,0027	0,0025
1	0,0311	0,0287	0,0265	0,0244	0,0225	0,0207	0,0191	0,0176	0,0162	0,0149
2	0,0793	0,0746	0,0701	0,0659	0,0618	0,0580	0,0544	0,0509	0,0477	0,0446
3	0,1348	0,1293	0,1239	0,1185	0,1133	0,1082	0,1033	0,0985	0,0938	0,0892
4	0,1719	0,1681	0,1641	0,1600	0,1558	0,1515	0,1472	0,1428	0,1383	0,1339

TABELA 7 Probabilidades de Poisson (continuação)

	μ									
x	5,1	5,2	5,3	5,4	5,5	5,6	5,7	5,8	5,9	6,0
5	0,1753	0,1748	0,1740	0,1728	0,1714	0,1697	0,1678	0,1656	0,1632	0,1606
6	0,1490	0,1515	0,1537	0,1555	0,1571	0,1587	0,1594	0,1601	0,1605	0,1606
7	0,1086	0,1125	0,1163	0,1200	0,1234	0,1267	0,1298	0,1326	0,1353	0,1377
8	0,0692	0,0731	0,0771	0,0810	0,0849	0,0887	0,0925	0,0962	0,0998	0,1033
9	0,0392	0,0423	0,0454	0,0486	0,0519	0,0552	0,0586	0,0620	0,0654	0,0688
10	0,0200	0,0220	0,0241	0,0262	0,0285	0,0309	0,0334	0,0359	0,0386	0,0413
11	0,0093	0,0104	0,0116	0,0129	0,0143	0,0157	0,0173	0,0190	0,0207	0,0225
12	0,0039	0,0045	0,0051	0,0058	0,0065	0,0073	0,0082	0,0092	0,0102	0,0113
13	0,0015	0,0018	0,0021	0,0024	0,0028	0,0032	0,0036	0,0041	0,0046	0,0052
14	0,0006	0,0007	0,0008	0,0009	0,0011	0,0013	0,0015	0,0017	0,0019	0,0022
15	0,0002	0,0002	0,0003	0,0003	0,0004	0,0005	0,0006	0,0007	0,0008	0,0009
16	0,0001	0,0001	0,0001	0,0001	0,0001	0,0002	0,0002	0,0002	0,0003	0,0003
17	0,0000	0,0000	0,0000	0,0000	0,0000	0,0001	0,0001	0,0001	0,0001	0,0001

	μ									
x	6,1	6,2	6,3	6,4	6,5	6,6	6,7	6,8	6,9	7,0
0	0,0022	0,0020	0,0018	0,0017	0,0015	0,0014	0,0012	0,0011	0,0010	0,0009
1	0,0137	0,0126	0,0116	0,0106	0,0098	0,0090	0,0082	0,0076	0,0070	0,0064
2	0,0417	0,0390	0,0364	0,0340	0,0318	0,0296	0,0276	0,0258	0,0240	0,0223
3	0,0848	0,0806	0,0765	0,0726	0,0688	0,0652	0,0617	0,0584	0,0552	0,0521
4	0,1294	0,1249	0,1205	0,1162	0,1118	0,1076	0,1034	0,0992	0,0952	0,0912
5	0,1579	0,1549	0,1519	0,1487	0,1454	0,1420	0,1385	0,1349	0,1314	0,1277
6	0,1605	0,1601	0,1595	0,1586	0,1575	0,1562	0,1546	0,1529	0,1511	0,1490
7	0,1399	0,1418	0,1435	0,1450	0,1462	0,1472	0,1480	0,1486	0,1489	0,1490
8	0,1066	0,1099	0,1130	0,1160	0,1188	0,1215	0,1240	0,1263	0,1284	0,1304
9	0,0723	0,0757	0,0791	0,0825	0,0858	0,0891	0,0923	0,0954	0,0985	0,1014
10	0,0441	0,0469	0,0498	0,0528	0,0558	0,0588	0,0618	0,0649	0,0679	0,0710
11	0,0245	0,0265	0,0285	0,0307	0,0330	0,0353	0,0377	0,0401	0,0426	0,0452
12	0,0124	0,0137	0,0150	0,0164	0,0179	0,0194	0,0210	0,0227	0,0245	0,0264
13	0,0058	0,0065	0,0073	0,0081	0,0089	0,0098	0,0108	0,0119	0,0130	0,0142
14	0,0025	0,0029	0,0033	0,0037	0,0041	0,0046	0,0052	0,0058	0,0064	0,0071
15	0,0010	0,0012	0,0014	0,0016	0,0018	0,0020	0,0023	0,0026	0,0029	0,0033
16	0,0004	0,0005	0,0005	0,0006	0,0007	0,0008	0,0010	0,0011	0,0013	0,0014
17	0,0001	0,0002	0,0002	0,0002	0,0003	0,0003	0,0004	0,0004	0,0005	0,0006
18	0,0000	0,0001	0,0001	0,0001	0,0001	0,0001	0,0001	0,0002	0,0002	0,0002
19	0,0000	0,0000	0,0000	0,0000	0,0000	0,0000	0,0000	0,0001	0,0001	0,0001

	μ									
x	7,1	7,2	7,3	7,4	7,5	7,6	7,7	7,8	7,9	8,0
0	0,0008	0,0007	0,0007	0,0006	0,0006	0,0005	0,0005	0,0004	0,0004	0,0003
1	0,0059	0,0054	0,0049	0,0045	0,0041	0,0038	0,0035	0,0032	0,0029	0,0027
2	0,0208	0,0194	0,0180	0,0167	0,0156	0,0145	0,0134	0,0125	0,0116	0,0107
3	0,0492	0,0464	0,0438	0,0413	0,0389	0,0366	0,0345	0,0324	0,0305	0,0286
4	0,0874	0,0836	0,0799	0,0764	0,0729	0,0696	0,0663	0,0632	0,0602	0,0573

TABELA 7 Probabilidades de Poisson (*continuação*)

x	7,1	7,2	7,3	7,4	7,5	7,6	7,7	7,8	7,9	8,0
5	0,1241	0,1204	0,1167	0,1130	0,1094	0,1057	0,1021	0,0986	0,0951	0,0916
6	0,1468	0,1445	0,1420	0,1394	0,1367	0,1339	0,1311	0,1282	0,1252	0,1221
7	0,1489	0,1486	0,1481	0,1474	0,1465	0,1454	0,1442	0,1428	0,1413	0,1396
8	0,1321	0,1337	0,1351	0,1363	0,1373	0,1382	0,1388	0,1392	0,1395	0,1396
9	0,1042	0,1070	0,1096	0,1121	0,1144	0,1167	0,1187	0,1207	0,1224	0,1241
10	0,0740	0,0770	0,0800	0,0829	0,0858	0,0887	0,0914	0,0941	0,0967	0,0993
11	0,0478	0,0504	0,0531	0,0558	0,0585	0,0613	0,0640	0,0667	0,0695	0,0722
12	0,0283	0,0303	0,0323	0,0344	0,0366	0,0388	0,0411	0,0434	0,0457	0,0481
13	0,0154	0,0168	0,0181	0,0196	0,0211	0,0227	0,0243	0,0260	0,0278	0,0296
14	0,0078	0,0086	0,0095	0,0104	0,0113	0,0123	0,0134	0,0145	0,0157	0,0169
15	0,0037	0,0041	0,0046	0,0051	0,0057	0,0062	0,0069	0,0075	0,0083	0,0090
16	0,0016	0,0019	0,0021	0,0024	0,0026	0,0030	0,0033	0,0037	0,0041	0,0045
17	0,0007	0,0008	0,0009	0,0010	0,0012	0,0013	0,0015	0,0017	0,0019	0,0021
18	0,0003	0,0003	0,0004	0,0004	0,0005	0,0006	0,0006	0,0007	0,0008	0,0009
19	0,0001	0,0001	0,0001	0,0002	0,0002	0,0002	0,0003	0,0003	0,0003	0,0004
20	0,0000	0,0000	0,0001	0,0001	0,0001	0,0001	0,0001	0,0001	0,0001	0,0002
21	0,0000	0,0000	0,0000	0,0000	0,0000	0,0000	0,0000	0,0000	0,0001	0,0001

x	8,1	8,2	8,3	8,4	8,5	8,6	8,7	8,8	8,9	9,0
0	0,0003	0,0003	0,0002	0,0002	0,0002	0,0002	0,0002	0,0002	0,0001	0,0001
1	0,0025	0,0023	0,0021	0,0019	0,0017	0,0016	0,0014	0,0013	0,0012	0,0011
2	0,0100	0,0092	0,0086	0,0079	0,0074	0,0068	0,0063	0,0058	0,0054	0,0050
3	0,0269	0,0252	0,0237	0,0222	0,0208	0,0195	0,0183	0,0171	0,0160	0,0150
4	0,0544	0,0517	0,0491	0,0466	0,0443	0,0420	0,0398	0,0377	0,0357	0,0337
5	0,0882	0,0849	0,0816	0,0784	0,0752	0,0722	0,0692	0,0663	0,0635	0,0607
6	0,1191	0,1160	0,1128	0,1097	0,1066	0,1034	0,1003	0,0972	0,0941	0,0911
7	0,1378	0,1358	0,1338	0,1317	0,1294	0,1271	0,1247	0,1222	0,1197	0,1171
8	0,1395	0,1392	0,1388	0,1382	0,1375	0,1366	0,1356	0,1344	0,1332	0,1318
9	0,1256	0,1269	0,1280	0,1290	0,1299	0,1306	0,1311	0,1315	0,1317	0,1318
10	0,1017	0,1040	0,1063	0,1084	0,1104	0,1123	0,1140	0,1157	0,1172	0,1186
11	0,0749	0,0776	0,0802	0,0828	0,0853	0,0878	0,0902	0,0925	0,0948	0,0970
12	0,0505	0,0530	0,0555	0,0579	0,0604	0,0629	0,0654	0,0679	0,0703	0,0728
13	0,0315	0,0334	0,0354	0,0374	0,0395	0,0416	0,0438	0,0459	0,0481	0,0504
14	0,0182	0,0196	0,0210	0,0225	0,0240	0,0256	0,0272	0,0289	0,0306	0,0324
15	0,0098	0,0107	0,0116	0,0126	0,0136	0,0147	0,0158	0,0169	0,0182	0,1094
16	0,0050	0,0055	0,0060	0,0066	0,0072	0,0079	0,0086	0,0093	0,0101	0,0109
17	0,0024	0,0026	0,0029	0,0033	0,0036	0,0040	0,0044	0,0048	0,0053	0,0058
18	0,0011	0,0012	0,0014	0,0015	0,0017	0,0019	0,0021	0,0024	0,0026	0,0029
19	0,0005	0,0005	0,0006	0,0007	0,0008	0,0009	0,0010	0,0011	0,0012	0,0014
20	0,0002	0,0002	0,0002	0,0003	0,0003	0,0004	0,0004	0,0005	0,0005	0,0006
21	0,0001	0,0001	0,0001	0,0001	0,0001	0,0002	0,0002	0,0002	0,0002	0,0003
22	0,0000	0,0000	0,0000	0,0000	0,0001	0,0001	0,0001	0,0001	0,0001	0,0001

694 Estatística aplicada a administração e economia

TABELA 7   Probabilidades de Poisson (*continuação*)

					μ					
x	9,1	9,2	9,3	9,4	9,5	9,6	9,7	9,8	9,9	10
0	0,0001	0,0001	0,0001	0,0001	0,0001	0,0001	0,0001	0,0001	0,0001	0,0000
1	0,0010	0,0009	0,0009	0,0008	0,0007	0,0007	0,0006	0,0005	0,0005	0,0005
2	0,0046	0,0043	0,0040	0,0037	0,0034	0,0031	0,0029	0,0027	0,0025	0,0023
3	0,0140	0,0131	0,0123	0,0115	0,0107	0,0100	0,0093	0,0087	0,0081	0,0076
4	0,0319	0,0302	0,0285	0,0269	0,0254	0,0240	0,0226	0,0213	0,0201	0,0189
5	0,0581	0,0555	0,0530	0,0506	0,0483	0,0460	0,0439	0,0418	0,0398	0,0378
6	0,0881	0,0851	0,0822	0,0793	0,0764	0,0736	0,0709	0,0682	0,0656	0,0631
7	0,1145	0,1118	0,1091	0,1064	0,1037	0,1010	0,0982	0,0955	0,0928	0,0901
8	0,1302	0,1286	0,1269	0,1251	0,1232	0,1212	0,1191	0,1170	0,1148	0,1126
9	0,1317	0,1315	0,1311	0,1306	0,1300	0,1293	0,1284	0,1274	0,1263	0,1251
10	0,1198	0,1210	0,1219	0,1228	0,1235	0,1241	0,1245	0,1249	0,1250	0,1251
11	0,0991	0,1012	0,1031	0,1049	0,1067	0,1083	0,1098	0,1112	0,1125	0,1137
12	0,0752	0,0776	0,0799	0,0822	0,0844	0,0866	0,0888	0,0908	0,0928	0,0948
13	0,0526	0,0549	0,0572	0,0594	0,0617	0,0640	0,0662	0,0685	0,0707	0,0729
14	0,0342	0,0361	0,0380	0,0399	0,0419	0,0439	0,0459	0,0479	0,0500	0,0521
15	0,0208	0,0221	0,0235	0,0250	0,0265	0,0281	0,0297	0,0313	0,0330	0,0347
16	0,0118	0,0127	0,0137	0,0147	0,0157	0,0168	0,0180	0,0192	0,0204	0,0217
17	0,0063	0,0069	0,0075	0,0081	0,0088	0,0095	0,0103	0,0111	0,0119	0,0128
18	0,0032	0,0035	0,0039	0,0042	0,0046	0,0051	0,0055	0,0060	0,0065	0,0071
19	0,0015	0,0017	0,0019	0,0021	0,0023	0,0026	0,0028	0,0031	0,0034	0,0037
20	0,0007	0,0008	0,0009	0,0010	0,0011	0,0012	0,0014	0,0015	0,0017	0,0019
21	0,0003	0,0003	0,0004	0,0004	0,0005	0,0006	0,0006	0,0007	0,0008	0,0009
22	0,0001	0,0001	0,0002	0,0002	0,0002	0,0002	0,0003	0,0003	0,0004	0,0004
23	0,0000	0,0001	0,0001	0,0001	0,0001	0,0001	0,0001	0,0001	0,0002	0,0002
24	0,0000	0,0000	0,0000	0,0000	0,0000	0,0000	0,0000	0,0001	0,0001	0,0001

					μ					
x	11	12	13	14	15	16	17	18	19	20
0	0,0000	0,0000	0,0000	0,0000	0,0000	0,0000	0,0000	0,0000	0,0000	0,0000
1	0,0002	0,0001	0,0000	0,0000	0,0000	0,0000	0,0000	0,0000	0,0000	0,0000
2	0,0010	0,0004	0,0002	0,0001	0,0000	0,0000	0,0000	0,0000	0,0000	0,0000
3	0,0037	0,0018	0,0008	0,0004	0,0002	0,0001	0,0000	0,0000	0,0000	0,0000
4	0,0102	0,0053	0,0027	0,0013	0,0006	0,0003	0,0001	0,0001	0,0000	0,0000
5	0,0224	0,0127	0,0070	0,0037	0,0019	0,0010	0,0005	0,0002	0,0001	0,0001
6	0,0411	0,0255	0,0152	0,0087	0,0048	0,0026	0,0014	0,0007	0,0004	0,0002
7	0,0646	0,0437	0,0281	0,0174	0,0104	0,0060	0,0034	0,0018	0,0010	0,0005
8	0,0888	0,0655	0,0457	0,0304	0,0194	0,0120	0,0072	0,0042	0,0024	0,0013
9	0,1085	0,0874	0,0661	0,0473	0,0324	0,0213	0,0135	0,0083	0,0050	0,0029
10	0,1194	0,1048	0,0859	0,0663	0,0486	0,0341	0,0230	0,0150	0,0095	0,0058
11	0,1194	0,1144	0,1015	0,0844	0,0663	0,0496	0,0355	0,0245	0,0164	0,0106
12	0,1094	0,1144	0,1099	0,0984	0,0829	0,0661	0,0504	0,0368	0,0259	0,0176
13	0,0926	0,1056	0,1099	0,1060	0,0956	0,0814	0,0658	0,0509	0,0378	0,0271
14	0,0728	0,0905	0,1021	0,1060	0,1024	0,0930	0,0800	0,0655	0,0514	0,0387

TABELA 7 Probabilidades de Poisson (*continuação*)

x	11	12	13	14	15	16	17	18	19	20
15	0,0534	0,0724	0,0885	0,0989	0,1024	0,0992	0,0906	0,0786	0,0650	0,0516
16	0,0367	0,0543	0,0719	0,0866	0,0960	0,0992	0,0963	0,0884	0,0772	0,0646
17	0,0237	0,0383	0,0550	0,0713	0,0847	0,0934	0,0963	0,0936	0,0863	0,0760
18	0,0145	0,0256	0,0397	0,0554	0,0706	0,0830	0,0909	0,0936	0,0911	0,0844
19	0,0084	0,0161	0,0272	0,0409	0,0557	0,0699	0,0814	0,0887	0,0911	0,0888
20	0,0046	0,0097	0,0177	0,0286	0,0418	0,0559	0,0692	0,0798	0,0866	0,0888
21	0,0024	0,0055	0,0109	0,0191	0,0299	0,0426	0,0560	0,0684	0,0783	0,0846
22	0,0012	0,0030	0,0065	0,0121	0,0204	0,0310	0,0433	0,0560	0,0676	0,0769
23	0,0006	0,0016	0,0037	0,0074	0,0133	0,0216	0,0320	0,0438	0,0559	0,0669
24	0,0003	0,0008	0,0020	0,0043	0,0083	0,0144	0,0226	0,0328	0,0442	0,0557
25	0,0001	0,0004	0,0010	0,0024	0,0050	0,0092	0,0154	0,0237	0,0336	0,0446
26	0,0000	0,0002	0,0005	0,0013	0,0029	0,0057	0,0101	0,0164	0,0246	0,0343
27	0,0000	0,0001	0,0002	0,0007	0,0016	0,0034	0,0063	0,0109	0,0173	0,0254
28	0,0000	0,0000	0,0001	0,0003	0,0009	0,0019	0,0038	0,0070	0,0117	0,0181
29	0,0000	0,0000	0,0001	0,0002	0,0004	0,0011	0,0023	0,0044	0,0077	0,0125
30	0,0000	0,0000	0,0000	0,0001	0,0002	0,0006	0,0013	0,0026	0,0049	0,0083
31	0,0000	0,0000	0,0000	0,0000	0,0001	0,0003	0,0007	0,0015	0,0030	0,0054
32	0,0000	0,0000	0,0000	0,0000	0,0001	0,0001	0,0004	0,0009	0,0018	0,0034
33	0,0000	0,0000	0,0000	0,0000	0,0000	0,0001	0,0002	0,0005	0,0010	0,0020
34	0,0000	0,0000	0,0000	0,0000	0,0000	0,0000	0,0001	0,0002	0,0006	0,0012
35	0,0000	0,0000	0,0000	0,0000	0,0000	0,0000	0,0000	0,0001	0,0003	0,0007
36	0,0000	0,0000	0,0000	0,0000	0,0000	0,0000	0,0000	0,0001	0,0002	0,0004
37	0,0000	0,0000	0,0000	0,0000	0,0000	0,0000	0,0000	0,0000	0,0001	0,0002
38	0,0000	0,0000	0,0000	0,0000	0,0000	0,0000	0,0000	0,0000	0,0000	0,0001
39	0,0000	0,0000	0,0000	0,0000	0,0000	0,0000	0,0000	0,0000	0,0000	0,0001

Apêndice C: Notação de somatório

Somatórios

Definição

$$\sum_{i=1}^{n} x_i = x_1 + x_2 + \cdots + x_n \qquad\text{(C.1)}$$

Exemplo para $x_1 = 5, x_2 = 8, x_3 = 14$:

$$\sum_{i=1}^{3} x_i = x_1 + x_2 + x_3$$
$$= 5 + 8 + 14$$
$$= 27$$

Resultado 1

Para uma constante c:

$$\sum_{i=1}^{n} c = \underbrace{(c + c + \cdots + c)}_{n \text{ vezes}} = nc \qquad\text{(C.2)}$$

Exemplo para $c = 5, n = 10$:

$$\sum_{i=1}^{10} 5 = 10(5) = 50$$

Exemplo para $c = \bar{x}$:

$$\sum_{i=1}^{n} \bar{x} = n\bar{x}$$

Resultado 2

$$\sum_{i=1}^{n} c x_i = c x_1 + c x_2 + \cdots + c x_n$$
$$= c(x_1 + x_2 + \cdots + x_n) = c\sum_{i=1}^{n} x_i \qquad\text{(C.3)}$$

Exemplo para $x_1 = 5, x_2 = 8, x_3 = 14, c = 2$:

$$\sum_{i=1}^{3} 2x_i = 2\sum_{i=1}^{3} x_i = 2(27) = 54$$

Resultado 3

$$\sum_{i=1}^{n} (a x_i + b y_i) = a\sum_{i=1}^{n} x_i + b\sum_{i=1}^{n} y_i \qquad\text{(C.4)}$$

Exemplo para $x_1 = 5, x_2 = 8, x_3 = 14, a = 2, y_1 = 7, y_2 = 3, y_3 = 8, b = 4$:

$$\sum_{i=1}^{3} (2x_i + 4y_i) = 2 \sum_{i=1}^{3} x_i + 4 \sum_{i=1}^{3} y_i$$
$$= 2(27) + 4(18)$$
$$= 54 + 72$$
$$= 126$$

Somatórios duplos

Considere os seguintes dados envolvendo a variável x_{ij}, onde i é o subscrito que denota a posição da linha e j é o subscrito que denota a posição da coluna:

		Coluna		
		1	2	3
Linha	1	$x_{11} = 10$	$x_{12} = 8$	$x_{13} = 6$
	2	$x_{21} = 7$	$x_{22} = 4$	$x_{23} = 12$

Definição

$$\sum_{i=1}^{n} \sum_{j=1}^{m} x_{ij} = (x_{11} + x_{12} + \cdots + x_{1m}) + (x_{21} + x_{22} + \cdots + x_{2m})$$
$$+ (x_{31} + x_{32} + \cdots + x_{3m}) + \cdots + (x_{n1} + x_{n2} + \cdots + x_{nm}) \qquad \text{(C.5)}$$

Exemplo:

$$\sum_{i=1}^{2} \sum_{j=1}^{3} x_{ij} = x_{11} + x_{12} + x_{13} + x_{21} + x_{22} + x_{23}$$
$$= 10 + 8 + 6 + 7 + 4 + 12$$
$$= 47$$

Definição

$$\sum_{i=1}^{n} x_{ij} = x_{1j} + x_{2j} + \cdots + x_{nj} \qquad \text{(C.6)}$$

Exemplo:

$$\sum_{i=1}^{2} x_{i2} = x_{12} + x_{22}$$
$$= 8 + 4$$
$$= 12$$

Notação simplificada

Algumas vezes, quando um somatório se refere a todos os valores do subscrito, utilizamos as seguintes notações simplificadas:

$$\sum_{i=1}^{n} x_i = \sum x_i \qquad \text{(C.7)}$$

$$\sum_{i=1}^{n} \sum_{j=1}^{m} x_{ij} = \sum \sum x_{ij} \qquad \text{(C.8)}$$

$$\sum_{i=1}^{n} x_{ij} = \sum_i x_{ij} \qquad \text{(C.9)}$$

Apêndice D: Soluções dos autotestes (SELF *test.*) e respostas dos exercícios pares

Capítulo 1

2. a. Dez elementos
   b. Cinco variáveis: custo ($), sistema operacional, tamanho do monitor (polegadas), tempo de duração da bateria (horas), fabricante da CPU
   c. Variáveis categorizadas: sistema operacional; variáveis quantitativas do fabricante da CPU: custo ($), tamanho do monitor (polegadas) e tempo de duração da bateria (horas)
   d. Custo, tamanho do monitor, tempo de duração da bateria – relação de custo; sistema operacional, fabricação da CPU – custo nominal

3. a. US$ 582,90
   b. Sistema operacional Windows: US$ 723.20; sistema operacional Android: US$ 428,5
   c. 20%
   d. 40%

4. a. Oito elementos
   b. Variáveis categorizadas: qualidade da voz e aparelho na base; variáveis quantitativas: preço, pontuação geral e tempo de conversação
   c. Preço – proporção, Pontuação geral – intervalo, Qualidade da voz – ordinal, Aparelho na base – nominal, Tempo de conversação – proporção

6. a. Categorizada
   b. Quantitativa
   c. Categorizada
   d. Quantitativa
   e. Quantitativa

8. a. 762
   b. Categorizada
   c. Porcentagens
   d. 0,67(762) = 510,54, 510 ou 511 respondentes disseram que gostariam que a emenda fosse aprovada.

10. a. Categorizada
   b. Porcentagens
   c. 15%
   d. Apoio contra

12. a. Todos os visitantes que chegam ao Havaí.
   b. Sim
   c. A primeira e a quarta perguntas fornecem dados quantitativos; a segunda e a terceira, dados categorizados.

13. a. A receita do Google em milhões de dólares
   b. Quantitativa
   c. Série temporal
   d. A receita do Google está aumentando com o passar do tempo.

14. a. Construa um gráfico de série temporal com uma linha para cada companhia.
   b. A Hertz foi líder em 2007-2008; a participação da Avis aumentou e agora é similar à da Hertz; a participação da Dollar em declínio.

   c. Um gráfico de barras com dados de seção transversal Alturas das barras: Hertz, 290; Dollar, 108; Avis, 270

16. A resposta deste exercício depende da atualização das séries temporais do preço médio por galão da gasolina comum convencional, como mostra a Figura 1.1.

18. a. 67%
   b. 612
   c. Categorizada

20. a. 43% dos gerentes ficaram otimistas ou muito otimistas, e 21% dos gerentes acreditam que o setor de assistência médica será líder da indústria nos próximos 12 meses.
   b. A estimativa do retorno médio esperado das ações nos próximos 12 meses é de 11,2% para a população de gerentes de investimento.
   c. A média amostral de 2,5 anos é uma estimativa de quanto tempo a população de gerentes de investimento acredita que levará para retomarem o crescimento sustentável.

22. a. A população consiste de todos os clientes das lojas da rede em Charlotte, Carolina do Norte.
   b. Algumas das maneiras que a rede de supermercados pode usar para coletar os dados são:
   - Os clientes que entram ou saem da loja podem ser pesquisados.
   - Uma pesquisa pode ser enviada para clientes que tenham um cartão do clube do comprador.
   - Os clientes podem receber uma pesquisa impressa quando estiverem no caixa.
   - Os clientes podem receber um cupom pedindo para preencher uma breve pesquisa on-line; se o fizerem, receberão um desconto de 5% nas suas próximas compras.

24. a. Correto
   b. Incorreto
   c. Correto
   d. Incorreto
   e. Incorreto

Capítulo 2

2. a. 0,20
   b. 40

2. cd.

Classe	Frequência absoluta	Frequência percentual
A	44	22
B	36	18
C	80	40
D	40	20
Total	200	100

3. a. $360° \times 58/120 = 174°$
   b. $360° \times 42/120 = 126°$

c.

d.

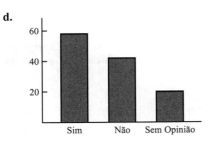

4. a. Estes dados são categorizados

b.

Programa	Frequência relativa	Frequência percentual
Jep	10	20
JJ	8	16
OWS	7	14
THM	12	24
WoF	13	26
Total	50	100

c.

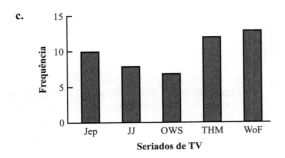

d. O seriado de maior audiência é *Wheel of Fortune* e *Two and a Half Men* é o que tem a segunda maior audiência

6. a.

Rede	Frequência relativa	Frequência percentual
ABC	6	24
CBS	9	36
FOX	1	4
NBC	9	36
Total	25	100

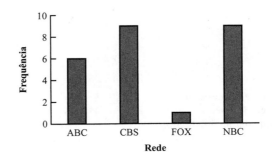

b. Para estes dados, a NBC e a CBS ficam empatadas quanto ao número de programas classificados em primeiro lugar; cada um com 9 pontos (36%) do total de 25; ABC está em terceiro lugar, com 6 (24%), e a FOX, que a rede mais nova, tem 1 ponto (4%).

7. a.

Classificação	Frequência absoluta	Frequência percentual
Excelente	20	40
Muito bom	23	46
Bom	4	8
Regular	1	2
Péssimo	2	4
Total	50	100

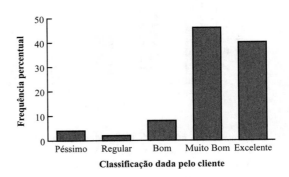

A administração deve estar muito satisfeita; 86% das classificações são Muito Boas ou Excelentes.

b. Reveja as explicações para as classificações Regular ou Péssimo para idenficar as razões de serem tão ruins

8. a.

Posição	Frequência	Frequência percentual
A	17	0,309
R	4	0,073
1	5	0,091
2	4	0,073
3	2	0,036
B	5	0,091
E	6	0,109
C	5	0,091
D	7	0,127
Total	55	1,000

b. Arremessador
c. 3ª base
d. Jardineiro direito
e. 16 jogadores dentro do campo para 18 jogadores fora do campo

10 a/b.

Classificação	Frequência	Frequência percentual
Excelente	187	29
Muito boa	252	39
Regular	107	16
Ruim	62	10
Péssimo	41	6
Total	649	100

c.

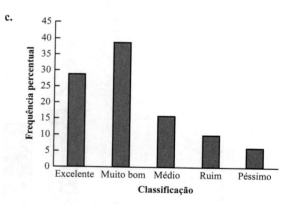

d. 29% + 39% = 68% dos hóspedes no Sheraton Anaheim Hotel o classificaram como Excelente ou Muito bom. Mas, 10% + 6% = 16% dos hóspedes classificaram o hotel como Ruim ou Péssimo.

e. A distribuição de frequência percentual para o Disney's Grand Californian é a seguinte: Excelente (48%), Muito bom (31%), e Média (12%).
48% + 31% = 79% dos hóspedes do Sheraton Anaheim Hotel o classificaram como Excelente ou Muito bom. Ao passo que 6% + 3% = 9% dos hóspedes classificaram o hotel como Ruim ou Péssimo.

12.

Classe	Frequência acumulada	Frequência acumulada relativa
≤ 19	10	0,20
≤ 29	24	0,48
≤ 39	41	0,82
≤ 49	48	0,96
≤ 59	50	1,00

14. b/c.

Classe	Frequência	Frequência percentual
6,0-7,9	4	20
8,0-9,9	2	10
10,0-11,9	8	40
12,0-13,9	3	15
14,0-15,9	3	15
Total	20	100

15. Unidade da folha = 0,1

```
 6 | 3
 7 | 5 5 7
 8 | 1 3 4 8
 9 | 3 6
10 | 0 4 5
11 | 3
```

16. Unidade da folha = 10

```
11 | 6
12 | 0 2
13 | 0 6 7
14 | 2 2 7
15 | 5
16 | 0 2 8
17 | 0 2 3
```

17. a/b.

Tempo de espera	Frequência absoluta	Frequência relativa
0-4	4	0,20
5-9	8	0,40
10-14	5	0,25
15-19	2	0,10
20-24	1	0,05
Total	20	1,00

c/d.

Tempo de espera	Frequência acumulada	Frequência acumulada relativa
≤ 4	4	0,20
≤ 9	12	0,60
≤ 14	17	0,85
≤ 19	19	0,95
≤ 24	20	1,00

e. 12/20 = 0,60

Apêndice D: Soluções dos autotestes (SELF test.) e respostas dos exercícios pares **701**

18. a.

PPJ	Frequência
10-12	1
12-14	3
14-16	7
16-18	19
18-20	9
20-22	4
22-24	2
24-26	0
26-28	3
28-30	2
Total	50

b.

PPJ	Frequência
10-12	0,02
12-14	0,06
14-16	0,14
16-18	0,38
18-20	0,18
20-22	0,08
22-24	0,04
24-26	0,00
26-28	0,06
28-30	0,04
Total	1,00

c.

PPJ	Frequência acumulada percentual
menor do que 12	2
menor do que 16	8
menor do que 18	22
menor do que 20	60
menor do que 22	78
menor do que 24	86
menor do que 26	90
menor do que 28	96
menor do que 30	100

d.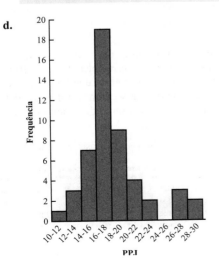

e. Existe assimetria à direita.
f. $(11/50)(100) = 22\%$

20. a. Menor = 12, Maior = 23

b.

Horas por semana em reuniões	Frequência	Frequência percentual
11-12	1	4
13-14	2	8
15-16	6	24
17-18	3	12
19-20	5	20
21-22	4	16
23-24	4	16
	25	100

c.

d. A distribuição é ligeiramente assimétrica à esquerda

22. a.

Número de locais nos Estados Unidos	Frequência absoluta	Frequência percentual
0-4.999	10	50
5.000-9.000	3	15
10.000-14.999	2	10
15.000-19.999	1	5
20.000-24.999	0	0
25.000-29.999	1	5
30.000-34.999	2	10
35.000-39.999	1	5
Total	20	100

b.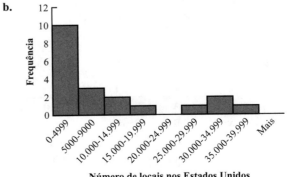

702 Estatística aplicada a administração e economia

c. A distribuição é assimétrica à direita; a maioria das franquias neste lista tem menos de 20.000 localizações (50% + 15% + 15% = 80%); McDonald's, Subway e 7-Eleven têm o maior número de localizações

24. Salário inicial mediano

```
4 | 6 8
5 | 1 2 3 3 5 6 8 8
6 | 0 1 1 1 2 2
7 | 1 2 5
```

Salário de meio de carreira mediano

```
 8 | 0 0 4
 9 | 3 3 5 6 7
10 | 5 6 6
11 | 0 1 4 4 4
12 | 2 3 6
```

Há uma maior variedade nos salários de meio de carreira medianos do que nos salários iniciais medianos. Além disso, conforme esperado, os salários de meio de carreira medianos são mais altos que os salários iniciais. Os salários de meio de carreira medianos estavam, em sua maioria, na faixa de US$ 93.000 a US$ 114.000, enquanto os salários iniciais ficavam na faixa de US$ 51.000 e US$ 62.000.

26. a.

```
2 | 14
2 | 67
3 | 011123
3 | 5677
4 | 003333344
4 | 6679
5 | 00022
5 | 5679
6 | 14
6 | 6
7 | 2
```

b. 40-44 com 9

c. 43 com 5

27. a.

		y		
		1	**2**	**Total**
	A	5	0	5
x	**B**	11	2	13
	C	2	10	12
	Total	18	12	30

b.

		y		
		1	**2**	**Total**
	A	100,0	0,0	100,0
x	**B**	84,6	15,4	100,0
	C	16,7	83,3	100,0

c.

		y	
		1	**2**
	A	27,8	0,0
x	**B**	61,1	16,7
	C	11,1	83,3
	Total	100,0	100,0

d. Valores de A estão sempre em $y = 1$
Valores de B estão mais frequentemente em $y = 1$
Valores de C estão mais frequentemente em $y = 2$

28. a.

		y				
		20-39	**40-59**	**60-79**	**80-100**	**Grande total**
	10-29			1	4	5
x	**30-49**	2		4		6
	50-69	1	3	1		5
	70-90	4				4
	Grande total	7	3	6	4	20

b.

		y				
		20-39	**40-59**	**60-79**	**80-100**	**Grande total**
	10-29			20,0	80,0	100
x	**30-49**	33,3		66,7		100
	50-69	20,0	60,0	20,0		100
	70-90	100,0				100

c.

		y			
		20-39	**40-59**	**60-79**	**80-100**
	10-29	0,0	0,0	16,7	100,0
x	**30-49**	28,6	0,0	66,7	0,00
	50-69	14,3	100,0	16,7	0,0
	70-90	57,1	0,0	0,0	0,0
	Grande total	100	100	100	100

d. Valores maiores de x estão associados a valores menores de y, e vice-versa

30. a.

			Ano			
Velocidade média	**1988-1992**	**1993-1997**	**1998-2002**	**2003-2007**	**2008-2012**	**Total**
130-139,9	16,7	0,0	0,0	33,3	50,0	100
140-149,9	25,0	25,0	12,5	25,0	12,5	100
150-159,9	0,0	50,0	16,7	16,7	16,7	100
160-169,9	50,0	0,0	50,0	0,0	0,0	100
170-179,9	0,0	0,0	100,0	0,0	0,0	100

b. Aparentemente, a maioria dos tempos médios mais rápidos dos vencedores ocorre antes de 2003. Isto pode ser devido a novos regulamentos que levam em conta a segurança do motorista, a segurança dos ventiladores, o impacto ambiental e o consumo de combustível durante as corridas.

32. a. As porcentagens das linhas são mostradas a seguir.

Região	Menos de US$ 15.000	$15.000 a US$ 24.999	$25.000 a US$ 34.999	$35.000 a US$ 49.999	$50.000 a US$ 74.999	$75.000 a US$ 99.999	Acima de US$ 100.000	Total
Nordeste	12,72	10,45	10,54	13,07	17,22	11,57	24,42	100,00
Centro-oeste	12,40	12,60	11,58	14,27	19,11	12,06	17,97	100,00
Sul	14,30	12,97	11,55	14,85	17,73	11,04	17,57	100,00
Oeste	11,84	10,73	10,15	13,65	18,44	11,77	23,43	100,00

b. As distribuições de frequência percentual para cada região agora aparecem em cada linha da tabela. Por exemplo, a distribuição percentual de frequência da região oeste é a seguinte:

Oeste: 18,44 + 11,77 + 23,43 = 53,64%
Sul: 17,73 + 11,04 + 17,57 = 46,34%

c.

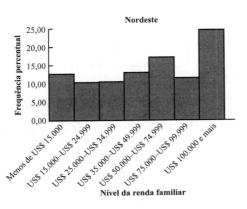

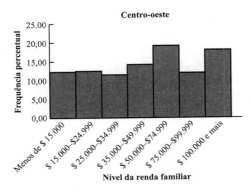

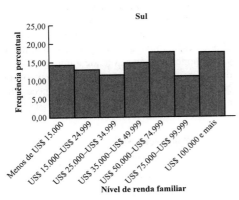

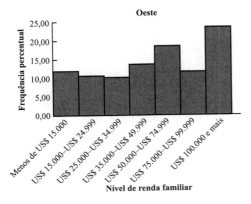

A diferença mais significativa parece ser uma porcentagem maior de renda familiar, de US$ 100.000 ou mais, para as regiões Nordeste e Oeste

d. As porcentagens referentes às colunas são mostradas a seguir.

Região	Menos de US$ 15.000	US$ 15.000 a US$ 24.999	US$ 25.000 a US$ 34.999	US$ 35.000 a US$ 49.999	US$ 50.000 a US$ 74.999	US$ 75.000 a US$ 99.999	Acima de US$ 100.000
Nordeste	17,83	16,00	17,41	16,90	17,38	18,35	22,09
Centro-Oeste	21,35	23,72	23,50	22,68	23,71	23,49	19,96
Sul	40,68	40,34	38,75	39,00	36,33	35,53	32,25
Oeste	20,13	19,94	20,34	21,42	22,58	22,63	25,70
Total	100,00	100,00	100,00	100,00	100,00	100,00	100,00

Cada coluna é uma distribuição de frequência percentual da variável região para uma das categorias de renda familiar. Por exemplo, para um nível de renda de US$ 35.000 a US$ 49.999, a distribuição de frequência percentual para a variável região é a seguinte: Nordeste (16,9%), Centro-Oeste (22,68%), Sul (39,0%) e Oeste (21,42%).

e. 32,25% das famílias com renda de US$ 100.000 ou mais são da região sul. 17,57% das famílias da região Sul têm renda familiar de US$ 100.000 ou mais. Essas duas porcentagens são diferentes porque são calculadas como porcentagens de bases diferentes. A primeira (porcentagem para as linhas) é baseada no nível de renda e a segunda (porcentagem referente às colunas) é baseada na região.

34. a.

	Rendimento da marca (bilhões de dólares)					
Indústria	0-25	25-50	50-75	75-100	100-125	125-150	Total
Automotiva e itens de luxo	10	1	1		1	2	15
Bens de consumo	12						12
Serviços financeiros	2	4	2	2	2	2	14
Outros	13	5	3	2	2	1	26
Tecnologia	4	4	4	1	2		15
Total	41	14	10	5	7	5	82

b.

Rendimento da marca (bilhões de dólares)	Frequência
0-25	41
25-50	14
50-75	10
75-100	5
100-125	7
125-150	5
Total	82

c. Os bens de consumo embalados têm as menores receitas conforme a marca; cada uma das 12 marcas desta categoria, de acordo com os dados da amostra, teve uma receita de menos de US$ 25 bilhões. Aproximadamente 57% das marcas de serviços financeiros (8 de 14) tiveram uma receita de US$ 50 bilhões ou mais, e 47% das marcas de tecnologia (7 de 15) tiveram uma receita de pelo menos US$ 50 bilhões.

d.

Indústria	\-60 - \-41	\-40 - \-21	\-20 - \-1	0 - 19	20 - 39	40 - 60	Total
Automotiva e itens de luxo				11	4		15
Bens de consumo			2	10			12
Serviços financeiros		1	6	7			14
Outros			2	20	4		26
Tecnologia	1	3	4	4	2	1	15
Total	1	4	14	52	10	1	82

e.

Alteração (%) de valor em 1 ano	Frequência
−60 - −41	1
−40 - −21	4
−20 - −1	14
0 - 19	52
20 - 39	10
40 - 60	1
Total	82

f. As marcas dos produtos das indústrias automotiva e itens de luxo tiveram, todas elas, uma alteração (%) positiva de valor em 1 ano. As marcas de produtos de tecnologia tiveram a maior variabilidade.

36. a.

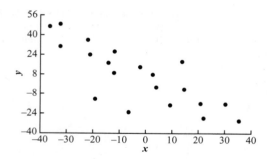

b. Uma relação negativa entre x e y; y diminui à medida que x aumenta.

38. a.

		y		
		Sim	Não	
	Baixo	66,667	33,333	100
x	Médio	30,000	70,000	100
	Alto	80,000	20,000	100

b.

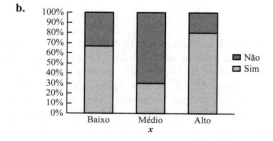

40. a.

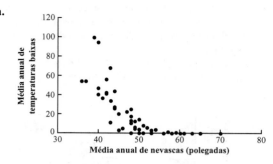

b. A média de temperaturas baixas parece lavar a nevascas de maior intensidade.

c. Duas cidades têm uma queda de neve média de quase 100 polegadas: Buffalo e Rochester, em Nova York; ambas localizadas perto de grandes lagos em Nova York.

42. a.

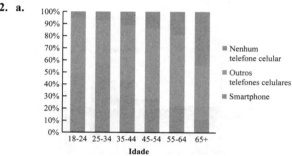

b. Depois da faixa etária de 25-34 anos, o número de pessoas que têm smartphone diminui à medida que a idade aumenta; a porcentagem de pessoas sem nenhum celular aumenta conforme a idade aumenta; há menor variação nas faixas etárias quanto à porcentagem de pessoas que têm outros telefones celulares.

c. A menos que um dispositivo mais novo substitua o smartphone, esperamos que as pessoas não deixem de ter smartphones porque sua idade aumenta; isto seria verdadeiro porque os usuários atuais ficarão mais velhos e porque o dispositivo se tornará mais uma necessidade do que um luxo.

44. a.

Pontuação SAT	Frequência
800-999	1
1.000-1.199	3
1.200-1.399	6
1.400-1.599	10
1.600-1.799	7
1.800-1.999	2
2.000-2.199	1
Total	30

b. Aproximadamente simétrico.

c. 33% das pontuações estão entre 1.400 e 1.599.
Uma pontuação abaixo de 800 ou acima de 2.200 é incomum.
A média está próxima ou ligeiramente acima de 1.500.

46. a.

População em milhões	Frequência	Frequência percentual
0,0-2,4	15	30,0
2,5-4,9	13	26,0
5,0-7,4	10	20,0
7,5-9,9	5	10,0
10,0-12,4	1	2,0
12,5-14,9	2	4,0
15,0-17,4	0	0,0
17,5-19,9	2	4,0
20,0-22,4	0	0,0
22,5-24,9	0	0,0
25,0-27,4	1	2,0
27,5-29,9	0	0,0
30,0-32,4	0	0,0
32,5-34,9	0	0,0
35,0-37,4	1	2,0
37,5-39,9	0	0,0
Mais	0	0,0

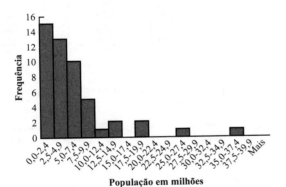

b. A distribuição é assimétrica à direita.

c. Quinze estados (30%) têm uma população inferior a 2,5 milhões; mais da metade dos estados tem população inferior a 5 milhões (28 estados – 56%); apenas sete estados têm uma população superior a 10 milhões (Califórnia, Flórida, Illinois, Nova York, Ohio, Pensilvânia e Texas); o maior estado é a Califórnia (37,3 milhões) e os menores estados são Vermont e Wyoming (600 mil).

48. a.

Indústria	Frequência	Frequência percentual
Bancos	26	13
TV a cabo	44	22
Carros	42	21
Celulares	60	30
Cobrança	28	14
Total	200	100

b.

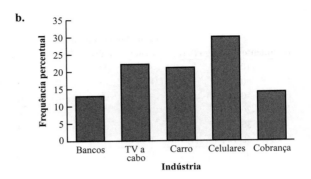

c. Os provedores de serviços de telefonia celular têm o maior número de reclamações.

d. A distribuição de frequência percentual mostra que as duas indústrias financeiras (bancos e agências de cobrança) tiveram quase o mesmo número de reclamações; novas concessionárias de automóveis e companhias de TV a cabo e por satélite também tiveram praticamente o mesmo número de reclamações.

50. a.

Nível educacional	Frequência percentual
Ensino médio	32.773/65.644(100) = 49,93
Bacharelado	22.131/65.644(100) = 33,71
Mestrado	9003/65.644(100) = 13,71
Doutorado	1737/65.644(100) = 2,65
Total	100,00

13,71 + 2,65 = 16,36% dos chefes de famílias têm graduação de doutorado.

b.

Renda familiar	Frequência percentual
Menos de US$ 25.000	13.128/65.644(100) = 20,00
US$ 25.000 a US$ 49.999	15.499/65.644(100) = 23,61
US$ 50.000 a US$ 99.999	20.548/65.644(100) = 31,30
US$ 100.000 e acima	16.469/65.644(100) = 25,09
Total	100,00

31,30 + 25,09 = 56,39% das famílias têm uma renda de US$ 50.000 ou mais.

c.

Nível educacional	Menos de US$ 25.000	US$ 25.000 a US$ 49.999	US$ 50.000 a US$ 99.999	Acima de US$ 100.000
Ensino médio	75,26	64,33	45,95	21,14
Bacharelado	18,92	26,87	37,31	47,46
Mestrado	5,22	7,77	14,69	24,86
Doutorado	0,60	1,03	2,05	6,53
Total	100,00	100,00	100,00	100,00

Existe uma grande diferença entre o nível de educação das famílias com renda de menos de US$ 25.000 e das famílias com renda de US$ 100.000 ou mais.

52. a.

Crescimento no cargo (%)	Tamanho da companhia			
	Pequena	Média	Grande	Total
−10-0	4	6	2	12
0-10	18	13	29	60
10-20	7	2	4	13
20-30	3	3	2	8
30-40	0	3	1	4
60-70	0	1	0	1
Total	32	28	38	98

b. Distribuição de frequência pela taxa de crescimento.

Crescimento no cargo (%)	Total
−10-0	12
0-10	60
10-20	13
20-30	8
30-40	4
60-70	1
Total	98

Distribuição de frequência pelo tamanho da empresa.

Tamanho	Total
Pequena	32
Média	28
Grande	38
Total	98

c. Tabulação cruzada mostrando as porcentagens em colunas.

Crescimento no cargo (%)	Tamanho da companhia		
	Pequena	Média	Grande
−10-0	13	21	5
0-10	56	46	76
10-20	22	7	11
20-30	9	11	5
30-40	0	11	3
60-70	0	4	0
Total	100	100	100

d. Tabulação cruzada mostrando as porcentagens em filas.

Crescimento no cargo (%)	Tamanho da companhia			
	Pequena	Média	Grande	Total
−10-0	33	50	17	100
0-10	30	22	48	100
10-20	54	15	31	100
20-30	38	38	25	100
30-40	0	75	25	100
60-70	0	4	0	100

e. No que se refere a evitar o crescimento negativo em cargos, as grandes empresas estavam em melhor situação do que as pequenas e médias empresas. Quanto às melhores taxas de crescimento no cargo, as empresas de médio porte tiveram desempenho melhor do que as pequenas ou grandes empresas.

54. c. Faculdades e universidades mais antigas tendem a ter índices de formaturas mais elevados.

56. a.

b. Parece haver uma forte relação positiva entre Mensalidades e Taxas e % de graduação.

58. a.

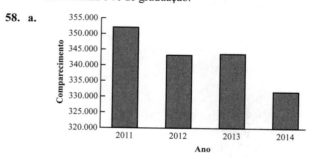

A frequência ao zoológico parece ter diminuído com o passar do tempo.

b.

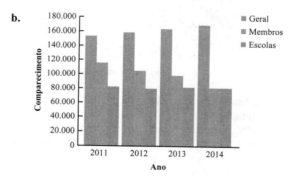

c. A frequência geral está aumentando, mas não o suficiente para compensar a diminuição na participação dos membros. A filiação de escolas parece razoavelmente estável.

Capítulo 3

2. 16, 16,5

4.

Período	Taxa de retorno (%)
1	−0,060
2	−0,080
3	−0,040
4	0,020
5	0,054

A taxa de crescimento médio nestes cinco períodos

$$\bar{x}_g = \sqrt[n]{(x_1)(x_2)\cdots(x_5)}$$
$$= \sqrt[5]{(0{,}940)(0{,}920)(0{,}960)(1{,}020)(1{,}054)}$$
$$= \sqrt[5]{(0{,}8925)} = 0{,}9775$$

Assim, a taxa média de crescimento $(0{,}9775 - 1)100\% = -2{,}25\%$

5. 15, 20, 25, 25, 27, 28, 30, 34

$$L_{20} = \frac{p}{100}(n+1) = \frac{20}{100}(8+1) = 1{,}8$$

20º percentil = $15 + 0{,}8(20 - 15) = 19$

$$L_{25} = \frac{p}{100}(n+1) = \frac{25}{100}(8+1) = 2{,}25$$

25º percentil = $20 + 0{,}25(25 - 20) = 21{,}25$

$$L_{65} = \frac{p}{100}(n+1) = \frac{65}{100}(8+1) = 5{,}85$$

65º percentil = $27 + 0{,}85(28 - 27) = 27{,}85$

$$L_{75} = \frac{p}{100}(n+1) = \frac{75}{100}(8+1) = 6{,}75$$

75º percentil = $28 + 0{,}75(30 - 28) = 29{,}5$

6. 59, 73, 57, 53

8. **a.** Mediana = 80 ou US$ 80.000, ligeiramente menor do que o salário mediano relatado pelo *Wall Street Journal*.
   b. $\bar{x} = 84$ O salário médio é US$ 84.000. A média amostral do salário para a amostra de 15 gerentes de nível médio é maior do que o salário mediano. Isto indica que a distribuição de salários para os gerentes de nível médio trabalhando em empresas em Atlanta é positivamente assimétrica.
   c. Os dados classificados são os seguintes:

   53   55   63   67   73   75   77   80
   83   85   93   106 108 118 124

   $$L_{25} = \frac{p}{100}(n+1) = \frac{25}{100}(16) = 4$$

   Primeiro quartil ou 25º percentil é o valor na posição 4 ou 67.

   $$L_{75} = \frac{p}{100}(n+1) = \frac{75}{100}(16) = 12$$

   Terceiro quartil ou 75º percentil é o valor na posição 12 ou 106.

10. **a.** $\bar{x} = 65{,}9$
    Mediana ou 50º percentil = $66 + 0{,}5(67 - 66) = 66{,}5$
    A moda é 61.
    b. $L_{25} = \frac{p}{100}(n+1) = \frac{25}{100}(20+1) = 5{,}25$
    Primeiro quartil ou 25º percentil = 61
    $L_{75} = \frac{p}{100}(n+1) = \frac{75}{100}(20+1) = 15{,}75$
    Terceiro quartil ou 75º percentil = 71
    c. $L_{90} = \frac{p}{100}(n+1) = \frac{90}{100}(20+1) = 18{,}9$
    90º percentil = $78 + 0{,}9(81 - 78) = 80{,}7$
    90% das classificações são de 80,7 ou menores; 10% das classificações são de 80,7 ou maiores.

12. **a.** O número mínimo de espectadores que assistiram a um novo episódio é de 13,3 milhões, e o número máximo é de 16,5 milhões.
    b. O número médio de espectadores que assistiram a um novo episódio é de 15,04 milhões ou aproximadamente 15,0 milhões; a mediana é também 15,0 milhões; os dados são multimodais (13,6, 14,0, 16,1, e 16,2 milhões); nesses casos, a moda geralmente não é relatada.
    c. Os dados são organizados primeiro em ordem crescente:

    $$L_{25} = \frac{p}{100}(n+1) = \frac{25}{100}(21+1) = 5{,}50$$

    Primeiro quartil ou 25º percentil = $14 + 0{,}50(14{,}1 - 14)$

    $$L_{75} = \frac{p}{100}(n+1) = \frac{75}{100}(21+1) = 16{,}5$$

    Terceiro quartil ou 75º percentil = $16 + 0{,}5(16{,}1 - 16) = 16{,}05$

    d. Segue-se um gráfico que mostra os dados de visualização nas datas de transmissão: o período 1 corresponde ao primeiro episódio da temporada, o período 2 corresponde ao segundo episódio, e assim por diante.

    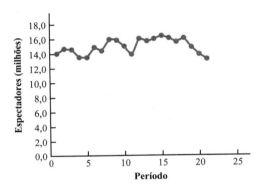

    Este gráfico mostra que a audiência do seriado *The Big Bang Theory* tem permanecido relativamente estável da temporada 2011-2012 na TV

14. Para março de 2011:

    $$L_{25} = \frac{p}{100}(n+1) = \frac{25}{100}(50+1) = 12{,}75$$

    Primeiro quartil ou 25º percentil = $6{,}8 + 0{,}75(6{,}8 - 6{,}8) = 6{,}8$

    $$L_{50} = \frac{p}{100}(n+1) = \frac{50}{100}(50+1) = 25{,}5$$

    Segundo quartil ou mediana = $8 + 0{,}5(8 - 8) = 8$

    $$L_{75} = \frac{p}{100}(n+1) = \frac{75}{100}(50+1) = 38{,}25$$

    Terceiro quartil ou 75º percentil = $9{,}4 + 0{,}25(9{,}6 - 9{,}4) = 9{,}45$

    Para março de 2012:

    $$L_{25} = \frac{p}{100}(n+1) = \frac{25}{100}(50+1) = 12{,}75$$

    Primeiro quartil ou 25º percentil = $6{,}2 + 0{,}75(6{,}2 - 6{,}2) = 6{,}2$

    $$L_{50} = \frac{p}{100}(n+1) = \frac{50}{100}(50+1) = 25{,}5$$

    Segundo quartil ou mediana = $7{,}3 + 0{,}5(7{,}4 - 7{,}3) = 7{,}35$

    $$L_{75} = \frac{p}{100}(n+1) = \frac{75}{100}(50+1) = 38{,}25$$

    Terceiro quartil ou 75º percentil = $8{,}6 + 0{,}25(8{,}6 - 8{,}6) = 8{,}6$

708 Estatística aplicada a administração e economia

Pode ser mais fácil comparar estes resultados se pudermos colocá-los em uma tabela.

	Março de 2011	Março de 2012
Primeiro quartil	6,80	6,20
Mediana	8,00	7,35
Terceiro quartil	9,45	8,60

Os resultados mostram que, em março de 2012, aproximadamente 25% dos estados tinham uma taxa de desemprego de 6,2% ou menos, inferior à de março de 2011; a mediana, de 7,35%, e o terceiro quartil, de 8,6% em março de 2012, são, ambos, menores que os valores correspondentes em março de 2011, indicando que as taxas de desemprego nos estados estão diminuindo.

16. a.

Nota x_i	Peso (ponderação) w_i
4 (A)	9
3 (B)	15
2 (C)	33
1 (D)	3
0 (F)	0
	60 horas de crédito

$$\bar{x} = \frac{\sum w_i x_i}{\sum w_i} = \frac{9(4) + 15(3) + 33(2) + 3(1)}{9 + 15 + 33 + 3}$$
$$= \frac{150}{60} = 2,5$$

b. Sim

18. 3,8, 3,7

20.

	Stivers		Trippi	
Ano	**Valor (US$) no final do ano**	**Fator de crescimento**	**Valor (US$) no final do ano**	**Fator de crescimento**
2004	11.000	1,100	5.600	1,120
2005	12.000	1,091	6.300	1,125
2006	13.000	1,083	6.900	1,095
2007	14.000	1,077	7.600	1,101
2008	15.000	1,071	8.500	1,118
2009	16.000	1,067	9.200	1,082
2010	17.000	1,063	9.900	1,076
2011	18.000	1,059	10.600	1,071

Para o fundo mútuo da Stivers temos
$$18.000 = 10.000[(x_1)(x_2)\cdots(x_g)], \text{ então } [(x_1)(x_2)\cdots(x_g)]$$
$$= 1,8 \text{ e}$$
$$\bar{x}_g = \sqrt[n]{(x_1)(x_2)\cdots(x_5)} = \sqrt[8]{1,80} = 1,07624$$

Portanto, o retorno médio anual para o fundo mútuo da Stivers é $(1,07624 - 1)100 = 7,624\%$

Para o fundo mútuo da Trippi temos
$$10.600 = 5.000[(x_1)(x_2)\cdots(x_8)], \text{ então } [(x_1)(x_2)\cdots(x_8)]$$
$$= 2,12 \text{ e}$$
$$\bar{x}_g = \sqrt[n]{(x_1)(x_2)\cdots(x_8)} = \sqrt[8]{2,12} = 1,09848$$

Portanto, o retorno médio anual para o fundo mútuo da Trippi é $(1,09848 - 1)100 = 9,848\%$.

Embora o fundo mútuo da Stivers tenha gerado um bom retorno anual de 7,6%, o retorno anual de 9,8% auferido pelo fundo mútuo da Trippi é muito superior.

22. $25.000.000 = 10.000.000[(x_1)(x_2)\cdots(x_6)]$, desse modo $[(x_1)(x_2)\cdots(x_6)] = 2,50$

desse modo $\bar{x}_g = \sqrt[n]{(x_1)(x_2)\cdots(x_6)} = \sqrt[6]{2,50} = 1,165$

Portanto, a taxa de crescimento média anual é $(1,165 - 1)100 = 16,5\%$.

24. 16, 4

25. Intervalo $= 34 - 15 = 19$

Organize os dados em ordem: 15, 20, 25, 25, 27, 28, 30, 34

$$L_{25} = \frac{P}{100}(n + 1) = \frac{25}{100}(8 + 1) = 2,25$$

Primeiro quartil ou 25º percentil $= 20 + 0,25(20 - 15) = 21,25$

$$L_{75} = \frac{P}{100}(n + 1) = \frac{75}{100}(8 + 1) = 6,25$$

Terceiro quartil ou 75º percentil $= 28 + 0,75(30 - 28) = 29,5$

$IQR = Q_3 - Q_1 = 29,5 - 21,25 = 8,25$

$$\bar{x} = \frac{\sum x_i}{n} = \frac{204}{8} = 25,5$$

$$s^2 = \frac{\sum (x_i - \bar{x})^2}{n - 1} = \frac{242}{7} = 34,57$$

$$s = \sqrt{34,57} = 5,88$$

x_i	$(x_i - \bar{x})$	$(x_i - \bar{x})^2$
27	1,5	2,25
25	−0,5	0,25
20	−5,5	30,25
15	−10,5	110,25
30	4,5	20,25
34	8,5	72,25
28	2,5	6,25
25	−0,5	0,25
		242,00

$$s^2 = \frac{\sum (x_i - \bar{x})^2}{n - 1} = \frac{242}{8 - 1} = 34,57$$

$$s = \sqrt{34,57} = 5,88$$

26. a. $\bar{x} = \frac{\sum_i x_i}{n} = \frac{74,4}{20} = 3,72$

b. $s = \sqrt{\frac{\sum_i (x_i - \bar{x})^2}{n - 1}} = \sqrt{\frac{1,6515}{20 - 1}} = \sqrt{0,0869} = 0,2948$

c. O preço médio do galão de gasolina sem chumbo em São Francisco é muito maior que a média nacional.

28. a. Quanto à velocidade do saque, a média é 180,95, a variância é 21,42, e o desvio padrão é 4,63.

b. Embora a velocidade média do saque para as 20 líderes femininas (Women's Singles) do torneio Wimbledon 2011 seja ligeiramente maior, a diferença é muito pequena; além disso, considerando a variação na velocidade de serviço das 20 líderes nos torneios Australian Open 2012 e Wimbledon 2011, a diferença na velocidade média de saque mais provavelmente se deve à variação aleatória no desempenho das jogadoras.

30. *Dawson:* intervalo = 2, s = 0,67
    Clark: intervalo = 8, s = 2,58

32. a. Automotivo: 1960,05
       Loja de departamentos: 692,85
    b. Automotivo: 481,65
       Loja de departamentos: 155,06
    c. Automotivo: 2.901 − 598 = 2303
       Loja de departamentos: 1.011 − 448 = 563
    d. Automotivo: primeiro quartil ou 25º percentil = 1.714 + 0,25(1.720 − 1.714) = 1.715,5
       Loja de departamentos: primeiro quartil ou 25º percentil = 589 + 0,25(597 − 589) = 591
       Automotivo: Terceiro quartil ou 75º percentil = 2.202 + 0,75(2.254 − 2.202) = 2.241
       Loja de departamentos: Primeiro quartil ou 75º percentil = 782 + 0,75(824 − 782) = 813,5
    e. O setor automotivo, em média, gasta mais, tem um desvio padrão maior, máximo e mínimo maiores, e maior intervalo do que a Loja de departamentos. Automóveis têm novos modelos todos os anos e podem gastar mais em publicidade.

34. *Corredores de um quarto de milha:* s = 0,0564, coeficiente de variação = 5,8%
    Corredores de uma milha: s = 0,1295, coeficiente de variação = 2,9%

36. 0,20, 1,50, 0, −0,50, −2,20

37. a. $z = \frac{20 - 30}{5} = -2$, $z = \frac{40 - 30}{5} = 2$ $1 - \frac{1}{2^2} = 0,75$
       Pelo menos 75%
    b. $z = \frac{15 - 30}{5} = -3$, $z = \frac{45 - 30}{5} = 3$ $1 - \frac{1}{3^2} = 0,89$
       Pelo menos 89%
    c. $z = \frac{22 - 30}{5} = -1,6$, $z = \frac{38 - 30}{5} = 1,6$
       $1 - \frac{1}{1,6^2} = 0,61$
       Pelo menos 61%
    d. $z = \frac{18 - 30}{5} = -2,4$, $z = \frac{42 - 30}{5} = 2,4$
       $1 - \frac{1}{2,4^2} = 0,83$
       Pelo menos 83%
    e. $z = \frac{12 - 30}{5} = -3,6$, $z = \frac{48 - 30}{5} = 3,6$
       $1 - \frac{1}{3,6^2} = 0,92$
       Pelo menos 92%

38. a. 95%
    b. Quase todos
    c. 68%

39. a. $z = 2$ desvios padrão
       $1 - \frac{1}{z^2} = 1 - \frac{1}{2^2} = \frac{3}{4}$; pelo menos 75%
    b. $z = 2,5$ desvios padrão
       $1 - \frac{1}{z^2} = 1 - \frac{1}{2,5^2} = 0,84$; ; pelo menos 84%

c. $z = 2$ desvios padrão
   Regra empírica: 95%

40. a. 68%
    b. 81,5%
    c. 2,5%

42. a. 2,67
    b. 1,50
    c. Nenhum dos dois é um *outlier*
    d. Sim; $z = 8,25$

44. a. 76,5, 7
    b. 16%, 2,5%
    c. 12,2, 7,89; nenhum *outlier*

46. 15, 21.25, 26, 29,5, 34

48. 5, 6, 8, 10, 10, 12, 15, 16, 18
    Menor = 5
    $L_{25} = \frac{p}{100}(n + 1) = \frac{25}{100}(9 + 1) = 2,5$
    Primeiro quartil ou 25º percentil = 6 + 0,5(8 − 6) = 7
    $L_{50} = \frac{p}{100}(n + 1) = \frac{50}{100}(9 + 1) = 5,0$
    Segundo quartil ou mediana = 10
    $L_{75} = \frac{p}{100}(n + 1) = \frac{75}{100}(9 + 1) = 7,5$
    Terceiro quartil ou 75º percentil = 15 + 0,5(16 − 15) = 15,5
    Maior = 18
    Um *boxplot* criado utilizando-se o StatTools está a seguir:

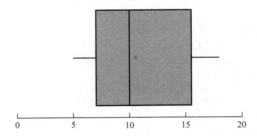

50. a. Teria chegado 43,73 minutos depois de George, o 1º lugar entre os homens
    b. Tempos medianos: 109,64, 131,67
       O tempo mediano dos homens é 22,03 minutos mais rápido
    c. 65,30, 83,1025, 109,64, 129,025, 148,70
       109,03, 122,08, 131,67, 147,18, 189,28
    d. Limites dos homens: 25,35 a 190,23; nenhum *outlier*
       Limites das mulheres: 84,43 a 184,83; 2 *outliers*
    e. As mulheres corredoras apresentam menor variação

51. a. Menor = 608
    $L_{25} = \frac{p}{100}(n + 1) = \frac{25}{100}(21 + 1) = 5,5$
    Primeiro quartil ou 25º percentil = 1850 + 0,5(1.872 − 1.850) = 1.861
    $L_{50} = \frac{p}{100}(n + 1) = \frac{50}{100}(21 + 1) = 11,0$
    Segundo quartil ou mediana = 4.019
    $L_{75} = \frac{p}{100}(n + 1) = \frac{75}{100}(21 + 1) = 16,5$

Terceiro quartil ou 75º percentil = 8.305 + 0,5(8.408 − 8.305) = 8.356,5
Maior = 14.138
Resumo conforme a regra dos cinco itens: 608, 1.861, 4019, 8.365,5, 14.138

b. Limites:
IQR + $Q_3 - Q_1$ = 8.356,5 − 1.861 = 6.495,5
Limite inferior: $Q_1 - 1{,}5(IQR)$ = 1.861 − 1,5(6.495,5) = −7.882,25
Limite superior: $Q_3 + 1{,}5(IQR)$ = 8.356,5 + 1,5(6.495,5) = 18.099,75

c. Não existem *outliers*, todos os dados estão dentro dos limites.

d. Sim, se os dois primeiros dígitos referentes às vendas da Johnson & Johnson fossem transpostos para 41.138, as vendas teriam aparecido como um *outlier*. Uma revisão específica teria permitido a correção dos dados.

e. Um *boxplot* criado utilizando o Minitab:

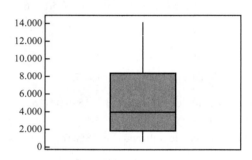

52. a. 73,5
b. 68, 71,25, 73,5, 74,75, 77
c. Limites: 66 e 80; não existem *outliers*
d. 66, 68, 71, 73, 75; 60,5 e 80,5
63, 65, 66, 67,75, 69; 60,875 e 71,875
75, 77, 78,5, 79,75, 81; 72,875 e 83,875
Nenhum *outlier* para qualquer um dos serviços
e. A Verizon tem a maior classificação
A Sprint tem a menor classificação

54. a. Média = 173,24 e mediana (segundo quartil) = 89,5
b. Primeiro quartil = 38,5 e o terceiro quartil = 232
c. 21, 38,5, 89,5, 232, 995
d. Um *boxplot* criado utilizando o Minitab está demonstrado a seguir.

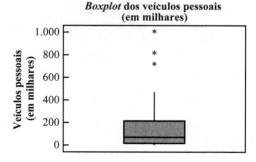

Existem tres *outliers*:
NY: Buffalo-Niagara Falls 707
TX: El Paso 807
CA: San Ysidro 995

55. b. Parece haver uma relação linear negativa entre x e y

c.

x_i	y_i	$x_i - \bar{x}$	$y_i - \bar{y}$	$(x_i - \bar{x})(y_i - \bar{y})$
4	50	−4	4	−16
6	50	−2	4	−8
11	40	3	−6	−18
3	60	−5	14	−70
16	30	8	−16	−128
40	230	0	0	−240

$\bar{x} = 8; \bar{y} = 46$

$$s_{xy} = \frac{\sum(x_i - \bar{x})(y_i - \bar{y})}{n-1} = \frac{-240}{4} = -60$$

A covariância amostral indica uma associação linear negativa entre x e y

d. $r_{xy} = \dfrac{S_{xy}}{S_x S_y} = \dfrac{-60}{(5,43)(11,40)} = -0,969$

O coeficiente de correlação da amostra de 2,969 é indicativo de uma forte relação linear negativa

56. b. Parece haver uma relação linear positiva entre x e y
c. $s_{xy} = 26{,}5$
d. $r_{xy} = 0{,}693$

58. −0,91; relação negativa

60. a.

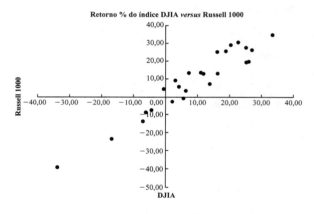

b. DJIA: $\bar{x} = \dfrac{\sum x_i}{n} = \dfrac{227{,}57}{25} = 9{,}10$

$s = \sqrt{\dfrac{\sum(x_i - \bar{x})^2}{n-1}} = \sqrt{\dfrac{5.672{,}61}{24}} = 15{,}37$

Russell 1.000: $\bar{x} = \dfrac{\sum x_i}{n} = \dfrac{227{,}29}{25} = 9{,}09$

$s = \sqrt{\dfrac{\sum(x_i - \bar{x})^2}{(n-1)}} = \sqrt{\dfrac{7.679{,}81}{24}} = 17{,}89$

c. $r_{xy} = \dfrac{S_{xy}}{S_x S_y} = \dfrac{263{,}611}{(15{,}37)(17{,}89)} = 0{,}959$

d. Com base nesta amostra, os dois índices são muito semelhantes. Eles têm uma forte correlação positiva. A variância do índice Russell 1000 é ligeiramente maior que a do DJIA.

62. a. A média é 2,95 e a mediana é 3,0
b. $L_{25} = 5{,}25$; primeiro quartil = 1
$L_{75} = 15{,}75$; terceiro quartil = 4 + 0,75(1) = 4,75
c. O intervalo é 7 e o intervalo interquartil é 4,75 − 1 = 3,75
d. A variância é 4,37 e o desvio padrão é 2,09

Apêndice D: Soluções dos autotestes (SELF *test.*) e respostas dos exercícios pares **711**

e. Como a maioria das pessoas janta fora relativamente poucas vezes por semana e algumas famílias jantam fora com muita frequência, os dados devem ser positivamente assimétricos; a medida de assimetria de 0,34 indica que os dados estão um pouco assimétricos para a direita.

f. O limite inferior é 24,625 e o limite superior é 10,375; nenhum valor nos dados é menor que o limite inferior nem é maior do que o limite superior, portanto, não existem *outliers*.

64. a. A média e a mediana dos tempos de espera dos pacientes em consultórios com sistema de controle de espera são 17,2 e 13,5, respectivamente; e nos consultórios sem um sistema de controle de espera, são 29,1 e 23,5, respectivamente.

b. A variância e o desvio padrão dos tempos de espera de pacientes em consultórios com sistema de controle de espera são 86,2 e 9,3, respectivamente; e nos consultórios sem sistema de controle de espera, são 275,7 e 16,6, respectivemente.

c. Consultórios com sistema de controle de espera apresentam tempos de espera muito menores de seus pacientes do que os consultórios sem este sistema.

d. $z = \dfrac{37 - 29,1}{16,6} = 0,48$

e. $z = \dfrac{37 - 17,2}{9,3} = 2,13$

Conforme indicado pelos escores-z positivos, ambos os pacientes tiveram tempos de espera que excederam as médias de suas respectivas amostras; embora os pacientes tivessem o mesmo tempo de espera, o escore-z do sexto paciente da amostra que foi a um consultório com um sistema de controle de espera é muito maior porque este paciente faz parte de uma amostra com menor média e menor desvio padrão.

f. A seguir, estão os escores-z de todos os pacientes:

Sem sistema de controle de espera	Com sistema de controle de espera
−0,31	1,49
2,28	−0,67
−0,73	−0,34
−0,55	0,09
0,11	−0,56
0,90	2,13
−1,03	−0,88
−0,37	−0,45
−0,79	−0,56
0,48	−0,24

Os escores-z não indicam a existência de quaisquer *outliers* em nenhuma das amostras.

66. a. $\bar{x} = \dfrac{\sum x_i}{n} = \dfrac{20.665}{50} = 413,3$

Este número é ligeiramente maior do que a média para o estudo.

b. $s = \sqrt{\dfrac{\sum (x_i - \bar{x})^2}{(n-1)}} = \sqrt{\dfrac{69.424,5}{49}} = 37,64$

c. Não existem *outliers*.

68. a. Mediana $= 52,1 + 0,5(52,1 - 52,1) = 52,1$

b. 26,1%

c. $25^{\underline{o}}$ percentil $= 50,75$
$75^{\underline{o}}$ percentil $= 52,6$

d. 46,5   50,75   52,1   52,6   64,5

e. A última renda familiar (64,5) tem um escore-$z > 3$ e é um *outlier*. Utilizando o intervalo interquartil como critério, a primeira observação (46,5) e a última observação (64,5) seriam consideradas *outliers*.

70. a. 364 quartos

b. US$ 457

c. −0,293; correlação ligeiramente negativa.
O maior custo por noite tende a ser associado a hotéis menores.

72. a. 0,268, correlação positiva pequena ou fraca.

b. Preditor muito ruim; o treinamento de primavera é uma prática e não conta para classificações ou *playoffs*.

74. a. 60,68

b. $s^2 = 31,23$; $s = 5,59$

Capítulo 4

2. $\dbinom{6}{3} = \dfrac{6!}{3!3!} = \dfrac{6 \cdot 5 \cdot 4 \cdot 3 \cdot 2 \cdot 1}{(3 \cdot 2 \cdot 1)(3 \cdot 2 \cdot 1)} = 20$

ABC	ACE	BCD	BEF
ABD	ACF	BCE	CDE
ABE	ADE	BCF	CDF
ABF	ADF	BDE	CEF
ACD	AEF	BDF	DEF

4. b. (H,H,H), (H,H,T), (H,T,H), (H,T,T), (T,H,H), (T,H,T), (T,T,H), (T,T,T)

c. 1/8

6. $P(E_1) = 0,40$, $P(E_2) = 0,26$, $P(E_3) = 0,34$
Foi utilizado o método de frequência relativa

8. a. 4: Comissão dá recomendação positiva – Conselho aprova.
Comissão dá recomendação positiva – Conselho desaprova.
Comissão dá recomendação negativa – Conselho aprova.
Comissão dá recomendação negativa – Conselho desaprova.

9. $\dbinom{50}{4} = \dfrac{50!}{4!46!} = \dfrac{50 \cdot 49 \cdot 48 \cdot 47}{4 \cdot 3 \cdot 2 \cdot 1} = 230.300$

10. a. P(chegada no horário) $= 0,865$

b. P(menos de 2) $= 3/10 = 0,30$

c. P(mais de 1) $= 5/10 = 0,50$

d. P(atrasado) $= 1\ 2\ P$(no horário) $= 1 - 0,871 = 0,129$

12. a. Etapa 1: use a regra de contagem para combinações:

$\dbinom{59}{5} = \dfrac{59!}{5!(59-5)!} = \dfrac{(59)(58)(57)(56)(55)}{(5)(4)(3)(2)(1)} = 5.006.386$

Etapa 2: existem 35 maneiras de selecionar a bola vermelha do Powerball a partir dos dígitos de 1 a 35.
Número total de resultados da loteria Powerball:
$(5.006.386) \times (35) = 175.223.510$

b. Probabilidade de ganhar na loteria: 1 chance em 175.223.510 $= 1/(175.223.510) = 0,000000005707$

14. a. 1/4

b. 1/2

c. 3/4

15. a. $S = \{$ás de paus, ás de ouros, ás de copas, ás de espadas$\}$

712 Estatística aplicada a administração e economia

b. $S = \{2 \text{ de paus}, 3 \text{ de paus}, \ldots, 10 \text{ de paus}, \text{J de paus}, \text{Q}$ de paus, K de paus, A de paus$\}$

c. Existem 12; valete, rainha ou rei, cada um dos quatro naipes

d. Para (a): $4/52 = 1/13 = 0,08$
Para (b): $13/52 = 1/4 = 0,25$
Para (c): $12/52 = 0,23$

16. a. 36
c. 1/6
d. 5/18
e. Não; $P(\text{ímpar}) = P(\text{par}) = 1/2$
f. O método clássico

17. a. (4, 6), (4, 7), (4, 8)
b. $0,5 + 0,10 + 0,15 = 0,30$
c. (2, 8), (3, 8), (4, 8)
d. $0,05 + 0,05 + 0,15 = 0,25$
e. 0,15

18. a. Admita que $C = $ sedes corporativas situadas na Califórnia.
$P(C) = 53/500 = 0,106$
b. Admita que $N = $ sedes corporativas situadas em Nova York
$T = $ sedes corporativas situadas no Texas
$P(N) = 50/500 = 0,100$
$P(T) = 52/500 = 0,104$
$P(C) + P(N) + P(T) = 0,106 + 0,100 + 0,104 + 0,31$
c. Admita que $A = $ sedes corporativas situadas em um dos oito estados. $P(A) = 283/500 = 0,566$

20. a.

Resultado experimental	Idade (financeiramente independente)	Número de respostas	Probabilidade
E_1	16 a 20	191	$191/944 = 0,2023$
E_2	21 a 24	467	$467/944 = 0,4947$
E_3	25 a 27	244	$244/944 = 0,2585$
E_4	28 ou mais	42	$42/944 = 0,0445$
		944	

b. $P(\text{Idade} < 25) = P(E_1) + P(E_2) = 0,2023 + 0,4947 = 0,6970$
c. $P(\text{Idade} > 24) = P(E_3) + P(E_4) = 0,2585 + 0,0445 = 0,3030$
d. A probabilidade de ser financeiramente independente antes dos 25 anos, 0,6970, parece alta, dadas as condições econômicas gerais. Parece que os adolescentes que responderam a esta pesquisa podem ter expectativas irrealistas sobre se tornarem financeiramente independentes em uma idade relativamente jovem.

22. a. 0,40, 0,40, 0,60
b. 0,80, sim
c. $A^c = \{E_3, E_4, E_5\}$; $C^c = \{E_1, E_4\}$; $P(A^c) = 0,60$; $P(C^c) = 0,40$
d. (E_1, E_2, E_5); 0,60
e. 0,80

23. a. $P(A) = P(E_1) + P(E_4) + P(E_6)$
$= 0,05 + 0,25 + 0,10 = 0,40$
$P(B) = P(E_2) + P(E_4) + P(E_7)$
$= 0,20 + 0,25 + 0,05 = 0,50$
$P(C) = P(E_2) + P(E_3) + P(E_5) + P(E_7)$
$= 0,20 + 0,20 + 0,15 + 0,05 = 0,60$
b. $A \cup B = \{E_1, E_2, E_4, E_6, E_7\}$;
$P(A \cup B) = P(E_1) + P(E_2) + P(E_4) + P(E_6) + P(E_7)$

$= 0,05 + 0,20 + 0,25 + 0,10 + 0,05$
$= 0,65$
c. $A \cap B = \{E_4\}$; $P(A \cap B) + P(E_4) = 0,25$
d. Sim, são mutuamente exclusivos
e. $B^c = \{E_1, E_3, E_5, E_6\}$;
$P(B^c) = P(E_1) + P(E_3) + P(E_5) + P(E_6)$
$= 0,05 + 0,20 = 0,15 + 0,10$
$= 0,50$

24. a. 0,05
b. 0,70

26. a. Admita que $D = $ Fundo de Capital Norte-Americano.
$P(D) = 16/25 = 0,64$
b. Admita que $A = $ classificação de 4 ou 5 estrelas.
$P(A) = 12/25 = 0,48$
c. 7 fundos de capital norte-americano foram classificados com 4 estrelas e 2 foram classificados com 5 estrelas. Desse modo, 9 fundos eram Fundos de Capital Norte-Americano e foram classificados com 4 estrelas ou 5 estrelas. $P(D \cap A) = 9/25 = 0,36$
d. $P(D \cup A) = P(D) + P(A) - P(D \cap A)$
$= 0,64 + 0,48 - 0,36 = 0,76$

28. Admita que $B = $ alugou um carro por razões profissionais
$P = $ alugou um carro por razões pessoais
a. $P(B \cup P) = P(B) + P(P) - P(B \cap P)$
$= 0,540 + 0,458 - 0,300 = 0,698$
b. $P(\text{Nenhum}) = 1 - 0,698 = 0,302$

30. a. $P(A \mid B) = \dfrac{P(A \cap B)}{P(B)} = \dfrac{0,40}{0,60} = 0,6667$
b. $P(A \mid B) = \dfrac{P(A \cap B)}{P(A)} = \dfrac{0,40}{0,50} = 0,80$
c. Não, porque $P(A \mid B) \neq P(A)$

32. a.

	Carros	Caminhões leves	Total
Nos EUA	0,1330	0,2939	0,4269
Em outros países	0,3478	0,2253	0,5731
Total	0,4808	0,5192	1,0000

b. 0,4269, 0,5731; maior probabilidade para os fabricantes de outros países; 0,4808, 0,5192; pouco maior para caminhões leves
c. 0,3115, 0,6885 Maior para caminhões leves
d. 0,6909, 0,3931 Maior para carros
e. 0,5661 Para caminhões leves, maior probabilidade para os fabricantes dos Estados Unidos

33. a.

		Setor da graduação			
		Administração	Engenharia	Outros	Totais
Status da matrícula pretendida	Período integral	0,270	0,151	0,192	0,613
	Meio período	0,115	0,123	0,149	0,387
	Totais	0,385	0,274	0,341	1,000

b. $P(\text{Administração}) = 0,385$; $P(\text{Engenharia}) = 0,274$, e $P(\text{Outros}) = 0,341$, sendo assim, o curso de Administração é o que tem maior potencial de alunos de mestrado.
c. $P(\text{Engenharia} \mid \text{Período integral})$
$= \dfrac{P(\text{Engenharia} \cap \text{Período integral})}{P(\text{Período integral})} = \dfrac{0,151}{0,613} = 0,246$

Apêndice D: Soluções dos autotestes (SELF *test*.) e respostas dos exercícios pares

d. P(Período integral | Administração)

$$= \frac{P(\text{Período integral} \cap \text{Administração})}{P(\text{Administração})} = \frac{0,270}{0,385} = 0,701$$

e. Para garantir independência, devemos assegurar que $P(A)$ $P(B) = P(A \cap B)$; a partir da tabela de probabilidade conjunta no item (a) deste problema, temos
$P(A) = 0,613$
$P(B) = 0,385$
Portanto, $P(A)$ $P(B) = (0,387)(0,385) = 0,236$
Mas
$P(A \cap B) = (0,270)$
Como $P(A)P(B) \neq P(A \cap B)$, os eventos não são independentes.

34. a. Digamos que O = voo que chega no horário
L = voo que chega atrasado
J = voo da Jet Blue
N = voo da United
U = voo da U.S. Airways
Dado que: $P(O \mid J) = 0,768$ $P(O \mid N) = 0,715$
$P(O \mid U) = 0,822$
$P(J) = 0,30$ $P(N) = 0,32$ $P(U) = 0,38$
Probabilidades conjuntas utilizando a lei da multiplicação
$P(J \cap O) = P(J)P(O \mid J) = (0,30)(0,768) = 0,2304$
$P(N \cap O) = P(N)P(O \mid N) = (0,32)(0,715) = 0,2288$
$P(U \cap O) = P(U)P(O \mid U) = (0,38)(0,822) = 0,3124$
Com as probabilidades marginais $P(J) = 0,30$, $P(N) = 0,32$ e $P(U) = 0,38$ fornecidas, a tabela de probabilidade conjunta pode ser a seguinte.

	No horário	Atrasado	Total
Jet Blue	0,2304	0,0696	0,30
United	0,2288	0,0912	0,32
US Airways	0,3124	0,0676	0,38
Total	0,7716	0,2284	1,00

b. $P(O) = 0,2304 + 0,2288 + 0,3124 = 0,7716$

c. Como a US Airways tem a maior porcentagem de voos no terminal C, com $P(U) = 0,38$, a US Airways é a companhia aérea mais provável para o voo 1382.

d. A partir da tabela de probabilidade, $P(L) = 0,2284$

$$P(J \mid L) = \frac{P(J \cap L)}{P(L)} = \frac{0,0696}{0,2284} = 0,3047$$

$$P(N \mid L) = \frac{P(N \cap L)}{P(L)} = \frac{0,912}{0,2284} = 0,3992$$

$$P(U \mid L) = \frac{P(U \cap L)}{P(L)} = \frac{0,676}{0,2284} = 0,2961$$

Agora, a companhia aérea mais provável para o voo 1382 é a United, com uma probabilidade de 0,3992. A US Airways agora é a companhia aérea menos provável para este voo, com uma probabilidade de 0,2961.

36. a. Temos que P(Converter o arremesso) = 0,93 para cada arremesso livre, assim, a probabilidade de que Jamal Crawford converterá dois oarremessos livres consecutivos é P(Converter o arremesso)P(Converter o arremesso) $= (0,93)(0,93) = 0,8649$

b. Existem apenas três maneiras pelas quais Jamal Crawford pode converter pelo menos um arremesso – ele pode acertar o primeiro arremesso e errar o segundo; pode errar o primeiro e acertar o segundo, ou pode acertar os dois arremessos; como o evento "Errar o arremesso" é o complemento

do evento "Converter o arremesso", P(Errar o arremesso) = $1 - P$(Converter o arremesso) = $1 - 0,93 = 0,07$; portanto, P(Converter o arremesso) P(Errar o arremesso) = (0,93)(0,07) = 0,0651

P(Errar o arremesso) P(Converter o arremesso)
$= (0,07)(0,93) = 0,0651$
P(Converter o arremesso) P(Converter o arremesso)
$= (0,93)(0,93) = \underline{0,8649}$
$ 0,9951$

c. Podemos determinar esta probabilidade de duas maneiras; podemos calcular a probabilidade diretamente
P(Errar o arremesso) P(Errar o arremesso) = (0,07)(0,07) = 0,0049. Ou podemos reconhecer que o evento "errar os dois arremessos" é o complemento do evento "converter pelo menos um dos dois arremessos", assim
P(Errar o arremesso) P(Errar o arremesso) $= 1 - 0,9951 = 0,0049$.

d. Para o pivô do Portland Trail Blazers, temos
P(Converter o arremesso) $= 0,58$ para cada arremesso livre, assim, a probabilidade de que o pivô do Portland Trail Blazers converterá dois arremessos livres consecutivos é P(Converter o arremesso) P(Converter o arremesso) $= (0,58)(0,58) = 0,3364$.
Mais uma vez, existem apenas três maneiras como o pivô do Portland Trail Blazers pode acertar pelo menos um arremesso – ele pode converter o primeiro arremesso e errar o segundo, errar o primeiro e acertar o segundo, ou pode acertar ambos os arremessos; como o evento "Errar o arremesso" é o complemento do evento "Converter o arremesso," P(errar o arremesso) $= 1 - P$(Converter o arremesso) $= 1 - 0,58 = 0,42$; desse modo,

P(Converter o arremesso) P(Errar o arremesso)
$= (0,58)(0,42) = 0,2436$
P(Errar o arremesso) P(Converter o arremesso)
$= (0,42)(0,58) = 0,2436$
P(Converter o arremesso) P(Converter o arremesso)
$= (0,58)(0,58) = \underline{0,3264}$
$ 0,8236$

Mais uma vez, podemos determinar a probabilidade de o pivô do Portland Trail Blazers errar os dois arremessos de duas maneiras; podemos calcular a probabilidade diretamente P(Errar o arremesso)

P(Errar o arremesso) $= (0,42)(0,42) = 0,1764$,

Ou podemos reconhecer que o evento "Errar os dois arremessos" é o complemento do evento "Converter pelo menos um dos dois arremessos", portanto,

P(Errar o arremesso) P(Errar o arremesso)
$= 1 - 0,9951 = 0,1764$

Cometer falta intencionalmente no pivô do Portland Trail Blazers é uma estratégia melhor do que fazer uma falta intencionalmente em Jamal Crawford.

38. Assuma que: Y = tem um diploma universitário
N = não tem um diploma universitário
D = um empréstimo estudantil inadimplente
a. A partir da tabela, $P(Y) = 0,42$
b. A partir da tabela, $P(N) = 0,58$

c. $P(D \mid Y) = \dfrac{P(D \cap Y)}{P(Y)} = \dfrac{0,16}{0,42} = 0,3810$

d. $P(D \mid N) = \dfrac{P(D \cap N)}{P(N)} = \dfrac{0,34}{0,58} = 0,5862$

714 Estatística aplicada a administração e economia

e. Indivíduos que conquistaram um diploma universitário têm probabilidade de 0,3810 de fazerem um empréstimo estudantil inadimplente, enquanto os que abandonaram o curso sem o diploma universitário têm uma probabilidade de 0,5862 de fazerem um empréstimo estudantil inadimplente. Sem um diploma universitário é maior a probabilidade de precisar lutar muito para pagar o empréstimo estudantil, e isso provavelmente levará a problemas financeiros no futuro.

39. a. Sim, porque $P(A_1 \cap A_2) = 0$

b. $P(A_1 \cap B) = P(A_1)P(B \mid A_1) = 0,40(0,20) = 0,08$
$P(A_2 \cap B) = P(A_2)P(B \mid A_2) = 0,60(0,05) = 0,03$

c. $P(B) = P(A_1 \cap B) + P(A_2 \cap B) = 0,08 + 0,03 = 0,11$

d. $P(A_1 \mid B) = \dfrac{0,08}{0,11} = 0,7273$

$P(A_2 \mid B) = \dfrac{0,03}{0,11} = 0,2727$

40. a. 0,10, 0,20, 0,09

b. 0,51

c. 0,26, 0,51, 0,23

42. M = pagamento não efetuado
D_1 = cliente inadimplente
D_2 = cliente não é inadimplente
$P(D_1) = 0,05$, $P(D_2) = 0,95$, $P(M \mid D_2) = 0,2$, $P(M \mid D_1) = 1$

a. $P(D_1 \mid M) = \dfrac{P(D_1)P(M \mid D_1)}{P(D_1)P(M \mid D_1) + P(D_2)P(M \mid D_2)}$

$= \dfrac{(0,05)(1)}{(0,05)(1) + (0,95)(0,2)}$

$= \dfrac{0,5}{0,24} = 0,21$

b. Sim, a probabilidade de o cliente se tornar inadimplente é maior do que 0,20

44. M = o atual visitante do site da ParFore é homem
F = o atual visitante do site da ParFore é mulher
D = um visitante do site da ParFore anteriormente visitou o site da Dillard

a. Utilizando o histórico anterior, $P(F) = 0,40$.

b. $P(M) = 0,60$, $P(D \mid F) = 0,30$ e $P(D \mid M) = 0,10$

$P(F \mid D) = \dfrac{P(F)P(D \mid F)}{P(F)P(D \mid F) + P(M)P(D \mid M)}$

$= \dfrac{(0,40)(0,30)}{(0,40)(0,30) + (0,60)(0,10)} = 0,6667$

46. a. $422 + 181 + 80 + 121 + 201 = 1.005$ respondentes

b. A resposta mais frequente é um dia ou menos; a probabilidade = 422/1005 = 0,4199.

c. 201/1005 = 0,20

d. As respostas: 2 dias, 3 dias, e 4 dias ou mais = 181 + 80 + 121 = 382.
Probabilidade = 382/1005 = 0,3801

48. a. 0,5029

b. 0,5758

c. Não, a partir do item (a) temos $P(F) = 0,5029$, e do item (b) temos $P(A \mid F) = 0,5758$; uma vez que $P(F) \neq P(A|F)$, os eventos A e F não são independentes.

50. a. 0,76

b. 0,24

52. b. 0,2022

c. 0,4618

d. 0,4005

54. a. 0,7766

b. $P(\text{CONCORDA} \mid 30\text{-}49)$

$= \dfrac{P(\text{CONCORDA} \cap 30\text{-}49)}{P(30\text{-}49)} = \dfrac{0,0907}{0,3180} = 0,2852$

c. $P(50 + \text{NÃO CONCORDA})$

$= \dfrac{P(50 + \cap \ \text{NÃO CONCORDA})}{P(\text{NÃO CONCORDA})} = \dfrac{0,4008}{0,7766} = 0,5161$

d. A atitude em relação a esta prática não é independente da idade do respondente; podemos mostrar isto de várias maneiras: um exemplo é utilizar o resultado do item (b); temos
$P(\text{CONCORDA} \mid 30\text{–}49) = 0,2852$ e
$P(\text{CONCORDA}) = 0,2234$.
Se atitude em relação a esta prática fosse independente da idade do respondente, esperaríamos que estas probabilidades seriam iguais; como estas probabilidades não são iguais, os dados sugerem que a atitude em relação a esta prática não é independente da idade do the respondente.

e. Respondentes na faixa etária acima dos 50 anos são muito mais propensos a dizer que NÃO CONCORDAM com esta prática do que os respondentes na faixa etária dos 18-29 anos:

$P(\text{NÃO CONCORDA} \mid 50+)$

$= \dfrac{P(\text{NÃO CONCORDA} \cap 50+)}{P(50+)} = \dfrac{0,4008}{0,4731} = 0,8472$

$P(\text{NÃO CONCORDA} \mid 18 - 29)$

$= \dfrac{P(\text{NÃO CONCORDA} \cap 18 - 29)}{P(18 - 29)} = \dfrac{0,1485}{0,2089} = 0,7109$

56. a. 0,25

b. 0,125

c. 0,0125

d. 0,10

e. Não

58. a. Assuma que A_1 = o aluno estudou no exterior
A_2 = o aluno não estudou no exterior
F = aluna
M = aluno
$P(A_1) = 0,095$
$P(A_2) = 1 - P(A_1) = 1 - 0,095 = 0,905$
$P(F \mid A_1) = 0,60$
$P(F \mid A_2) = 0,49$

Cálculos tabulares

Eventos	$P(A_i)$	$P(F \mid A_i)$	$P(A_i \cap F)$	$P(A_i \mid F)$
A_1	0,095	0,60	0,0570	0,1139
A_2	0,905	0,49	0,4435	0,8861
			$P(F) = 0,5005$	

$P(A_1|F) = 0,1139$

b.

Eventos	$P(A_i)$	$P(M \mid A_i)$	$P(A_i \cap M)$	$P(A_i \mid M)$
A_1	0,095	0,40	0,0380	0,0761
A_2	0,905	0,51	0,4615	0,9239
			$P(M) = 0,4995$	

$P(A_1|M) = 0,0761$

c. Conforme as informações anteriores, $P(F) = 0,5005$ e $P(M) = 0,4995$, portanto, a proporção é de quase 50/50 estudantes homens e mulheres em período integral.

60. a. $P(\text{spam}|entrega!)$
$$= \frac{P(\text{spam})P(entrega! | \text{spam})}{P(\text{spam})P(entrega! | \text{spam}) + P(\text{spam})P(entrega! | \text{legítimo})}$$
$$= \frac{(0,10)(0,051)}{(0,10)(0,051) + (0,90)(0,0015)} = 0,791$$

$P(\text{ham}|entrega!)$
$$= \frac{P(\text{legítimo})P(entrega! | \text{legítimo})}{P(\text{legítimo})P(entrega! | \text{legítimo}) + P(\text{spam})P(entrega! | \text{spam})}$$
$$= \frac{(0,90)(0,0015)}{(0,90)(0,0015) + (0,10)(0,051)} = 0,209$$

Se a mensagem inclui a palavra *entrega!*, a probabilidade de a mensagem ser um spam é grande (0,7910), e assim, a mensagem deve ser identificada como spam.

b. $P(\text{spam}|hoje!)$
$$= \frac{P(\text{spam})P(hoje! | \text{spam})}{P(\text{spam})P(hoje! | \text{spam}) + P(\text{legítimo})P(hoje! | \text{legítimo})}$$
$$= \frac{(0,10)(0,045)}{(0,10)(0,045) + (0,90)(0,0022)} = 0,694$$

$P(\text{spam}|aqui!)$
$$= \frac{P(\text{span})P(aqui!|\text{spam})}{P(\text{span})P(aqui!|\text{spam}) + P(\text{span})P(aqui!|\text{legítimo})}$$
$$= \frac{(0,10)(0,0034)}{(0,10)(0,0034) + (0,90)(0,0022)} = 0,632$$

Uma mensagem que inclui a palavra *hoje!* É mais provável de ser spam porque $P(hoje!|\text{spam})$ é maior do que $P(aqui!|\text{spam})$; porque *hoje!* ocorre mais frequentemente em mensagens indesejáveis (spam), é mais fácil distinguir mensagens de spam de mensagens legítimas quando as mensagens incluem a palavra *hoje!*.

c. $P(\text{spam}|disponível)$
$$= \frac{P(\text{spam})P(disponível!|\text{spam})}{P(\text{spam})P(disponível!|\text{spam}) + P(\text{legítimo})P(disponível!|\text{legítimo})}$$
$$= \frac{(0,10)(0,014)}{(0,10)(0,014) + (0,90)(0,0041)} = 0,275$$

$P(\text{spam}|ao\ seu\ alcance!)$
$$= \frac{P(\text{spam})P(digitais!|\text{spam})}{P(\text{spam})P(digitais!|\text{spam}) + P(\text{legítimo})P(digitais!|\text{legítimo})}$$
$$= \frac{(0,10)(0,014)}{(0,10)(0,014) + (0,90)(0,0011)} = 0,586$$

Uma mensagem que inclui a expressão *ao seu alcance!* é mais provável de ser spam; porque $P(ao\ seu\ alcance!|\text{legítimo})$ é menor do que $P(disponível|\text{legítimo})$; como *disponível* ocorre mais frequentemente em mensagens legítimas, é mais difícil distinguir spam de mensagens legítimas que incluem a palavra *disponível*.

d. É mais fácil distinguir spam de mensagens legítimas quando uma palavra ocorre mais frequentemente em mensagens indesejáveis (spam) e/ou menos frequentemente em mensagens legítimas.

Capítulo 5

1. a. Cara, Cara (*Ca, Ca*)
    Cara, Coroa (*Ca, Co*)
    Coroa, Cara (*Co, Ca*)
    Coroa, Coroa (*Co, Co*)
   b. $x =$ número de caras em dois lançamentos de uma moeda
   c.

Resultado	Valores de x
(*Ca, Ca*)	2
(*Ca, Co*)	1
(*Co, Ca*)	1
(*Co, Co*)	0

   d. Discreta; 0, 1 e 2

2. a. $x =$ tempo em minutos para montar o produto
   b. Qualquer valor positivo: $x > 0$
   c. Contínua

3. Assuma que $S =$ um cargo é oferecido
   $N =$ não é oferecido nenhum cargo
   a. $S = \{(S, S, S), (S, S, N), (S, N, S), (S, N, N), (N, S, S), (N, S, N), (N, N, S), (N, N, N)\}$
   b. Assuma que $N =$ número de ofertas efetuadas; N é uma variável aleatória discreta
   c.

Resultado experimental	(S,S,S)	(S,S,N)	(S,N,S)	(S,N,N)	(N,S,S)	(N,S,N)	(N,N,S)	(N,N,N)
Valor de N	3	2	2	1	2	1	1	0

4. $x = 0, 1, 2, ..., 9$

6. a. 0, 1, 2, ..., 20; discreta
   b. 0, 1, 2, ...; discreta
   c. 0, 1, 2, ..., 50; discreta
   d. $0 \leq x \leq 8$; contínua
   e. $x > 0$; contínua

7. a. $f(x) \geq 0$ para todos os valores de x
    $\Sigma f(x) = 1$; portanto, é uma distribuição de probabilidade válida
   b. Probabilidade $x = 30$ é $f(30) = 0,25$
   c. Probabilidade $x \leq 25$ é $f(20) + f(25) = 0,20 + 0,15 = 0,35$
   d. Probabilidade $x > 30$ é $f(35) = 0,40$

8. a.

x	$f(x)$
1	$3/20 = 0,15$
2	$5/20 = 0,25$
3	$8/20 = 0,40$
4	$4/20 = \underline{0,20}$
Total	1,00

b.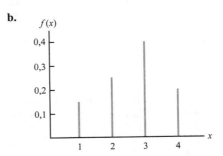

c. $f(x) \geq 0$ para $x = 1, 2, 3, 4$
   $\Sigma f(x) = 1$

716 Estatística aplicada a administração e economia

10. a.

x	1	2	3	4	5
$f(x)$	0,05	0,09	0,03	0,42	0,41

b.

x	1	2	3	4	5
$f(x)$	0,04	0,10	0,12	0,46	0,28

c. 0,83
d. 0,28
e. Os executivos sêniores estão mais satisfeitos.

12. a. Sim; $f(x) \geq 0$. $\Sigma f(x) = 1$
b. $f(500.000) + f(600.000) = 0,10 + 0,05 = 0,15$
c. $f(100.000) = 0,10$

14. a. 0,05
b. 0,70
c. 0,40

16. a.

y	$f(y)$	$yf(y)$
2	0,20	0,4
4	0,30	1,2
7	0,40	2,8
8	0,10	0,8
Totais	1,00	5,2

$$E(y) = \mu = 5,2$$

b.

y	$y - \mu$	$(y - \mu)^2$	$f(y)$	$(y - \mu)^2 f(y)$
2	−3,20	10,24	0,20	2,048
4	−1,20	1,44	0,30	0,432
7	1,80	3,24	0,40	1,296
8	2,80	7,84	0,10	0,784
			Total	4,560

$$Var(y) = 4,56$$
$$\sigma = \sqrt{4,56} = 2,14$$

18. a/b.

x	$f(x)$	$xf(x)$	$x - \mu$	$(x - \mu)^2$	$(x - \mu)^2 f(x)$
0	2188	0,0000	−1,1825	1,3982	0,3060
1	0,5484	0,5484	−0,1825	0,0333	0,183
2	0,1241	0,2483	0,8175	0,6684	0,830
3	0,0489	0,1466	1,8175	3,3035	0,1614
4	0,0598	0,2393	2,8175	7,9386	0,4749
Total	1,0000	1,1825			1,0435
		↑ $E(x)$			↑ $Var(x)$

c/d.

y	$f(y)$	$yf(y)$	$y - \mu$	$(y - \mu)^2$	$(y - \mu)^2 f(y)$
0	0,2497	0,000	−1,2180	1,4835	0,3704
1	0,4816	0,4816	−0,2180	0,0475	0,0229
2	0,1401	0,2801	0,7820	0,6115	0,0856
3	0,0583	0,1749	1,7820	3,1755	0,1851
4	0,0703	0,2814	2,7820	7,7395	0,5444
Total	1,0000	1,2180			1,2085
		↑ $E(y)$			↑ $Var(y)$

e. O número esperado de vezes em que as unidades ocupadas pelos proprietários têm uma interrupção no fornecimento de água com duração de 6 ou mais horas nos últimos 3 meses é 1,1825, um pouco menor do que o valor esperado, de 1,2180, para unidades ocupadas pelo locatário. E a variabilidade é um pouco menor para as unidades ocupadas pelo proprietário (1,0435) em comparação com as unidades ocupadas pelos inquilinos (1,2085).

20. a. 430
b. −90; a preocupação se refere a proteger contra a despesa decorrente de um grande prejuízo.

22. a. 445
b. Prejuízo de US$ 1.250

24. a. Média: 145; grande: 140
b. Média: 2725; grande: 12,400

25. a.
$$E(x) = 0,2(50) + 0,5(30) + 0,3(40) = 37$$
$$E(y) = 0,2(80) + 0,5(50) + 0,3(60) = 59$$
$$Var(x) = 0,2(50 - 37)^2 + 0,5(30 - 37)^2 + 0,3(40 - 37)^2 = 61$$
$$Var(y) = 0,2(80 - 59)^2 + 0,5(50 - 59)^2 + 0,3(60 - 59)^2 = 129$$

b.

$x + y$	$f(x + y)$
130	0,2
80	0,5
100	0,3

c.

$x + y$	$f(x + y)$	$(x + y)f(x + y)$	$x + y - E(x + y)$
130	0,2	26	34
80	0,5	40	−16
100	0,3	30	4
		$E(x + y) = 96$	

$[x + y - E(x + y)]^2$	$[x + y - E(x + y)]^2 f(x + y)$
1.156	231,2
256	128,0
16	4,8
	$Var(x + y) = 364$

d. $\sigma_{xy} = [Var(x + y) - Var(x) - Var(y)]/2$
$$= (364 - 61 - 129)/2 = 87$$
$Var(x) = 61$ e $Var(y) = 129$ foram calculados no item (a), desse modo,

$$\sigma_x = \sqrt{61} = 7,8102 \qquad \sigma_y = \sqrt{129} = 11,3578$$

$$\rho_{xy} = \frac{\sigma_{xy}}{\sigma_x \sigma_y} = \frac{87}{(7,8102)(11,3578)} = 0,98$$

As variáveis aleatórias x e y são positivamente relacionadas; a covariância e o coeficiente de correlação são positivos; na verdade, eles estão altamente correlacionados; o coeficiente de correlação é praticamente igual a 1

e. $Var(x + y) = Var(x) + Var(y) + 2\sigma_{xy}$
$$= 61 + 129 + 2(87) = 364$$
$Var(x) + Var(y) = 61 + 129 = 190$

A variância da soma de x e y é maior do que a soma das variâncias por duas vezes a covariância: $2(87) = 174$; a razão porque é positiva é que, neste caso, as variáveis estão positivamente relacionadas; sempre que duas variáveis aleatórias são relacionadas positivamente, a variância da soma das variáveis aleatórias será maior do que a soma das variâncias das variáveis aleatórias individuais.

26. a. 5%, 1%, a ação 1 apresenta mais riscos
    b. US$ 42,25, US$ 25,00
    c. 5,825, 2,236
    d. 6,875%, 3,329%
    e. –0,6, forte relação negativa

27. a. Dividir cada uma das frequências na tabela pelo número total de restaurantes fornece a tabela de probabilidade conjunta a seguir; a probabilidade bivariada para cada par formado pelos fatores qualidade e preço da refeição é mostrada no corpo da tabela; esta é a distribuição de probabilidade bivariada; por exemplo, a probabilidade de uma classificação 2 para a qualidade e uma classificação 3 para o preço da refeição é dada por $f(2, 3) = 0,18$; a distribuição de probabilidade marginal para a qualidade, x, está na coluna mais à direita; a probabilidade marginal para o preço da refeição, y, está na linha inferior.

	Preço da refeição y			
Qualidade x	1	2	3	Total
1	0,14	0,13	0,01	0,28
2	0,11	0,21	0,18	0,50
3	0,01	0,05	0,16	0,22
Total	0,26	0,39	0,35	1

b. $E(x) = 1(0,28) + 2(0,50) + 3(0,22) = 1,94$
   $Var(x) = 0,28(1 - 1,94)^2 + 0,50(2 - 1,94)^2$
   $\quad + 0,22(3 - 1,94)^2 = 0,4964$

c. $E(y) = 1(0,26) + 2(0,39) + 3(0,35) = 2,09$
   $Var(y) = 0,26(1 - 2,09)^2 + 0,39(2 - 2,09)^2$
   $\quad + 0,35(3 - 2,09)^2 = 0,6019$

d. $\sigma_{xy} = [Var(x + y) = Var(x) - Var(y)]/2$
   $= [1,6691 - 0,4964 - 0,6019]/2 = 0,2854$

Como a covariância $\sigma_{xy} = 0,2854$ é positiva, podemos concluir que, à medida que a classificação da qualidade aumenta, o preço da refeição sobe; isto seria o esperado.

e. $\rho_{xy} = \dfrac{\sigma_{xy}}{\sigma_x \sigma_y} = \dfrac{0,2854}{\sqrt{0,4964}\sqrt{0,6019}} = 0,5221$

Com um coeficiente de correlação de 0,5221, esta é uma relação moderadamente positiva; não é provável que se encontre um restaurante de baixo custo que também seja de alta qualidade, mas é possível; há 3 deles levando a $f(3,1) = 0,01$.

28. a. $E(y) = US\$\ 45,30$, $Var(y) = 3,81$, $\sigma_y = US\$\ 1,95$
    b. $E(x) = US\$\ 90,50$, $Var(x) = 24,75$, $\sigma_x = US\$\ 4,97$
    c.

z	f(z)
128	0,05
130	0,20
133	0,20
138	0,25
140	0,20
143	0,10
	1,00

d. US$ 135,8, 21,26, US$ 4,61
e. Não, $\sigma_{xy} = -3,65$

f. Não, os custos são menores.

30. a. 333,486, 21,974
    b. 9,055%, 19,89%
    c. 9,425%, 11,63%
    d. 7,238%, 4,94%
    e. Investidor ousado: 50% de Títulos principais, 50% de REITS
       Conservador: 80% de Títulos principais, 20% de REITS

31. a.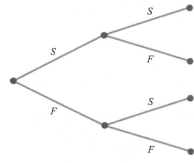

b. $f(1) = \binom{2}{1}(0,4)^1(0,6)^1 = \dfrac{2!}{1!1!}(0,4)(0,6) = 0,48$

c. $f(0) = \binom{2}{0}(0,4)^0(0,6)^2 = \dfrac{2!}{0!2!}(1)(0,36) = 0,36$

d. $f(2) = \binom{2}{2}(0,4)^2(0,6)^2 = \dfrac{2!}{2!0!}(0,16)(0,1) = 0,16$

e. $P(x \geq 1) = f(1) + f(2) = 0,48 + 0,16 = 0,64$

f. $E(x) = np = 2(0,4) = 0,8$
   $Var(x) = np(1-p) = 2(0,4)(0,6) = 0,48$
   $\sigma = \sqrt{0,48} = 0,6928$

32. a. 0,3487
    b. 0,1937
    c. 0,9298
    d. 0,6513
    e. 1
    f. 0,9, 0,95

34. a. Sim. Uma vez que os adolescentes são selecionados aleatoriamente, p é o mesmo de ensaio para ensaio, e os ensaios são independentes. Os dois resultados por ensaio são usados no serviço de rádio on-line da Pandora Media Inc. ou não usam o serviço de rádio on-line da Pandora Media Inc.
    Binômio $n = 10$ e $p = 0,35$
    $f(x) = \dfrac{10!}{x!(10 - x)!}(0,35)^x(1 - 0,35)^{10-x}$

    b. $f(0) = \dfrac{10!}{x!(10 - 0)!}(0,35)^0(0,65)^{10-0} = 0,0135$

    c. $f(4) = \dfrac{10!}{4!(10 - 4)!}(0,35)^4(0,65)^{10-4} = 0,2377$

    d. Probabilidade de $(x \geq 2) = 1 - f(0) - f(1)$
       Do item (b), $f(0) = 0,0135$
       $f(1) = \dfrac{10!}{1!(10 - 1)!}(0,35)^1(0,65)^{10-1} = 0,0725$

36. a. A probabilidade de uma peça defeituosa ser produzida deve ser 0,03 para cada peça selecionada; as peças devem ser selecionadas de forma independente.
    b. Assuma que $D = $ com defeito

G = sem defeito

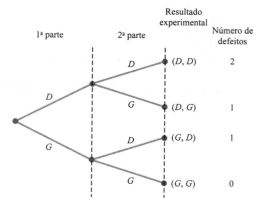

c. Dois resultados geram exatamente um defeito.
d. $P(\text{sem defeito}) = (0,97)(0,97) = 0,9409$
$P(1 \text{ defeito}) = 2(0,3)(0,97) = 0,0582$
$P(2 \text{ defeitos}) = (0,03)(0,03) = 0,0009$

38. a. 0,90
    b. 0,99
    c. 0,999
    d. Sim

40. a. Sim. Como os jovens de 18 a 34 anos que moram com os pais são selecionados aleatoriamente, p é o mesmo de ensaio para ensaio, e os ensaio são independentes. Os dois resultados por ensaio contribuem ou não contribuem para as despesas domésticas.
    Binômio $n = 15$ e $p = 0,75$
    $$f(x) = \frac{15!}{x!(15-x)!}(0,75)^x(1-0,75)^{15-x}$$
    b. A probabilidade de que nenhum dos quinze contribuem para as despesas domésticas = 0,0000
    c. Probabilidade = $0,1651 + 0,2252 + 0,2252 + 0,1559 + 0,0668 + 0,0134 = 0,8516$

42. a. $f(4) = \dfrac{20!}{4!(20-4)!}(0,30)^4(0,70)^{20-4} = 0,1304$
    b. Probabilidade de $(x \geq 2) = 1 - f(0) - f(1)$
    $$f(0) = \frac{20!}{1!(20-0)!}(0,30)^0(0,70)^{20-0} = 0,0008$$
    $$f(1) = \frac{20!}{1!(20-1)!}(0,30)^1(0,70)^{20-1} = 0,0068$$
    Probabilidade de $(x \geq 2) = 1 - f(0) - f(1)$
    $= 1 - (0,0008 + 0,0068) = 0,9924$
    c. $E(x) = np = 20(0,30) = 6$
    d. $Var(x) = np(1-p) = 20(0,30)(1-0,30) = 4,2$
    $\sigma = \sqrt{4,2} = 2,0499$

44. a. $f(x) = \dfrac{3^x e^{-3}}{x!}$
    b. 0,2241
    c. 0,1494
    d. 0,8008

45. a. $f(x) = \dfrac{2^x e^{-2}}{x!}$
    b. $\mu = 6$ por 3 períodos
    c. $f(x) = \dfrac{6^x e^{-6}}{x!}$

d. $f(2) = \dfrac{2^x e^{-2}}{2!} = \dfrac{4(0,1353)}{2} = 0,2706$

e. $f(6) = \dfrac{6^x e^{-6}}{6!} = 0,1606$

f. $f(5) = \dfrac{6^5 e^{-4}}{5!} = 0,1563$

46. a. 0,1952
    b. 0,1048
    c. 0,0183
    d. 0,0907

48. a. Por um período de 15 minutos, a média é $14,4/4 = 3,6$
    $$f(0) = \frac{3,6^0 e^{-3,6}}{0!} = e^{-3,6} = 0,273$$
    b. probabilidade $= 1 - f(0) = 1 - 0,2073 = ,9727$
    c. probabilidade $= 1 - [f(0) + f(1) + f(2) + f(3)] = 1 - [0,0273 + 0,0984 + 0,1771 + 0,2125] = 0,4847$

50. a. $\mu = 18/30 = 0,6$ por dia durante junho
    b. $f(0) = \dfrac{0,6^0 e^{-0,6}}{0!} = 0,5488$
    c. $f(1) = \dfrac{0,6^1 e^{-0,6}}{1!} = 0,3293$
    d. $P(\text{Mais de } 1) = 1 - f(0) - f(1) = 1 - 0,5488 - 0,3293 = 0,1219$

52. a. $f(1) = \dfrac{\binom{3}{1}\binom{10-3}{4-1}}{\binom{10}{4}} = \dfrac{\left(\frac{3!}{1!2!}\right)\left(\frac{7!}{3!4!}\right)}{\frac{10!}{4!6!}}$
    $= \dfrac{(3)(35)}{210} = 0,50$
    b. $f(2) = \dfrac{\binom{3}{2}\binom{10-3}{2-2}}{\binom{10}{2}} = \dfrac{(3)(1)}{45} = 0,067$
    c. $f(0) = \dfrac{\binom{3}{0}\binom{10-3}{2-0}}{\binom{10}{2}} = \dfrac{(1)(21)}{45} = 0,4667$
    d. $f(2) = \dfrac{\binom{3}{2}\binom{10-3}{4-2}}{\binom{10}{4}} = \dfrac{(3)(21)}{210} = 0,30$
    e. $x = 4$ é maior do que $r = 3$; portanto, $f(4) = 0$

54. a. 0,5250
    b. 0,8167

56. $N = 60, n = 10$
    a. $r = 20, x = 0$
    $$f(0) = \frac{\binom{20}{0}\binom{40}{10}}{\binom{60}{10}} = \frac{(1)\left(\frac{40!}{10!30!}\right)}{\frac{60!}{10!50!}}$$
    $$= \left(\frac{40!}{10!30!}\right)\left(\frac{10!50!}{60!}\right)$$

$$= \frac{40 \cdot 39 \cdot 38 \cdot 37 \cdot 36 \cdot 35 \cdot 34 \cdot 33 \cdot 32 \cdot 31}{60 \cdot 59 \cdot 58 \cdot 57 \cdot 56 \cdot 55 \cdot 54 \cdot 53 \cdot 52 \cdot 51}$$
$$= 0{,}0112$$

b. $r = 20, x = 1$

$$f(1) = \frac{\binom{20}{1}\binom{40}{9}}{\binom{60}{10}} = 20\left(\frac{40!}{9!31!}\right)\left(\frac{10!50!}{60!}\right)$$
$$= 0{,}0725$$

c. $1 - f(0) - f(1) = 1 - 0{,}0112 - 0{,}0725 = 0{,}9163$

d. É a mesma probabilidade de um dos empregados trabalhar no Havaí; 0,0725.

58. a. 0,2917
b. 0,0083
c. 0,5250, 0,1750; 1 banco
d. 0,7083
e. 0,90, 0,49, 0,70

60. a.

x	f(x)
1	0,150
2	0,50
3	0,75
4	0,50
5	0,125
6	0,050
7	0,100
8	0,125
9	0,125
10	0,150
Total	1,000

b. A probabilidade de um serviço excelente é de $0{,}125 + 0{,}150 + 0{,}275$
c. $E(x) = 5{,}925$ e $Var(x) = 9{,}6694$
d. A probabilidade de uma nova concessionária de automóveis receber uma excelente classificação quanto ao tempo de espera é $2/7 = 0{,}2857$. Para os restantes $40 - 7 = 33$ prestadores de serviços, 9 receberam uma classificação excelente; isto corresponde a uma probabilidade de $9/33 = 0{,}2727$

62. a. 0,05, 0,40, 0 terminal utilizado somente quando uma compra é efetuada

b.

x	f(x)	E(x) = 1,14	Var(x) = 0,3804
0	0,13		
1	0,60		
2	0,27		
	1,00		

c. 0,5, 0,45

d.

t	f(t)	E(t) = 1,64	Var(t) = 0,5504
1	0,50		
2	0,38		
3	0,10		
4	0,02		
	1,00		

e. $\sigma_{xy} = 2{,}14$, $\rho_{xy} = 2{,}3384$, relação negativa

64. a. $f(3) = \binom{20}{3}(0{,}53)^3(0{,}47)^{17} = 0{,}0005$

b. $n = 20$ e $x = 0$
$P(x \leq 5) = f(0) + f(1) + f(2) + f(3) + f(4) + f(5)$
$= 0{,}4952$

c. $E(x) = np = 2.000(0{,}49) = 980$
d. $E(x) = np = 2.000(0{,}36) = 720$. $\sigma^2 = np(1-p)$
$= 2000(0{,}36)(0{,}64) = 460{,}8$
$\sigma = \sqrt{460{,}8} = 21{,}4663$

66. a. 0,9510
b. 0,0480
c. 0,0490

68. a. $E(x) = 200(0{,}235) = 47$
b. $\sigma = \sqrt{np(1-p)} = \sqrt{200(0{,}235)(0{,}765)} = 5{,}9962$
c. 5,9962

70. 0,1912
72. a. 0,2240
b. 0,5767
74. a. 0,4667
b. 0,4667
c. 0,0667

Capítulo 6

1. a.

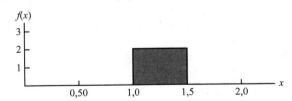

b. $P(x = 1{,}25) = 0$; a probabilidade de qualquer ponto em particular é zero porque a área sob a curva acima de qualquer ponto em particular é zero.
c. $P(1{,}0 \leq x \leq 1{,}25) = 2(0{,}25) = 0{,}50$
d. $P(1{,}20 < x < 1{,}5) = 2(0{,}30) = 0{,}60$

2. b. 0,50
c. 0,60
d. 15
e. 8,33

4. a.

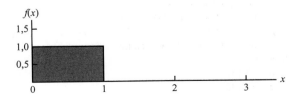

720 Estatística aplicada a administração e economia

b. $P(0,25 < x < 0,75) = 1(0,50) = 0,50$
c. $P(x \le 0,30) = 1(0,30) = 0,30$
d. $P(x > 0,60) = 1(0,40) = .40$

6. a. Função densidade de probabilidade uniforme. $a = 136 - \frac{1}{2}(160) = 56$ e $b = 136 + \frac{1}{2}(160) = 216$
b. $P(100 \le x \le 200) = (200 - 100)(0,00625) = 0,6250$
c. $P(x \ge 150) = (216 - 150)(0,00625) = 0,4125$
d. $P(x \le 80) = (80 - 56)(0,00625) = 0,1500$

10. a. 0,9332
b. 0,8413
c. 0,0919
d. 0,4938

12. a. 0,2967
b. 0,4418
c. 0,3300
d. 0,5910
e. 0,8849
f. 0,2389

13. a. $P(21,98 \le z \le 0,49) = P(z \le 0,49) - P(z < -1,98)$
$= 0,6879 - 0,0239 = 0,6640$
b. $P(0,52 \le z \le 1,22) = P(z \le 1,22) - P(z < 0,52)$
$= 0,8888 - 0,6985 = 0,1903$
c. $P(-1,75 \le z \le -1,04) = P(z \le -1,04) - P(z < -1,75)$
$= 0,1492 - 0,0401 = 0,1091$

14. a. $z = 1,96$
b. $z = 1,96$
c. $z = 0,61$
d. $z = 1,12$
e. $z = 0,44$
f. $z = 0,44$

15. a. O valor z correspondente a uma probabilidade cumulativa de 0,2119 é $z = 2.80$.
b. Calcule $0,9030/2 = 0,4515$; a probabilidade cumulativa de $0,5000 + 0,4515 = 0,9515$ corresponde a $z = 1,66$.
c. Calcule $0,2052/2 = 0,1026$; z corresponde a uma probabilidade cumulativa de $0,5000 + 0,1026 = 0,6026$, portanto, $z = 0,26$.
d. O valor z correspondente a uma probabilidade cumulativa de 0,9948 é $z = 2,56$.
e. A área à esquerda de z é $1 - 0,6915 = 0,3085$, portanto, $z = -0,50$.

16. a. $z = 2.33$
b. $z = 1,96$
c. $z = 1,645$
d. $z = 1,28$

18. $\mu = 14,4$ e $\sigma = 4,4$
a. Em $x = 20$, $z = \dfrac{20 - 14,4}{4,4} = 1,27$

$P(z \le 1,27) = 0,8980$
$P(x^3\, 20) = 1 - 0,8980 = 0,1020$
b. Em $x = 10$, $z = \dfrac{10 - 14,4}{4,4} = -1,00$

$P(z \le -1,00) = 0,1587$
Portanto, $P(x \le 10) = 0,1587$
c. Um valor z de 1,28 corta uma área de aproximadamente 10% na cauda superior
$x = 14,4 + 4,4\,(1,28) = 20,03$.
Um retorno de US\$ 20,03% ou superior colocará um fundo de ações doméstico nos 10% melhores.

20. a. 0,1788
b. 69,15%
c. 0,0495

22. a. 0,6553
b. 13,05 horas
c. 0,9838

24. a. $z = \dfrac{x - \mu}{\sigma} = \dfrac{400 - 749}{225} = -1,55$

$P(x < 400) = P(z < -1,55) = 0,0606$
b. $z = \dfrac{x - \mu}{\sigma} = \dfrac{800 - 749}{225} = 0,23$

$P(x \ge 800) = P(z \ge 0,23) = 1 - P(z \le 0,23) = 1 - 0,5910$
$= 0,4090$
c. Para $x = 1.000$, $z = \dfrac{x - \mu}{\sigma} = \dfrac{1.000 - 749}{225} = 1,12$

Para $x = 500$, $z = \dfrac{x - \mu}{\sigma} = \dfrac{500 - 749}{225} = -1,11$

$P(500 \le x \le 1000) = P(z \le 1,12) - P(z \le -1.11) = 0,8686$
$- 0,1335 = 0,7351$
d. Os 5% das famílias com planos de viagem mais caros, ou área $= 1 - 0,05 = 0,95$ ocorre para $z = 1,645$
$x = \mu + z\sigma = 749 + 1,645(225) = $ US\$ 1.119

26. a. $\mu = np = 100(0,20) = 20$
$\sigma^2 = np(1 - p) = 100(0,20)(0,80) = 16$
$\sigma = \sqrt{16} = 4$
b. Sim, porque $np = 20$ e $n(1 - p) = 80$
c. $P(23,5 \le x \le 24,5)$
$z = \dfrac{24,5 - 20}{4} = 1,13 \qquad P(z \le 1,13) = 0,8708$
$z = \dfrac{23,5 - 20}{4} = 0,88 \qquad P(z \le 0,88) = 0,8106$
$P(23,5 \le x \le 24,5) = P(0,88 \le z \le 1,13)$
$= 0,8708 = 0,8106 = 0,0602$
d. $P(17,5 \le x \le 22,5)$
$z = \dfrac{22,5 - 20}{4} = 0,63 \qquad P(z \le 0,63) = 0,7357$
$z = \dfrac{17,5 - 20}{4} = 0,63 \qquad P(z \le 0,63) = 0,2643$
$P(17,5 \le x \le 22,5) = P(-0,63 \le z \le 0,63)$
$= 0,7357 - 0,2643 = 0,4714$
e. $P(x \le 15,5)$
$z = \dfrac{15,5 - 20}{4} = 1,13 \qquad P(z \le -1,13) = 0,1292$
$P(x \le 15,5) = P(z \le -1,13) = 0,1292$

28. a. $\mu = np = 250(0,20) = 50$
b. $\sigma^2 = np(1 - p) = 250(0,20)(1 - 20) = 40$
$\sigma = \sqrt{40} = 6,3246$
$P(x < 40) = P(x \le 39,5)$
$z = \dfrac{x - \mu}{\sigma} = \dfrac{39,5 - 50}{6,3246} = -1,66 \quad \text{Área} = 0,0485$
$P(x \le 39,5) = 0,0485$
c. $P(55 \le x \le 60) = P(54,5 \le x \le 60,5)$
$z = \dfrac{x - \mu}{\sigma} = \dfrac{54,5 - 50}{6,3246} = 0,71 \quad \text{Área} = 0,7611$
$z = \dfrac{x - \mu}{\sigma} = \dfrac{60,5 - 50}{6,3246} = 1,66 \quad \text{Área} = 0,9515$
$P(54,5 \le x \le 60,5) = 0,9515 - 0,7611 = 0,1904$

d. $P(x \geq 70) = P(x \geq 69,5)$
$z = \dfrac{x - \mu}{\sigma} = \dfrac{69,5 - 50}{6,3246} = 3,08$ Área $= 0,9990$
$P(x \geq 69,5) = 1 - 0,9990 = 0,0010$

30. a. 144
  b. 0,1841
  c. 0,9943

32. a. 0,5276
  b. 0,3935
  c. 0,4724
  d. 0,1341

33. a. $P(x \leq x_0) = 1 - e^{-x0/3}$
  b. $P(x \leq 2) = 1 - e^{-2/3} = 1 - 0,5134 = 0,4866$
  c. $P(x \geq 3) = 1 - P(x \leq 3) = 1 - (1 - e^{-3/3}) = e^{-1} = 0,3679$
  d. $P(x \leq 5) = 1 - e^{-5/3} = 1 - 0,1889 = 0,8111$
  e. $P(2 \leq x \leq 5) = P(x \leq 5) - P(x \leq 2)$
  $= 0,8111 - 0,4866 = .3245$

34. a. $f(x) = \dfrac{1}{20} e^{-x/20}$
  b. 0,5276
  c. 0,3679
  d. 0,5105

35. a.

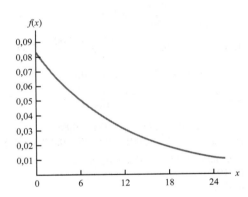

  b. $P(x \leq 12) = 1 - e^{-12/12} = 1 - 0,3679 = 0,6321$
  c. $P(x \leq 6) = 1 - e^{-6/12} = 1 - 0,6065 = 0,3935$
  d. $P(x \geq 30) = 1 - P(x < 30) = 1 - (1 - e^{-30/12}) = 0,0821$

36. a. $P(x \leq 1) = 1 - e^{-1/2} = 1 - e^{-0,5} = 1 - 0,6065 = 0,3935$
  b. $P(x \leq 2) = 1 - e^{-2/2} = 1 - e^{-1,0} = 1 - 0,3679 = 0,6321$
  $P(1 \leq x \leq 2) = P(x \leq 2) - P(x \leq 1) = 0,6321 - 0,3935 = 0,2386$
  c. Para este cliente, o serviço de reparos na transmissão a cabo deverá demorar mais do que 4 horas.
  $P(x > 4) = 1 - P(x \leq 4) = 1 - (1 - e^{-4/2}) = e^{-2,0} = 0,1353$

38. a. O tempo entre chamadas segue uma distribuição exponencial.
  $\alpha = \dfrac{60 \text{ minutos/hora}}{1,6 \text{ chamadas/hora}} = 37,5$ minutos por chamada
  b. A função densidade de probabilidade exponencial é
  $f(x) = \left(\dfrac{1}{37,5}\right) e^{-x/37,5} =$ para $x \geq 0$
  onde x representa os minutos entre chamadas para os serviço 911.
  c. $P(x < 60) = 1 - e^{-60/37,5} = 1 - 0,2019 = 0,7981$
  d. $P(x \geq 30) = 1 - P(x \leq 30) = 1 - (1 - e^{-30/37,5}) = 1 - 0,5507 = 0,4493$
  e. $P(5 \leq x \leq 20) = (1 - e^{-20/37,5}) - (1 - e^{-5/37,5})$
  $= 0,4134 - 0,1248 = 0,2886$

40. a. US$ 16.312
  b. 7,64%
  c. US$ 22.948

42. a. $\sigma = 25,5319$
  b. 0,9401
  c. 706 ou mais

44. a. 0,0228
  b. US$ 50

46. a. 38,3%
  b. 3,59% melhor, 96,41% pior
  c. 38,21%

48. $\mu = 19,23$ onças

50. a. Perder US$ 240
  b. 0,1788
  c. 0,3557
  d. 0,0594

52. a. 1/7 minuto
  b. $7e^{-7x}$
  c. 0,0009
  d. 0,2466

54. a. 2 minutos
  b. 0,2212
  c. 0,3935
  d. 0,0821

Capítulo 7

1. a. AB, AC, AD, AE, BC, BD, BE, CD, CE, DE
  b. Com 10 amostras, cada uma tem uma probabilidade de 1/10.
  c. E e C, porque 8 e 0 não se aplicam; 5 identifica E; 7 não se aplica; 5 é excluído porque E já está na amostra; 3 identifica C; 2 não é mais necessário porque o tamanho de amostra 2 já foi atingido.

2. 22, 147, 229, 289

3. 459, 147, 385, 113, 340, 401, 215, 2, 33, 348

4. a. Bell South, LSI Logic, General Electric
  b. 120

6. 2.782, 493, 825, 1.807, 289

8. ExxonMobil, Chevron, Travelers, Microsoft, Pfizer e Intel

10. a. finita; **b.** infinita; **c.** infinita; **d.** finita; **e.** infinita

11. a. $\bar{x} = \dfrac{\sum x_i}{n} = \dfrac{54}{6} = 9$
  b. $s = \sqrt{\dfrac{\sum (x_i - \bar{x})^2}{n - 1}}$
  $\sum (x_i - \bar{x})^2 = (-4)^2 + (-1)^2 + 1^2 + (-2)^2 + 1^2 + 5^2 = 48$
  $s = \sqrt{\dfrac{48}{6 - 1}} = 3,1$

12. a. 0,50
  b. 0,3667

13. a. $\bar{x} = \dfrac{\sum x_i}{n} = \dfrac{465}{5} = 93$

b.

	x_i	$(x_i - \bar{x})$	$(x_i - \bar{x})^2$
	94	+1	1
	100	+7	49
	85	-8	64
	94	+1	1
	92	-1	1
Totais	465	0	116

$$s = \sqrt{\frac{\sum (x_i - \bar{x})^2}{n-1}} = \sqrt{\frac{116}{4}} = 5{,}39$$

14. a. 0,05
  b. 0,425
  c. 0,20

16. a. Todos os adultos norte-americanos com 50 anos ou mais
  b. 0,8216
  c. 315
  d. 0,8310
  e. A população-alvo é a mesma da população amostrada; se estiver restrita aos membros da AARP, as inferências são questionáveis.

18. a. 200
  b. 5
  c. Normal com $E(\bar{x}) = 200$ e $\sigma_{\bar{x}} = 5$
  d. A distribuição de probabilidade de $\bar{x}$

19. a. A distribuição amostral é normal com $E(\bar{x}) = \mu = 200$
  $\sigma_{\bar{x}} = \sigma/\sqrt{n} = 50 / \sqrt{100} = 5$
  Para 65, $195 \leq \bar{x} \leq 205$
  Utilizando a tabela de probabilidade normal padrão:
  Em $\bar{x} = 205$, $z = \dfrac{\bar{x} - \mu}{\sigma_{\bar{x}}} = \dfrac{5}{5} = 1$
  $P(z \leq 1) = 0{,}8413$
  Em $\bar{x} = 195$, $z = \dfrac{\bar{x} - \mu}{\sigma_{\bar{x}}} = \dfrac{-5}{5} = -1$
  $P(z < -1) = 0{,}1587$
  $P(195 \leq \bar{x} \leq 205) = 0{,}8413 - 0{,}1587 = 0{,}6826$
  b. Para ±10, $190 \leq \bar{x} \leq 210$
  Utilizando a tabela de probabilidade normal padrão:
  Em $\bar{x} = 210$, $z = \dfrac{\bar{x} - \mu}{\sigma_{\bar{x}}} = \dfrac{10}{5} = 2$
  $P(z \leq 2) = 0{,}9772$
  Em $\bar{x} = 190$, $z = \dfrac{\bar{x} - \mu}{\sigma_{\bar{x}}} = \dfrac{-10}{5} = -2$
  $P(z < -2) = 0{,}0228$
  $P(190 \leq \bar{x} \leq 210) = 0{,}9722 - 0{,}0228 = 0{,}9544$

20. 3,54, 2,50, 2,04, 1,77
  $\sigma_{\bar{x}}$ diminui à medida que n aumenta

22. a. Normal com $E(\bar{x}) = 51.800$ e $\sigma_{\bar{x}} = 516{,}40$
  b. $\sigma_{\bar{x}}$ diminui para 365,15
  c. $\sigma_{\bar{x}}$ diminui à medida que n aumenta

23. a.

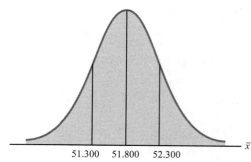

$\sigma_{\bar{x}} = \dfrac{\sigma}{\sqrt{n}} = \dfrac{4.000}{\sqrt{60}} = 516{,}40$

Em $\bar{x} = 52.300$, $z = \dfrac{52.300 - 51.800}{516{,}40} = 0{,}97$

$P(\bar{x} \leq 52.300) = p(z \leq 0{,}97) = 0{,}8340$

Em $\bar{x} = 51.300$, $z = \dfrac{51.300 - 51.800}{516{,}40} = -0{,}97$

$P(\bar{x} < 51.300) = P(z < -0{,}97) = 0{,}1660$
$P(51.300 \leq \bar{x} \leq 52.300) = 0{,}8340 - 0{,}1660 = 0{,}6680$

  b. $\sigma_{\bar{x}} = \dfrac{\sigma}{\sqrt{n}} = \dfrac{4.000}{\sqrt{120}} = 365{,}15$

Em $\bar{x} = 52.300$, $z = \dfrac{52.300 - 51.800}{365{,}15} = 1{,}37$

$P(\bar{x} \leq 52.300) = P(z \leq 1{,}37) = 0{,}9147$

Em $\bar{x} = 51.300$, $z = \dfrac{51.300 - 51.800}{365{,}15} = -1{,}37$

$P(\bar{x} < 51.300) = P(z < -1{,}37) = 0{,}853$
$P(51.300 \leq \bar{x} \leq 52.300) = 0{,}9147 - 0{,}0853 = 0{,}8294$

24. a. Normal com $E(\bar{x}) = 17{,}5$ e $\sigma_{\bar{x}} = 0{,}57$
  b. 0,9198
  c. 0,6212

26. a. 0,3544, 0,4448, 0,5934, 0,9044
  b. Maior probabilidade de que a média amostral esteja próximo da média populacional.

28. a. Normal com $E(\bar{x}) = 22$ e $\sigma_{\bar{x}} = 0{,}7303$
  b. 0,8294
  c. 0,9070
  d. Nova York no item (c) porque o tamanho da amostra é maior.

30. a. $n/N = 0{,}01$; não
  b. 1,29, 1,30; pouca diferença
  c. 0,8764

32. a. $E(\bar{p}) = 0{,}40$

$\sigma_{\bar{p}} = \sqrt{\dfrac{p(1-p)}{n}} = \sqrt{\dfrac{(0{,}40)(0{,}60)}{200}} = 0{,}0346$

Em ±0,03 significa que $0{,}37 \leq \bar{p} \leq 0{,}43$

$z = \dfrac{\bar{p} - p}{\sigma_{\bar{p}}} = \dfrac{0{,}03}{0{,}0346} = 0{,}87$

$P(0{,}37 \leq \bar{p} \leq 0{,}43) = P(-0{,}87 \leq z \leq 0{,}87)$
$= 0{,}8078 - 0{,}1922$
$= 0{,}6156$

  b. $z = \dfrac{\bar{p} - p}{\sigma_{\bar{p}}} = \dfrac{0{,}05}{0{,}0346} = 1{,}44$

$P(0,35 \leq \bar{p} \leq 0,45) = P(-1,44 \leq z \leq 1,44)$
$= 0,9251 - 0,0749$
$= 0,8502$

34. a. 0,6156
    b. 0,7814
    c. 0,9488
    d. 0,9942
    e. Maior probabilidade com n maior

35. a.

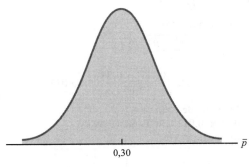

$\sigma_{\bar{p}} = \sqrt{\dfrac{p(1-p)}{n}} = \sqrt{\dfrac{0,30(0,70)}{100}} = 0,0458$

A distribuição normal é apropriada porque $np = 100(0,30) = 30$ e $n(1-p) = 100(0,70) = 70$ são maiores do que 5.

b. $P(0,20 \leq \bar{p} \leq 0,40) = ?$

$z = \dfrac{0,40 - 0,30}{0,0458} = 2,18$

$P(0,20 \leq \bar{p} \leq 0,40) = P(-2,18 \leq z \leq 2,18)$
$= 0,9854 - 0,0146$
$= 0,9708$

c. $P(0,25 \leq \bar{p} \leq 0,35) = ?$

$z = \dfrac{0,35 - 0,30}{0,0458} = 1,09$

$P(0,25 \leq \bar{p} \leq 0,35) = P(-1,09 \leq z \leq 1,09)$
$= 0,8621 - 0,1379$
$= 0,7242$

36. a. Normal com $E(\bar{p}) = 0,55$ e $\sigma_{\bar{p}} = 0,0352$
    b. 0,8444
    c. Normal com $E(\bar{p}) = 0,45$ e $\sigma_{\bar{p}} = 0,0352$
    d. 0,8444
    e. Não, o erro padrão é o mesmo nas duas partes.
    f. 0,9556, a probabilidade é maior porque o maior tamanho da amostra reduz o erro padrão.

38. a. Normal com $E(\bar{p}) = 0,42$ e $\sigma_{\bar{p}} = 0,0285$
    b. 0,7062
    c. 0,9198
    d. As probabilidades aumentariam.

40. a. Normal com $E(\bar{p}) = 0,76$ e $\sigma_{\bar{p}} = 0,0214$
    b. 0,8384
    c. 0,9452

42. a. LMI Aerospace, Alpha & Omega Semiconductor, Olympic Steel, Kimball International, International Shipholding.
    b. É extremamente improvável que você obterá as mesmas empresas que no item (a).

44. a. Normal com $E(\bar{x}) = 406$ e $\sigma_{\bar{x}} = 10$
    b. 0,8664
    c. $z = 22,60, 0,0047$, sim

46. a. 955
    b. 0,50
    c. 0,7062
    d. 0,8230

48. a. 625
    b. 0,7888

50. a. Normal com $E(\bar{p}) = 0,15$ e $\sigma_{\bar{p}} = 0,0230$
    b. 0,9182
    c. 0,6156

52. a. 0,8882
    b. 0,0233

54. a. 48
    b. Normal, $E(\bar{p}) = 0,25$, $\sigma_{\bar{p}} = 0,0625$
    c. 0,2119

Capítulo 8

2. Utilize $\bar{x} \pm z_{\alpha/2}(\sigma/\sqrt{n})$

    a. $32 \pm 1,645(6/\sqrt{50})$
       $32 \pm 1,4$; 30,6 para 33,4

    b. $32 \pm 1,96(6/\sqrt{50})$
       $32 \pm 1,66$; 30,34 para 33,66

    c. $32 \pm 2,576(6/\sqrt{50})$
       $32 \pm 2,19$; 29,81 para 34,19

4. 54

5. a. Com confiança de 99% confidence $z_{\alpha/2} = z_{0,005} = 2,576$
       Margem de erro = $2,576\,\sigma/\sqrt{n} = 2,576\,(6/\sqrt{64}) = 1,93$
    b. Intervalo de confiança: $21,52 \pm 1,93$ ou 19,59 a 23.45

6. 39,13 a 41,49

8. a. A população é pelo menos aproximadamente normal.
    b. 3,41
    c. 4,48

10. a. US$ 3.388 a US$ 3.584
    b. US$ 3.370 a US$ 3.602
    c. US$ 3.333 a US$ 3.639
    d. A largura aumenta à medida que o nível de confiança aumenta.

12. a. 2,179
    b. −1,676
    c. 2,457
    d. −1,708 e 1,708
    e. −2,014 e 2,014

13. a. $\bar{x} = \dfrac{\sum x_i}{n} = \dfrac{80}{8} = 10$

    b. $s = \sqrt{\dfrac{\sum(x_i - \bar{x})^2}{n-1}} = \sqrt{\dfrac{84}{7}} = 3,464$

    c. $t_{0,025}\left(\dfrac{s}{\sqrt{n}}\right) = 2,365\left(\dfrac{3,46}{\sqrt{8}}\right) = 2,9$

    d. $\bar{x} \pm t_{0,025}\left(\dfrac{s}{\sqrt{n}}\right)$
       $10 \pm 2,9\ (7,1$ a $12,9)$

14. a. 21,5 a 23,5
    b. 21,3 a 23,7

724 Estatística aplicada a administração e economia

c. 20,9 a 24,1

d. Uma margem de erro maior e um intervalo mais amplo.

15. $\bar{x} \pm t_{\alpha/2}(s/\sqrt{n})$

Confiança de 90%: $gl = 64$ e $t_{0,05} = 1,669$

$$19,5 \pm 1,669\left(\frac{5,2}{\sqrt{65}}\right)$$

$19,5 \pm 1,08$ ou $(18,42$ a $20,58)$

Confiança de 95%: $gl = 64$ e $t_{0,025} = 1,998$

$$19,5 \pm 1,998\left(\frac{5,2}{\sqrt{65}}\right)$$

$19,5 \pm 1,29$ ou $(18,21$ a $20,79)$

16. a. 9,7063, 7,9805
 b. 7,1536 a 12,2590
 c. 3,8854, 1,6194
 d. 3,3674 a 4,4034

18. a. 22 semanas
 b. 3,8020
 c. 18,20 a 25,80
 d. Maior n da próxima vez

20. a. $\bar{x} = 2,551$
 b. US$ 2.409,99 a US$ 2.692,01
 c. Deveríamos ter 95% de confiança de que os prêmios de seguros para automóveis em Michigan estão acima da média nacional.

22. a. US$ 21.613 a US$ 24.587.
 b. 2.848
 c. Número total de clientes $= 11.619.840$, total de vendas de ingressos na bilheteria $=$ US$ 94.248.000

24. a. Valor planejado de $\sigma = \dfrac{\text{Amplitude}}{4} = \dfrac{36}{4} = 9$

 b. $n = \dfrac{z_{0,025}^2 \sigma^2}{E^2} = \dfrac{(1,96)^2(9)^2}{(3)^2} = 34,57$; utilize $n = 35$

 c. $n = \dfrac{(1,96)^2(9)^2}{(2)^2} = 77,79$; utilize $n = 78$

25. a. Utilize $n = \dfrac{z_{\alpha/2}^2 \sigma^2}{E^2}$

 $$n = \frac{(1,96)^2(6,84)^2}{(1,5)^2} = 79,88; \text{ utilize } n = 80$$

 b. $n = \dfrac{(1,645)^2(6,84)^2}{(2)^2} = 31,65$; utilize $n = 32$

26. a. 25
 b. 49
 c. 97

28. a. 188
 b. 267
 c. 461
 d. O tamanho da amostra fica maior à medida que o nível de confiança aumenta. Recomendaríamos confiança de 99%.

30. 1.537

31. a. $\bar{p} = \dfrac{100}{400} = 0,25$

 b. $\sqrt{\dfrac{\bar{p}(1-\bar{p})}{n}} = \sqrt{\dfrac{0,25(0,75)}{400}} = 0,0217$

c. $\bar{p} \pm z_{0,025}\sqrt{\dfrac{\bar{p}(1-\bar{p})}{n}}$

 $0,25 \pm 1,96(0,0217)$
 $0,25 \pm 0,0424$; $0,2076$ a $0,2924$

32. a. 0,6733 a 0,7267
 b. 0,6682 a 0,7318

34. 1.068

35. a. $\bar{p} = \dfrac{1.760}{2.000} = 0,88$

 b. Margem de erro

 $$z_{0,05} = \sqrt{\frac{\bar{p}(1-\bar{p})}{n}}$$

 $$= 1,645\sqrt{\frac{0,88(1-0,88)}{2.000}} = 0,0120$$

 c. Intervalo de confiança
 $0,88 \pm 0,0120$ ou $0,868$ a $0,892$

 d. Margem de erro

 $$z_{0,05} = \sqrt{\frac{\bar{p}(1-\bar{p})}{n}} = 1,96\sqrt{\frac{0,88(1-0,88)}{2.000}} = 0,0142$$

 Intervalo de confiança de 95%
 $0,88 \pm 0,0142$ ou . $0,8658$ a $0,8942$

36. a. 0,23
 b. 0,1716 a 0,2884

38. a. 0,5704
 b. 0,0814, 0,4890 a 0,6518
 c. 1.046

39. a. $n = \dfrac{z_{0,025}^2 p^*(1-p^*)}{E^2} = \dfrac{(1,96)^2(0,156)(1-0,156)}{(0,03)^2}$

 $= 562$

 b. $n = \dfrac{z_{0,005}^2 p^*(1-p^*)}{E^2} = \dfrac{(2,576)^2(0,156)(1-0,156)}{(0,03)^2}$

 $= 970,77$; utilize 971

40. 0,0346 (0,4854 a 0,5546)

42. a. 0,0442
 b. 601, 1.068, 2.401, 9.604

44. a. 4,00
 b. US$ 29,77 a US$ 37,77

46. a. 122
 b. US$ 1.751 a US$ 1.995
 c. US$ 172, 316 milhões
 d. Menos de US$ 1.873

48. a. US$ 712,27 a US$ 833,73
 b. US$ 172,31 a US$ 201,69
 c. 0,34
 d. A do item (a) é 60,73; a margem de erro no item (a) é maior porque o desvio padrão da amostra no item (a) é maior.

50. 37

52. 176

54. a. 0,5420
 b. 0,0508
 c. 0,4912 a 0,5928

56. a. 0,22
 b. 0,1904 a 0,2496
 c. 0,3847 a 0,4553
 d. O intervalo de confiança no item (c) é mais amplo. A proporção da amostra está mais próximo de 0,5 no item (c).

58. a. 1.267
 b. 1.509

Apêndice D: Soluções dos autotestes (SELF *test*.) e respostas dos exercícios pares **725**

60. a. 0,3101
b. 0,2898 a 0,3304
c. 8.219; não, este tamanho de amostra é desnecessariamente grande.

Capítulo 9

2. a. H_0: $\mu \leq 14$
H_a: $\mu > 14$
b. Nenhuma evidência de que o novo plano aumenta as vendas.
c. A hipótese de pesquisa $\mu > 14$ é apoiada; o novo plano aumenta as vendas.

4. a. H_0: $\mu \geq 220$
H_a: $\mu < 220$
b. Não é possível concluir que o método proposto reduz custos.
c. É possível concluir que o método proposto reduz custos.

5. a. Concluir que o custo médio mensal de electricidade da população na vizinhança de Chicago é maior do que US\$ 104 e, portanto, maior do que na vizinhança equivalente em Cincinnati.
b. O erro do Tipo I é rejeitar H_0 quando ela é verdadeira; este erro ocorre se o pesquisador concluir que o custo médio mensal de electricidade da população é maior do que US\$ 104 na vizinhança de Chicago quando o custo médio da população na verdade é menor ou igual a US\$ 104.
c. O erro do Tipo II consiste em aceitar H_0 quando ela é falsa; este erro ocorre se o pesquisador concluir que o custo médio mensal de electricidade da população para a vizinhança de Chicago é menor ou igual a US\$ 104 quando não é.

6. a. H_0: $\mu \leq 1$
H_a: $\mu > 1$
b. Afirmar que $\mu > 1$ quando isto não é verdadeiro
c. Afirmar que $\mu \leq 1$ quando isto não é verdadeiro

8. a. H_0: $\mu \geq 220$
H_a: $\mu < 220$
b. Afirmar que $\mu < 220$ quando isto não é verdadeiro.
c. Afirmar que $\mu \geq 220$ quando isto não é verdadeiro.

10. a. $z = \dfrac{\bar{x} - \mu_0}{\sigma/\sqrt{n}} = \dfrac{26,4 - 25}{6/\sqrt{50}} = 1,48$
b. Utilizando a tabela normal com $z = 1,48$: valor-p $= 1,0000 - 0,9306 = 0,0694$
c. Valor-$p > 0,01$, não rejeitar H_0
d. Rejeitar H_0 se $z^3\, 2,33$
$1,48 < 2,33$, não rejeitar H_0

11. a. $z = \dfrac{\bar{x} - \mu_0}{\sigma/\sqrt{n}} = \dfrac{14,15 - 15}{3/\sqrt{50}} = -2,00$
b. Valor-$p = 2(0,0228) = 0,0456$
c. Valor-$p \leq 0,05$, rejeitar H_0
d. Rejeitar H_0 se $z \leq 21,96$ ou $z \geq 1,96$
$-2,00 \leq -1,96$, rejeitar H_0

12. a. 0,1056; não rejeitar H_0
b. 0,0062; rejeitar H_0
c. ≈ 0; rejeitar H_0
d. 0,967; não rejeitar H_0

14. a. 0,3844; não rejeitar H_0
b. 0,0074; rejeitar H_0
c. 0,0836; não rejeitar H_0

15. a. H_0: $\mu \geq 1.056$
H_a: $\mu < 1.056$

b. $z = \dfrac{\bar{x} - \mu_0}{\sigma/\sqrt{n}} = \dfrac{910 - 1.056}{1.600/\sqrt{400}} = -1,83$
Valor-$p = 0,0336$
c. Valor-$p \leq 0,05$, rejeitar H_0; a restituição média das declarações de imposto feitas "no último minuto" é menor do que US\$ 1.056
d. Rejeitar H_0 se $z \leq -1,645$
$-1,83 \leq -1,645$; rejeitar H_0

16. a. H_0: $\mu \leq 3.173$
H_a: $\mu > 3.173$
b. 0,0207
c. Rejeitar H_0, concluindo que o saldo médio de cartão de crédito para estudantes de graduação tem aumentado.

18. a. H_0: $\mu = 192$
H_a: $\mu \neq 192$
b. $-2,23$, 0,0258
c. Rejeitar H_0; número médio de refeições em restaurantes feitas por jovens da geração do milênio mudou em 2012.

20. a. H_0: $\mu \geq 838$
H_a: $\mu < 838$
b. $-2,40$
c. 0,0082
d. Rejeitar H_0; concluir que os gastos anuais por pessoa em remédios prescritos é menor na região centro-oeste do que na nordeste.

22. a. H_0: $\mu = 8$
H_a: $\mu \neq 8$
b. 0,1706
c. Não rejeitar H_0; não podemos concluir que o tempo médio de difere de 8 minutos.
d. 7,83 a 8,97; sim

24. a. $t = \dfrac{\bar{x} - \infty_0}{s/\sqrt{n}} = \dfrac{17 - 18}{4,5\sqrt{48}} = -1,54$
b. Graus de liberdade $= n - 1 = 47$
A área na cauda inferior está entre 0,05 e 0,10
Valor-p (bicaudal) está entre 0,10 e 0,20
Valor-p exato $= 0,1303$
c. Valor-$p > 0,05$; não rejeitar H_0
d. Com $gl = 47$, $t_{0,025} = 2,012$
Rejeitar H_0 se $t \leq -2,012$ ou $t^3\, 2,012$
$t = 21,54$; não rejeitar H_0

26. a. Entre 0,02 e 0,05; valor-p exato $= 0,0397$; rejeitar H_0
b. Entre 0,01 e 0,02; valor-p exato $= 0,0125$; rejeitar H_0
c. Entre 0,10 e 0,20; valor-p exato $= 0,1285$; não rejeitar H_0

27. a. H_0: $\mu \geq 13.04$
H_a: $\mu < 13.04$
b. Valor-p está entre 0,05 e 0,10
Valor-p exato é 0,0751
c. Não rejeitar H_0; não concluir que o custo de uma refeição em um restaurante é significativamente mais barato do que uma refeição equivalente feita em casa.
d. $gl = 99$ $t_{0,05} = -1,66$
Rejeitar H_0 se $t \leq -1,66$
$-1,45 > -1,66$; não rejeitar H_0

28. a. H_0: $\mu \geq 9$
H_a: $\mu < 9$
b. Entre 0,005 e 0,01
Valor-p exato $= 0,0072$
c. Rejeitar H_0; período médio de permanência de um CEO no seu cargo é menor do que 9 anos.

30. a. H_0: $\mu = 6,4$
H_a: $\mu \neq 6,4$

b. Entre 0,10 e 0,20
      Valor-p exato = 0,1268
   c. Não rejeitar H_0;
32. a. H_0: μ 5 10,192
      H_a: μ ≠ 10,192
   b. Entre 0,02 e 0,05
      Valor-p exato = 0,0304
   c. Rejeitar H_0; o preço médio dos automóveis da revendedora difere do preço médio nacional.
34. a. H_0: μ = 2
      H_a: μ ≠ 2
   b. 2,2
   c. 0,516
   d. Entre 0,20 e 0,40
      Valor-p exato = 0,2535
   e. Não rejeitar H_0; não existe razão para mudar o período de 2 horas, referente a estimativa de custos, para outro período diferente.
36. a. $z = \dfrac{\bar{p} - p_0}{\sqrt{\dfrac{p_0(1-p_0)}{n}}} = \dfrac{0,68 - 0,75}{\sqrt{\dfrac{0,75(1-0,75)}{300}}} = -2,80$

   Valor-p = 0,0026
   Valor-p ≤ 0,05; rejeitar H_0
   b. $z = \dfrac{0,72 - 0,75}{\sqrt{\dfrac{0,75(1-0,75)}{300}}} = -1,20$

   Valor-p = 0,1151
   Valor-p > 0,05; não rejeitar H_0
   c. $z = \dfrac{0,7 - 0,75}{\sqrt{\dfrac{0,75(1-0,75)}{300}}} = -2,00$

   Valor-p = 0,0228
   Valor-p ≤ 0,05; rejeitar H_0
   d. $z = \dfrac{0,77 - 0,75}{\sqrt{\dfrac{0,75(1-0,75)}{300}}} = 0,80$

   Valor-p = .0,7881
   Valor-p > 0,05; não rejeitar H_0
38. a. H_0: p = 0,64
      H_a: p ≠ 0,64
   b. $\bar{p} = 52/100 = 0,52$
      $z = \dfrac{\bar{p} - p_0}{\sqrt{\dfrac{p_0(1-p_0)}{n}}} = \dfrac{0,52 - 0,64}{\sqrt{\dfrac{0,64(1-0,64)}{100}}} = -2,50$

      Valor-p = 2(0,0062) = 0,0124
   c. Valor-p ≤ 0,05; rejeitar H_0
      A proporção difere do valor relatado 0,64.
   d. Sim, porque $\bar{p} = 0,52$ indica que menos pessoas acreditam que a marca de supermercado é tão boa quanto a marca de renome nacional.
40. a. 21
   b. H_0: p ≥ 0,46
      H_a: p < 0,46
      Valor-p ≈ 0,0436
   c. Sim, 0,0436
42. a. $\bar{p} = 0,15$
   b. 0,0718 a 0,2282

   c. A proporção de devoluções na loja Houston é diferente da média nacional.
44. a. H_0: p ≤ 0,50
      H_a: p > 0,50
   b. $\bar{p} = 0,6133$, valor-p = 0,0027
   c. Rejeitar H_0; concluir que a proporção de médicos com mais de 55 anos que foram processados pelo menos uma vez é maior do que 0,50.
46.

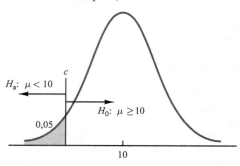

   $c = 10 - 1,64(5 / \sqrt{120}) = 9,25$
   Rejeitar H_0 se $\bar{x} \leq 9,25$

   a. Quando μ = 9,
      $z = \dfrac{9,25 - 9}{5/\sqrt{120}} = 0,55$
      P(Rejeitar H_0) = (1,0000 − 0,7088) = 0,2912
   b. Erro do Tipo II
   c. Quando μ = 8,
      $z = \dfrac{9,25 - 8}{5/\sqrt{120}} = 2,74$
      β = (1,0000 − 0,9969) = 0,0031
48. a. Concluir que μ ≤ 15 quando isto não é verdadeiro.
   b. 0,2676
   c. 0,0179
49. a. H_0: μ ≥ 25
      H_a: μ < 25
      Rejeitar H_0 se z ≤ −2,05
      $z = \dfrac{\bar{x} - \mu_0}{\sigma/\sqrt{n}} = \dfrac{\bar{x} - 25}{3/\sqrt{30}} = -2,05$
      Resolver para x = 23,88
      Regra da decisão: Aceitar H_0 se $\bar{x} > 23,88$
      Rejeitar H_0 se x ≤ 23,88
   b. Para μ = 23,
      $z = \dfrac{23,88 - 23}{3/\sqrt{30}} = 1,61$
      β = 1,0000 − 0,9463 = 0,0537
   c. Para μ 5 24,
      $z = \dfrac{23,88 - 24}{3/\sqrt{30}} = 0,22$
      β = 1,0000 − 0,4129 = 0,5871
   d. O erro do Tipo II não pode ser cometido neste caso; note que quando μ = 25,5, H_0 é verdadeira; o erro do Tipo II somente pode ser cometido quando H_0 for falsa.
50. a. Concluir que μ = 28 quando isto não é verdadeiro.
   b. 0,0853, 0,6179, 0,6179, 0,0853
   c. 0,9147
52. 0,1151, 0,0015
   Aumentar n reduz β

54. $n = \dfrac{(z_\alpha + z_\beta)^2 \sigma^2}{(\mu_0 - \mu_a)^2} = \dfrac{(1{,}645 + 1{,}28)^2 (5)^2}{(10 - 9)^2} = 214$

56. 109

57. Em $\mu_0 = 400$, $\alpha = 0{,}02$; $z_{0,02} = 2{,}05$
Em $\mu_a = 385$, $\beta = 0{,}10$; $z_{0,10} = 1{,}28$
Com $\sigma = 30$,

$$n = \frac{(z_\alpha + z_\beta)^2 \sigma^2}{(\mu_0 - \mu_a)^2} = \frac{(2{,}05 + 1{,}28)^2 (30)^2}{(400 - 385)^2} = 44{,}4 \text{ ou } 45$$

58. 324

60. a. H_0: $\mu = 16$
H_a: $\mu \neq 16$
b. 0,0286; rejeitar H_0
Reajustar linha.
c. 0,2186; não rejeitar H_0
Continuar a operação
d. $z = 2{,}19$; rejeitar H_0
$z = 21{,}23$; não rejeitar H_0
Sim, mesma conclusão.

62. a. H_0: $\mu \leq 4$
H_a: $\mu > 4$
b. Valor-$p = 0{,}0049$
c. Rejeitar H_0; conclui-se que a média diária assistindo à televisão a que crianças de famílias de baixa renda estão expostas é maior do que quatro horas.

64. H_0: $\mu \leq 30{,}8$
H_a: $\mu > 30{,}8$
$t = 1{,}0894$
O valor-p está entre 0,10 e 0,20.
O valor-p exato é 0,1408.
Não rejeitar H_0; não há evidências de que a média de idade dos homens britânicos recém-casados excede a média de idade dos que se casaram em 2013.

66. $t = 2{,}26$
Valor-p entre 0,01 e 0,025
O valor-p exato $= 0{,}0155$
Rejeitar H_0; o custo médio é maior do que US$ 125.000.

68. a. H_0: $p \leq 0{,}80$
H_a: $p > 0{,}80$
Concluir que os passageiros das linhas aéreas sentem que a segurança vai melhorar.
b. Não é possível rejeitar H_0; o uso obrigatório não é recomendado.

70. a. H_0: $p \leq 0{,}30$
H_a: $p > 0{,}30$
b. 0,34
c. Valor-$p = 0{,}0401$
d. Rejeitar H_0; concluir que mais de 30% dos jovens da geração do milênio vivem na casa de seus pais ou são dependentes de seus pais de algum modo.

72. H_0: $p \geq 0{,}90$
H_a: $p < 0{,}90$
Valor-$p = 0{,}0808$
Não rejeitar H_0; a afirmação de 90% não pode ser rejeitada.

74. a. H_0: $\mu \leq 72$
H_a: $\mu > 72$
b. 0,2912
c. 0,7939
d. 0, porque H_0 é verdadeira.

76. a. 45
b. 0,0192, 0,2358, 0,7291, 0,7291, 0,2358, 0,0192

Capítulo 10

1. a. $\bar{x}_1 - \bar{x}_2 = 13{,}6 - 11{,}6 = 2$
b. $z_{\alpha/2} = z_{0,05} = 1{,}645$

$$\bar{x}_1 - \bar{x}_2 \pm 1{,}645 \sqrt{\frac{\sigma_1^2}{n_1} + \frac{\sigma_2^2}{n_2}}$$

$$2 \pm 1{,}645 \sqrt{\frac{(2{,}2)^2}{50} + \frac{(3)^2}{35}}$$

$$2 \pm 0{,}98 \ (1{,}02 \text{ a } 2{,}98)$$

c. $z_{\alpha/2} = z_{0,05} = 1{,}96$

$$2 \pm 1{,}96 \sqrt{\frac{(2{,}2)^2}{50} + \frac{(3)^2}{35}}$$

$$2 \pm 1{,}17 \ (0{,}83 \text{ a } 3{,}17)$$

2. a. $z = \dfrac{(\bar{x}_1 - \bar{x}_2) - D_0}{\sqrt{\dfrac{\sigma_1^2}{n_1} + \dfrac{\sigma_2^2}{n_2}}} = \dfrac{(25{,}2 - 22{,}8) - 0}{\sqrt{\dfrac{(5{,}2)^2}{40} + \dfrac{(6)^2}{50}}} = 2{,}03$

b. valor-$p = 1{,}0000 - 0{,}9788 = 0{,}0212$
c. valor-$p \leq 0{,}05$; rejeitar H_0

4. a. $\bar{x}_1 - \bar{x}_2 = 85{,}36 - 81{,}40 = 3{,}96$
b. $z_{0,025} = \sqrt{\dfrac{\sigma_1^2}{n_1} + \dfrac{\sigma_2^2}{n_2}} = 1{,}96 \sqrt{\dfrac{(4{,}55)^2}{37} + \dfrac{(3{,}97)^2}{44}} = 1{,}88$
c. $3{,}96 \pm 1{,}88 \ (2{,}08 \text{ a } 5{,}84)$

6. valor-$p = 0{,}351$
Rejeitar H_0: preço médio em Atlanta é menor que o preço médio em Houston

8 a. Rejeitar H_0; o atendimento ao cliente da Rite Aid melhorou
b. Não rejeitar H_0; a diferença não é estatisticamente significativa
c. valor-$p = 0{,}0336$; rejeitar H_0; o atendimento ao cliente da Expedia melhorou
d. 1,80
e. O aumento da J. C. Penney não é estatisticamente significativo.

9. a. $\bar{x}_1 - \bar{x}_2 = 22{,}5 - 20{,}1 = 2{,}4$

b. $gl = \dfrac{\left(\dfrac{s_1^2}{n_1} + \dfrac{s_2^2}{n_2} \right)^2}{\dfrac{1}{n_1 - 1}\left(\dfrac{s_1^2}{n_1} \right)^2 + \dfrac{1}{n_2 - 1}\left(\dfrac{s_2^2}{n_2} \right)^2}$

$$= \dfrac{\left(\dfrac{2{,}5^2}{20} + \dfrac{4{,}8^2}{30} \right)^2}{\dfrac{1}{19}\left(\dfrac{2{,}5^2}{20} \right)^2 + \dfrac{1}{29}\left(\dfrac{4{,}8^2}{30} \right)^2} = 45{,}8$$

c. $gl = 45$, $t_{0,025} = 2{,}014$

$$t_{0,025} \sqrt{\dfrac{s_1^2}{n_1} + \dfrac{s_2^2}{n_2}} = 2{,}014 \sqrt{\dfrac{2{,}5^2}{20} + \dfrac{4{,}8^2}{30}} = 2{,}1$$

d. $2{,}4 \pm 2{,}1 \ (0{,}3 \text{ a } 4{,}5)$

10. a. $t = \dfrac{(\bar{x}_1 - \bar{x}_2) - 0}{\sqrt{\dfrac{s_1^2}{n_1} + \dfrac{s_2^2}{n_2}}} = \dfrac{(13{,}6 - 10{,}1) - 0}{\sqrt{\dfrac{5{,}2^2}{35} + \dfrac{8{,}5^2}{40}}} = 2{,}18$

728 Estatística aplicada a administração e economia

b. $gl = \dfrac{\left(\dfrac{s_1^2}{n_1} + \dfrac{s_2^2}{n_2}\right)^2}{\dfrac{1}{n_1-1}\left(\dfrac{s_1^2}{n_1}\right)^2 + \dfrac{1}{n_2-1}\left(\dfrac{s_2^2}{n_2}\right)^2}$

$= \dfrac{\left(\dfrac{5,2^2}{35} + \dfrac{8,5^2}{40}\right)^2}{\dfrac{1}{34}\left(\dfrac{5,2^2}{35}\right)^2 + \dfrac{1}{39}\left(\dfrac{8,5^2}{40}\right)^2} = 65,7$

Usar $gl = 65$

c. $gl = 65$, a área na cauda fica entre 0,01 e 0,025; o valor-p bicaudal fica entre 0,02 e 0,05. Valor-p exato = 0,0329

d. valor-$p \le 0,05$; rejeitar H_0

12. a. $\bar{x}_1 - \bar{x}_2 = 22,5 - 18,6 = 3,9$ milhas

b. $gl = \dfrac{\left(\dfrac{s_1^2}{n_1} + \dfrac{s_2^2}{n_2}\right)^2}{\dfrac{1}{n_1-1}\left(\dfrac{s_1^2}{n_1}\right)^2 + \dfrac{1}{n_2-1}\left(\dfrac{s_2^2}{n_2}\right)^2}$

$= \dfrac{\left(\dfrac{8,4^2}{50} + \dfrac{7,4^2}{40}\right)^2}{\dfrac{1}{49}\left(\dfrac{8,4^2}{50}\right)^2 + \dfrac{1}{39}\left(\dfrac{7,4^2}{40}\right)^2} = 87,1$

Usar $gl = 87$, $t_{0,025} = 1,988$

$3,9 \pm 1,988\sqrt{\dfrac{8,4^2}{50} + \dfrac{7,4^2}{40}}$

$3,9 \pm 3,3$ (0,6 a 7,2)

14 a. $H_0: \mu_1 - \mu_2 \ge 0$
$H_a: \mu_1 - \mu_2 < 0$

b. −2,41

c. Usando a tabela t, o valor-p está entre 0,005 e 0,01. Valor-p exato = 0,009

d. Rejeitar H_0; os salários da área de enfermagem são mais baixos em Tampa

16 a. $H_0: \mu_1 - \mu_2 \le 0$
$H_a: \mu_1 - \mu_2 > 0$

b. 38

c. $t = 1,80$, $gl = 25$
Usando a tabela t, o valor-p está entre 0,025 e 0,05. Valor-p exato = 0,0420

d. Rejeitar H_0; concluir que a nota média é maior quando há formação superior

18 a. $H_0: \mu_1 - \mu_2 = 0$
$H_a: \mu_1 - \mu_2 \ne 0$

b. 50,6 e 52,8 minutos

c. valor-p maior que 0,40
Não rejeitar H_0; não é possível concluir que os tempos de atraso médios da população são diferentes

19 a. 1, 2, 0, 0, 2

b. $\bar{d} = \sum d_i / n = 5/5 = 1$

c. $s_d = \sqrt{\dfrac{\sum(d_i - \bar{d})^2}{n-1}} = \sqrt{\dfrac{4}{5-1}} = 1$

d. $t = \dfrac{\bar{d} - \mu}{s_d/\sqrt{n}} = \dfrac{1-0}{1/\sqrt{5}} = 2,24$

$gl = n - 1 = 4$
Usando a tabela t, o valor-p está entre 0,025 e 0,05
Valor-p exato = 0,0443
Valor-$p \le 0,05$; rejeitar H_0

20. a. 3, −1, 3, 5, 3, 0, 1

b. 2

c. 2,08

d. 2

e. 0,07 a 3,93

21. $H_0: \mu_d \le 0$
$H_a: \mu_d > 0$
$\bar{d} = 0,625$
$s_d = 1,30$
$t = \dfrac{\bar{d} - \mu_d}{s_d/\sqrt{n}} = \dfrac{0,625 - 0}{1,30/\sqrt{8}} = 1,36$

$gl = n - 1 = 7$
Usando a tabela t, o valor-p está entre 0,10 e 0,20
Valor-p exato = 0,1080
Valor-$p > 0,05$; não rejeitar H_0; não é possível concluir que o comercial aumenta o potencial de compra médio

22. a. US$ 3,41

b. US$ 1,67 a US$ 5,15
Aumento muito bom

24. a. $H_0: \mu_d \le 0$
$H_a: \mu_d > 0$
$\bar{d} = 23$, $t = 2,05$
Valor-p entre 0,05 e 0,025
Rejeitar H_0: concluir que as tarifas aéreas aumentaram

b. US$ 487, US$ 464

c. 5% de aumento nas tarifas aéreas

26. a. $t = -1,42$
Usando a tabela t, o valor-p está entre 0,10 e 0,20
Valor-p exato = 0,1718
Não rejeitar H_0; não há diferença nas pontuações médias

b. −1,05

c. 1,28; sim

28. a. $\bar{p}_1 - \bar{p}_2 = 0,48 = 0,36 = 0,12$

b. $\bar{p}_1 - \bar{p}_2 \pm z_{0,05}\sqrt{\dfrac{\bar{p}_1(1-\bar{p}_1)}{n_1} + \dfrac{\bar{p}_2(1-\bar{p}_2)}{n_2}}$

$0,12 \pm 1,645\sqrt{\dfrac{0,48(1-0,48)}{400} + \dfrac{0,36(1-0,36)}{300}}$

$0,12 \pm 0,0614$ (0,0586 a 0,1814)

c. $0,12 \pm 1,96\sqrt{\dfrac{0,48(1-0,48)}{400} + \dfrac{0,36(1-0,36)}{300}}$

$0,12 \pm 0,0731$ (0,0469 a 0,1931)

29. a. $\bar{p} = \dfrac{n_1\bar{p}_1 + n_2\bar{p}_2}{n_1 + n_2} = \dfrac{200(0,22) + 300(0,16)}{200 + 300} = 0,1840$

$z = \dfrac{\bar{p}_1 - \bar{p}_2}{\sqrt{\bar{p}(1-\bar{p})\left(\dfrac{1}{n_1} + \dfrac{1}{n_2}\right)}}$

$= \dfrac{0,22 - 0,16}{\sqrt{0,1840(1 - 0,1840)\left(\dfrac{1}{200} + \dfrac{1}{300}\right)}} = 1,70$

Valor-$p = 1,0000 - 0,9554 = 0,0446$

b. Valor-$p \le 0,05$; rejeitar H_0

Apêndice D: Soluções dos autotestes (SELF *test.*) e respostas dos exercícios pares **729**

30. $\bar{p}_1 = 220/400 = 0,55$ $\bar{p}_2 = 192/400 = 0,48$

$$\bar{p}_1 - \bar{p}_2 \pm z_{0,025}\sqrt{\frac{\bar{p}_1(1-\bar{p}_1)}{n_1} + \frac{\bar{p}_2(1-\bar{p}_2)}{n_2}}$$

$$0,55 - 0,48 \pm 1,96\sqrt{\frac{0,55(1-0,55)}{400} + \frac{0,48(1-0,48)}{400}}$$

$0,07 \pm 0,0691$ (0,0009 a 0,1391)

32. **a.** $\bar{p}_1 = 0,45$
   b. $\bar{p}_2 = 0,35$
   c. 0,0011 a 0,1989
34. **a.** $H_0: p_1 - p_2 \leq 0$
      $H_a: p_1 - p_2 > 0$
   b. $\bar{p}_1 = 0,2017$
   c. $\bar{p}_2 = 0,1111$
   d. valor-$p = 0,0179$
      Rejeitar H_0; pode-se concluir que os poços perfurados em 2005 estavam secos em uma frequência maior do que os perfurados em 2012.
36. **a.** $H_0: p_1 - p_2 \leq 0$
      $H_a: p_1 - p_2 > 0$
   b. 0,84, 0,81
   c. valor-$p = 0,0094$
      Rejeitar H_0; concluir que há um aumento
   d. 0,005 a 0,055; sim, devido ao aumento
38. **a.** $H_0: \mu_1 - \mu_2 = 0$
      $H_a: \mu_1 - \mu_2 \neq 0$
      $z = 2,79$
      valor-$p = 0,0052$
      Rejeitar H_0; há uma diferença significativa entre os sistemas
40. **a.** $H_0: \mu_1 - \mu_2 \leq 0$
      $H_a: \mu_1 - \mu_2 > 0$
   b. $t = 0,60.$ $gl = 57$
      Usando a tabela t, o valor-p é maior que 0,20
      Valor-p exato $= 0,2754$
      Não rejeitar H_0; não é possível concluir que fundos com encargos têm maior taxa média de retorno
42. **a.** $\bar{d} = 14$
   b. –6,78 a 34,78
   c. $H_0: \mu_d = 0$
      $H_a: \mu_d \neq 0$

$$t = \frac{\bar{d} - \mu_d}{s_d/\sqrt{n}} = \frac{14 - 0}{53,744/\sqrt{20}} = 1,165$$

      O valor-p está entre 0,20 e 0,40
      O valor-p exato é 0,2584
      Não rejeitar H_0; não concluir que há uma diferença entre as notas médias de grupos com e sem irmãos.
44. **a.** valor-$p \approx 0$, rejeitar H_0
   b. 0,0468 a 0,1332
46. **a.** 0,35 e 0,47
   b. $0,12 \pm 0,1037$ (0,0163 a 0,2237)
   c. Sim, podemos esperar que as taxas de ocupação sejam mais altas.

Capítulo 11

2. $s^2 = 25$
   a. Com 19 graus de liberdade, $\chi^2_{0,05} = 30,144$ e
      $\chi^2_{0,95} = 10,117$

$$\frac{19(25)}{30,144} \leq \sigma^2 \leq \frac{19(25)}{10,117}$$

$$15,76 \leq \sigma^2 \leq 46,95$$

   b. Com 19 graus de liberdade, $\chi^2_{0,025} = 32,852$ e
      $\chi^2_{0,975} = 8,907$

$$\frac{19(25)}{32,852} \leq \sigma^2 \leq \frac{19(25)}{8,907}$$

$$14,46 \leq \sigma^2 \leq 53,33$$

   c. $3,8 \leq \sigma \leq 7,3$
4. **a.** 0,22 a 0,71
   b. 0,47 a 0,84
6. **a.** US$ 41
   b. 23,52
   c. 17,37 a 36,40
8. **a.** 0,4748
   b. 0,6891
   c. 0,2383 a 1,3687
      0,4882 a 1,1699
9. $H_0: \sigma^2 \leq 0,0004$
   $H_a: \sigma^2 > 0,0004$

$$\chi^2 = \frac{(n-1)s^2}{\sigma_0^2} = \frac{(30-1)(0,0005)}{0,0004} = 36,25$$

Segundo a tabela, com 29 graus de liberdade, o valor-p é maior que 0,10
Valor-$p > 0,05$; não rejeitar H_0
As especificações do produto não parecem ter sido violadas
10. **a.** 84
    b. 118,71
    c. 10,90
    d. $\chi^2 = 11,54$; valor-$p > 0,20$
       Não rejeitar a hipótese de $\sigma = 12$
12. **a.** 0,8106
    b. $\chi^2 = 9,49$
    Valor-p maior que 0,20
    Não rejeitar H_0; não é possível concluir que a variância da outra revista é diferente
14. **a.** $F = 2,4$
    Valor-p entre 0,025 e 0,05
    Rejeitar H_0
    b. $F_{0,05} = 2,2$; rejeitar H_0
15. **a.** Maior variância amostral é s_1^2

$$F = \frac{s_1^2}{s_2^2} = \frac{8,2}{4} = 2,05$$

      Graus de liberdade: 20,25
      Segundo a tabela, a área na cauda está entre 0,025 e 0,05
      O valor-p do teste bicaudal está entre 0,05 e 0,10
      Valor-$p > 0,05$; não rejeitar H_0
    b. Para um teste bicaudal:
      $F_{\alpha/2} = F_{0,025} = 2,30$
      Rejeitar H_0 se $F \geq 2,30$
      $2,05 < 2,30$; Não rejeitar H_0
16. $F = 1,59$
    Valor-p entre 0,05 e 0,025
    Rejeitar H_0; o fundo Fidelity tem maior variância
17 **a.** A população 1 é a de automóveis com 4 anos
      $H_0: \sigma_1^2 \leq \sigma_2^2$
      $H_a: \sigma_1^2 > \sigma_2^2$

    b. $F = \dfrac{s_1^2}{s_2^2} = \dfrac{170^2}{100^2} = 2,89$

730 Estatística aplicada a administração e economia

Graus de liberdade: 25,24
Segundo as tabelas, o valor-p é menor que 0,01
Valor-$p \leq 0,01$; rejeitar H_0
Concluir que os automóveis de quatro anos têm maior variância no custo anual com reparos em comparação com veículos de dois anos. Isso é esperado, já que é mais provável que automóveis antigos tenham reparos mais caros, o que leva a uma maior variância nos custos anuais de manutenção.

18. $F = 1,44$
Valor-p maior que 0,20
Não rejeitar H_0; a diferença entre as variâncias não é estatisticamente significativa.

20. $F = 5,29$
Valor-$p \approx 0$
Rejeitar H_0; as variâncias populacionais de gerentes e funcionários sênior não são iguais

22. a. $F = 4$
Valor-p menor que 0,01
Rejeitar H_0; maior variabilidade na distância de parada em asfalto molhado.

24. 10,72 a 24,68

26. a. $\chi^2 = 27,44$
Valor-p entre 0,01 e 0,025
Rejeitar H_0; a variância supera os requisitos máximos
b. 0,00012 a 0,00042

28. $\chi^2 = 31,50$
Valor-p entre 0,05 e 0,10
Rejeitar H_0; concluir que a variância populacional é maior que 1

30 a. $n = 15$
b. 6,25 a 11,13

32. $F = 1,39$
Não rejeitar H_0; não é possível concluir que as variâncias das médias de notas são diferentes.

34. $F = 2,08$
Valor-p entre 0,05 e 0,10
Rejeitar H_0; concluir que as variâncias populacionais não são iguais.

Capítulo 12

1. $H_0: p_1 = p_2 = p_3$
H_a: Nem todas as proporções populacionais são iguais.
Frequências esperadas (e_{ij}):

	1	2	3	Total
Sim	132,0	158,4	105,6	396
Não	118,0	141,6	94,4	354
Total	250	300	200	750

Cálculos do qui-quadrado $(f_{ij} - e_{ij})^2/e_{ij}$:

	1	2	3	Total
Sim	2,45	0,45	0,87	3,77
Não	2,75	0,50	0,98	4,22
				$\chi^2 = 7,99$

$gl = k - 1 = (3 - 1) = 2$
A tabela de χ^2 com $\chi^2 = 7,99$ mostra o valor-p entre 0,025 e 0,01

Valor-$p \leq 0,05$, rejeitar H_0; nem todas as proporções populacionais são iguais

2. a. $\bar{p}_1 = 150/250 = 0,60$
$\bar{p}_2 = 150/300 = 0,50$
$\bar{p}_3 = 96/200 = 0,48$
b. Para 1×2

$$CV_{12} = \sqrt{\chi^2_{\alpha;k-1}} \sqrt{\frac{\bar{p}_1(1 - \bar{p}_1)}{n_1} + \frac{\bar{p}_2(1 - \bar{p}_2)}{n_2}}$$

$$= \sqrt{5,991} \sqrt{\frac{0,60(1 - 0,60)}{250} + \frac{0,50(1 - 0,50)}{300}} = 0,1037$$

p_i	p_j	Diferença	n_i	n_j	Valor crítico	Diferença significativa > Valor crítico
0,60	0,50	0,10	250	300	0,1037	
0,60	0,48	0,12	250	200	0,1150	Sim
0,50	0,48	0,02	300	200	0,1117	

Uma comparação é significativa, 1×3

4. a. $H_0: p_1 = p_2 = p_3$
H_a: Nem todas as proporções populacionais são iguais.
b. Frequências esperadas (e_{ij}):

Componente	A	B	C	Total
Com defeito	25	25	25	75
Bom estado	475	475	475	1.425
Total	500	500	500	1.500

Cálculos do qui-quadrado $(f_{ij} - e_{ij})^2/e_{ij}$:

Componente	A	B	C	Total
Com defeito	4,00	1,00	9,00	14,00
Bom estado	0,21	0,05	0,47	0,74
				$\chi^2 = 14,74$

$gl = k - 1 = (3 - 1) = 2$
Tabela de χ^2, $\chi^2 = 14,74$, valor-p menor que 0,01
Valor-$p \leq 0,05$, rejeitar H_0; os três fornecedores não oferecem proporções iguais de componentes com defeito
c. $\bar{p}_1 = 15/500 = 0,03$
$\bar{p}_2 = 20/500 = 0,04$
$\bar{p}_3 = 40/500 = 0,08$
Fornecedor A $\times$ Fornecedor B

$$CV_{ij} = \sqrt{\chi^2_{\alpha;k-1}} \sqrt{\frac{\bar{p}_i(1 - \bar{p}_i)}{n_i} + \frac{\bar{p}_j(1 - \bar{p}_j)}{n_j}}$$

$$= \sqrt{5,991} \sqrt{\frac{0,03(1 - 0,03)}{500} + \frac{0,04(1 - 0,04)}{500}} = 0,0284$$

Comparação	p_i	p_j	Diferença	n_i	n_j	Valor crítico	Diferença significativa > Valor crítico
A $\times$ B	0,03	0,04	0,01	500	500	0,0284	
A $\times$ C	0,03	0,08	0,05	500	500	0,351	Sim
B $\times$ C	0,04	0,08	0,04	500	500	0,366	Sim

Os fornecedores A e B são significativamente diferentes do fornecedor C

Apêndice D: Soluções dos autotestes (SELF *test.*) e respostas dos exercícios pares **731**

6. **a.** 0,14, 0,09
   b. $\chi^2 = 3,41$, $gl = 1$
     Valor-p entre 0,10 e 0,05
     Rejeitar H_0; concluir que os dois escritórios não têm taxas de erros iguais
   c. A estatística de teste z fornece opções para testes unicaudais

8. $\chi^2 = 5,70$, $gl = 4$
   Valor-p maior que 0,10
   Não rejeitar H_0; não há evidências de diferenças na qualidade dos fornecedores

9. H_0: A variável da coluna é independente da variável da linha
   H_a: A variável da coluna não é independente da variável da linha
   Frequências esperadas (e_{ij}):

	A	B	C	Total
P	28,5	39,9	45,6	114
Q	21,5	30,1	34,4	86
Total	50	70	80	200

Cálculos do qui-quadrado $(f_{ij} - e_{ij})^2/e_{ij}$:

	A	B	C	Total
P	2,54	0,42	0,42	3,38
Q	3,36	0,56	0,56	4,48
				$\chi^2 = 7,86$

$gl = (2 - 1)(3 - 1) = 2$
Usando a tabela de χ^2, o valor-p está entre 0,01 e 0,025
Valor-$p \leq 0,05$, rejeitar H_0; concluir que as variáveis não são independentes

10. $\chi^2 = 19,77$, $gl = 4$
   Valor-p menor que 0,005
   Rejeitar H_0; concluir que as variáveis não são independentes.

11. **a.** H_0: O tipo de passagem comprada é independente do voo
     H_a: O tipo de passagem comprada não é independente do voo
     Frequências esperadas (e_{ij}):
     $e_{11} = 35,59 \quad e_{12} = 15,41$
     $e_{21} = 150,73 \quad e_{22} = 65,27$
     $e_{31} = 455,68 \quad e_{32} = 197,32$

Frequência observada (f_i)	Frequência esperada (e_i)	Qui-quadrado $(f_i - e_i)^2/e_i$
29	35,59	1,22
22	15,41	2,82
95	150,73	20,61
121	65,27	47,59
518	455,68	8,52
135	197,32	19,68
920		$\chi^2 = 100,43$

$gl = (r - 1)(c - 1) = (3 - 1)(2 - 1) = 2$
Usando a tabela de χ^2, o valor-p é menor que 0,005
Valor-$p \leq 0,05$, rejeitar H_0; concluir que o tipo de passagem comprada não é independente do tipo de voo
   b. Porcentagens da coluna

	Tipo de voo	
Tipo de passagem	**Doméstico**	**Internacional**
Primeira classe	4,5%	7,9%
Classe executiva	14,8%	43,5%
Classe econômica	80,7%	48,6%

Uma maior porcentagem de passagens de primeira classe e classe executiva é comprada para voos internacionais.

12. **a.** $\chi^2 = 9,44$, $gl = 2$
     Valor-p é menor que 0,01
     Rejeitar H_0; o plano não é independente do tipo de empresa
   b.

Plano de emprego	**Privada**	**Pública**
Contratar funcionários	0,5139	0,2963
Sem alterações	0,2639	0,3148
Demitir funcionários	0,2222	0,3889

As oportunidades de emprego são melhores nas empresas privadas.

14. **a.** $\chi^2 = 6,57$, $gl = 6$
     Valor-p maior que 0,10
     Não rejeitar H_0; não é possível rejeitar a suposição de independência
   b. 29%, 46% e 25%

16. **a.** 900
   b. Os fãs de cinema preferiram Jennifer Lawrence ($\bar{p} = 0,2278$), mas as outras três indicadas (Jessica Chastain, Emmanuelle Riva e Naomi Watts) foram escolhidas por quase o mesmo número de fãs.
   c. $\chi^2 = 77,74$
     Valor-p é aproximadamente 0.
     Rejeitar H_0; concluir que a atitude em relação às atrizes que mais mereciam o Oscar de Melhor Atriz em 2013 não é independente da idade.

18. $\chi^2 = 45,36$, $gl = 4$
   Valor-p menor que 0,005
   Não rejeitar H_0; concluir que as classificações dos apresentadores não são independentes

19. **a.** Frequências esperadas:
     $e_1 = 200(0,40) = 80 \quad e_2 = 200(0,40) = 80$
     $e_3 = 200(0,20) = 40$
     Frequências esperadas: $f_1 = 60, f_2 = 120, f_3 = 20$

$$\chi^2 = \frac{(60 - 80)^2}{80} + \frac{(120 - 80)^2}{80} + \frac{(20 - 40)^2}{40}$$
$$= \frac{400}{80} + \frac{1.600}{80} + \frac{400}{40} = 35$$

     $gl = k - 1 = 3 - 1 = 2$
     $\chi^2 = 35$ mostra um valor-p menor que 0,005
     Valor-$p \leq 0,01$; rejeitar H_0;
     Concluir que as proporções são diferentes de 0,40, 0,40 e 0,20
   b. Rejeitar H_0 se $\chi^2 \geq 9,210$; rejeitar H_0

20. Com $n = 30$, usar seis classes, cada probabilidade = 0,1667
   $\bar{x} = 22,8$, $s = 6,27$

732 Estatística aplicada a administração e economia

z	Valor de corte de x
$-0,98$	$22,8 - 0,98\,(6,27) = 16,66$
$-0,43$	$22,8 - 0,43\,(6,27) = 20,11$
0	$22,8 + 0\,(6,27) = 22,80$
$0,43$	$22,8 + 0,43\,(6,27) = 25,49$
$0,98$	$22,8 + 0,98\,(6,27) = 28,94$

Intervalo	Frequência observada	Frequência esperada	Diferença
menor que 16,66	3	5	-2
16,66-20,11	7	5	2
20,11-22,80	5	5	0
22,80-25,49	7	5	2
25,49-28,94	3	5	-2
28,94 e mais	5	5	0

$$\chi^2 = \frac{(-2)^2}{5} + \frac{(2)^2}{5} + \frac{(0)^2}{5} + \frac{(2)^2}{5} + \frac{(-2)^2}{5} + \frac{(0)^2}{5} + \frac{16}{5}$$
$$= 3,20$$

$gl = k - 2 - 1 = 6 - 2 - 1 = 3$

$\chi^2 = 3,20$ mostra valor-p maior que 0,10

Valor-$p > 0,05$; não rejeitar H_0; a distribuição normal não pode ser rejeitada

21. H_0: As proporções populacionais são 0,29, 0,28, 0,25 e 0,18
H_a: As proporções não são as citadas anteriormente
Frequências esperadas: $300(0,29) = 87, 300(0,28) = 84$
$\qquad\qquad\qquad\qquad\quad 300(0,25) = 75, 300(0,18) = 54$
Frequências observadas: $f_1 = 95, f_2 = 70, f_3 = 89, f_4 = 46$

$$\chi^2 = \frac{(95 - 87)^2}{87} + \frac{(70 - 84)^2}{84} + \frac{(89 - 75)^2}{75}$$
$$+ \frac{(46 - 54)^2}{54} = 6,87$$

$gl = k - 1 = 4 - 1 = 3$

$\chi^2 = 6,87$ mostra valor-p entre 0,05 e 0,10

Valor-$p > 0,05$; não rejeitar H_0; não há mudança significativa nas proporções de audiência

22. $\chi^2 = 5,85, gl = 5$
Valor-p maior que 0,10
Não rejeitar H_0; não é possível rejeitar a hipótese de as porcentagens serem as informadas

24. **a.** $\chi^2 = 14,33, gl = 6$
Valor-p entre 0,05 e 0,025
Rejeitar H_0; concluir que a proporção não é a mesma em todos os dias da semana
b. 15,17, 11,90, 12,62, 11,19, 13,10, 16,43, 19,05
Sábado e sexta-feira têm as porcentagens mais altas

26. $\chi^2 = 2,8, gl = 3$
Valor-p maior que 0,10
Não rejeitar H_0; a suposição de uma distribuição normal não pode ser rejeitada

28. **a.** 8,8%, 11,7%, 9,0% e 8,5%
b. $\chi^2 = 2,48, gl = 3$
Valor-p maior que 0,10
Não rejeitar H_0; não é possível rejeitar a suposição de que as proporções populacionais são iguais

30. **a.** $\chi^2 = 9,56, gl = 2$
Valor-p é menor que 0,01
Rejeitar H_0; concluir que o ritmo preferido não é independente do gênero

b. Mulheres e ritmo mais calmo: 75,17% a 67,65%
Homens e ritmo mais agitado: 26,47% a 16,55%

32. $\chi^2 = 6,17, gl = 6$
Valor-p é maior que 0,10
Não rejeitar H_0; a suposição de que o condado e o dia da semana são independentes não é rejeitada

34. $\chi^2 = 2,00, gl = 5$
Valor-p é maior que 0,10
Não rejeitar H_0; a suposição de que há uma distribuição normal não pode ser rejeitada

Capítulo 13

1. **a.** $\bar{\bar{x}} = (156 + 142 + 134)/3 = 144$

$$\text{SQTra} = \sum_{j=1}^{k} n_j (\bar{x}_j - \bar{\bar{x}})^2$$
$$= 6(156 - 144)^2 + 6(142 - 144)^2 + 6(134 - 144)^2$$
$$= 1.488$$

b. $\text{QMTra} = \dfrac{\text{SQTra}}{k - 1} = \dfrac{1.488}{2} = 744$

c. $s_1^2 = 164,4, \quad s_2^2 = 131,2, \quad s_3^2 = 110,4$

$$\text{SQRes} = \sum_{j=1}^{k} (n_j - 1)s_j^2$$
$$= 5(164,4) + 5(131,2) + 5(110,4)$$
$$= 2.030$$

d. $\text{QMRes} = \dfrac{\text{SQRes}}{n_T - k} = \dfrac{2.030}{18 - 3} = 135,3$

e.

Fonte de variação	Soma dos quadrados	Graus de liberdade	Quadrado médio	F	Valor-p
Tratamentos	1.488	2	744	5,50	0,0162
Erro	2.030	15	135,3		
Total	3.518	17			

f. $F = \dfrac{\text{QMTra}}{\text{QMRes}} = \dfrac{744}{135,3} = 5,50$

Segundo a tabela F (2 graus de liberdade no numerador e 15 no denominador), o valor-p está entre 0,01 e 0,025.
Usando o Excel ou o Minitab, o valor-p correspondente a $F = 5,50$ é 0,0162.
Como o valor-$p \le \alpha = 0,05$, rejeitamos a hipótese de as médias dos três tratamentos serem iguais.

2.

Fonte de variação	Soma dos quadrados	Graus de liberdade	Quadrado médio	F	Valor-p
Tratamentos	300	4	75	14,07	0,0000
Erro	160	30	5,33		
Total	460	34			

4.

Fonte de variação	Soma dos quadrados	Graus de liberdade	Quadrado médio	F	Valor-p
Tratamentos	150	2	75	4,80	0,0233
Erro	250	16	15,63		
Total	400	18			

Rejeitar H_0 porque o valor-$p \le \alpha = 0,05$

Apêndice D: Soluções dos autotestes (SELF *test.*) e respostas dos exercícios pares **733**

6. Como o valor-$p = 0,0082$ é menor que $\alpha = 0,05$, rejeitamos a hipótese nula de que as médias dos três tratamentos são iguais.

8. $\bar{\bar{x}} = (79 + 74 + 66)/3 = 73$

$$\text{SQTra} = \sum_{j=1}^{k} n_j (\bar{x}_j - \bar{\bar{x}})^2 = 6(79 - 73)^2 + 6(74 - 73)^2 + 6(66 - 73)^2 = 516$$

$$\text{QMTra} = \frac{\text{SQTra}}{k-1} = \frac{516}{2} = 258$$

$$s_1^2 = 34, \quad s_2^2 = 20, \quad s_3^2 = 32$$

$$\text{SQRes} = \sum_{j=1}^{k} (n_j - 1)s_j^2 = 5(34) + 5(20) + 5(32) = 430$$

$$\text{QMRes} = \frac{\text{SQRes}}{n_T - k} = \frac{430}{18 - 3} = 28,67$$

$$F = \frac{\text{QMTra}}{\text{QMRes}} = \frac{258}{28,67} = 9,00$$

Fonte de variação	Soma dos quadrados	Graus de liberdade	Quadrado médio	F	Valor-p
Tratamentos	516	2	258	9,00	0,003
Erro	430	15	28,67		
Total	946	17			

Usando a tabela F (2 graus de liberdade no numerador e 15 no denominador), o valor-p é menor que 0,01.

Usando o Excel ou o Minitab, o valor-p correspondente a $F = 9,00$ é 0,003.

Como o valor-$p \leq \alpha = 0,05$, rejeitamos a hipótese nula de que as médias das três fábricas são iguais. Em outras palavras, a análise de variância confirma a conclusão de que as notas médias no teste da população nas três fábricas da NCP não são iguais.

10. Valor-$p = 0,0000$

Como o valor-$p \leq \alpha = 0,05$, rejeitamos a hipótese nula de que as médias dos três grupos são iguais.

12. Valor-$p = 0,0038$

Como o valor-$p \leq \alpha = 0,05$, rejeitamos a hipótese nula de que os preços médios das refeições são iguais nos três tipos de restaurantes.

13. a. $\bar{\bar{x}} = (30 + 45 + 36)/3 = 37$

$$\text{SQTra} = \sum_{j=1}^{k} n_j (\bar{x}_j - \bar{\bar{x}})^2 = 5(30 - 37)^2 + 5(45 - 37)^2 + 5(36 - 37)^2 = 570$$

$$\text{QMTra} = \frac{\text{SQTra}}{k-1} = \frac{570}{2} = 285$$

$$\text{SQRes} = \sum_{j=1}^{k} (n_j - 1)s_j^2 = 4(6) + 4(4) + 4(6,5) = 66$$

$$\text{QMRes} = \frac{\text{SQRes}}{n_T - k} = \frac{66}{15 - 3} = 5,5$$

$$F = \frac{\text{QMTra}}{\text{QMRes}} = \frac{285}{5,5} = 51,82$$

Usando a tabela F (2 graus de liberdade no numerador e 12 no denominador), o valor-p é menor que 0,01.

Usando o Excel ou o Minitab, o valor-p correspondente a $F = 51,82$ é 0,0000.

Como o valor-$p \leq \alpha = 0,05$, rejeitamos a hipótese nula de que as médias das três populações são iguais.

b. $$\text{MDS} = t_{\alpha/2} \sqrt{\text{QMRes}\left(\frac{1}{n_i} + \frac{1}{n_j}\right)}$$

$$= t_{0,025} \sqrt{5,5\left(\frac{1}{5} + \frac{1}{5}\right)}$$

$$= 2,179\sqrt{2,2} = 3,23$$

$|\bar{x}_1 - \bar{x}_2| = |30 - 45| = 15 > \text{MDS}$; diferença significativa

$|\bar{x}_1 - \bar{x}_3| = |30 - 36| = 6 > \text{MDS}$; diferença significativa

$|\bar{x}_2 - \bar{x}_3| = |45 - 36| = 9 > \text{MDS}$; diferença significativa

c. $$\bar{x}_1 - \bar{x}_2 \pm t_{\alpha/2} \sqrt{\text{QMRes}\left(\frac{1}{n_1} + \frac{1}{n_2}\right)}$$

$$(30 - 45) \pm 2,179\sqrt{5,5\left(\frac{1}{5} + \frac{1}{5}\right)}$$

$$-15 \pm 3,23 = -18,23 \text{ a } 11,77$$

14. a. Significativa; valor-$p = 0,0106$

b. MDS = 15,34

1 e 2; significativa

1 e 3; não significativa

2 e 3; significativa

15. a.

	Fabricante 1	Fabricante 2	Fabricante 3
Média amostral	23	28	21
Variância amostral	6,67	4,67	3,33

$$\bar{\bar{x}} = (23 + 28 + 21)/3 = 24$$

$$\text{SQTra} = \sum_{j=1}^{k} n_j (\bar{x}_j - \bar{\bar{x}})^2$$

$$= 4(23 - 24)^2 + 4(28 - 24)^2 + 4(21 - 28)^2$$

$$= 104$$

$$\text{QMTra} = \frac{\text{SQTra}}{k-1} = \frac{104}{2} = 52$$

$$\text{SQRes} = \sum_{j=1}^{k} (n_j - 1)s_j^2$$

$$= 3(6,67) + 3(4,67) + 3(3,33) = 44,01$$

$$\text{QMRes} = \frac{\text{SQRes}}{n_T - k} = \frac{44,01}{12 - 3} = 4,89$$

$$F = \frac{\text{QMTra}}{\text{QMRes}} = \frac{52}{4,89} = 10,63$$

Usando a tabela F (2 graus de liberdade no numerador e 9 no denominador), o valor-p é menor que 0,01.

Usando o Excel ou o Minitab, o valor-p correspondente a $F = 10,63$ é 0,0043.

Como o valor-$p \leq \alpha = 0,05$, rejeitamos a hipótese nula de que o tempo médio necessário para misturar um lote de material é o mesmo para todos os fabricantes.

b. $$\text{MDS} = t_{\alpha/2} \sqrt{\text{QMRes}\left(\frac{1}{n_1} + \frac{1}{n_3}\right)}$$

$$= t_{0,025} \sqrt{4,89\left(\frac{1}{4} + \frac{1}{4}\right)}$$

$$= 2,262\sqrt{2,45} = 3,54$$

734 Estatística aplicada a administração e economia

Como $|\bar{x}_1 - \bar{x}_3| = |23 - 21| = 2 < 3{,}54$, não parece haver nenhuma diferença significativa entre as médias dos fabricantes 1 e 3.

16. $\bar{x}_1 - \bar{x}_2 \pm \text{MDS}$
$23 - 28 \pm 3{,}54$
$-5 \pm 3{,}54 = -8{,}54 \text{ a} -1{,}46$

18. a. Significativa; valor-$p = 0{,}0000$
b. Significativa; $2{,}3 > \text{MDS} = 1{,}19$

20. a. Significativa; valor-$p = 0{,}011$
b. Comparando norte e sul
$|7.702 - 5.566| = 2.136 > \text{MDS} = 1620{,}76$
Diferença significativa
Comparando norte e oeste
$|7.702 - 8.430| = 728 > \text{MDS} = 1620{,}76$
Não há diferença significativa
Comparando sul e oeste
$|5.566 - 8.430| = 2.864 > \text{MDS} = 1775{,}45$
Diferença significativa

21. *Médias dos tratamentos*
$\bar{x}_{\cdot 1} = 13{,}6, \quad \bar{x}_{\cdot 2} = 11{,}0, \quad \bar{x}_{\cdot 3} = 10{,}6$

Médias dos blocos
$\bar{x}_{\cdot 1} = 9, \quad \bar{x}_{\cdot 2} = 7{,}67, \quad \bar{x}_{\cdot 3} = 15{,}67, \quad \bar{x}_{\cdot 4} = 18{,}67, \quad \bar{x}_{\cdot 5} = 7{,}67$

Média geral
$\bar{\bar{x}} = 176/15 = 11{,}73$

Etapa 1

$$\text{SQTot} = \sum_i \sum_j (x_{ij} - \bar{\bar{x}})^2$$
$$= (10 - 11{,}73)^2 + (9 - 11{,}73)^2 + \cdots + (8 - 11{,}73)^2$$
$$= 354{,}93$$

Etapa 2

$$\text{SQTra} = b \sum_j (\bar{x}_{\cdot j} - \bar{\bar{x}})^2$$
$$= 5[(13{,}6 - 11{,}73)^2 + (11{,}0 - 11{,}73)^2$$
$$+ (10{,}6 - 11{,}73)^2] = 26{,}53$$

Etapa 3

$$\text{SQBlo} = k \sum_j (\bar{x}_{i\cdot} - \bar{\bar{x}})^2$$
$$= 3[(9 - 11{,}73)^2 + (7{,}67 - 11{,}73)^2$$
$$+ (15{,}6 - 11{,}73)^2 + (18{,}67 - 11{,}73)^2$$
$$+ (7{,}67 - 11{,}73)^2] = 312{,}32$$

Etapa 4

$$\text{SQRes} = \text{SQTot} - \text{SQTra} - \text{SQBlo}$$
$$= 354{,}93 - 26{,}53 - 312{,}32 = 16{,}08$$

Fonte de variação	Soma dos quadrados	Graus de liberdade	Quadrado médio	F	Valor-p
Tratamentos	26,53	2	13,27	6,60	0,0203
Blocos	312,32	4	78,08		
Erro	16,08	8	2,01		
Total	354,93	14			

Segundo a tabela F (2 graus de liberdade no numerador e 8 no denominador), o valor-p está entre 0,01 e 0,025.
Valor-p real = 0,0203.

Como o valor-$p \leq \alpha = 0{,}05$, rejeitamos a hipótese de que as médias dos três tratamentos são iguais.

22.

Fonte de variação	Soma dos quadrados	Graus de liberdade	Quadrado médio	F	Valor-p
Tratamentos	310	4	77,5	17,69	0,0005
Blocos	85	2	42,5		
Erro	35	8	4,38		
Total	430	14			

Significativa; valor-$p \leq \alpha = 0{,}05$

24. Valor-$p = 0{,}0453$
Como o valor-$p \leq \alpha = 0{,}05$, rejeitamos a hipótese nula de que os tempos médios de ajuste são os mesmos para os dois analisadores.

26. a. Significativa; valor-$p = 0{,}0231$
b. A seção de redação.

28. *Etapa 1*

$$\text{SQTot} = \sum_i \sum_j \sum_k (x_{ijk} - \bar{\bar{x}})^2$$
$$= (135 - 111)^2 + (165 - 111)^2$$
$$+ \cdots + (136 - 111)^2 = 9.028$$

Etapa 2

$$\text{SQA} = br \sum_i (\bar{x}_{j\cdot} - \bar{\bar{x}})^2$$
$$= 3(2)[(104 - 111)^2 + (118 - 111)^2] = 588$$

Etapa 3

$$\text{SQB} = ar \sum_j (\bar{x}_{\cdot j} - \bar{\bar{x}})^2$$
$$= 2(2)[(130 - 111)^2 + (97 - 111)^2 + (106 - 111)^2]$$
$$= 2.328$$

Etapa 4

$$\text{SQAB} = r \sum_i \sum_j (\bar{x}_{ij} - \bar{x}_{i\cdot} - \bar{x}_{\cdot j} + \bar{\bar{x}})^2$$
$$= 2[(150 - 104 - 130 + 111)^2$$
$$+ (78 - 104 - 97 + 111)^2$$
$$+ \cdots + (128 - 118 - 106 + 111)^2] = 4.392$$

Etapa 5

$$\text{SQRes} = \text{SQTot} - \text{SQA} - \text{SQB} - \text{SQAB}$$
$$= 9.028 - 588 - 2.328 - 4.392 = 1.720$$

Fonte de variação	Soma dos quadrados	Graus de liberdade	Quadrado médio	F	Valor-p
Fator A	588	1	588	2,05	0,2022
Fator B	2.328	2	1.164	4,06	0,0767
Interação	4.392	2	2.196	7,66	0,0223
Erro	1.720	6	286,67		
Total	9.028	11			

Fator A: $F = 2{,}05$
Usando a tabela F (1 grau de liberdade no numerador e 6 no denominador), o valor-p é maior que 0,10.
Usando o Excel ou o Minitab, o valor-p correspondente a $F = 2{,}05$ é 0,2022.
Como o valor-$p \leq \alpha = 0{,}05$, o Fator A não é significativo.

Fator B: $F = 4,06$
Usando a tabela F (2 graus de liberdade no numerador e 6 no denominador), o valor-p está entre 0,05 e 1,0.
Usando o Excel ou o Minitab, o valor-p correspondente a $F = 4,06$ é 0,0767.
Como o valor-$p > \alpha = 0,05$, o Fator B não é significativo.
Interação: $F = 7,66$
Usando a tabela F (2 graus de liberdade no numerador e 6 no denominador), o valor-p está entre 0,01 e 0,25.
Usando o Excel ou o Minitab, o valor-p correspondente a $F = 7,66$ é 0,0223.
Como o valor-$p \leq \alpha = 0,05$, a interação é significativa.

30. Design: valor-$p = 0,0104$; significativo
    Tamanho: valor-$p = 0,1340$; não significativo
    Interação: valor-$p = 0,2519$; não significativo
32. Classe: valor-$p = 0,0002$; significativo
    Tipo: valor-$p = 0,0006$; significativo
    Interação: valor-$p = 0,4229$; não significativo
34. Significativa: valor-$p = 0,0134$
36. Não significativa: valor-$p = 0,088$
38. Não significativa: valor-$p = 0,2455$
40. a. Significativa; valor-$p = 0,0175$
42. Os blocos correspondem aos 12 golfistas (Golfer) e os tratamentos correspondem aos três designs (Design).
    O resultado da ANOVA do Minitab é

```
Source   DF    SS       MS      F      P
Design    2  3032,0   1516,0  12,89  0,000
Golfer   11  5003,3    454,8   3,87  0,003
Error    22  2586,7    117,6
Total    35 10622,0
```

Como o valor-p do Design (0,000) é menor que $\alpha = 0,05$, há uma diferença significativa entre a distância média de lançamento dos três designs.

44. Como o valor-p do Design (0,000) é menor que $\alpha = 0,05$, há uma diferença significativa entre a distância média de lançamento dos três designs.

Capítulo 14

1. a.

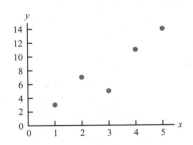

  b. Parece haver uma relação linear positiva entre x e y.
  c. Muitas linhas retas diferentes podem ser desenhadas para fornecer uma aproximação linear da relação entre x e y; no item (d), vamos determinar a equação de uma linha reta que "melhor" representa a relação de acordo com o critério dos mínimos quadrados.
  d. Os somatórios precisavam de um cálculo da inclinação e da interceptação em y:

$\bar{x} = \dfrac{\sum x_i}{n} = \dfrac{15}{5} = 3$, $\bar{y} = \dfrac{\sum y_i}{n} = \dfrac{40}{5} = 8$,
$\sum (x_i - \bar{x})(y_i - \bar{y}) = 26$, $\sum (x_i - \bar{x})^2 = 10$
$b_1 = \dfrac{\sum (x_i - \bar{x})(y_i - \bar{y})}{\sum (x_i - \bar{x})^2} = \dfrac{26}{10} = 2,6$
$b_0 = \bar{y} - b_1 \bar{x} = 8 - (2,6)(3) = 0,2$
$\hat{y} = 0,2 - 2,6x$
  e. $\hat{y} = 0,2 + 2,6x = 0,2 + 2,6(4) = 10,6$

2. b. Parece haver uma relação linear negativa entre x e y.
   d. $\hat{y} = 68 - 3x$
   e. 38

4. a.

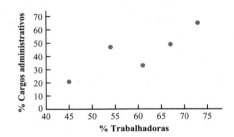

  b. Parece haver uma relação linear positiva entre a porcentagem de mulheres que trabalham nas cinco empresas (x) e a porcentagem de cargos administrativos ocupados por mulheres nesta empresa (y).
  c. Muitas linhas retas diferentes podem ser desenhadas para fornecer uma aproximação linear da relação entre x e y; no item (d), vamos determinar a equação de uma linha reta que "melhor" representa a relação de acordo com um critério dos mínimos quadrados.
  d. $\bar{x} = \dfrac{\sum x_i}{n} = \dfrac{300}{5} = 60$, $\bar{y} = \dfrac{\sum y_i}{n} = \dfrac{215}{5} = 43$,
     $\sum (x_i - \bar{x})(y_i - \bar{y}) = 624$, $\sum (x_i - \bar{x})^2 = 480$
     $b_1 = \dfrac{\sum (x_i - \bar{x})(y_i - \bar{y})}{\sum (x_i - \bar{x})^2} = \dfrac{624}{480} = 1,3$
     $b_0 = \bar{y} - b_1 \bar{x} = 43 - (1,3)(60) = -35$
     $\hat{y} = -35 + 1,3x$
  e. $\hat{y} = 235 + 1,3x = 235 + 1,3(60) = 43\%$

6. c. $\hat{y} = -70,391 + 17,175x$
   e. 43,8 ou aproximadamente 44%
8. c. $\hat{y} = 0,2046 + 0,9077x$
   e. 3,29 ou aproximadamente 3.3
10. c. $\hat{y} = -167,81 + 2,7149x$
    e. Sim
12. c. $\hat{y} = 17,49 + 1,0334x$
    d. US$ 150
14. a. O diagrama de dispersão indica uma relação linear negativa entre x = distância para chegar ao trabalho e y = número de dias ausente.
    b. $\hat{y} = 8,0978 - 0,3442x$
    c. $\hat{y} = 8,0978 - 0,3442(5) = 6,4$ ou aproximadamente 6 dias.
15. a. $\hat{y}_i = 0,2 + 2,6x_i$ e $\bar{y} = 8$

736 Estatística aplicada a administração e economia

x_i	y_i	$\hat{y}_i$	$y_i - \hat{y}_i$	$(y_i - \hat{y}_i)^2$	$y_i - \bar{y}$	$(y_i - \bar{y}_i)^2$
1	3	2,8	0,2	0,04	25	25
2	7	5,4	1,6	2,56	21	1
3	5	8,0	–3,0	9,00	23	9
4	11	10,6	0,4	0,16	3	9
5	14	13,2	0,8	0,64	6	36

$$\text{SQE} = \overline{12,40} \qquad \text{SQTot} = \overline{80}$$

$$\text{SQReg} = \text{SQTot} - \text{SQReg} = 80 - 12,4 = 67,6$$

b. $r^2 = \dfrac{\text{SQReg}}{\text{SQTot}} = \dfrac{67,6}{80} = 0,845$

A linha dos mínimos quadrados forneceu um bom ajuste; 84,5% da variabilidade em y foi explicada pela linha dos mínimos quadrados.

c. $r_{xy} = \sqrt{0,845} = +0,9192$

16. a. SQReg = 230, SQTot = 1,850, SQReg = 1,620
b. $r^2 = 0,876$
c. $r_{xy} = -0,936$

18. a. $\bar{x} = \sum x_i/n = 600/6 = 100 \quad y = \sum y_i/n = 330/6 = 55$
SQTot $= \sum(y_i - \bar{y})^2 = 1.800 \quad$ SQReg $= \sum(y_i - \hat{y}_i)^2 = 287,624$
SQReg = SQTot = SQReg = 1.800 − 287,624 = 1.512,376

b. $r^2 = \dfrac{\text{SQReg}}{\text{SQTot}} = \dfrac{1.512,376}{1.800} = 0,84$

c. $r^2 = \sqrt{r^2} = \sqrt{0,84} = 0,917$

20. a. $\hat{y} = 28,574 - 1.439x$
b. $r^2 = 0,864$
c. US\$ 6.989

22. a. $r^2 = \dfrac{\text{SQReg}}{\text{SQTot}} = \dfrac{9524,97}{10,568} = 0,9013$

b. A equação de regressão estimada forneceu um ajuste muito bom; aproximadamente 90% da variabilidade na variável dependente foi explicada pela relação linear entre as duas variáveis.

c. $r = \sqrt{r^2} = \sqrt{0,9013} = 0,95$. Isto reflete uma forte relação linear entre as duas variáveis.

23. a. $s^2 = \text{QMRes} = \dfrac{\text{SQRes}}{n-2} = \dfrac{12,4}{3} = 4,133$

b. $s = \sqrt{\text{QMRes}} = \sqrt{4,133} = 2,033$

c. $\sum(x_i - \bar{x})^2 = 10$

$$s_{b_1} = \dfrac{s}{\sqrt{\sum(x_1 - \bar{x})^2}} = \dfrac{2,033}{\sqrt{10}} = 0,643$$

d. $t - \dfrac{b_1 - \beta_1}{s_{b_1}} = \dfrac{2,6 - 0}{0,643} = 4,044$

A partir da tabela t (3 graus de liberdade), a área na cauda está entre 0,01 e 0,025.
O valor-p está entre 0,02 e 0,05.
Utilizando o Excel ou o Minitab, o valor-p correspondente a $t = 4,04$ é 0,0272.
Como o valor-$p \leq \alpha$, rejeitamos $H_0: \beta_1 = 0$.

e. $\text{QMReg} = \dfrac{\text{SQReg}}{1} = 67,6$

$$F = \dfrac{\text{QMReg}}{\text{QMRes}} = \dfrac{67,6}{4,133} = 16,36$$

A partir da tabela F (1 grau de liberdade no numerador e 3 no denominador), o valor-p está entre 0,025 e 0,05 Usando o Excel ou o Minitab, o valor-p correspondente a $F = 16,36$ é 0,0272.
Como o valor-$p \leq \alpha$, rejeitamos $H_0: \beta_1 = 0$

Fonte de variação	Soma dos quadrados	Graus de liberdade	Quadrado médio	F	valor-p
Regressão	67,6	1	67,6	16,36	0,0272
Erro	12,4	3	4,133		
Total	80	4			

24. a. 76,6667
b. 8,7560
c. 0,6526
d. Significativo; valor-$p = 0,0193$
e. Significativo; valor-$p = 0,0193$

26. a. No enunciado do exercício 18, $\hat{y} = 23,194 + 0,318x$
Ao resolvermos o exercício 18, verificamos que SQRes = 287,624

$s^2 = \text{QMRes} = SSE/(n-2) = 287,624/4 = 71,906$
$s^2 = \sqrt{\text{QMRes}} = \sqrt{71,906} = 8,4797$
$\sum(x - \bar{x})^2 = 14.950$

$$s_{b_1} = \dfrac{s}{\sqrt{\sum(x - \bar{x})^2}} = \dfrac{8,4797}{\sqrt{14.950}} = 0,0694$$

$$t = \dfrac{b_1}{s_{b_1}} = \dfrac{0,318}{0,0694} = 4,58$$

Utilizando a tabela t (4 graus de liberdade), a área na cauda está entre 0,005 e 0,01.
O valor-p está entre 0,01 e 0,02.
Utilizando o Excel, o valor-p correspondente a $t = 4,58$ é 0,010.
Como o valor-$p \leq \alpha$, rejeitamos $H_0: \beta_1 = 0$; existe uma relação significativa entre o preço e a pontuação geral.

b. No exercício 18 verificamos que SQReg = 1.512,376

$$\text{QMReg} = \dfrac{\text{SQReg}}{1} = \dfrac{1.512,376}{1} = 1.512,376$$

$$F = \dfrac{\text{QMReg}}{\text{QMReg}} = \dfrac{1.512,376}{71,906} = 21,03$$

Utilizando a tabela F (1 grau de liberdade no numerador e 4 no denominador), o valor-p está entre 0,025 e 0,01.
Utilizando o Excel, o valor-p correspondente a $F = 11,74$ é 0,010.
Como o valor-$p \leq \alpha$, rejeitamos $H_0: \beta_1 = 0$.

c.

Fonte de variação	Soma dos quadrados	Graus de liberdade	Quadrado médio	F	valor-p
Regressão	1.512,376	1	1.512,376	21,03	0,10
Erro	287,624	4	71,906		
Total	1.800	5			

28. Eles estão relacionados; valor-$p = 0,000$.

30. Utilizando a tabela t (4 graus de liberdade), a área na cauda é menor do que 0,005, o valor-p é menor do que 0,01. Existe uma relação significativa entre carros em serviço e rendimento anual.

32. a. $s = 2,033$

$\bar{x} = 3, \sum (x_i - \bar{x})^2 = 10$

$s_{\hat{y}^*} = s\sqrt{\dfrac{1}{n} + \dfrac{(x^* - \bar{x})^2}{\sum (x_i - \bar{x})^2}}$

$= 2,033\sqrt{\dfrac{1}{5} + \dfrac{(4-3)^2}{10}} = 1,11$

b. $\hat{y}^* = 0,2 + 2,6x^* = 0,2 + 2,6(4) = 10,6$

$\hat{y}^* \pm t_{\alpha/2} s_{\hat{y}^*}$

$10,6 \pm 3,182(1,11)$

$10,6 \pm 3,56,$ ou 7,07 a 14,13

c. $s_{\text{prev}} = s\sqrt{1 + \dfrac{1}{n} + \dfrac{(x^* - \bar{x})^2}{\sum (x_i - \bar{x})^2}}$

$= 2,033\sqrt{1 + \dfrac{1}{5} + \dfrac{(4-3)^2}{10}} = 2,32$

d. $\hat{y}^* \pm t_{\alpha/2} s_{\text{prev}}$

$10,6 \pm 3,182(2,32)$

$10,6 \pm 7,38,$ ou 3,22 a 17,98

34. Intervalo de confiança: 8,65 a 21,15.
Intervalo de predição: 24,50 a 41,30.

35. a. $\hat{y}^* = 2.090,5 + 581,1x^* = 2.090,5 + 581,1(3) = 3.833,8.$

b. $s = \sqrt{\text{QMRes}} = \sqrt{21,284} = 145,89$

$\bar{x} = 3,2, \sum (x_i - \bar{x})^2 = 0,74$

$s_{\hat{y}^*} = s\sqrt{\dfrac{1}{n} + \dfrac{(x^* - \bar{x})^2}{\sum (x_i - \bar{x})^2}}$

$= 145,89\sqrt{\dfrac{1}{6} + \dfrac{(3-3,2)^2}{0,74}} = 68,54$

$\hat{y}^* \pm t_{\alpha/2} s_{\hat{y}^*}$

$3.833,8 \pm 2,776(68,54) = 3.833,8 \pm 190,27$

ou US\$ 3.643,53 a US\$ 4.024,07

c. $s_{\text{prev}} = s\sqrt{1 + \dfrac{1}{n} + \dfrac{(x^* - \bar{x})^2}{\sum (x_i - \bar{x})^2}}$

$= 145,89\sqrt{1 + \dfrac{1}{6} + \dfrac{(3-3,2)^2}{0,74}} = 161,19$

$\hat{y}^* \pm t_{\alpha/2} s_{\text{prev}}$

$3833,8 \pm 2,776(161,19) = 3833,8 \pm 447,46$

ou US\$ 3.386,34 a US\$ 4.281,26

d. Como esperado, o intervalo de predição é muito mais amplo que o intervalo de confiança. Isso se deve ao fato de que é mais difícil prever o salário inicial de um novo aluno com um GPA de 3,0 do que estimar a média para todos os alunos com um GPA de 3,0.

36. a. US\$ 112.190 a US\$ 119.810
b. US\$ 104.710 a US\$ 127.290

38. a. US\$ 5.046.67
b. US\$ 3.815.10 a US\$ 6.278.24
c. Não, fora de cogitação

40. a. 9
b. $\hat{y} = 20,0 + 7,21x$
c. 1,3626
d. SQRes = SQTot – SQeg = 51.984,1 – 41.587,3 = 10.396,8
QMRes = 10.396,8/7 = 1485,3

$F = \dfrac{\text{QMReg}}{\text{QMRes}} = \dfrac{41.587,3}{1.485,3} = 28,0$

A partir da tabela F (1 grau de liberdade no numerador e 7 no denominador), o valor-p é menor do que 0,01
Utilizando o Excel ou o Minitab, o valor-p correspondente a $F = 28,0$ é 0,0011
Como o valor-$p \leq \alpha = 0,05$, rejeitamos $H_0: \beta_1 = 0$

e. $\hat{y} = 20,0 + 7,21(50) = 380,5,$ ou US\$ 380.500

42. a. $\hat{y} = 80,0 + 50,0x$
b. 30
c. Significativo; valor-$p = 0,000$
d. US\$ 680.000

44. b. Sim
c. $\hat{y} = 2044,38 - 28,35$ peso
d. Significativo; valor-$p = 0,000$
e. 0,774; um bom ajuste

45. a. $\bar{x} = \dfrac{\sum x_i}{n} = \dfrac{70}{5} = 14, \bar{y} = \dfrac{\sum y}{n} = \dfrac{76}{5} = 15,2,$

$\sum (x_i - \bar{x})(y_i - \bar{y}) = 200, \sum (x_i - \bar{x})^2 = 126$

$b_1 = \dfrac{\sum (x_i - \bar{x})(y_i - \bar{y})}{\sum (x_i - \bar{x})^2} = \dfrac{200}{126} = 1,5873$

$b_0 = \bar{y} - b_1\bar{x} = 15,2 - (1,5873)(14) = -7,0222$

$\hat{y} = -7,02 + 1,59x$

b.

x_i	y_i	$\hat{y}_i$	$y_i - \hat{y}_i$
6	6	2,52	3,48
11	8	10,47	–2,47
15	12	16,83	–4,83
18	20	21,60	–1,60
20	30	24,78	5,22

c.

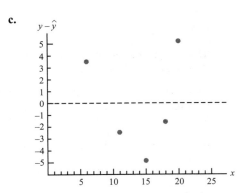

Com apenas cinco observações, é difícil determinar se as suposições são satisfeitas; no entanto, o gráfico sugere curvatura nos resíduos, o que indicaria que as suposições do termo de erro não são satisfeitas; o diagrama de dispersão para estes dados também indica que a relação subjacente entre x e y pode ser curvilínea.

d. $s^2 = 23,78$

$$h_i = \frac{1}{n} + \frac{(x_i - \bar{x})^2}{\sum(x_i - \bar{x})^2} = \frac{1}{5} + \frac{(x_i - 14)^2}{126}$$

x_i	h_i	$s_{y_i - \hat{y}_i}$	$y_i - \hat{y}_i$	Resíduos padronizados
6	0,7079	2,64	3,48	1,32
11	0,2714	4,16	−2,47	−0,59
15	0,2079	4,34	−4,83	−1,11
18	0,3270	4,00	−1,60	−0,40
20	0,4857	3,50	5,22	1,49

e. O gráfico de resíduos padronizados em relação a $\hat{y}$ tem o mesmo formato que o gráfico de resíduos original; conforme afirmado no item (c), a curvatura observada indica que as suposições referentes ao termo de erro podem não ter sido satisfeitas.

46. a. $\hat{y} = 2,32 + 0,64x$

b. Não; aparentemente a variância aumente para valores de x maiores.

47. a. Suponha que $x =$ gastos com propaganda e $y =$ receita $\hat{y} = 29,4 + 1,55x$.

b. SQTot = 1.002, SQRes = 310,28, SQReg = 691,72

$$\text{QMReg} = \frac{\text{SQReg}}{1} = 691,72$$

$$\text{QMRes} = \frac{\text{SQRes}}{n-2} = \frac{310,28}{5} = 62,0554$$

$$F = \frac{\text{QMReg}}{\text{QMRes}} = \frac{691,72}{62,0554} = 11,15$$

A partir da tabela F (1 grau de liberdade no numerador e 5 no denominador), o valor-p está entre 0,01 e 0,025. Utilizando o Excel ou o Minitab, o valor-$p = 0,0206$.

Como o valor-$p \leq \alpha = 0,05$, concluímos que as duas variáveis estão relacionadas.

c.

x_i	y_i	$\hat{y}_i = 29{,}40 + 0{,}64x_i$	$y_i - \hat{y}_i$
1	19	30,95	−11,95
2	32	32,50	−0,50
4	44	35,60	8,40
6	40	38,70	1,30
10	52	44,90	7,10
14	53	51,10	1,90
20	54	60,40	−6,40

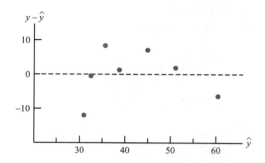

d. O gráfico de resíduos nos leva a questionar a hipótese de uma relação linear entre x e y; mesmo que a relação seja significativa no nível $\alpha = 0,05$, seria extremamente perigoso extrapolar além do alcance dos dados.

48. b. Sim

50. a. Utilizando o Minitab, obtivemos a equação de regressão estimada $\hat{y} = 66,1 + 0,402x$; uma parte do resultado do Minitab é mostrada na Figura D14.50; os valores ajustados e os residuais padronizados também são mostrados:

```
FIGURA D14.50

The regression equation is
Y = 66.1 + 0.402 X

Predictor      Coef       SE Coef        T          p
Constant       66.10      32.06          2.06       0.094
X              0.4023     0.2276         1.77       0.137

S = 12.62      R-sq = 38.5%      R-sq(adj) = 26.1%

Analysis of Variance

SOURCE             DF       SS          MS         F          p
Regression          1       497.2       497.2      3.12       0.137
Residual Error      5       795.7       159.1
Total               6       1292.9

Unusual Observations
  Obs      X         Y         Fit       SE Fit      Residual    St Resid
    1    135      145.00      120.42       4.87        24.58       2.11R

R denotes an observation with a large standardized residual
```

x_i	h_i	$\hat{y}_i$	Resíduos padronizados
135	145	120,41	2,11
110	100	110,35	−1,08
130	120	118,40	0,14
145	120	124,43	−0,38
175	130	136,50	−0,78
160	130	130,47	−0,04
120	110	114,38	−0,41

b.

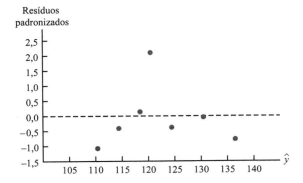

O gráfico de resíduo padronizado indica que a observação $x = 135, y = 145$ pode ser um *outlier*; note que esta observação tem um resíduo padronizado de 2,11.

c. O diagrama de dispersão é o seguinte:

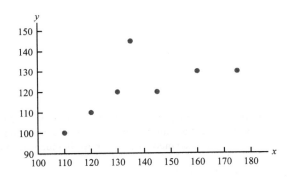

O diagrama de dispersão também indica que a observação $x = 135, y = 145$ pode ser um *outlier*; a implicação é que para uma regressão linear simples *outliers* podem ser identificados olhando-se no diagrama de dispersão.

52. b. $\hat{y} = 91,0 - 0,917x$
   b. Smithsonian Institution: *outlier*.
   American Cancer Society: observação influente.

54. a. O diagrama de dispersão indica potenciais *outliers* e/ou observações influentes. Por exemplo, o New York Yankees tem o maior valor de receita e esta parece ser uma observação influente. O Los Angeles Dodgers tem o segundo maior valor e este parece ser um *outlier*.
   b. $\hat{y} = -601,4814 + 5,9271$ de receita.
   c. O valor do Residual Padrão para os Los Angeles Dodgers é 4,7 e deveria ser tratado como um *outlier*.

58. b. $\hat{y} = 2.669 + 0,157$ DJIA
   c. Significativo; valor-$p = 0,001$
   d. $r^2 = 0,949$; excelente ajuste

60. b. TG(%) = 25,4 + 0,285 TR(%)
   c. Significativo; valor-$p = 0,000$
   d. Não; $r^2 = 0,449$
   e. Sim
   f. Sim

62. a. $\hat{y} = 22,2 - 0,148x$
   b. Relação significativa; valor-$p = 0,028$
   c. Bom ajuste; $r^2 = 0,739$
   d. 12,294 a 17,271

64. a. $\hat{y} = 220 + 132x$
   b. Significativo; valor-$p = 0,000$
   c. $r^2 = 0,873$; ajuste muito bom
   d. US$ 559,50 a US$ 933,90

66. a. Beta do mercado = 0,95
   b. Significativo; valor-$p = 0,029$
   c. $r^2 = 0,470$; não é um bom ajuste
   d. A Xerox tem um risco maior

68. b. Parece haver uma relação linear negativa entre as duas variáveis.
   c. $\hat{y} = 16,5 - 0,0588$ milhas
   d. Significativo; valor-$p = 0,000$
   e. $r^2 = 0,539$; ajuste razoavelmente bom
   g. Aproximadamente US$ 13.000; não

Capítulo 15

2. a. A equação de regressão estimada é
   $\hat{y} = 45,06 + 1,94x_1$
   Uma estimativa de y quando $x_1 = 45$ é
   $\hat{y} = 45,06 + 1,94(45) = 132,36$
   b. A equação de regressão estimada é
   $\hat{y} = 85,22 + 4,32x_2$
   Uma estimativa de y quando $x_2 = 15$ é
   $\hat{y} = 85,22 + 4,32(15) = 150,02$
   c. A equação de regressão estimada é
   $\hat{y} = -18,37 + 2,01x_1 + 4,74x_2$
   Uma estimativa de y quando $x_1 = 45$ e $x_2 = 15$ é
   $\hat{y} = -18,37 + 2,01(45) + 4,74(15) = 143,18$

4. a. US$ 255.000

5. a. O resultado do Minitab é mostrado na Figura D15.5a.
   b. O resultado do Minitab é mostrado na Figura D15.5b.
   c. Ele é 1,60 na parte (a) e 2,29 na parte (b). Na parte (a), o coeficiente é uma estimativa da variação na receita devido a uma mudança de uma unidade nos gastos com publicidade na televisão. Na parte (b), ele representa uma estimativa da variação na receita devido a uma mudança de uma unidade nos gastos com publicidade na televisão quando o valor dos anúncios nos jornais é mantido constante.
   d. Receita = 83,2 + 2,29(3,5) + 1,30(1,8) = 93,56 ou US$ 93.560

6. a. %Vit = −58,8 + 16,4 Jardas/Tent.
   b. %Vit = 97,5 − 1.600 Interc./Tent.
   c. %Vit = −5,8 + 12,9 Jardas/Tent. − 1.084 Interc./Tent.
   d. 35%

8. a. Geral = 69,3 + 0,235 Excursões no litoral
   b. Geral = 45,2 + 0,253 Excursões no litoral + 0,248 Comida/Refeições
   c. 87,76 ou aproximadamente 88.

10. a. R/IP = 0,676 − 0,284 SO/IP
    b. R/IP = 0,308 + 1,35 HR/IP

740 Estatística aplicada a administração e economia

FIGURA D15.5a

```
The regression equation is
Revenue = 88.6 + 1.60 TVAdv

Predictor       Coef      SE Coef        T           p
Constant        88.638      1.582      56.02      0.000
TVAdv            1.6039     0.4778       3.36      0.015

S = 1.215     R-sq = 65.3%      R-sq(adj) = 59.5%

Analysis of Variance

SOURCE            DF          SS          MS         F          p
Regression         1       16.640      16.640     11.27      0.015
Residual Error     6        8.860       1.477
Total              7       25.500
```

FIGURA D15.5b

```
The regression equation is
Revenue = 83.2 + 2.29 TVAdv + NewsAdv

Predictor       Coef      SE Coef        T           p
Constant        83.230      1.574      52.88      0.000
TVAdv            2.2902     0.3041       7.53      0.001
NewsAdv          1.3010     0.3207       4.06      0.010

S = 0.6426     R-sq = 91.9%      R-sq(adj) = 88.7%

Analysis of Variance

SOURCE            DF          SS          MS         F          p
Regression         1       16.640      16.640     11.27      0.015
Residual Error     6        8.860       1.477
Total              7       25.500
```

---

c. R/IP $= 0,537 - 0,248$ SO/IP $+ 1,03$ HR/IP

d. **0,48**

e. A sugestão não faz sentido.

12. a. $R^2 = \dfrac{\text{SQReg}}{\text{SQTot}} = \dfrac{14.052,2}{15.182,9} = 0,926$

b. $R_a^2 = 1 - (1 - R^2)\dfrac{n-1}{n-p-1}$

$= 1 - (1 - 0,926)\dfrac{10-1}{10-2-1} = 0,905$

c. Sim; depois de fazer ajustes para o número de variáveis independentes no modelo, vemos que 90,5% da variabilidade de y foi explicada.

14. a. 0,75

b. 0,68

15. a. $R^2 = \dfrac{\text{SQReg}}{\text{SQTot}} = \dfrac{23,435}{25,5} = 0,919$

$R_a^2 = 1 - (1 - R^2)\dfrac{n-1}{n-p-1}$

$= 1 - (1 - 0,919)\dfrac{8-1}{8-2-1} = 0,887$

b. A análise de regressão múltipla é preferida porque o R^2 e o R_a^2 mostram um maior percentual de variabilidade de y explicado quando as duas variáveis independentes são usadas.

16. a. Não, $R^2 = 0,577$

b. Melhor ajuste com regressão múltipla.

18. a. $R^2 = 0,563$, $R_a^2 = 0,512$

b. O ajuste não é muito bom.

19. a. $\text{QMReg} = \dfrac{\text{SQReg}}{p} = \dfrac{6216,375}{2} = 3108,188$

$\text{QMRes} = \dfrac{\text{SQRes}}{n-p-1} = \dfrac{507,75}{10-2-1} = 72,536$

b. $F = \dfrac{\text{QMReg}}{\text{QMRes}} = \dfrac{3108,188}{72,536} = 42,85$

Segundo a tabela F (2 graus de liberdade no numerador e 7 no denominador), o valor-p é menor que 0,01.

Usando o Excel ou o Minitab, o valor-p correspondente a $F = 42,85$ é 0,0001.

Como o valor-$p \leq \alpha$, o modelo geral é significativo.

c. $t = \dfrac{b_1}{s_{b_1}} = \dfrac{0,5906}{0,0813} = 7,26$

Valor-$p = 0,0002$
Como o valor-$p \leq \alpha$, β_1 é significativo.

d. $t = \dfrac{b_2}{s_{b_2}} = \dfrac{0,4980}{0,0567} = 8,78$

Valor-$p = 0,0001$
Como o valor-$p \leq \alpha$, β_2 é significativo.

20. a. Significativa; valor-$p = 0,000$
   b. Significativa; valor-$p = 0,000$
   c. Significativa; valor-$p = 0,002$

22. a. SQRes $= 4.000$, $s^2 = 571,43$,
   QMReg $= 6.000$
   b. Significativa; valor-$p = 0,008$

23. a. $F = 28,38$
   Valor-$p = 0,002$
   Como o valor-$p \leq \alpha$, há uma relação significativa.
   b. $t = 7,53$
   Valor-$p = 0,001$
   Como o valor-$p \leq \alpha$, β_1 é significativo e x_1 não deve ser removido do modelo.
   c. $t = 4,06$
   Valor-$p = 0,010$
   Como o valor-$p \leq \alpha$, β_2 é significativo e x_2 não deve ser removido do modelo.

24. a. $\hat{y} = 60,5 + 0,3186$ JardasPasseAtaque/Jogo $- 0,2413$ JardasDef/Jogo
   b. Significativa; valor-$p = 0,000$
   c. JardasPasseAtaque/Jogo é significativo; valor-$p = 0,000$
   JardasDef/Jogo é significativo; valor-$p = 0,011$

26. a. Significativa; valor-$p = 0,001$
   b. Todas são significativas; os valores-p são todos $< \alpha = 0,05$

28. a. Usando o Minitab, o intervalo de confiança de 95% é de 132,16 a 154,16.
   b. Usando o Minitab, o intervalo de previsão de 95% é de 111,13 a 175,18.

29. a. Veja o resultado do Minitab da Figura D15.5b
   $\hat{y} = 83,23 + 2,29(3,5) + 1,30(1,8) = 93,555$ ou US$ 93.555

b. Resultados do Minitab: 92,840 a 94,335 ou US$ 92.840 a US$ 94.335.
   c. Resultados do Minitab: 91,774 a 95,401 ou US$ 91.774 a US$ 95.401.

30. a. $\hat{y} = 60,5 + 0,3186(223) - 0,2413(300) = 59,1578$
   b. O resultado parcial do Minitab é exibido abaixo.

```
Regression Equation
Win% = 60,5 + 0,3186 OffPassYds/G - 0,2413 DefYds/G

Variable          Setting
OffPassYds/G        225
DefYds/G            300

   Fit     SE Fit         95% CI            95% PI
59.8270   4.88676  (49.8325, 69.8216)  (26.9589, 92.6952)
```

O intervalo de previsão de 95% é de 26,9589 a 92,6952.

32. a. $E(y) = \beta_0 + \beta_1 x_1 + \beta_2 x_2$

   onde $x_2 = \begin{cases} 0 \text{ se nível 1} \\ 1 \text{ se nível 2} \end{cases}$

   b. $E(y) = \beta_0 + \beta_1 x_1 + \beta_2(0) = \beta_0 + \beta_1 x_1$
   c. $E(y) = \beta_0 + \beta_1 x_1 + \beta_2(1) = \beta_0 + \beta_1 x_1 + \beta_2$
   d. $\beta_2 = E(y \mid \text{nível 2}) - E(y \mid \text{nível 1})$
   β_1 é a variação em $E(y)$ para uma mudança de uma unidade em x_1 mantendo x_2 constante

34. a. US$ 15.300
   b. $\hat{y} = 10,1 - 4,2(2) + 6,8(8) + 15,3(0) = 56,1$
   Previsão de vendas: US$ 56.100
   c. $\hat{y} = 10,1 - 4,2(1) + 6,8(3) + 15,3(1) = 41,6$
   Previsão de vendas: US$ 41.600

36. a. $\hat{y} = 1,86 + 0,291$ Meses $+ 1,10$ Tipo $- 0,690$ Técnico
   b. Significativa; valor-$p = 0,002$
   c. O técnico não é significativo; valor-$p = 0,167$

38. a. $\hat{y} = -91,8 + 1,08$ Idade $+ 0,252$ Pressão $+ 8,74$ Fumante
   b. Significativo; valor-$p = 0,01$
   c. O intervalo de previsão de 95% é de 21,35 a 47,18 ou probabilidade de 0,2135 a 0,4718; parar de fumar e começar algum tipo de tratamento para reduzir a pressão arterial.

39. a. O resultado do Minitab é exibido na Figura D15.39.
   b. O Minitab fornece os seguintes valores:

FIGURA D15.39

```
The regression equation is
Y = 0.20 + 2.60 X

Predictor      Coef    SE Coef       T        p
Constant      0.200     2.132     0.09    0.931
X            2.6000    0.6429     4.04    0.027

S = 2.033     R-sq = 84.5%    R-sq(adj) = 79.3%

Analysis of Variance

SOURCE          DF        SS        MS        F        p
Regression       1    67.600    67.600    16.35    0.027
Residual Error   3    12.400     4.133
Total            4    80.000
```

x_i	y_i	$\hat{y}_i$	Resíduos padronizados
1	3	2,8	0,16
2	7	5,4	0,94
3	5	8,0	−1,65
4	11	10,6	0,24
5	14	13,2	0,62

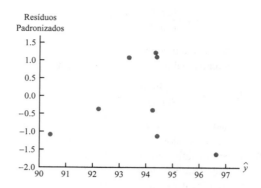

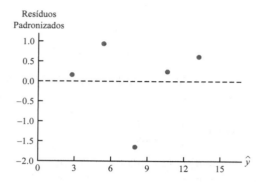

O ponto (3, 5) não parece seguir a tendência do restante dos dados; no entanto, o valor do resíduo padronizado deste ponto, −1,65, não é grande o suficiente para concluir que (3, 5) é um *outlier*.

c. O Minitab fornece os seguintes valores:

x_i	y_i	Resíduos estudentizados excluídos
1	3	0,13
2	7	0,91
3	5	−4,42
4	11	0,19
5	14	0,54

$t_{0,025} = 4,303$ ($n - p - 2 = 5 - 1 - 2 = 2$ graus de liberdade). Como o resíduo estudentizado excluído de (3, 5) é −4,42 < −4,303, concluímos que a terceira observação é um *outlier*.

40. a. $\hat{y} = -53,3 + 3,11x$
    b. −1,94, −0,12, 1,79, 0,40, −1,90; não
    c. 0,38, 0,28, 0,22, 0,20, 0,92; não
    d. 0,60, 0,00, 0,26, 0,03, 11,09; sim, a quinta observação

41. a. O resultado do Minitab é exibido na Figura D15.5b; a equação de regressão estimada é:
    Receita = 83,2 + 2,29 PubTV + 1,30 PubJornais
    b. O Minitab fornece os seguintes valores:

$\hat{y}_i$	Resíduos padronizados	$\hat{y}_i$	Resíduos padronizados
96,63	−1,62	94,39	1,10
90,41	−1,08	94,24	−0,40
94,34	1,22	94,42	−1,12
92,21	−0,37	93,35	1,08

Com relativamente poucas observações, é difícil determinar se alguma das suposições relacionadas a ε foi violada. Por exemplo, pode-se argumentar que não parece haver um padrão no gráfico. Por outro lado, pode-se argumentar também que há um padrão curvilíneo no gráfico.

c. Os valores dos resíduos padronizados são maiores que −2 e menores que +2; assim, usando este teste, não existem *outliers*.

Em uma verificação adicional da presença de *outliers*, usamos o Minitab para calcular os resíduos estudentizados excluídos abaixo:

Observação	Resíduos estudentizados excluídos	Observação	Resíduos estudentizados excluídos
1	−2,11	5	1,13
2	−1,10	6	−0,36
3	1,31	7	−1,16
4	−0,33	8	1,10

$t_{0,025} = 2,776$ ($n - p - 2 = 8 - 2 - 2 = 4$ graus de liberdade). Como nenhum resíduo estudentizado excluído é menor que −2,776 ou maior que 2,776, concluímos que não existem *outliers* nos dados.

d. O Minitab fornece os seguintes valores:

Observação	h_i	D_i
1	0,63	1,52
2	0,65	0,70
3	0,30	0,22
4	0,23	0,01
5	0,26	0,14
6	0,14	0,01
7	0,66	0,81
8	0,13	0,06

O valor crítico de alavanca é

$$\frac{3(p+1)}{n} = \frac{3(2+1)}{8} = 1,125$$

Como nenhum dos valores supera 1,125, concluímos que não há observações influentes. No entanto, usando a medida da distância de Cook, vemos que $D_1 > 1$ (regra de ouro do valor crítico). Assim, concluímos que a primeira observação é influente.

Conclusão final: a observação 1 é uma observação influente.

Apêndice D: Soluções dos autotestes (SELF *test.*) e respostas dos exercícios pares **743**

42. b. Tendência incomum
 c. Não há *outliers*
 d. A observação 2 é uma observação influente.

44. a. $E(y) = \dfrac{e^{\beta_0 + \beta_1 x}}{1 + e^{\beta_0 + \beta_1 x}}$

 b. Estimativa da probabilidade de um cliente que não tem um cartão de crédito da Simmons fazer uma compra

 c. $\hat{g}(x) = -0,9445 + 1,0245x$

 d. 0,28 para clientes que não têm o cartão de crédito da Simmons
 0,52 para clientes que têm o cartão de crédito da Simmons

 e. Razão de chances estimada = 2,79

46. a. $E(y) = \dfrac{e^{\beta_0 + \beta_1 x}}{1 + e^{\beta_0 + \beta_1 x}}$

 b. $E(y) = \dfrac{e^{-2,6355 + 0,22018x}}{1 + e^{-2,6355 + 0,22018x}}$

 c. Significativo; valor-$p = 0,0002$
 d. 0,39
 e. US$ 1.200
 f. Razão de chances estimada = 1,25

48. a. $E(y) = \dfrac{e^{\beta_0 + \beta_1 x_1 + \beta_2 x_2}}{1 + e^{\beta_0 + \beta_1 x_1 + \beta_2 x_2}}$

 b. $\hat{g}(x) = -39,4982 + 3,37449 \text{ SoloMolhado} + 1,81628 \text{ Ruído}$
 c. 0,88
 d. A probabilidade é 0,04.

50. b. 155,14
52. a. $\hat{y} = -1,41 + 0,0235x_1 + 0,00486x_2$
 b. Significativa; valor-$p = 0,0001$
 c. Ambas significativas.
 d. $R^2 = 0,937$; $R_a^2 = 9,19$; bom ajuste
54. a. Recompra $= -7,522 + 1,8151$ Direção
 b. Sim
 c. Recompra $= -5,388 + 0,6899$ Direção $+ 0,9113$ Desgaste
 d. Significativa; valor-$p = 0,001$
56. a. $\hat{y} = 4,9090 + 10,4658$ FundoCD $+ 21,6823$ FundoCI
 b. $R^2 = 0,6144$; ajuste razoavelmente bom
 c. $\hat{y} = 1,1899 + 6,8969$ FundoCD $+ 17,6800$ FundoCI
 $+ 0,0265$ Valor líquido do ativo (US$)
 $+ 6,4564$ Taxa de despesas (%)
 O valor líquido do ativo (US$) não é significativo e pode ser excluído.
 d. $\hat{y} = -4,6074 + 8,1713$ FundoCD $+ 19,5194$ FundoCI
 $+ 5,5197$ Taxa de despesas (%) $+ 5,9237$ 3-Estrelas
 $+ 8,2367$ 4-Estrelas $+ 6,6241$ 5-Estrelas
 e. 15,28%

Apêndice E: Microsoft Excel 2016 e ferramentas para análise estatística

O Microsoft Excel 2016, parte do sistema Microsoft Office 2016, é um programa de planilha que pode ser utilizado para organizar e analisar dados, realizar cálculos complexos e criar uma ampla variedade de apresentações gráficas. Consideramos que os leitores estão familiarizados com as operações básicas do Excel, como selecionar células, inserir fórmulas, copiar, e assim por diante. Mas não consideramos que os leitores estejam familiarizados com o Excel 2016 ou com o uso do Excel para análises estatísticas.

O objetivo deste Apêndice é duplo. Primeiro, fornecemos uma visão geral do Excel 2016 e discutimos as operações básicas necessárias para trabalhar com pastas de trabalho e planilhas do Excel 2016. Em segundo lugar, fornecemos uma visão geral das ferramentas disponíveis para a realização de análises estatísticas com o Excel. Isto inclui funções e fórmulas do Excel que permitem aos usuários conduzir suas próprias análises, e suplementos que fornecem ferramentas de análise mais abrangentes.

O complemento Análise de Dados do Excel, incluído no sistema básico do Excel, é uma ferramenta valiosa para a realização de análises estatísticas. Na última seção deste Apêndice, fornecemos instruções para instalar o complemento Análise de Dados. Outros complementos foram desenvolvidos por fornecedores externos para complementar os recursos estatísticos básicos fornecidos pelo Excel.

Visão geral do Microsoft Excel 2016

Ao utilizar o Excel para análise estatística, os dados são exibidos em pastas de trabalho, cada uma contendo uma série de planilhas que normalmente incluem os dados originais, bem como qualquer análise resultante, incluindo gráficos. A

Uma pasta de trabalho é um arquivo contendo uma ou mais planilhas de trabalho.

Figura E.1 mostra o *layout* de uma pasta de trabalho em branco criada toda vez que o Excel é aberto. A pasta de trabalho é denominada Pasta1 e contém uma planilha chamada Planilha1. O Excel realça a planilha atualmente exibida (Planilha1) definindo o nome na aba da planilha em negrito. Observe que a célula A1 é selecionada inicialmente.

A barra larga localizada na parte superior da pasta de trabalho é chamada de Faixa de Opções. As guias, localizadas na parte superior da Faixa de Opções, fornecem acesso rápido a grupos de comandos relacionados. Existem oito guias mostradas na pasta de trabalho na Figura E.1: Arquivo; Página inicial; Inserir; *Layout* de Página; Fórmulas; Dados; Revisão e Exibir. Cada aba contém uma série de grupos de comandos relacionados. Observe que a aba Página inicial é selecionada quando o Excel é aberto. A Figura E.2 exibe os grupos disponíveis quando a aba Início é selecionada. Na aba Início, há sete grupos: Área de Transferência; Fonte; Alinhamento; Número; Estilos; Células e Edição. Comandos são organizados dentro de cada grupo. Por exemplo, para alterar o texto selecionado para negrito, clique na aba Início e clique no botão Negrito **B**, no grupo Fonte.

A Figura E.3 ilustra a localização da Barra de Ferramentas de Acesso Rápido e da Barra de Fórmulas. A Barra de Ferramentas de Acesso Rápido permite acessar rapidamente as opções da pasta de trabalho. Para adicionar ou remover recursos à Barra de Ferramentas de Acesso Rápido, clique no botão Personalizar Barra de Ferramentas de Acesso Rápido ⬇, no final da Barra de Ferramentas de Acesso Rápido.

A Barra de Fórmulas (consulte a Figura E.3) contém a caixa Nome, o botão Inserir Função *fx* e a caixa Fórmula. Na Figura E.3, "A1" aparece na caixa Nome porque a célula A1 está selecionada. Você pode selecionar qualquer outra célula na planilha usando o mouse para mover o cursor para outra célula e clicando ou digitando o novo local da célula na caixa Nome. A caixa Fórmula é usada para exibir a fórmula na célula atualmente selecionada. Por exemplo, se você inserir $= A1 + A2$ na célula A3, sempre que selecionar a célula A3, a fórmula $= A1 + A2$ será mostrada na caixa Fórmula. Este recurso facilita a visualização e a edição de uma fórmula em uma célula específica. O botão Inserir Função permite acessar rapidamente todas as funções disponíveis no Excel. Mais adiante, mostramos como encontrar e usar uma função específica.

FIGURA E.1   Pasta de trabalho em branco, criada quando o EXCEL é aberto

Operações básicas da pasta de trabalho

A Figura E.4 ilustra as opções da planilha que podem ser realizadas depois de se clicar com o botão direito do mouse em uma aba de planilha. Por exemplo, para modificar o nome da planilha atual de "Planilha1" para "Dados", clique com o botão direito do mouse na aba "Planilha1" e selecione a opção Renomear. O nome da planilha atual (Planilha1) será destacado. Em seguida, basta digitar o novo nome (Dados) e pressionar a tecla Enter para renomear a planilha.

Suponha que você quer criar uma cópia de "Planilha1". Depois de clicar com o botão direito na aba "Planilha1", selecione a opção Mover ou Copiar. Quando a caixa de diálogo Mover ou Copiar aparecer, selecione Criar uma Cópia e clique em OK. O nome da planilha copiada aparecerá como "Planilha1 (2)". Você pode renomeá-la, se desejar.

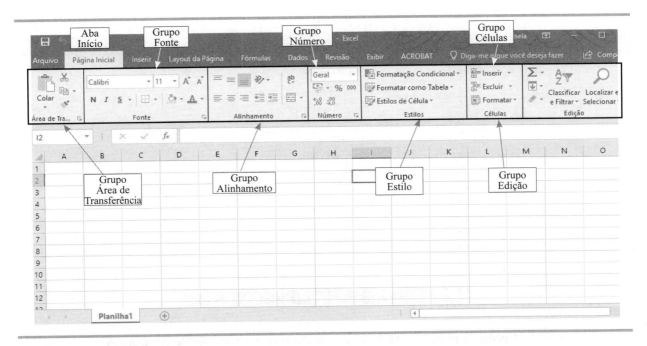

FIGURA E.2   Parte da aba início

746 Estatística aplicada a administração e economia

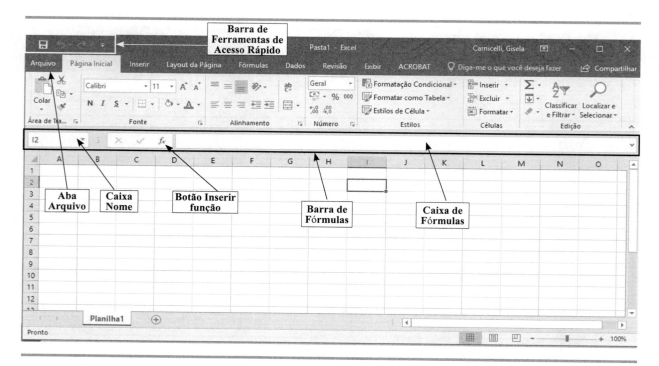

FIGURA E.3   Barra de ferramentas de acesso rápido e barra de fórmulas do Excel 2016

Para adicionar uma nova planilha à pasta de trabalho, clique com o botão direito do mouse em qualquer aba da planilha e selecione a opção Inserir; quando a caixa de diálogo Inserir aparecer, selecione Planilha e clique em OK. Uma planilha em branco adicional aparecerá na pasta de trabalho. Você também pode inserir uma nova planilha clicando no botão Nova planilha ⊕ que aparece à direita da última aba da planilha exibida. As planilhas podem ser excluídas clicando com o botão direito do mouse na aba da planilha e escolhendo Excluir. Planilhas também podem ser movidas para outras pastas de trabalho ou uma posição diferente na pasta de trabalho atual usando a opção Mover ou Copiar.

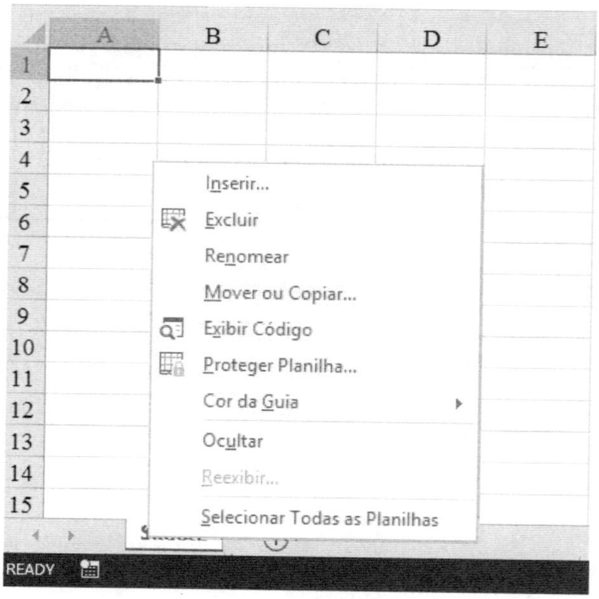

FIGURA E.4   Opções de planilhas obtidas depois de clicar com o botão direito em uma aba planilha de trabalho

Como criar, salvar e abrir arquivos

Dados podem ser inseridos em uma planilha do Excel digitando-os manualmente na planilha ou abrindo outra pasta de trabalho que já contém os dados. Para ilustrar como inserir, salvar e abrir manualmente um arquivo, utilizaremos o exemplo do Capítulo 2, envolvendo dados para uma amostra de 50 compras de refrigerantes. Os dados originais são mostrados na Tabela E.1.

Suponha que desejamos inserir os dados para a amostra de 50 compras de refrigerantes na Planilha1 da nova pasta de trabalho. Primeiro, inserimos o rótulo "Marca Comprada" na célula A1; em seguida, inserimos os dados das 50 compras de refrigerantes nas células A2:A51. Como lembrete de que esta planilha contém os dados, alteraremos o nome da planilha de "Planilha1" para "Dados" usando o procedimento descrito anteriormente. A Figura E.5 mostra a planilha de dados que acabamos de desenvolver.

Antes de fazer qualquer análise com estes dados, recomendamos que primeiro salve o arquivo; isto impedirá que tenha que reinserir os dados, caso algo aconteça e faça o Excel fechar. Para salvar o arquivo como uma pasta de trabalho do Excel 2016 usando o nome de arquivo SoftDrink, executamos as seguintes etapas:

Etapa 1: Clique na aba **Arquivo**
Etapa 2: Clique em **Salvar** na lista de opções
Etapa 3: Quando aparecer a janela **Salvar como:**
Selecione **Este PC**
Navegue até o diretório em que você quer salvar o arquivo.
Digite o nome de arquivo **SoftDrink** na caixa **Nome do arquivo**
Clique em **Salvar**

Atalho de teclado: para salvar o arquivo, pressione CTRL+S.

O comando Salvar do Excel foi projetado para salvar o arquivo como uma pasta de trabalho do Excel 2016. Ao trabalhar com o arquivo para fazer a análise estatística, siga a prática de salvar periodicamente o arquivo para não perder nenhuma análise estatística que possa ter realizado. Basta clicar na aba Arquivo e selecionar Salvar na lista de opções.

Às vezes você pode querer criar uma cópia de um arquivo existente. Por exemplo, suponha que queira salvar os dados de refrigerantes e qualquer análise estatística resultante em um novo arquivo denominado "Análise dos

TABELA E.1   Dados de uma amostra de 50 compras de refrigerantes

Coca-Cola	Sprite	Pepsi
Coca Diet	Coca-Cola	Coca-Cola
Pepsi Coca	Diet	Coca-Cola
Coca Diet	Coca-Cola	Coca-Cola
Coca-Cola	Coca Diet	Pepsi
Coca-Cola	Coca-Cola	Dr. Pepper
Dr. Pepper	Sprite	Coca-Cola
Coca Diet	Pepsi	Coca Diet
Pepsi	Coca-Cola	Pepsi
Pepsi	Coca-Cola	Pepsi
Coca-Cola	Coca-Cola	Pepsi
Dr. Pepper	Pepsi	Pepsi
Sprite	Coca-Cola	Coca-Cola
Coca-Cola	Sprite	Dr. Pepper
Coca Diet	Dr. Pepper	Pepsi
Coca-Cola	Pepsi	Sprite
Coca-Cola	Coca Diet	

748 Estatística aplicada a administração e economia

Nota: as linhas 11–49 estão ocultas.

FIGURA E.5 Planilha contendo os dados dos refrigerantes

refrigerantes". As seguintes etapas mostram como criar uma cópia da pasta de trabalho do SoftDrink e uma análise com o novo nome de arquivo, "Análise dos refrigerantes".

Etapa 1: Clique na aba **Arquivo**
Etapa 2: Clique em **Salvar como**
Etapa 3: Quando a janela Salvar como aparecer:
   Selecione **Este PC**
   Navegue até o diretório em que você quer salvar o arquivo
   Digite o nome de arquivo **Análise dos refrigerantes** na caixa **Nome do arquivo**
   Clique em **Salvar**

Depois que a pasta de trabalho tiver sido salva, você poderá continuar a trabalhar com os dados para executar qualquer tipo de análise estatística apropriada. Quando terminar de trabalhar com o arquivo, clique na aba Arquivo e, em seguida, clique em Fechar na lista de opções. Para acessar o arquivo Análise dos Refrigerantes em outro momento, basta abrir o arquivo executando as seguintes etapas depois de iniciar o Excel:

Etapa 1: Clique na aba **Arquivo**
Etapa 2: Clique em **Abrir outras pastas de trabalho**
Etapa 3: Quando a janela Abrir aparecer:
   Selecione **Este PC**
   Navegue até o diretório em que você salvou o arquivo anteriormente
   Digite o nome do arquivo **Análise de refrigerantes** na caixa **Nome do arquivo**
   Clique em **Abrir**

Os procedimentos que mostramos para salvar ou abrir uma pasta de trabalho começam ao se clicar na aba Arquivo para acessar os comandos Salvar e Abrir. Depois de usar o Excel por um tempo, você provavelmente achará mais conveniente adicionar estes comandos à Barra de Ferramentas de Acesso Rápido.

Utilizando as funções do Excel

O Excel 2016 oferece grande variedade de funções para o gerenciamento de dados e a análise estatística. Se soubermos qual função é necessária e como utilizá-la, podemos simplesmente inserir a função na célula apropriada da planilha. Entretanto, se não tivermos certeza de quais funções estão disponíveis para realizar uma tarefa ou de como utilizar determinada função, o Excel pode oferecer ajuda. As funções utilizadas neste livro estão disponíveis para os usuários do Excel 2007 e do Excel 2010, e todos os procedimentos aqui descritos para a inserção de funções são os mesmos no Excel 2007 e no Excel 2010. No Excel 2016, foram acrescentadas muitas novas funções para a análise estatística. Para ilustrar, utilizaremos a pasta de trabalho Análise de refrigerantes, criada na subseção anterior.

Como encontrar a função correta do Excel

A fim de identificar as funções disponíveis no Excel, selecione a célula onde você quer inserir a função; selecionamos a célula D2. Clique na aba **Fórmulas** na Faixa de Opções, e então, clique no botão **Inserir Função**, no grupo **Biblioteca de Funções**. Como alternativa, clique no botão *fx*, na barra de fórmulas. As duas abordagens fornecem a caixa de diálogo **Inserir Função**, mostrada na Figura E.6.

A caixa **Procure por uma Função**, na parte superior da caixa de diálogo **Inserir Função**, nos permite digitar uma breve descrição daquilo que queremos fazer. Depois de concluir este procedimento e de clicar em **Ir**, o Excel irá procurar e exibir, na caixa **Selecione uma Função**, as funções que podem realizar nossa tarefa. Contudo, em muitas situações, talvez, possamos querer procurar em uma categoria inteira de funções para verificar o que está disponível. Para isso, a caixa **Ou Selecione uma Categoria** é útil. Ela contém uma lista suspensa com diversas categorias de funções fornecidas pelo Excel. A Figura E.6 mostra que selecionamos a categoria **Estatística**. Como resultado, as funções estatísticas do Excel aparecem em ordem alfabética na caixa Selecione uma função. Observamos a função DESV. MÉDIO no primeiro lugar da lista, seguida pela função MÉDIA, e assim por diante.

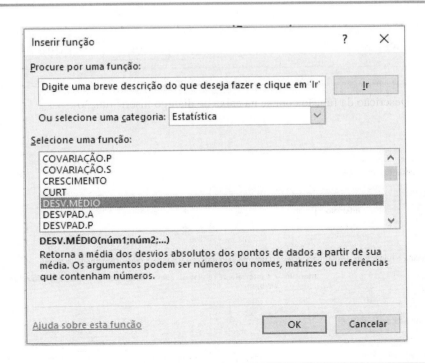

FIGURA E.6 Inserir a caixa de diálogo função

A função DESV.MÉDIO está destacada, na Figura E.6, indicando que esta é a função atualmente selecionada. A sintaxe apropriada para a função e uma breve descrição da função aparecem abaixo da caixa Selecione uma Função. Podemos verificar a lista na caixa Selecione uma Função para exibir a sintaxe e uma pequena descrição para cada uma das funções estatísticas disponíveis. Por exemplo, verificando um pouco mais, selecionamos a função CONT.SE, como mostra a Figura E.7. Observe que CONT.SE, agora, está destacada, e que imediatamente abaixo da caixa Selecione uma Função, vemos **CONT.SE(intervalo;critérios)**, que indica que a função CONT.SE contém dois argumentos, intervalo e critérios. Além disso, observamos que a descrição da função CONT.SE é "Calcula o número de células não vazias em um intervalo que corresponde a uma determinada condição".

Se a função selecionada (destacada) é a que queremos usar, clicamos em **OK**; a caixa de diálogo **Argumentos da Função** será exibida. A caixa de diálogo Argumentos da Função para a função CONT.SE é mostrada na Figura E.8.

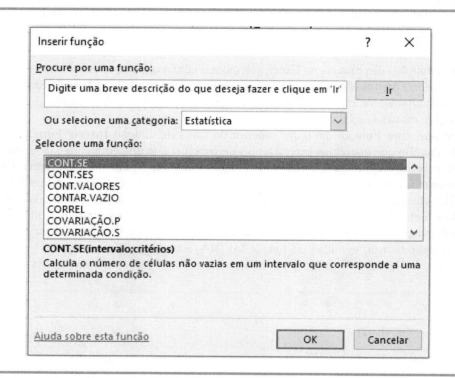

FIGURA E.7 Descrição da função cont.se na caixa de diálogo inserir função

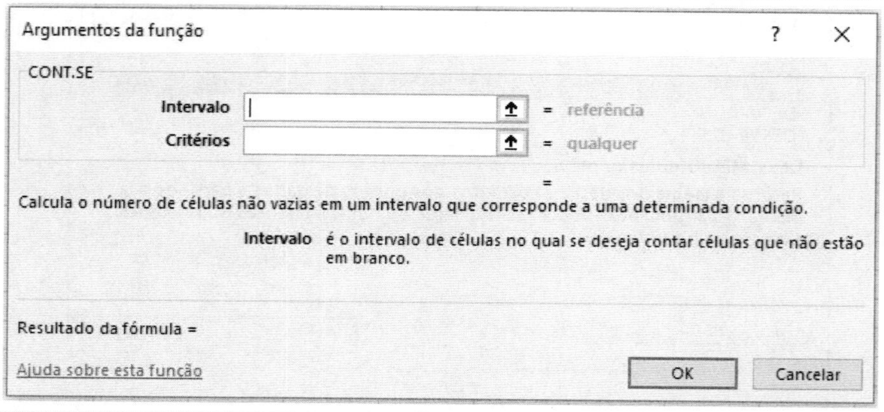

FIGURA E.8 Caixa de diálogo argumentos da função para a função count.se

Apêndice E: Microsoft Excel 2016 e ferramentas para análise estatística **751**

Esta caixa de diálogo auxilia na criação dos argumentos apropriados (entradas) para a função selecionada. Quando terminar de inserir os argumentos, clicamos em **OK**; em seguida, o Excel insere a função em uma célula da planilha.

Utilizando complementos do Excel

Complemento análise de dados do Excel

O complemento Análise de Dados do Excel, incluído no pacote básico do Excel, é uma ferramenta valiosa para a realização de análises estatísticas. Antes de poder utilizar o complemento Análise de Dados, ele deve ser instalado. Para ver se o complemento Análise de Dados já foi instalado, clique na aba Dados na Faixa de Opções. No grupo Analisar, você deverá ver o comando Análise de Dados. Se não tiver um grupo Analisar e/ou se o comando Análise de Dados não aparecer no grupo Análise, será necessário instalar o complemento Análise de Dados. As etapas necessárias para instalar o complemento Análise de Dados são as seguintes:

Etapa 1. Clique na aba **Arquivo**

Etapa 2. Clique em **Opções**

Etapa 3. Quando a caixa de diálogo Opções do Excel aparecer:
Selecione **Suplementos** na lista de opções (no painel à esquerda)
Na caixa **Gerenciar**, selecione **Suplementos do Excel**
Clique em **Ir**

Etapa 4. Quando a caixa de diálogo Suplementos aparecer:
Selecione **Ferramentas de Análise**
Clique em **OK**

Apêndice F: Como calcular valores-p com o Minitab e o Excel

Aqui, descrevemos como o Minitab e o Excel podem ser utilizados para calcular valores-p para as estatísticas z, t, e F que são empregadas nos testes de hipóteses. Conforme foi discutido no livro, somente valores-p aproximados para as estatísticas t, e F podem ser obtidos utilizando tabelas. Este apêndice é útil para uma pessoa que tenha calculado a estatística de teste manualmente ou por outros meios e queira utilizar software computacional para calcular o valor-p exato.

Como utilizar o Minitab

O Minitab pode ser utilizado para fornecer a probabilidade acumulada associada com as estatísticas de teste z, t, e F, de modo que o valor-p da cauda inferior seja obtido diretamente. O valor-p da cauda superior é calculado subtraindo-se o valor-p da cauda inferior de 1. O valor-p bicaudal é obtido duplicando-se o menor dos valores-p da cauda inferior e da cauda superior.

A estatística de teste z Utilizamos o teste de hipóteses de cauda inferior, de Hilltop Coffee, na Seção 9.3, como uma ilustração; o valor da estatística de teste é $z = -2{,}67$. As etapas do Minitab utilizadas para calcular a probabilidade acumulada correspondente a $z = -2{,}67$ são apresentadas a seguir.

Etapa 1. Selecione o menu **Calc**
Etapa 2. Escolha **Probability Distributions**
Etapa 3. Escolha **Normal**
Etapa 4. Quando a caixa de diálogo Normal Distribution aparecer:
 Selecione **Cumulative probability**
 Digite 0 na caixa **Mean**
 Digite 1 na caixa **Standard deviation**
 Selecione **Input Constant**
 Digite $-2{,}67$ na caixa **Input Constant**
 Clique em **OK**

O Minitab fornece a probabilidade acumulada de 0,0037926. Esta probabilidade acumulada é o valor-p da cauda inferior utilizado para o teste de hipóteses de Hilltop Coffee.

Para um teste de cauda superior, o valor-p é calculado a partir da probabilidade acumulada fornecida pelo Minitab, da seguinte maneira:

$$\text{valor-}p = 1 - \text{probabilidade acumulada}$$

Por exemplo, o valor-p da cauda superior correspondente a uma estatística de teste $z = -2{,}67$ é $1 - 0{,}0037926 = 0{,}996207$. O valor-$p$ bicaudal correspondente a uma estatística de teste $z = -2{,}67$ é duas vezes o mínimo dos valores-p da cauda superior e da cauda inferior; ou seja, o valor-p bicaudal correspondente a $z = -2{,}67$ é $2(0{,}0037926) = 0{,}007585$.

A estatística de teste t Utilizamos o exemplo do Heathrow Airport, da Seção 9.4, como uma ilustração; o valor da estatística de teste é $t = 1{,}84$ com 59 graus de liberdade. As etapas do Minitab utilizadas para calcular a probabilidade acumulada correspondente a $t = 1{,}84$ são as seguintes:

Etapa 1. Selecione o menu **Calc**
Etapa 2. Escolha **Probability Distributions**
Etapa 3. Escolha **t**
Etapa 4. Quando a caixa de diálogo Distribution aparecer:
 Selecione **Cumulative probability**
 Digite 59 na caixa **Degrees of freedom**

Selecione **Input Constant**
Digite 1,84 na caixa **Input Constant**
Clique em **OK**

Utilizamos o exemplo do St. Louis Metro Bus, da Seção 11.1 como ilustração, o valor-p da cauda inferior = 0,9646. O exemplo do Heathrow Airport é um teste de cauda superior; o valor-p da cauda superior é 1 − 0,9646 = 0,0354. No caso de um teste bicaudal, utilizaríamos o mínimo de 0,9646 e 0,0354 para calcular o valor-p = 2(0,0354) = 0,0708.

A estatística de teste χ^2 Usamos o exemplo do St. Louis Metro Bus da Seção 11.1 como ilustração. O valor da estatística de teste é χ^2 = 28,18 com 23 graus de liberdade. As etapas do Minitab usadas para calcular a probabilidade acumulada correspondente a χ^2 = 28,18 são mostradas abaixo.

Etapa 1. Selecione o menu **Calc**
Etapa 2. Escolha **Probability Distributions**
Etapa 3. Escolha **Chi-Square**
Etapa 4. Quando a caixa de diálogo Chi-Square Distribution aparecer:
Selecione **Cumulative probability**
Digite 23 na caixa **Degrees of freedom**
Selecione **Input Constant**
Digite 28,18 na caixa **Input Constant**
Clique em **OK**

O Minitab fornece uma probabilidade acumulada de 0,790949, que é o valor-p da cauda inferior. O valor-p da cauda superior = 1 − probabilidade acumulada, ou 1 − 0,790949 = 0,209051. O valor-p bicaudal é duas vezes o mínimo dos valores-p das caudas inferior e superior. Assim, o valor-p bicaudal é 2(0,209051) = 0,418102. O exemplo do St. Louis Metro Bus envolvia um teste de cauda superior, por isso, usamos valor-p = 0,209051.

A estatística de teste F Utilizamos o exemplo da Dullos County Achools, na Seção 11.2 como ilustração; o valor da estatística de teste é F = 2.40 com 25 grau de liberdade no numerador e com 15 graus de liberdade no denominador. As etapas do Minitab utilizadas para calcular a probabilidade acumulada correspondente a F = 2.40 são apresentadas a seguir.

Etapa 1. Selecione o menu **Calc**
Etapa 2. Escolha **Probability Distributions**
Etapa 3. Escolha **F**
Etapa 4. Quando aparecer a caixa de diálogo F Distribution:
Selecione **Cumulative probability**
Digite 25 na caixa **Numerator degrees of freedom**
Digite 15 na caixa **Denominator degrees of freedom**
Selecione **Input Constant**
Digite 2.40 na caixa **Input Constant**
Clique em **OK**

O Minitab fornece a probabilidade acumulada e, portanto, um valor-p da cauda inferior = 0,959401. O valor-p da cauda superior 1 − 0,959401 = 0,040599. Como o exemplo das utilizado é um teste bicaudal, o mínimo entre 0,959401 e 0,040599 é utilizado para calcular o valor-p = 2(0,040599) = 0,0811198.

Utilizando o Excel

As funções e fórmulas do Excel podem ser utilizadas para calcular valores-p associados com as estatísticas de teste z, t e F. Fornecemos um modelo no arquivo de dados denominado p-Value para ser utilizado no cálculo desses valores-p. Empregando o modelo, é necessário apenas digitar o valor da estatística de teste e, se for preciso, os graus de liberdade apropriados. Consulte a Figura F.1 para ver a descrição de como o modelo é utilizado. Para os usuários interessados nas funções e fórmulas do Excel que estão sendo utilizadas, basta clicar na célula apropriada no modelo.

A estatística de teste z Utilizamos o teste de hipóteses de cauda inferior do Hilltop Coffee, na Seção 9.3, como ilustração; o valor da estatística de teste é z = −2,67. Para usar o modelo do valor-p para este teste de hipóteses, simplesmente

754 Estatística aplicada a administração e economia

digite −2,67 na célula B6 (veja a Figura F.1). Depois de fazer isso, os valores-*p* dos três tipos de testes de hipóteses serão exibidos. No caso do Hilltop Coffee, poderíamos utilizar o valor-*p* da cauda inferior = 0,0038 na célula B9. Para um teste de cauda superior, poderíamos utilizar o valor-*p* na célula B10, e para um teste bicaudal poderíamos empregar o valor-*p* na célula B11.

A estatística de teste *t* Utilizamos o exemplo do Heathrow Airport, da Seção 9.4, como ilustração; o valor da estatística de teste é $t = 1,84$ com 59 graus de liberdade. A fim de usar o modelo do valor-*p* para este teste de hipóteses, digite 1,84 na célula E6 e digite 59 na célula E7 (veja a Figura F.1). Depois de fazer isso, os valores-*p* para os três tipos de testes de hipóteses serão mostrados.

O exemplo do Heathrow Airport envolve um teste de cauda superior, assim, precisamos utilizar o valor-p da cauda superior = 0,0354, fornecido na célula E10 para o teste de hipóteses.

A estatística de teste χ^2 Usamos o exemplo do St. Louis Metro Bus da Seção 11.1 como ilustração. O valor da estatística de teste é $\chi^2 = 28,18$ com 23 graus de liberdade. Para usar o modelo do valor-*p* para este teste de hipóteses, digite 28,18 na célula B18 e 23 na célula B19 (veja a Figura F.1). Depois disso, os valores-*p* de todos os três tipos de testes de hipóteses serão exibidos. O exemplo do St. Louis Metro Bus envolve um teste de cauda superior, por isso, podemos usar o valor-*p* da cauda superior = 0,2091 fornecido na célula B23 para o teste de hipóteses.

A estatística de teste *F* Utilizamos o exemplo da Dullus County Scools, na Seção 11.2 como ilustração; o valor da estatística de teste é $F = 2.40$, com 25 grau de liberdade no numerador e com 15 graus de liberdade no denominador. Para utilizar o modelo do valor-*p* para este teste de hipóteses, digite 2.40 na célula E18, digite 25 na célula E19 e digite 15 na célula E20 (veja a Figura F.1). Após fazer isso, serão apresentados os valores-*p* para os três tipos de testes de hipóteses. O exemplo citado envolve um teste bicaudal, por isso, poderíamos utilizar o valor-*p* bicaudal = 0,0812, fornecido na célula E24 para o teste de hipóteses.

	A	B	C	D	E	F
1	Computando *p*-valor					
2						
3	Uso da estatística de teste *z*			Uso da estatística de teste *t*		
4						
5	Digite *z* →	-2,67		Digite *t* →	1,84	
6				*df* →	59	
7						
8	valor-*p* (*Cauda inferior*)	0,0038		valor-*p* (*Cauda inferior*)	0,9646	
9	valor-*p* (*Cauda superior*)	0,9962		valor-*p* (*Cauda superior*)	0,0354	
10	valor-*p* (*Bicaudal*)	0,0076		valor-*p* (*Bicaudal*)	0,0708	
11						
12						
13						
14						
15	Uso da est. de teste Qui-quadrado			Uso da estatística de teste *F*		
16						
17	Digite Qui-quadrado →	28,18		Digite Qui-quadrado →	2,40	
18	*df* →	23		Numerador *df* →	25	
19				Denominador *df* →	15	
20						
21	valor-*p* (*Cauda inferior*)	0,7909		valor-*p* (*Cauda inferior*)	0,9594	
22	valor-*p* (*Cauda superior*)	0,2091		valor-*p* (*Cauda superior*)	0,0406	
23	valor-*p* (*Bicaudal*)	0,4181		valor-*p* (Bicaudal)	0,0812	
24						

FIGURA F.1 Planilha do Excel para calcular valores-*p*

Índice remissivo

Os números de página seguidos por **f** indicam figuras; **n** indicam notas de rodapé; e **t** indicam tabelas.

A

Abordagem do valor esperado, 203
Abordagem tabular, teorema de Bayes, 181-184
  aplicações, 186
  fórmula, 187
ACNielsen, 4, 10
Alavancagem de uma observação, 573**n**, 580-581, 587, 634
Aleatorização, 483, 487
Aliance Data Systems, 530
Amostra probabilística, 272, 275, 300
Amostras aleatórias simples independentes, 395-396, 397, 413, 414, 418
Amostras pareadas, 407-412
  aplicações, 411-412
  teste de hipóteses, 402-404
  com o Excel, 425-426
  com o Minitab, 423-425
Amostras pareadas, planejamento, 408-410
Amostragem, 272-277
  amostragem aleatória estratificada, 298
  aplicações, 276-277
  distribuições, 291-294
  erros de estimação, 296
  estimação pontual, 277-278
  estimativas, 271
  populações infinitas, 274-275
  por conglomerado, 298-299
  por conveniência, 300
  por julgamento, 300
  selecionando uma amostra, 272-274
  sistemática, 299
  com o Excel, 306-307
  com o Minitab, 306
Amostragem aleatória estratificada, 298
  média populacional, 298
  tamanho da amostra, 298
Amostragem com reposição, 273
Amostragem não probabilística, 300
Amostragem por conglomerados, 298-299
Amostragem por conveniência, 299-300
Amostragem por julgamento, 300
Amostragem probabilísticas, técnicas de, 299-300
Amostragem sem reposição, 273
Amostragem sistemática, 299
Amostras
  auditoria de contas, 428
  definição, 14
  inferência estatística, 13-15, 278
Amostras aleatórias, 306
  população infinita, 274-275
  com o Excel, 306-307
  com o Minitab, 306
Amostras aleatórias simples, 272-273, 275-276, 278

populações finitas, 272-274
Amplitude, 35
Amplitude da classe aproximada, 36
Amplitude das classes, 35-37
  limite de classe inferior, 36-37
  limite de classe superior, 36, 38-39
  ponto médio da classe, 37
Amplitude interquartil, 106
  fórmula, 136
  identificação de *outliers*, 116-117
Análise de decisão com o teorema de Bayes, 181
Análise de regressão
  computadores, necessidade, 565-566
  desvio da normalidade e, 573
  estimada, 535-537
  regressão linear simples, 531-533
  resultados de precisão, 559
  suposições do modelo, 549-551
  com o Excel, 600-602
  com o Minitab, 599-600
  variáveis e, 555-556
  variáveis independentes, 531, 546, 554, 580, 587
Análise de regressão múltipla, definição, 604-605
Análise de variância (ANOVA), 485-486
  aplicações, 496-497
  com o Excel, 525-528, 602
  com o Minitab, 523-525
  pressupostos para, 485
  projetos completamente aleatorizados e, 487-491
  resultados de computador para, 492-493
  soma de quadrados total, 492
  visão geral, 485-487
Análise estatística, 18
  diretrizes éticas, 18-20
Análise preditiva, 16
Análise prescritiva, 16
Análise residual do modelo de regressão, 569-574, 634-639
  aplicações, 582-584, 639-640
  Butler Trucking Company, exemplo da, 637-638
  estudentizados excluídos, resíduos, 636
  medida da distância de Cook, 637-638
  observações influentes, 478-582, 635-636
  outliers, 577-578, 636
  regressão múltipla, 634-639
  validação, 569-575
Aplicações de marketing, estatística, 4
Aplicações de produção, estatística, 4
Aplicações econômicas, estatística, 4

Aplicações em contabilidade, 3
Aplicações em sistemas de informação, estatística, 4
Aplicações estatísticas, 4, 19, 106, 368**n**, 515
Aplicações financeiras, 3-4
  com distribuições de probabilidade bivariadas, 208-209
  estatísticas, 4-5
Apresentação de ramos-e-folhas, 40-43, 63, 78
Área, como medida de probabilidade, 244-245
Armazenamento de dados, 17
Árvore de probabilidade, 183, 183f
Assimetria, histograma para a distribuição, 38-39, 112
Associação Norte-Americana de Estatística, 19
Associação, medidas de, 123-124

B

Bayes, Thomas, 184
Bernoulli, Jakob, 216
Big data, 17
"Bigodes" dos *boxplots*, 119, 133
Blocos, em teste de estresse, 503-507, 515
Bloomberg Businessweek, 2
Bloqueio, 503, 571-572, 574, 584
Boxplot, 119-120
  análise comparativa utilizando, 120-121
  aplicações, 120-121
  com o Minitab, 121, 147
Burke Marketing Services, Inc., 482

C

Censo, 14
Centro para Pesquisas e Avaliação de Medicamentos (Center for Drug Evaluation and Research – CDER), 394
Chances de um evento ocorrer, 646-647, 651
Citibank, 195
Classe com extremidade aberta, 43
Classes de uma distribuição de frequência, 35-37
  limite de classe inferior, 36
  limite de classe superior, 36, 39-40
  ponto médio, 37
Coeficiente de correlação, 127-129
  amostra, 127-129
  aplicações, 130-131
  coeficiente de determinação, 546
  de distribuições de probabilidade bivariadas, 209-210, 213
  interpretação, 127-128
Coeficiente de determinação, 543-546
  aplicações, 547-549
  coeficiente de correlação, 546-547

756 Estatística aplicada a administração e economia

fórmula, 586, 653
regressão múltipla, 614-615
soma de quadrados devido a erro (SQRes),
543-544
soma de quadrados devido à regressão
(SQReg), 544-545
soma de quadrados total (SQTot), 544-545
Coeficientes, para regressão múltipla, 690
Coeficiente de correlação populacional, 128,
556, 599
Coeficiente de correlação produto-momento de
Pearson, 127-128, 137
Coeficiente de variação, 108-109, 135
Coeficientes de confiança, 312
Coeficientes de correlação amostral, 127-128, 546
Coeficiente de determinação múltiplo, 614-615
Coeficiente de determinação múltiplo ajustado,
615, 651, 653
Colgate-Palmolive, 28
Combinações, 158-159
Complementos, 169
cálculo de probabilidades usando, 188
de um evento (de A), 169
diagramas de Venn e, 169
Computadores, 18
análise de regressão e, 565-566
cálculo de betas, 593**n**
identificação por observação e, 581-582
uso de software, 582
com o Excel, 18
com o Minitab, 18, 565-566
Conjunto de dados, 5, 6, 26**t**, 306**t**, 577**f**, 578**f**,
578**t**, 579**f**, 580**f**, 580**t**, 581**f**, 637**t**
Conselho do Federal Reserve, 10, 231
Consistência dos estimadores, 297
Controle de qualidade
em médias populacionais, 439-440
em proporções populacionais, 412-413
gráfico de barras e, 30
Correção de Bonferroni, 500, 515
Covariância, 124-127
com o Minitab, 148
da fórmula de variáveis aleatórias, 209, 233
de distribuições de probabilidade bivariadas,
208-210
interpretação, 125-126
populacional, 124
Covariância amostral, 124-127, 126**f**, 137
Covariância populacional, 124, 128
Critério do valor crítico
procedimento de comparação em pares de
Marascuilo, 455, 475
regra de rejeição, 357-358
teste bicaudal, 355-356
teste unicaudal, 350-355
Critério do valor-p
interpretação, 352-354
regra de rejeição, 358
teste bicaudal, 356-357
teste de cauda inferior, 352-354
teste unicaudal, 352-354
Critério dos mínimos quadrados, 606-607, 652
fórmula, 562
regressão múltipla, 605-606
Curva normal, 247-248
Curvas de potência, 375

D

Dados, 1-26
agências do governo que fornecem, 10, 11
análise estatística, 18-20

análises e, 16
categorizados e quantitativos, 7, 28
coleta de, 5, 17, 18
computadores e análises estatísticas, 18
de seção transversal e séries temporais, 7-8
definição, 5
elementos, variáveis e observações, 5
erros na obtenção, 12
escalas de medição, 5-7
estatística descritiva, 12-13
estudo observacional, 11
estudos estatísticos, 21-26
experimentos, 11-12
fontes de, 8-12
fontes existentes, 8-12
inferência estatística, 13-15, 278
mineração de dados, 17-18
questões relacionadas com tempo e custo,
12, 272
registros internos da companhia, 8-10
resumo, 20
termos para, 20-21
variedade, 17
velocidade, 17
volume, 17
Dados bimodais, 99
Dados categorizados, 7, 28
Dados de séries temporais, 7-8
Dados multimodais, 99
Dados, painéis indicadores de, 64-65, 133-135
eficácia, melhoria, 133-135
Dados quantitativos, 7, 28, 81-83
Dados transversais, 7-8
DATAfiles, 77-78, 79-81
com o Minitab, 77-78
no Excel, 79-81
Delineamento completamente aleatorizado,
487-491
análise e variância (ANOVA), 487-491
Chemitech, experimento, 483-484
com o Excel, 525-526
com o Minitab, 523-524
delineamento experimental, 483-484
estimativa da variância populacional dentro
dos tratamentos, 487, 489
estimativa de/da variância populacional entre
tratamentos, 488-489
fórmulas, 516-517
Delineamento em blocos completos, 506-507
Delineamento em blocos incompletos, 506
Delineamento experimental duplo-cego, 487
Delineamento experimental, 483-484
distribuições por amostragem, 486
De Moivre, Abraham, 247
Desvio em torno da média, 106-107
Desvio padrão, 107-108
amostra, 108
da distribuição exponencial, 260-261
da distribuição normal, 247-249, 253, 284
de médias amostrais, 395-404, 397
de proporção amostral, 395-405
de variável aleatória discreta, 203-204
de x, 283-284
do coeficiente de variação, 108-109, 135, 137
do i-ésimo resíduo, 543, 569-570, 572-574
e médias populacionais, 395-398, 400-404
estimadores de mínimos quadrados, 533-537
fórmula, 137, 301, 586-587, 653
medida de risco e, 211
população, 108

variância e, 204
Desvio padrão da amostra, 108
Detalhamento, 135
Diagrama de pontos, 37-38, 64
com o Minitab, 77
Diagrama em árvore, 157-158, 159**f**, 182, 218**f**
Diagramas de dispersão, 56-58
com o Excel, 87**f**
e *outliers*, 577-578
exemplos, 58, 128**f**, 534**f**, 578, 581**f**, 608**f**,
630**f**, 638**f**
método dos mínimos quadrados e, 533,
535-537
observações influentes, 578-580
Diagramas de dispersão e linhas de tendência,
56-57
exemplos, 57**f**, 125**f**
gráfico de série temporal, 37, 57, 60
com o Excel, 85-87
com o Minitab, 78
Diagramas de Venn, 160
Diferença de médias populacionais
estimativas intervalares, 395-397, 401-402
teste de hipóteses, 397-398, 402-404
Diferença de proporções populacionais
erro padrão, 283, 396-398, 396, 413, 415, 419
estimativas intervalares, 412-414
inferência sobre duas populações, 395-398
teste de hipóteses, 414-415
Diferença menos significativa de Fisher (DMS),
498-500
Diretrizes éticas para a prática estatística, 18-20
Dispersão, medidas de, 105, 135, 204
Distribuição F, 437-442
Distribuição t [adj], 315-316, 404, 552-553
graus de liberdade, cálculo, 315-316
Distribuição acumulada de frequência, 39-40
Distribuição acumulada de frequências relativas, 40
Distribuição acumulada de frequências percentuais, 40
Distribuição amostral, 280-289
aplicações, 289-291, 294-295
aproximação normal de, 257-258, 292, 326-
327, 329
de x, 284-285
definição, 280
desvio padrão, 285-286
distribuição F, 437-442
distribuição amostral da, 283-284
distribuição qui-quadrada, 429, 430-435, 444
do estimador pontual, 282-287, 311**f**
e estatística amostral, 93, 94-95
e tamanho amostral, 327-329
fórmulas, 93, 136
informações probabilísticas, 287
medidas de posição e, 93-94
método dos mínimos quadrados, 533-537
para tratamentos, 298,
resumo, 331
valor esperado, 282-283
variância de uma população, 429, 437
variância populacional, 429, 437-438
visão geral, 280-282
Distribuição de frequência, 29-30, 35-37
acumulada, 39-40
com o, 79-81
distribuições amostrais e, 281**f**, 438**f**
estatística descritiva, 13**t**
para variáveis categorizadas, 29-30, 79-81
para variáveis quantitativas, 35-36, 81-83

Distribuição de frequência percentual, 30
Distribuição de frequência relativa, 30
   acumulada, 39, 43, 68
   para resumo de dados, 68, 69
   para variáveis categorizadas, 29-30
   para variáveis quantitativas, 35
Distribuição de probabilidade, 198, 200, 220f
Distribuição de probabilidade binomial, 216-225
   aplicações, 223-225
   aproximação normal, 257-258
   com o Minitab, 222f
   definição, 216
   exemplo da loja de roupas de Martin, 217-221
   experimento, 216-217
   tabelas de, 220-221
   valor esperado de, 222, 226
   variâncias de, 222
Distribuição de probabilidade bivariada, 208-213, 231
   aplicações financeiras, 210-213
   definição, 208
   distribuição de probabilidade discreta empírica, 208-210
   métodos, 214-215
   resumo, 213
Distribuição de probabilidade contínua, 267-268
   binomial, aproximação normal, 257-258
   com o, 267-268
   distribuição exponencial, 259, 263, 264
   distribuição normal, 257-258, 469
   distribuição uniforme, 245
Distribuição de probabilidade de Poisson, 225-227
   aplicações, 228
   Bell Labs, 226
   e distribuição exponencial, 260
   função, 226
   hipóteses, 226
   intervalos de comprimento ou distância, 227
   intervalos de tempo, 226-227
   média e variância, 225
   tempo de espera em caixas eletrônicos do Citibank, 195
Distribuição discreta de probabilidade, 198-201
   aplicações, 201-203
   com o Excel, 239-240
   com o Minitab, 238-239
   desenvolvimento, 198-201
   distribuição de Poisson, 225-227
   distribuição hipergeométrica, 228-230
   distribuições binomiais, 222, 234
   distribuições bivariadas, 208-210
   visão geral, 198-200
   variáveis aleatórias, 196-197
Distribuição discreta empírica, 198-199, 208-210
Distribuição de probabilidade exponencial, 259-260
   cálculo de probabilidades para, 260-261
   desvio padrão, 261
   e a distribuição de Poisson, 261
   fórmula, 264
   média, 259, 260, 261
   probabilidades cumulativas, 260, 264
Distribuição de probabilidade hipergeométrica, 228-230
Distribuição de probabilidade normal, 247-257, 469-472
   aplicações, 256-257

aproximação de distribuição amostral, 281-282, 284, 286-287, 292, 293-294, 297
   cálculo de probabilidades, 253
   curva normal, 247-248
   desvio padrão, 248-252, 469, 472
   estimação de probabilidades binomiais com, 257-258
   Great Tire Company, exemplo, 253-255
   intervalos de confiança para, 574-575
   média, 247-248, 249, 250-251, 252-253, 254
   mediana, 247
   moda, 247
   qualidade do teste de ajuste, 532-536
   regra empírica, 114-116, 248
   teorema do limite central, 284, 285f
Distribuição de probabilidade multinomial, 465-469
Distribuição de probabilidade normal padrão, 248-253
   e a distribuição t, 315
   fórmula da variável aleatória, 253
Distribuição de probabilidade uniforme, 243-244
   aplicações, 246
   área como uma medida de probabilidade, 244-245
Distribuição qui-quadrada, 450-456
   estatística de teste, 433-435, 452, 466-572, 478
   fórmula, 475
   independência de duas variáveis categorizadas, 460-462
   procedimentos de comparação múltipla, 454-456
   proporções populacionais, múltiplas, 452-454
   teste de hipóteses, 432-435, 450-554, 458
   teste de independência, 459-,462
   testes de qualidade de ajuste, 465-472, 475
   com o Excel, 479-480
   com o Minitab, 478-479
   variância de uma população, 429-433
Distribuições amostrais, 280-282
   de p, 291-294
   de x, 282-289
Distribuições discretas empíricas, 198-199, 208-210
Dunnhumby, 604

E

Eficiência relativa de um estimador, 297
Electronics Associates, Inc. (EAI), 271-272
   distribuição amostral, 285-286
Elementos dos dados, 5, 11-12, 13-14
   em pesquisas amostrais, 269, 272, 274-275
EMA (erro médio absoluto), 109
Ensaios bem-sucedidos, 216-221
Equação de regressão, 559-562
   estimação intervalar, 559
   estimada, linear, 559-562
   estimada, múltipla, 605-606
   intervalo de confiança, 559-560
   intervalo de previsão, 559-562
   regressão múltipla, 605-606, 624-625
Equação de regressão linear simples estimada, 531-536, 536
Equação de regressão logística, 641-649
   aplicações, 649-651
   com o Minitab, 664
   estimação, 642-643
   fórmula, 653-654
   interpretando a, 646-648

teste de significância, 643-645
   transformação do logit, 648
   uso administrativo, 645
   visão geral, 641-642
Equação de regressão múltipla, 605-606
Equações de regressão logística estimada, 642-644, 652
Equações de regressão estimada, 532-533, 624-625
   com o Excel, 601-602
   fórmula, 585
   inclinação, 532
   intercepto em y, 531, 532, 535, 585
   método dos mínimos quadrados, 533-537
   regressão linear simples, 532-533
   regressão linear, 531-533
   regressão múltipla, 624-625
Equações de regressão múltipla estimada, 605-606
   utilizando, 606, 653
Erro médio absoluto, 109
Erro padrão, 147, 419
   da diferença de proporções populacionais, 412-413, 414, 419
   diferença entre médias populacionais, 284, 297, 395-396
   diferença entre proporções populacionais, 395, 397, 419
   fórmula, 419-420
Erro padrão da estimativa, 551, 572-573, 586-587, 601-602, 618-619, 634, 638
Erro padrão da média, 396-397
   controle de qualidade, 397-398, 413
   fórmula, 396
   teste de hipóteses, 397, 414-415
Erro padrão da proporção, 395, 397, 412-413, 410, 420
Erros Tipo I, 345-349
   aplicações, 376-377
   diferença menos significativa de Fisher (DMS) e, 498-500
   e erros Tipo II, 345-349
   probabilidade de, 349
   procedimentos de comparação, 500
   tamanho da amostra, determinação, 377-379
Erros Tipo II, 345-349
   e erros Tipo I, 345-349
   probabilidade de, 349, 351, 373-376
   tamanho da amostra, determinação, 377-379
Erros do Tipo I e do Tipo II, 348-349, 373
   com o Excel, 388-392
   com o Minitab, 387-388, 404
   teste de cauda superior, 350, 354-355, 358, 363-364, 365-366, 368-369, 370
Escala de medição intervalar, 5-7
Escala de razão (quociente), medição, 7
Escala intervalar, medição, 5
Escala nominal, medição, 5
Escala ordinal, medição, 5
Escores normais, 574-575
Escores-z, 113-115
   detecção de *outliers*, 116-117
   fórmula, 137
Espaço amostral, 156-157
Estatística, definição, 3
Estatística amostral, 135, 277
Estatística descritiva, 12-13
   associação, medidas de, 18, 123-131
   com o Excel, 149-153
   com o Minitab, 147-148
   forma da distribuição, medidas, 112

758 Estatística aplicada a administração e economia

medidas numéricas, 13, 132-135
posição, medidas de, 93-101
variabilidade, medidas de, 105-109
Estatística de teste, 351-352, 450-456
aplicações, 457-458
diferença e, proporções populacionais, 450-456
distribuição qui-quadrada, 433-435, 459-462, 466-472, 474-475, 478
e distribuição amostral, 351-352
e proporção populacional, 368-369, 370, 381
e variância de uma população, 433-435, 439-442, 444
média populacional: σ conhecido, 350-351, 419
média populacional: σ desconhecido, 363-366, 419
mínima diferença significativa de Fisher (MDS), procedimento da, 498-500
para igualdade de médias populacionais, 415, 493-494
para igualdade de proporções populacionais, 450-456, 478
para qualidade do ajuste, 466-472, 474-475, 479
para teste de hipóteses, 351-352, 372, 418, 419
teste unicaudal, 350-351
Estimação com mínimos quadrados, 532-533
desvio padrão, 535, 537
distribuições amostrais, 547, 552
intervalos de confiança, 553-554
teste F, 554-555
teste t, 552-553
Estimação intervalar, 359-360, 395-397
aplicações, 361-363
com distribuição qui-quadrada, 429-435
com o Excel, 339-342
com o Minitab, 337-338
da diferença de médias populacionais, 395-397, 400-402, 419
da diferença de proporções populacionais, 412-414, 420
da média populacional, 309-310, 419
da variância populacional, 309-310, 429-432, 433, 444
e proporção populacional, 287-289, 420
e tamanho da amostra, 323-325, 332
e teste de hipóteses, 359-360
equação de regressão, estimada, 559
limites, 562
margem de erro, 310-313, 559-560, 561-562
métodos, 360-361
procedimentos para, 359
Estimação pontual, 277-278
Estimações pontuais, 277-278, 295-296
amostras aleatórias simples, 272, 274-275, 278
aplicações, 279
ausência de viés, 296-297
consistência de, 297
de variância populacional, 404, 425, 429
diferença entre médias populacionais, 277, 395-396, 397, 412-413, 414-415, 419-420
diferença entre proporções populacionais, 412-414, 420
e desvio padrão da amostra, 108
e médias amostrais, 395-405, 397
e variância amostral, 106-107, 425-426
eficiência das, 297

equação de regressão, estimada, 532-533, 553, 559
estimador pontual da diferença entre duas proporções populacionais, 277, 395, 396, 412, 414, 419
parâmetros populacionais, 295-297, 298, 300
propriedades de, 295-296
Estimador pontual viesado, 296
Estimadores agrupados de proporções populacionais, 414-415, 419, 420
Estimadores de mínimos quadrados, 553-554
distribuição amostral, 547, 552
desvio padrão, 552
intervalo de confiança, 553-554
teste F, 554-555
teste t, 552-553
Estimadores pontuais, 278
Estimativas dentro de tratamentos, 487, 489
Estimativas entre tratamentos, 488-489
Estratos, definição, 298
Estudo estatístico experimental, 12, 482, 483, 494
Estudos de caso
Como encontrar o melhor valor de um carro, 596-597
Comportamento ético de estudantes de Administração na Bayview University, 385-386
Consumer Research, Inc., 659-660
Departamento de Transportes dos Estados Unidos, 594-595
Derivação das fórmulas de mínimos quadrados, 598
Descobrindo o valor do melhor carro, 661-662,
Faculdades de administração da região Ásia-Pacífico, 143-145
Go bananas!, 238
Gulf Real Estate Properties, 335-337
Indústria cinematográfica, 75-76, 143
Marion Dairies, 303
Medindo o risco do mercado de ações, 593-594
Metropolitan Research, Inc., 337
Os juízes do condado de Hamilton, 192-193
Par, Inc., 422-423
Parque de diversões Buckeye Creek, 597-598
Pelican Stores, 74-75, 142-143
Populações de elefantes africanos, 146-147
Prevendo os ganhos dos pilotos da NASCAR, 660-661
Programa de treinamento da Força Aérea, 445-446
Quality Associates, Inc., 384-385
Queen City, 76-77
Remuneração de profissionais de vendas, 523
Revista *Young Professional*, 334-335
Selecionando uma câmera digital do tipo "apontar e clicar", 595-596
Specialty Toys, 266
Um teste de significância usando correlação, 599
Transações no site da Heavenly Chocolates, 145-146
Uma agenda de mudança bipartidária, 477
Visualização de dados do Zoológico e Jardim Botânico de Cincinnati, 66-67
Wentworth Medical Center, 522-523
Estudos estatísticos, 12, 18-19, 368, 394
Estudos estatísticos experimentais, 11-12
Estudos estatísticos observacionais, 11, 482

Eventos, 165-172, 177
complemento de A, 169
definição, 165-166
e probabilidades, 155-156, 166-167, 169
independentes, 177-179, 188
interseção de, 170-171
mutualmente exclusivos, 172
união de, 170
Eventos dependentes, 177
Eventos independentes, 177
e eventos mutualmente exclusivos, 172
lei da multiplicação para, 177-178, 188
Eventos mutualmente exclusivos, 172
Estimação intervalar, 559, 560-562
Butler Trucking Company, exemplo da, 607
equação de regressão linear, estimada, 560-562
equação de regressão múltipla, estimada, 624-625
fórmula, 587
margem de erro, 562
nova observação e, 562
Excel
amostragem aleatória, 306-307
amostragem, 306-307
análise de regressão, 600-602
análise de variância (ANOVA), 525-528, 602
apresentações tabulares e gráficas, 79-90
DATAfiles, 79
delineamento completamente aleatorizado, 525-526
delineamento de blocos aleatorizados, 526-527
diagramas de dispersão e linhas de tendência, 85-87
distribuição de frequência, 81-83
distribuição qui-quadrada, 544-545
distribuições de probabilidade contínuas, 90, 268
distribuições de probabilidade discretas, 239-240,
estatística descritiva, 149-154
exibição de dados em gráficos, 79-90
experimento fatorial, 527-528
função potência, 98
gráficos de barras, 78-81, 87-89
histogramas, 81-83
inferências sobre duas populações, 425-426
média populacional: σ conhecido, 388-390
média populacional: σ desconhecido, 390
para apresentações de dados, 79-90
PERCENTIL.EXC, 99
projeto completamente aleatorizado, 596-597
proporções populacionais, 390-392
regressão múltipla, 663-664
relatório da tabela dinâmica, 82-83
tabelas para resumir dados, 79-90
tabulação cruzada, 83-85
teste de hipóteses, 388-392
teste qui-quadrado, 479-480
variância populacional, 447
Experimento aleatório, 156-157
Experimento da Chemitech, exemplo de, 483-484
com o Excel, 525-528, 602
com o Minitab, 523-525
estimativa de variância populacional dentro de tratamentos, 487, 489-490
fórmulas, 516-518
projeto experimental, 483-485

Índice remissivo **759**

Experimento fatorial, 509-515
  aplicações, 513-515
  cálculos, 511-513
  definição, 509
  fórmulas, 517-518
  procedimento ANOVA, 510
  com o Excel, 527-528
  com o Minitab, 524-525
  visão geral, 509-510, 515 485-487
Experimentos
  aleatórios, 156-157
  binomial, 216-217
  de Poisson, 225-226
Experimentos aleatórios, 156-157
Experimentos binomiais, 216-217
Experimentos com múltiplas etapas, 157
Experimentos de Poisson, 225-226
Experimentos fatoriais, 509-515

F

Fator de interesse, 503
Fator de correção de continuidade, 257
Fator de correção populacional finita, 257
Fatores, 483
Fermat, Pierre de, 155
Fisher, Ronald Aylmer, 482
Fitch Group, 5
Food Lion, 309
Formas da distribuição, medidas, 112
Formas das medidas de distribuição, 112
Fórmula da função de probabilidade discreta, 200, 233
Fórmula de frequência relativa, 69
Fórmula de variância amostral, 137
Fórmula dos mínimos quadrados, 585
Fracasso em tentativas, 216-217, 229-230
Frequências esperadas, 451-452, 474
Frequências observadas, 551
  em proporções populacionais múltiplas, 450, 451, 452, 453, 454
  qualidade do ajuste, 465-467, 468, 469-470, 472
  teste de independência, 459, 460, 462
Função densidade de probabilidade, 243-245
  normal padrão, 248-252, 253, 264
  normal, 247-248, 247, 263
Função densidade de probabilidade exponencial, 259, 264
Função densidade de probabilidade normal, 247-248, 248-249, 263-264
Função densidade de probabilidade uniforme, 244, 263
Função de probabilidade binomial, 219-220
  fórmula, 233
Função de probabilidade de Poisson, 225, 234
Função de probabilidade discreta uniforme, 200, 233
Função de probabilidade hipergeométrica, 228-229, 234
Função de probabilidade uniforme, 200
  contínua, 243
  discreta, 200, 232, 233
Funções de probabilidade, 198, 226, 234

G

Galton, Francis, 531
Gauss, Carl Friedrich, 535
Gosset, William Sealy, 315
Gráfico de barras empilhadas, 59-60, 89-90
Gráfico de carta de controle de x, 4
Gráfico de Pareto, 30

Gráficos de barras, 30-32
  com o Excel, 79-81
  empilhadas, 59-60
  estatísticas descritivas, 12-13
  exemplos de, 13**f**, 31**f**, 81**f**, 320**f**, 462**f**
  lado a lado, 58-59
  seleção de, 63, 68-69, 80, 87, 88, 89
Gráficos de barras lado a lado, 58-60
  com o Excel, 87-89
  exemplos, 59, 63**f**
Gráficos de bolhas, 67, 85
Gráficos de probabilidade normal, 574-575, 651-652
Gráficos de radar, 67
Gráficos de resíduos, 569-572
  da variável dependente, 570
  definição, 572
  em relação à variável independente, 570-572
Gráficos de série temporal, 9**f**
Gráficos de setores, 31-32, 64
Grau de confiança, 162
Graus de liberdade da distribuição t, 315-316, 455-456, 475, 535

H

Hipótese alternativa, 344-346
  desenvolvimento, 355-346
Hipótese de pesquisa, 345-346
Hipótese estacionária, 217
Hipótese nula, 344-347
  a ser desafiada, 346-347
  desenvolvendo, 345-346
  formas, 347
Histogramas, 38-39, 63
  apresentação de ramos-e-folhas, 40-43, 46
  com o Excel, 79-81
  com o Minitab, 77
  estatística descritiva, 12-13
  exemplos, 14**f**, 38**f**, 39**f**, 281**f**, 282**f**, 320**f**
Histogramas assimétricos, 38-39
Histogramas simétricos, 38-39

I

Inclinação, 535, 537, 546, 585
Independência, teste de, 459-462
  com o Minitab, 478
Indicadores-chave de desempenho (KPIs), 64, 65, 132
Inferência estatística, 13-15, 135, 278
Inferência sobre populações, 395-398, 412-416, 437-441
Information Resources, Inc., 4, 10
Interações, 578-579
  efeito, projeto experimental, 578-579
Intercepto em y
  fórmula, 585
Interseção de eventos, 170
Intervalos de confiança
  com o Excel, 339
  de 95%, 312
  definição, 559
  equação de regressão linear, estimada, 553-554, 561**f**, 563**f**
  equação de regressão múltipla, estimada, 624-625
  estimadores de mínimos quadrados, 533-534
  fórmula, 430, 432, 587
  margem de erro, 560
  método dos mínimos quadrados, 533-537

para distribuição de probabilidade normal, 574-575
  para o valor médio de y, 559-560
  para proporções, 327
  regressão linear simples, 560-561
  resultados de regressão e, 559
  teste de hipóteses, 359-360
  utilizando a diferença menos significativa de F, 497-500
Intervalos de comprimento ou distância, 227
Intervalos de previsão, 559, 560-562
  equação de regressão linear, estimada, 560-562
  fórmula, 587
  margem de erro, 562
  novas observações e, 562
ISO 9000
  i-ésima observação, 533, 535, 543, 580
  i-ésimo resíduo, 543, 569, 572, 573
  resíduos padronizados, 572-574

J

John Morrell & Company, 344
Jornais, uso de estatística em, 2-3, 11-13

L

Lei da adição, 170-171, 172, 188
Lei da multiplicação, 177-178, 188
Limite central, 310**n**
Limites dos *boxplots*, 134-135
Linha de regressão estimada, 532, 535, 544-545
Linha de tendência e diagramas de dispersão, 56-57, 85-87
Localização do p-ésimo percentil, 99, 136
Logit, 648, 654
Logit estimado, 648, 654

M

Margens de erro, 309-310
  diferença entre médias populacionais, 395-397
  e estimativa intervalar, 309-310
  e tamanho da amostra, 319-320
  equação de regressão, estimada, 553, 559, 560, 562
  para proporções populacionais, 326-329
MeadWestvaco Corporation, 270
Média, 93-96
  amostral, 93-94
  aritmética, 93
  da distribuição exponencial, 259-261
  da distribuição normal, 247-248, 249, 250-251, 253, 254
  definição, 93
  desvio padrão, 305
  equação de regressão, estimada, 531-533
  ponderada, 94-96
  valor esperado, 304-305
Média aparada, 101
Média aritmética, 93
Média aritmética da amostra, 93-94, 394-395, 426
Média geométrica, 97-98, 135
Média ponderada, 95-96, 135
Média populacional, 94, 396-398
  amostragem aleatória estratificada, 298
  amostragem aleatória simples, 273-275, 278
  amostragem por conglomerados, 298-299
  aplicações, 361-362

760 Estatística aplicada a administração e economia

desvio padrão, 395-397, 398, 400-402, 402-404,405, 409,418
diferença entre, estimação, 395-397
estimativa intervalar, 309-314, 316-319, 320-321, 332, 395-398, 419
fórmula, 136
inferência sobre a diferença entre: amostras pareadas, 407-410
inferência sobre a diferença entre: σ_1 e σ_2 conhecido, 395-397
inferência sobre a diferença entre: σ_1 e σ_2 desconhecido, 400-401
tamanho da amostra, 323-325, 332, 377-379, 381
teste de hipóteses, 350-360, 381
teste de igualdade de, 414-415,493-494
com o Excel, 425-426
com o Minitab, 423-424
Média populacional: σ conhecido, 340-314, 395-398
aplicações, 314-315, 399-340, 406-407
com o Excel, 340, 388-389, 425-426
com o Minitab, 338, 387, 424-425
critério do valor crítico, 354-355, 357-358
critério do valor-p, 352-354, 354-355, 398
estatística de teste, 351-352, 419
estimação intervalar, 310-314, 332, 339, 395-397
margem de erro, 310-313, 396
resumo, 355, 358-359, 398
teste bicaudal, 355-356
teste de hipóteses, 359-360, 381, 397-398
teste unicaudal, 350-355
Média populacional: σ desconhecido, 315-321, 400-401
amostras pareadas, 426
aplicações, 365-366, 381, 402-404
com o Excel, 340-342, 390-392, 426
com o Minitab, 338-339, 387-388
estatística de teste, 365-366, 419
estimação intervalar, 316-319, 320-321, 339-340, 401-402
margem de erro, 316-319
resumo, 319, 365, 404
resumo dos procedimentos, 320-321
teste bicaudal, 364-365
teste de hipóteses, 363-366, 402
teste unicaudal, 363-364
utilizando uma pequena amostra, 319-320
visão geral, 315-316, 365, 404
Médias, 93-96
amostra, 93-95
desvio em torno das, 106-107
Médias amostrais,
para tratamentos, 486-487, 487-489
Médias amostrais gerais
controle de qualidade, 397-398, 413
Mediana, 92, 96-97
Medida de distância de Cook, 637-638, 653
estudentizados excluídos, resíduos, 636
observações influentes, 578-582- 636-639
outliers, 635-636 ~~723~~
regressão múltipla, 634-638
validação, 569-575
Medidas da forma da distribuição, 111
Medidas de associação, 123-129
Medidas de posição, 93-101
aplicações, 102-105
média geométrica, 97-98
média ponderada, 94-95

mediana, 96-97
médias, 97-94
moda, 99
percentis, 99-100
quartis, 100-101
Medidas de variabilidade, 105-109
amplitude, 106
amplitude interquartil, 106
aplicações, 109-111
coeficiente de variação, 108-109
desvio padrão, 108, 115, 204
variância, 106-107
Método clássico para atribuição de probabilidades, 161
Método da frequência relativa, 161
Método dos mínimos quadrados, 533-537, 606-610
aplicações, 610-614
Butler Trucking Company, exemplo da, 607-610
com o Minitab, 608**f**
equação de regressão estimada, 532-533, 605-606
fórmula, 652-653
interpretação de coeficientes e, 610
regressão múltipla, 606-610
Método subjetivo de atribuição de probabilidades, 162, 198
Métodos de amostragem, 298-300
Mina de ouro e cobre San José, 155
Mineração de dados, 17-18
Minitab
amostragem, 306-307
amostras pareadas, 424
análise de regressão, 565-566, 599-600
análise de variância (ANOVA), 523-524
boxplot, 148
coeficiente de correlação, 148
covariância, 148
DATAfiles, 77
delineamento em blocos aleatorizados, 524
delineamento completamente aleatorizado, 523-524
diagrama de pontos, 77
diagramas de dispersão e linhas de tendência, 78
diferença entre médias populacionais, 423-424
distribuição qui-quadrada, 478-479
distribuições contínuas de probabilidade, 267-268
distribuições discretas de probabilidade, 238
teste de qualidade do ajuste, 479
estatística descritiva, 147-148
estimação intervalar, 337-338, 387**n**
experimento fatorial, 524-525
histogramas, 77-78
independência, teste de, 478
inferências sobre duas populações, 423-424
média populacional: σ conhecido, 338, 387
média populacional: σ desconhecido, 338, 387-388
opção Exact, 388
para apresentação de dados, 77-79
proporção populacional, 338-339, 388
ramos-e-folhas, apresentação de, 78
regressão linear, 565, 599-600
regressão logística, 664
regressão múltipla, 662
tabelas para resumir dados, 77-79

tabulação cruzada, 78-79
teste de hipóteses, 387-388
teste de independência, 478
uso de computadores e, 565-566
variâncias populacionais, 446-447
visualização de dados em gráficos, 77-79
Moda, 99
Modelos de regressão, 531-532
linear simples, 531-532
múltiplos, 605-606
suposições para, 550**f**
variância de erro, 489, 550, 550-553, 565, 569-570
Modelos de regressão múltipla, 605-606
Multicolinearidade, 621

N

National Aeronautics and Space Administration (NASA), 155
Níveis de confiança, 313
Níveis de significância, 349, 380
Nível observado de significância, 354-355
Notação fatorial, 160
Números aleatórios, 270, 272-273, 306

O

Observação de dados, 5-6
Observações influentes
em modelos de regressão linear, 578-582
em modelos de regressão múltipla, 636-639
Organização Mundial do Comércio (OMC), 5-7
Outliers, 117-118
amplitude interquartil (IQRs), 116
com o Minitab, 579**f**, 581**f**
de *boxplots*, 119-120
detecção em modelos de regressão, 577-578
erros de aquisição de dados, 12
Outros métodos de amostragem, 298-299

P

Painéis de dados digitais, 64
Painéis indicadores de dados, 64-65, 132-135
eficácia, melhoria, 132-135
Paradoxo de Simpson, 51-52
Parâmetros
de uma amostra populacional, 272
regressão múltipla e, 628-630
Parâmetros populacionais, 532-533
definição, 272
e teste de hipóteses, 344-347, 348-349, 380
equação de regressão, 532-533
estimadores pontuais, 295-297
Pareto, Vilfredo, 30
Partição da soma dos quadrados total, 492
Pascal, Blaise, 155
Pearson, Karl, 531
Percentis, 99-100
quartis, 100-101
Permutações, 160-161
regras de contagem para, 160, 188
Pesquisas, 11, 14, 300
Pesquisas amostrais
amostragem aleatória estratificada, 298
amostragem por conglomerado, 298-299
amostragem sistemática, 299
definição, 14
pesquisa de mercado, 14
Poisson, Siméon, 226
Ponto amostral, 157, 167

Índice remissivo 761

Pontos de alta alavancagem, 580-581
População de um estudo
  definição, 13
  finita, amostras de, 272-274
  infinita, amostras de, 274-275
Populações, 13
Populações amostradas, 271
Populações-alvo, 278
Populações finitas, 272-274
  amostra aleatória, 271, 272-274
  amostragem com reposição, 273
  amostragem de, 272-274
  amostragem sem reposição, 273
  combinações e, 158-160
  média amostral, desvio padrão da, 277-278
  métodos de amostragem de probabilidade, 272-274
  proporção populacional, desvio padrão, 271, 277-278
Populações infinitas, 274-275
  amostragem de, 274-275
Previsores, 559
Probabilidades, 154-193
  aplicações, 164-165, 167-169, 173-174, 179-181
  atribuição, 161-162, 199
  condicionais, 174-177, 188
  de um único ponto, 245
  definição, 155-156
  eventos e, 155-156, 165-167, 169
  experimentos, 156-157
  medição por área, 244-245
  projeto da KP&L, 158-159, 162-163
  regras de contagem, 156-1561, 187-188
  relações de, 169-172
  tabela normal padrão e, 253
Probabilidades *a posteriori*, 181
Probabilidades *a priori*, 181
Probabilidades condicionais, 174-177, 188
Probabilidades conjuntas, 175
Probabilidades marginais, 175-76
Problema da EAI, 286-287
Procedimento ANOVA, 482-483, 504-505, 510-511
Procedimento da diferença menos significativa de Fisher (MDS), 498-500
  e variâncias populacionais, 433-472, 475, 478-479
  média populacional: σ conhecido, 419
  média populacional: σ desconhecido, 419
  para qualidade de ajuste, 465-472, 475, 478-479
  para teste de hipóteses, 419-420
Procedimento de comparação em pares /múltipla/ de Marascuilo, 455, 475
  regra de rejeição, 352-354
  teste bicaudal, 355-356
  teste unicaudal, 350-352
Procedimento de Marascuilo, 455, 475
Procedimentos de comparação múltipla, 454-456, 497-500
  aplicações, 501-502
  com o Minitab, 478
  diferença menos significativa de Fisher (DMS), 498-500
  fórmulas, 517
  índices de erro do tipo I e, 500
  para igualdade de proporções populacionais, 450-456, 478

Processo de Bernoulli, 216
Procter & Gamble, 246
Produto Interno Bruto (PIB), 5, 6, 13-14, 583
Projeto de amostras pareadas, 407-410
Projeto de amostras independentes, 408, 410
Projeto de blocos aleatorizados, 503-507
  aplicações, 507-508
  cálculos, 505-507
  fórmulas, 587
  procedimento de ANOVA, 504-505, 510
  teste de estresse de controladores de tráfego aéreo, 503-504
  com o Excel, 526-527
  com o Minitab, 513**f**, 524
  visão geral, 503
Proporção da amostra
  desvio padrão, 285-286
  distribuições amostrais, 282-289
  para o problema da EAI, 285-286
  valor esperado, 282-283
Proporções populacionais, 450-456
  amostra, 450-556
  amostragem aleatória estratificada, 290
  amostragem aleatória simples, 266, 268-269, 272
  amostragem por conglomerados, 290-291
  aplicações, 457-458
  com o Excel, 340-341, 390-392
  com o Minitab, 338-339, 387, 423-424, 478
  desvio padrão, 291, 292
  distribuição amostral, 286-288
  e distribuição qui-quadrada, 450-451, 452-454, 456
  e estimativa intervalar, 413-414, 419
  e margem de erro, 419
  e teste de hipóteses, 414-416
  estatística de teste, 419
  estimadores combinados, 415, 419, 420
  estimativa do tamanho da amostra, 317-319
  fórmula,
  igualdade de, 450-456, 478, 490-491
  inferência sobre a diferença entre, 412-416
  procedimento de comparação em pares de Marascuilo, 555, 475
  procedimentos de comparações múltiplas, 454-455
  resumo, 360
  teste de igualdade da, 450-456, 478, 491
  teste populacional múltiplo, 450-456, 458
  valor esperado, 285, 293
  visão geral, 370, 418

Q

QMTra (quadrado médio devido aos tratamentos), 448-449, 490-491, 495
Quadrado médio devido à regressão (QMReg)
  fórmula, 587, 653
  linear simples, 554-555
  múltiplo, 618, 620, 653
Quadrado médio devido aos tratamentos (QMTra), 488-489
Quadrado médio dos resíduos (QMRes), 489-490
  definição, 489
  estimativa σ^2, 551
  fórmula, 489, 586, 653
  regressão linear simples, 552-553, 554-555
  regressão múltipla, 618-620, 653
Quartis, 100-101

R

Razão de chance, 646-647
Receita do Google, 23**f**
Regra dos cinco itens, 119, 121-123
Regra empírica, 114-116, 248
Regras de contagem para experimentos, 157-158, 188-189
Regressão linear simples, 551-533
  análise de regressão, 530-533 538-543
  análise residual, 569-575
  aplicações, 538-543
  coeficiente de determinação, 543-546
  com o Minitab, 553, 554, 565-566, 575, 578-579-582, 599, 600
  equação para, 531-533
  fórmulas, 585-586
  hipóteses para o modelo, 549-551
  hipóteses para o modelo, validação, 569-572
  método dos mínimos quadrados, 533-537
  modelo, 530-531
  observações influentes, 578-582
  outliers, 577-578
  solução em computadores, 565-566
  tabela ANOVA, 555
  teste de significância, 551-556
  teste F, 554-555
  utilizando equação de regressão estimada, 552-553
  valores, 533
Regressão logística, 640-41
  com o Minitab, 664
Regressão múltipla, 605-606
  análise residual, 531, 565, 572, 634-638
  coeficiente de determinação, 543-546
  coeficiente de determinação múltiplo, 614-615
  coeficientes, 610
  com o Excel, 663-664
  com o Minitab, 662
  fórmulas, 652, 653
  método dos mínimos quadrados, 533-537
  modelo, 605-606
  regressão logística, 640-641
  variáveis categorizadas independentes, 626-631
Relações de causa e efeito em estudos observacionais, 483, 555-556
Replicações, 509
Requisitos básicos para atribuição de probabilidades, 161-162
Residuais estudentizados excluídos, 636
Resíduo padronizado, 572-574
  da i-ésima observação i, 533, 535, 543, 580
  fórmula, 587, 653
Resíduos da observação i, 569, 573, 578, 587
Resultado de um experimento, 196
Revistas, uso de estatística em, 2-3, 11-13

S

Séries temporais, 9**f**
Serviço de investidores da Moody's, 5**n**
Significância individual, 701
Significância, nível de, 349
Significância geral, 701
Sinal de somatório (Σ), 93
Sintetizando dados, 35-62
  aplicações, 33-35, 44-49, 53-56
  apresentação de ramos-e-folhas, 40-43
  diagrama de pontos, 37-38

762 Estatística aplicada a administração e economia

distribuição de frequência, 29-30, 35-37
distribuições acumuladas, 39-40
gráficos de barras e de setores, 30-32
histogramas, 38-39
para variáveis categorizadas, 7, 29-32
para variáveis quantitativas, 7, 35-43
paradoxo de Simpson, 51-52
tabulação cruzada, 49-51
com o Excel, 29, 79-81
com o Minitab, 29, 77
utilizando tabelas, 49-42
Sistema de Informação Geográfica (Geographic Information System – GIS), 64
Sistemas de informações, estatística, 4
Sistemas de referência, 271
Small Fry Design, 92
Soma dos quadrados total (SQTot), 544
coeficiente de determinação, 543-546
e somas de quadrados devido à regressão ou ao erro, 492, 504, 510, 517-518, 544, 545,546
fórmula, 585
relação entre SQEeg, SQRes e, 545, 614
Soma dos quadrados devido à regressão (SQReg), 545
coeficiente de determinação, 543-546
e soma dos quadrados devido ao erro ou soma dos quadrados total, 489, 544
fórmula, 586
regressão múltipla, 614-615
relação entre SQTot, SQRes e, 545, 614
Soma dos quadrados devido ao erro (SQRes), 489, 545
coeficiente de determinação, 543-546
e soma dos quadrados devido à regressão ou soma dos quadrados total, 489, 740
estimativa de variância populacional dentro dos tratamentos, 489
fórmula, 586
relação entre SQTot, SQRes e, 545, 614
Soma dos desvios quadráticos, 106-109
Soma dos quadrados devido ao fator A (SQA), 510-511, 518
Soma dos quadrados devido ao fator B (SQB), 510-511, 518
Soma dos quadrados devido aos tratamentos (SQTR), 489, 491, 504, 506, 517, 586
Soma dos quadrados para interação (SSAB), 510-511, 518
SQA (soma dos quadrados para o fator A), 510-511, 518
SQAB (soma dos quadrados para interação), 510-511, 518
SQB (soma dos quadrados para o fator B), 510-511, 518
SQBL (soma dos blocos), 504-505, 517
SQTR (soma dos quadrados devido aos tratamentos), 489, 491, 504, 506, 517, 586
Standard and Poor's, 5n
Superfície de resposta, 617

T

Tabelas ANOVA, 491, 492, 504-505
delineamentos experimentais, 504, 505
experimento com a Chemitech, 491-492
projetos em bloco, 504, 505
regressão linear simples, 554-556, 565
regressão múltipla, 620
teste de estresse para controlador de tráfego aéreo, 504, 506, 526

teste de significância, 555
Tabelas para sintetizar dados
duas variáveis, 49-51
tabulação cruzada, 49-51
Tabulação cruzada, 49-51
com o Excel, 83-85
com o Minitab, 78-79
Tamanho da amostra /amostral/, 323-325
amostragem aleatória estratificada, 298
amostragem aleatória simples, 272-274
amostragem por conglomerado, 298-299
aplicações, 325-326, 380
determinação do, 327-369, 377-379
e distribuições amostrais, 289, 291-292
e estimativa /estimação/ intervalar, 277-278, 328, 332
estimativa de proporção populacional, 328-329
fórmula, 381
margem de erro e, 324-325
média populacional, 377-378
pequeno, 283
recomendação prática, 278, 404
resumo, 430-431
teste de hipóteses, 327-328, 377-379
teste unicaudal, 378-379, 381
valor planejado, 324
Taxa de erro Tipo I por comparação, 500
Taxa de erro Tipo I por experimento, 500
Teorema de Bayes, 181-184
abordagem tabular, 184-185
aplicações, 186
diagrama em árvore, 157-158, 162, 181-182
fórmula, 188
Teorema de Chebyshev, 113-114
Teorema do limite central, 284
Termo de erro ε
regressão linear simples, 569
suposições sobre, 500n, 549, 605-606
suposições sobre, regressão múltipla, 616-617
Teste bicaudal, 355-356
aplicações, 361-363
critério do valor crítico, 357-358
critério do valor-p, 356-357
da hipótese nula, 355-360
estimação intervalar, 359-360
média populacional: σ conhecido, 355-358
média populacional: σ desconhecido, 364-365
para variância populacional, 433, 434, 435, 440-441
resumo, 358-359
teste de hipóteses, 359-360
Teste de DMS restrito, 500
Teste de estresse do controlador de tráfego aéreo, 503-504, 505-507, 526
Teste de independência, 459-462
aplicações, 436-465
com o Minitab, 478
Teste de hipóteses, 343-392
amostras pareadas, 407-410
aplicações, 371-372, 376-377
com o Excel, 388-392
com o Minitab, 387-388, 404
da diferença de médias populacionais, 395-398, 402-404
da diferença de proporções populacionais, 414-416

de variância populacional, 432-435
distribuição qui-quadrada, 432-435, 450-452, 457-458, 462
e proporção populacional, 368-370
e tomada de decisão, 372-373
erro padrão da média, 287
erro padrão da média, 283, 397, 415
erro Tipo I e Tipo II, 348-349, 373-376
estatística de teste, 381, 419, 420
estimação intervalar, 359-360
etapas para, 358, 376
formas de, 347
fórmula da estatística de teste, 381
hipótese nula e alternativa, 345-347, 352f
hipóteses alternativas, 345-346
intervalos de confiança, 359-360
média populacional: σ conhecido, 350-363, 381
média populacional: σ desconhecido, 363-368, 381
médias populacionais, 381, 396-398, 402-404
nula e alternativa, hipóteses, 345-347, 352f
proporção populacional, 368-370
tamanhos da amostra, 367-369
teste bicaudal, 355-358, 346f, 359-360, 364-365
teste de cauda inferior, 352, 355, 358, 366, 368, 370, 373, 377
teste de cauda superior, 350, 355, 358, 364-365, 366, 368-369, 370
teste unicaudal, 350-355, 363, 381, 439
Teste de cauda superior,
teste de hipóteses, 350, 355, 358, 353-354, 356, 368-359, 370
teste unicaudal, 350-355, 363-364, 381
com o Excel, 388-392
com o Minitab, 387-388
Teste de qualidade do/de ajuste, 465-472
aplicações, 473
com o Excel, 479-480
com o Minitab, 478-479
distribuição de probabilidade multinomial, 465-469
distribuição de probabilidade normal, 469-472
estatística de teste para, 466-472, 478
fórmula, 475
resumo, 474
Teste F, 490-491
Estimadores /estimativas/ dos /de/ mínimos quadrados, 554-555
estimativas de variância, 490-491
fórmula, 587, 653
regressão linear simples, 701-703
regressão múltipla, 701-703
variáveis independentes, adição ao modelo, 554, 556
Teste t, 552-553
estimador de mínimos quadrados, 533-537
fórmulas, 587, 653
regressão linear simples, 551-552
regressão múltipla, 551-553, 620
significância individual, 620
Teste unicaudal, 350-355, 432-433, 462
critério do valor crítico, 354-355
critério do valor-p, 352-354
estatística de teste, 351-352
média populacional: σ conhecido, 350-355
média populacional: σ desconhecido, 363-364

resumo, 355
tamanho amostral /da amostra/, 378, 381
Teste de significância, 551-556, 618-621
  aplicações, 557-558, 622-624
  Butler Trucking Company, exemplo da, 607
  interpretação, 556-55
  multicolinearidade, 621-622
  regressão linear simples, 551
  regressão logística, 643
  regressão múltipla, 618-621
  teste F, 602, 618-620
  teste t, 552-553, 620-621
  utilizando correlação, 599
Teste unicaudal, 350-355, 432-433, 462
Testes de cauda inferior
  critério do valor crítico, 354-355
  critério do valor-p, 352-354
  para variância /de uma/ população /popula-cional/, 435, 439, 490
  teste de hipóteses, 353, 354-355, 357, 358, 366, 368, 370, 373
Testes de cauda superior
  para variância populacional, 431, 433, 435, 439-411
  teste de hipóteses, 350, 352, 355, 358, 363, 364, 365, 366, 368-370, 377-379
Testes de significância, 551-556
Tratamentos, 483
Transformação do logit, 648
Thearling, Kurt, 17
Tomada de decisão, 372-373
Total da população
  amostragem aleatória estratificada, 298
  amostragem aleatória simples, 272
  amostragem por conglomerado, 298-299
Transformação z, 113

U

U.S. Department of Labor, Bureau of Labor Statistics, 10
U.S. Food and Drug Administration (FDA), 394
U.S. Government Accountability Office (GAO), 428
União de eventos, 170
Unidade folha, 43
Unidades experimentais, 483, 485, 503, 506
United Way, 449

V

Valor de potência, 375
Valor esperado, 222
Valor esperado de x, 282-283
Valor z e interpolação de tabela, 252n
Valores esperados, 203, 230
  da distribuição de probabilidade hipergeomé-trica, 229, 264
  de médias amostrais, 282-283, 301, 304
  de uma combinação linear de variáveis, 210-212, 233
  de variáveis aleatórias discretas, 203-204, 233
  desvio da amostra, 304

fórmula, 301
  para distribuição binomial, 219-220, 221-223, 233-234
  proporção da amostra, 301
Valores padronizados, 113, 116
Variabilidade, medidas de, 105-105
  amplitude interquartil, 106
  amplitude, 106
  aplicações, 109-111
  coeficiente de variação, 108-105
  desvio padrão, 107-108, 204
  variância, 106-107
Variância amostral agrupada, 405
Variância amostral /da amostra/, 106-107
  fórmula, 137
Variância populacional, 106-107, 137
  estimativa /estimação/ intervalar, 428-432, 444.
  fórmula, 137
Variâncias, 106-107
  da distribuição de probabilidade hipergeomé-trica, 229-230, 234
  de uma combinação linear de variáveis, 212-213, 233
  de variáveis aleatórias discretas, 196, 203-205, 233
  em aplicações de fabricação, 429
  modelo de regressão linear, 554-555
  para a distribuição binomial, 222, 234
  com o Minitab, 493**f**
Variâncias amostrais,
  para tratamentos, 490, 494, 500
Variâncias de uma população /populacionais/, 429-435
  amostragem aleatória estratificada, 298
  aplicações, 436-437, 502-504
  com o Excel, 447
  com o Minitab, 446-447
  duas populações, 437-442
  estatística de teste, 432-435, 439-441, 444
  estimadores pontuais, 425, 426, 429
  estimativas de, entre tratamentos, 488-489
  estimativas /estimações/ intervalares, 428-432, 444
  estimativas, dentro dos tratamentos, 487, 489
  fórmula, 444
  inferências sobre, 429-442
  população única, 395, 409, 429
  teste bicaudal, 433, 434, 435, 440-441
  teste de cauda inferior, 435, 490, 441
  teste de cauda superior, 431, 433-435, 439-461
  visão geral, 443
Variável *dummy*, 628, 629, 630-631
  Johnson Filtration, Inc., exemplo, 626-627
  variável categorizada e, 630
Variável resposta, 483, 485, 617
Variáveis
  em dados, 5
  erros de predição e, 615
Variáveis aleatórias, 196-197, 233, 253, 264
Variáveis aleatórias binomiais, 257, 292
Variáveis aleatórias contínuas, 197, 249

Variáveis categorizadas 7, 626-631
  aplicações, 632-634
  complexas, regressão múltipla, 630-631
  definição, 7
  distribuições de frequência, 29-30, 79-81
  independentes, regressão múltipla, 626-630
  Johnson Filtration, Inc., exemplo, 626-628, 629, 630
  resumindo dados para, 29-32
Variáveis aleatórias discretas, 196, 233
Variáveis dependentes, 531, 533-536, 570-572, 617
Variáveis do indicador, 628, 630-631
Variáveis independentes
  adição ou exclusão do modelo, 531, 549
  análise de regressão, 531, 535, 536, 578, 580
  com o Minitab, 570, 572-573, 608, 609, 619, 627, 629
  correlação de, 621
  definição, 531, 621
  em relação a gráficos de resíduos, 570, 572-573
  delineamento/experimental, 483
  regressão múltipla, 605-610
  teste F e, 554
  tipos de, 626
Variáveis quantitativas, 7, 35-43
  definição, 7
  distribuições de frequência, 35-37, 79-83
  resumo de dados para, 35-43
  tabulação cruzada e, 49-51
Variedade dos dados, 17
Velocidade dos dados, 17
Viés de seleção, 275
Visualização de dados, 29, 62-68
  caso prático, 66-67
  painéis de dados, 64-66
  representações gráficas eficazes, 62-63
Visualização de dados em gráficos, 56-60
  aplicações, 61-62
  com o Excel, 79-90
  com o Minitab, 77-79
  diagrama de pontos, 64
  diagramas de dispersão e linhas de tendência, 57-58, 85-87
  gráfico de setores, 30-32, 64
  gráficos de barras, 30-32, 58-60, 64
  histogramas, 38-39, 64, 81-83
  painéis de dados, 64-66, 132-135
  resumindo dados de duas variáveis, 56-60, 69**f**
  tipos de, 64, 69**f**
  uso eficiente, 58-60
Volume dos dados, 17

W

Warehousing, data, 17
Williams, Walter, 349

Z

Zoológico e Jardim Botânico de Cincinnati, 66-67

Este livro foi impresso na
LIS GRÁFICA E EDITORA LTDA.
Rua Felício Antônio Alves, 370 – Bonsucesso
CEP 07175-450 – Guarulhos – SP
Fone: (11) 3382-0777 – Fax: (11) 3382-0778
lisgrafica@lisgrafica.com.br – www.lisgrafica.com.br